KB084178

학습이론
교육적 관점 ⑦판

Learning Theories: An Educational Perspective, 7/E

Dale H. Schunk 지음
노석준 · 최병연 · 차현진 · 장경원 · 오정은 · 소효정 옮김

아카데미프레스

Learning Theories: An Educational Perspective, 7th Edition
by Dale H. Schunk

역자 서문

이 역서 『학습이론: 교육적 관점』은 Dale H. Schunk 교수가 출간한 *Learning Theories: An Educational Perspective*(7th Ed.)를 번역한 것이다. 특히 이 역서는 2004년에 동일한 이름으로 출간된 제4판 원서를 번역한 『교육적 관점에서 본 학습이론』(2006)의 역자들 대부분이 제4판에서 자신이 담당했던 장(章)을 맡아 개정된 부분을 번역하였으며, 제4판과 비교해 볼 때, 새로 추가된 장(章)의 경우에는 해당 내용을 깊이 이해하는 역자를 선임하여 번역토록 하였다.

제4판을 번역할 당시, 역자들은 원서가 4년마다 개정 · 출판되는 점과 개정 내용 등을 고려하되, 원서가 지속적으로 개정 · 출판되는 한 적어도 짝수판(6판, 8판 등)은 번역 · 출판하기로 계획했었다. 그러나 원서는 매 4년 주기로 지속적으로 개정 · 출판되었고, 그 사이에 제4판 역서를 주(부) 교재 또는 참고 도서로 활용한 여러 독자들의 후속 판에 대한 번역 요청이 있었음에도 불구하고, 역자들의 여러 가지 학술활동 일정 등으로 인해 당초 계획했던 것과 달리 10여 년이 지난 후에 제7판을 번역 · 출판하게 되었다. 이 과정에서 역자들은 제4판 역서에서 사용했던 용어 중 학계에서 다르게 번역 · 사용하는 극히 일부의 용어에 한해 그 변화를 반영하였으며, 일부 불명료했던 부분들도 재확인하여 수정 · 번역하였다.

총 10개의 장으로 구성된 제4판과 달리, 제7판은 총 12개의 장으로 구성되어 있다. 특히 저자가 제7판의 서문에서 밝힌 바와 같이, "계속적으로 변화하는 이론적, 연구적 강조점들을 반영하고… 이전에 한 장에서 다루어졌던 정보처리이론이… 두 개의 장으로 나누[어졌으며]… 테크놀로지(technology)를 다루는 절들(sections) 또한 확장되었는데, 이는 최신의 발전상과 소셜미디어(social media)를 사용하는 학습을 포함시키[고]… 맥락적 영향이 학습에 미치는 영향에 관한 새로운 장[이 추가되었다]." 아울러, 제4판과 달리, 학습에 관한 신경과학적 접근(제2장)도 제7판까지 개정되어 오는 과정에서 새롭게 추가되었다. 따라서 이미 번역 · 출판된 제4판을 보신 독자들은 그동안 해당 분야에서의 변화 추세 및 향후 전망을 보다 명확하게 파악할 수 있으며, 각 장의 내용 역시 최신 연구결과를 반영하여 상당히 수정되었음을 알 수 있을 것이다.

제7판 역시 이전 판들(editions)의 틀을 동일하게 유지하고 있기 때문에, 이미 제4판의 역자 서문에서 언급한 바와 같이, 다음과 같은 두 가지 점에서 독자들에게 여전히 매우 유용할 것이다.

첫째, 다양한 관점에서 학습과 관련된 제반 개념과 원리 등을 매우 심층적·포괄적으로 다루고 있다. 따라서 이 역서는 교수·학습이론 관련 분야에 관심을 가지고 있는 학부 고학년과 대학원생, 심지어 이 분야의 전문가들에게도 해당 분야의 연구 성과뿐만 아니라 최신 경향 및 향후 전망 등을 파악하는 데 매우 유용한 자료가 될 것임에 틀림없다.

둘째, 원저자가 제7판의 서문에서 언급한 바와 같이, 거의 대부분의 장(章)이 "교수적 적용에 관한 절(section)을 포함하고 있[으며], … [각] 장에서 논의될 원리들[을] … 예시해 주는 에피소드로 시작하며, 많은 비형식적인 사례들과 상세한 적용들을 포함"하고 있다. 따라서 독자들은 이 책에서 설명된 제반 개념이나 원리 등을 충분히 이해할 수 있으며, 실제적인(authentic) 시나리오를 토대로 학습한 제반 개념이나 원리를 실제 상황에서 어떻게 적용할 수 있는지를 구체적으로 파악·활용할 수 있게 될 것이다.

역자들은 제7판을 번역하면서, 지난 제4판의 경우와 마찬가지로, 문장이나 용어들을 가급적이면 독자들이 이해하기 쉽도록 쓰려고 노력하였다. 아울러, 이미 언급한 바와 같이, 기존에 역자들이 사용한 용어가 학계에서 점차 널리 사용하는 용어와 차이를 보일 경우 학계에서 사용하는 용어를 채택·사용하였다. 그럼에도 불구하고, 매번 번역을 하면서 느끼는 것이지만, 여전히 원저자의 의도를 최대한 살리면서 동시에 독자들이 내용을 쉽게 이해할 수 있도록 번역하는 데 있어 역자들의 역량이 상당히 부족함을 절감하였다. 따라서 언제나 그렇듯이, 오역 등에 대한 책임은 모두 역자들에게 있으며, 독자 여러분들의 따가운 질책과 비판을 겸허한 마음으로 계속 수용하여 향후 역자들이 이 역서나 다른 판(edition)을 수정·보완·번역할 수 있는 기회가 주어지는 경우 최대한 수용하고자 한다.

끝으로, 여러 가지로 바쁘신 와중에도 또 한 번 힘든 번역 작업을 선뜻 맡아 꼼꼼하게 번역해 주신 기존의 역자들과 새롭게 합류하신 역자들, 역자들이 번역 작업에 전념할 수 있도록 많은 배려를 해 주신 역자 개개인의 가족들, 그리고 아카데미프레스 홍진기 사장님 이하 관계자분들께 역자들을 대표하여 진심으로 감사를 드린다.

2016년 1월
성신여자대학교 수정관 연구실에서
역자 대표 **노석준**

헌정

학습이 한 사람을 얼마나 위대하게 만드는지를 보여준
Rob Eyman, Bill Gattis, 그리고 작고하신 Jim Tozer에게 바칩니다.

저자 서문

학습(learning)은 교육적인 맥락에서는 기본적인 활동이다. 우리가 학습에 대해 더 많이 이해하면 할수록 우리는 그것을 증진하는 조건들을 더 잘 조성할 수 있다. 다행히도 이론을 명료화하는 데 도움이 되고, 후속 연구를 촉진시켰으며, 교육 실제에 도움을 준 많은 학습에 관한 연구들이 점진적으로 증가해 왔다.

학습과정(learning process)에 관한 우리의 이해가 증대됨에 따라, 이 제7판의 주요한 목표들도 이전 판들이 출간될 때의 목표들, 즉 (a) 특히 학습에 관한 이론적인 원리, 개념, 연구결과가 교육과 관련되어 있기 때문에 학습자에게 그것을 알려주고, (b) 그러한 원리와 개념을 교수와 학습이 일어나는 여러 상황에 적용할 수 있도록 한다는 목표들만큼이나 중요한 것 같다. 비록 이 책에서 행동주의를 다루기는 하지만, 초점은 여전히 인지(cognition)에 둔다. 인지적 관점은 널리 유행하고 있는 구성주의자가 지식, 기능, 전략, 신념을 능동적으로 탐색하고, 형성하며, 수정하는 학습자에게 강조점을 두는 것과 맥락을 같이한다.

이 책의 구조

이 책의 12개 장(章)은 다음과 같이 구성되어 있다. 제1장 도입부에서는 학습에 관한 연구의 역사적인 기초뿐만 아니라 학습이론, 연구방법, 쟁점들을 다룬다. 제2장에서는 학습의 신경과학적 접근을 논의한다. 학습의 신경과학적 접근에 관한 내용을 제2장에 제시함으로써 저자는 독자들이 뇌의 기능과 인지적·구성주의적 학습원리들 간에 구축된 후속적인 연계들(links)을 더 잘 이해할 수 있도록 돕고자 한다. 여러 해 동안 학습분야를 장악했던 행동주의는 제3장에서 다루어진다. 학습에 관한 오늘날의 인지적·구성주의적 관점들은 다음의 다섯 개의 장들, 즉 사회인지이론, 정보처리이론: 부호화와 저장, 정보처리이론: 인출과 망각, 인지적 학습과정, 구성주의이론에서 다루어진다. 그 다음 세 개의 장들에서는 학습이론과 관련되며 밀접하게 통합된 주제들, 즉 동기, 자기조절학습, 맥락적 영향(contextual influences)에 대해 다룬다. 마지막 장에서는 이전 장들의 내용을 정리하며, 학생들에게 학습에 관한 자신들만의 관점을 개발하도록 도와준다.

제7판에 새롭게 추가된 내용

이전 판들(editions)에 익숙한 독자들은 제7판의 내용과 조직적인 측면에서 상당한 변화가 있음을 알 수 있을 것이다. 이러한 변화는 계속적으로 변화하는 이론적, 연구적 강조점들을 반영하고 있다. 이전에 한 장에서 다루어졌던 정보처리이론이 이 책에서는 두 개의 장들로 나누어졌다. 이러한 확장은 해당 주제에 관한 문헌들이 상당히 증가하였으며, 두 개의 장으로 나눔으로써 해당 내용에 대해 더 많은 일관성을 제공하기 위하여 필요한 조치였다. 이 책에서 테크놀로지(technology)를 다루는 절들(sections)도 또한 확장되었는데, 이는 최신의 발전상과 소셜미디어(social media)를 사용하는 학습을 포함시키기 위한 것이다. 아마도 가장 큰 변화는 맥락적 영향이 학습에 미치는 영향에 관한 새로운 장일 것이다. 비록 이러한 내용 중 몇 가지가 이전 판들에서도 제시되기는 하였지만, 그 내용은 증가한 연구결과들을 통합하기 위하여 확장되었다. 이전에 하나의 장으로 제시된 발달에 관한 내용은 이 책 전체에 걸쳐 적절한 곳들 속에 섞여서 반영되었다. 이전 판의 독자들은 제7판에서 몇몇 장들의 순서가 바뀌었으며, 주제들(topics)도 더 나은 논리적인 흐름을 제공하기 위하여 장들 간에 바뀌었음을 알 수 있을 것이다. 학습에 관한 학문적인 관련 연구들이 지속적으로 성장함에 따라 많은 새로운 용어들이 용어해설(glossary)에 통합되었으며, 250여 개의 새로운 참고문헌들이 추가되었고, 몇몇 오래된 참고문헌들은 삭제되었다.

제7판은 학습이 일어나는 상황들에 적용된 학습에 관한 개념들과 원리들에 관한 많은 사례들을 계속해서 제공한다. 제1장과 마지막 장을 제외하고 각 장은 교수적 적용(instructional applications)에 관한 절(section)을 포함하고 있다. 각 장은 해당 장에서 논의될 원리들 중 몇 가지를 예시해 주는 에피소드로 시작하며, 많은 비형식적인 사례들(informal examples)과 상세한 적용들(detailed applications)을 포함하고 있다. 적용들 중 대부분은 K-12 환경과 연관되지만, 다른 학습 맥락들도 다룬다.

이 책은 교육분야나 관련 학문분야에 관심을 갖고 있는 대학원생들뿐만 아니라 교육에 관심을 갖고 있는 대학 학부 고학년 학생들이 활용할 수 있도록 설계되었다. 따라서 저자는 대부분의 학생들이 교육학이나 심리학 분야에서 적어도 한 강좌 이상은 수강하였으며, 현재 교육분야에서 일하거나 교직을 이수하고자 한다고 가정한다. 이 책은 학습에 관한 강좌를 비롯하여 동기, 교육심리, 인간 발달, 교수설계에 관한 강좌들처럼, 학습을 좀 더 심도 있게 다루는 어떤 강좌에서나 적절하게 사용될 수 있다.

감사의 글

이 책을 개정하는 데 도움을 준 많은 분들에게 감사를 드린다. 학습과정과 적용에 관한 저자의 생각을 풍성하게 해준 많은 동료들을 가까이 둔 것은 행운이었다. 저자는 Albert Bandura, Curt Bonk, Bill Bursuck, James Chapman, Herb Clark, Lyn Corno, Matia Dibenedetto, Peg Ertmer, Doreen Ferko, 고(故) Nate Gage, Marilyn Haring, Carolyn Jagacinski, Mark Lepper, Dave Lohman, Judith Meece, Sam Miller, Carol Mullen, 고(故) John Nicholls, 고(故) Frank Pajares, 고(故) Paul Pintrich, Don Rice, Ellen Usher, Bernard Weiner, Claire Ellen Weinstein, Allan Wigfield, Phil Winne, 그리고 Barry Zimmerman의 공헌에 진심으로 감사드린다. 저자는 전문기관들, 특히 미국교육연구회(AERA)의 '교육에서의 동기와 공부 및 자기조절학습 특별관심집단(Motivation in Education and the Studying and Self-Regulated Learning Special Interest Group)'과 미국심리학회(APA) 15부(교육심리)의 구성원들과의 연계를 통해 매우 큰 도움을 받아 왔다. 또한 함께 연구해 온 많은 훌륭한 학생들, 교사들, 카운슬러들, 행정가들, 교육감들을 통해 저자의 학문적인 역량을 신장할 수 있었다. 아울러 연구 프로젝트를 도와준 많은 대학원생과 학부 학생 협력자들에게도 감사를 드린다.

여러 해 동안 Pearson Education 출판사에서 Kevin Davis의 도움을 받았다. 그는 유능한 사람으로, 저자는 우리가 오랜 시간 함께 일해 온 것에 감사한다. 그의 지속적인 지도와 조언 덕분에 이 책을 더 알차게 만들 수 있었다. 또한 이전판과 이 수정판의 토대가 된 편집을 도와준 Paul Smith에게 감사드리며, 편집에 관해 조언해 준 Pearson Education 출판사의 Caitlin Grison, Carrie Mollette, 그리고 Lauren Carlson에게도 진심으로 감사드린다. 저자는 다음과 같은 6판의 서평가들(reviewers), 즉 Ball State University의 Jerrell Cassady, University of Texas at San Antonio의 Carolyn Orange, 그리고 University of North Texas의 Kathleen K. Whitson에게도 감사드린다. University of North Carolina at Greensboro에 있을 때 많은 행정 업무를 도와준 Melissa Edmonds-Kruep, Liz Meeks, Tomi Register, 그리고 Annie Smith에게도 신세를 졌다.

이 책의 첫 판을 집필하는 데 강력한 동기가 된 것은 부모님, 고(故) Mail과 Al Schunk로부터의 사랑과 격려였다. 여러 해 동안 수많은 친구들이 더 나은 판들(editions)을 산출할 수 있도록 저자의 동기를 유지하는 데 지속적으로 도움을 주어 왔다. 저자는 25년 동안 학습을 해왔으며 학습이라는 것이 진실로 얼마나 강력할 수 있는지를 지속적으로 보여준 딸 Laura에게 사랑과 깊은 고마움을 표한다.

차 례

Chapter ❶

학습에 관한 연구 소개

Chapter ❷

학습에 관한 신경과학적 접근

Chapter 8

구성주의이론

Chapter 9

동기

Chapter ⑩
자기조절학습

Chapter ⑪
맥락적 영향

Chapter 12

다음 단계

Chapter 1

학습에 관한 연구 소개

Russ Nyland 교수는 학습과 인지에 관한 대학원 강좌를 가르친다. 학기말이 임박한 어느 날 수업을 마쳤을 때 Jeri Kendall, Matt Bowers, 그리고 Trisha Pascella라는 세 명의 학생이 그에게 다가왔다.

Jeri: Nyland 교수님! 교수님과 이야기할 수 있습니까? 강좌 후반부인데, 우리는 여전히 헷갈리고 있습니다.

Russ 교수: 무엇이 헷갈리죠?

Jeri: 아시다시피, 우리는 이 모든 이론들을 공부해 왔습니다. Bandura, Skinner, Vygotsky, 그리고 다른 학자들은 서로 다른 것들을 이야기하는 것 같기도 하고 그렇지 않은 것 같기도 합니다. 그것들은 서로 다른 점들을 지적하고 있지만, 그 중 몇 가지는 다른 사람들이 말한 것과 중복되는 것 같습니다.

Matt: 저 역시 헷갈립니다. 저는 교수님이 한 가지 이론을 가졌고 한 가지 방식으로 믿는다고 생각했습니다. 그러나 이론들 간에는 많은 중복이 있는 것 같습니다.

Russ 교수: Matt 학생 말이 맞아요. 그렇습니다. 우리가 이 강좌에서 공부해 온 것 대부분은 인지이론들이고, 그것들은 학습이 인지들, 즉 지식, 기능, 신념에서의 변화를 수반한다고 말하기 때문에 비슷합니다. 대부분의 이론가들은 또한 학습이 그들의 지식과 신념을 구성(construct)한다고 말합니다. 그들은 누군가가 말한 것을 맹목적으로 수용하지는 않지만 많은 중복이 있습니다.

Trisha: 그렇다면 우리는 무엇을 해야 합니까? 제가 정보처리이론가, 사회인지이론가, 구성주의자와 같은 특정 이론가가 되어야 합니까? 그것이 제가 헷갈리는 것입니다.

Russ 교수: 아니오. 한 이론만 수용할 필요는 없습니다. 여러분이 다른 이론들보다 더 좋아하는 하나의 이론이 있을 수 있지만 아마도 그 이론은 여러분이 원하는 모든 것에 대해 답변을 해 주지는 못할 겁니다. 그래서 여러분은 다른 이론들을 차용할 수 있습니다. 예를 들어, 제가 대학원에 다닐 때, 저는 인지학습을 전공한 한 교수님과 연구를 했습니다. 그곳에 발달연구를 하신 또 다른 교수님도 계셨습니다. 당시 교사였던 저는 발달, 특히 초등학교에서 중학교까지의 학습자들의 변화에 관심이 있었기 때문에 정말로 그 교수님의 연구를 좋아했습니다. 그래서 저는 발달에 관한 선행연구들을 차용했던 학습이론가였으며 여전히 그러합니다. 그렇게 하는 것도 괜찮습니다!

Jeri: 그 말을 들으니 좀 안심이 되네요. 그러나 학기말이니, 저는 다음에 무엇을 해야 할지를 알고 싶습니다.

Russ 교수: 좋은 생각이 있는데, 다음 수업시간에 이것에 관해서 시간을 좀 할애하겠습니다. 좋은 출발점은 여러분이 어떤 유형의 이론가들인지를 결정하는 것이 아니라 오히려 여러분이 학습에 대해서 믿는 것과 어떤 유형의 학습들에 관심이 있는지를 결정하는 것입니다. 그런 다음, 어느 이론이 여러분의 신념과 가정에 가장 잘 부합되는지를 살펴보고, 아마도 제가 했던 것처럼 다른 이론들로부터 차용을 하는 것입니다.

Matt: 그것은 절충주의자가 되는 것 아닌가요?

Russ 교수: 어쩌면요. 그러나 여러분은 여전히 여러분이 필요할 때 수용할 선호하는 이론을 가질 수도 있습니다. 그것 역시 괜찮습니다. 실제로, 그것은 이론들이 개선된 방법, 즉 원래는 그 이론들 속에 속하지 않았던 아이디어들을 통합함으로써 개선된 것입니다.

Trisha: 감사합니다, Nyland 교수님! 정말로 도움이 되었습니다.

학습은 지식, 기능, 전략, 신념, 태도, 행동의 습득 및 변형과 관련이 있다. 인간은 인지적, 언어적, 운동적, 사회적 기능을 학습하며, 이러한 것들은 다양한 형태를 취할 수 있다. 간단한 수준에서 볼 때, 아이들은 '2 + 2 = ?' 문제를 풀고 단어 *daddy*에서 *y*가 무엇인지를 알며, 신발끈을 묶고, 다른 아이들과 놀기 위하여 학습을 한다. 보다 복잡한 수준에서 볼 때, 학습자들은 긴 나눗셈 문제를 풀고, 기말 보고서를 작성하며, 자전거를 타고, 그룹 프로젝트에서 협동하여 일하기 위하여 학습을 한다.

이 책에서는 인간 학습이 어떻게 일어나며, 어떠한 요인들이 학습에 영향을 미치고, 학습원리들을 다양한 교육적 맥락에 어떻게 적용할 것인지를 다룬다. 이 책에서는 동물의 학습은 덜 강조하지만 그렇다고 해서 그것의 중요성을 격하시킬 생각은 없다. 왜냐하면 우리는 동물 연구로부터 학습에 대한 많은 지식들을 얻어 왔기 때문이다. 그러나 인간 학습은 보다 복잡하고, 정교하며, 빠르고, 일반적으로 언어의 활용에 의존하기 때문에 인간 학습과 동물의 학습은 근본적으로 차이가 있다. 인간의 학습력은 교육적인 상황에서 분명하게 드러난다.

이 장에서는 학습에 관한 연구에 대하여 개

관한다. 우선, 학습을 정의하고 학습이 일어나는 상황에서 그것을 검토해 본다. 그런 다음, 학습이론을 교육에 적용하기 위한 기초를 설정하는 데 도움을 준 오늘날의 이론들에 관한 몇몇 중요한 철학적, 심리학적 선구자들에 대하여 개관한다. 학습이론과 연구의 역할을 논의하고, 학습을 사정하기 위해 흔히 사용되는 방법을 기술한다. 학습이론과 교수(instruction) 간의 연계성에 관하여 설명한 후에, 학습에 관한 연구에 있어서 핵심적인 쟁점을 제시한다.

이 장 서두의 에피소드(vignettes)는 학습, 교수, 또는 동기에 관한 강좌를 수강할 때, 그리고 상이한 이론들에 노출되었을 때 깨닫게 되는 상황을 기술한 것이다. 학습자들은 흔히 자신이 하나의 이론을 믿어야 하며 그 이론을 믿는 이론가들의 관점들을 수용해야 한다고 생각한다. 그들은 이론들 간에 중복이 있다는 것을 인지함으로써 혼란에 빠질 수 있다.

Russ 교수가 말한 바와 같이, 그것은 정상적이다. 비록 이론은 일반적인 가정과 기반이 되는 원리를 포함하여 여러 가지 측면에서 다르지만, 많은 이론들이 인지에 관한 공통적인 기초에 기반하고 있다. 이 책은 학습이 학습자의 사고, 신념, 전략, 기능에서의 변화를 수반한다고 주장하는 학습에 관한 인지적 이론에 초점을 둔다. 이 이론은 학습이 일어나는 것을 예측하는 방식, 어느 학습과정들이 중요한지, 그리고 그것이 학습의 어느 측면을 강조하는지에서 차이가 있다. 몇몇 이론은 기초학습(basic learning)에 더 중점을 두는가 하면 다른 이론은 응용학습(applied learning)에 (그리고 그것 내에서, 다른 내용영역에) 더 중점을 둔다. 또한 몇몇 이론은 **발달**(development)의 역할을 강조하고, 다른 이론은 교수와 강하게 연계된다. 그리고 몇몇 이론은 동기를 강조한다 (Bruner, 1985).

Russ 교수는 학습자들에게 자신들이 어느 유형의 이론가들인지를 결정하기보다는 오히려 학습에 대한 자신들의 신념과 가정들을 검토해 보라고 조언한다. 이것은 좋은 조언이다. 일단 우리가 일반적으로 학습에 관해 어디에 서 있는지가 명확해지면, 그 다음에 가장 적절한 이론적인 관점들이 드러나게 될 것이다. 여러분이 이 책을 학습해 나가면, 학습에 대한 여러분의 신념과 가정들을 성찰하고 그것들을 이론들과 부합시키는 방법을 결정하는 데 도움이 될 것이다.

이 장은 학습을 이해하기 위한 준거틀(framework)과 오늘날의 이론들을 대비하여 검토해 보기 위한 몇 가지 배경자료들을 제공해 줌으로써 여러분이 학습과정에 관한 심층적인 연구를 준비할 수 있도록 도와줄 것이다. 이 장을 학습한 후에, 여러분은 다음과 같은 것을 할 수 있어야 한다.

- 학습을 정의하고, 학습된 경우와 학습되지 않는 경우를 구분할 수 있다.
- 합리주의와 경험주의의 차이를 구별할 수 있고, 각각의 주요한 원리들을 설명할 수 있다.
- Wundt, Ebbinghaus, 구조주의자들과 기능주의자들의 연구가 심리학이 과학으로 자리 잡는 데 얼마나 도움을 주었는지를 논의할 수 있다.
- 상이한 연구 패러다임들의 주요 특성들을 기술할 수 있다.
- 학습을 사정하기 위한 상이한 방법들의 핵심적인 특성들과 사정방법들을 위한 기준들을 논의할 수 있다.

- 학습에 관한 가치부가 사정이 무엇이며, 그 것이 학습자의 학습 향상도를 결정하기 위 하여 어떻게 사용될 수 있는지를 설명할 수 있다.
- 학습이론과 교육 실제가 서로 보완하며 정련

- (refine)하는 방법들을 설명할 수 있다.
- 학습에 관한 연구의 다양한 쟁점들에서 행동 주의이론과 인지주의이론의 차이점을 설명 할 수 있다.

학습의 정의

사람들은 학습이 중요하다는 데에는 모두 동의하지만, 학습의 원인과 과정, 결과에 대해 서는 다른 견해들을 가지고 있다(Alexander, Schallert, & Reynolds, 2009). 학습에 관한 어떠한 정의도 이론가들이나 연구자들, 실천가들에 의해 보편적으로 수용된 것은 없다 (Shuell, 1986). 비록 사람들이 학습의 정확한 본질에 대해서 동의하지 않을지라도, 여기 에서 제시하는 **학습(learning)**에 관한 일반적인 정의는 이 책의 인지적인 초점과 일관성 이 있으면서 대부분의 교육전문가들이 학습에 대해 핵심적이라고 생각하는 기준을 포함 하고 있다.

학습은 행동 또는 어떤 주어진 상황에서 행동하기 위한 역량의 지속적인 변화로서, 연습이나 다른 경험의 형태들로부터 기인한다.

학습을 위한 세 가지 기준(criteria)을 밝혀내기 위해서 위의 정의를 보다 심층적으로 검토해 보자(〈표 1.1〉 참조).

표 1.1
학습의 기준

- 학습은 변화를 수반한다.
- 학습은 상당 기간 동안 지속된다.
- 학습은 경험을 통해 일어난다.

첫 번째 기준은 **학습은** 행동(behavior)에 있어서 또는 행동을 위한 역량(capacity)에 있어서 **변화(change)를 수반한다**는 것이다. 변화는 학습의 핵심요소다(Alexander et al., 2009). 인간이 무언가를 다르게 행할 수 있을 때 학습이 일어났다고 볼 수 있다. 우리는 학 습을 직접 관찰하는 것이 아니라 오히려 그것의 산출물(products) 또는 성과(outcomes)를 관찰한다. 즉, 학습은 추론적(inferential)이다. 다시 말해서, 학습은 인간이 말한 것, 쓴 것, 행한 것에 기초하여 입증된다. 이 정의는 또한 사람들이 기능, 지식, 신념, 또는 행동을 학습할 때 그것들을 드러내지 않고도 학습하는 것이 특이한 것이 아니기 때문에 특정 방식으로 행동하기 위한 변화된 역량을 수반한다(제4장 참조).

두 번째 기준은 **학습은 상당 기간 동안 지속된다**는 것이다. 이때 약이나 술, 피로와 같은 요인에 의해 촉발되는 일시적인 행동의 변화(예: 불명료한 발음)는 제외된다. 그러한 변화는 원인이 사라졌을 때 그 행동이 원래 상태로 되돌아오기 때문에 일시적인 것이다. 비록 학습은 지속되지만, 망각이 일어나기 때문에 학습은 영원히 지속되지 않을 수도 있다. 연구자들은 학습된 것으로 분류되기 위해서는 변화가 얼마나 오랫동안 지속되어야 하는가에 대해 논박을 하지만, 대부분의 사람들은 짧은 기간 동안의 변화(예: 몇 초)는 학습이라고 할 수 없다는 데에 동의한다.

세 번째 기준은 **학습은 경험**(예: 연습, 다른 사람의 관찰)**을 통해 일어난다**는 것이다. 이 기준에서 아동의 성숙적인 변화(예: 기어가기, 일어서기)와 같이 주로 유전에 의해 결정되는 행동적인 변화는 제외된다. 그럼에도 불구하고, 성숙과 학습 간의 차이는 종종 분명하지 않다. 인간은 주어진 방식대로 행동하도록 발생학적으로 미리 결정되어 있을지도 모르지만, 특정 행동의 실제적인 발달은 환경에 따라 좌우된다. 언어가 좋은 예다. 음성기관이 성숙되어 감에 따라 음성기관은 소리를 만들어 낼 수 있게 되지만, 만들어진 실제 단어는 타인과의 상호작용을 통해 학습된다. 비록 유전적 특징이 아동의 언어습득에 결정적인 역할을 하지만, 수업(teaching)과 부모, 교사 및 또래친구와의 사회적 상호작용이 아동의 언어습득에 강력하게 영향을 미친다(Mashburn, Justice, Downer, & Pianta, 2009). 마찬가지로, 정상적으로 발달하는 아동은 기어 다니고 일어서지만 이를 위해서는 환경이 매우 반응적(responsive)이며 그러한 행동이 일어날 수 있도록 허용해 주어야 한다. 언어나 움직임을 특정 환경 속에서 자유롭게 표현할 수 없는 아동은 정상적으로 발달하지 못할 수도 있다.

현대학습이론의 선구자

현대학습이론의 뿌리는 과거에까지 멀리 거슬러 올라간다. 오늘날의 연구자들에 의해 해결된 쟁점이나 제기된 질문 중 상당수가 새로운 것은 아니며 오히려 인간이 그 자신과 타인, 그리고 자신을 둘러싸고 있는 세계를 이해하고자 하는 욕구를 반영한다.

이 절(section)에서는, 지식의 기원과 그것의 환경과의 관계에 관한 철학적인 입장에 관한 논의에서 시작하여 학습에 관한 초기의 몇 가지 심리학적인 관점으로 끝을 맺는, 오늘날의 학습이론의 기원을 추적해 본다. 이러한 검토(review)는 선택적이며, 또한 교육적인 환경에서 학습과 관련된 역사적인 소재를 포함한다. 이에 관한 보다 포괄적인 논의에 관심이 있는 독자는 다른 자료를 참고하기 바란다(Bower & Hilgard, 1981; Heidbreder, 1933; Hunt, 1993).

학습이론과 철학

철학적인 견지에서 볼 때, 학습은 지식의 기원, 본질, 한계, 방법 등을 연구하는 인식론(epistemology)이라는 제목하에 논의될 수 있다. 우리는 어떻게 알 수 있으며, 어떻게 새로운 것을 학습할 수 있는가? 지식의 근원은 무엇인가? 이와 같은 질문을 비롯하여 인간의 학습방법이 얼마나 복잡한지는 Plato의 『메논(Meno)』(427?~347? B.C.)에서 발췌한 아래의 문장에 잘 나타나 있다.

> 메논, 나는 네가 의미하는 것을 알고 있다… 너는 사람은 자신이 알고 있거나 또는 자신이 알지 못하는 것에 대해 질문을 할 수 없다고 주장한다. 왜냐하면 만약 그가 알고 있다면, 그는 어떤 질문을 할 필요가 없기 때문이다. 만약 그가 알지 못한다면, 그는 질문할 수도 없다. 왜냐하면 그는 자신이 질문하고자 하는 바로 그 대상 자체를 알지 못하기 때문이다. (Plato, 1965, p.16)

지식의 기원과 환경과의 관계성에 관한 두 가지 입장은 합리주의와 경험주의다. 이 철학들은 오늘날의 학습이론들에서도 여실히 드러나고 있다.

합리주의. 합리주의(rationalism)는 지식이 감각(sense)의 도움 없이 사유(reason)에 의해 도출된다는 생각을 지칭한다. 인간 지식에 관한 합리주의적 견해에서 두드러지게 나타나는 정신(mind)과 물질(matter) 간의 차이는, 감각을 통해 습득된 지식과 사유를 통해 획득된 지식을 구별하였던 Plato에게까지 거슬러 올라갈 수 있다. Plato는 사물(예: 집, 나무)이 감각을 통해 인간에게 드러나는 데 반해, 인간은 자신이 알고 있는 것에 대해 사유하거나 생각함으로써 관념을 습득한다고 믿었다. 인간은 세계에 대한 관념을 가지고 있기 때문에 관념을 반추(reflect)해 봄으로써 학습(발견)한다. 사유는 최상의 정신적인 능력이다. 왜냐하면 사유를 통해서 인간은 추상적인 관념을 학습하기 때문이다. 집과 나무의 참 본질은 집과 나무의 관념을 반추해 봄으로써만 알 수 있다.

Plato는 참 지식(true knowledge) 또는 관념의 지식은 천부적이며 반추를 통해 각성된다고 가정함으로써 『메논(Meno)』에서 표현된 딜레마에서 빠져 나왔다. 학습은 정신 속에 존재하는 것을 회상하는 것이다. 관찰하거나 듣거나 맛을 보거나 냄새를 맡거나 만져보는 것과 같이 감각을 통해 습득한 정보는 관념이라기보다 원자료(raw material)를 구성한다. 정신은 사유를 위해 천부적으로 구조화되며 들어오는 감각정보에 의미를 부여한다.

합리주의 학설은 또한 프랑스의 철학자이며 수학자인 René Descartes(1596~1650)의 저작에서 분명하게 드러난다. Descartes는 탐구(inquiry)의 한 방법으로서 의심(doubt)을 사용하였다. 의심을 함으로써, 그는 절대적인 진리가 있으며 그것은 의심되지 않는다는 결론에 이르렀다. Descartes가 의심할 수 있다고 하는 사실은, 그의 금언 '나는 생각한다, 고로 나는 존재한다.'에서도 나타나는 것처럼, 그로 하여금 정신(사고)이 존재한다는 것을 믿도록 하였다. 일반적인 전제로부터 구체적인 사례로 나아가는 연역적인 사유를 통해 Descartes는 신(God)은 존재한다는 것을 검증하였으며 사유를 통해 도출된 관념은 사실임에 틀림없다고 결론지었다.

Plato와 마찬가지로, Descartes는 정신-물질이라는 이원론을 확립하였다. 그러나 Descartes에게 있어 외적 세계는 동물의 행동처럼 기계적(mechanical)이었다. 인간은 사유능력에서 구별된다. 인간의 영혼 또는 사고능력은 신체의 기계적인 행동에 영향을 미치지만 신체는 감각적인 경험을 들춰냄으로써 정신을 따라 행동한다. 비록 Descartes가 이원론을 주장하였지만 그는 또한 정신-물질 간의 상호작용을 가정하였다.

합리주의적인 관점은 독일의 철학자 Immanuel Kant(1724~1804)에 의해 확장되었다. 『순수이성비판(Critique of Pure Reason)』(1781)에서 Kant는 정신-물질 이원론을 언급하였으며, 외적 세계는 무질서하지만 질서가 정신에 의해 강요되기 때문에 질서정연한 것으로 인식된다고 지적하였다. 정신은 감각을 통해 외적 세계로부터 받아들여지며, 그것은 주관적·천부적인 법칙에 의해 변경된다. 세계는 존재하는 것이 아니라 단지 인식될 뿐이다. 인간의 지각이 세계에 질서를 부여한다. Kant는 지식원(a source of knowledge)으로서의 사유의 역할을 재차 확인하였지만, 사유는 경험의 영역 내에서 작동한다고 주장하였다. 외부 세계의 영향을 받지 않는 절대적인 지식은 존재하지 않는다. 오히려 지식은 정보가 외부로부터 받아들여지며 정신에 의해 해석된다는 의미에서 경험적(empirical)이다.

요컨대, 합리주의는 지식이 정신을 통해 생성된다는 학설이다. 비록 외적 세계가 있고 그것으로부터 인간은 감각적인 정보를 습득하지만 관념은 정신의 작동으로부터 기인한다. Descartes와 Kant는 사유는 세계로부터 습득된 정보에 기초하여 작동한다고 믿었던 반면, Plato는 지식은 절대적일 수 있으며 순수한 사유에 의해 습득된다고 생각하였다.

경험주의. 경험주의(empiricism)는 경험이 지식의 유일한 근원이라는 생각을 지칭한다. 이 입장은 Plato의 제자이자 후계자였던 Aristotle(384~322 B.C.)로부터 기원한다. Aristotle은 정신과 물질 간에 어떠한 명확한 구별도 하지 않았다. 외적 세계는 인간 감각의 인상(impression)의 토대다. 그런데 이 인간 감각의 인상은 나중에 정신에 의해 합법적인(일관성 있는, 변화하지 않는) 것으로 해석된다. 자연의 법칙은 감각적인 인상을 통해서는 발견될 수 없다. 오히려 감각적인 인상은 정신이 환경으로부터 자료를 받아들임에 따라 사유를 통해 발견된다. Plato와는 달리, Aristotle은 관념은 외적 세계와는 분리되어 존재하지 않는다고 믿었다. 외적 세계는 모든 지식의 근원이다.

Aristotle은 기억에 적용된 연합의 원리(principles of association)를 주창함으로써 심리학에 기여하였다. 하나의 대상(object) 또는 생각(idea)을 회상하는 것은 시간상·공간상으로 원래의 대상 또는 생각과 비슷하거나 상이한 또는 근접하게 경험한 다른 대상 또는 생각의 회상을 촉발한다. 대상과 생각이 종종 더 밀접하게 연관되면 될수록 한 가지를 회상하는 것이 다른 것의 회상을 촉발할 개연성이 더 높아진다. 그러한 연합학습(associative learning)의 개념이 많은 학습이론에서 두드러지게 나타나고 있다(Shanks, 2010).

또 하나의 영향력 있는 인물이, 관념은 사유를 통해서만 발견된다는 Plato의 신념을 폐기하는 운동에 기여하였던, 영국의 철학자 John Locke(1632~1704)였다. Locke는 경험적이지만 실제로는 실험적인(experimental) 것까지는 가지 않았던 사고학파(a school of thought)를 발전시켰다(Heidbreder, 1933). 『인간이해에 관한 에세이(Essay Concerning Human Understanding)』(1690)에서, Locke는 어떠한 천부적인 관념도 없다고 주장하였다. 즉, 모든 지식은 두 가지 형태의 경험, 다시 말해서 외적 세계에 관한 감각적인 인상과 개인적인 각성으로부터 도출된다. 태어날 때 정신은 **백지상태(tabula rasa)**다. 관념은 감각적인 인상과 이 인상에 관한 개인적인 반추로부터 획득된다. 어떠한 것도 감각에 기인하지 않는 정신 속에 존재할 수 없다. 정신은 상이한 방식으로 조합된 관념으로 구성된다. 정신은 관념을 간단한 구성단위로 나눔으로써만 이해될 수 있다. 사고에 관한 이러한 원자적인 개념이 연합주의다. 즉, 복잡한 관념은 간단한 관념의 집합체다.

Locke가 제기하였던 쟁점은 George Berkeley(1685~1753), David Hume(1711~1776), John Stuart Mill(1806~1873)과 같은 심오한 사상가들에 의해 논쟁이 되었다. Berkeley는 정신이 유일한 실재(reality)라고 믿었다. 단지 이차적인 질(quality)만이 존재하며 어떠한 일차적인 질도 없다. Berkeley는 관념이란 경험으로부터 도출된다고 믿었기 때문에 경험론자다. 그러나 그는 또한 인간은 자신의 감각적인 인상에 질을 부여한다고 생각하였다. Hume은 인간은 결코 외적 실재에 대해 확신할 수 없다는 데 동의하였다. 그러나 그는 또한 인간은 자신의 관념에 대해서도 확신할 수 없다고 믿었다. 개인은 유일한 실재를 구성하는 자신의 관념을 통해 외적 실재를 경험한다. 동시에, Hume은 관념은 경험으로부터 도출되며 서로 연계된다는 경험주의적 학설을 받아들였다. Mill은 경험주의자이자 연합주의자였지만, 간단한 관념이 복잡한 관념을 형성하기 위해 순차적으로 조합된다는 생각을 거부하였다. Mill은 간단한 관념은 복잡한 관념을 촉발하지만 후자는 전자로 구성될 필요가 없다고 주장하였다. 간단한 관념은 복잡한 사고를 구성하고 있는 관념과는 거의 아무런 관련도 없는 복잡한 사고를 만들어 낼 수 있다. Mill의 신념은, 형태심리학(gestalt psychology)의 필수적인 가정(제5장 참조), 즉 전체는 부분의 합보다 크다는 개념을 반영한다.

요컨대, 경험주의는 경험은 지식의 유일한 형태라고 주장한다. Aristotle에서 시작하여, 경험주의자들은 외적 세계는 인간의 인상을 위한 토대로서의 역할을 수행해 왔다고 주장해 왔다. 대부분은 대상 또는 관념은 복잡한 자극 또는 정신적인 패턴을 형성하기 위해 연합한다는 개념을 받아들인다. Locke, Berkeley, Hume, 그리고 Mill은 경험주의적 관점을 받아들인 대표적인 철학자들이다.

비록 철학적인 입장과 학습이론이 명확하게 양분되는 것은 아니지만, 행동주의 학습이론이 일반적으로 경험주의적이라면, 인지주의 학습이론은 보다 합리주의적이다. 종종 둘 간에 중복이 극명하게 드러난다. 예를 들어, 대부분의 학습이론은 많은 학습이 연합을 통해 일어난다는 것에 동의한다. 인지주의 학습이론은 인지와 신념의 연합을 강조하는 반면, 행동주의 학습이론은 자극의 반응과 결과의 연합을 강조한다.

학습에 관한 심리학적 연구의 시작

비록 심리학적 본질에 관한 체계적인 연구가 19세기 후반부터 나타나기 시작하였지만, 심리학이 하나의 학문으로서 언제 공식적으로 시작되었는지를 정확하게 말하기는 쉽지 않다(Mueller, 1979). 학습이론에 커다란 영향을 미쳤던 두 사람은 Wundt와 Ebbinghaus다.

Wundt의 심리학실험실. 비록 William James가 4년 먼저 하버드대학교에서 교수실험실(teaching laboratory)을 시작하였지만 최초의 심리학실험실은 1879년 독일 라이프치히(Leipzig)에서 Wilhelm Wundt(1832~1920)에 의해 개설되었다(Dewsbury, 2000). Wundt는 심리학을 새로운 학문으로 확립하기를 원하였다. 그의 실험실은 상당히 많은 방문자들이 찾아옴으로써 국제적인 명성을 얻었으며, 그는 심리학 연구결과들을 보고하기 위하여 저널을 만들있다. 미국에서 최초의 연구실험실은 1883년에 G. Stanley Hall에 의해 개설되었다(Dewsbury, 2000).

심리학실험실의 개설은 매우 중요한 의미를 갖는데, 그 이유는 철학자들의 강조점이 형식적인 이론화로부터 실험법(experimentation)과 측정기기(instrumentation)에 의한 관찰로 옮아가게 되는 전환점이 되었기 때문이다(Evans, 2000). 이 심리학실험실은 현상에 관한 과학적인 설명을 제공하는 것을 목표로 연구를 수행하였던 학자들의 집합체였다(Benjamin, 2000). Wundt는『생리심리학의 원리(Principles of Physiological Psychology)』(1874)라는 책에서, 심리학은 정신(mind)에 관한 연구라고 주장하였다. 심리학적 방법은 생리학적 방법의 패턴을 따라야 한다. 다시 말해서, 연구과정은 통제된 자극과 측정된 반응이라는 관점에서 실험적으로 조사되어야 한다.

Wundt의 실험실은 심리학을 학문으로 확립하고자 하는 도전을 받아들였던 새로운 부류의 과학자들을 매료시켰다. 연구자들은 감각과 지각, 반응시간, 언어연합, 주의집중, 감정, 정서와 같은 현상을 연구하였다. Wundt는 또한 미국에서 후속적으로 실험실을 개설하였던 많은 심리학자들의 조언자였다(Benjamin, Durkin, Link, Vestal, & Acord, 1992). 비록 Wundt의 실험실은 심리학 역사상 어떠한 위대한 발견이나 핵심적인 실험을 산출해 내지는 못하였지만, 심리학을 하나의 학문으로, 그리고 실험법을 지식을 습득하고 정련하는 방법으로 정착시켰다.

Ebbinghaus의 언어학습.

Hermann Ebbinghaus(1850~1909)는 Wundt의 실험실과는 연관이 없지만, 그럼에도 불구하고, 실험방법을 타당화하고 그렇게 함으로써 심리학을 하나의 학문으로 정착시키는 데 도움을 주었던 독일 심리학자였다. Ebbinghaus는 기억에 관한 연구를 수행함으로써 고차원적인 정신과정을 연구하였다. 그는 연합의 원리를 받아들였으며, 학습과 학습된 정보의 회상은 자료(material)에 노출된 빈도에 따라 결정된다고 믿었다. 이 가설을 적절하게 검증하기 위해서는 참여자들이 익숙하지 않은 자료를 사용할 필요가 있었다. Ebbinghaus는 세 개의 자음-모음-자음의 조합으로 된 문자(예: cew, tij)인 **무의미철자(nonsense syllables)**를 만들었다.

Ebbinghaus는 종종 자기 자신을 연구의 피실험자로 삼았던 열성적인 연구자였다. 한 전형적인 실험에서, 그는 일련의 무의미철자를 만들고 각각을 잠깐 본 후에 잠깐 동안 쉬었다가 다음 철자를 보았다. 그는 이러한 방식으로 전체 리스트를 학습하기 위해 그 리스트를 몇 번이나 보았는지(시도)를 결정하였다. 그는 그 리스트를 반복해서 학습함으로써 점차적으로 실수횟수를 줄여 갔으며, 더 많은 철자를 학습하기 위해 더 많은 시도가 필요하였고, 처음에는 재빨리 잊어 버렸지만 나중에는 더 천천히 잊어 버렸으며, 처음에 그 철자를 학습하는 것보다 그것을 재학습하는 데 더 적은 노력이 요구되었다. Ebbinghaus는 또한 원래의 학습이 이루어지고 나서 상당 기간이 흐른 후 철자를 연구하였으며, 원래 학습을 위해 요구되는 시간, 또는 시도에 대한 재학습을 위해 필요한 시간, 또는 시도의 백분율로 정의되는 **절약점수(saving score)**를 계산하였다. 그는 또한 몇 가지 유의미한 구절을 기억하였으며, 이를 통해 자료의 유의미성(meaningfulness)이 학습을 더 용이하게 한다는 것을 알아냈다. Ebbinghaus는 자신의 연구결과를 『기억(memory)』(1885/1964)이라는 책에 집대성하였다.

비록 역사적으로 중요하기는 하지만, 이 연구는 몇 가지 문제점이 있다. Ebbinghaus는 통상 단 한 명의 참여자(자기 자신)만을 활용하였기 때문에 그가 선입견이 없는 또는 전형적인 학습자였다고 보기 어렵다. 우리는 또한 무의미철자를 학습한 결과가 유의미한 학습(예: 교과서의 구절)에 얼마나 잘 일반화되는지 의문을 가진다. 그럼에도 불구하고, 그는 면밀한 연구자였으며 그의 연구결과들 중 상당수가 나중에 실험적으로 타당한 것으로 밝혀졌다. 그는 고차원적인 정신과정을 실험실로 도입한 선구자였으며, 그 결과 심리학을 학문으로 정착시키는 데 도움을 주었다.

구조주의와 기능주의

Wundt와 Ebbinghaus의 연구는 체계적이지만 특정 장소에 한정되었으며, 심리학이론에 미친 영향력도 제한적이었다. 20세기로 접어들면서 보다 널리 확산된 심리학적 사고학파들이 도래하였다. 두각을 나타낸 두 가지 관점이 구조주의(structuralism)와 기능주의(functionalism)였다. 비록 어떠한 관점도 오늘날 통일된 학설로서 존재하지는 않지만, 학습에 관하여 심리학사에 상당한 영향을 끼쳤다.

구조주의. Edward B. Titchener(1867~1927)는 라이프치히에서 Wundt의 제자였다. 1892년 그는 코넬대학교 심리학실험실의 책임자가 되었으며 Wundt의 실험방법을 미국 심리학에 도입하였다.

Titchener의 심리학은 최종적으로 **구조주의(structuralism)**로 알려지게 되었다. 그것은 연합주의와 실험방법의 조합을 의미하였다. 구조주의자들은 인간의 의식을 과학적으로 연구할 수 있다고 믿었다. 그래서 그들은 정신과정의 구조 또는 구성(makeup)을 연구하였다. 그들은 정신은 관념의 연계들로 구성되어 있으며, 정신의 복잡성을 연구하기 위해서 연구자는 이 연계들을 개별적인 관념으로 분리해야 한다고 주장하였다(Titchener, 1909).

Wundt, Titchener, 그리고 다른 구조주의자들에 의해 빈번하게 사용된 실험방법은 자기분석의 한 유형인 **내성법(introspection)**이었다. Titchener는 과학자들은 현상의 관찰에 의존하며, 내성법은 관찰의 한 형태라고 주장하였다. 내성법 연구에 참여하는 피험자들은 대상 또는 사태에 노출된 다음 자신들의 즉각적인 경험을 언어적으로 보고하였다. 예를 들어, 만약 테이블이 제시되면 그들은 모양, 크기, 색깔, 질감에 관한 자신들의 지각을 보고한다. 그들은 그 대상에 대한 자신들의 지식 또는 자신들의 지각의 의미에 라벨(label)을 붙이거나 의미를 보고하도록 요구되지는 않는다. 따라서 만약 피험자가 테이블을 보고 있는 동안 "테이블"이라고 말로 표현하였다면 그것은 자신의 의식적인 과정보다는 자극에 주의를 기울이고 있는 것이다.

내성법은 유일하게 심리학적이었으며 심리학을 다른 학문과 구별하는 데 도움이 되었다. 그것을 사용하기 위해서는 훈련이 필요하였던 전문적인 방법이었기 때문에, 내성법자는 개개인이 현상의 해석보다는 언제 자신의 의식과정을 조사할 수 있는지를 결정할 수 있었다.

불행히도, 내성법은 종종 문제가 많았으며 신뢰롭지도 못하였다. 사람들이 의미와 라벨을 무시할 것이라고 기대하기는 어려우며 비현실적이다. 테이블이 제시되면 사람들이 "테이블"이라고 말하고 그것의 활용도를 생각하며 관련된 지식을 끌어들이는 것은 자연스러운 것이다. 정신은 정보를 매우 정교하게 분류할 수 있도록 구조화되어 있지 않다. 따라서 내성법자들은 의미를 무시함으로써 정신의 핵심적인 측면을 무시하였다. Watson(제3장 참조)은 내성법을 사용하는 것을 비난하였으며, 내성법의 문제점은 단지 관찰 가능한 행동만을 연구하였던 객관적인 심리학에 대한 지지를 규합하는 데 도움이 되었다(Heidbreder, 1933). 저명한 심리학자인 Edward L. Thorndike(제3장 참조)는 교육은 의견(opinions)이 아닌 과학적인 사실(scientific facts)에 근거해야 한다고 주장하였다(Popkewitz, 1998). 행동심리학에 관한 지속적인 강조는 20세기 초반 동안 미국심리학을 지배하였다.

또 하나의 문제점은 구조주의자들이 관념의 연합을 연구하였지만 그들은 연합이 어떻게 습득되는지에 대해서는 거의 언급하지 않았다는 점이다. 더 나아가, 내성법이 즉각적인 감각과 지각을 배제한 사유(reasoning)와 문제해결(problem solving)과 같은 고차원적인 정신과정을 연구하기 위한 적절한 방법이었는지 분명하지 않았다.

기능주의. Tichener가 코넬대학교에 있던 기간 동안 다른 지역에서의 발전이 구조주의의 타당성을 위협하였다. 이러한 것 중 대표적인 것이 기능주의자들에 의한 연구였다. **기능주의(functionalism)**는 살아있는 유기체의 정신과정과 행동은 유기체가 환경에 적응하도록 도와준다는 견해다(Heidbreder, 1933). 이 사고학파는 John Dewey(1867~1949)와 James Angell(1869~1949)에 의해 시카고대학교에서 번성하였다. 또 다른 저명한 기능주의자는 William James(1842~1910)다. 기능주의는 1890년대부터 제1차 세계대전까지 지배적인 미국의 심리학적 관점이었다(Green, 2009).

James의 주요한 연구는 『심리학의 원리(The Principles of Psychology)』(1890)라는 두 권의 연쇄 출판물이었는데, 지금까지 저술된 가장 위대한 심리학 교과서들 중 하나로 간주되고 있다(Hall, 2003). 축소판이 교재용으로 출판되었다(James, 1892). James는 경험이 사고를 검증하기 위한 출발점이라고 믿었던 경험주의자였다. 그러나 그는 연합주의자는 아니었다. 그는 간단한 관념은 환경적인 입력(inputs)의 수동적인 복사본이 아니라 오히려 추상적인 사고와 연구의 산물이라고 생각하였다(Pajares, 2003).

James(1890)는 의식은 변별적인 정보의 조각이라기보다 연속적인 과정이라고 주장하였다. 인간의 "사조(stream of thought)"는 경험이 변함에 따라 변화한다. "의식은 출생 이후부터 대상과 관계의 무수한 중복으로 이루어져 있으며, 우리가 간단한 감각이라고 부르는 것도 종종 매우 높은 정도로 변별적인 주의집중의 결과다."(1권, p.224). James는 의식의 목적을 개인이 자신의 환경에 적응하도록 돕는 것이라고 기술하였다.

기능주의자들은 James의 생각을 자신들의 학설에 포함시켰다. Dewey(1896)는 심리학적 과정은 별개의 부분으로 분리될 수 없으며, 의식은 총체적으로 보아야 한다고 주장하였다. "자극(stimulus)"과 "반응(response)"은 대상 또는 사태(events)에 의해 수행된 역할을 기술하지만, 이 역할은 총체적인 실재(reality)로부터 분리될 수 없다. Dewey는 촛불이 타오르고 있는 것을 보고 그것을 잡으려고 팔을 뻗어서 손가락을 그을린 경험을 한 유아에 대한 James(1890)의 예를 인용하였다. 자극-반응의 관점에서 볼 때, 촛불을 보는 것은 자극이며 손을 뻗은 것은 반응이다. 또한 손가락이 그을린 것(아픔)은 손을 뒤로 빼는 반응에 대한 자극이다. Dewey는 이러한 순서는 보고 손을 뻗는 것이 서로 영향을 미치는, 하나의 더 크게 조합된 행동으로 볼 때 보다 더 잘 이해할 수 있다고 주장하였다.

기능주의자들은 Darwin의 진화에 관한 저술들로부터 영향을 받았으며, 정신적인 과정이 유기체가 환경에 적응하고 생존하도록 어떻게 돕는지를 연구하였다(Bredo, 2003; Green, 2009). 기능주의자들은 정신적인 과정(예: 사고, 감정, 판단)이 어떻게 작동하고, 무엇을 달성하며, 환경적인 조건에 따라 어떻게 변화되는지에 관심이 있었다. 그들은 또한 정신과 신체를 별개로 존재하는 것이라기보다 상호작용하는 것으로 보았다.

기능주의자들은 내성법을 반대하였는데, 그 이유는 내성법이 의식을 연구하였기 때문이 아니라 오히려 그것이 의식을 연구하는 방법 때문이었다. 내성법은, 기능주의자들이 불가능하다고 믿었던, 의식을 변별적인 요소로 줄이려고 시도하였다. 어떤 현상을 분리하여 연구하는 것은 그것이 유기체의 생존에 얼마나 기여하는지를 드러내지 못한다.

Dewey(1900)는 심리학적 실험의 결과는 교육과 일상의 삶에 활용될 수 있어야 한다고 주장하였다. 비록 이러한 목적은 칭찬받을 만하지만, 그것은 또한 기능주의의 연구의제(research agenda)가 너무 광범위해서 분명한 초점을 제공해 줄 수 없었기 때문에 문제가 되었다. 이러한 약점은 행동주의가 미국 심리학의 지배적인 세력으로 부각되는 터전을 마련하였다(제3장 참조). 행동주의는 실험적인 방법을 사용하였으며, 심리학의 입지를 학문으로서 공고히 해준 것이 바로 심리학의 실험법과 관찰할 수 있는 현상에 관한 강조였다(Tweney & Budzynski, 2000).

학습이론과 연구

이론과 연구는 학습에 관한 연구에서 필수적이다. 이 절(section)에서는 연구과정의 중요한 측면과 더불어 이론의 몇 가지 일반적인 기능을 논의한다.

이론의 기능

이론(theory)은 어떤 현상을 설명하기 위해 제공된 과학적으로 수용된 일련의 원리들이다. 이론은 환경적인 관찰을 해석하기 위한 준거틀(framework)을 제공하고 **연구(research)**와 교육 간에 교량역할을 한다(Suppes, 1974). 연구결과는 조직화되고 이론에 체계적으로 연계될 수도 있다. 이론이 없는 연구결과물은 비조직화된 데이터의 집합체일지 모른다. 왜냐하면 연구자나 실천가는 그 데이터가 연계될 수 있는 어떠한 포괄적인 (overarching) 준거틀도 가지고 있지 않을 수 있기 때문이다. 연구자가 이론에 직접적으로 연계되지 않는 것 같은 성과를 획득한 경우조차도 그는 여전히 데이터를 의미 있게 만들려고 해야 하며 어떠한 이론이 적용가능한지를 결정해야 한다.

이론은 환경적인 현상을 반영하며, **가설**(hypotheses) 또는 경험적으로 검증될 수 있는 가정의 형성을 통해 새로운 연구를 생성한다. 가설은 "X는 Y에 정적으로 관련되어야 한다."와 같이 관계에 관한 진술문으로 기술될 수 있고, 만약 ~한다면(if-then)의 형태(예: 만약 내가 X를 한다면, Y가 일어날 것이다.")로 진술될 수도 있다. 여기에서 X와 Y는 각각 "학습자에게 학습향상도를 알려주고" "그의 학습동기를 향상시키는" 것과 같은 사태(events)일 수도 있다. 그런 다음, 우리는 "만약 우리가 학습자에게 학습향상도를 알려준다면, 학습자는 자신의 향상도를 듣지 못한 학습자보다 더 높은 학습동기를 보여 주어야 한다."라는 가설을 검증한다. 이론은 가설이 데이터에 의해 지지될 때 보다 강력해진다. 만약 데이터가 가설을 지지하지 못한다면 이론은 수정될 필요가 있다.

연구자는 종종 어떠한 이론도 없는 분야를 탐색한다. 그러한 경우, 연구자는 연구목표나 해결해야 할 연구문제를 명확하게 나타낸다. 연구자가 가설을 검증할 것인지 또는 연구문제를 탐색할 것인지 상관없이, 그는 연구조건을 가능하면 정확하게 구체화할 필요가 있다. 연구는 이론 발달의 기초를 형성하며 수업(teaching)에 중요한 시사점을 제공하기 때문에, 다음 절에서는 연구의 유형과 연구수행 과정을 살펴본다.

연구수행

연구조건을 구체화하기 위해서 다음과 같은 질문에 답할 필요가 있다: 누가 참여할 것인가? 연구가 어디에서 수행될 것인가? 어떠한 절차를 사용할 것인가? 사정되어야 할 변인과 성과는 무엇인가?

연구자는 개념적, 조작적 정의를 제공함으로써 연구하고자 하는 현상을 정확하게 정의해야 한다. **조작적 정의**(operational definition)는 현상을 사정하기 위한 척도(measures)와 절차(procedures)의 측면에서 정의한다. 예를 들어, **자기효능감**(self-efficacy)(제4장에서 다룸)을 어떤 과제를 학습하거나 수행하기 위한 어떤 사람의 지각된 역량이라고 개념적으로 정의할 수도 있고, 조사연구에서 자기효능감을 사정하기 위해 사용된 척도와 절차를 구체화함으로써 조작적으로 정의(예: 학습자가 교수 전에 개별적으로 실시된 30문항의 질문지에서 받은 점수)할 수도 있다. 이상적으로 볼 때, 우리는 다른 연구자가 우리의 연구를 되풀이해서 연구할 수 있을 정도로 조건을 정확하게 구체화해야 한다.

학습을 탐구하는 조사연구는 다양한 형태의 **패러다임**(paradigm) 또는 **모형**(models)

(〈표 1.2〉 참조)을 사용한다. 다음 단락에서는 상관관계적, 실험적, 질적 패러다임에 관하여 기술한 후, 실험실연구와 현장연구에 관하여 논의한다.

표 1.2 학습연구 패러다임	유형	특성
	상관관계연구	변인들 간의 관계성 검증
	실험연구	한 개 이상의 변인들을 교체하여 다른 변인들에 미치는 효과 평가
	질적 연구	사태의 기술과 의미의 해석에 관심
	실험실연구	통제된 환경하에서 수행되는 프로젝트
	현장연구	자연적인 환경(예: 학교, 가정, 직장)하에서 수행되는 프로젝트

상관관계연구. 상관관계연구(correlational research)는 변인들 간에 존재하는 관계성을 탐색한다. 연구자는 자기효능감이 학업성취도에 정적 상관관계를 맺고 있어(관련되어 있어) 학습자는 자기효능감이 높을수록 보다 높은 학업성취도를 보일 것이라는 가설을 설정할 수 있을 것이다. 이러한 관계성을 검증하기 위하여, 연구자는 수학문제를 해결하기 위한 학습자의 자기효능감을 측정한 후 그가 실제로 그 문제를 얼마나 잘 해결하느냐를 측정할 것이다. 연구자는 관계성의 방향(정적, 부적)과 그것의 강도(높음, 중간, 낮음)를 결정하기 위하여 자기효능감과 학업성취도 점수를 통계적으로 상관 지을수 있다.

상관관계연구는 변인들 간의 관계성을 명료화하는 데 도움이 된다. 상관관계 성과는 종종 심층연구를 위한 방향성을 제시해 준다. 만약 연구자가 자기효능감과 학업성취도 간에 높은 정적 상관관계가 있다는 결론을 얻었다면, 후속연구는 학습자가 학습에 대한 자기효능감을 높이고 그러한 증가가 보다 높은 학업성취도를 산출하는지의 여부를 결정하기 위한 실험일 수 있다.

상관관계연구의 한 가지 제한점은 그것을 통해 원인과 결과를 확인할 수 없다는 점이다. 자기효능감과 학업성취도 간에 어떤 긍정적인 상관관계가 있다는 것은 (a) 자기효능감이 학업성취도에 영향을 미치고, (b) 학업성취도가 자기효능감에 영향을 미치며, (c) 자기효능감과 학업성취도가 서로 영향을 미치거나 또는 (d) 자기효능감과 학업성취도가 다른, 측정할 수 없는 변인(예: 부모, 교사)에 의해 영향을 받는다는 것을 의미할 수도 있다. 인과관계를 결정하기 위해서는 실험연구가 필수적이다.

실험연구. 실험연구(experimental research)에서 연구자는 한 개 이상의 변인(독립변인)을 변경하고 다른 변인(종속변인)에 나타나는 효과를 측정한다. 앞에서 예로 들었던 연구자는 학습자들을 두 집단으로 나누어, 한 집단에 속해 있는 학습자들에게는 자기효능감에 관한 지각을 체계적으로 높여주고 다른 집단에 속해 있는 학습자들에게는 아무런 처치도 하지 않은 채 두 집단의 학업성취도를 측정한다. 만약 첫 번째 집단이 보다 더 향상 되었다면, 연구자는 자기효능감이 학업성취도에 영향을 미친다고 결론을 내릴 수 있을 것이다. 연구자는 자기효능감이 학습결과(outcomes)에 미치는 영향을 관찰하기 위해 변인을 바꾸지만, 잠정적으로 학습결과에 영향을 미칠 수 있는 다른 변인(예: 학습조건)은 동일하게 유지해야 한다.

실험연구는 인과관계를 명료하게 밝혀주기 때문에 우리가 학습의 본질을 이해하는 데 도움이 되지만, 종종 그 적용범위가 제한적이다. 연구자는 일반적으로 단지 몇 개의 변인만을 연구하고 다른 변인의 효과는 최소화하려고 노력하는데, 어려울 뿐만 아니라 다소 비현실적이다. 교실과 다른 학습환경은 많은 요인이 동시에 작용하는 복잡한 곳이다. 따라서 한두 가지의 변인이 성과의 원인을 초래하였다고 말하는 것은 그것의 중요성을 지나치게 강조한 것일 수도 있다. 효과를 보다 잘 이해하기 위해서는 실험을 다시 실시해 보거나 다른 변인을 검토해 볼 필요가 있다.

질적 연구. 질적 연구(qualitative research)[기술적 연구(descriptive research)] 패러다임은 집중적인 연구, 사태의 기술과 의미의 해석 면에서 다른 패러다임과 구별되는 특징이 있다. 사용되는 이론과 방법은 질적, 문화기술지적, 참여자 관찰, 현상학적, 구성주의적, 해석학적 연구 등을 포함하여 다양한 명칭으로 일컬어지고 있다(Erickson, 1986).

질적 연구는 연구자가 사태의 전반적인 분포보다는 오히려 그 사태의 구조에 관심이 있을 때, 개인의 의미와 관점이 보다 중요할 때, 실제적인 실험이 비실제적이거나 비윤리적일 때, 그리고 실험적인 방법에 의해 밝혀지지 않은 새로운 잠재적인 인과적 연계성을 찾고자 할 때 특히 유용하다(Erickson, 1986). 연구는 매우 다양하며, 한 차시 수업 내에서의 언어적, 비언어적 상호작용의 분석에서부터 보다 장기간에 걸친 심층관찰과 인터뷰까지도 포함할 수 있다. 연구방법은 관찰, 기존 기록의 활용, 인터뷰, 발성사고(think-alouds) 프로토콜(즉, 연구참여자가 과제를 수행하는 동안 큰소리로 말하는 방법)을 포함할 수 있다. 이 접근법을 특징짓는 것은 연구방법의 선택이 아니라-앞에서 언급한 방법 모두가 상관관계 또는 실험연구에서도 사용될 수 있다-자료의 분석과 해석의 깊이(depth) 및 수준(quality)이다.

어떤 질적 연구자는 자기효능감이 장기간 동안 기능의 발달에 어떻게 기여하는지에 관하여 궁금해 할지 모른다. 그 연구자는 몇 달 동안 소규모 학습자집단을 가지고 연구할 수도 있다. 관찰, 인터뷰, 다른 자료수집 방법 등을 통해 연구자는 학습자의 학습에 대한 자기효능감이 읽기, 쓰기, 수학에서의 기능을 연마하는 데 어떻게 관련되는지를 검토할 수 있다.

질적 연구는 풍부한 자료원(source of data)을 산출하는데, 이러한 자료원은 일반적으로 상관관계나 실험연구에서 얻어지는 자료원보다 훨씬 집중적이고 포괄적이다. 이 패러다임은 또한 새로운 문제를 제기할 수 있으며, 전통적인 방법을 사용하였을 때 종종 놓치는 오래된 질문에 대해 신선한 관점을 제공해 줄 수 있다. 한 가지 잠재적인 한계점은 연구가 일반적으로 단지 몇 명의 참여자만을 포함하기 때문에 이들이 보다 규모가 큰 학습자들이나 교사들을 대표할 수 없으며, 따라서 연구결과를 일반화하는 데 한계가 있다는 점이다. 또 하나의 제한점은 자료를 수집하고 분석하며 해석하는 데 매우 많은 시간을 필요로 하기 때문에 졸업하고자 하는 학습자나 연구업적에서 기록을 세우고자 하는 교수 (professors)에게는 비실제적이라는 점이다. 그럼에도 불구하고, 질적 연구 패러다임은 일반적으로 다른 방법을 사용해서는 수집하기 힘든 자료를 얻을 수 있다는 점에서 유용하다.

실험실연구와 현장연구. **실험실연구**(laboratory research)는 통제된 환경에서 연구가 행해지는 데 반해, **현장연구**(field research)는 연구참여자가 살고, 일하고 또는 참여하는 학교와 같은 곳에서 행해진다. 20세기 초반 대부분의 학습연구는 실험실에서 동물을 대상으로 수행되었다. 오늘날 대부분의 학습연구는 인간을 대상으로 행해지며, 많은 연구가 현장에서 행해졌다. 앞에서 기술한 연구모형(실험연구, 상관관계연구, 질적 연구)은 모두 실험실연구나 현장연구에 적용될 수 있다.

실험실연구에서는 전화 벨소리, 사람의 말소리, 바깥을 볼 수 있는 창, 연구에 참여하지 않지만 교실에 있는 다른 사람과 같이 연구결과에 영향을 미칠 수 있는 외부요인을 통제할 수 있다. 빛이나 소리, 습도도 조절할 수 있다. 실험실연구에서는 또한 연구자가 장기간 장비를 설치해 놓은 채 자리를 비울 수 있으며, 모든 자료를 즉각적으로 가질 수 있다.

그러한 통제권은 현장연구에서는 불가능하다. 학교는 시끄럽고 종종 연구할 공간을 찾기도 힘들다. 수많은 요인으로 인해 정신이 산만해지기 쉽다. 다른 학습자와 교사가 왔다 갔다 하며, 벨이 울리고, 방송으로 공지사항이 전달되며, 소방훈련이 행해진다. 교실은 너무 밝거나 어둡고, 춥거나 따뜻하며, 다른 용도로도 사용되기 때문에 연구자는 연구를 할 때마다 장비를 다시 설치해야 한다. 이러한 요소들 때문에 연구결과를 해석하는 데 문제가 될 수도 있다.

현장연구의 한 가지 장점은 연구가 사람들이 일반적으로 학습하는 곳에서 행해졌기 때문에 다른 비슷한 환경으로 일반화하기가 매우 용이하다는 점이다. 이와 대조적으로, 실험실에서 행해진 연구결과를 현장에 일반화하는 데 있어 신뢰성이 상당히 떨어진다. 실험실연구는 학습에 관한 많은 중요한 통찰을 제공해 왔으며, 연구자는 종종 현장에서 밝혀진 연구결과를 실험실에서 재현해 보고자 한다.

우리가 실험실연구를 택할 것인지 현장연구를 택할 것인지는 연구의 목적이나 연구참여자의 이용 가능성, 그리고 우리가 그 결과를 어떻게 사용할 것인가와 같은 변인에 따라 달라진다. 만약 우리가 실험실연구를 택한다면, 우리는 통제권은 얻지만 일반화 가능성은 약간 상실하게 되며, 만약 우리가 현장연구를 택한다면 그 반대가 될 것이다. 현장연구에서 연구자는 외부로부터의 영향을 최소화함으로써 연구결과를 보다 신뢰롭게 만들 수 있다.

학습의 사정

학습은 추론적이기 때문에, 우리는 학습을 직접 관찰하기보다 오히려 그것의 산출물(products), 즉 학습자가 말하고 행한 것을 통해 관찰한다. 학습자와 일하는 연구자와 실천가는 학습자가 학습해 왔다고 믿을 수 있지만, 더 명확하게 하기 위해서는 학습의 성과(outcomes)를 사정해야 한다.

사정(assessment)은 "교육적인 관심변수(educational variable of interest)의 측면에서 학습자의 상태를 결정하기 위한 공식적인 시도"(Popham, 2014, p.8)를 수반한다. 학교에서, 교육적인 관심변수로는 아주 종종 다른 영역(예: 읽기, 쓰기, 수학, 과학)에서의 학습자의 학업성취도가 있다. 학습자의 학업성취도가 항상 중요한 것은 아니지만, 그것의 중요성이 미국 연방정부의 「2001년 아동낙오방지법(No Child Left Behind Act of 2001)」에 의해 강조되고 있다(Shaul & Ganson, 2005). 이 법률은 많은 조항을 가지고 있는데, 가장 중요한 것은 초등학교 3학년부터 8학년까지의 학습자와 다시 고등학교에서 읽기와 수학을 매년 시험을 보아야 하며, 학교시스템의 경우 학습자가 이들 교과목에서 매년 성취도가 적절하게 향상되었음을 보여줄 것을 필수요건으로 하고 있다는 것이다. 보다 최근에는, 많은 주(州)에서 「영어와 수학을 위한 공통핵심성취기준(Common Core State Standards for English Language Arts and Mathematics)」(National Governors Association Center for Best Practices and Council of Chief State School Officers, 2010)을 채택하였다. 이 성취기준은 학습자의 학습에 대한 책무성(accountability)이 지속적으로 관심을 받아야 함을 확실하게 해준다.

이 책에서는 두 가지 점에 주목한다. 비록 책무성이 흔히 사정의 방법이 되는 시험을 초래하지만, 사정은 (아래에서 기술한 것처럼) 시험과 더불어 많은 측정절차를 포함한다. 연구자와 실천가는 학습이 일어났는지의 여부를 알기를 원하는데, 학습자가 학습하였다는 증거를 제공해 주는 시험과는 다른 절차도 있을 수 있다(Popham, 2014). 둘째, 교과내용 영역에서의 학습자의 기능(skills)은 흔히 사정되는 학습성과지만, 연구자와 실천가는 또 다른 학습형태에 관심을 가질 수도 있다. 예를 들어, 그들은 학습자가 새로운 태도나 자기조절 전략을 학습하였는지의 여부 또는 학습자의 흥미, 가치, 자기효능감, 동기가 교과내용 학습의 결과로서 증진되었는지의 여부를 알고 싶어 할 수도 있다.

이 절에서는 학습의 성과(outcomes)를 사정하는 방법을 다룬다. 이러한 방법에는 직접

관찰, 쓰기반응, 구두반응, 타인에 의한 평정, 자기보고가 포함된다(〈표 1.3〉 참조).

표 1.3
학습사정방법

범주	정의
직접관찰	학습을 보여주는 행동의 실례
쓰기반응	검사, 퀴즈, 숙제, 보고서, 프로젝트에서의 쓰기 수행
구두반응	학습하는 동안 구술된 질문, 코멘트, 반응
타인에 의한 평정	학습속성들에 관한 관찰자의 학습자에 대한 판단
자기보고	학습자 스스로의 판단
■ 질문지법	문항 또는 질문에 대한 정답 쓰기 평점
■ 인터뷰	질문에 대한 구두반응
■ 시뮬레이션화된 회상	특정 시간에 자신의 수행에 수반되는 사고에 관한 회상
■ 발성사고법	과제를 수행하는 동안 자신의 생각, 행동, 감정을 큰소리로 말하는 것
■ 대화법	둘 이상의 사람들 간의 대담

직접관찰

직접관찰(direct observations)은 학습이 일어났는지의 여부를 사정하기 위해 우리가 관찰하는 학습자 행동의 실례(instances)다. (직접관찰은 다른 사람이 우리에게 그가 학습자 행동의 실례를 관찰하였다는 것을 알리는 보고된 관찰(reported observations)과 대조된다.) 교사는 직접관찰을 빈번하게 사용한다. 한 화학교사는 학생들이 실험절차를 배우기를 원한나. 그 교사는 학생들이 직질한 절차들을 이행하고 있는지의 여부를 사정히기 위하여 실험실에 있는 학생들을 관찰한다. 한 체육교사는 학생들이 농구공을 드리블하는 기법을 얼마나 잘 학습하였는지를 사정하기 위하여 농구공을 드리블하고 있는 학생들을 관찰한다. 한 초등학교 교사는 학생들의 수업행동에 기초하여 그들이 교실규칙을 얼마나 잘 학습하였는지를 평가한다.

직접관찰은 관찰이 똑바로 행해졌고 관찰자에 의해 거의 추론되지 않았다면 근거가 확실한 학습지표다. 직접관찰은 행동이 구체화된 후 학생이 자신의 행동이 기준과 일치하는지의 여부를 규명하기 위해 관찰할 때 가장 효과적이다.

직접관찰이 지니고 있는 한 가지 문제점은 그것이 관찰될 수 있는 것에만 초점을 맞추기 때문에 행동의 토대가 되는 인지적, 정의적 과정을 무시한다는 점이다. 직접관찰은 학습 자체보다는 학습의 산출물 또는 성과에 더 관심이 있다. 따라서 앞에서 예를 든 화학교사는 학생들이 실험절차를 학습하였다는 것은 알지만, 학생들이 그 절차를 수행하는 동안 무엇을 생각하였으며 그들이 얼마나 신뢰롭게 수행을 잘 하였는지 등에 대해서는 알지 못한다.

두 번째 문제는 비록 직접적으로 행동을 관찰하는 것이 학습이 일어났다는 것을 나타내 주기는 하지만 적절한 행동이 나타나지 않았다고 해서 학습이 일어나지 않았다는 것을 의미하지는 않는다는 점이다. 학습은 수행(performance)과 동일하지는 않다. 학습과 다른 많은 요인이 수행에 영향을 미칠 수 있다. 학생들은 동기화되지 않았거나 아프거나 또는 다른 일을 하느라 바쁘기 때문에 학습된 행동을 수행하지 않을 수도 있다. 수행의 결여로 학습이 일어나지 않았다고 결론짓기 위해서는 이러한 다른 요인들을 배제해야 한다. 학생들은 항상 최선을 다하려고 노력하기 때문에 만약 그들이 수행을 하지 않으면 학습을 한 것이 아니라는 가정을 할 필요가 있다. 그러나 그러한 가정은 때때로 잘못될 수도 있다.

쓰기반응

학습은 종종 시험이나 퀴즈, 숙제, 학기말 보고서, 리포트, 워드프로세싱 문서와 같은 학습자의 **쓰기반응**(written responses)에 기초하여 사정된다. 그 반응에서 나타난 완성도의 수준에 기초하여 교사는 적절한 학습이 일어났는지 또는 학습자가 교재를 충분히 이해하지 못하였기 때문에 부수적인 교수가 필요한지의 여부를 결정한다. 가령, 어떤 한 교사가 하와이의 지리에 관한 단원을 계획하고 있다고 가정해 보자. 우선, 그 교사는 학생들이 이 주제에 대해 거의 알지 못한다고 가정한다. 교수를 시작하기 전에 행해진 사전검사는 학생들의 점수가 형편없을 것이라는 교사의 생각을 지지해 줄 것이다. 그 교사는 교수단원을 지도한 후 학생들을 재검사한다. 그 교사는 검사점수의 차이에 근거를 두고 학생들이 어떤 지식을 습득하였다고 결론지을 수 있다.

상대적으로 활용하기 쉽고 광범위한 교재내용을 다룰 수 있다는 점에서 쓰기반응은 학습의 유용한 지표라 할 수 있다. 동시에, 쓰기반응은 실제적인 학습을 반영한다고 가정한다. 그러나 앞에서 살펴본 바와 같이, 학습은 추론에 의한 것이며 학습자가 학습을 하고 있는 동안조차도 수많은 요인이 행동의 수행에 영향을 미칠 수 있기 때문에 그렇게 가정하는 것은 문제가 있다. 우리가 쓰기반응이 학습의 참 지표라고 가정할 때, 우리는 학습자가 최선을 다하고 있으며, 피로, 질병, 부정행위와 같은 어떠한 외적 요인도 작용하지 않아서 학습자의 쓰기작품에 그가 배워 왔던 것이 충실히 반영되었다고 믿는다. 그러나 우리는 수행에 영향을 미칠 수 있고 학습의 사정을 애매하게 할 수 있는 외재적인 요인을 확인하려고 노력해야 한다.

구두반응

구두반응(oral responses)은 학교문화에 통합된 한 부분이다. 교사는 암기수업 시간 동안 학생이 문제에 답하도록 요구하며, 그가 말한 것에 기초하여 학습을 측정한다. 학생도 수업시간 동안 질문을 한다. 이 때, 이해가 부족함을 보여주는 질문은 적절한 학습이 일어나지 않았음을 드러내 준다.

쓰기반응과 마찬가지로, 우리는 구두반응도 학생이 알고 있는 것을 분명하게 드러내주는 지표라고 가정한다. 그러나 이러한 가정이 항상 맞는 것은 아니다. 더 나아가, 말로 표현하는 것 그 자체가 하나의 과제이며, 익숙지 않은 용어와 말하는 것에 대한 불안 또는 말하기(speech) 문제 때문에 자신이 알고 있는 것을 구두로 표현하지 못하는 문제도 있을 수 있다. 비록 교사가 종종 학생이 말한 것을 바꾸어 표현하려고 하지만 그러한 재표현(rephrasing)은 학생의 사고의 본질을 정확하게 반영하지 못할 수도 있다.

타인에 의한 평정

학습을 사정하기 위한 또 다른 방법은 개인(예: 교사, 학부모, 행정가, 연구자, 동료)이 학습자의 학습의 양 또는 질에 등급을 매기는 것이다. 이러한 **타인에 의한 평정(rating by others)**(예: "Timmy가 52 × 36 = ?와 같은 유형의 문제를 얼마나 잘 풀 수 있는가?", "Alicia가 지난 6개월간 프린팅 기능에서 얼마나 많은 향상도를 이루어 왔는가?")은 실제 학습자의 반응과 더불어 유용한 자료다. 타인에 의한 평정은 또한 특별한 요구를 가지고 있는 학습자(예: "Matt는 학습하기 위한 추가시간을 얼마나 자주 필요로 하는가?", "Jenny는 자신의 일을 얼마나 빨리 마쳤는가?")를 확인하는 데 도움이 된다.

타인에 의한 평정이 지닌 한 가지 이점은 학습자가 그 자신에 대해서 평정하는 것[다음에서 논의되는 자기보고(self-reporting) 참조]보다 관찰자가 학습자에 대해 더욱 객관적으로 평정할 수 있다는 점이다. 평정은 또한 행동을 뒷받침하는 학습과정(예: 동기, 태도)에 대해서도 행해질 수 있기 때문에 직접관찰을 통해서 얻을 수 없는 자료를 제공해 줄 수도 있다. 예를 들어, "Seth는 제2차 세계대전의 원인을 얼마나 잘 이해하고 있는가?"와 같은 경우다. 그러나 타인에 의한 평정은 직접관찰보다 더 많은 추론을 요구한다. 그것은 학습자의 학습의 용이성, 이해의 깊이, 또는 태도를 정확하게 평가하는 데 문제를 일으킬 수도 있다. 더 나아가, 평정은 관찰자가 학습자가 한 것을 기억하도록 요구하며, 평가자가 긍정적 또는 부정적인 행동만을 선택적으로 기억할 때 왜곡될 것이다.

자기보고

자기보고(self-reports)는 사람들의 자기 자신에 관한 사정과 진술이다. 자기보고는 질문지법, 인터뷰, 시뮬레이션화된 회상, 발성사고법, 대화법과 같은 다양한 형태를 취한다.

질문지법(questionnaires)은 응답자에게 그의 사고와 행동에 대해 물어보는 문항 또는 질문을 제시한다. 응답자는 자신이 참여하고 있는 활동의 유형을 기록할 수도 있고, 자신의 역량에 대한 인지수준을 평정하며, 자신이 그러한 활동에 얼마나 자주 또는 얼마나 오랫동안 참여해 왔는지(예: "얼마나 오랫동안 스페인어를 공부해 왔는가?", "기하학 정리(geometric theorems)를 학습하는 것이 얼마나 어려운가?")를 판단할 수도 있다. 많은 자기보고 도구는 응답자가 평정을 숫자척도상에 기록하도록 요구한다["분수(fractions)를 얼마나 능숙하게 풀 수 있는지 10점 척도상에(1은 낮고, 10은 높은) 나타내시오"].

인터뷰(interviews)는 대담자(interviewer)가 논의할 문제나 요점을 제시하고 응답자가 구두로 답변을 하는 질문지법의 한 유형이다. 비록 한 집단이 인터뷰될 수도 있지만, 인터뷰는 일반적으로 개별적으로 행해진다. 연구자는 학습맥락을 기술하고 학습자에게 그러한 환경에서 일반적으로 어떻게 학습을 하는지를 물을 수도 있다(예: "선생님이 수학 수업을 시작할 때 무엇을 생각하느냐? 얼마나 잘 한다고 생각하느냐?"). 대담자는 만약 반응이 너무 간결하거나 적극적이지 않으면 응답자를 고무시킬 필요가 있을 것이다.

시뮬레이션화된 회상(simulated recall) 과정에서, 인간은 어떤 과제를 수행한 후 그 과제를 수행하는 동안 자신이 가졌던 생각을 다양한 관점에서 회상한다. 대담자는 예를 들어 "여기에서 곤경에 빠졌을 때 무엇에 대해 생각하고 있었는가?"와 같이 응답자의 생각을 캐묻는다. 만약 수행이 비디오로 녹화되었다면, 응답자는 그 후에 테이프를 보고, 특히 대담자가 테이프를 멈추고 질문을 할 때 회상을 한다. 그러한 회상절차는 수행을 한 바로 뒤에 행함으로써 응답자가 자신의 생각을 잊지 않도록 하는 것이 매우 중요하다.

발성사고법(think-alouds)은 학습자가 어떤 과제를 수행하는 동안 자신의 생각, 행동, 감정을 큰소리로 말하는 절차다. 말로 표현하면 관찰자가 기록할 수 있으며, 나중에 이해수준에 대해 점수를 매길 수도 있다. 발성사고법은 응답자가 말로 표현하도록 요구한다. 그러나 많은 학습자들은 학교에서 공부를 하는 동안 큰소리로 말하는 것에 익숙해 있지 않다. 큰소리로 말하는 것은 어떤 학습자에게는 거북해 보이고 수줍음을 느낄 수도 있으며, 그렇지 않으면 자신의 생각을 말로 표현하는 데 어려움을 겪을 수도 있다. 대담자는 만약 학습자가 말로 표현하지 않으면 말로 표현하도록 학습자를 고무시킬 필요가 있다.

자기보고의 또 다른 유형은 **대화법**(dialogue)으로서, 어떤 학습과제에 참여하는 동안 두 사람 이상이 대담(conversation)을 나누는 것이다. 발성사고법과 마찬가지로, 대화법은 기록될 수 있으며 학습을 나타내는 진술과 그 환경에서 학습에 영향을 미치는 것과 같은 요인을 분석할 수도 있다. 비록 대화법은 학습자가 과제를 수행하는 동안 일어나는 실제적인 상호작용을 사용하지만, 그것을 분석하는 데 있어서는 그 상황에서의 실제적인 요소를 뛰어넘을 수도 있는 해석을 필요로 한다.

자기보고 척도는 사정의 목적에 부합한 것을 선택해야 한다. 질문지법은 많은 소재를 다룰 수 있는 반면, 인터뷰는 몇 가지의 쟁점을 심층적으로 탐색하는 데 더 효과적이다. 시뮬레이션화된 회상은 응답자에게 행동이 발생한 그 당시의 자신의 생각을 회상하도록 요구하는 반면, 발성사고법은 현재의 생각을 조사한다. 대화법은 사회적인 상호작용의 패턴을 조사할 수 있다.

자기보고 도구는 일반적으로 개발하고 관리하기가 쉬우며, 질문지법은 흔히 끝마치고 점수를 매기기가 쉽다. 학습자의 반응에 대한 추론이 도출되어야 할 때 문제가 야기될 수 있다. 따라서 신뢰할 수 있는 점수화 체계를 갖는 것이 필수적이다. 자기보고에 대한 다른 주의사항은 학습자가 자신의 신념과 일치하지 않는, 사회적으로 수용될 만한 답변을 제공하지는 않는지, 자기보고된 정보가 실제 행동과 부합하는지, 그리고 어린 아동이 정확하게 자기보고할 수 있는 역량이 있는지 등이다. 연구자는 자료가 신뢰롭다는 것을 보여 줌으로써 사실적으로 답변하고 있다는 신뢰감을 높일 수 있다. 자기보고를 타당화하는 좋은 방법은 다원사정(multiple assessments)(예: 자기보고, 직접관찰, 구두 및 쓰기반응)을 사용하는 것이다. 초등학교 3학년경에 자기보고를 시작하는 것이 자기보고가 사정하고자 하는 신념과 행동을 신뢰롭고 타당하게 나타내 준다는 증거가 있기는 하지만(Assor & Connell, 1992), 연구자는 잠재적인 문제들을 최소화하기 위해 자기보고를 주의하여 사용할 필요가 있다.

사정과 관련된 쟁점

오늘날의 교육은 책무성을 강조하기 때문에, 사정과 관련하여 해결되어야 할 쟁점이 있다. 이 절에서는 사정기준 및 부가가치사정과 관련된 쟁점에 대해 논의한다.

사정기준. 사정방법에 상관없이, 중요한 세 가지 기준, 즉 신뢰도, 타당도, 편견부재가 있다.

신뢰도(reliability)는 사정의 일관성과 관련이 있다(Popham, 2014). 이것은 사정이, 만약 학습에 영향을 미칠 수 있는 어떠한 간섭을 받는 사태도 없는 다른 상황이 주어진다면, 비슷한 결과를 산출할 것이라는 것을 의미한다. 예를 들어, 신뢰로운 대수학검사는 학습자가 검사를 치른 사이에 해당 검사지에 어떠한 노출도 없는 곳에서 동일한 날 아침과 그날 저녁에 검사를 하였을 때 각 학습자의 검사결과가 비슷하게 나타나는 검사라 할 수 있다. 신뢰롭지 않은 사정은 연구결과에 영향을 미치며 연구자로 하여금 잘못된 결론을 도출하도록 하기 때문에 신뢰도는 중요하다.

타당도(validity)는 증거가 학습자에 대한 해석의 정확성을 지지하는 정도를 말한다 (Popham, 2014). 타당도는 사정 자체와 관련이 있다기보다 오히려 그것의 해석과 관련이 있다. 학습자가 어떤 교과영역(예: 읽기)이나 심리학적인 변인(예: 흥미)에서 사정을 받을 때, 연구자는 그의 점수에 기초하여 학습자에 대한 결론을 도출한다. 따라서 만약 어떤 학습자의 점수가 흥미도 사정에서 낮다면, 연구자는 이 학습자의 흥미는 낮다고 결론짓는 데 있어 확신을 갖기를 원한다. 타당도는 연구에서 중요한데, 그 이유는 만약 어떤 검사가 한 변인을 측정하는 데 목적이 있지만 실제로 다른 어떤 것을 측정한다면 그 때 연구자는 그 결과에 대한 잘못된 해석을 할 수 있기 때문이다.

세 번째 기준은 사정이 학습자집단의 특성(예: 성, 인종, 종교) 때문에 학습자에게 상처를 주거나 처벌을 하는 속성으로부터 자유로운 것이라고 정의되는 **편견부재(absence of bias)**다(Popham, 2014). 편견부재는 편견이 존재할 때 학습자의 개인적인 특성으로 인해 결과가 왜곡(높아지거나 낮아지는)될 수 있기 때문에 중요하다. 따라서 비록 축구가 사정될 것으로 예측되는 수학적 지식과 아무런 관련이 없을지라도 축구에 익숙한 학습자는 축구와 관련된 수학시험 문제를 선호할 것이다.

부가가치사정.   부가가치사정이 교육에서 인기를 얻어 왔다. **부가가치사정(value-added assessment)**이란 학습자의 학습향상도의 원인을 결정하기 위해 시도하는 사정을 말한다(Popham, 2014). 학습자의 이전 학업성취도와 배경변인(예: 사회경제적 지위, 성)은 학습향상도에 영향을 미치는 교수변인(예: 학교, 교사)의 역할을 분리시키기 위하여 통계적으로 통제된다. 따라서 "부가가치(value added)"측면은 학교나 교사변인으로 인해 기인되는 이득이며, 그것은 예컨대 효과성의 척도를 제공한다. 이 척도는 학교시스템에 의해 사정과 재원(funding)을 위한 근거로 사용될 수 있다.

부가가치사정은 인기가 있기는 하지만, 몇 가지 문제를 안고 있다. 학습은 많은 변인으로부터 영향을 받으며, 단지 그것들 중 몇 개만이 학교와 교사의 통제를 받는다. 잠재적으로 관련된 모든 변인을 통계적으로 통제하려고 시도하는 것은 어렵다. 또 다른 쟁점은 학습자의 학습향상도를 학교나 교사의 덕분으로 돌리기는 위험한데, 이 이유는 그러한 사정은 단지 그들의 기여도에 관한 추정치만을 제공하기 때문이다. 이러한 사정은 또한 학습을 학업성취도와 동일한 것으로 간주함으로써 학습에 관한 협소한 관점을 취한다. 그러나 앞에서 설명한 바와 같이, 학업성취도는 수행척도(performance measure)이며, 학습을 완전히 반영하지 못할 수 있다.

만약 부가가치사정을 사용한다면, 단지 어떤 한 시점에서보다 오히려 오랜 시간 동안의 학습자의 향상도를 추적하기 위해서 사용하는 것이 더 좋다(Anderman, Anderman, Yough, & Gimbert, 2010). 개별 학습자의 성장과 향상도에 대한 모니터링은 교사로 하여금 교수(instruction)를 요구에 따라 보다 더 잘 차별화할 수 있도록 도와주며, 학습자로부터 동기적인 혜택을 얻을 수도 있다(Anderman et al., 2010). 더 나아가, 학습자의 학습에 관한 많은 지표를 포함하고 있는 여러 가지의 사정(예: 시험, 보고서, 수업 참여도)은 학습에 관한 보다 정확한 그림을 제공해야 한다. 검사는 면밀하게 설계되어야 하며, 그 결과는 각 교육과정 학습목표에 관한 각 학습자의 달성도를 정확하게 파악할 수 있을 정도로 보고되어야 한다(Wiliam, 2010). 그렇게 되려면, 검사는 타당도, 신뢰도, 편견배제의 기준을 충족해야 한다.

학습과 교수의 관계

이론과 연구결과는 학습분야를 발전시키는 데 도움이 되지만, 그것들이 궁극적으로 기여해야 하는 것은 수업(teaching)을 향상시키는 것이다. 이상하게 들릴지 모르지만, 역사적으로 학습과 교수(instruction) 분야는 거의 중첩되지 않았다(Shuell, 1988; Sztajn, Confrey, Wilson, & Edgington, 2012). 이렇게 중첩되지 않은 한 가지 이유는 이 분야들이 전통적으로 다른 관심을 가진 사람들에 의해 좌우되어 왔기 때문일지 모른다. 대부분의 학습이론가들과 연구자들은 심리학자들이었다. 많은 초기 학습연구는 인간을 연구대상으로 사용하지 않았다. 동물연구는 이점을 가지고 있지만, 동물은 교수과정에 관한 적절한 탐구를 허용하지 않는다. 이와는 대조적으로, 교수는 교육학자들의 영역이었으며, 교육학자들 중 많은 사람이 주로 교수방법을 교실에 직접적으로 적용하는 데 관심이 있었다. 이러한 응용적인 초점은 학습과정이 교수적인 변인에 의해 어떻게 영향을 받는지를 탐색하는 데 기여하지는 못하였다.

두 번째 이유는 수업(teaching)은 예술(art)이지만 심리학처럼 과학(science)은 아니라는 일반적인 신념으로부터 기원한다. Highet(1950)는 다음과 같이 썼다: "나는 수업은 예술이지만 과학은 아니라고 믿기 때문에 [이 책을]『수업의 예술(The Art of Teaching)』이라고 칭했다. 내 생각에 과학의 목적과 방법을 인간 개인에게 적용하는 것은 매우 위험한 것 같다"(p.vii). 그러나 Highet는 수업이 학습과 불가분의 관계에 있다고 주장한다. Gage(1978)는 수업을 "예술"에 비유하는 것은 은유(metaphor)라고 주장한다. 실제로, 예술로서의 수업은 제도(drawing), 그림, 음악작곡을 포함하여, 어떤 다른 예술유형과 동일하게 정밀한 조사나 과학적인 조사의 대상이 될 수 있다.

세 번째의 가능한 이유는 상이한 이론적인 원리들이 두 가지 영역을 제어할 수도 있다는 생각에 뿌리를 두고 있다. Sternberg(1986)는 인지(또는 학습)와 교수는 별개의 이론을 필요로 한다고 주장하였다. 이것은 학습과 교수 그 자체로만 볼 때는 사실일 수 있다. 그러나 Shuell(1988)이 주장한 바와 같이, "교수(instruction)를 통한 학습은 별개로 간주되어

온 학습과 수업의 전통적인 개념과는 다르다"(p.282). 연구자들은 현재 교수를 통한 학습을 학습자와 맥락(예: 교사, 교재, 환경) 간의 상호작용을 수반하는 것으로 본다. 예를 들어, 교재의 계열화(sequencing)는 학습자의 인지 조직과 기억 구조의 발달에 영향을 미친다. 다음으로, 이 구조들이 어떻게 전개되는지는 교사의 행동에 영향을 미친다. 자신의 교수가 이해되지 않는다는 것을 깨달은 교사는 자신의 접근법을 바꿀 것이다. 역으로, 학습자들이 제시된 교재를 이해할 때, 교사는 현재의 접근법을 계속해서 사용하는 경향이 있다. 이 장 서두의 에피소드에서 분명히 알 수 있는 바와 같이, 학습이론은 특정 교수맥락에 적합하게 수정되어야 한다.

네 번째로, 전통적인 연구방법은 교수와 학습의 두 과정을 동시에 연구하는 데 부적절하였다. 연구방법은 연구의 목적에 따라 결정된다. 많은 학습연구는 몇몇 조건이 변하고 성과에서의 변화가 결정되는 실험적인 방법을 사용해 왔다. 수업방법은 흔히 변인이 변화함에도 지속적으로 유지되어 왔는데, 그것은 수업의 역동적인 본질을 소홀히 한 것이다. 교육에서, 1970년대와 1980년대에 수행된 **과정-산출연구(process-product research)**는 수업과정에서의 변화(질문 수와 유형, 표출된 온정과 열정의 양)를 학습자의 산출물 또는 성과(예: 학업성취도, 태도)와 관련짓는다(Pianta & Hamre, 2009). 비록 이러한 연구 패러다임이 많은 유용한 결과를 산출해 왔지만, 그것은 교사와 학습자의 사고의 중요한 역할들을 소홀히 하였다. 따라서 우리는 어느 질문유형이 학습자의 보다 더 높은 학업성취도를 산출하는지는 알지만, 왜 그러한지(예: 질문이 학습자의 사고를 어떻게 바꾸는지)는 알지 못할 것이다. 과정-산출연구는 또한 학습과 관련된 다른 성과(예: 기대, 가치)를 희생시키고 학습자의 학업성취도에 주로 초점을 맞추었다. 한마디로, 과정-산출모델은 학습자가 어떻게 학습하는지를 조사하기 위한 목적으로는 설계되지 않았다.

다행히도 이러한 상황은 바뀌어 왔다. 연구자들은 주로 수업을 학습자가 기능과 추론능력을 개발하기 위하여 필요한 인지적 활동을 시행하는 것을 도와주는 학습환경을 조성하는 것으로 보고 있다(Floden, 2001). 연구자들은 특히 인간이 일반적으로 학습하는 교실과 다른 장소에서 교과내용을 교수하는 동안 수업을 관찰함으로써 학습자의 학습을 검토한다(Pellegrino, Baxter, & Glaser, 1999; Pianta & Hamre, 2009). 연구자들은 현재 변별적인 수업행동보다는 수업패턴을 분석하는 데 더 관심이 있다(Seidel & Shavelson, 2007). 아동의 학습이 점점 더 많은 관심을 받아 왔으며(Siegler, 2000, 2005), 더 많은 연구가 학교에서 학습된 것이 학교 밖에서 중요한 기능과 어떻게 관련되는지를 밝히는 데 몰두하고 있다(Anderson, Reder, & Simon, 1996).

상이한 전통을 지닌 연구자는 교수와 학습은 상호작용하며 동시에 연구될 때 가장 잘 연구된다는 생각을 받아들인다. 한 가지 유망한 발전방향은 학습자의 학습궤적(learning trajectories) 또는 그가 출발점으로부터 의도된 학습목적까지 취할 수 있는 경로를 결정하는 것이다(Sztajn et al., 2012). 그 후, 교사는 교수적인 결정을 하기 위해서 이러한 궤적에 관한 그의 지식을 맥락적인 요인과 통합할 수 있다. 교수연구(instructional research)는 학습자의 학습을 향상시키기 위해 학습이론과 그것의 적용에 커다란 영향을 미칠 수 있다 (Glaser, 1990; Pianta & Hamre, 2009).

이 책의 한 가지 목적은 여러분이 학습이론과 교육 실제(practice)가 서로 어떻게 상보적인지를 이해할 수 있도록 도와주는 것이다. 학습이론은 경험에 대한 어떠한 대체물이 아니다. 경험이 없는 이론은 상황적인 요인의 효과를 과소평가할 수 있기 때문에 오도될 수 있다. 적절하게 사용하면, 이론은 교육적인 의사결정을 하는 데 사용할 수 있는 준거틀을 제공한다.

이와는 반대로, 이론이 없는 경험은 종종 낭비적이고 잠재적으로 해를 끼칠 수도 있다. 지도하는(guiding) 준거틀이 없는 경험은 각 상황을 독특한 것으로 다룬다는 것을 의미하며, 따라서 의사결정은 무언가가 제대로 작동될 때까지 시행착오에 기초한다. 가르치는 방법을 학습하는 것은 특정 상황에서 행해야 할 것을 학습하는 것을 포함한다.

이론과 실제는 서로 영향을 미친다. 많은 이론적인 발전은 종국에는 교실에서 실행된다. 협동학습, 상보적 수업, 개별 학습자를 위한 개별화 교수와 같은 오늘날의 교육 실제는 그것을 지지해 주는 강력한 이론적인 토대와 연구를 가지고 있다. 비록 학습연구가 때때로 일반적인 교수 실제와 갈등을 초래하지만(Rohrer & Pashler, 2010), 그것은 교육 실제에 지속적으로 영향을 끼쳐야 한다.

교육 실제는 또한 이론에 영향을 미친다. 경험은 이론적인 예측을 확증하거나 수정을 제안할 수 있다. 연구와 경험이 상반되는 증거를 보여 주거나 부가요인을 추가할 것을 제안할 때 이론은 수정된다. 초기의 정보처리이론은 지식의 처리와 관련된 요인과는 다른 요인을 고려하지 못하였기 때문에 학교 학습에 직접적으로 활용되지 못하였다. 인지심리 학자들이 학교의 교과내용을 연구하기 시작하였을 때, 개인과 상황적인 요인을 통합하기 위해 이론이 수정되었다.

교육전문가들은 이론, 연구, 실제를 통합하기 위해 노력해야 한다. 우리는 학습원리와 연구결과가 학교 안팎에서 어떻게 적용될 수 있는지를 물어야 한다. 그런 다음, 우리는 잘 아는 수업 실제의 결과를 통해 우리의 이론적인 지식을 개선해야 한다.

학습이론과 관련된 핵심쟁점

대부분의 전문가들은 이 장(章)의 서두에 기술된 학습의 정의를 원리상 수용하지만, 많은 학습에 관한 쟁점에 대해서는 동의하지 않는 편이다. 몇몇 핵심적인 쟁점은 이 절에서 논의되었다(〈표 1.4 참조〉). 이러한 쟁점은 상이한 학습이론에 대한 논의와 함께 후속 장들에서 다루어진다. 그러나 이러한 쟁점을 고려하기 전에, 행동주의이론과 인지주의이론에 관한 간략한 설명은 학습이론과 학습원리를 더 잘 이해할 수 있도록 해 주는 배경지식을 제공해 준다.

표 1.4 학습에 관한 연구에서의 핵심쟁점	■ 학습은 어떻게 일어나는가? ■ 기억은 어떻게 기능하는가? ■ 동기는 어떠한 역할을 하는가? ■ 전이는 어떻게 일어나는가? ■ 자기조절학습은 어떻게 작동하는가? ■ 교수에 주는 시사점은 무엇인가?

　　행동주의이론(behavior theories)은 학습을 주로 환경적인 요인과의 함수관계 속에서 일어나는 비율, 발생빈도, 또는 행동이나 반응의 형태상의 변화로 본다(제3장 참조). 행동주의이론은 학습이 자극과 반응의 연합형성을 수반한다고 주장한다. 예를 들어, Skinner(1953)의 관점에서 볼 때, 자극에 대한 반응은 선수반응의 결과와 함수관계에 있기 때문에 미래에 일어날 가능성이 더 높아진다. 다시 말해서, 결과를 강화하는 것은 반응이 일어날 가능성을 높이는 반면, 결과를 처벌하는 것은 반응이 일어날 가능성을 점차 낮춘다.

　　행동주의는 20세기 초반에 심리학에 지대한 영향을 미쳤다. 이 이론은 학습을 관찰 가능한 현상이라는 측면에서 설명한다. 행동주의이론가는 학습을 설명할 때 내적 사태(예: 사고, 신념, 감정)를 포함할 필요가 없다고 주장한다. 그 이유는 이 과정이 존재하지 않기 때문이라기보다는(그것이 존재하기 때문에, 심지어 행동주의이론가는 자신의 이론에 대해 생각해야 한다!) 오히려 학습의 원인이 관찰 가능한 환경적인 사태이기 때문이다.

　　이와는 달리, **인지주의이론(cognitive theories)**은 지식과 기능의 구인, 정신적 구조와 기억네트워크의 발달, 정보와 신념의 인지적인 처리과정을 강조한다. 학습은 사람이 말하고 행하는 것으로부터 추론되는 내적인 정신현상이다. 핵심적인 논제는 구인, 습득, 조직, 부호화, 시연, 기억 속의 저장과 그 기억으로부터의 재인과 같은 정보의 정신적 처리과정이다. 제4장부터 제8장까지에서 다루어지는 이론은 인지주의이론이며, 그 원리도 후속 장들에서 논의된다.

　　학습에 관한 이러한 두 가지의 개념화(conceptualizations)는 교육 실제에 중요한 시사점을 제공한다. 행동주의이론은 학습자가 자극에 적절히 반응할 수 있도록 교사가 환경을 정비해야 한다는 것을 시사한다. 인지주의이론은 학습을 유의미하게 만들어야 하며, 학습자가 자기 자신, 타인, 학습환경에 대해 어떻게 지각하고 있는지를 고려해야 함을 강조한다. 따라서 교사는 학습하는 동안 교수(instruction)가 학습자의 사고에 어떻게 영향을 미치는지를 고려할 필요가 있다.

학습은 어떻게 일어나는가?

행동주의와 인지주의이론은 학습자 간의 그리고 환경의 차이가 학습에 영향을 미칠 수 있다는 데 동의한다. 그러나 그들은 이 두 가지 요인 중 상대적으로 어느 요인을 더 강조하는지에 있어서는 의견이 엇갈린다. 행동주의이론은 환경의 역할, 특히 자극이 어떻게 배열되고 제시되며 반응이 어떻게 강화되는지를 강조한다. 행동주의이론은 인지주의이론과는 달리 학습자의 차이에 대해 중요하게 생각하지 않는다. 행동주의이론이 고려하는 두 가지의 학습자변인은 **강화사(reinforcement history)**(개인이 동일한 또는 비슷한 행동을 수행할 수 있도록 과거에 강화된 정도)와 **발달상태(developmental status)**(개인이 현재의 발달수준에서 행할 수 있는 것)다. 따라서 인지적 장애는 복잡한 기능의 학습을 저해하고, 신체적 장애는 운동행동의 습득을 불가능하게 할 수 있다.

　인지주의이론은 학습에 영향을 미치는 것으로서의 상황과 환경적인 조건의 역할을 강조한다. 교수적인 설명과 시범은 연습 및 피드백과 함께 지식을 구인하고 학습을 하는 학습자를 위한 환경적인 입력(inputs)으로 작동한다. 인지주의이론은 교수적인 요인만으로는 학습자의 학습을 완전히 설명할 수 없다고 주장한다. 학습자가 지식을 가지고 행하는 것, 즉 그가 지식에 주의를 기울이고, 연습하며, 변형하고, 부호화하며, 저장하며, 재인하는 방법이 매우 중요하다. 학습자가 지식을 처리하는 방법은 그가 학습하기 위해서 무엇을 사용해야 하는지뿐만 아니라 무엇을, 언제, 어떻게 학습해야 하는지를 결정한다.

　인지주의이론은 학습자의 사고, 신념, 태도, 가치의 역할을 강조한다. 학습할 수 있는 자신의 역량을 의심하는 학습사는 과세에 적절하게 참여하지 않거나 또는 열성 없이 일할 수도 있는데, 이는 학습을 지연시킨다. "이것이 왜 중요한가?" 또는 "내가 얼마나 잘하고 있는가?"와 같은 학습자의 생각은 학습에 영향을 미칠 수도 있기 때문에 교수계획에서 고려될 필요가 있다.

기억은 어떻게 기능하는가?

학습이론은 그것이 기억에 할당하는 역할에 있어서 차이가 있다. 몇몇 행동주의이론은 기억을 외적 자극과 연계된 행동과 함수 관계에 있는 것으로 밝혀진 신경학적 연계의 관점에서 생각한다. 보다 일반적으로, 이론가는 습관적인 반응방식의 행동 패턴이 어떻게 기억 속에 보유·유지되고 외적 사태에 의해 활성화되는지에 대해 거의 주의를 기울이지 않은 채, 그러한 습관적인 반응양식이 어떻게 형성되는지에 관하여 논의한다. 대부분의 행동주의 학습이론은 상당 기간 동안 반응하지 않기 때문에 망각이 초래되는 것으로 본다.

인지주의이론은 기억의 역할에 비중을 둔다. 정보처리과정이론은 학습을 **부호화**(encoding) 또는 지식을 조직화하고 유의미한 방식으로 기억 속에 저장하는 것과 동일한 것으로 간주한다. 지식은 적절한 기억구조를 활성화하는 적절한 단서에 반응하여 기억으로부터 재인된다. 망각은 간섭, 기억 손상, 또는 정보에 접근하는 데 부적절한 단서로 인해 기억으로부터 지식을 인출할 수 없는 능력이다. 기억은 학습에 중요한 영향을 미치며, 정보가 어떻게 학습되는지는 그것이 기억 속에 어떻게 저장되고 인출되는지를 결정한다.

기억의 역할에 관한 일반인의 관점은 수업(teaching)에 중요한 시사점을 준다. 행동주의이론은 정기적이고 일정한 간격을 둔 검토(reviews)가 학습자들의 레퍼토리에 있는 반응의 강도를 유지시켜 준다고 본다. 인지주의이론은 학습될 자료(material)를 학습자가 그 자료를 조직할 수 있고, 그것을 자신이 알고 있는 것과 관련지으며, 그것을 유의미한 방식으로 기억할 수 있는 그러한 방식으로 제시하는 데 더 큰 강조점을 둔다.

동기는 어떠한 역할을 하는가?

동기는 학습과 수행의 모든 국면에 영향을 미칠 수 있다(제9장 참조). 행동주의이론은 **동기**(motivation)를 자극에 대한 반복적인 행동에서 초래되는 행동발생의 증가율이나 비율 또는 강화의 결과라고 정의한다. Skinner(1968)의 조작적 조건형성이론(operant conditioning theory)은 동기를 설명하기 위한 어떠한 새로운 원리도 포함하고 있지 않다. 동기화된 행동은 효과적인 강화에 의해 유발되고 증가된 계속적인 반응이다. 학습자는 이전에 동기화된 행동에 대해 강화되었기 때문에, 효과적인 강화가 제공되었기 때문에 그러한 동기화된 행동을 보여준다.

이와는 달리, 인지주의이론은 동기와 학습을 관련된 것으로 보지만 동일한 것으로는 보지 않는다. 어떤 사람은 동기화되지만 학습은 하지 않을 수도 있는 반면, 어떤 사람은 그렇게 하도록 동기화되지 않고도 학습을 할 수 있다. 인지주의 학습이론은 동기가 주의를 유도하는 데 도움을 주며 정보가 어떻게 처리되는지에 영향을 끼칠 수 있다고 강조한다. 비록 강화가 학습자를 동기화할 수는 있지만 행동에 미치는 효과는 무의식적이기보다는 오히려 학습자가 강화를 어떻게 해석하느냐에 달려 있다. 강화사(과거에 행한 것에 대해 강화되어 왔던 것)가 현재의 신념과 갈등을 초래할 때 인간은 자신의 신념에 기초해서 행동할 가능성이 더 높다(Bandura, 1986; Brewer, 1974). 여러 연구들이, 예를 들어, 목표, 사회적 비교, 자기효능감, 가치, 흥미와 같은, 학습자를 동기화하는 많은 인지적인 과정을 확인해 왔다. 교사는 동기가 교수 실제에 미치는 영향과 학습자가 학습하도록 동기를 지속적으로 유지시켜 주는 환경적인 특성을 고려할 필요가 있다.

전이는 어떻게 일어나는가?

전이(transfer)는 지식과 기능이 습득된 것과는 다른 새로운 맥락 또는 상황에 새로운 방식으로 적용되는 지식과 기능을 지칭한다(제6장 참조). 전이는 또한 이전 학습이 새로운 학습에 미치는 영향, 즉 전자가 후자를 촉진하는지, 저해하는지, 또는 아무런 영향이 없는지를 설명해 준다. 전이는 매우 중요한데. 그 이유는 전이가 일어나지 않는다면 모든 학습은 상황적으로 특수하기 때문이다.

행동주의이론은 전이가 상황들 간에 동일한 요소 또는 비슷한 특성(자극)에 따라 좌우된다고 주장한다. 행동은 오래된 상황과 새로운 상황이 동일한 요소를 공유할 때 전이된다[또는 **일반화된다**(generalize)]. 따라서 $6 \times 3 = 18$이라는 것을 학습한 학습자는 다른 환경(학교, 가정)에서 그리고 동일한 숫자(6과 3)가 비슷한 문제형식으로 나타날 때에도 (예: $36 \times 23 = ?$) 이 곱셈을 수행할 수 있어야 한다.

인지주의이론은 학습자가 지식을 다른 상황에 적용하는 방법을 이해할 때 전이가 일어난다고 주장한다. 정보가 기억 속에 어떻게 저장되는지가 중요하다. 지식의 활용법은 지식과 함께 저장되거나 다른 기억저장소에서 쉽게 불러올 수 있다. 상황들은 공통요소를 공유할 필요가 없다.

이러한 견해의 교수적 시사점(instructional implications)은 관점에 따라 달라진다. 행동주의적 관점에서 볼 때, 교사는 상황들 간에 유사성을 높여야 하며 공통요소를 지적해야 한다. 인지주의이론은 학습의 가치에 관한 학습자의 인식이 중요하다는 것을 강조함으로써 이러한 요인을 보완한다. 교사는 수업시간에 지식이 다른 상황에서 어떻게 사용될 수 있는지에 관한 정보를 포함함으로써, 학습자에게 어떤 지식이 요구되는지 결정할 수 있도록 하기 위해 상황에 따라 적용할 수 있는 규칙과 절차를 가르침으로써, 그리고 학습자에게 그 기능과 전략이 다른 측면에서 얼마나 유익할 수 있는지에 관한 피드백을 제공해 줌으로써 학습자가 학습의 가치를 인식할 수 있도록 해준다.

자기조절학습은 어떻게 작동하는가?

자기조절학습(self-regulated learning: SRL)은 학습자가 학습목적을 달성하기 위하여 사고, 감정, 행동을 체계적으로 주도하는 과정을 말한다(Zimmerman & Schunk, 2001)(제10장 참조). 다른 이론적인 전통을 따르는 연구는 SRL은 목적이나 목표를 갖는 것, 목표지향 행동을 하는 것, 전략과 행동을 모니터링하는 것, 성공을 보장하기 위해 그러한 전략과 행동을 조절하는 것을 수반한다고 주장한다. 이론들은 학습자가 자신의 활동을 조절하기 위하여 인지적, 메타인지적, 동기적, 행동적 과정의 사용을 뒷받침하기 위해 주장하는 메커니즘에서 차이가 있다.

행동주의이론의 관점에서 볼 때, SRL은 자신의 강화에 관한 행동과 반응의 유관성 (contingencies)을 설정하는 것, 즉 어떤 사람이 반응하는 자극과 그 사람의 반응의 결과를 수반한다. 학습자의 자기점검(self-monitoring), 자기교수(self-instructing), 자기강화(self-reinforcing)를 포함하는 자기조절 행동을 설명하기 위해서는 어떠한 새로운 과정도 필요치 않다.

인지주의 연구자들은 주의, 계획, 시연, 목표설정, 학습전략의 사용, 이해력 점검과 같은 정신적인 활동을 강조한다. 인지주의 이론가들은 또한 성과, 학습의 지각된 (perceived) 가치, 자기효능감에 대한 동기적인 신념을 강조한다(Schunk, 2001). 핵심적인 요소는 선택(choice)이다. SRL이 일어나기 위해서는 학습자가 자신의 학습에 관한 동기 또는 방법, 학습에 소비한 시간, 학습의 준거수준, 학습이 일어나는 상황, 그리고 실제의 사회적 조건에 대해 어느 정도 선택권을 가져야 한다(Zimmerman, 1994, 1998, 2000). 학습자에게 선택권이 거의 없을 때, 학습자의 행동은 주로 자기조절되기보다는 외적으로 조절된다.

교수에 주는 시사점은 무엇인가?

이론가들은 다양한 학습유형을 설명하려고 시도하지만, 그렇게 하기 위한 그들의 능력에 차이가 있다(Bruner, 1985). 행동주의이론은 올바른 반응에 대한 선택적인 강화를 통한 자극과 반응 간의 연합의 형성을 강조한다. 행동주의이론은 곱셈, 외국어 단어의 의미, 국가의 수도와 같은 연합을 수반하는 보다 더 간단한 학습형태를 설명하는 데 가장 적합한 것 같다.

인지주의이론은 지식 구인, 정보처리, 기억네트워크, 교실요인(교사, 동료 학생들, 교재, 조직)에 관한 학습자의 지각 및 해석과 같은 요인을 사용하여 학습을 설명한다. 인지주의이론은 서술형 수학문제를 해결하고, 텍스트로부터 추론을 하며, 에세이를 쓰는 것과 같은 복잡한 학습형태를 설명하는 데 보다 더 적합하다.

그러나 다른 학습형태들 간에는 종종 공통점이 존재한다(Bruner, 1985). 읽기학습은 바이올린을 연주하기 위한 학습과 근본적으로 다르지만, 양자는 주의, 노력, 끈기로부터 도움을 받는다. 기말보고서를 쓰기 위한 학습과 투창을 던지기 위한 학습은 비슷해 보이지 않을지도 모르지만, 양자는 목표설정, 향상도에 대한 자기점검, 교사와 코치로부터의 교정적인 피드백, 내재적 동기에 의해 향상된다.

효과적인 수업은 우리가 다루는 학습유형을 위한 최상의 이론적 관점을 결정하고 그 관점으로부터 교수적 시사점을 도출해 낼 필요가 있다. 학습을 위해 강화된 연습이 필요할 때, 교사는 그것을 위한 스케줄을 마련해야 한다. 문제해결 전략을 학습하는 것이 중요할 때, 우리는 정보처리이론의 시사점을 연구해야 한다. 연구자가 직면하고 있는 지속적인 도전은 학습유형들 간의 유사성과 차이점을 구체화하고, 학습유형별로 효과적인 교수 접근법을 밝혀내는 것이다.

요약

인간 학습에 관한 연구는 개인이 지식, 기능, 전략, 신념, 행동을 어떻게 습득하고 변형하는지에 초점이 있다. 학습은 행동이나 어떤 주어진 방식으로 행동할 수 있는 역량에 있어서의 지속적인 변화를 의미하는데, 이것은 연습이나 다른 경험에 의해 초래된다. 이러한 정의에는, 비록 이러한 요인들 중 상당수가 자기 자신을 분명하게 보여주기 위한 민감한 환경을 필요로 하지만, 발생학적이고 성숙적인 요인에 의해 야기된 행동뿐만 아니라 질병, 피로, 또는 약에 의한 일시적인 행동의 변화가 제외된다.

학습에 관한 과학적인 연구는 Plato와 Aristotle과 같은 초기 철학자들의 저서에서 시작되었다. 지식이 어떻게 습득되는지에 관한 두 가지의 두드러진 입장은 합리주의와 경험주의다. 학습에 관한 심리학적 연구는 19세기 후반에 시작되었다. 구조주의와 기능주의는 Titchener, Dewey, James와 같은 지지자들과 함께 20세기 초반에 활동적인 사고학파였으나 이 입장들은 그것의 활용 가능성이 심리학에 한정되었다는 문제점을 지니고 있었다.

이론은 환경적인 사태를 의미 있게 만들기 위한 준거틀을 제공한다. 이론은 이론과 교육 실제 간의 교량으로, 그리고 연구결과를 교육 실제를 위한 지침으로 조직하고 해석하기 위한 도구로 쓰인다. 연구유형에는 상관관계적, 실험적, 질적 연구가 포함된다. 연구는 실험실이나 현장 상황에서 행해질 수 있다. 학습을 사정하기 위해 흔히 사용되는 방법에는 직접관찰, 쓰기와 구두반응, 타인에 의한 평정, 자기보고가 포함된다. 사정은 신뢰도, 타당도, 편견배제의 기준을 충족해야 한다. 부가가치사정은 학습자의 학습향상도를 추적하고 학습자의 요구에 따라 교수를 차별화하기 위한 토대로 사용될 수 있다.

학습이론과 교육의 실제는 종종 전혀 다른 것으로 여겨지지만, 사실상 그들은 서로 상보적이며 정교화하는 데 도움이 된다. 좋은 수업과 학습을 보장하기 위해서는 둘 중 하나만 이용하는 것으로는 충분하지 않다. 이론만으로는 상황적인 요인의 중요성을 충분히 파악할 수 없다. 이론이 없는 실제적인 경험은 상황적으로 특수하며 수업과 학습에 관한 지식을 조직하는 데 필요한 포괄적인 준거틀이 결여되어 있다.

행동주의이론은 학습을 관찰 가능한 사태의 측면에서 설명하는 반면, 인지주의이론은 학습자의 인지, 신념, 가치, 영향을 고려한다. 학습에 관한 이론들은 핵심적인 쟁점에 어떻게 대처하느냐에 따라 차이가 있다. 보다 중요한 쟁점들 중 몇 가지는 학습이 어떻게 일어나며, 기억이 어떻게 기능하고, 전이가 어떻게 일어나며, 자기조절학습은 어떻게 작동하고, 교수에 주는 시사점이 무엇인지에 관심을 둔다.

추가 읽을거리

Alexander, P. A., Schallert, D. L., & Reynolds, R. E. (2009). What is learning anyway? A topographical perspective considered. *Educational Psychologist, 44*, 176-192.

Anderman, E. M., Anderman, L. H., Yough, M. S., & Gimbert, B. G. (2010). Value-added models of assessment: Implications for motivation and accountability. *Educational Psychologist, 45*, 123-137.

Bruner, J. (1985). Models of the learner. *Educational Researcher, 14*(6), 5-8.

Popham, W. J. (2014). *Classroom assessment: What teachers need to know* (7th ed.). Boston, MA: Allyn & Bacon.

Sztajn, P., Confrey, J., Wilson, P. H., & Edgington, C. (2012). Learning trajectory based instruction: Toward a theory of teaching. *Educational Researcher, 41*, 147-156.

Tweney, R. D., & Budzynski, C. A. (2000). The scientific status of American psychology in 1900. *American Psychologist, 55*, 1014-1017.

Chapter 2

학습에 관한 신경과학적 접근

Tarrytown 교육지원청에서는 교원을 대상으로 "효과적인 교수설계를 위한 뇌 연구의 활용"이라는 주제로 하루 종일 워크숍을 진행하고 있다. 오후 휴식시간에 Joe Michela(중학교 교감), Claudia Orondez(초등학교 교장), Emma Thomas(고등학교 교사), Bryan Young(중학교 교사) 등 4명의 참가자들이 워크숍에 대해 이야기하고 있다.

Joe 선생님: 지금까지의 워크숍에 대해 어떻게 생각하세요?

Bryan 선생님: 정말 혼란스럽습니다. 오전에 있었던 뇌의 영역에 따른 기능에 대해서는 잘 이해했는데, 그것을 교사의 입장에서 어떻게 활용해야 하는지에 대해서는 아직 잘 모르겠습니다.

Emma 선생님: 저 역시 마찬가지입니다. 오늘 강사는 제가 생각하는 것과는 반대되는 이야기를 하고 있습니다. 저는 학생들마다 우세한 뇌 영역이 있기 때문에 수업을 학생의 선호도와 일치하게 설계해야 한다고 알고 있었는데, 오늘 강사는 그것이 사실이 아니라고 하더군요.

Joe 선생님: 글쎄요, 그것이 정확히 사실이 아니라고 말한 것 같지는 않습니다. 저는 뇌 영역에 따라 수행하는 주요 기능이 다르지만 많은 영역들이 서로 중첩되어 있고 학습이 발생하기 위해서는 많은 영역들이 동시에 작동해야 한다고 이해했습니다.

Claudia 선생님: 저도 그렇게 이해했습니다. 그러나 저도 Bryan 선생님처럼 교사의 역할이 무엇인지 혼란스럽습니다. 교사의 역할이 뇌의 모든 영역을 활성화시키는 것이라면, 우리는 지금도 그렇게 하고 있지 않습니까? 선생님들에게 수년 동안 시각, 청각, 촉각과 같은 학생들의 학습스타일에 적합한 수업을 설계하라고 권했는데, 뇌 연구자들도 비슷한 이야기를 하는 것 같군요.

Joe 선생님: 뇌 연구자들은 특히 시각적 감각을 중요시하는 것 같습니다. 저는 선생님들께 강의법은 학습에 효과적이지 않기 때문에 많이 사용하지 말라고 합니다.

Bryan 선생님: 옳으신 말씀입니다. 강사들의 강의 중 또 하나 인상 깊었던 것은 10대들의 뇌 발달에 관한 것이었습니다. 저는 10대들의 엉뚱한 행동이 모두 호르몬 때문이라고 생각했습니다. 이제 그들이 더 좋은 의사결정을 하도록 도와줄 필요가 있다는 것을 알게 되었습니다.

Emma 선생님: 저도 그 이야기가 매우 흥미로웠습니다. 이번 워크숍을 통해 뇌가 정보를 어떻게 수용하고 활용하는지에 대해 알게 되었습니다. 그런데 너무 복잡하지 않습니까! 저는 정보의 조직과 제시, 그리고 학생들의 활동을 뇌 기능과 어떻게 일치시킬 것인지가 가장 어려운 문제라고 생각합니다.

Claudia 선생님: 휴식시간에 여러분과 이야기를 나누면서 몇 가지 의문점이 생겼습니다. 연구자들이 아직 밝히지 못한 점이 많지만, 저는 우리 학교 선생님들과 함께 학생들에게 도움을 주기 위해 뇌 연구를 어떻게 활용해야 할 것인지를 공부해 보겠습니다.

이 책의 후속 장들에서 많은 학습이론과 과정에 대해 논의할 것이다. 행동주의이론(제3장 참조)은 외적 행동과 결과에 초점을 맞추지만, 이 책에서 논의하는 인지주의이론에서는 학습이 내적으로 발생한다고 주장한다. 인지과정은 사고, 신념, 정서를 포함하는데, 이 모든 것은 신경표상과 관련이 있다.

이 장은 **학습에 관한 신경과학**(neuroscience of learning), 즉 신경시스템과 학습 및 행동 간의 관계에 관한 학문에 대해서 다룬다. **신경과학**(neuroscience)은 학습이론이 아니지만, 이 분야에 대한 지식은 이 장에서 설명하는 학습에 대한 이해의 토대를 군건히 해 줄 것이다.

이 장에서는 뇌와 척수로 구성된 **중추신경계**(central nervous system: CNS)를 중심으로 논의한다. 이 장의 대부분에서는 척수기능들보다는 뇌에 대해서 다룬다. 비자발적 행동(예: 호흡,

분비작용)을 조절하는 **자율신경계**(autonomic nervous system: ANS)에 대해서는 관련 부분에서 언급한다.

학습과 행동에 대한 뇌의 역할은 새로운 주제가 아니지만, 최근 들어 이것에 관심을 갖는 교육자들이 증가하고 있다. 교육은 학습과 직결되고 학습은 뇌에서 일어나기 때문에 교육자들은 뇌에 관심이 있었지만, 뇌 연구자들 대부분은 뇌의 역기능을 연구하였다. 이러한 연구 역시 교육과 일부 관련이 있는데, 그것은 교육자들이 학급에서 장애를 갖고 있는 학생들을 만나기 때문이다. 그러나 대부분의 학생들이 뇌 기능장애가 없기 때문에 뇌 연구자들의 연구를 비장애학습자들에게 적용할 가능성이 그다지 많지 않았다.

과학기술의 발달은 학습과 기억에 포함된 정신적 조작과정에서 작동하는 뇌 기능을 새로운

방법을 사용하여 관찰할 수 있도록 해 주었다. 새로운 방법을 통해 밝혀진 자료는 학급의 교수·학습과 관련성이 매우 많으며 학습, 동기, 발달에 대한 시사점을 제공해 준다. 교육자들은 학생들에게 효과적인 교수·학습방법을 탐색하는 과정에서 신경과학적 연구결과에 관심을 갖게 되었다(Byrnes, 2012). 이러한 관심은 이 장 서두의 에피소드에도 드러나 있다.

이 장에서는 먼저 학습, 동기, 발달에 포함된 뇌의 신경조직과 주요 구조에 대해 살펴본다. 뇌 연구방법과 더불어 뇌의 **편재화(localization)**와 뇌 구조의 상호 연관성에 관한 주제에 대해서도 살펴본다. 정보처리, 기억네트워크, 언어학습 등과 관련된 학습에 대한 신경생리학적 관점에 대해서도 논의한다. 또한 뇌 발달과 관련된 주제, 즉 발달에 영향을 주는 요인, 발달단계, 발달의 결정적 시기, 언어발달, 기능발달의 역할 등에 대해서도 살펴본다. 끝으로, 동기와 정서가 뇌에서 어떻게 표상되는지를 설명하고, 뇌 연구가 교수·학습에 주는 주요 시사점에 대해 논의한다.

이 장 서두의 에피소드에서 Emma 선생님이 지적한 것처럼, 중추신경계에 대한 논의는 매우 복잡하다. 중추신경계에는 많은 구조가 포함되고 작동이 복잡하며 이를 설명하는 전문용어가 많다. 이 장에서는 자료를 가능한 한 분명하게 제시하려고 하였지만 정보의 정확성을 위해서는 어느 정도의 전문성이 필요하다. 학습, 동기,

자기조절, 발달과 관련된 중추신경계의 구조와 기능에 대한 더 많은 정보를 원하는 독자는 다른 자료들을 참고하기 바란다(Byrnes, 2001, 2012; Centre for Educational Research and Innovation, 2007; Heatherton, 2011; Jensen, 2005; National Research Council, 2000; Wang & Morris, 2010; Wolfe, 2010).

이 장을 학습한 후에, 여러분은 다음과 같은 것을 할 수 있어야 한다.

- 축색돌기, 수상돌기, 신경교세포와 같은 신경조직과 기능을 기술할 수 있다.
- 뇌의 주요 영역의 기능을 논의할 수 있다.
- 좌반구와 우반구에 편재된 일부 뇌 기능을 파악할 수 있다.
- 뇌 연구방법에 대해 논의할 수 있다.
- 응고화와 기억네트워크 기능을 포함하여 신경과학적 관점에서 학습이 일어나는 방법에 대해 설명할 수 있다.
- 언어습득과 활용과정에서 신경연결의 형성과 상호작용 방법에 대해 논의할 수 있다.
- 성숙과 경험의 결과로 이루어지는 뇌 발달의 핵심적인 변화와 결정적 시기에 대해 논의할 수 있다.
- 동기 및 정서 조정과 관련된 뇌의 역할을 설명할 수 있다.
- 뇌 연구가 교수·학습에 주는 시사점에 대해 논의할 수 있다.

조직과 구조

중추신경계는 뇌와 척수로 구성되고 자발적 행동(예: 사고, 행위)을 통제하는 신체의 핵심적인 기제다. 자율신경계는 소화, 호흡, 혈액순환 등과 같은 비자발적 활동을 조절한다. 예를 들어, 사람들은 자신의 심장박동을 일부 조절하려고 하는데, 이는 비자발적 활동을 자발적으로 통제하려는 것을 의미한다.

척수(spinal cord)의 길이는 18인치 정도 되고, 너비는 집게손가락 정도 된다. 척수는 뇌의 가장 아랫부분에서 허리중간에 걸쳐 있으며, 본질상 뇌의 확장이다. 척수의 주요 기능은 뇌와 신체의 다른 부분 간의 핵심적인 전달자가 되어 뇌로부터 신호를 전달하거나 전달받는 것이다. 척수의 상행로는 신체부위에서 뇌로 신호를 전달하고, 하행로는 뇌로부터 적절한 신체구조(예: 움직이도록 함)로 메시지를 전달한다. 또한 척수는 뇌와는 독립적인 일부 반응을 포함하고 있다(예: 무릎반사). 척수가 손상되면 감각이 없는 것에서부터 전신마비 증상까지 나타난다(Jensen, 2005; Wolfe, 2010).

신경조직

중추신경계는 뇌와 척수 내에 수백억 개의 세포로 구성되어 있다. 세포는 두 가지 주요 형태, 즉 뉴런과 신경교세포로 되어 있다. [그림 2.1]은 뉴런의 구조를 보여준다.

뉴런.   뇌와 척수에는 근육과 신체 장기에 걸쳐 정보를 전달하고 받는 1,000억 개 정도의 뉴런(neuron)이 있다(Wolfe, 2010). 신체 뉴런의 대부분은 중추신경계에 존재한다. 뉴런

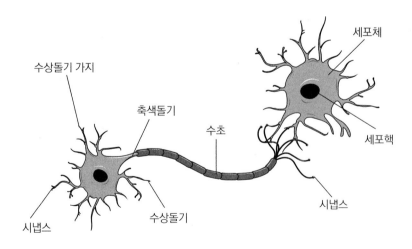

그림 2.1
뉴런의 구조

은 다른 체세포(예: 피부, 혈액)와 두 가지 점에서 중요한 차이가 있다. 첫째, 대부분의 체세포는 정기적으로 재생된다. 이러한 지속적인 재생은 바람직하다. 예를 들어, 손이 상하게 되면, 새로운 세포가 재생되어 손상된 세포를 대체한다. 그러나 뉴런은 동일한 방식으로 재생되지 않는다. 뇌졸중, 질병, 또는 사고에 의해 파괴된 뇌와 척수세포는 영구적으로 상실된다. 그러나 결론적으로, 뉴런은 일부 재생된다는 증거가 있지만(Kempermann & Gage, 1999), 재생되는 정도와 과정은 여전히 의문이다.

또한 뉴런은 전기신호와 화학적 반응을 통해 서로 소통한다는 점에서 다른 세포체와 차이가 있다. 따라서 뉴런은 다른 세포체와 다르게 조직된다. 이러한 조직에 대해서는 이 절(section)의 후반부에서 논의할 것이다.

신경교세포. 중추신경계 내의 두 번째 유형의 세포는 **신경교세포(glial cell)**다. 신경교세포는 뉴런보다 훨씬 많다. 신경교세포는 뉴런의 활동을 지원해 주기 때문에 지지세포라고 불린다. 신경교세포는 뉴런처럼 신호를 전달하지 않지만 전달과정을 지원한다.

신경교세포는 여러 가지 기능을 수행한다. 그 중 핵심적인 기능은 뉴런이 좋은 환경에서 활동하도록 하는 것이다. 신경교세포는 뉴런작동을 방해할 수 있는 화학물질을 제거하는 데 도움을 준다. 신경교세포는 또한 죽은 세포를 제거한다. 신경교세포의 또 다른 중요한 기능은 뇌에 신호를 전달하는 것을 돕는 축색돌기 주변을 덮어 감싸고 있는 수초를 만들어 준다는 것이다(이것에 대해서는 다음 절에서 논의함). 신경교세포는 태아기 뇌 발달에 중요한 기능을 담당한다(Wolfe, 2010). 즉, 신경교세포는 중추신경계가 효과적으로 기능하도록 뉴런과 조화를 이루어 작동한다.

시냅스. [그림 2.1]은 세포체, 축색돌기, 수상돌기로 되어 있는 신경조직을 보여준다. 각각의 뉴런은 세포체, 수천 개의 짧은 수상돌기, 하나의 축색돌기로 구성되어 있다. 하나의 **수상돌기(dendrite)**는 다른 세포로부터 정보를 받아들이는 길게 늘어진 조직이다. **축색돌기(axon)**는 정보를 다른 세포에 보내는 긴 실타래와 같은 조직이다. **수초(myelin sheath)**는 축색돌기를 감싸고 있으며 신호의 이동을 촉진시킨다.

축색돌기는 끝이 나뭇가지와 같은 구조로 되어 있다. 축색돌기 끝은 다른 수상돌기 끝과 연결되어 있다. 이러한 연결을 **시냅스(synapse)**라고 하며, 상호 연결된 구조는 메시지가 시냅스에서 뉴런 사이를 통과하기 때문에 뉴런의 소통에 중요하다.

뉴런이 소통하는 과정은 복잡하다. 모든 축색돌기 끝부분에는 화학적 **신경전달물질(neurotransmitter)**이 있다. 이 물질은 다른 세포의 수상돌기와 맞닿아 있지 않다. 이 공간을 **시냅스 간극(synaptic gap)**이라고 한다. 전기와 화학적 신호가 일정한 정도로 높은 수준에 이르면, 신경전달물질이 공간으로 배출된다. 신경전달물질은 연결된 수상돌기 내에서 반응을 활성화시키거나 억제시킨다. 뉴런과 축색돌기 내의 전기적 반응으로 시작해서 시냅스 간극 내에서 화학적 반응으로 변화된 다음 수상돌기 내에서 전기적 반응으로 다시 바뀐다. 이러한 과정은 뉴런 사이에서 빛의 속도로 계속된다. 이 장의 끝부분에서 논의하겠지만, 시냅스 간극 내 신경전달물질의 역할은 학습에 결정적이다. 신경과학적 관점에서 볼 때, **학습(learning)**은 신경연결이 활용을 통해 형성되고 강화되며 다른 신경과 연결됨으로써 발생하는 세포에 대한 수용성(receptivity)의 변화다(Jensen, 2005; Wolfe, 2010).

뇌 구조

성인의 **뇌(brain)[대뇌(cerebrum)]**는 무게가 3파운드 정도이며, 크기는 칸탈루프 또는 커다란 그레이프프루트 정도다(Tolson, 2006; Wolfe, 2010). 뇌의 외부조직은 일련의 주름으로 되어 있으며, 꽃양배추처럼 보인다. 뇌의 대부분은 물(78%)이며, 나머지는 지방과 단백질로 구성되어 있다. 뇌 조직은 일반적으로 부드럽다. 학습과 관련된 뇌의 주요 구조는 [그림 2.2]와 같으며, 이에 대해 살펴보겠다(Byrnes, 2001; Jensen, 2005; Wolfe, 2010).

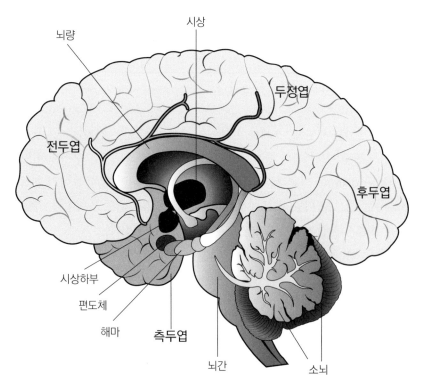

그림 2.2
뇌의 주요 구조

대뇌피질. 뇌를 덮고 있는 것이 **대뇌피질**(cerebral cortex)인데, 이것은 오렌지껍질($\frac{1}{4}$ 인치보다 작은) 정도의 얇은 층으로 되어 있다. 대뇌피질은 주름진 회백질이다. 대뇌피질의 주름으로 인해서 뉴런과 신경연결을 더 많이 할 수 있는 표면영역을 확보하게 된다. 대뇌피질은 좌반구와 우반구로 되어 있는데, 각각의 반구는 네 개의 엽(후두엽, 두정엽, 측두엽, 전두엽)으로 구성되어 있다. 피질은 학습, 기억, 감각정보처리 등과 관련된 핵심 영역이다.

뇌간과 망상체. 뇌의 가장 아랫부분에는 **뇌간**(brain stem)이 있다. 뇌간은 **망상체**(reticular formation)를 통해 자율신경계(비자발적) 기능을 처리한다. 망상체는 호흡, 심장박동, 혈압, 눈동자 움직임, 침 분비, 미각 등과 같은 기본적인 신체기능의 통제를 조절하는 뉴런과 섬유질의 네트워크다. 망상체는 또한 수면이나 잠들지 않는 것과 같은 각성 수준에 관여한다. 예를 들어, 조용하고 어두운 방에 들어가면, 망상체가 뇌의 활성화를 감소시켜 수면상태에 빠지도록 한다. 망상체는 감각으로 입력되는 정보를 통제한다. 수많은 자극들이 끊임없이 들어오지만, 우리는 망상체로 인해서 관련된 자극에만 집중할 수 있다. 이것은 인간의 정보처리시스템에서 핵심적인 요소인 주의집중과 지각에 중요하다(제5장 참조). 마지막으로, 망상체는 뇌를 위해 많은 화학적 메신저를 생산한다.

소뇌. 뇌의 후미에 있는 **소뇌**(cerebellum)는 신체균형, 근육통제, 움직임, 신체자세 등을 조절한다. 이러한 활동은 주로 의식적인 통제에서 이루어지기 때문에 피질의 영역이지만, 피질은 그러한 것들을 조절하는 데 필요한 모든 장치를 갖추고 있지는 않다. 피질은 움직임을 조절하기 위해 소뇌와 조화를 이루어 작동한다. 소뇌는 운동기능 획득에 핵심적 역할을 한다. 피아노 연주나 자동차 운전과 같은 많은 운동기능은 주로 연습을 통하여 자동화된다. 이러한 **자동화**(automaticity)는 소뇌가 많은 부분을 통제하여 발생하며, 피질이 의식이 요구되는 활동(예: 사고, 문제해결)에 집중하도록 해준다.

시상과 시상하부. 뇌간 위에 두 개의 호두만한 크기의 구조가 있는데, 이것이 **시상**(thalamus)과 **시상하부**(hypothalamus)다. 시상은 감각기관을 통해 입력된 정보(후각 제외)를 피질로 보내는 교량역할을 한다. 시상하부는 자율신경계의 일부이며, 체온, 수면, 물, 음식과 같이 생체 내의 균형을 유지하는 데 필요한 신체기능을 통제한다. 시상하부는 또한 놀라거나 스트레스를 받을 때 심장박동이 빨라지고 호흡이 가빠지게 한다.

편도체. **편도체**(amygdala)는 정서와 공격성 통제에 관여한다. 입력되는 감각정보(피질로 곧장 전달되는 후각 제외)는 시상으로 가고, 시상에서는 정보를 피질의 적절한 영역과 편도체로 전달한다. 편도체는 감각정보의 유해성을 평가한다. 감각을 통해 유입된 정보가 유해한 자극이라고 판단되면, 편도체는 시상하부에 신호를 보내며, 시상하부는 위에서 언급한 것(예: 심장 박동과 혈압 증가)과 같은 정서적 변화를 유발시킨다.

해마. 해마(hippocampus)는 인접 과거(immediate past)의 기억을 담당하는 뇌 구조다. 인접 과거의 길이는 어느 정도인가? 제5장과 제6장에서 살펴보겠지만, 인접 기억과 장기(영원한) 기억을 구분하는 객관적인 기준은 없다. 분명히 해마는 정보가 피질 내의 장기기억에 저장되는 것을 돕지만, 필요에 따라 정보를 활성화시키는 역할을 한다. 따라서 해마는 현재 활성화된(작업을 하고 있는) 기억과 관련이 있다. 정보가 일단 장기기억에 부호화되면 해마의 역할은 끝난다.

뇌량. 뇌(대뇌)의 앞쪽에서 뒤쪽에 이르는 일련의 섬유질이 **뇌량**(corpus callosum)이다. 뇌량은 대뇌를 양반구로 나누고 신경처리를 위해 양반구를 연결한다. 많은 정신적 처리가 뇌의 하나 이상의 위치에서 발생하고, 정신적 처리는 보통 양반구와 관련이 있기 때문에 뇌량은 매우 중요하다.

후두엽. 대뇌의 **후두엽**(occipital lobe)은 주로 시각정보처리를 담당한다. 후두엽은 **시각피질**(visual cortex)이라고도 한다. 시각자극은 먼저 시상에 전달되며, 시상은 자극을 후두엽으로 보낸다. 후두엽은 움직임, 색깔, 깊이, 길이, 기타 시각적 특성 등을 결정하는 것과 관련된 기능을 수행한다. 시각자극이 일단 결정되면 이 자극은 인식(지각)되기 위해 기억 속에 저장된 정보와 비교된다. 기억 속에 저장된 형태와 일치되는 물체는 인식된다. 그러나 일치되지 않을 경우 새로운 자극은 기억 속에 부호화된다. 시각피질은 시각자극이 저장된 형태와 일치되는지를 결정하기 위해 뇌의 다른 시스템과 소통해야 한다(Gazzaniga, Ivry, & Mangun, 1998). 학습과정에서 시각처리의 중요성은 이 장 서두의 에피소드에 나타난 Joe를 통해 알 수 있다.

사람들은 환경의 특정 부분에 주의를 기울이고 다른 것을 무시함으로써 자신의 시각적 지각을 쉽게 통제할 수 있다. 우리가 군중 속에서 친구를 찾는다면, 우리는 다양한 시각적 자극을 무시하고 친구의 존재 여부를 결정하는 데 도움이 될 수 있는 특정 부분(예: 인상착의)에만 주의를 집중할 것이다. 교사들은 수업 초기에 학생들에게 시각적 정보에 주의를 기울이도록 요구하고 학습목표를 알려줄 때 이러한 아이디어를 적용할 수 있다.

두정엽. 대뇌 윗부분에 있는 **두정엽**(parietal lobe)은 촉각을 담당하고 신체자세를 결정하며 시각정보를 통합하는 기능을 한다. 두정엽은 앞부분과 뒷부분이 있다. 두정엽의 앞부분은 신체로부터 촉감, 온도, 신체자세, 고통과 압박감에 관한 정보를 받는다(Wolfe, 2010). 모든 신체의 앞부분에는 정보를 받아들이고 정확하게 판별하는 특정 영역이 있다.

두정엽의 뒷부분은 공간인식, 즉 신체의 일부가 어디에 있는지를 항상 인식하도록 하기 위해 촉각정보를 통합한다. 두정엽은 또한 다양한 신체부분에 주의집중을 증가시키거나 감소시키는 기능을 한다. 예를 들어, 두정엽에서 다리의 통증을 받아들이고 판별하지만, 재미있는 영화를 관람하는 데 주의를 집중한다면 다리의 통증을 느끼지 못할 것이다.

측두엽. 대뇌 측면에 위치한 **측두엽**(temporal lobe)은 청각정보를 처리한다. 청각정보(예: 목소리)가 들어오면, 청각기억에서 정보를 파악한다. 정보가 파악되면 행동을 유도하게 된다. 교사가 학생들에게 책을 집어넣고 출입문 옆에 줄을 서라고 한다면, 그 청각정보는 처리되고 파악되어 적절한 행동을 이끌어 낸다. 피질의 좌반구에서 후두엽, 두정엽, 측두엽이 교차하는 곳이 **베르니케영역**(Wernicke's area)인데, 이곳은 언어를 이해하고 말을 할 때 적절한 구문을 활용하도록 한다. 이 영역은 말을 할 때 반드시 필요한 **브로카영역**(Broca's area)으로 알려진 좌반구의 전두엽에 있는 또 다른 영역과 밀접한 관계가 있다. 이처럼 언어처리와 관련된 핵심적인 영역이 좌반구에 있지만(일부 사람들에게 브로카영역은 우반구에 있는데, 이것에 대해서는 뒷부분에서 설명할 것이다.), 뇌의 많은 영역은 언어를 이해하고 생성하기 위해 함께 작용한다. 언어에 대해서는 이 장의 뒷부분에서 더 자세하게 논의할 것이다.

전두엽. 대뇌 앞부분에 있는 **전두엽**(frontal lobe)은 피질에서 가장 넓은 부분을 차지하고 있다. 전두엽의 핵심적 기능은 기억, 계획 수립, 의사결정, 목표설정, 창의성 등과 관련된 정보를 처리하는 것이다. 전두엽은 또한 근육 움직임을 조절하는 1차 운동피질을 포함하고 있다.

하등동물이나 심지어 과거 인류와 현재 인간을 가장 분명하게 구별하는 것이 뇌의 전두엽이라는 주장이 있다. 전두엽은 더 복잡한 기능을 수행하도록 진화되었다고 가정된다. 전두엽은 우리가 계획을 수립하고 의식적으로 의사결정을 하고 문제를 해결하며 다른 사람과 교류하도록 해준다. 또한 전두엽은 우리의 사고와 다른 정신과정을 **메타인지**(metacognition)의 형태로 인식하도록 해준다(제7장 참조).

뇌의 윗부분에서 귀를 따라 내려오는 가느다란 세포가 **1차 운동피질**(primary motor cortex)이다. 이 영역은 신체의 움직임을 통제하는 영역이다. "호키포키(hokey-pokey)"를 들으면서 춤을 추다가 "오른발을 안에 넣고"를 생각한다면, 오른발을 안으로 넣도록 지시하는 것이 운동피질이다. 신체의 각 부분에는 운동피질이 특정한 위치에 있어 피질의 특정 부분에서 나온 신호는 적절한 움직임이 일어나도록 한다.

운동피질의 앞부분에 있는 브로카영역은 언어산출을 관장한다. 이 영역은 대부분(약 95%) 좌반구에 있는데, 5% 정도(왼손잡이의 30%)는 이 영역이 우반구에 있다(Wolfe, 2010). 이 영역이 좌측 측두엽에 있는 베르니케영역과 신경섬유질로 연결되어 있다는 것은 놀라운 일이 아니다. 언어는 베르니케영역에서 형성된 다음 브로카영역으로 이동하여 산출된다(Wolfe, 2010).

전두엽의 앞부분에 있는 인간의 **전전두엽 피질**(prefrontal cortex)은 다른 동물보다 훨씬 크다. 고차적 형태의 정신활동은 이곳에서 일어난다(Ackerman, 1992). 제5장에서는 인지적 정보처리연합이 뇌에서 어떻게 이루어지는지를 살펴볼 것이다. 전전두엽은 이러한 연합에 중요한 역할을 하는데, 이것은 감각을 통해 들어오는 정보가 기억 속에 저장된 지식과 관련이 있기 때문이다. 즉, 학습의 장(場)이 전전두엽에서 나타난다. 또한 전전두엽은 우리가 생각하고, 느끼며, 행동하는 것이 무엇인지를 인식하도록 해주는 의식의 조정자다. 나중에 설명하겠지만, 전전두엽은 정서조절에 관여하는 것으로 보인다.

뇌의 주요 영역의 핵심기능에 대하여 〈표 2.1〉에 요약·제시하였다(Byrnes, 2001; Centre for Educational Research and Innovation, 2007; Jensen, 2005; Wolfe, 2010). 주의해야 할 것은 뇌의 어떤 부분도 독자적으로 작동하지 않는다는 것이다. 정보(신경자극 형태)는 신속하게 뇌의 여러 영역으로 이동한다. 뇌의 많은 기능이 편재화되어 있지만 가장 단순한 과제라도 뇌의 여러 부분과 관련이 있다. 따라서 이 장 서두의 에피소드에서 Emma가 말하는 것처럼 뇌의 특정 기능이 단지 하나의 영역에서만 작동한다고 말하는 것은 타당하지 않다.

편재화와 상호 연결성

오늘날 우리는 뇌 작동에 대해서 과거 어느 때보다 많은 것을 알고 있지만 좌, 우반구 기능에 대해서는 오랫동안 논쟁이 되고 있다. 기원전 400년경 히포크라테스는 뇌의 이중성에 대해 언급하였다(Wolfe, 2010). 1870년 연구자들은 동물과 머리를 부상당한 군인의 뇌의 다른 부분을 전기로 자극하였다(Cowey, 1998). 그 결과, 연구자들은 뇌의 특정 부분을 자극하면 신체의 특정 부분이 움직인다는 것을 발견하였다. 1874년에 이미 뇌가 주요 반구로 구성되었다는 주장이 있었다(Binney & Janson, 1990).

일반적으로, 좌반구는 신체의 우측과 우측 시각 영역을 관장하고 우반구는 신체의 좌측과 좌측 시각 영역을 관장한다. 그러나 두 개의 반구는 일련의 섬유질로 결합되어 뇌량의 가장 큰 부위를 차지하고 있다. Gazzaniga, Bogen, 그리고 Sperry(1962)는 언어가 주로 좌반구에 의해 통제된다는 것을 입증하였다. 연구자들은 뇌량이 절단된 환자는 왼손에 물체를 잡고 있지만 그것이 눈에 안 보일 경우 아무것도 잡고 있지 않다고 말하는 것을 발견하였다. 분명히 왼손은 우반구와 의사소통하기 때문에 시각적 자극이 없다면, 우반구가 자극을 수용하였어도 그 자극의 명칭을 말할 수 없을 것이며(언어는 좌반구에 편재화되어 있기 때문에), 뇌량이 손상되었기 때문에 그 정보는 좌반구로 전달될 수 없을 것이다.

표 2.1
뇌 영역별 핵심기능들

영역	핵심기능
대뇌피질	감각정보처리, 다양한 학습과 기억기능 조절
망상체	신체기능(예: 호흡, 혈압) 통제, 각성, 수면, 잠들지 않음
소뇌	신체 균형, 자세, 근육 통제, 움직임, 운동기능 습득 조절
시상	감각(후각 제외)으로부터 유입된 정보를 피질에 전달
시상하부	항상적 신체기능(예: 온도, 수면, 물, 음식) 통제, 스트레스에 직면하면 심장박동수와 호흡 증가
편도체	정서와 공격성 통제, 감각정보의 유해성 평가
해마	인접 과거와 작업기억 보유, 장기기억에 정보 형성
뇌량	뇌의 좌반구와 우반구 연결
후두엽	시각정보처리
두정엽	촉각정보처리, 신체자세 결정, 시각정보 통합
측두엽	청각정보처리
전두엽	기억, 계획 수립, 의사결정, 목표설정, 창의성과 관련된 정보처리, 근육 움직임 (1차 운동피질) 조절
브로카영역	언어산출 통제
베르니케영역	언어이해, 말을 할 때 구문론적으로 적절한 용법을 사용하도록 조절

뇌 연구는 또한 다른 편재된 기능을 밝혀 왔다. 분석적 사고는 좌반구에서 일어나는 반면, 공간, 청각, 정서, 예술적 처리는 우반구에서 발생한다[그러나 분명히 우반구는 부정적 정서를 처리하고 좌반구는 긍정적 정서를 처리한다(Ornstein, 1997)]. 음악은 우반구에서 더 잘 처리되고 방향성은 우반구, 얼굴 인식은 좌반구에서 처리한다.

우반구는 맥락을 해석하는 데 결정적인 역할을 한다(Wolfe, 2010). 예를 들어, 어떤 사람이 뉴스를 듣고, "잘됐군!"이라고 말하는 것을 가정해 보자. 이것은 말하는 사람이 그 뉴스를 "아주 멋진" 아니면 "끔찍한" 것으로 생각하고 있다는 것을 의미한다. 정확한 의미를 결정하는 것은 맥락이다(예: 말하는 사람이 진실한지 또는 냉소적인지). 맥락은 억양, 사람의 얼굴 표정, 제스처, 그리고 특정 상황에 존재하는 다른 요인에 대한 지식 등에서 얻을 수 있다. 맥락이 적절히 해석될 수 있도록 맥락과 관련된 정보를 수집하는 주요 위치가 우반구다.

뇌 기능이 특정 부위에 편재되어 있기 때문에 언어성이 두드러진 사람을 좌반구가 우세한 사람(좌뇌형)이라고 하는 반면, 예술성과 정서가 풍부한 사람을 우반구가 우세한 사람(우뇌형)이라고 부르는 경향이 있다. 그러나 이것은 이 장 서두의 에피소드에 등장한 교사들의 주장처럼 단순하고 오해의 소지가 있다. 반구에 기능이 편재되어 있지만 반구들은 서로 연결되어 있고 많은 정보(신경자극)가 반구 사이를 통과한다. 하나의 반구에서 발생하는 정신적 처리는 매우 한정되어 있다(Ornstein, 1997). 더욱이, 우리는 언어성과 정서성이 매우 우세한 사람(예: 열정적인 연설가)을 어느 반구가 우세한 사람이라고 할 수 있는지 생각해 볼 필요가 있다.

반구는 서로 조화를 이루며 작동한다. 즉, 정보는 항상 양반구 모두를 활용한다. 언어가 좋은 예다. 만일 친구와 대화를 하고 있다면, 말을 하도록 하는 것은 좌반구지만 맥락을 제공하고 의미를 이해하도록 돕는 것은 우반구다.

편재화(lateralization)의 정도에 대한 신경과학자들의 의견은 일치하지 않는다. 일부 연구자들은 특정한 인지기능이 뇌의 특정 영역에 편재되어 있다고 주장하지만, 또 다른 연구자들은 서로 다른 영역이 다양한 과제를 수행할 만한 능력이 있다고 주장한다(Byrnes & Fox, 1998). 이러한 논쟁은 인지심리학에서(제5장과 제6장 참조) 지식이 부호화되는 영역이 구분되어 있다는 전통적 관점과 지식은 특정한 위치에 부호화되는 것이 아니라 많은 기억네트워크에 걸쳐 부호화된다는 병렬적 분산처리 관점에 반영되어 있다(Bowers, 2009).

두 개의 주장을 지지할 만한 연구결과가 있다. 뇌의 다른 부분은 다른 기능을 수행하지만 그 기능이 뇌의 한 영역에만 완전히 편재된 경우는 있다고 하더라도 매우 드물다. 이것은 특히 복잡한 정신작용의 경우에 사실이다. 복잡한 정신작용은 여러 가지 기본적인 정신작용을 필요로 하는데, 이러한 기능들은 여러 영역에 분산되어 있다. 예를 들어, 신경과학 연구자들은 창의성이 단일한 정신적 처리로 나타나는 것이 아니며 뇌의 한 영역에 편재되어 있지 않다고 주장한다(Dietrich & Kanso, 2010). 기능성자기공명영상법(fMRI)을 사용한 연구는 피질 내에서 자극의 신경 표상이 폭넓게 분산되는 경우가 종종 있다는 것을 보여주기 때문에(Rissman & Wagner, 2012), 신경네트워크는 서로 연결되어 있다는 주장을 지지해 준다. "거의 모든 과제를 수행하는 데 양반구 모두 관여되지만 특정 반구는 특정한 유형의 정보를 다른 정보보다 더 효율적으로 처리하는 것 같다"(Byrnes & Fox, 1998, p.310). 뇌의 한쪽 반구(좌뇌, 우뇌)를 가르친다는 주장은 경험적 연구에 의해 지지되지 않는다. 상호 연결성 및 편재화와 관련된 시사점을 [적용 2.1]에 제시하였다.

뇌 연구방법

오늘날 우리는 여러 영역에서 밝혀진 뇌 연구의 결과로 중추신경계의 작동에 대해 그 어느 때보다 많은 것을 알고 있다. 역사적으로 뇌 연구는 의학, 생물학, 심리학 등에서 주로 수행되었다. 그러나 과거 수년 동안 다른 분야의 연구자들 또한 뇌 연구결과가 그들 분야의 발전에 시사점을 줄 것이라는 믿음으로 뇌 연구에 많은 관심을 가졌다. 이제 교육자, 사회학자, 사회복지사, 상담사, 공직자(특히 사법부 관계자), 그리고 기타 여러 분야의 사람들이 뇌 연구에 관심이 있다. 뇌 연구를 지원하는 기금 역시 뇌와 직접적으로 관련이 없

적용 2.1

양반구 모두 가르치기

뇌 연구는 많은 학업내용이 주로 좌반구에서 처리된다고 하지만, 우반구에서 내용과 관련된 맥락을 처리한다는 것을 보여준다. 교육계의 흔한 불평 중 하나는 수업이 맥락에는 관심을 거의 갖지 않고 내용에 지나치게 많은 초점을 맞춘다는 것이다. 내용에 주로 초점을 맞추게 되면 학생들의 학습이 그들의 삶과 단절되고 무의미한 학습이 될 수 있다. 이러한 점은 학습이 유의미해야 하고(그에 따라 수업은 뇌의 양반구를 포함시키고 신경을 보다 광범위하게 연결하도록 함), 교사는 내용과 맥락을 가능한 한 많이 통합해야 한다는 것을 시사해 준다.

3학년을 담당하고 있는 Stone 선생님은 "나비"에 관한 수업을 하고 있다. 아동들은 책과 인터넷을 통하여 다양한 나비들의 사진을 보고 공부한다. 선생님은 이 학습을 맥락과 연결하는 것을 돕기 위해 다른 활동을 활용하였다. 지역빅물관에 나비를 전시하는 영역이 있는데, 이곳 나비들은 통제된 환경에서 살고 있다. 선생님은 아동들이 박물관을 방문해서 나비의 세계를 관찰하도록 하였다. 전시된 나비는 나비의 다른 삶의 단계를 일부 보여준다. 이러한 활동은 아동들이 나비의 특성을 발달과 환경이 포함된 맥락적 요인과 연결하는 데 도움을 준다.

고등학교 역사선생님인 Marshall은 역사적 사건을 별개로 가르치는 것은 무의미하며 학생들을 지루하게 할 수 있다는 것을 알고 있다. 세계의 많은 지도자들이 수년 동안 세계평화를 추구하고 있다. 선생님은 미국 역사수업에서 Wilson 대통령의 제안으로 만들어진 국제연맹(League of Nations)을 가르칠 때, 국제연맹을 맥락에 포함시키기 위해 공격적 행동을 제거하기 위해(예: 비핵화) 구성된 국제연합(United Nations)과 현 정부의 노력 간의 유사점을 찾도록 하였다. 선생님은 학생들이 국제연맹의 목적, 구조, 문제를 현재의 사건과 연결하도록 하고 국제연맹이 어떻게 국제연합의 탄생을 이끌고 공격적 행동에 대한 세계적 각성을 촉구하는 선례를 만들었는지를 토론하도록 하였다.

심리학을 실제 상황과 별개로 배우는 것은 종종 학생들이 학습한 것을 사람들에게 적용하는 방법에 대해 의구심을 갖게 한다. Brown 교수는 교육심리학을 수강하는 학부 학생들에게 피아제의 이론(예: 자기중심성)을 가르칠 때, 학생들이 피아제의 주장을 보여주는 아동의 행동을 조사하도록 하였다. Brown 교수는 동일한 과목의 다른 주제를 가르칠 때도 학생들이 학습한 내용과 맥락을 연결하도록 한다(즉, 심리적 과정은 행동으로 나타난다).

는 분야(예: 교육)를 포함하여 급격하게 증가하고 있다.

뇌에 관한 지식이 급중한 또 다른 이유는 연구수행과 관련된 기술의 엄청난 발전이다. 수년 전까지만 해도 뇌 연구를 수행하는 유일한 방법은 뇌를 해부하는 것이었다. 사망자의 뇌를 검사하여 유용한 정보를 얻을 수 있지만, 이 방법으로는 뇌 기능과 지식 구성 방법을 파악할 수 없다. 학습할 때 뇌의 변화와 학습된 정보를 행동으로 나타내기 위해 작동하는 뇌 기능을 이해하기 위해서는 살아있는 뇌에 대한 연구가 필요하다.

뇌 연구에서 유용한 정보를 얻도록 한 기술에 대해 〈표 2.2〉에 요약·제시하였다. 대체적으로 정교화가 덜 된 기술에서 가장 정교화된 기술 순으로 제시하였다.

표 2.2
뇌 연구방법들

방법	설명
X-레이	고주파 전자기파를 사용해서 딱딱한 구조(예: 뼈)의 이상 파악
컴퓨터단층촬영법(CAT)	3차원 영상을 사용해서 신체 이상(예: 종양) 파악
뇌파검사(EEG)	뉴런 움직임에 따라 유발되는 전기 활동 측정, 다양한 뇌 장애(예: 언어, 수면) 파악
양전자방출단층촬영법(PET)	정신 활동에 의해서 나오는 감마선 측정, 뇌 활동에 관한 전반적인 그림을 제공해 주지만 속도가 느리고 피험자가 방사능 물질을 섭취해야 한다는 한계가 있음
자기공명영상법(MRI)	전자파로 뇌가 영상화할 신호를 발산하고 종양, 병변, 기타 질환 파악
기능성자기공명영상법(fMRI)	뉴런을 흥분시키고 혈류에 영향을 주며 자기장 흐름을 변화시키는 지적 과제를 수행하도록 해서 활성화된 영역과 나머지 영역 간의 이미지를 비교함
근적외선광학단층촬영법(NIR-OT)	고차원적인 뇌 기능을 연구하기 위한 비침습기법으로 근적외선을 두피에 발사하면, 피질이 반사하여 두피를 통해 다시 보냄

X-레이. **X-레이(X-ray)**는 신체구조에 있는 비금속성 물체를 통과할 수 있는 고주파 전자기파다(Wolfe, 2010). X-레이는 흡수되지 않는 광선이 사진건판에 부딪쳐 나타난 사진의 음영을 바탕으로 해석한다. X-레이는 2차원이며, 뼈의 골절 여부를 판단하는 것과 같이 단단한 구조를 파악하는 데 유용하다. 뇌가 부드러운 세포로 구성되어 있기 때문에, X-레이는 두개골(뼈 구조) 손상을 파악할 수 있지만 뇌 연구에 적합하지 않다.

컴퓨터단층촬영법. 컴퓨터단층촬영법(computerized or computed axial tomography: **CAT**)은 1970년대 초에 X-레이에서 생산된 음영의 질을 향상시키기 위해 개발되었다. CAT는 X-레이 기술을 사용하지만 이미지를 2차원에서 3차원으로 변환시켰다. CAT는 종양과 기타 질환을 파악하기 위해 사용되며, X-레이와 마찬가지로 뇌 기능에 대한 구체적인 정보를 제공해 주지 못한다.

뇌파검사. **뇌파검사**(electroencephalograph: EEG)는 뉴런의 움직임으로 발생하는 전기적 활동을 측정하는 방법이다(Wolfe, 2010). 두개골을 통과하는 뇌파를 탐지하기 위해 두피에 전극을 붙여 검사한다. 뇌파검사는 신호를 확대해서 뇌파를 기록한다. 뇌파의 빈도(진동)는 정신활동 중에 증가하고 수면 중에는 감소한다. 이 기법은 특정 뇌 기능장애(예: 간질, 언어)를 영상화하고 수면장애를 모니터하는 데 유용하다(Wolfe, 2010). 뇌파검사는 **사건관련 전위**(event-related potential)로 시간에 따른 매 순간의 정보를 유용하게 제공해 주지만(언어발달 부분 참조), 학습을 심도 있게 연구하는 데 필요한 공간형태의 정보(즉, 활동이 일어나는 장소)는 제공해 주지 못한다.

뇌파검사는 학습과정에서 학생들에게 부가되는 **인지부하**(cognitive load)(제5장 참조)나 작업기억을 측정하는 데 사용된다. 학습자들은 자신들의 인지자원을 학습에 활용할 수 있도록 학습과 직접적으로 관련이 없는 인지적 짐을 줄여야 하기 때문에 인지부하는 중요하다. 최근 개발된 무선뇌파검사기술은 장비의 크기를 줄여서 학습자의 움직임을 더 구체적으로 파악할 수 있고 여러 명의 학습자를 동시에 측정할 수 있기 때문에(Antonenko, Paas, Grabner, & van Gog, 2010), 학습과정에서 발생하는 학습자의 인지과정에 대한 더 구체적인 정보를 제공해 준다.

양전자방출단층촬영법. **양전자방출단층촬영법**(positron emission tomography: PET)은 개인이 과제를 수행하는 동안 발생하는 뇌 활성도를 조사하도록 해 준다. PET는 피험자에게 극소량의 방사선을 방출할 수 있는 포도당을 주입시켜 혈액이 뇌로 이동하도록 한다. 개인은 이 방법을 사용하는 동안 인지적 과제를 수행한다. 뇌가 관여하고 있는 영역에 포도당이 더 많이 사용되고, 방출되는 감마선이 촬영된다. 이러한 과정을 통해 활동영역을 보여주는 컬러 영상이 컴퓨터로 만들어진다.

PET는 뇌를 영상화하는 데 발전된 기법이지만 피험자가 방사능 물질을 섭취해야 하기 때문에 이 방법으로 얼마나 자주 검사를 할 수 있을지와 한 번에 얼마나 많은 영상을 만들 수 있을 것인지와 같은 한계가 있다. 또한 만들어진 영상이 비교적 느리기 때문에 신경활동의 속도를 충분히 파악할 수 없다. 이 기법은 뇌의 전반적인 활동을 이해하는 데 도움을 주지만 구체적인 활동영역에 대한 충분한 정보를 제공해 주지 못한다(Wolfe, 2010).

자기공명영상법과 기능성자기공명영상법. **자기공명영상법**(magnetic resonance imaging: MRI)과 **기능성자기공명영상법**(functional magnetic resonance imaging: fMRI)은 PET의 문제점을 보완한 뇌 영상기법이다. MRI는 뇌에 전자파를 발산하는 방법이다. 뇌는 대부분 수소원자를 포함한 물로 구성되어 있다. 전자파는 수소원자가 전자신호를 만들도록 하는데, 이것을 센서로 탐지하여 컴퓨터를 사용하여 영상화한다. MRI의 구체성 수준은 CAT보다 우수해서, MRI는 종양, 병변, 기타 질환을 파악하는 데 흔히 사용된다(Wolfe, 2010).

fMRI는 특정한 뉴런을 흥분시키는 것과 관련된 지적 또는 행동적 과제를 수행해서 더 많은 혈류가 그 영역에 흐르도록 하는 것을 제외하고는 MRI와 매우 유사하다. fMRI 스캐너는 이러한 변화를 감지하여 컴퓨터로 영상화시켜 준다. 이러한 영상은 변화를 탐지하기 위해 다른 부위의 영상과 비교된다. fMRI는 혈류의 변화를 매우 짧은 시간 동안 측정하여 뇌 활동이 일어나는 영역을 탐지하도록 해 주며(Pine, 2006), 초당 4개의 이미지를 보여줄 수 있다(Wolfe, 2010). 그러나 혈류가 변화하기 위해서는 수초 정도의 시간이 필요하기 때문에 일부 시간적 불균형이 발생한다(Varma, McCandliss, & Schwartz, 2008).

fMRI는 다른 방법에 비해 장점이 많다. 이 방법을 사용하면 방사능이 포함된 물질을 섭취할 필요가 없으며, 뇌 활동을 매우 빠르고 정확하게 측정할 수 있다. 이 방법으로 뇌의 영상을 수초 내에 기록할 수 있는데, 이것은 어떤 방법보다 빠르다. 또한 fMRI는 부작용 없이 반복할 수 있다.

뇌 연구기술과 관련된 문제는 대부분의 기술이 특별한 장비(예: CAT 스캔 기계)를 갖춘 인위적 맥락(예: 실험실)에서 사용되어 교실이나 다른 학습환경에서 학습에 대한 이해를 불가능하게 한다는 것이다. 이 문제는 연구참여자들에게 뇌 실험 중에 학습과 관련된 과제를 제시하거나 다른 교실맥락에서 경험한 직후에 기계를 사용하도록 함으로써 일부 해결될 수 있을 것이다(Varma et al., 2008).

근적외선광학단층촬영법. **근적외선광학단층촬영법(near-infrared optical topography: NIR-OT)**은 고차원적인 인지과정과 학습을 연구하기 위해 뇌 연구에서 사용하는 최신의 비침습기법(noninvasive technique)이다. 광섬유가 근적외선을 방출하면 근적외선이 두피에 발산된다. 일부 근적외선은 30mm 깊이까지 침투한다. 대뇌피질이 그 빛을 반사하여 두피를 통해 다시 보내면 침투지 근처에 있는 또 다른 광섬유에 의해 탐지된다. NIR-OT는 뇌 활동을 보여주는 산소가 제거된 헤모글로빈의 집적도를 측정한다(Centre for Educational Research and Innovation, 2007).

NIR-OT는 다른 방법에 비해 장점이 많다. 이 기법은 교실, 가정, 일터와 같은 자연스런 학습환경에서 사용될 수 있다. 이 방법은 또한 피험자들의 움직임을 제한하지 않아 피험자들은 자유롭게 움직일 수 있다. NIR-OT 분석장치는 이동 가능한 반도체다. 이것은 심각한 부작용 없이 오랫동안 사용할 수 있다. 여러 명의 학습자를 동시에 측정할 수 있기 때문에 사회적 상호작용의 결과로 나타나는 뇌 변화를 기록할 수 있다.

뇌 연구영역은 급속하게 변화하고 있고 기술은 계속 발달하고 있다(예: 휴대용 NIR-OT 장비, 무선 뇌파검사). 우리는 가까운 미래에 자연스런 학습환경에서 학습자의 이동을 더 많이 보장해 주는 더 정교화된 뇌 연구기술을 보게 될 것이고, 그에 따라 학습과정에서 작동하는 뇌에 대해 심도 있는 정보를 획득하게 될 것이다. 이제 뇌가 지식을 어떻게 처리하고 통합하고 활용하는지를 설명해 주는 학습에 대한 신경생리적 관점을 살펴보겠다.

학습의 신경생리학

이 절(section)에서는 제5장에서 논의한 정보처리모형을 참조틀로 사용해서 학습이 일어나는 동안 이루어지는 뇌의 처리에 대해 살펴보겠다. 학습이 일어나는 동안 발생하는 뇌의 처리는 이 장 서두의 에피소드처럼 복잡하다. 따라서 이 절에서는 핵심요소에 대해서만 살펴보겠다. 신경생리학적 측면에서 학습과 기억에 대한 더 구체적인 설명은 다른 자료들을 참고하기 바란다(Byrnes, 2001, 2012; Centre for Educational Research and Innovation, 2007; Jensen, 2005; Rose, 1998; Wolfe, 2010).

정보처리시스템

제5장에서 설명한 바와 같이, 정보처리시스템의 핵심요소는 감각등록기, 작업기억, 장기기억이다. 감각등록기는 유입되는 정보를 아주 잠깐 동안 보유한 다음에 작업기억으로 보내거나 버린다. 대부분의 감각등록기의 정보는 다양한 자극이 폭주하기 때문에 버려진다.

이 장(章)의 서두에 모든 감각정보(후각 제외)가 시상으로 직접 전달되어 그 중 일부만이 처리를 위해 대뇌피질의 직질한 부위(예. 적절한 감각정보를 처리하는 뇌의 엽)로 보내진다고 설명하였다. 그러나 유입된 정보는 처음 유입되었을 때와 동일한 형태로 보내지는 것이 아니라 유입된 정보의 신경적 "지각(perception)"으로 보내진다. 예를 들어, 시상에 수용된 청각정보는 그 자극과 동등한 신경적 지각 형태로 변형될 것이다. 이 지각은 또한 기억 속에 이미 저장된 정보와 비교되는데, 이것을 **형태재인**(pattern recognition) 과정이라고 한다(제5장 참조). 따라서 시각자극이 담임선생님이라면, 피질에 보내지는 지각은 기억 속에 저장된 담임선생님에 대한 표상과 일치할 것이며, 그에 따라 자극은 재인될 것이다.

지각을 의미 있게 만드는 것의 일부는 사소한 정보는 제외하고 중요한 자료에 초점을 맞추도록 하는 뇌의 망상시스템이다(Wolfe, 2010). 유입되는 모든 자극에 주의를 집중하려고 한다면 어떠한 것에도 집중할 수 없기 때문에 이러한 과정은 적응적이다. 사소한 정보를 배제하고 중요한 정보에 주의를 집중하도록 하는 과정에 영향을 미치는 요인은 다양하다. 교사가 자료의 중요성(예: 시험에 출제됨)을 말해주는 것과 같은 중요성 지각은 학생들의 주의집중을 유도할 수 있다. 참신성은 주의집중을 유도한다. 뇌는 참신하거나 기대한 것과 다른 정보에 초점을 맞추는 경향이 있다. 또 다른 요인은 강도다. 소리의 크기, 색상의 밝기, 분명함 등과 같은 자극의 강도가 주의집중에 영향을 미친다. 움직임 또한 주의집중 유도에 도움이 된다. 주의집중시스템은 주로 무의식적으로 작동하지만, 이러한 아이디어는 교실에서 학생들의 주의집중을 유도하는 데 활용할 수 있다(예: 밝고 참신한 시각자료 활용). 학습상황에서 이러한 아이디어의 적용 방법에 대해 [적용 2.2]에 제시하였다.

적용 2.2
학습자의 주의집중 유발 및 유지

인지신경과학 연구는 다양한 환경요인이 사람의 주의집중을 유발하고 유지할 수 있다는 것을 보여준다. 이러한 요인에는 중요성, 참신성, 강도, 움직임이 포함된다. 교사들은 수업을 계획할 때, 이러한 요인을 수업과 학생활동에 포함시킬 수 있는 방법을 결정할 수 있다.

중요성(importance)
Peoples 선생님은 단락에서 주제찾기를 가르치고 있다. 선생님은 아동들이 흥미 있는 세부 사실에 주의를 빼앗기지 않고 주제에 집중하기를 원한다. 아동들은 스스로 '이 이야기는 무엇에 대한 이야기이지?'라고 질문을 하고, 글을 읽고, 또다시 질문을 한다. 그런 다음 질문에 대한 가장 최선의 대답이라고 할 수 있는 문장을 선택한다. Peoples 선생님은 진술되어 있지 않지만 주제를 지지해 주는 세부 사실에 대해 생각해 보도록

하기 위해 다른 문장을 살펴본다.

어느 중학교 선생님은 미국 주(州)의 역사와 관련된 단원을 가르치고 있다. 그 선생님은 교재에 세부 사실이 많지만, 학생들이 역사적인 핵심사건과 인물에 주의를 집중하기를 원한다. 선생님은 단원을 공부하기 전에 학생들에게 사건과 인물이 포함된 주요용어집을 제시하고, 학생들이 제시된 용어에 대하여 짧은 설명문을 작성하도록 한다.

참신성(novelty)
어느 5학년 담당선생님은 바퀴벌레를 연구하는 근처 대학의 곤충학 교수에게 연락을 한 다음, 학급 학생들과 함께 그의 실험실을 방문하였다. 그곳에서 학생들은 모든 종류의 바퀴벌레를 관찰하였다. 그 교수는 학생들이 바퀴벌레가 얼마나 빨리 달리는지, 어떤 먹이를 먹는지 등과 같이 바퀴벌레의

활동을 다양한 장비를 활용해서 직접 관찰하도록 하였다.

어느 고등학교 테니스 코치는 공을 다양한 속도와 각도로 보내주면 선수가 그 공을 받아 넘기는 기계를 구입하였다. 코치는 선수가 볼을 반복적으로 넘기는 훈련을 하는 대신에 서브 없이 선수와 기계가 시합을 하도록 하였다. 선수가 기계가 던진 공을 성공적으로 받아 넘기면 점수를 얻게 되며, 실패하면 기계가 점수를 얻는다. 점수계산은 테니스 경기에서 사용하는 방식과 동일하였다.

강도(intensity)

일부 초등학생들은 뺄셈을 할 때 수 묶기와 각 열의 큰 숫자에서 더 작은 숫자를 빼는 데 어려움이 있다. Kincaid 선생님은 학생들의 이러한 어려움을 도와주기 위해 뺄셈을 하기 전에 각 열의 맨 위 숫자에서 아래 숫자로 화살표를 그리도록 하였다. 위에 있는 숫자가 아래 숫자보다 더 작을 경우, 옆에 있는 열의 숫자에서 빼야 할 열의 숫자로 화살표를 그린 다음 적절하게 수 묶기를 하도록 하였다. 학생들은 화살표를 사용함으로써 뺄셈의 순서를 더 분명하게 이해하게 되었다.

Lammaker 선생님은 링컨의 게티스버그 연설을 암기하고 핵심적인 부분을 강조해서 암송하기를 원한다. 선생님은 "공화국 전승가(The Battle Hymn of the Republic)" 연주곡의 볼륨을 낮게 틀어 놓고 연설문을 읽으면서, 핵심적인 부분이 나오면(예: of the people, by the people, for the people) 특정한 단어를 강조하기 위해 몸짓을 사용하고 억양을 높였다.

움직임(movements)

책을 사용하여 조류와 동물에 대해 공부하게 되면 지루하고, 조류와 동물의 일반적인 활동을 파악하기 어렵다. 어느 초등학교 선생님은 인터넷 자료와 상호작용적 비디오를 활용하여 자연서식지에 있는 조류와 동물을 보여 주었다. 학생들은 조류와 동물들이 먹이를 구하고, 새끼를 돌보며, 이동하는 것과 같은 일반적인 활동을 볼 수 있었다.

교수법을 강의하는 Tsauro 교수는 학생들에게 아동들을 가르치는 동안 일어나는 교사의 움직임에 대해 가르치고 있다. Tsauro 교수는 학생들이 교사의 역할을 하면서 동료 학생들을 가르치도록 한다. 교사의 역할을 하는 학생들은 기르치면서 교실 이곳저곳으로 움직인다. 영상자료를 사용할 때면 화면을 가리지 않도록 이동해야 한다. Tsauro 교수는 교사가 자율학습을 점검하거나 교실에서 개별적 또는 소집단으로 과제를 수행하는 동안 학생들의 향상도 정도를 점검하면서 효율적으로 움직이는 방법에 대해 가르친다.

뇌 연구자들은 주의력 결핍 및 과잉행동장애(ADHD)를 가진 학생들의 주의집중 과정과 차이점을 명확하게 하는 데 도움을 주었다. 이러한 학생들에게 볼 수 있는 주의집중 문제에는 구체적인 것에 대해 세심한 주의집중 부족, 주의집중 유지의 어려움, 쉽게 주의가 산만하게 되는 것이 포함된다(Byrnes, 2012).

MRI와 fMRI 기법을 사용한 연구는 전두엽 피질, 시상, 그리고 측두엽, 후두엽, 두정엽이 교차하는 영역을 포함하여 특정한 뇌 부위를 파악하였다. 이러한 영역의 많은 부분이 또한 작업기억 결함을 보이는 부분과 중복되기 때문에, ADHD를 보이는 많은 아동들에게 작업기억 결함이 나타난다는 것은 놀라운 일이 아니다. ADHD를 보이는 아동들은 전전두엽 피질활동에 의해 영향을 받는 계획 수립, 전략적 행동, 자기조절 등에 문제를 보이는 경우가 종종 있다(Byrnes, 2012).

요컨대, 감각정보는 뇌의 감각기억 부위에서 처리되고 충분히 오랫동안 유지된 감각정보는 작업기억으로 전이된다. 작업기억은 뇌의 여러 영역과 관련이 있는 것으로 보이지만 전전두엽 피질과 주로 관련이 있다(Wolfe, 2010). 제5장에서 살펴보겠지만, 작업기억에 있는 정보는 시연을 하거나 장기기억으로 전달되지 않으면 몇 초 안에 상실된다. 저장될 정보는 신경신호가 되어야 한다. 정보는 중요하게 간주되고 사용될 필요가 있다.

기억과 정보처리를 담당하는 뇌의 주요 부위는 피질과 내측두엽(medial temporal lobe)이다(Wolfe, 2010). 뇌는 처음에 정보를 지각하고 처리하는 동일한 구조에서 기억을 처리하고 저장한다. 동시에, 장기기억이 포함된 뇌의 특정 부분은 정보의 유형에 따라 달라진다. 정보처리이론은 선언적 기억(사실, 정의, 사태)과 절차적 기억(절차, 전략)을 구분한다. 선언적 정보와 절차적 정보를 사용할 때 관여되는 뇌의 부위는 각기 다르다.

선언적 정보의 경우, 대뇌피질(예: 시각, 청각)에 있는 감각등록기가 유입된 자극을 수용하고 그 자극을 해마와 근처에 있는 내측두엽으로 보낸다. 유입된 자극은 대부분 처음과 동일한 형태(예: 시각 또는 청각 자극)로 등록된다. 해마는 최종적인 저장고가 아니며 자극의 처리자와 전달자의 역할을 한다. 다음 절에서 논의하겠지만, 자주 발생하는 자극은 신경연결을 더 강하게 만든다. 기억은 다양한 활성화로 인해서 전측과 측면 피질에 들어갈 신경네트워크를 만든다. 따라서 장기기억의 선언적 정보는 전측 피질과 측면 피질에 저장되는 것으로 보인다.

대부분의 절차적 정보는 자동화되어 그 절차가 의식이 거의 또는 전혀 없는 상태에서 실행될 수 있다(예: 타이핑, 자전거 타기). 절차적 학습 초기는 전전두엽 피질, 두정엽, 소뇌와 관련이 있으며, 이때 우리는 움직임이나 절차에 의식적으로 주의를 집중하고 그 움직임이나 절차를 정확하게 결합하려고 한다. 이러한 영역은 연습을 계속하면 덜 활성화되고 운동피질과 같은 뇌의 다른 구조가 관여하게 된다(Wolfe, 2010).

관찰학습에 대해서는 제4장에서 살펴보겠지만, 인지신경과학은 많은 것들이 관찰을 통해 학습된다는 주장을 지지한다(Bandura, 1986). 연구에 따르면, 어떤 행동을 실제로 수행할 때 관여하는 피질회로(cortical circuits)가 누군가의 행동을 관찰할 때도 반응한다 (van Gog, Paas, Marcus, Ayres, & Sweller, 2009).

비운동절차(nonmotor procedure)(예: 해독, 단순 덧셈)에는 시각피질이 많이 관여한 다. 반복은 실제로 시각피질의 신경구조를 변화시킬 수 있다. 우리는 이러한 변화로 인해 서 의미를 파악하기 위해 의식적으로 처리하지 않고도 시각자극(예: 단어, 숫자)을 재빨리 인식할 수 있다. 그 결과, 이러한 인지과제의 대부분은 습관화된다. 정보를 의식적으로 처 리(예: 읽은 단락의 의미 파악을 위해 잠시 멈추는 것)하기 위해서는 뇌의 다른 영역에서 확장된 활동을 필요로 한다.

그러나 유입된 자극에서 의미를 발견할 수 없다면 어떻게 되는가? 유입되는 정보가 중 요하다고 해도(예: 교사가 "주의를 집중하세요."라고 말함), 그 정보가 기억과 연결될 수 없다면 어떻게 되는가? 이러한 상황은 새로운 기억네트워크의 창출을 필요로 하는데, 이 것에 대해서는 다음 절에서 논의하겠다.

기억네트워크

자극이나 정보가 반복적으로 제시되면 신경네트워크가 강화되어 해당 자극이나 정보에 빠르게 반응할 수 있게 된다. 인지신경과학적 관점에서 볼 때, **학습(learning)**은 신경연결 과 네트워크(시냅스 연결)를 형성하고 강화하는 것이다. 이러한 정의는 제5장에서 살펴본 최근 정보처리이론에서 규정하는 학습에 대한 정의와 매우 유사하다.

Hebb의 이론. 시냅스 연결과 네트워크의 형성과정에 대한 과학적 연구가 수년 동안 이 루어졌다. Hebb(1949)는 세포군(cell assemblies)과 국면계열(phase sequences)과 같은 두 개의 피질구조의 역할을 중심으로 학습에 대한 신경생리학적 이론을 제안하였다. **세 포군(cell assembly)**은 피질과 피질하중추(subcortical center)에 있는 세포를 포함하는 구 조다(Hilgard, 1956). 기본적으로 하나의 세포군은 특정한 자극과 결합되어 있는 신경묶 음으로서 지속적인 반복을 통해 형성된다. 특정 자극이 다시 발생하면 그 세포군은 각성 된다. Hebb는 세포군이 각성되면 운동반응은 물론 다른 시스템 내의 신경반응을 촉진시 킬 것이라고 주장하였다.

Hebb는 당시 뇌 연구와 관련된 기술이 많이 발전되지 않았기 때문에 세포체가 어떻 게 생성되는지에 대해 단지 추측할 뿐이었다. 그는 반복된 자극은 축색돌기와 수상돌 기 간의 연결을 증가시키는 시냅스 마디의 성장을 유도할 것이라고 생각하였다(Hilgard, 1956). 반복된 자극으로 인해서 세포군은 자동적으로 활성화될 것이고 그에 따라 신경처 리를 촉진시킬 것이다.

국면계열(phase sequence)은 상호 관련되어 있는 일련의 세포군이다. 반복적으로 자극된 세포군은 처리에 작용하는 조직의 형태 또는 계열을 일부 형성한다. 예를 들어, 친구의 얼굴을 보고 있으면 다양한 시각자극이 들어온다. 어떤 사람은 얼굴의 특정한 측면 모두와 관련된 다양한 세포군을 상상할 수 있을 것이다(예: 좌측 눈의 좌측 구석, 우측 귀 아래). 친구의 얼굴을 반복적으로 살펴보면, 이러한 다양한 세포군은 자동적으로 활성화되어 부분들의 순서에 따라 통합된 국면계열을 형성한다(예: 그래서 우리는 우측 귀 아래에서 좌측 눈의 좌측 구석으로 옮겨가지 않는다.). 국면계열은 통합된 전체가 의미 있고 의식적으로 지각되도록 해준다.

신경연결. Hebb의 이론은 65년 전에 제안되었지만, 학습의 발생과 기억형성 방법에 대한 현대적 관점과 매우 흡사하다. 다음 절에서 설명하겠지만, 우리는 수많은 신경(시냅스) 연결을 갖고 태어난다. 우리의 경험은 이러한 시스템을 바탕으로 작동한다. 연결은 선택되거나 무시되고, 강화되거나 상실되며, 새로운 경험을 통해 첨가되거나 변형된다(National Research Council, 2000).

시냅스 연결의 형성과 강화과정(학습)은 뇌의 물리적 구조를 변화시키고 기능적 조직을 변경한다(National Research Council, 2000). 구체적 과제에 대한 학습은 과제에 적절한 뇌 부위의 변화를 유도하고 이러한 변화는 뇌에 새로운 조직을 부가한다. 우리는 뇌가 학습을 결정한다고 생각하지만, 사실은 경험의 결과로 뇌의 구조와 기능을 변경시킬 수 있는 능력인 뇌의 **가소성(plasticity)** 때문에 뇌와 학습은 상호 보완적인 관계에 있다(Begley, 2007; Centre for Educational Research and Innovation, 2007).

이 주제에 대한 연구가 계속되고 있지만, 현재까지 연구에 따르면, 기억은 처음 학습이 일어날 때 완전히 형성되지 않는다. 오히려 기억형성은 시간이 지남에 따라 신경연결이 안정되는 지속적 과정이다(Wolfe, 2010). 신경(시냅스)연결이 안정되고 강화되는 과정을 **응고화(consolidation)**라고 한다(Wang & Morris, 2010). 해마는 기억의 저장고가 아니라는 사실에도 불구하고, 해마는 응고화에 핵심적인 역할을 수행하는 것으로 보인다.

기억의 응고화를 촉진시키는 요인은 무엇인가? 제5장에서 논의하겠지만, 조직화, 시연, 정교화가 응고화에 도움을 준다. 뇌는 정보의 수동적인 수용자나 기록자가 아니라 정보의 저장과 인출에 능동적인 역할을 한다(National Research Council, 2000).

요컨대, 자극이나 유입되는 정보는 적절한 뇌 부위를 활성화시키고 시냅스 연결로 부호화된다. 이러한 연결은 반복을 통해 그 수가 증가하고 강화되어 자동화되거나 소통이 더 잘된다. 학습은 과제가 포함된 뇌의 특정 부위를 변하게 한다(National Research Council, 2000). 경험은 환경(예: 시각과 청각자극)과 정신활동(예: 사고) 모두와 관련이 있으며, 학습에 결정적인 역할을 한다.

뇌가 일부 구조를 유입되는 정보에 부과한다고 가정하면, 이러한 구조가 기억을 촉진시키는 데 도움이 된다는 점은 매우 중요하다. 따라서 단순한 응고화와 기억은 장기간 학습을 보장하기에 충분하지 않다. 오히려 이 장 서두의 에피소드에서 Emma와 Claudia 선생님이 주장하는 것처럼, 수업은 바람직한 구조를 학습에 부과하도록 돕는 데 핵심적인 역할을 해야 한다. 기억의 응고화에 도움을 줄 수 있는 방법을 [적용 2.3]에 제시하였다.

적용 2.3
기억의 응고화에 도움이 되는 수업

조직화, 시연, 정교화와 같은 요인은 뇌가 학습에 구조를 부과하는 데 도움이 되고, 기억 속에서 신경연결의 응고화를 지원한다. 교사는 이러한 아이디어를 다양한 방법으로 활용할 수 있다.

조직화
Standar 선생님은 미국혁명에 대해 가르치고 있다. 선생님은 학생들이 연대별로 학습하기보다 주요사건에 대한 연대기를 작성하고 각각의 사건이 어떤 사건을 유발시켰는지를 설명하도록 한다. 선생님은 학생들이 주요사건을 서로 연결해서 연대기적으로 조직화하도록 한다.

Conwell 선생님은 고등학교 통계수업에서 정규분포를 사용해서 정규적으로 분산된 자료를 조직화하도록 한다. 선생님은 분포상에서 평균과 표준편차를 파악하도록 한다. 또한 학생들이 분포를 비율로 환산하도록 하여 평균과 표준편차를 분포상의 비율과 연결시키도록 한다. 이러한 시각조직자는 글로 쓰인 정보로 설명된 것보다 학생에게 더 유의미하다.

시연(rehearsal)
초등학교 교사인 Luongo는 추수감사절에 학부모를 초청하여 학생들의 연극을 보여주려고 한다. 학생들은 자신의 대사와 동작을 기억해야 한다. 선생님은 연극을 몇 개 부분으로 나누고 매일 부분별로 연습한 다음 점차적으로 부분을 통합해서 연습하도록 한다. 학생들은 각 부분과 전체 과정을 계속해서 연습한다.

Gomez 선생님은 9학년 영어수업에서 학생들에게 단어를 암송하도록 한다. 학생들에게 단어를 쓰고 그 단어에 대한 정의를 내린 다음, 해당 단어를 활용하여 문장을 작성하도록 한다. 또한 금년에 학습한 단어 중 최소한 다섯 개가 포함된 짧은 에세이를 매주 작성하도록 한다. 이러한 방법은 단어의 철자, 의미, 용법과 관련된 기억네트워크를 만드는 데 도움이 된다.

정교화
정교화는 정보를 더 의미 있게 만들어 정보를 확장하는 과정이다. 정교화는 기억네트워크를 형성하고 그것을 서로 관련 있는 것과 연결하도록 도움을 준다.

Jackson 선생님은 미적분 준비 과정을 수강하는 학생들이 수업내용을 다른 지식에 연결시키는 데 어려움이 있다는 것을 알게 되었다. 선생님은 학생들의 흥미와 수강과목을 조사한 다음, 자신의 수업에서 학습한 개념을 학생들의 흥미와 수강과목과 연결시키도록 한다. 예를 들어, 물리학 수강생들에게는 원뿔곡선 부분(예: 포물선)과 이차방정식을 물체의 이동과 중력법칙과 연결하도록 한다.

중학교 선생님인 Kay는 개인의 책임문제를 가르치면서 학생들이 비판적 사고를 활용하기를 원한다. 학생들은 유인물을 읽고 토론을 한다. 학생들에게 유인물에 등장하는 인물이 선택한 것에 대해 동의하는지를 질문하기보다 다음과 같은 질문을 통해 내용을 정교화시키도록 한다. 주인공의 선택은 다른 사람들에게 어떤 영향을 주었는가? 주인공이 다른 선택을 하였다면 결과는 어떻게 되었을까? 여러분이라면 어떤 선택을 할 것이고, 그 이유는 무엇인가?

언어학습

뇌의 다양한 구조와 시냅스 연결 간의 상호작용은 언어학습, 특히 읽기를 통해 분명히 파악할 수 있다. 현재의 뇌 연구기술은 연구자들이 개인이 언어기능을 습득하고 활용하는 것을 실시간으로 조사할 수 있게 해 주지만, 언어의 습득과 활용에 관한 대부분의 연구는 뇌가 손상되어 일정한 정도의 언어손실을 경험한 사람을 대상으로 수행되었다. 이러한 연구는 특정한 영역의 뇌 손상이 어떤 기능에 영향을 미치는지에 대한 정보는 제공해 주지만 아동의 발달하는 뇌에서 언어가 어떻게 획득되고 활용되는지에 대해서는 설명하지 못한다.

뇌 외상연구에 따르면, 대뇌피질 좌측이 읽기의 핵심적인 영역이며, 좌반구의 후두연합영역(posterior cortical association area)이 언어이해, 사용, 그리고 일반적인 읽기에 중요한 부분이다(Vellutino & Denckla, 1996). 읽기장애는 좌측 후두엽 손상으로 나타나는 증상이다. 읽기장애 병력을 가진 청소년과 젊은 성인의 뇌를 해부한 결과, 좌반구에서 구조적인 이상이 발견되었다. 읽기장애는 뇌의 전측(전두엽, 말하기를 제어하는 영역) 손상과 관련이 있는 경우가 있지만 후두엽의 이상 때문이라는 증거가 더 강력하다. 읽는 방법을 알았다가 읽기능력의 일부나 전부를 잃어버린 사람들에 대한 연구에서 이와 같은 결과가 도출되었기 때문에 언어, 말하기와 연관된 뇌의 좌측 영역이 읽기능력을 유지하는 핵심영역이라고 결론지을 수 있다.

그러나 읽기와 관련된 핵심적인 뇌 영역이 없다는 것에 주목해야 한다. 오히려, 읽기의 다양한 측면(예: 철자와 단어 파악, 구문론, 의미론)이 편재되고 구조화된 많은 뇌 구조와 시냅스 연결에 포함되어 성공적인 읽기를 가능하게 한다(Vellutino & Denckla,

1996). 다음 절에서는 이러한 상호 연결이 읽기를 정상적으로 수행하는 사람과 그렇지 않은 사람에게서 어떻게 발달하는지를 살펴볼 것이다. 성공적인 읽기는 **신경집합(neural assemblies)**의 형성, 즉 시냅스가 서로 연결된 일련의 신경묶음을 필요로 한다(Byrnes, 2001). 신경집합은 개념적으로 Hebb가 제안한 세포군과 국면계열의 개념과 유사하다.

신경과학 연구에 따르면, 읽기에 필요한 철자법, 음성학, 의미론, 구문론을 처리하는 구체적인 뇌 영역이 있다(Byrnes, 2001). 철자법(예: 글자, 문자) 처리는 주로 1차 시각영역에서 일어난다. 음성학적 처리(예: 음소, 음절)는 상부 측두엽과 관련이 있다. 의미론적 처리(예: 의미)는 전두엽에 있는 브로카영역과 좌반구의 중앙 측두엽과 관련이 있다. 구문론적 처리(예: 문장 구조)는 브로카영역에서 발생하는 것으로 보인다.

앞에서 살펴본 바와 같이, 두 개의 핵심 영역이 언어와 관련이 있다. 브로카영역은 문법적으로 정확한 언어를 구사하는 데 중요한 역할을 한다. 베르니케영역(외측열 아래에 있는 좌측 측두엽)은 적절한 단어선택과 발성에 중요한 역할을 한다. 베르니케영역이 손상된 사람은 의미는 흡사하지만 부정확한 어휘를 사용할 것이다(예: "포크" 대신에 "나이프"라고 말함).

언어와 읽기는 뇌의 다양한 영역의 조화를 요구한다. 그러한 조화는 언어영역을 서로 연결하고, 양반구에 있는 대뇌피질의 다른 부위를 연결하는 수많은 신경섬유를 통해 발생한다(Geschwind, 1998). 신경섬유가 가장 많이 분포되어 있는 곳이 뇌량이지만 다른 부위에도 있다. 신경섬유의 손상이나 파괴는 적절한 언어기능에 필요한 뇌의 소통을 방해하며, 그에 따라 언어장애가 발생한다. 뇌 연구자들은 뇌가 손상되었을 경우 기능장애가 어떻게 발생하는지와 어떤 뇌 기능이 지속되는지를 밝혔다.

이 주제에 대해서는 뇌 발달과 밀접한 관계가 있기 때문에 다음 절에서 살펴보겠다. 교육자들은 학생들을 위한 수업을 계획할 때 뇌의 발달적 변화를 고려해야 하기 때문에 뇌가 어떻게 발달하는지에 대해 알 필요가 있다.

뇌 발달

뇌 발달과 관련해서 우리는 성숙한 중추신경계 기능에 초점을 맞추었다. 그러나 많은 교육자들은 유아, 아동, 청소년을 대상으로 교육을 한다. 뇌 발달은 그 자체뿐만 아니라 발달수준에 따라 수업과 학습에 대한 교육적 시사점이 달라지기 때문에 흥미로운 주제이다. 이 장(章)의 서두에서 Bryan은 교사들이 뇌 발달에 대해 이해하는 것이 중요하다고 언급하였다. 이 절에서는 발달에 영향을 미치는 요인, 발달과정, 발달상의 민감한 시기, 언어습득과 활용에서 발달의 역할, 테크놀로지가 발달에 미치는 영향에 대해 논의하겠다.

뇌 발달에 영향을 미치는 요인

인간의 뇌는 구조적으로 유사하지만 개인 간에 차이가 있다. 뇌 발달에 영향을 주는 요인은 유전, 환경자극, 영양, 스테로이드, 기형발생물질 등 다섯 가지다(Byrnes, 2001)(〈표 2.3〉 참조). 이러한 요인들은 태내기 동안부터 영향을 미치기 시작한다(Paul, 2010).

표 2.3
뇌 발달에 영향을 미치는 요인

- 유전
- 환경자극
- 영양
- 스테로이드
- 기형발생물질

유전. 인간 뇌의 크기와 성분은 다른 동물의 뇌와 다르다. 인간 게놈과 인간과 가장 가까운 동물인 침팬지 간에는 1.23% 밖에 차이가 나지 않지만(Lemonick & Dorfman, 2006), 인간은 그 차이와 다른 유전적 변이로 인해 다리를 설계하고 만들며, 음악을 작곡하고, 소설을 쓰고 복잡한 방정식 문제를 해결한다.

인간 뇌의 유전적 구조는 유사하지만, 뇌의 크기와 구조는 사람마다 차이가 있다. 일란성 쌍생아에 대한 연구는 이들의 뇌가 구조적으로 다르게 발달한다는 것을 종종 보여준다(Byrnes, 2001). 유전에 의해 뇌의 크기, 구조, 신경연결도가 결정된다. 이 차이는 대부분 정상적으로 기능하는 뇌를 만들지만, 뇌 연구자들은 특정한 유전적 차이가 기형(abnormalities)을 어떻게 만들어 내는지를 파악하려고 한다.

환경자극. 뇌 발달은 환경으로부터의 자극을 필요로 한다. 태내기 발달은 자극과 경험을 받아들이고 처리할 수 있는 신경회로를 발달시킴으로써 학습을 위한 단계를 설정한다. 이러한 경험은 시냅스를 첨가하거나 다시 조직화하면서 회로를 더 많이 만든다. 예를 들어, 태아에게 말을 하거나 노래를 불러주는 임산부는 아이가 신경연결을 형성하는데 도움을 줄 수 있다(Wolfe, 2010). 뇌 발달은 경험이 박탈되거나 최소화될 때 지체된다. 연구에 따르면, 자극이 심도 있게 영향을 미치는 특정한 결정적 시기가 있지만(Jensen, 2005), 자극은 평생 중요하며 뇌를 계속해서 발달시킨다.

영양. 좋지 않은 영양상태는 뇌 발달에 상당한 영향을 미친다(Byrnes, 2001). 예를 들어, 태내기 영양부족은 뉴런과 신경교세포 생성과 성장 지연의 원인이 된다. 결정적 시기는 대부분의 뇌 세포가 만들어지는 임신 4개월과 7개월 사이다(Jensen, 2005). 그 이후의 영양부족은 세포크기의 빠른 성장과 수초 형성을 지연시킨다. 이후의 영양문제는 적절한 음식섭취로서 교정될 수 있지만, 임신 4~7개월 사이의 영양부족은 당시 발달된 세포가 소수이기 때문에 교정될 수 없다. 이러한 이유로, 임산부는 약, 음주, 흡연을 피하고, 좋은 영양상태를 유지하며 스트레스를 피해야 한다(스트레스 또한 태아발달에 문제를 일으킨다.).

스테로이드. 스테로이드(steroids)는 성 발달과 스트레스 반응을 포함하여 여러 기능에 영향을 미치는 일종의 호르몬이다(Byrnes, 2001). 스테로이드는 다양한 방법으로 뇌 발달에 영향을 미친다. 뇌에는 호르몬 수용기가 있다. 에스트로겐과 코르티솔과 같은 호르몬은 태내기 발달 동안 뇌에 흡수되어 뇌 구조를 잠재적으로 변경시킨다. 지나친 스트레스 호르몬은 뉴런을 죽게 한다. 연구자들은 또한 생물학적 성과 사회학적 성 정체성의 차이가 일부 스테로이드의 차이 때문이라고 한다. 뇌 발달에서 스테로이드의 역할에 대한 증거가 영양상태의 영향력에 비해 다소 약하지만, 스테로이드는 뇌에 영향을 줄 가능성이 있다.

기형발생물질. 기형발생물질(teratogens)은 태아의 비정상적인 발달의 원인이 될 수 있는 이물질(예: 음주, 바이러스)이다(Byrnes, 2001). 연구에 따르면, 물질이 뇌 발달에 영향을 미칠 정도가 되면 기형발생물질로 간주한다. 예를 들어, 소량의 카페인은 기형발생물질이 아니지만 대량으로 흡입하면 기형발생물질이 될 수 있다. 기형발생물질은 뇌 발달, 뉴런과 신경교세포의 상호 연결성에 영향을 미칠 수 있다. 극단적인 경우(예: 풍진 바이러스), 기형발생물질은 선천성 결함을 유발시킬 수 있다.

발달단계

태내기 발달 동안 뇌의 크기와 구조가 발달하고, 뉴런, 신경교세포, 신경연결(시냅스)의 수가 증가한다. 태내기 뇌 발달은 9개월 동안 이루어지고 대부분의 세포는 4~7개월 사이에 나오는 것처럼 신속하게 이루어진다(Jensen, 2005). 세포는 신경관을 통해 뇌의 다양한 부분으로 이동하면서 연결을 형성한다. 태내기 동안 1분당 최고 25만 개의 뇌 세포가 생성되는 것으로 추정된다.

인간의 뇌는 출생하면서 평생 발달할 시냅스의 약 60%에 해당되는 100만 개 이상의 연결을 갖는다(Jensen, 2005). 이러한 점에서 태내기 발달이 중요하다는 것은 놀라운 일이 아니다. 따라서 태내기 동안에 발생하는 변화는 광범위하고 영구적으로 영향을 미칠 수 있다.

뇌 발달은 또한 영아기 때 신속하게 일어난다. 영아는 2세가 되면 성인만큼의 시냅스를 갖게 될 것이고 3세가 되면 성인보다 수십억 개 더 많은 시냅스를 갖게 될 것이다.

어린 아동의 뇌는 생애 어느 시기보다도 훨씬 조밀하고 복잡한 신경으로 연결되어 있다 (Trawick-Smith, 2003).

사실, 어린 아동은 너무 많은 시냅스를 갖고 있다. 어린 아동은 약 60%의 에너지를 뇌에 사용하는 반면, 성인은 20~25%를 사용한다(Brunton, 2007). 아동과 청소년은 발달과정에서 획득하는 시냅스보다 훨씬 많은 시냅스를 상실하게 된다. 따라서 18세가 되면, 영아기 때 시냅스의 절반 정도가 사라진다. 사용되지 않거나 필요하지 않은 뇌 연결은 사라질 뿐이다. 사용된 연결은 강화되고 응고되지만 사용되지 않은 연결은 영구적으로 사라질 것이기 때문에 "사용하지 않으면 없어진다." 전략은 바람직하다.

아동의 뇌는 5세까지 언어를 습득하고 감각운동기능과 다른 능력을 발달시킨다. 생후 1년간 있었던 신속한 변화는 점차 느려지지만 시냅스는 계속해서 증가한다. 신경네트워크의 연결은 더 복잡해진다. 이러한 과정은 발달 내내 계속된다.

이 장 서두의 에피소드에서 Bryan이 지적한 것처럼, 뇌의 구조적 변화가 일어나는 10대 시기에 주된 변화가 발생한다(Jensen, 2005). 추상적 추론과 문제해결에 관여하는 전두엽이 성숙하게 되고 두정엽이 커진다. 판단과 충동을 통제하는 전전두엽 피질은 천천히 성숙한다(Shute, 2009). 또한 신경전달물질, 특히 **도파민(dopamine)**에 변화가 일어나서 뇌가 마약이나 음주와 같은 즐거운 영향에 더 민감하게 된다. 뇌 세포가 두꺼워지고, 많은 시냅스가 다시 조직화되는데, 이것이 학습에 중요한 시기를 만든다. "사용하지 않으면 없어진다." 전략으로 인해서 뇌 영역이 연습을 통해 강화된다(예: 피아노 치기 연습은 손가락을 제어하는 뇌 부위에 있는 뉴런을 두껍게 한다. Wallis, 2004).

10대 시기에 일어나는 뇌의 광범위한 변화를 고려한다면 10대들이 종종 미숙한 의사결정을 하고 마약, 음주, 섹스를 포함하여 매우 위험한 행동을 하는 것은 놀라운 일이 아니다. 이러한 변화를 고려한 교수전략이 필요하다. [적용 2.4]에 이러한 전략의 일부를 소개하였다.

민감한 시기

아동 양육에 대한 일부 책에서는 결정적 시기(예: 생후 1~2년)를 강조한다. 이 시기에 특정한 경험이 일어나지 않는다면 아동의 발달은 영구적으로 지장이 있을 것이라고 한다. 이러한 주장은 과장된 면이 있지만 일부 사실이다. 그러나 발달은 잘 진행될 수 있지만 더 심도 있는 발달은 나중에 일어날 수 있다는 점에서 **민감한 시기(sensitive periods)**라고 칭하는 것이 더 적절하다. 뇌 발달에서 민감한 시기에 해당되는 것은 언어, 정서, 감각운동 발달, 청각발달, 시각과 같은 다섯 가지 영역이다(Jensen, 2005)(〈표 2.4〉 참조). 언어와 정서에 대해서는 다음 절에서 살펴보고, 이 절에서는 감각운동발달, 청각발달, 시각에 대해 논의하겠다.

적용 2.4

10대들을 위한 교수-학습전략

10대의 뇌가 신속하고 광범위하게 변한다는 연구결과는 10대를 성인의 축소판(또는 어린 아동)으로 보아서는 안 된다는 것을 시사해 준다. 뇌 연구를 바탕으로 한 10대를 위한 교수전략은 다음과 같다.

지시는 간단하고 분명하게 하라.

10학년 영어를 담당하는 Glenn 선생님은 학생들이 많은 아이디어를 한 번에 이해할 수 없을 것이라고 생각한다. 따라서 학생들에게 소설을 읽은 다음 여러 영역으로 구성된 문학적 분석(예: 줄거리 요약, 표현법, 주요인물 분석)을 하도록 한다. 선생님은 각 영역에 포함될 것이 무엇인지를 1~2개의 사례를 보여 주면서 구체적으로 설명한다.

모델을 활용하라.

학생들은 정보가 다양한 통로(예: 시각, 청각, 촉각)로 제시될 때 정보처리를 잘한다. 화학을 담당하는 Carchina 선생님은 학생들이 실험실 절차를 이해하기를 원한다. 선생님은 학생들이 배워야 할 절차를 설명하고 시범을 보인 다음, 학생들이 그 절차를 짝을 이루어 수행해 보도록 한다. 학생들이 수행을 하는 동안, 선생님은 교실을 순회하면서 필요한 경우 학생들에게 교정적 피드백을 제공한다.

학생의 역량을 계발하라.

동기이론과 연구에 따르면, 학생들은 무능하게 보이는 것을 피하려고 한다(제9장 참조). 이것은 자아감이 발달하는 10대 동안에 특히 그렇다. Patterson 선생님은 일부 학생들이 어려워하는 미적분을 가르친다. 선생님은 퀴즈, 숙제, 수업 중 활동 등을 통해 어떤 학생들이 어려워하는지 파악한다. Patterson 선생님은 수업이 시작되면 항상 이전 시간에 학습한 내용을 복습해 주어서 학습이 어려운 학생들에게 도움을 준다.

의사결정의 기회를 제공하라.

10대들의 뇌가 급속하게 발달한다는 것은 이들의 의사결정이 종종 잘못될 수 있다는 것을 의미한다. 이들은 불완전한 정보나 또래를 기쁘게 하는 것을 바탕으로 의사결정을 해서 그 결정이 가져올 결과를 충분히 생각하지 못한다. Manley 신생님은 그의 해양과학 수업에서 의사결정과 결과에 대한 토론의 기회를 많이 제공한다. 지구온난화와 수질오염과 같은 주제를 공부할 때, 선생님은 학생들에게 토론거리(예: 바다에 쓰레기를 버리기를 원하는 선장)를 제시한다. 선생님은 학생들에게 가능한 행동에 대한 잠재적 결과와 문제를 해결할 수 있는 다른 방법과 같이 주제를 다룰 수 있는 질문을 한다.

감각운동발달. 시각, 청각, 운동, 신체 움직임과 관련된 시스템은 생후 첫 2년 동안의 경험을 통해 광범위하게 발달한다. 속귀(inner ear)에 있는 전정계(vestibular system)는 움직임과 균형감, 그리고 다른 감각시스템에 영향을 준다. 영유아기에 전정계를 부적절하게 자극하면 나중에 학습에 문제를 유발시킨다는 증거가 있다(Jensen, 2005).

표 2.4
민감한 시기와 관련된 뇌 발달영역

- 감각운동
- 청각
- 시각
- 정서
- 언어

그러나 영유아들이 대부분의 시간을 적절한 보살핌이 제공되는 환경에서 보낸다면, 전정계를 부적절하게 자극하는 일은 발생하지 않을 것이다. 또한 많은 아동들이 자동차의 유아용 좌석, 보행기, 또는 텔레비전 앞에서 너무 많은 시간을 보내기 때문에 충분한 자극을 받지 못한다. 영유아들이 움직이도록 하고 그들을 흔들어 주는 것으로도 자극이 될 수 있다. 약 60%의 영유아가 매일 평균 1~2시간을 텔레비전이나 비디오를 시청하면서 보낸다(Courage & Setliff, 2009). 어린 아동들은 그러한 매체를 통해 학습하기도 하지만, 학습은 그렇게 쉽게 일어나지 않는다. 아동의 이해와 학습은 부모가 아동과 함께 시청하면서 묘사해 주고 설명해 주어야 신장된다(Courage & Setliff, 2009).

청각발달. 생후 2년 동안이 청각발달의 최적기다. 영아는 6개월쯤 되면 환경에서 들려오는 대부분의 소리를 변별할 수 있다(Jensen, 2005). 생후 2년 동안 일정한 영역 내의 소리를 듣고, 소리를 변별하는 능력이 발달한다. 청각발달에 문제가 있으면 언어학습에 문제를 유발시키는데, 그것은 많은 언어습득이 환경에서 타인의 언어를 듣는 것과 관련이 있기 때문이다.

시각발달. 시각은 주로 생후 1년 동안, 특히 4개월 이후에 발달한다. 시각시스템의 시냅스 집적도는 색깔, 깊이, 움직임 등의 지각을 조절하는 신경연결을 포함하여 극적으로 증가한다. 적절한 시각발달은 영아가 물체와 움직임을 파악할 수 있는 시각적으로 풍부한 환경을 필요로 한다. 텔레비전과 영화는 풍부한 환경의 대체물이 아니다. 그러한 매체들이 색상과 움직임을 제공해 주지만, 그것들은 2차원적이며, 뇌 발달은 더 심도 있는 차원을 요구한다. 텔레비전과 영화에 나타나는 행동은 너무 빨라서 유아들이 적절하게 집중할 수 없다(Jensen, 2005).

요컨대, 생후 2년은 감각운동, 시각, 청각의 적절한 발달에 중요한 시기이며, 유아가 움직임, 시야, 소리 등을 경험할 수 있는 풍부한 환경이 이러한 시스템의 발달에 도움이 된다. 동시에, 뇌 발달은 생애에 걸쳐 이루어진다. 뇌는 생후 2년 이후에도 자극이 필요하다. 뇌는 시냅스 연결을 계속해서 추가하고, 삭제하고 재조직화하며 구조적으로 바꾼다. 연구자들은 뇌의 특정한 부분이 특정한 시기에 더 급속하게 발달한다고 주장하지만, 모든 연령의 사람들은 자극을 주는 환경으로부터 이득을 얻는다.

언어발달

언어와 관련된 특정 기능이 뇌에서 어떻게 작동하는지에 대해 이미 살펴보았다. 연구자들은 다양한 지적 능력을 포함하여 뇌 연구에서 여러 가지 형태의 처리과정에 대해 연구하였지만 특히 언어습득과 사용에 대한 연구를 많이 수행하였다. 언어습득과 사용은 인지발달의 주요 측면이며 학습에 대한 시사점이 많다.

앞에서 언급한 바와 같이, 언어에 관한 대부분의 뇌 연구는 뇌 손상으로 고통을 받고 일정한 수준의 언어손실을 경험한 사람을 대상으로 진행되었다. 이와 같은 연구는 특정한 영역에 대한 손상으로 어떤 기능이 영향을 받는지에 대한 정보는 제공해 주지만 발달이 진행 중인 아동의 언어습득과 사용에 관해서는 설명해 주지 못한다.

발달과정에 있는 아동에 대한 뇌 연구는 일반적으로 많이 이루어지지 않지만, 연구결과는 언어기능의 발달에 대한 중요한 통찰을 제공해 준다. 연구자들은 주로 정상적으로 발달하는 아동과 학교에서 학습문제를 가진 아동을 비교한다. 이러한 연구는 뇌 손상 환자나 사망자를 대상으로 하는 외과수술 대신, 이 장(章)의 앞부분에서 설명한 비침습기법을 사용한다. 연구자들은 종종 개인이 다양한 과제를 예상하거나 참여하는 동안 발생하는 뇌파의 변화, 즉 사건관련 전위를 측정한다(Halliday, 1998).

사건관련 전위의 차이를 조사하여 평균 이하, 평균, 평균 이상을 보이는 아동들을 신뢰롭게 변별할 수 있다(Molfese et al., 2006). 정상적으로 발달하는 아동은 양측과 전측 피질이 넓게 활성화되는데, 특히 언어와 말하기 영역과 관련해서는 좌측부분이 활성화된다. 읽기를 유지하는 기능과 대조적으로 읽기발달은 양반구의 전두엽 활성화에 달려 있다(Vellutino & Denckla, 1996). 또 다른 연구에 따르면, 발달이 진행 중인 아동 중에서 좌반구에 기능장애가 있는 아동은 우반구를 사용하여 읽는 방법을 학습함으로써 분명히 장애를 보완할 수 있다. 따라서 우반구는 적절한 읽기수준을 지원하고 유지할 수 있지만, 이러한 기능이 언어능력발달 이전에 나타나야 한다. 성인기에 좌반구가 손상된 사람에게서 우반구가 언어기능을 지원한다는 가정은 적용되지 않을 것이다.

언어발달의 민감한 시기는 출생부터 5세 사이인 것으로 보인다. 아동의 뇌는 이 시기 동안 대부분의 언어능력을 발달시킨다. 어휘는 31개월~18세 사이에 급속히 증가한다

(Jensen, 2005). 언어능력은 아동이 부모나 다른 아동과 이야기하는 것과 같이 언어가 풍부한 환경에서 더 잘 발달된다. 언어발달의 민감한 시기는 생후 2세까지 발생하는 청각발달과 중첩된다.

언어발달의 민감한 시기와 더불어, 언어발달은 또한 발달시간표에 따른 자연스런 과정의 일부다. 청각과 시각시스템이 언어발달을 위한 입력을 공급해 주는 능력을 어떻게 발달시키는지에 대해 이미 살펴보았다. 음성상의 최소단위인 **음소(phonemes)**(예: "bet"와 "pet"에서 "b"와 "p" 소리)를 지각하는 능력발달은 병렬적 과정으로 일어난다. 아동들은 환경에 노출되었을 때 음소를 배우거나 습득한다. 만일 음소가 아동의 환경에 없다면, 아동은 그것을 습득하지 못한다. 따라서 시냅스 연결이 적절하게 연결되는 민감한 시기가 있지만, 그러한 연결을 가능하게 하는 환경만 있으면 된다. 즉, 아동들의 뇌는 언어의 다양한 측면을 각기 다른 시기에 뇌 발달수준과 함께 학습할 준비("사전에 내장된")가 되어 있다.

교육적 측면에서 볼 때, 수업은 언어발달 촉진에 도움을 줄 수 있다. 언어를 배우기 위해서 뇌는 보고, 듣고, 말하고, 사고할 때 관장하는 영역과 같은 다른 영역과 함께 작동해야 한다(Byrnes, 2001; National Research Council, 2000). 언어를 습득하고 사용하는 것은 협력적인 활동이다. 사람들은 말을 듣고 텍스트를 읽으며, 들은 것이나 읽은 것에 대해 생각하고 글로 쓰거나 말하기 위해 문장을 구성한다. 이러한 협력적 활동은 언어발달이 이러한 기능의 협력을 가능하게 하는 수업, 즉 보고, 듣고, 말하고, 사고하는 경험을 통해 이루어져야 한다는 것을 시사해 준다([적용 2.5] 참조).

요컨대, 정상적으로 발달하고 있는 아동의 경우 뇌의 양반구가 언어발달에 관여하는 것으로 보이지만, 좌반구가 우반구보다 더욱 현저히 기여한다. 언어기능은 시간이 지나면서 좌반구가 상당 부분 점유하는 것 같다. 특히 읽기기능은 좌반구가 통제하는 것 같다. 그러나 뇌 기능과 언어발달 및 읽기능력과의 관계를 완전히 이해하려면 훨씬 더 많은 연구가 필요하다.

언어획득은 뇌 발달의 다른 측면과 마찬가지로 제1장에서 논의한 유전과 환경 간의 상호작용을 반영한다. 유아와 아동의 문화적 경험은 그들이 보유하게 될 뇌 시냅스를 대부분 결정할 것이다. 어떤 문화가 운동기능을 강조한다면 운동기능이 강화될 것이며, 인지적 처리를 강조한다면 인지적 처리기능이 향상될 것이다. 어린 아동이 구어와 쓰기를 강조하는 언어적으로 풍부한 환경에 노출된다면 이들의 언어능력은 빈약한 환경에 있는 아동들보다 더 빠르게 발달할 것이다.

유아와 어린 아동에게 지각, 운동, 언어기능을 강조하는 풍부한 환경을 제공해 주면, 뇌는 조기에 발달된다. 특히 생후 1년이 중요하다. 이때의 경험은 시냅스 연결과 네트워크 형성을 신장시킨다. 또한 태아기에 질병(예: 산모의 약물 오남용)에 걸리거나 발달장애(예: 지체, 자폐)가 있는 유아는 생후 첫 3년 동안의 중재로부터 이득을 얻을 수 있다는 증거가 있다(Shore, 1997).

적용 2.5

언어발달 촉진

출생에서 5세까지가 언어발달의 민감한 시기라고 하지만, 언어습득과 사용은 평생 이루어지는 활동이다. 교사는 모든 연령에 걸쳐 학생들의 언어기능 발달에 도움을 줄 수 있다. 수업은 보고, 듣고, 사고하고, 말하기 등의 기능을 이상적으로 통합해야 한다.

유치원 교사가 학생들에게 음소를 가르치고 있다. 선생님은 "__at"으로 된 단어(예: mat, hat, pat, cat, sat)에서 음소 인식을 돕기 위해 각각의 단어를 슬라이드로 만들었다. 이때 음소는 빨간색으로, "at"는 검정색으로 표시하였다. 선생님은 슬라이드를 한 장씩 보여 주면서 단어를 말하도록 한 다음, 해당 단어를 사용해서 문장을 만들도록 한다.

O'Neal 선생님은 3학년 학생들에게 동물 이름과 철자를 가르친다. 선생님은 동물의 사진과 이름이 표시된 슬라이드와 더불어 동물에 관한 2~3가지의 흥미 있는 사실(예: 서식지, 먹이)을 사용한다. 선생님은 학생들에게 동물의 이름을 여러 번 발음하고, 철자를 소리 내어 말하도록 한 다음, 그 단어를 사용하여 짧은 문장을 만들어 보도록 한다. 이것은 발음이나 철자가 어려운 동물의 이름(예: giraffe, hippopotamus)을 배우는 데 도움이 된다.

중학교 수학 선생님인 Kaiton은 학생들에게 자리 값을 가르치고 있다. 일부 학생들은 작은 수에서 큰 수로 배열하는 데 어려움이 있다(예: .007, 7/100, 7/10, 7). Kaiton 선생님은 3개의 자석, 즉 10의 자리, 100의 자리, 1000의 자리로 된 숫자판을 준비해서 학생들이 숫자판에 적절한 숫자를 놓도록 한다. 그런 다음, 선생님은 학생들을 소집단으로 나누어 문제를 제시하고 숫자판이나 파이차트를 사용해서 적절하게 숫자를 놓아 숫자의 순서를 익히도록 한다. 선생님은 또한 모든 숫자를 공통분모에 따라 모으도록 하고(예: 7/10 = 70/100), 숫자판에 마커를 표시하도록 하여 학생들이 정확한 순서를 볼 수 있도록 한다.

Bushnell 선생님은 10학년 학생들에게 미국 역사에서 핵심적인 문서(예: 독립선언문, 헌법, 권리장전)에 대해 가르치고 있다. 선생님은 학생들의 다양한 감각을 활용하기 위해 수업시간에 문서의 원본 복사본을 가져왔다. 그런 다음, 선생님은 학생들에게 역할을 나누어 문서를 읽도록 한다. 또한 학생들에게 적절한 단락을 강조하면서 읽는 방법을 가르쳐서 독특하게 읽도록 한다.

Hua 박사의 아동발달 수업에 참여한 많은 학생들은 심리학 용어(예: 동화, 포만, 근접발달영역)를 이해하고 정확하게 사용하는 데 어려움이 있다. Hua 박사는 이러한 개념을 설명해 주는 비디오(예: 피아제식 과제를 수행하는 아동)를 보여주고 개념과 관련된 예를 찾아 수업 중에 토론하도록 한다. 예를 들어, '포만(satiation)' 개념과 관련해서 반복적으로 교사로부터 칭찬을 받은 한 학생의 예를 소개한다. 계속적으로 칭찬을 받은 그 학생은 마침내 칭찬에 싫증나게

되어 선생님에게 자신에게 항상 칭찬할 필요가 없다고 말한다.

테크놀로지의 영향

뇌의 신경연결은 경험에 따라 형성되고 강화되며 약화된다는 것을 의미하는 신경가소성의 특성이 있다. 최근 급격하게 발달한 테크놀로지가 일상생활에 영향을 미침으로 인해서 과거에 경험하지 못하였던 일련의 새로운 경험이 발생하고 있다. 테크놀로지가 뇌 발달에 어떻게 영향을 미치는지에 대해 생각해 볼 필요가 있다.

이 문제를 다루기 전에, 우리는 테크놀로지를 어떻게 사용하는지 살펴보자. 우리는 기능적으로 다양한 과제를 동시에 수행하는 멀티태스킹 시대에 살고 있다! 컴퓨터, 노트북, 전화, 태블릿을 포함하여 여러 가지 개인용 기기가 있다. 다양한 기기를 동시에 사용하는 일이 흔히 있다. 학생들은 개인용 기기로 이메일을 보내고 전화기로 문자를 보내면서 인터넷을 사용할 수 있다. 학생들은 이러한 기기를 신속하게 이동하면서 사용할 수 있다. 기기에 포함된 기술로 인해서 모든 기기들은 우리에게 많은 정보를 신속하게 제공해 준다. 예를 들어, 인터넷 활용은 빠르고 종종 피상적인 읽기와 신속한 링크를 토대로 한다. 짧은 시간 동안 여러 개의 문자를 주고받기 위해 문자는 단문이 될 수밖에 없다.

온라인 환경은 글을 대충 읽고, 서두르고 분산된 사고를 하며, 표면적 학습을 촉진시킨다(Carr, 2011). 인터넷 환경에서도 심도 있게 사고를 하고 여유를 갖는 것이 가능하지만, 인터넷 구조는 깊은 사고와 여유를 권하지 않는다. 인터넷은 반복적이고 상호작용적이며, 강렬한 감각과 인지자극을 전달한다. 인터넷 사용자들은 동일하거나 유사한 행동(예: 링크를 따라가기)을 빠른 속도로 반복하고 종종 단서에 반응한다. 일부 단서는 신체적 반응(예: 타이핑, 화면 회전)을 요구하지만 대부분의 단서들은 많은 시청각 정보를 제공한다. 이러한 활동은 보상을 받는 경향이 있다. 링크를 클릭하거나 메시지에 답변하면 빠른 반응과 새로운 정보를 얻는다. 종종 보상이 수반되는 신속한 피드백은 사용자가 인터넷을 계속 사용하도록 한다.

제5장에서 살펴보겠지만, 자극에 대한 주의집중에는 한계가 있다. 테크놀로지를 지나치게 많이 사용하게 되면 주의집중 용량이 초과되어 과부하 상태가 될 수 있다. 주의를 받은 자극은 처리를 위해 작업기억으로 전달된다. 다양한 자극이 쏟아져 들어오면 작업기억은 높은 인지적 부담 때문에 과부하 상태가 된다(제5장 참조). 이러한 상황은 대부분의 정보가 적절히 처리되지 않거나 장기기억 내의 정보와 연결되지 않기 때문에 상실된다는

것을 의미한다. Carr(2011)가 주장하는 바와 같이, 인터넷은 흩어질 수밖에 없는 주의를 집중시킨다. 그 결과, 학습은 최소화된다. 시연되지 않은 정보는 상실되고, 온라인 환경에서는 시연되기가 쉽지 않다. 더욱이, 유지된 지식은 지식 그 자체나 작업기억 속의 지식과 잘 연결되지 않을 것이다.

신경과학적 관점에서 볼 때, 다른 인지활동은 다른 패턴의 뇌 활동을 보인다. Small, Moody, Siddarth, 그리고 Bookheimer(2009)는 독서(지속적인 주의집중과 심도 있는 사고를 필요로 함)와 인터넷 사용에서 뇌 활동의 차이를 발견하였다. 독서는 언어, 기억, 시각처리와 관련된 뇌 영역을 활성화시켰다. 반면에, 웹 서핑은 의사결정, 문제해결과 관련된 전전두엽을 더 활성화시켰다. 더욱이, 이러한 뇌의 "재설계(rewiring)"는 단지 몇 시간의 온라인 사용만으로 발생할 수 있다(Small & Vorgan, 2008).

이러한 과제는 의도와 다르게 작동한다. 링크를 평가하고 선택할 때 정신적 조정과 의사결정이 필요한데, 이것은 뇌가 텍스트나 다른 정보를 해석하는 데 주의를 산만하게 하여 **이해(comprehension)**와 파지에 방해가 된다. 온라인에서도 심도 있는 독서가 가능하지만, 주의가 산만하지 않은 상태에서 독서를 하는 것만큼 심도 있게 독서를 하기 쉽지 않다. 심도 있는 독서는 주의를 산만하게 하는 것이 없고 전두엽의 문제해결 기능이 방해받지 않는 동안에 일어나는 깊은 사고를 필요로 한다. 다양한 기기가 동시에 사용되면 주의가 더욱 산만하게 되고 그에 따라 학습은 파편화되기 마련이다.

물론 브라우징(browsing)과 스캐닝(scanning)이 잘못된 것은 아니다. 이러한 기능은 온라인 환경 외에도 많은 경우에 유용한 기능이다. 우리는 종종 심도 있게 글을 읽거나 생각할 필요가 없고, 정보의 요점만 파악하고 의도한 자원을 찾기 위해 빨리 브라우징하는 데 관심이 있다. 웹 브라우징이 시·공간기능의 발달에 도움이 된다는 신경과학적 증거가 있다(Carr, 2011). 우리가 번잡한 온라인 환경에서 작업을 할 때, 스캐닝하고, 대략적으로 정보를 파악하고, 여러 가지 일을 동시에 수행하는 것과 관련된 신경회로가 확대되고 강화된다. 그러나 불리한 점은 우리가 자주 사용하지 않았던 조작과 반대로 브라우징과 스캐닝이 주된 제시양식(mode)이 된다면, 깊게 사고하고 주의집중을 유지하는 것과 관련된 시냅스가 약화된다는 것이다. 진화론적 관점에서 볼 때, 우리는 온라인 환경에서의 성공은 번잡한 세상에서의 생존을 촉진시킨다고 말할 수 있을 것이다!

여기에서 생각해 보아야 할 또 다른 점은 장기기억은 작업기억에서 주의를 유지하고 처리한 사태에 대한 응고화를 필요로 한다는 것이다. 응고화는 기억을 강화하는 것으로 어느 정도의 시간을 필요로 한다. 너무나 많은 정보들이 급속하게 쏟아져 들어오면 장기기억에 적절하게 응고되지 않고 기존 지식과의 연결도 적절하게 이루어지지 않는다. 시냅스가 성장하고 강화되며 유지되기 위해서는 학생들이 온라인 환경의 신속한 처리에서 잠시 벗어나 자신들이 읽은 내용에 대해 생각해 볼 시간이 필요하다. 응고화는 정보에 대한 노출이 잠시 중단된 이후에 지속적으로 발생한다.

　　테크놀로지의 사용은 본질적으로 좋은 것도 나쁜 것도 아니다(Wolfe, 2010). 신경과학
연구의 교육적 시사점은 다른 인지적 뇌 기능을 발달시키기 위해서는 학생들이 다른 활동에
참여해야 한다는 것이다. 스캐닝, 문제해결, 의사결정은 유용한 기능이지만 반성적, 성찰적
사고와 정보에 대한 평가와 해석 또한 유용한 기능이다. 교사들은 여러 가지 다른 기능을 필
요로 하는 수업활동을 개발하고, 학생들이 웹 서핑을 하는 데 너무 많은 시간을 소비하지 않
도록 해야 하며, 지식을 일관성 있게 구성할 수 있는 충분한 시간을 제공해야 한다.

동기와 정서

연구자들은 뇌 기능이 많은 다른 인지적 기능과 어떻게 연결되어 있는지를 조사하였다.
연구자들은 동기와 정서와 같이 비인지적 기능과 관련된 뇌 기능에 대해서도 연구를 하였
다. 이제 이러한 기능에 대해서 논의하겠다.

동기

제9장에서는 촉발되고 유지된 목표지향적 활동을 **동기**(motivation)라고 정의하였다. 동
기가 유발된 행동은 수행할 과제 선택, 신체적, 정신적 노력, 어려운 상황 감수, 우수한 성
취 등과 관련이 있다. 제9장에서는 동기에 영향을 미친다고 가정한 다양한 과정, 즉 목표,
자기효능감, 요구, 가치, 통제성 지각 등에 대해 논의할 것이다.

　　동기에 대한 현대이론은 인지적 요소를 포함시키고 있다. 예를 들어, **자기효능감**(self-
efficacy)은 일정한 수준에서 학습을 하거나 행동을 수행할 수 있을지에 대한 지각된 능력
을 의미한다. 자기효능감은 인지적 신념이다. 자기효능감은 이 장에서 논의한 일종의 신
경표상일 수 있다. 이 영역에 대한 연구가 부족하지만, 자기효능감 신념은 학습하고 있는
영역(예: 분수, 소설 읽기)과 현재의 감각정보를 연결하는 신경네트워크처럼 뇌에서 표상
될 것으로 예상된다. 다른 동기과정들 역시 자기조절학습(제10장 참조)에 포함된 과정과
마찬가지로 시냅스 네트워크에 표상될 것이다. 동기와 자기조절변인에 관한 더 많은 신
경생리학적 연구가 교육과 신경과학 간의 간극을 좁히는 데 도움이 될 것이다.

　　인지신경과학적 관점에 따르면, 동기에는 적어도 두 종류, 즉 보상(reward)과 동기상
태(motivational state)가 있다.

보상. 동기에 대한 연구에서 보상은 오래된 주제다. 보상은 강화된(보상받은) 행동은 미
래에 반복된다고 주장하는 행동주의이론(제3장 참조)의 핵심요소다. 동기는 행동의 비율,

강도, 또는 지속시간의 증가로 나타난다.

　　동기에 대한 인지와 구성주의이론은 동기를 유발시키는 것은 보상 그 자체라기보다 보상에 대한 기대라고 주장하다. 보상은 능숙한 수행이나 학습향상도와 관련해서 제공될 때 동기를 유지시킬 수 있다. 사람들이 보상을 자신의 행동을 통제하는 것으로 지각하면 동기는 시간이 지나감에 따라 감소한다(즉, 사람들은 보상을 얻을 목적으로 과제를 수행한다). 또한 사태가 기대한 것과 반대로 흘러갈 때 새로운 학습은 신속하게 일어난다. 이전의 신경연결은 사라지고 반응과 결과 간의 새로운 유관성(contingency)을 반영하기 위해 새로운 신경연결이 형성된다(Tucker & Luu, 2007).

　　뇌는 보상을 처리하기 위한 시스템을 가지고 있는 것처럼 보이지만(Jensen, 2005), 다른 뇌 기능과 마찬가지로 이것은 복잡하다. 시상하부, 전전두엽, 편도체를 비롯하여 많은 뇌 구조가 보상과 관련이 있다. 뇌는 자체적으로 효능이 높은 아편제 형태로 보상을 만들어 낸다. 이것은 뇌가 유쾌한 결과를 경험하고 유지하려는 성향이 있다는 것을 암시해 준다. 유능하거나 향상된 수행에 대한 보상을 받을 것이라는 기대는 이러한 쾌락네트워크를 활성화시켜 도파민이라는 신경전달물질을 생성시킨다. 뇌는 수행에 따른 보상에 대한 기대를 신경네트워크의 일부로 저장한다. 사실, 도파민은 쾌락 그 자체는 물론이고 즐거움에 대한 기대(보상 예견)에 의해서도 생성된다. 도파민은 예상된 보상과 실제 보상 간에 불일치가 있을 경우에 증가한다. 도파민 시스템은 학습의 한 유형인 기대에 적응하도록 해준다(Varma et al., 2008).

　　마약과 알코올과 같은 중독성 물질 또한 도파민의 양을 증가시켜서(Lemonick, 2007b) 쾌감을 높인다는 것에 주목할 필요가 있다. 중독은 보상, 인지, 기억을 제어하는 시냅스 연결의 정상적인 균형을 파괴하는 중독성 물질의 반복적인 사용으로 인해 발생한다.

　　또한 보상에 대한 기대 또는 보상수령자가 이전보다 많은 쾌감을 주지 않으면 뇌는 보상에 싫증나게 된다. 큰 보상에 대한 기대는 도파민을 생성하기 위해 필요하며, 그러한 기대가 충족되지 않으면 보상의 효과는 사라질 것이다. 이것은 특정한 보상이 시간이 지남에 따라 동기유발의 강도를 약화시키는 이유를 설명하는 데 도움이 될 것이다.

　　목표나 학습향상도 정도에 대한 지각과 같은 다른 인지적 동기유발요인 역시 도파민 반응을 자극하는지를 파악하여 신경생리학적 설명이 가능한지에 대한 연구가 필요하다. 도파민 생성은 개인에 따라 다르기 때문에 동일한 수준의 보상이나 보상에 대한 기대가 모든 학생들의 동기를 균등하게 유발시키지는 않을 것이다. 이것은 동기와 관련된 뇌 처리과정이 수업에 실제적인 함의를 줄 수 있다는 것을 시사해 준다. 보상을 활용하고자 하는 교사는 무엇이 각 학생들을 동기화시키는지 파악하고 학생들의 선호도를 반영할 수 있는 보상시스템을 만들어야 한다.

동기상태. **동기상태(motivational states)**는 정서, 인지, 행동을 포함하는 복잡한 신경연결이다(Jensen, 2005). 상태는 조건에 따라 변한다. 몇 시간 전에 식사를 한 사람은 현재 배고픈 상태에 있다. 어떤 문제가 우리를 압박하면 우리는 걱정상태에 놓인다. 일이 잘되면 행복한 상태에 있을 것이다. 유사하게, 동기상태는 학습을 유도하는 정서, 인지, 행동을 포함한다. 다른 상태와 마찬가지로, 동기상태는 웹 모양의 시냅스 연결네트워크와 최종적으로 연결되는 정신, 신체, 행동의 통합된 결합이다.

상태는 유동적이어서 내적 사태(예: 사고)와 외적 사태(예: 환경)에 따라 계속 변한다. 특정한 동기상태는 강화되거나 약화되고, 다른 동기상태로 바뀌기도 한다. 이러한 시냅스 연결의 변화적 속성은 동기의 특성과 일치한다(제9장 참조). 즉, 동기는 결과라기보다 과정이다. 과정으로서 동기는 안정적이지 않고 증감을 반복한다. 학습의 핵심은 동기를 최적의 범위 내에서 유지시키는 것이다.

교사들은 학생들의 동기상태를 직감으로 이해한다. 교사는 학생들이 학습을 위한 동기상태를 유지하기를 원한다. 일부 학생들은 특정 시점에서 그 상태에 이르지만 다른 학생들은 무관심, 슬픔, 과잉행동, 주의산만 등을 포함하여 다른 상태를 경험할 것이다. 교사들은 이러한 상태를 바꾸기 위해 먼저 현재 상태를 점검하고(예: A학생이 지금 슬퍼하는 이유), 학생들이 현재 수행하고 있는 과제에 주의를 집중하도록 유도해야 한다.

신경과학이 제안하는 인지, 정서, 행동의 통합은 중요하다. 개별 요소는 바람직한 학습을 유도할 수 없을 것이다. 예를 들어, 배우기를 원하고 정서적으로 배울 준비가 되어 있지만 행동이 따르지 않는다면 많은 것을 학습할 수 없을 것이다. 마찬가지로, 학습에 대한 분명한 인지적 초점 없이 동기화된 행동은 헛된 행동이다. 정서적으로 스트레스를 경험하는 학생이 배우기를 원하고 학습활동에 참여한다면 정서가 시냅스 연결을 형성하고 공고하게 하는 것을 방해하기 때문에 최적의 학습효과를 낼 수 없을 것이다.

정서

동기에 대한 신경생리학적 증거와 유사하게, 중추신경계 내의 **정서**(emotions) 작동은 충분히 이해되지 않았다. 인간의 정서에 대한 이론은 다양하다(Byrnes, 2001).

한 가지 이론은 이전 장에서 살펴본 동기이론과 마찬가지로 네트워크이론이다(Halgren & Marinkovic, 1995). 이 이론은 정서적 반응은 4개의 중첩된 단계, 즉 복잡성 지향, 정서적 사태 통합, 반응선택, 유지된 정서적 맥락으로 구성되어 있다고 본다. 복잡성 지향(orienting complex)은 개인이 특정 자극이나 사태에 주의를 집중하고 그것을 처리하기 위해 자원을 이동시키는 자동적 반응이다. 복잡성 지향은 다른 단계로 보낼 신경반응을 생성한다. 정서적 사태 통합(emotional event integration) 단계에서 자극이나 사태는 맥락에 대한 정의나 의미에 대한 정보와 같이 작업기억이나 장기기억 내의 정보와 통합된다.

세 번째 반응선택(response selection) 단계에서 개인은 자극이나 사태에 대한 인지적

의미를 진술하고 그 의미를 정서적 요소와 통합하고 가능한 행동을 파악하여 그 중에서 하나를 선택한다. 마지막으로, 유지된 정서적 맥락(sustained emotional context) 단계에서 개인의 기분은 이전 단계의 산물과 연결된다. 각 단계는 구체적 신경영역과 연결된다. 예를 들어, 유지된 정서적 맥락은 전두엽의 신경점화(neural firing)와 관련되어 있는 것 같다(Halgren & Marinkovic, 1995).

그러나 동일한 사태가 다른 정서를 불러일으킬 가능성이 있기 때문에 정서는 이러한 분석보다 더 복잡하다. 어떤 소식을 듣고 "웃어야 할지 울어야 할지 모르겠다."라는 표현은 이러한 복잡성을 반영하고 있다. 정서조절에 관한 신경과학연구는 전전두엽 피질이 편도체를 조절할 수 있다고 한다(Heatherton, 2011). 전전두엽 피질이 정서를 조절할 때 편도체의 활동이 감소한다.

뇌의 정서적 활동은 1차 정서와 문화에 기반을 둔 정서에 따라 다르다(Byrnes, 2001). 1차 정서(예: 두려움, 분노, 놀람)는 많은 자율신경계 기능을 조절하는 우반구에 집중된 선천적인 신경기반이 있는 반면, 문화적 의미를 포함한 정서(예: 다른 방식으로 해석될 수 있는 사람들의 진술)는 언어기능과 관련이 있는 좌반구에서 주로 관장할 것이다.

정서는 학습에 필수적인 주의집중의 유도를 도울 수 있다(Phelps, 2006). 환경으로부터 유입된 정보는 시상으로 가서 편도체와 전두엽 피질로 전달된다. 편도체는 자극에 대한 정서적 의미를 결정한다(Wolfe, 2010). 이러한 결정은 우리에게 도망갈지, 숨을 곳을 찾을지, 공격할지 또는 조용히 있을지를 알려주기 때문에 촉진적인 역할을 한다. 전두엽 피질은 자극에 대한 인지적 해석을 제공하지만, 이를 위해서는 추가적인 시간이 필요하다. 따라서 소위 "정서통제(emotional control)"는 정서적 의미에 단순히 반응하지 않는 것이 아니라 적절한 인지적 해석이 이루어질 때까지 행동을 지연시키는 것이다.

이처럼 정서는 주의집중은 물론 학습과 기억에도 영향을 준다(Phelps, 2006). 정서에 포함된 자동화된 반응을 생성하기 위해 부신피질(adrenal cortex)에서 분비되는 에피네프린과 노르에피네프린 호르몬은 측두엽에서 반응을 일으키는 자극이나 사태를 기억하는 데 도움을 준다(Wolfe, 2010). 정서적 상황에 관한 의식적 기억은 이러한 호르몬 활동 때문에 더 잘 견고해진다.

교육자들은 정서가 학습을 신장시킨다는 주장을 가능한 한 스트레스 상황에서 학습이 일어나도록 해야 한다는 것으로 해석해서는 안 된다. 앞에서 논의한 바와 같이, 지나친 스트레스는 신경네트워크의 형성과 응고화에 방해가 된다. 그러나 어느 정도의 스트레스는 기억과 학습을 촉진시킨다. 학습자들은 기능을 발달시킬 때 동일한 기능을 반복적으로 수행하는 집중적 연습(예: 동일한 유형의 문제를 여러 번 시행함)을 하거나 과제에 따라 다른 기능을 번갈아가며 수행하는 방법을 택할 것이다. 다른 기능을 과제에 따라 번갈아가며 수행하게 되면 학습자는 지루하지 않게 되기 때문에 시냅스를 강화하는 호르몬 변화를 유도할 수 있다(Gregory, 2013).

동기와 정서는 더 나은 학습을 위해 건설적으로 사용될 수 있다. 강의식 수업을 많이 하는 교사는 학생의 정서적 참여를 감소시킨다. 그러나 교사가 학생이 학습에 참여하도록 할 때 학생의 정서적 흥미는 증가한다. 역할놀이, 인터넷 검색, 토론, 시범과 같은 활동은 동기와 정서를 더 크게 자극하여 교사가 강의할 때보다 학습이 더 효과적으로 일어나게 할 수 있다(적용 2.6 참조).

적용 2.6

학습에 정서 포함시키기

Ortiz 선생님은 자신이 담당하고 있는 초등학교 학생들이 학교생활을 즐거워하기를 원하며, 학습에 대한 아동의 정서를 불러일으키는 것이 중요하다는 것을 알고 있다. 선생님은 학생들의 경험과 학습내용을 연결해서 학생들이 긍정적인 정서를 갖도록 하였다. 학생들이 여행을 하는 아동에 대한 이야기를 읽을 때, 선생님은 학생들에게 친척을 방문하거나 휴가를 가는 것과 같이 여행을 떠나본 경험을 말하도록 하였다. 수학시간에 나눗셈을 공부할 때면 학생들에게 부분으로 나눌 수 있는 것(예: 파이, 케이크)을 생각해 보도록 해서 여러 학생들이 그 학습을 즐기도록 하였다.

LeTourneau 선생님은 학생들이 역사를 배우는 것은 물론 핵심사건에 포함된 정서를 경험하도록 하였다. 제1차 세계대전과 대공황에 대한 글에는 정서가 없지만, 이러한 사건은 그 당시 사람들에게는 강렬한 정서를 유발시킨다. 선생님은 학생들에게 그들이 느꼈을 감정을 표현하도록 하였다. 대공황에 대한 역할놀이에서, 한 학생은 구직자 역할을 하고 또 다른 학생은 고용주의 역할을 하도록 하였다. 고용주가 구직자를 거절하자 구직자는 심하게 좌절하며 흐느끼면서 "내가 원하는 것은 나의 가족을 부양할 수 있는 일자리다. 나는 내 자녀들이 이러한 세상을 다시는 만나지 않았으면 좋겠다."라고 말하였다.

Smith-Burton 교수는 일부 학생들이 자신의 초등사회연구법 강좌를 재미없어 한다는 것을 알고 있다. 그녀는 수강생들의 정서를 유발시키기 위해 수강생들이 현재 참여하고 있는 현장실습과 관련된 한두 개의 개념을 중심으로 수업을 진행하였다. 예를 들어, 수업과 관련된 자료를 읽는 것은 재미없어 하지만, 뭔가를 배우고 있는 아동을 관찰하는 것은 재미가 있다. 수강생들은 학교현장에 있는 아동들을 만나기 때문에 아동들이 학습하는 과정에서 보이는 행동과 반응을 계속 기록할 수 있다. 수강생들은 자신들이 가르치는 아이들이 학습하는 것을 보고 얼마나 흥분되는지에 대해 말하였다. 한 수강생은 "내가 가르치는 학생이 '이해했어요.'라고 말하는 것을 보면 너무 행복합니다."라고 하였다.

학습과정에서 정서를 증가시키는 것은 특정 시점까지만 효과적이다. 지나치게 많은 정서(예: 높은 스트레스)가 장기간 지속되면 모든 부작용(예: 혈압상승, 면역결핍)이 나타나기 때문에 바람직하지 않다. 스트레스 상황에 오랫동안 직면하는 학생들은 지나치게 걱정을 하게 되고 걱정과 관련된 사고는 학습을 방해한다.

스트레스나 위협으로 인한 부정적 영향은 부분적으로는 에피네프린과 노르에피네프린과 같이 부신피질에서 분비되는 **코르티솔**(cortisol) 호르몬 때문이다(Lemonick, 2007a). 에피네프린과 노르에피네프린은 빠르게 활동하지만, 코르티솔은 오래 지속된다. 신체에 많은 양의 코르티솔이 오랫동안 남아 있으면 해마를 약화시켜 인지기능이 저하된다(Wolfe, 2010).

코르티솔은 또한 뇌 발달에 중요하다. 유아는 부모나 보호자와 정서적으로 연결되어 있다. 아이가 스트레스를 경험하면 신체의 코르티솔 수준이 올라간다. 코르티솔은 수많은 시냅스를 감소시키고 뉴런을 손상시키기 때문에 뇌 발달을 지연시킨다(Trawick-Smith, 2003). 이와는 달리, 아이가 부모나 보호자와 애착을 형성하고 그것을 오랫동안 유지할 때, 코르티솔 수준이 올라가지 않는다(Gunnar, 1996). 안정적 애착이 형성되면 코르티솔 수준은 스트레스 상황에서도 위험 수준까지 올라가지 않는다. 따라서 어린 아동들이 부모나 보호자가 자신들을 사랑하고 그들을 신뢰할 만하다고 믿는 것이 중요하다.

요컨대, 인지와 정서는 인지처리 및 신경활동과 통합적으로 연결되어 있다는 것을 알 수 있다. 또한 이 절에 소개된 연구결과는 동기와 정서가 적절히 조절될 때, 이들이 주의집중, 학습, 기억에 긍정적인 영향을 미칠 수 있다는 것을 분명하게 보여준다. 이제 신경과학연구의 교수적 적용에 대해 살펴보겠다.

교수적 적용

뇌 연구의 관련성

뇌 발달과 기능을 파악하려는 신경생리학적 연구는 지난 수십 년 동안 많은 관심의 대상이 되었다. 많은 교육자들은 뇌 연구에 관심을 가졌는데, 그것은 뇌 연구결과가 학생들이 정보를 처리하고 학습하는 방법에 적합한 교육자료와 수업에 대한 시사점을 제공해 줄 수 있을 것이라고 생각하였기 때문이다.

불행하게도, 행동과학의 역사는 뇌 연구와 학습이론 간의 단절이 존재한다는 것을 보여준다. 다양한 전통의 학습이론가들은 뇌 연구의 중요성을 인정하면서도 뇌 연구로 밝혀진 내용과 별개로 이론을 체계화하고 검증하려고 하였다.

분명히 이러한 상황은 변하기 시작하였다. 교육연구자들은 뇌에 대한 이해가 학습과 발달의 본질에 대해 더 많은 통찰을 제공해 줄 것이라고 점차 생각하게 되었다(Byrnes & Fox, 1998). 사실, 학습에 대한 일부 인지적 설명(예: 기억 속에서 정보의 활성화, 작업기억에서 장기기억으로 정보전달)(제5장 참조)은 중추신경계에 대한 연구를 활용하고 있고, 뇌 심리학은 학습과 기억에 포함된 조작(operation)을 설명하기 시작하였다. 뇌 연구는 실제로 학습과 기억에 대한 많은 연구결과를 지지한다(Byrnes, 2012; Centre for Educational Research and Innovation, 2007).

안타깝게도 일부 교육자들은 뇌 연구를 지나치게 일반화하여 검증되지도 않은 교수법을 권장한다. 뇌 기능이 어느 정도 편재되어 있지만 과제를 수행하기 위해서는 양반구의 활동이 필요하고 양반구 간의 차이는 절대적이 아니라 상대적이라는 증거가 많다(Byrnes & Fox, 1998). 과학적으로 타당하고 신뢰할 만한 척도나 도구가 아니라 비공식적인 관찰을 기준으로 "좌뇌형"과 "우뇌형" 학습자로 구별하는 경우가 많다. 따라서 좌뇌형 또는 우뇌형 학습자에게 적합하다고 알려진 일부 교육방법은 학습효과가 입증된 방법이 아니라 학습자들이 선호하는 뇌를 활용한 방법이라고 할 수 있다.

뇌와 관련된 오해

뇌 연구의 복잡성으로 인해서 대부분 사람들은 뇌 연구결과를 이해하는 데 어려움이 있다. 뇌 연구의 일반적인 환상과 더불어 뇌에 관한 몇 가지 오해(myths)가 만들어졌다. 이 장에서는 교수·학습과 관련된 몇 가지 오해에 대해서 살펴보겠다(Centre for Educational Research and Innovation, 2007)(〈표 2.5〉 참조).

표 2.5
뇌와 관련된 오해들

- 가장 중요한 학습은 3세 이전에 일어난다.
- 학습과 관련된 결정적 시기가 있다.
- 우리는 뇌의 10%밖에 사용하지 못한다.
- 남자와 여자의 뇌는 다르다.
- 수면 중에도 학습이 가능하다.
- 좌뇌형 인간 또는 우뇌형 인간이 존재한다.

가장 중요한 학습은 3세 이전에 일어난다. 아동 초기에 시냅스 형성이 급격하게 증가하고 응고화(가지치기)되기 때문에 조기자극은 뇌 발달, 특히 언어발달에 도움이 될 수 있다는 것은 사실이다. 그러나 뇌는 결코 발달을 멈추지 않는다. 이 오해가 사실이라면 공식적인 학교교육은 5세 이후에 시작되기 때문에 현재의 교육제도는 문제가 있다. 출생에서 3세까지 어떤 일이 일어났는지가 이후 발달에 영향을 주지만, 이후 발달을 완전히 결정하는 것은 아니다.

학습과 관련된 결정적 시기가 있다. 학습이 더 용이하게 이루어지는 시기가 있지만, 그렇다고 해서 그 시기가 결정적인 것은 아니다. 예를 들어, 언어의 소리를 내는 능력(음성학, 억양)과 그것을 **문법(grammar)**에 적절하도록 통합하는 능력은 아동기에 습득하는 것이 가장 적절하다(Centre for Educational Research and Innovation, 2007). 그러나 사람들은 그 이후에도 언어를 배울 수 있고 아동들과 마찬가지로 어휘를 잘 배울 수 있다. 학습과 관련된 민감한 시기가 있다고 표현하는 것이 더 정확하다. 다른 기능에 대한 학습은 생애 전반에 걸쳐 일어난다.

우리는 뇌의 10%밖에 사용하지 못한다. 어떤 점에서 이 진술은 사실이다. 뇌에 있는 수백억 개의 신경세포 중에서 10%가 뉴런이고 90%가 신경교세포다. 뉴런이 학습과 관련이 있기 때문에 우리는 학습을 위해 뇌 세포의 10%만 사용한다. 그러나 신경과학연구에 따르면, 뇌의 100%가 항상 활성화되고 있으며, 특히 신체의 다른 부분과 비교하였을 때 그렇다. 뇌는 몸무게의 2% 정도밖에 되지 않지만, 사람이 사용할 수 있는 에너지의 20%를 소비한다(Centre for Educational Research and Innovation, 2007).

남자와 여자의 뇌는 다르다. 남녀 간에는 일부 차이가 있다. 남자의 뇌는 크고, 뇌의 언어영역은 여자들에게서 더 강하게 활성화된다(Centre for Educational Research and Innovation, 2007). 생물학적 실체가 없이 인지적 용어가 사용된 시기가 있었다(예: "남성"의 뇌는 공학적인 영역을 더 잘 이해하고, "여성"의 뇌는 의사소통을 더 잘한다). 그러나 신경과학연구는 학습 중 발달하는 신경네트워크에서 성차를 발견하지 못하였다. 교사들은 모든 학생들이 학습할 능력을 갖고 있다고 생각하고 가르치는 것이 현명하다.

수면 중에도 학습이 가능하다. 이것은 모든 학생들의 꿈이다! 그러나 이것을 지지하는 신경과학적 증거는 없다. 일부 연구는 수면이 수면 직전에 학습한 것을 기억하는 데 도움이 될 수 있다고 한다(Gais & Born, 2004). 학습은 수면 전에 일어나며, 수면은 기억을 공고하게 하는 데 도움이 될 것이다.

좌뇌형 인간 또는 우뇌형 인간이 존재한다. 이 문제는 이 장에서 이미 논의하였다. 뇌 기능의 편재화가 어느 정도 있지만 좌뇌와 우뇌 간의 교차는 예외적인 현상이 아니라 법칙이다. 즉, 우리는 학습하는 데 모든 뇌를 사용한다.

교육적 쟁점

뇌 연구와 일반적인 중추신경계 연구는 교육과 관련된 많은 문제를 유발시켰다(〈표 2.6〉). 뇌의 발달적 변화와 더불어 발생하는 한 가지 문제는 조기교육의 결정적 역할에 관한 것이다. 아동의 뇌가 지나치게 과밀하다는 사실은 뉴런이 많을수록 더 좋은 것이 아님을 뜻한다. 사실, 뇌가 많지도 적지도 않은 "적절한" 수의 뉴런과 시냅스를 가질 때 최적의 기능상태가 된다. 신체적, 정서적, 인지적 발달은 최적의 상태를 추구한다. 발달장애를 유발하는 불규칙적 발달은 뉴런과 시냅스의 수를 정상적으로 줄여 나가지 않아 발생할 수 있다.

표 2.6	
뇌 연구와 관련된 교육적 쟁점	■ 조기교육의 역할
	■ 인지과정의 복잡성
	■ 특정 영역의 어려움 진단
	■ 학습의 다면적 특성

뇌의 이러한 형성과정은 아동 초기의 교육이 중요함을 시사한다. 영아기와 학령 전기는 성공적인 학교생활에 필요한 능력발달의 토대가 된다(Byrnes & Fox, 1998). 조기개입 프로그램(예: Head Start)은 아동의 학교생활 준비와 학습신장에 도움이 되며, 미국의 많은 주(州)에서는 학령 전기 교육 프로그램을 강조하고 있다. 뇌 연구는 조기교육에 대한 중요성을 지지해 준다.

두 번째 문제는 주의집중이나 기억과 같은 복잡한 인지과정을 고려하여 교수·학습 경험을 계획해야 한다는 것이다(제5장 참조). 신경과학연구에 의하면, 주의집중은 단일한 과정이 아니라 많은 구성요소(예: 현재 상태에서 변화에 주의하기, 변화의 원천에 집중하기)와 관련이 있다. 마찬가지로, 기억은 선언적 기억 또는 절차적 기억과 같이 각기 다른 유형으로 구별된다. 이러한 사실은 학생들의 주의를 집중하도록 하거나 기억을 돕기 위해 특별한 교수법이 존재한다고 가정할 수 없다는 것을 시사해 준다. 즉, 교육자들은 수업에서 주의의 어떤 측면을 다루고, 어떤 유형의 기억을 다룰 것인지에 대해 관심을 가져야 한다.

세 번째 문제는 학습에 어려움이 있는 학생을 교정해 주는 것이다. 뇌 연구에 의하면, 특정 영역의 부족을 교정하는 일의 핵심은 학습자가 그 영역의 어떤 부분에서 어려움을 겪고 있는지를 확인하는 것이다. 예를 들어, 수학에는 서술형으로 된 숫자와 기호에 대한 이해, 사실 인출, 숫자를 쓸 수 있는 능력과 같은 여러 가지 하위구성요소가 포함되어 있다. 읽기에는 철자법, 음운론, 의미론, 구문론적 과정이 포함되어 있다. 읽기능력이 부족하다는 것이 어디에 어려움이 있는지를 진단할 수 있다는 의미는 아니다. 정교한 사정을 통해서만 어디에 어려움이 있는지 파악할 수 있으며, 그에 따라 특정한 결함을 치료하는 교정절차를 실시할 수 있다. 읽기의 모든 측면(예: 단어 식별, 단어 의미)을 다루는 일반적인 읽기 프로그램은 환자에게 투여하는 일반적인 항생제처럼, 좋은 교정법이 될 수 없다. 가장 많은 교정이 필요한 영역을 교정해 주는 수업이 교육적으로 바람직하다. 예를 들어, 아동의 약점을 보완해 주는 인지전략 수업은 전통적인 읽기 수업에 통합되어야 한다 (Katzir & Pare-Blagoev, 2006).

마지막 문제는 학습이론의 복잡성과 관련이 있다. 뇌 연구자들은 학습을 다면적 측면에서 접근하는 이론이 간결한 모형으로 학습을 설명하려는 이론보다 학습과 관련된 문제의 실질적인 상태를 이해하는 데 도움이 된다고 주장한다. 뇌 기능에는 중복된 부분이 많은데, 이는 어떤 기능과 연합된 것으로 알려진 영역에 외상을 입어도 그 기능이 완전히 사라지지 않을 수 있다는 일반적인 사실을 잘 설명해 준다. 이것이 "좌뇌"와 "우뇌" 구분이 그렇게 신빙성을 얻지 못하는 또 다른 이유다. 시간이 지나면서 학습이론은 더욱 복잡해졌다. 고전적 조건형성과 조작적 조건형성이론(제2장 참조)은 사회인지이론, 정보처리이론, 구성주의이론(제4장~제8장 참조)보다 훨씬 간단하다. 나중에 나온 이론이 뇌의 실체를 더 잘 반영한다. 이것은 교육자들이 학교 학습환경의 복잡성을 받아들이고, 학습자들의 학습을 향상시키는 데 적절한 환경을 다양한 측면에서 탐색해야 한다는 점을 시사해 준다.

뇌기반 교육

이 절에서는 학습을 촉진하고 뇌 연구에 의해 지지된 일부 구체적인 교육 실제에 대해 논의하겠다. Byrnes(2001)는 뇌 연구가 심리학이나 교육학과 관련이 있어서 심리학자나 교육자가 학습, 발달, 동기에 대한 이해를 보다 분명히 하는 데 도움을 준다고 주장하였다. 뇌 연구는 기존의 학습이론의 예측을 실증해 주는 데 도움을 줄 때 의미가 있다.

이 책의 다른 장에서는 효과적인 교수·학습에 시사점을 주는 이론과 연구결과를 살펴볼 것이다. 학습이론에 의해서 제안되고 학습에 대한 연구와 뇌 연구에 의해 지지된 일부 교육 실제에 대해 〈표 2.7〉에 제시하였다. 이 장 서두의 에피소드에서 Emma와 Claudia는 이러한 실제를 사용할 것이다. [적용 2.7]은 학습맥락에서 적용할 수 있는 몇 가지 예들이다.

표 2.7
뇌 연구를 통해 효과가 입증된 교육 실제들

- 문제중심학습
- 시뮬레이션과 역할놀이
- 능동적 토론
- 그래픽
- 긍정적 풍토

적용 2.7

효과적인 교육 실제들

학습과 뇌 연구 모두에 의해 지지되는, 학습에 긍정적인 영향을 미치는 교육 실제가 많다. 그 중에서 문제중심학습, 시뮬레이션과 역할놀이, 능동적 토론, 그래픽, 긍정적 풍토에 대해 살펴보겠다.

문제중심학습

8학년을 담당하는 Abernathy 선생님은 학생들에게 주요 지역과 도시의 특성이 포함된 지리학을 가르치고 있다. 선생님은 학생들을 소집단으로 나눈 다음, 다음과 같은 문제를 해결하도록 하였다. 대형컴퓨터회사가 학생들이 거주하고 있는 주(州)에 컴퓨터 제작공장을 설립하기를 원한다. 선생님은 각각의 소집단을 특정 지역에 배정한다. 각 집단의 과제는 공장을 해당 지역에 설립해야 하는지에 대한 타당한 주장을 만드는 것이다. 과제에 포함되어야 할 요인은 해당 지역에 공장을 설립하는 데 필요한 비용, 주요 도로 및 공항과의 접근성, 노동력의 활용 가능성, 학교의 질, 고등교육시설의 이용 용이성, 지역사회로부터의 지원 등이다. 학생들은 다양한 자원(예: 미디어센터, 인터넷)을 활용해서 정보를 수집하고, 사진과 설명이 들어 있는 포스터를 준비하며, 그들의 입장을 지지해 주는 슬라이드를 사용해서 10분간 발표를 해야 한다. 집단 내의 각 구성원들은 프로젝트의 일부를 완성해야 할 책임이 있다.

시뮬레이션과 역할놀이

Barth 선생님이 가르치는 5학년 학생들은 Carole Boston Weatherford의 저서 『메뉴에 관한 자유(Freed-om on the Menu)』를 읽었다. 이 책은 아프리카계 미국인 소녀의 눈으로 미국 노스캐롤라이나주의 그린즈버러에서 1960년대에 있었던 아프리카계 미국인이 식당자리에 앉아 시위하는 과정을 묘사하였다. Barth 선생님은 학생들과 이 책의 내용에 대해서 토론하고, 차별에 대항하는 사람들에 대해 학생들이 어떻게 생각하는지를 파악하고자 한다. 선생님은 학생들에게 차별이 어떻게 발생하는지를 이해시키기 위해 학급을 시뮬레이션과 역할놀이가 가능하도록 조직하였다. 첫 번째 활동에서 선생님은 여학생들을 리더로 선정하고 남학생들이 리더에 순종하도록 하였다. 두 번째 활동에서 선생님은 파란 눈을 가진 남학생만 호명하고, 세 번째 활동에서는 머리카락이 검은색인 학생들을 모두 교실 앞쪽으로 이동하도록 하였다. 이러한 활동을 통해 선생님은 학생들이 변경할 수 없는 특성을 바탕으로 사람들을 다르게 대우하는 불평등을 보고 느끼기를 원하였다.

능동적 토론

Carring 선생님의 사회수업에서 학생들은 미국대통령 선거에 대해 배우고 있다. 미국대통령은 선거인단의 투표로 선출된다. 대통령이 일반투표에서 다수(50%)를 차지하지 못하거나 탈락하는 후보보다 실제로 더 낮은 득표를 얻은 선거인단에 의해 선출되는 경우가 있었다. 선생님은 "미국대통령은 일반투표에 의해 선출되어야 하는가?"라는 토론주제를 제시하였다. 선생님은 학생들이 제기한 문제를 다룰 수 있는 질문을 제기함으로써 토론이 활발하게 이루어지도록 하였다. 예를 들어, Candace는 일반투표가 사람들의 의견을 더 잘 반영할 것이라고 주장하였다. 이에 Carring 선생님은 일반투표만 한다면, 후보자들은 대도시(예: 뉴욕, 시카고) 유권자들에게 집중하는 경향이 있고, 인구가 적은 지역(예: 몬타나, 버몬트)의 유권자를 소홀히 하지 않을 것인가에 대해 질문을 하였다.

그래픽

고등학교 전문계 선생님인 Antonelli는 학생들에게 지역주민들의 도움을 받아 건축할 수 있는 집을 설계하도록 하였다. 학교는 토지를 소유하고, 지역계약자는 기초를 닦고 건축회사 자재부에서는 목재, 전기, 상하수도용 자재 등을 기부한다. 학생들은 여러 가지 주택스타일과 인테리어를 컴퓨터그래픽을 사용해서 그린다. 학생들은 그래픽을 보고 내관과 외관디자인을 결정한

다. 그런 다음, 학생들은 Antonelli 선생님과 일을 하면서 건축회사의 자재부에 어떤 자재와 장비가 필요한지를 알려줄 것이다. 여러 명의 지역구성원들이 학생들이 집을 건축하는 데 자원봉사로 참여할 것이고, 집이 완성되면 지역사회단체에서 선정한 지역주민에게 집을 제공할 것이다.

긍정적 풍토

Taylor 선생님은 빈곤수준이 높은 지역에서 2학년을 가르치고 있다. 많은 학생들이 한부모 가정이고 80% 이상의 학생이 급식비용의 전부 또는 일부를 지원받는다. 선생님은 긍정적인 풍토를 조성하기 위해 많은 일을 한다. 학급에는 학생들이 책을 읽을 수 있는 안락한 코너가 있다. 선생님은 학생들의 생활에 어떤 일이 일어나고 있는지를 알기 위해 매일 개별적으로 모든 학생들과 이야기를 나눈다. 지역대학생인 보조교사를 교실에 상주시켜서 학생들을 개별적으로 관찰하도록 한다. 또한 학생들이 직면하는 많은 문제와 스트레스를 개인적으로 이야기할 수 있는 사적 공간도 만들었다. 선생님은 학생들의 부모나 보호자와 만나 어떤 방법으로든지 학생들에게 도움을 주려고 한다.

문제중심학습. 문제중심학습(problem-based learning: PBL)은 효과적인 학습방법이다(제8장 참조). PBL은 학생들을 학습에 참여시키고 동기를 유발시킨다. 학생들이 집단으로 과제를 수행할 때, 학생들은 협동학습 기능을 신장시킬 수 있다. PBL은 학생들이 창

의적으로 생각하고 자신들의 지식을 독특한 방법으로 표현할 것을 요구한다. 이 방법은 단일한 해결책이 없는 프로젝트를 시행할 때 특히 유용하다.

PBL의 효과는 뇌 연구를 통해 지지되었다. 인간의 뇌는 다양한 연결을 통해 문제를 해결하도록 되어 있다(Jensen, 2005). 협력을 통해 문제를 해결하는 학생들은 지식이 사용되고 결합되는 새로운 방법을 알게 될 것이고, 이것은 새로운 시냅스 연결을 형성한다는 것을 의미한다. 더욱이, PBL은 학생들의 동기를 쉽게 유발하고 정서적 참여를 유도할 수 있는데, 이러한 과정을 통해 학생들은 더 광범위한 신경네트워크를 만들 수 있다.

시뮬레이션과 역할놀이. 시뮬레이션(simulations)과 **역할놀이**(role-playing)는 여러 면에서 PBL과 유사한 장점이 있다. 시뮬레이션은 일반수업이나 특수한 맥락(예: 박물관)에서 공학적인 기술을 활용하면 가능하다. 역할놀이는 학생들이 타인을 관찰하는 일종의 모델링이다(제4장 참조). 시뮬레이션과 역할놀이 모두 학생들이 일반적으로 이용할 수 없는 학습기회를 제공한다. 이러한 방법은 동기를 유발시키고 학생들의 주의집중을 유도한다. 이 방법은 학생들이 과제에 적극적으로 참여하게 하고 정서적으로 몰입하도록 해서 학습을 촉진하게 된다.

능동적 토론. 학생들의 토론에 적합한 주제들이 많다. 학생들은 토론을 하면 참여하게 되고, 수동적인 관찰자로 남아 있을 수 없다. 이것은 인지적, 정서적 참여수준을 높여 학습에 도움이 된다. 학생들은 또한 토론에 참여함으로써 새로운 아이디어를 접하게 되고 그것을 현재 자신이 알고 있는 개념과 통합한다. 이러한 인지적 활동은 시냅스 연결과 새로운 정보활용 방법을 습득하는 데 도움이 된다.

그래픽. 인간의 신체는 다른 감각기관에 비해 시각적으로 정보를 더 잘 처리하도록 구조화되어 있다(Wolfe, 2010). 시각적 제시는 주의집중, 학습, 파지를 촉진한다. 많은 학습과 뇌 연구결과는 그래픽(graphics)의 이점을 지지해 준다. 수업 중 그래픽을 활용하거나 학생들이 그래픽(예: 파워포인트, 시범, 그림, 개념도, 그래픽 조직자)을 사용해서 시각적 정보를 처리하도록 하는 교사는 학생들의 학습을 신장시키기 쉽다.

긍정적 풍토. 정서에 대한 논의에서 긍정적인 태도와 정서적으로 안정적일 때 학습이 더 잘 이루어진다는 것을 알게 되었다. 역으로, 대답을 제대로 못하면 교사가 화를 낼 까봐 자발적으로 대답하기를 두려워하는 것과 같이 학생들이 스트레스를 받거나 불안해 할 때 학습은 촉진되지 않는다. 제9장과 이 책의 다른 부분에서 자신과 환경에 대한 학생들의 긍정적인 신념이 효과적인 학습에 중요하다는 것에 대해 논의할 것이다. 뇌 연구는 정서적 관여가 학습과 시냅스 연결형성에 긍정적인 효과가 있다는 것을 입증해 주었다. 긍정적인 학급풍토를 조성하는 교사들은 문제행동이 최소화되고 학생들이 학습에 더 많이 참여하게 된다는 것을 발견하게 될 것이다.

요약

학습에 대한 신경과학은 신경계와 학습 및 행동 간의 관계에 대한 과학이다. 신경과학연구가 수년 동안 의학과 과학분야에서 수행되었지만, 이 분야의 연구결과가 교육에 시사점을 줄 수 있기 때문에 최근 교육자들은 이 분야에 관심을 갖게 되었다. 신경과학은 뇌와 척수로 구성되어 있고, 자발적 행동을 조절하는 중추신경계와 비자발적 행동을 조절하는 자율신경계를 연구한다. 중추신경계는 수백억 개의 세포와 척수로 구성되어 있다. 세포는 뉴런과 신경교세포와 같이 두 가지 유형이 있다. 뉴런은 근육과 신체장기를 통해 정보를 주고 받는다. 하나의 뉴런은 세포체, 수천 개의 짧은 수상돌기, 하나의 축색돌기로 구성되어 있다. 수상돌기는 다른 세포로부터 정보를 받아들이고, 축색돌기는 다른 세포에 메시지를 전달한다. 축색돌기를 감싸고 있는 수초는 신호의 속도를 가속화시킨다. 나뭇가지 모양의 축색돌기의 끝부분은 수상돌기의 끝부분과 연결되어 있는데, 이것이 시냅스다. 축색돌기의 끝에서 나오는 화학적 신경전달물질은 연결되어 있는 수상돌기의 반응을 활성화시키거나 억제시킨다. 이러한 과정을 통해 신호가 뉴런과 신체구조에 신속하게 전달된다. 신경교세포는 불필요한 화학물질이나 죽은 세포를 제거함으로써 뉴런의 작동을 지원한다. 신경교세포 역시 수초를 형성한다. 성인의 뇌(대뇌)는 무게가 약 3파운드 정도 되고 크기는 칸탈루프 정도 된다. 뇌의 외부는 주름져 있으며, 뇌를 덮고 있는 것은 대뇌피질로 주름진 회백질의 얇은 층으로 되어 있다. 주름은 피질이 더 많은 뉴런과 신경연결을 가능하게 한다. 피질은 좌, 우반구로 되어 있고, 각각의 반구는 네 개의 엽(후두엽, 두정엽, 측두엽, 전두엽)으로 구성되어 있다. 뇌 구조는 일부 예외적인 경우를 제외하고 어느 정도 대칭을 이루고 있다. 피질은 학습, 기억, 감각정보처리 등과 관련된 핵심영역이다. 뇌의 핵심영역은 뇌간, 망상체, 소뇌, 시상, 시상하부, 편도체, 해마, 뇌량, 브로카영역, 베르니케영역 등이다.

뇌의 좌반구는 일반적으로 우측 시각영역을 담당하고, 우반구는 그 반대다. 많은 뇌기능은 어느 정도 편재화되어 있다. 분석적 사고는 좌반구에서 일어나는 반면, 공간적, 청각적, 정서적, 예술적 처리는 우반구에서 발생한다. 동시에, 많은 뇌 영역은 정보를 처리하고 행동을 조절하기 위해 함께 작동한다. 일련의 섬유질로 되어 있는 뇌량의 가장 큰 부분인 양반구 사이에는 많은 것들이 교차한다.

뇌의 다양한 영역이 함께 작동하는 것은 언어습득과 활용에서 보다 분명해진다. 대뇌피질의 좌측은 읽기와 밀접한 관계가 있다. 읽기에 필요한 철자법, 음성학, 의미론, 구문론 처리와 관련된 구체적인 뇌 영역이 있다. 좌반구의 베르니케영역은 언어이해와 문법적으로 정확한 언어구사를 통제한다. 베르니케영역은 좌측 전두엽에 있는 브로카영역과 밀접한 관련이 있는데, 이 영역은 말을 하는 데 필수적이다. 그러나 우반구는 맥락해석과 그에 따른 언어이해에 중요한 역할을 한다.

뇌 연구에 다양한 기술이 사용되고 있다. 이러한 기술에는 X-레이, 양전자방출단층촬영법(PET), 컴퓨터단층촬영법(CAT), 뇌파검사(EEG), 자기공명영상법(MRI), 기능성자기공명영상법(fMRI), 근적외선광학단층촬영법(NIR-OT) 등이 있다. 뇌 연구영역은 급속하게 변하고 있고 새롭고 더 정교화된 기술이 계속 발달할 것이다.

신경과학적 관점에서 학습은 신경(시냅스) 연결과 네트워크를 만들고 수정하는 과정이다. 감각정보는 뇌의 감각기억 부분에서 처리되고 감각기억에 유지된 정보는 작업기억으로 보내지는데, 작업기억은 뇌의 다양한 부분에 있지만 전두엽의 전전피질에 주로 있다. 작업기억의 정보는 그런 다음 장기기억에 전달된다. 정보유형(예: 선언적, 절차적)에 따라 장기기억은 뇌의 다른 부분에 포함된다. 자극이나 정보의 반복된 표상으로 인해서 신경네트워크는 강화되고 그에 따라 신경반응이 빠르게 일어난다. 뇌는 가소성 때문에 학습의 결과로서 변한다. 시냅스 연결의 안정화와 강화를 응고화라고 하며, 뇌의 물리적 구조와 기능적 조직이 응고화를 통해서 변한다.

뇌 발달에 영향을 주는 요인은 유전, 환경 자극, 영양, 스테로이드, 기형발생물질 등이다. 태아기 동안 뇌의 크기, 구조, 그리고 뉴런, 신경교세포, 시냅스의 수가 발달한다. 뇌는 영아기 때 급속도로 발달해서 어린 아동은 복잡한 신경연결을 갖게 된다. 아동이 성장하면서 시냅스 수가 줄어들게 되는데, 이것은 아동이 참여하는 활동에 부분적으로 영향을 받는다. 생후 첫 몇 년 동안이 언어, 정서, 감각운동기능, 청각능력, 시각 등의 발달에 민감한 시기인 것으로 보인다. 조기 뇌 발달은 풍부한 환경경험과 부모나 보호자와의 정서적 연대를 통해 가능하다. 또한 10대에 뇌의 크기, 구조, 뉴런의 수와 조직에서 주요 변화가 일어난다.

동기와 관련된 두 가지 신경요인은 보상과 동기상태다. 뇌는 보상을 처리하는 체계가 있고 자체적으로 효능이 높은 아편제 형태로 보상을 만들어 낸다. 뇌는 유쾌한 결과를 경험하고 유지하려는 성향이 있으며, 유쾌한 네트워크는 보상에 대한 기대로 활성화될 수 있다. 동기상태는 정서, 인지, 행동을 포함하는 복잡한 신경연결이다. 학습이 최적의 범위 내에서 일어날 수 있도록 동기를 유지하는 것이 중요하다.

중추신경계에서 정서작동은 복잡하다. 정서적 반응은 복잡성 지향, 정서적 사태 통합, 반응선택, 유지된 정서적 맥락과 같은 단계로 구성되어 있다. 뇌와 연결된 정서적 활동은 1차 정서와 문화에 기반을 둔 정서에 따라 다르다. 정서는 주의집중을 유도하고 학습과 기억에 영향을 주기 때문에 학습을 촉진할 수 있다. 정서적 참여는 학습에 바람직하지만 정서가 너무 강하면 인지적 학습에 방해가 된다.

뇌 연구결과는 학습과 기억에 대한 인지이론에 따른 연구결과를 지지한다. 그러나 학습자를 좌뇌형 또는 우뇌형으로 지칭하는 것과 같이 뇌 연구를 지나치게 일반화해서는 안 된다. 대부분의 학습은 양반구의 활동을 필요로 하고, 양반구 간의 기능적 차이는 절대적이라기보다 상대적이다.

뇌 연구는 조기교육의 중요성과 수업은 아동의 인지적 복잡성을 고려하고, 적절한 중재를 계획할 때는 문제영역에 대한 구체적인 평가가 필요하며, 간단한 학습이론보다 복잡한 학습이론이 뇌 기능을 더 잘 설명해 준다는 것을 제안한다. 뇌 연구에 의해 지지되는 교육 실제는 PBL, 시뮬레이션과 역할놀이, 능동적 토론, 그래픽, 긍정적 풍토 등이다.

학습과 관련된 쟁점들을 요약해서 〈표 2.8〉에 제시하였다.

표 2.8
학습과 관련된 쟁점들 요약

학습은 어떻게 일어나는가?

학습은 응고화 과정이라고 하는 신경연결(시냅스)의 형성과 강화를 포함한다. 반복된 경험은 연결을 강화하는 데 도움이 되고 정보에 대한 신경 점화와 전달을 더 신속하게 한다. 응고화를 촉진하는 요인은 학습 과정에서의 조직화, 시연, 정교화, 정서적 참여 등이다.

기억은 어떻게 기능을 하는가?

기억은 단일한 현상이 아니다. 대신에 작업기억이나 장기기억과 관련이 있는 뇌의 부위가 다르다. 기억은 신경연결이 만들어지고 신경전달이 자동화되는 정보를 형성한다.

동기는 어떠한 역할을 하는가?

뇌는 본질적으로 유쾌한 결과를 추구하며 효능이 높은 아편제를 생성한다. 이러한 뇌의 특성은 또한 보상에 대한 기대에 의해 촉발될 수 있다. 동기상태는 정서, 인지, 행동을 포함하는 복잡한 신경연결이다.

전이는 어떻게 일어나는가?

전이는 정보를 새로운 방법이나 새로운 상황에 활용하는 것을 포함한다. 전이는 학습과 새로운 활용 및 상황 간에 신경연결이 형성될 때 일어난다. 이러한 연결은 자동적으로 만들어지지 않는다. 학생들은 이러한 연결을 경험(예: 수업)을 통해 배우거나 문제해결과 같은 방법을 통해 스스로 알아내야 한다.

자기조절학습은 어떻게 작동하는가?

자기조절학습에 포함된 과정(예: 목표, 목표향상도에 대한 평가, 자기효능감)(제10장 참조)은 지식이 표상되는 방식, 즉 뇌의 시냅스 연결과 동일하게 표상되는 인지다. 이러한 자기조절 활동의 대부분은 뇌의 전두엽과 관련이 있다. 자기조절 활동 간에 신경연결이 형성되고, 학생들이 참여하는 과제는 학생들이 학습을 스스로 조절하도록 해준다.

교수에 주는 시사점은 무엇인가?

뇌 연구는 조기아동교육이 중요하고 수업과 교정은 구체적인 요구에 맞추어 중재가 이루어질 수 있도록 분명하게 구체화되어야 한다는 것을 제안해 준다. 학생이 참여하는 활동(예: 토론, 역할놀이)과 학생들의 주의집중을 유도하고 지속시킬 수 있는 활동(예: 그래픽 자료 활용)이 더 나은 학습을 가능하게 한다.

추가 읽을거리

Byrnes, J. P. (2001). *Mind, brains, and learning: Understanding the psychological and educational relevance of neuroscientific research*. New York, NY: Guilford Press.

Byrnes, J. P. (2012). How neuroscience contributes to our understanding of learning and development in typically developing and special-needs students. In K. R. Harris, S. Graham, & T. Urdan (Eds.), *APA educational psychology handbook. Vol. 1: Theories, constructs, and critical issues* (pp. 561-95). Washington, DC: American Psychological Association.

Centre for Educational Research and Innovation. (2007). *Understanding the brain: The birth of a learning science*. Paris, France: Organisation for Economic Co-operation and Development.

Jensen, E. (2005). *Teaching with the brain in mind* (2nd ed.). Alexandria, VA: ASCD.

Varma, S., McCandliss, B. D., & Schwartz, D. L. (2008). Scientific and pragmatic challenges for bridging education and neuroscience. *Educational Researcher, 37*(3), 140-52.

Wolfe, P. (2010). *Brain matters: Translating research into classroom practice* (2nd ed.). Alexandria, VA: ASCD.

Chapter 3

행동주의

Park Lane 초등학교 수업을 모두 마친 후 교사 3명(Leo Battaglia, Shayna Brown, Emily Matsui)이 함께 건물을 나서고 있다. 주차장으로 걸어가면서 그들이 나누는 대화는 다음과 같다.

Leo 선생님: 정말이지, 오늘 너무 소란스러웠어요. 학생들이 왜 그랬는지 모르겠어요. 오늘은 포인트를 얻은 학생이 거의 없었어요.

Emily 선생님: 무슨 포인트요?

Leo 선생님: 바른 행동을 하면 포인트를 주는데, 자유시간과 같은 특권과 교환할 수 있어요. 잘못된 행동을 하면 포인트를 삭감해요.

Emily 선생님: 효과가 있나요?

Leo 선생님: 물론이죠. 대체로 잘 따르는 편이에요. 그런데 오늘은 그렇지 않았어요. 무슨 일이 있었나 봐요.

Shayna 선생님: 아니면 학생들의 머릿속에서 무슨 일이 있었을 수도 있죠. 학생들이 무슨 생각을 하고 있었던 것 같아요? 다음주부터 시작하는 봄방학에 대해 생각하고 있었을까요?

Leo 선생님: 그랬을지도 모르죠. 하지만 학생들의 머릿속을 들여다보는 게 제 일은 아니니까요. 학생들은 여러 가지 이유로 소란스러울 수 있어요. 무엇이 원인인지 제가 어떻게 알겠어요? 그래서 저는 학생들의 행동에 집중해요.

Shayna 선생님: 그러나 때로는 행동 이외의 것들을 살펴볼 필요가 있어요. 예를 들어, Sean이 최근 들어 충동적으로 행동하고 있어요. Sean의 행동에만 집중했다면 부모님이 최근에 이혼했고 부모님 이혼이 자기 탓이라고 자책하고 있다는 것을 알지 못했을 거예요.

Leo 선생님: 그래서 학교에 상담 선생님이 있는 것 아닌가요? 그게 상담 선생님의 역할 아니겠어요?

Shayna 선생님: 맞아요. 그렇지만 우리 일이기도 해요. Leo 선생님이 보이는 것에 너무 많이 신경 쓰시고 보이지 않는 것에는 소홀하신 것 같아요.

Leo 선생님: 그럴지도 몰라요. 그렇지만 적어도 저는 상과 벌이라는 저만의 시스템으로 학생들을 관리하고 있어요. 저는 학급관리 문제에 많은 시간을 낭비하지는 않아요.

Emily 선생님: 학생들의 생각이나 감정과 같은 개인적인 문제들에도 소홀하신 것 같아요.

구조주의(structuralism)와 기능주의(functionalism)(제1장 참조)의 배경에 반대하며 부상한 행동주의는 20세기 초 50년 동안 심리학을 이끌어 왔다. 행동주의의 창시자이자 대변가로 널리 알려진 John B. Watson(1878~1958)은 정신(mind)을 다룬 이론과 연구방법이 비과학적이라고 생각하였다. 심리학이 과학이 되기 위해서는 관찰 가능하고 측정 가능한 현상들을 연구한 물리학처럼 심리학을 구조화해야 했다. 행동은 심리학자들이 연구하기에 적절한 대상이었다(Watson, 1924). 내성법(introspection)(제1장 참조)은 신뢰도가 떨어졌고, 의식적인 경험은 관찰할 수 없었으며, 의식적인 경험을 한 사람들이 자신의 의식적인 경험들을 정확하게 말한다고 신뢰할 수 없었다(Murray, Kilgour, & Wasylkiw, 2000).

Watson(1916)은 Pavlov의 조건형성모형(이 장의 뒷부분에서 논의함)이 인간 행동에 관한 학문을 세우는 데 적절하다고 생각했다. 그는 Pavlov가 관찰 가능한 행동을 정확하게 측정해 내는 것을 보고 깊은 인상을 받았다. Watson은 Pavlov의 모형이 다양한 형태의 학습과 성격 특성들을 설명할 수 있다고 생각하였다. 예를 들어, 갓 태어난 아기는 사랑, 공포, 분노 등 세 가지 감정을 표출할 수 있다(Watson, 1926a). 이 감정들은 Pavlov의 조건형성을 통해 자극과 연계되어 복잡한 성인 생활을 만들어 낼 수 있었다. Watson은 조건형성의 힘에 대한 자신의 믿음을 이 유명한 발표에서 다음과 같이 전달하였다.

> 나에게 건강한 아이 12명과 이들을 내 방식대로 양육할 수 있는 세상을 준다면 무작위로 선택하고 훈련시켜서 어떤 직종이든 내가 선택한 전문가로 만들 수 있다. 의사, 변호사, 예술가, 기능사도 가능하고, 거지나 도둑도 가능하다. 재능, 취향, 성향, 능력, 사명, 인종에 구애받지 않고 만들 수 있다. (Watson, 1926b, p.10)

비록 Watson의 연구는 학업적인 학습(academic learning)과는 거의 관련이 없었지만, 그는 확신을 갖고 말하고 썼으며, 그의 단호한 시각은 1920년대부터 1960년대 초까지 심리학에 영향을 미쳤다(Hunt, 1993). 환경의 중요성에 대한 그의 강조는 Skinner의 후속 연구에서 확인할 수 있다(이 장의 뒷부분에서 논의함)(Horowitz, 1992).

이 장에서는 학습의 조건형성이론들로 표현되는 행동주의를 다룬다. 행동주의이론의 핵심은 행동주의이론이 행동을 다룬다는 것이 아니라(모든 이론들이 행동을 다룬다) 행동주의이론이 학습을 환경적인 사태들(environmental events)로 설명한다는 것이다. 행동주의이론은 정신현상의 존재 자체를 부정하지는 않지만 학습을 설명하는 데 필요하지 않다고 주장한다.

이 장 서두의 에피소드에서 Leo 선생님은 조건화이론을 옹호하고 있다.

가장 잘 알려진 조건형성이론은 B. F. Skinner의 **조작적 조건형성**(operant conditioning)이다. 이 이론을 설명하기 전에 Skinner 이론의 배경이 되는 조건형성 관련 역사적인 연구들[Thorndike의 연합주의(connectionism), Pavlov의 고전적 조건형성(classical conditioning), Guthrie의 근접조건형성(contiguous conditioning)]을 살펴본다.

이 장을 학습한 후에, 여러분은 다음과 같은 것을 할 수 있어야 한다.

- 연합주의이론에 근거하여 행동이 어떻게 학습되는지 설명할 수 있다.
- Thorndike가 교육 현장에 기여한 바를 논의할 수 있다.
- 고전적 조건형성이론에 근거하여 반응들이

어떻게 조건화되고, 소멸되며, 일반화되는지 설명할 수 있다.

- 처음에는 중립적이었던 사물에 대해 정서반응이 조건화되는 과정을 설명할 수 있다.
- 근접조건형성원리들을 이용하여 어떻게 움직임이 결합되어 행동화되는지 설명할 수 있다.
- Skinner의 조작적 조건형성의 3항 유관성 모형(three-term contingency model)을 설명하고 예를 들 수 있다.
- 정적 강화, 부적 강화, 처벌, 일반화, 변별, 조형, 프리맥 원리(Premack Principle)와 같은 조작적 조건형성의 주요 개념을 정의하고 예를 들 수 있다.
- 행동목표, 완전학습, 프로그램교수, 유관성계약과 같은 교육적 활용에 조작적 원리들이 어떻게 반영되어 있는지 설명할 수 있다.

연합주의

Edward L. Thorndike(1874~1949)는 미국의 대표적인 심리학자로, 그의 **연합주의**(connectionism) 학습이론은 오랫동안 미국에서 우위를 차지하였다(Mayer, 2003). 많은 초기 심리학자들과 다르게 Thorndike는 교육에 관심이 있었고, 그 중에서도 특히 학습, 전이, 개인차, 지능에 관심이 있었다(Hilgard, 1996; McKeachie, 1990). 그는 실험적인 접근 방식을 적용하여 학생들의 성취결과를 측정하였다. 교육에 미친 그의 영향은 Thorndike Award에서 찾아볼 수 있는데, Thorndike Award는 교육심리학에 탁월한 공을 세운 사람에게 수여하는 미국심리학회 교육심리학분과의 최고로 명예로운 상이다.

시행착오학습

Thorndike가 남긴 주요 업적은 세 권의 시리즈로 구성된 『교육심리학(Educational Psychology)』(1913a, 1913b, 1914)이다. 이 책에서 Thorndike는 가장 기본적인 형태의 학습은 감각적인 경험(자극 또는 사건의 지각)과 행동으로 나타나는 신경 충동(반응) 간의 **연합**(connections) 형성이라고 가정하였다. 그는 학습이 종종 **시행착오**(trial and error) (선택과 연합)로 일어난다고 생각하였다.

　Thorndike는 동물을 대상으로 일련의 실험을 실시하며 학습을 연구하기 시작하였다 (Thorndike, 1911). 문제 상황에 처한 동물들은 목적(예: 먹이 획득하기, 목표지에 도착하기)을 달성하려고 애쓴다. 동물들은 자신이 만들어 낼 수 있는 여러 반응 중 하나를 선택하고 실행하여 그 결과를 경험한다. 어떤 자극에 대해 더 자주 반응할수록 그 자극과 그 반응은 더 단단하게 연합된다. 예를 들어, 우리 안의 고양이는 막대를 밀어 탈출구를 열 수 있다. 여러 번 무작위로 반응한 후 고양이는 막대를 밀어내어 결국 탈출할 수 있다. 시행을 거듭할수록 고양이는 목적(탈출)을 더 빨리 달성하게 되고, 정확하게 반응하기까지 실수하는 횟수가 줄어들게 된다. 결과들의 전형적인 도표는 [그림 3.1]에서 볼 수 있다.

　시행착오 학습은 점차적으로(**점진적으로**) 일어난다. 연합은 반복을 통해 형성되는데, 의식적인 지각은 필요하지 않다. 동물들은 이해하거나 통찰하지 않는다. Thorndike는 사람들이 생각들을 연합하고, 분석하고, 추론하며 학습하기 때문에 인간의 학습은 보다 복잡하다고 생각했다. 그럼에도 불구하고 Thorndike는 동물과 인간을 대상으로 한 연구결과들의 유사성에 근거한 기본적인 학습 원리들로 복잡한 학습을 설명하였다. 교육받은 성인은 수백만 개의 **자극-반응**(stimulus-response) 연합을 보유하고 있다.

학습의 원리

연습과 효과의 법칙. 학습에 대한 Thorndike의 기본적인 생각은 연습과 효과의 법칙을 살펴보면 알 수 있다. **연습의 법칙**(law of exercise)은 두 부분으로 구성된다. 즉, 자극에

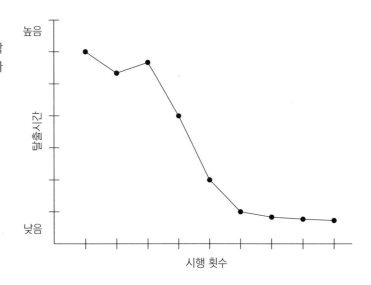

그림 3.1

Thorndike의 시행착오 학습을 보여주는, 시행에 따라 증가하는 학습 결과

대한 반응이 연합을 강화한다는 **사용의 법칙**(law of use)과 자극에 반응하지 않으면 연합의 세기가 약해진다(잊혀진다)는 **비사용의 법칙**(law of disuse)이다. 반응하기까지의 시간이 길어질수록 연합의 세기는 더 많이 줄어든다.

　효과의 법칙(law of effect)은 행동의 결과를 강조한다. 즉, 결과가 만족스러운(보상받는) 반응은 학습되고, 결과가 불쾌한(처벌받는) 반응은 학습되지 않는다(Thorndike, 1913b). 이는 만족시키면(반응이 만족스러운 결과를 낳으면) 개인들을 환경에 적응하게 한다는 점에서 학습을 실리적으로 설명하고 있다.

　다음 연구는 효과의 법칙 활용을 보여준다(Thorndike, 1927). 연구 참가자들에게 3cm부터 27cm 길이의 종이 띠 50장을 하나씩 보여 주었다. 각 종이 띠 옆에는 길이가 10cm라고 알려진 종이 띠가 하나씩 있었다. 참가자들은 피드백 없이 각각의 종이 띠 길이를 추측하였다. 이 사전시험 후 50개의 종이 띠를 하나씩 다시 보여 주었다. 하나씩 추측할 때마다 실험자가 "맞다" 또는 "틀리다"라고 말해 주었다. 사나흘 동안 50개의 띠를 반복해서 보여준 후, 길이 판단의 정확성에 대한 피드백 없이 종이 띠를 다시 보여 주었다. 참가자들은 훈련을 거치며 띠의 길이를 이전보다 더 실제 길이에 가깝게 추측하였다. Thorndike는 음식이나 자유로 동물들에게 보상을 제공했던 실험 결과와 마찬가지로 이 실험 결과도 만족스러운(정확한) 자극-반응 연합들은 강화되고 불쾌한(부정확한) 연합들은 약해진다는 것을 증명한다고 주장하였다.

그 외 원리. Thorndike(1913b)의 이론에는 교육과 관련된 다른 원리들도 포함되어 있다. **준비도의 법칙**(law of readiness)은 행동할 준비가 되었을 때 행동하는 것은 보상이 되고 행동하지 않는 것은 처벌이 된다는 것이다. 배가 고플 때, 음식으로 이어지는 반응은 준비가 된 반면, 음식으로 이어지지 않는 반응은 준비가 되어 있지 않다. 피곤할 때 운동을 강요하는 것은 처벌하는 것이다. 이 원리를 학습에 적용한다면, (발달단계 또는 선수기능 습득 측면에서) 학생들이 특정 행동을 배울 준비가 되어 있을 때 이 학습을 장려하는 행동은 보상이 될 것이다. 학생들이 배울 준비가 되어 있지 않거나 선수기능을 갖추지 않았을 때 학습을 시도하는 것은 처벌인 동시에 시간 낭비가 된다.

　연합이동(associative shifting)의 원리는 여러 번의 시행을 거치는 동안 자극의 속성에 작은 변화가 있을 경우 어떤 특정 자극에 대한 반응이 완전히 다른 자극에 대한 반응으로 나타나는 것을 말한다. 예를 들어, 학생들에게 두 자리 수를 네 자리 수로 나누는 것을 가르칠 때 한 자리 수를 한 자리 수로 나누는 것을 먼저 가르친 다음 제수와 피제수의 자릿수를 점점 더 늘려가는 것이다.

　동일요소(identical elements)의 원리는 **전이**(transfer)[**일반화**(generalization)], 또는 하나의 연합을 강화하거나 약화하는 것이 다른 연합에 비슷한 변화를 주는 정도에 영향을 미친다는 것이다(Hilgard, 1996; Thorndike, 1913b)(제7장 참조). 전이는 상황들에

적용 3.1
전이 촉진

Thorndike는 특정 기능을 주입식으로 가르치는 것은 학생들이 터득하는 데 도움이 되지 않을 뿐만 아니라 그 기능을 여러 상황에 적용하는 방법도 가르쳐 주지 않는다고 주장하였다.

학생들에게 지도척도 사용법을 가르칠 때, 교사는 학생들에게 인치(inches)를 마일(miles)로 환산해 계산하는 방법도 가르쳐야 한다. 학생들은 단순히 주어진 문제를 풀기보다 여러 지도에 실제로 기능을 적용해 보고 자신의 주변지역들을 지도로 만들

어 보면 그 기능에 더 능숙해진다.

초등학교 교사들이 학생들과 함께 액체와 고체 측정법에 관해 공부할 때, 학생들에게 조리법을 참조하며 재료들을 측정하여 음식을 만들도록 하는 것이 그림이나 차트를 사용하거나 물과 모래로 컵을 채우도록 하는 것보다 더 유의미하다.

교사교육 수업에서 교사들로 하여금 실제 학급을 관찰하고 참여하게 하는 것이 교수·학습에 대한 비디오를 시청하는 것보다 더 의미 있다.

동일한(매우 비슷한) 요소들이 있고 유사한 반응들이 요구될 때 일어난다. Thorndike와 Woodworth(1901)는 특정한 맥락에서 어떤 기능을 연습한다고 해서 일반적으로 그 기능을 사용하는 누군가의 능력이 향상되지는 않는다는 것을 발견하였다. 따라서 사각형 면적 계산하기를 가르친다고 해서 삼각형, 원형, 불규칙한 형태의 면적을 구하는 능력이 향상되는 것은 아니다. 학생들에게 기능사용법을 이해시키기 위해서는 교육내용의 유형을 달리하여 그 기능을 가르쳐야 한다([적용 3.1] 참조).

수정. Thorndike는 다른 연구들을 통해 자신의 주장을 입증하지 못하자 연습과 효과의 법칙을 수정하였다(Thorndike, 1932). Thorndike는 상황을 단순히 반복한다고 해서 반드시 반응이 각인되는 것은 아니라는 것을 발견한 후 연습의 법칙을 폐기하였다. 예를 들어, 한 실험에서 참가자들로 하여금 눈을 감은 채 2, 4, 6, 8인치 길이의 선을 사나흘 동안 수백 번 긋게 하면서 길이가 맞는지를 알려주지 않았다(Thorndike, 1932). 만약 연습의 법칙이 맞다면, 처음에 100번 정도를 그리는 동안 가장 자주 보인 반응을 그 후에도 더 자주 보여야 한다. 그러나 결과는 그렇지 않았다. 오히려 시간이 지나면서 평균 길이가 바뀌었고, 참가자들은 정확한 길이에 대한 확신이 없어서 다른 길이들을 시도하는 것으로 나타났다. 피드백이 없을 경우 사람들이 똑같은 행동을 할 가능성은 적다.

효과의 법칙과 관련하여 Thorndike는 만족시키는 것(보상)과 불쾌하게 하는 것(처벌)의 효과는 정반대이지만 비슷하다고 생각했다. 그러나 연구결과는 그렇지 않다는 것을 보여 주었다. 보상은 연합을 강화했지만, 처벌이 연합을 반드시 약화시키지는 않았다(Thorndike, 1932). 그 대신, 연합은 대체연합이 강해질 때 약해졌다. 한 연구(Thorndike, 1932)에서 연구 참가자들에게 흔하지 않은 영어단어들(예: edacious, eidolon)을 보여 주었다. 낯선 단어 한 개를 보여준 후 익숙한 영어단어 다섯 개를 보여 주었는데, 그 중 하나는 동의어였다. 참가자들이 동의어 한 개를 선택하여 밑줄을 그으면 실험자는 "맞다"(보상) 또는 "틀리다"(처벌)라고 말해 주었다. 연구결과, 보상은 영어단어 학습을 향상시켰지만, 처벌은 해당 단어에 올바르지 않게 반응할 가능성을 감소시키지 않았다.

처벌은 반응을 억제하지만 반응이 잊혀지지는 않는다. 처벌은 학생들에게 정확한 행동을 가르쳐 주는 것이 아니라 하지 말아야 할 것을 알려주기 때문에 행동을 바꾸는 효과적인 방법은 아니다. 이 점은 인지기능의 경우에도 마찬가지다. Brown과 Burton(1978)은 학생들이 문제해결(예: 열 단위로 더 큰 수에서 더 작은 수를 빼기, 4371 − 2748 = 2437)을 위해 **버기 알고리즘(buggy algorithms)**(틀린 규칙)을 습득한다는 것을 발견하였다. 학생들에게 이 방법이 틀렸다는 것을 알려주고 정확한 피드백을 제공하며 정확하게 문제를 풀 수 있도록 연습시키면, 학생들은 올바른 방법을 배우지만 틀린 방식을 잊지는 않는다.

Thorndike와 교육

Thorndike는 Columbia대학교 사범대학 교육학과 교수로 재직하면서 교육목표, 학습과정, 교수방법, 교육과정의 계열성, 교육결과 평가기법과 같은 주제에 대해 책을 저술하였다(Hilgard, 1996; Thorndike, 1906, 1912; Thorndike & Gates, 1929). Thorndike가 교육에 기여한 여러 가지 중 일부를 들면 다음과 같다.

교수원리. 교사는 학생들이 좋은 습관을 형성하도록 도와야 한다. Thorndike(1992)는 다음과 같이 언급하였다.

- 습관을 형성한다. 학생들이 스스로 올바른 행동을 배우기를 기대하지 않는다.
- 나중에 고쳐야 하는 습관을 기르지 않도록 주의한다.
- 한 번에 두 개 이상의 습관을 기르지 않는다.
- 모든 조건이 같다면 습관이 사용될 환경과 동일한 환경에서 길러 주어야 한다. (pp.173-174)

마지막 원리는 실제 사용 시 제외되는 내용을 가르칠 때 주의할 것을 제시한다. 예를 들어, "독일어나 라틴어의 형용사 형태는 항상 명사와 함께 쓰이기 때문에 명사와 같이 배워야 한다"(p.174). 학생들은 자신이 습득한 지식과 기능을 적용하는 방법을 알아야 한다. 사용법은 내용과 함께 학습되어야 한다.

교육과정의 계열성. 기능은 다음과 같은 상황에서 소개되어야 한다(Thorndike & Gates, 1929).

- 기능이 사용될 수 있는 시기 또는 그 시기 바로 전에
- 학습자가 기능이 유용한 목적을 이루는 데 필요한 수단이라는 것을 인식할 때
- 기능의 난이도가 학습자의 능력에 가장 적합할 때
- 기능이 정서, 기호, 본능적인 성향, 의욕적인 성향의 수준 및 유형과 가장 조화를 이룰 때
- 기능이 바로 이전의 사전 학습에 의해 완전하게 촉진될 때, 그리고 직후의 학습을 충분히 촉진할 수 있을 때 (pp.209-210)

이러한 원리들은 과목별로 내용을 분리(예: 사회, 수학, 과학)하는 학교의 전통적인 내용 배치 방식과 충돌한다. 그러나 Thorndike와 Gates(1929)는 지식과 기능은 다양한 교과목에서 가르쳐야 한다고 주장하였다([적용 3.2] 참조). 예를 들어, 정부의 형태는 윤리 및 역사 과목에 적합한 주제일 뿐만 아니라 영어(정부는 어떻게 문학에 반영되었는가) 및 외국어(다른 국가의 정부구조) 과목에도 적합한 주제다.

심상도야. 심상도야(mental discipline)는 특정 과목(예: 클래식 음악, 수학)을 배우는 것이 다른 과목을 배우는 것보다 전반적인 정신기능의 향상에 더 도움이 된다고 생각하는 견해다. 심상도야는 Thorndike의 시기에 유명한 견해였다. Thorndike(1924)는 9학년부터 11학년까지의 학생 8,500명을 대상으로 이 견해를 확인하였다. 특정 수업들이 지능 향상과 관련 있는지를 밝히기 위해 1년마다 학생들에게 지능검사를 실시하고 학생들의 그 해 학습 프로그램들(programs of study)을 비교하였다. 그 결과, 심상도야를 뒷받침하는 증거는 찾을 수 없었다. 처음부터 더 뛰어났던 학생들이 학습에 상관없이 가장 뛰어난 성과를 보였다.

심상도야이론을 전혀 모르는 화성에서 온 심리학자가 연구를 실시하여 "그 해의 사고력, 지능, 또는 지능검사가 측정하는 것의 향상에 성별, 인종, 나이, 능력, 공부가 얼마나 영향을 미쳤는가?"라는 질문에 답하고자 한다면 "차이가 매우 작고 신뢰도가 매우 떨어져서 이 요인은 중요하지 않은 것 같다."고 말하며 "공부"를 제외할 것이다. 그가 영향을 미친다고 확신할 요인은 지능일 것이다. 처음부터 가장 뛰어난 사람들이 그 해 가장 높은 성과를 보인다. (Thorndike, 1924, p.95)

적용 3.2

교육과정의 계열

교육과정의 계열성에 대한 Thorndike의 견해는 과목 통합 학습을 제안한다. Woleska 선생님은 가을학기 2학년 수업으로 호박에 대한 단원을 준비하였다. 학생들은 미국 개척시대 사람들에게 호박이 얼마나 중요했고 (역사), 현재 어디에서 호박이 재배되고 있으며(지리), 현재 어떤 종류의 호박들이 재배되고 있는지(농업) 공부하였다. 학생들은 여러 호박의 크기를 재고 그래프로 그렸으며(수학), 호박을 깎아 조각했고(미술), 호박 씨를 심어 성장하는 것을 공부하였으며(과학), 호박에 대해 읽고 글짓기를 하였다(작문). 이와 같은 접근 방법은 아동들에게 의

미 있는 경험을 제공하는 동시에 다양한 기능들을 실생활 속에서 배울 수 있도록 한다.

미국 남북전쟁에 대한 역사 단원을 준비하면서 Parks 선생님은 사실적인 내용을 다루는 것뿐만 아니라 다른 전쟁과의 비교, 당시 시민들의 인식 및 심정, 전쟁 참여자들의 전기와 인물평, 전쟁이 미국에 미친 영향과 앞날에 대한 시사점도 포함하였다. 또한, 다른 교사들과 협력하여 당시의 주요 격전지의 지형(지리), 주요 전투 기간 동안의 기상상황(과학), 문학의 등장(언어), 창작물(예술, 음악, 연극)을 조사하여 학습단원을 확대하였다.

따라서 특정 과목이 다른 과목보다 학생들의 정신능력을 향상시킨다고 가정하기보다 다른 과목이 학생들의 사고능력과 학습결과(예: 흥미, 목표)에 어떤 영향을 미치는지를 평가해야 한다. Thorndike의 연구는 교육자들로 하여금 심상도야에서 벗어나 교과과정을 재설세하도록 영향을 미쳤다.

고전적 조건형성

지금까지 우리는 20세기 초반 미국에서 심리학이 하나의 과학으로 자리 잡고 학습이 하나의 정당한 연구분야로 정착하는 데 도움이 되었던 사건들을 살펴보았다. 같은 시기에 다른 국가에서도 중요한 발전들이 있었는데, 그 중 하나가 소화에 관한 연구로 노벨상을 수상한 러시아의 생리학자 Ivan Pavlov(1849~1936)의 연구였다.

Pavlov가 학습이론에 남긴 유산은 **고전적 조건형성(classical conditioning)**에 관한 연구였다(Cuny, 1965; Hunt, 1993; Pavlov, 1927, 1928; Windholz, 1997). Pavlov는 Petrogard

에 위치한 실험의학연구소의 생리학 실험실 주임으로 일하면서 개가 자신에게 먹이를 가져오는 관리인을 보거나 심지어 관리인의 발자국 소리만 들어도 종종 침을 흘린다는 것을 알게 되었다. Pavlov는 침을 흘리는 반사작용을 일으키는 자극은 관리인이 아니라고 추론하였다. 그것보다는 관리인이 음식과 결부돼서 침을 흘리는 반사작용을 일으키게 되었다고 추론하였다.

기본 과정

고전적 조건형성은 다단계 과정으로, **무조건 반응**(unconditioned response: UCR)을 일으키는 **무조건 자극**(unconditioned stimulus: UCS)을 보여주는 것에서부터 시작된다. Pavlov는 개가 침을 흘리도록 만들(UCR) 고기(UCS)를 배고픈 개에게 주었다. 동물을 조건화하기 위해서는 UCS를 주기 바로 전에 본래 중립적인 자극을 반복적으로 주어야 한다. Pavlov는 똑딱거리는 메트로놈을 중립적인 자극으로 자주 사용하였다. 실험 초반에는 메트로놈의 똑딱거리는 소리가 침을 흘리게 하지는 않았다. 그러나 결국 개는 고기를 받기 전에 똑딱거리는 메트로놈 소리가 들리자 침을 흘렸다. 메트로놈은 본래의 UCR과 유사한 **조건반응**(conditioned response: CR)을 일으키는 **조건자극**(conditioned stimulus: CS)이 되었다(〈표 3.1〉 참조). CS를 강화 없이(즉, UCS 없이) 반복해서 제시하면, CR이 약해지면서 사라지는데, 이러한 현상을 **소거**(extinction)라고 한다(Larrauri & Schmajuk, 2008; Pavlov, 1932b).

표 3.1
고전적 조건형성 과정

단계	자극	반응
1	UCS(먹이)	UCR(침 흘림)
2	CS(메트로놈), 다음에 UCS(먹이)	UCR(침 흘림)
3	CS(메트로놈)	CR(침 흘림)

자발적 회복(spontaneous recovery)은 CS가 주어지지 않아서 CR이 사라진 것처럼 보이지만 나중에 다시 CR이 일어날 수 있다. 만약 CS가 주어져서 CR이 다시 나타나면, 소거되었던 CR이 자발적으로 되살아났다고 말한다. CS와 UCS를 짝지으면 CR을 완전히 회복할 수 있다. CS-CR 연합을 큰 어려움 없이 되돌릴 수 있다는 사실은 소거가 연합에 의해 형성된 학습을 완전히 없애지는 못한다는 것을 나타낸다(Redish, Jensen, Johnson, & Kurth-Nelson, 2007).

일반화(generalization)는 CS와 비슷한 자극에 CR이 일어나는 것을 말한다([그림 3.2] 참조). 개가 1분에 70회 똑딱거리는 메트로놈에 침을 흘리도록 한 번 조건화되면 더 빠르

게 또는 더 느리게 똑딱거리는 메트로놈뿐만 아니라 똑딱거리는 시계나 타이머에도 침을
흘릴 수 있다. 새로운 자극이 CS와 상이하거나 공통 요소가 적을수록 일반화가 일어날 가
능성은 줄어든다(Harris, 2006).

변별(discrimination)이란 개가 CS에 반응하고 다른 자극에는 반응하지 않도록 배울
때 일어나는 보완적인 과정이다. 변별하도록 훈련시키기 위해, 실험자는 CS와 UCS를 짝
짓고, UCS 없이 다른 유사한 자극들을 줄 수 있다. CS가 분당 70회 똑딱거리는 메트로놈
이라면 이 메트로놈은 UCS와 함께 제시되어야 하며, 다른 리듬(예: 분당 50박자, 분당 90
박자)은 UCS 없이 제시되어야 한다.

일단 자극이 조건화되면 UCS로 작용할 수 있으며, **고차원적 조건형성**(higher-order
conditioning)이 일어날 수 있다(Pavlov, 1927). 만약 개가 분당 70회 똑딱거리는 메트로
놈 소리에 침을 흘리도록 조건화되었다면 똑딱거리는 메트로놈은 고차원적 조건형성을
위한 UCS로 작용할 수 있다. 버저(buzzer)와 같은 새로운 중립적인 자극을 메트로놈의 똑
딱거리는 소리를 들려준 후에 몇 초간 들려주기를 몇 번 반복하면 개는 버저 소리에 침을
흘리기 시작하고 버저는 2차 CS가 된다. 3차 CS의 형성은 두 번째 CS를 UCS로 주면서 새
로운 중립적인 자극과 짝지으면 된다. Pavlov(1927)는 3차 CS 이상 조건형성하는 것은 어
렵다고 보고하였다.

그림 3.2

조건자극의 비유사성이 증
가할수록 조건반응의 강도
가 감소함을 보여주는 일반
화 곡선

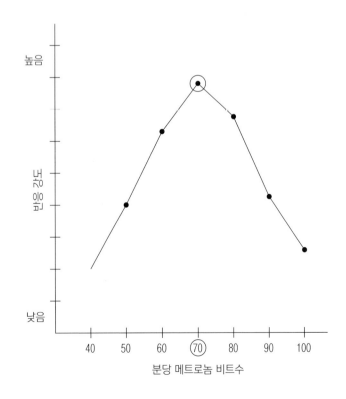

고차원적 조건형성은 잘 이해되지 않는 복잡한 과정이다(Rescorla, 1972). 고차원적 조건형성은 흥미로운 이론이며, 어떤 사회현상들(예: 시험 실패)이 스트레스나 근심과 같은 조건화된 정서 반응을 유발하는지 설명하는 데 도움이 될 수 있다. 젊은 시절의 실패는 중립적인 사건이 될 수 있지만 난감해하는 부모 및 교사와 연합되면서 조바심을 일으키는 UCS가 될 수 있다. 조건형성을 거치면서 실패는 근심을 유발할 수 있다. 상황과 연합된 단서도 CS가 될 수 있다. 학생들은 시험장으로 걸어 들어가거나 교사가 시험지를 나누어 줄 때 초조해질 수 있다.

CR을 야기하는 CS를 **1차 신호(primary signals)**라고 한다. 사람들은 조건형성의 가능성을 매우 확대하는 **2차 신호시스템(second signal system)**, 즉 언어를 가지고 있다(Windholz, 1997). 단어 또는 생각은 사건 또는 사물을 나타내는 라벨(label)로 CS가 될 수 있다. 시험에 대해 생각하거나 교사가 앞으로 치르게 될 시험에 대해 말하는 것을 들으면 근심 걱정이 생길 수 있다. 따라서 시험이 학생들을 걱정하게 만들기보다 시험의 언어적 표상 또는 의미들이 근심 걱정을 유발한다.

정보적 변인

Pavlov는 조건형성이 CS-UCS 연합이 반복되면 일어나고 연합되지 않으면 CR이 소멸되는 자동적인 과정이라고 생각하였다. 그러나 인간의 조건형성은 단지 한 번의 CS-UCS 연합만으로도 가능할 만큼 빠르게 일어날 수 있다. CS와 UCS의 비연합(nonpairing)을 반복해도 CR이 소거되지 않을 수 있다. 소거는 맥락의 영향을 많이 받는 것으로 보인다(Bouton, Nelson, & Rosas, 1999). 동일한 맥락에서는 반응이 소거된 상태일 수 있지만, 상황이 변하면 CR이 다시 일어날 수 있다. 또한, 조건형성이 모든 변인들 간에 발생할 수 있는 것은 아니다. 어떤 종(species)은 어떤 자극에 대해서는 반응이 조건화되고 어떤 자극에 대해서는 조건형성이 안 될 수 있다. 조건형성은 종 특수적인(species-specific) 반응에 자극과 반응이 얼마나 부합하는지에 따라 결정된다(Hollis, 1997). 이와 같은 연구결과들은 Pavlov의 조건형성이론에 의문을 제기한다.

Pavlov 이후의 연구들은 조건형성이 CS-UCS 연합의 영향은 덜 받고 UCS가 일어날 가능성에 대한 정보를 CS가 얼마나 전달하는지의 영향을 더 많이 받는다는 것을 보여 주었다(Rescorla, 1972, 1976). 예를 들어, 하나의 자극 뒤에 UCS가 항상 주어지고 그 뒤에 또 다른 자극 하나가 주어질 때가 있다고 가정해 보자. 첫 번째 자극은 UCS의 시작을 일관성 있게 알려주기 때문에 조건형성으로 귀결되어야 한다. CS와 UCS 짝짓기가 불필요할 수도 있다. 사람들에게 서로 관련이 있다는 것을 말해 주기만 해도 조건형성이 일어날 수 있기 때문이다(Brewer, 1974). 마찬가지로, 소거를 위해 CS-UCS 비연합의 반복이 불필요할 수도 있다. 사람들에게 유관성이 더 이상 존재하지 않는다고 말해 주기만 해도 CR을 감소시키거나 소멸시킬 수 있다.

이러한 결과는 사람들이 UCS의 발생 가능성에 대해 **기대(expectations)**를 형성한다는 것을 말해준다(Rescorla, 1987). 어떤 자극이 CS가 되기 위해서는 개인에게 UCS의 시간, 장소, 양, 수준에 대한 정보를 전달해야 한다. 어떤 자극이 예고한다고 해도 다른 자극이 더 나은 예측변수라면 조건화되지 않는다. 조건형성은 자동으로 일어나기보다 인지과정에 의해 중재되는 것으로 보인다. 사람들이 CS-UCS 연합이 존재한다는 것을 인식하지 않으면 조건형성은 일어나지 않는다. CS-UCS 연합이 존재하지 않아도, 사람들이 조건형성이 일어날 수 있다고 믿는다면 조건형성은 일어날 수 있다. 이러한 조건형성 가능성에 대한 견해는 완전히 정확하지는 않지만(Papini & Bitterman, 1990) 조건형성에 대해 Pavlov와는 다른 설명을 제공하며 조건형성의 복잡성을 부각시킨다.

조건화된 정서반응

Pavlov(1923a, 1934)는 고전적 조건형성원리들을 비정상적인 행위(예 : 신경증)에 적용하였다. 그의 견해는 가설로 입증되지 않았지만, 고전적 조건형성원리는 다른 사람들에 의해 정서반응 조건형성에 사용되어 왔다.

Watson은 잘 알려진 Little Albert 실험(Watson & Rayner, 1920)에서 정서 조건형성의 힘을 보여 주었다고 주장하였다. Albert는 생후 8개월에서 11개월 사이에 검사를 했을 때 흰 쥐를 두려워하지 않았던 아이였다. Albert가 쥐를 잡으려고 할 때마다 Albert 뒤에서 망치로 쇠막대기를 쳐서 조건형성을 하였다. "아이는 격하게 뛰어오르며 앞으로 넘어져서는 매트리스에 머리를 묻었다"(p.4). 이 과정을 반복한 후 일주일 뒤에 쥐를 보여주자 Albert는 손을 뻗었다가 거두었다. 그 전 주의 조건형성이 나타난 것이었다. 그 다음 며칠 동안 검사한 결과 Albert는 쥐가 나타날 때 감정적인 반응을 보였다. 또한 두려움은 토끼, 개, 털 코트로 일반화되었다. 한 달 뒤에 쥐로 다시 검사했을 때, Albert는 감정적인 반응을 약하게 보여 주었다.

이 연구는 조건형성이 어떻게 정서반응을 유발하는지를 보여 준다고 널리 인용되지만, 연구의 타당성에 의문이 제기된다. 최근의 증거들은 Albert에게 신경장애가 있었다는 것을 제시한다(Bartlett, 2012). 이러한 결함으로 인해 흰 쥐에 대한 Albert의 반응은 건강한 아이에게서 볼 수 있는 전형적인 반응이 아닐 것이다. Albert는 선천적으로 가지고 태어난 것으로 보이는 뇌수종으로 인해 6살 때 죽었다(Beck, Levinson, & Irons, 2009). Albert는 걷거나 말하는 것을 결코 배우지 못했고 시력에도 문제가 있었다. 이 연구로부터 결론을 도출해서 일반화하는 것은 문제가 있는 것 같다.

조건형성의 영향은 일반적으로 그렇게 강력하지 않다(Harris, 1979). 고전적 조건형성은 복잡한 현상으로, 모든 자극에 모든 반응을 조건형성할 수는 없다. 종(species)은 어떤 방식으로는 조건형성되고 어떤 방식으로는 조건형성이 되지 않는 기제(mechanism)를 발달시켜 왔다(Hollis, 1997). 조건형성은 인간 중에서도 CS와 UCS 간의 관계를 알고 있는 사람에게 일어날 수 있으며, CS 뒤에 UCS가 주어지지 않을 수도 있다는 정보는 소거를 유발할 수 있다. Watson과 Rayner의 연구결과를 재현하려는 시도는 일관성 있게 성공적인 결과를 보여주지 못하였다(Valentine, 1930a).

정서적 조건형성을 만들어 내는 보다 확실한 방법은 **체계적 감감법**(systematic desensitization)으로, 심신을 쇠약하게 할 정도의 두려움을 가진 사람들에게 자주 사용된다(Wolpe, 1958)([적용 3.3] 참조). 감감법은 3단계로 구성된다. 첫 번째 단계에서 치료사와

적용 3.3
정서적 조건형성

고전적 조건형성 원리들은 몇 가지 정서들과 관련이 있어 보인다. 유치원이나 초등학교에 입학하는 아동들은 두려울 수 있다. 교사들은 학년 초에 두려움을 감감(減感)하는 데 도움이 되는 절차들을 개발할 수 있다. 학생들은 참관수업을 통해 선생님과 다른 학생들, 교실을 볼 수 있다. 교사는 학기 시작 후 처음 며칠 동안 재미있지만 상대적으로 조용한 활동들을 준비해서 학생들이 선생님과 친구들, 교실 및 학교 건물을 알아가도록 할 수 있다. 학생들은 건물을 둘러보고 교실로 돌아와서 그림을 그릴 수 있다. 학생들은 자신이 본 것에 대해 말할 수도 있다. 학생들은 교무실에 들려 교장 선생님, 교감 선생님, 양호 선생님, 상담 선생님을 만나볼 수 있다. 학생들은 이름 게임을 통해 자신을 소개하고 반 친구들의 이름을 외울 수도 있다.

이러한 활동들은 비공식적인 감감(減感) 절차를 의미한다. 몇몇 아이들의 경우, 학교와 관련된 단서들(cues)은 걱정을 유발하는 자극으로 작용한다. 재미있는 활동은 즐거운 감정을 불러일으키고, 즐거운 감정은 걱정이 사라지게 한다. 즐거운 활동을 학교와 관련된 단서와 짝을 지으면 학교와 관련된 단서는 두려움을 덜 유발하게 될 수 있다.

사범대 학생들은 학급 전체를 대상으로 가르치기를 두려워할 수 있다. 학생들이 교실에서 더 많은 시간을 보내고 수업에 대한 책임을 점진적으로 늘려가면 두려움은 줄어들 수 있다. 학급 및 교수 경험과 공식적인 연구를 짝지으면 아이들의 학습에 대한 책임감과 관련된 두려움을 감감할 수 있다.

몇몇 연극반 학생들은 무대공포증을 가지고 있다. 연극교사는 학생들을 실제 무대에서 연습하게 하고 다른 사람들이 리허설을 참관하게 하여 학생들의 무대공포증을 줄여줄 수도 있다. 다른 사람들 앞에서 공연연습을 하는 것도 두려움을 감소시키는 데 도움이 된다.

의뢰인은 의뢰인에게 가장 적게 두려운 상황부터 가장 많이 두려운 상황들 중 몇 가지 상황들을 서열화한다. 시험이 두려운 학생에게 낮은 수준의 공포상황은 교실에서 시험에 대한 공지를 들을 때와 공부하기 위해 수업자료들을 모으는 때일 것이다. 중급수준의 공포상황은 시험 전날 밤에 공부할 때와 시험 당일 교실로 들어갈 때일 것이다. 상위수준의 공포상황은 시험지를 받을 때와 문제의 답을 모를 때일 것이다.

두 번째 단계에서 의뢰인은 기분 좋은 광경(예: 해변에 누워있기)을 상상하고 긴장을 푸는 신호를 보내서(예: "긴장 풀어"라고 말하기) 긴장을 낮추는 법을 배운다. 세 번째 단계에서 의뢰인은 긴장을 낮춘 상태에서 가장 낮은 수준의 공포 장면을 상상한다. 이를 몇 번 반복한 후, 의뢰인은 다음 장면을 상상한다. 치료 과정은 의뢰인이 가장 두려운 장면을 근심 걱정 없이 상상할 수 있을 때까지 서열을 따라 올라가며 진행된다. 의뢰인이 어떤 장면을 상상하면서 불안을 호소하면 두려워하지 않은 장면으로 돌아간다. 치료는 몇 차례 진행될 수 있다.

감감법은 역조건형성(counterconditioning)을 수반한다. 편안한 상황에 대한 상상(UCS)이 편안함(UCR)을 만들어 낸다. 불안하게 하는 신호들(CS)을 긴장을 풀어주는 상황과 연합시킨다. 긴장완화와 불안은 공존할 수 없다. 처음에는 약한 불안신호와 긴장완화를 연합시키고 천천히 높은 수준의 공포까지 시도하면 두려움을 유발하는 모든 신호들이 편안함(CR)을 가져오게 된다.

감감법은 치료사나 상담가의 상담실에서 시행할 수 있는 효과적인 절차다. 감감법은 의뢰인이 서열화된 불안행동들을 보여줄 것을 요구하지 않는다. 단점은 의뢰인이 장면들을 상상할 수 있어야 한다는 것이다. 사람들은 심상을 형성하는 능력에 차이가 있다. 감감법은 치료사 또는 상담가의 전문적인 기능이 요구되기 때문에 사용이 미숙한 사람은 시도해서는 안 된다.

근접조건형성

행동과 움직임

Edwin R. Guthrie(1886~1959)는 연합에 근거하여 행동주의 학습원리들을 주장하였다(Guthrie, 1940). 이 원리들은 **자극과 반응의 근접성(contiguity of stimuli and responses)**을 반영하고 있다.

> 움직임을 유발한 자극들의 연합은 재발 시 그 움직임을 유발하는 경향이 있다. (Guthrie, 1952, p.23)

움직임(movements)이란 개별적인 행동들인 반면, **행위(acts)**는 결과물을 산출하는 대규모의 움직임들이다. 피아노를 치거나 컴퓨터를 사용하는 것은 많은 움직임들을 포함하는 행위들이다. 특정 행위는 다양한 움직임들을 수반할 수 있고, 그 행위의 움직임들은 정확하게 세분화되지 않을 수도 있다. 농구에서 득점을 올리는 것(행위)은 여러 움직임이 있어야 가능하다.

근접학습(contiguity learning)은 어떤 상황의 행동이 그 상황이 다시 일어날 때 반복될 것이라는 것을 의미하며(Guthrie, 1959), 선별적으로 일어난다. 사람은 항상 많은 자극들을 접하는데, 모든 자극에 연합이 형성될 수는 없다. 몇 개의 자극들만 선별되어 그 자극들과 반응들 간에 연합이 형성된다. 근접성의 원리는 기억에도 적용된다. 언어 단서들은 학습 시의 자극 상황이나 사건들과 연합된다(Guthrie, 1952). **망각(forgetting)**은 새로운 학습을 수반하고, 오래된 자극에 다른 반응을 하는 간섭 때문에 발생한다.

Guthrie의 이론은 자극과 반응의 짝짓기를 통해 학습이 일어난다고 주장한다. Guthrie(1942)는 그 짝의 강도(strength of pairing) 또는 **연합 강도(associative strength)**에 대해서도 논의하였다.

> 자극의 패턴이 반응과 처음으로 연합될 때 연합 강도가 최고조에 달한다. (p.30)

이와 같은 학습의 **전무(All-or-None)** 원리는 Thorndike의 초기의 연습의 법칙에 포함된 빈도의 개념을 부정한다(Guthrie, 1930). Guthrie는 사람들이 복잡한 행동(예: 방정식 풀기, 작문하기)을 한 번 해보면 배울 수 있다고 주장하지는 않았지만, 처음에 하나 이상의 움직임들이 연합된다고 믿었다. 상황을 반복하면 움직임이 더해지고, 움직임은 행위로 결합되며, 행위는 다른 환경에서도 확립된다.

연습은 방정식을 풀고 글을 쓰는 행위들과 관련된 다양한 움직임들을 연결시킨다. 행위 자체는 다양해질 수 있으며(방정식과 글의 종류들) 이상적으로는 전이되어야 한다. 즉, 학생들은 다른 맥락에서도 방정식을 풀고 글을 쓸 수 있어야 한다. Guthrie는 Thorndike의 동일요소 개념을 받아들였다. 행동은 행동이 요구되는 상황과 동일한 상황(예: 교실)에서 연습되어야 한다.

Guthrie는 반응이 보상받아야 학습되는 것은 아니라고 생각하였다. 오히려, 적절한 시기의 자극과 반응 간의 긴밀한 연합이 학습에 요구된다[**근접성(contiguity)**]. Guthrie(1952)는 만족시키는 것과 불쾌하게 하는 것은 행동의 결과라는 이유로 Thorndike의 효과의 법칙에 반대하였다. 따라서 만족시키는 것과 불쾌하게 하는 것은 이전의 연합

학습에 영향을 미칠 수 없고, 후속 연합학습에만 영향을 미칠 수 있다. 보상은 새로운 반응이 자극신호와 연합되는 것을 방지하기 때문에 **학습해소(unlearning)**(망각)를 방지하는 데 도움이 될 수 있다.

근접성은 학교학습의 주요 특징이다. 플래시카드는 학생들이 수의 개념을 학습하는 데 도움이 된다. 학생들은 자극(예: 4 × 4)과 반응(16)을 연합하는 것을 배운다. 외국어 단어는 영어의 해당 단어와 연합되고, 화학기호는 해당 원소의 이름과 연합된다.

습관형성과 변화

Guthrie의 아이디어는 습관형성 및 변화와 관련이 있다. **습관(habits)**은 과거의 반응을 반복하는 학습된 성향이다(Wood & Neal, 2007). 습관은 여러 단서에 따라 확립된 행동이기 때문에 학생들이 학교에서 바르게 행동하기를 원하는 교사라면 학교규칙들을 여러 단서들과 연합시켜야 한다. "다른 사람들을 공손히 대한다."는 교실, 컴퓨터실, 복도, 학교식당, 체육관, 강당, 운동장과 연합되어야 한다. 그러한 장소들에 그러한 규칙을 각각 적용하면 타인에 대한 학생들의 정중한 태도는 습관이 된다. 만약 학생들이 교실에서만 존중을 연습해야 한다고 생각한다면 타인 존중하기는 습관이 되지 않을 것이다.

행동을 변화시키는 열쇠는 "행동을 유발하는 단서들을 찾아서 이 단서들에 대해 다른 반응을 연습시키는 것"이다(Guthrie, 1952, p.115). Guthrie는 습관을 변화시키는 3가지 방법으로 역치법, 피로법, 모순된 반응법을 제시하였다(〈표 3.2〉와 [적용 3.4] 참조).

표 3.2
Guthrie의 습관을 깨는 방법

방법	설명	예
역치법	약한 자극을 준다. 자극을 증가시키되 바람직하지 않은 행동을 유발할 한계치 이하로 유지한다.	아이들에게 학습내용을 짧은 시간 동안 소개한다. 시간을 점차 늘리되 학생들이 힘들어하거나 지루해하지 않을 정도까지 늘린다.
피로법	자극을 제시한 상태에서 바람직하지 않은 반응을 반복하게 한다.	종이비행기를 만드는 아이에게 종이를 많이 주고 한 장씩 비행기로 만들게 한다.
모순된 반응법	자극이 주어진 상태에서 바람직하지 않은 반응과 상반된 반응을 하게 한다.	미디어센터와 관련된 단서들을 말하기와 연합시키기보다 읽기와 연계시킨다.

역치법(threshold)에서는 바꾸어야 할 습관(바람직하지 않은 반응)에 대한 단서(자극)를 반응이 유발되지 않을 정도로 약하게 제공한다. 즉, 반응이 일어날 수준 바로 아래에서 제공한다. 자극의 강도가 최대치에 이를 때까지 자극의 강도를 점차적으로 늘리며 제공한다. 가장 강렬한 자극을 주면 바뀐 행동(습관)으로 반응할 것이다. 예를 들어, 어떤 아동

적용 3.4

습관 바꾸기

Guthrie의 근접성 원리는 습관 바꾸기와 관련하여 실질적인 제안을 한다. 역치법의 한 가지 적용은 어린 아동들이 학습활동에 보내는 시간과 관련된다. 많은 어린 아동들은 주의집중 시간이 짧아서 한 가지 활동에 오랫동안 집중하는 데 한계가 있다. 대부분의 학급활동은 30분~40분 이상 지속되지 않도록 계획된다. 그러나 학기 초에 많은 학생들의 집중시간은 빠르게 감소한다. Guthrie의 이론을 적용하면, 교사는 학기 초의 활동들을 15분~20분으로 제한할 것이다. 교사는 그 후 몇 주에 걸쳐서 학생들의 활동시간을 조금씩 늘릴 수 있을 것이다.

역치법은 교사가 인쇄를 가르칠 때도 적용될 수 있다. 아이들이 처음으로 글자 만드는 것을 배울 때, 아이들의 움직임은 서툴고 정확한 움직임의 조화가 부족하다. 아이들이 글자를 맞춰 넣을 수 있도록 종이의 줄 간격을 넓혀준다. 처음에 줄 간격이 더 좁은 종이를 주면, 글자가 줄을 넘어가서 학생들이 낙담할 수 있다. 학생들이 더 넓은 줄 안에 글자를 만들 수 있게 되면 줄이 좁은 종이를 사용하여 기능을 연마할 수 있다.

교사는 피로법을 사용할 때 부정적인 결과가 나타날 수 있기 때문에 주의해야 한다. Jason은 종이비행기를 만들어 교실 여기저기로 날려 보내는 것을 좋아한다. Jason의 선생님은 Jason을 교실에서 데리고 나온 후 많은 양의 종이를 주며 종이비행기를 만들라고 할 수 있다. Jason은 종이비행기를 몇 개 만들고 난 후 흥미를 잃게 될 것이고, 종이를 보면 더 이상 비행기를 만들지 않을 것이다.

몇몇 학생들은 체육수업을 위해 체육관에 들어서면 달리기를 좋아한다. 피로법을 사용하면, 체육교사는 수업 시작 후 이 학생들을 계속 뛰게 할 수 있다. 학생들은 곧 지쳐서 달리기를 그만둘 것이다.

모순된 반응법은 미디어센터에서 떠들고 잘못된 행동을 하는 학생들에게 사용할 수 있다. 책읽기와 떠들기는 동시에 할 수 없다. 미디어센터 선생님은 학생들이 센터에 있는 동안 흥미로운 책을 찾아서 읽게 할 수 있다. 학생들이 책을 재미있어 한다면 미디어센터는 시간이 지남에 따라 다른 학생들과 얘기하는 곳이라기보다 책을 골라 읽는 곳이라고 받아들여지게 될 것이다.

사회과 선생님은 종종 수업에 집중하지 못하는 학생들을 발견했다. 선생님은 강의할 때 여러 개의 슬라이드를 사용하는 것이 학생들을 지루하게 만든다는 것을 알았다. 선생님은 학생들의 참여를 유도하고 수업에 대한 흥미를 진작시키기 위해 수업에 실험, 비디오 클립, 토론과 같은 다른 요소들을 통합하기 시작했다.

들은 시금치를 맛본 후 먹기를 거부한다. 이 습관을 바꾸기 위해 부모는 시금치를 조금씩 먹게 하거나 아동이 좋아하는 음식과 섞어 줄 것이다. 시간이 지나면서 아동이 먹는 시금치의 양이 늘어날 수 있다.

피로법(fatigue method)은 행동에 몰입하게 하는 단서를 그 행동을 삼가게 하는 단서로 변형시킨다. 자극을 최고 강도로 주면 바람직하지 않은 반응을 보이다 지치게 된다. 그러면 그 자극을 접할 때 그러한 반응을 보이지 않게 된다. 계속해서 장난감을 던지는 자녀의 행동을 고치기 위해 부모는 장난감 던지기가 더 이상 재미없을 때까지 장난감을 던지게 할 수 있을 것이다.

모순된 반응법(incompatible response method)은 바람직하지 않은 행동을 유발하는 단서를 바람직하지 않은 반응과 함께 일어날 수 없는 반응과 짝짓는 것이다. 즉, 동시에 일어날 수 없는 두 반응을 짝지어 주는 것이다. 단서와 연합되는 반응은 바람직하지 않은 반응보다 흥미로워야 한다. 자극은 다른 반응을 보이게 하는 단서가 된다. TV를 보면서 군것질을 하는 것을 멈추기 위해서는 손을 바쁘게 해야 한다(예: 바느질하기, 색칠하기, 퍼즐 맞추기). 시간이 지나면 TV보기는 군것질하기가 아닌 다른 일을 하게 하는 신호가 될 것이다. 앞에서 언급한 체계적 감감법(systematic desensitization)도 모순된 반응법을 사용한다.

처벌은 습관을 바꾸는 데 비효과적이다(Guthrie, 1952). 반응 후의 처벌은 자극-반응 연합에 영향을 미치지 못한다. 어떤 행동을 할 때 처벌하면 습관을 방해하거나 억누를 수 있지만 바꾸지는 못한다. 처벌은 자극에 대해 다른 반응을 확립시키지 않는다. 부정적인 습관을 바람직한 습관(모순적인 반응)으로 대체하는 것이 부정적인 습관을 바꾸는 데 더 효과적이다.

Guthrie의 이론에는 인지과정이 포함되어 있지 않다. Guthrie의 이론은 오늘날 실행 가능한 학습이론은 아니지만, 현재의 이론들이 근접성을 강조한다는 점에서 근접성에 대한 강조는 적절하다. 인지이론들은 자극(상황, 사건)과 적절한 반응 간의 관계를 이해하는 것이 학습에 필요하다고 말한다. 습관 바꾸기에 대한 Guthrie의 견해는 더 나은 습관을 개발하기 위한 일반적인 조언을 제공한다.

조작적 조건형성

잘 알려진 행동이론들 중 하나는 B. F. Skinner(1904~1990)에 의해 체계화된 **조작적 조건형성**(operant conditioning)이다. 1930년대 초반 Skinner는 동물을 대상으로 조작적 조건형성 요소들을 규명한 실험연구에 대한 일련의 논문들을 발표하였다. 이 초기 연구들은 널리 영향을 미친 책,『유기체의 행동(The Behavior of Organisms)』에 요약·정리되어 있다(Skinner, 1938).

Skinner는 자신의 견해를 사람에게 적용하였다. 그는 일찍부터 교육에 흥미를 느껴 교수기계(teaching machines)와 프로그램학습(programmed instruction)을 개발하였다.『수업공학(Technology of Teaching)』(Skinner, 1968)이라는 책에서 그는 교수, 동기유발, 훈련, 창의성을 다루었다. 1948년 그는『월든 투(Walden Two)』를 출판하며 행동주의이론이 이상향의 사회를 창조하는 데 어떻게 적용될 수 있는지를 기술하였다. Skinner(1971)는『자유와 존엄을 넘어서(Beyond Freedom and Dignity)』라는 책에서 현대 삶의 문제점들을 다루며 문화 설계에 행동주의적 기술을 적용할 것을 주장하였다. Skinner와 다른 학자들은 학교 학습과 훈육, 아동발달, 언어습득, 사회적 행동, 정신질환, 의학문제, 물질남용, 직업훈련에 조작적 조건형성 원리들을 적용시켜 왔다(DeGrandpre, 2000; Karoly & Harris, 1986; Morris, 2003).

젊은 시절 Skinner는 작가가 되고 싶어 했다(Skinner, 1970).

나는 다락방에 작은 서재를 만들고 일을 시작했다. 그 결과는 비참했다. 나는 내 시간을 쓸데 없이 낭비해 버렸다. 나는 목적 없이 읽고, 모형배를 만들었으며, 피아노를 연주했고, 새로 발명된 라디오에 귀를 기울였고, 지역신문의 유머칼럼에 글을 썼지만, 그 외에는 거의 아무 것도 쓰지 않았고, 정신과 의사를 만나볼 생각이었다. (p.6)

Skinner는 Pavlov(1927)의『조건반사(Conditioned Reflexes)』와 Watson(1924)의『행동주의(Behaviorism)』를 읽고 심리학에 관심을 갖게 되었다. 이후 그의 활동은 학습심리학에 지대한 영향을 미쳤다.

Skinner는 "나는 중요하게 한 말이 없기 때문에 작가로서 실패했다"(Skinner, 1970, p.7)고 말했지만, 저술에 대한 열망을 60년 동안 과학논문에 쏟은 다작(多作)의 작가였다(Lattal, 1992). 그의 연구에 대한 헌신은 그가 죽기 8일 전 미국심리학회 회의에서 발표한 초청연설에 잘 드러나 있다(Holland, 1992; Skinner, 1990). 미국심리학회는 월간저널 *American Psychologist*의 특별판으로 그에게 경의를 표하였다(American Psychological Association, 1992). Skinner의 이론은 고차원의 복잡한 형태의 학습을 적절히 설명하지 못한다는 이유로 현재의 학습이론가들에 의해 도외시되지만(Bargh & Ferguson, 2000), 조작적 조건형성 원리는 학생들의 학습과 행위를 향상시키는 데 일반적으로 적용되는 만큼, 그는 계속 영향을 미치고 있다(Morris, 2003). 예를 들어, 이 장 서두의 에피소드에서 Leo는 조작적 조건형성 원리들을 적용하여 학생들의 잘못된 행동을 다루었던 반면, Emily와 Shayna는 인지요인들의 중요성을 주장하였다.

개념적 틀

이 절에서는 조작적 조건형성의 기본 전제들을 비롯하여 행동의 기능적 분석이 조작적 조건형성에 어떻게 반영되었고, 조작적 조건형성이론이 행동의 예측 및 통제와 관련하여 무엇을 시사하는지를 논의한다. 조작적 조건형성이론은 복잡한데(Dragoi & Staddon, 1999), 이 장에서는 인간의 학습과 가장 관련 있는 원리들을 다룬다.

과학적 가정. Pavlov는 행동을 신경기능의 발현으로 보았다. Skinner(1938)는 이를 부인하지는 않았지만, 신경이나 다른 내부사태를 고려하지 않아도 행동심리학을 이해할 수 있다고 믿었다.

그는 학습에 대한 인지적 관점에서 제안하는 관찰 불가능한 과정과 대상들에 대해 비슷한 반론을 제기하였다(Overskeid, 2007). **사적 사태(private events)**는 개인만이 알 수 있는 내적 반응으로, 행동형태로 표현하는 사람들의 구두보고를 통해 연구될 수 있다(Skinner, 1953). Skinner는 태도, 신념, 의견, 욕망, 다른 유형의 자기지식(self-knowledge)의 존재를 부인하지 않았지만, 이들의 역할을 제한하였다.

사람은 의식이나 감정 대신 자신의 신체를 경험하며, 내적 반응은 내적 자극에 대한 반응이다(Skinner, 1987). 내적 과정의 문제는 내적 과정을 언어로 바꾸는 것이 어렵다는 것이다. 왜냐하면 언어가 내적 경험의 차원(예: 고통)을 완전히 표현하지 못하기 때문이다. 앎(knowing)이라고 하는 것의 대부분은 언어(**언어적 행동**) 사용을 수반한다. 생각은 다른 자극(환경 자극 또는 사적 자극)에 의해 야기되어 반응(외적 반응 또는 내적 반응)을 유발하는 행동유형이다. 사적 사태들이 외적 행동으로 표현될 때, 기능적 분석에서 이들의 역할이 밝혀질 수 있다.

기능적 행동 분석. Skinner(1953)는 자신의 이론을 **기능적 분석(functional analysis)**이라고 지칭하였다.

기능이 되는 행동의 외부변인들은 원인관계 분석 또는 기능적 분석이라고 불리는 것을 제공한다. 우리는 개별 유기체의 행동을 예측하고 통제하는 임무를 맡는다. 이것이 "종속변인", 즉 우리가 발견하려는 원인의 결과다. "독립변인", 즉 행동의 원인은 기능이 되는 행동의 외부조건이다. 둘 간의 관계, 즉 행동의 "인과관계"가 과학법칙이다. 행동에서 둘 간의 관계— "원인과 결과의 관계"—를 분석하는 것이 바로 과학법칙이다. 양적인 용어로 표현되는 이러한 법칙들을 종합하면 유기체를 하나의 행동시스템으로 포괄하여 그려낼 수 있다. (p.35)

학습(learning)은 "복잡한 환경에서 반응들을 재조합하는 것"이고, **조건형성(conditioning)**은 "강화의 결과로 나타나는 행동이 강해지는 것"을 말한다(Skinner, 1953, p.65). 조건형성에는 Type S와 Type R의 두 가지 유형이 있다. **Type S**는 강화하는(무조건) 자극과 다른(조건) 자극의 연합으로 특징지어지는 Pavlov의 조건형성이다. S는 유기체로부터 반응을 이끌어 내는 데 자극이 중요함을 강조한다. 반응을 유발하는 자극에 주어지는 반응은 **응답행동(respondent behavior)**이라고 한다.

Type S 조건형성이 조건정서 반응을 설명할 수 있을지 모르지만, 대부분의 인간 행동은 자극에 의해 자동으로 야기되기보다 자극이 존재할 때 일어난다. 반응은 선행자극에 의해 통제되는 것이 아니라 후속결과에 의해 통제된다. 반응양상을 강조하기 위해 Skinner가 **Type R**이라고 지칭한 이러한 유형의 행동은 효과를 만들어 내기 위해 환경을 조작한다는 점에서 **조작적 행동(operant behavior)**이다.

> 조작이 일어난 후 강화자극을 주면 강도가 증가한다. ··· 조건화를 통해 이미 강해진 조작이 일어난 후 강화자극이 주어지지 않으면 강도는 감소한다. (Skinner, 1938, p.21)

우리는 조작적 행동을 "행함에 의한 학습(learning by doing)"이라고 생각할 수 있는데, 실제로 많은 학습이 우리가 행동할 때 일어난다(Lesgold, 2001). 조건화 전에는 일어나지 않는 응답행동과는 달리, 조작은 반응이 일어나야 강화가 제공될 수 있기 때문에 발생 가능성이 결코 0이 되지 못한다. 조작적 행동은 환경에 작용하며, 강화로 인해 더 일어나거나 덜 일어나게 된다.

기본 과정

이 절에서는 조작적 조건형성의 기본 과정인 강화, 소거, 1차 및 2차 강화물, 프리맥 원리, 처벌, 강화 주기, 일반화, 변별을 살펴본다.

강화. **강화(reinforcement)**는 반응을 강화한다. 즉, 반응정도를 증가시키거나 반응이 더 많이 일어나게 한다. 강화물[또는 **강화자극(reinforcing stimulus)**]은 반응 다음에 일어나는 자극 또는 사태로 강화를 유발하는 것이다. 강화물은 의식, 의도, 목적과 같은 정신적인 과정에 의존하지 않는 강화물의 효과에 근거하여 규정된다(Schultz, 2006). 강화물은 그 효과에 따라 정해지기 때문에 미리 정할 수 없다.

> 주어진 사태가 어떤 상황의 어떤 유기체에게 강화로 작용하는지의 여부를 판단하는 유일한 방법은 직접 검사하는 것이다. 우리는 선택된 반응을 관찰한 후 그 반응 후 일어날 사태를 만들어서 빈도에 변화가 있는지를 관찰한다. 만약 변화가 있다면, 그 사태가 그 상황의 그 유기체에게 강화로 작용한다고 분류한다. (Skinner, 1953, pp.72-73)

강화물은 상황에 따라 다르다. 강화물은 특정 시간, 특정 조건하의 개인에게 적용된다. 지금 독서시간 동안 Maria에게 강화로 작용하는 것이 지금 수학시간 동안 또는 나중에 독서시간 동안 강화로 작용하지 않을 수 있다. 이러한 특수성에도 불구하고, 행동을 강화하는 자극 또는 사태는 예측할 수 있다(Skinner, 1953). 학생들은 일반적으로 교사의 칭찬, 자유시간, 특권, 스티커, 높은 점수와 같은 사태들을 강화하는 것으로 인지한다. 그럼에도 불구하고, 어떤 결과가 강화되고 있는지의 여부는 그것이 어떤 반응 후에 제시될 때까지 그리고 우리가 행동이 바뀌는지를 알 수 있을 때까지는 명확히 알 수 없다.

조건형성의 기본적인 조작모형은 **3항 유관성(three-term contingency)**이다.

$$S^D \rightarrow R \rightarrow S^R$$

변별자극(discriminative stimulus, S^D)은 반응(R)이 나타나는 경우를 설정하고, **강화자극(reinforcing stimulus, S^R)**[또는 **강화(reinforcement)**]이 그 뒤를 따른다. 강화자극은 변별자극이 주어질 때 반응이 일어날 가능성을 증가시키는 자극(사건, 결과)이다. 보다 친숙한 용어로, *A-B-C* 모형이라고 부를 수 있다.

$$A(\text{선행사건}, antecedent) \rightarrow B(\text{행동}, behavior) \rightarrow C(\text{결과}, consequence)$$

정적 강화(positive reinforcement)는 반응이 일어난 후에 자극을 제시하거나 상황에 무엇인가를 더해서 반응이 일어날 가능성을 높이는 것을 말한다. **정적 강화물(positive reinforcer)**은 반응 후에 주어졌을 때 그 상황에서 반응이 일어날 확률을 증가시키는 자극이다. 이 장 서두의 에피소드에서 Leo는 바람직한 행동에 대한 정적 강화물로 포인트를 사용한다(〈표 3.3〉 참조).

표 3.3
강화와 처벌 과정

$S^D \rightarrow$ 변별자극	$R \rightarrow$ 반응	S^R 강화(처벌)자극
정적 강화(정적 강화물 제공)		
교사가 질문한다.	학생이 답하는 데 자원한다.	교사가 학생에게 "잘했어요"라고 말한다.
부적 강화(부적 강화물 제거)		
교사가 질문한다.	학생이 자원한다.	교사가 학생에게 숙제하지 않아도 된다고 말한다.
처벌(부적 강화물 제공)		
교사가 질문한다.	학생이 잘못된 행동을 한다.	교사가 학생에게 숙제를 준다.
처벌(정적 강화물 제거)		
교사가 질문한다.	학생이 잘못된 행동을 한다.	교사가 학생에게 자유시간을 박탈하겠다고 말한다.

부적 강화(negative reinforcement)는 반응이 일어난 후에 자극을 없애거나 상황에서 무엇인가를 제거하여 그 상황에서 그 반응이 일어날 가능성을 증가시키는 것을 말한다. **부적 강화물**(negative reinforcer)은 반응에 의해 제거되었을 때 그 상황에서 그 반응이 일어날 가능성을 증가시키는 자극이다. 부적 강화물로 작용하는 자극들로는 밝은 빛, 시끄러운 소음, 비난, 짜증나게 하는 것, 낮은 점수를 들 수 있으며, 이들을 제거하는 행동은 강화하는 경향이 있다. 정적 강화와 부적 강화는 동일한 효과가 있다. 즉, 정적 강화와 부적 강화는 자극이 있을 때 반응이 일어날 가능성을 증가시킨다.

이 과정들을 보여주기 위하여(〈표 3.3〉 참조), 교사가 학생들과 질의응답 시간을 갖고 있다고 가정해 보자. 교사가 질문을 하고(변별자극 또는 선행사건), 자원해서 정답을 말할 학생을 호명하고(반응 또는 행동), 학생에게 "잘했어요"라고 얘기한다(강화자극 또는 결과). 이 학생이 자원하는 일이 늘어나면 "잘했어요"라고 말해주는 것이 정적 강화물이고, 자원하기가 증가했기 때문에 정적 강화의 예가 된다. 이제, 학생이 정답을 맞히면 교사가 학생에게 숙제를 안 해도 된다고 말한다고 가정해 보자. 이 학생이 자원하는 일이 증가하면 숙제는 부적 강화물이고, 숙제제거가 자원하기를 증가시켰기 때문에 부적 강화의 예가 된다. [적용 3.5]는 정적 강화와 부적 강화의 다른 예를 보여준다.

흔히 사용되는 정적 강화물은 칭찬(예: "잘했어!")이다. 실제로 사람들은 칭찬받는 것을 대체로 좋아하기 때문에 칭찬은 일반적으로 정적 강화물로 작용한다. 그러나 칭찬은 학생들이 어떻게 수행했는지를 알려주는 과제 피드백과는 다르다. 칭찬과 과제 피드백이 연합되면(예: "잘했어! 네 대답이 맞았어."), 어떤 것이 후속행위에 더 강한 영향을 미치는지 알기 어렵다. 이 두 개의 연합이 위험한 것은 교정적 피드백과 연합하는 경우(예: "잘했구나. 그렇지만 이 부분에서 좀 더 노력이 필요한 것 같다.")로, 학생들이 칭찬에 더 집중하고 교정이 필요한 부분은 놓칠 수 있다(Hattie, 2012). 만약 칭찬과 교정적 피드백을 함께 준다면, 학생들이 자신이 개선해야 할 부분을 이해하고 있는지 확인하는 것이 좋다.

소거. 소거(extinction)는 강화가 제공되지 않아 반응의 강도가 줄어드는 것을 의미한다. 수업 시 손을 들지만 절대 호명되지 않는 학생은 손들기를 멈출 것이다. 같은 사람에게 여러 번 이메일을 보내지만 답장을 전혀 받지 못하는 사람은 결국 그 사람에게 이메일을 보내는 것을 중단할 것이다.

얼마나 빠르게 소거가 일어나는지는 **강화사**(reinforcement history)에 따라 달라진다 (Skinner, 1953). 선행반응이 강화되지 않았다면 소거는 빠르게 일어난다. 강화사가 긴 경우 반응은 오랫동안 유지된다. 소거는 **망각**(forgetting)과 다르다. 소거된 반응은 수행될 수 있지만 강화가 부족해서 발생하는 것은 아니다. 앞서 제시했던 사례의 경우, 학생들은 여전히 손을 올릴 줄 알고 사람들은 여전히 이메일을 보내는 방법을 알고 있다. 망각은 오

적용 3.5

정적 강화와 부적 강화

교사는 정적 강화와 부적 강화를 사용하여 학생들이 기능을 터득하고 학습에 더 많은 시간을 보내도록 동기유발할 수 있다. 예를 들어, 과학개념을 가르칠 때 Davos 선생님은 학생들에게 단원 끝부분에 있는 문제들을 풀게 할 수 있다. Davos 선생님은 또한 교실에 활동센터들을 마련하여 학생들이 수업과 관련된 실험을 직접 해 보게 할 수도 있다. 학생들이 돌아다니며 실험을 마치면 그 단원의 문제들을 성공적으로 풀 수 있을 것이다(정적 강화). 이러한 유관성은 상대적으로 가치가 적은 활동(단원문제 풀기) 참여에 대한 강화물로 보다 가치 있는 활동(실험)에 참여할 기회를 주는 프리맥 원리를 반영한다. 문제의 80% 이상을 정확하게 푼 학생들과 최소 두 개 이상의 실험에 참여한 학

생들은 숙제를 안 해도 된다. 이는 학생들이 숙제를 부적 강화물로 인지하는 정도에 따라 부적 강화로 작용할 것이다.

수업태도 개선을 위해 Penny와 상담중인 중학교 상담교사는 Penny의 선생님들이 Penny의 그날 수업태도에 대해 만족 또는 불만족으로 평가하게 할 수 있다. 만족이 한 개 있을 때마다 Penny는 1분 동안 컴퓨터를 사용할 수 있는 시간을 획득한다(Penny를 위한 정적 강화). 이렇게 얻은 컴퓨터 사용 가능 시간은 그 주 마지막 날 점심시간 이후에 사용할 수 있다. 또한, 컴퓨터 사용 가능 시간을 최소 15분 이상 얻을 경우, Penny는 부모님의 사인이 필요한 행동노트를 집에 가져가지 않아도 된다(이는 Penny가 행동노트를 부적 강화물로 인식한다고 가정한다).

랜 시간 동안 반응할 기회가 주어지지 않아 조건형성이 사라지는 것이다.

1차 강화물과 2차 강화물. 음식, 물, 주거지와 같은 자극들은 생존에 필요한 것이기 때문에 **1차 강화물**(primary reinforcers)이라고 불린다. **2차 강화물**(secondary reinforcers)은 1차 강화물과 연합되어 조건화되는 자극들이다. 아동이 가장 좋아하는 우유컵은 우유(1차 강화물)와 연합되어 2차 강화물이 된다. 하나 이상의 1차 강화물과 연합된 2차 강화물은 **일반화된 강화물**(generalized reinforcer)이다. 사람들은 돈(일반화된 강화물)을 벌기 위해 오랜 시간 동안 일하고, 여러 강화물들(예: 음식, 집, TV, 여행)을 사는 데 돈을 쓴다.

조작적 조건형성은 여러 가지 사회행동의 개발 및 유지를 일반화된 강화물로 설명한다. 아동들은 성인들의 주의를 끌도록 행동할 수 있다. 주의는 성인들의 1차 강화물(예: 음식, 물, 보호)과 연합되기 때문에 강화로 작용한다. 교육에서 볼 수 있는 중요한 일반화된 강화물들로는 교사의 칭찬, 높은 점수, 특권, 상, 학위를 들 수 있다. 이러한 강화물들은

인정(부모와 친구의 인정), 돈(대학 학위가 좋은 직장으로 이끈다)과 같은 다른 일반화된 강화물들과 자주 연합된다.

프리맥 원리. 어떤 행동결과를 적용하여 미래의 행동에 어떻게 영향을 미치는지를 본 후에 그 행동결과가 강화되었다고 말한다는 것을 떠올려 보자. 어떤 결과가 강화물로 작용할지 여부를 미리 알 수 없기 때문에, 강화물을 선택할 때 상식을 사용하거나 시행착오를 겪어야 한다는 것이 문제가 될 수도 있다.

Premack(1962, 1971)은 예측이 가능한 강화물 나열방법에 대해 설명하였다. **프리맥 원리**(Premack Principle)에 따르면, 더 가치 있는 행동에 참여할 기회가 가치가 적은 행동에 참여하는 것을 강화하는데, 여기에서 "가치"는 강화가 주어지지 않을 때 나타나는 반응의 양이나 행동에 소요된 시간의 측면에서 규정된다. 두 번째(유관한) 사태의 가치가 첫 번째(중요한) 사태의 가치보다 높게 설정되면 첫 번째 사태가 일어날 가능성이 증가할 것으로 예상된다(보상 가정). 그러나 두 번째 사태의 가치가 첫 번째 사태의 가치보다 낮을 경우, 첫 번째 사태가 일어날 가능성은 줄어들어야 한다(처벌 가정).

아동에게 예술 프로젝트 하기, 미디어센터에 가기, 책 읽기, 컴퓨터 사용하기 중 하나를 선택하게 했다고 가정해 보자. 아동은 10번 중 예술 프로젝트 하기는 한 번, 미디어센터에 가기는 세 번, 책 읽기는 전혀 하지 않고, 컴퓨터 사용하기는 여섯 번을 선택한다. 이 아동에게는 컴퓨터 사용하기가 가장 가치 있는 것이다. 프리맥 원리를 적용하면, 교사는 아동에게 "이 책을 다 읽은 후에 컴퓨터를 사용할 수 있다."고 말할 수 있다. 프리맥 원리는 특히 보상 가정과 관련하여 상당히 많은 실증적인 연구들이 이 원리의 효과성을 증명하였다(Dunham, 1977).

프리맥의 원리는 효과적인 강화물 선택에 대한 지침을 제공한다. 즉, 선택권이 주어질 때 사람들이 어떤 행동을 하는지를 관찰하고, 그 행동을 확률에 따라 서열화한다. 강화물의 가치는 변할 수 있기 때문에 그 순서는 변할 수 있다. 강화물을 자주 적용하면 **포화**(satiation)를 일으켜 반응감소를 불러올 수 있다. 프리맥의 원리를 사용하는 교사는 학생을 관찰하고 학생이 무엇을 하기를 좋아하는지를 물어보면서 주기적으로 학생의 선호도를 확인해야 한다. 어떤 상황에서 어떤 강화물이 효과적일 것인지를 미리 정하는 것은 행동변화 프로그램을 준비할 때 매우 중요하다(Timberlake & Farmer-Dougan, 1991).

처벌. 처벌(punishment)은 자극에 반응할 확률을 감소시킨다. 처벌은 〈표 3.3〉에서 볼 수 있는 바와 같이 반응이 일어난 후에 정적 강화물을 제거하거나 부적 강화물을 제거하는 것이다. 질의응답 시간에 교사가 질문할 때 한 학생이 잘못된 행동을 한다고 가정해 보자(교사가 질문하기 = 변별자극 또는 선행사건, 잘못된 행동하기 = 반응 또는 행동). 교사가 잘못된 행동을 보고 그 학생에게 숙제를 준다(강화자극 또는 결과). 학생이 잘못된 행동을 멈춘다면, 과제부과는 부적 강화로 작용하고, 과제부과가 잘못된 행동을 감소시켰기 때문에 이는 처벌의 예가 된다. 그러나 교사의 관점에서는 이것이 부적 강화의 예라는 것을 주목하자(잘못된 행위 = 변별자극 또는 선행사건, 과제부여 = 반응 또는 행동, 잘못된 행동 중단 = 강화자극 또는 결과). 교사는 부적으로 강화되었기 때문에 학생이 잘못 행동하면 과제를 부여하려고 할 것이다.

교사가 과제를 부여하는 대신 학생의 자유시간을 박탈한다고 가정해 보자. 학생이 잘못된 행동을 멈춘다면, 자유시간은 정적 강화물로 작용하고, 자유시간 손실이 잘못된 행동을 멈추었기 때문에 이는 처벌의 예가 된다. 이전과 마찬가지로 학생의 잘못된 행동 중단은 교사에게 부적 강화로 작용한다.

처벌은 반응을 **억제하지만**(suppresses) 반응을 제거하지는 않는다. 처벌의 위협이 제거되면 처벌된 반응이 다시 나타날 수 있다. 처벌의 효과는 복잡하다(Skinner, 1953). 잘못 행동한 아동의 엉덩이를 때리면 죄의식과 두려움을 유발하여 잘못된 행동을 억제할 수 있다. 아동이 훗날 잘못된 행동을 한다면 조건화된 죄의식과 두려움이 다시 나타나서 잘못된 행동을 하는 것을 막을 수 있다. 처벌은 처벌을 회피하게 하는 반응도 조건화한다. 교사가 오답을 나무라면 학생들은 곧 자원해서 대답하기를 회피한다. 처벌은 보다 생산적으로 행동하는 법을 가르치지 않기 때문에 문제행동을 조건형성할 수 있다. 처벌은 개인이 어떻게 반응해야 할지를 망설이게 하는 것과 같은 갈등을 유발해서 학습을 방해할 수 있다. 만약 교사가 오답한 학생들을 어떤 경우에는 혼내고 어떤 경우에는 혼내지 않는다면 학생들은 언제 비난을 받게 될지를 알지 못한다. 이와 같은 일관성 없는 행동이 학습을 방해하는 감정적인 부산물들(예: 두려움, 분노)을 유발할 수 있다.

일반적인 학교처벌에는 특권 상실, 교실 밖으로의 격리, 정학, 퇴학이 있다(Maag, 2001). 그러나 처벌의 대안이 있다(〈표 3.4〉 참조). 그 중 하나가 잘못된 행동에 대한 **변별자극을 바꾸는 것**(change the discriminative stimuli)이다. 예를 들어, 교실 뒤편에 앉은 학생이 잘못된 행동을 할 수 있다. 교사는 수업분위기를 해치는 학생을 앞자리로 이동시켜 변별자극을 바꿀 수 있다. 또 다른 대안은 잘못된 행동을 하는 학생이 지칠 때까지 **바람직하지 않은 행동을 계속하게 하는 것**(allow the unwanted behavior to continue)으로, 이는 Guthrie의 피로법과 유사하다. 부모는 아이가 지칠 때까지 떼를 쓰게 할 수 있다. 세 번째 대안은 바람직하지 않은 행동을 무시해서 **바람직하지 못한 행동을 소거시키는 것**(extinguish an unwanted behavior)이다. 이 방법은 소소한 잘못된 행동(예: 학생들이 귓속말하는 것)에 효과적일 수 있지만, 교실이 소란스러울 경우 교사는 다른 방식으로 대응해야 한다. 네 번째 대안은 정적 강화로 **모순된 행동을 조건형성하는 것**(condition incompatible behavior)이다. 교사가 생산적인 공부습관을 칭찬해 주면 그러한 습관을 조건형성하는 데 도움이 된다. 처벌과 비교했을 때 이 방법의 주요 장점은 학생에게 적절하게 행동하는 방법을 알려 준다는 것이다.

표 3.4
처벌의 대안

대안	예
변별자극 바꾸기	잘못된 행동을 한 학생들을 떨어져 있게 한다.
바람직하지 않은 행동 계속하게 하기	앉아 있어야 할 때 일어서 있는 학생은 계속 일어서 있게 한다.
바람직하지 않은 행동 소거시키기	작은 잘못은 무시해서 교사의 주의를 받고 강화되지 않도록 한다.
모순된 행동을 조건형성시키기	학생이 잘못된 행동을 하고 있지 않을 때 일어나는 학습 과정을 강화한다.

강화계획. **계획**(schedules)이란 강화가 언제 적용되는지를 말한다(Ferster & Skinner, 1957; Skinner, 1938; Zeiler, 1977). **연속계획**(continuous schedule)은 정확한 반응들을 모두 강화하는 것이다. 연속계획은 짧은 기간 동안 기능을 습득할 때 적절할 수 있다. **연속강화** (continuous reinforcement)는 틀린 반응이 분명히 학습되지 않도록 할 때 도움이 된다.

간헐계획(intermittent schedule)은 정확한 반응들을 일부만 강화하고 모두 강화하지는 않는 것이다. 교사가 정확하거나 바람직한 모든 반응들을 학생별로 강화하는 것이 불가능하기 때문에 **간헐강화**(intermittent reinforcement)는 교실에서 흔히 볼 수 있다. 학생들은 손을 들 때마다 호명되지 않고, 문제를 풀 때마다 칭찬받지 않으며, 바르게 행동하고 있다는 말을 항상 듣지는 않는다.

간헐계획은 반응시간이나 수에 따라 정해진다. **간격계획**(interval schedule)은 특정 시간이 경과한 후 첫 번째 올바른 반응을 강화하는 것이다. **고정간격계획**[fixed-interval(FI) schedule] 시 강화 간의 시간간격은 일정하다. FI5 계획은 5분 후에 보여 준 첫 번째 반응에 강화가 제공된다는 것을 의미한다. 매주 금요일마다 30분의 자유시간을 받는 학생들은 고정간격계획하에 움직이고 있는 것이다. **변동간격계획**[variable interval(VI) schedule] 시 시간간격은 평균시간 기준으로 상황에 따라 달라진다. VI5 계획은 평균적으로 5분 후에 나타난 첫 번째 올바른 반응이 강화되지만 시간간격이 다양하다(예: 2분, 3분, 7분, 8분)는 것을 의미한다. 매주 같은 날은 아니지만 평균적으로 일주일에 한 번 (바른 행동을 하면) 30분의 자유시간을 받는 학생들은 변동간격계획에 따라 움직이고 있는 것이다.

비율계획(ratio schedule)은 정확한 반응들의 수나 반응비율에 따라 달라진다. **고정비율계획**[fixed ratio(FR) schedule]은 올바른 반응을 n번째 할 때마다 강화한다. FR10 계획은 올바른 반응을 10번째 할 때마다 강화를 받는 것을 의미한다. **변동비율계획**[variable ratio(VR) schedule]은 올바른 반응을 n번째 할 때마다 강화하지만, 그 수치는 평균치 n을 중심으로 달라진다. 교사는 5번째 워크북 과제를 마칠 때마다 자유시간을 주거나(FR5) 평균 5개의 과제를 완성할 때마다 주기적으로 자유시간을 줄 수 있다(VR5).

그림 3.3

상이한 강화계획에 따른
반응유형

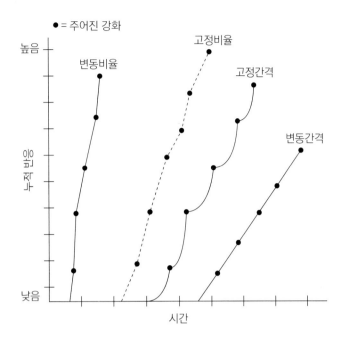

[그림 3.3]에서 볼 수 있는 바와 같이, 강화계획은 특색 있는 반응패턴을 보인다. 비율계획은 간격계획보다 높은 반응비율을 자주 보여 주지만, 빠른 반응으로 인한 피로가 제한 요인이 될 수 있다. 고정간격계획은 가리비 모양의 패턴을 만들어 낸다. 반응은 강화 이후 즉시 감소하지만 강화 간의 간격이 끝나갈 때 다시 나타난다. 변동간격계획은 꾸준한 반응비율을 보여준다. 예고하지 않은 퀴즈를 변동간격계획하에 실시하면 학생들이 정기적으로 공부하도록 하는 데 도움이 된다. 간헐계획은 연속계획보다 소거에 더 강하다. 강화가 연속적으로 제공되다 중지되었을 때보다 간헐적으로 제공되다 중지되었을 때 반응이 더 오랫동안 지속되었다. 간헐계획의 지속성은 사람들이 도박이나 낚시, 할인쇼핑과 같은 것들을 계속하는 것에서 확인할 수 있다.

일반화. 주어진 자극에 대해 어떤 반응이 주기적으로 일어나면, 그 반응은 다른 반응에 대해서도 일어날 수 있다. 전혀 강화된 적이 없는 상황에서는 반응이 일어나지 말아야 하기 때문에 조작적 조건형성이론에서 **일반화**(generalization)(Skinner, 1953)가 문제시되는 것 같다. Skinner는 일반화를 설명하면서 사람들이 여러 행동을 수행해서 최종적인(강화된) 반응을 보인다는 점에 주목하였다. 이 구성행동들은 종종 다른 수행행동에 포함되기 때문에 다른 상황에서 강화되기도 한다. 새로운 환경에 처할 때, 사람들은 구성행동들을 수행하여 정확한 반응을 보이거나 빨리 습득하려고 한다.

예를 들어, 좋은 학습습관을 가진 학생들은 일반적으로 교실에 와서 수업을 듣고 학습활동에 참여하며, 필기하고, 읽기과제를 하며, 과제물을 빼먹지 않고 한다. 이러한 구성행동들은 좋은 성과와 성적을 가져온다. 그러한 학생들이 새로운 수업을 듣기 시작할 때, 내용이 이전에 들었던 수업과 비슷할 필요는 없다. 오히려 구성행동들이 반복적으로 강화를 받아 새로운 상황에 일반화될 것이다.

그러나 일반화는 자동으로 일어나지 않는다. O'Leary와 Drabman(1971)은 일반화가 "다른 행동변화처럼 프로그램화되어야 한다"고 언급하였다(p.393). 여러 행동수정 프로그램의 한 가지 문제점은 행동을 바꾸지만, 새로운 행동이 훈련상황 밖에서 일반화되지 않는다는 것이다. O'Leary와 Drabman(1971)은 일반화를 촉진할 수 있는 방안들을 제시하였다(〈표 3.5〉와 [적용 3.6] 참조).

표 3.5
일반화를 촉진하는 방법

학부모의 참여:	행동변화 프로그램에 학부모를 참여시킨다.
높은 기대:	학생이 잘 할 수 있다는 것을 알린다.
자기평가:	학생 스스로 자신의 행동을 점검하고 평가하도록 가르친다.
유관성:	인위적인 유관성(예: 점수)을 중단하고 자연스런 유관성(특전)으로 대체한다.
참여:	강화될 행동과 강화 유관성을 규정할 때 학생들을 참여시킨다.
학습 프로그램:	행동에 문제가 있는 학생들은 학습장애를 갖고 있기 때문에 좋은 학습 프로그램을 제공한다.
혜택:	학생들에게 행동변화가 어떻게 도움이 되는지를 변화와 관심 활동들을 연합시켜서 보여준다.
강화:	서로 다른 환경에 처한 학생들을 강화해서 강화 상황과 비강화 상황 간의 차이를 감소시킨다.
일관성:	특수학급 학생들이 일반학급에 들어간 후 특수학급 학생들의 행동을 지속적으로 강화하도록 정규학급 교사들을 준비시킨다.

변별. 변별(discrimination)은 일반화를 보완하는 과정으로, 자극이나 상황의 특징에 따라 (강도나 비율에서) 다르게 반응하는 것을 말한다(Rilling, 1977). 교사는 학생이 배운 것을 다른 상황에 일반화하기를 원하지만, 학생이 변별력 있게 반응하는 것도 원한다. 서술형 수학문제를 풀 때, 교사는 학생들이 일반적인 문제해결 접근방법을 사용하여 주어진 정보와 필요한 정보를 결정하고, 그림을 그리고, 유용한 공식을 만들어 내기를 원할 수 있다. 교사는 학생들이 문제 유형(예: 영역, 시간-비율-거리, 금리)을 구별하는 법을 배우기도 원한다. 신속하게 문제 유형을 판단할 수 있는 능력은 학생들의 성공을 강화시킨다.

변별을 가르치기 위해서는 바람직한 반응이 강화되고, 바람직하지 않은 반응은 비강화(nonreinforcement)를 통해 소거되어야 한다. 교사는 비슷한 내용 간의 유사점과 차이점을 강조하고 주기적으로 점검하여 학생들이 적절히 구분하고 정확한 문제해결 방법을 사용하는지를 확인해야 한다.

실수는 문제를 일으킬 수 있고 옳지 않은 반응을 학습하게 할 수 있기 때문에 학생들

적용 3.6

일반화

일반화는 기능을 여러 과목에 걸쳐 향상시킬 수 있다. 교재에서 주요 개념을 찾는 것은 국어, 사회, 수학(문장 문제) 및 다른 교과들과 관련이 있다. 국어 선생님은 학생들에게 주요 개념을 찾는 전략들을 가르쳐 줄 수 있다. 일단 학생들이 이 전략을 터득하면, 교사는 다른 교과목에 이 전략을 수정, 사용하는 방법을 설명하고 학생들에게 이 전략 사용에 대해 생각해 보게 할 수 있다. 한 영역에서 그 전략을 잘 가르치고 다른 영역에서 사용하는 것을 촉진하면, 교사는 영역별로 그 전략을 가르치지 않아도 되기 때문에 많은 시간과 노력을 아낄 수 있다.

기대되는 행동을 가르치는 것(예: 복도에서 걷기, 손을 든 후 말하기)도 일반화될 수 있다. 예를 들어, 모든 중학교 1학년 선생님들이 학생들에게 동일한 학업수첩을 사용하게 하기로 결정한다면, 한 수업에서 설명하면서 다른 과목 수업에서도 동일한 수첩을 사용하라고 요구할 수 있다.

의 실수는 최소화되어야 한다. 그러나 모든 실수를 제거하는 것은 바람직하지 않을 수도 있다. 동기에 관한 연구들은 실수를 다루는 방법을 배운 학생들이 실수 없이 배운 학생들보다 어려운 과제에 적응해 가며 더 오랫동안 노력을 기울인다는 것을 보여준다(Dweck, 1975)(제8장 참조).

행동변화

강화는 사람들이 무엇을 해야 하는지 알고 정확한 반응을 보일 때 주어질 수 있다. 그러나 조작적 반응들은 종종 변경할 수 없는 정제된 형태로 존재하지 않는다. 만약 학습자가 적절한 반응을 보일 때까지 교사가 기다렸다가 강화를 준다면, 많은 학습자들이 바람직한 반응을 습득하지 못한 까닭에 교사의 강화를 결코 받지 못할 것이다. 우리는 이제 조작적 조건형성에서 행동변화가 어떻게 일어나는지를 논의하며 학습에 대한 중요한 시사점을 살펴본다.

연속적 접근(조형). 행동을 변화시키는 기본적인 조작적 조건형성 방법은 **조형(shaping)**, 또는 바람직한 형태 또는 비율의 행동에 대한 **연속적 접근(successive approximation)**의 차별화된 강화다(Morse & Kelleher, 1977). 행동을 조형하기 위해서는 다음 순서를 따른다.

- 학습자가 지금 무엇을 할 수 있는지(출발점 행동) 확인한다.
- 바람직한 행동을 확인한다.
- 학습자 환경에서 강화물이 될 수 있는 것들을 확인한다.
- 바람직한 행동을 순서대로 터득되어야 하는 작은 세부단계들로 나눈다.
- 바람직한 행동에 근접할 때마다 강화하기를 계속해서 학생이 초기 행동에서 바람직한 행동으로 옮겨 가도록 한다.

조형은 교정적 피드백을 동반하는 행함에 의한 학습이다. 조형의 일반적인 사례는 학생이 농구코트의 한 지점에서 농구공을 던지려고 할 때 확인할 수 있다. 첫 번째 시도는 골대에 못 미치고 떨어진다. 학생은 두 번째 시도에서 공을 더 힘차게 던지지만 공은 백보드에 맞는다. 세 번째 시도에서 학생은 공을 그다지 힘차게 던지지는 않지만 공이 골대의 가장자리에 맞고 튀어 나온다. 네 번째 시도에서 학생은 세 번째로 공을 던질 때처럼 힘껏 공을 던지되 왼쪽을 향하게 한다. 공은 왼쪽 테두리에 맞고 튀어 나온다. 마침내 학생은 정확한 힘으로 약간 오른쪽을 겨냥해서 공을 던지고 공은 골대 안으로 들어간다. 슛 동작은 점차 정확한 형태로 연마된다.

조형은 단지 몇 분만 지나도 쉽게 산만해지는 학생에게 체계적으로 적용될 수 있다. 목표는 그 학생이 30분 동안 집중할 수 있도록 행동을 조형하는 것이다. 처음에는 학생이 2분 동안 집중할 때 교사가 강화물을 준다. 이를 몇 번 실시한 후 강화기준을 3분으로 높인다. 3분 동안 집중해서 공부하기를 몇 번 했다면, 강화기준을 4분으로 높인다. 학생이 기준만큼 꾸준히 집중하면 목표로 삼은 30분에 이를 때까지 이 과정을 계속 실행한다. 어느 시점이든 학생이 어려움을 겪으면 학생이 잘 할 수 있는 수준으로 강화기준을 낮춘다.

연쇄. 대부분의 인간 행동은 복잡하며, 연속적으로 연결된 3항 유관성(three-term contingencies, A-B-C)을 몇 개 포함한다. 예를 들어, 농구공을 던지기 위해서는 드리블하기, 돌아서기, 위치잡기, 점프하기, 공 놓기가 필요하다. 각 반응은 환경을 변화시키고, 이 변화된 조건은 다음 반응을 만들어 내는 자극으로 작용한다. **연쇄(chaining)**는 앞으로 일어날 반응을 만들어 내는 자극으로 작용하는 변수들을 만들어 내거나 일부를 변화시키는 과정이다(Skinner, 1953). 하나의 연쇄는 일련의 조작들(operants)로 구성되고, 각각의 조작은 반응이 더 일어날 계기를 마련한다.

어떤 학생이 수학방정식(예: $2x - 10 = 4$)을 풀고 있다고 생각해 보자. '-10'은 S^D로 작용하고, 학생은 이에 대해 적절한 반응(R, 방정식의 양측에 10 더하기)을 보인다. 그 결과($2x = 14$)는 S^R인 동시에 다음 반응(방정식의 양측을 2로 나눈다)을 위한 S^D가 되어 등식($x = 7$)을 풀게 된다. 이 자극은 S^D로 작용하여 다음 방정식으로 옮겨가게 된다. 각 등식 내의 조작들은 하나의 연쇄를 구성하고, 전체 문제는 하나의 연쇄를 구성한다.

연쇄는 Guthrie의 행위와 비슷하며, 각각의 3항 유관성(three-term contingencies)은 움직임과 비슷하다. 다수의 연쇄들은 통합된 연속사건들로, 연쇄의 성공적인 실행은 하나의 기능으로 나타난다. 기능이 잘 연마되면 연쇄의 실행은 자동으로 일어난다. 자전거 타기는 몇 개의 개별 행동들로 구성되어 있지만, 숙련된 사람은 의식적으로 노력하지 않아도 이 행동들을 실행할 수 있다. 이와 같은 자동성은 인지기능(예: 독서, 수학문제 풀기)에서도 쉽게 확인할 수 있다.

행동수정

행동수정(behavior modification)[또는 **행동요법**(behavior therapy)]은 행동원리들을 체계적으로 적용하여 적응행동을 촉진하는 것을 말한다(Ullmann & Krasner, 1965). 행동수정은 학교, 상담소, 형무소, 정신병원 등 다양한 곳에서 성인과 아동들을 대상으로 사용되어 왔다. 행동수정은 공포증, 언어장애, 문제 행동, 반사회적인 성향, 부실한 자녀양육, 자기통제력 부족을 다루는 데 사용되어 왔다(Ayllon & Azrin, 1968; Becker, 1971; Keller & Ribes-Inesta, 1974; Ulrich, Stachnik, & Mabry, 1966). Lovaas(1977)는 행동수정을 이용하여 자폐증이 있는 아동들에게 언어를 가르쳤다. [적용 3.7]은 수업에서 활용한 사례다.

기법. 행동수정의 기본적인 기법에는 바람직한 행동의 강화와 바람직하지 않은 행동의 소거가 포함된다. 처벌은 거의 사용되지 않지만, 사용될 경우 부적 강화 제시보다 정적 강화 제거가 더 자주 사용된다.

행동수정 프로그램을 결정할 때 행동수정가는 일반적으로 다음의 세 가지 문제에 초점을 맞춘다(Ullmann & Krasner, 1965).

- 개인의 어떤 행동이 부적응 행동이고, 어떤 행동이 증가(감소)해야 하는가?
- 현재 어떤 환경적 유관성(environmental contingencies)이 개인행동을 뒷받침하고 있는가(바람직하지 않은 행동을 유지시키거나 보다 적응적인 반응을 보일 가능성을 감소시키는가)?
- 어떤 환경 특성들이 개인의 행동변화를 위해 바뀔 수 있는가?

변화는 행동수정가와 의뢰인이 변화의 필요성에 동의하고 희망하는 목표를 함께 결정할 때 일어날 가능성이 높다. 프로그램 계획의 첫 번째 단계는 행동의 관점에서 문제점을 정의하는 것이다. 예를 들어, "Keith는 너무 자주 자리를 비운다."라는 말은 측정 가능한 명시적인 행동을 말한다. 즉, Keith가 자리에 없는 시간을 기록할 수 있다. 관찰 불가능한

적용 3.7

행동수정

산만한 학생들은 긍정적으로 강화하기에 적절한 행동을 거의 보이지 않기 때문에 행동을 수정하기가 어렵다. Tiebout 선생님은 학급 전체가 이동하기 위해 줄을 맞춰 설 때 다른 학생들을 밀쳐내는 Erik 때문에 골치를 썩어 왔다. 학급 전체가 짧은 거리를 이동할 경우, Tiebout 선생님은 Erik에게 밀지 않고 줄을 맞추어 서 있으면 교실로 돌아올 때 선두에서 학급을 인도하게 해주지만 밀쳐내면 행렬에서 즉시 제외시키겠다고 말할 수 있을 것이다. 이러한 과정은 Erik이 짧은 거리를 다녀올 수 있을 때까지 반복될 수 있다. 그런 다음 Tiebout 선생님은 Erik이 어떤 거리든 줄을 맞춰 행동할 수 있을 때까지 조금씩 거리를 늘려가며 Erik이 학급 학생들과 걷게 할 수 있다.

Tiebout 선생님의 또 다른 학생인 Sarah는 과제를 자주 지저분하게 해서 제출한다. Tiebout 선생님은 (다양한 특권을 위해 교환 가능한) 특별 스티커와 같은 일반 강화물을 사용하여 과제물이 대체로 지저분하고 찢어져 거의 읽을 수 없는 Sarah를 돕는다. 선생님은 Sarah에게 깨끗한 종이를 제출하면 스티커 한 개를 받고, 종이가 찢어지지 않았으면 스티커를 한 개 더 받고, 깨끗하게 글을 쓰면 스티커를 한 개 더 받을 수 있다고 말해준다. Sarah가 개선되는 모습을 보여주기 시작하면 Tiebout 선생님은 그 보상들을 개선이 필요한 다른 영역(과제 맞게 하기, 정시에 과제 끝내기)으로 옮길 수 있다.

것들을 언급하는 일반적인 표현들("Keith는 태도가 나쁘다.")로는 객관적으로 문제를 정의할 수 없다.

다음 단계는 바람직하지 않은 행동을 유지시키는 강화물을 찾는 것이다. Keith는 자리에 없을 때만 교사의 눈에 띄고 자리에 있을 때는 교사의 눈에 띄지 않을 수도 있다. 간단한 계획은 Keith가 자리에 앉아서 학업에 열중하고 있을 때 교사가 Keith에게 관심을 기울이고, Keith가 자리에 없을 때는 Keith에게 관심을 주지 않는 것이다. Keith가 자리에 없는 시간이 줄어들면, 교사의 관심은 정적 강화물이 된다.

행동수정 프로그램에서는 학생들이 가시적인 보상, 자유시간, 특권과 같은 **대체 강화물**(backup reinforcer)과 교환할 수 있는 일반 강화물(예: 포인트)을 사용할 수 있다. 대체 강화물을 하나 이상 갖추면 적어도 한 개는 각 학생에게 항상 효과적일 것이다. 강화 획득을 위한 행동기준은 반드시 확립되어야 한다. 앞에서 논의한 다섯 단계의 조형과정이 사용될 수 있다. 처음에는 행동기준을 출발점 수준에서 정하고 바람직한 행동방향으로 조금씩 높인다. 포인트는 기준을 충족시킬 때마다 학생에게 준다. Keith의 바람직하지 않은 행동을 소거시키고자 한다면, 교사는 Keith가 자리에서 일어날 때 너무 많은 주의를 기울이는 대신 기준을 충족시키지 못했기 때문에 포인트를 받지 못한다는 것을 Keith에게 개인적으로 알려 주어야 한다.

처벌은 자주 사용되지 않지만, 행동이 묵인될 수 없을 정도로 너무 과격해지면(예: 싸움) 필요할 수 있다. 일반적으로 사용하는 처벌은 (강화로부터) **타임아웃**(time-out)하는 것이다. 타임아웃 동안 학생은 학급활동에서 제외된다. 학생은 타임아웃 동안 동료들과의 상호작용 또는 강화를 얻을 기회 없이 공부한다. 또 다른 처벌은 바람직하지 않은 행동의 대가로 정적 강화물(예: 자유시간, 휴식, 특권)을 빼앗는 것이다.

비평가들은 행동수정이 조용하고 다루기 쉬운 행동만을 조형한다고 주장한다(Winett & Winkler, 1972). 너무 소란스러우면 학습에 방해가 될 수 있지만, 교실이 항상 조용한 상태로 유지될 필요는 없다. 상호작용으로 인한 소음은 학습을 촉진할 수 있다. 행동수정 사용은 근본적으로 좋지도 나쁘지도 않다. 행동수정은 교실을 너무 조용하게 할 수도 있고, 사회적인 상호작용을 촉진할 수도 있다(Strain, Kerr, & Ragland, 1981). 기능 그 자체와 마찬가지로, 행동수정의 목표도 행동수정 절차를 시행하는 사람들이 주의 깊게 생각해 볼 필요가 있다.

인지적 행동수정. 학자들은 행동수정 과정에 인지요인들을 통합해 왔다. **인지적 행동수정**(cognitive behavior modification)에서 (말로 표현된) 학습자들의 생각은 변별자극 및 강화자극으로 작용한다. 따라서 학습자는 무엇을 해야 하는지를 말로(verbally) 표현해서 적절한 행동을 할 수도 있다. 인지적 행동수정 기법은 장애학생들에게 자주 사용되며(Hallahan, Kneedler, & Lloyd, 1983), 과잉활동과 공격성향을 감소시키는 데 사용된다(Robinson, Smith, Miller, & Brownell, 1999). Meichenbaum(1977)의 **자기교수훈련**(self-instructional training)은 인지적 행동수정의 한 사례다(제4장 참조).

오늘날의 견해

환경에 적절한 자극들을 설정하면 반응이 일어날 것이라고 보는 행동주의이론은 관찰 가능한 사태들을 강조하기 때문에 기계적으로 보인다. 사람들이 내적 사태(예: 생각, 감정)를 경험하지만, 내적 사태는 행동을 설명하는 데 불필요하다.

인지주의 학자들은 이러한 가정을 끊임없이 반박해 왔지만, 행동주의이론을 완전히 거부하면서 인지주의이론을 옹호하지는 않는다. 이 장에서 언급했듯이, 행동주의 원리들은 조건형성이론에 전적으로 동의하지 않아도 적용될 수 있다. 예를 들어, 학습에 도움이 되는 환경을 구축하고 학생들을 강화하여 학습이 일어나게 하는 것은 이론적인 견해와 상관없이 바람직하다.

조건형성 원리들이 완전히 기계적인 방식으로 작동하는 것은 아니라는 증거가 늘어나고 있다. 고전적 조건형성이 발생하기 위해서는 사람들이 CS 후에 UCS가 일어날 가능성을 기대(인지적으로 믿음)해야 한다는 것을 보여주는 Rescorla(1987)의 연구를 떠올려 보자. UCS를 잘 예측하는 CS가 조건형성을 할 가능성이 가장 높다.

최근 연구들은 자발적 행동의 본질도 조사해 왔다. Skinner(1953)는 조작적 행동이 변별자극이 제시될 때 나타나는 자발적 행동이라고 주장하였다. 강화가 뒤따를 때, 그러한 조작(operants)이 일어날 가능성은 향후 변별자극이 제시될 때 증가한다.

자발적 행동이라는 개념은 학습자의 선택과 통제를 어느 정도 의미하기 때문에 조작적 조건형성과 다소 모순된 것으로 보인다. 또 다른 쟁점은 개인에게 가능한 모든 조작들이 강화되지는 않았기 때문에 조작들 간의 다양성이 존재할 수 있다는 것이다. 예를 들어, 선생님의 관심(정적 강화물)을 받고 싶은 학생은 잘하기, 잘못된 행동하기, 아프기, 바닥에 넘어지기 등과 같은 행동을 보일 수 있는데, 이 모든 행동들이 과거에 강화되지는 않았을 것이다.

이러한 우려에 대해 Neuringer와 Jensen(2010)은 자발적 행동들(조작들)이 의도적이고 목표지향적이라고 주장한다. Skinner의 주장과 같이, 이들은 강화물과 변별자극이 조작의 형태와 비율에 영향을 미친다고 예측하지만, 강화물과 변별자극이 조작의 다양성에 영향을 미쳐서 조작은 패턴이 있고 반복적인 (그래서 예측 가능한) 것부터 우발적인 (그래서 예측 불가능한) 것까지 다양할 수 있다고도 주장한다. 연구로 입증된 이러한 예측들은 반응의 다양성이 강화되면 사람들이 지금은 한 가지 방식으로 행동하고 나중에는 다르게 행동할 수 있음을 의미한다. Neuringer와 Jensen의 분석은 조작적 조건형성에 자유의지를 부과함으로써 조작적 조건형성에 인지주의적인 측면을 추가한다.

자발적 행동에 대한 행동주의이론의 이러한 해석은 행동의 다양성이 강화되어 발생 가능성이 높아질 수 있음을 나타낸다는 점에서 교육에 시사점을 제공한다. 예를 들어, 문제해결, 창의적 사고, 브레인스토밍과 같이 학생 반응의 다양성이 요구되는 교수·학습상황이 많이 있다. 교사가 다양성을 보여주는 학생들을 강화하면 이러한 유형의 사고를 격려할 수 있다.

교수적 적용

Skinner(1954, 1961, 1968, 1984)는 자신의 이론을 교육에 적용할 수 있는 방법에 대해 폭넓게 저술하였다. Skinner는 혐오성 통제가 너무 많이 사용된다고 생각하였다. 학생들이 체벌을 받는 경우는 거의 없지만, 배우고 싶거나 즐거워서가 아니라 처벌(예: 선생님의 꾸중, 특권 박탈, 교장실 다녀오기)을 피하고 싶어서 숙제를 하는 경우가 자주 있다.

두 번째 염려는 강화가 드물게 제공되고 적절한 시기에 제공되지 않는 경우가 자주 있다는 것이다. 교사가 학생에게 관심을 기울이는 시간은 매일 몇 분에 지나지 않는다. 학생들이 공부할 때, 과제를 마친 후 교사의 피드백을 받기 전까지 몇 분이 경과할 수 있다. 그래서 학생들이 잘못 배울 수 있기 때문에, 교사는 추가로 시간을 들여 정확한 피드백을 제공해야 한다.

세 번째 요점은 교과과정의 범위와 순서가 모든 학생들의 기능습득을 보장하지는 않는다는 것이다. 학생들은 배우는 속도가 다르다. 모든 내용을 가르치기 위해, 교사는 모든 학생들이 이전 내용을 터득하기 전에 다음 단원으로 넘어갈 수 있다.

Skinner는 이러한 문제들과 다른 문제들이 교사 급여인상, 수업일수 및 학년연장, 기준강화, 또는 교사자격요건 강화 등으로 해결될 수 없다고 주장하였다. 그러한 것들보다 교수시간(instructional time)을 더 잘 활용할 것을 권장하였다. 학생들이 동일한 속도로 교과과정을 마칠 것을 기대하는 것은 비현실적이기 때문에, 교수를 개별화하는 것이 효율성을 향상시킬 것이다.

Skinner는 가르칠 때 강화상황들을 적절히 마련하는 것이 필요하다고 여겼다. 교수활동은 (1) 교사가 수업자료를 작은 단계들로 나누어 제시할 때, (2) 학습자가 수동적으로 듣기보다 적극적으로 반응할 때, (3) 교사가 학습자의 반응에 대해 즉각적으로 피드백을 제공할 때, (4) 학습자가 자신만의 속도로 진도를 나갈 때 더욱 효과적이다.

교수활동의 기본과정은 조형을 포함한다. 교수활동의 목적(바람직한 행동)과 학생들의 출발점 행동을 파악한다. 출발점 행동부터 바람직한 행동에 이르는 하위과정들(행동들)을 만든다. 각 하위단계는 선행하는 하위단계를 조금씩 수정한 것을 의미한다. 시범, 소집단활동, 개별활동 등 다양한 접근방법들을 사용하여 학생들이 그 단계들을 순서대로 지나가게 한다. 학생들은 학습자료에 능동적으로 반응하고 즉각적인 피드백을 받는다.

이와 같은 교수방법에서는 학습자의 현재 지식과 기대되는 학습목표를 학습자가 무엇을 한다는 식으로 규정한다. 바람직한 행동은 행동목표로 자주 규정된다(곧 논의함). 교수활동을 학습자의 현재 수준에 맞추어 시작해서 자신만의 속도로 진도를 나가게 함으로써 개인차를 반영한다. 우리의 교육시스템에서 많이 사용되고 있는 교수방법들을 고려하면 이러한 목표들은 비현실적으로 보인다. 교사는 학습자의 개인차를 고려해서 여러 수준에서 수업을 시작해서 다른 속도로 진도를 나가야 하기 때문이다. 프로그램학습은 이러한 문제를 해결할 수 있다. 프로그램학습 시 학습자는 자신의 수준에 맞추어 시작하고 자기만의 속도로 진도를 나간다.

이 절에서는 행동주의 원리들이 교수활동에 어떻게 적용되는지를 설명한다. 모든 적

용 사항들이 이 장에서 다룬 Skinner나 다른 이론에서 유래한 것은 아니지만 행동주의이
론의 주요 개념들을 반영한다.

행동목표

행동목표(behavioral objectives)는 의도된 학생의 교수성과에 관한 명료한 진술문이다.
목표는 일반적인 것부터 구체적인 것까지 다양할 수 있다. "학생들의 인식을 개선한다"와
같은 일반적이거나 모호한 목표는 다른 유형의 학생행동으로 충족될 수 있다. 역으로, 너
무 구체적이어서 매 분마다 학생의 행동을 기록하도록 요구하는 목표는 기록에 시간이 많
이 소모되어 교사가 가장 중요한 학습성과를 간과하게 될 수 있다. 최적의 목표는 이러한
양극단 사이에 위치한다([적용 3.8] 참조).

행동목표는 학생들이 학업성과를 보여주기 위해 무엇을 하고, 교사는 학생들이 무엇
을 하고 있으며 어떻게 알 수 있는지를 기술한다(Mager, 1962). 우수한 행동목표는 네 가
지로 구성된다.

1. 구체적인 학생집단
2. 교수활동의 결과로 학생들이 수행할 실제 행동
3. 학생들이 행동을 수행할 상황 또는 맥락

적용 3.8
행동목표

교사가 수업계획을 준비할 때, 구체적인 행
동목표를 설정하고 학생들이 이 목표를 달
성하도록 돕는 활동들을 계획하는 것이 중
요하다. 미술교사는 "학생들이 건물 앞면
을 펜으로 그리게 한다."는 학습목표를 갖
고 수업을 계획하기보다 학생들이 터득해
야 하는 주요 목표를 정해야 한다. 펜을 사
용하는 것이 주요 목표인가? 아니면 학교
건물의 앞면을 그리는 것이 주요 목표인가?
목표는 다음과 같이 진술하는 것이 더 좋을

것이다: "학생들은 원근법에 따라 건물 앞
면의 윤곽선을 그릴 수 있다(재료/매개체:
그림 그리는 종이, 펜)".

유치원 교사가 "미술, 음악, 체육교실로
질서정연하게 이동하는 학생들을 원한다"
고 적는다. 그 나이의 아이에게는 목표를
보다 구체적인 용어로 표현해 주는 것이 더
좋을 것이다. 예를 들어, "학생들은 다른 교
실로 이동을 할 때 손을 가지런히 한 채 떠
들지 않고 줄을 맞추어 걸어갈 수 있다."

4. 목표달성 여부를 결정하기 위해 학생행동을 평가하는 기준

네 가지 요소를 갖춘 목표의 예는 다음과 같다.

분모가 서로 다른 분수의 덧셈문제 8개가 주어지면(3), 4학년 학생은(1) 적어도 7개 이상(4) 정답을 적을 수 있다(2).

행동목표는 중요한 학습성과를 명시해야 하며, 이는 수업계획 및 학습평가에 도움이 된다. 목표설정은 교사가 학생들이 터득해야 할 내용을 결정하는 데에도 도움이 된다. 단원목표들과 일정한 수업시간이 주어지면, 교사는 어떤 목표들이 중요한지 결정하고 그 목표들에 집중할 수 있다. 보다 하위수준의 학습성과들(지식, 이해)을 명시하는 것이 일반적으로 더 수월하지만, 우수한 행동목표들은 보다 상위수준의 학습성과(응용, 분석, 통합, 평가)도 평가할 수 있도록 기술될 수 있다.

연구에 의하면, 행동목표가 제공된 학생들이 그렇지 않은 학생들보다 언어정보를 더 잘 회상하는 것으로 나타났다(Faw & Waller, 1976; Hamilton, 1985). 목표는 학생들이 적합한 수준에서 정보를 처리하도록 단서를 제공할 수 있다. 학생들에게 회상이 요구되는 목표가 주어지면, 학생들은 기억을 돕는 연습이나 다른 전략들을 사용한다. 또한, 학생들에게 목표를 제공하면 목표와 관련이 없는 내용은 학습되지 않는 것으로 나타났는데(Duchastel & Brown, 1974), 이는 학생들이 목표와 관련된 학습내용에 집중하고 그 외의 내용은 무시할 수 있음을 시사한다.

목표가 학습에 미치는 영향은 학생들의 목표관련 사전경험과 학생들이 정보를 중요하게 인식하는 정도에 따라 달라진다. 목표를 사용하는 것이 훈련되어 있거나 준거기반 수업에 익숙하면 그렇지 않은 경우보다 더 나은 학습성과를 획득한다. 학생들이 어떤 내용이 중요한지를 스스로 결정할 수 있을 때 목표를 제공하는 것은 학습에 도움이 되지 않는다. 학생들이 어떤 내용이 중요한지 모를 때 학생들에게 목표를 알려주는 것이 더 중요한 것으로 보인다. 또한 Muth, Glynn, Britton, Graves(1988)는 목표가 학습에 미치는 영향을 교재의 구조가 매개할 수 있음을 발견하였다. 눈에 띄는 위치에 있는 정보(예: 본문의 앞부분에 위치한 정보 또는 강조된 정보)는 목표가 제공되지 않을 때에도 잘 회상된다.

학습시간

조작적 조건형성이론은 환경변인들이 학습에 영향을 미친다고 예측한다. 그러한 변수들 중 하나가 학습시간이다.

Carroll(1963, 1965, 1989)은 학습에 소요된 시간을 강조한 학교학습모형을 만들었다.

학생들은 학습에 시간을 보낸 만큼 잘 배운다. **시간**(time)은 학업에 열중한 시간, 또는 주의집중해서 배우려고 한 시간을 의미한다. 시간은 환경적인(관찰 가능한) 요인이긴 하지만, 물리적인 시간이라는 단순한 행동지표 이상을 의미하기 때문에 시간의 정의는 인지적인 측면을 포함한다. 이러한 관점에서 Carroll은 학습에 필요한 시간의 양과 실제로 학습에 소요되는 시간의 양에 영향을 미치는 요인들을 가정하였다.

학습에 필요한 시간. 학생들의 학습에 필요한 시간에 영향을 미치는 것들 중 하나는 **학습과제적성**(aptitude for learning the task)이다. 학습적성은 이전의 과제관련 학습량과 개인특성(예: 능력, 태도)에 따라 달라진다. 두 번째 영향요인은 **교수이해능력**(ability to understand instruction)이다. 이 변수는 교수방법과 관련이 있다. 예를 들어, 어떤 학습자들은 말로 하는 설명을 잘 이해하는 반면, 다른 학습자들은 시각적인 설명을 더 잘 이해한다.

세 번째 영향 요인은 **교수의 질**(instructional quality), 또는 학습과제를 어떻게 잘 조직하여 학습자에게 전달하는가다. 학습자에게 무엇을 어떻게 배울 것인지를 말해주는 것, 학습할 내용을 충분히 접하게 하는 정도, 학습과제에 앞서 습득되는 사전지식의 양 등이 교수의 질에 포함된다. 교수의 질이 낮을수록, 학습자들은 학습에 더 많은 시간을 필요로 한다.

학습에 소요된 시간. 학생이 학습에 얼마나 많은 시간을 보내는지는 **학습에 할당된 시간**(time allowed for learning)에 따라 달라진다. 학교 교과과정이 너무 많은 내용을 포함하고 있어서 어떤 학생들의 경우 특정 유형의 학습에 허용된 시간이 필요한 양보다 적다. 교사가 한 번에 전체 학급학생들을 상대로 학습내용을 다룰 때, 어떤 학습자는 이해에 어려움을 겪어 추가적인 수업이 필요할 수도 있다. 학생들을 능력수준에 따라 나누면, 학습내용의 난이도에 따라 내용학습에 소요되는 시간의 양이 달라진다.

두 번째 영향요인은 **학습자가 학습에 소비하고자 하는 시간**(time the learner is willing to spend learning)이다. 학습자에게 충분한 학습시간이 주어져도 학습자가 그 시간을 생산적으로 보내지 않을 수 있다. 학생들은 흥미가 없거나 과제가 어렵다고 느끼거나 다른 이유들로 인해 학습에 필요한 시간 동안 과제를 지속할 동기를 갖지 못할 수 있다. Carroll은 이러한 요소들을 통합하여 학생이 주어진 과제를 학습하는 정도를 산출하는 공식을 만들었다.

학습정도 = 학습에 소요된 시간 / 학습에 필요한 시간

학생들이 학습에 필요한 만큼 시간을 보내는 것이 이상적이지만(학습정도 = 1.0), 학생들은 필요한 것보다 더 많이 시간을 보내거나(학습정도 〉 1.0) 더 적게 쓰는 것(학습정도 〈 1.0)이 일반적이다.

Carroll의 모형은 학습에 필요한 학업몰두시간의 중요성과 학습에 소요된 시간 및 학습에 필요한 시간에 영향을 미치는 요인들을 강조한다. 이 모형은 효과적인 심리학원리들을 통합하고 있지만, 교수 또는 동기요인들처럼 일반적인 수준에 그치고 있다. 이 모형은 인지적인 몰입을 깊이 있게 다루지 않는다. 완전학습 연구자들은 시간요인을 체계적으로 연구하여 보다 구체적인 연구결과들을 제시해 왔다(다음 절에서 논의함).

많은 교육자들이 학습시간이 잘못 사용되고 있다고 비판해 왔다(Zepeda & Mayers, 2006). 학생들의 학업성취를 최대화하는 방법과 관련하여 오늘날 논의의 핵심은 시간이다. 예를 들어, 2001년 「아동낙오방지법(No Child Left Behind Act)」은 미국 연방정부의 초·중등교육에 대한 역할을 매우 확대하였다(Shaul & Ganson, 2005). 이 법은 교수활동에 얼마나 많은 시간이 할애되어야 하는지를 명시하고 있지는 않지만, 학생들의 학업성취 및 책무성 기준에 대한 요구가 시간활용 향상에 대한 비평가들의 요구와 맞물려 학교들이 학생들의 학습향상을 위해 시간사용을 재검토하게 만들었다.

그 결과, 많은 중등학교들이 전통적인 6시간 시간표를 **블록시간표(block scheduling)**로 바꾸었다. 여러 유형이 있지만, 많이 사용되는 A/B 블록의 경우, 학급은 격일제로 더 오랜 시간 동안 만난다. 블록시간표로 바뀌면서 교사와 학생들은 학습내용을 보다 깊이 있게 다룰 수 있게 되었는데, 전통적인 시간표의 짧은 수업시간(예: 50분) 동안에는 불가능한 것이었다.

블록시간표가 상대적으로 아직 오래되지 않았다는 점을 고려하면, 블록시간표의 효과성을 평가하는 연구가 많지 않은 실정이다. Zepeda과 Mayers(2006)는 분석을 통해 블록시간표가 학교분위기와 학생들의 평균점수를 향상시킬 수 있음을 발견했지만, 학생들의 출석률 및 표준화된 평가점수에서는 일관되지 않은 결과를 발견했다. 블록시간표가 보다 일반화되면 연구가 늘어나서 모순된 결과들을 분명히 밝혀줄 것으로 기대된다.

학습시간을 증가시키는 또 다른 방법은 방과 후 프로그램 및 여름학교와 같은 정규교육과정 외 프로그램을 통해서다. 블록시간표에 관한 연구와 비교했을 때, 정규교육과정 외 프로그램의 효과에 관한 연구는 훨씬 일관된 결과를 보여준다. Lauer와 동료들(2006)은 분석을 통해 학교 외 프로그램이 학생들의 읽기 및 수학점수에 긍정적인 영향을 미치고, 강화(예: 개인교습)를 제공하는 프로그램이 더 효과적임을 발견하였다. Mahoney, Lord, Carryl(2005)은 방과 후 프로그램이 아동들의 학업성적과 동기에 도움이 됨을 발견하였다. 방과 후 프로그램 활동에 많이 참여하였다는 평가를 받은 아동들이 가장 많은 혜택을 받은 것으로 나타났다. Carroll의 모형과 일관되게 우리는 정규교육과정 외 프로그램이 학교 학습에 초점을 맞추고 학교 학습을 지원하고 격려할 정도로 성공적이라고 결론을 내릴 수 있을 것이다.

완전학습

Carroll의 모형은 학생들의 학습적성이 다양한데, 같은 양과 같은 종류의 수업을 받으면 학생들의 학업성취가 달라질 것이라고 예측한다. 학습자의 개인차에 따라 교수의 양과 유형을 다양화하면, 각각의 학생들은 완전학습을 증명할 가능성을 갖게 된다.

이러한 생각이 완전학습의 근간을 형성한다(Anderson, 2003; Bloom, 1976; Bloom, Hastings, & Madaus, 1971). 완전학습은 완전학습 정의, 완전학습 계획, 완전학습을 위한 수업, 완전학습 평가를 포함하는 체계적인 교수계획에 Carroll의 이론을 통합한다(Block & Burns, 1977). 완전학습은 현재의 많은 인지이론들과 비교했을 때 행동주의 속성이 더 많아 보이지만 인지요소들을 포함하고 있다.

완전학습을 정의하기(define mastery) 위해, 교사는 일련의 목표들과 최종(종합) 시험을 준비한다. 완전학습의 수준(예: 전통적인 수업에서 A학점 학생들이 일반적으로 보여주는 성과 수준)을 정한다. 교사는 수업목표에 따라 학습단원들을 세분화한다.

완전학습 계획하기(planning for mastery)는 교사가 교정적 피드백(형성평가)을 포함하기 위해 수업을 계획하는 것을 말한다. 이와 같은 평가는 주로 완전학습을 일정 수준(예: 90%)에 설정한 단원학습평가 형태를 갖는다. 단원목표에 미달한 학생들에게 제공하는 교정적 교수(corrective instruction)는 소집단 학습시간, 개별지도, 보충학습으로 제공된다.

완전학습을 위한 수업(teaching for mastery)을 시작할 때, 교사는 학생들에게 완전학습 절차를 소개하고, 전체학급, 소집단, 개인활동을 활용하여 가르친다. 교사는 형성평가를 실시하여 어떤 학생이 완전학습을 달성했는지 확인한다. 미달한 학생들은 소집단에서 문제가 되는 내용을 복습하는데, 내용을 터득한 동료 튜터들의 도움을 받기도 한다. 교사는 숙제 외에도 학생들이 시간을 내서 교정학습내용을 공부하게 한다. **완전학습 평가(grading for mastery)**는 총괄(강좌종료)평가를 포함한다. 강좌의 완전학습 수준 이상의 점수를 받은 학생은 A학점을 받고, 그 이하는 수준에 따라 낮은 학점이 주어진다.

학습의 결정요소로 학생능력을 강조하는 것은 능력이 일반적으로 교수활동에 의해 많이 변화하지 않는다는 것을 고려할 때 흥미롭지 않게 보일 수 있다. Bloom(1976)은 학교교육의 **변경 가능한 변인들(alterable variables)**의 중요성을 강조하기도 했다. 즉, 인지적인 도입 행동(예: 수업 시작 시 학생의 기능과 인지적인 처리전략), 정의적인 특성(예: 흥미, 동기), 교수의 질에 영향을 미치는 구체적인 요인들(예: 학생 참여, 교정적 피드백의 유형)의 중요성을 강조하였다. 교수활동은 이러한 변인들을 향상시킬 수 있다.

완전학습이 학생들의 학업성취에 미치는 영향을 검토한 결과는 혼재된 양상을 보여준다. Block과 Burns(1977)는 완전학습이 전통적인 형태의 교수보다 더 효과적이라는 것을 발견하였다. Péladeau, Forget, Gagné(2003)는 대학생을 대상으로 한 연구에서 완전학습이 학생들의 학업성취도, 장기기억력, 강좌와 내용에 대한 태도를 향상시켰다는 결과를 얻었다. Kulik, Kulik, Bangert-Drowns(1990)은 완전학습 프로그램에 대한 평가를 100개 이상 조사한 후, 대학생, 고등학생, 초등학교 고학년 학생의 학업성적 및 강좌에 대한 태도에 긍정적인 영향을 미친 것을 발견하였다. 이들은 또한 완전학습이 학생들이 학습과제에 보내는 시간을 증가시킬 수도 있음을 발견하였다. 이와 반대로, Bangert, Kulik, Kulik(1983)는 완전학습 프로그램에 대한 지원이 더 약하다는 것을 발견하였다. 이들은 완전학습기반 수업이 하급 교육기관보다는 대학수준에서 더 효과적이었다고 언급하였다. 완전학습의 효과는 분명 적절한 교수조건(예: 계획, 교수, 평가)에 따라 달라진다(Kulik et al., 1990).

완전학습에 참여하는 학생들은 전통적인 수업을 받는 학생들에 비해 자주 학습에 더 많은 시간을 보낸다(Block & Burns, 1977). 학교시간이 한정적이라는 점을 고려하면 완전학습을 위한 많은 노력이 정규학교시간 외에 이루어져야 한다. 대부분의 연구들은 완전학습이 학업성과보다 정의적인 성과(예: 과목에 대한 흥미와 태도)에 더 적은 영향을 미친다는 것을 보여준다.

Anderson(1976)은 미달 학생들이 완전학습을 경험하면서 이들의 초기 기능수준이 향상되어 완전학습에 도달하기 위해 소요되는 추가시간이 점차 줄어들었음을 발견하였다. 이러한 결과는 완전학습의 누적적인 혜택을 의미한다. 그러나 얼마나 많이 연습해야 충분한지에 대한 의문이 남아있다(Péladeau et al., 2003). 너무 많은 반복연습은 동기를 감소시켜 오히려 학습에 방해가 될 수 있다. 이러한 점들은 향후 연구를 필요로 하지만 교수와 관련하여 중요한 사사점을 제시한다. 완전학습의 예를 [적용 3.9]에 제시하였다 .

프로그램학습

프로그램학습(programmed instruction: PI)은 학습의 조작적 조건형성원리에 따라 개발된 교수자료를 말한다(O'Day, Kulhavy, Anderson, & Malczynski, 1971). 1920년대 Sidney Pressey는 주로 시험을 위해 사용할 기계들을 설계했다. 학생에게 선다형 문제들이 제시되고, 학생은 자신의 선택에 상응하는 버튼을 눌렀다. 만약 학생이 올바르게 응답하면, 그 기계는 다음 선택을 제시했다. 만약 학생들이 틀리게 응답하면 오답이 기록되고, 계속해서 그 문항에 응답했다.

Skinner는 1950년대에 Pressey의 기계들을 부활시켰고 그것들을 교수에 통합하기 위해서 변경했다(Skinner, 1958). 이 교수기계들은 학생들에게 내용을 작은 단계들로 제시했다. 각 프레임은 학습자들이 명시적으로 응답하도록 요구했다. 수업자료는 정교하게 순서화되어 있고, 실수를 최소화하도록 작은 단위로 나누어져 있다. 학생들은 각 응답의 정확성에 관한 즉각적인 피드백을 받는다. 답이 맞으면 보충자료들이 제공되었다. 실수

적용 3.9
완전학습

완전학습은 특정한 학습환경에서 도움이 될 수 있다. 중등학생을 위한 읽기 보충 집단에게 잘 조직된 완전학습 프로그램을 제공하면 학생이 진도를 자기속도로 나갈 수 있다. 진도를 빨리 나가도록 동기화된 학생은 전통적인 수업이었다면 속도를 늦추어야 하지만 완전학습에서는 속도를 늦추지 않아도 된다. 핵심요건은 활동들을 수월한 것부터 어려운 것으로 점진적으로 나열하는 것이다. 프로그램에는 학생이 교사와 확인하는 시점이 있어서 학생의 향상도를 평가하고 필요 시 재교육을 제공해야 한다.

어린 아동들은 다양한 경험과 능력을 가지고 학교에 입학한다. 완전학습은 교사가 다양한 능력과 발달수준을 효과적으로 다룰 수 있도록 도와줄 수 있다. 완전학습 기법은 학습센터와 소집단을 이용하여 실행될 수 있다. 아동들은 현재 수준별로 다른 센터와 그룹에 배정될 수 있다. 그런 다음 자기속도로 다양한 수준으로 나아갈 수 있다.

완전학습은 학습에 대한 학생들의 자기효능감을 향상시킬 수 있다(제4장 참조). 학생들은 단원들을 완료하는 자신의 향상도를 인지하면서 더 배울 수 있다고 믿게 된다. 자기효능감 강화는 학습장애를 겪거나 자신의 학습능력을 의심하는 학습자들에게 특히 중요하며, 제한된 경험과 기능을 가진 어린 아동들에게도 중요하다.

를 하면, 프로그램은 실수를 최소화하고 학습자들이 일반적으로 성공할 수 있도록 설계되었다(Benjamin, 1988).

학생들이 잘 수행할 때 여러 가지 혜택들이 있지만, 앞에서 논의한 것처럼, 선행연구들은 실수를 하지 않도록 예방하는 것이 바람직하지 않을 수도 있다고 주장한다. Dweck(1975)은 이따금씩의 실패는 지속적인 성공보다 어려운 과제들을 더 지속적으로 풀도록 한다는 것을 발견하였다. 더 나아가, 지속적인 성공은 이따금씩 어려움을 겪는 것보다 학생들의 역량에는 교육적이지 못한데, 그 이유는 이따금씩 어려움을 겪는 것이 자신이 할 수 있는 것과 할 수 없는 것을 눈에 띄게 해주기 때문이다. 이는 교사가 학생들이 실패하도록 내버려두어야 한다는 것을 시사하는 것이 아니라 오히려 적절한 상황하에서 학생들이 이따금씩 어려움을 맞닥뜨릴 수 있도록 학생들에게 구조화된 과제를 제공해 줄 것을 제안하는 것이다.

PI는 기계의 사용을 필요로 하지 않는다. Holland와 Skinner(1961)가 저술한 책이 PI의 한 가지 예다. 그러나 오늘날의 대부분의 PI는 컴퓨터화되었고, **컴퓨터기반 교수**

(computer-based instruction: CBI)의 한 유형이 되었다. 현재의 교수용 프로그램은 초기의 PI 프로그램들보다 더 정교하게 만들어졌다.

PI는 여러 가지 학습원리를 반영하고 있다(O'Day et al., 1971). 행동목표는 학생들이 교수를 마친 후에 수행해야 할 것을 구체적으로 기술한다. 단원은 그 하위단계인 프레임으로 순차적으로 나누어지는데, 각 프레임에는 적은 양의 정보와 학습자들이 응답하는 하나의 시험 문항이 제시된다. 비록 많은 내용이 프로그램 속에 포함될 수 있지만, 각 프레임의 내용은 난이도가 조금씩 높아진다. 학습자는 자신의 속도에 맞게 진행하고 프로그램을 통해서 학습하면서 질문에 응답한다. 응답은 학습자로 하여금 단어를 입력하거나, 숫자로 된 답을 기입하거나, 몇 가지 진술문들 중에서 어느 것이 제시된 아이디어를 가장 잘 기술하고 있는지를 선택하도록 요구한다. 피드백은 학습자의 응답에 따라 달라진다. 만약 학습자가 맞았으면 다음 문항이 제시되고, 틀리게 답하면 추가적인 정보가 제시되고 그 문항은 약간 다른 형태로 검사된다.

프로그램이 학습자의 실수를 어떻게 처리하는지에 따라 두 가지 유형의 프로그램, 즉 직선형과 분지형 프로그램으로 구별된다. **직선형 프로그램**(linear programs)의 경우, 모든 학생들은 동일한 순서로 진행해 가지만, 반드시 동일한 속도일 필요는 없다. 학생들이 어떤 프레임에 올바르게 응답하는지에 상관없이 그들은 자신들의 응답의 정확성에 관한 피드백을 받는 다음 프레임으로 이동한다. 프로그램들은 하나 이상의 프레임에서 동일한 교수자료를 다루고 학생들의 응답에 즉각적으로 피드백을 제공함으로써 실수를 최소화한다.

분지형 프로그램(branching programs)의 경우, 학생들의 이동은 그들이 질문들에 어떻게 답변했는지에 따라 달라진다([그림 3.4] 참조). 재빠르게 학습하는 학생들은 프레임들을 건너뛰고 직선형 프로그램의 반복되는 상당부분을 무시하는 반면, 더 천천히 학습하는 학습자들은 추가적인 교수를 받는다. 한 가지 잠재적인 단점은 분지형 프로그램은 모든 학생들이 개념들을 잘 학습하도록 명확하게 하기 위한 충분한 반복을 제공하지 않을 수 있다는 것이다.

선행연구들은 직선형과 분지형 프로그램 모두 학생의 학습을 동등하게 잘 증진시키며, PI는 전통적인 교실수업만큼 효과적이라고 주장한다(Bangert et al., 1983; Lange, 1972). PI는 기능이 부족한 학생들에게 특히 유용한 것 같다. 프로그램을 통한 공부는 교정적 교수와 연습을 제공한다. PI는 또한 어떤 주제에 관하여 독습을 할 때 유용하다.

인터넷으로 대체될 때까지, CBI는 학교에서 컴퓨터학습의 가장 일반적인 적용이었다(Jonassen, 1996). 대학과정에서의 CBI를 조사한 연구는 학생들의 성취도와 태도에 유익한 영향을 미침을 보여준다(Kulik, Kulik, & Cohen, 1980). 몇 가지의 CBI 특성들은 학습이론과 연구에 확고하게 기반하고 있다. 컴퓨터는 학생들의 주의를 불러일으키고, 즉각적인 피드백을 제공하는데, 이것은 일반적으로 수업에서 제공되지 않는 유형(예: 향상도

```
┌──────────────────────────────┐   ┌──────────────────────────────┐
│ Q5. (              )이 열려야 댐을 통해 │   │ 틀렸습니다. "상류"는 강에서     │
│    물이 흘러갈 수 있다.              │   │ 흐르는 물의 반대 방향입니다.    │
│       ☒ 상류                      │   │ 정답은 댐의 일부분입니다.       │
│       □ 하류                      │   │                              │
│       □ 저수지                    │   │                              │
│       □ 방수로                    │   │                              │
│       □ 수문                      │   │   ╭──────────────────╮       │
│                                  │   │   │ 다시 한 번 시도해 보세요 │       │
│                                  │   │   ╰──────────────────╯       │
└──────────────────────────────┘   └──────────────────────────────┘
              프레임 1
```

```
┌──────────────────────────────┐   ┌──────────────────────────────┐
│ Q5. (              )이 열려야 댐을 통해 │   │ 정답입니다. 수문은 댐을 통해   │
│    물이 흘러갈 수 있다.              │   │ 물이 흘러가게 합니다.          │
│       □ 상류                      │   │                              │
│       □ 하류                      │   │                              │
│       □ 저수지                    │   │                              │
│       □ 방수로                    │   │                              │
│       ☒ 수문                      │   │                              │
└──────────────────────────────┘   └──────────────────────────────┘
              프레임 2                            ╭──────────╮
                                                │   계속   │
                                                ╰──────────╯
```

```
        ┌──────────────────────────────────┐
        │ 당신은 [제1절: 용어]를 모두 마치셨습니다. │
        │                                  │
        │ 다음으로 무엇을 하시겠습니까?          │
        │                                  │
        │      □제1절 반복                   │
        │      □제1절의 요약                 │
        │      □제2절 계속                   │
        │      ☒ 메인 메뉴                   │
        └──────────────────────────────────┘
                      프레임 3
```

```
        ┌──────────────────────────────────┐
        │              메인 메뉴             │
        │                                  │
        │  □제1절: 용어                      │
        │  □제2절: 범람 원인                 │
        │  □제3절: 범람 결과                 │
        │  □제4절: 범람 제어                 │
        │  □제5절: 시뮬레이션               │
        │  □제6절: 제어 결과                 │
        │  □끝내기                          │
        └──────────────────────────────────┘
                      프레임 4
```

그림 3.4

분지형 프로그램의 프레임

를 강조하기 위해 현재의 수행을 이전의 수행과 비교해 주는 방법)일 수 있다. 컴퓨터는 내용과 프레젠테이션의 비율을 개별화할 수 있다. 학생의 기능과 이전 응답들에 대한 정보는 저장될 수 있다. 테크놀로지가 발전함에 따라, 학습은 개별화된 프레임들로 구성된 학습단원들을 이동하는 것과 같이 개별 학생의 요구에 따라 적응적이 될 수 있다(Webley, 2013).

간단한 형태의 개별화조차도 유용할 수 있다. 학생들은 자기 자신, 학부모, 친구에 대한 정보를 입력할 수 있는데, 그것은 그런 다음 교수 속에 포함된다.

선행연구는 개별화가 더 높은 학업성취를 산출할 수 있음을 보여준다(Anand & Ross, 1987; Ross, McCormick, Krisak, & Anand, 1985). Anand와 Ross(1987)는 초등학생에게 분수를 세 가지 문제유형(추상적, 구체적, 개별화된) 중 하나에 따라 나누는 교수를 하였다.

(추상적) 3개의 물체가 있다. 각각을 반으로 자른다. 모두 몇 개가 될까?

(구체적) Billy는 3개의 막대사탕을 가지고 있다. Billy는 그 사탕들을 각각 반으로 자른다. 그러면 Billy의 막대사탕은 모두 몇 개가 될까?

(Joseph을 위해 개별화된) Joseph의 교사인 Willams는 12월 15일에 Joseph에게 3개의 막대사탕을 건네주며 놀라게 하였다. Joseph은 생일 선물로 받은 사탕들을 반으로 나누어 친구들에게 나누어 주었다. 그렇다면 Joseph은 몇 개의 막대사탕을 가지게 될까? (pp.73-74)

개별화된 유형은 추상적 유형보다 더 나은 학습결과와 전이를 초래하고, 구체적 유형보다 더 긍정적인 태도를 형성시켜 준다.

유관성 계약

유관성 계약(contingency contract)은 성공적인 수행능력을 위해 학생들이 완수해야 할 일과 기대되는 결과물(강화)이 무엇인지를 구체적으로 명시하는 교사와 학생 간의 일종의 합의다(Homme, Csanyi, Gonzales, & Rechs, 1970). 계약은 일반적으로 문서로 작성되지만 구두계약도 가능하다. 교사가 계약을 고안하고 학생이 그것에 동의하는지를 물을 수 있지만, 교사와 학생이 계약서를 함께 작성하는 것이 관례다. 함께 참여하는 것이 주는 이점은 학생들이 그 계약의 약정을 이행하고자 더 전념해야겠다고 느낄 수 있다는 것이다. 사람들이 목표선정에 참여할 때, 그들은 선택과정에서 배제되었을 때보다 그 목표를 달성하기 위하여 더 전념하는 경향이 있다(Locke & Latham, 1990).

계약은 목적이나 기대하는 결과물을 보여줄 수 있는 구체적인 행동들로 기술한다. 그 "유관성"은 기대하는 결과물인데, "이것을 한다면 저것을 보상받을 수 있을 것이다."라고 간략하게 진술할 수 있다. 행동들은 명확해야 한다. 그 행동들은 예를 들어, "내가 수학책

1~30문제들을 90% 이상 정확하게 풀 수 있을 것이다.” 또는 “나는 책을 읽는 동안 자리를 뜨지 않을 것이다.”와 같이 구체적이어야 한다. 일반적인 행동들(예: “나는 수학 공부를 할 것이다.”, “나는 행동을 잘할 것이다.”)은 받아들여지지 않는다. 어린 아동들의 경우, 시간프레임들은 간단해야 한다. 그러나 목표들은 연속 30분 동안 또는 일주일 동안 매 사회수업 시간마다와 같이 일 회 이상 다루어질 수 있다. 계약은 학술적 행동과 학술적이지 않은 행동을 포함할 수 있다([적용 3.10] 참조).

학생들과 함께 계약서를 작성하고 향상도를 모니터링하는 것은 많은 시간이 걸린다. 다행히, 대부분의 학생들은 적절하게 행동하거나 공부를 해야 한다는 계약을 필요로 하지는 않는다. 계약은 학생들이 과제를 보다 생산적으로 수행할 수 있도록 도와주기 위한 수

적용 3.10
유관성 계약

유관성 계약은 행동을 변화시키기 위한 강화원리의 체계적인 적용을 나타낸다. 그것은 과제를 완성하는 것, 수업을 방해하지 않는 것, 토론에 참여하는 것과 같이, 어떤 유형의 행동이든 변화시키기 위해 사용될 수 있다. 계약서를 작성할 때, 교사는 보상이 학생들에게 관심이 있고 그들을 동기화시키는 어떤 것이라는 것을 분명히 해야 한다.

Lauter 선생님이 문학시간에 과제를 완성하도록 James란 학생을 격려하기 위한 동기화 기법을 만족스럽게 적용하지 못했다고 가정해 보자. 그녀와 James는 적절하지 못한 행동을 해결하기 위해 함께 계약서를 작성할 수 있다. 그들은 문제점에 대해 논의하고, 바람직한 행동을 확인하며, 계약 조건을 충족하기 위한 결과와 시간구성을 목록화해야 한다. 계약서의 견본은 다음과 같다.

1월 9~13일 주에 대한 계약

나는 학급에서 정해진 시간 내에 문학과제를 80% 이상 정확하게 마칠 것이다.

내가 과제를 끝마치면, 학습센터 활동에 참여할 수 있다.

내가 과제를 끝마치지 못하면, 휴식시간 동안 과제를 계속해야 한다.

월요일: _____완성 _____완성하지 못함

화요일: _____완성 _____완성하지 못함

수요일: _____완성 _____완성하지 못함

목요일: _____완성 _____완성하지 못함

금요일: _____완성 _____완성하지 못함

보너스: 5일 중 최소 3일 동안 과제를 끝마치면, 나는 금요일 오후에 30분 동안 컴퓨터를 사용할 수 있다.

_____   _____
학습자 서명/ 날짜   교사 서명/날짜

단으로서 특히 유용한 것 같다. 오래 걸리는 장기과제는 마감일까지 일련의 단기목표들로 나눌 수 있다. 이러한 유형의 계획은 학생들이 그 과제를 계속 수행하고 정해진 시간에 과제를 제출할 수 있도록 도와준다.

계약은 구체적이고, 시간상 가까우며, 어렵지만 달성 가능한 목표들은 수행을 최대화한다는 원리에 기초한다(Schunk, 1995). 계약은 또한 학생에게 과제를 완수하는 데 있어서의 자신의 향상도에 대한 정보를 제공한다. 향상도에 관한 정보는 학생의 동기와 성취도를 증진시킨다(Locke & Latham, 1990). 계약이 학습과 더 많은 과제에 관한 행동을 달성하는 데 있어 학생의 향상도를 강화하려면, 계약은 성취도를 증진시켜야 한다.

요약

조건화이론에서 나타난 것처럼, 행동주의는 20세기 초반 동안 학습심리학을 지배했다. 행동주의이론은 학습을 환경적인 사태의 관점에서 설명한다. 행동의 습득, 유지, 일반화를 설명하기 위해서 정신적 과정이 필수적이지는 않다.

Thorndike, Pavlov, Guthrie의 이론은 학습심리학을 합법적인 연구영역으로 정립하는 데 도움을 주었다. 그들의 이론은 서로 다르지만, 각자는 학습을 자극과 반응 간의 연합을 형성하는 과정으로 본다. Thorndike는 만족스러운 결과가 뒤따라올 때 자극에 대한 반응은 강화된다고 믿었다. Pavlov는 다른 자극들과 짝지어짐으로써 반응을 이끌어 내기 위하여 자극이 어떻게 조건화될 수 있는지를 실험을 통해 보여 주었다. Guthrie는 자극과 반응 간의 근접성이 연합을 형성한다는 가설을 제시했다. 비록 세 이론들이 더 이상 원래 형태로 유지되고 있지는 않지만, 그것들의 원리들 중 상당수가 현대학습이론에 분명하게 반영되고 있다.

B. F. Skinner에 의해 체계화된 학습이론인 조작적 조건형성은 환경적인 특성들(자극, 상황, 사태)이 반응의 단서가 된다는 가정에 기초한다. 강화는 자극이 제시되었을 때 반응을 강화시키고 미래의 발생 가능성을 증가시킨다. 행동을 설명하기 위하여 기초가 되는 생리학적 또는 정신적 상태를 언급하는 것이 반드시 필요하지는 않다.

기본적인 조작적 조건형성모형은 변별자극(선례), 반응(행동), 강화하는 자극(결과)을 수반하는 3항 유관성(three-term contingencies)이다. 행동의 결과는 사람들이 환경적인 단서에 반응할 가능성을 결정한다. 강화의 결과는 행동을 증가시키고, 벌을 주는 결과는 행동을 감소시킨다. 그 외 중요한 조작적 조건형성의 개념들로는 소거, 일반화, 변별, 1차 강화물과 2차 강화물, 강화계획, 그리고 프리맥(Premack)의 원리를 들 수 있다.

행동을 바꾸기 위한 과정인 조형은 바람직한 행동이 바람직한 형태로 또는 바람직한 발생빈도 쪽으로 근접하도록 연속적으로 강화하는 것을 수반한다. 복잡한 행동들은 간단한 행동들을 연속적인 3항 유관성에 함께 연합시킴으로써 형성된다. 행동수정 프로그램은 적응적인 행동을 증진시키기 위해 일반적으로 다양한 맥락에서 적용되어 왔다.

조작적 조건형성원리의 일반적인 원칙은 조작적 조건형성이 정신적인 과정을 무시함으로써 인간 학습에 관한 불완전한 설명을 제공한다고 주장하는 인지주의 학자들로부터 도전을 받아왔다. 자극과 강화는 인간 학습의 일부를 설명할 수 있지만, 많은 연구들은 학

표 3.6
학습쟁점 요약

학습은 어떻게 일어나는가?

조작적 학습에 관한 기본모형은 3항 유관성, 즉 $S^D \rightarrow R \rightarrow S^R$로 표현된다. 반응은 변별자극이 있어야 수행되고 강화자극이 뒤따른다. S^D가 있을 때 미래에 수행될 반응(R)의 가능성이 증가된다. 복잡한 행동들을 형성하기 위해서는 조형을 요구하는데, 조형은 행동의 바람직한 형태 쪽으로의 점차적인 근접이 연속적으로 강화되는 3항 유관성의 연합으로 구성되어 있다. 학습에 영향을 주는 요인들은 발달적인 상태와 강화사(reinforcement history)다. 조건화가 발생하기 위해서는 행동을 수행할 수 있는 물리적인 능력을 가지고 있어야 한다. 누군가가 주어진 상황에서 행하는 반응은 과거에 행했던 것에 대해 어떻게 강화되어 왔는지에 따라 달라진다.

기억은 어떻게 기능을 하는가?

기억은 조건화이론에서 명확하게 다루어지지는 않는다. 이 이론은 내적 과정을 연구하지 않는다. 주어진 자극에 대한 반응은 반복되는 강화를 통해 강화된다. 강화되는 이러한 반응은 현재의 행동을 설명한다.

동기는 어떠한 역할을 하는가?

동기는 행동의 양 또는 비율에서의 증가를 말한다. 어떠한 내적 과정도 동기를 설명하기 위해서 사용되지 않는다. 양 또는 비율에서의 증가는 강화사의 관점에서 설명될 수 있다. 어떤 강화계획은 다른 강화계획들보다 더 높은 반응비율을 산출한다.

전이는 어떻게 일어나는가?

전이 또는 일반화는 어떤 사람이 조건형성에서 사용된 자극과는 다른 자극에 대하여 동일하거나 비슷한 형태로 반응했을 때 일어난다. 적어도 전이 환경에 있는 요소들 중 일부는 일어날 전이를 위한 조건화된 환경에 있는 요소들과 비슷해야 한다.

자기조절학습은 어떻게 작동하는가?

제10장에서 논의되는 것처럼, 조작적 조건형성은 자기조절 행동을 흔히 상이하고 통상적으로 더 큰 미래의 강화물을 위해 즉각적인 강화물을 유예함으로써 대안적인 행동들 사이에서 선택하는 것으로 해석한다. 핵심적인 과정들로는 자기감독, 자기교수, 자기강화를 들 수 있다. 사람들은 어떤 행동을 조절할 것인지를 결정하며, 그러한 행동의 발생을 위한 변별자극을 형성하고, 수행을 감독하고 그것이 표준과 일치하는지를 결정하며, 강화를 관리한다.

교수에 주는 시사점은 무엇인가?

학습은 변별적인 자극들에 대한 반응을 형성할 것을 요구한다. 반응을 강화하기 위해서 연습이 필요하다. 복잡한 기능들은 바람직한 행동 쪽으로 점진적으로, 조금씩 근접하도록 조형함으로써 형성될 수 있다. 교수(instruction)는 명확하고 측정 가능한 목표를 갖고, 작은 단계들로 진행하며, 강화를 전달해야 한다. 완전학습, 컴퓨터기반 교수(CBI), 유관성 계약은 학습을 증진시키는 데 유용한 방법들이다.

습, 특히 고차원적이고 복잡한 학습을 설명하기 위하여 사람들의 사고, 신념, 감정을 고려해야 한다는 것을 보여준다. 보다 더 새로운 행동주의이론의 관점들은 기본적인 행동주의원리들을 유지하지만, 의지와 같은 몇 가지 인지적 요소들을 끼워 넣는다.

조작적 원리들은 교수 · 학습의 여러 가지 측면들에서 적용되어 왔다. 이러한 원리들은 행동목표, 학습시간, 완전학습, 컴퓨터기반 교수(CBI), 그리고 유관성 계약을 포함한 적용들 속에서 볼 수 있다. 연구증거들은 흔히 이러한 적용들이 학생 성취도에 미치는 긍정적인 효과를 보여준다. 이론적인 지향성과는 상관없이, 사람들은 학생 학습과 성취도를 촉진시키기 위하여 행동주의 원리들을 적용할 수 있다.

〈표 3.6〉에 조건형성이론에 대한 학습 쟁점(제1장 참조)을 요약하였다.

추가 읽을거리

Hattie, J. (2012). Know thy impact. *Educational Leadership, 70*(1), 18-23.

Mayer, R. E. (2003). E. L. Thorndike's enduring contributions to educational psychology. In B. J. Zimmerman & D. H. Schunk (Eds.), *Educational psychology: A century of contributions* (pp. 113-154). Mahwah, NJ: Erlbaum.

Morris, E. K. (2003). B. F. Skinner: A behavior analyst in educational psychology. In B. J. Zimmerman & D. H. Schunk (Eds.), *Educational psychology: A century of contributions* (pp. 229-250). Mahwah, NJ: Erlbaum.

Skinner, B. F. (1968). *The technology of teaching*. New York, NY: Appleton-Century-Crofts.

Watson, J. B., & Rayner, R. (1920). Conditioned emotional reactions. *Journal of Experimental Psychology, 3*, 1-14.

Windholz, G. (1997). Ivan P. Pavlov: An overview of his life and psychological work. *American Psychologist, 52*, 941-946.

Wood, W., & Neal, D. T. (2007). A new look at habits and the habit-goal interface. *Psychological Review, 114*, 843-863.

Chapter 4

사회인지이론

수업이 끝난 후 Westbrook 고등학교의 여자테니스팀이 연습을 하고 있다. 이 팀은 몇 번의 경기를 하였다. 성적은 꽤 좋았지만 향상이 필요한 부분이 있다. Sandra Martin 코치는 단식 선수인 Donnetta Awalt를 훈련시키고 있다. Donnetta는 단식부분 4위 선수로, 경기내용은 좋지만 최근에는 백핸드가 네트에 걸리는 경우가 많았다. Martin 코치는 자기가 Donnetta에게 공을 치는 것처럼 그녀도 자기에게 공을 쳐보라고 하였다.

Donnetta : 불가능해요. 못하겠어요.

Martin 코치: 넌 할 수 있어. 전에는 백핸드를 잘하였잖니. 다시 잘할 수 있을 거야.

Donnetta : 어떻게 해야 하죠?

Martin 코치: 너는 지금 백핸드를 할 때 뒤로 스윙을 하고 있어. 이건 공이 네트로 들어갈 수 있다는 걸 의미해. 앞으로 스윙하는 걸 연습해야 해. 자, 이리로 와보렴. 우선 내가 시범을 보일게(Martin 코치는 Donnetta의 스윙을 보여준 후 위로 향하는 스윙을 보여 주었다. 그리고 두 스윙 간의 차이를 지적한다). 자, 이제 네가 해보렴. 먼저 천천히 해봐. 차이가 느껴지니?

Donnetta : 네. 그런데, 스윙을 어디에서부터 시작해야 하죠? 그리고 얼마나 뒤로, 아래로 가야 하나요?

Martin 코치: 다시 내가 하는 걸 보렴. 백핸드를 치기 전에 잡는 방법(그립)을 이렇게 조정해 보렴[Martin 코치가 잡는 방법(그립)을 시범 보인다]. 위치에 서서 이렇게 백핸드를 해보렴(Martin 코치가 시범 보인다). 그리고 라켓을 이렇게 가져오고(Martin 코치가 시범 보인다). 아, 이제는 뒤로 스윙(백워드)하지 않고 위로 스윙(업워드)을 하네.

Donnetta : 네. 느낌이 더 좋아요(연습한다). 저에게 공을 쳐주시겠어요?

Martin 코치: 물론이지. 해보자. 처음에는 천천히 해보고 속도를 올려보자(두 사람은 몇 분 동안 연습한다). 좋았어. 너에게 줄 책이 한 권 있어. 백핸드에 대한 부분을 보렴. 내가 너에게 말하고 싶었던 것을 잘 설명하는 사진들이 있어.

Donnetta : 고맙습니다. 잘 읽어 볼게요. 더 이상 할 수 없을 것 같았어요. 그래서 경기 때 백핸드로 치는 것을 피하려고 하였어요. 하지만 이제는 자신감이 생겼어요.

Martin 코치: 잘됐다. 지금처럼 계속 생각하고 연습하렴. 그러면 3등 안에 들 수 있을 거야.

앞 장에서는 20세기 초반을 지배한 조건형성(행동주의)학습이론을 다루었다. 1950년대 후반과 1960년대 초기에 시작된 행동주의이론은 많은 도전을 받았다. 행동주의의 영향은 쇠약해졌고, 오늘날 중요한 이론적 관점은 인지주의다.

행동주의이론에 대한 도전들 중 하나는 Albert Bandura와 그의 동료들에 의해 수행된 관찰학습에 대한 연구에서 시작되었다. 연구결과, 사람들은 다른 사람이 수행하는 것을 관찰하기만 해도 새로운 행동을 학습할 수 있음을 밝혀냈다. 관찰자들은 학습의 시점에서 행동을 수행할 필요가 없다. 학습이 일어나는 데 반드시 강화가 필요한 것은 아니다. 이러한 연구결과들은 행동주의이론의 기본 가정에 이의를 제기하였다.

이 장에서는 인간의 학습은 사회적 환경에서 이루어진다고 강조하는 **사회인지학습이론(social cognitive theory)**을 소개한다. 사람은 다른 사람을 관찰함으로써 지식, 규칙, 기능, 전략, 신념, 태도 등을 획득한다. 개인은 또한 모델을 통해 행동의 유용함과 적절성, 모델화된 행동의 결과를 학습하고, 그의 능력과 행동에 기대되는 결과에 대한 믿음에 따라 행동한다.

이 장에서는 Bandura(1986, 1997, 2001)의 사회인지학습이론에 초점을 맞춘다. 사람은 다른 사람을 관찰함으로써 지식, 규칙, 기술, 전략, 신념, 태도를 획득한다. 개인은 또한 모델로부터 행동의 유용성과 적절성, 모델화된 행동의 결과를 학습한다. 그런 다음 자신이 행동할 수 있는 범위 내에서 동일하게 행동한다. 이 장 서두의 에피소드는 모델링의 수업적용 사례를 묘사한 것이다.

사회인지학습이론의 개념적 틀은 인간의 학습과 행동의 본질에 대한 기본적인 가정을 가지고 논의된다. 이 장의 중요한 부분은 모델링 과정에 대한 것이다. 학습과 수행에 대한 다양한 영향을 목적과 자기효능감의 중요한 영향에 특히 강조를 두어 기술하였다. 자기조절을 사회인지 관점에서 논의하였고, 교수에 대한 이론의 몇 가지 적용을 제시하였다.

이 장을 학습한 후에, 여러분은 다음과 같은 것을 할 수 있어야 한다.

- 3요인 상호작용적 인과관계의 과정을 기술하고, 예를 제시할 수 있다.
- 적극적 학습과 대리학습, 학습과 수행의 차이를 구별할 수 있다.
- 사회인지학습이론에서 자기조절의 역할을 설명할 수 있다.
- 모델링의 세 기능을 정의하고, 예를 제시할 수 있다.
- 관찰학습의 하위과정을 논할 수 있다.
- 관찰학습과 수행에 영향을 주는 다양한 요인을 설명할 수 있다.
- 목적, 산출기대, 가치의 동기적 속성에 대해 논의할 수 있다.
- 자기효능감을 정의하고, 학습상황에서의 자기효능감의 원인과 결과를 설명할 수 있다.

- 모델(예: 동료, 다수, 대응)의 특성이 자기효능감과 학습에 어떻게 영향을 주는지 논할 수 있다.

- 사회인지이론의 원리를 반영한 교육적 실행 사례를 기술할 수 있다.

학습을 위한 개념적 틀

Albert Bandura는 1925년 캐나다 Alberta에서 태어났으며, Iowa대학교에서 Miller와 Dollard(1941)의 『사회적 학습과 모방(Social Learning and Imitation)』(이 장의 뒷부분에서 논의됨)의 영향을 받아 임상심리학으로 박사학위를 받았다. Bandura는 1950년대에 Stanford대학교에 온 후, 사회적 행동의 영향을 탐구하는 연구 프로그램을 시작하였다. 그는 당시 크게 유행하던 학습이론은 친사회적이고(prosocial) 비정상적인 행동을 획득하고 수행하는 것을 충분히 설명하지 못한다고 믿었다.

> 사실, 친사회적이고 이탈적인 행동에 관한 문제에 대한 앞선 대부분의 학습이론은 대부분 동물의 학습 또는 인간 개체의 상황에 적용할 수 있는 인간의 학습에 토대를 두고 있으며, 제한된 범위에 기반하고 있다는 데 어려움이 있다. (Bandura & Walters, 1963, p.1)

Bandura는 다양한 기능, 전략, 행동의 획득과 수행을 포함하기 위해 점진적으로 확장해 온 관찰학습에 대한 포괄적인 이론을 형성하였다. 사회인지학습원리는 폭력(현장의, 공중파를 통해 전달된), 도덕적 발달, 교육, 건강, 사회적 가치뿐만 아니라 인지적, 운동적, 사회적 학습과 자기조절기능에도 적용되어 왔다(Zimmerman & Schunk, 2003).

Bandura는 왕성한 저작활동을 하였다. 1963년 Richard Walters와 함께 쓴 『사회적 학습과 성격발달(Social Learning and Personality Development)』을 시작으로, 『행동수정의 원리(Principles of Behavior Modification)』(1969), 『공격성: 사회적 학습분석(Aggression: A Social Learning Analysis)』(1973), 『사회적 학습이론(Social Learning Theory)』(1977b), 『사고와 행동의 사회적 기초: 사회인지이론(Social Foundations of Thoughts and Action: A Social Cognitive Theory』(1986) 등의 여러 책을 저술하였다. Bandura는 『자기효능감: 통제훈련(Self-Efficacy: The Exercise of Control)』(1997)에서 사람이 자신의 생각과 행동을 자기조절함으로써 자신의 삶의 중요한 사태를 관리할 수 있는 방법을 제시하여 자신의 이론을 확장하였다. 근본적 과정은 목표수립, 예상되는 행동의 결과 판단하기, 목표 · 자기조절적 사고 · 감정과 행동에 대한 과정평가를 포함한다. Bandura(1986)는 다음과 같이 설명하였다.

사회인지이론의 뚜렷한 또 다른 특징은 자기조절 기능을 강조하는 것이다. 사람은 단지 다른 사람이 선호하는 대로 행동하지는 않는다. 인간의 많은 행동은 자신의 행동에 대한 내적 기준과 자신의 행동에 대한 자기평가를 통해 동기화되고 조절된다. 내적 기준이 정해진 후에 실제 행동과 자신의 행동을 평가하는 기준 간의 불일치가 자기행동평가를 촉진시키고, 이것은 후속행동에 영향을 미친다. 그러므로 인간의 행동은 자기 스스로 만들어 내는 영향에 대한 결정요인을 포함한다. (Bandura, 1986, p.20)

사회인지학습이론은 학습과 행동수행에 대해 몇 가지 가정을 한다(Schunk, 2012). 이러한 가정은 인간, 행동, 환경의 상보적 상호작용, 적극적 학습과 대리학습(예: 학습이 이루어지는 방법), 학습과 수행 간의 차이에 대한 것이다.

상보적 상호작용

Bandura(1982a, 1986, 2001)는 인간행동을 **3요인 상호결정성(triadic reciprocality)**의 틀, 즉 행동들 간의 상보적 상호작용, 환경변인, 인지와 같은 개인적 요인들 간의 상호작용 틀 안에서 논의한다([그림 4.1] 참조). 3요인 상호결정성, 즉 지정된 수준에서 행동을 배우거나 수행하기 위해 필요한 활동을 조직하고 실행하는 개인의 능력에 관한 **지각된 자기효능감(perceived self-efficacy)** 또는 신념은 Bandura(1982b, 1997)의 이론에서 중요한 개념이다. 자기효능감(개인적 요인)과 행동의 상호작용에 관한 연구 중 하나는 자기효능감 신념은 과제의 선택, 끈기, 노력 투입, 기능획득과 같은 성취행동에 영향을 미친다고 제시한다(인간 → 행동)(Schunk, 2012; Schunk & Pajares, 2009). 다른 하나는 학습자가 어떻게 자신의 자기효능감을 수정하는지에 대한 것이다. 학습자는 과제를 수행할 때 학습목표에 도달하기까지(예: 숙제 완성하기, 학기마다 과제의 부분들 완성하기)의 향상도를 기록한다. 이러한 향상도는 학습자에게 자신이 앞으로도 학습을 잘 할 수 있으며 자기효능감을 향상시킬 수 있다고 여기게 한다(행동 → 인간).

학습장애를 지닌 학습자에 대한 연구는 자기효능감과 환경요인 간의 상호작용을 보여준다. 학습장애를 지닌 많은 학습자가 낮은 자기효능감을 가지고 있었다(Licht & Kistner, 1986). 학습자의 사회적 환경에서 개인은 자신의 실제적 능력보다 일반적으로 학습장애

그림 4.1

인과관계에 대한 3요인 상호결정성 모형

출처: *Social Foundations of Thought and Action* by A. Bandura, ⓒ 1986. Reprinted by permission of Pearson Education, Inc. Upper Saddle River, NJ.

를 지닌 학습자와 관련된 속성에 기초해서 학습자(예: 낮은 자기효능감)에 대해 반응할 것이다(개인 → 환경). 가령, 어떤 교사는 이러한 학습자가 학습장애가 없는 학습자보다 능력이 부족하다고 판단하고 학습장애를 지닌 학습자가 충분히 수행할 수 있는 내용영역에서조차도 그에 대한 낮은 학문적 기대감을 갖는다(Bryan & Bryan, 1983). 또한, 교사의 피드백은 자기효능감에 영향을 미친다(환경 → 인간). 교사가 학습자에게 "난 네가 이것을 할 수 있다는 것을 알고 있어"라고 말할 때, 학습자는 성공에 대해 보다 자신감을 느낄 것이다.

학습자의 행동과 교실환경은 다양한 방식으로 서로 영향을 미친다. 교사가 정보를 제시하고 학습자에게 칠판에 집중하라고 요구하는 일반적인 교수순서를 생각해 보라. 행동에 대한 환경의 영향은 학습자가 신중하게 생각하지 않고 칠판을 바라볼 때 일어난다(환경 → 행동). 학습자의 행동은 종종 교수환경을 바꾼다. 만약 교사가 질문을 하고 이에 대해 학습자가 틀린 대답을 하면 교사는 수업을 계속하기보다 어떤 부분을 다시 가르칠 것이다(행동 → 환경).

〈그림 4.1〉에 제시된 모형은 영향을 주는 방향이 항상 동일함을 의미하지는 않는다. 어떤 특정 시점에서는 어떤 요인이 두드러질 수도 있다. 즉, 환경적인 영향력이 약할 때, 개인적인 요인이 두드러지게 나타난다. 예를 들어, 자신이 선택한 책에 대한 보고서를 쓰도록 허용된 학습자는 자신이 좋아하는 책을 선택할 것이다. 그러나 불이 난 집에 갇힌 사람은 재빨리 대피해야 한다. 따라서 환경이 행동에 영향을 미친다.

대부분의 경우, 세 가지 요인이 상호작용한다. 한 교사가 학습자에게 어떤 교수를 제시할 때 학습자는 교사가 말하는 것에 대해 생각한다(환경이 개인적인 요인인 인지에 영향을 준다). 요점을 이해하지 못한 학습자는 질문을 하기 위해 손을 든다(인지가 행동에 영향을 준다). 그 교사는 그 부분을 검토한다(행동이 환경에 영향을 준다). 마지막으로, 교사가 학습자에게 달성해야 할 과제를 준다(환경이 인지에 영향을 주고, 또다시 인지가 행동에 영향을 준다). 학습자는 과제를 할 때 자신이 과제를 잘 수행하고 있다고 믿는다(행동이 인지에 영향을 준다). 학습자는 자신이 좋아하는 과제를 결정하고, 교사에게 그것을 계속할 수 있는지를 질문하며, 허락을 받는다(인지가 행동에 영향을 주고, 또다시 행동이 환경에 영향을 준다).

적극적 학습과 대리학습

사회인지학습이론에서

> 학습은 대부분 정보처리활동이다. 행동의 구조와 환경사태에 대한 정보는 활동을 안내하는 상징적인 표현으로 전환된다. (Bandura, 1986, p.51)

학습은 실제로 행동함으로써 **작동적으로(enactively)** 이루어지거나 모델이 수행하는 것을 관찰함으로써 **대리적으로(vicariously)** 이루어진다(예: 상징시스템이나 전파에 의해 형상화된 모델)(Schunk, 2012).

작동적 학습(enactive learning)은 인간행동의 결과로 나타나는 학습을 포함한다. 성공적인 결과를 가져온 행동은 계속 유지되는 반면 실패를 가져온 행동은 다듬어지거나 버려진다. 조작적 조건형성이론에서도 인간이 행동에 의해 학습한다고 설명한다. 그러나 사회인지학습이론은 다른 설명을 제시한다. Skinner(1953)는 인지는 행동변화를 수반하지만 행동에 영향을 끼치지는 않을 것이라고 하였다(제3장 참조). 사회인지학습이론은 행동의 결과는 시행착오이론에서 가정하는 것처럼 행동을 강화시키기보다 **정보(information)**와 **동기(motivation)**의 원천을 제공한다고 강력히 주장한다. 인간은 행동의 결과를 통해 행동의 정확성이나 적절성을 안다. 인간은 어떤 과제를 성공하거나 보상받은 사람은 수행을 잘하였다고 생각한다. 그리고 실패하거나 처벌을 받으면 그가 잘못하였다는 것을 알고 문제를 고치려 한다. 결과는 또한 인간을 동기화시킨다. 가치 있다고 여기고 바람직한 결과를 가져올 것이라고 믿는 행동을 배우기 위해 노력하거나 처벌을 받거나 만족스럽지 않은 행동을 배우지 않으려고 애쓰는 사람은 바람직한 결과를 얻을 것이다. 인간의 인지는 결과보다 학습에 더 많은 영향을 미친다.

많은 인간학습은 학습 시 학습자에 의해 **대리적으로(vicariously)** 일어나거나 학습자의 명백한 수행 없이 일어난다. **대리학습(vicarious learning)**의 공통된 근원은 살아있거나(인간), 상징적 또는 비인간적이거나(예: 텔레비전에 나오는 말하는 동물, 만화 캐릭터), 전파자료이거나(텔레비전, 컴퓨터, DVD), 인쇄매체(책, 잡지)인 모델을 관찰하거나 듣는 것이다. 만약 사람이 모든 행동을 학습이 일어나도록 수정해야 한다면 대리자료는 가능할 수 있는 것 이상의 학습을 촉진시킨다. 대리자료는 또한 인간이 좋지 않은 결과를 경험하지 않도록 해준다. 우리는 독사에게 물리는 불쾌한 경험을 하지 않고도 타인의 가르침, 독서, 영화감상 등을 통해 독사가 위험하다는 것을 배운다.

복잡한 기능에 대한 학습은 일반적으로 행동과 관찰을 통해 이루어진다(Schunk, 2012). 학습자는 먼저 모델이 기능을 설명하고 시현하는 것을 관찰한 다음 실습한다. 이러한 절차는 이 장 서두의 에피소드에 제시되어 있다. 이 에피소드에서 Martin 코치는 설명하고 시범을 보이며, Donnetta 선수는 관찰하고 연습한다. 학습자는 관찰을 통해 복잡한 기능들 중 몇몇 요소를 학습하고 일부는 학습하지 못한다. 그런 다음, 학습자는 연습을 통해 자신의 기능이 완벽해질 수 있도록 교사로부터 교정적 피드백을 받는다. 작동적 학습처럼, 간접자료로부터의 반응결과도 관찰자에게 정보와 동기를 제공한다. 관찰자는 실패보다 성공을 이끈 행동을 모델화하여 학습하기 쉽다. 인간은 모델이 한 행동이 유용하다고 믿을 때 모델처럼 주의 깊게 행동하고 행동을 심상적으로 연습한다.

학습과 수행

사회인지학습이론은 새로운 학습과 이전에 학습된 행동의 수행을 구별한다. 실제로 많은 학습이 행함으로써 일어나지만, 우리는 직접 행하는 것보다 목표나 강화가 없을 때라도 관찰을 통해 많은 것을 학습한다[**잠재적 학습**(latent learning)]. 우리가 관찰에 의해 학습한 것을 수행할지 안 할지는 우리의 동기, 흥미, 수행에 따르는 보상물, 인지되는 욕구, 물리적 상태, 사회적 압력, 경쟁활동의 형태와 같은 요인에 따라 달라진다. 강화물 또는 강화물이 뒤따라 올 것이라는 믿음은 학습보다 수행에 영향을 미친다.

몇몇 학교활동(예: 단원검토)은 이전에 학습한 기능을 수행하는 것을 포함하지만, 대부분의 시간은 학습하는 데 사용한다. 학습자는 교사와 다른 동료모델을 관찰함으로써 학습시간에 습득하지 못한 지식을 획득한다. 예를 들어, 학습자는 학교에서 문맥의 요점을 획득하는 데 빠르게 읽기(skimming)가 유용하다는 것을 배우고, 빠르게 읽기 전략을 학습할 것이다. 그러나 집으로 돌아가 책을 읽기 전까지 그 지식을 사용하지 않을 것이다.

자기조절

사회인지학습이론의 주요 가정은 사람은 "자신의 삶에 영향을 주는 사건을 통제하기" 원하고, 스스로를 **주체**(agency)로 인식한다는 것이다(Bandura, 1997, p.1). 이러한 주체성은 그 자체가 내적 행동, 인지적 과정, 정의적 과정을 표출하게 한다(Bandura, 1986). **지각된 자기효능감**(perceived self-efficacy)(이 장의 뒷부분에서 논의함)은 개인의 주체성에 영향을 주는 중심과정이다. 다른 과정(이 역시 이 장에서 논의함)은 기대, 가치, 목표수립, 목표진척에 대한 자기평가, 인지적 모델, 자기교수다.

이러한 개인의 주체성 개념은 **자기조절**(self-regulation)[**자기조절학습**(self-regulated learning)]이나 행동, 인지, 정서를 활성화하고 조절하는 과정으로, 체계적인 목표달성을 지향한다(Zimmerman, 2000; 2013). 개인은 자기 삶의 중요한 부분을 자기조절하기 위해 노력함으로써, 보다 큰 개인적 주체성을 획득한다. 학습하는 동안의 자기조절은 학습자가 무엇을 하고 어떻게 할 것인가에 대한 선택을 하도록 한다. 교사가 학습자에게 숙제를 제시할 때, 학습자에게 항상 선택권이 있지는 않다. 모든 또는 대부분의 과제가 통제되는 것은 외적인 조절이나 타인에 의한 조절이라고 할 수 있다. 자기조절에 대한 사회인지학습이론의 관점은 제10장에서 심도 있게 다룰 것이다.

모델링 과정

모델링은 사회인지학습이론에서 핵심적인 요소다. **모델링**(modeling)은 하나 이상의 모델을 관찰함으로써 나타나는 행동적, 인지적, 정의적 변화를 지칭하는 일반적인 용어다(Rosenthal & Bandura, 1978; Schunk, 1987, 2012; Zimmerman, 2013). 역사적으로, 모델링은 **모방**(imitation)이라고 논의되어 왔지만, "모델링"은 훨씬 더 포괄적인 개념이다. 우리는 Bandura와 다른 사람이 수행한 모델링 연구의 중요성을 올바로 인식하기 위한 배경지식을 제공하기 위해 수행한 몇몇 역사적인 연구를 살펴본다.

모방이론

인류역사를 통해 볼 때, 사람은 모방을 행동을 전달하는 중요한 수단으로 여겨 왔다(Rozenthal & Zimmerman, 1978). 고대 그리스인은 다른 사람의 활동과 문학, 도덕적 품격을 실증하는 추상적 모델에 대한 관찰을 통한 학습을 지칭하기 위하여 **미메시스**(mimesis)라는 용어를 사용하였다. 모방에 대한 다른 관점은 모방을 본능, 발달, 조건형성, 도구적 행동과 관련짓는다(〈표 4.1〉 참조).

표 4.1
모방이론

관점	가정
본능	관찰된 행동이 행동을 모방하기 위한 본능적인 충동을 끌어낸다.
발달	아동은 기존의 인지적인 구조에 맞는 행동을 모방한다.
조건화된 반응	행동은 모방되고 조형(shaping)을 통해 강화된다. 모방은 하나의 일반화된 반응항목이 된다.
도구적 행동	모방은 모델의 반응과 일치하는 반응의 반복적인 강화를 통하여 이차적인 충동이 된다. 모방은 충동감소를 초래한다.

본능. 20세기 초반의 지배적인 과학적 관점은 인간이 다른 사람의 활동을 모방하려는 자연적인 본능(instincts)을 소유하고 있다는 것이었다(James, 1890; Tarde, 1903). James는 모방은 대개 사회화의 원인이라고 믿었지만, 모방이 일어나는 과정을 설명하지는 못하였다. McDougall(1926)은 모방을 다른 사람의 행동에 관한 어떤 사람의 본능적인 명시적 모사(copying)라고 제한적으로 정의하였다.

행동주의자들은 자극(다른 사람의 행동)과 반응(그 행동에 대한 모사) 간에 개입하는 내적 충동 또는 정신적 이미지를 가정하기 때문에 본능의 개념을 부인하였다. Watson(1924)은 소위 인간의 본능적 행동은 주로 훈련으로부터 기인하며, 따라서 학습된 것이라고 믿었다.

발달. Piaget(1962)는 모방에 관하여 다른 견해를 피력하였다. 그는 인간발달은 **도식 (schemes)**, 즉 조직화된 사고와 행동의 기초가 되고 그것을 가능하게 하는 인지적 구조의 획득과 관련된다고 믿었다(Flavell, 1985). 사고와 행동은 도식의 명시적 표시이기 때문에 도식과는 다르다. 개인에게 유용한 도식은 그가 사태(events)에 대해 어떻게 반응할지를 결정한다. 도식은 선행경험을 투영하며, 어떤 특정 시점에서의 개인의 지식을 구성한다.

도식은 추측컨대 개인의 기존 인지구조보다 약간 더 향상된 경험과 성숙을 통해 발달한다. 모방은 기존의 도식에 상응하는 활동에 제한된다. 아동은 이해하는 행동을 모방할 수도 있지만 자신의 인지구조와 일치하지 않는 행동을 모방해서는 안 된다. 따라서 발달은 모방에 선행해야 한다. 이러한 관점은 인지구조를 창출하고 수정하는 모방의 잠재성을 심하게 제한한다.

이러한 제한적 발달 입장을 지지하는 경험적 연구는 거의 없다(Rozenthal & Zimmerman, 1978). 초기연구에서, Valentine(1930b)은 유아는 이전에 수행하지 않았던 역량 내에서 행동을 모방할 수 있다는 것을 발견하였다. 유아는 주의를 불러일으키는 특이한 행동을 모방하고자 하는 강한 경향성을 보였다. 유아의 모방은 항상 즉각적인 것은 아니었으며, 유아가 행동을 모방하기 전에 그것은 종종 반복되어야 하였다. 원래의 행동을 수행하는 개인이 중요하였다. 유아는 자신의 엄마를 가장 많이 모방하였다. Valentine(1930b)과 다른 연구결과(Rozenthal & Zimmerman, 1978)는 모방이 발달수준 단계의 단순한 반영이 아니며, 오히려 발달을 촉진하는 데 있어 중요한 역할을 수행할 수 있음을 보여준다.

조건형성. 행동주의자들은 모방을 연합주의적인 용어로 해석하였다. Humphrey(1921)는 모방은 하나의 반응이 다음 반응을 위한 자극의 역할을 하는 순환적 작용의 한 형태라고 주장하였다. 아기는 고통 때문에(자극) 울기(반응) 시작할 것이다. 아기는 자신이 우는 것을 듣는데(청각 자극), 이것은 뒤에 아기를 계속 울게 하는 자극의 역할을 한다. 조건형성을 통해, 작은 반사단위가 점진적으로 보다 복잡한 반응고리를 형성한다.

Skinner(1953)의 조작적 조건형성이론에서는 모방을 하나의 일반화된 반응유형으로 본다(제2장 참조). 3단계의 상황($S^D \rightarrow R \rightarrow S^R$)에서, 모델이 한 행동은 S^D(변별자극)의 역할을 한다. 모방은 관찰자가 동일한 반응(R)을 수행하고 강화(S^R)를 받았을 때 일어난다. 이러한 상황은 삶의 초기에 형성된다. 예를 들어, 부모가 소리를 내고("아빠") 아이가 이를 모방하면 부모는 강화(웃기, 안아주기)를 준다. 일단 하나의 모방적 반응항목이 형성되면, 그것은 간헐강화계획에 의해 유지될 수 있다. 아동은 모델이 강화를 위한 변별적인 자극을 유지하는 한 모델(부모, 친구)의 행동을 모방한다.

이 관점이 지니고 있는 한 가지 한계는 사람은 자신이 수행할 수 있는 그러한 반응만을 모방할 수 있다는 것이다. 실제로, 많은 연구들은 다양한 행동유형이 관찰을 통해 학습될 수 있음을 보여준다(Rozenthal & Zimmerman, 1978). 또 하나의 한계는 모방을 창출하고 유지하기 위해 강화물이 필요하다는 것이다. Bandura와 다른 사람들의 연구에 의하면, 관찰자는 모델이나 관찰자에 대한 강화 없이도 모델로부터 학습한다(Bandura, 1986). Tolman은 강화는 주로 새로운 학습보다 학습자의 이전에 학습된 반응의 수행에 영향을 미친다는 것을 밝혀냈다(이 장의 뒷부분에서 논의됨).

도구적 행동. Miller와 Dollard(1941)는 모방에 대한 정교화이론 또는 **대응-의존행동 (matched-dependent behavior)**을 제안하였다. 대응-의존행동에서는 모방이 강화를 이끌어 내기 때문에 모방은 도구적 학습행동이라고 주장한다. 대응-의존행동은 모델의 행동과 일치되고(동일하고) 모델의 행동에 의존하거나 그것에 의해 도출된다.

Miller와 Dollard는 모방자는 처음에 시행착오를 겪으면서 행동적 단서에 대해 반응하지만, 모방자는 최종적으로 올바른 반응을 수행하고 강화된다. 모방자에 의해 수행된 반응은 이미 학습되었다.

이러한 학습된 도구적 행동으로서의 모방의 개념은 모방에 관한 과학적 연구에서 매우 중요한 진보를 이루었지만, 이 관점은 몇 가지 문제점을 가지고 있다. 다른 역사적 관점들처럼, 이 이론도 새로운 반응은 모방에 의해 일어나지 않는다고 주장한다. 오히려 모방은 학습된 행동의 수행을 나타낸다. 이 관점은 모방을 통한 학습, 지연된 모방(예: 모방자가 모델이 어떠한 행동을 수행한 후 상당 기간 후에 대응반응을 수행하였을 때), 또는 강화되지 않은 모방된 행동을 설명할 수 없다(Bandura & Walters, 1963). 모방에 대한 이러한 협소한 개념은 모델에 의해 표출된 반응과 밀접하게 상응하는 모방적 반응에 대한 유용성을 제한한다.

모델링 기능

Bandura(1985)는 모델링의 주요 기능을 반응촉진, 억제와 탈억제, 관찰학습의 세 가지로 구별하였다(〈표 4.2 참조〉).

반응촉진. 사람은 행동으로 옮길 동기가 부족하기 때문에 수행하지 않는 많은 기능과 행동을 배운다. **반응촉진(response facilitation)**이란 관찰자가 적절하게 행동하게 하는 사회적 자극으로서의 역할을 수행하는 모델화된 행동을 일컫는다. 교실의 한 구석에 매력적인 전시물을 설치한 초등학교 교사를 생각해 보라. 1학년 학생이 아침에 교실에 들어올 때, 그 전시물을 보고 즉시 그것을 보러 간다. 다른 학생이 교실에 들어왔을 때, 그는 구석

표 4.2

모델링의 기능

기능	기본과정
반응촉진	사회적 자극은 관찰자가 행동을 따라하게 하는 동기유인을 창출한다("군중을 따라 가는 행동")
억제와 탈억제	모델화된 행동은 관찰자에게 그가 모델처럼 행동하면 유사한 결과가 나타날 것이라는 기대를 하게 한다.
관찰학습	하위과정에는 주의, 파지, 산출, 동기가 포함된다.

에 한 무리의 학생들이 몰려 있는 것을 보고 다른 애들이 보고 있는 것을 보기 위하여 자신도 그 구석으로 몰려간다. 비록 나중에 온 학생들이 왜 다른 애들이 거기에 모였는지 모를지라도, 몇몇 학생은 다른 애들이 자신들에게 모이도록 하는 사회적 자극으로서의 역할을 수행한다.

반응촉진 효과는 흔히 볼 수 있다. 여러분은 한 집단의 사람들이 한 방향을 바라보고 있는 것을 본 적이 있는가? 이것은 여러분이 동일한 방향을 바라보게 하는 단서가 된다. 사람은 행동을 수행하는 방법을 이미 알고 있기 때문에 반응촉진이 진정한 의미의 학습을 유발하지는 않음을 주목해야 한다. 오히려 모델이 관찰자의 행동을 위한 단서로 작용한다. 관찰자는 행동의 적절성에 대한 정보를 파악하며, 만약 모델이 긍정적 결과를 받으면 그 행동을 수행하도록 동기화될 것이다.

반응촉진 모델링은 의식적인 인식 없이도 일어날 수 있다. Chartrand와 Bargh(1999)는 **카멜레온효과(Chameleon effect)**, 즉 사람이 자신의 사회적 환경 속에서 행동과 행동에 대한 매너리즘을 무의식적으로 모방한다는 증거를 발견하였다. 행동에 대한 단순한 인지는 그렇게 행동하게 하는 반응을 유인할 것이다.

억제와 탈억제. 모델을 관찰하는 것은 이전에 학습된 행동을 수행하기 위한 억제를 강화시키거나 약화시킬 수 있다. **억제(inhibition)**는 모델이 어떤 행동을 수행한 것 때문에 처벌을 받았을 때 일어나며, 결과적으로 관찰자가 그러한 행동을 그만두거나 방지하도록 도와준다. **탈억제(disinhibition)**는 모델들이 부정적인 결과를 경험하지 않은 채 위협적이거나 금지된 행동을 수행할 때 일어나며, 관찰자로 하여금 동일한 행동을 수행하도록 유도한다. 행동에 대한 억제 · 탈억제 효과는 모델의 행동이 관찰자에게 만약 자신이 모델화된 행동을 수행한다면 비슷한 결과를 가져올 것이라는 것을 전달해 주기 때문에 일어난다. 이러한 정보는 또한 감정(예: 불안의 증가 또는 감소)과 동기에도 영향을 미칠 것이다.

교사의 행동은 교실에서의 잘못된 행동을 억제하거나 탈억제시킬 수 있다. 비행에 대해 처벌을 받지 않은 학습자는 탈억제를 증명할 것이다. 즉, 모델화된 비행이 처벌을 받지 않는 것을 관찰한 학습자는 잘못된 행동을 하기 시작할 것이다. 역으로, 교사가 비행을 저지른 학습자에게 징계를 줄 때 다른 학습자의 비행은 억제될 것이다. 관찰자는 만약 자신이 계속해서 비행을 저지르고 교사에 의해 그것이 목격되면 그 자신도 처벌을 받을 것이라고 믿을 가능성이 더 높아진다.

억제와 탈억제는 행동(behaviors)이 사람이 이미 학습해 온 행동(actions)에 영향을 끼친다는 점에서 반응촉진과 유사하다. 그러나 반응촉진은 일반적으로 사회적으로 수용할 수 있는 행동을 포함하고 있는 반면 억제되고 탈억제된 행동은 종종 도덕적 · 법적 뉘앙스(예: 규칙이나 법을 위반)를 가지며 감정(예: 두려움)을 수반한다는 점에서 차이가 있다.

관찰학습. 모델링을 통한 **관찰학습(observational learning)**은 관찰자가 심지어 동기수준이 높아도 관찰자가 모델화된 행동을 접하기 전에 발생의 가능성이 전혀 없는 새로운 행동패턴을 보여줄 때 일어난다(Bandura, 1969). 핵심적인 메커니즘은 새로운 행동을 산출하기 위한 방법에 관하여 모델이 관찰자에게 전달한 정보다(Rosenthal & Zimmerman, 1978). 관찰학습은 네 가지의 하위과정, 즉 주의, 파지, 산출, 동기유발로 구성되어 있다(Bandura, 1986)(〈표 4.3〉 참조).

표 4.3
관찰학습과정

하위과정	활동
주의	관련된 과제의 특성을 물리적으로 두드러지게 하고, 복잡한 활동을 부분들로 세분화하며, 유능한 모델을 활용하고, 모델행동의 유용성을 보여줌으로써 학생의 주의를 끈다.
파지	배워야 할 정보를 연습하고, 시각적 · 상징적인 형태로 부호화하며, 새로운 내용을 기억 속에 이미 저장된 정보와 관련을 지어줌으로써 파지를 증진한다.
산출	산출된 행동은 어떤 사람의 개념적(정신적) 표상과 비교된다. 피드백은 차이를 수정할 수 있도록 해준다.
동기	모델행동의 결과는 관찰자에게 기능적 가치와 적절성을 알려준다. 결과는 결과에 대한 기대를 창출하고 자기효능감을 향상시킴으로써 동기화된다.

관련된 사례를 의미 있게 인식하기 위해서는 관찰자의 **주의(attention)**가 필요하다. 사람은 어떤 특정 순간에 많은 활동에 참여할 수 있다. 이 장의 뒷부분에서 논의된 것처럼, 모델과 관찰자의 특성이 모델에 대한 특정인의 주의에 영향을 미친다. 과제의 특성 역시 주의에 영향을 주는데, 특히 특이한 크기, 모양, 색깔, 소리 등이 그러하다. 교사는 종종 밝은 색깔과 과장된 특성을 사용하여 모델링을 보다 변별적으로 만든다. 주의는 또한 모델 활동의 기능적 가치에 대한 인식에 의해 영향을 받는다. 관찰자가 중요하고 보상의 결과를 이끌 수 있다고 믿는 모델화된 행동은 더 큰 주의를 일으킨다. 학습자는 대부분의 교사들의 활동이 학습자의 학습을 향상시키기 위한 것이기 때문에 매우 기능적이라고 믿는

다. 학습자는 또한 교사가 매우 유능하다고 믿는 경향이 있으며, 이것이 주의를 향상시킨다. 모델역량에 관한 인식을 촉진하는 요인은, 어떤 사람의 직함이나 지위와 같이, 성공과 역량의 상징적인 지표를 보여주는 모델행동이다.

파지(retention)는 정보를 기억 속에 저장하기 위하여 인지적으로 조직화하고, 연습하며, 부호화하고, 모델화된 정보를 변형하는 것을 요구한다(제5장 참조). 사회인지이론은 모델화된 표상은 영상, 언어적인 형태, 또는 두 가지 모두로 저장될 수 있다고 가정한다(Bandura, 1977b). **시연(rehearsal)** 또는 정보에 관한 정신적 재검토는 지식을 파지하는 데 핵심적인 역할을 수행한다. Bandura와 Jeffery(1973)의 연구는 부호화와 시연의 이점을 예시하기 위해 성인들에게 복잡한 모델화된 운동모습을 제시하였다. 몇몇 피험자들은 숫자나 언어적인 인식부호를 할당받음으로써 정보가 제시되었을 때 이 운동을 부호화하였다. 다른 피험자들에게는 부호화 설명서가 주어지지 않았지만 기억할 수 있도록 그 운동을 세분화하도록 하였다. 더불어, 피험자들에게 모델화된 운동모습을 제시한 후에 그 부호나 운동을 시연하거나 시연하지 못하게 하였다. 부호화와 시연은 모두 모델화된 사태에 관한 파지를 신장시켰다. 다시 말해서, 부호화하고 시연을 한 사람이 회상을 가장 잘 하였다.

산출(production)은 모델화된 사태의 시각적·상징적 개념을 명시적인 행동으로 변환하는 것을 포함한다. 많은 단순한 행동은 단순히 관찰함으로써 학습될 수 있다. 즉, 관찰자에 의한 결과적인 산출은 학습이 이루어졌음을 보여준다. 그러나 복잡한 행동은 관찰을 통해서만 학습되지 않는다. 대부분의 복잡한 기능은 모델링, 안내된 시연, 교정적 피드백의 조합을 통해 학습된다. 학습자는 종종 모델화된 시범(demonstration)을 관찰함으로써 복잡한 기능의 대략적인 특성을 습득할 것이다(Bandura, 1977b). 학습자는 시연, 교정적 피드백, 재교육을 통해 자신의 기능을 세련되게 한다.

모델화된 행동을 산출하는 데 있어서의 문제점은 정보가 부적절하게 부호화되었기 때문만 아니라 학습자가 기억 속에 부호화된 정보를 명시적인 행동으로 변화시키는 데 있어 어려움을 경험하기 때문이다. 예를 들어, 어린 아동은 신발 끈을 묶는 방법에 관하여 기본적인 이해를 하고 있지만, 그 지식을 행동으로 변환할 수는 없다. 학습자가 학습해 온 것을 시연하는 데 어려움을 겪을 것이라고 의심하는 교사는 학습자를 다른 방식으로 검사할 필요가 있다.

사람은 자신이 중요하다고 여기는 모델화된 행동을 위해 앞의 세 가지 과정(주의, 파지, 산출)에 참여할 가능성이 더 높기 때문에, **동기(motivation)**는 관찰학습에 영향을 준다. 사람은 자신 또는 모델에 의해 경험된 결과에 근거해서 예상되는 행동의 결과물에 대한 기대를 가진다(Bandura, 1997). 그는 보상적인 산출물을 가져다줄 것이라고 믿는 행동을 수행하며 부정적으로 반응할 것이라고 믿는 방식으로 행동하는 것을 피한다(Schunk, 1987). 사람은 또한 자신의 가치에 근거하여 행동한다. 사람은 자신에 대한 또한 다른 사람에 대한 결과에 상관없이 자신이 가치 있다고 여기는 행동을 수행하고 불만족스러운 결과를 초래한 행동은 피한다. 사람은 부, 명성, 권력과 같은 보상을 받기 위해 관여해야 하는 활동이 비윤리적이라고 여길 때 이러한 보상을 포기한다(예: 미심쩍은 사업상황). 교사는 학습을 흥미롭게 만들고, 내용을 학습자의 관심사와 관련지으며, 학습자가 목표를 설정하고, 목표의 진척정도를 점검하도록 하며, 역량이 향상되었음을 나타내는 피드백을 제공하고, 학습의 가치를 강조하는 것 등을 포함한, 다양한 방식으로 동기를 증진한다(제9장 참조).

인지기능학습

관찰학습은 각 반응이 수행되고 강화되어야 하는 조형을 통해 일어날 수 있는 것 이상의 학습범위와 학습률을 확장한다(제3장 참조). 인지적인 기능에 관한 모델화된 묘사(portrayals)를 통해 교실에서의 표준적인 특성을 알 수 있다. 교사가 습득되어야 할 기능을 설명하고 시범을 보인 후에 학습자는 안내된 연습을 받고, 교사는 이때 학습자의 이해정도를 확인한다. 만약 학습자가 어려움을 느끼면 교사는 기능을 다시 가르친다. 교사가 학습자가 기본적인 이해에 도달한 것에 만족할 때, 학습자는 개별적인 연습을 하고, 이때 교사는 학습자의 수행을 주기적으로 점검한다([적용 4.1] 참조).

교수의 많은 특징은 모델을 포함하고 있으며, 다양한 연령대의 학생들이 모델을 관찰함으로써 기능과 전략을 학습하는 것을 보여주는 많은 연구가 있다(Horner, 2004; Schunk, 2012). 심지어 튜터링 시간에 관한 비디오를 함께 관찰한 학생들이 차후에 튜터링 비디오를 관찰하지 않은 학생들과 비교하였을 때 학습과 장기파지에 훨씬 더 많이 참여한다는 것을 보여주는 증거가 있다(Craig, Chi, & VanLehn, 2009). 특히 교수에 모델링을 적절하게 적용한 두 가지가 인지적 모델링과 자기교수다.

인지적 모델링. 인지적 모델링(cognitive modeling)은 주어진 행동을 수행하는 모델의 생각과 근거를 언어적으로 제시하는 모델화된 설명과 시연을 포함한다(Meichenbaum, 1977; Zimmerman, 2013). Martin 코치는 Donnetta 선수에게 인지적 모델링을 사용하였다. 나눗셈을 가르칠 때, 교사는 276 ÷ 4와 같은 문제에 대한 답을 구하는 과정을 다음과 같이 언어화할 것이다.

먼저, 나는 4로 나누어야 할 숫자를 결정해야 한다. 나는 276을 선택하여 왼쪽에서 시작하여 보다 크거나 같은 숫자가 될 때까지 오른쪽으로 나누어야 할 숫자를 확보한다. 2가 4보다 큰가? 아니다. 27은 4보다 큰가? 그렇다. 그러면 나는 먼저 4로 27을 나눌 것이다. 이제 나는 27과 같거나 작은 숫자가 나올 수 있도록 4에 어떤 수를 곱해야 한다. 5는 어떤가? 5 × 4 = 20. 아니다. 너무 작다. 그럼 6을 곱해 보자. 6 × 4 = 24. 아마도. 7을 곱해 보자. 7 × 4 = 28. 아

적용 4.1

교사모델링

교사는 학습자가 기능을 획득하는 것을 도울 때 모델의 역할을 한다. 모델화된 시범은 학습자에게 일반적으로 수학문제 풀기, 문장 도식화하기, 차에 배터리 설치하기, 나무조각 맞추기와 같은 다양한 기능을 가르치기 위해 설계된 수업에 통합되어 있다.

모델화된 시범은 초등학교 학생에게 보고서의 머리말을 적절하게 쓰는 방법을 가르치기 위하여 사용될 수도 있다. 예를 들어, Longanecker 선생님은 학생이 사용하고 있는 보고서의 스케치를 칠판에 그릴 수도 있다. 그런 다음, 그녀는 그것을 어떻게 완성하는지 설명하고 시범을 보이면서 단계별로 보고서의 머리말을 쓰는 절차를 검토할 수 있다.

고등학교 생리학 수업에서, Rollacci 선생님은 시험에 대비하여 학습하는 방법에 대한 모델이 된다. 그는 몇 개의 장을 훑어보면서 각 절의 중요한 요점을 찾고 요약하는 방법에 관하여 설명하고 시범을 보인다.

중학교의 생활기능 수업시간에 학생은 모델의 시범을 보면서 의복에 소매를 어떻게 삽입하는지 배울 수 있다. 교사는 과정을 기술하는 것으로부터 시작해서 절차를 구체적으로 제시할 수 있는 시각적 보조자료를 사용할 것이다. 교사는 재봉의 과정을 시범 보임으로써 설명을 마칠 수 있다.

Zicklin 교수의 대학원 방법론 수업을 듣는 몇몇 학생들이 연구 프로젝트에서의 연구결과를 보고하는 방법에 대한 질문을 하기 위해 수업 후에 그녀의 사무실에 왔다. 그는 다음 수업시간 동안 집단에게 연구결과를 제시하는 방법을 시범 보이기 위해서 자신이 완료한 연구 프로젝트를 사용한다. 그는 자료제시 방법을 보이기 위해서 유인물과 슬라이드를 사용한다.

연극담당 교사는 학생들이 연극을 연습할 때 학생들과 같이 학습하는 동안 다양한 수행기능을 모델링할 수 있다. 그 교사는 연극의 각 캐릭터에 맞는 적합한 음성조절, 분위기, 볼륨, 몸동작의 시범을 보여줄 수 있다.

니다. 너무 크다. 그러면 6이 맞다.

인지적 모델링은 다른 형태의 진술문도 포함할 수 있다. 학습자에게 실수(error)를 인지하고 극복하는 방법을 보여주기 위해 실수가 모델화된 시범 속에 포함될 수도 있다. 특히 학습에 대한 어려움에 부딪혀 잘 수행할 수 있는 자신의 능력을 의심하는 학습자에게는 "난 잘하고 있어"와 같은 자기강화적 진술 또한 유용하다.

연구자들은 인지적 모델링의 유용한 역할을 구체화하고, 설명이 함께 제시되는 모델 링은 설명만 제시하는 것보다 교수기능에서 보다 효과적임을 보여 주었다(Rosenthal & Zimmerman, 1978). Schunk(1981)는 아동의 두 자리 수 이상의 수로 나누는 나눗셈에 관한 자기효능감과 성취도에 있어 인지적 모델링의 효과와 강의교수의 효과를 비교하였다. 나눗셈 기능이 부족한 아동은 교수와 연습을 받았다. 인지적 모델링 조건의 경우, 학습자는 성인모델이 나눗셈을 설명하고 시범을 보이는 것을 관찰하였다. 강의식 교수조건의 경우, 학습자는 나눗셈 방법을 설명하고 제시하는 교수자료를 검토하였지만 이를 직접 수행하는 모델을 보지는 못하였다. 인지적 모델링은 강의식 교수법보다 아동의 나눗셈에 대한 성취도를 향상시켰다.

자기교수. 자기교수(self-instruction)는 학습자에게 학습이 이루어지는 동안 자신의 활동을 조절하는 방법을 가르치기 위하여 사용되어 왔다(Meichenbaum, 1977). 초기 연구에서, Meichenbaum과 Goodman(1971)은 특수교육 학급의 충동적인 초등학교 2학년생들을 대상으로 인지적 모델링을 자기교수훈련 과정 속에 포함시켰다. 그 과정에는 다음과 같은 것이 포함되었다.

- **인지적 모델링**(cognitive modeling): 어른은 자신이 과제를 수행하는 동안 아이에게 무엇을 해야 하는지 말한다.
- **명시적 안내**(overt guidance): 아이는 어른의 지시에 따라 수행한다.
- **명시적 자기안내**(overt self-guidance): 아이는 자신 스스로에게 큰소리로 지시하면서 수행한다.
- **감소된 명시적 자기안내**(faded overt self-guidance): 아이는 과제를 수행하면서 지시를 속삭인다.
- **암시적 자기교수**(covert self-instruction): 아이는 마음속으로 조용히 스스로에게 안내하면서 수행한다.

자기교수는 종종 아동의 수행률을 낮추기 위해서 사용된다. 선 그리기 과제를 수행하는 동안 성인모델은 다음과 같은 진술문을 사용하였다.

좋아. 내가 뭘 해야 하지? 너는 내가 다른 선들로 그림을 따라 그리기를 원한다. 천천히 그리고 조심스럽게 해야겠다. 좋아. 선을 아래로 그린다. 좋아. 좋아. 다음엔 오른쪽으로, 됐어. 이제 좀 더 아래쪽으로, 그리고 왼쪽으로. 좋아, 지금까진 잘 하고 있어. 천천히 해야지. 자, 다시 돌아가자. 아니야. 아래로 내려갔어야지. 아… 선을 조심스럽게 지우고… 좋아. 실수를 해도, 천천히 그리고, 조심스럽게 할 수 있어. 좋아, 이제 아래로 내려가야 한다. 끝났다. 다했

다. (Meichenbaum & Goodman, 1971, p.117)

모델도 실수를 하며 그 실수를 어떻게 다루는지 보여 주었다는 것을 주목하라. 이는 종종 좌절하고 실수를 수정하는 것을 쉽게 그만둘 수 있는 학습자를 위한 중요한 학습형태다. Meichenbaum과 Goodman은 인지적 모델링이 반응시간을 낮추지만 자기교수는 실수를 감소시켰다는 것을 발견하였다.

자기교수는 다양한 과제와 여러 유형의 학습자에게 사용되어 왔다(Fish & Perva, 1985). 자기교수는 특히 학습장애를 가진 학습자에게(Wood, Rosenberg, & Carran, 1993), 그리고 학습자에게 전략적으로 학습하는 것을 가르치는 데 효과적이다. 독해를 가르칠 때, 선행 교수(instruction)는 다음과 같이 수정되어야 할 것이다. "내가 할 것이 무엇인가? 나는 단락에서 주제 문장을 찾아야 한다. 주제 문장은 단락이 무엇에 관한 것인지를 나타내는 것이다. 나는 세부적인 사항을 요약하거나 단락이 무엇에 관한 것인지 말하는 문장을 찾으면서 시작한다."(McNei, 1987, p.96). 어려움을 극복하기 위한 진술("아직 못 찾았어, 하지만, 괜찮아")은 모델화된 시범 속에 만들어진다.

운동기능학습

사회인지학습이론은 운동기능학습은 반응산출을 위한 기능의 개념적 표현을 제시하고, 반응피드백에 대해 이어지는 반응을 수정하기 위한 기준을 제공하는 정신모델을 구성하는 것을 포함한다고 가정한다(Bandura, 1986; McCullagh, 1993; Weiss, Ebbeck, & Wiese-Bjornstal, 1993). 개념적 표현은 인지적으로 연습하기 위해 관찰된 행동의 결과를 시각적·상징적 부호로 관찰된 행동의 연쇄로 전환함으로써 형성된다. 개인은 대개 기능을 수행하려고 시도하기 전에 기능에 대한 정신모델을 갖는다. 예를 들어, 개인은 테니스 선수를 관찰함으로써 서브, 발리, 백핸드와 같은 활동에 대한 정신모델을 구성한다. 이러한 정신모델은 완전화되는 피드백과 수정을 요구한다는 점에서 기본적이지만, 훈련 초기에는 학습자에게 기능을 근사치에 가깝게 수행하도록 한다. 우리는 Donnetta가 백핸드에 관한 정신모델을 구축할 필요가 있었던 이 장 서두의 에피소드에서 이것을 보았다. 새롭거나 복잡한 행동의 경우, 학습자는 사전 정신모델을 갖고 있지 않을 것이며, 따라서 행동을 수행하려고 시도하기 전에 모델의 시범을 관찰할 필요가 있을 것이다.

이러한 사회인지적 접근법은 다른 운동기능학습 설명과는 다르다. Adams(1971)는 **폐쇄형 이론(closed-loop theory)**에서 사람은 연습과 피드백을 통해 운동기능에 대한 인지적 (내적) 흔적을 개발한다고 주장한다. 이러한 흔적은 움직임을 수정하기 위한 참조가 된다. 사람은 행동을 수행할 때, 내적(감각적)·외적(결과에 대한 지식) 피드백을 받아 피드백과 흔적을 비교한다. 비교 결과의 차이는 그 흔적을 올바르게 한다. 피드백이 정확할 때 학습은 강화되고 행동은 점진적으로 피드백 없이도 수행될 수 있게 된다. Adams는 기억 장치를 두 개로 구별하였는데, 하나는 반응을 산출하는 것이고, 다른 하나는 반응의 정확함을 평가하는 것이다.

도식이론(schema theory)(Schmidt, 1975)은 사람들은 초기 조건, 일반화된 운동 결과의 특성, 움직임의 결과, 결과에 대한 지식, 감각적(지각적) 피드백을 포함하는 운동기능 움직임에 대한 많은 정보를 기억에 저장한다고 주장하였다. 학습자는 이러한 정보를 두 개의 일반적인 도식 또는 관련된 정보를 구성하고 있는 조직화된 기억네트워크에 저장한다. 회상도식은 반응산출을 다루는 반면, 인지도식은 반응을 평가할 때 사용된다.

사회인지학습이론은 다른 사람을 관찰함으로써, 사람이 이후에 반응을 일으키고 반응의 정확함을 평가하기 위한 기준을 제시하는 인지적 표상을 형성한다고 주장한다 (Bandura, 1986). 운동학습이론은 행동을 수행한 후에 실수를 수정하는 데 더 큰 강조점을 두며 정보를 저장하고 정확성을 평가하기 위한 두 개의 기억 메커니즘을 요구한다는 점에서 사회인지학습이론과 다르다(McCullagh, 1993). 사회인지학습이론은 또한 운동기능의 발달에서 개인적 인지의 역할(목표와 기대)을 강조한다([적용 4.2] 참조).

운동기능학습에서의 문제는 학습자가 자신의 시야 밖에 있는 자신의 수행장면은 관찰할 수 없다는 것이다. 골프채를 스윙하며, 축구공을 차고, 야구공을 던지는 사람 또는 높이뛰기나 장대높이뛰기를 하고 있는 사람은 이러한 행동이 이루어지는 과정의 많은 측면

적용 4.2
운동기능학습

관찰학습은 운동기능을 학습하는 데 있어 유용하다. 체육교사는 학생에게 농구공을 드리블하는 방법을 가르치기 위하여 각각의 단계에서 움직이지 않고 서 있기, 공 튀기기, 움직이면서 공 튀기기와 같은 운동기능부터 시작한다. 마지막 단계의 기능까지 가는 각각의 기능을 소개한 후에, 학생이 무엇을 따라할지를 시범 보일 수 있다. 그런 후, 학생은 기능을 연습해야 한다. 만약 학생이 특정 단계에 어려움을 보이면, 교사는 학생이 계속 연습하기 전에 시범을 반복할 수 있다.

봄철 뮤지컬에서 공연하기 위해 춤을 배우는 고등학교 학생들을 위해, 교사는 시범을 보이고 춤이 음악에 맞도록 천천히 진척시킬 필요가 있다. 교사는 단계별로 나누어 수행하고, 점차적으로 단계를 합치고 결국 모든 다양한 단계를 음악에 통합해 가면서 춤동작을 가르칠 것이다.

을 관찰할 수 없다. 우리가 하고 있는 것을 볼 수 없다는 것은 우리에게 운동감각의 피드백에 의존하여 이를 개념적 표상과 비교해 보게 한다. 시각적 피드백의 부재는 학습을 어렵게 만든다.

Carroll과 Bandura(1982)는 학습자에게 운동기능을 수행하는 모델을 볼 수 있게 하였다. 그런 후 학습자에게 운동패턴을 수행해 볼 것을 요구하였다. 실험자는 몇 명의 학습자들에게 비디오카메라를 이용하여 모니터를 통해 그들의 실시간 수행을 관찰할 수 있게 함으로써 수행에 대해 동시적으로 시각적 피드백을 제공하였다. 다른 학습자들은 시각적 피드백을 받지 않았다. 학습자들에게 운동행동에 대한 정신모델을 형성하기 전에 시각적 피드백이 주어졌을 때는 수행에 영향을 미치지 않았다. 학습자들이 일단 마음속에 적절한 모델을 갖게 되면 시각적 피드백은 모델화된 행동의 정확한 재생을 강화시킨다. 시각적 피드백은 학습자들의 개념적 모델과 이전에 여기저기에서 수행한 행동 간의 차이를 제거하였다.

연구자들은 또한 운동기능을 가르치기 위해서 모델을 사용하는 것의 효율성을 검토해 왔다. Weiss(1983)는 장애물 훈련장의 6가지의 운동기능 코스를 학습할 때에 소리가 없는 모델(시각적 시범)의 효과와 언어적 모델의 효과(시각적 시범과 함께 언어적 설명)를 비교하였다. 7~9세의 어린이들은 두 모델 모두에서 동일하게 학습하였고, 그보다 어린 4~6세의 어린이들은 언어적 모델에서 더 잘 학습하였다. 아마도 언어적 설명이 덧붙여진 것이 어린이들의 집중을 유지할 수 있도록 돕고 기억에 정보를 부호화하는 것을 돕는 인지적 모델을 창출한 것 같다. Weiss와 Klint(1987)는 시각적 모델이 있거나 없거나 행동의 결과를 언어적으로 연습한 어린이들은 언어적으로 연습하지 않은 어린이들보다 운동기능을 더 잘 학습하였음을 발견하였다. 이러한 연구결과들은 언어화의 어떠한 형태는 운동기능을 획득하는 데 결정적으로 중요할 수 있음을 시사한다.

학습과 수행에 영향을 미치는 요인

모델을 관찰하는 것이 학습이 이루어지거나 학습된 행동을 이후에 수행하게 될 것이라는 것을 보장해 주지는 않는다. 몇 가지 요인은 대리학습과 학습된 행동의 수행에 영향을 미친다(〈표 4.4〉 참조). 여기에서는 발달상태, 모델의 명성과 역량, 대리적 귀결이 논의되고 결과에 대한 기대, 목표설정, 자기효능감은 다음 절에서 논의된다.

표 4.4
관찰학습과 수행에 영향을 주는 요인

특징	모델링에 대한 효과
발달상태	발달에 따른 발전은 보다 오랜 집중과 증가된 정보처리능력을 포함하여, 전략을 사용하고, 기억하고 있는 표상과 수행을 비교하며, 본질적인 동기요인을 취한다.
모델의 명성과 역량	관찰자는 경쟁력 있고, 높은 지위에 있는 모델에 더 높은 관심을 보인다. 모델화된 행동의 결과는 기능적 가치에 대한 정보를 전달하는 것이다. 관찰자는 그가 수행할 필요가 있다고 믿는 행동을 학습하기 위해 시도한다.
대리적 귀결	모델에 대한 결과는 행동의 적절성과 행동의 가능한 결과물에 대한 정보를 전달한다. 가치 있는 결과들은 관찰자들을 동기화시킨다. 속성이나 능력의 유사성은 적절성을 나타내며 동기를 높인다.
결과에 대한 기대	관찰자는 자신이 적절하다고 여기며 보상할 만한 산출물이 있을 것이라고 믿는 모델화된 행동을 보다 쉽게 수행하려고 한다.
목표설정	관찰자는 그가 목표를 달성하도록 돕는 행동을 보이는 모델을 따르기 쉽다.
자기효능감	관찰자는 자신이 모델화된 행동을 학습하거나 수행을 할 수 있다고 믿을 때 모델을 따른다. 유사한 모델에 대한 관찰은 자기효능감에 영향을 미친다("그들이 그것을 할 수 있다면, 나도 할 수 있다")

학습자의 발달상태

학습은 발달적 요인들에 따라 심하게 좌우되며(Wigfield & Eccles, 2002), 이러한 요인들에는 모델로부터 학습할 수 있는 학생의 능력이 포함된다(Bandura, 1986). 선행연구는 6~12개월 정도 된 어린 아동은 모델에 의해서 제시된 행동을 수행할 수 있으며(Nielsen, 2006), 동료모델링은 유치원 학생들에게 효과적임을 보여준다(Ledford & Wolery, 2013). 그러나 어린 아동은 오랜 기간 동안 모델화된 사태(events)에 참여하는 데 그리고 관련이 없는 단서로부터 관련된 단서를 구별하는 데 어려움을 겪는다. 시연, 조직화, 정교화(제5장 참조)와 같은 정보처리기능은 발달해 감에 따라 향상된다. 나이 든 아동은 새로운 정보를 이해하는 데 도움을 주는 보다 광범위한 지식기반을 획득하며, 기억전략을 사용하는 능력을 갖게 된다. 어린 아동은 모델화된 사태를 물리적 속성에 따라 부호화하겠지만(예: 공은 둥글다. 그것은 튀어 오른다. 너는 공을 던진다), 나이 든 아동은 종종 정보를 시각적 또는 상징적으로 표현한다.

산출과정의 경우, 만약 아동에게 필요한 물리적 능력이 부족하다면 관찰을 통해 획득한 정보는 수행될 수 없다. 산출 역시 기억에 저장된 정보를 행동으로 전환하고, 기억된 표상과 수행을 비교하며, 필요에 따라 수행을 수정할 것을 요구한다. 오랜 기간 동안 자신의 행동을 자기조절할 수 있는 능력은 발달해 감에 따라 증대된다. 행동에 대한 동기적 유인 또한 발달수준에 따라 다양하다. 어린 아동은 그의 행동에 대한 즉각적인 결과에 의해 동기화된다. 아동이 성숙해 감에 따라, 그는 모델화된 행동을 자신의 목표와 가치에 일치되게 수행하기 쉽다(Bandura, 1986).

모델의 명성과 역량

모델화된 행동은 유용성 측면에서 다양하다. 환경을 성공적으로 다루는 행동은 덜 효과적으로 다루는 행동보다 더 많은 주의를 요구한다. 사람은 어느 정도 자신이 같은 상황을 직면할 것이라고 믿고 그가 성공하기 위해 필요한 행동을 학습하기를 원하기 때문에 부분적으로 모델을 따라 한다. Donnetta는 코치가 전문 테니스 선수이기 때문에 그리고 Donnetta는 게임을 향상시킬 필요가 있다는 것을 알고 있기 때문에 그 코치를 따라 하였다. 모델들이 서로 주의를 끌면, 사람들은 유능한 모델을 따라할 가능성이 더 높다.

모델의 역량은 모델화된 행동의 산출물(성공, 실패)과 역량을 표시하는 상징으로부터 추측된다. 중요한 속성은 명성(prestige)이다. 유명한 모델은 낮은 명성을 갖고 있는 모델보다 더 많은 주의를 요구하기 쉽다. 덜 알려진 사람보다는 잘 알려진 사람이 이야기를 할 때 참여율이 항상 더 높다. 대부분의 예에서, 높은 지위의 모델은 자신이 유능하고 잘 수행하기 때문에 그 지위에 오른 것이다. 그의 행동은 만약 자신이 적절하게 행동하면 보상이 주어질 것이라고 믿는 경향이 있는 관찰자에게 보다 기능적인 가치를 갖는다.

대부분의 아동들에게 부모와 교사는 높은 지위에 있는 모델이다. 아동의 모델링에 성인이 영향을 미치는 범위는 일반적으로 많은 영역에 걸쳐 있다. 비록 교사는 아동에게 지적 발달에 있어 중요한 모델이지만, 일반적으로 교사의 영향은 사회적 행동, 교육적 달성, 외형, 독특한 버릇이나 특징과 같은 다른 영역에도 영향을 미친다. 이러한 모델의 명성이 갖는 영향은 종종 청소년이 상업적인 분야에서 유명한 운동선수가 광고하는 물건을 선택하는 것처럼 모델이 특별한 역량을 가지고 있지 않은 영역에서도 일반화된다(Schunk & Miller, 2002). 모델링은 발달해 감에 따라 보다 더 널리 행해지지만, 어린 아동은 성인의 영향을 크게 받기 쉽다([적용 4.3] 참조).

모델에 대한 대리적 영향

모델에 대한 대리적 결과는 모델화된 행동에 대한 관찰자의 학습과 수행에 영향을 미칠 수 있다. 모델이 행동에 대해 보상받는 것을 관찰한 학생은 그 모델을 보다 쉽게 따르고, 파지를 위해 그들의 행동을 시연하고 부호화하며, 동일한 행동을 수행하고자 동기화될 가능성이 더 높다. 따라서 대리적 결과는 정보와 동기를 제공한다(Bandura, 1986).

정보. 모델에 의해 경험된 결과는 관찰자에게 가장 효과적일 수 있는 행동유형에 대한 정보를 전달한다. 능력 있는 모델이 성공적인 결과를 보이는 행동을 수행하는 것을 관찰

적용 4.3

모델의 속성

사람들은 어느 정도는 자신들도 같은 상황에 직면할 것이라고 믿기 때문에 모델을 따라 한다. 모델의 명성과 능력의 효과적인 사용은 중등학교 학생들이 수업에 참석하도록 동기화하는 것을 도울 수 있다.

만약 고등학교에서 알코올 사용이 문제가 된다면, 교직원은 외부강사를 초빙해서 알코올 교육과 남용(예방, 치료)에 관한 프로그램을 제공해야 할 것이다. 영향력 있는 강사란 최근에 고등학교와 대학교를 졸업하였으며 알코올과 관련된 문제를 성공적으로 극복한 사람이고, 알코올 중독자와 함께 일하는 사람일 것이다. 모델의 개인적 경험과 더불어, 모델과 학생의 나이의 상대적 유사성은 모델을 매우 유능해 보이게 할

것이다. 이러한 개인은 교사나 상담가에 의해 가르쳐진 문학이나 수업보다 학생에게 더 강한 영향을 줄 것이다.

초등학교 수준에서, 또래들이 학문적 기능을 가르치는 것을 돕도록 하는 것은 학습자의 학습과 자기효능감을 촉진시킬 수 있다. 아동은 동일한 어려움을 가지고 있는 다른 아동을 확인할 수 있다. 한 교사가 학급에 나눗셈을 학습하는 데 어려움을 겪고 있는 4명의 학생을 가지고 있다. 그녀는 이 4명의 학생을 장제법(長除法)의 개념과 과정에 대해 이해한 것을 시범 보인 학생과 짝지었다. 짝꿍에게 장제법 문제를 어떻게 해결하는지 설명하는 아이는 짝꿍이 이해하기 쉬운 용어를 사용할 것이다.

하는 것은 관찰자에게 성공하기 위한 행동의 결과에 대한 정보를 전달하는 것이다. 사람들은 모델화된 행동과 그 결과를 관찰함으로써 어느 행동이 보상을 받을 것이며 어느 행동이 처벌을 받을 것인지에 관한 믿음을 형성한다.

모범적인 시범에서, Bandura, Ross와 Ross(1963)는 아동을 실제 공격적인 모델, 영화화된 공격성, 또는 만화 캐릭터에 의해 묘사된 공격성에 노출시켰다. Bobo인형을 때리고, 던지고, 발로 차고, 깔고 앉는 행동을 하였던 모델은 어떠한 보상이나 처벌을 받지 않았는데, 그것은 관찰자에게 모델화된 행동이 수용 가능하다는 것을 전달할 가능성이 가장 높았다. 그 후에 아동은 Bobo인형을 가지고 노는 것이 허용되었다. 공격성에 노출되지 않은 아동과 비교해 볼 때, 공격적인 모델을 본 아동은 공격성에서 유의미하게 높은 수준을 보였다. 공격모델의 유형(실제, 영화, 만화)이 아동의 공격성 수준에 미치는 영향은 유의미한 차이가 없었다.

모델과의 **유사성**(similarity)은 중요하다(Schunk, 1987, 2012). 관찰자가 모델과 같을수록 관찰자는 유사한 행동을 사회적으로 적절하다고 고려할 것이며 비슷한 결과를 일으

킬 가능성이 커진다. 대부분의 사회적 상황은 구조화되어 있어 행동적 적합성은 나이, 성별, 지위와 같은 요인에 의해 좌우된다. 관찰자에게 익숙하지 않은 모델화된 과제나 즉각적으로 결과가 뒤따라오지 않는 모델화된 과제는 모델 유사성에 의해 크게 영향을 받을 것이다(Akamatsu & Thelen, 1974).

비록 몇몇 심리학이론은 아동은 자신과 동일한 성별의 모델을 더 따르고 배울 가능성이 높다는 것을 보여 주지만(Maccoby & Jacklin, 1974), 다른 연구는 모델의 성별이 학습보다 수행에 더 크게 영향을 미친다고 주장한다(Perry & Bussey, 1979; Spence, 1984). 아동은 모든 성별의 모델로부터 학습하며, 두 성별 모두에 적절한 것인지 한쪽 성별에 보다 적절한 것인지에 대해 행동을 유목화한다. 따라서 모델의 성은 과제의 적절성에 대한 정보전달자로서 중요한 것처럼 보인다(Zimmerman & Koussa, 1975). 아동이 모델화된 행동의 성 적절성에 대한 확신이 없을 때 동성 동료의 행동이 사회적으로 용납될 수 있을 것이라 생각하기 쉽기 때문에 자신의 동성 동료를 모델로 삼을 것이다.

아동이 자신보다 나이가 어리거나 많은 모델보다는 동갑내기 동료의 행동을 더 적절하다고 인식할 때 모델과 관찰자의 연령의 유사성은 중요하다(Schunk, 1987). 어린이들이 동료나 성인과 쉽게 경쟁하게 되는지의 여부는 어떠한 행동이 보다 기능적 가치를 갖는지에 대한 인식에 달려있다. Brody와 Stoneman(1985)은 역량 정보가 없을 때 아동은 동갑내기 동료의 행동을 모델로 할 가능성이 더 높다는 것을 발견하였다. 아동이 역량 정보를 제공받았을 때 모델링은 모델의 나이와 관계없이 유사한 역량에 의해 향상되었다.

비록 아동은 어떤 나이의 모델로부터도 배울 수 있지만(Schunk, 1987), 동료와 성인은 상이한 수업전략을 사용한다. 동료는 종종 비언어적 시범을 사용하며 교수를 구체적인 항목에 연결한다(예: 그것을 행하는 방법). 그러나 일반적으로 성인은 일반적인 원리를 강조하는 언어적인 교수를 더 많이 사용하며 학습해야 할 정보를 다른 자료와 관련짓는다(Ellis & Rogoff, 1982). 동료교수는 학습장애를 경험하고 있는 학습자와 언어적 정보를 처리하는 데 어려움을 겪고 있는 학습자에게 특히 유익할 것이다.

모델과 관찰자의 유사성의 정도가 가장 높은 경우는 스스로가 모델일 때[**자기모델링(self-modeling)**] 발생하는데, 그것은 사회적, 직업적, 운동적, 인지적, 교수적 기능을 발달시키는 데 사용되어 왔다(Bellini & Akullian, 2007; Dowrick, 1983, 1999; Hartley, Bray, & Kehle, 1998; Hitchcock, Dowrick, & Prater, 2003). 일반적인 절차의 경우, 어떤 사람의 수행은 녹화되고, 그런 다음 그는 그 녹화된 것을 본다. 숙련된 수행에 관한 비디오 피드백을 보는 것은 우리가 학습할 수 있으며 이후 과제에서 진척할 수 있다는 것을 보여주고, 이는 자기효능감을 높여준다(Fukkink, Trienekens, & Kramer, 2011).

실수를 포함하는 수행들은 문제가 된다(Hosford, 1981). 수행자가 테이프를 보는 동안 도움을 줄 수 있는 개인의 논평은 수행자가 낙심하는 것을 막을 수 있다. 왜냐하면 전문가는 다음에 보다 나은 기능을 수행할 수 있도록 설명할 수 있기 때문이다. 실수 없는 수행은 숙련된 수행을 비디오로 촬영하거나 테이프의 실수 부분을 편집하여 제시된다. 숙련된 수행을 보는 것은 우리가 학습할 수 있으며 이후 과제에서 진척할 수 있다는 것을 보여주고, 이는 자기효능감을 높여준다.

Schunk와 Hanson(1989b)은 셈하기(분수) 기능을 획득하는 동안 자기모델링의 이점을 발견하였다. 아동들은 교수와 문제해결 연습을 받았다. 자기모델링을 한 학생들은 성공적으로 문제를 해결하는 동안 비디오로 촬영되었고 촬영테이프를 보았으며, 다른 학생들은 비디오 촬영을 하였지만(촬영의 잠재적 효과를 통제하기 위해서) 연구가 끝날 때까지 테이프를 보지는 못하였고, 세 번째 조건에 있는 아동들은 비디오촬영도 되지 않았다(참여의 효과를 통제하기 위해서). 자기모델링을 한 아동들은 학습에 대한 자기효능감, 동기, 그리고 사후 자기효능감과 성취에서 더 높은 점수를 받았다. 연구자들은 자신들이 성공적으로 문제해결을 하는 테이프를 본 완벽하게 자기모델링을 수행한 학생들과 기능을 획득할 때 점진적으로 향상하는 자신의 모습을 녹화한 테이프를 본 자기모델 아동들 사이에 차이가 없음을 발견하였는데, 그것은 진보나 완성에 대한 인식이 효능감을 형성할 수 있다는 것을 지지한다(Schunk & Pajares, 2009).

동기. 모델이 보상을 받는 것을 본 관찰자는 그에 따라 행동하도록 동기화된다. 지각된 유사성은 이러한 동기적 효과를 향상시키는데, 그것은 부분적으로 자기효능감에 따라 좌우된다(Bandura, 1982b, 1997). 학생은 유사한 타인의 성공을 관찰함으로써 만약 타인이 성공할 수 있다면 자신도 잘 할 수 있다고 믿는 경향이 있다. 이러한 동기적 효과는 교실에서 흔히 볼 수 있다. 어떤 과제를 잘 수행하고 있는 다른 학생을 관찰한 학습자는 최선을 다하고자 동기화될 것이다.

성공으로 이끄는 노력에 관한 관찰은 특히 중요하다(Schunk, 1989). 다른 사람이 노력하여 성공하고 교사로부터 칭찬을 받는 것을 보는 것은 관찰하고 있던 동료가 더 열심히 공부할 수 있도록 동기화할 것이다. 학생은 종종 역량이 더 뛰어나다고 믿는 사람들보다 자신과 유사한 다른 사람이 성공하는 것을 봄으로써 더 동기화될 것이다.

그러나 대리적 성공은 오랜 기간 동안 행동을 유지시키지는 못할 것이다. 비록 학생이 교사가 열심히 공부하고 훌륭한 수행을 한 다른 사람에게 칭찬과 높은 점수를 주는 것을 관찰하였을 때 동기가 고취되지만, 동기는 학생이 자기 자신의 노력이 보다 좋은 수행을 이끌 것이라고 믿을 때 오랜 시간 동안 유지된다.

동기과정

작동적·대리적 학습과 학습된 행동의 수행에 영향을 미치는 중요한 영향요인으로는 관찰자의 목적, 결과기대, 가치, 자기효능감을 들 수 있다. 이 절에서는 처음 세 가지를 다루고 자기효능감은 다음 절에서 다룬다.

목표

즉각적인 외적 인센티브가 없어도 오랜 기간 동안 유지된 많은 인간행동은 목표설정과 향상도에 관한 자기평가에 따라 좌우된다. **목표**(goal)는 개인의 의도를 반영하며, 수행의 양, 질, 비율을 말한다(Locke & Latham, 1990, 2002; Locke, Shaw, Saari, & Latham, 1981). **목표설정**(goal setting)은 개인행동의 목표로 활용되는 기준 또는 목표를 세우는 것을 수반한다. 사람은 자기 자신의 목표를 설정할 수 있으며, 또한 목표는 다른 사람(부모, 교사, 감독관)에 의해 세워질 수도 있다.

목표는 Tolman(1932, 1942, 1951, 1959)의 **목적적 행동주의**(purposive behaviorism) 이론의 핵심적 특성이다. 그 당시의 대부분의 심리학자들처럼, Tolman은 행동주의를 훈련받았다. 그의 실험은 Thorndike와 Skinner(제3장 참조)의 실험을 닮았는데, 그 이유는 그들은 다양한 환경적인 조건에서의 자극에 대한 반응을 다루었기 때문이다. 그러나 그는 행동을 일련의 자극-반응의 연합으로 보는 조건형성이론가들의 관점에 동의하지 않았다. 그는 학습은 자극에 대한 반응을 강화하는 것 이상이라고 주장하였으며, **구치행동**(molar behavior), 즉 목표지향 행동의 커다란 순서에 초점을 둘 것을 권장하였다.

Tolman(1932)의 이론의 "목적적(purposive)" 측면은 행동은 목표지향적이라는 그의 신념을 말한다. 환경에서의 자극(예: 대상, 경로)은 목표획득을 위한 수단이다. 이러한 자극은 독립적으로 연구될 수 없다. 오히려 전체 행동순서는 왜 사람이 특별한 행동을 하는지를 이해하기 위해서 연구되어야 한다. 명문대학교에 진학하는 것을 목표로 하는 고등학생은 수업시간에 열심히 공부한다. 연구자들은 공부하는 것에만 초점을 둠으로써 그 행동의 의도를 놓친다. 그 학생은 과거에 공부하는 것에 대해 강화되어 왔기 때문에(예: 좋은 성적을 획득함으로써) 공부하는 것이 아니다. 오히려, 공부하는 것은 목표(예: 학습, 높은 점수)를 중재하기 위한 하나의 수단인데, 그것은 결국 대학교에 입학할 가능성을 높여준다.

Tolman은 "목적적"이라는 용어의 사용이 객관적으로 정의된다고 주장함으로써 그 용어의 사용을 검증하였다. 인간과 동물의 행동은 목표지향적이다. 그들은 "마치" 어떤 목표를 추구하고 있는 것처럼 행동하며, 목표달성을 위한 수단을 선택해 왔다. 따라서 Tolman은 기반이 되는 인지적 메커니즘을 논의하기 위해 단순한 자극-반응의 연합을 넘어섰다.

사회인지이론은 목표는 향상도, 자기효능감, 자기평가에 대한 지각에 미치는 영향을 통해 학습과 수행을 향상시킨다고 주장한다(Bandura, 1988; Locke & Latham, 1990; Schunk, 1990). 목표는 의무 없이는 수행에 영향을 주지 않기 때문에 사람들은 초기에 자신의 목표를 달성하고자 하는 **의무(commitment)**를 가져야 한다(Locke & Latham, 1990). 과제를 수행할 때, 사람들은 자신의 현재의 수행을 자신의 목표와 비교한다. 향상도에 관한 긍정적인 자기평가는 자기효능감을 높이고 동기를 유지시킨다. 현재의 수행과 그 목표 간의 인식된 차이는 불만족을 형성할 수 있는데, 그것은 노력을 증진시킬 수 있다.

목표는 사람들이 과제의 요구에 부합하기 위해 필요한 노력을 기울이고 오랜 시간 동안 지속하도록 동기화한다(Locke & Latham, 1990, 2002). 목표는 또한 관련된 과제의 특성과 수행되어야 하는 행동에 주의를 기울이게 하며, 학습자가 어떻게 정보를 처리하는지에 영향을 줄 수 있다. 목표는 사람들이 과제에 초점을 맞추고, 과제에 적합한 전략을 선택하며, 그들의 접근법의 효과성을 결정할 수 있는 "터널시(tunnel vision)"를 주는데, 이러한 모든 것은 수행을 높일 가능성이 있다.

그러나 목표 그 자체는 자동적으로 학습과 동기를 향상시키지는 않는다. 오히려 특수성, 근접성, 어려움의 속성이 자기인식, 동기, 학습을 향상시킨다(Locke & Latham, 2002; Nussbaum & Kardash, 2005)(〈표 4.5〉와 [적용 4.4] 참조).

표 4.5
목표의 속성과 효과

목표의 속성	행동에 대한 효과
특수성	수행에 대한 구체적 기준을 함께 제시한 목표는 목표향상도를 쉽게 가늠할 수 있기 때문에 동기를 증가시키고 자기효능감을 높인다.
근접성	근접한 목표는 동기와 자기효능감을 증가시키며, 특히 장기목표를 단기목표로 나눌 수 없는 어린 아동에게 중요하다.
난이도	도전할 만하거나 도달할 수 있는 목표는 쉽거나 어려운 목표보다 동기와 자기효능감을 높인다.

특수성. 수행에 대한 구체적인 기준을 통합한 목표는 일반적인 목표(예: "최선을 다하라")보다 쉽게 학습을 향상시키고 자기평가를 활성화시킬 가능성이 더 높다(Locke & Latham, 2002). 구체적인 목표는 성공을 위해 얼마나 많은 노력이 요구되는지에 대한 정보를 더 많이 제공함으로써 과제수행을 촉진시키며, 명시적인 목표에 대한 향상도를 평가하는 것이 수월하기 때문에 자기효능감을 증진시킨다.

많은 연구들이 수행을 높이는 구체적인 목표의 효과성을 증명하였다(Bandura, 1988; Locke & Latham, 1990, 2002; Schunk, 2012). Schunk(1983b)는 아동들에게 장제법(long-

적용 4.4

목표속성

목표속성(goal properties)은 쉽게 수업에 통합된다. 4학년 수업에서, Zumbreski 선생님은 다음과 같은 목표를 진술함으로써 새로운 철자법 단원을 소개하였다.

이번 주 우리가 공부할 20개의 단어 중, 나는 여러분 모두가 우선 15개의 쓰는 방법은 배울 수 있을 거라는 걸 알고 있어요. 우리는 이 단어들을 수업시간에 부지런히 배울 거예요. 그리고 여러분이 집에서 복습하길 바래요. 우리가 학교와 집에서 공부해서, 금요일까지는 여러분 모두가 이 단어들의 철자를 정확하게 쓸 수 있을 거라고 생각해요. 마지막 5개의 단어들은 좀 더 어려워요. 이것들은 보너스 단어들이에요.

이 목표는 구체적이지만 어떤 아동에게는 아득하고 어려워 보일 것이다. 모든 아동이 전체적인 목표를 달성할 수 있도록 하기 위해서, Zumbreski 선생님은 매일의 단기목표를 설정하였다. "오늘은 이 5개의 단어를 배울 거예요. 수업시간이 끝날 때까지는 여러분들이 이 5개를 다 쓸 수 있을 거라 믿어요." 아이들은 주간목표보다 일일목표를 보다 도달하기 쉬운 것으로 여길 것이다. Zumbreski 선생님은 목표달성을 보다 확실히 하기 위해 금요일까지 숙달하도록 선정된 15개의 단어가 학생들에게 도전감을 주지만 아주 어렵지는 않다고 확신할 것이다.

학생들과 함께 자판연습을 수행하는 교사는 학기말까지 학생들이 도달해야 하는 분당 단어 수 목표를 수립할 것이다.

여러분, 이번 학기에 모두가 자판사용을 학습할 수 있을 것이라고 믿어요. 여러분 중 몇 명은 다른 경험이 있거나 민첩한 능력이 있어서 좀 더 빠르게 타이핑을 할 수 있을 거예요. 그렇지만 학기가 끝날 때까지 여러분 모두는 적어도 1분에 30단어는 실수 없이 칠 수 있을 거예요.

교사는 학생들이 목표를 성취하는 것을 돕기 위해 주별 단기목표를 세워야 한다. 따라서 첫째 주 목표는 실수 없이 1분에 10단어를 타이핑하는 것이고, 둘째 주 목표는 1분에 12단어 등등 각 주별 목표 개수가 증가할 것이다.

division) 문제를 해결하는 교수와 연습을 제공하였다. 그 시간 동안, 몇몇 아동들은 완수해야 하는 문제의 수를 표시한 구체적인 목표를 받았고, 다른 아동들은 생산적으로 공부하기 위한 일반적인 목표를 받았다. 각 조건 내에서, 그 아동들 중 절반은 목표를 달성할 수 있다는 것을 전달하기 위해 동료가 달성한 문제의 수에 대한 사회적 비교정보를 받았다. 목표는 자기효능감을 향상시켰다. 목표에 비교정보가 주어진 아동들이 가장 높은 자기효능감과 성취도를 달성하였다.

　　Schunk(1984a)는 목표의 효과와 보상의 효과를 비교하였다. 아동들은 여러 시간 동안 장제법에 대한 교수와 연습을 받았다. 몇몇 아동들은 완수한 문제의 수에 따라 보상을 제공받았으며, 다른 아동들은 목표(완료해야 할 문제의 수)를 추구하였으며, 세 번째 조건의 아동들은 보상과 목표를 받았다. 세 번째 조건의 집단은 수업시간 동안 동기가 향상되었다. 보상과 목표를 받은 집단이 가장 높은 자기효능감과 성취도를 달성하였다. 보상과 목표의 결합은 아동들에게 학습향상도를 가늠하는 데 사용할 수 있는 두 가지의 정보출처를 제공하였다.

근접성.　목표는 미래를 어디까지 계획하느냐에 따라 구분된다. 근접한 단기목표는 보다 가까이 있고, 더 빨리 성취되며, 일시적으로 먼 장기목표보다 훨씬 더 큰 동기를 유발한다. 비록 근접목표의 이점이 발달단계와 상관없이 발견되지만, 아동들에게 단기목표는 아동들이 참조에 대한 짧은 시간 프레임을 가지고 있고 먼 결과를 생각 속에 완전히 표현할 수 없기 때문에 필요하다(Bandura & Schunk, 1981). 근접목표는 교사가 아동들에게 15분(근접한) 내에 10문제(구체적)를 해결하도록 요구할 때처럼 수업시간에 따라 활동을 계획할 때 수업계획과 잘 어울린다.

　　Bandura와 Schunk(1981)는 아동들에게 7시간에 걸쳐 연습의 기회를 주는 것을 포함한 뺄셈수업을 하였다. 아동들은 7묶음의 수업자료를 받았다. 첫 번째 집단의 아동들은 각 시간에 하나의 묶음을 수행하는 근접목표를 수행하였다. 두 번째 집단은 마지막 시간까지 모든 묶음을 수행하도록 하는 장기목표를 받았다. 세 번째 집단은 제시한 묶음을 열심히 수행하라는 일반적인 목표를 제시받았다. 수업시간 동안 근접목표가 뺄셈에 대한 가장 높은 자기효능감, 성취, 내적 흥미(자유롭게 선택한 기간에 해결한 문제 수에 근거한)뿐만 아니라 가장 높은 동기를 이끌었다. 장기목표는 일반적인 목표와 비교해 볼 때 어떠한 이점도 없었다. Manderlink와 Harackiewicz(1984)는 근접목표와 장기목표는 단어퍼즐 맞추기에 관한 성인의 수행에 별다른 영향을 주지 않았지만, 단기목표는 목표달성과 지각된 역량에 대한 높은 기대를 초래함을 발견하였다.

난이도.　목표난이도(goal difficulty)란 어떤 기준에 대비하여 사정할 때 요구되는 과제능숙도의 수준을 말한다. 개인들은 쉬운 목표보다는 어려운 목표를 달성하기 위해 더 많은 노력을 한다(Locke & Latham, 2002). 그러나 난이도 수준과 수행은 서로 무한한 정적 관계를 가지고 있지는 않다. 어려운 목표는 필요한 기능이 없을 때 수행을 향상시키지 않는다. 자기효능감 또한 중요하다. 자신이 목표에 도달할 수 없다고 생각하는 학습자는 낮은 자기효능감을 가지고 있고, 그 목표를 시도하지도 않으며, 성의 없이 공부한다.

Schunk(1983c)는 아동들에게 각각의 수업시간 동안에 제시한 나누기 문제를 수행하는 어려운(그러나 도달할 수 있는) 목표 또는 보다 더 쉬운 목표를 제시하였다. 학생들이 목표가 너무 어렵다고 믿는 것을 막기 위해서, 교사는 각 집단의 절반에게 달성정보("넌 25개의 문제를 풀 수 있다")를 주었으며, 나머지 절반은 비슷한 동료가 얼마나 많은 문제를 풀었는지에 대한 비교정보를 받았다. 어려운 목표는 동기를 향상시킨다. 어려운 목표와 달성정보를 받았던 아동들이 가장 높은 자기효능감과 성취를 보였다. Locke, Frederick, Lee와 Bobko(1984)는 대학생들에게 어려운 목표를 할당하면 초기에 자기 자신의 목표를 설정하도록 허용되었던 학생들과 비교하였을 때 더 나은 수행을 하고, 그런 다음 혼자서 더 높은 목표를 설정한다는 것을 알아냈다. 피험자들이 자기 자신의 목표를 설정할 때, 자기효능감은 목표수준 및 실행에 긍정적으로 관련되었다.

자신이 설정한 목표. 연구자들은 학습자에게 자신의 목표를 설정하게 하는 것이 자기효능감과 학습을 향상시킨다는 것을 발견하였다. 이는 아마도 자신이 설정한 목표가 높은 목표실행을 산출하기 때문일 것이다. Schunk(1985)는 학습장애를 가진 6학년 학생들에게 뺄셈수업을 제공하였다. 몇 명은 매일 **수행목표(performance goals)**를 설정하였고, 다른 학생들은 비슷한 목표를 부여받았으며, 마지막 세 번째 집단은 목표 없이 수행하였다. 자신이 목표를 설정한 집단은 목표달성에 대한 자신감, 문제해결에 대한 자기효능감, 그리고 뺄셈성취도가 가장 높았다. 두 목표집단에 있었던 아동들은 목표가 없었던 집단보다 교수시간 동안 더 높은 동기를 보였다.

Hom과 Murphy(1985)는 성취동기가 높거나 낮은 대학생들을 자기 스스로 목표를 설정하거나 목표를 할당받는 조건에 배치하였다. 자신이 목표를 설정한 피험자들은 철자바꾸기 놀이에서 그들이 얼마나 풀 수 있을지 결정하였다. 목표를 할당받은 피험자들에게도 동등한 목표가 주어졌다. 성취동기가 높은 학생은 두 가지 목표조건에서 동일하게 잘 수행하였다. 자신이 설정한 목표(self-set goals)는 성취동기가 낮은 학생들의 수행을 향상시켰다.

목표향상 피드백. 목표향상 피드백(goal progress feedback)은 목표에 대한 향상도에 관한 정보를 제공한다. 사람들이 자신에 대한 믿을 만한 정보를 얻을 수 없을 때 특히 유용한 이러한 피드백은 그것이 사람들에게 능력이 있고 부지런히 수행함으로써 계속 향상할 수 있다는 정보를 제공해 줄 때 자기효능감, 동기, 성취를 높여 주어야 한다. 사람들이 지속적인 노력이 목표에 도달할 수 있게 해준다는 것을 믿을 때 높은 효능감은 동기를 유지시킨다. 일단 개인이 목표를 달성하면, 그는 새로운 목표를 세울 가능성이 높다(Schunk, 2012).

Schunk와 Rice(1991)는 읽기에 어려움을 겪고 있는 학생들에게 이해 질문에 답하기 위한 전략을 가르쳤다. 아동에게는 질문에 답하는 산출목표, 전략을 사용하기 위한 학습의 과정목표, 또는 과정목표와 아동들이 질문에 답하기 위한 전략을 사용하기 위한 학습목표를 향해 향상되고 있다는 것을 전달해 주는 과정에 대한 피드백이 주어졌다. 교수가 행해진 후, 목표와 피드백을 함께 제공받은 아동들은 과정과 산출목표 조건에 배정된 학습자들보다 더 높은 읽기 자기효능감과 성취도를 보였다. Schunk와 Swartz(1993a, 1993b)는 평균 정도의 성취를 하고 학문적 재능이 있는 초등학교 아동들을 대상으로 한 쓰기성취에서도 비슷한 결과를 얻었다. 자기효능감과 성취가 쓰기과제의 모든 유형에서 일반화될 수 있으며 시간이 경과해도 유지되었다.

결과기대

결과기대(outcome expectations)는 예상된 행동의 결과에 대한 개인적 믿음이다(Schunk & Zimmerman, 2006). 결과기대는 학습을 설명하는 데 포함된 초기 인지적 변인들 중 하나다. Tolman(1932, 1949)은 **장 기대**(field expectancy)를 자극 간의 관계(S_1-S_2) 또는 자극, 반응, 자극 간의 관계(S_1-R-S_2)를 포함하는 것으로 정의하였다. 자극 간의 관계는 자극이 다른 자극 뒤에 나타나는지에 관심을 둔다. 예를 들어, 천둥소리는 번개 뒤에 나타난다. 3항관계(three-term relations)의 경우, 사람들은 주어진 자극에 대한 어떤 반응이 어떠한 결과를 산출한다는 믿음을 개발한다. 만약 어떤 사람의 목표가 지붕에 올라가는 것이라면(S_2), 사다리의 목격(S_1)은 다음과 같은 생각을 끌어낼 수 있다. 즉, "내가 사다리를 지붕에 걸쳐 놓으면(R), 나는 지붕에 올라갈 수 있다". 이것은 Tolman이 이러한 유형의 관계를 인지적 기대를 반영한 것으로 인식하는 것을 제외하면 Skinner(1953)(제3장 참조)의 3항 유관성(three-term contingency)과 유사하다.

장 기대는 사람들이 **인지지도**(cognitive maps) 또는 목표를 달성하기 위해서 요구되는 어떤 행동에 대한 기대를 구성하는 내부적 계획을 형성할 수 있도록 도왔다. 사람들은 목표에 대한 신호를 따른다. 그들은 변별적인 반응보다 의미를 학습한다. 사람들은 어떤 목표를 달성하기 위한 행동의 최고 코스를 결정하기 위해 자신의 인지지도를 사용한다.

Tolman은 독창적인 일련의 실험을 통해 그의 아이디어를 검증하였다(Tolman, Richie, & Kalish, 1946a, 1946b). 한 연구에서, [그림 4.2]에서 보여주는 바와 같이, 쥐는 어떤 장치를 달리도록 훈련받았다(미로 1). 그 후에 그 장치는 원래의 경로가 막힌 것으로 대체되었다. 조건형성이론은 [그림 4.2]에서 보여주는 바와 같이 동물들이 원래의 경로에 가까운 경로를 선택할 것이라고 예측한다(미로 2a). 실제로, 쥐들은 대부분 원래 음식을 발견하였던 방향을 따르는 길을 선택하였다(미로 2b). 이러한 결과는 동물들은 음식물의 위치에 관한 인지지도를 형성하며 자극에 대한 이전반응보다 그 지도에 근거해서 반응한다는 생각을 지지해 주었다.

그림 4.2

기대학습을 연구하기 위한
실험배치

출처: "Studies in Spatial Learning,"
by E. C. Tolman, B. F. Ritchie, and D.
Kalish, 1946, *Journal of Experimental
Psychology, 36*, pp.13-24를 수정함.

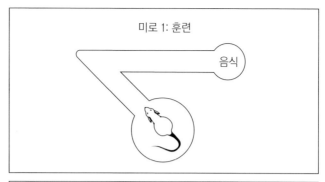

미로 1: 훈련

미로 2a: 기대된 검사결과(자극-반응행동)

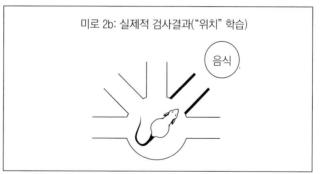

미로 2b: 실제적 검사결과("위치" 학습)

사회인지학습이론은 사람들은 자신들의 개인적인 경험에 기초하여 결과기대를 형성한다고 주장한다(Bandura, 1986, 1997). 개인은 자신이 성공할 것이라고 믿는 방식으로 행동하며, 자신에게 가치 있는 기능을 가르쳐 준 모델을 따른다. 결과기대는 사람들이 자신의 행동이 결국 바람직한 결과를 산출할 것이라고 믿을 때 오랜 기간 동안 행동을 유지시킨다. 결과기대는 또한 전이에서 두드러지게 나타난다. 사람들은 비슷한 결과가 뒤따를 것이라고 믿기 때문에 이전 상황들에서 성공하였던 행동을 새로운 상황에서도 그렇게 행동하기 쉽다.

결과기대란 외적 결과("만약 내가 이번 시험에서 최선의 노력을 하면, 나는 좋은 성적을 받을 것이다")나 내적 결과("만약 내가 이번 시험에서 최선의 노력을 하면, 나는 나 자신을 좋게 생각할 것이다")라고 말할 수 있다. 결과기대의 한 가지 중요한 유형은 기능

학습("만약 내가 최선을 다한다면, 나는 더 나은 독자가 될 것이다.")에서의 향상과 관련이 있다. 학습에서 향상이 조금밖에 없거나 아예 없다고 믿는 학생은 혼란을 겪거나 의욕이 없게 될 것이다. 학교학습에서 향상은 천천히 일어나며 학습자들은 매일 매일의 변화를 거의 인식하지 못한다. 예를 들어, 학습자는 더 길고 더 어려운 문단을 읽고, 주요 아이디어를 찾으며, 추측을 하고, 세부사항을 읽는 데에서 자신의 기능을 향상시킬 수 있지만, 향상은 느리다. 교사는 향상이 즉각적으로 나타나지 않았을 때, 학생에게 읽기이해 향상도를 알려줄 수 있다.

결과기대의 중요한 역할은 Shell, Murphy와 Bruning(1989)에 의해 제시되었다. 대학생들은 읽기와 쓰기 자기효능감, 결과기대, 성취척도를 끝마쳤다. 자기효능감 사정은 학생들에게 다양한 읽기와 쓰기과제(예: 친구로부터 온 편지, 취업지원서, 짧은 단편소설)를 수행하는 데 있어서의 자신의 역량을 등급화하도록 요구하였다. 결과기대척도의 경우, 학생들은 직업을 구하며, 경제적으로 안정되고, 행복한 삶을 추구하는 것과 같은 삶의 목적을 성취하기 위해 읽기와 쓰기가 얼마나 중요한지를 판단하였다.

자기효능감과 결과기대는 읽기와 쓰기에서 성취도와 정적으로 관련되었다. 두 영역 모두에서 자기효능감은 결과기대보다 성취도와 더 강한 관련을 보였다. 이 연구는 또한 각 영역에 대한 기대신념은 다른 영역에서의 성취도와 상당히 관련이 있다는 것을 보여주었는데, 그것은 한 리터리시 영역에서의 학생들의 자기효능감과 결과기대를 향상시키기 위한 교사의 시도는 다른 영역들로 일반화될 수 있음을 시사한다.

가치

가치(value)란 학습에 관한 지각된 중요성 또는 유용성을 말한다. 사회인지이론의 한 가지 중요한 전제는 개인의 행동은 그의 가치 선호도를 반영한다는 것이다(Bandura, 1986). 학습자는 자신이 원하는 것을 성취하게 해 주는 일을 하고 자신의 가치와 일치하지 않는 결과는 피하려고 노력한다. 학습자는 그 학습과 수행이 중요하다고 생각할 때 학습하고 수행하고자 동기화된다.

가치는 내・외적 기준에 근거하여 사정될 수 있다. 학생이 높은 성적을 왜 가치 있게 생각하는지에 관한 여러 가지 이유들이 있다. A를 받고 수상자 명부에 오르는 것은 학생에게 인정(예: 부모와 교사로부터)과 대학입학을 가져다줄 것이다. 그러나 높은 성적은 또한 학생이 자신의 일에 자부심을 갖고 성취감을 느낄 때처럼 내적 만족을 산출할 수 있다. 그러한 내적 만족은 학습자가 자신의 윤리적 믿음에 따라 행동할 때 일어난다.

가치는 동기이론에서 중요하게 생각하기 때문에 제9장에서 더 심층적으로 다룬다. 가치는 여기에서 논의된 다른 동기과정들, 즉 목표, 결과기대, 자기효능감과 밀접하게 연계되어 있다. 예를 들어, Larissa의 가족이 이사를 하였으며, Larissa(5학년생)는 새 학교에 다니기 시작한다고 가정해 보자. 그녀의 목표 중 하나는 새로운 친구를 사귀는 것이다. 그녀는 우정을 가치 있게 생각한다. 그래서 그녀는 다른 아동들과 함께 시간을 보내고 개인적인 수준에서 그들과 공유하기(그녀는 오빠나 여동생이 전혀 없다)를 좋아한다. 그녀는 만약 자신이 다른 아동들에게 친절하게 하면 그들도 자신에게 친절하게 할 것이며, 친구가 될 수 있다고 믿는다(긍정적인 결과기대). 비록 그녀는 처음에는 새로운 학교에 대해 다소 두려워하지만, 그녀는 전에 새로운 친구들을 사귀었고 다시 그렇게 하는 것에 대해 상당히 자기효능감을 느낀다. Larissa는 새로운 동료들이 어떠한 유형의 것들을 하기를 좋아하는지를 배우기 위해 그들의 행동을 관찰한다. 그녀는 우정을 가져다줄 것이라고 믿는 방식으로 동료들과 상호작용하며, 새로운 친구를 사귀기 시작하였을 때 그녀의 사회적 자기효능감은 강화되었다.

교사의 업무 중 한 가지 중요한 부분은 학생의 가치 선호도를 결정하는 것이다. 특히 이러한 것 중 어떤 것이 고정관념이나 문화적 차이를 반영한다면 더욱 그러하다. Wigfield와 Eccles(1992)의 연구는 청소년들 사이에서의 몇 가지 고정관념을 보여 주었다. 즉, 소년들은 수학을 더 가치 있게 생각하는 반면, 소녀들은 영어를 더 강조하였다. Mickelson(1990)은 지각된 인종적 불평등은 몇몇 소수민족 학생들로 하여금 학교성취도를 가치 있지 않게 생각하게 할 수 있다고 주장하였다. 교사는 모든 학생들의 성취가치를 향상시킬 책무성을 지니고 있는데, 그들은 학생들에게 목표를 설정하고 향상도를 사정하는 방법을 가르치고, 그들의 성취가 어떻게 긍정적인 결과를 초래하는지를 보여주며, 학습자들의 자기효능감을 형성시켜 줌으로써 그렇게 할 수 있다.

자기효능감

개념적 개요

자기효능감(self-efficacy)[효능감 기대(efficacy expectations)]은 행동을 정해진 수준에서 학습하거나 수행할 수 있는 어떤 사람의 역량에 대한 개인적인 믿음이다(Bandura, 1977a, 1977b, 1986, 1993, 1997). 자기효능감은 어떤 사람이 무엇을 할 수 있는지에 대한 믿음이다. 그것은 무엇을 해야 할 것인지를 아는 것과는 동일하지 않다. 효능감을 가늠할 때, 개인들은 자신들의 기능을 행동으로 옮길 수 있는 자신들의 기능과 역량을 사정한다. 자기효능감은 사람들이 자신의 삶에 영향을 줄 수 있는 힘(agency)의 감각을 증진시키기 위한 열쇠다(Bandura, 1997, 2001).

자기효능감과 결과기대는 동일한 의미를 가지고 있지 않다(Schunk & Zimmerman,

2006). 자기효능감이란 행동을 산출하기 위한 개인의 역량에 관한 인식을 말한다. 그러나 결과기대는 이러한 행동에 대해 기대되는 결과에 대한 믿음을 포함한다. 예를 들어, Jeremy는 만약 그가 교사의 질문에 맞게 대답하였다면 교사가 그를 칭찬할 것이라고 믿을 것이다(바람직한 결과기대). 그는 또한 교사로부터 칭찬받기를 원할 것이다. 그러나 그가 질문에 맞는 대답을 할 능력을 가지고 있는지 의심한다면 교사의 질문에 대답하려고 하지 않을 것이다(낮은 자기효능감).

자기효능감과 결과기대는 개념적으로 별개의 것임에도 불구하고 그것들은 종종 관련되어 있다(Schunk, 2012). 일반적으로 잘 수행하는 학습자는 자신의 학습능력에 자신감을 가지며, 자신의 노력에 대해 긍정적인 결과를 기대한다(그리고 항상 그러한 결과를 받는다). 동시에, 자기효능감과 결과기대 간에는 필연적인 관계가 있지는 않다. 학습에 대해 높은 자기효능감을 가지고 있는 학생은 만약 교사가 자신을 좋아하지 않는다고 생각하면 결과로서 낮은 점수를 기대할 것이다.

비록 몇몇 증거가 자기효능감의 인식이 다른 과제로 일반화된다고 지적하지만(Smith, 1989), 이론과 연구는 자기효능감이 본래 영역특수적 구성(domain-specific construct)임을 시사한다(Pajares, 1996, 1997; Schunk & Pajares, 2009). 따라서 본문으로부터 추론을 이끌고, 화학방정식을 계산하며, 분수를 계산하고, 트랙을 정해진 시간 안에 뛰는 등에 대한 자기효능감을 이야기하는 것은 의미 있다. Smith와 Fouad(1999)는 자기효능감, 목표, 그리고 결과기대는 교과영역에 따라 특수하고 영역들 간에 거의 일반화를 보여주지 않는다는 것을 발견하였다. 그러나 학습자가 동일한 기능이 성공을 거둘 수 있도록 해줄 것이라고 믿을 때 자기효능감은 새로운 상황으로 전이될 수 있다. 영어수업에서 개요를 파악하는 것에 대해 자기효능감을 느낀 학습자는 과학수업에서 개요를 파악하는 것에 대해 자신감을 느낄 것이고, 그래서 그의 자기효능감은 과학분야에서 개요를 구성하도록 그를 동기화시킬 것이다.

자기효능감은 **자아개념(self-concept)**과 구별되는데(Pajares & Schunk, 2002; Schunk & Pajares, 2005, 2009), 자아개념은 환경에 관한 해석과 함께 경험을 통해 형성된 어떤 사람의 집합적인 자아인식을 말하며, 중요한 다른 사람들에 의한 강화와 평가에 따라 상당히 달라진다(Shavelson & Bolus, 1982; Wylie, 1979). 자기효능감이란 특수적인 역량에 관한 인식을 말한다. 이에 반해, 자아개념은 상이한 영역에서 자기효능감이 포함된 어떤 사람의 일반적인 자기인식이다(Schunk & Zimmerman, 2006)(제9장 참조).

자기효능감은 부분적으로 학습자의 능력에 따라 좌우된다. 일반적으로, 높은 능력의 학생은 낮은 능력의 학생과 비교할 때 학습에 대해 보다 더 높은 효능감을 느낀다. 그러나 자기효능감은 능력(ability)의 또 다른 이름은 아니다. Collins(1982)는 수학에서 높은, 평균, 낮은 능력을 지닌 학생을 밝혀냈다. 그녀는 각각의 수준 내에서 자기효능감이 높은 학습자와 낮은 학습자를 발견하였다. 그녀는 학생들에게 해결해야 할 문제를 주고 그들이 놓친 문제를 다시 풀 수 있다고 말하였다. 능력은 성취와 정적으로 관련되어 있지만, 능력 수준과 상관없이 낮은 자기효능감을 지닌 학생들보다 높은 자기효능감을 가진 학생들이 문제를 더 정확하게 풀었으며, 그들이 놓친 문제를 다시 더 많이 풀기를 선택하였다.

자기효능감은 성취환경에서 다양한 효과를 가질 수 있다(Bandura, 1993; Pajares, 1996, 1997; Schunk, 2012; Schunk & Pajares, 2009). 자기효능감은 활동의 선택에 영향을 미칠 수 있다. 학습에 대해 낮은 자기효능감을 지닌 학생은 과제를 시도하려고 하지 않을 것이다. 그러나 스스로의 효능감이 있다고 판단한 학생은 보다 열정적으로 참여할 것이다. 자기효능감은 또한 노력의 양, 끈기, 그리고 학습에 영향을 줄 수 있다. 학습에 대해 효능감이 있다고 느끼는 학생은 특히 어려움에 직면하였을 때 자신의 능력을 의심하는 학생보다 일반적으로 더 많이 노력하며, 어려움에 직면하였을 때 자신의 능력을 의심하는 학생보다 더 오래 견딘다. 바꿔 말하면, 이러한 행동이 학습을 촉진한다.

사람들은 자신의 수행, 모델의 관찰(대리적 경험), 사회적 신념의 형태, 생리학적 지표(예: 맥박 수, 발한)를 통해 자신의 자기효능감에 대한 정보를 습득한다. 실제적 수행은 효능감을 사정하기 위한 가장 타당한 정보를 제공한다. 일반적으로 성공은 효능감을 높이고 실패는 효능감을 낮춘다. 그러나 많은 성공(실패) 뒤에 따르는 가끔 있는 실패(성공)는 큰 영향을 주지 않을 것이다.

학생은 다른 사람이 어떻게 수행하는지에 관한 지식을 통해 많은 자기효능감 정보를 습득한다. 타인에 대한 **유사성(similarity)**은 개인의 자기효능감을 측정하는 중요한 단서다(Brown & Inouye, 1978; Schunk & Pajares, 2009). 관찰자는 다른 사람이 성공할 수 있으면 자신도 잘 할 수 있다고 믿기 때문에 비슷한 타인이 성공하는 것을 관찰하는 것은 관찰자의 자기효능감을 높이며 과제를 열심히 하도록 동기화한다. 동시에, 자기효능감에서 대리적 증가(vicarious increase)는 후속되는 개인적 실패에 의해 없어질 수 있다. 동료가 실패하는 것을 관찰한 학생은 성공하기에는 자신이 능력이 부족하다고 믿을 것이며, 이는 과제를 수행하려는 것을 단념시킬 수 있다. Donnetta는 그녀의 코치가 백핸드 시범을 보이는 것을 봄으로써 자기효능감이 약간 상승함을 경험하였지만, 네트에 치지 않고 백핸드를 하는 것은 더 많은 영향을 미친다.

학생은 종종 교사로부터 자신이 잘 수행할 수 있는 역량을 지니고 있다는 설득력 있는 정보를 받는다(예: "넌 그것을 할 수 있어"). 비록 긍정적인 피드백이 자기효능감을 향상시키지만, 이러한 증가는 만약 학생이 나중에 수행을 잘하지 못하면 오랫동안 지속될 수 없다. 학습자는 또한 그가 경험한 생리학적 징후로부터 약간의 자기효능감 정보를 습득한다. 그는 감정적 징후(예: 발한, 떨림)는 그가 학습할 수 없다는 것을 의미한다고 해석할 수 있다. 학습자가 자신이 학문적 요구에 대해 스트레스를 덜 느낀다는 것을 경험할 때 과제완수에 대해 더 많은 효능감을 느낄 수 있다.

이러한 출처로부터 획득된 정보는 자동적으로 자기효능감에 영향을 미치지는 않지만,

인지적으로 평가된다(Bandura, 1982b, 1993, 1997). 자기효능감의 평가는 개인이 개인적, 행동적, 환경적 요인에 대한 속성을 고찰하고 통합하는 하나의 추론과정이다. 자기효능감에 대한 믿음을 형성할 때, 학생은 자신의 능력에 관한 인식, 소비된 노력, 과제난이도, 교사지원, 성공과 실패의 횟수와 유형과 같은 요인을 고려한다(Bandura, 1981, 1997; Schunk, 2012).

성취상황에서의 자기효능감

자기효능감은 학교학습과 밀접한 관련이 있다. 연구자들은 자기효능감이 선택, 노력, 지속, 성취에 미치는 가설화된 영향을 지지한다는 것을 발견하였다(Pajares, 1996, 1997; Schunk & Pajares, 2005, 2009). 자기효능감은 또한 직업선택과도 관련이 있다. Betz와 Hackett(1981, 1983; Hackett & Betz, 1981)는 비록 직업선택에 구조적이고 사회적인 영향력이 있지만, 자기효능감은 이러한 외적 영향력 중 하나의 중요한 매개자이며 직업선택에 직접적인 관련이 있음을 발견하였다. 아울러, 직업선택에서 나타나는 성별 차이는 자기효능감의 차이 때문이다. 여자는 전통적으로 남자가 점유한 직업에서보다 전통적으로 여자가 점유한 직업에서 더 많은 자기효능감을 느끼는 반면, 남자의 자기효능감은 직업의 성별 유형에 덜 좌우된다.

자기효능감은 노력 및 과제지속과 강력하게 관련되어 있다(Bandura & Cervone, 1983, 1986; Schunk & Pajares, 2009). 높은 자기효능감 신념을 지닌 개인들은 어려움에 직면할 때 더 많은 노력을 하고 그들이 필수적인 기능을 지니고 있을 때 과제를 더 지속한다. 그러나 자기의심(self-doubts)은 학생이 이전에 그 기능을 습득하지 못하였을 때 학습을 촉진할 수 있다는 몇 가지 증거가 있다. Bandura(1986)가 언급한 바와 같이, "자기의심은 학습에 대한 자극을 조성하지만 이전에 형성된 기능을 숙련되게 활용하는 것은 방해한다"(p.394). Salomon(1984)은 자기효능감이 높은 학생은 과제가 어렵다고 인식될 때 인지적으로 학습에 참여할 가능성이 더 높지만 과제가 쉬울 때는 노력도 덜하고 인지적으로 참여도 덜한다는 것을 알아냈다. 노력의 양과 더불어, 노력의 질(보다 더 심층적인 인지적 처리와 일반적인 인지적 관여)은 자기효능감과 연계되어 왔다(Graham & Golan, 1991; Pintrich & Schrauben, 1992). Pintrich와 De Groot(1990)는 자기효능감이 높은 중학교 학생은 인지적·자기조절적 학습전략을 사용할 가능성이 더 높음을 보여 주었다.

성취 및 인지적 수행과 관련하여, Schunk(1982a, 1982b, 1983a, 1983b, 1983c, 1983d, 1984a, 1984b, 1996)는 일련의 실험연구에서 자기효능적인 학생은 자기효능감이 더 약한 학생보다 다양한 학술과제를 더 잘 마스터한다는 것을 발견하였다. 학생의 컴퓨터 자기효능감은 컴퓨터기반 학습환경에서의 그의 성공과 정적 관련이 있다(Moos & Azevedo, 2009). 자기효능감은 심지어 사전성취와 인지적 기능이 고려된 후에도 학습과 성취의 중요한 예측자다(Schunk, 1981, 1982a). Beaudoin과 Desrichard(2011)의 메타분석 결과는 기억 자기효능감(memory self-efficacy)이 기억수행과 정적 관련이 있음을 보여 주었다.

요컨대, 자기효능감은 동기와 성취에 영향을 미치는 중요한 변인이다(Multon, Brown, & Lent, 1991; Pajares, 1996, 1997; Schunk & Pajares, 2005, 2009; Valentine, DuBois, & Cooper, 2004). 자기개념과 일반적인 자기역량(self-competence)이 보다 더 정적이고 안정적인 데 비해 자기효능감은 상황적으로 더 구체적이고, 역동적이며, 변동이 심하고, 변화 가능한 것으로 가정된다(Schunk & Pajares, 2002). 특정 과제에 관한 어떤 사람의 자기효능감은 그 과제의 본질(길이, 난이도) 및 사회적인 환경(일반적인 교실조건)과 같은 외적 조건들뿐만 아니라 그 사람의 준비도, 신체적 조건(병약, 피로)과 정서적인 분위기 때문에 변화가 심하다. 이와는 대조적으로, 자기역량에 관한 다른 관점은 그것을 보다 더 일반적으로(예: 수학적 역량) 보고 신념의 불안전성에는 거의 관심을 두지 않는다. 따라서 자기효능감을 측정할 때, 그것을 사정할 영역에서 성공적인 수행에 토대가 되는 핵심적인 과정과 역량을 구체적으로 연계하는 것이 중요하다(Bruning, Dempsey, Kauffman, McKim, & Zumbrunn, 2013).

개인적 요인과 환경적 요인 간의 상보적인 상호작용은 사회적 변인과 자기변인을 통해 분명히 알 수 있다. 사회적 (환경적) 요인은 학습자의 목표, 자기효능감, 결과기대, 귀인, 학습향상도에 관한 자기평가, 자기조절적 과정과 같은 많은 자아 (개인적) 변인들에 영향을 미칠 수 있다. 그런 다음, 자아영향(self influences)은 학습자가 어떤 기능에 관한 더 많은 교수가 필요하다고 결정할 때 또는 자격을 갖춘 교사를 찾을 때처럼 사회적 환경에 영향을 미칠 수 있다(Schunk, 1999).

지각된 목표향상도, 동기(예: 활동선택, 노력, 지속), 학습과 같은 성취변인들은 사회적 영향과 자기영향을 받는다. 그런 다음, 학습자의 행동은 이러한 요인들에 영향을 미친다. 학생이 과제를 수행할 때, 그는 자신의 학습향상도를 평가한다. 향상도에 대한 피드백에 의해 촉진될 수 있는 향상도에 관한 지각은 학습에 대한 자기효능감을 구체화시키는데, 그것은 동기와 학습을 유지시킨다(Hattie & Timperley, 2007; Schunk & Pajares, 2009).

한 가지 핵심적인 과정은 자기영향에 대한 사회적 변인의 **내면화**(internalization)다. 학습자는 사회적 환경으로부터 획득한 정보를 자기조절의 메커니즘으로 전환한다(제10장 참조). 기능 습득이 증가함에 따라, 이러한 사회적인 것에서 자기 것으로의 전환과정은 학습자가 자신의 성취를 더 향상시키기 위해 사회적 환경을 바꾸고 적응시킬 때 쌍방향 상호작용 과정이 된다(Schunk, 1999).

모델과 자기효능감

학생 환경 속에 존재하는 모델(예: 학부모, 교사, 코치, 동료)은 자기효능감을 가늠하기 위한 중요한 정보출처를 제공한다.

성인모델. 선행연구는 학생에게 성인모델을 노출시키면 학습과 수행에 대한 자기효능감에 상당한 영향을 미침을 보여준다. Zimmerman과 Ringle(1981)은 아동들에게 오랜 기간 또는 짧은 기간 동안 퍼즐을 푸는 데 성공하지 못한 모델을 관찰하게 하고 자신감 또는 비관론에 대해 말로 진술하게 하였다. 그 후 아동들은 그 퍼즐문제를 풀고자 시도하였다. 자신감은 있었지만 끈기가 없는 모델을 관찰한 아동들은 자기효능감이 높아진 반면, 비관적이지만 끈기 있는 모델을 관찰한 아동들은 자기효능감이 낮아졌다. Relich, Debus, Walker(1986)는 낮은 성취의 아동들이 나눗셈을 설명하고 능력과 노력의 중요성을 강조하는 피드백을 제공하는 모델과 접하게 하는 것은 자기효능감에 긍정적인 영향을 가져온다는 것을 발견하였다.

Schunk(1981)는 성인에 의한 인지적 모델링과 설명식 교수 모두가 자기효능감을 높였음을 보여 주었다. 그러나 인지적 모델링은 아동들의 효능감에 대한 판단이 자신들의 실제 수행과 보다 근접하게 일치할 때 나눗셈 기능을 더 잘 습득하게 해 주고 역량을 보다 더 정확하게 인식하게 해 주었다. 설명적 교수만 받은 학생들은 자신이 할 수 있는 것을 과대평가하였다. 처치조건에 상관없이, 자기효능감은 지속과 성취에 정적으로 관련되었다. Bandura, Barbaranelli, Caprara, Pastorelli(1996)는 자녀에 대한 학부모의 학문적 분위기는 아동의 학문적 성취와 자기효능감에 영향을 미침을 발견하였다.

동료모델. 자기효능감을 높이는 한 가지 방법은 처음에 두려움과 기능결여를 보여 주지만 그의 수행과 자기효능감을 점진적으로 향상시키는 **대처모델(coping models)**을 활용하는 것이다. 대처모델은 노력과 긍정적인 자기사고가 어떻게 어려움을 극복하는지를 보여준다. 이와는 달리, **숙달모델(mastery models)**은 시작단계부터 완벽한 수행과 높은 자신감을 보여준다(Thelen, Fry, Rehrenbach, & Frautschi, 1979). 대처모델은 숙달모델의 빠른 학습보다 전형적 수행과 더 유사한 것으로서, 대처모델의 초기 어려움과 점진적 향상을 볼 가능성이 더 높은 학생들 사이에서 숙달모델보다 학습을 위한 지각된 유사성과 자기효능감을 증진시켜 줄 수 있다.

뺄셈학습에 어려움을 경험해 온 아동들을 동료숙달모델, 동료대처모델, 교사모델, 또는 어떤 모델도 보여주지 않는 비디오를 본 집단으로 재편성하였다(Schunk & Hanson, 1985). 동료모델조건의 경우, 성인교사가 교수(instruction)를 제공하고, 그 후 동료가 문제를 풀었다. 동료숙달모델은 연산을 쉽게 이해하였고 높은 자기효능감과 능력, 낮은 과제난이도, 그리고 긍정적인 태도를 반영하는 긍정적인 성취신념을 표현하였다. 동료대처모델은 초기에 실수를 하였고 부정적인 성취신념을 표현하였지만, 점차 수행을 더 잘 하였고, 대처진술을 표현하였다(예: "나는 내가 하고 있는 것에 집중할 필요가 있어요"). 최종적으로, 대처모델의 문제해결행동과 언어표현은 숙달모델의 그것들과 일치하였다. 교사모델 아동들은 교사가 교수를 제공하기만 하는 비디오를 관찰하였다. 모델이 없는 아동들은 비디오를 보지 않았다. 모든 아동들은 뺄셈학습에 대한 자기효능감을 평가받았고 수업시간 동안 교수와 연습을 받았다.

동료모델을 관찰한 경우가 교사모델을 관찰하거나 모델을 보지 않은 경우보다 자기효능감과 성취도가 더 높아졌다. 그러나 교사모델조건이 모델이 없는 경우보다 자기효능감과 성취도를 증진시켰다. 숙달과 대처조건은 비슷한 결과를 얻었다. 연구자들은 숙달모델과 대처모델 조건 사이에 아무런 차이가 없음에 주목하였다. 아마도, 아동들은 모델의 차이보다 모델이 가진 공통점(과제 성공)에 보다 집중하는 것 같다. 아동들은 재편성하지 않고 뺄셈에서의 사전성공에 국한될 수 있지만, 만약 모델이 배울 수 있다면 자신들도 또한 잘 배울 수 있다는 결론을 내렸을 것이다.

또 하나의 중요한 변인은 **모델 수(number of models)**다. 단일모델과 비교하였을 때 다수의 모델은 관찰자가 적어도 모델들 중 한 명과 자신을 유사한 것으로 인식할 가능성을 높였다(Thelen et al., 1979). 단일모델의 성공을 쉽게 무시해 버리는 학습자는 몇 명의 성공적인 동료를 관찰함으로써 마음이 쉽게 흔들릴 것이며, 만약 이 모든 모델들이 배울수 있다면 자신들도 또한 잘 배울 수 있다고 생각한다. 이 장 서두의 에피소드에서 Donnetta의 코치가 모델로 활약하였고 그녀는 Donnetta에게 다른 모델들이 시범을 보인 백핸드를 보여주는 교수자료를 주었다는 것에 주목하라.

Schunk, Hanson, Cox(1987)는 아동들이 이전에 성공을 별로 경험하지 못하였던 과제에 대해 단일 또는 다수의 대처모델과 숙달모델의 효과를 조사하였다. 단일한 숙달모델을 지켜보는 것보다 단일한 대처모델 또는 다수의 대처모델 또는 다수의 숙달모델을 지켜보는 것이 아동들의 자기효능감과 성취도를 더 향상시켰다.

Schunk와 Hanson(1989a)은 평균 정도의 성취도를 보인 아동들에게 동료모델의 세 유형 중 한 가지를 보임으로써 지각된 유사성의 변화를 계속적으로 탐구하였다. 숙달모델은 수학연산법을 쉽게 이해하고 긍정적인 신념을 표현하였다(예: "나는 내가 이것을 할 수 있다는 걸 알아요"). 감정적 대처모델(coping-emotive models)은 초기에는 어려움을 경험하였고 부정적인 진술을 표현하였다(예: "난 이걸 잘 하지 못해요"). 그 후에 이들은 대처진술을 표현하였으며(예: "난 이 문제를 열심히 해야 해요"), 대처행동을 보였다. 마지막으로, 그들은 숙달모델만큼 잘 수행하였다. 대처만 한(coping-alone) 모델은 감정적 대처모델과 동일한 경향으로 수행하였지만 결코 부정적인 신념을 진술하지는 않았다.

감정적 대처모델은 학습에 대한 가장 높은 자기효능감을 초래하였다. 숙달과 대처만 한 아동들은 모델과 자신의 역량이 동일한 것으로 인식하였다. 감정적 대처 아동들은 자신이 모델보다 더 능력 있다고 보았다. 실패한 모델보다 자신이 더 능력 있다는 신념은 자기효능감과 동기를 향상시킬 수 있다. 세 가지 조건은 자기효능감과 성취도를 동일하게 잘 증진시켰는데, 그것은 모델을 관찰하기 때문에 실제적 과제경험은 초기효과를 능가한다는 것을 보여준다.

동료모델은 친사회적 행동을 증진할 수 있다. Strain 등(1981)은 동료들에게 언어적 신호

(예: "블록을 가지고 놀자")와 운동반응(장난감 건네주기)을 사용함으로써 수줍어하는 아동들에게 사회적 놀이를 시작하도록 가르쳤다. 동료입문자들을 훈련하는 것은 시간이 많이 걸리지만 사교성의 부족을 치료하는 방법(격려, 강화)은 거의 지속적인 교사관여를 요구하기 때문에 효과적이다. [적용 4.5]는 동료모델의 몇 가지 추가적인 활용에 관해 논의한다.

운동기능

자기효능감은 운동기능의 습득과 수행을 예측할 수 있는 것으로 나타났다(Bandura, 1997; Posg-DuCharme & Brawley, 1993; Wurtele, 1986). Gould와 Weiss(1981)는 모델 유사성에 기인한 혜택을 발견하였다. 여대생들은 비슷한 모델(운동선수가 아닌 여학생) 또는 비슷하지 않은 모델(남자 체육교육 교수)이 근지구력 과제를 수행하는 것을 보았다. 비슷한 모델을 본 학생들은 비슷하지 않은 모델을 관찰하였던 학생들보다 과제를 더 잘 수행하였으며 자기효능감을 더 높게 평가하였다. 처치 조건에 관계없이, 자기효능감은 수행과 정적인 관련이 있었다.

George, Feltz, Chase(1992)는 다리벌리기 지구력 과제를 수행하는 여대생과 모델을 통하여 이러한 연구결과를 반복하였다. 운동선수가 아닌 남여모델들을 관찰하였던 학생들은 운동선수 모델을 관찰하였던 학생들보다 다리를 더 길게 벌렸으며 자기효능감을 더 높게 평가하였다. 이러한 숙련되지 않은 관찰자들 사이에서, 모델의 능력은 모델의 성별보다 더 중요한 유사성의 단서였다.

Lirgg와 Feltz(1991)는 6학년 여학생들에게 사다리 오르기 과제를 시범 보이는 숙련된 또는 숙련되지 않은 교사나 동료모델을 보여 주었다. 통제집단에 속한 여학생들은 어떠한 모델도 관찰하지 않았다. 그런 다음, 여학생들은 사다리의 더 높은 단계까지 계속해서 올라가는 것에 대한 자기효능감을 평가하였고, 그 과제를 계속해서 수행하였다. 통제집단 아동들은 모델을 본 아동들보다 더 빈약한 수행을 보였다. 후자들 중에서, 숙련된 모델(성인 또는 동료)을 본 아동들이 숙련되지 않은 모델을 본 아동들보다 잘 수행하였다. 숙련된 모델을 본 여학생은 자기효능감을 더 높게 평가하였다.

Bandura와 Cervone(1983)는 운동기능을 습득하는 동안 피드백이 얼마나 중요하였는지를 보여 주었다. 대학생들은 팔을 밀고 당기는 것을 반복해서 에르그측정기(작업계)를 작동시켰다. 몇몇 피험자들은 기준선 이상 40%까지 수행을 증가시켜야 하는 목표를 따랐고, 또 다른 피험자들에게는 그들이 24%까지 수행이 증가하였다고 이야기해 주었으며, 세 번째 조건의 집단은 목표와 피드백을 모두 받았으며, 통제집단 피험자들은 목표도 피드백도 받지 않았다. 피드백이 통합된 목표는 수행을 가장 많이 향상시켰으며, 자기효능감이 목표달성에 영향을 미쳤는데, 이는 그 후의 노력을 예측하였다.

후속연구(Bandura & Cervone, 1986)에서, 피험자들은 기준보다 50% 향상된 목표를

적용 4.5
동료모델과 자기효능감 형성

과제를 수행하고 있는 비슷한 동료를 관찰하는 것은 학습자의 학습에 대한 자기효능감을 증가시킨다. 이 아이디어는 교사가 칠판 앞으로 나와서 수학문제를 완성하도록 어떤 학습자를 선택할 때 적용된다. 성공을 보여 줌으로써, 동료모델은 관찰자가 잘 수행하는 것에 대한 자기효능감을 높이도록 돕는다. 만약 한 학급의 능력수준이 매우 다양하다면, 교사는 능력이 각기 다른 동료모델들을 선택해도 좋다. 학급 학생들은 모델들 중 적어도 한 명과 자신의 능력이 유사하다고 인식할 것이다.

쉽게 기능을 숙달한 동료들은 관찰하는 학습자들에게 기능을 가르치는 것을 도울 것이지만, 학습의 어려움을 경험한 학습자들의 자기효능감에는 많은 영향을 주지 못할 것이다. 후자의 경우, 더 느리게 학습하는 학생들은 훌륭한 모델이 될 것이다.

Riordian 선생님의 미국사 수업시간에 학생들은 남북전쟁의 전투를 학습해 왔다. 많은 전투가 일어났기 때문에 몇몇 학생들은 모든 전투에 대해 학습하는 것에 어려움을 겪어 왔다. 그는 학생들을 세 집단으로 나누었다. 집단 1은 학습자료를 금방 익힌 학생들이며, 집단 2는 열심히 공부해서 점점 숙달하고 있는 학생들이고, 집단 3은 여전히 어려움을 겪고 있는 학생들이다. 그는 집단 2와 3에게 **동료튜터(peer tutoring)**를 배치하였는데, 집단 2 학생들이 집단 3 학생들에게는 좋은 모델이 될 것이다.

교사는 모델들의 집중과 열심히 하는 것을 지적할 수 있다. 예를 들어, 초등학교 교사가 여기저기 돌아다니면서 자습하는 것을 점검하고, 학습자들에게 사회적인 비교정보를 제공한다(예: "Kevin이 얼마나 잘하고 있는지 보세요. 여러분도 이만큼 잘할 수 있을 거라 믿어요."). 교사는 학습자들이 비교적인 수행수준을 달성할 수 있는 어떤 것으로 보도록 확실히 할 필요가 있다. 준거학생들(referent students)을 적절하게 선택하는 것이 필요하다.

동료는 또한 소집단 활동 시 학생들의 효능감을 향상시킬 수 있다. 성공적인 집단은 모든 구성원들이 책임감을 가지며, 그들의 전체 수행에 근거해서 구성원들이 보상을 공유한다. 집단을 활용하는 것은 학습의 어려움을 경험한 학습자들에게 사회적 비교와 관련된 부정적 능력이 감소하도록 돕는다. 과제를 성공하지 못한 집단은 효능감을 높이지 못하기 때문에 교사들은 주의 깊게 과제를 선택할 필요가 있다.

집단 프로젝트를 수행하기 위한 학습자들을 선택할 때, Gina Brown 선생님은 필요한 기능에 대한 학습자들의 능력을 평가한 후(예: 글쓰기, 분석하기, 해석하기, 조사하기, 조직하기) 각기 다른 장점을 가진 학습자들을 각각의 집단에 배정하여 집단을 형성해야 한다.

받았다. 수행 후에, 그들은 수행이 24%, 36%, 46%, 54% 향상됐다는 거짓 피드백을 제공받았다. 자기효능감은 24% 집단이 가장 낮았고, 54% 집단이 가장 높았다. 학습자들이 다음 시간의 목표를 설정하고 그 과제를 다시 수행한 후에, 노력의 정도는 모든 조건에서 목표 및 자기효능감과 정적으로 관련되었다.

Poag-DuCharme와 Brawley(1993)는 자기효능감이 공동체기반 운동프로그램에의 개인참여를 예측한다는 것을 발견하였다. 수업 중 활동의 수행과 문제를 연습하고 계획할 때의 장애극복을 위해 자기효능감이 사정되었다. 자기효능감은 규칙적인 운동의 시작 및 유지와 정적으로 관련되었다. 마찬가지로, Motl과 동료들(Motl, Dishman, Saunders, Dowda, & Pate, 2007; Motl et al., 2005)은 운동에 대한 장애를 극복하기 위한 자기효능감은 청소년기 소녀들의 신체적인 운동을 예측한다는 것을 보여 주었다. 이러한 결과들은 운동을 증진하기 위해서는 시간표와 참여에서 잠재적인 문제들에 대처하기 위한 개인의 자기효능감을 개발하기 위하여 주의가 필요함을 시사한다.

교수적 자기효능감

자기효능감은 학생뿐만 아니라 교사와도 관련이 있다(Pajares, 1996; Tschannen-Moran, Woolfolk Hoy, & Hoy, 1998; Woolfolk Hoy, Hoy, & Davis, 2009). **교수적 자기효능감(instructional self-efficacy)**이란 학생의 학습을 도와주기 위한 어떤 사람의 역량에 대한 개인적 신념을 말한다. 교수적 자기효능감은 학생과의 교사의 활동, 노력, 지속에 영향을 미쳐야 한다(Ashton, 1985; Ashton & Webb, 1986). 낮은 자기효능감을 지닌 교사는 자신의 능력을 초월한다고 믿는 활동을 계획하는 것을 피할 것이며, 어려움을 가진 학생과 함께 하지도 못하고, 자료를 찾는 노력을 거의 하지 않을 것이며, 학생이 더 잘 이해할 수 있는 방식으로 다시 가르치지도 않을 것이다. 높은 자기효능감을 지닌 교사는 도전적인 활동을 개발하고, 학생이 성공하도록 도우며, 학습에 문제가 있는 학생과 더 오랫동안 관계를 유지할 수 있을 것이다. 더 높은 자기효능감을 지닌 교사는 또한 자신의 일에 더 강한 책무감을 보여준다(Chan, Lau, Nie, Lim, & Hogan, 2008). Ashton과 Webb(1986)은 더 높은 자기효능감을 지닌 교사는 긍정적인 교실환경을 만들고, 학생의 아이디어를 지원하며, 학생의 요구를 해결하려고 할 가능성이 더 높다는 것을 발견하였다. 교사의 자기효능감은 학생성취의 중요한 예언자다. Woolfolk와 Hoy(1990)는 예비교사들에게서도 동등한 결과를 얻었다.

놀라운 일도 아니지만, 더 많은 경험이 있는 교사들이 더 높은 자기효능감을 가지고 있는 경향이 있다(Wolters & Daugherty, 2007). 이 연구자들은 또한 교사의 자기효능감은 교실을 학습향상도를 강조하고 도전을 극복하는 완전학습 목표를 달성하는 구조로 만들고자 하는 교사들의 노력과 정적 상관이 있음을 발견하였다(제9장 참조). 교사의 자기효능감은 직무만족도를 정적으로 예측하는 것으로 나타났다(Collie, Shapka, & Perry, 2012).

Feltz, Chase, Moritz, Sullivan(1999)은 교사의 자기효능감에 대한 동일한 예측이 코치들(coaches)에게도 적용된다는 것을 보여 주었다.

연구자들은 학생의 학습에 가장 관련이 있는 교수적 효능감의 차원들을 조사해 왔다(Gibson & Dembo, 1984; Woolfolk & Hoy, 1990). Ashton과 Webb(1986)은 **수업효능감(teaching efficacy)** 또는 전반적인 수업의 결과에 대한 산출기대와 주어진 산출을 유발하는 특정한 행동을 수행하기 위한 자기효능감으로 정의되는 **개인적 효능감(personal efficacy)**을 구별하였다. 앞에서 언급한 바와 같이, 자기효능감과 산출기대는 흔히 관련이 있지만 반드시 관련될 필요는 없다. 교사는 대부분의 학생들의 학습이 교사 통제 밖의 가정과 환경적인 요인들에 기인한다고 믿을 경우, 개인적 자기효능감은 높지만 더 낮은 수업효능감을 가질 수 있다. 다른 연구는 교수적 자기효능감은 내-외적 차이를 반영한다고 주장한다. 즉, 내적 요인들은 개인적인 영향력과 힘에 관한 지각을 나타내고 외적 요인들은 교실 밖에 존재하는 요소들의 영향과 힘에 관한 지각과 관련이 있다(Guskey & Passaro, 1994).

Goddard, Hoy, Woolfolk Hoy(2000)는 **집단적 교사효능감(collective teacher efficacy)** 또는 전체로서의 한 집단의 교사들의 노력이 학생에게 긍정적으로 영향을 미칠 것이라고 보고, 한 학교에 있는 그러한 교사들의 인식에 관하여 논의하였다. 집단적 교사효능감은 방해물을 없앤 환경을 조성함으로써 향상을 촉진하는 행정가들로부터의 지원을 필요로 하며, 효과적인 학교개혁을 위해 매우 중요한 것 같다.

집단적 교사효능감의 역할은 조직적인 연결(coupling)의 수준에 따라 좌우될 수 있다(Henson, 2002). 집단적인 교사효능감은 느슨하게 통합되어 있는 학교에서의 결과를 예측할 수는 없다. 그러나 개인적 자기효능감은 더 좋은 예측자가 될 것이다. 이러한 상황은, 만약 있다면 연결이 전체 학교수준에서보다 학과수준에서 존재하는 몇몇 중등학교에서 발생할 수 있다. 역으로, 초등학교는 보다 더 밀접하게 연결되어 있으며, 그 학교 교사들의 집단적인 효능감은 학생의 성과를 예측할 수 있다.

Goddard 등(2000)은 집단적 교사효능감이 학생의 학습에 영향을 미칠 수 있는 과정에 대해 논의하였다. 자기효능감 정보에 관한 다음과 같은 동일한 네 가지 출처는 집단적 효능감에 영향을 미친다. 수행달성, 대리경험, 사회적 설득, 생리학적인 지표가 그것이다. 집단적 효능감은 교사들이 변화를 실행하기 위해서 함께 성공적으로 일하고, 서로 그리고 다른 성공한 학교로부터 배우며, 행정가들과 전문성 개발 기관으로부터 변화에 대해 격려를 받고, 어려움을 극복하고 스트레스를 완화하기 위하여 함께 노력할 때 강화되는 경향이 있다(Goddard, Hoy, & Woolfolk Hoy, 2004). 교사들은 집단적 교사효능감이 강화됨에 따라 학생들을 위한 기회를 계속적으로 향상시킨다.

Caprara, Barbaranelli, Borgogni, Steca(2003)는 교사의 집단적 효능감 신념은 그의 직업만족도와 정적인 관계가 있음을 밝혀냈다. 더 나아가, 집단적 효능감은 다른 지지자들(예: 교장, 직원, 학부모, 학생)이 자신들의 의무를 이행하기 위해서 부지런히 일하고 있다고 믿는 교사에 따라 달라진다. Bandura(1997)의 입장과 일맥상통하게, 심지어 높은 자기 효능감은 만약 그 환경이 변화에 수용적이지 않은 한 유익한 변화를 이끌어 내지는 못할 것이다. 많은 영역에서 교사부족이 발생하고 있는 상황에서 중요한 우선순위인 전문직에 있는 교사들을 보유하는 것은 교사의 행위감(sense of agency)이 강화되고 그의 노력이 긍정적인 변화를 초래하는 환경을 조성함으로써 도움이 될 것이다.

예비교사 및 현직교사 교육 프로그램에 대한 한 가지 중요한 도전은 효능감 생성 출처 들(실제적 수행, 대리적 경험, 설득, 생리학적 지표)을 통합함으로써 교사의 자기효능감을 증가시키기 위한 방법을 개발하는 것이다. 학생들이 교사 멘토(mentor)와 함께 일하는 인 턴십은 실제적 수행에 성공과 전문모델링을 제공한다. 교사모델은 관찰자에게 기능뿐만 아니라 교실에서 성공하기 위한 자기효능감을 형성하게 해준다([적용 4.6] 참조).

적용 4.6
교수적 자기효능감

교사들 사이의 자기효능감은 학생들과 동일 한 방식으로 개발된다. 자기효능감을 형성하 기 위한 효과적인 수단은 누군가가 구체적인 수업행동을 하는 것을 관찰하는 것이다. 신 임 초등학교 교사는 그(녀)가 동일한 활동을 소개하기 전에 멘토 교사가 학습센터를 활용 하여 실행하는 것을 관찰할 것이다. 그 신임 교사는 멘토를 관찰함으로써 센터를 활용할 수 있는 기능과 자기효능감을 획득한다.

초보교사의 자기효능감은 몇 년의 수업 경험이 있는 교사들이 성공적으로 활동을 수행하는 것을 관찰함으로써 도움을 받을 수 있다. 신임교사는 더 많은 경험이 있는 교사보다 다른 신임교사와 자신 간에 큰 유 사성이 있다는 것을 인식할 것이다.

연습은 기능을 개발하고 자기효능감을 형성할 수 있도록 도와준다. 음악교사는 자 신이 가르칠 곡을 잘 알고 학생과 함께 학습 에 대한 자신감을 가질 때까지 방과 후에 피 아노를 치면서 같은 곡을 연습함으로써 학급 학생들에게 작품을 가르치는 것에 대한 자 신의 자기효능감을 증가시킬 것이다. 교사 는 학생들에게 새로운 컴퓨터 프로그램을 소 개하기 전에 그것의 사용을 학습할 때 프로 그램 사용에 대해 학생들에게 가르치는 것에 대한 자기효능감을 더욱 느낄 것이다.

어떤 특별한 과목에 대해 보다 많은 지 식을 갖는 것은 그 과목을 보다 정확하고 완벽하게 논의하는 것에 대한 자기효능감 을 증가시킨다. 대학강사들은 수업토론에 포함된 각각의 주요 주제영역에 대한 중요 연구자들의 업적을 고찰할 것이다. 그러한 검토는 학생들에게 교과서에 있는 것 이상 의 정보를 제공하며, 강사들의 내용을 효과 적으로 가르치는 것에 대한 자기효능감을 형성하는 데 도움이 된다.

건강과 치료활동

연구자들은 자기효능감은 건강과 치료행동을 예측한다는 것을 보여주어 왔다(Bandura, 1997; Maddux, 1993; Maddux, Brawley, & Boykin, 1995). 건강신념모형(Health Belief Model)은 건강행동변화를 설명하기 위해 흔히 적용되어 왔다(Rosenstock, 1974). 이 모형은 건강행동에 영향을 미치는 네 가지 요인에 대한 개인적인 지각, 즉 지각된 감수성(주어진 건강위험에 대한 개인적 사정), 건강위험에 대해 지각된 심각성, 위협을 감소시키기 위해 추천된 행동의 혜택, 행동에 대한 장애(추천된 예방행동을 수행함으로써 초래될 수 있는 원하지 않은 결과에 대한 개인적 신념)에 중요한 역할을 할당한다. 장애요인들은 가장 강력한 연구지원을 가지고 있다. 즉, 그것은 자기효능감(다시 말해서, 장애를 극복하기 위한 자기효능감)과 밀접하게 관련되어 있다(Maddux, 1993). 보다 더 새로운 건강행동목표모형(Maes & Gebhardt, 2000)은 핵심 영향요인으로서 지각된 역량(자기효능감과 유사)을 포함한다.

건강행동의 한 가지 예측자로서의 자기효능감의 중요한 기능은 많은 연구에서 분명하게 드러난다(DiClemente, 1986; Strecher, DeVellis, Becker, & Rosenstock, 1986). 자기효능감은 흡연억제(Godding & Glasgow, 1985) 및 가장 오랜 금연기간(DiClemente, Prochaska, & Gilbertini, 1985)과 정적 상관관계가 있으며, 흡연유혹(DiClemente et al., 1985)과는 부적 상관관계가 있고, 체중감소(Bernier & Avard, 1986)와는 정적 상관관계가 있다. Love(1983)는 대식증행동을 억제하기 위한 자기효능감이 식욕 이상과 부적 상관관계가 있음을 발견하였다. Bandura(1994)는 HIV(AIDS 바이러스) 감염통제에서의 자기효능감의 역할을 논의하였다.

DiClemente(1981)의 연구에서, 최근에 흡연을 그만둔 개인들의 스트레스수준이 다양한 상황에서 흡연을 피한 자신의 효능감을 평가하였다. 그들은 몇 달 후에 금연지속을 결정하기 위해 조사되었다. 금연을 지속한 사람들은 다시 흡연한 사람들보다 자기효능감을 더 높게 평가하였다. 자기효능감은 흡연경력이나 인구통계학적 변인보다 앞으로의 흡연에 관한 더 나은 예측자였다. 사람들은 자신들이 흡연을 피하는 것에 대한 자기효능감이 낮다고 판단한 상황에서 다시 흡연을 하는 경향이 있었다.

연구자들은 자기효능감이 치료행동변화를 얼마나 잘 예측하는지 조사해 왔다(Bandura, 1991). 한 연구에서(Bandura, Adams, & Beyer, 1977), 뱀 공포증이 있는 성인이 치료사가 처음에 뱀과 일련의 점차 더 위협적인 조우를 모델링하는 **피험자 모델링**(participant modeling) 처치를 받았다. 공포증이 있는 사람은 치료사와 공동으로 다양한 활동을 수행한 후, 스스로가 자신의 자기효능감을 향상시킬 수 있는 수행을 하도록 하였다. 단지 치료사모델이 활동하는 것을 관찰하기만 하였거나 어떠한 훈련도 받지 않은 공포증 환자와 비교해 볼 때, 피험자 모델링 고객은 뱀에 대한 자기효능감과 뱀에 접근하는 행동이 가장 많이 증가한 것을 보여 주었다. 처치와 상관없이, 과제수행을 위한 자기효능감은 고객의 실제 행동과 매우 관련이 있었다. 관련 연구에서, Bandura와 Adams(1977)는 피험자 모델링이 체계적인 감감법(제3장 참조)보다 더 우수하다는 것을 발견하였다. 이러한 결과는 모델링에 연습을 결합한 수행기반 처치가 더 높은 자기효능감과 더 커다란 행동변화를 산출한다는 Bandura(1982b, 1997)의 주장을 지지한다.

건강한 생활스타일의 개발과 유지는 종종 처방적 건강관리의 관점에서 설명되어 왔지만, 점점 더 많은 연구자들과 실천가들은 협력적인 자기관리(collaborative self-management)를 강조하고 있다(Bandura, 2005). 후자에는 이 장에서 기술한 사회인지과정 중 건강관련 행동의 자기모니터링, 건강관련 행동을 달성하기 위한 목표와 자기효능감, 향상도에 관한 자기평가, 그리고 건강한 생활스타일을 위한 자기동기화 인센티브와 사회적 지원과 같은 많은 것들이 포함된다(Maes & Karoly, 2005).

건강과 복지에 관한 이러한 관점은 이 장의 서두에서 기술한 인간기능(human functioning)에 관한 Bandura(2005)의 대리적인 관점(agentic perspective)을 반영한다. 오랜 기간 동안 유지되는 성공적인 생활스타일의 변화는 사람들이 자신의 활동을 관리하고 자신의 삶에 영향을 미치는 사태들을 통제하기 위하여 자기효능감을 느끼기를 요구한다. 자기효능감은 인지적, 동기적, 정서적, 자기조절적 과정을 통해 행동에 영향을 미친다. 자기효능감은 사람들이 긍정적인 또는 부정적인 방식으로 생각하는지 여부와 그들이 어려움을 겪는 동안 자신을 어떻게 동기화하며 지속하는지, 그들이 특히 스트레스를 받는 동안 자신의 감정을 어떻게 처리하는지, 그들이 좌절에 대해 얼마나 회복력이 있는지, 그리고 결정적인 시기에 어떠한 선택을 하는지에 영향을 미친다(Benight & Bandura, 2004).

요컨대, 연구증거는 자기효능감은 금연, 고통인내, 운동수행, 주장, 두려운 사태의 대처, 심장마비로부터 회복, 세일즈 수행과 같은 다양한 결과를 예측해 준다는 것을 보여준다(Bandura, 1986, 1997). 자기효능감은 직업 선택에 영향을 주는 핵심적인 변인이며(Lent, Brown, & Hackett, 2000), 아동의 자기효능감은 자신이 성공할 수 있다고 믿는 직업 형태에 영향을 준다(Bandura, Barbaranelli, Caprara, & Pastorelli, 2001). 자기효능감 연구자들은 자기효능감의 일반성을 탐색하기 위하여 다양한 상황, 피험자, 측정, 처치, 과제, 기간을 사용해 왔다.

교수적 적용

사회인지이론 속에 포함되어 있는 많은 아이디어들은 교수와 학생 학습에 매우 도움이 된다. 모델과 자기효능감, 풀이된 예, 튜터링과 멘토링과 관련된 교수적 적용은 사회인지원리를 반영한다.

모델과 자기효능감

교사모델은 학습을 촉진하며 자기효능감에 대한 정보를 제공한다. 교사가 개념과 기능을 설명하고 시범 보이는 것을 관찰한 학생은 학습하기 쉬우며 심화학습을 할 수 있다고 믿는다. 교사는 또한 학생에게 설득력 있는 자기효능감에 대한 정보를 제공한다. 모든 학습자들이 배울 수 있고 열심히 함으로써 그들이 새로운 기능을 숙련할 수 있을 것이라고 설명하면서 수업을 시작하는 교사는 학생들에게 학습에 대한 자기효능감을 서서히 갖게 하며, 이러한 자기효능감은 학생들이 과제를 성공적으로 수행하였을 때 구현된다. 교사는 학생들에 대한 자신의 교수(예: "책상을 잘 정돈해라")가 자기 자신의 행동(교사의 책상이 잘 정돈되어 있다)과 일치할 수 있도록 확실하게 할 필요가 있다.

유사한 방식으로, 동료모델은 학생의 동기와 학습을 증진할 수 있다. 교사와는 달리, 동료는 "그것을 어떻게 할 것인가"에 좀 더 초점을 맞출 것이며, 이는 관찰자의 학습을 향상시킨다. 더 나아가, 비슷한 동료가 성공하는 것을 관찰하는 것은 관찰자에게 학습에 대한 대리적 자기효능감을 스며들게 하는데, 그것은 관찰자가 잘 수행하였을 때 타당화된다 (Schunk, 1987). 동료들을 활용할 때, 각 학생이 적어도 한 명과 관련될 수 있도록 모델을 선택하는 것이 도움이 된다. 이는 다양한 동료모델을 활용하는 것을 의미할 것이며, 이때 동료는 다양한 수준의 기능을 보여준다.

교사는 자신의 교수방법을 결정하기 위하여 학생들의 학습뿐만 아니라 자기효능감이 미치는 영향을 평가해야 한다. 학습을 산출하는 어떤 방법이 자기효능감을 향상시키지 못할 수도 있다. 예를 들어, 학생에게 집중적인 지원을 제공하는 것은 그들의 학습을 보조해 줄 수 있지만 그것은 학습에 대한 학생의 자기효능감이나 혼자서 잘 수행하는 경우에 크게 도움이 되지 않을 것이다. Bandura(1986, 1997)가 권장한 바와 같이, 학생이 기능을 독자적으로 연습하는 자기주도적 숙달기간이 요구된다.

유능한 모델은 기능을 가르치지만, 비슷한 모델은 자기효능감을 위해서 매우 좋다. 반에 수학을 매우 잘하는 학생이 연산을 시범 보이면 관찰자에게 기능을 가르칠 수 있지만, 후자의 학생들 중 대부분은 그들이 결코 그 모델만큼 훌륭하지 못할 것이라고 믿기 때문에 효능감을 느끼지 못할 것이다. 종종 상위권 학생들이 덜 유능한 학생을 위해 튜터의 역할을 하는 것은 학습을 향상시킬 수 있지만, 자기효능감을 형성하기 위해서는 독립적인 연습의 기간이 수반되어야 한다[아래 튜터링과 멘토링 절(section) 참고].

예비교사의 자기효능감은 예비교사가 수업기능을 관찰하고 연습할 수 있는 정통한 교사와의 인턴십을 포함하는 교사준비를 통해 개발될 수 있다. 현직교사의 경우, 계속적인 전문성 개발은 해당 교사가 다양한 능력을 지닌 학생의 학습을 촉진하는 방법, 제한된 영어 유창성을 지닌 학생과 학습하는 방법, 그리고 학부모를 자신의 아동의 학습에 참여시키는 방법과 같이 도전적인 상황에서 사용할 새로운 전략을 학습하는 데 도움을 줄 수 있다. 행정가는 수업에 대한 장애(예: 지나친 문서업무)를 제거함으로써 교사가 교육과정향상과 학생의 학습에 초점을 둘 수 있도록 할 수 있다([적용 4.6] 참조).

풀이된 예제

풀이된 예제(worked examples)는 문제해결책의 그래픽적 묘사다(Atkinson, Derry, Renkl, & Wortham, 2000). 풀이된 예제는 종종 다이어그램이나 소리(내레이션)를 수반하는 단계별 문제해결책을 제시한다. 풀이된 예제는 수반되는 설명과 함께 능숙한 문제해결자가 어떻게 일을 유능하게 처리해 나가는지를 도해해 주는 모델을 제공한다. 학습자는 스스로 문제를 해결하고자 시도하기 전에 풀이된 예제를 공부한다. 풀이된 예제는 흔히 수학과 과학 교수에 사용되는데, 그 사용처가 이 학문들에만 한정될 필요는 없다.

풀이된 예제의 이론적 토대는 정보처리이론에서 나왔으며 제7장에서 논의되었다. 그러나 풀이된 예제는 또한 사회인지이론의 많은 원리들을 반영하고 있다(van Gog & Rummel, 2010). 풀이된 예제는 인지모델과 시범 및 설명을 통합하고 있다. 다른 복잡한 유형의 관찰학습처럼, 학생은 특정한 문제를 해결하는 방법이 아니라 오히려 보다 더 광범위한 유형의 문제를 해결하기 위해서 사용할 수 있는 일반적인 기능과 전략을 학습한다. 풀이된 예제는 또한 동기적인 장점을 지니고 있다. 그것은 풀이된 예제를 검토한 후에 그 모델을 이해하고 그 기능과 전략을 적용할 수 있다고 믿는 학습자의 자기효능감을 증진시켜 줄 수 있다(Schunk, 1995).

풀이된 예제를 사용할 때 어떤 원리들을 염두에 두어야 한다. 단일제시양식보다 한 가지 이상의 제시양식을 사용하는 것이 더 좋다. 따라서 풀이된 예제는 텍스트(단어, 숫자), 그래픽(화살표, 차트), 청각(소리) 정보를 포함할 수 있다. 그러나 너무 많은 복잡성은 학습자의 주의와 작업기억에 과부하를 줄 수 있다. 선행연구는 또한 두 가지의 예제들이 단하나의 예제보다 더 좋고, 두 가지의 다양한 예제들이 동일한 유형의 두 가지의 예들보다 더 좋으며, 연습과 풀이된 예제를 혼합하는 것이 모든 예제들이 먼저 제시되고 연습이 나중에 행해지는 것보다 더 나은 학습을 산출한다는 것을 보여준다(Atkinson et al., 2000). 따라서 하나의 미지수가 있는 방정식을 풀이하는 과(lesson)를 가르치는 대수학 교사는 $4x + 2 = 10$ 형태의 두 가지의 풀이된 예제들을 제시하고, 그 후에 학생이 문제들을 푼다. 그런 다음, 그 교사는 $x \div 2 + 1 = 5$ 형태의 두 가지의 풀이된 예제들을 제시하고, 그 후에 학생은 그러한 유형의 문제들을 푼다. 그 풀이된 예제들은 상호작용 컴퓨터기반 학습환경에서처럼 그래픽과 소리가 함께 제시될 수 있다.

튜터링과 멘토링

튜터링(tutoring)이란 한 사람 이상이 일반적으로 특정 주제에서 또는 특별한 목적을 위해 다른 사람을 위한 교수 에이전트(instructional agents)로서의 역할을 수행하는 어떤 상황을 말한다(Stenhoff & Lignugaris/Kraft, 2007). 동료가 교수 에이전트일 때, 튜터링은 동료보조학습의 한 형태다(Rohrbeck, Ginsburg-Block, Fantuzzo, & Miller, 2003)(제8장 참조).

튜터(tutors)는 튜티(tutees)가 배워야 할 기능, 연산, 전략을 설명하고 시범을 보임으로써 튜티를 위한 교수모델의 역할을 수행한다. 그러나 앞에서 언급한 바와 같이, 동료튜터를 활용함으로써 얻을 수 있는 몇 가지 동기적인 장점이 있을 수 있다. 효과적인 동료튜터는 튜터가 기술습득 측면에서는 더 멀리 진보해 있는 것을 제외하고 튜티가 자기 자신과 비슷하다고 지각하는 사람이다. 유사성의 지각은 튜티가 만약 튜터가 학습할 수 있다면 자신도 학습할 수 있다고 믿도록 해 주며, 그것은 튜티의 자기효능감과 동기를 향상시킬 수 있다.

연구자들은 또한 튜터링이 튜터에 미치는 영향을 검토해 왔다. 교수적 자기효능감의 결과들과 유사하게, 튜터링에 대해 더 높은 자기효능감을 지닌 튜터가 더 낮은 자기효능감을 지닌 튜터보다 더 많은 노력을 하고, 어려운 내용에 달려들며, 튜티와 더 오랫동안 지속하는 경향이 있다(Roscoe & Chi, 2007). 또한 튜터링이 튜터의 동기와 자기효능감을 향상시킬 수 있다는 몇 가지 증거가 있다(Roscoe & Chi, 2007).

멘토링(mentoring)이란 더 경험이 있는 멘토(mentors)와 덜 경험이 있는 멘티(mentees)[또는 피보호자(proteges)] 간의 상호작용을 말하는데, 거기에서 멘터는 직업(도구적)과 심리사회적(관계적) 지식, 충고, 지원을 제공한다(Eby, Rhodes, & Allen, 2007; Fletcher & Mullen, 2012). 멘토링의 전반적인 목적은 사람들이 그들의 전문적·개인적 삶에서 효과적으로 기능하도록 돕는 것이다. 이상적으로, 멘토링은 멘토와 피보호자 간의 상호학습과 계약(engagement)을 통합한 것이다. 따라서 멘토링은 튜터링보다 더 풍부하고 심층적인 교육적 경험이며, 그러한 점에서 보다 더 도제지향적(apprenticeship oriented)이다. 튜터링이 짧은 기간 내에 내용교수(content instruction)를 강조하는 반면, 멘토링은 일반적으로 오랜 시간 동안 모델화된 상담과 지도를 수반한다(Johnson, 2007).

멘토링은 학습공동체, 탐구 및 글쓰기그룹, 대학교-학교(university-school) 파트너십, 교직원개발, 고등교육, 동료코칭(peer coaching)과 같이 다양한 수준의 교육에서 흔히 볼 수 있다(Mullen, 2005). 고등교육에서, 멘토링은 흔히 선임과 신임교직원 간 또는 교수와 학생 간에 행해진다. 이러한 맥락에서, 멘토링은 이상적으로 보다 더 경험이 있는 교수가 덜 경험이 있는 교수나 학생의 성취와 자기효능감을 증진시키기 위해서 그들과 자신의 전문지식이나 기능을 공유하며 시간을 투자하는 발달적 관계가 된다(Johnson, 2007; Mullen, 2011).

멘토링은 많은 사회인지적 원리들을 반영하며 교수적·동기적 장점들을 가질 수 있다(Schunk & Mullen, 2013). 피보호자는 기능과 전략을 모델화하고, 설명하며, 시범 보이는 멘토로부터 자신의 환경에서 성공할 수 있도록 도와주는 기능과 전략을 배운다. 자기 자신을 중요한 측면들에서 멘토와 비슷하다고 지각하는 피보호자는 멘토와의 상호작용을 통해 성공하는 것에 대한 보다 더 높은 자기효능감을 개발할 수 있다. 동기와 자기조절학습과 마찬가지로, 멘토링은 장기간의 목표지향적 활동을 강조한다(Schunk & Mullen, 2013). 박사학위 과정 학생의 멘토링은 그의 자기조절, 자기효능감, 동기, 성취도를 향상시키는 것으로 나타났다(Mullen, 2011). 멘토는 또한 피보호자와의 상호작용을 통해 자신의 기능을 학습하고 정련할 수 있는데, 그것은 계속해서 성공할 수 있다고 하는 자기효능감을 향상시킬 수 있다. 사회인지이론과 동일한 맥락에서, 멘토링 관계는 쌍방에게 상호 혜택을 줄 수 있다(Schunk & Mullen, 2013).

요약

사회인지학습이론은 사람은 자신의 사회적 환경으로부터 학습한다고 주장한다. Bandura의 이론에서, 인간기능은 개인적 요인, 행동, 환경적인 요인 간의 일련의 상보적인 상호작용이라고 본다. 학습은 지식이 행동을 위한 가이드 역할을 수행하는 상징적 표상으로서 인지적으로 구현되는 정보처리활동이다. 학습은 실제적 수행을 통해 작동적으로 모델을 관찰하고, 교수를 들으며, 인쇄 또는 전자적인 콘텐츠를 사용함으로써 대리적으로 일어난다. 행동의 결과는 특히 중요하다. 성공적인 결과로 나타나는 행동은 계속 유지되지만 실패를 이끈 행동은 폐기된다. 사회인지학습이론은 사람이 목표를 설정하기 위해 학습하고 그러한 목표의 달성을 촉진하기 위한 방법으로 인지, 감정, 행동, 환경을 자기조절할 수 있다는 점에서 인간행동의 대리적 관점을 나타낸다.

모방에 관한 역사적 연구관점은 모델링의 범위와 영향력을 완전히 포착하지는 못한다. Bandura와 그의 동료들은 어떻게 모델링이 학습의 범위와 속도를 크게 확장하는지 제시해 왔다. 다음과 같은 다양한 모델링 효과, 즉 억제와 탈억제, 반응촉진, 관찰학습은 구별된다. 모델링을 통한 관찰학습은 습득한 지식의 양뿐만 아니라 학습속도도 증가시킨다. 관찰학습의 하위과정은 주의, 파지, 산출, 동기유발이다.

사회인지학습이론에 따르면, 모델을 관찰하는 것은 학습이나 나중에 행동을 수행하기 위한 능력을 보장하지는 않는다. 오히려 모델은 있음직한 행동의 결과에 대한 정보를 제공하고, 관찰자가 그렇게 행동하도록 동기화한다. 학습과 수행에 영향을 미치는 요인들은 학습자의 발달단계, 모델의 명성과 능력, 모델에 대한 대리적 결과다.

학습에 미치는 중요한 동기적 영향력들로는 목표, 결과기대, 가치, 자기효능감을 들 수 있다. 목표는 지각된 향상도, 자기효능감, 자기평가에 관한 영향을 통해 학습을 향상시킨다. 사람이 어떤 과제를 수행할 때, 그는 자신의 향상도를 자신의 목표와 비교한다. 향상도의 지각은 자기효능감을 향상시키며 동기를 유지시킨다. 특수성, 근접성, 난이도의 목표속성들은 자신이 설정한 목표와 사람들이 달성하기 위하여 실행하는 목표처럼, 자기

지각(self-perceptions)과 동기를 향상시킨다.

결과기대(행동의 지각된 결과)는 사람들이 바람직한 결과를 얻으려고 노력하고 바람직하지 않은 결과는 멀리하기 때문에 학습과 동기에 영향을 미친다. 사람들은 또한 자기만족을 주는 결과를 향해 나아가면서 자신의 가치와 협력하여 행동한다.

자기효능감 또는 행동을 정해진 수준에서 학습하거나 수행할 수 있는 어떤 사람의 지각된 역량은 무엇을 행할 것인지를 아는 것과는 동일하지 않다. 사람들은 자신의 수행달성, 모델에 대한 대리적 결과, 설득, 생리학적 지표에 기초하여 자신의 자기효능감을 평가

표 4.6
학습쟁점 요약

학습은 어떻게 일어나는가?

학습은 작동적으로(행함으로써) 그리고 대리적으로(관찰하고, 읽고, 들음으로써) 일어난다. 많은 학교학습은 대리적 경험과 작동적 경험의 조합을 요구한다. 관찰학습은 가능한 인간학습의 범위를 크게 확장시켰다. 관찰학습은 네 가지 과정, 즉 주의, 파지, 산출, 동기로 구성되어 있다. 사회인지이론의 한 가지 주요한 공헌점은 사회적 환경으로부터 학습에 강조점을 둔 것이다.

기억은 어떻게 기능을 하는가?

사회인지 연구자들은 인간 기억의 역할을 심층적으로 조사해 오지는 않았다. 사회인지이론은 기억은 이미지나 상징으로 저장된 정보를 포함하고 있다고 예측한다.

동기는 어떠한 역할을 하는가?

핵심인인 동기과정은 목표, 가치, 기대다. 사람들은 학습을 위한 목표를 설정하고, 목표 대비 향상도를 사정한다. 가치는 사람들이 자기만족할 수 있는 것과 믿는 것이 중요하다는 것을 반영한다. 기대는 두 가지 유형이 있다. 결과기대는 행동의 기대되는 결과를 말한다. 효율성 기대 또는 자기효능감은 행동을 정해진 수준에서 학습하거나 수행할 수 있는 어떤 사람의 지각된 역량을 말한다. 어떤 사람이 목표를 향상하고 있다는 신념은 자기효능감을 구체화하고 그 사람이 학습을 계속하도록 동기화한다.

전이는 어떻게 일어나는가?

전이는 인지적 현상이다. 그것은 새롭거나 상이한 상황에서의 어떤 행동은 사회적으로 수용될 수 있고 선호되는 결과를 충족할 것이라는 것을 믿는 사람에 따라 달라진다. 학습자의 자기효능감 또한 전이를 촉진할 수 있다.

자기조절학습은 어떻게 작동하는가?

고전적인 관점에서 볼 때, 자기조절은 세 가지 과정, 즉 자기관찰(self-observation), 자기판단(self-judgment), 자기반응(self-reaction)으로 구성되어 있다. 이러한 관점은 과제관여 전과 후의 활동을 포함하기 위하여 확장되어 왔다. 사회인지이론은 목표, 자기효능감, 귀인, 학습전략, 자기평가를 강조한다. 이러한 과정은 상보적으로 상호작용하여 목표달성은 새로운 목표의 채택을 초래할 수 있다.

교수에 주는 시사점은 무엇인가?

모델링의 사용은 매우 추천된다. 효과적인 교수(instruction)는 모델과 같은 사회적인 영향(social influences)으로 시작하며, 학습자가 기능과 전략을 내면화해 감에 따라 점진적으로 자기영향(self-influences)으로 바뀐다. 교수(instruction)가 학습뿐만 아니라 학습자의 자기효능감에도 어떻게 영향을 미치는지를 결정하는 것이 중요하다. 학생은 목표를 설정하고 목표향상도를 사정하도록 독려되어야 한다. 효능감 있는 교사는 학생이 학습을 보다 더 잘 증진할 수 있도록 도와주기 때문에 교사의 자기효능감은 교수(instruction)에 영향을 미친다. 사회인지원리는 또한 풀이된 예제, 튜터링, 멘토링 속에 반영되어 있다.

한다. 실제적 수행은 자기효능감을 사정하는 데 있어 사용할 수 있는 가장 신뢰로운 정보를 제공한다. 자기효능감은 활동의 선택, 노력, 지속, 성취에 영향을 미칠 수 있다. 교사들과 함께 연구되어 왔던 교수적 자기효능감과 집단적 자기효능감은 학생학습 및 성취와 정적 상관관계를 가지고 있다.

연구자들은 인지적, 사회적, 운동, 건강, 교수적, 자기조절적 기능을 포함하는 다양한 맥락에서 Bandura의 이론이 지지된다는 것을 발견해 왔다. 자기효능감은 다양한 환경에서 다양한 유형의 피험자(예: 성인, 아동)의 행동변화를 예측할 수 있음을 보여 주었다. 이러한 연구는 또한 복잡한 기능의 학습은 작동적 학습과 대리적 학습의 조합을 통해 일어난다는 것을 보여 주었다. 관찰자들은 모델을 관찰함으로써 기능의 근접성을 습득한다. 기능에 대한 후속적인 연습은 교사가 학습자에게 교정적 피드백을 제공할 수 있게 해준다. 부가적 연습과 함께, 학습자는 자기조절기능과 전략을 정련하고 내재화한다. 사회인지이론의 중요한 교수적 적용에는 모델과 자기효능감, 풀이된 예제, 그리고 튜터링과 멘토링이 포함된다.

학습쟁점은 〈표 4.6〉에 요약되어 있다.

추가 읽을거리

Bandura, A. (1986). *Social foundations of thought and action: A social cognitive theory.* Englewood Cliffs, NJ: Prentice Hall.

Bandura, A. (1997). *Self-efficacy: The exercise of control.* New York, NY: Freeman.

Goddard, R. D., Hoy, W. K., & Woolfolk Hoy, A. (2004). Collective efficacy beliefs: Theoretical developments, empirical evidence, and future directions. *Educational Researcher, 33*(3), 3-13.

Locke, E. A., & Latham, G. P. (2002). Building a practically useful theory of goal setting and task motivation: A 35-year odyssey. *American Psychologist, 57,* 705-717.

Schunk, D. H. (2012). Social cognitive theory. In K. R. Harris, S. Graham, & T. Urdan (Eds.), *APA educational psychology handbook. Vol 1: Theories, constructs, and critical issues* (pp. 101-123). Washington, DC: American Psychological Association.

Schunk, D. H., & Pajares, F. (2009). Self-efficacy theory. In K. R. Wentzel & A. Wigfield (Eds.), *Handbook of motivation at school* (pp. 35-53). New York, NY: Routledge.

Zimmerman, B. J., & Schunk, D. H. (2003). Albert Bandura: The scholar and his contributions to educational psychology. In B. J. Zimmerman & D. H. Schunk (Eds.), *Educational psychology: A century of contributions* (pp. 431-457). Mahwah, NJ: Erlbaum.

Chapter 5

정보처리이론: 부호화와 저장

중학교 수학교사인 Cass Paquin은 우울해 보이는 얼굴로 동료 교사인 Don Jacks와 Fran Killian을 만났다.

Don 선생님: Cass 선생님, 무슨 일 있어요? 일 때문에 힘들어요?

Cass 선생님: 학생들이 이해를 못해요. 변인이 무엇인지 학생들을 이해시키지 못하겠어요. "X"를 어려워해요.

Fran 선생님: 학생들에게 "x"는 너무 추상적이네요.

Don 선생님: 성인에게도 추상적이죠. "X"는 알파벳 문자로 하나의 상징이에요. 나도 같은 어려움을 겪은 적이 있어요. 몇 명은 이해하는 것 같지만 많은 학생들이 이해하지 못해요.

Fran 선생님: 석사 과정에서 공부할 때 학습은 의미 있어야 한다고 배웠어요. 새로 배우는 내용을 이미 알고 있는 내용과 연관 지으면 더 잘 배우니까요. 수학에서 "X"는 아무런 의미가 없어요. "X"를 학생들이 알고 있는 것으로 바꿀 필요가 있어요.

Cass 선생님: 예를 들어, 과자로요?

Fran 선생님: 네. $4x + 7 = 15$라는 문제를 예로 든다면, 이렇게 말해 보면 어떨까요? 몇 개의 과자를 4배하고 과자 7개를 더하면 과자가 15개가 될까요? 이렇게 하면 학생들은 "x"를 눈에 보이는 사물과 연관시킬 수 있어요. 그러면 "x"는 암기해야 할 대상이 아니에요. 학생들은 과자처럼 수를 셀 수 있는 것과 "x"를 연관 지을 거예요.

Don 선생님: 수학의 가장 큰 문제가 그거예요. 너무 추상적이라는 거죠. 학생들이 어릴 때는 사물을 활용해서 의미 있게 만들어요. 파이를 조각내서 분수를 보여주는 거죠. 학년이 올라가면 그렇게 하지 않고 대체로 추상적인 기호들을 사용해요. 물론 학생들이 기호 사용법을 알아야 하지만 그 개념들은 의미 있게 설명해야겠죠.

Cass 선생님: 맞아요. 책에 있는 대로 가르치는 것이 문제였어요. 아이들이 알고 있는 것, 아이들이 이해할 수 있는 것과 개념들을 더 잘 연계할 수 있도록 노력해야겠어요.

정보처리이론(information processing theory)은 인간이 어떻게 외부 사건에 주의를 기울이고, 정보를 구성하고 부호화하여 학습하고 기억 속의 지식과 연계시키며, 기억 속에 새로운 지식을 저장하고 필요시 인출하는지에 초점을 맞춘다(Mayer, 2012; Shuell, 1986). 정보처리이론의 기본 전제는 다음과 같다: "인간은 정보처리자다. 정신(mind)은 정보처리시스템이다. 인지는 일련의 정신적인 처리과정이다. 학습은 정신적인 표상의 습득이다"(Mayer, 1996, p.154).

정보처리(information processing)는 독립된 하나의 이론이 아니다. 정보처리는 인지 사태(cognitive events)의 절차 및 실행에 대한 이론적인 견해를 통칭하는 일반적인 명칭이다. 이 장에서는 특정 이론이 논의되지만, 하나의 지배적인 이론이 존재하는 것은 아니며, 현존하는 이론에 대해 학자들의 의견이 분분한 실정이다(Matlin, 2009). 이 같은 상황은 커뮤니케이션, 테크놀로지, 신경과학 등 다른 분야의 학문이 발전하면서 정보처리에 어느 정도 영향을 미친 결과로 보인다.

초기 정보처리연구는 실험실에서 많이 진행되었으며, 눈의 움직임, 인지 및 회상 시간, 자극에 대한 집중, 인식과 기억을 방해하는 요인과 같은 현상을 주로 다루었다. 후속연구에서는 학습, 기억, 문제해결, 시지각(visual perception)과 청지각(auditory perception), 인지발달, 인공지능을 연구해 왔다. 정보처리원리들은 왕성한 연구활동에도 불구하고 학교 학습 및 교과과정 구성, 교수설계에 충분한 도움을 제공하지 못해 왔다. 상황이 그렇다고 해서 정보처리가 교육과 관련이 없는 것은 아니며, 오히려 교육적 활용을 위한 개발의 여지가 아직 많이 남아있음을 의미한다. 다행히도 점점 더 많은 학자들이 읽기, 수학, 과학과 같은 과목의 교육 환경에 정보처리원리들을 적용하고 있으며, 이와 같은 적용 연구가 우선시되고 있다. 이 장 서두의 에피소드에 등장하였던 인물들이 의미부여에 대해 논의하였는데, 이는 정보처리의 핵심 중 하나다.

이 장에서는 우선 정보처리의 전제, 역사적인 영향, 초기 정보처리모형에 대해 논의한다. 오늘날의 정보처리모형 하나를 설명하며 주의, 지각, 작업기억, 장기기억 내 저장으로 구성되는 과정을 살펴본다. 이어서 제6장에서는 장기기억으로부터의 지식 인출을 설명하며 관련 주제인 심상과 전이를 다룬다.

이 장을 학습한 후에, 여러분은 다음과 같은 것을 할 수 있어야 한다.

- 정보처리의 주요 전제들을 비롯하여 오늘날의 정보처리이론에 영향을 미친 것들(언어학습, 형태이론, 이중장치 기억모형, 처리 수준)에 대해 논의할 수 있다.
- 현대 정보처리모델의 주요 구성요소들(주의, 지각, 작업기억, 장기기억)에 대해 설명할 수 있다.
- 주의에 대한 여러 견해들을 구분하고 주의가

학습에 미치는 영향을 설명할 수 있다.

- 정보가 감각등록기에 어떻게 입력되고 지각되는지 논의할 수 있다.
- 작업기억의 핵심 구성요소들을 포함하여 작업기억의 작동에 대해 설명할 수 있다.
- 부호화에 영향을 미치는 주요 요인들을 설명할 수 있다.
- 명제와 활성화 확산을 정의하고 장기기억 정

보의 부호화와 관련하여 이들의 역할을 설명할 수 있다.

- 선언적 지식과 절차적 지식의 차이점을 논의할 수 있다.
- 선행조직자, 학습의 조건, 인지부하를 수반하는 교수활동에 내재된 정보처리원리들을 나열할 수 있다.

초기 정보처리 견해

가정

정보처리이론가는 학습을 자극과 반응 간의 연합형성만으로 바라보는 행동주의(제3장 참조)의 기본적인 견해에 의문을 제기하였다. 정보처리이론가는 지식의 조각이 연합되면 지식의 습득 및 기억에 도움이 된다고 가정하기 때문에 자극과 반응의 연합을 배격하지 않는다. 정보처리이론가는 외부조건에 관심을 가지기보다 자극과 반응을 중재하는 내부(정신적) 과정에 더 초점을 맞춘다. 학습자는 적극적으로 정보를 구하고 처리한다. 사람들은 자극이 주어지면 반응한다고 보는 행동주의자와 달리, 정보처리이론가는 사람들이 선별하여 환경의 특성에 주의를 기울이고, 지식을 구성하고 암기하며, 새로운 정보와 이전에 습득한 정보를 관련짓고, 지식을 조직하여 의미 있게 만든다고 주장한다(Mayer, 1996, 2012).

정보처리이론가는 어떤 인지적인 과정이 중요하고 어떻게 작동하는지에 대해 견해를 달리하지만, 몇 가지 가정에 대해서는 동의한다. 하나는 자극을 수용하여 반응을 만들어 내기까지 정보처리가 단계적으로 일어난다는 것이다. 또 다른 가정 하나는 정보의 형태 또는 정신적으로 어떻게 표상되는지는 단계별로 다르다는 것이다. 이 단계들이 더 큰 기억시스템의 일부인지 아니면 질적으로 서로 다른 것인지에 대해서는 논란이 있다.

다른 가정 하나는 정보처리과정이 적어도 비유적으로는 컴퓨터의 정보처리과정과 비슷하다는 것이다. 인간의 정보처리시스템은 컴퓨터와 비슷하게 기능한다. 즉, 정보를 받아서 기억에 저장하고 필요 시 인출한다. 인지과정은 매우 효율적이어서 낭비되거나 중복되지 않는다. 이러한 비유를 어디까지 확대할 것인지는 연구자마다 견해가 다르다. 어떤 학자에게는 컴퓨터에 대한 비유가 은유에 지나지 않은 반면, 어떤 학자는 컴퓨터를 이용하여 인간의 행동을 보여준다. **인공지능**(artificial intelligence)분야는 인간처럼 사고하고, 언어를 구사하며, 문제를 해결할 수 있도록 컴퓨터 프로그래밍하는 것을 전문으로 한다(제7장 참조).

연구자들은 또한 정보처리가 지각, 연습, 사고, 문제해결, 기억, 망각 등 모든 인지적인 활동과 관련되어 있다고 가정한다(Matlin, 2009; Mayer, 2012; Terry, 2009). 정보처리는 전통적으로 규정된 인간의 학습영역 이상으로 그 범위를 확대하여 기억에 초점을 맞춘다(Surprenant & Neath, 2009). 이 장에서는 학습과 가장 밀접하게 관련 있는 정보처리에 대해 살펴본다. 이 절(section)에서는 오늘날의 정보처리이론에 영향을 미친 주요 이론, 즉, 언어학습, 형태이론, 이중장치기억모형, 처리수준 등을 논의한다.

언어학습

자극-반응연합. 언어학습(verbal learning)에 대한 연구는 언어자극(예: 단어, 의미 없는 음절) 간의 연합이 점차 강해지는 것을 학습으로 해석하였던 Ebbinghaus(제1장 참조)의 연구에 힘입어 발전하였다. 반복적인 짝짓기(pairings)를 통해 *dij*라는 반응은 *wek*라는 자극과 더 강하게 연결되었다. 짝지어진 무의미한 음절의 목록을 학습하는 동안 다른 반응도 *wek*라는 자극과 연합될 수 있었지만, 이 연합은 시행을 거치며 약해졌다.

Ebbinghaus는 어떤 사항의 목록을 학습할 때 세 가지 요인, 즉 사항의 **유의미성**(meaningfulness), 사항의 **유사도(degree of similarity)**, 학습 간 **시간간격(length of time)**이 학습의 용이성이나 속도에 영향을 미친다는 것을 보여 주었다(Terry, 2009). 단어(의미 있는 사항)는 의미 없는 음절보다 쉽게 학습된다. 유사도와 관련해서는 비슷한 사항일수록 더 배우기 어렵다. 의미나 소리가 유사하면 혼동을 일으킬 수 있다. gigantic, huge, mammoth, enormous처럼 비슷한 단어를 배우면 몇 단어는 기억해 내지 못하고 목록에 있지 않은 비슷한 단어(large, behemoth)를 생각해 낼 수 있다. 의미 없는 음절은 같은 글자가 다른 위치에 사용될 때(xqv, khq, vxh, qvk) 헷갈릴 수 있다. 학습 간 시간간격은 시간간격이 짧은 **밀집된 연습(massed practices)**부터 긴 **분산된 연습(distributed practice)**까지 다양할 수 있다. 학습이 방해될 수 있는 경우에는(제6장 참조) 분산연습이 학습에 도움이 된다(Underwood, 1961).

학습과제. 언어학습연구에서는 일반적으로 세 종류의 학습과제, 즉 계열(serial)과제, 쌍연상(paired-associate) 과제, 자유회상(free-recall)과제가 사용되었다. **계열학습(serial learning)** 시 사람들은 언어자극을 보았던 순서대로 회상한다. 계열학습은 시를 암기하거나 문제해결 전략의 단계를 외우는 것과 같은 학교과제와 관련이 있다. 계열학습에 관한 여러 연구결과들은 일반적으로 **계열위치곡선(serial position curve)**을 보여준다([그림 5.1] 참조). 목록의 처음과 마지막에 있는 단어는 쉽게 학습되는 반면 중간에 있는 단어는 더 많은 노력이 요구된다. 계열위치효과는 다양한 위치가 뚜렷하게 드러나는 데 차이가

그림 5.1

단어 위치로 인한 회상 오류를 보여주는 계열 위치곡선

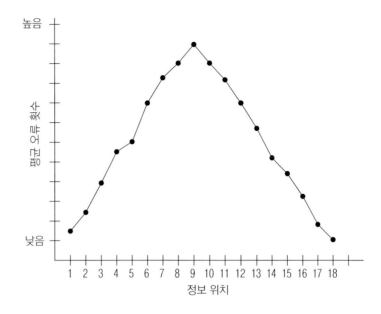

있기 때문에 발생할 수 있다. 단어뿐만 아니라 단어의 목록상 위치도 기억해야 한다. 목록의 끝은 눈에 더 잘 띄기 때문에 목록의 중간에 위치한 단어보다 더 잘 입력된다.

쌍연상 학습(paired-associate learning)에서는 자극 하나에 반응 하나가 제공된다(예: 고양이-나무, 보트-지붕, 벤치-개). 학습자는 제시되는 자극에 맞는 답을 말한다. 쌍연상 학습에는 세 가지 측면이 있다. 자극 구분하기, 반응 배우기, 반응과 연관된 자극 배우기다. 연구자들은 쌍연상 학습이 일어나는 과정과 인지적인 매개자(cognitive mediator)의 역할에 대해 논쟁을 계속해 왔다. 처음에는 학습이 점진적으로 일어나며 각각의 자극-반응연합은 점차 강화된다고 가정하였다. 이 견해는 일반적인 학습곡선([그림 5.2])에서 확

그림 5.2

학습횟수에 따른 실수를 보여주는 학습곡선

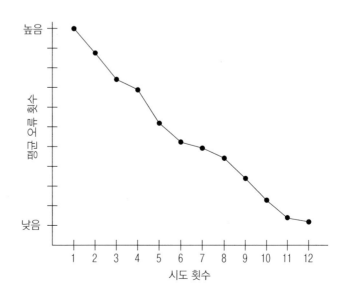

인할 수 있었다. 초기에 많은 실수를 저지르지만 목록을 반복해서 보면 실수가 줄어든다.

　　Estes(1970) 및 다른 학자들의 연구는 다른 견해를 제시하였다. 목록학습은 반복을 통해 향상되지만, 제시된 사항을 학습하는 것은 학습자가 정확한 연합을 알거나 알지 못하는 식의 **전무(全無, all-or-none)** 특성을 갖고 있다. 여러 번 시도하면, 학습되는 연합의 수는 증가한다. 학습자는 그저 반응을 외우는 대신 자기만의 방식으로 조직하여 학습내용을 의미 있게 만들곤 한다. 학습자는 인지적인 매개자를 사용하여 자극 단어를 반응 단어와 연합시킬 수 있다. '고양이-나무' 연합의 경우, 어떤 학습자는 나무를 오르는 고양이를 그려 보거나 "고양이가 나무를 오른다."라는 문장을 생각할 수 있다. 학습자는 '고양이'라는 단어를 보면 그 이미지나 문장을 회상하여 '나무'라고 대답한다. 언어학습이 당초 생각하였던 것보다 훨씬 복잡하다는 것이 연구에서 확인될 수 있었다(Terry, 2009).

　　자유회상학습(free-recall learning) 시 학생은 단어목록을 보고 순서에 상관없이 자유롭게 단어를 회상한다. 자유회상은 기억에 도움이 되도록 조직하는 데 잘 부합한다(Sederberg, Howard, & Kahana, 2008). 학생은 목록에서 멀리 떨어져 있던 단어를 그룹지어 회상하곤 한다. 의미가 비슷하거나 같은 부류에 속하면(예: 암석, 과일, 야채) 일반적으로 그룹핑한다.

　　범주군집화(categorical clustering)를 보여주는 전형적인 한 예로, 학습자에게 60개의 명사로 구성되어 있지만 각각 동물, 이름, 직업, 야채에 속하는 15개의 단어들이 뒤섞인 목록을 보여줬을 때 학습자는 같은 부류에 속하는 단어들을 함께 기억해 내는 경향을 보였다(Bousfield, 1953). 군집화하는 경향은 목록을 반복해서 보여주고(Bousfield & Cohen, 1953), 보여주는 시간을 늘릴수록(Cofer, Bruce, & Reicher, 1966) 증가하였다. 이러한 군집화는 함께 회상된 단어들이 일반적인 상황에서는 서로 직접적으로(예: 배-사과) 또는 제3의 단어(과일)와 관련 있음을 보여준다. 인지적으로 설명하면, 학습자는 주어진 단어와 그 단어가 속하는 분류들을 배운다(Cooper & Monk, 1976). 분류명칭은 매개자로 작용한다. 즉, 학생은 회상할 때 분류명칭을 인출한 후 해당 단어를 기억해 낸다.

　　자유회상에서는 일반적으로 초두효과(primacy effect)(첫 단어들이 더 잘 회상됨)와 최근효과(recency effect)(마지막 단어들이 더 잘 회상됨)를 볼 수 있다(Laming, 2010). 짐작컨대, 초두효과는 첫 단어들이 더 많이 연습되기 때문에 나타나고, 최근효과는 마지막 단어들이 학습자의 작업기억에 아직 남아있기 때문에 일어나는 것으로 보인다.

　　언어학습에 관한 연구는 언어자료의 학습과 망각의 과정을 규명하였다. 그러나 연합으로 언어자료의 학습을 설명할 수 있다는 것은 지나치게 단순한 생각이었다. 이러한 사실은 연구자들이 단순한 목록학습을 넘어 문서학습처럼 보다 의미 있는 학습으로 옮겨 가면서 명백해졌다. 의미 없는 음절이나 임의로 짝지어진 단어로 구성된 목록을 학습하는 것이 적절한지 의문을 제기할 수 있다. 학교에서 언어학습은 의미 있는 맥락 속에서 일어난다. 단어 짝짓기[예: 주(州, states)와 수도(capitals), 외국어의 영문 번역], 순차적인 구절과 문장(예: 시, 노래), 단어의 의미 등이 그 예다. 정보처리이론의 등장으로 언어학습이론가들이 제시하였던 많은 견해가 폐기되거나 상당 부분 수정되었다. 맥락 의존적인 언어 자료의 학습 및 기억에 대한 연구가 증가하고 있다(Bruning, Schraw, & Norby, 2011).

형태이론

형태이론(gestalt theory)은 행동주의의 여러 전제에 대해 이의를 제기하였던 초기의 인지적인 관점이었다. 형태이론은 이제 더 이상 실용적이지는 않지만 오늘날의 지각과 학습 개념에 중요한 원리를 제공한다.

형태이론을 지지하는 움직임은 20세기 초 독일에서 소규모의 심리학자들을 중심으로 일어났다. Max Wertheimer는 1912년에 눈에 보이는 움직임에 대한 논문을 한 편 썼다. 이 논문은 독일의 심리학자들 사이에서 매우 중요하게 받아들여졌지만 형태주의를 지지하는 움직임이 아직 일어나지 않았던 미국에는 아무런 영향을 미치지 못하였다. 이후 Kurt Koffka의 『지성의 성장(The Growth of the Mind)』(1924)과 Wolfgang Köhler의 『유인원의 정신구조(The Mentality of Apes)』(1925)의 영문판 출판에 힘입어 형태주의를 지지하는 움직임이 미국까지 확대되었다. Wertheimer, Koffka, Köhler를 포함한 다수의 형태주의 심리학자들이 미국으로 이주하여 자신들의 생각을 심리학적인 현상에 적용하였다.

눈에 보이는 움직임을 지각하는 현상에 대한 전형적인 예는 다음과 같다. 인접한 두 선을 짧은 간격으로 1초도 안 되는 짧은 시간 동안 연속해서 보여줄 경우, 관찰자는 두 개의 선을 보는 것이 아니라 하나의 선이 처음 보였던 선에서 두 번째 보였던 선으로 움직이는 것처럼 본다. 이 때, 보여주는 타이밍이 매우 중요하다. 너무 긴 시차를 두고 두 선을 보여주면 관찰자는 첫 번째 선을 보고 두 번째 선을 볼 뿐 아무런 움직임을 인지하지 못하며, 너무 짧은 간격을 두고 보여주면 관찰자는 두 선이 나란히 있는 것으로 볼 뿐 아무런 움직임을 인지하지 못한다.

이처럼 눈에 보이는 움직임을 **파이현상(phi phenomenon)**이라고 하는데, 이는 관련된 객관적인 요소로 주관적인 경험을 설명할 수 없음을 보여준다. 관찰자는 움직임이 실제로 일어나지 않아도 움직임을 지각한다. 현상학적인 경험(눈에 보이는 움직임)은 감각적인 경험(선의 노출)에 따라 달라진다. 이러한 종류의 현상을 설명하려는 시도는 Wertheimer로 하여금 지각을 개인의 감각적 경험의 총합으로 설명하는 심리학적인 견해에 대해 의문을 갖게 하였다. 왜냐하면 이러한 설명은 지각의 독특한 총체를 고려하지 않았기 때문이다.

지각의 유의미성. Rebecca라는 여인의 키가 5피트라고 상상해 보자. Rebecca를 멀리서 보면 가까이서 볼 때보다 훨씬 작은 이미지가 우리 눈의 망막에 그려진다. 그러나

Rebecca가 멀리 떨어져 있어도 우리는 Rebecca의 키가 5피트라는 것을 알고 있다. 지각 (망막의 이미지)이 달라져도 이미지의 의미는 동일하게 남아있다.

독일어 Gestalt는 "형태(form)", "모양(figure)", 또는 "배열(configuration)"로 번역된다. **형태심리학(gestalt psychology)**의 핵심은 사물이나 사건이 조직된 총체로 보인다는 것이다(Köhler, 1947/1959). 기본적인 조직은 배경을 바탕으로 한 모양(figure)(개인이 집중하고 있는 것)으로 구성된다. 의미 있는 것은 그 배열(configuration)이지 개별적인 부분이 아니다(Koffka, 1922). 나무는 잎, 가지, 뿌리, 기둥을 임의로 모아놓은 것이 아니라 이 구성요소로 이루어진 의미 있는 배열이다. 사람들은 나무를 볼 때 일반적으로 개별적인 부분에 집중하기보다 전체에 집중한다. 인간의 뇌는 객관적인 현실을 의미 있는 총체로 조직된 정신적인 사태(mental events)로 변형시킨다. 사물을 총체적으로 보는 능력은 타고나는 것이지만, 지각은 경험과 훈련에 따라 바뀐다(Köhler, 1947/1959; Leeper, 1935).

형태이론은 본래 지각에 적용되었지만, 이를 지지하는 유럽학자들은 미국에 와서 학습에 주안점을 둔다는 것을 알게 되었다. 형태이론에서 학습은 경험을 재조직하여 사물, 사람, 사건을 다르게 지각하는 인지현상이다(Koffka, 1922, 1926). 인간의 많은 학습이 **통찰적(insightful)**인데, 이는 무지에서 지식으로 변형이 빠르게 일어남을 의미한다. 사람들은 문제에 직면하면 무엇이 알려져 있고 무슨 결정이 필요한지 파악한 후 가능한 해결책을 생각한다. 통찰은 사람들이 불현듯 문제해결책을 "볼(see)" 때 일어난다.

형태이론가들은 의식의 역할(제3장 참조)에 대해 Watson 및 다른 행동주의자들과 견해를 달리하였다. 형태이론에 따르면, 의미 있는 지각과 통찰은 의식적인 인식을 통해서만 일어난다. 또한 형태이론가들은 복잡한 현상이 기본적인 요소로 나누어질 수 있다는 생각에 이의를 제기하였다. 행동주의자들은 연합을 강조하였고 전체는 부분의 합과 같다고 보았다. 형태심리학자들은 전체가 개별 구성요소로 축소되면 전체는 의미를 잃는다고 주장하였다. 이 장 서두의 에피소드에서 "x"는 상위범주와 관련되지 않으면 의미를 잃는다. 전체는 부분의 합보다 크다.

흥미롭게도 형태심리학자들은 내적 성찰에 대해 반대하는 행동주의자들과 의견을 같이 하였지만 이유는 달랐다. 행동주의자들은 내적 성찰이 의식을 연구하려는 하나의 시도라고 본 반면, 형태이론가들은 내적 성찰이 의미와 지각을 분리하려고 하기 때문에 부적절하다고 보았다. 형태이론은 지각이 유의미하다고 본다.

조직의 원리. 형태이론은 사람들이 원리를 사용하여 자신의 지각을 조직한다고 가정한다. 가장 중요한 형태원리로 전경-배경(figure-ground) 관계, 근접성, 유사성, 공통방향, 단순성, 폐쇄성이 있다([그림 5.3] 참조)(Koffka, 1922; Köhler, 1926, 1947/1959).

전경-배경 관계(figure-ground relation)의 원리는 모든 지각 영역이 배경을 바탕으로 한 전경으로 나누어질 수 있다고 가정한다. 크기, 모양, 색깔, 음의 고저처럼 눈에 띄는 특징은 전경과 배경을 구분 짓는다. 전경과 배경이 모호할 경우, 이를 지각하는 사람은 감각적 경험을 어떤 식으로든 다르게 조직할 것이다([그림 5.3a] 참조).

근접성(proximity)의 원리는 지각영역의 요소가 시간적 또는 공간적으로 서로에게 근접한 정도에 따라 함께 속하는 것으로 간주된다는 것이다. [그림 5.3b]의 선들은 다르게 지각될 수도 있지만 대부분의 사람들은 각각 세 개의 선으로 구성된 세 개의 그룹으로 볼 것이다. 이 근접성의 원리는 말(speech)의 지각과도 관련 있다. 사람들은 말을 침묵으로

그림 5.3

형태원리의 예

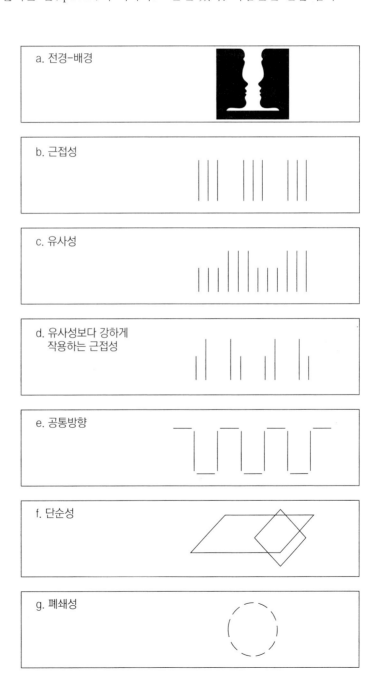

a. 전경-배경

b. 근접성

c. 유사성

d. 유사성보다 강하게 작용하는 근접성

e. 공통방향

f. 단순성

g. 폐쇄성

분리되는 일련의 단어나 구절로 듣는다(조직한다). 생소한 말소리(예: 외국어)를 들으면 사람들은 끊어지는 곳을 분간하는 데 어려움을 겪는다.

유사성(similarity)의 원리는 크기나 색깔 등이 비슷한 요소는 함께 속하는 것으로 지각된다는 것을 의미한다. [그림 5.3c]를 볼 때 사람들은 한 그룹의 짧은 선 세 개 다음에 한 그룹의 긴 선 세 개가 있는 식으로 보는 경향이 있다. 근접성은 유사성보다 강하게 작용하는데, 다른 자극이 유사한 자극보다 가깝게 같이 있을 때([그림 5.3d] 참조), 지각영역은 각각 두 개의 선으로 구성된 네 그룹으로 조직되는 경향이 있다.

공통방향(common direction)의 원리는 같은 방향으로 하나의 패턴이나 흐름을 구성하는 것처럼 보이는 요소는 하나의 형태로 지각된다는 것이다. [그림 5.3e]의 선들은 분명한 하나의 패턴을 형성하는 것처럼 지각될 것이다. 공통방향의 원리는 하나 또는 다수의 규칙에 의해 순서가 정해지는 알파벳이나 숫자시리즈에도 적용된다. 따라서 'abdeghjk' 시리즈에서 그 다음에 올 문자는 규칙에 의하면 'm'이다. 문자 a에서 시작해서 순차적으로 알파벳을 따라가면서 두 글자는 적고 한 글자는 생략하는 것이 규칙이기 때문이다.

단순성(simplicity)의 원리는 사람들이 자신의 지각영역을 단순하며 규칙적인 특징으로 조직하고, 대칭과 균형으로 구성되는 우수한 형태(gestalts)를 만들어 내는 경향이 있다는 것이다. 이러한 생각은 독일어 Pragnanz로 표현할 수 있는데, 이는 대략적으로 "간결함 또는 정확"을 의미한다. 사람들은 [그림 5.3f]에 보이는 시각적인 패턴을 불규칙적으로 형성된 기하학적인 모형으로 보기보다 하나의 기하학적인 모형과 또 다른 기하학적인 모형이 겹쳐진 것으로 볼 것이다.

폐쇄(closure)의 원리는 사람들이 불완전한 모형이나 경험을 채워 넣는다는 것이다. [그림 5.3g]의 패턴에서 몇몇 선들이 빠져 있어도 사람들은 그 패턴을 완성하여 의미 있는 그림으로 보는 경향이 있다.

형태이론은 우리의 지각과 관련 있지만, 그 원리는 일반적이며, 지각의 실제 메커니즘을 다루고 있지는 않다. 즉, 사람들이 유사한 것을 함께 속하는 것으로 지각한다는 주장은 사람들이 어떻게 비슷한 것으로 우선 지각하였는지를 설명하지는 못한다. 형태이론의 원리들은 이해를 돕지만 모호하며 설명을 제공하지는 않는다. 또한 형태이론의 몇 가지 예측을 뒷받침하지 않는 연구들이 있다. Kubovy와 van den Berg(2008)는 근접성과 단순성의 공동효과(joint effect)가 근접성과 단순성 각각의 효과를 합한 것과 같다는 것을 보여주었다. 정보처리원리가 더 명료하며 지각을 더 잘 설명한다.

이중장치(이중)기억모형

초기 정보처리모형은 Atkinson과 Shiffrin(1968, 1971)이 창안하였다. 이 단계 모형은 두 종류의 정보저장, 즉 단기(short term)와 장기(long term)저장을 제안하였다. 이 모형에 따르면, 정보처리는 어떤 자극(예: 시각적, 청각적 자극)이 하나 이상의 감각(예: 듣기, 보기, 만지기)에 입력되면서 시작된다. 적절한 **감각등록기**(sensory register)는 입력된 자극을 수용하여 감각형태로 잠시 보관한다. 여기에서 **지각**(perception)(**패턴지각**)이 일어나는데, 지각이란 입력된 자극에 의미를 부여하는 과정이다. 일반적으로 지각과정에서는 명명(naming)이 일어나지 않는데, 이는 명명에 시간이 걸리고, 정보는 감각등록기에 1초도 안 되는 짧은 시간 동안만 머무르기 때문이다. 지각에서는 입력된 자극을 알려진 정보에 매칭하는 일이 일어난다.

감각등록기는 정보를 **단기기억**(short-term memory: STM)으로 이동시키는데, 단기기억은 자각(awareness) 혹은 그 순간에 의식하고 있는 것과 거의 일치한다. 단기기억은 수용능력에 제한이 있다. Miller(1956)에 의하면, 단기기억은 7 ± 2 덩이(chunks)(단위)의 정보를 수용한다. 덩이는 유의미한 것으로서 문자, 단어, 숫자, 또는 일반적인 표현(예: "빵과 버터") 등을 말한다. 단기기억은 또한 지속시간이 제한적이기 때문에 덩이의 정보가 유지되려면 반복되어야 한다. 정보는 반복되지 않으면 몇 초 후에 소멸된다. 아동은 발달해 가면서 더 많은, 더 큰 덩이의 정보들을 기억에 수용할 수 있다(Cowan et al., 2010).

정보가 단기기억에 머무는 동안 **장기기억**(long-term memory: LTM) 또는 영구기억 속 관련 지식이 활성화되고, 새로운 정보와 통합될 수 있도록 작업기억 속에 놓여진다. A로 시작하는 모든 주(州)의 수도 이름을 말하기 위해 학생들은 아마도 지역별로 주의 이름을 회상하고 주의 수도 이름을 훑어볼 것이다. 메릴랜드의 수도를 몰라서 "Anapolis"를 배운 학생은 "Anapolis"를 "Maryland"와 함께 장기기억 속에 저장할 수 있다.

정보가 장기기억에서 소실되는지(잊혀지는지)에 관해서는 의견이 분분하다. 어떤 학자는 그럴 수 있다고 주장하는 반면, 어떤 학자는 망각해서 회상하지 못하는 것이 아니라 좋은 인출단서가 부족해서 회상하지 못하는 것이라고 주장한다. Sarah가 그녀의 3학년 선생님 이름(Mapleton)을 기억해 내지 못할 때, "나무를 떠올려봐"라는 힌트를 주면 기억해 낼 수도 있을 것이다. 이론적 견해는 달라도 연구자들은 정보가 장기기억에 오랫동안 머문다는 것에 대해서는 동의한다(제6장 참조).

통제(실행)과정[control(executive) processes]은 정보처리시스템 전체에 걸쳐 정보의 흐름을 관리한다. 시연(rehearsal)은 단기기억에서 일어나는 중요한 통제과정이다. 언어자료의 시연은 큰 소리로 정보를 반복하거나 목소리를 거의 내지 않고 정보를 반복하는 형태로 일어난다. 다른 통제과정으로 부호화(정보를 의미 있는 맥락 속에 두기-이 장 서두의 에피소드에서 논의된 이슈), 심상화(시각적으로 정보를 나타내기), 결정규칙 실행, 정보조직, 이해수준 점검, 인출사용, 자기조절, 동기부여 전략 등이 있다.

이중장치모형(two-store model)은 정보처리 분야의 중요한 진전이었다. 연구자들은 이중장치모형이 많은 연구결과들을 설명할 수 있다는 것을 보여 주었다.

가장 일관된 연구결과 중 하나는 사람들이 한 목록의 사항을 학습해야 할 때, 시작부분의 것[**초두효과**(primacy effect)]과 마지막의 것[**최근효과**(recency effect)]을 가장 잘 기억해 내는 경향이 있다는 것이다. 앞서 언급하였듯이, 시작부분의 것은 가장 많이 반복되어 장기기억으로 이동되는 반면 마지막에 있는 것은 회상할 때 여전히 단기기억 속에 있다. 중간에 위치한 것은 회상이 가장 잘 안 되는데, 이는 (뒤따르는 정보에 밀려) 회상할 때 더 이상 **작업기억**(working memory: WM)에 존재하지 않기 때문에 시작부분에 있는 것보다 덜 반복되고, 따라서 장기기억에 잘 저장되지 않는다.

그러나 학습은 이중장치모형이 규정하는 것 이상으로 복잡할지도 모른다는 것을 제시하는 연구들이 있었다(Baddeley, 1998). 이중장치모형의 문제점 중 하나는 정보가 어떻게 하나의 처리단계에서 다른 단계로 이동하는지 구체적으로 완전하게 설명하고 있지 않다는 것이다. 통제과정이라는 개념은 그럴듯하지만 모호하다. 통제과정과 관련해서 이러한 궁금증이 생길 수 있다. 왜 어떤 입력(inputs)은 감각등록기에서 작업기억으로 이동하고 어떤 입력은 이동하지 않는가? 정보가 충분히 반복되었다고 판단하고 장기기억으로 이동시키는 기제(mechanism)는 무엇인가? 장기기억 속의 정보는 어떻게 선택되어 활성화되는가? 이중장치모형의 다른 문제점은 이 모형이 언어자료를 다루는 데 가장 적합해 보인다는 것이다. 현대 예술이나 잘 확립된 기술처럼 언어화되기 어려운 자료의 경우, 비언어적인 표상이 어떻게 일어나는지 분명하지 않다.

이중장치모형은 또한 실제로 무엇이 학습되는지에 관해서도 모호하다. 사람들이 단어목록을 배우고 있다고 가정해 보자. 의미 없는 음절이 있을 경우, 사람들은 단어와 단어들의 위치를 학습해야 한다. 이미 알고 있는 단어는 위치만 학습하면 된다. 예를 들어, "고양이"가 네 번째에 있고, "나무"가 그 뒤에 있다고 가정하자. 사람들은 학습 시 자신의 목적을 고려하고 그에 맞춰 학습전략을 수정해야 한다. 어떤 기제가 이 과정을 통제하는가?

정보처리시스템의 모든 구성요소가 항상 사용되는지 또한 논쟁거리다. 단기기억은 사람들이 지식을 습득하고, 입력되는 정보를 장기기억 속의 지식과 연관지어야 할 때 유용하다. 그러나 우리는 옷을 입고, 걷고, 자전거를 타고, 간단한 요청(예: "몇 시예요?")에 답하는 것처럼 많은 것들을 자동적으로 한다. 많은 성인들에게 읽기(부호 해석하기)와 간단한 산술적인 계산은 인지과정이 거의 요구되지 않는 자동적인 과정이다. 이처럼 자동적인 과정에 단기기억은 필요하지 않을 수도 있다. 자동적인 과정은 어떻게 발달하고, 어떤 기제에 의해 지배되는가?

이중장치모형이 잘 설명하지 못하는 이러한 쟁점과 다른 문제점(예: 학습과 자기조절 발달에서 동기의 역할)으로 인해 본래의 모형이 수정되고 대체모형이 생겨났다(Matlin, 2009; Nairne, 2002). 이제 처리수준(또는 깊이)에 대해 살펴보자.

정보처리수준(깊이)

정보처리수준(깊이)[levels(depth) of processing]은 정보처리장소보다 정보처리유형에 따라 기억을 개념화한다(Craik, 1979; Craik & Lockhart, 1972; Craik & Tulving, 1975; Lockhart, Craik, & Jacoby, 1976; Surprenant & Neath, 2009). 이 견해는 단기기억이나 장기기억 같은 단계나 구조적인 구성요소로 설명하지 않는다(Surprenant & Neath, 2009). 정보가 처리되는 방식(정보가 처리되는 수준이나 깊이)이 다르다고 주장한다. 예를 들어, 물리적(표면), 청각적(음운, 소리), **의미론적(semantic)**(의미) 정보처리방식이 다르다는 것이다. 이 세 가지 정보처리수준은 서로 다른 차원에 존재하는데, 물리적 정보처리가 가장 피상적이고(이 장 서두의 에피소드에서 교사들이 "*x*"를 의미 없는 상징으로 논의하였던 것처럼), 의미론적 정보처리가 가장 "깊다". 예를 들어, 우리가 책을 읽고 있고 다음에 읽을 단어가 wren이라고 가정해 보자. 이 단어는 피상적인 수준(예: 대문자로 쓰이지 않았다)이나 음성학적인 수준(den과 운이 맞는다), 또는 의미론적인 수준(작은 새)에서 처리될 수 있다. 각 수준은 선행하는 단계가 아니라 보다 정교화된(더 깊은) 정보처리의 한 유형을 나타낸다. wren의 의미처리는 청각적인 정보처리보다 그 단어의 내용을 더 확장시키며, wren의 청각적인 처리는 피상적인 처리보다 내용을 더 확대시킨다.

이 세 가지 정보처리수준은 이중장치모형의 감각등록기, 단기기억, 장기기억과 개념적으로 유사해 보인다. 두 견해 모두 그 단계 또는 수준에서 더 정교하게 처리된다고 주장한다. 그러나 이중장치모형과 달리 정보처리수준모형은 세 종류의 정보처리가 단계를 이룬다고 가정하지 않는다. 정보처리수준모형은 보다 정교화된 정보처리를 위해 다음 과정으로 옮겨가야 한다고 주장하지 않는다. 정보처리의 깊이는 한 수준 내에서 다양해질 수 있다. wren은 낮은 수준에서 의미론적으로 정보처리(작은 새)되거나 보다 확장된 수준에서 의미론적으로 정보처리(다른 새들과 비슷한 점 및 차이점)될 수 있다.

두 정보처리모형 간의 또 다른 차이점은 정보처리의 순서에 있다. 이중기억모형은 정보가 감각등록기에서 가장 먼저 처리된 후 단기기억에서 처리되고 마지막으로 장기기억에서 처리된다고 가정한다. 정보처리수준모형은 정보가 순차적으로 처리된다고 가정하지 않는다. 의미 수준에서 정보가 처리되기 위해 피상적인 수준에서 먼저 처리되고 소리 수준에서 정보가 처리되어야 하는 것은 아니다(Lockhart et al., 1976).

두 모형은 정보처리의 유형이 기억에 어떤 영향을 미치는지에 대해서도 다른 견해를 보인다. 정보처리수준모형에서는 정보가 더 깊은 수준에서 처리될수록 기억에 더 많은 흔적을 남기기 때문에 더 잘 기억된다. 이 장 서두의 에피소드에서 교사들은 학생들이 더 깊은 수준에서 수학정보를 처리할 수 있도록 도움을 줄 수 있는 방법에 관심이 있었다. 정보가 한 수준 내의 특정 지점에서 일단 처리되고 나면 그 지점에서 추가로 정보처리하는 것이 기억향상에 도움이 되지 않는다. 이와 반대로 이중장치모형은 같은 유형의 정보처리가 추가되면 기억을 향상시킬 수 있다고 주장한다. 이중장치모형은 일련의 정보를 반복할수록 기억이 향상될 것이라고 예상한다.

몇몇 연구결과들은 정보처리수준모형을 지지한다. Craik와 Tulving(1975)은 사람들에게 단어를 보여 주었다. 각 단어를 보여 주면서 피험자들에게 질문을 하고 대답하도록 하였다. 질문은 특정 수준의 정보처리를 돕기 위한 것이었다. 피상적인 정보처리를 돕기 위해 사람들에게 "단어가 대문자로 쓰였나요?"라고 물었다. 음운학적인 정보처리를 돕기 위해 "단어가 train과 운이 맞나요?"라고 물었고, 의미론적인 정보처리를 돕기 위해 "단어가 '그는 거리에서 …을 만났다'라는 문장에 적합한가요?"라고 물었다. 피험자들이 제한된 시간 내에 다양한 수준에서 정보를 처리하도록 하였다. 그 결과, 정보가 의미론적인 수준에서 처리되었을 때, 음운학적인 수준에서 처리되었을 때, 피상적인 수준에서 처리되었을 때의 순서로 회상을 가장 잘 하였다. 이러한 연구결과는 망각은 피상적인 처리로 인해 발생할 가능성이 높으며 작업기억이나 장기기억에서 정보가 손실되어 생기는 것은 아니라는 것을 제시한다.

정보처리수준모형은 학생들이 학습내용을 더 깊은 수준에서 처리하면 더 잘 배운다는 것을 의미한다. Glover, Plake, Roberts, Zimmer, Palmere(1981)는 학생들이 에세이를 읽는 동안 내용을 다른 말로 바꾸게 하면 이전 지식(예: 에세이에서 핵심 단어들 찾아내기)을 사용하지 않았을 때보다 기억이 많이 향상된다는 것을 발견하였다. 천천히 주의 깊게 읽도록 안내하는 것은 학습자들의 기억향상에 도움이 되지 않았다.

이러한 긍정적인 연구결과에도 불구하고, 정보처리수준이론에는 몇 가지 문제점들이 있다. 첫째, 의미론적인 정보처리가 다른 수준보다 더 깊은지다. 어떤 단어(kaput)의 소리는 적어도 그 의미("파손된")만큼이나 독특하다. 실제로 기억은 정보처리수준뿐만 아니라 회상과제의 유형에 따라서도 달라진다. Morris, Bransford, Franks(1977)는 일반적인 기억 과제를 제시하였을 때는 의미론적인 부호화가 음운적인 부호화보다 더 나은 결과를 낳기는 하였지만, 음운을 강조하는 회상과제를 제시하였을 때에는 부호화할 때 음운에 대해 질문하는 것이 의미론적인 질문을 하는 것보다 더 나은 결과를 가져왔다고 주장하였다. Moscovitch와 Craik(1976)는 학습할 때 정보를 더 깊은 수준에서 처리하면 기억력 향상으로 이어지지만 이러한 가능성은 인출 시의 조건이 학습 시의 조건과 일치할 때 실현될 수 있다고 주장하였다.

정보처리수준이론의 다른 문제점 하나는 동일 수준의 추가적인 정보처리가 회상을 향상시키는지이다. Nelson(1977)은 참가자로 하여금 같은 수준에서 처리되는 각각의 자극(단어)을 한두 번 반복하도록 하였다. 두 번 반복하였을 때 더 잘 회상하였는데, 이 결과는 정보처리수준이론의 가설과 대조되는 것이었다. 다른 연구에 의하면, 학습내용을 추가적으로 반복할 경우 정보처리의 자동화에 도움이 될 뿐만 아니라 정보의 파지(retention) 및 회상을 촉진하는 것으로 나타났다(Anderson, 1990; Jacoby, Bartz, & Evans, 1978).

마지막 이슈는 수준의 속성에 관한 것이다. 학자들은 깊이라는 말이 정의뿐만 아니라 측정에 있어서도 모호하다고 주장한다(Surprenant & Neath, 2009; Terry, 2009). 그 결과, 다양한 수준의 정보처리가 학습과 기억에 어떤 영향을 미치는지 알지 못한다(Baddeley, 1978; Nelson, 1977). 시간은 수준의 기준으로 적합하지 않다. 어떤 피상적인 정보처리 (예: "단어가 자음-모음-자음-자음-모음-자음의 패턴을 따르는가?")는 의미론적인 정보처리("이것은 새의 한 종류인가?")보다 시간이 더 오래 걸릴 수도 있기 때문이다. 특정 수준 내의 정보처리 시간 또한 보다 깊은 정보처리를 구분하는 척도가 되지 못한다 (Baddeley, 1978, 1998). 수준(깊이)에 대한 분명한 이해가 부족하기 때문에, 이 이론의 유용성은 제한적이다. 이제 정보처리에 대한 오늘날의 견해를 살펴보자.

현대 정보처리모형

정보처리의 일반적인 현재 모형은 [그림 5.4]와 같다. 이 절에서는 이 모형에 대해 대략적으로 살펴보고 다음 절에서 더 자세히 설명한다.

주요 과정

이 모형은 Atkinson과 Shiffrin(1968, 1971)의 모형과 유사한 점이 있지만 중요한 차이점들이 있다. 현재의 모형은 수년간의 연구를 바탕으로 정보처리시스템의 작동에 대해 알게

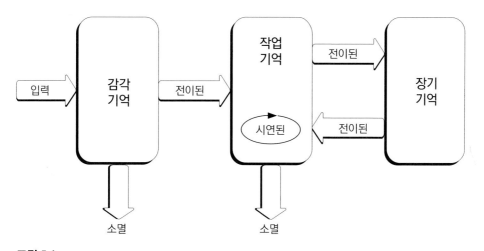

그림 5.4
현대 정보처리모형

된 주요 내용을 반영하고 있다.

현재의 모형은 이전 모형과 다르게 단계모형이 아니다. 지각하고 새로운 지식을 장기기억에 통합하는 것과 같은 정보처리의 단계는 있지만 정보처리시스템은 역동적이며 과정 간 이동이 빠르게 일어난다. 두 번째 차이점은 단기기억을 작업기억으로 대체하였다는 것이다. 작업기억이 정보처리과정의 역동적인 속성을 포함하고 지각 및 장기기억과 밀접한 관련을 맺으며 작동한다는 것을 더 잘 반영하기 때문이다.

셋째로, 통제과정이 제거되었다. 현대 정보처리이론은 학습자의 주의에 초점을 맞춰 학습자가 정보를 자신의 목표, 신념, 가치 등에 맞춰 구성하고 처리하도록 돕는 인지요인과 동기요인을 다룬다(Mayer, 2012).

마지막으로, 현대 모형은 기계론적인 면이 줄어 들었고 학습자의 적극적인 지식구성을 강조한다(Mayer, 2012). 학습자는 수용되는 정보에 단순히 반응하지 않고 자신의 학습에 도움이 되는 정보를 구한다. 요컨대, 현재의 모형은 학습자통제(learner control)와 자기조절을 상당히 반영하고 있다(제10장 참조).

현대 모형은 기억 속의 정보는 환경적 감각입력에서부터 시작된다고 가정한다. 감각기억은 정보를 밀리초(milliseconds) 동안만 수용하며 자극을 처리한다. 물론 언제나 많은 정보가 우리의 감각기억에 쇄도하지만 이 중 대부분은 99%까지 버려진다(Wolfe, 2010). 관련 없는 정보가 대부분이기 때문에 괜찮다.

냄새의 경우를 제외하고, 감각기억에 수용된 입력은 시상(thalamus)에 보내진 후 해당 입력을 처리하는 피질(cortex)의 특정 부위로 보내진다(제2장 참조). 이 초기 처리단계에서 입력은 감각정보에서 의미를 포함한 지각으로 변형된다. 예를 들어, 시각자극은 가시광선 빔에서 "손전등 불빛"으로 변한다.

정보는 그 다음에 작업기억에서 처리된다. 지각이 처리되어(예: 시연하기, 생각해 보기) 장기기억 속 정보와 통합된다. 충분한 주의를 받고 시연된 정보는 장기기억으로 전이되어 처리되고, 적절히 처리되지 않은 정보는 소멸된다. 작업기억의 작용은 두뇌의 여러 부분에서 일어날 수 있지만, 전두엽의 전액골 피질에서 주로 일어나는 것으로 보인다(Wolfe, 2010).

충분히 구성되어 처리된 정보는 장기기억 속의 지식과 통합된다. 이와 같은 통합은 기존의 신경네트워크를 수정 또는 변경하거나 강화함으로써 일어난다. 이 과정은 작업기억이 장기기억과 통합되는 동안 작업기억이 새로운 감각적인 입력도 수용하고 있다는 점에서 역동적이다.

지식구성

주의(attention)는 항상 의식되는 과정은 아니지만 정보처리과정 전반에 걸쳐 중요하다.

환경의 입력이 감각등록기에 입력되기 위해서는 환경의 입력에 주의를 기울이는 것이 필요하다. 이와 같은 주의는 학습자가 컴퓨터 스크린에 주의를 기울일 때처럼 의식되기도 하지만, 많은 경우 의식적으로 진행되지 않는다(Dijksterhuis & Aarts, 2010). 동시에 수용되는 다수의 정보에 주의를 기울이는 것은 불가능하기 때문이다. 초기의 주의는 선별적으로 일어나지 않지만, 자극은 대부분 의식적으로 지각되지 않은 채 우리의 망상활성시스템(reticular activating systems)에서 걸러진다(Wolfe, 2010). 주의는 처리가 증가하면 더 의식되는데(Hübner, Steinhauser, & Lehle, 2010), 지각을 통해 의식되고, 처리가 진행됨에 따라 더 인식된다.

현대의 정보처리이론은 학습자통제를 강조한다고 앞서 언급하였다. 지식을 구성한다는 것이 핵심이다. Mayer(2012)는 "관련 정보를 선별하여 일관된 정신적인 표상으로 조직하고 표상끼리 연결하고 장기기억 속에 활성화된 관련 지식과 통합하는 등 적절한 인지과정을 거칠 때 의미 있는 학습이 일어난다."고 설명한다(p.89). 지식습득을 강조하였던 이전의 견해들과 비교할 때 현대 이론들은 학습자의 지식구성 또는 다른 사람(예: 교사, 동료)과의 지식구성을 강조한다(Mayer, 2012). 다음 절에서는 지금까지 논의한 과정에 대해 자세히 살펴본다.

주의

주의라는 단어는 교육현장에서 자주 듣게 된다. **주의**(attention)는 감각기억 및 작업기억에 있는 제한된 양의 정보에 주력하는 집중적인 정신활동을 말한다(Matlin, 2009). 교사와 학부모는 학생이 수업이나 교사의 지시에 주의를 잘 기울이지 않는다고 하소연한다. (이 장 서두의 에피소드에서는 이러한 문제가 없는 것 같다. 오히려 유의미한 처리가 문제였다.) 학업성취도가 높은 학생조차도 수업관련 활동에 항상 주의를 기울이지는 않는다. 시야, 소리, 냄새, 맛, 감각도 쇄도하는데, 우리는 이 모든 것에 주의를 기울일 수 없고 기울여서도 안 된다. 우리의 주의능력에는 한계가 있기 때문에 주의는 입력 가능한 여러 가지 것들 중에 몇 개를 선택하는 과정으로 해석될 수 있다.

다른 의미로, 주의는 목적을 이루거나 인지과정을 동원하고 유지하기 위해 한정된 인적 자원을 확대하는 것이라고 말할 수 있다(Grabe, 1986). 주의는 많은 정보가 지나갈 수 있는 정보처리시스템 내의 좁은 길목이 아니다. 오히려 주의는 인간의 정보처리시스템 전체에 일반적으로 어떤 제한점이 있는지 알려준다.

이 절에서는 학습에 필요한 의식적인 주의에 대해 논의한다. 의식적인 주의는 작업기억 내 시연과 장기기억으로 지식을 통합하는 과정(예: 정교화, 조직)에 영향을 미친다. 앞서 언급하였던 것처럼, 입력이 작업기억으로 옮겨가기 전의 주의는 대부분 의식되지 않는 다(Wolfe, 2010). 이 절에서는 의식적인 주의와 주로 관련이 있기는 하지만 학생들이 학습에 주의하는 데 도움이 되는 방법을 제시하고, 다소 의식되지 않는 학생의 주의를 학습과 관련된 입력에 집중하도록 도와줄 수 있는 방법도 살펴본다.

주의이론

학자들은 사람들이 주의를 기울일 대상을 어떻게 선택하는지 연구해 왔다. **양분청취** (**dichotic listening**) 실험에서 피험자들에게 헤드폰을 씌워주고 각각의 귀에 다른 메시지를 들려준다. 피험자들에게 메시지 하나를 "쫓아가라(shadow)"(들은 것을 얘기하라)고 하면 대부분의 사람들이 꽤 잘 해낸다. Cherry(1953)는 주의를 기울이지 않은 메시지에 어떤 일이 일어났는지 연구하였다. 그는 피험자들이 이를 들으면 그것이 사람의 목소리인지 잡음인지, 언제 남자목소리에서 여자목소리로 바뀌었는지 알아차린다는 것을 발견하였다. 피험자들은 대체로 메시지가 무엇이었는지, 무슨 말을 들었는지, 어떤 언어로 말해졌는지, 또는 말이 반복되었는지 알지 못하였다.

Broadbent(1958)는 **여과이론**(**filter theory**)이라는 주의모형을 제시하였다. 이 모형에 따르면, 외부로부터 들어오는 정보는 감각시스템에 잠시 수용된다. 정보의 조각은 추가적인 처리과정을 거칠 수 있도록 물리적인 특성에 따라 감각시스템에 의해 선택된다. 감각시스템에서 선택되지 않은 정보는 걸러지고, 감각시스템 너머로 처리되지 않는다. 주의는 병목현상(일부 메시지만 통과시켜 더 깊이 처리될 수 있도록 한다) 때문에 선별적이다. 양분청취 연구에서 필터이론은 청자들(listeners)이 자신이 내린 결정에 근거하여 경로 (channel)를 선택한다고 제시한다. 청자들이 정보를 필터로 거르기 전에 정보에 대한 물리적인 관찰이 일어나기 때문에 다른 메시지에 대해 어느 정도 안다는 것이다.

이후 실시된 Treisman(1960, 1964)의 연구에서 필터이론의 문제점이 밝혀졌다. Treisman은 양분청취 실험이 진행되는 동안 청자들이 쫓는 메시지의 위치에 따라 양쪽 귀 사이에서 주기적으로 주의를 옮겼다는 것을 발견하였다. 왼쪽 귀로 들어오는 메시지를 쫓고 있는 경우와 그 메시지가 갑자기 오른쪽 귀로 옮겨가는 경우, 청자들은 첫 번째 메시지를 계속해서 쫓아갔고, 왼쪽 귀로 들어오는 새로운 메시지는 쫓아가지 않았다. 선별적인 주의는 입력되는 자극의 물리적인 위치뿐만 아니라 그 의미의 영향도 받는다.

Treisman(1992; Treisman & Gelade, 1980)은 **특성통합이론**(**feature-integration theory**)을 제시하였다. 우리는 가끔 각각 낮은 수준으로 처리되는 여러 감각입력에 주의를 분산한다. 인지적으로 좀 더 부담이 되는 특정 감각입력에 집중할 때도 있다. 주의는 메시지를 차단하기보다 주의를 기울이고 있는 것을 덜 두드러지게 한다. 입력되는 정보는 우선 물리적 특성 및 내용확인을 위해 여러 가지 테스트를 받는다. 이 첫 번째 분석이 끝나면 하나의 입력이 주의의 대상으로 선택된다.

Treisman의 모형은 입력에 주의를 기울이기 전에 많은 분석이 선행되어야 한다는 점에서 문제가 있다. 왜냐하면 첫 번째 분석에 의식적인 주의가 어느 정도 수반되기 때문이다. Norman(1976)은 입력되는 모든 정보가 장기기억의 일부를 활성화시키기 위해 충분한 주의를 받는다고 주장하였다. 이 때 활성화 정도에 근거하여 더 많은 주의를 받을 입력하나가 선택된다. 입력된 정보는 이전에 입력된 정보에 의해 구축된 맥락에 부합할 때 더 많은 주의를 받게 된다. 예를 들어, 사람들이 책을 읽을 때 수많은 외부자극이 사람들의 감각시스템에 영향을 미치지만 사람들은 인쇄된 기호에 주의를 기울인다.

Norman의 이론에 따르면, 자극은 장기기억의 일부를 활성화시키지만 주의는 보다 완전한 활성화를 필요로 한다. Neisser(1967)에 따르면, 전주의적 과정(pre-attentive processes)이 머리와 눈의 움직임(예: 다시 주의하기), 유도된 움직임(guided movements)(예: 걷기, 운전하기)에 관여하고 있다. 전주의적 과정은 자동으로 일어난다. 즉, 사람들은 의식적인 중재과정 없이 전주의적 과정을 시행한다. 그에 반해, 주의과정(attentional processes)은 의도적이며, 의식적인 활동을 필요로 한다. Logan(2002)은 이러한 견해를 지지하면서 주의와 범주화(categorization)는 함께 일어난다고 주장하였다. 어떤 사물에 주의를 기울이게 되면, 그 사물은 기억 속 정보를 바탕으로 분류된다. 주의, 범주화, 기억(작업기억, 장기기억)은 의도적이며 의식적인 인지작용의 세 가지 측면이다.

주의와 학습

주의는 학습에 필요하다. 아이는 문자를 구분하는 것을 배울 때 구별되는 특징을 배운다. 학생은 b와 d를 구분하기 위해 직선에 붙은 둥근 부분이 존재하는지에만 주의를 기울이는 것이 아니라 직선이 둥근 부분의 왼쪽 또는 오른쪽에 위치하는지 주의 깊게 보아야 한다. 교사로부터 배우려면 학생은 교사의 목소리와 행동에 집중하고 다른 자극은 무시해야 한다. 독해능력을 개발하려면 인쇄된 글자에 주의를 기울이고 페이지 크기나 색깔처럼 무관한 것은 무시해야 한다.

학습자는 동기와 자기조절의 작용에 따라 의식적으로 주의를 분배한다(Kanfer & Ackerman, 1989; Kanfer & Kanfer, 1991). 기술이 능숙해지면 정보처리에 의식적인 주의가 덜 요구된다. 곱셈 문제 푸는 법을 배울 때, 학생은 문제풀이 과정의 각 단계에 주의를 기울이고 자신의 계산 결과를 확인해야 한다. 학생이 곱셈표와 연산법을 배우면 문제풀이는 좀 더 자동으로 일어나고, 정보가 입력되면 시작된다.

주의를 조절하는 능력의 차이는 학습자의 나이, 과잉행동, 지능, 학습장애와 관련이 있다(Grabe, 1986). 어린 아동들은 주의를 유지하기 어렵다. 또한 아동들은 한 활동에서 다른 활동으로 주의를 빠르게 돌리지 못한다. 주의통제능력은 작업기억 향상에 기여한다(Swanson, 2008). 교사는 학생에게 주목이 필요한 학습내용을 알려줄 필요가 있다. 개요와 학습지침은 선행조직자로 작용하여 학습자에게 중요한 정보유형을 시사할 수 있다. 학생이 과제를 해결할 때, 교사는 학생이 과제에 계속 집중할 수 있도록 프롬프트(prompt), 질문, 피드백을 사용할 수 있다(Meece, 2002).

주의결핍은 학습문제와 관련되어 있다. 과잉행동을 보이는 학생은 지나친 신체활동, 주의산만, 낮은 학업성취로 특징지어진다. 그 학생은 교재에 주의를 집중하고 유지하는 데 어려움을 겪는다. 그는 관련 없는 자극을 차단하지 못해서 작업기억을 과부화시킨다. 학생은 주의를 유지하려면 전략적으로 학습하고 자신의 학습수준을 점검해야 한다. 학업성취가 보통인 학생과 나이가 많은 아동이 학업성취도가 낮은 사람과 나이가 더 어린 학생보다 전략적인 정보처리가 요구되는 과제에 주의를 더 잘 유지하는 것으로 나타났다(Short, Friebert, & Andrist, 1990).

교사는 학생의 눈의 초점, (안내가 끝난 후) 지시에 따라 공부하기 시작하는 능력, 과제 해결 중이라는 것을 나타내는 물리적인 표시(예: 쓰기, 컴퓨터 자판 두드리기)를 보고 주의 깊은 학생을 식별할 수 있다. 그러나 물리적인 표시만으로는 충분하지 않을 수도 있다. 엄격한 교사는 학생이 교실 수업에 몰두하지 않더라도 조용히 앉아 있게 할 수 있기 때문이다.

교사는 학급활동 설계를 통해 학생이 관련 자료에 집중하도록 도울 수 있다([적용 5.1] 참조). 수업을 시작할 때 눈길을 끄는 전시물이나 행동을 보여주면 학생의 주의를 끌 수 있다. 돌아다니며 학생을 둘러보는 교사는 학생이 과제에 집중할 수 있도록 돕는다. 학생의 주의를 집중시키고 유지할 수 있는 다른 제언은 〈표 5.1〉을 참조한다.

의미와 중요성

우리는 의미가 적은 것보다 의미 있는 입력에 더 주의를 기울인다(Wolfe, 2010). 감각입력이 작업기억에 들어오면 작업기억은 장기기억 속의 관련 정보를 찾으려고 한다. 관련 정보가 없으면 주의는 점차 줄어들고 다른 입력으로 옮겨진다. 학습에 있어서 유의미성(meaningfulness)의 중요한 역할은 이 장 서두의 에피소드에서 볼 수 있으며 자세한 사항은 이 장에서 차후 논의한다.

지각된 중요성도 의식적인 주의를 돌리고 유지하는 데 도움이 된다. 예를 들어, 독서할 때 학생은 덜 중요한 부분보다 중요한 부분을 더 잘 기억해 낸다(R. Anderson, 1982; Grabe, 1986). 우수한 독자와 그렇지 않은 독자 모두 중요한 정보를 찾아내면 더 오랫동안 읽는다(Ramsel & Grabe, 1983; Reynolds & Anderson, 1982). 이들을 구분 짓는 중요한 특징은 이후에 일어나는 정보처리과정과 이해다. 어설픈 독자는 기본적인 읽기(예: 해독하기)에 몰두하여 중요한 정보에 주의를 기울이지 못함으로써 기억과 인출에 적합

적용 5.1

학생의 주의 유지

다양한 실습은 주의를 감소시키는 일상적이고 반복적인 수업에서 벗어나는 데 도움이 된다. 교사는 강의, 교재, 학생활동을 비롯하여 옷이나 태도 같은 개인적인 특징을 다양하게 만들 수 있다. 어린 아동을 위한 학습은 짧게 해야 한다. 교사는 학생을 참여시키고 교실을 돌아다니며 학생의 진도 상황을 확인하여 학생의 활동수준을 높게 유지할 수 있다.

Keeling 교사는 3학년 교실에서 언어예술활동을 시작하며 해당 활동이 교재 어디에 있는지 물어본다. Keeling 교사는 여러 방식으로 학습활동을 소개한다. 예를 들어, 학생들을 소집단으로 나누거나 개별적으로 하게 한다. 학생들의 질문을 다양한 방식으로 확인하기도 한다. 학생들이 수신호를 사용하게 하거나 함께 대답하도록 하거나 개별적으로 답하고 설명하게 한다. 학생들이 개별적으로 연습문제를 풀 때 교실을 돌아다니며 학생들의 진도를 확인하여 학습에 어려움을 겪거나 과제에 집중하지 못하는 학생들을 돕는다.

음악교사는 성악 연습하기, 특정 부분 부르기, 악기를 사용하여 음악 완성시키기, 악장 추가하기 등으로 학생들의 주의를 높일 수 있다. 교사는 수업활동을 통합하거나 순서를 바꿀 수 있다. 새로운 음악 소개처럼 작은 활동들도 다양하게 할 수 있다. 교사가 곡 전체를 연주한 후 일부분을 불러주고 학생들이 불러 보도록 할 수 있다. 또는, 선곡한 노래를 나눠서 각 부분별로 배운 후 이를 합쳐 전곡을 배우게 할 수도 있다.

하도록 처리하지 못한다. 반면, 우수한 독자는 중요한 자료를 읽을 때 이를 시연하고, 의미 있게 만들고, 장기기억 속 지식과 연결 짓기를 더 잘 함으로써 이해를 향상시킨다

표 5.1
학생의 주의를 집중시키고 유지하는 방법

장치	실행
신호	수업이 시작될 때 또는 학습활동이 바뀔 때 학습자에게 신호하기
움직임	학급전체를 대상으로 강의하는 동안 움직이기. 학습자가 자리에 앉아서 공부할 때 학습자 둘러보기
다양성	다양한 교재와 수업보조물 사용하기. 제스처 사용하기. 단조로운 목소리로 말하지 않기
흥미	관심을 자극하는 자료를 보여주며 수업 시작하기. 수업시간 중간 중간 학습자의 관심 끌기
질문	학생에게 자기 말로 요점 설명하도록 하기. 학습의 책임은 학생에게 있다고 강조하기

(Resnick, 1981).

텍스트 자료의 중요성은 차별화된 주의를 통해 이후 회상에 영향을 미칠 수 있다(R. Anderson, 1982). 텍스트 요소는 중요성이 평가될 수 있도록 어떤 최소한의 수준에서 처리되는 것으로 보인다. 이 평가결과에 따라 텍스트 요소는 버려지거나(중요하지 않은 정보), 부가적인 관심을 받는다(중요한 정보). 주의를 충분히 기울였다고 가정한다면, 학생에게 일어나는 실제 정보처리 유형이 이후의 이해도 차이를 설명할 만큼 다른 것이 분명하다. 우수한 독자는 그렇지 않은 독자보다 텍스트 자동처리를 더 자주 할 수도 있다.

Hidi(1995)는 읽기의 여러 단계(철자 특징 처리하기, 의미 도출하기, 중요한 정보 판단하기, 중요한 정보에 집중하기)에 주의가 필요하다고 주장하였다. 이는 읽기 목적(예: 상세 내용 발췌하기, 이해하기, 새로운 것 배우기)에 따라 요구되는 집중량이 달라질 수 있음을 제시한다.

지각

지각(perception)[또는 **패턴지각**(pattern recognition)]이란 감각을 통해 수용된 환경의 입력에 의미를 부여하는 것을 말한다. 입력이 지각되기 위해서는 입력이 감각등록기에 등록되고 두뇌의 적절한 부분으로 이동되어야 한다. 그 후 입력은 장기기억 속의 지식과 비교된다. 감각등록기와 비교 과정을 이 절에서 논의한다.

감각등록기

환경의 입력은 시각, 청각, 감각, 후각, 미각과 같은 감각을 통해 수용된다. 각 감각에는 수용된 것과 동일한 형태로 잠시 정보를 보관하는 고유의 등록기가 있다(Wolfe, 2010). 정보는 감각등록기에 0.25초도 안 되는 시간 동안 등록된다(Mayer, 2012). 감각입력 중 일부는 추가적인 처리를 위해 작업기억으로 옮겨진다. 다른 입력은 소멸되고 새로운 입력으로 대체된다. 몇 개의 감각이 동시에 독립적으로 사용될 수 있기 때문에 감각등록기는 동시에 작동한다. 가장 많이 연구된 두 가지 감각기억은 **영상**(iconic)(시각)기억과 **반향**(echoic)(청각)기억이다.

영상기억을 조사하기 위한 전형적인 실험에서 연구자는 학습자들에게 글자 열들을 짧게(예: 0.05초) 보여주고 기억할 수 있는 한 많은 글자들을 회상하도록 하였다. 대체적으로 학습자들은 한 열당 4개에서 5개의 글자들만 기억해 냈다. Sperling(1960)의 초기 연구는 영상의 저장에 대한 설명을 제시하였다. Sperling은 학습자들에게 글자 열들을 보여준

후 특정 열의 글자들을 말하도록 하였다. Sperling은 학습자들이 글자 열을 접한 후 대략 9개의 글자들을 회상할 수 있었다고 추정하였다. 감각기억은 이전에 가정하였던 것보다 많은 정보를 수용할 수 있었지만, 피험자들이 글자들을 회상하는 동안 다른 글자들의 흔적은 빠르게 사라졌다. Sperling은 또한 글자 열을 마지막으로 본 시기와 첫 회상 시기 간의 시간 간격이 길수록 회상에 악영향을 미친다는 것을 발견하였다. 이러한 연구결과는 자극이 감각등록기에서 소멸될 때 **흔적의 쇠퇴**(trace decay)가 일어난다는 입장을 뒷받침한다. Sakitt(1976; Sakitt & Long, 1979)은 영상이 망막 내부의 간상체에 위치한다고 주장하였는데, 영상이 하나의 기억저장소인지 아니면 지속되는 이미지인지는 논란의 대상이다.

영상기억과 비슷한 기능을 하는 반향기억에 대한 증거가 있다(Matlin, 2009). Darwin, Turvey, Crowder(1972)의 초기 연구와 Moray, Bates, Barnett(1965)의 초기 연구는 Sperling(1960)의 연구와 비교되는 결과를 보여 주었다. 피험자들에게 세 개 또는 네 개 세트의 녹음을 동시에 들려주고 하나를 말하도록 하였다. 연구 결과에 따르면, 반향기억은 회상될 수 있는 것보다 많은 정보를 수용할 수 있는 것으로 나타났다. 영상정보와 유사하게, 반향정보의 흔적도 자극이 제거되면 빠르게 사라진다. 반향의 쇠퇴는 영상의 쇠퇴만큼 빠르게 일어나지 않았지만, 자극제시 중단 후 회상 시작까지 2초 이상 걸리면 회상을 악화시키는 것으로 나타났다.

장기기억 비교

지각은 상향처리 및 하향처리를 통해 일어난다(Matlin, 2009). **상향처리**(bottom-up processing) 시 감각등록기에 수용된 입력은 물리적인 특징 이상의 의미를 부여하기 위해 작업기억으로 옮겨져 장기기억 속의 정보와 비교된다. 환경입력은 가시적인 물리적 속성을 가지고 있다. 색맹이 아니라는 가정하에, 노란색 테니스공을 본 사람들은 이것이 노란색 물체라고 인식하겠지만, 테니스에 익숙한 사람들은 테니스공이라고 인식할 것이다. 사람들은 습득한 정보의 유형에 따라 사물에 서로 다른 의미를 부여한다.

지각은 개관적인 특성뿐만 아니라 이전 경험 및 기대의 영향을 받는다. **하향처리**(top-down processing)는 우리의 지식과 신념이 지각에 영향을 미치는 것을 말한다(Matlin, 2009). 동기상태도 중요하다. 지각은 우리가 지각하기 바라고 희망하는 것의 영향을 받는다(Balcetis & Dunning, 2006). 우리는 종종 기대하는 것을 지각하고 기대하지 않는 것은 지각하지 못한다. 누군가 여러분의 이름을 부르는 것을 들었다고 생각하였는데 알고 보니 다른 이름이 불려진 것이었던 적은 없는가? 공공장소에서 친구를 기다리거나 음식점에서 주문한 것을 가져가기 위해 기다리고 있는 동안, 여러분은 여러분의 이름이 불리기를 기대하고 있기 때문에 여러분의 이름을 들을지도 모른다. 또한 사람들은 외양이 바뀌거나 맥락 밖에서 일어나는 것들은 지각하지 못할 수도 있다. 비치웨어를 입은 직장동료를 보게 될 것이라고 기대하지 않았기 때문에 여러분은 해변에서 동료를 만나도 인식하지 못할 수 있다. 하향처리는 자극이 모호하거나 매우 짧게 등록될 때(예: "눈 한 컨"에 보인 자극) 자주 일어난다.

지각에 대한 정보처리이론은 **형판대응**(template matching)이다. 형판대응이론은 사람들이 **형판**(templates) 또는 자극의 축소본을 장기기억 속에 저장한다는 것이다. 사람들은 자극을 접할 때 기존의 형판과 비교하여 대응하는 것이 발견되면 알아본다. 이 이론은 호소력 있지만, 문제점이 있다. 우선, 사람들은 장기기억 속에 수없이 많은 형판이 있어야 외부의 사람과 사물을 지각할 것이다. 그렇게 많은 양은 뇌의 용량을 초과할 것이다. 또한 형판이론은 자극의 다양화를 잘 설명하지 못한다. 예를 들어, 의자는 크기, 모양, 색깔, 디자인이 매우 다양한데, 의자 한 개를 지각하기 위해 수백 개의 형판이 필요할 것이다.

형판의 문제점은 형판이 다양화될 수 있다고 가정하면 해결될 수 있다. 원형이론(prototype theory)이 이 문제를 다룬다. **원형**(prototypes)이란 자극의 기본요소를 포함하는 추상적인 형태다(Matlin, 2009; Rosch, 1973). 원형은 장기기억에 저장되고, 입력되는 자극과 비교되는데, 자극은 형태, 냄새, 소리 등이 일치하거나 닮은 원형을 바탕으로 지각된다. 원형의 존재는 몇몇 연구에서 확인되고 있다(Franks & Bransford, 1971; Posner & Keele, 1968; Rosch, 1973).

원형모형의 한 종류로 **특성분석**(feature analysis)이 있다(Matlin, 2009). 이 이론에 따르면, 사람은 자극의 주요 특성을 배우고 이를 장기기억에 이미지나 언어부호로 저장한다(Markman, 1999). 입력이 감각등록기에 들어오면 입력의 특성은 기억의 표상과 비교된다. 여러 특성이 일치하면 자극은 지각된다. 의자는 다리, 좌석, 등받이가 주요 특성이라고 할 수 있다. 여러 다른 특성(예: 색깔, 크기)은 무관하다. 기본 특성의 예외는 학습해야 한다(예: 관중석과 빈백(beanbag) 의자는 다리가 없다). 원형분석과 달리, 기억에 저장된 정보는 의자의 추상적인 표상이 아니라 의자의 주요 특성을 포함한다. 특성분석의 이점 중 하나는 각각의 자극에 하나의 원형만 존재하지는 않는다는 것으로, 이는 수용 가능한 다양성의 양과 관련된 문제를 부분적으로 다룬다. 특성분석은 경험연구로 증명된다(Matlin, 2009).

Treisman(1992)은 어떤 사물을 지각하면 그 사물의 현재 특징에 대한 정보를 모으고 통합하고 수정하는 대상파일(object file)에 임시표상이 생긴다고 주장하였다. 이 파일의 내용은 대상토큰(object token)으로 저장될 수 있다. 대상을 새로 접하면, 그 대상의 토큰을 사물의 유형에 대한 기억의 표상(사전)과 매치시켜 보는데, 이는 성공할 수도 있고 그렇지 않을 수도 있다. 다음에 그 대상을 접할 때 우리는 그 대상의 특징과 구조를 설명하는 대상토큰을 인출한다. 모든 특징이 부합하면 이 토큰은 지각을 촉진시키겠지만, 여러 가지가 일치하지 않으면 지각을 감소시킬 것이다.

연구들은 장기기억이 어떻게 비교되든 지각은 상향처리와 하향처리에 의해 결정된다고 보여준다(Anderson, 1980; Matlin, 2009; Resnick, 1985). 예를 들어, 읽을 때 상향처리는 특징을 분석하고 의미 있는 표상을 만들어 자극을 분간한다. 미숙한 독자는 새로 접한 단어를 소리 내어 읽어볼 때 주로 상향처리를 사용한다. 낯선 자극[예: 필체(handwriting)]을 접하면 상향처리를 이용하기도 한다.

모든 지각에 상세한 특성분석이 요구된다면 읽기는 느리게 진행될 것이다. 하향처리의 경우, 사람들은 맥락을 바탕으로 지각에 대한 기대를 발전시킨다. 숙련된 독자는 읽으면서 맥락에 관한 정신적인 표상을 구축하고, 텍스트에서 특정 단어나 구절을 예상한다(Resnick, 1985). 효과적인 하향처리는 방대한 사전경험에 따라 결정된다. 이제 작업기억에서 일어나는 주요 과정인 부호화에 대해 살펴보자.

부호화

부호화(encoding)란 새로 들어오는 정보를 정보처리시스템에 넣고 장기기억에 저장될 수 있도록 준비하는 과정을 말한다. 입력이 주의를 받으면 감각기억에서 처리되고 지각되어 작업기억에 입력된다. 이 절에서는 작업기억을 논의하고 부호화에 영향을 미치는 것들을 살펴본다.

작업기억

작업기억(working memory)은 즉각적인 의식의 기억이다. 실행할 과제에 따라 두뇌의 다양한 부분에서 작업기억이 작용하지만, 작업기억의 주요 활동은 전두엽의 전액골 피질에서 주로 일어나는 것으로 보인다(Gazzaniga, Ivry, & Mangun, 1998; Wolfe, 2010). 어떤 학자(예: Baddeley, 2012)는 작업기억과 단기기억을 구분하는데, 정보의 임시저장을 단기기억이라고 하고, 지식의 저장 및 조작을 작업기억이라고 한다. 작업기억과 감각기억 모두 단기간에 작동하기 때문에 이 책에서는 "작업기억"이라는 용어를 사용하도록 한다.

작업기억은 유지(maintenance)와 인출이라는 두 가지 중요한 기능을 수행한다(Baddeley, 1992, 1998, 2001; Terry, 2009; Unsworth & Engle, 2007). 들어오는 정보는 짧은 시간 동안 활동적인 상태로 보존되며, 시연되거나 장기기억에서 인출된 정보와 연계되는 처리과정을 거친다. 학생이 읽으면 작업기억은 학생이 읽은 마지막 단어나 문장을 몇 초 동안 유지한다. 학생은 몇 번 반복하거나(시연) 앞서 논의하였던 주제와 어떻게 관련되는지 질문하면서(장기기억 속 정보와 관련짓기) 특정 내용을 기억하려고 할 수도 있다.

다른 예로, 어떤 학습자가 45와 7을 곱하고 있다고 가정해 보자. 작업기억은 이 숫자들(45와 7)과 5와 7을 곱한 결과(35), 옮겨지는 자리의 수(3), 정답(315)을 보관한다. 작업기억 속의 정보(5 × 7 = ?)는 장기기억 속에서 활성화된 정보(5 × 7 = 35)와 비교된다. 곱셈 방식도 장기기억 속에서 활성화되는데, 이 절차들이 학습자가 어떤 행동을 취해야 하는지 지시한다.

작업기억은 정보가 장기기억으로 이동되거나 장기기억 내 지식과 통합될 수 있도록 전달자 기능을 자주 한다. 그러나 작업기억은 우리가 정보를 즉시 사용할 경우, 정보의 최종도착지가 되기도 한다. 예를 들어, 여러분이 걸어야 할 전화번호를 친구가 말해 준다면 여러분은 전화기에 그 번호를 입력할 때까지 작업기억 속에 전화번호를 유지한다.

작업기억에 대한 현대의 견해는 초기 모형에서 제한적으로 개념화됐던 단기기억(주로 저장소로 봄)을 확장시킨다. 역으로, 작업기억은 정보를 유지하기도 하고 처리하기도 한다(Barrouillet, Portrat, & Camos, 2011).

학자들은 작업기억이 어떻게 작용하는지 상당히 상세하게 밝혀 왔다. 작업기억은 **지속시간이 한정되어 있다**(limited in duration). 빨리 조치가 취해지지 않으면 작업기억의 정보는 소멸된다. Peterson과 Peterson(1959)은 연구에서 피험자들에게 의미 없는 음절(예: khv)을 보여주고 산술문제를 풀게 한 후 음절을 회상하도록 하였다. 음절을 반복하지 않도록 하기 위해 산술문제를 풀게 하였지만, 숫자들은 기억 속에 저장될 필요가 없었기 때문에 작업기억 속에 음절이 저장되는 것을 방해하지 않았다. 피험자들이 주의가 분산되는 행동에 더 많은 시간을 보낼수록 의미 없는 음절을 회상하는 데 더 많은 어려움을 겪었다. 이러한 연구결과는 작업기억이 손상되기 쉬우며, 정보는 잘 학습하지 않으면 쉽게 소멸된다는 것을 제시한다. 앞서 제시하였던 예에서 전화기에 번호를 입력하기 전에 여러분의 주의가 분산된다면 여러분은 전화번호를 기억해 내지 못할 것이다.

작업기억은 또한 **수용능력이 제한되어 있다**(limited in capacity). 작업기억은 적은 양의 정보만 유지할 수 있다. 앞서 언급하였던 것처럼, Miller(1956)는 작업기억의 용량이 7 ± 2개이며, 단어, 글자, 숫자, 상용구 같은 의미 있는 단위의 정보들을 7 ± 2개 보관할 수 있다고 주장하였다. 덩어리로 묶거나(chunking) 정보를 의미 있게 결합하면 정보의 양을 늘릴 수 있다. 555-1960이라는 전화번호는 일곱 개의 숫자로 구성되어 있지만, "5 세 개에 Kennedy가 대통령으로 당선된 해 더하기" 같은 식으로 바꾸면 두 묶음으로 만들 수 있다.

기억훑기(memory scanning)에 대한 Sternberg(1969)의 연구는 정보가 작업기억에서 어떻게 인출되는지에 대한 설명을 제시한다. 그는 피험자들에게 작업기억의 수용능력을 초과하지 않을 정도의 적은 양의 숫자들을 빠르게 보여 주었다. 그 후, 시험용 숫자 하나를 보여주고 이미 보여 주었던 숫자들 중 하나인지 물었다. 피험자들은 학습하기 쉬웠기 때문에 거의 실수하지 않았다. 그러나 본래의 숫자 모음을 두 개에서 여섯 개로 증가시킨 결과, 응답시간은 추가된 숫자마다 대략 0.04초 정도 증가하였다. Sternberg는 사람들이 정보를 잘 훑어봄으로써 활동적인(active) 기억으로부터 정보를 인출한다고 결론지었다.

　　Baddeley(1998, 2001, 2012)는 음운루프, 시각-공간적 스케치북, 중앙집행을 포함하는 작업기억모형을 개발하였다([그림 5.5]참조). 음운루프(phonological loop)는 (발화에 근거한) 청각정보를 처리하고 시연을 통해 활동적인 상태를 유지한다. 시각-공간적 스케치북(visuo-spatial sketch pad)은 시각정보(이미지)를 구성하고 유지한다. 아마도 추가적인 감각 기능(즉, 미각, 후각, 촉각)이 작업기억에서 수행되지만, 시각과 청각이 가장 많이 연구되어 왔다. 중앙집행은 주의관리자다. 중앙집행은 학습에서 매우 중요한데, 과제에 대한 집중유지가 여러 학습에서 요구되기 때문이다.

　　중앙집행(central executive)은 작업기억 내 정보처리와 작업기억 안팎으로의 지식전이를 지시한다(Baddeley, 1998, 2001, 2012). [그림 5.5]의 가운데 부분은 일종의 **임시** 완충기(**episodic** buffer)로, 이곳에서 다양한 양상의 정보가 통합될 수 있다. 이곳은 작업기억의 정보를 연결할 때뿐만 아니라 작업기억을 지각 및 장기기억과 연결할 때 완충작용을 한다(Baddeley, 2012).

　　중앙집행은 몇 가지 기능을 수행한다(Baddeley, 2012). 주의를 집중하는 것 외에 필요시 두 개 이상의 입력(예: 시각과 청각)에 주의를 나누고, 과업(tasks) 간의 전환을 관리한다. 중앙집행은 장기기억과의 연계도 수행한다.

　　중앙집행은 목적지향적이다. 즉, 중앙집행은 사람들의 계획 및 의도와 관련된 정보를 감각등록기에서 선택한다. 중요한 것 같은 정보는 시연한다. 시연은 작업기억에 정보를 유지하여 회상에 도움이 될 수 있다(Baddeley, 2001; Rundus, 1971; Rundus & Atkinson, 1970).

　　외부의 단서나 스스로 만든 단서들(cues)은 장기기억의 일부를 활성화시키는데, 이러한 경우 장기기억은 작업기억에 접근하기 수월해진다. 이 활성화된 기억은 최근에 일어난 사건들의 표상(예: 맥락과 내용에 대한 설명)을 유지한다. 활동적인 기억이 독립된 기억저장소를 구축하는지 아니면 장기기억의 활성화된 부분에 지나지 않는지에 대해서는 아직 논란이 계속되고 있다. 정보는 시연되지 않으면 시간이 지남에 따라 소멸한

그림 5.5

작업기억모형

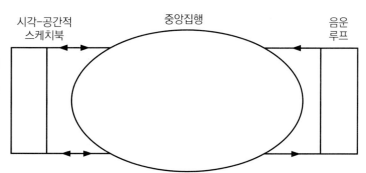

다(Nairne, 2002). 작업기억의 작동에 대한 관심이 높기 때문에 학자들은 작업기억의 과정을 계속해서 연구하고 있다(Baddeley, 2012; Davelaar, Goshen-Gottstein, Ashkenazi, Haarmann, & Usher, 2005).

작업기억은 학습에서 중요한 역할을 한다. 보통의 학업성취를 보이는 학생과 비교하였을 때, 수학과 읽기에 장애가 있는 학생은 작업기억의 작용이 저조한 것으로 나타난다(Anderssoon & Lyxell, 2007; Swanson, Howard, & Sáez, 2006). 다른 정보처리기능들처럼 작업기억은 발달에 따라 향상된다. 정보는 좀 더 효율적으로 처리된다(Swanson, 2011). 머릿속에 목적을 유지하는 능력이 발달함에 따라(Marcovitch, Boseovski, Knapp, & Kane, 2010) 유지(예: 시연) 능력도 발달한다(Gaillard, Barrouillet, Jarrold, & Camos, 2011).

교수(instruction)와 관련된 중요한 시사점 중 하나는 너무 많은 내용을 한 번에 또는 너무 빠르게 소개함으로써 학생의 작업기억에 과부하를 주지 않는 것이다(이 장의 인지부하 참조). 교사는 학생의 작업기억에서 정보가 충분히 오랫동안 유지되어 추가적인 인지과정을 거칠 수 있도록 적절한 시점에서 구두 및 시각자료로 정보를 소개할 수 있다. 작업기억의 수용능력에는 한계가 있지만(Cowan, Rouder, Blume, & Saults, 2012), 훈련[예: 학생이 갈수록 더 긴 목록을 회상해야 할 때 폭 과제(span tasks) 사용하기]과 주의관리(Shipstead, Redick, & Engle, 2012)를 통해 작업기억의 수용능력이 향상될 수 있다는 연구결과들이 있다.

부호화에 영향을 미치는 요인

부호화는 작업기억에서 시작되며, 새로운 정보를 의미 있게 만들고 장기기억 속에 저장된 이미 알고 있는 정보와 통합함으로써 이뤄진다. 기하학을 잘 모르는 사람이 피타고라스의 정리가 무엇을 의미하는지 몰라도 기억할 수 있듯이, 학습하는 데 의미 있는 정보가 반드시 필요한 것은 아니지만, 의미 있는 정보는 학습과 기억력 향상에 도움이 된다.

단순히 자극에 주의를 기울이고 지각한다고 해서 정보처리가 계속되는 것은 아니다. (학습자가 교사의 말에 귀를 기울이고, 교사가 하는 말이 의미 있는 것이라고 해도) 학생이 계속해서 작업기억에서 정보를 처리하고 부호화하는 것은 아니기 때문에 교사가 수업시간에 얘기하는 많은 것이 학습되지 않은 채 지나쳐 간다. 부호화에 영향을 미치는 중요한 요인은 정교화와 조직화이며([그림 5.4] 참조), 이들은 도식(schemas)의 형성을 돕는다.

정교화. 정교화(elaboration)란 새로운 정보에 덧붙이거나 새로운 정보를 기존의 지식과 연결함으로써 새로운 지식을 확장시키는 과정이다. 정교화는 기억될 정보와 다른 지식들을 연결하기 때문에 부호화와 인출을 돕는다. 최근에 학습한 정보일수록 이 확장된 기억네트워크에서 더 쉽게 이용할 수 있다. 새로운 정보가 잊혀져도 사람들은 종종 정교화를 회상할 수 있다(Anderson, 1990). 이 장 서두의 에피소드에서 보여 주듯이, 여러 학생이 수학을 배울 때의 문제점은 내용이 추상적이고 다른 지식과 쉽게 연결되지 않기 때문에 학생이 정교화할 수 없다는 것이다.

정보를 시연하면 정보는 작업기억 속에 보관되지만 반드시 정교화되는 것은 아니다. **유지시연**(maintenance rehearsal)(정보반복 계속하기)과 **정교화시연**(elaborative rehearsal)(정보를 이미 알고 있는 것과 관련짓기)은 구분될 수 있다. 미국역사를 배우는 학생은 "D-Day가 1944년 6월 6일이었다."를 단순히 반복하거나 이를 자신이 이미 알고 있는 것과 관련지어 정교화할 수 있다(예: 1944년에 루스벨트 대통령이 4선 당선에 성공하였다). 아동은 발달이 진행됨에 따라 정교화시연에 좀 더 능숙해지는데, 이러한 경향은 정교화시연이 유지시연보다 회상향상에 기여한다는 점에서 바람직하다(Lehmann& Hasselhorn, 2010).

기억술(mnemonic) 전략(제10장 참조)은 정보를 다른 방식으로 정교화한다. 첫 번째 글자들을 따서 의미 있는 하나의 문장으로 만드는 것과 같은 기억술이 있다. 예를 들어, 여러분은 행성의 순서를 기억하기 위해 행성의 첫 글자(*M*ercury, *V*enus, *E*arth, *M*ars, *J*upiter, *S*aturn, *U*ranus, *N*eptune, *P*luto)를 따서 "*My very educated mother just served us nectarines.*"이라는 문장을 외울 수 있다. 여러분은 이 문장을 먼저 회상한 후 첫 글자를 바탕으로 행성의 순서를 재구성한다.

학생이 정교화를 고안해 낼 수 있지만, 고안해 내지 못한다면 교사가 효과적인 정교화를 제공할 수 있다. 기억 속 저장과 인출에 도움이 되려면 정교화는 이해하기 쉬워야 한다. 너무 보기 드문 정교화는 기억되지 않을 수도 있다. 정확하고 이해 가능한 정교화는 기억과 회상을 촉진시킨다(Bransford et al., 1982; Stein, Littlefield, Bransford, & Persampieri, 1984).

조직화. 형태이론과 연구는 잘 조직화된 자료가 배우고 기억하기 더 쉽다는 것을 보여 주었다(Katona, 1940). Miller(1956)는 정보를 분류하고 그룹지어 묶음(chunks)으로 조직화하면 학습이 강화된다고 주장하였다. 기억에 관한 연구는 학습내용이 조직화되어 있지 않을 때 사람들은 종종 학습자료를 조직화하는 데 이러한 행동이 회상을 돕는다는 것을 보여준다(Matlin, 2009). 조직화된 학습자료는 학습사항을 체계적으로 연결하기 때문에 기억을 향상시킨다. 학습사항 하나를 회상하면 이와 연계된 학습사항도 회상하게 된다. 부호화에 미치는 조직화의 효과는 어린이와 어른을 대상으로 한 연구를 통해 증명되고 있다(Basden, Basden, Devecchio, & Anders, 1991).

학습자료를 조직화하는 한 가지 방법은 하나의 위계를 사용하여 정보를 통합하는 것이다. [그림 5.6]은 동물의 위계를 하나의 예로 보여준다. 전체를 지칭하는 '동물계'가 위

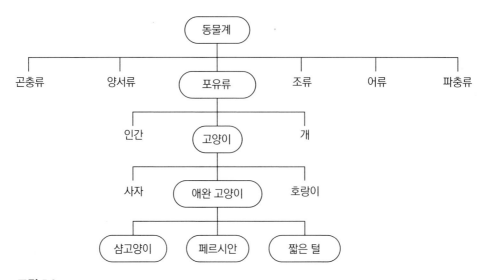

그림 5.6
위계적인 조직을 가진 기억네트워크

에 있고, 주요 분류(예: 포유류, 조류, 파충류)는 그 아래에 있다. 개별적인 종은 그 다음 단계에 있고, 품종이 그 뒤를 따른다.

정보를 조직화하는 다른 방식으로 기억술전략(제10장 참조)의 사용과 심상(제6장 참조)이 있다. 기억술은 학습자로 하여금 학습자료를 풍성하게 하거나 정교화하게 한다(예: 학습하는 단어의 첫 글자를 따서 약자나 익숙한 구문 또는 문장으로 만들기). 어떤 기억술은 심상을 이용한다. 두 단어(예: 꿀과 빵)를 기억할 때, 어떤 사람은 이들이 서로 접해 있는 모습(꿀 발린 빵)을 상상할 수 있다. 수업 시 시청각기자재를 활용하면 학생의 심상을 향상시킬 수 있다.

도식. 정교화와 조직화는 도식형성을 돕는다. **도식**(schema, 복수로 **schemas** 또는 **schemata**)은 많은 양의 정보를 의미 있는 체계로 조직화하는 구조를 말한다. 도식은 상황에 대한 우리의 일반적인 지식을 포함한다(Matlin, 2009). 도식은 우리가 외부와 상호작용하는 동안 학습하고 활용하는 계획이다. 정보를 표상하는 명제(propositions)를 하나의 일관된 전체로 조직하기 위해서는 보다 큰 단위가 필요하다(Anderson, 1990). 도식은 우리가 일상적으로 행하는 연속적인 행동을 만들어 내고 관리하는 데 도움이 된다.

Bartlett(1932)는 그의 초기 연구에서 도식이 정보이해에 도움이 된다는 것을 보여 주었다. 그는 피험자 한 명이 낯선 문화에 관한 이야기를 읽은 후 두 번째 피험자에게 그 이야기를 전해주고, 두 번째 피험자가 세 번째 피험자에게 이야기를 전해주는 방식으로 실험을 실시하였다. 이야기가 10번째 피험자에게 전해졌을 때, 그 이야기의 낯선 상황은 피험자들에게 익숙한 상황으로 바뀌어 있었다. Bartlett는 이야기가 반복됨에 따라 예측 가능한 방식으로 변하였다는 것을 발견하였다. 낯선 정보는 빠지고 약간의 세부내용만 유지된 채 그 이야기는 피험자들의 경험처럼 변하였다. 피험자들은 들어오는 정보를 자신들의 기존 도식에 맞게 변경하였다.

　잘 정렬된 순서는 도식으로 표상될 수 있다. "레스토랑에 가기"는 도식의 한 유형이다. 레스토랑에 가기의 단계는 자리에 앉기, 메뉴 훑어보기, 음식 주문하기, 음식 나오기, 접시 가져가게 하기, 계산서 받기, 팁 남기기, 계산서 지불하기 등과 같은 행동으로 구성된다. 도식은 어떤 상황에서 무엇이 기대되는지를 보여주기 때문에 중요하다. 사람들은 현실과 도식이 일치하지 않을 때 문제를 인식한다. 레스토랑에서 예상되는 단계들 중 하나가 일어나지 않았던 적은 없는가(예: 메뉴를 받았지만 아무도 와서 주문을 받지 않았음)?

　일반적인 교육적 도식으로 실험절차, 공부하기, 이야기 이해하기 등이 있다. 학생은 읽을 자료가 생기면 필요하다고 생각하는 유형의 도식을 활성화시킨다. 학생이 한 구절을 읽고 중심내용에 대한 질문에 답해야 한다면, 학생은 때때로 읽기를 멈추고 요점이라고 생각하는 것에 대해 스스로 퀴즈를 낼 것이다(Resnick, 1985). 도식은 읽기와 쓰기 중심으로 집중적으로 연구되어 왔다(McVee, Dunsmore, & Gavelek, 2005).

　도식은 새로운 정보를 정교화하고 이를 조직화된, 의미 있는 구조로 통합하는 것을 돕기 때문에 부호화에 도움이 된다. 학습자는 학습할 때 정보를 도식의 공간에 맞춰 넣으려고 한다. 덜 중요하거나 선택적인 도식의 요소는 학습되거나 학습되지 않을 수 있다. 문학작품을 읽을 때 비극에 관한 도식을 이미 형성한 학생은 이야기의 등장인물과 행동을 도식에 맞춰 넣을 수 있다. 학생은 선과 악, 인간의 나약함, 극적인 대단원과 같은 요소를 찾기를 기대한다. 이와 같은 사건이 일어나면 학생은 그 이야기를 위해 학습자가 활성화시킨 도식에 그 사건을 맞춰 넣는다([적용 5.2] 참조).

　도식이 부호화를 돕는 것과 관계없이 도식은 회상을 도울 수 있다. Anderson과 Pichert(1978)는 대학생들에게 두 소년이 학교를 빼먹은 이야기를 소개하고, 이야기를 강도나 집 구매자의 입장에서 읽으라고 말하였다. 강도와 집 구매자 모두와 관련된 요소가 이야기에 있었다. 학생들은 이야기를 두 번 회상하였는데, 두 번째 회상 시 과반수의 학생들에게 자신의 원래 견해를 적용하게 하였고, 나머지 과반수는 다른 견해를 반영하도록 하였다. 두 번째 회상에서 학생들은 첫 번째 견해가 아닌 두 번째 견해와 관련된 정보를 더 많이 기억해 냈고, 첫 번째 견해에는 중요하지만 두 번째 견해에 중요하지 않은 정보는 덜 기억해 냈다. 또한 Kardash, Royer, Greene(1988)은 도식의 주요한 혜택은 부호화보다 회상 시 발휘된다는 것을 발견하였다. 요컨대, 이 결과들은 인출 시 사람들이 도식을 회상하고 도식에 요소들을 맞춰 넣으려고 한다는 것을 제시한다. 이러한 재구성은 정확하지 않을 수 있지만 대부분의 도식요소들을 포함할 것이다. 뒤에서 논의할 **산출시스템** (production system)은 도식과 어느 정도 유사하다.

적용 5.2

도식

교사는 학생의 도식개발을 도움으로써 학습을 향상시킬 수 있다. 도식은 정렬된 일련의 단계를 적용해야 학습이 가능할 때 유용하다. 초등학교 교사는 다음의 도식을 가르쳐서 아동이 낯선 단어를 읽을 수 있도록 도울 수 있다.

- 문장 속의 단어를 읽고 어떤 것이 맞을지 본다.
- 단어의 시작과 끝을 본다. 시작과 끝을 읽는 것이 단어 전체를 읽는 것보다 쉽다.
- 문장 안에 적합한 단어와 시작과 끝이 동일한 단어를 생각해 본다.
- 단어의 모든 문자를 소리 내어 읽어 본다.
- 이 단계들을 따라서 해도 단어를 모르겠다면 사전에서 찾아본다.

이 도식은 조금만 수정하면 모든 연령의 학생이 사용할 수 있다.

교사는 다음과 같이 하면 학생이 도식을 사용하여 각 장의 끝에 실린 질문의 답을 찾을 수 있도록 도와줄 수 있다.

- 모든 질문을 읽어본다.
- 그 장을 한 번 완전히 읽는다.
- 질문을 다시 읽는다.
- 그 장을 다시 한 번 천천히 읽고, 질문에 해당하는 것과 같은 부분을 찾아 형광펜으로 표시한다.
- 다시 질문으로 돌아가서 질문과 답을 맞춰본다.
- 답을 찾으면 종이에 답과 질문을 적는다.
- 답을 못 찾으면 색인을 이용하여 질문의 주요 단어가 있는 곳을 찾아본다.
- 여전히 답을 찾지 못하겠다면 교사에게 도움을 요청한다.

장기기억: 저장

뇌를 들여다볼 수 없기 때문에 장기기억에 대한 우리의 지식은 제한적이지만, 신경과학과 심리학의 연구는 저장 과정을 상당히 일관되게 설명해 왔다. 이 장에서 장기기억은 네트워크(networks) 내 위치나 노드(node)로 표상되는 지식을 갖고 있는, 서로 연결된 네트워크를 갖고 있는 구조로 특징지어진다. 제2장에서 논의하였던 인지네트워크(cognitive networks)와 신경네트워크(neural networks)의 유사성을 참조하자. 네트워크를 논의할 때 우리는 주로 선언적 지식과 절차적 지식을 다룬다. 조건적 지식은 인지과정을 감독하고 관리하는 메타인지 활동과 함께 제7장에서 다룬다. 대부분의 지식은 장기기억에 언어 부호로 저장된다고 여겨지지만 심상(imagery)의 역할은 제6장에서 논의한다.

명제

명제의 본질. 명제는 장기기억 속 지식과 의미의 기본단위다(Anderson, 1990; Kosslyn, 1984). **명제(proposition)**는 참 또는 거짓으로 판단될 수 있는 가장 작은 단위의 정보다. 명제의 예는 다음과 같다.

- 독립선언문은 1776년에 사인되었다.
- $2 + 2 = 4$.
- Frieda 아주머니는 순무를 싫어한다.
- 나는 수학을 잘한다.
- 주요 등장인물들은 이야기 초반에 소개된다.

이 명제의 예는 참 또는 거짓으로 판단될 수 있다. 그러나 참 또는 거짓을 판단함에 있어 의견이 일치하지 않을 수 있다는 것을 참고하자. Carlos는 자신이 수학을 못한다고 생각하지만, 교사는 그가 수학을 매우 잘한다고 생각할 수 있다. 객관적인 사실은 기준이 아니다. 참 또는 거짓으로 판단할 수 있는지가 기준이다.

명제의 정확한 속성은 잘 알려져 있지 않다. 명제는 문장으로 생각될 수 있지만, 그보다는 문장의 의미에 가깝다(Anderson, 1990). 연구에 따르면, 우리는 정보를 완전한 문장이 아닌 명제로 기억 속에 저장한다. Kintsch(1974)는 한 연구에서 길이는 같지만 포함된 명제의 수가 다른 문장을 피험자들이 읽게 하였다. 피험자들은 문장 안에 포함된 명제의 수가 많을수록 문장을 이해하는 데 더 많은 시간을 보냈다. 이는 학생이 "1776년에 독립을 선언하였다"라는 문장을 만들어 낼 수는 있지만, 학생이 기억 속에 저장하고 있는 것은 핵심적인 정보(독립-선언하였다-1776년)만이 포함된 명제일 것이라는 것이다. 예외적인 경우(예: 시 외우기)를 제외하고, 사람들은 일반적으로 정확한 문구보다 의미를 저장하는 것으로 보인다.

명제는 개별적인 노드나 위치로 구성된 네트워크를 형성한다. 노드는 개별 단어로 생각될 수 있다. 노드의 정확한 속성은 알려져 있지 않지만 추상적인 것으로 간주된다. 예를 들어, 역사수업을 듣는 학생은 "책", "교사", "위치", "왼쪽에 앉는 학생의 이름"과 같은 노드로 구성된 "역사수업"이라는 네트워크를 가지고 있을 것이다.

명제네트워크. 명제는 규칙에 따라 형성된다. 명제형성의 규칙에 관해서는 학자마다 의견이 분분하지만, 노드가 명제로 통합되고, 명제는 밀접한 관련을 맺는 명제의 세트인 상위구조(higher-order structure)나 **네트워크(networks)**로 통합된다는 데 일반적으로 동의한다.

Anderson의 **ACT이론**(J. Anderson, 1990, 1993, 1996, 2000; Anderson et al., 2004; Anderson, Reder, & Lebiere, 1996)은 장기기억이 명제구조로 이루어진다고 보는 **ACT-R(Adaptive Control of Thought-Rational)** 네트워크모형을 제안하였다. ACT-R은 마음 구성요소들이 어떻게 작용하여 일관성 있는 인지를 만들어 내는지를 설명하고자 하는 인지구조모형이다(Anderson et al., 2004). 명제는 **주어-술어 연결(subject-predicate link)** 또는 연합을 갖고 있는 두 노드들을 통합하여 만들어진다. "Fred 부자(이다)"나 "쇼핑시간 (걸린다)"가 예가 될 수 있다(괄호 안의 정보는 함축된 것이다). 두 번째 유형의 연합은 **관계-논거 연결(relation-argument link)**로, 관계는 (의미를 지닌) 동사이고, 논거는 관계 대상 또는 관계가 영향을 미치는 것이다. "케이크를 먹다(eat cake)"와 "퍼즐을 풀다(solve puzzles)"를 예로 들 수 있는데, 관계 논거는 주어나 술어로 작용하여 복잡한 명제를 형성할 수 있다. 예를 들어, "Fred는 케이크를 먹는다[Fred eat(s) cake]", "퍼즐을 푸는 (것)은 시간이 (걸린다)[solv(ing) puzzles (takes) time]"와 같다.

명제는 공통요소를 공유할 때 서로 관련을 맺는다. 인간은 공통요소로 인해 문제를 해결하고, 주위의 요구에 대응하며, 비유하는 것과 같은 행동을 할 수 있다. 공통요소가 없다면 전이는 일어나지 않을 것이며, 모든 지식이 각각 저장되어 정보처리가 느려질 것이다. 또한 어떤 분야와 관련된 지식이 다른 분야와 관련 있는 것도 인지하지 못할 것이다.

[그림 5.7]은 명제네트워크의 예를 보여준다. 공통요소는 "고양이"다. "고양이가 앞뜰을 가로질러 걸어갔다"와 "고양이가 쥐를 잡았다"라는 명제에 속하기 때문이다. "고양이가 앞뜰을 가로질러 걸어갔다"는 명제는 집과 관련된 명제와 연결되며, "고양이가 쥐를 잡았다"는 명제는 쥐에 관한 명제와 연결된다고 예상할 수 있다.

명제는 위계를 이루는 구조로 조직된다는 것이 연구에 의해 증명되고 있다. Collins와 Quillian(1969)은 사람들이 가장 일반적인 수준에서 정보를 저장한다는 것을 보여 주었다. 예를 들어, "동물"에 관한 장기기억네트워크는 "움직이다", "먹다" 같은 사실을 최상의 수준에 저장하였을 것이다. "조류", "어류"와 같은 종도 이 범주에 속할 것이다. (닭은 새이지만 날지 못하는 것처럼 예외가 있기는 하지만) "조류"의 카테고리에 "날개가 있다", "날 수 있다", "깃털이 있다"와 같은 것이 저장될 것이다. 조류가 먹고 움직인다는 사실은 동물이라는 보다 높은 수준에서 저장되어 있기 때문에 "새"의 수준에 저장되지 않는다. Collins와 Quillian은 개념이 기억 속에서 더 멀리 떨어져 저장될수록 기억하는 데 더 많은 시간이 걸린다는 것을 밝혀냈다.

위계조직에 관한 주장은 정보가 위계적으로 조직되지 않는 경우도 있다는 것이 연구에 의해 증명되면서 다소 수정되었다. 동물분류시스템에서 "콜리(collie)"는 "동물"보다

명제:
"고양이가 앞뜰을 가로질러 걸어갔다."
"고양이가 쥐를 잡았다."

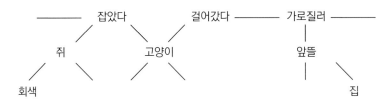

그림 5.7
명제네트워크의 예

"포유동물"에 더 가깝지만, 사람들은 콜리가 포유동물이라는 사실보다 콜리가 동물이라는 사실에 더 빨리 동의한다(Rips, Shoben, & Smith, 1973).

또한 익숙한 정보는 개념과 함께 저장되는 동시에 가장 일반적인 수준에서 저장되기도 한다(Anderson, 1990). 새 모이 공급장치가 있어 새가 모이를 먹는 것을 자주 본다면, "먹다"를 "조류"와 "동물" 모두와 함께 저장하였을 수도 있다. 이것이 사실이라고 해도 명제가 조직되고 서로 관련을 맺는다는 주장은 여전히 유효하다. 어떤 지식은 위계적으로 조직되지만, 많은 정보가 명제네트워크에 덜 체계적인 방식으로 조직될 수도 있기 때문이다.

지식의 저장

선언적 지식. 지식의 주요 유형은 선언적 지식과 절차적 지식이다([그림 5.4] 참조). **선언적 지식(declarative knowledge)**은 사실, 신념, 견해, 일반화, 이론, 가설, 개인 및 타인, 세상사에 관한 태도 등을 포함한다(Gupta & Cohen, 2002; Paris, Lipson, & Wixson, 1983). 선언적 지식은 새로운 명제가 장기기억 속에, 관련된 명제네트워크에 일반적으로 저장될 때 습득된다(J. Anderson, 1976, 1990). ACT이론은 선언적 지식이 기본 정보 및 관련 카테고리들로 구성된 묶음으로 표상될 수 있다고 가정한다(Anderson, 1996; Anderson, Reder, & Lebiere, 1996).

선언적 지식의 저장과정은 다음과 같이 작동한다. 첫째, 교사가 말하거나 학습자가 문장을 읽을 때, 학습자는 새로운 정보를 수용한다. 그런 다음, 새 정보는 학습자의 작업기억 속에서 하나 이상의 명제들로 바뀐다. 동시에, 장기기억 속의 관련 명제가 활성화된다. 새 명제는 활성화 확산(다음 절에서 논의됨) 과정을 통해 작업기억 속의 관련 명제와 결합된다. 이 때 학습자는 추가적으로 명제를 만들어 낼 수 있다. 마지막으로, (학습자가 수용하고 생성해 낸) 모든 새로운 명제는 장기기억 속에 함께 저장된다(Hayes-Roth & Thorndyke, 1979).

[그림 5.8]은 이 과정을 보여준다. 교사가 미국 헌법에 관한 단원을 소개하고, 학생에게

"미국 부통령은 상원의장직을 맡지만, 찬반 투표수가 같은 경우를 제외하고는 투표하지 않는다."라고 말한다고 가정해 보자. 교사의 이 말은 부통령과 관련하여 학생의 기억 속에 저장되어 있는 다른 명제적인 지식(예: 대통령과 함께 선출된다. 대통령이 사망하거나 사임하면 대통령직을 맡는다. 국사범의 경우 탄핵될 수 있다) 및 상원과 관련하여 저장되어 있는 명제적인 지식(예: 의원 수 100명. 각 주에서 두 명씩 선출. 6년 임기)을 활성화시킬 것이다. 학생은 이러한 명제를 참조하여 어떤 법안에 대해 50명의 상원의원들이 찬성하고 50명의 상원의원들이 반대할 경우 부통령이 투표할 것이라고 추론할 것이다.

새로운 정보와 연계할 명제가 존재하지 않을 경우, 새 정보를 저장하는 데 문제가 생길 수 있다. 미국 헌법에 대해 들어본 적이 없거나 헌법이 무엇인지 모르는 학생은 헌법이라는 단어를 처음 들을 때 아무 것도 생각해 내지 못할 것이다. 개념적으로 의미 없는 정보가 장기기억에 저장될 수는 있지만, 새로운 정보가 학생이 알고 있는 것과 관련될 때 학생은 더 잘 배운다. 학생에게 미국 헌법 사본을 보여주거나 학생이 배웠던 것(예: 독립선언문)과 관련시켜 주면 학생은 새로운 정보와 연관 지을 수 있을 것이다.

관련 자료를 공부하였다고 해도 학생은 이를 새로운 정보와 자동적으로 연결하지 않을 수 있다. 따라서 관계는 분명하게 자주 언급될 필요가 있다. 상원에서의 부통령의 역할에 대해 논의할 경우, 교사는 학생에게 미국 상원의 구성과 부통령의 다른 역할을 상기시킬 수 있을 것이다. 공통의 요소를 공유하는 명제는 작업기억에서 동시에 활성화될 때에만 장기기억 속에서 연결된다. 이는 새로운 자료가 이전 자료와 어떻게 관련되는지 교사는 분명히 이해해도 학습자는 왜 이해하지 못하는지를 설명하는 데 도움이 된다. 학습자의 머릿속에 명제네트워크를 가장 잘 구축해 주기 위해서는 수업 시 복습, 학습내용의 조직, 학습자가 알고 있지만 지금 생각해 내지 못하는 것에 대한 상기가 필요하다.

여러 기억 과정과 마찬가지로 유의미성(meaningfulness), 조직화, 정교화는 기억 내 정

진술:
"미국 부통령은 상원 의장직을 맡지만, 찬반 투표수가 같은 경우를 제외하고는 투표하지 않는다."

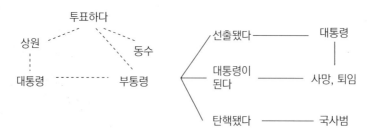

그림 5.8

선언적 지식의 저장

주: 점선은 새로운 지식을, 단선은 장기기억 내 지식을 나타낸다.

보 저장을 촉진시킨다. 유의미한 정보는 기억 속에 이미 존재하고 있는 정보와 쉽게 결합될 수 있기 때문에 정보의 유의미성은 중요하다. 결과적으로 시연이 덜 요구되며, 이는 작업기억 내 정보의 장소와 시간을 절약하는 결과를 가져온다. 이 장 서두의 에피소드에서 논의됐던 학생들은 수학을 의미 있게 만들지 못하였고, 교사는 의미 있는 방식으로 가르치지 못하는 것에 대한 좌절감을 표현하였다.

Bransford와 Johnson(1972)의 연구는 정보를 저장하고 이해하는 데 있어 유의미성의 역할을 극적으로 보여준다. 아래의 구절을 읽어보자.

> 당신은 우선 그것들을 집단으로 나눈다. … 양에 따라 파일(file) 하나면 충분할 수도 있다. 설비가 부족해서 어딘가에 가야 한다면, 이는 다음 단계가 된다. … 한 번에 너무 많이 하기보다 적게 하는 것이 낫다. … 처음에는 전체 과정이 복잡하게 보일 것이다. 그러나 그저 삶의 한 단면이 될 것이다. … 절차가 끝나면, 다른 집단들로 다시 나눈다. 그러면 적절한 장소에 놓일 수 있다. 결국 한 번 더 사용될 것이며, 그러면 전체 사이클은 반복되어야 할 것이다. (p.722)

사전지식 없이 이 구문을 이해하고 기억에 저장하기는 어렵다. 기억 속에 존재하는 지식과 관련짓기 어렵기 때문이다. 그러나 이 구문이 "빨래하기"에 관한 것이라는 것을 알면 기억하고 이해하기가 더 수월해진다. Bransford와 Johnson은 주제를 알고 있었던 학생이 주제를 몰랐던 학생보다 대략 두 배나 많이 회상할 수 있었다는 것을 발견하였다. 학습에서 유의미성의 중요성은 다른 여러 연구에서도 증명되어 왔다(Anderson, 1990; Chiesi, Spilich, & Voss, 1979; Spilich, Vesonder, Chiesi, & Voss, 1979).

엉성하게 조직화된 자료보다 잘 조직화된 자료가 이미 존재하는 기억네트워크에 더 쉽게 연계되기 때문에 조직화는 저장을 촉진한다(Anderson, 1990). 내용이 체계적으로 조직화되는 정도에 따라 조직화는 장기기억에 수용되는 구조를 제공한다. 장기기억네트워크가 존재하지 않는다면, 잘 조직화된 정보로 새로운 장기기억네트워크를 생성하는 것이 엉성하게 조직화된 정보로 장기기억네트워크를 생성하는 것보다 더 수월하다.

정교화는 학습자가 정보를 자신이 알고 있는 것과 관련짓도록 돕기 때문에 저장에 도움이 된다. 활성화 확산을 통해 정교화된 자료는 기억 속의 정보와 빠르게 연결될 수 있다. 예를 들어, 교사가 Etna 화산에 대해 논의하고 있다고 가정하자. 화산에 대한 개인적인 지식[예: 세인트헬렌스 산(Mt. St. Helens)]과 관련지어 지식을 정교화할 수 있는 학생은 기억 속의 신구(new and old) 정보를 연합하여 새 정보를 더 유지할 수 있을 것이다.

활성화 확산. 활성화 확산(spreading activation)은 새로운 정보가 장기기억 속의 지식과 어떻게 연결되는지를 설명하는 데 도움이 된다(Anderson, 1983, 1984, 1990, 2000; Collins & Loftus, 1975). 기본 원리는 다음과 같다(Anderson, 1984).

- 인간의 지식은 노드의 네트워크로 표상될 수 있는데, 노드는 개념과 일치하며, 연결은 개념 간 연결에 해당한다.
- 네트워크의 노드는 활성화 수준에 따라 다양한 상태에 있을 수 있다. 더 활성화된 노드가 "더 잘" 처리된다.
- 노드가 인접 노드들을 활성화함에 따라, 활성화는 네트워크의 경로를 따라 확산될 수 있다.

Anderson(1990)은 개(dog)라는 단어를 접한 사람을 예로 들었다. 이 단어는 개인의 장기기억에 저장된 다른 개념(뼈, 고양이, 고기)과 연결되어 있고, 그 개념도 각각 다른 개념과 연결되어 있다. 장기기억 속에서 개가 활성화되면 개와 연결된 여러 개념으로 확산되고, 확산은 개라는 단어에서 멀어지면서 줄어든다.

활성화 확산은 기억구조의 **활성화수준(activation level)**이 다양하다는 생각을 바탕으로 한다(Anderson, 1990). 이 견해에 따르면, 우리는 독립적인 기억구조나 단계를 갖고 있는 것이 아니라 활성화 상태가 다양한 하나의 기억을 갖고 있다. 정보는 활동적인 상태에 있거나 비활동적인 상태에 있을 수 있다. 정보는 활동적인 상태에 있을 때 빠르게 사용될 수 있다. 활동적인 상태는 정보가 주의를 받는 한 유지된다. 주의받지 못하면 활성화 수준은 감소하는데, 기억이 다시 활성화되면 정보는 활성화될 수 있다(Collins & Loftus, 1975).

정보처리시스템에 입력되는 정보와 기억에 저장된 적이 있는 정보는 활성화된 정보에 포함된다(Baddeley, 1998). 출처에 상관없이, 활동적인 정보는 처리되고 있는 중이거나 빨리 처리될 수 있다. 활동적인 정보는 작업기억과 거의 유사하지만, 전자가 후자보다 광범위하다. 작업기억은 즉각적으로 의식되는 정보를 포함하는 반면, 활동적인 기억은 쉽게 사용될 수 있는 정보와 자료를 포함한다. 예를 들어, 내가 Frieda 아주머니 댁을 방문해서 아주머니의 정원을 부러워한다면, 그 정보는 작업기억에 있지만 Frieda 아주머니의 정원과 연결된 다른 정보(나무, 덤불, 개)는 활동적인 상태에 있을 수 있다.

시연은 정보를 활동적인 상태로 유지시켜 준다(Anderson, 1990). 작업기억처럼 오직 한정된 양의 기억만이 주어진 시간에 활동적일 수 있다. 주의를 돌리면 활성화 수준은 변한다.

활성화 확산의 존재는 Meyer와 Schvaneveldt(1971)의 실험에서 증명되었다. 이들은 피험자들에게 문자를 두 줄로 보여준 후 둘 다 단어였는지 묻고 반응시간을 측정하였다. 서로 관련된 단어(빵, 버터)는 관련되지 않은 단어(간호사, 버터)보다 더 빨리 지각되는 것으로 나타났다.

활성화 확산은 작업기억의 내용과 즉각적으로 관련되는 지식으로 귀결되기보다 활성화된 장기기억의 보다 광범위한 부분으로 귀결된다. 활성화된 정보는 의도적으로 사용되지 않는 한 장기기억에 머무르지만, 이 정보는 작업기억에서 더 쉽게 사용될 수 있다. 활성화 확산은 지식이 다른 영역으로 전이되는 것도 돕는다. 전이는 동일한 단서에 의해 활성화되는 장기기억 속의 명제네트워크에 의해 결정되기 때문에 학생은 그 분야에서 지식이 적용될 수 있다는 것을 안다.

활성화 수준의 이점 하나는 기억으로부터의 정보인출을 설명할 수 있다는 것이다. 기억 단계에 대한 언급을 생략함으로써 정보를 이동시킨다는 잠재적인 문제점을 제거한다. 작업기억은 현재 활동적인 기억의 일부다. 시연을 통해 정보를 활동적인 상태로 유지하지 않는 한 활성화는 시간의 흐름에 따라 감소한다(Naime, 2002).

활성화 수준 역시 정보시스템을 양분함(활동적-비활동적)으로써 이중기억모형이 지닌 문제를 벗어나지 못하였다. 정보가 한 상태에서 다른 상태로 이동하기 위해 필요한 강도(strength) 수준도 문제시된다. 우리는 정보가 부분적으로 활성화될 수 있다는 것을 알고 있기 때문에 정보가 활동적이라고 고려되기 위해서는 얼마나 많은 활성화가 필요한지 물어보아야 할 것이다. 이러한 우려가 존재해도 활성화 수준과 활성화 확산은 정보처리에 대한 중요한 통찰을 제공한다.

도식. 명제네트워크는 지식의 작은 조각을 표상한다. **도식(schemas** 또는 **schemata)**은 사물, 사람, 사건의 구조를 표상하는 큰 네트워크다(Anderson, 1990). 구조는 일련의 "슬롯(slots)"으로 표상되는데, 각각의 슬롯은 하나의 속성에 부합한다. "집"에 관한 도식 또는 슬롯에는 재료(나무, 벽돌), 내용물(방), 기능(주거)과 같은 속성(및 가치)이 포함될 수 있다. 도식은 위계를 갖고 있어서 상위의 개념(건물)과 하위의 개념(지붕)으로 연결된다.

Brewer와 Treyens(1981)는 연구를 통해 도식의 기본속성을 증명하였다. 피험자들에게 사무실에서 잠시 동안 기다리도록 한 후 이들을 다른 방으로 데려가 그 사무실에 대해 기억나는 모든 것을 적게 하였다. 그 결과, 피험자들의 "사무실"에 대한 도식이 회상에 강한 영향을 미친 것으로 나타났다. 피험자들은 사무실에 책상과 의자(전형적인 특징)가 있었다는 것을 정확히 기억해 냈지만, 두개골(비전형적인 특성)이 있었다는 것은 기억해 내지 못하였다. 사무실에 책이 없었지만, 많은 사람이 책이 있었다고 잘못 회상하였다.

도식은 수업(teaching) 및 전이에 있어 중요하다(Matlin, 2009). 학생이 도식을 배우면, 이 도식이 적용될 수 있는 내용을 교사가 가르칠 때 그 지식은 활성화될 수 있다. 교사가 지리적인 형성물(예: 산, 화산, 빙하, 강)을 설명하는 도식을 가르친다고 가정해 보자. 이 도식에는 높이, 재료, 활동과 같은 특성이 포함될 것이다. 학습자가 이 도식을 배우고 나면, 이를 활용하여 새로운 형성물을 분류할 수 있을 것이다. 학습자는 그렇게 함으로써 다양한 형성물에 대해 새로운 도식을 생성해 낼 수 있을 것이다.

절차적 지식. 절차적 지식(procedural knowledge) 또는 인지활동 수행방법에 대한 지식(Anderson, 1990; Gupta & Cohen, 2002; Hunt, 1989; Paris et al., 1983)은 많은 학교학습의 중심이 되고 있다. 절차적 지식은 수학문제를 풀고, 정보를 요약하며, 구문을 건너띄고, 인터넷 정보를 둘러보며, 실험기능을 실행할 때 사용된다.

선언적 지식과 마찬가지로, 절차적 지식은 언어적인 부호와 이미지로 네트워크에 저장될 수 있다. ACT이론에 따르면, 절차적 지식은 산출시스템으로 저장된다(Anderson, 1996; Anderson, Reder, & Lebiere, 1996). **산출시스템**(production system)[또는 **산출**(production)]이란 조건-행동결과(규칙)로 이루어진 네트워크를 말하며, 여기에서 조건은 그 산출시스템을 작동시키는 상황을, 행동결과는 그 결과로 일어나는 활동을 의미한다(Anderson, 1990; Andre, 1986)(다음 절 참조). 산출시스템은 신경네트워크와 개념적으로 비슷한 것 같다(제2장에서 논의됨).

산출시스템과 연합주의모형

산출시스템과 연합주의모형은 인지적 학습과정의 작동을 검토하기 위한 패러다임을 제공한다(Anderson, 1996, 2000; Smith, 1996). 최근까지 교육과 관련한 연합주의모형에 관한 연구는 거의 없다. 추가자료들은 이 모형에 대한 더 자세한 정보를 제공한다(Bourne, 1992; Farnham-Diggory, 1992; Matlin, 2009; Siegler, 1989).

산출시스템. ACT, 즉 활성화이론은 산출시스템이 조건-행동 계열(규칙)의 네트워크라는 것을 명시하는데, 여기에서 조건(condition)은 그 시스템을 활성화하는 일련의 상황들이며, 행동(action)은 일어나는 일련의 활동들이다(Anderson, 1990, 1996, 2000; Anderson, Reder, & Lebiere, 1996; Andre, 1986). 산출은 '만약~그렇다면(if~then)' 문장으로 구성된다. '만약(If)' 문장(조건)은 목적과 검사 문장을 포함하고, '그렇다면(then)' 문장은 행동을 말한다. 예를 들어,

- **만약** 숫자 두 개가 있고, 이들을 더해야 한다면,
- **그렇다면,** 더 큰 숫자를 골라서 그 숫자부터 더한 후 다음 숫자를 더한다.(Farnham-Diggory, 1992, p.113)

산출은 조건이 첨부된 절차적 지식의 형태이지만, 선언적 지식도 포함한다.

기능실행을 위한 절차학습은 종종 느리게 일어난다(J. Anderson, 1982). 우선, 학습자는 선언적 지식으로 일련의 행동을 표상한다. 연속된 각 단계는 하나의 명제로 표상된다. 학습자는 점차 개인적인 단서를 제거하고 각 단계를 일련의 행동으로 통합한다. 예를 들어, 세로열 숫자 더하기를 배우는 아동은 큰 소리로 말하며 각 단계를 천천히 이행할 것이다. 좀 더 능숙해지면 더하기는 자동적으로 원만하게 진행되는 하나의 과정이 되어 의식적인 주의 없이 빠르게 일어난다. 자동화는 여러 인지과정(예: 주의, 인출)의 주요 특징이

다(Moors & De Houwer, 2006). 과정이 자동화되면, 처리시스템은 과제의 복잡한 부분에 전념할 수 있게 된다(제7장 참조).

기능학습의 주요 제한점은 작업기억의 크기 제한이다(Baddeley, 2001). 작업기억이 모든 선언적 지식의 명제를 동시에 유지할 수 있다면 절차는 보다 빠르게 학습될 것이다. 그러나 그럴 수 없기 때문에, 학생은 명제를 천천히 결합하고 중간 중간 멈춰 생각해야 한다(예: "다음에 뭐하지?"). 작업기억은 공간이 부족해서 학습 초반에 커다란 절차를 생성해 내지 못한다. 명제가 작은 절차로 결합되면서 이 절차는 다른 명제와 동시에 작업기억에 저장된다. 이러한 방식으로 점차 더 큰 산출이 구성된다.

따라서 학생이 선행기능을 수행할 수 있을 때 기능학습이 더 빠르게 진행될 수 있다. 긴 나눗셈 문제를 푸는 법을 배울 때, 곱셈을 아는 학습자는 필요 시 곱셈을 간단히 회상할 수 있기 때문에 긴 나눗셈의 절차를 배우면서 곱셈까지 함께 배울 필요는 없다. 이 장 서두의 에피소드에서는 이러한 문제가 없어 보였지만, 기본기능(예: 덧셈, 곱셈)이 부족한 학생은 수학을 배우기 어렵다. 단순한 수학문제조차도 정확하게 대답하기 어렵기 때문이다. 읽기 장애를 가진 많은 아동들이 정보를 효과적으로 처리하는 동시에 저장하는 능력은 떨어지는 것을 볼 수 있다(de Jong, 1998).

단계를 상세하게 기술하는 것이 어려운 경우도 있다. 예를 들어, 학생은 저마다 다른 방식으로 창의적인 사고를 할 수 있다. 교사는 "다른 가능성이 있는가?"와 같은 자문을 포함해서 창의적인 사고과정을 보여줄 수 있다. 단계로 나눌 수 있다면, 교사는 그 단계를 하나의 절차로 보여주고 학생이 따라서 연습하도록 하면 효과적이다(Rosenthal & Zimmerman, 1978).

절차학습의 한 가지 문제점은 절차의 적절성에 상관없이 학생이 절차를 반드시 따라야 하는 고정된 순서로 볼 수 있다는 것이다. 형태심리학자들은 **기능적 고정**(functional fixedness) 또는 융통성 없는 문제접근이 문제해결에 어떻게 방해가 되는지를 보여 주었다(Duncker, 1945)(제7장 참조). 학습하는 동안 철저하게 과정을 따르면 습득에 도움이 될 수 있지만, 학생은 다른 방법이 더 효율적일 수 있는 상황도 이해할 필요가 있다.

학생은 때때로 기능절차를 과잉학습하여 보다 쉬운 대안적인 절차의 사용을 회피하는 지경에 이르기도 한다. 그러나 한편으로는, 학습자가 배우는 여러 절차(예: 단어 해석하기, 숫자 더하기, 주어-술어 일치 결정하기)에 거의 대안이 없기도 하다. 자동산출의 경지에 이를 만큼 이러한 기능을 과잉학습하면 학생에게 유용한 자산으로 남아 이 기본적인 기능이 요구되는 새로운 기능(예: 추론하기, 보고서 쓰기)학습이 더 수월해진다.

혹자는 기본적인 수학개념과 이해기능이 부족한 학생에게 문제해결기능이나 추론기능을 가르치는 것이 납득되지 않는다고 주장할 것이다. 연구에 의하면, 기본적인 수의 개념에 대한 이해가 부족한 학생은 복잡한 산술적인 과제에서 낮은 성적을 보이는 것으로 나타났고(Romberg & Carpenter, 1986), 해독이 느린 학생은 이해력이 떨어지는 것으로 나타났다(Calfee & Drum, 1986; Perfetti & Lesgold, 1979). 기능습득에만 영향을 미치는 것이 아니라 자기효능감(제3장 참조)에도 영향을 미친다.

연습은 기본적인 절차적 지식을 습득하는 데 필수적이다(Lesgold, 1984). 초기 학습단계에서는 정확히 실행한 부분과 수정해야 하는 부분을 강조하는 피드백이 요구된다. 학생이 절차의 일부만 익히고 다른 일부는 익히지 못하는 경우가 종종 있기 때문이다. 학생이 기능을 습득해 감에 따라 교사는 학생이 문제를 얼마나 더 빠르게 또는 더 정확하게 해결하고 있는지 알려줄 수 있다.

절차적 지식의 전이는 지식이 장기기억 속에서 다른 내용과 연결될 때 일어난다. 학생이 다른 내용에 절차를 적용하게 하고 필요에 따라 절차를 수정하도록 하면 전이를 도울수 있다. 일반적인 문제해결전략(제7장 참조)은 여러 학문의 내용에 적용 가능하다. 학생은 다양한 교과목(예: 읽기, 수학)에 일반적인 문제해결전략을 적용함으로써 이 전략의 일반성을 알게 된다.

산출은 인지적인 학습과 관련 있지만, 몇 가지 해결해야 할 쟁점이 있다. ACT이론은 한세트의 인지과정으로 여러 현상을 설명한다(Matlin, 2009). 이러한 견해는 학습유형에 따라 다른 학습과정을 묘사하는 인지적인 견해와 충돌을 일으킨다(Shuell, 1986). Rumelhart와 Norman(1978)은 학습을 세 가지 유형으로 구분하였다. **누적(accretion)**은 새로운 정보를 기존의 도식과 관련하여 부호화하는 것이고, **재구성(restructuring)**(도식생성)은 새로운 도식을 형성하는 과정이며, **조율(tuning)**(도식발전)은 다양한 상황에서 도식을 사용할 때 일어나는 도식의 수정 및 정제를 일컫는다. 이러한 학습에는 다른 양의 연습이 요구되는데, 조율에 더 많은 연습이 필요하고, 누적과 재구성은 연습이 덜 요구된다.

ACT는 본래 일관된 방식으로 학습을 촉진하기 위해 설계된 컴퓨터 프로그램이다. 따라서 ACT는 인간의 학습과 관련된 여러 요인을 다루지 않을 수 있다. 한 가지 문제점은 사람들이 주어진 상황에서, 특히 여러 산출시스템이 적용될 수 있을 경우, 어떤 산출을 활용해야 하는지 어떻게 아는지다. 산출은 유사성과 관련하여 정렬될 수 있지만, 주어진 상황에서 어떤 산출시스템이 최선의 선택인지 결정하는 방법이 있어야 한다. 또 다른 문제는 산출이 어떻게 수정되는지다. 예를 들어, 산출이 효과적으로 작용하지 않으면, 학습자는 이를 버리는가, 수정하는가, 아니면 그대로 유지하면서 다른 증거를 찾는가? 언제 어떻게 산출시스템이 변하는지 결정하는 메커니즘은 무엇인가?

또 다른 문제는 산출이 선언적 지식으로 시작된다는 Anderson(1983, 1990)의 주장과 관련이 있다. 그 순서대로 일어나지 않는 경우도 있다는 것을 보여주는 증거가 있음을 고려할 때(Hunt, 1989), 이 가정은 지나친 면이 있다. 기능절차를 선언적 지식의 조각으로 표상하는 것은 근본적으로 숙달에 이르는 과정상에 있는 것이기 때문에, 학습자가 개별적인 단계를 배워야 하는지 의문을 제기할 수 있다. 개별적인 단계는 결국 사용되지 않을 것이기 때문에, 학생이 연습에 시간을 보내도록 하는 것이 나을 수도 있다.

마지막으로, 산출시스템이 일반적으로 기술된 것처럼 단지 자극-반응연합에 지나지 않는 것은 아닌지 의문을 제기할 수 있다(Mayer, 1992). 명제(절차적 지식의 조각)는 기억에서 연결되어 네트워크로 형성되기 때문에 한 조각이 신호를 받으면 다른 조각도 활성화된다. Anderson(1983)은 산출의 연합주의적 속성을 인정하였지만 산출이 목적을 내포한다는 점에서 단순한 자극-반응연합보다 훨씬 고차원적이라고 주장한다. 이 견해는 ACT연합이 신경네트워크 연결과 유사하다는 점에서 뒷받침된다(제2장 참조). 아마도 행동주의 이론처럼 ACT는 학습보다 수행을 더 잘 설명할 수 있을 것이다. 교육에서 산출의 유용성은 지금까지 논의된 의문점과 다른 의문점(예: 동기의 역할)이 해결되어야 더 잘 확립될 수 있다.

연합주의모형. **연합주의모형**(connectionist models)[또는 **연합주의**(connectionism)] (제3장에서 다룬 Thorndike의 연합주의와 혼동하지 말 것)(Baddeley, 1998; Farnham-Diggory, 1992; Matlin, 2009; Smith, 1996)은 복잡한 인지과정에 관한 이론 설립의 한 획을 대표한다. 산출과 같이 연합주의모형은 학습과정의 컴퓨터 시뮬레이션을 나타낸다. 연합주의모형은 자극이 시냅스를 통해 퍼져나가 연합이 형성되는 신경시스템의 정보처리과정에 학습을 연계시킨다(제2장 참조). 고차원의 인지과정은 뉴런처럼 수많은 기본적인 요소를 연합함으로써 형성된다고 가정한다(Anderson, 1990, 2000; Anderson, Reder, & Lebiere, 1996; Bourne, 1992). 연합주의모형은 지식의 분산된 표상(즉, 넓은 네트워크에 퍼져 있다), 병렬처리(많은 작동들이 동시에 일어난다), 수많은 단순처리 단위들 간의 상호작용을 포함한다(Siegler, 1989). 연합은 활성화의 여러 단계에서 일어날 수 있으며(Smith, 1996), 시스템 안으로 들어오는 입력, 산출, 또는 하나 이상의 중간층과 연결될 수 있다.

Rumelhart와 McClelland(1986)는 **병렬분산처리**(parallel distributed processing: **PDP**)시스템에 대해 기술하였다. 이 모형은 기억 속 정보에 관한 범주를 판단할 때 유용하다. Rumelhart와 McClelland는 두 집단을 예로 들며 집단구성원에 관한 정보(나이, 학력, 결혼 상태, 직업)를 제공하였다. 개개인의 비슷한 특징은 기억 속에서 연결되어 있다. 예를 들어, 구성원 2와 구성원 5 모두 나이가 비슷하고, 결혼하였으며, 비슷한 활동에 관련되어 있다면, 연결될 것이다. 구성원 2에 대한 정보를 인출하기 위해 우리는 그 사람의 이름이 있는 기억 단위를 활성화시킬 수 있을 것이고, 이는 다시 다른 기억단위를 활성화시킬 것이다. 이와 같은 활성화 확산을 통해 생성된 패턴은 그 사람에 대한 기억의 표상과 일치한다.

연합주의의 단위는 기억 활성화 및 연결된 아이디어와 관련되어 있다는 점에서 산출과 다소 비슷하지만, 차이점도 존재한다. 연합주의모형에서는 모든 단위가 비슷한 반면, 산출에는 조건과 행동이 포함되어 있다. 단위는 패턴과 활성화 정도에 따라 구별된다. 또 다른 차이점은 산출이 규칙에 의해 관리되는 반면, 연합주의에는 정해진 법칙이 없다. 뉴런은 패턴을 활성화하는 방법을 "알고 있다". 이 사실에 근거해서 우리는 그 결과를 가리키는 하나의 명칭으로서 하나의 규칙을 제공할 수 있다(예: 패턴을 명명하는 법칙이 활성화되었다)(Farnham-Diggory, 1992).

연합주의접근의 또 다른 문제점은 기억 속 수많은 단위들 중 어떤 단위를 활성화시킬 것인지 어떻게 알며, 이 다수의 활성화가 통합된 결과(sequences)에서 어떻게 연결되는지 설명하는 것이다. 패턴이 잘 확립된 경우, 이 과정은 간단해 보인다. 예를 들어, 뉴런은 전화가 울릴 때, 찬 바람이 불 때, 교사가 "모두 주목하세요"라고 말할 때 어떻게 반응해야 하는지 "안다". 패턴이 제대로 확립되지 않은 경우, 활성화에 문제가 있을 수 있다. 우리는 또한 뉴런이 어떻게 무엇보다도 먼저 스스로 활성화되는지 의문을 제기할 수 있다. 이 질문은 학습과 기억에 있어서 연합의 역할을 설명하는 데 도움이 되기 때문에 중요하다. 연합이라는 개념이 그럴듯해 보이고 신경기능에 관한 지식에 근거하는 것으로 보일지라도, 오늘날까지 연합주의모형은 학습과 문제해결을 설명하기보다 지각을 설명하는 데 더 유용하였다(Mayer, 1992). 학습과 문제해결은 교육에서 매우 중요하다.

교수적 적용

정보처리원리는 교육환경에 점점 더 적용되어 왔다. 정보처리원리가 반영된 중요한 세 가지의 교수적 적용은 선행조직자, 학습의 조건, 인지부하다.

선행조직자

선행조직자(advance organizers)는 새로운 내용과 이전에 학습된 내용이 연결될 수 있도록 수업 초반부에 제시하는 개략적인 설명을 말한다(Mayer, 1984). 조직자는 학습자의 주의를 학습될 중요한 개념으로 옮기고, 제시된 개념의 관련성을 부각시키며, 새로운 내용과 학생이 알고 있는 내용을 연결시켜 준다(Faw & Waller, 1976). 텍스트와 함께 보여주는 지도도 조직자가 될 수 있다(Verdi & Kulhavy, 2002). 연구자들은 학습자의 장기기억이 상위개념이 하위개념을 포함하는 것처럼 조직된다고 가정한다. 이때 조직자는 상위수준의(포괄적인) 정보를 제공한다.

조직자의 개념적인 근거는 Ausubel(1963, 1968, 1977, 1978; Ausubel & Robinson, 1969)의 **유의미수용학습(meaningful reception learning)**이론에서 유래한다. 학습은 새로운 내용이 장기기억 속의 관련 개념과 체계적인 관계가 있을 때 유의미하다. 즉, 새로운 내용은 기억 속의 정보를 확장하거나 수정하거나 정교화한다. 유의미성은 나이, 배경 경험, 사회경제적 지위, 교육적인 배경과 같은 개인적인 변인에 의해 결정되기도 한다.

　　Ausubel은 연역적인 교육을 지지하였다. 즉, 일반적인 개념을 먼저 가르친 후, 구체적인 내용을 가르치는 것이다. 이를 위해 교사는 학생이 내용을 보다 작게, 관련된 사항으로 나누고, 새로운 내용을 기억 속의 유사한 내용과 연결하도록 도와야 한다. 정보처리 측면에서 보면, 모형의 목적은 지식을 추가하여 장기기억 속 명제네트워크를 확장하고 명제 간에 연합을 확립하는 것이다.

　　선행조직자는 설명이나 비교와 관련될 수 있다. **설명조직자(expository organizers)**는 학생이 수업을 이해하는 데 필요한 새로운 지식을 제공하며, 개념의 정의와 일반화를 포함한다. **개념정의(concept definitions)**는 개념과 상위개념, 개념의 특성에 대해 설명한다. 예를 들어, 온혈동물이라는 개념을 소개할 때, 교사는 그것을 정의하고(예: 체내 온도가 상당히 일정하게 유지되는 동물), 상위개념과 연계시키며(동물왕국), 특성을 알려줄 수 있다(조류, 포유류). **일반화(generalization)**는 가정이나 구체적인 내용을 이끌어 낼 수 있는 일반적 원리에 대한 개략적인 설명이다. 예를 들어, 토양연구에 관한 일반화의 예로 "고지대일수록 식물이 덜 자란다"는 것을 들 수 있다. 교사는 일반화의 예를 제시하고 학생에게 다른 예를 생각해 보게 할 수 있다.

　　비교조직자(comparative organizers)는 익숙한 내용에 비유하여 새로운 내용을 소개하는 것으로, 장기기억 속의 네트워크를 활성화하고 연계시킨다. 만약 교사가 의사소통시스템을 공부한 학생에게 신체의 순환시스템에 대한 단원을 가르친다면, 교사는 유래, 매체, 목적과 같은 관련 개념을 사용하여 순환시스템과 의사소통시스템을 연계시킬 수 있다. 비교조직자가 효과적이기 위해서는 학생이 유추에 사용된 내용을 잘 이해하고 있어야 한다. 또한 학습자는 유추를 쉽게 이해할 수 있어야 한다. 유사관계를 지각하지 못하면 학습이 지연된다.

　　조직자는 학습을 향상시킬 수 있다. 조직자는 또한 학생이 내용을 보다 광범위한 경험과 연계할 수 있도록 도와줌으로써 전이를 촉진할 수 있다(Ausubel, 1978; Faw & Waller, 1976; Mautone & Mayer, 2007). 지도(map)는 특히 효과적인 조직자이며, 테크놀로지를 이용해서 사용하면 수업에 잘 융화된다(Verdi & Kulhavy, 2002). 조직자의 몇 가지 예는 [적용 5.3]을 참고하라.

학습의 조건

Gagné(1985)는 정보처리원리가 반영된 교수이론을 만들어 냈다. 이 이론은 **학습의 조건(conditions of learning)** 또는 학습이 잘 일어나는 상황을 강조한다(Ertmer, Driscoll, & Wager, 2003). 두 단계가 매우 중요하다. 첫 번째는 **학습결과의 유형을 구체화(specify the type of learning outcome)**하는 것이다. Gagné는 주요 유형을 다섯 가지로 구분하였다(뒤에서 논의함). 두 번째는 **학습사태를 결정(determine the events of learning)**하는

적용 5.3

선행조직자

선행조직자는 학습자가 이전의 학습과 새로운 내용을 연결하는 데 도움이 된다. 4학년을 가르치는 Lowery 교사는 학생들에게 포괄적인 단락쓰기를 가르치고 있다. 학생들은 기술적이며 흥미로운 문장쓰기를 배워 왔다. Lowery 교사는 스크린에 학생들의 문장을 띄우고 이 문장을 조직자로 사용하여 문장을 어떻게 조합하면 완전한 단락을 만드는지 보여준다.

중학교에 근무하는 Oronsco 선생님은 지리수업에 조직자를 사용하였다. Oronsco 선생님은 지형(모양과 구성이 특징적인 표면)에 관한 단원을 시작하면서 이전에 배운 지리 개념의 정의와 구성요소를 복습하였다. 그는 지리에 물리적인 환경의 요소, 인간과 물리적인 환경, 다양한 세계지역과 이들의 인간부양능력이 포함된다는 것을 보

여주고 싶었다. 이를 위해 Oronsco 선생님은 우선 물리적인 환경의 구성요소에 집중한 후 지형으로 넘어갔다. 그는 학생들에게 모형을 보여주고 특징을 찾아내게 하면서 지형의 유형을 설명하였다. 이러한 접근은 학생들이 구성요소에 대한 새로운 지식을 통합할 수 있는 전체적인 틀 또는 윤곽을 제공하였다.

혈액장애를 가르치는 과학교사는 혈액의 기본 요소들(예: 혈장, 백혈구와 적혈구, 혈소판)을 복습하며 시작할 수 있다. 그런 다음, 교사는 다양한 범주의 혈액장애(예: 빈혈, 출혈, 타박상, 백혈병, 골수병)를 열거할 수 있다. 학습자는 이 개관을 기초로 다른 형태의 질병을 탐구하고 각 조건에 맞는 증상과 치료법을 학습할 수 있다.

것, 또는 수업에 차이를 만드는 요인을 결정하는 것이다.

학습결과. Gagné(1984)는 다섯 가지 유형의 학습결과(지적 기능, 언어정보, 인지전략, 운동기능, 태도)를 구분하였다(〈표 5.2〉 참조).

지적 기능(intellectual skills)은 규칙, 절차, 개념을 포함한다. 지적 기능은 절차적 지식 또는 산출의 형태다. 이러한 유형의 지식은 말하기, 읽기, 쓰기, 수학문제 풀기, 문제에 과학원리 적용하기 등에 사용된다.

언어정보(verbal information) 또는 선언적 지식은 어떤 것이 어떤 경우라는 지식이다. 언어정보는 사실 또는 의미 있게 연결된 산문(예: 시에 쓰인 어구)이다. 도식(schemas)은 언어정보의 형태다.

인지전략(cognitive strategies)은 실행관리과정이다. 정보처리기능이 인지전략에 포

함되는데, 새로운 정보에 주의 기울이기, 정보시연 결정하기, 정교화하기, 장기기억 인출 전략 사용하기, 문제해결전략 적용하기 등이 그 예다.

운동기능(motor skills)은 연습을 통해 움직임의 수준(유연성, 시간)이 점진적으로 향상되면서 개발된다. 지적 기능은 빠르게 습득될 수 있지만, 운동기능은 지속적이고 의도적인 연습을 통해 점차 발달한다(Ericsson, Krampe, & Tesch-Römer, 1993). 연습조건이 다르다. 즉, 지적 기능은 다른 예제를 통해 연습되는 반면, 운동기능은 같은 근육운동의 반복을 통해 연습된다.

태도(attitudes)는 행동에 영향을 미치는 내적 신념이며, 관대함, 정직, 건강한 삶에 대한 집념과 같은 특성을 반영한다. 교사는 지적 기능, 언어정보, 인지전략, 운동기능에 적합한 학습조건을 준비할 수 있지만, 태도는 경험을 통해, 그리고 살아있는 모델과 상징적인 모델들을 접하면서 간접적으로 학습된다.

표 5.2
Gagné 이론의 학습결과

학습결과	
유형	**예**
지적 기능	규칙, 절차, 개념
언어정보	사실, 날짜
인지전략	시연, 문제해결
운동기능	공치기, 저글링하기
태도	관대, 정직, 공정

학습사태. 다섯 가지 유형의 학습결과는 조건이 다르다. **내적 조건**(internal conditions)은 선행기능과 인지처리 요건인 반면, **외적 조건**(external conditions)은 학습자의 인지과정을 도와주는 환경적인 자극이다. 교수설계 시, 이 두 가지 유형의 조건은 가능한 한 완전하게 명시되어야 한다.

내적 조건은 학습자의 현재 수용능력(장기기억 속의 지식)이다. 교사가 제공하는 교수단서(instructional cues)와 자료는 장기기억 속 관련 지식을 활성화시킨다(Gagné & Glaser, 1987). 외적 조건은 학습결과와 내적 조건의 작용에 따라 다르다. 학생에게 교실 규칙을 가르치기 위해 교사는 학생에게 규칙을 알려주고 시각적으로 보여줄 수 있다. 학생에게 자신의 이해도 확인방법을 가르치기 위해, 교사는 전략을 보여준 후 학생이 연습하게 하고 효과성에 대해 피드백을 줄 수 있다. 능숙한 독자(readers)는 해석에 어려움을 겪는 학생과는 다른 가르침을 받는다. 교수의 각 단계는 학습결과와 내적 조건의 작용에 따라 달라질 수 있다.

학습위계. **학습위계**(learning hierarchies)는 조직화된 지적 기능 세트다. 위계의 가장 상위요소는 **목표기능**(target skill)이다. 위계를 만들기 위해서는 상위부터 시작해서 학습자가 목표된 기능을 학습하기 전에 수행해야 할 기능이 무엇인지 또는 목표기능에 가장 근접한 선행기능이 무엇인지 질문해야 한다. 그런 다음, 위계를 따라 내려가며 학습자가 당장 수행할 수 있는 기능에 도달할 때까지 각각의 선행기능에 똑같은 질문을 한다(Dick & Carey, 1985; Merrill, 1987)([그림 5.9] 참조).

위계는 기능의 직선 정렬이 아니다. 상호 의존적인 선행기능이 요구되지 않는 고차원적인 기능을 배우기 위해서는 두 개 이상의 선행기능을 종종 적용해야 한다. 상위단계의 기능이 하위단계의 기능보다 반드시 배우기 어려운 것은 아니다. 어떤 선행기능은 습득

그림 5.9

학습위계의 예

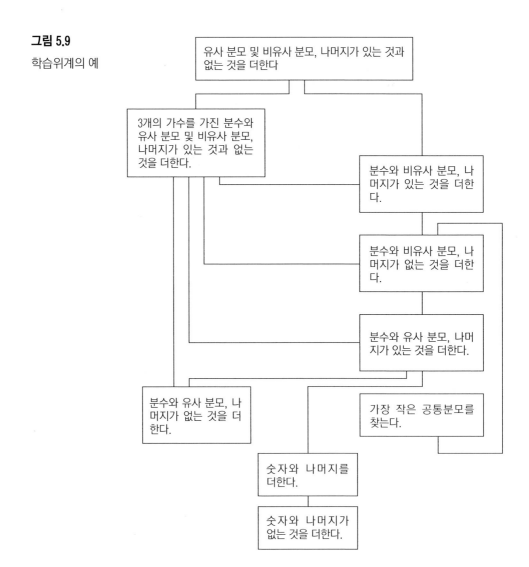

하기 어려울 수 있지만, 학습자가 하위단계의 기능을 숙달하면 상위단계의 기능을 배우기가 더 수월해 보일 수 있다.

학습단계. 교수(instruction)는 내적 학습과정을 촉진하기 위해 설계된 외적 사태의 집합이다. 〈표 5.3〉은 세 가지 범주로 분류된 학습의 아홉 단계를 보여준다(Gagné, 1985).

학습준비(preparation for learning)는 도입부의 학습활동을 포함한다. 학습자는 **주의 집중**(attending)하는 동안 학습할 내용과 관련된 자극(예: 시청각 자료, 문자교재, 교사의 시범행동)에 집중한다. 학습자의 **기대**(expectancy)는 학습자로 하여금 목표(운동기능 배우기, 분수 약분법 배우기)를 지향하게 한다. 장기기억으로부터 관련 정보를 인출하는 동안, 학습자는 학습 주제와 관련된 부분을 활성화시킨다(Gagné & Dick, 1983).

학습의 주요 단계는 **습득**(acquisition)과 **수행**(performance)이다. **선택적 지각**(selective perception)은 감각기관이 관련 자극의 특징을 지각하여 이를 작업기억으로 이동시키는 것을 의미한다. **의미론적 부호화**(semantic encoding)는 새로운 지식이 장기기억으로 옮겨가는 과정이다. 학습자는 **인출과 반응**(retrieval and responding) 동안 기억에서 새로운 정보를 인출하여 학습을 보여주는 반응을 만든다. **강화**(reinforcement)는 학습자 반응의 정확도를 확인하고 필요 시 바로잡는 정보를 제공하는 피드백을 말한다.

학습전이(transfer of learning) 단계는 인출단서와 일반화를 포함한다. **인출단서**(cueing retrieval)에서 학습자는 이전 지식이 그 상황에 적용 가능하다는 것을 알려주는 단서를 받는다. 예를 들어, 수학문제를 풀 때 교사는 학습자에게 정삼각형에 관한 지식이 적용될 수 있다고 알려줄 수 있다. **일반화**(generalizability)는 학생에게 다른 상황(예: 숙제, 복습시간)에서 다른 내용을 가지고 기능을 연습할 기회를 제공하면 강화된다.

이 아홉 단계는 다섯 가지 유형의 학습결과에 똑같이 적용될 수 있다. Gagné와 Briggs(1979)는 각 단계에 수반되는 교수사태의 유형을 구분하였다(〈표 5.4〉 참조). 각 단

표 5.3
Gagné 학습단계

범주	단계
학습준비	주의집중
	기대
	인출
습득과 수행	선택적 지각
	의미론적 부호화
	인출 및 반응
학습의 전이	강화
	인출단서
	일반화

계를 향상시키는 교수사태는 학습결과의 유형에 따라 결정된다. 즉, 지적 기능을 위한 교수는 언어적 정보를 위한 교수와 다르게 진행된다.

한 가지 문제점은 학습위계의 개발이 어렵고 많은 시간이 소요된다는 것이다. 이 과정은 연속되는 선행기능, 즉 교수의 범위와 순서를 결정하기 위해 내용분야에 대한 전문지식을 필요로 한다. 단순해 보이는 기능조차도 학습자가 몇 가지 선행조건에 능숙해야 한다면 복잡한 위계를 가지고 있을 수 있다. 덜 명확하게 정의된 구조를 가지고 있는 기능(예: 창의적인 글쓰기)은 위계개발이 어려울 수 있다. 또 다른 문제점은 학습자가 어떻게 나아갈지 규정하기 때문에 학습자통제를 거의 허락하지 않으며, 이는 동기에 부정적인 영향을 미칠 수 있다는 것이다. 학생의 활동에 대한 학습자통제를 더 많이 허용하는 교수공학(instructional technology)은 그러한 가능성을 제거하는 데 도움이 될 수 있다. 이러한 문제점에도 불구하고, 이 이론은 정보처리원리를 교수설계에 적용하는 데 있어 신뢰할 만한 방법을 제안한다(Ertmer et al., 2003).

표 5.4
학습단계별 교수사태(Gagné)

단계	교수 사태
주의집중	시작할 시간이라는 것을 학생들에게 알린다.
기대	학생들에게 수업 목표 및 기대되는 수행 형태와 양에 대해 알려준다.
인출	학생들이 하위 개념과 법칙들을 회상하게 한다.
선택적 지각	새로운 개념이나 법칙의 예를 소개한다.
의미론적 부호화	정보를 기억하는 방법과 관련하여 단서를 제공한다.
인출과 반응	학생들이 개념이나 법칙을 새로운 예에 적용해 보도록 한다.
강화	학생들 학습의 정확도를 확인한다.
인출 단서	새로 배운 내용에 대해 짧은 퀴즈를 낸다.
일반화	특별한 복습을 제공한다.

인지부하

인지부하(cognitive load)는 정보처리시스템과 특히 작업기억에 더해지는 부담을 말한다(Paas, van Gog, & Sweller, 2010; Sweller, 2010; Winne & Nesbit, 2010). 작업기억의 수용능력은 제한되어 있다. 정보처리에 시간이 걸리고 여러 인지과정에 관여하고 있기 때문에 언제나 오직 한정된 양의 정보만이 작업기억에서 유지되고, 장기기억으로 이동되며, 시연될 수 있다.

인지부하이론은 이와 같은 처리상의 한계를 교수설계에 고려한다(DeLeeuw & Mayer, 2008; Schnotz & Kürschner, 2007; Sweller, van Merriënboer, & Paas, 1998). 인지부하는 두 가지 유형이 될 수 있다. **내재적 인지부하**(intrinsic cognitive load)는 습득하려는 지식의 변경 불가능한 속성 때문에 작업기억에 부담이 더해지는 것을 말한다. **외재적(또는 외적) 인지부하**[extrinsic (or extraneous) cognitive load]는 불필요한 내용이나 주의분산, 수업의 어려움 등으로 인해 작업기억에 부담이 더해지는 것이다(Bruning et al., 2011). 어떤 학자는 **본유적 인지부하**(germane cognitive load)에 대해 이야기하기도 하는데, 이는 내재적 부하와 더불어 상황적 요인(예: 주의 모니터링)으로 인해 불가피한 외재적 부하를 포함한다(Feldon, 2007).

예를 들어, 삼각의 주요 관계(예: 사인, 탄젠트)를 배울 때, 특정 인지부하(내재적 인지부하)가 학습내용(예: 직각 삼각형의 변의 비율 배우기)에 내재한다. 외재적 인지부하에는 학습내용과 상관없는 수업내용(예: 사용된 사진의 무관한 특성)이 포함될 것이다. 명료하게 강의하는 교사는 외재적 인지부하를 줄이고 본유적 인지부하를 극대화하는 데 도움을 줄 수 있다.

유사한 방식으로, Mayer(2012)는 인지적인 처리부담을 세 가지 유형으로 구분하였다. **필수적 처리**(essential processing)는 내용을 작업기억 속에 정신적으로 표상하기 위해 필요한 인지적인 처리를 말한다(내재적 인지부하와 유사함). **외재적 처리**(extraneous processing)(외재적 인지부하와 유사함)는 학습에 필요하지 않아서 인지적인 수용능력을 낭비하는 처리를 말한다. **생성적 처리**(generative processing)는 내용을 이해하고자 하는 보다 깊은 정신적인 처리(예: 내용 조직하기, 사전지식과 연관 짓기)다.

핵심은 실재하는 자원이 학습에 사용될 수 있도록 교수방법이 외재적인 인지부하를 줄여 주어야 한다는 것이다(van Merriënboer & Sweller, 2005). **비계**(scaffolding)를 사용하면 도움이 될 것이다(van Merriënboer, Kirschner, & Kester, 2003). 비계는 학생이 도움을 받지 못하면 습득할 수 없을 것과 같은 기능을 습득하도록 도와준다. 비계는 외재적 부하를 최소화시켜 학생이 자신의 자원을 학습의 내재적인 요구에 집중할 수 있도록 도와준다. 학생이 도식을 개발해서 학습하면 비계를 이용한 보조는 단계적으로 제거될 수 있다.

또 다른 제안은, Gagné의 이론과 마찬가지로, 내용을 단순한 것에서 복잡한 것으로 연결하는 것이다(van Merriënboer et al., 2003). 복잡한 학습은 보다 큰 일련의 행동으로 습득되고 결합될 수 있는 간단한 부분으로 나눈다. 이 절차는 외재적 부하를 최소한으로 줄여 주어서 학습자가 자신의 인지적 자원을 목전의 학습에 집중할 수 있다.

세 번째 제안은 수업에 실제적인 과제(authentic tasks)를 사용하는 것이다. 예를 들어, Reigeluth(1999)의 **정교화이론**(elaboration theory)은 과제수행을 단순화하는 조건을 확인한 후 단순하지만 실제적인 사례(예: 실제 세상에서 접할 수 있는 것)로 수업을 시작할 것을 요구한다. 실제 세상의 가치를 지닌 과제는 학습자에게 맥락을 이해하기 위한 불필요한 처리를 요구하지 않기 때문에 본유적 인지부하를 최대한 높일 수 있도록 돕는다.

이러한 배려는 또한 협력학습을 사용할 것을 제안한다. 내재적 인지부하가 증가함에 따라 학습의 효과성과 효율성은 감소한다(Kirschner, Paas, & Kirschner, 2009). 과제가 더 복잡할 경우, 개인이 인지적인 처리부담을 분담하면 학습자에게 가해지는 부하를 줄일 수 있다. 이러한 생각은 또래협력을 강조하는 구성주의의 입장과 잘 맞는다(제8장 참조). 몇 가지 예를 [적용 5.4]에 제시하였다.

적용 5.4
불필요한 인지부하 줄이기

외재적 부하가 최소화되고 본유적 부하가 최대화될 때 학생은 가장 잘 배울 것이다. 고등학교에서 영어를 가르치는 Watson 선생님은 소설에서 상징적인 요소 찾기가 여러 학생에게 어려울 수 있다는 것을 알고 있다. 외재적 부하를 최소화하기 위해 Watson 선생님은 상징적인 요소를 따로따로 한 개씩 소개하고 설명한 후 소설의 두서너 페이지 내에서 그 예를 찾아보게 하였다. 학생은 소설의 일부분에 있는 상징적인 요소에만 집중하기 때문에 과제 부담이나 세심하게 살펴봐야 한다는 필요에 압도되지 않는다.

초등학교에 근무하는 Anton 선생님에게 서술문단 쓰기를 어려워하는 학생이 있다. Anton 선생님은 많은 양의 외재적 부하가 부과되지 않도록 과제를 부분으로 나눈다. 그녀는 우선 학생이 사물의 어떤 특징을 묘사하고 싶은지 적게 한다. 그런 다음, 그녀는 각각의 특징들에 대해 한 문장씩 쓰게 한다. 다 끝나면 Anton 선생님은 학생에게 문단이 명료하고 잘 조직되게 확인하면서 문단을 검토하고 필요한 대로 수정하라고 말한다.

Lauphar 교수의 교육심리학 수업을 듣는 학부생은 수업에서 다룬 몇 가지 개념들(예: 학습, 동기, 평가)과 관련하여 이상적인 학습환경을 설계하는 그룹프로젝트를 해야 한다. Lauphar 교수는 학생들을 4명씩 소그룹으로 나누고 프로젝트의 여러 단계가 끝나야 하는 타임라인을 정한다. 학생들은 그룹으로 만나서 언제 조사를 끝내고 그룹으로 다시 만날지 자기들만의 타임라인을 정한다. 학생들은 과제를 하위부분들로 나누고 한 학기 동안 다뤄질 내용을 둘러봄으로써 과도한 외재적 부하를 겪지 않고 자신들의 주의와 노력을 당면한 과제에 집중할 수 있다.

요약

정보처리이론은 주의, 지각, 부호화, 저장, 지식의 재인에 초점을 맞춘다. 정보처리는 커뮤니케이션, 컴퓨터기술, 신경과학의 발전으로부터 영향을 받아 왔다.

현대의 정보처리이론에 중요한 영향을 미친 것은 언어학습, 형태심리학, 이중장치모형, 처리수준이다. 언어학습연구자들은 계열학습, 자유회상, 쌍-연합 과제를 사용하였다. 언어학습연구에서 많은 중요한 결과들이 발견되었다. 자유회상연구는 조직이 회상을 향상시키고, 조직되지 않은 경우 사람은 자기만의 조직을 부여한다는 것을 보여 주었다. 형태심리학자들은 지각과 학습에서 조직의 역할을 강조하였다.

이중장치(이중) 기억모형은 처리단계(감각등록기, 지각, 단기기억, 장기기억)를 가정하였던 초기 정보처리모형이었다. 처리수준은 정보처리를 깊이와 관련하여 이해하였는데, 좀 더 깊은 수준에서 처리된 정보가 기억에 저장되고 회상될 가능성이 더 높았다.

현대 정보처리모형은 정보처리가 단계로 일어난다고 가정하였다. 정보는 감각등록기를 통해 들어간다. 감각별로 등록기가 존재하지만, 대부분의 연구가 시각적 등록기와 청각적 등록기 중심으로 실시되어 왔다. 언제나 제한된 양의 정보만 주의를 받을 수 있다. 주의는 필터로 작용하거나 인간의 정보처리시스템의 수용능력에 일반적인 제한으로 작용한다. 주의를 받은 입력은 작업기억에서 장기기억 속 정보와 비교됨으로써 지각된다.

정보가 작업기억에 들어올 때, 정보는 시연을 통해 유지되고 장기기억 속 관련 정보와 연결된다. 정보는 장기기억 속에 저장되기 위해 부호화될 수 있다. 부호화는 조직화, 정교화, 도식과의 연결을 통해 촉진된다. 작업기억의 중앙관리자는 작업기억이 지각 및 장기기억과 연결되는 것을 관리한다.

중요한 특징, 형판(templates), 원형이 주의와 지각과정에 이용된다. 작업기억은 수용능력과 지속시간이 한정적이지만, 장기기억은 매우 큰 것으로 보인다. 지식의 기본단위는 명제이고, 명제는 네트워크로 조직된다. 지식의 주요 유형은 선언적 지식과 절차적 지식이다. 절차적 지식의 큰 조각은 산출시스템으로 조직될 수 있다. 네트워크는 활성화 확산을 통해 연합주의 방식으로 연결된다.

정보처리에 대한 초기 연구는 기본적인 실험연구가 다수였지만, 적용환경에서 실시하는 연구와 학업내용의 학습에 대한 연구가 증가하고 있다. 정보처리원리가 반영된 세 가지의 교수적 적용은 선행조직자, 학습의 조건, 인지부하다.

정보처리이론과 관련된 학습쟁점은 제6장의 끝에 요약되어 있다.

추가 읽을거리

Anderson, J. R. (1996). ACT: A simple theory of complex cognition. *American Psychologist, 51,* 355-365.

Baddeley, A. D. (2012). Working memory: Theories, models, and controversies. *Annual Review of Psychology, 63,* 1-29.

Gagné, R. M. (1985). *The conditions of learning* (4th ed.). New York, NY: Holt, Rinehart & Winston.

Mayer, R. E. (2012). Information processing. In K. R. Harris, S. Graham, & T. Urdan (Eds.), *APA handbook of educational psychology. Vol. 1: Theories, constructs, and critical issues* (pp. 85-99). Washington, DC: American Psychological Association.

Surprenant, A. M., & Neath, I. (2009). *Principles of memory.* New York, NY: Taylor & Francis.

Triesman, A. M. (1992). Perceiving and re-perceiving objects. *American Psychologist, 47,* 862-875.

van Merrienboer, J. J. G., & Sweller, J. (2005). Cognitive load theory and complex learning: Recent developments and future directions. *Educational Psychology Review, 14,* 331-351.

Chapter 6

정보처리이론: 인출과 망각

교육학과 부교수인 Terrill Sharberg는 대학원에서 교육심리학 강좌를 가르치고 있다. 수 강생들은 현직 또는 전직 교사, 행정가, 관련 직종 종사자들로 모두 교육자들이다. 이번 주 3시간 수업의 주제는 기억과 망각이며, 이와 관련하여 몇몇 학생들이 얘기하고 있다.

Marcia: 개학 후에 학생들을 다시 만나면 방학하기 전에 학교에서 공부하였던 내용들 을 거의 기억하지 못해요.

Silas: 긴 연휴 후에도 그럴 때가 있어요.

JoEllen: 수업 시 복습에 너무 많은 시간이 소요돼요. 복습 시간을 줄일 수 있었으면 좋겠어요.

Jeff: 우리 선생님들은 학생들이 학습내용 관련 컴퓨터 모듈을 복습하도록 해요.

Terrill 교수: 여러분이 얘기하는 상황은 흔히 있는 일들입니다. 잊게 되기 때문에 자주는 아니어도 시간을 내서 복습해야 하죠. 정보처리이론의 원리들을 학습에 활용 하여 학생들의 파지(retention)와 회상(recall)을 향상시킬 수 있는 방법에 대 해 알아보도록 하겠습니다.

JoEllen: 좋습니다, 교수님. 가르쳐야 할 내용이 많아서 아이들에게 미안할 뿐이에요. 모든 내용을 기억할 수는 없으니까요.

Terrill 교수: 모든 것을 기억하지는 못하죠. 빠짐없이 기억하는 것이 목적은 아니지만, 파 지와 인출(retrieval)을 향상시켜 망각되는 일이 줄어들도록 교육자인 우리가 할 수 있는 것들이 많이 있습니다.

Jeff: 우리 선생님들에게 이 주제에 대한 워크숍을 제공하고 싶네요. 도움이 필요 하거든요.

Terrill 교수: 파지 향상을 위한 수업에는 많은 노력이 필요하지만 복습 및 재수업 시간을 줄여 준다는 점에서 가치가 있습니다. 교사와 학생들의 동기를 증가시켜 보 다 즐거운 학습이 가능하도록 한다는 점은 말할 것도 없고요.

제5장에서는 지식이 **장기기억**(long-term memory: LTM)에서 어떻게 부호화되는지를 설명했다. 복잡한 이 과정은 학습자가 입력(inputs)에 주의를 기울여서 입력된 것이 등록되고 인지되어 **작업기억**(working memory: WM)에서 처리되면서 시작된다. 정보의 정교화 및 조직화, 장기기억 속 지식과 관련짓기 등이 작업기억 처리 과정에서 일어난다. 이 처리과정을 통해 새로운 기억네트워크가 생성되거나 기존의 기억네트워크가 수정·확충되는데, 이를 학습(부호화)이 일어났다고 한다.

그러나 장기기억 속 지식을 차후에 사용할 수 없다면 학습은 무용지물이 되고 마는데, 이를 망각이 일어났다고 한다. **망각**(forgetting)은 기억에서 정보가 손실되거나 정보를 인출할 수 없음을 의미한다. 망각하였다고 해서 심각한 결과가 뒤따르는 것은 아니다. 잊어 버리면 다른 사람에게 물어보거나 인터넷에서 찾아볼 수 있다. 사실에 대한 기억이 요구되는 대회나 퀴즈쇼에 참가하는 경우가 아니라면, 많은 것을 잊었다고 해서 삶이나 자유, 행복 추구가 위태로워지지는 않는다.

그러나 이 장 서두의 에피소드에서 볼 수 있었듯이, 교육에서 망각은 심각한 문제를 초래할 수 있다. 학생들이 사전지식을 기억하지 못하면, 교사는 진도를 나가지 못한다. 소중한 수업시간이 복습과 재교육에 소비되며, 이는 교사뿐만 아니라 복습을 지루하게 여길 학생들도 힘들게 만들 것이다. 학습은 흥미진진하여 학생과 교사의 동기를 유지할 수 있어야 한다.

이 장에서는 인출을 중점적으로 다룬다. 불과 몇 년 전과 비교해 보더라도 지식이 어떻게 기억 속에 저장되고 인출되는지와 관련하여 훨씬 많은 것을 알게 되었다. 장기기억 내 지식저장 및 인출에 효과적인 기법도 알게 되었다. 지식을 효과적으로 저장하면 인출에 도움이 될 뿐만 아니라 상황 및 시간에 관계없이 지식이 전이되도록 돕는다.

다음 절(section)에서는 장기기억에서 정보가 인출되는 과정을 설명한다. 언어이해를 예로 들어 그 과정을 기술한다. 그런 다음, 이 장에서는 망각에 대한 이론 및 망각에 영향을 미치는 요인을 다룬다. 망각이 일어난다는 것을 고려하면 재학습(relearning)이 필요한데, 재학습에 대해 논의하면서 시험이 학습과 인출에 미치는 영향에 대해 살펴본다. 지금까지 논의한 많은 내용이 언어기억(verbal memory)과 관련이 있었지만, 시각기억(visual memory)을 다루면서 시각기억이 학습에 주는 혜택도 설명한다. 전이의 주요 논제와 관련하여 이론적인 견해 및 전이의 유형에 대해 논의한다. 부호화-인출 유사성(encoding-retrieval similarity), 인출기반 학습(retrieval-based learning), 전이를 위한 수업(teaching) 등 교육적 활용방안을 제시한다.

이 장을 학습한 후에, 여러분은 다음과 같은 것을 할 수 있어야 한다.

- 정교화, 활성화 확산(spreading activation) 등 장기기억에서 정보인출 시 사용되는 정보처리과정을 설명할 수 있다.
- 부호화 특수성(encoding specificity)을 기술하고 왜 인출에 도움이 되는지 설명할 수 있다.
- 언어이해가 지식저장 및 인출 관련 정보처리과정을 어떻게 예시하는지 설명할 수 있다.
- 간섭을 정의하고, 후행간섭과 선행간섭의 차이를 설명할 수 있다.
- 정보처리관점에서 망각을 논의할 수 있다.

- 시각기억을 정의하고 왜 학습에 도움이 되는 지 설명할 수 있다.
- 전이를 유형별로 구분하고 왜 학습에 중요한 지 설명할 수 있다.
- 학생들의 학습전략 사용 전이에 필요한 요소들을 논의할 수 있다.
- 부호화-인출 유사성, 인출기반 학습, 전이를 위한 교수가 수반되는 교육적 활용과 정보처리원리의 관련성을 설명할 수 있다.

장기기억: 인출

인출과정

인출은 정보처리과정의 주요 측면 중 하나로서 학습향상에 실질적인 도움을 줄 수 있다 (Karpicke & Grimaldi, 202). 이 절에서는 인출관련 과정을 논의한다.

인출전략. 한 학생이 "미국 부통령은 상원에서 무엇을 하나요?"라는 질문을 받으면 어떤 일이 일어나는가?(제5장 참조) 이 질문은 학생의 작업기억에 입력되어 명제로 분리된다. 신경생리학에 기반을 둔 이 과정은 잘 이해되고 있지는 않지만, 연구에 의해 증명된 바에 따르면, 정보는 **활성화 확산(spreading activation)**을 통해 기억네트워크의 관련 정보를 활성화하여 문제의 답을 알아낸다. 정답을 찾으면 하나의 문장으로 구성하여 질문자에게 말로 표현하거나 글로 쓴다. 활성화된 명제가 질문의 답이 아니라면, 답을 찾을 때까지 활성화는 확산된다. 정답을 찾기까지 활성화 확산을 위한 시간이 부족할 경우, 학생은 경험 및 지식에 근거하여 추론한다(Anderson, 1990).

수많은 인지과정이 자동으로 일어난다. 일상적으로 우리는 집주소와 전화번호, 주민등록번호, 친한 친구의 이름을 상기한다. 사람들은 종종 단계를 인지하지 못한 채 질문에 답하곤 한다. 그러나 활성화된 명제 몇 개를 가늠하여 질문에 적합한 답을 찾아야 할 경우, 사람들은 그 과정을 좀 더 인지하게 된다.

지식은 명제들로 부호화되기 때문에 인출하려는 정보가 기억 속에 정답의 형태로 존재하지 않아도 인출은 진행된다. 선생님이 법안에 대한 초반 투표 결과 찬성표가 51표, 반대표가 49표일 경우 부통령이 법안에 투표하는지 물어본다면 학생들은 찬반 동수인 경우에만 부통령이 투표한다는 명제를 인출할 수 있을 것이고, 이를 바탕으로 부통령은 투표하지 않는다고 추론할 것이다. 이처럼 구성을 수반하는 과정은 기억 속에 저장된 것과 동일한 형태의 정보를 답으로 요구하는 질문을 해결할 때보다 오래 걸리지만, 학생들은 LTM에 저장된 관련 명제들을 활성화시킨다고 생각하며 정확하게 대답할 것이다. 똑같은 과정이 전이에서도 일어난다(이 장 뒷부분에서 논의함). 학생들이 법칙(예: 피타고라스의 정리)을 배운 후 이를 상기하고 적용하여 처음 보는 문제들을 푸는 것이 한 예다.

부호화 특수성. 인출은 부호화 방식에 따라 결정된다. **부호화 특수성 가설(encoding specificity hypothesis)**에 따르면(Brown & Craik, 2000; Thomson & Tulving, 1970), 지식이 부호화되는 방식에 따라 어떤 인출단서(retrieval cues)가 지식을 효과적으로 활성화할지 결정된다. 이 견해에 따르면, 인출단서가 학습 시 사용된 것과 일치할 때 인출이 가장 잘 일어난다(Baddeley, 1998; Suprenant & Neath, 2009).

부호화 특수성을 뒷받침하는 증거는 몇 가지 실험에서도 찾아볼 수 있다. 사람들에게 분류의 명칭을 주고 분류의 구체적인 사례를 부호화하게 한 경우, 회상 시 분류명칭이 주어졌을 때 분류의 명칭을 받지 않은 채 분류사례를 부호화하였을 때보다 분류사례를 더 잘 기억해 냈다(Matlin, 2009). 이와 유사하게, 친구들과 함께 단어를 공부한 후 회상 시 친구들의 이름을 알려 주었을 때 친구들과 배우지 않은 집단보다 단어를 더 잘 기억해 냈다. Brown(1968)은 한 집단의 학생들에게 미국의 주(州) 리스트 일부를 읽게 하고 나머지 학생들에게는 리스트를 주지 않은 후 미국의 주(州)를 가능한 한 많이 떠올려 보도록 하였다. 그 결과, 목록을 받은 학생들이 목록에 기재되어 있던 주(州)를 더 많이 기억해 냈으며 목록에 없던 주(州)는 덜 기억해 냈다.

부호화 특수성에는 맥락도 포함된다. 한 연구에서(Godden & Baddeley, 1975) 스쿠버 다이버들로 하여금 바닷가나 수중에 관한 단어목록을 외우도록 한 후 회상과제를 준 결과, 단어를 외웠던 동일한 환경에 있었던 다이버들이 다른 환경에 있었던 다이버들보다 더 많은 단어를 기억해 냈다.

부호화 특수성은 명제네트워크(propositional networks) 간에 활성화 확산으로 설명될 수 있다. 학습할 내용과 관련된 단서들은 부호화될 때 장기기억에서 학습내용과 연결된다. 회상 시 이 단서들을 보게 되면 LTM의 해당 부분이 활성화된다. 단서가 주어지지 않을 경우, 개별 명제회상에 의지하며 회상하게 된다. 단서가 활성화 확산으로 이어지기 때문에(개별 명제나 개념은 활성화 확산으로 이어지지 않음), 부호화 및 회상 시 동일한 단서를 제공하면 회상을 도울 수 있다. 다른 증거들에 따르면, 필요정보에 대한 예상이 인출에 어느 정도 영향을 미치기도 하며, 모순된 정보는 예상에 맞춰 변형되곤 한다(Hirt, Erickson, & McDonald, 1993).

선언적 지식 인출. 선언적 지식(declarative knowledge)은 종종 자동으로 처리되지만, 선언적 지식이 장기기억 속의 관련 정보와 통합되어 차후에 인출될 것이라는 보장은 없다. 이 장 서두의 에피소드에서 우리는 인출되지 못하는 것을 볼 수 있었다. 유의미성(meaningfulness), 정교화(elaboration), 조직화(organization)는 선언적 정보가 효과적으로 처리되고 인출될 가능성을 증가시킨다. [적용 6.1]은 수업의 몇 가지 예를 제시한다.

적용 6.1

네트워크별로 정보조직

교사는 학생들이 새로운 정보와 기억 속의 지식을 연결할 수 있도록 수업을 개발함으로써 학습을 돕는다. 정보에 의미를 더하고 상세한 설명을 덧붙여 조직하면, 정보는 장기기억네트워크에 보다 쉽게 통합되고 인출된다.

여러 종의 식물생식에 대한 단원을 준비할 때, 교사는 학생들의 기억 속에 공통적으로 저장된 식물지식(예: 기본구조, 성장에 필요한 조건)을 검토하는 것에서 출발할 것이다. 교사는 새로운 정보를 소개하면서 학생들로 하여금 다른 방식으로 생식하는 낯익은 식물을 관찰하게 함으로써 보다 의미 있는 경험이 되게 한다. 생식과정에 대

한 설명을 글과 그림으로 제공하여 학습하게 될 사실적인 정보를 정교화한다. 학생들은 관찰한 식물의 생식방법을 요약하거나 도표로 정리함으로써 새로운 정보를 조직화할 수 있다.

디자인 단원을 준비 중인 교사는 색, 모양, 질감의 다양한 구성요소들을 검토하는 것에서 시작할 수 있다. 교사는 배치, 다양한 요소들의 혼합, 균형과 관련된 새로운 기법들을 소개하면서 학생들에게 다양한 모양과 색깔, 질감을 주고 여러 가지 스타일을 만들어 보도록 한다. 학생들은 주어진 샘플들을 이용하여 각자 디자인을 만들어 볼 수 있다.

유의미성은 인출에 도움이 된다. 의미 없는 정보는 LTM의 정보를 활성화시키지 않을 것이며, 학생이 반복하여 LTM에 저장하지 않는 한 손실될 것이다. 의미가 결여된 새로운 정보는 유사하게 발음되는 다른 것과 결부시킬 수도 있다. 예를 들어, constitution이라는 단어는 학습자의 기억에 다른 용도로 저장된 그 단어(예: Constitution Avenue)와 발음상 연결될 수 있다.

유의미한 정보는 명제네트워크에 쉽게 연결되기 때문에 온전히 유지될 가능성이 높다. 제5장 서두에 제시한 에피소드에서는 대수의 변수들을 실존하는 사물들(학생들이 이해하는 것들)과 관련지어 대수의 기호에 의미를 부여할 것을 제안하였다. 유의미성은 학습을 촉진할 뿐만 아니라 시간도 절약해 준다. 작업기억 속 명제들은 처리할 때 시간이 걸린다. Simon(1974)은 하나의 새로운 정보가 부호화되기까지 10초가 걸린다고 추정하였는데, 이는 1분에 새로운 정보 6개만이 처리될 수 있음을 의미한다. 유의미한 정보임에도 불구하고 많은 지식이 부호화되기 전에 손실된다. 새로운 정보들이 모두 중요한 것은 아니며 손실된다고 해서 학습이 저해되지는 않지만, 학생들은 일반적으로 최상의 상황에서도 적은 양의 정보만 기억한다.

우리는 **정교화**(elaborate)할 때 학습할 정보에 사례, 설명, 추론 등을 추가하여 새로운 정보와 기존의 정보를 연결한다. 학습자는 출결확인을 고려하여 부통령의 상원 내 역할은 찬반 투표수가 동일할 경우 투표하는 것이라고 정교화할 수 있다.

정교화는 시연(rehearsal)의 한 종류로서 학습을 촉진한다. 정교화는 WM 속 정보를 활동적인 상태로 유지하여 정보가 LTM에 영원히 저장될 가능성을 높여준다. 정교화는 새로운 정보와 기존 정보 간에 관계를 형성하고 인출을 촉진시킨다. 부통령의 상원 내 역할에 대해 정교화하는 학생들은 이 새로운 정보를 자신이 이미 알고 있는 상원과 부통령에 대한 지식과 결부시킨다. LTM에 잘 연계된 정보는 흔히 도식(schema)으로 저장되는데 어설프게 연계된 정보보다 쉽게 기억된다(Stein, Littlefield, Bransford, & Persampieri, 1984; Surprenant & Neath, 2009).

정교화는 저장과 인출에 도움이 되지만 시간이 걸린다. 정교화가 필요한 문장을 이해하는 것은 정교화가 필요하지 않은 문장을 이해하는 것보다 더 많은 시간을 소요한다(Haviland & Clark, 1974). 예를 들어, "Marge는 식료품 가게에 갔어요."와 "Marge는 카드로 식료품들을 샀어요."라는 두 문장을 이해하기 위해서는 Marge가 식료품 가게에 신용카드를 가져갔다는 추론이 필요하다. 두 문장은 "Marge는 식료품 가게에 신용카드를 가져갔어요."와 "Marge는 신용카드를 사용해서 식료품 값을 지불하였어요."로 바꾸면 두 문장 간의 관계가 분명해진다. 인접한 명제의 관계를 분명하게 표현하면 해당 명제의 부호화 및 기억에 도움이 된다.

학습의 중요한 측면 중 하나는 정보가 중요한지 판단하는 것이다. 학습된 모든 정보가 정교화될 필요는 없다. 교재의 가장 중요한 부분을 정교화해야 학생들이 이해하는 데 도움이 된다(Reder, 1979). 정교화는 한 경로가 막히면 다른 경로를 이용하여 활성화가 퍼져 나갈 수 있도록 대안경로를 제공함으로써 인출을 돕는다(Anderson, 1990, 2000). 또한 학생들이 학습하였던 자료와는 다른 유형의 정보로 구성된 질문에 답해야 할 경우, 정교화는 정답을 만들어 낼 수 있는 추가정보를 제공한다(Reder, 1982).

일반적으로 거의 모든 유형의 정교화가 부호화와 인출에 도움이 된다. 그러나 어떤 정교화는 다른 정교화보다 효과적이다. 메모를 하고 새로운 정보가 기존에 이미 알고 있는 정보와 어떤 관련이 있는지 질문하면 명제네트워크가 형성된다. 효과적인 정교화는 명제들을 연결하고 정확하게 기억하는 데 도움이 된다. 내용과 잘 연계되지 않는 정교화는 기억에 도움이 되지 않는다(Mayer, 1984).

조직화는 정보를 세세하게 나누고 세분화된 부분들 간의 관계를 명시할 때 일어난다. 미국정부에 대해 학습할 경우, 정부를 세 개의 부서(행정부, 입법부, 사법부)로 나누고, 각 부서들을 하위부서(예: 직무, 기관)로 각각 나누는 과정이 조직화에 필요할 것이다. 고학년 학생들은 조직화를 보다 자주 활용하겠지만, 초등학교 학생들도 조직화의 원리를 사용할 수 있다(Meece, 2002). 나뭇잎을 학습하는 아이들은 나뭇잎을 크기, 모양, 모서리 형태별로 조직화할 수 있을 것이다.

　조직화는 관련 정보를 연계함으로써 인출을 향상시킨다. 인출을 위한 단서가 주어졌을 때, 활성화 확산은 LTM의 관련 명제에 접근한다. 일상적으로 교사가 학습자료를 조직화하지만, 학생들이 만든 조직화 또한 인출에 효과적이다. 조직화의 원리에 대한 강의는 학습에 도움이 된다. 이야기의 네 가지 주요 특성(배경, 주제, 줄거리, 결말)을 이해하기 위한 도식(schema)을 생각해 보자(Rumelhart, 1977). 배경("옛날 옛적에…")은 등장인물의 행위에 맥락을 부여한다. 그리고 특정 경험과 목적을 가진 인물로 구성된 이야기의 주제가 소개된다. 줄거리는 목적을 달성하고자 하는 등장인물들의 움직임을 좇아간다. 결말은 어떻게 목적을 달성하였는지 또는 등장인물이 목적을 달성하지 못해 어떻게 변화하였는지를 보여준다. 교사는 이야기의 네 가지 측면을 설명하고 예를 들어 보여 줌으로써 학생들이 스스로 식별할 수 있도록 돕는다.

절차적 지식 인출. 절차적 지식(procedural knowledge)의 인출은 선언적 지식의 인출과 유사하다. 인출단서가 기억 속 연합을 자극하여 활성화 확산과정이 작동되면 관련 지식이 회상된다. 학생들에게 화학 실험의 어떤 과정을 실시해 볼 것을 요구하면, 학생은 기억 속 산출시스템에 신호를 보내 인출하고 실행에 옮길 것이다.

　선언적 지식과 절차적 지식이 상호작용할 때 선언적 지식과 절차적 지식의 인출이 요구된다. 분수를 더할 때 학생들은 절차적 지식(즉, 가장 작은 수의 공통분모로 전환하고 분자 더하기)과 선언적 지식(덧셈)을 사용한다. 독해할 때 몇 가지 과정은 절차(예: 해독하기, 이해도 검토하기)로 작용하는 반면, 다른 과정은 선언적 지식(예: 단어의 의미, 마침표의 기능)만을 사용한다. 기억향상기법을 이용하여 선언적 지식을 기억하는 것처럼, 사람들은 일반적으로 절차를 활용하여 선언적 지식을 습득한다(제10장 참조). 절차를 성공적으로 실행하기 위해서는 일반적으로 선언적 지식이 필수적으로 요구된다. 학생이 제곱근을 풀기 위해서는 곱셈을 알고 있어야 한다.

　선언적 지식과 절차적 지식은 범위가 매우 넓다. 개개인은 세상, 자기 자신, 타인에 대한 선언적 지식을 갖고 있으며, 다양한 과제를 완성하는 절차를 알고 있다. 절차적 지식과 선언적 지식은 **절차가 정보를 변형시킨다**(procedures transform information)는 점에서 다르다. "2 × 2 = 4"와 "Fred 아저씨는 고약한 냄새가 나는 시가를 피운다."와 같은 선언적 문장은 아무 것도 변형하지 않지만, 긴 나눗셈을 문제에 적용하면 미해결 상태였던 문제가 해결된 문제로 바뀐다.

　또 다른 차이는 처리속도에 있다. 선언적 지식의 인출은 종종 의식적으로 느리게 일어난다. 사람들이 문제의 답을 알고 있다고 가정해도 답을 하기 위해서는 잠시 생각해야 할 것이다. 예를 들어, "1867년에 미국 대통령은 누구였는가?"(Andrew Johnson)라는 질문에 답하는 데 필요한 시간을 생각해 보자. 이와 반대로, 절차적 지식은 한번 기억 속에 저장되면 빠르게 그리고 종종 자동으로 인출된다. 숙련된 독서가는 인쇄물을 자동으로 해독한다. 그는 자신이 무엇을 하고 있는지 의식적으로 돌아볼 필요가 없다. 숙련된 독서가와 미숙한 독서가는 처리속도에서 드러난다(de Jong, 1998). 곱셈하는 법을 한번 배우면 곱셈문제를 풀 때 어떤 절차를 거쳐야 하는지 생각할 필요가 없다.

선언적 지식과 절차적 지식의 차이점은 교수와 학습에 시사점을 제공한다. 어떤 학생은 특정 영역의 선언적 지식이 부족하거나 선수조건이 되는 절차를 몰라서 학습에 어려움을 겪을 수 있다. 무엇이 부족한지 아는 것이 보충학습 준비에 필요한 첫 단계다. 필요지식의 결핍은 학습에 방해될 뿐만 아니라 자기효능감도 떨어뜨린다(제4장 참조). 나눗셈은 알지만 곱셈은 몰라서 계속 정답을 맞히지 못할 경우 그 학생은 의기소침해진다.

언어이해

LTM 속 정보의 저장과 인출을 보여주는 구체적인 예가 언어이해(language comprehension)다(Carpenter, Miyake, & Just, 1995; Corballis, 2006; Matlin, 2009). 언어이해는 학교공부에 있어 매우 중요하며, 모국어가 영어가 아닌 학생의 수가 증가하고 있는 점을 고려할 때 그 중요성이 더욱 두드러진다(Fillmore & Valadez, 1986; Hancock, 2001; Padilla, 2006).

특정 영역의 선언적 지식과 절차적 지식이 요구되는 문제해결과정은 구어(spoken language) 및 문어(written language)로 이해된다(Anderson, 1990). 언어이해는 지각, 어구분석, 활용 등 세 가지 요소로 구성된다. **지각(perception)**은 입력되는 정보에 주의를 기울이고 인지하는 것을 의미하는데, 음성패턴이 작업기억에서 단어로 변형되는 것을 말한다. **어구분석(parsing)**은 음성패턴을 의미의 단위(units of meaning)로 세분하는 것이다. **활용(utilization)**은 분석된 정신적 표상(mental representation)을 이용하는 것이며, 학습과제를 LTM에 저장하는 것, 문제에 답하는 것, 이해되지 않을 때 질문하는 것 등이 포함된다. 이 절에서는 어구분석과 활용에 대해 설명한다. 지각은 앞의 제5장에서 논의하였다([적용 6.2] 참조).

어구분석. 언어학 연구에 따르면, 사람들은 자신이 사용하는 언어의 문법을 말로 표현하지는 못해도 이해하고 있다(Clark & Clark, 1977). Chomsky(1957)의 연구를 시작으로 연구자들은 언어구조의 원형적인 표상을 포함하는 **심층구조(deep structures)**의 역할에 대해 조사해 왔다. 영어는 '명사 1-동사-명사 2' 패턴의 심층구조를 보유하고 있으며, 말에서 이러한 패턴이 지각될 경우 "명사 1이 명사 2에게 무엇을 하였다."라고 해석하게 한다. 심층구조는 장기기억에서 **산출(productions)**로 표상될 수 있다. Chomsky는 개인이 속한 문화의 언어에 따라 어떤 구조가 획득될지 결정되지만 심층구조를 습득하는 역량은 타고난다고 가정하였다.

적용 6.2

언어이해

학생들은 헷갈리거나 모호한 정보를 접할 경우 오해하거나 잘못된 문맥과 연결할 수 있다. 교사는 정보를 명확하고 간결하게 제시하고, 학생들이 네트워크와 도식을 형성하기에 적합한 배경정보를 가지고 있는지 확인해야 한다.

Lineahan 선생님은 도시와 시골의 삶을 비교하는 사회과 단원을 가르칠 계획이지만, 그녀가 가르칠 4학년 학생 대부분이 농장을 본 적이 없어 단원이해에 어려움을 겪지 않을까 걱정이다. 학생들은 저장고, 소젖 짜기, 암퇘지, 가축과 같은 단어를 들어본 적이 전혀 없을 것이다. Lineahan 선생님은 농장 견학가기, 농장생활에 대한 비디오 보여주기, 씨나 식물과 같은 농장물건 가져오기 등 농장 관련 경험을 제공하여 학생들의 이해를 도울 수 있다. 학생들은 농장에 익숙해지면 농장에 관한 구어 및 문어 의사소통을 더 잘 이해할 수 있을 것이다.

어린 아동들은 처음에 유치원에 들어가서 지시를 따르는 데 어려움을 겪을 수 있다. 아동들은 제한적인 언어사용 및 언어에 대한 이해 부족으로 인해 단어나 구절을 의도와 다르게 해석할 수 있다. 예를 들어, 탈의실에서 놀고 있는 아이들에게 교사가 "물건들을 정리하고(tie up) 다음 활동하러 가자."라고 말하고 돌아왔을 때 아이들이 정리하지 않고 옷들을 묶고 있는 것을 보게 될 수 있다. 또는, 크레용을 가지고 있는 아이들에게 "여기 전체 페이지에 색칠하세요."라고 말한 후, 교사는 몇몇 아이들이 여러 색으로 그 페이지를 칠하는 대신 한 가지 색으로 페이지 전체를 칠하고 있는 것을 보게 될 수 있다. 교사는 아이들이 해야 하는 것을 설명하고 시연해야 하며, 그런 후에 아이들로 하여금 자신이 해야 하는 것들을 자신의 말로 바꿔 다시 말해 보도록 해야 한다.

어구분석은 언어를 산출에 맞추는 것 이상을 의미한다. 사람들은 언어를 접할 때 그 상황에 대한 정신적 표상을 만들어 낸다. 사람들은 맥락에 대한 명제적 지식을 장기기억으로부터 기억해 내어 새로운 지식으로 통합한다. 여기에서 중요한 것은 **모든 의사소통은 불완전하다(all communication is incomplete)**는 것이다. 화자(speakers)는 논의하는 주제와 관련하여 모든 정보를 제공하지는 않는다. 오히려 청자(listeners)가 알고 있을 것 같은 정보는 생략한다(Clark & Clark, 1977). 예를 들어, Sam이 Kira를 만났는데 Kira가 "콘서트에서 내게 어떤 일이 일어났었는지 너는 믿지 못할 거야."라고 말하였다고 가정해 보자. Sam은 LTM에 있는 콘서트에 대한 명제적 지식을 활성화할 것이다. 그리고 Kira는 "내가 자리를 찾고 있었을 때 …"라고 얘기한다. 이 말을 이해하기 위해 Sam은 표는 좌석을 지정하여 판매된다는 것을 알고 있어야 한다. Kira는 Sam이 알고 있다고 가정하였기 때문에 이러한 사실을 말하지 않았다.

　　효과적인 어구분석은 지식과 추론을 필요로 한다(Resnick, 1985). 사람들은 언어적인 의사소통을 접할 때 그 상황에 관한 정보를 장기기억에서 찾아낸다. 이러한 정보는 도식(schemas)으로, 위계적으로 조직된 **명제네트워크(propositional networks)**로 LTM에 존재한다. 사람들은 네트워크를 통해 불완전한 의사소통을 이해한다. "가게에 갔는데 쿠폰을 사용해서 5달러를 절약하였어."라는 문장을 살펴보면, 청자는 사람들이 가게에서 물건을 산다는 지식과 쿠폰이 있으면 비용이 절감된다는 지식 때문에 이 문장을 이해할 수 있다. 생략된 정보는 기억 속의 지식으로 채워진다.

　　사람들은 생략된 정보를 잘못된 상황과 구성하여 의사소통을 종종 잘못 해석한다. 어느 날 저녁 친구 네 명이 함께 모였다는 모호한 문장을 음대 학생들은 음악을 연주하였다는 얘기로 해석하였고, 체육교육과 학생들은 저녁에 카드놀이를 하였다고 해석하였다(Anderson, Reynolds, Schallert, & Goetz, 1977). 사람들의 머릿속에 두드러지게 존재하는 해석적 도식은 헷갈리는 문장을 파악할 때 사용된다. 여러 다른 언어기능과 마찬가지로, 의사소통의 해석은 아이들이 발달해 가며 메시지의 문자 그대로의 의미와 그 취지 모두를 인식하게 됨에 따라 좀 더 신뢰할 수 있게 된다(Beal & Belgrad, 1990).

　　구어가 불완전하다는 것은 의사소통을 명제들로 세분화하여 명제들이 어떻게 연결되어 있는지 살펴보면 알 수 있다. 다음의 예를 살펴보자(Kintsch, 1979).

　　Swazi 부족은 가축을 둘러싼 분쟁으로 인해 인근 부족과 전쟁 중이었다. 전사들 중에는 미혼 남성 두 명이 있었는데 Kakra라는 이름의 남자와 그의 남동생 Gum이었다. Kakra는 전투 도중 사망하였다.

이 구절은 간단해 보이지만 다음과 같이 11개의 명제로 분석될 수 있다.

　1. Swazi 부족은 전쟁 중이었다.
　2. 인근 부족과 전쟁 중이었다.
　3. 그 전쟁에는 원인이 있었다.
　4. 그 원인은 가축에 관한 분쟁이었다.
　5. 전사들이 관여하였다.
　6. 전사 중에는 두 명의 남자가 있었다.
　7. 그 남자들은 미혼이었다.
　8. 그 남자들의 이름은 Kakra와 Gum이었다.
　9. Gum은 Kakra의 남동생이었다.

10. Kakra는 전사하였다.

11. 전사는 전투 중에 발생하였다.

위에 제시한 명제분석은 완전하지 않다. 명제 1부터 4까지 연결되고, 명제 5부터 11까지 연결되지만, 명제 4와 5 사이에 간극이 있다. 생략된 부분을 연결하려면 명제 5를 "그 분쟁에 전사들이 연루되었다."로 바꿔야 할 것이다.

Kintsch와 van Dijk(1978)는 의사소통의 특성이 이해에 영향을 미친다는 것을 보여 주었다. 더 많은 연결관계가 생략되고 명제들이 더 멀어지면 (간극들을 채우기 위해 추론이 필요하다는 의미에서) 이해는 더욱 어려워진다. 많은 내용을 추론해야 할 경우, 작업기억은 과부화되고 이해에 어려움을 겪게 된다.

Just와 Carpenter(1992)는 이해가 작업기억의 수용능력에 의해 좌우되며 수용능력에는 개인차가 있다는 **언어이해수용능력이론**(capacity theory of language comprehension)을 만들었다. 언어의 구성요소(예: 단어, 구절)는 작업기억에서 활성화되고 다른 과정에 의해 작동된다. 활성화될 수 있는 양이 이해에 필요한 양보다 적으면 인지부하가 높아지고(제5장 참조), 보다 오래된 요소들을 보유하고 있는 활성화의 일부가 손실될 것이다(Carpenter et al., 1995). 긴 문장의 시작부분에서 이해된 요소는 끝에 도착하기 전에 손실될 수 있다. 산출시스템 규칙이 작업기억 속 요소들의 활성화 및 연결을 통제한다.

모호한 문장이나 구절을 어구분석할 때 이 모델을 활용할 수 있다(예: "전사들은 위험에 대해 경고하였다…")(MacDonald, Just, & Carpenter, 1992). 이와 같은 대안적인 해석이 활성화될 수 있지만, 이를 유지하는 시간은 작업기억의 수용능력에 달려 있다. 작업기억 수용능력이 큰 사람은 꽤 오랫동안 해석할 수 있지만 수용능력이 작은 사람은 잠시 동안만 해석할 수 있을 것이다. 맥락을 접하는 시간이 늘어나면 어떤 해석이 정확한지 결정할 수 있으며, 이와 같은 판단은 작업기억 수용능력이 커서 WM에 대안적인 해석을 여전히 가지고 있는 사람일수록 신뢰도가 높아진다(Carpenter et al., 1995; King & Just, 1991).

사람들은 중요한 정보는 포함하고 세부사항은 생략하여 표상을 만든다(Resnick, 1985). 이러한 **요점표상**(gist representations)은 이해와 가장 밀접하게 관련된 명제를 포함한다. 청자가 글을 이해하는 능력은 그 주제에 대한 청자의 지식에 달려 있다(Chiesi, Spilich, & Voss, 1979; Spilich, Vesonder, Chiesi, & Voss, 1979). 적합한 네트워크나 도식이 청자의 기억 속에 존재하면 가장 중요한 정보를 꺼내 도식의 빈자리(slot)를 채운다. LTM에 존재하지 않는 네트워크를 구성해야 할 경우 이해는 느리게 진행된다.

이야기는 도식이 어떻게 사용되는지를 보여준다. 이야기는 장소, 초기 사건, 등장인물의 내적 반응, 목표, 목표달성을 위한 시도, 결과, 반응 등을 포함하는 원형적인 도식을 가지고 있다(Black, 1984; Rumelhart, 1975, 1977; Stein & Trabasso, 1982). 사람들은 이야기를 들을 때 이야기의 도식을 회상하고 도식에 정보를 점차적으로 맞춰 가면서 머릿속에 상황에 대한 모델을 구성한다(Bower & Morrow, 1990; Surprenant & Neath, 2009). 몇몇 항목(예: 초기 사건, 목표 시도, 결과)은 거의 항상 포함되지만 다른 항목(등장인물들의 내적 반응)은 생략될 수 있다(Mandler, 1978; Stein & Glenn, 1979). 도식이 수월하게 활성화되면 이해속도가 빨라진다. 사람들은 사건이 비정형적인 순서(회상장면)보다 정형적인 순서(시간순)로 제시될 때 이야기를 더 잘 기억한다. 도식이 잘 성립되면 사람들은 도식에 정보를 빠르게 통합한다. 연구결과에 따르면, 어렸을 때 가정에서 책을 접한 경험과 듣기 이해발달 간에 정적 상관관계가 있는 것으로 나타났다(Sénéchal & LeFevre, 2002).

활용. 활용(utilization)은 사람들이 수신하는 의사소통으로 무엇을 하는지를 말한다. 예를 들어, 의사소통하는 사람이 질문을 하면 청자는 질문에 답하기 위해 장기기억에서 정보를 인출한다. 학생들은 교실에서 의사소통을 LTM에 있는 관련 정보와 연결시킨다.

화자가 의도한 대로 문장을 적절히 활용하려면 청자는 발화행위, 명제적 내용, 주제와 관련된 내용 등 세 가지 정보를 부호화해야 한다. **발화행위**(speech act)는 화자가 발언하여 의사소통하는 목적 또는 발화를 통해 성취하고자 하는 바를 의미한다(Austin, 1962; Searle, 1969). 화자는 청자에게 정보를 전달하거나, 무언가를 하도록 지시하거나, 정보를 요구하거나, 무언가를 약속할 수 있다. **명제적 내용**(propositional content)은 사실 또는 거짓으로 판단될 수 있는 정보다. **주제와 관련된 내용**(thematic content)은 발언되는 상황을 말한다. 화자는 청자가 무엇을 알고 있는지를 가정한다. 청자는 발화를 들으면 분명하게 언급되지 않았지만 밀접하게 관련된 정보를 추론한다. 발화행위, 명제적 내용, 주제와 관련된 내용은 산출을 통해 부호화된다.

이러한 과정의 예로 Gravitas 선생님이 역사를 가르치며 교재내용에 대해 학생들에게 질문을 하고 있다고 가정해 보자. "제2차 세계대전 동안 Churchill은 어떤 입장을 취하였나요?"라고 질문하는 것은 요청(request)하는 발화행위로, 이는 문장이 WH(예: who, which, where, when, why) 단어로 시작되는 것에서 알 수 있다. 명제적 내용은 제2차 세계대전 동안 Churchill의 입장을 말하며, 이는 Churchill-수상-영국-제2차 세계대전처럼 기억 속에 표상될 수 있다. 주제와 관련된 내용은 교사가 언급하지 않은 것으로, 학생들이 Chruchill과 제2차 세계대전에 대해 들어본 적이 있을 것이라는 교사의 가정이다. 주제와 관련된 내용은 수업 중에 하는 질문-대답도 포함한다. 학습자들은 질문받을 것을 알고 있다.

학생들이 주장(assertions)을 어떻게 부호화하는지는 학교교육에서 특히 더 중요하다. 교사가 어떤 주장을 얘기할 때, 교사는 자신이 언급한 명제가 사실임을 학생들에게 전달한다. Gravitas 선생님이 "Churchill은 제2차 세계대전 동안 영국수상이었다."라고 말한다면, Gravitas 선생님은 본인이 이 주장이 사실이라고 믿고 있음을 전달하는 것이다. 학생들은 이 주장을 장기기억 속 관련 정보와 결부시켜 기억한다.

화자는 암묵적 지식의 한 종류인 **신구계약**(given-new contract)을 사용하여 사람들이 새로운 주장과 장기기억 속 정보를 연결하도록 도와줄 수 있다(Clark & Haviland, 1977). 제공하는 정보는 쉽게 인식될 수 있어야 하고, 새 정보는 청자가 모르는 것이어야 한다. 신구계약은 산출의 하나로 볼 수 있다. 정보를 기억 속으로 통합할 때, 청자는 주어진 정보를 파악하고 장기기억 속 정보에 접근하여 새로운 정보와 연결시킨다[즉, 네트워크의 적절한 "슬롯(slot)"에 저장한다]. 신구계약의 활용을 향상시키기 위해서는 정보가 청자가 쉽게 인식할 수 있는 상태로 제공되어야 한다. 주어진 정보가 청자의 기억 속에 존재하지 않거나 오랫동안 사용되지 않아서 사용될 수 없다면 신구산출을 이용하기 어렵다.

학교교육에서 언어이해는 읽기, 쓰기에 비해 간과되는 경향이 있지만, 정보처리 및 글을 읽고 쓸 줄 아는 능력의 핵심 구성요소다. 교육자들은 학생들의 듣기, 말하기 실력이 떨어진다고 애석해하는데, 듣기와 말하기는 지도자가 갖추어야 할 중요한 능력이다. Covey(1989)는 『성공하는 사람들의 7가지 습관』이라는 책에서 다섯 번째 습관으로 "이해하고자 노력한 다음에 이해시켜라."를 들었는데, 이는 경청한 후 말하는 것을 강조한다. 듣기는 높은 성취도와 밀접하게 관련되어 있다. 잘 듣는 학생이 잘 읽지 못하는 경우는 거의 없다. 대학생의 경우에도 청취이해도와 읽기이해도는 밀접한 관계를 맺고 있을 수 있다(Miller, 1988).

망각

앞에서 **망각**(forgetting)은 기억에서 지식이 소실되거나 지식을 인출할 수 없는 상태와 관련이 있음을 언급한 바 있다. 정보가 기억에서 없어지는지 또는 여전히 존재하지만 왜곡되어 있고, 인출단서들이 부적절하거나, 또는 다른 정보가 그것의 회상을 간섭하기 때문에 인출될 수 없는지에 관해서는 연구자들마다 의견이 분분하다. 망각은 Ebbinghaus 시기 이후 실험적으로 연구되어 오고 있다(제1장 참조). 망각은 간섭 및 쇠퇴와 관련이 있다고 보는 정보처리관점을 제시하기 전에, 간섭에 관한 몇 가지 역사적인 연구에 대해 논의해 보자.

간섭이론

언어학습연구의 공헌점들(제5장 참조) 중 하나가 **망각에 관한 간섭이론**(interference theory of forgetting)이다. 이 이론에 따르면, 학습된 연합은 결코 완전히 망각되지 않는다. 망각은 회상될 올바른 연합의 가능성을 낮추는 경쟁하는 연합들 때문에 초래된다. 즉,

다른 내용이 원래의 자극과 연합된다(Postman, 1961). 문제는 기억 자체에 있기보다 기억
으로부터 정보를 인출하는 데 있다.

　　두 가지 유형의 간섭이 실험적으로 밝혀졌다(〈표 6.1〉 참조). **후행간섭**(retroactive
interference)은 새로운 언어 연합이 이전 연합을 기억하는 것을 어렵게 만들 때 발생한
다. **선행간섭**(proactive interference)은 보다 더 새로운 학습을 더욱 어렵게 만드는 오래
된 연합을 말한다.

표 6.1
간섭과 망각

과제	후행간섭		선행간섭	
	집단 1	집단 2	집단 1	집단 2
학습	A	A	A	–
학습	B	–	B	B
검사	A	A	B	B

주: 각 집단은 어느 정도 숙달할 정도로 과제를 학습한다. "–" 표시는 해당 집단이 시연을 방지하지만 본래의 학습은 간
섭하지 않는 과제를 하였음을 나타낸다. 검사에서 집단 2가 집단 1을 능가하는 경우, 간섭이 증명된다.

　　후행간섭을 예를 들어보자. 한 실험자가 두 집단의 개인들에게 단어 목록 A를 학습하
도록 요청한 후, 집단 1은 단어 목록 B를 학습하게 한 반면, 집단 2는 단어 목록 A의 시연
을 방지하기 위하여 어떤 경쟁적인 활동에 참여한다. 그런 다음, 두 집단에게 단어 목록 A
를 회상하도록 한다. 후행간섭은 만약 집단 2의 회상이 집단 1의 회상보다 더 나으면 발
생한다. 선행간섭의 예도 들어보자. 집단 1은 단어 목록 A를 학습하고, 집단 2는 아무 것
도 학습하지 않는다. 그런 다음, 두 집단이 목록 B를 학습하고, 목록 B를 회상하도록 한다.
선행간섭은 만약 집단 2의 회상이 집단 1의 회상을 능가하면 발생한다.

　　후행간섭과 선행간섭은 학교에서 종종 발생한다. 선행간섭은 학습자들이 일반적인 철
자법을 따르는 단어들을 학습한 뒤 철자법에 예외가 되는 단어들을 학습할 때 볼 수 있다.
시간이 조금 흐른 후에, 만약 초반에 배웠던 단어들에 대해 검사하면, 학습자들은 그 철자
들을 예외가 되는 철자들로 바꿀 것이다. 선행간섭은 학습자들에게 분수 곱하기를 먼저
가르치고 그 후에 분수 나누기를 가르칠 때 분명하게 나타난다. 나중에 나눗셈에 대해 검
사하면, 학습자들은 두 번째 분수를 먼저 뒤집지 않고 곱하려고 할 것이다. 발달연구는 선
행간섭이 4~13세 사이에 줄어듦을 보여준다(Kail, 2002). [적용 6.3]은 간섭을 다루는 방법
을 제안한다.

　　간섭이론은 기억과정을 구체화하는 데 있어 하나의 중요한 단계를 제시하였다. 초기
학습이론들은 학습된 연합(learned connections)이 어떤 기억에 사용하지 않으면 약화되

적용 6.3

교수-학습에서의 간섭

선행간섭과 후행간섭은 교수·학습에서 종종 일어난다. 교사들이 간섭을 완전히 제거할 수는 없겠지만, 간섭에 쉽게 노출되는 교과분야를 인지하여 간섭의 결과를 최소화할 수 있을 것이다. 예를 들어, 학습자들은 집단으로 묶지 않고 뺄셈하는 것을 먼저 배우고, 집단으로 묶어 뺄셈하는 것을 배운다. 3학년 학생들을 가르치는 Hastings 선생님이 학생들에게 재편성(regrouping)이 요구되는 복습문제를 주었을 때 몇몇 학생들이 재편성하지 않는 것을 자주 발견한다. 그녀는 간섭을 최소화하기 위해서 학생들에게 기본이 되는 규칙과 원리를 가르치고, 그러한 기능을 다른 상황에 적용하도록 연습시킨다. 그녀는 두 종류의 문제들 간의 유사점과 차이점을 지적하고, 재편성이 필요한지의 여부를 결정하는 방법을 가르친다. 빈번한 검토는 간섭을 최소화하는 데 도움이 된다.

초등학교 학생들에게 단어철자법을 소개할 때, 단어들은 종종 비슷한 발음별로 나누어진다(예: *crate, slate, date, state, mate, late*). 그러나 아이들이 특정 철자방식을 배울 경우, 다른 단어들을 보면서 혼란스러워할 수 있다(예: *wate*보다는 *weight* 또는 *wait*; *frate*보다는 *freight*). Hastings 선생님은 주기적인 검토와 함께, 같은 소리가 나는 다른 철자들과 음성학적인 규칙의 예외를 추가적으로 가르친다. 이러한 강화는 학생들 사이에 혼동과 간섭을 완화하는 데 도움이 되어야 한다.

고 쇠퇴하는 "흔적"을 남긴다고 가정하였다. Skinner(1953)(제3장 참조)는 내적 기억흔적을 가정하지 않았지만, 망각은 자극이 한동안 제시되지 않아 반응할 기회가 줄어든 결과로서 생겨난다고 주장하였다. 이러한 견해들 각각은 단점이 있다. 비록 약간의 쇠퇴는 일어날 수 있지만(뒤에서 논의함), 기억흔적이라는 개념은 모호하고, 실험을 통해 증명하기 어렵다. 사용하지 않아 쇠퇴한다는 입장은 때때로 타당성이 있지만, 분명 예외가 존재한다. 예를 들어, 수년간 사용하지 않은 후에 정보를 기억해 낼 수 있는 것(예: 몇몇 초등학교 선생님의 이름)은 이상한 일이 아니다. 간섭이론은 기억 속에 있는 정보가 어떻게 다른 정보와 혼동될 수 있는지를 가정함으로써 이러한 문제를 극복한다. 간섭이론은 또한 이러한 과정을 조사하기 위한 어떤 연구모형을 구체화한다.

Postman과 Stark(1969)는 간섭보다 **억제(suppression)**가 망각을 초래한다고 주장하였다. 학습실험에 참가한 사람들은 나중에 회상할 필요가 있을 것이라고 믿는 자료를 활성기억(active memory)에 보관한다. 목록 A를 학습하고, 그런 다음 목록 B를 받은 참가자들은 목록 A에 있는 단어들에 대한 자신들의 반응을 억제하는 경향이 있다. 그러한 억제는 참가자들이 목록 B를 학습하는 동안, 그리고 그 후 한동안 지속된다. 이 주장은 학습자들이 단어들을 회상하도록 요청하였을 때보다 원래의 단어 목록 A에 대한 인식검사가 주어졌을 때 후행간섭기제가 망각을 거의 일으키지 않았다는 점에서 뒷받침되고 있다.

Tulving(1974)은 망각은 부적절한 인출단서에 기인하는 **정보의 비접근성(inaccessibility of information)**을 말한다고 주장하였다. 기억 속에 있는 정보는 쇠퇴하지도, 혼동되지도, 손실되지도 않는다. 오히려, 기억흔적은 원래 상태 그대로 남아 있지만 접근할 수는 없다. 정보의 기억은 원래 상태 그대로 남아있는 흔적과 적절한 인출단서를 가지고 있느냐에 따라 좌우된다. 아마도 여러분은 어렸을 때의 집 전화번호를 기억할 수 없을 것이다. 여러분은 그것을 망각해 왔을지도 모른다. 여러분의 현재의 환경이 여러 해 전의 환경과 다르기 때문에, 그리고 여러분의 옛날 집 전화번호와 연관되어 있는 단서들, 여러분의 집, 거리, 이웃 등이 부재하기 때문에 그 기억이 침전되어 있다. 이러한 **단서의존망각(cue-dependent forgetting)**의 원리는 또한 사람들이 회상검사(recall tests)보다 인식검사(recognition tests)에서 더 잘 수행한다는 일반적인 연구결과와 일치한다. 단서의존망각의 견해에 따르면, 그들은 더 많은 인출단서가 제공되기 때문에 인식검사에서 더 잘 수행해야 한다. 회상검사의 경우, 그들은 자신들의 단서를 제공해야 한다.

간섭에 관한 이후의 연구들은 동일한 인지도식이나 계획이 여러 가지 경우에서 사용될 때 간섭이 일어난다(예: 사람들이 구성요소들을 혼동한다)고 주장하였다(Thorndyke & Hayes-Roth, 1979; Underwood, 1983). 간섭이론은 계속해서 망각을 조사하기 위한 타당한 준거틀을 제공하고 있다(Brown, Neath, & Chater, 2007; Oberauer & Lewandowsky, 2008).

정보처리

정보처리관점에서 볼 때, **간섭(interference)**은 정보네트워크 전역에 걸친 활성화의 확산이 봉쇄되는 것을 의미한다(Anderson, 1990). 기억 속의 정보를 불러 오려고 할 때, 여러 가지 이유 때문에 활성화 과정이 방해를 받는다. 비록 활성화를 방해하는 정확한 기제는 아직 완전히 이해되고 있지 않지만, 다양한 요인이 방해의 원인으로 제시되고 있다.

구조를 활성화시키는 데 영향을 미칠 수 있는 첫 번째 요인은 **최초 부호화의 강도(strength of original encoding)**다. 잦은 시연이나 광범위한 정교화 등을 통해 본래 강하게 부호화된 정보는 약하게 부호화된 정보보다 접근할 수 있는 가능성이 더 높다.

두 번째 요인은 활성화가 확산할 수 있는 **대안적인 네트워크 경로(alternative network paths)**의 수다(Anderson, 1990). 여러 경로를 통해 불러올 수 있는 정보는 적은 경로를 통해서만 불러올 수 있는 정보보다 더 잘 기억될 것이다. 예를 들어, 내가 Frieda

아주머니의 잉꼬 이름(Mr. T)을 기억하려고 한다면, 잉꼬의 이름을 내 친구 Mr. Thomas, Mr. T가 날개를 펼쳤을 때 T자처럼 보인다는 사실, 그의 끊임없는 지저귐이 내 인내심을 시험한다는 생각처럼 여러 신호들과 관련지어야 할 것이다. 그러면 내가 잉꼬의 이름을 회상하려고 할 때 Frieda 아주머니 및 잉꼬와 관련된 기억네트워크를 통해서 잉꼬의 이름을 기억해 낼 수 있을 것이다. 만약 실패할 경우, 내 친구, 문자 *T*, 내 인내를 시험하는 것과 관련된 기억네트워크를 이용할 수 있다. 이와는 대조적으로, 새와 "Mr. T"라는 이름만을 연결시키면, 이름을 회상할 수 있는 대안적인 경로의 개수가 더 적어지고 간섭이 일어날 가능성이 더 커진다.

세 번째 요인은 **정보의 왜곡 또는 통합의 양**(amount of distortion or merging of information)이다. 우리는 정보를 우리가 알고 있는 것과 관련지음으로써 그것을 조직화하고, 정교화하며, 유의미하게 만드는 기억의 장점에 대해 논의해 왔다. 우리가 이러한 실제에 관여할 때마다, 우리는 정보의 속성을 바꾸고, 어떤 경우에는 그것을 다른 정보와 통합하거나 보다 일반적인 범주에 포함시키기도 한다. 그러나 통합이나 포함은 **유의미한 수용학습**(meaningful reception learning)을 촉진한다(Ausubel, 1963, 1968)(제5장 참조). 그러나 그러한 왜곡과 통합은 때때로 간섭을 초래하고, 정보가 그것 자체로서 기억될 때보다 회상을 더 어렵게 만들 수 있다.

간섭은 망각의 중요한 원인이지만, 유일한 원인은 아닌 것 같다(Anderson, 1990). LTM에 있는 몇몇 정보는 시간이 지남에 따라 간섭과는 상관없이 체계적으로 쇠퇴하는 것으로 보인다. Wickelgren(1979)은 1분부터 2주까지의 시간간격 동안 정보의 체계적인 쇠퇴를 추적하였다. 정보는 처음에는 빠르게 쇠퇴하였고, 그후에는 점차적으로 쇠퇴하였다. 연구자들은 2주 후에는 망각이 거의 일어나지 않는다는 것을 알았다. 그러나 쇠퇴에 관한 가장 좋은 증거는 시간의 한계가 있는 기억들, 즉 감각기억과 WM에서 발견되었다(Surprenant & Neath, 2009).

망각이 쇠퇴 때문에 일어난다고 보는 입장은 확인하거나 반박하기 어렵다. 쇠퇴에 관한 설명은 흔히 애매모호하다(Surprenant & Neath, 2009). 다방면에 걸쳐 단서를 주었음에도 불구하고 기억하지 못한다는 사실은 적절한 기억네트워크들이 아직 활성화되지 않았을 수도 있기 때문에 쇠퇴의 입장을 분명하게 뒷받침하지 못한다. 마찬가지로, 쇠퇴의 입장이 망각의 원인이 되는 어떠한 심리학적 과정(오히려 단지 시간의 흐름)도 제시하지 못하고 있다는 사실이 그 입장을 반박하지는 않는다. 기억흔적에는 경험에 대한 지각적인 특성과 반응 모두가 포함된다(Estes, 1997). 하나 혹은 모두에서의 쇠퇴나 변화는 망각과 기억왜곡을 초래한다. 더 나아가, 그러한 쇠퇴과정은 신경학적일 수도 있다(Anderson, 1990). 시냅스는 근육이 사용되지 않으면 퇴화하는 것처럼 사용이 줄어들면 퇴화한다(제2장 참조).

쇠퇴는 일반적으로 망각의 한 가지 이유라고 언급된다(Nairne, 2002). 여러분은 고등학교에서 불어를 배웠을 수 있는데, 수년이 흐른 지금 많은 단어들을 기억하지 못할 것이다. 여러분은 "오랫동안 쓰지 않아서 잊어 버렸어."라고 설명할지도 모른다. 그래서 망각은 유익하다. 우리가 배웠던 모든 것을 기억한다면 우리의 기억은 너무도 과밀화되어 새로운 것을 배우는 것이 매우 어려울 것이다. 망각은 우리가 사용하지 않고, 따라서 중요하지 않은 지식을 제거해 준다. 이는 여러분이 더 이상 필요하지 않은 물건을 버리는 것에 비유할 수 있다. 망각은 망각하지 않았을 경우에 비해 사람으로 하여금 다르게 행동하고, 생각하며, 판단하고, 느끼게 해준다(Riccio, Rabinowitz, & Axelrod, 1994). 망각은 교수·학습에 지대한 영향을 미친다([적용 6.4] 참조).

재학습

기억저장

재학습(relearning)은 교재를 이전에 학습(다시 말해서, 제1장에서 언급한 바와 같이, 학습의 기준을 충족하는)한 후에 두 번 이상 학습하는 것이다. 재학습은 흔한 현상이며 우리들 모두에게서 매일 행해지고 있다. 이 장 서두의 에피소드는 학교환경에서 일어나는 재학습을 예시해 준다.

그러나 재학습은 단순히 일반적인 인간 활동 이상이지만, 한때 LTM에 부호화된 지식이 거기에 영속적으로 있는지 또는 사라져 버릴 수 있는지의 여부에 대한 논쟁의 중심에 있다. 제1장의 기억에 관한 Ebbinghaus의 연구를 회상해 보라. 그는 교재를 최초학습(original learning) 후에 몇 번 재학습하였으며, 그 절약점수(savings score) 또는 재학습을 위해 요구되는 시간의 양이나 시도횟수를 최초학습을 위해 요구되는 시간의 양이나 시도 횟수의 퍼센트로 계산하였다. 재학습이 새로운 학습보다 훨씬 더 쉽다는 결과는 다른 연구들에서도 도출되어 왔다(Bruning, Schraw, & Norby, 2011).

재학습은 새로운 학습보다 훨씬 더 쉽기 때문에, 몇몇 지식은 최소한 LTM에서 영원히 상실되지 않을 수도 있음을 시사한다. 망각은 지식이 인출될 수 없을 때 아마도 부적절한 단서, 최초학습조건들과 일치하지 않는 인출조건 등 때문에 발생하는 것으로 이야기된다. 재학습연구는 우리가 망각하는 것이 아니라 오히려 우리가 회상하고, 재인하며, 또는 그렇지 않으면 인출할 수 있는 것보다 더 많은 지식을 LTM에 유지할 수 있음을 시사한다.

정보처리이론적 관점에서 볼 때, 왜 재학습이 새로운 학습보다 더 효율적인지는 분명하지 않다. 그것은 기억네트워크 흔적들이 유지되어서 사람들이 재학습할 때 이러한 기억들을 재구인하기 때문일 수도 있다. 신경과학연구(제2장 참조)는 네트워크들은 사용할 때 반응하며, 따라서 사람들이 그것들을 사용하지 않을 때 그것들은 약화되지만 필연적으

적용 6.4

학교학습에서 망각 최소화

망각은 학습한 지식이 새로운 학습을 위해 요구될 때 문제가 된다. 교사는 아이들에게 중요한 정보와 기능을 유지하도록 돕기 위해서 다음의 것을 행할 수 있을 것이다.

- 주기적으로 중요한 정보와 기능을 수업 활동 중에 복습하기
- 이전에 배운 정보와 기능을 강화하는 수업 과제와 숙제 내주기
- 방학이 긴 경우, 재미학습봉투(fun learning packets)를 집으로 보내 습득한 다양한 정보와 기능 강화하기
- 새로운 단원을 소개할 때, 새로운 자료를 배우는 데 필요한, 이미 배운 정보와 기능 검토하기

Baitwick-Smith 선생님이 장제법(long divisions)을 처음 가르칠 때, 3학년 학생들 중 일부는 뺄셈에서 숫자들을 재편성하는 법을 잊었을 수 있고, 이는 새 단원의 학습 속도를 떨어뜨릴 수 있다. 그녀는 곱셈 및 간단한 나눗셈 연습을 포함하여 뺄셈, 특히 재편성을 요구하는 문제들을 복습하는 데 며칠을 보낸다. 그녀는 또한 동일한 기능을 강화하는 숙제를 내준다.

Zhang 체육 선생님이 며칠에 걸쳐 농구를 가르치고 있다. 매 수업 시작 시, 그녀는 새로운 기능을 소개하기 전에 이전 시간에 가르친 기능들을 복습한다. 그녀는 주기적으로 수업시간 전체를 할애하여 학생들이 그 때까지 배운 모든 기능(예: 드리블하기, 패스하기, 공 넣기, 방어하기)을 복습한다. 만약 학생들이 이 기능들 중 일부를 잊어버렸다면, 교정수업이 필요하다. Zhang 선생님은 게임을 조직하기 시작한다.

Astoolak 교수님의 대학원 세미나에서, 학생들에게 동기기법에 초점을 둔 활용보고서를 부과하였다. 학기 동안, 그녀는 다양한 동기이론들을 소개하였다. 학생들 중 상당수가 그 이론 중 몇 개를 잊어 버렸다. 학생들의 보고서 작성 준비를 도와주기 위하여, 그녀는 수업시간의 일부를 주요 동기이론들을 검토하는 데 소비한다. 그런 다음, 그녀는 학생들을 소집단으로 나누고, 각 집단으로 하여금 이론 하나를 간단히 요약하고 수업적용 사례들을 제시하도록 한다. 소집단 활동 후, 각 집단은 집단활동 결과를 전체 학생들과 공유한다.

로 상실되지는 않음을 보여준다(Wolfe, 2010).

새로운 학습과 마찬가지로, 재학습은 밀집된 연습(불규칙하고, 더 집중적인 수업)보다 분산된 연습(규칙적인 더 짧은 수업)이 더 낫다(Bruning et al., 2011). 아마도 재학습

의 분산은 기억네트워크들이 더 잘 형성되는 그러한 방식으로 강화시켜 주기 때문일 것이다.

시험효과

재학습에 영향을 미치는 것과 같은 또 하나의 요인은 시험(testing)이다. 책무성에서 시험의 역할은 제1장에서 논의되었다. 학생들이 필수적인 기능을 학습하고 학습표준(learning standards)과 성과(outcomes)를 충족하도록 보장하기 위해서 오늘날 학교에게 많은 압박이 주어지고 있다. 이러한 강조는 교육자, 학부모, 학생들 사이에 시험에 관한 부정적인 시각을 조성할 수 있다.

시험효과(testing effect)는 시험이나 퀴즈를 봄으로써 학습과 파지가 신장되는 것을 말한다(Bruning et al., 2011). 시험효과는 학생들이 시험을 보는 동안 학습이 일어난다는 것을 나타내는데, 학생들이 학습내용을 회상하고 시연하며 학습내용을 새로운 방식으로 다른 지식과 관련짓기 때문인 것으로 보인다. 한 가지 더 흥미로운 점은 시험을 보는 것이 동일한 시간을 들여 다시 공부하는 것보다 파지에 더 강력한 영향을 미칠 수 있다는 것이다(Bruning et al., 2011). Roediger와 Karpicke(2006)는 학습 후 일주일 뒤 실시한 시험에서 교재를 공부하고 시험을 본 학생들이 교재를 공부하기만 한 학생들보다 더 좋은 성적을 보여 주었음을 발견하였다.

학습하는 동안 시험을 보면 학습내용을 인출하게 된다. 학습자들은 시험으로 인해 학습내용을 더 잘 조직화하고 정교화하게 되는데, 조직화와 정교화 모두 장기기억 및 재학습 향상에 기여한다. 학습하는 동안 인출을 연습하고 후속 시험과 비슷한 상황에서도 인출하기 때문에 학습 맥락에서 차후 시험 맥락으로 전이가 잘 일어날 것이라는 것을 기대할 수 있다. 전이는 이 장의 뒷부분에서 논의한다.

이와 같은 혜택이 있다고 해서 학교에서 더 많은 시험을 실시해야 한다고 주장하는 것은 지양해야 한다. 시험의 잠재적인 이점을 알고 있는 교육자라면 시험을 단지 책무성만을 목적으로 사용하기보다 학습 증진을 위한 하나의 수단으로 사용하기 위해 교육과정을 설계할 수 있을 것이다. 퀴즈와 시험을 현명하게 사용하면 이 장 서두의 에피소드에서 교육자들이 애석해했던 검토(reviews)의 필요성 중 일부를 경감할 수 있을 것이다.

시각기억

제5장과 제6장은 주로 언어기억(verbal memory), 즉 단어나 의미의 기억에 초점을 두어

왔다. 그러나 학습에서 흔히 사용되는 또 다른 유형의 기억은 시각기억(visual memory)
이다(Matlin, 2009). 실제로, 사람들은 흔히 정보를 언어적인 형태보다 시각적인 형태로
더 잘 기억하는 경향이 있으며, 기억은 정보가 두 가지 형태로 제시되었을 때 증대된다
(Sadoski & Paivio, 2001).

시각기억(visual memory)[또는 **시각적인 상(visual imagery)** 또는 **심상(mental
imagery)**]이란 표상되는 대상이나 사태의 물리적인 속성을 포함한 시각적/공간적 지식의
정신적인 표상(representations)을 말한다. 이 절에서는 지식이 어떻게 시각적으로 표상되
는지와 시각기억 역량에서의 개인적인 차이에 관해 논의한다.

시각정보의 표상

관심을 끄는 시각적 자극은 실제적인 (진실한) 형태로 감각등록기에 잠시 보관된 후에
WM으로 옮겨진다. WM에서 시·공간적인 스케치북(sketchpad)이 시각적인 이미지들
을 설정하고 작동시킨다고 말한 제5장을 회상해 보라. WM의 표상은 그것이 표상하는 자
극의 물리적인 속성들 중 일부를 보존하는 것으로 보인다. 이미지(images)는 지시대상물
(referents)과 유사하지만 동일하지는 않은 아날로그 표상이다.

시각기억은 고대 그리스시대로까지 거슬러 올라갈 정도로 오래전부터 중요하게 여겨
져 왔다. Plato는 사고(thoughts)와 지각(perceptions)은 밀랍덩어리가 바닥 위에 흔적을
남기는 것처럼 정신(mind) 위에 흔적을 남기며, 그 이미지가 지속되는 한 오랫동안 기억
된다고 느꼈다(Paivio, 1970). 그리스의 시인이었던 Simonides는 이미지가 연합의 중재자
라고 믿었다. 그는 기억보조물로서 **장소법(method of loci)**을 고안하였다(제10장 참조).
이 방법에 따르면, 기억될 정보는 익숙한 배경의 위치들과 짝지어진다.

심상은 또한 발견에도 영향을 미쳐 왔다. Shepard(1978)는 전자기이론의 상대주의적
재구성의 시초라고 일컬어지는 Einstein의 **사고실험(Gedanken experiment)**에 관해 기술
하였다. Einstein은 자기 자신을 광선(1초당 186,000마일)과 여행한다고 상상하였으며, 그
가 본 것은 광선과 일치하지도, 고전적인 전자기이론의 Maxwell의 공식에 의해 묘사되는
어떤 것과도 일치하지 않았다. Einstein은, 자신은 일반적으로 이미지와 관련하여 생각하
였고, 일단 시각적으로 상황을 개념화한 후에 자신의 생각을 말과 수학 공식으로 다시 적
어 냈다고 말하였다. 독일화학자 Kekulé는 아마도 자신이 벤젠의 구조를 시각화하는 꿈
을 꾸었고, Watson과 Crick은 분명히 유전자 코드를 풀기 위해 심상적인 회전(rotation)을
사용하였다.

이미지와 대조적으로, 명제는 개별적인 의미의 표상으로 구조 속 대상물과 닮지 않았
다. "뉴욕"이라는 표현은 사전에서 무작위로 뽑은 단어가 아닌 것처럼 실제 도시를 닮지
도 않았다. 고층건물, 상점, 사람, 교통을 내포하는 뉴욕의 이미지가 구조상 그 대상물에

더 가깝다. 이와 같은 대조는 사건의 경우에도 명백히 나타난다. "검은 개가 잔디를 가로질러 갔다"라는 문장과 이 문장의 이미지를 비교해 보라.

시각기억은 논쟁의 여지가 있는 주제다(Matlin, 2009). 한 가지 핵심적인 문제는 시각적 이미지들이 실제 사진과 얼마나 밀접하게 닮아야 하는지다. 그것은 사진과 똑같은 세부묘사를 포함하는가? 또는 가장 현저한 특징만 묘사하는 희미한 그림인가? 어떤 자극의 시각적인 패턴은 그 자극의 속성이 LTM 표상과 연결될 때 지각된다. 이는 이미지가 단지 LTM 표상만큼만 뚜렷할 수 있음을 의미한다(Pylyshyn, 1973). 이미지가 사람들의 지각의 산출물인 한, 이미지는 자극의 불완전한 표상일 것이다. 실제로, 사람들은 이미지를 기억 속에 구성한 다음, 인출 동안 그것을 재구성하며(Surprenant & Neath, 2009), 그것들 양자는 왜곡된다.

사람들이 공간적인 지식을 표현하기 위해 심상을 사용한다는 생각은 피험자들에게 3차원적인 대상을 각각 묘사하고 있는 2차원적인 사진들을 쌍으로 보여준 연구에 의해 뒷받침되고 있다(Cooper & Shepard, 1973; Shepard & Cooper, 1983). 그 과제는 각 쌍에 있는 두 개의 사진이 동일한 대상을 묘사하고 있는지를 결정하는 것이었다. 해결전략은 각 쌍의 한 대상이 다른 대상과 일치할 때까지 또는 그 개인이 어떠한 회전도 동일한 물체를 산출하지는 못할 것이라고 결정할 때까지 각 쌍에 있는 하나의 대상을 심상적으로 회전시켜 보아야 하였다. 반응시간은 요구되는 심상적인 회전수와 정적인 함수관계가 있었다. 비록 이 연구와 다른 연구들이 사람들은 지식을 표현하기 위해 이미지를 사용해야 함을 제안하지만, 이미지가 실제 대상에 얼마나 가깝게 일치하는지의 문제는 직접적으로 다루어지지 않고 있다.

학생이 공간적·시각적 지식을 나타내기 위해 심상을 사용하는 정도에 따라, 심상은 구체적인 대상을 수반하는 교육적인 내용에 적절히 사용될 수 있다. 다른 종류의 암석형성(예: 산, 고원, 산마루)에 대한 단원을 수업할 때, 교수자는 학생에게 다양한 형태의 사진을 보여주고, 학생이 그 다양한 형태를 상상해 보도록 요청한다. 기하학에서, 심상은 심리적인 회전을 다룰 때 사용될 수 있다. 그림도해(pictorial illustrations)는 학생의 텍스트를 통한 학습을 향상시킨다(Carney & Levin, 2002)(보다 많은 사례는 [적용 6.5] 참조).

점점 더 많은 연구자들이 학습에서 시각표상의 역할을 연구하고 있다. **시각표상(visualization)**은 비언어적인 상징이나 그래프, 실제적인 다이어그램, 또는 사진과 같은 그림도해다(Hoffler, 2010). **역동적 시각표상(dynamic visualizations)**은 비디오나 애니메이션과 같이 변화를 표현하는 것이다. Hoffler는 낮은 공간능력을 지닌 학습자는 비역동적(nondynamic) 시각표상보다 오히려 역동적 시각표상에 의해 더 잘 지원되는 것 같다고 보고하였다. 더 나아가, 역동적 시각표상을 분절화(중간 중간에 휴식과 함께 조각들을 보여주는)하면 외적 인지부하(제5장 참고)를 줄일 수 있도록 도와줄 수 있는데, 그것은 학생이 그 표상을 보다 더 잘 처리할 수 있도록 도와줄 수 있다(예: LTM에 부호화하고 저장)

(Spanjers, van Gog, & van Merrienboer, 2010).

선행연구에 의하면, 사람들은 추상적인 차원에 대해 생각할 때 역시 심상을 활용할 수

적용 6.5
교실에서 시각기억 활용

시각기억은 학생학습을 향상시킬 수 있다. 한 예로, 3차원적인 도형(예: 정육면체, 구, 원뿔)에 대해 가르칠 때, 부피를 계산하는 것을 포함할 수 있다. 언어적인 서술과 2차원적인 다이어그램도 사용될 수 있지만, 모형의 실제 모델을 사용할 경우 교수효과는 훨씬 강화된다. 학생이 모형을 계속 가까이 둘 수 있도록 하면, 부피의 개념을 이해하는 데 도움이 된다.

시각기억은 체육교육에도 활용될 수 있다. 학생들이 음악에 따라 준비운동 과정을 배울 때, 교사는 처음에 음악 없이 준비운동의 일부를 보여주고, 그 후에 학생들이 눈을 감고 자신이 본 것에 대해 생각하게 한다. 그런 다음, 학생들은 준비운동의 각 부분을 직접 해보고, 나중에 교사는 개별적인 부분에 음악을 추가할 수 있다.

어떤 과제를 수행하거나 무엇을 만드는 과정을 설명하는 하나의 문단을 쓰는 초등학교 언어교육 단원의 경우, 교사는 학생들에게 개별적인 단계에 대해 생각하고 그려 보도록 요청할 수 있다. 일단 그러한 과정이 끝나면, 학생들은 각 단계를 마음속에 그리며 글로 적을 수 있다.

미술교사는 학생들이 지시사항을 따르도록 가르치기 위하여 심상을 사용할 수 있다. 그 교사는 다음의 지시사항을 구두로 전하고, 그것을 칠판에 적는다. "눈을 감고 도화지 위에 네 개의 원, 세 개의 삼각형, 두 개의 정사각형을 일부는 서로 겹쳐지도록 그려 보세요." 그 교사는 심상을 사용하도록 하기 위하여 다음과 같은 질문을 할 수 있다. "선은 몇 개 보이나요?" "삼각형은 몇 개예요?" "정사각형은요?" "인접하는 도형이 있나요? 어떤 거예요?"

무용교사는 학생들이 출 춤의 곡을 듣는 동안 눈을 감도록 할 수 있을 것이다. 그리고 학생들에게 춤추고 있는 것을 상상하고, 모든 스텝과 움직임을 마음속에 그려 보도록 요구할 수 있을 것이다. 교사는 또한, 학생들이 무대에서 춤 출 때, 자신과 학급동료들이 어디에 위치하는지 상상해 보도록 요구할 수 있을 것이다.

한 미국사 교사는 학생들을 남북전쟁이 일어났던 곳으로 데려가서 그 곳에서 전쟁하는 것이 어떠하였을 것 같은지 상상해 보도록 하였다. 나중에 교실에서 학생들로 하여금 그 전장과 같은 지도를 만들고, 남군과 북군이 싸울 때 어떤 일이 일어났을 수 있는지에 관해 다양한 시나리오를 만들어 내도록 한다.

있다. Kerst와 Howard(1977)는 학습자에게 쌍을 이룬 차, 국가, 동물을 크기라는 구체적인 측면과 적절한 추상적 측면(예: 비용, 무력, 잔인성)에 근거해서 비교하도록 하였다. 추상적인 측면과 구체적인 측면은 비슷한 결과를 낳았다. 즉, 항목이 유사할수록 반응시간은 증가하였다. 예를 들어, 크기를 비교할 때, 살쾡이와 코끼리를 비교하는 것이 코뿔소와 하마를 비교하는 것보다 쉽다. 피험자가 추상적인 영역을 어떻게 상상하였는지 또는 심상을 사용하였는지는 분명하지 않다. 아마도 피험자는 추상적인 측면을 명제와 관련해서 나타냈을 것이다. 예를 들어, 미국과 자메이카를 무력과 관련해서 비교할 때, "미국은 자메이카(보다) 더 많은 무력을 (보유하고 있다)"라는 명제를 사용하였을 것이다. 관련된 아이디어를 그림으로 나타내는 지식맵(kowledge map)은 학습에 도움이 된다(O'Donnell, Dansereau, & Hall, 2002).

시각기억과 장기기억

비록 대부분의 연구자들이 시각기억은 WM의 일부라는 점에 대해서는 동의하지만, 이미지가 LTM에 보관되는지에 관해서는 동의하지 않는다(Kosslyn & Pomerantz, 1977; Pylyshyn, 1973). **이중부호화이론(dual-code theory)**은 이러한 문제를 다룬다(Clark & Paivio, 1991; Paivio, 1971, 1978, 1986). LTM은 지식을 표현하는 두 가지의 수단을 가지고 있다. 즉, 언어로 표현되는 지식을 통합하는 **언어시스템(verbal system)**과 시각적·공간적 정보를 저장하는 **영상시스템(imaginal system)**이 그것이다. 이 시스템들은 서로 관련되어 있지만(언어코드는 영상코드로 전환될 수 있고, 반대의 경우도 가능하다), 중요한 차이가 존재한다. 언어시스템은 추상적인 정보에 적합한 반면, 영상시스템은 구체적인 대상이나 사태를 표현하기 위해 사용될 수 있다.

Shepard의 실험은 심상의 유용성을 증명하고, 이중부호화이론을 간접적으로 지원해 준다. 다른 지원적인 증거들은 구체적이고 추상적인 단어의 목록을 회상할 때, 사람들은 추상적인 단어보다 구체적인 단어를 더 잘 회상한다는 것을 보여주는 연구로부터 나온다(Terry, 2009). 이러한 연구결과에 대한 이중부호화이론은 구체적인 단어는 언어적·시각적으로 부호화될 수 있는 반면, 추상적인 단어는 언어적으로만 부호화되기 때문이라고 설명한다. 사람들은 회상할 때 구체적인 단어를 위해 언어와 영상기억시스템 모두에 의존하지만, 추상적인 단어는 언어시스템에만 의존한다. 영상적인 기억중재자(imaginal mnemonic mediators)에 관한 다른 연구도 이중부호화이론을 지지한다(제10장 참조).

이중부호화이론과는 대조적으로, **단일이론(unitary theory)**은 모든 정보가 언어코드(명제)로 LTM에 표상된다고 가정한다. WM에 있는 이미지들은 언어적인 LTM 코드로부터 재구성된다. 이러한 생각은 Mandler와 Johnson(1976)의 연구와 Mandler와 Ritchey(1977)

의 연구에 의해 간접적으로 지지된다. 언어적 자료의 경우, 사람들은 시각적인 정보를 습득하는 동안 도식을 사용한다. 그들은 구성요소들이 일반적인 패턴을 따를 때 장면을 더 잘 기억하는 반면, 구성요소들이 조직화되어 있지 않으면 잘 기억하지 못한다. 정보를 도식에 의미 있게 조직화하고 정교화하면 언어적인 내용에 대한 기억을 향상시키는 것처럼, 장면에 대한 기억도 향상시킨다. 이러한 연구결과는 제시되는 정보의 형태에 상관없이 공통적인 과정이 작용한다는 것을 암시한다.

이러한 논쟁에도 불구하고, 구체적인 학습내용과 사진을 사용하면 기억력이 강화된다 (Terry, 2009). 조작물(manipulatives), 시청각적인 보조물, 컴퓨터그래픽과 같은 교수도구는 학습을 촉진한다. 구체적인 장치들은 의심할 여지 없이 추상적으로 생각할 수 있는 인지능력이 부족한 어린 아동들에게 더 중요하지만, 모든 연령의 학생들은 다양한 제시방식으로 제시된 정보로부터 혜택을 받는다.

개인차

사람들이 실제로 시각기억을 사용하는 정도는 인지발달에 따라 다르다. Kosslyn(1980)은 아동이 정보를 기억하고 회상하기 위하여 언어적인 표상을 더 많이 사용하는 성인보다 시각기억을 더 많이 사용하는 것 같다고 주장하였다. Kosslyn은 아동과 성인에게, "고양이는 발톱이 있다.", "쥐는 털이 있다."와 같은 진술문을 주었다. 과제는 진술문의 정확성을 결정하는 것이었다. Kosslyn은, 성인은 LTM으로부터 명제적인 정보를 접속할 수 있기 때문에 더 빨리 답할 수 있는 반면, 아동은 동물의 이미지를 회상하고 그것을 자세히 쳐다보아야 한다고 추론하였다. 일반적으로 성인이 정보처리를 보다 더 잘 통제하도록 하기 위하여, 몇몇 성인은 동물의 이미지를 자세히 쳐다보도록 하였고, 나머지는 전략을 자유롭게 사용하도록 하였다.

성인은 자유롭게 전략을 사용할 때보다 심상을 쳐다보도록 지시받았을 때 반응속도가 더 느린 것으로 나타났다. 아동의 경우, 차이가 존재하지 않았다. 이러한 결과는 심상이 아동이 사용하는 전략이라는 것을 나타내지만, 아동이 (인지적인 제한 때문에) 명제적인 정보를 사용할 수 없는지의 여부, 혹은 사용할 수 있지만 자세히 쳐다보는 것이 더 효과적이어서 사용하지 않는지의 여부는 직접적으로 다루지 않는다.

심상의 사용여부는 구성과정수행의 효과에 따라 결정되기도 하는데, 외관상으로 두 종류의 과정이 관련되어 있다. 한 종류의 과정들은 부분적인 심상들에 대해 저장된 기억들을 활성화시킨다. 다른 종류의 과정들은 부분들을 적절히 배치하는 기능을 한다. 이러한 과정은 뇌의 서로 다른 영역에서 일어날 수 있다. 이 이중처리과정이 어떻게 효과적으로 일어나는지는 사람마다 다르기 때문에, 심상에 있어 개인차로 나타날 수 있다 (Kosslyn, 1988).

연령대에 상관없이, 심상의 사용은 무엇을 상상하느냐에 달려 있다. 구체적인 대상은 추상적인 개념보다 더 쉽게 상상할 수 있다. 심상의 사용에 영향을 미치는 또 다른 요인은 심상을 사용하는 사람의 능력이다. **선명한 심상**(eidetic imagery) 또는 사진같이 정밀한 기억(Lea, Haber, & Haber, 1969)은 실제로 사진과는 같지 않다. 사진은 하나의 전체로 보이는 반면, 선명한 심상은 조각으로 나타난다. 사람들은 심상이 한 번에 모두 나타나기보다 부분들로 나타났다가 사라진다고 보고한다.

선명한 심상은 성인보다 아동들에게서 더 자주 발견되지만(Gray & Gummerman, 1975), 모든 아동들에게 나타나지는 않는다(약 5%정도). 선명한 심상은 발달하면서 사라질 수 있는데, 아마도 명제의 표상이 심상을 이용한 사고를 대신하기 때문인 것으로 보인다. 성인이 선명한 심상을 형성하는 능력을 보유하는 것도 가능하지만, 성인의 명제시스템이 더 많은 정보를 표현할 수 있기 때문에 일반적으로 그렇지는 않다. 기억이 향상될 수 있는 것처럼, 심상을 형성하는 능력도 발달할 수 있는 것으로 보인다. 그러나 대부분의 성인은 자신의 심상시스템을 강화하기 위해 크게 노력하지는 않는다.

전이

전이(transfer)는 지식이 새로운 방식으로, 새로운 상황에, 또는 다른 내용으로 익숙한 상황에 적용된 것을 말한다. 전이는 또한 이전학습이 후속학습에 어떻게 영향을 미치는지를 설명한다. 전이는 학생이 이전의 관련된 지식과 경험을 인출할 때 새로운 학습에 영향을 미친다(National Research Council, 2000). 전이를 위한 인지적 역량이 중요한데, 그 이유는 그것이 없으면 모든 학습은 상황특수적(situation specific)이며, 많은 교수시간(instructional time)은 기능을 다른 맥락에 재교육하는 데 소비될 것이다.

상이한 유형의 전이가 있다. **정적 전이**(positive transfer)는 선행학습이 후행학습을 촉진할 때 일어난다. 예를 들어, 표준변속장치가 장착된 어떤 차를 운전하는 방법에 대한 학습은 표준변속장치가 장착된 다른 차를 운전하는 방법에 대한 학습을 촉진한다. **부적 전이**(negative transfer)는 선행학습이 후행학습에 지장을 주거나 그것을 더 어렵게 만드는 것을 의미한다. 어떤 표준변속장치가 장착된 차의 운전법에 대한 학습이 나중에 자동변속장치가 장착된 차의 운전법에 대한 학습에 부정적인 영향을 미칠 수도 있다. 왜냐하면 표준변속장치가 장착된 차의 운전법을 익힌 사람이 차가 움직이는 동안 실체가 없는 클러치나 변속기어를 작동시키기 쉽기 때문이며, 이렇게 하면 변속장치가 망가질 수 있다. **무전이**(zero transfer)는 어떤 형태의 학습이 후속학습에 어떠한 두드러진 영향력도 미치지 않음을 의미한다. 표준변속장치가 장착된 차의 운전법에 대한 학습은 컴퓨터를 조작하는 방법에 대한 학습에 어떠한 영향도 미치지 않을 것이다.

학습에 관한 오늘날의 인지적 개념은 전이의 복잡성을 강조한다(Phye, 2001; Taatgen, 2013). 비록 간단한 기능전이에 관한 몇 가지 유형이 자동적으로 발생하는 것처럼 보이지만, 많은 전이는 고차원적 사고기능과 지식의 유용성에 대한 신념을 요구한다. 이 절에서는 전이에 관한 역사적 관점에 관하여 간단히 개괄해 본 후, 인지적 견해와 학교학습에 대한 전이의 관련성에 대하여 논하고자 한다.

역사적 관점

동일요소설. 행동주의(조건형성)이론(제3장 참조)은 전이는 상황들 간에 동일한 요소 또는 유사한 특성(자극)에 따라 달라진다고 강조한다. Thorndike(1913b)는 전이는 상황이 동일한 요소(자극)를 가지고 있으며 유사한 반응을 요구할 때 일어난다고 주장하였다. 종종 연습/훈련과 숙제 간의 경우에서처럼, 원래의 과제와 전이과제 간에 분명하고 실증된 관계가 존재해야 한다.

이러한 견해는 직관적으로 매력적이다. 문제 602 − 376 = ?를 풀기 위해 학습한 학습자는 그 지식을 전이하기 쉽고 문제 503 − 287 = ?를 해결하기도 쉽다. 그러나 우리는 요소들이 무엇이며 그것들이 얼마나 유사해야 동일하다고 할 수 있는지 반문할 수 있다. 예를 들어, 뺄셈의 경우 동일한 유형의 숫자가 동일한 세로행에 있을 필요가 있는가? 문제 42 − 37 = ?를 풀 수 있는 학습자는, 비록 전자의 문제가 후자의 문제에 포함되어 있기는 하지만, 반드시 문제 7428 − 2371 = ?를 풀 수 있어야 하는 것이 아니다. 이와 같은 연구결과는 동일요소개념의 타당성에 문제를 제기한다. 더 나아가, 심지어 동일한 요소들이 존재할 때조차도 학습자는 그 요소들을 인지해야 한다. 만약 학습자가 상황들 간에 어떠한 공통적인 속성도 존재하지 않는다고 믿는다면 어떠한 전이도 일어나지 않을 것이다. 따라서 동일요소설은 모든 전이를 설명하기에는 부적절하다.

심상도야설. 어떤 교과목(예: 수학, 고전)을 학습하는 것은 일반적인 정신기능을 증진시켜 주며 다른 교과목을 학습하는 것보다 새로운 내용을 학습하는 것을 더 잘 촉진시켜 준다고 주장하는 **심상도야설**(mental discipline doctrine)(제3장 참조) 또한 전이와 관련이 있다. 이 견해는 Thorndike 시대에 널리 알려졌으며, 기본 또는 핵심기능과 지식을 위한 권고의 형태로 정기적으로 다시 나타났다(예: Hirsch, 1987).

Thorndike의 연구(1924)는 심상도야설에 대한 어떠한 지원도 제공하지 않았다(제3장 참조). 대신에, Thorndike는 새로운 학습을 향상시키는 본질적인 요인은 학습자의 초기 정신능력 수준이라고 결론지었다. 어떤 강좌를 시작할 때 보다 지적인 학습자가 그 강좌로부터 가장 높은 점수를 획득한다. 연구의 지적인 가치는 그것이 학습자의 사고할 수 있는 능력을 얼마나 많이 향상시킬 수 있는지보다 오히려 그것이 학습자의 흥미와 목표에 얼마나 영향을 미치는지를 반영한다.

일반화설. Skinner(1953)의 조작적 조건형성이론은 전이는 어떤 변별적인 자극으로부터 다른 변별적인 자극으로의 반응의 **일반화**(generalization)를 수반한다고 주장하였다. 예를 들어, 학생은 벨을 울릴 때 자신의 책을 책상 속에 집어넣도록 배울 수 있다. 만약 학생이 다른 교실에 가고 그 교사가 벨을 울릴 때, 물건을 넣는 반응은 그 새로운 상황으로까지 일반화될 수도 있다.

동일요소설과 마찬가지로, 일반화의 개념은 직관적인 매력을 가지고 있다. 확실히 어떤 전이는 일반화를 통해 일어나며, 그것은 심지어 자동적으로 일어날 수도 있다. 어떤 수업에서 잘못된 행동 때문에 처벌을 받은 학생은 다른 수업에서는 잘못된 행동을 하지 않을 수도 있다. 일단 운전자가 차를 빨간불일 때 정지시키는 것을 배우면 그 반응은 위치, 기후, 하루 중 언제 등등에 상관없이 다른 빨간불에까지 일반화될 수 있다.

그럼에도 불구하고, 일반화설은 문제를 가지고 있다. 동일요소설과 마찬가지로, 우리는 상황의 어떤 특성이 반응의 일반화에 사용되었는지를 반문할 수 있다. 상황들은 많은 공통적인 특성을 공유하지만 우리는 그들 중 어떤 것에 대해서만 반응하고 다른 것은 무시해 버린다. 우리는 상황에서의 많은 다른 특성에도 불구하고 빨간불에 대해서만 반응한다. 동시에 우리는 주변에 어떤 다른 차도 없을 때 또는 급할 때 빨간불에 달려 나갈 가능성이 더 높다. 우리의 반응은 고정되어 있는 것이 아니라 오히려 그 상황에 대한 우리의 인지적 평가에 의해 결정된다. 일반화가 자동적으로 일어나지 않는 무수히 많은 다른 상황에 대해서도 동일하게 말할 수 있다. 인지적인 과정은 사람들이 비슷한 방식으로 반응하는 것이 그 상황에서 적절한지의 여부를 결정할 때처럼 대부분의 일반화에 관련된다. 그러므로 일반화설은 그것이 인지적인 과정의 역할을 부정하기 때문에 불완전하다.

기억 속에 있는 지식의 활성화

정보처리관점은 전이는 기억네트워크에 있는 지식을 활성화하는 것과 관련이 있다고 주장한다. 그것은 정보가 기억에 연계된 명제들을 상호 참조할 것을 요구한다(Anderson, 1990; Gagné et al., 1993). 기억 속에 있는 정보조각들 간에 연계가 많으면 많을수록 한 조각의 정보를 활성화함으로써 기억 속에 있는 다른 정보에 신호를 보낼 수 있는 가능성은 더 높아진다. 그러한 연계는 네트워크들 내 혹은 간에도 행해질 수 있다.

다시 말해서, 전이는 특히 상황의 "표층(surface)"구조가 다를 수 있을 때 학습과 전이 맥락 간에 공통적인 "심층(deep)"구조를 인식하는 학생에 따라 좌우된다(Chi & VanLehn,

2012). 심층구조와 관련이 있는 기억네트워크에 있는 정보는 학습자가 그 구조를 전이맥락 속에서 인식할 때 전이가 촉진될 것이다.

동일한 과정이 절차적 지식과 산출물의 전이에서도 일어난다(Bruning et al., 2011). 전이는 지식과 산출물이 다른 내용과 함께 LTM에서 연계될 때 일어난다. 학생은 또한 산출물은 다양한 상황에서도 유용하다는 것을 믿어야 한다. 전이는 지식 그 자체와 함께 저장된 지식의 활용에 의해 촉진된다. 예를 들어, 학습자는 교과서를 대충 훑어봄으로써 어떤 산출물을 얻을 수 있다. 이것은 다른 읽기절차(예: 핵심 아이디어 찾기, 계열화하기)와 함께 기억 속에서 연계될 수 있으며, 그것과 함께 저장된 다양한 활용(예: 요점을 파악하기 위하여 신문을 대충 훑어보기, 약속장소와 시간을 결정하기 위하여 메모를 대충 훑어보기)을 가질 수도 있다. LTM에 있는 연계가 많으면 많을수록 그리고 대충 훑어봄으로써 저장된 활용이 많으면 많을수록 전이는 더 잘 일어난다. 그러한 연계는 학습자가 다양한 맥락에서 연습기능을 갖거나 그것이 지식의 활용을 이해할 수 있도록 도와줌으로써 형성된다. 산출규칙의 일반적인 측면("심층"구조와 비슷한)은 전이를 촉진한다(Taatgen, 2013). 이러한 일반적인 측면은 학습가 다른 경험을 통해 축적해 온 과제특수적인(task-specific) 속성을 통합함으로써 전개된다.

전이에 관한 이러한 인지적 기술(description)은 단서가 주어진 지식에 대해 우리가 알고 있는 것 중 많은 부분과 잘 들어맞는다. 보다 많은 LTM 연계는 활용할 수 있는 곳에서, 정보를 다른 방식으로 접근하는 것이 가능하다. 우리는 Martha 숙모에 대해 생각함으로써("Martha 숙모"의 네트워크에 단서를 보냄) 그녀의 개의 이름을 회상할 수는 없을지라도, 개의("collie") 종류에 대해 생각함으로써(단서를 보냄) 그 이름을 회상해 낼 수도 있다. 그러한 신호를 보내는 것은 우리가 어떤 사람에 대해 다른 관점에서 혹은 다른 맥락에서 생각할 때까지 그 사람의 이름을 회상할 수 없었지만 우리가 가지고 있던 경험을 생각나게 해준다.

동시에 우리는 여전히 그러한 연계가 어떻게 형성되는지에 대해 많은 것을 알지 못한다. 연계는 단순히 학습자에게 지식을 활용하도록 지적함으로써 또는 그것이 다른 맥락에서 연습기능을 가짐으로써 자동적으로 형성되지는 않는다(National Research Council, 2000). 다음 절에서는 다른 조건에 의해 제어되는 다른 형태의 전이에 관해 논의한다.

전이의 유형

전이는 어떤 단일의 인지적 현상이 아니라 오히려 복잡한 현상임을 알 수 있다(Barnett & Ceci, 2002)(〈표 6.2〉 참조). 근접전이와 원격전이 간에 한 가지 차이가 있다(Royer, 1986). **근접전이(near transfer)**는 교수 동안 자극요소와 전이상황에서 나타난 요소들 간과 같이 상황들이 많이 중첩될 때 일어난다. 한 가지 예로 분수기능을 가르친 후 학생에게 그것이 가르쳐진 것과 동일한 형식의 내용에 관하여 시험을 보는 것을 들 수 있다. 반대로, **원격전이**(far transfer)는 전이맥락이 원래 학습이 일어났던 것과 매우 다른 경우다. 예를 들어, 분수기능을 명시적으로 배운 적도 없이 완전히 다른 상황에 적용해 보도록 하는 경우를 들 수 있다. 따라서 학생은 과제가 분수와 관련이 있다는 것을 알지도 못한 채 용액의 양을 결정하기 위하여 조리법의 일부분(우유 1/2컵과 물 1/4컵)을 첨가해야 할 수도 있다.

축어적 전이와 도해적 전이 간에도 차이가 있다. **축어적 전이**(literal transfer)는 원래 대로의 기능 또는 지식을 새로운 과제로 전이하는 것과 관련이 있다(Royer, 1986). 축어적 전이는 학습자가 분수기능을 학교의 안팎에서 사용할 때 일어난다. **도해적 전이**(figural transfer)란 특별한 문제에 대해 생각하거나 학습하기 위하여 우리가 가지고 있는 일반적인 지식의 몇 가지 측면을 사용하는 것을 말한다. 도해적 전이는 종종 유추, 은유, 또는 비교할 수 있는 상황을 사용하는 것과 관련이 있다. 도해적 전이는 학생이 새로운 학습에 직면하여 자신이 관련 분야에서의 선행학습을 숙달하기 위하여 사용하였던 것과 동일한 학습전략을 사용할 때 일어난다. 도해적 전이는 오래된 상황과 새로운 상황 간에 유추를 이끌어 내고 그 일반적인 지식을 새로운 상황으로 전이하는 것을 요구한다.

비록 약간의 중첩이 있기는 하지만, 전이의 형식은 다른 지식의 형태와 관련이 있다. 근접전이와 축어적 전이는 주로 선언적 지식과 기본적인 기능의 숙달과 관련이 있는 반면, 원격전이와 도해적 전이는 지식이 유용한 것으로 증명될 수 있는 상황의 유형과 관련된 조건적 지식뿐만 아니라 선언적 지식, 절차적 지식과 관련이 있다(Royer, 1986).

Salomon과 Perkins(1989)는 저진로전이와 고진로전이를 구별한다. **저진로전이**(low-

표 6.2
전이의 유형

유형	특징
근접(near)	상황들 간에 많은 중첩이 있음; 원래의 맥락과 전이 맥락이 매우 유사함
원격(far)	상황들 간에 중첩이 적음; 원래의 맥락과 전이 맥락이 유사하지 않음
축어적(literal)	원래대로의 기능 혹은 지식이 새로운 과제에 전이됨
도해적(figural)	유추나 은유처럼, 어떤 문제에 대해 생각하거나 학습하기 위하여 일반적인 지식의 몇 가지 측면들을 사용
저진로(low-road)	잘 설정된 기능들이 동시에, 그리고 가능한 자동으로 전이
고진로(high-road)	상황들 간 연계의 명시적인 의식적 추상화의 형성과 관련된 전이
전향도달(forward-reaching)	행동과 인지를 그 학습 맥락으로부터 하나 이상의 잠정적인 전이 맥락으로 추상화
후향도달(backward-reaching)	이전에 학습한 기능과 지식의 통합을 허용해 주는 상황의 전이 맥락 특성에서 추상화

road transfer)는 잘 설정된 기능을 동시에, 자동적으로 전이하는 것을 말한다. 반면, **고진로전이**(high-road transfer)는 추상적이며 의식적이다. 따라서 그것은 "어떤 것이 또 다른 어떤 것으로 연계될 수 있도록 해 주는 한 상황에서 명시적인 의식적 추상화의 형성과 관련이 있다"(Salomon & Perkins, 1989, p.118).

저진로전이는 다양한 맥락에서 집중적으로 실행되어 온 기능이나 행동과 함께 일어난다. 그 행동은 그러한 행동이 습득된 상황의 특성과 유사한 어떤 상황에 대한 반응에서 자동으로 수행되는 경향이 있다. 특정 차를 운전하는 법을 배운 후 다르지만 유사한 차를 운전하는 경우나 다른 칫솔을 가지고 다른 방에서 칫솔질을 하는 경우, 또는 수학문제를 학교와 집에서 푸는 경우 등이 좋은 예들이다. 때때로 전이는 무엇을 행하고 있는지에 관하여 거의 의식적으로 깨닫지도 못한 채 무의식적으로 일어날 수도 있다. 상황의 몇몇 측면이 상이하고 주의를 요할 때 인지적 활동 수준은 높아진다. 따라서 대부분의 사람들은 공항에 있는 대행회사에서 빌린 차를 거의 문제없이 조절할 수 있으며 설명서를 읽지 않고도 즉각적으로 손잡이를 틀고 레버를 당길 수 있다. 특성이 다를 경우에만(예: 전조등 조절판이 다르게 작동하거나 자신이 사용해 온 것과는 다른 위치에 있을 때) 사람들은 그 특성을 배울 필요가 있다.

고진로전이는 학생이 어떤 규칙, 원리, 원형(prototype), 도식 등을 학습한 후 그것을 자신이 학습한 방법보다 더 일반적인 의미에 사용할 때 일어난다. 학생이 이렇게 습득된 규칙을 자동적으로 적용하지 않기 때문에 전이는 의식적이다. 오히려, 그는 새로운 상황을 검토해 보고 어떤 전략을 적용하는 것이 유용한지를 결정한다. 학습하는 동안 그리고 나중에 학생이 새로운 문제나 상황에서 기본적인 요소를 인지하고 그 기능, 행동, 또는 전략을 적용하기로 결정할 때 추상화(abstraction)가 사용된다. 저진로전이는 주로 선언적인 지식과 관련이 있고, 고진로전이는 산출과 조건적 지식을 보다 많이 사용한다고 할 수 있다.

Salomon과 Perkins(1989)는 전이가 어디에서 기원하는지에 따라 고진로전이를 전향도달전이와 후향도달전이의 두 가지 유형으로 분류하였다. **전향도달전이**(forward-reaching transfer)는 행동과 인지를 그것이 습득된 한 학습맥락으로부터 하나 이상의 잠재적인 전이맥락으로 추상화할 때 일어난다. 예를 들어, 학생이 미적분학을 공부하는 동안 그는 어떻게 그것이 물리학에도 관련될 수 있는지에 대해 생각할 수도 있다. 또 다른 예로는 수업시간에 낙하산이 어떻게 작동하는지를 배우는 동안 학생은 자신이 비행기에서 실제로 점프를 할 때 그 낙하산을 어떻게 사용할 수 있는지에 대해 생각하는 경우를 들 수 있다.

전향도달전이는 선행학습에 영향을 받으며 기능과 지식의 잠재적인 활용에 관한 자기점검이 필요하다. 그것은 또한 지식이 유용할 수도 있는 잠재적인 맥락에 관한 약간의 지식이 필요하다. 예를 들어, 미적분학의 잠재적인 유용성을 결정하기 위해 학생은 다른 내용영역에 익숙해야 한다. 전향도달전이는 학생이 잠재적인 전이영역에 대한 지식이 거의 없을 때 일어날 가능성이 거의 없다.

　　후향도달전이(backward-reaching transfer)의 경우, 학생은 이전에 학습한 아이디어를 통합하도록 해주는 상황의 전이맥락 특성들 속에서 추상화한다(Salomon & Perkins, 1989). 학생이 어떤 물리학 문제에 관해 연구하는 동안, 그는 그 물리학 문제를 해결하는 데 있어 유용할지 모르는 미적분학에서의 어떤 상황을 생각해 내려고 노력할 수 있다. 새로운 문제를 학습하는 데 어려움을 겪는 학생은 자신이 어려움을 경험하였던 다른 때로 거슬러 올라가 그러한 상황에서 자신이 하였던 것(예: 친구에게 도움을 청하거나 도서관에 가고, 교과서를 다시 읽고, 선생님과 이야기를 하는 것)을 떠올리려고 할 때 후향도달전이를 사용한다. 그런 다음, 그는 자신이 처한 현재의 어려움을 치유할 수 있을 것이라는 희망에서 그 해결책들 중 하나를 실행하려 할지도 모른다. 유추적 추론(제7장 참조)은 학생이 원래 문제로부터 현재 문제로 단계를 적용해 가기 때문에 후향도달전이와 관련되어 있을 것이다. 유추적 추론이 학습에 미치는 영향과 일관성 있게, Gentner, Loewenstein, Thompson(2003)은 **유추적 추론**(analogical reasoning)은 특히 두 개의 원래 사례가 함께 지시되었을 때 전이를 향상시킴을 발견하였다.

　　앞에서 우리는 인지적 전이는 LTM에 있는 연계된 정보와 연관이 있기 때문에 일련의 정보를 활성화하면 다른 항목을 활성화할 수 있다고 지적한 바 있다. 추측컨대, 저진로전이는 상대적으로 자동적으로 단서를 제공해 주는 특성을 지니고 있는 것 같다. 두 가지 형태들 간에 하나의 핵심적인 차이는 의식적인 추상화(mindful abstraction) 또는 의지에 의한, 인지적으로 유도된 비자동적인 과정의 활용정도에 있다(Salomon & Perkins, 1989). 의식적인 추상화는 학습자들이 단순히 첫 번째의 가능한 반응에 기초하여 행동하는 것이 아니라 오히려 상황적인 단서를 검토해 보고, 대안적인 전략을 정의하며, 정보를 수집하고, 정보들 간의 새로운 연계성을 찾을 것을 요구한다. LTM을 활성화하는 것은 고진로전이를 자동화하지 않으며 오히려 의도적이어서 개인이 지식과 맥락을 관련짓기 위한 새로운 방법을 생각해 감에 따라 LTM에 형성되는 링크를 초래할 수 있다.

　　Anderson, Reder, Simon(1996)은 전이는 학습자가 특정 기능의 활용의 타당성을 알려주는 단서를 주목할 때 보다 잘 일어난다고 주장한다. 그러할 때 학습자는 전이과제에 관한 그 단서를 인지하고 그 기능을 사용하기가 더 쉬울 것이다. 이러한 점에서, 학습과 전이과제는 상징적인 요소(symbolic elements)를 공유한다. 이 공유된 요소는 전략전이에서 중요하다.

전략전이

전이는 기능과 지식뿐만 아니라 전략에도 적용된다(Phye, 2001). 많은 연구들 중에서 한 가지 좋지 못한 연구결과는 학생이 전략을 학습하고 그것을 효과적으로 활용하기는 하지만 오랫동안 활용한다든지 또는 교수상황을 넘어 다른 상황으로까지 일반화하는 데에는 실패하였다는 것이다. 이것은 문제해결에서 접하게 되는 하나의 공통적인 쟁점이다(Jonassen & Hung, 2006)(제7장 참조). 전략이 다른 상황에서는 적절하다는 것을 이해하지 못한다든지, 그것의 활용을 다른 맥락에 맞게 변형하는 방법을 이해하지 못하는 경우, 전략이 다른 요인만큼(예: 이용할 수 있는 시간) 수행에 유용하지 않다고 믿는 경우, 전략이 훨씬 더 많은 노력을 필요로 한다고 생각하는 경우, 또는 전략을 새로운 상황에 적용할 수 있는 기회를 갖지 못하는 경우 등을 포함하여, 많은 요인이 전략전이를 방해한다(Borkowski & Cavanaugh, 1979; Paris et al., 1983; Pressley et al., 1990; Schunk, 1991; Schunk & Rice, 1993).

Phye(1989, 1990, 1992, 2001; Phye & Sanders, 1992, 1994)는 전략전이를 강화하는 데 유용한 한 가지 모형을 개발하였다. 초기습득국면 동안, 학습자는 전략의 활용에 관한 메타인지적인 지각에 관한 평가를 포함하기 위한 교수와 훈련을 받는다. 나중에, 파지국면은 훈련자료와 회상특성에 관한 보다 심층적인 연습을 포함한다. 세 번째 전이국면은 피험자가 상이한 표층적인 특성을 가지고 있지만 훈련 동안 연습된 동일한 해결책을 필요로 하는 새로운 문제를 해결하고자 할 때 일어난다. Phye는 또한 전이를 위한 학습자 동기의 역할과 학습자에게 지식이 어떻게 사용되는지를 보여 줌으로써 동기를 증진하기 위한 방법을 강조하였다. 동기는 전이에 결정적인 영향을 미친다(National Research Council, 2000; Pugh & Bergin, 2006).

성인의 언어유추문제에 관한 연구에서, 몇몇 성인에게는 올바른 해결책을 확인해 보는 시도 중에 교정적 피드백이 주어진 반면, 다른 성인에게는 유추를 해결하는 방법에 관한 조언이 주어졌다. 모든 학습자는 자신이 생성해 냈던 해결책의 정확성이 신뢰롭다고 판단하였다. 훈련 동안, 교정적 피드백은 문제해결기능의 전이를 증진하는 데 있어 조언보다 더 우수하였다. 그러나 지연된 전이과제에 있어서는 조건들 간에 어떠한 차이도 없었다. 조건들에 상관없이, 문제해결역량에 있어서의 신뢰는 실제 수행에 대해 긍정적인 관계를 가지고 있었다. Butler, Godbole, Marsh(2013)는 정답에 관한 설명이 포함된 피드백을 제공하는 것이 단지 정답만 포함된 피드백을 제공하는 것보다 더 나은 전이를 산출한다는 것을 발견하였다.

전이에 관한 지식과 더불어, 전이는 전략의 활용에 관한 지식을 필요로 하는데, 이것은 학습자가 전략을 습득해 가면서 그 전략을 설명할 때 촉진된다(Crowley & Siegler, 1999). 전략이 수행을 증진하는 데 얼마나 도움이 되는지에 대한 피드백은 전략의 파지와 전이를 촉진한다(Phye & Sanders, 1994; Schunk & Swartz, 1993a, 1993b). Phye의 연구는 전략전이와 정보처리와의 연계와 연습, 교정적 피드백, 동기에 의해 수행되는 핵심적인 역할을 강조한다. 그것은 또한 학생에게 자기조절학습 전략을 가르치는 것이 전이

적용 6.6

전이촉진

DiGiorgio 선생님은 초등학교 학생들이 이미 학습해 왔던 지식을 형성하도록 도와준다. 그녀는 학생들에게 자신들이 읽었던 책의 어떤 이야기에 대한 요약문을 쓰기 전에 그 이야기의 각 페이지의 주요 요점들을 회상하도록 한다. 그녀는 또한 학생들과 함께 완전한 구문을 작성하는 방법을 검토한다. 이전 학습에서 형성된 것이 학생들로 하여금 지식과 기능을 새로운 활동에 전이할 수 있도록 도와준다.

영향력 있는 미국 대통령들에 대한 수업 토론을 준비하는 과정에서, Neufeldt 선생님은 고등학교 학생들에게 그들이 느끼기에 미국사에 주요한 영향을 끼쳤던 대통령들을 열거할 수 있도록 요청하는 학습지를 학생들이 집에 갈 때 가지고 갈 수 있도록 한다. 그는 학생들에게 수업시간에 논의한 것뿐만 아니라 그들이 이미 배운 이전 과목 또는 다른 독서 등을 통해 습득한 지식들도 활용하도록 지도한다. 그는 학생들로 하여금 수업시간의 논의를 위해 그 정보를 함께 가져오고, 이전의 학습을 제시된 새로운 자료로부터 일어난 학습에 통합하도록 독려한다.

를 촉진할 수 있다는 점을 강조한다(Fuchs et al., 2003; Fuchs, Fuchs, Finelli, Courey, & Hamlett, 2004)(제10장 참조). [적용 6.6]은 전이를 촉진하기 위한 방법에 대한 제안을 담고 있다.

교수적 적용

제5장에서 언급한 바와 같이, 정보처리원리는 학교학습환경에 점점 더 많이 적용되어 왔다. 이 절에서는 인출적용, 즉 부호화-인출 유사성, 인출기반 학습, 전이를 위한 수업에 관해 기술한다.

부호화-인출 유사성

우리는 앞에서 기억은 부호화 특수성 또는 인출할 때 학습조건은 부호화 동안 제시된 조건과 가능하면 근접하게 매치되어야 한다는 생각으로부터 혜택을 얻는다는 것을 알았다. "부호화 특수성(encoding specificity)"이라는 용어는 "인출"을 생략하는데, 그것은 부호화가 가장 중요한 과정이며, 일단 부호화가 발생하면 인출이 일어난다는 잘못된 인상을 전달할 수 있다. Suprenant와 Neath(2009)는 인출의 중요성을 강조하고 기억의 부호화-인출원리를 제시하는데, 그것은 기억이 부호화할 때의 조건과 인출할 때의 조건 간의 관계에 심하게 좌우된다는 것을 말한다. 이러한 관계를 여기에서는 부호화-인출 유사성(encoding-retrieval similarity)이라고 일컫는다.

　부호화-인출 유사성의 교수적 시사점은 부호화할 때 제시된 맥락이 인출 때에도 동일하거나 유사한 맥락을 갖는 것이다. 예를 들어, 컴퓨터기반 학습환경(예: 온라인)에서 학습한 학생은 시험이 동일한 환경에서 치러져야 한다. 특별한 형태로 작성된 대수학문제를 해결하기 위하여 학습한 학생은 시험이 유사한 문제로 치러져야 한다. 그러한 예측은 부호화와 인출조건 간의 유사성은 기억과 수행을 촉진해야 한다는 것이다.

　그러나 우리가 이 장에서 살펴본 바와 같이, 전이는 중요하다. 교육자는 학생이 기능이 부호화할 때 제시된 조건을 넘어 전이되고 그것을 다른 조건에서 인출할 수 있기를 원한다. 교사는 학생이 나중에 인출할 수 있고 더 나은 인출을 증진할 수 있는 조언(reminder)을 부호화할 수 있도록 도와줌으로써 전이를 촉진할 수 있다. 예를 들어, 만약 학생이 서면문안(written text)을 이해하기 위한 어떤 전략을 학습하고 있다면, 그 교사는 이 전략을 "단계(the steps)"라고 명명한 다음, 학생에게 이해력 문제에 답해야 할 때 "단계"에 관해 생각하도록 말할 수 있다. 그러한 조언은 이해력을 위한 해당 전략의 단계에 관한 인출에 단서를 제공해야 한다.

　이 장 서두의 에피소드에서 교육자들은 학생들이 심지어 긴 주말동안 너무 많이 망각하는 것 같기 때문에 많은 검토가 필요함을 애석하게 생각한다. 그 학생들은 그 내용을 망각하였다기보다 오히려 부적절한 단서들 때문에 그것을 인출할 수 없었을 가능성이 있다. 인출할 때 더 많은 단서들을 제공하면, 검토를 위한 요구를 줄이는 데 도움이 될 것이다. 학생들은 어떠한 조건하에서 그 내용을 학습하였는가? 그들은 개별적으로 또는 집단으로 공부하였는가? 전체 학급으로 또는 소집단으로? 컴퓨터기반 학습환경에서? 어떤 내용이 최초학습(original learning)과 연계되어 있는가? 학생들이 오랫동안의 휴식에서 돌아왔을 때, 교사들은 학습한 내용뿐만 아니라 학생들이 그것을 학습하였던 조건들에 대한 단서를 제공할 수 있다. 예를 들어, 어떤 교사는 학생에게 환경오염을 공부할 때 컴퓨터상에서 소집단으로 공부를 하였던 지난주 목요일 오후에 이 내용을 공부하였다는 것을 상기시켜 줄 수도 있다.

인출기반 학습

인출은 흔히 학습의 최종산출물(부호화)이라고 생각한다. 다시 말해서, 인출은 학습이 발생한 후에 일어난다. 실제로, 인출은 학습기능을 수행할 수 있다. Karpicke와 Grimaldi(2012)는 인출은 우리가 지식을 인출할 때 우리는 그것을 바꾸고 미래에 그 지식을 재구성할 수 있는 우리의 역량을 향상시키기 때문에 학습에 직·간접적으로 영향을 미칠 수 있다고 주장한다. 학습에 미치는 간접적인 인출의 효과는 인출이 학습에 영향을 미칠 수 있는 다른 변인에 영향을 미칠 때 발생한다. 예를 들어, 교수자가 학생에게 수업 중에 질문을 할 때, 학생은 지식을 인출하려고 시도하며, 인출의 성공은 그에게 그 내용을 얼마나 잘 알고 있는지에 대한 피드백을 준다. 그러한 피드백은 학생이 더 열심히 공부하도록 동기를 부여할 수 있으며, 수업 중에 얼마나 잘 수행하고 있는지에 대한 자기효능감에 영향을 미칠 수 있다.

질문과 토론, 시험, 퀴즈를 포함하여, 교사가 학습을 증진하기 위하여 인출을 사용하는 많은 방법이 있다. 그러나 이 장 서두의 에피소드에서는 교사들이 너무 많은 검토시간에 참여하는 것을 좋아하지 않으며, 소수만이 시험을 더 많이 보는 것에 찬성한다는 것을 보여준다. 퀴즈는 아마도 학습시간 끝부분에 이해수준을 점검하기 위하여(성적에 반영하지 않고) 학생들에게 항상 부여될 수도 있다. 그러나 인출을 하나의 학습과정으로 효과적으로 사용하기 위한 다른 방법이 있다.

한 가지 방법은 학생이 학습을 할 때 그들이 인출을 사용하도록 하는 것이다. 학생은 공부는 대부분 다시 읽기(re-reading)를 수반하지만, 공부는 또한 그가 읽기를 멈추고 읽어 왔던 것을 회상하려고 시도할 때 빈번하게 포함시킬 수 있다고 믿을 것이다. 그 회상은 적극적인 시연(active rehearsal)의 한 가지 형태다. 공부에 인출을 가미하면 공부만 할 때와 비교하였을 때 더 우수한 학습을 산출한다(Karpicke & Grimaldi, 2012).

또 다른 제안은 학생이 기억 속에 있는 개념과 관련된 네트워크에 연계되어 있는 개념지도(concept maps)를 구성하도록 하는 것이다. 학생은 수업시간에 공부할 때 또는 혼자서 공부할 때 이것을 할 수 있다. 교사는 학생에게 서로 직접적으로 관련된 개념뿐만 아니라 추론을 요구하는 개념(예: 부통령이 상원에서 투표할 때에 대하여 앞에서 사용된 예)을 반영하는 지도를 구성하도록 요청함으로써 이 과정을 촉진할 수 있다.

학생은 인출이 학습에 미치는 잠재적인 혜택을 인식하지 못할 수도 있는데, 이는 학생에게 인출전략[예: 자기단서화(self-cuing)]을 가르치는 것이 유용할 수도 있다는 것을 시사한다. 인출은 자기조절학습 연구자들에 의해 강조된 학술적인 공부의 핵심적인 과정이다(제10장 참조). 많은 연구들은 학생이 자기조절학습전략을 배울 수 있으며, 자신의 학술적인 수행을 향상시키기 위하여 그것을 학습맥락 외부로 전이할 수 있음을 보여준다(Zimmerman & Schunk, 2011).

학습환경에서 인출을 형성하기 위한 몇 가지 다른 효과적인 방법에는 상보적 수업(제8장 참조)과 **컴퓨터기반 학습방법**(제7장 참조)이 포함된다. 컴퓨터기반 시스템은 학생의 인출을 가이드할 수 있도록 프로그램될 수 있다(Karpicke & Grimaldi, 2012). 예를 들어, 그 시스템은 학생이 반복되는 인출에 참여하지만 공부에 대한 결정은 그 학생이 아닌 그 시스템에 의해 행해진다. 이러한 유형의 조정은 개별 학생의 차이점을 고려하기 때문에, 몇몇 학생은 다른 학생보다 더 많은 인출 기회를 얻을 수 있을 것이다.

인출기반 학습은 동기적인 효과도 지니고 있다(제9장 참조). 지식을 인출할 수 있는 학생은 잘 수행하는 것에 대한 높아진 자기효능감을 경험하기 쉽다(제4장 참조)(Schunk & Pajares, 2009). 그가 학습해 왔던 신념은 그로 하여금 자신의 학습을 더 심화·개발하기 위하여 그것을 계속해서 적용할 수 있도록 동기를 부여할 수 있다. 따라서 인출이 학습에 미치는 간접적인 동기적 효과는 자기효능감을 계속적으로 강화하고 인출과 학습을 심화할 수 있도록 이끌어 줄 수도 있다.

전이를 위한 수업

비록 상이한 전이의 형태가 독특할지는 모르지만, 그들은 종종 조화롭게 작동한다. 어떤 과제를 수행하는 동안, 몇몇 행동은 자동적으로 전이되는 반면, 다른 행동은 의식적인 적용을 필요로 할 수도 있다. 예를 들어, Jeff가 간단한 보고서를 쓰고 있다고 가정해 보자. 어떻게 조직할 것인지를 생각하는 동안, Jeff는 그가 이전의 비슷한 상황에서 보고서를 어떻게 조직화하였는지에 대하여 생각함으로써 고진로, 후향도달전이를 사용할 수도 있다. 단어선택과 철자를 포함하여, 그 과제의 많은 측면이 자동적으로 일어날 수도 있다(저진로전이). Jeff가 보고서를 작성해 감에 따라, 그는 또한 이러한 정보가 다른 상황에서는 얼마나 유용할 수 있는지에 대해 생각할 수도 있다. 따라서 만약 그 보고서가 남북전쟁의 몇 가지 측면에 관한 것이라면, Jeff는 이 지식을 역사수업에서 어떻게 활용할 수 있는지에 관하여 생각할 수도 있다. Salomon과 Perkins(1989)는 여러 해 동안 게임을 통해 일련의 상대적인 배열에 관한 기능을 축적해 온 체스마스터들과 관련된 또 다른 예를 인용한다. 비록 이것들 중 몇 가지가 상당히 자동적으로 행해질 수도 있지만, 전문가들의 게임은 잠재적인 위치변동의 의식적인 분석에 의존한다. 그것은 전략적이며 고진로전이와 관련이 있다.

몇몇 상황에서, 저진로전이는 상당 정도의 의식적인 행동을 수반할 수 있다. 전략전이와 관련하여, 심지어 형태, 맥락, 혹은 요구조건에 있어서의 미세한 변화는 특히 학습문제를 경험하고 있는 학생들에게 전이의 문제를 야기할 수 있다(Borkowski & Cavanaugh, 1979). 역으로, 유추적인 추론을 약간 사용하는 것은 만약 유추가 상대적으로 분명하다면 의식적인 노력을 거의 할 필요가 없다. 한 가지 좋은 규칙은 전이를 결코 당연한 것으로 간주하지 말라는 것이다. 그것은 직접적으로 검토되어야 한다.

이것은 교사가 학습자에게 어떻게 전이를 촉진시켜야 할 것인지에 관한 문제를 제기한다. 수업의 주요한 목적은 장기 파지와 전이를 증진하는 것이다(Halpern & Hakel, 2003). 우리는 학습자가 다양한 맥락에서 연습기능을 가지며 그가 지식을 다르게 사용할 수 있다는 것을 이해한다면 LTM에 링크를 형성한다는 것을 알고 있다(Anderson, Reder, & Simon, 1996). 학생은 학교에서 배웠던 기능을 집에서 연습하고 정련하기(refine) 때문에 숙제는 전이를 위한 하나의 메커니즘이다. 선행연구는 숙제와 학생의 성취도 간에 정적인 관계가 있는데, 7~12학년생이 K~6학년생보다 더 강한 관계를 가지고 있음을 보여준다(Cooper, Robinson, & Patall, 2006).

그러나 학생은 앞에서 언급한 이유들 때문에 전략을 자동적으로 전이하지는 않는다. 연습이 이러한 쟁점들 중 몇 가지를 해결해 주지만 다른 쟁점은 해결해 주지 못한다. Cox(1997)는 학습자가 다양한 맥락에서 학습을 해 가면서 자신이 공통적으로 가지고 있는 것을 결정해야 한다고 주장하였다. 이해나 문제해결과 같은 보다 복잡한 기능은 아마 이러한 상황인지(situated cognition) 접근으로부터 대부분 혜택을 받을 것이다(Griffin, 1995). 동기도 다루어져야 한다(Pugh & Bergin, 2006). 교사는 학생에게 전략활용을 증진된 수행과 연계시켜 주고 그 전략이 그 환경에서 얼마나 유용한지에 관한 정보를 제공해 주는 명시적인 동기적 피드백을 제공할 필요가 있을 수도 있다. 선행연구는 그러한 동기적 피드백은 전략사용, 학문적 수행, 그리고 잘 수행하기 위한 자기효능감을 증진시켜 준다는 것을 보여준다(Schunk & Rice, 1993).

학생은 또한 학문적인 목표(동기변인)를 설정해야 하는데, 그것을 달성하기 위해서는 세심한 고려와 이용 가능한 자원의 활용을 필요로 한다. 교사는 학생에게 적절한 시기에 단서를 제공해 줌으로써 학생이 적절한 지식을 새로운 방식으로 사용하는 데 도움을 줄 수 있다. 교사는 "이러한 상황에서 너에게 도움이 될 수 있는 것이 무엇이니?"와 같은 질문을 할 수도 있다. 그러한 단서는 보다 더 커다란 아이디어의 생성과 연계되는 경향이 있다. 교사가 전이를 위한 모델로서의 역할을 수행할 수 있다. 어떤 새로운 상황에 적용하기 위하여 관련된 지식을 가져오는 모델링 전략은 학생으로 하여금 전이를 전향도달전이와 후향도달전이로 확장시키기 위한 방법을 모색하고 그렇게 하는 것이 보다 효과가 있다고 느끼도록 해준다. Rittle-Johnson(2006)은 수학문제 해결 동안에 3~5학년생 아동들과 공부하면서 아동들에게 답에 어떻게 도달하는지와 그 답이 옳은지의 여부를 설명해 주면 문제해결 전략의 전이가 증진됨을 발견하였다.

요약

인출은 정보처리의 핵심적인 구성요소다. 인출은 부호화의 성공적인 결과이지만 학습을 촉진할 수도 있다. 학습자가 지식을 인출해야 할 때, 적절한 단서가 WM에 들어가고 활성화 확산을 통해 LTM 네트워크를 활성화한다. 언어지식의 경우, 학습자의 WM은 지식이 습득되었을 때 반응을 구성한다. 기억검색은 지식이 인출될 때까지 계속된다. 성공적이지 못한 검색은 어떠한 정보도 산출하지 못한다. 많은 인출이 자동적으로 일어난다.

어떤 조건은 인출의 효력에 영향을 미친다. 한 가지가 부호화 특수성인데, 그것은 인출단서와 조건이 부호화할 때 제시된 것과 일치할 때 인출이 가장 잘 진행된다는 것을 의미한다. 인출을 촉진하는 다른 조건은 LTM에 있는 지식의 정교화, 유의미성, 조직화다. 이러한 조건이 활성화 확산과 학습자들의 요구되는 기억네트워크에의 접근을 증진한다.

LTM에서 정보의 저장과 인출을 설명하는 한 영역이 언어이해인데, 그것은 지각, 어구분석, 활용을 수반한다. 의사소통은 불완전하다. 화자(speaker)는 청자(listener)가 알 것이라고 기대한 정보를 빠뜨린다. 효과적인 언어이해는 청자가 적절한 명제적 지식과 도식을 가지고 있고 그 맥락을 이해할 것을 요구한다. 청자는 정보를 기억에 통합하기 위해서 주어진 정보를 확인하고, 그것을 LTM에서 접속하며, 새로운 정보를 그것에 관련짓는다. 언어이해는 문해(literacy)의 핵심적인 측면이며, 특히 방대한 독서가 요구되는 교과목에서 학문적인 성공과 강력하게 관련된다.

심지어 지식이 부호화될 때, 그것은 망각될 수 있다. 망각은 기억으로부터의 정보의 상실 또는 그것에의 접근의 실패를 말한다. 인출의 실패는 정보의 쇠퇴나 간섭으로 초래된다. 인출을 촉진하고 망각의 기회를 줄이는 요인은 최초 부호화의 강도, 대안적인 기억네트워크의 수, 정보의 왜곡 또는 통합의 양이다. 인출은 항상 학습자가 LTM에 있는 정보에 접근할 때 상당량의 지식의 재구성(re-construction)을 수반한다.

망각이 발생하기 때문에, 재학습이 종종 필수적이다. 연구증거는 재학습이 일반적으로 새로운 학습보다 훨씬 더 쉽다는 것을 보여주는데, 이것은 LTM에 있는 상당량의 지식은 망각되는 것이 아니라 오히려 접근하기가 어렵다는 것을 시사한다. 절약점수(savings score)는 재학습을 위해 요구되는 시간의 양 또는 시도횟수 대비 최초학습을 위해 요구되는 시간의 양 또는 시도횟수의 퍼센트를 말한다. 시험효과는 시험이나 퀴즈를 보는 것이 학습과 파지를 신장시켜서 최종시험에서의 점수가 사전시험에서는 일어나지 않았던 것보다 더 높을 때 발생한다. 비록 이것은 학생에게 더 많은 시험을 보아야 한다는 주장은 아니지만, 선행연구는 시험이 파지와 재학습을, 그리고 아마도 추가적인 공부보다도 더 잘 촉진하는 것 같다는 점을 지지한다. 평가압박을 줄이기 위해서, 교사는 학습시간 끝부분에 학생에게 점수를 매기지 않는 퀴즈를 줄 수 있다.

정보는 언어적인 형태(의미)로 기억 속에 저장된다는 많은 증거가 있지만, 또한 시각기억에 관한 증거도 있다. 시각적/청각적 지식은 아날로그 표상(analog representation)으로 저장된다. 그것은 지시대상물(referents)과 비슷하지만 동일하지는 않다. 이중부호화이론은 영상시스템은 주로 구체적인 대상이나 사태를 저장하고 언어시스템은 언어로 표현된 보다 더 추상적인 정보를 저장한다고 주장한다. 역으로, 이미지는 LTM에 저장된 음성 코드로부터 WM에서 재구성될 수 있다. 발달적 증거는 아동은 성인보다 지식을 이미지로 표현할 가능성이 더 높다는 것을 보여 주지만, 시각기억은 어떤 연령에 있는 사람에게서

표 6.3
학습쟁점 요약

학습은 어떻게 일어나는가?

학습 또는 부호화는 정보가 LTM에 저장될 때 일어난다. 정보는 처음에는 관심을 끈 후 감각등록기를 통해 정보처리시스템에 들어온다. 그런 다음, 그것은 WM에 전이되고 LTM에 있는 정보와 비교됨으로써 인식된다. 이 정보는 활성화된 상태로 유지되고, LTM에 전이되며, 또는 상실될 수 있다. 부호화를 도와주는 요인들에는 유의미성, 정교화, 조직화, 도식구조와의 연계가 있다.

기억은 어떻게 기능을 하는가?

기억은 정보처리시스템의 핵심적인 구성요소다. 얼마나 많은 기억들이 있는지에 대한 논쟁이 있다. 고전적인 모형은 두 개의 기억저장고, 즉 단기기억고와 장기기억고가 있다고 주장하였다. 오늘날의 이론은 비록 WM이 LTM의 활성화된 일부분일 수 있지만, WM과 LTM을 가정한다. 기억은 정보를 수용하며, 연합적 구조네트워크를 통해 그것을 기억 속에 있는 다른 정보들과 연계한다. 그런 다음, 지식은 LTM으로부터 인출될 수 있다.

동기는 어떠한 역할을 하는가?

다른 학습이론들과 상대적으로 대비해 볼 때, 동기는 정보처리이론에서는 별로 관심을 받지 못해 왔다. 학습자들은 아마도 자신들의 목표의 달성을 지원해 주는 인지적인 과정에 참여할 것이다. 목표와 자기효능감과 같은 동기적인 과정들은 네트워크 속에 내재된 명제들로서 기억 속에 표상될 것이다. WM 활동들을 지도하는 중앙집행(central executive) 또한 동기적인 속성들을 가지고 있는 것 같다.

전이는 어떻게 일어나는가?

전이는 기억 속에 있는 활성화 확산의 과정을 통해 일어나는데, 그곳에서 정보는 다른 정보들과 연계되어서 어떤 지식의 회상은 관련된 지식의 회상을 산출할 수 있다. 학습단서들은 지식과 부착되어 있어서 학습은 다른 맥락, 기능, 또는 사태와 연계될 수 있다는 것이 중요하다.

자기조절학습은 어떻게 작동하는가?

핵심적인 자기조절과정들은 목표, 학습전략, 산출시스템, 도식이다(제10장 참조). 정보처리이론은 학습자들이 학습하는 동안 자신들의 정보처리를 관리할 수 있다고 주장한다.

교수에 주는 시사점은 무엇인가?

정보처리이론은 인지시스템을 통한 정보의 변환(transformation)과 몰입(flow)을 강조한다. 정보는 학생들이 새로운 정보를 알고 있는 정보에 관련지을 수 있고(유의미성), 그들이 그 지식의 사용을 이해할 수 있는 그러한 방식으로 제시되는 것이 중요하다. 이러한 점들은 학습은 구조화될 수 있어서 기존 지식 위에 형성되고 학습자들에 의해 분명하게 이해될 수 있다는 것을 시사한다. 교사들은 또한 학습자들이 필요할 때 정보를 회상할 수 있고 외적 인지부하를 최소화할 수 있는 선행조직자와 단서들을 제공해야 한다. 또한 인출을 포함하고 학생들이 지식을 새로운 맥락으로 전이하는 방법을 학습할 수 있도록 도와주는 교수활동들을 사용하는 것이 중요하다.

도 발달될 수 있다.

전이는 복잡한 현상이다. 역사적인 관점들로는 동일요소설, 심상도야설, 일반화설이 포함된다. 인지적 관점에서 볼 때, 전이는 기억네트워크의 활성화를 수반하며, 정보가 연계되었을 때 일어난다. 근접전이와 원격전이, 축어적 전이와 도해적 전이, 저진로전이와 고진로전이 간에 차이들이 있다. 몇 가지 형태의 전이는 자동적으로 일어날 수도 있지만, 대부분은 의식적이고 추상화와 기저가 되는 구조의 인식을 수반한다. 학생에게 기능과 전략의 유용성에 관한 피드백을 제공하면 전이가 일어날 가능성이 더 높아진다.

학습을 위한 인출과 전이의 중요성은 몇 가지 교수적 적용을 시사한다. 적절한 세 가지는 부호화–인출 특수성, 인출기반 학습, 전이의 수업을 포함한다.

정보처리이론의 측면에서 본 학습쟁점은 〈표 6.3〉에 요약한다.

추가 읽을거리

Butler, A. C., Godbole, N., & Marsh, E. J. (2013). Explanation feedback is better than correct answer feedback for promoting transfer of learning. *Journal of Educational Psychology, 105*, 290-298.

Chi, M. T. H., & VanLehn, K. A. (2012). Seeing deep structure from the interactions of surface features. *Educational Psychologist, 47*, 177-188.

Halpern, D. F., & Hakel, M. D. (2003). Applying the science of learning to the university and beyond: Teaching for long-term retention and transfer. *Change, 35*(4), 36-41.

Hoffler, T. N. (2010). Spatial ability: Its influence on learning with visualizations–a meta-analytic review. *Educational Psychology Review, 22*, 245-269.

Karpicke, J. D., & Grimaldi, P. J. (2012). Retrieval-based learning: A perspective for enhancing meaningful learning. *Educational Psychology Review, 24*, 401-418.

Taatgen, N. A. (2013). The nature and transfer of cognitive skills. *Psychological Review, 120*, 439-471.

Chapter 7

인지적 학습과정

Franklin U. Nikowsky 중학교 교장 선생님인 Meg LaMann은 교직원 회의를 열고 있었다. 해당 학교의 교사들은 최근에 학생들이 문제해결과 비판적 사고능력을 학습할 수 있도록 도와주는 전문성 개발 세션(session)에 참여하였다. Meg 교장 선생님은 교사들에게 그 세션에 관한 피드백을 요청하였다.

학교에서 상당히 솔직하게 말하는 교사들 중 한 명인 "Tiny" Lawrance 선생님이 먼저 말하였다.

"Meg 교장 선생님! 저는 발표자들이 말하고 싶어하는 많은 좋은 것들과 학생들이 그러한 기능들을 개발하는 데 도움이 되는 많은 제안들이 있었다고 생각하였습니다. 그러나 교장 선생님은 문제가 무엇인지 알고 계십니다. 우리는 이러한 것 중 어떤 것도 할 만한 시간이 없습니다. 우리는 아이들에게 주(州) 시험을 준비시키기 위해서 우리가 해야 할 일을 다루는 데에도 너무 힘듭니다. 아울러, 그 시험들은 주로 문제해결을 위해서 필요한 것이 아닌 저차원의 사실적 정보를 다룹니다. 그래서 저는 현실적으로 제가 어제 배웠던 것 대부분을 어떻게 사용해야 할지 모르겠습니다."

Piper Rowland 선생님이 그 다음으로 말하였다. "맞습니다, Meg 교장 선생. 저는 그것은 훌륭한 정보였다고 생각합니다. 그리고 확실히 우리 아이들은 이러한 전략들 중 몇 가지를 학습함으로써 도움을 받으리라고 생각합니다. 그러나 만약 우리가 이러한 것들을 가르치기 위해 기본 기능들을 소홀히 하고 우리의 시험 성적들이 떨어진다면, 우리는 좋지 않은 소리를 들을 것입니다. 저는 뭘 해야 할지 모르겠습니다."

Meg 교장 선생님이 "여러분들의 말씀, 잘 들었습니다. 저도 같은 걱정을 하고 있습니다. 그러나 저는 우리가 가르치는 모든 것에서 문제해결과 비판적 사고를 지도해야 한다고 생각하지는 않습니다. 배워야 할 사실들과 기본 기능들도 있습니다. 그러나 우리는 때때로 문제해결을 교수에 어떻게 통합할 수 있는지에 대해 충분히 생각하지 않습니다. 저는 우리 모두가 그렇게 할 수 있다고 생각합니다."라고 답변하였다.

Tiny 선생님이 "저도 동의합니다, Meg 교장 선생님. 문제해결기능에 관해 공부할 수 있도록 약간의 시간을 정기적으로 따로 할애해 놓는 것은 어떻습니까?"라고 말하였다.

"발표자들이 말하였던 것을 들으셨잖아요. 문제해결과 비판적 사고는 정규학습 맥락에서 가장 잘 지도됩니다. 그것이 학생들이 수학, 영어, 사회 등등을 학습할 때 이러한 기능들을 어떻게 적용할 수 있는지를 알 수 있는 방법입니다. 별도의 사고기능증진 프로그램들은 덜 효과적이며, 학생들은 통상 훈련 상황 밖에서는 그러한 기능들 중 어떤 것도 적용하지 않습니다."라고 Meg 교장 선생님이 응답하였다.

"저는 이것을 사회과목에서 더 많이 적용하도록 연구해 보겠습니다."라고 Tiny 선생님이 말하였다. "저는 수학에 적용해 보겠습니다. 그러나 저는 단지 시험 성적들이 떨어지지 않기를 바랍니다."라고 Piper 선생님이 답변하였다.

"시험 점수들에 대해서는 걱정하지 마십시오. 만약 그것이 문제가 된다면 제가 그것을 처리하겠습니다."라고 Meg 교장 선생님이 말하였다.

교사들은 나머지 학기 동안 그 세션에서 배웠던 제안들을 수업에 통합하기 위하여 함께 노력하였다. 그 학교의 학년말 시험 성적은 실제로 약간 올랐다.

다음 학기가 시작될 때, 학교는 학부모들과 학생들을 위한 시간표 논의의 밤 행사를 개최하였다. 몇몇 학부모들이 Meg 교장 선생님께 교사들이 문제해결력을 증진하기 위하여 더 많은 노력을 해주신 것에 대해 매우 감사드린다고 말하였다. 한 학부모는 "그러한 전략들은 단지 학교를 위해서가 아니라 다른 것들을 위해서 매우 좋습니다. 저는 현재 제 아들과 함께 노력하고 있는데, 아들은 자신이 할 필요가 있는 것에 대한 목표를 설정하고, 향상도를 체크하는 등등을 합니다."라고 말하였다. 또 다른 학부모는 Meg 교장 선생님께 "저희 딸은 문제해결을 새롭게 강조하는 것을 좋아합니다. 딸은 이제 학교가 지루하지 않으며 재미있다고 합니다."라고 말하였다.

이전 장들에서는 인지학습이론, 즉 사회인지이론(제4장 참조)과 정보처리이론(제5장과 제6장 참조)에 대해 다루었다. 이 장에서는 이러한 관점을 학습하는 동안 핵심적인 인지적 과정의 작동에까지 확장한다. 기능습득에 관하여 논의한 후, 학습에서 핵심이 되는 메타인지에 대해 다룬다. 후속 절들에서는 개념학습, 문제해결, 비판적 사고와 창의성, 인지와 테크놀로지, 교수적 적용에 관하여 다룰 것이다.

이 장에서 논의되는 인지적 과정이 모든 학습에서는 아니지만 대부분의 학습에 연관되는 정도에 관하여 전문가들 사이에 논쟁이 있다.

예를 들어, 몇몇 전문가들에게 있어 문제해결은 학습을 위한 핵심적인 과정이라고 간주되는 반면(Anderson, 1993), 다른 전문가들은 그것이 구체적인 조건이 우세한 상황에서만 적용되는 것으로 제한한다(Chi & Glaser, 1985). 교육적 관점에서 볼 때, 교사는 일반적으로 개념학습, 문제해결, 비판적 사고, 창의성, 그리고 메타인지의 중요성에 관해 동의하며, 그래서 교육자는 이러한 주제들이 교수(instruction) 속에 통합되어야 한다고 주장한다(Pressley & McCormick, 1995). 이 장 서두의 에피소드는 문제해결과 비판적 사고를 교육과정에 통합하기 위한 거교적

(schoolwide) 노력을 기술하고 있다. 이 장에서 논의될 과정은 읽기, 쓰기, 수학, 과학과 같은 교과목에서 일어나는 복잡한 학습유형의 통합된 구성요소다.

　　이 장을 학습한 후에, 여러분은 다음과 같은 것을 할 수 있어야 한다.

- 일반기능과 특수기능을 구별하고, 그것들이 역량 습득 시 어떻게 함께 작동하는지 논의할 수 있다.
- 초보자 대 전문가(novice-to-expert) 연구방법론을 기술할 수 있다.
- 메타인지가 학습에서 왜 중요한지를 설명하고 그것에 영향을 미치는 변인들을 논의할 수 있다.
- 개념의 속성들을 구별하고, 개념학습모형들

을 설명할 수 있다.
- 문제해결을 위한 다양한 방법들 간의 차이점을 설명할 수 있다.
- 문제해결을 정보처리관점에서 기술할 수 있다.
- 비판적 사고, 추론, 창의성 간의 차이점을 설명하고, 학습자가 이러한 인지적 과정을 개발할 수 있도록 돕기 위한 방법을 기술할 수 있다.
- 컴퓨터기반 환경, 온라인 소셜미디어, 원격교육의 핵심적인 학습특성과 이러한 테크놀로지들이 학습에 어떻게 영향을 미칠 수 있는지 논의할 수 있다.
- 풀이된 예제(worked examples), 문제해결, 수학과 관련된 몇 가지 교수적 적용을 기술할 수 있다.

기능습득

어떤 영역(domain)에서 역량을 개발하는 것은 기능습득 과정을 보여준다. 우선, 일반기능과 특수기능 습득과 관련된 쟁점들을 살펴보자.

일반기능과 특수기능

기능(skills)은 구체성(specificity)의 정도에 따라 구분될 수 있다. **일반기능(general skills)**은 다양한 학문분야에 적용되는 데 반해, **특수기능(specific skills)**은 특정 학문영역에서만 유용하다. 예를 들어, 문제해결과 비판적 사고는 일련의 인지적, 운동적, 사회적 기능을 습득하는 데 유용하기 때문에 일반적 기능인 반면, 다항식을 인수분해하고 제곱근 문제를 해결하는 것은 수학적 적용에 제한되기 때문에 특수기능을 수반한다.

　　일반기능의 습득은 여러 가지 면에서 학습을 촉진한다. Bruner(1985)는 "체스(chess)를 두는 방법, 플루트를 연주하는 방법, 수학, Gerard Manley Hopkins의 시에서 압운을 읽는 방법을 학습하는 것"(pp.5-6)과 같은 과제들(tasks)은 주의집중, 기억, 인내

(persistence)를 수반한다는 점에서 비슷하다고 주장하였다.

그러나 각 기능유형은 독특한 특성을 가지고 있다. Bruner(1985)는 학습에 관한 관점들은 명백하게 옳거나 틀리지 않다고 주장했다. 오히려 그것은 학습될 과제의 본질, 달성되어야 할 학습유형, 그리고 학습자가 그 상황에 가지고 오는 특성과 같은 조건의 관점에서만 평가될 수 있다고 주장하였다. 화학에서 방정식을 동일하게 하는(balance) 방법을 학습하고 체조에서 평균대에서 균형을 잡는(balance) 것을 학습하는 것과 같은 과제들 간의 많은 차이점은 학습을 설명하기 위한 다른 과정이 필요하다.

영역특수성(domain specificity)은 다양한 방식으로 정의된다. Ceci(1989)는 선언적 지식구조를 변별하는 것을 일컫기 위하여 그 용어, 즉 영역특수성을 사용하였다(제5장 참조). 다른 연구자들은 절차적 지식을 포함시키며, 특수성을 지식의 유용성과 관련된 것으로 본다(Perkins & Salomon, 1989). 쟁점은 우리가 일반적 전략과 영역특수적(domain-specific) 지식 양자는 학습에 수반된다는 것을 알기 때문에 실제로 하나의 입장을 증명하거나 반박하는 양자택일의 문제가 아니다(Nandagopal & Ericsson, 2012; Voss, Wiley, & Carretero, 1995). 오히려 쟁점은 어떤 유형의 학습이 일반기능과 특수기능을 수반하는 정도, 그러한 기능은 무엇인지, 그리고 그러한 습득은 어떠한 과정을 따르는지를 구체화하는 것이다.

Perkins와 Salomon(1989)이 다음에 설명한 바와 같이, 일련의 연속선을 따라 분포하고 있는 기능특수성에 관한 사고가 선호된다.

> 일반적 지식은 때때로 자동통제, 자동조절, 또는 메타인지라 불리는 문제해결, 창의적인 사고, 의사결정, 그리고 우수한 정신 관리를 위해 널리 적용 가능한 전략을 포함한다. 예를 들어, 수업에서 매우 특수적인 지식[종종 국소적 지식(local knowledge)이라 불리는]은 다른 개시(opening)와 외통장군(checkmate)을 달성하는 방법과 같은 무수한 특수한 상황을 다루는 방법에 대한 지식뿐만 아니라 그 게임의 규칙들을 포함한다. 체스에서 다소 특수하지만 유사성이 있어 널리 적용할 수 있는, 중앙을 통제하는 것과 같은, 전략적 개념은 중간정도의 일반성이 있다. (p.17)

그러면 우리는 다음과 같이 물을 수 있다. 즉, 학습에서 성공을 보장할 수 있는 것은 무엇인가? 어느 정도의 국소적 지식이 요구된다. 사람들은 분수연산을 하는 규칙(예: 더하기, 빼기)을 학습하지 않고서는 분수에 능할 수 없다. 그러나 Perkins와 Salomon(1989)이 언급한 바와 같이, 더 중요한 질문이 있다. 즉, 전문적 지식을 개발하는 데 있어 장애는 어디에 있는가? 단지 영역특수적 지식만으로도 전문가가 될 수 있는가? 만약 그럴 수 없다면, 어떤 지점에서 일반적인 역량이 중요하게 되는가?

Ohlsson(1993)은 세 가지 하위기능, 즉 과제관련 행동 생성(generate task-relevant behaviors), 실수 확인(identify errors), 실수 교정(correct errors)으로 구성된 연습을 통한 기능습득모형을 제시하였다. 이 모형은 일반적인 과정과 과제특수적인 과정 양자를 포함한다. 학습자가 연습을 해 나감에 따라, 그는 자신의 현재 상태를 자신의 이전 지식과 비교함으로써 자신의 향상도를 점검한다. 이것은 일반적인 전략이지만, 학습이 일어남에 따라, 그것은 구체적인 과제조건에 매우 적응적이 된다. 실수는 종종 일반적인 절차를 부적절하게 적용함으로써 초래되지만(Ohlsson, 1996), 이전의 영역특수적 지식은 학습자가 실수를 탐지하고 실수를 초래하였던 조건을 확인하는 데 도움을 준다. 그러므로 연습과 학습을 함으로써 일반적인 방법은 보다 특수적이 된다.

문제해결은 많은 내용영역에서 기능을 학습하는 데 유용하지만, 과제조건은 종종 전문가수준의 수행을 개발하기 위한 구체적인 기능을 요구한다. 많은 경우, 두 가지 유형의 기능을 통합할 필요가 있다. 선행연구들은 전문가수준의 문제해결자는 종종 익숙하지 않은 문제에 접하였을 때 일반적인 전략을 사용하며, 일반적인 메타인지적 질문(예: "나는 지금 무엇을 하고 있는가?" "어쨌든 나는 그것을 이해하고 있는가?")을 하는 것은 문제해결을 촉진한다는 것을 밝혀냈다(Perkins & Salomon, 1989). 이러한 긍정적인 결과에도 불구하고, 일반적인 원리는 종종 전이되지 않는다(Pressley et al., 1990; Schunk & Rice, 1993). 전이는 일반적인 전략을 자기점검과 특수한 맥락에서의 연습에 관한 교수와 같은 요인을 통합할 것을 요구한다. 동기 또한 중요하다(Nandagopal & Ericsson, 2012). 이 장 서두의 에피소드에서 목적은 일단 학습자가 일반적인 전략을 배우면, 그는 그것을 구체적인 환경에 적용할 수 있고 그렇게 하도록 동기화되는 것이다.

요컨대, 전문가수준의 수행은 더 많은 영역지식(domain knowledge)을 요구한다(Lajoie, 2003; Nandagopal & Ericsson, 2012). 그것은 다른 영역에 적용될 수 있고 각 영역에 적합하게 조절되어야 할 일반적인 학습전략과 함께 해당 영역에 관한 사실, 개념, 원리를 포함하는 풍부한 지식기반(knowledge base)을 필요로 한다. 어떤 사람은 다른 영역(예: 계산기와 종려형 볼트)에서 동일한 방식으로 조작하기 위하여 도움을 청하고 목표향상도를 모니터링하는 것과 같은 전략을 기대하지 않는다. Perkins와 Salomon(1989)은 동시에 일반적인 전략은 해당 영역에서의 어떤 사람의 전반적인 역량수준에 상관없이 다른 영역에서 특이한 문제를 해결하는 데 유용하다고 지적하였다. 이러한 연구결과는 학습자는 일반적인 문제해결과 자기조절전략(제10장 참조)뿐만 아니라 기본적인 내용분야(영역) 지식에 관해 잘 알 필요가 있음을 시사한다. [적용 7.1]은 수업에 일반기능과 특수기능을 통합하기 위한 제언을 제공해 준다.

초보자-전문가 연구방법론

인지주의 학습관(제4장~제6장 참조)과 구성주의 학습관(제8장 참조)이 성장함에 따라, 연구자들은 학습을 변별적인 자극에 기인하는 반응에서의 변화로 보는 것(제3장 참조)에서 떠나 학습하는 동안 학습자의 신념과 사고과정을 탐색하는 데 관심을 갖게 되었다. 이에 따라 학습연구의 초점도 변화하였다.

학술적인 학습(academic learning)을 탐구하기 위하여, 몇몇 연구자들은 다음과 같은 단계를 가지고 있는 **초보자-전문가 연구방법론(novice-to-expert methodology)**을 사용해 왔다.

- 학습해야 할 기능 확인
- **전문가(expert)**(즉, 해당 기능을 능숙하게 수행하는 사람)와 **초보자(novice)**(과제에 대해서는 뭔가를 알지만 그것을 미숙하게 수행하는 사람) 탐색
- 초보자가 전문가수준으로 가능한 한 효율적으로 이동할 수 있는 방법 결정

적용 7.1
수업에 일반기능과 특수기능 통합

교사들은 다양한 영역에서 학습자들의 성공을 증진시키기 위하여 그들이 일반기능과 전략들을 학습할 수 있도록 도와줄 수 있지만, 또한 특정 영역 내에서 학습을 위해 요구되는 기능을 강조할 수도 있다.

Thomson 선생님은 과제를 달성하기 위하여 일반적인 목표설정전략에 관하여 5학년 학생들과 일할 수 있다. 읽기에서, 그는 학생들이 주말까지 한 책의 두 장을 읽을 수 있는 방법을 결정하는 데 도움을 줄 수 있다. 학생들은 매일 몇 페이지 또는 어떤 하위 절(section)을 읽을 것인지에 관한 목표를 설정할 수 있다. 그 목표는 단지 페이지들을 읽는 것 이상을 포함하기 때문에, 그는 또한 주요 생각을 찾고 세부사항에 대해 읽는 것과 같은 특수한 이해력 기능을 가르쳐야 한다. 그는 학생들이 수학에서 목표설정을 사용하게 할 수 있다. 즉, 학생들은 그 주말까지 특정 과제를 완수하기 위하여 매일 얼마나 많은 문제 또는 활동을 해야 하는지를 결정할 수 있다. 이 맥락에서 개입되는 특수기능은 요구되는 문제가 무엇인지를 결정하고, 그 문제를 서술하며, 계산하는 방법을 아는 것이다.

체육에서, 학생들은 1마일을 6분 내에 달리는 것과 같은 기능들을 달성하기 위해 목표설정을 사용할 수 있다. 학생들은 먼저 1마일을 달리고 그 시간을 기록한 후, 달리기 시간을 매주 특정 정도만큼 줄이기 위한 목표를 설정한다. 해당 목표를 성공적으로 달성할 수 있도록 운동기능과 지구력 기능이 개발되어야 한다. 그러한 기능은 상당한 시간 내에 1마일을 달려야 하는 맥락에서 특수적이 될 가능성이 높다.

이 연구방법론은 직관적으로 그럴듯하다. 기본적인 생각은 만약 여러분이 어떤 영역에서 보다 유능하게 되는 방법을 이해하기 원한다면, 그 기능을 능숙하게 수행하는 누군가를 면밀하게 연구하라는 것이다(Bruner, 1985). 그렇게 행하는 과정에서, 여러분은 어떠한 지식이 요구되고, 어떠한 절차와 전략이 유용한지, 어려운 상황을 처리하는 방법, 잘 못을 수정하는 방법을 익힐 수 있다. 이 모형은 많은 실세계의 대응물(counterparts)을 가지고 있으며, 멘토링(mentoring), 도제(apprenticeships), 직무훈련(on-the-job training)에 반영되어 있다(Fletcher & Mullen, 2012).

대체로 유능한 사람들이 특정 영역에서 어떠한 차이가 있는지에 관한 지식들 중 상당부분은 이러한 연구방법론의 가정에 부분적으로 기초하고 있는 연구로부터 도출된다(VanLehn, 1996). 초보자와 비교해 볼 때, 전문수행자(expert performer)는 보다 더 방대한 영역지식(domain knowledge)을 가지고 있으며, 자신이 알지 못하는 것에 관하여 더 나은 이해력을 지니고 있고, 초반에 문제를 분석하는 데 많은 시간을 소비하며, 문제를 더 빨리 그리고 더 정확하게 해결한다(Lajoie, 2003). 선행연구는 또한 기능습득단계에서도 차이점이 있음을 밝혀 왔다. 그러한 연구를 수행하는 것은 학습자를 오랫동안 연구할 필요가 있기 때문에 노동집약적이고 많은 시간을 필요로 하지만, 풍부한 결과를 산출한다.

그러나 이 모형은 설명적(explanatory)이라기보다 오히려 기술적(descriptive)이라는 것을 유념하라. 즉, 그것은 학습자가 무엇을 하는지를 기술하지만 그가 왜 그러한 것을 행하는지에 대한 이유는 설명하지 않는다. 이 모형은 또한 어떤 특정 영역에서 전문지식이나 기술(expertise)을 구성하는 고정된 일련의 기능이 존재한다는 것을 암묵적으로 가정하고 있지만, 이것은 항상 그러한 것은 아니다. 수업에 관하여, Sternberg와 Horvath(1995)는 어떤 하나의 표준(standard)이 존재하지 않는다고 주장하였다. 즉, 오히려 전문교사들(expert teachers)은 모범적인 형태에 있어 서로 닮았다. 이것은 일반적으로 몇 가지 측면에서 차이점이 있는 수석교사들과 접해 본 우리의 경험을 통해서 볼 때 충분히 이해가 된다.

마지막으로, 이 모형은 자동적으로 수업방법을 제안하지는 않는다. 따라서 이 모형은 교수·학습에 대한 유용성이 다소 떨어진다. 학습에 대한 설명과 거기에 상응하는 수업방법에 대한 제안은 이론에 확고하게 기초해야 하며, 이 장(章)과 다른 장에서 강조된 중요한 개인적, 환경적 요인을 확인해야 한다.

과학에서의 전문가-초보자의 차이점

전문가-초보자의 차이점을 탐색하기에 좋은 영역은 과학인데, 그 이유는 연구자가 전문지식이나 기술의 구성요소를 밝혀내기 위해 초보자를 전문가와 비교해 왔기 때문이다.

연구자는 또한 학습자가 문제해결과 학습하는 동안 사용하는 과학적 지식과 암묵적 이론, 추론과정의 구인(construction)을 조사해 왔다(Linn & Eylon, 2006; Voss et al., 1995; White, 2001; C. Zimmerman, 2000)(제8장 참조).

과학에서의 전문수행자는 지식의 질과 조직 측면에서 초보자와 다르다. 전문가는 더 많은 영역특수적인 지식을 가지고 있으며, 그것을 위계적으로 더 잘 조직화하는 데 반해, 초보자는 흔히 과학적 개념들 간에 중복을 거의 보여주지 않았다.

Chi, Feltovich, Glaser(1981)는 전문 문제해결자와 초보 문제해결자에게 물리학 교과서 문제를 자신이 원하였던 어떤 기초에 따라 분류하도록 하였다. 초보자는 문제를 피상적인 특성(예: 장치)에 기초하여 분류하였지만, 전문가는 그 문제를 해당 문제를 해결하기 위해 요구되는 원리에 기초하여 분류하였다. 전문가와 초보자는 또한 선언적인 지식 기억네트워크에서도 차이가 있었다. 예를 들어, "경사면(inclined plane)"은 "크기(mass)", "마찰(friction)", "거리(length)"와 같은 기술적인 용어(descriptive terms)와 함께 초보자의 기억 속에 관련지어졌다. 전문가는 자신의 기억 속에 이러한 기술어(descriptors)를 가지고 있지만, 이와 더불어 역학의 원리(예: 에너지의 보존, Newton의 힘의 법칙)가 저장되어 있었다. 전문가의 원리에 관한 더 큰 지식은 원리에 의존하는 기술어와 함께 조직되었다.

초보자는 흔히 문제를 해결하기 위해 원리를 잘못 사용한다. McCloskey와 Kaiser (1984)는 대학생들에게 다음과 같은 질문을 제시하였다.

한 기차가 계곡에 걸쳐있는 다리 위를 빠르게 지나가고 있다. 그 기차가 회전하며 지나갈 때, 한 승객이 창문 밖으로 몸을 구부려 바위를 떨어뜨린다. 그 바위는 어디에 떨어질까?

학생들 중 약 1/3이 바위가 똑바로 떨어질 것이라고 말하였다([그림 7.1] 참조). 그들은 압력이 가해지거나 던져진 물체는 힘을 얻지만, 움직이는 이동수단에 의해 운반된 물체는 인력을 얻지 못하기 때문에 똑바로 떨어진다고 믿었다. 학생들이 사용하였던 비유는 물체를 떨어뜨린 사람이 여전히 똑바로 서 있기 때문에 그것은 똑바로 떨어진다는 것이다. 그러나 움직이는 기차로부터 떨어진 바위의 하강궤도는 포물선이 된다. 물체들이 힘을 얻는다는 생각은 물체들이 움직이는 운반체들과 동일한 방향으로 그리고 동일한 속도로 이동하기 때문에 잘못된 것이다. 바위가 떨어질 때, 그것은 중력의 힘이 그것을 잡아 내릴 때까지 기차와 함께 앞으로 계속해서 이동한다. 초보자들은 자신들의 기본지식을 일반화하였으며, 잘못된 해결책에 이르렀다.

이 장의 후반부에서 논의되는 바와 같이, 초보수행자와 전문수행자 간의 또 다른 차이점은 문제해결전략의 사용과 관련이 있다(Larkin, McDermott, Simon, & Simon, 1980; White & Tisher, 1986). 과학적인 문제에 직면하였을 때, 초보자는 문제의 목표를 결정하고 어느 공식이 해당 목표에 도달하는 데 유용할 것인지를 결정하는 **수단-목표분석**

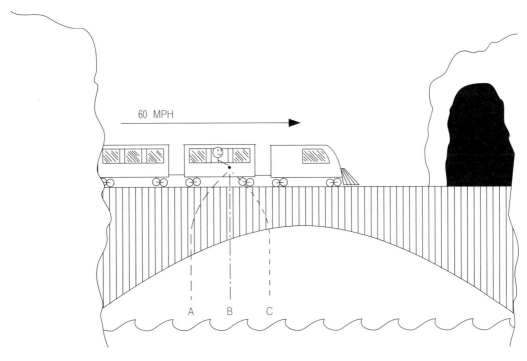

그림 7.1
떨어지는 바위문제에 대한 가능한 답변

(means-ends analysis)을 사용한다. 그는 반대방향으로 거슬러 올라가며 목표공식들 속에 양(quantities)을 포함하고 있는 공식을 회상한다. 만약 어떻게 진행해야 하는지가 불확실해지면, 그는 그 문제를 포기하거나 자신의 현재 지식에 기초하여 그것을 해결하려고 시도할 수 있다.

전문가는 문제형식을 재빠르게 인식하고, 중간의 하위목표를 향해 앞에서부터 점진적으로 해결해 나가며, 최종목표에 도달하기 위하여 그 정보를 사용한다. 과학적인 문제를 해결하는 과정에서 얻은 경험이 문제유형에 관한 지식을 형성한다. 전문가는 흔히 익숙한 문제 특성을 자동적으로 인식하며 필요한 성과를 수행한다. 심지어 어떤 문제를 해결하는 방법이 덜 명확하더라도, 전문가는 그 문제 속에 주어진 몇몇 정보를 가지고 시작하며 그 해결책을 향해 앞에서부터 점진적으로 해결해 나간다. 전문가가 취하는 마지막 단계는 흔히 초보자의 첫 번째 단계라는 것을 주목하라. Klahr와 Simon(1999)은 과학적인 발견의 과정은 문제해결의 한 형태이며, 일반적인 발견적 해결방법(heuristic approach)은 여러 영역에서 상당히 동일하다고 주장하였다.

메타인지

정보처리이론은 주로 학습을 설명하기보다는 기술한다. 이 이론은 입력(inputs)은 **작업기억**(working memory: WM) 속으로 수용되며, 시연되고, 조직되고, 정교화되며, **장기기억**(long-term memory: LTM) 속에 있는 관련된 정보와 연계되고, LTM 속에 저장된다고 주장한다. 그러나 우리는 이러한 활동들 중 어떤 것이 왜 일어나는지를 질문할 수도 있다. 특히 학습하는 동안 정보처리가 자동화되지 않았을 때 우리는 그 시스템이 정보를 처리하는 이유에 대한 설명이 필요하다. 예를 들어, 무엇이 시연을 얼마나 많이 일어나야 하는지를 결정하는가? 관련된 정보가 LTM에서 어떻게 선택되는가? 사람들이 상이한 상황에서 어떠한 지식이 요구되는지를 어떻게 아는가?

메타인지는 이러한 질문들 중 몇 가지에 대한 답변을 제공해 준다. **메타인지**(metacognition)란 인지적 활동의 의도적인 의식적 조절을 말한다(Brown, 1980; Matlin, 2009). 메타인지는 본질적으로 인간 자신의 인지적 과정에 관한 인식(awareness)이다(Rhodes & Tauber, 2011). 메타인지적 과정이 정보처리를 통합하는 데 얼마나 도움이 되는지를 논의하기 전에 조건적 지식에 관한 주제를 다루는데, 그 이유는 이러한 유형의 지식이 메타인지의 일부이기 때문이다.

조건적 지식

선언적 지식과 절차적 지식이란 각각 사실과 절차들에 관한 지식을 말한다(제5장 참조). **조건적 지식**(conditional knowledge)은 선언적 지식과 절차적 지식의 형태를 언제, 왜 사용해야 하는지에 대한 지식이다(Paris Lipson, & Wixson, 1983). 어떤 과제를 수행하기 위해 필수적인 선언적 지식과 절차적 지식을 가지고 있다는 것이 학습자가 그것을 잘 수행할 것이라는 것을 보장해 주지는 않는다. 사회교과서를 읽고 있는 학습자는 무엇을 해야 하는지한 장(章)을 읽는 것을 알고, 단어의 의미(선언적 지식)를 알며, 이해하기 위해서 읽는 방법(절차적 지식)을 알 수도 있다. 그러나 그는 그 장을 대충 읽을 수도 있다. 그 결과, 그는 이해력 검사에서 형편없이 수행한다.

이러한 유형의 상황은 흔하다. 이 예에서, 조건적 지식은 언제 대충읽기(skimming)가 적절한지를 아는 것을 포함한다. 어떤 사람은 요지를 보기 위해서 신문이나 웹 페이지를 대충 읽을 수도 있지만, 교과서의 내용을 이해하기 위해서는 대충읽기가 사용되어서는 안 된다.

조건적 지식은 학습자가 목표에 부합하는 선언적 지식과 절차적 지식을 선택하고 사용하도록 하는 데 도움이 된다. 어떤 장(章)을 주의 깊게 읽기로 결정하고 그것을 읽기 위해서, 학습자는 주의 깊게 읽는 것이 가까운 장래에 그 과제에 적절할 것이라고 믿어야 한다. 즉, 이 전략은 학습자가 자료를 이해하도록 해주기 때문에 기능적인 가치를 지니고 있다.

언제, 왜 대충읽기가 가치 있는지에 대한 조건적 지식을 가지고 있지 않은 학습자는 그것을 적절하지 못한 때에 사용할 것이다. 만약 그가 대충읽기가 모든 읽기과제들을 위해 가치 있다고 믿는다면, 그는 다른 것이 지도되지 않는 한 대충읽기를 마구잡이로 사용할 것이다. 만약 그가 대충읽기가 아무런 가치도 없다고 믿는다면, 그는 다른 것이 지도되지 않는 한 대충읽기를 결코 사용하지 않을 것이다.

조건적 지식은 명제적 네트워크(propositional networks) 속에 있는 LTM에 표상되고 그것이 적용되는 선언적 지식이나 절차적 지식과 연계될 수 있다. 조건적 지식은 실제로 "정언적 지식(knowledge that)", 예를 들어, 한 구절의 요지를 파악하기 위해서는 대충읽기가 가치 있다는 지식과 더 많이 이해하기 위해서는 텍스트를 요약하는 것이 가치 있다는 지식이기 때문에 선언적 지식의 한 유형이다. 조건적 지식은 또한 절차 속에 포함되어 있다. 즉, 대충읽기는 요지를 파악할 수 있는 한 가치가 있다. 그러나 요지를 파악하지 못하였다는 것을 안다면, 대충읽기를 버리고 보다 더 주의 깊게 읽어야 한다. 세 가지 유형의 지식은 〈표 7.1〉에 요약 · 제시되었다.

표 7.1
지식의 유형 비교

유형	아는 것	예시
선언적	사실	역사적인 날, 수치적인 사실, 에피소드(무엇이 언제 일어났다), 과제 특성(이야기는 줄거리와 배경을 가지고 있다), 신념("나는 수학에 능숙하다")
절차적	방법	수학 알고리즘, 읽기전략[대충 훑어보기, 정사(精査, scanning), 요약], 목적(장기목적을 하위목적으로 나누기)
조건적	시기, 이유	골자는 알지만 많은 시간은 걸리지 않기 때문에 신문을 대충 훑어봄. 이해하기 위해 교과서를 주의 깊게 읽음

조건적 지식은 자기조절학습의 한 통합된 부분이다(Zimmerman & Schunk, 2011)(제10장 참조). 자기조절학습은 학습자가 어떤 과제에 몰입하기 전에 어떤 학습전략을 사용할 것인지를 결정할 것을 요구한다(B. Zimmerman, 2000). 학습자가 어떤 과제에 몰입하는 동안 그는 메타인지과정을 사용하여 과제의 향상도(예: 이해력 수준)를 평가한다. 이해에 문제가 있다는 것이 인지되었을 때, 학습자는 무엇이 더 효과적인 것으로 입증될 것인지에 관한 절차적 지식에 기초하여 자신의 전략을 수정한다. 또한 컴퓨터기반 학습환경이 학습자의 자기조절학습을 증진하기 위한 메타인지적 도구로 사용될 수 있다는 것이 제안되었다(Azevedo, 2005a, 2005b).

메타인지와 학습

Flavell(1985)은 메타인지를 다음과 같이 설명하였다.

> 메타인지란 무엇인가? 그것은 흔히 어떤 대상을 이해하는 또는 인지적인 계획의 어떤 측면을
> 규제하는 지식 또는 인지적 활동이라고 포괄적으로 그리고 상당히 엉성하게 정의되어 왔다.
> … 그것의 핵심적인 의미가 "인지에 대한 인지(cognition about cognition)"이기 때문에 메타
> 인지라고 불린다. 메타인지적 기능은 정보를 구술을 통해서 의사소통하는 것, 구술을 통해
> 설득하는 것, 구술이해력, 읽기이해력, 쓰기, 언어습득, 지각, 주의집중, 기억, 문제해결, 사회
> 적 인지, 그리고 다양한 형태의 자기교수(self-instruction)와 자기통제를 포함한 많은 유형의
> 인지적 활동에서 중요한 역할을 수행한다고 믿어져 왔다. (p.104)

메타인지는 관련된 일련의 기능으로 구성되어 있다(Dimmitt & McCormick, 2012). 사
람들은 어떤 과제가 요구하는 기능, 전략, 자원이 무엇인지를 이해해야 한다. 주요 아이
디어를 찾는 것, 정보를 암송해 보는 것, 연합 또는 이미지를 만들어 보는 것, 기억기법
을 사용해 보는 것, 교재를 조직화해 보는 것, 노트필기를 하거나 밑줄을 그어보는 것, 그
리고 시험 치르는 기법을 사용해 보는 것 등이 이러한 류(cluster)에 속한다. 사람들은 또
한 그 과제가 성공적으로 완수되었는지를 확신하기 위하여 이러한 기능과 전략을 어떻
게 그리고 언제 사용할지를 알아야 한다. 이러한 점검활동에는 이해력 수준을 점검해 보
는 것, 결과물을 예측해 보는 것, 노력의 효율성을 평가해 보는 것, 활동을 계획하는 것, 시
간할당방법을 결정하는 것, 그리고 어려움을 극복하기 위하여 다른 활동을 수정하거나 바
꿔보는 것 등이 포함된다(Baker & Brown, 1984). 예컨대, 메타인지활동은 선언적, 절차
적, 조건적 지식을 과제에 계획적, 전략적으로 적용해 보는 것이라 할 수 있다(Schraw &
Moshman, 1995). 메타인지적 기능은 비판적 사고와 문제해결력을 개발하는 데 도움이
되며(Dimmitt & McCormick, 2012; Kuhn, 1999)(이 장의 후반부에서 논의됨), 메타인지는
자기조절학습의 핵심적인 부분이다(Azevedo, 2009; Efklides, 2006)(제10장 참조).

메타인지는 학습의 모든 국면 동안 관계된다(Efklides, 2006). 학습 전에, 학습자는 사
용할 수 있는 최상의 전략과 학습을 위해 요구되는 시간에 대한 판단뿐만 아니라 익숙함,
어려움, 앎, 흥미, 호감을 경험할 수 있다. 과제에 참여하는 동안에, 학습자의 인지적 과정
에는 어려움, 과제완수를 위해 요구되는 예상되는 노력과 시간, 전략의 효과성에 대한 판
단이 포함된다. 휴식 동안 또는 학습과제를 완료하였을 때, 학습자는 해결책의 정확도에
관한 인지적 예측뿐만 아니라 신뢰감, 만족감, 과제에 대한 호감을 경험할 수 있다.

메타인지적 기능은 서서히 발달한다(Dimmitt & McCormick, 2012). 어린 아동은 다
양한 과제에 어떠한 인지적 과정이 연관되어 있는지를 완전히 깨닫지도 못한다. 예를

들어, 그는 일반적으로 자신이 무엇에 대해 생각하거나 회상해 오던 것을 제대로 인식하지 못한다(Flavell, Green, & Flavell, 1995). 그는 비체계적인 구절이 체계화된 구절보다 이해하기가 더 힘들다거나 익숙하지 않은 소재를 포함하고 있는 구절이 익숙한 소재로 구성된 구절보다 더 어렵다는 것을 이해하지 못할 수도 있다(Baker & Brown, 1984). Dermitzaki(2005)는 2학년 학생들이 메타인지적 전략을 사용하였지만, 그러한 사용은 아동들의 실제적인 자기조절활동과 거의 관련이 없어 지루하였음을 밝혀냈다. 모니터링 활동은 어린 아동에 의해서보다 나이 든 아동이나 성인에 의해서 더 빈번하게 사용된다. 그러나 나이 든 아동과 성인이 항상 그들의 이해력을 모니터링하는 것도 아니며, 그들은 종종 자신들이 텍스트를 얼마나 잘 이해해 왔는지를 제대로 판단하지도 못한다(Baker, 1989). 일반학습자와는 달리, 영재학습자는 확장된 메타인지적 역량을 보여주는 경향이 있다(Snyder, Nietfeld, & Linnenbrink-Garcia, 2011).

동시에, 어린 아동은 간단한 과제에 관하여 자신의 활동을 인지적으로 점검할 수 있다(Kuhn, 1999). 학습자는 쉬운 과제(점검이 필요하지 않을 수도 있는) 또는 매우 어려운 과제(무엇을 해야 하는지 알지 못하는 또는 하는 것을 그만 둘지도 모르는)보다 중간정도의 난이도를 지닌 과제에 관한 자신의 활동을 더 자주 점검하는 것 같다.

메타인지활동은, 비록 어떤 연령집단 내에서는 상당한 차이들이 있지만, 5~7세경에 발달하기 시작하여 아동이 학교에 다니는 시기 내내 계속된다(Flavell, 1985; Flavell et al., 1995). 유치원 아동은 몇 가지 전략적인 행동을 배울 수 있지만(Kail & Hagen, 1982), 아동은 학교교육의 결과로서 자신이 배운 것을 자신이 사용한 전략으로 통제할 수 있다는 것을 깨닫게 된다(Duell, 1986). Flavell과 Wellman(1977)은 아동은 자신의 행동이 환경에 어떠한 영향을 미치는지에 관해 일반화를 한다고 가정하였다. 예를 들어, 아동은 자신이 학교성적을 올리기 위해 "무엇이 효과적인지(What works)"를 배운다. 이것은, 아마도 많은 학교의 성공이 정보를 기억하는 것에 달려있기 때문에, 기억전략에서 특히 그러할 것이다([적용 7.2] 참조).

메타인지에 영향을 미치는 변인

메타인지적 인식(awareness)은 학습자, 과제, 전략과 연계된 변인에 의해 영향을 받는다(Duell, 1986; Flavell & Wellman, 1977).

학습자변인. 학습자의 발달수준은 메타인지에 영향을 미친다(Alexander, Carr, & Schwanenflugel, 1995). 나이 든 아동은 어린 아동보다 자신의 기억능력과 한계를 더 잘 이해한다(Flavell, Friedrichs, & Hoyt, 1970; Flavell et al., 1995). 발달해 감에 따라, 아동은 내용을 잘 회상할 수 있을 정도로 학습하였을 때를 더 정확하게 평가할 수 있다.

적용 7.2
메타인지

교사들은 학습자들이 메타인지기능을 개발하도록 도와줄 수 있다. 학습자들에게 듣기 이해력을 증진시키고자 하는 교사는 즐거운 이야기, 일련의 명시적인 설명, 사회과목 강의를 들려주는 것과 같은 상황을 포함할 수 있다. 각 상황의 경우, 그 교사는 학습자들에게 예를 들어, 즐거움과 일반적인 주제(이야기), 구체적인 요소(방향), 사실과 개념(사회교과)과 같은 상황에서 들어야 하는 이유를 물어볼 수도 있다. 그런 다음, 그 교사는 학습자 자신들의 말로 다시 이야기해 보기, 시각화하기, 노트정리와 같은 듣기기능을 개발하기 위하여 그들과 함께 연구할 수 있다. 조건적 지식을 강화하기 위하여, 그 교사는 각각의 상황에 가장 적절한 다양한 듣기기법을 학습자들과 함께 논의할 수 있다.

학습자들이 기억기능을 증진할 수 있도록 도와주는 교사는 학습자들에게 기억해야 할 긴 리스트의 항목들을 줄 수도 있다. 그 교사는 학습자들에게 부분적인 단서들에 근거해서 항목들의 리스트를 재구조화할 수 있는 다양한 방법을 가르침으로써 학습자들과 기억에 관하여 연구할 수도 있다. 학습자들은 항목을 범주 속에 넣기, 항목을 포함하고 있는 그림을 시각화하기, 항목을 익숙한 환경 또는 과제와 연계 짓기, 각 항목의 첫 번째 단어를 포함하는 약어 사용하기, 항목을 포함하고 있는 같은 음의 반복(jingle), 시 또는 노래 만들기, 리스트를 여러 번 반복하기와 같은 다양한 효과적인 기억기법들을 탐색해 보도록 독려될 수도 있다. 그런 다음, 그 교사는 어느 기법이 개개인 및 어느 형태의 기억과제에 가장 효과적인지를 결정하기 위해 학습자들과 함께 연구할 수 있다.

학습자가 기억과제에서 얼마나 잘 해왔는지를 점검할 수 있는 능력 또한 차이가 있다. 나이 든 아동은 자신이 회상해야 할 모든 항목을 회상해 왔는지 그리고 그들이 정보를 회상할 수 있는지의 여부를 판단하는 데 있어 더 정확하다. Wellman(1977)은 아동에게 물체 그림을 보여준 후 그에게 그 물체가 무엇인지 답하라고 말하였다. 만약 아동이 그 물체를 말하지 못하면, 그는 아동에게 그 이름을 인지할 수 있는지를 물었다. 유치원 아동과 비교해 볼 때, 3학년 아동이 어느 물체를 자신이 인지할 수 있는지를 더 정확하게 예측하였다.

과제변인. 상이한 학습유형의 상대적인 어려움을 알고 기억으로부터 다양한 유형의 정보를 인출하는 것은 메타인지적 인식의 부분이다. 비록 유치원과 1학년 아동이 익숙하고 쉬운 이름이 붙여진 항목을 더 쉽게 기억한다고 믿지만, 나이 든 아동은 개념적으로 연관성이 없는 항목을 회상하는 것보다 범주화된 항목을 회상하는 것이 더 쉽다(Duell, 1986). 나이 든 아동은 체계화된 이야기를 비체계화된 정보조각보다 기억하기가 더 쉽다고 믿는다. 학습목적의 경우, 목적이 이야기 속에서 단어의 의미를 회상하는 것인지 또는 단어 자체의 의미를 회상하는 것인지의 여부에 따라 학습자는 다른 읽기전략을 사용해야 한다는 것을 6학년 아동이 2학년 아동보다 더 잘 알고 있었다(Myers & Paris, 1978).

학교의 몇몇 과제는 그것이 일상적으로 다루어질 수 있기 때문에 더 많은 인지를 필요로 하지 않는다. 이 장 서두의 에피소드에 포함되어 있는 쟁점 중 일부는 메타인지를 요구하는 더 많은 과제를 사용하는 것인데, 이는 쉽게 성취될 수 있는 저수준의 학습에서는 상대적으로 줄어든다.

전략변인. 메타인지는 학습자가 사용하는 전략에 따라 다르다. 3~4세 정도의 어린 아동은 정보를 기억하기 위한 기억전략을 사용할 수 있다. 그러나 전략을 사용할 수 있는 능력은 성장하면서 향상된다. 나이 든 아동은 기억하기 위하여 자신이 할 수 있는 더 많은 것을 진술할 수 있다. 나이에 상관없이, 아동은 내적인 것(어떤 것을 하는 것에 대해 생각하는 것)보다 외적인 것(노트에 쓰는 것)을 더 많이 생각하는 것 같다. 연습이나 정교화와 같은 학습자의 기억전략의 사용은 또한 성장해 감에 따라 향상된다(Duell, 1986).

비록 많은 학습자들이 메타인지적 전략을 사용할 수 있다고 하더라도, 그들은 어느 전략이 학습과 장기기억 저장소로부터의 인출에 도움이 되는지를 알지 못할 수도 있으며 도움이 되는 전략을 사용할지 모를 수도 있다(Flavell, 1985; Zimmerman & Martinez-Pons, 1990). 단순히 하나의 전략을 생성해 낸다고 해서 그것이 활용될 것이라는 보장은 없다. 이러한 **활용결여(utilization deficiency)**는 어린 아동에게서 더 흔하게 나타나며(Justice, Baker-Ward, Gupta, & Jannings, 1997), 어떤 전략이 어떻게 작동하는지에 대한 아동의 이해력으로부터 기원하는 것으로 보인다. 나이 든 학습자는 어떤 전략을 사용하기 위한 의도가 전략의 활용을 유도하며, 그것은 어떤 결과를 산출한다는 것을 이해한다. 어린 아동은 일반적으로 의도와 행동, 결과 간의 연계에 관하여 단지 부분적으로밖에 이해하지 못한다. 그러한 이해력은 3~6세 사이에 발달한다(Wellman, 1990).

과제, 전략, 학습자변인은 일반적으로 학습자가 메타인지적 활동에 참여할 때 상호작용한다. 학습자는 학습해야 할 교재의 유형과 길이(과제), 사용될 수 있는 잠재적인 전략(전략), 그리고 그러한 다양한 전략을 사용하는 데 있어서의 그의 기능(학습자)을 고려한다. 만약 학습자가 노트정리를 하고 밑줄을 긋는 것이 어떤 기술적인 논문의 주요 요점을 확인하기 위한 좋은 전략이라고 생각한다면, 그리고 만약 그가 밑줄을 긋는 것에는 능숙하지만 노트정리를 하는 것은 능숙하지 않다고 믿는다면, 그는 밑줄 긋는 것으로 결정할 가능성이 높다. Schraw와 Moshman(1995)이 지적한 바와 같이, 학습자는 자신이 어떤 주어진 상황에서 효과적이라고 믿는 지식과 전략을 포함하고 있는 메타인지적 이론을 구인한다. 그러한 메타인지적 지식은 자기조절학습에서 매우 중요하다(Dinsmore, Alexander, & Loughlin, 2008)(제10장 참조).

메타인지와 행동

어느 기능과 전략이 우리가 정보를 학습하고 기억하는 데 도움이 되는지를 이해하는 것은 우리의 성취도를 확장하기 위해서 필요하지만 충분하지는 않다. 심지어 무엇이 자신이 학습하는 데 도움이 되는지를 알고 있는 학습자조차도 다양한 이유 때문에 지속적으로 메타인지적 활동에 참여하지는 않는다. 몇 가지 경우에 있어, 메타인지는 자료가 쉽게 학습되거나 자동적으로 처리될 수 있기 때문에 불필요할지도 모른다. 학습자는 또한 메타인지적 활동을 사용하는 것을 원치 않을 수도 있다. 후자는 그것 자체가 과제다. 왜냐하면 그는 시간과 노력이 필요하기 때문이다. 학습자는 메타인지적 전략이 자신의 수행을 향상시킨다는 것을 완전히 이해하지 못할 수도 있으며, 또는 그는 할 수는 있지만 학습에 소요되는 시간 또는 추가적인 노력과 같은 다른 요인이 학습에 더 중요하다고 여길 수도 있다(Brokowski & Cavanaugh, 1979; Flavell & Wellman, 1977; Schunk & Rice, 1993).

메타인지적 활동이 성취도를 향상시키지만 학습자가 그것을 자동적으로 사용하지는 않을 수도 있다는 사실은 교육자를 당혹스럽게 만든다. 학습자는 일반적인 학습에 적용할 수 있는 활동(예: 학습하는 데 있어 목적을 결정하는 것)부터 구체적인 상황에 적용할 수 있는 활동(예: 자료에서 중요한 요점에 밑줄 긋기)에 이르기까지 다양한 종류의 활동을 배울 필요가 있으며, 그것을 다양한 맥락에서 활용하도록 독려해야 한다(Belmont, 1989). 비록 학습의 **어떤(what)** 구성요소가 중요하기는 하지만, 전략을 **언제(when), 어디에서 (where), 왜(why)** 사용해야 하는지 또한 중요하다. 후자 없이 **어떤 것(what)**을 가르치는 것은 단지 학습자를 혼란스럽게 할 수 있으며 사기를 꺾어버릴 수도 있다. 즉, 무엇을 해야 하는지는 알지만 언제, 어디에서, 왜 해야 하는지를 모르는 학습자는 학교에서 잘 수행하는 데 있어 낮은 자기효능감을 가질 수도 있다(제4장 참조).

학습자는 종종 메타인지적 기능과 더불어 선언적 지식이나 절차적 지식을 배울 필요가 있다(Duell, 1986). 학습자는 주요한 아이디어에 관한 자신의 이해력 정도를 점검할 필요가 있지만, 그 점검은 만약 그 학습자가 주요한 아이디어가 무엇인지 모르거나 그것을 찾는 방법을 이해하지 못하면 무의미하다. 교사는 학습자가 메타인지적 전략을 사용하도록 독려할 필요가 있으며, 학습자에게 교수적인 맥락 밖에서 배워 왔던 것을 적용해 볼 수 있는 기회를 제공해 줄 필요가 있다. 학습자는 또한 어떤 전략을 얼마나 잘 적용하고 있으며 어떻게 전략을 사용하는 것이 자신들의 수행을 향상시킬 수 있는지에 관한 피드백이 필요하다(Schunk & Rice, 1993; Schunk & Swartz, 1993a). 어떤 메타인지적 전략을 단지 단 하나의 과제와의 연계 속에서만 가르친다면 학습자는 그 전략을 단지 그 과제에만 또는 매우 유사한 과제에만 적용되는 것으로 간주할 위험성이 있다. 이렇게 하는 것은 전이를 촉진하지 못한다. 전략을 가르치기 위해서는 여러 가지의 과제를 사용하는 것이 바람직하다.

읽기 동안의 인지학습

메타인지는 읽기 목적과 전략을 이해하고 점검하는 것을 수반하기 때문에 읽기와 관련이 있다(Dimmitt & McCormick, 2012). 초보독자는 흔히 인쇄자료의 관례를 이해하지 못한다. 영어에서, 사람들은 단어를 왼쪽에서 오른쪽으로, 위에서 아래로 읽는다. 초보독자와 읽기능력이 빈약한 독자는 일반적으로 자신들의 이해력을 점검하거나 그 결과에 따라 자신들의 전략을 조정하지 않는다(Baker & Brown, 1984). 연륜이 있고 능숙한 독자는 어리고 미숙한 독자보다 이해력을 더 잘 점검한다(Alexander et al., 1995).

메타인지는 학습자가 목표를 설정하고, 목표의 향상도를 평가하며, 필요한 수정을 할 때 작동하기 시작한다(McNeil, 1987). 유능한 독자는 모든 읽기과제들을 동일하게 접근하지 않는다. 그는 목표를 결정하고, 핵심 아이디어를 찾으며, 상세사항을 찾기 위해 읽고, 대충 읽고, 요지를 찾는 등등을 한다. 그런 다음, 그는 자신이 그러한 목표를 달성할 것이라고 믿는 전략을 사용한다. 읽기 기능이 매우 발달되어 있으면, 이러한 과정은 자동적으로 일어날 것이다.

읽기를 할 때, 유능한 독자는 자신의 향상도를 점검한다. 만약 그의 목표가 중요한 아이디어를 찾는 것이라면, 그리고 만약 몇 페이지를 읽은 후 어떠한 중요한 아이디어도 찾을 수 없다면, 그는 그 페이지를 다시 읽기 쉽다. 만약 그가 우연히 이해하지 못하는 어떤 단어를 접하면, 그는 읽기를 계속하기보다 그 단어의 의미를 맥락 속에서 결정하거나 사전을 참조하려고 시도한다. 인간발달에 관한 증거를 통해 볼 때, 이해하지 못할 때 보다 더 잘 인식하고 수정하는 방향으로 나아가는 경향을 보인다(Alexander et al., 1995). 어린 아동은 좀 더 나이 든 아동보다 이해하지 못한 것을 덜 빈번하게 인정한다. 뛰어난 이해력을 지닌 어린 아동은 문제를 인식할지도 모르지만, 그것을 해결하기 위해 전략을 사용(예: 다시 읽기)하지는 않을 것이다. 뛰어난 이해력을 지닌 좀 더 나이 든 아동은 문제를 인식하고 수정전략을 사용한다.

아동은 다른 사람과의 상호작용을 통해 메타인지적 능력을 개발한다(제8장 참조). 성인(예: 학부모, 교사)은 아동이 그의 목표를 기억하고 그 목표에 도달하는 방법을 계획할 수 있도록 도와주는 등 문제해결 단계를 따라 아동을 가이드해 준다. 한 가지 효과적인 교수절차는 아동에게 목표를 알려주고, 그로 하여금 해당 과제에 적절한 정보를 깨닫도록 하며, 문제해결에 도움이 되는 상황을 마련해 주고, 목표향상도를 다시 한 번 알려준다.

전략교수 프로그램(strategy instruction programs)은 일반적으로 학습자가 전략을 배우고 계속해서 그것을 사용할 수 있도록 해 주었다(Pressley & Harris, 2006). Brown과 동료는 전략훈련(strategy training)은 기능을 사용하는 훈련, 자신의 노력의 결과를 점검하는 방법에 관한 교수(instruction), 그리고 어떤 전략을 언제, 어디에서 사용하는 것이 유용한지에 관한 피드백을 포함해야 한다고 주장하였다(Brown, 1980; Brown, Palincsar, & Armbruster, 1984).

Palincsar과 Brown(1984)은 빈약한 이해력 기능을 지닌 7학년생들을 밝혀냈다. 그들은 그 학습자들에게 자기주도적인 요약하기(검토), 질문하기, 명료화하기, 예측하기를 훈련시켰다. 요약하기(summarizing)는 교과서에서 무슨 일이 일어났는지를 진술하는 것을 포함하며, 내용에 관한 자기검사(self-test)로서 사용되었다. 질문하기(questioning)는 교사나 검사에서 그 내용에 대해 질문할 수 있는 주요 아이디어가 무엇인지를 결정하도록 유도되었다. 명료화하기(clarifying)는 교과서의 일부분이 불명료할 때, 그리고 학습자들이 적절하게 요약할 수 없을 때 사용되었다. 예측하기(predicting)는 교과서 단서가 곧 나올 정보에 대한 신호를 제공해 줄 때 사용되었다.

연구자들은 이러한 활동을 **상보적 수업(reciprocal teaching)**이라고 알려진, 교사와 학생 간의 상호작용적 대화의 일부분으로 가르쳤다. 수업하는 동안, 교사는 학생들을 만났다. 교사와 학생들은 조용히 한 구절을 읽었으며, 그 후 교사가 자신이나 검사에서 물어볼 수 있는 어떤 질문을 하였고, 내용을 요약하였으며, 어려운 요점을 명료화하였고, 다음의 내용을 예측하였다. 교사가 모델이 되는 시범(modeled demonstration)을 보인 후에, 교사와 학생들이 교사의 역할을 바꾸었다. 처음에, 학생들은 교사의 역할을 추정하는 데 어려움을 겪었다. 그래서 교사가 학생들을 위해 다른 말로 바꾸어 표현하거나 질문을 만들어야 하였다. 최종적으로, 학생들은 더 유능하게 그 절차를 따르고 네 가지 활동을 실행할 수 있게 되었다.

학생이 교과서에서 정보를 찾는 것에 관한 교수(instruction)를 받았던 상황과 비교해 볼 때, 상보적 수업은 이해력이 훨씬 더 증대되었으며, 상당 시간 동안 더 잘 유지되었고, 이해력 검사에까지 더 잘 일반화되었다. 상보적 수업을 받은 학생은 또한 요약과 물어본 질문의 질 측면에서 훨씬 더 많은 향상을 보여 주었다. 유지(maintenance)와 일반화(generalization) 결과는 전략훈련 프로그램에 의해서 야기된 변화가 스스로 유지되거나 다른 과제들로 일반화될 수 있기 때문에 중요하다(Phye, 2001).

다음 대화는 프로그램 초기에 교사(T)와 학생(S)이 나눈 것이다(Palincsar & Brown, 1984).

뱀의 뼈대와 신체부분은 매우 유연하다 —뼈가 있는 고무호스(rubber hose)와 같은 어떤 것. 뱀의 등뼈는 300개의 척추뼈를 가지고 있는데, 이것은 인간의 등뼈에 비해 거의 10배나 된다.

이 척추뼈들은 느슨하게 쉽게 움직일 수 있도록 해주는 고무와 같은 조직에 연결되어 있다. 이러한 구부릴 수 있고, 휘감을 수 있는 척추구조 때문에, 뱀은 신체를 거의 어떤 지점에서나 어떤 방향으로도 돌릴 수 있다.

S: 만약 뱀이 몸을 돌린다면, 유연하기 때문에 어떤 뼈도 부러지지 않을 것입니다.

T: 뱀이 그렇게 유연한 이유가…

S: 만약 누군가가 뱀의 꼬리를 밟았을 경우, 뱀이 유연하지 않으면 움직일 수 없을 거예요.

T: 그것은 왜 매우 유연한 것이 도움이 되는지를 설명해 줍니다. 그렇지만 무엇이 뱀을 그렇게 유연하게 만들죠? 선생님은 그것이 요약의 중요한 부분이라고 생각합니다.

S: 뱀이 더 빨리 움직일 수 있나요?

T: 그것이 유연하게 된 또 다른 이유입니다. 제가 요약하죠. Sara[학생] 말이 맞습니다. 우리가 배운 가장 중요한 것은 뱀[이] 매우 유연하다는 것입니다. 뱀이 매우 쉽게 구부릴 수 있는 이유는 등뼈에 매우 작은 뼈들을 가지고 있으며, 그것들 각각을 따로 움직일 수 있기 때문이고, 그것이 뱀을 매우 유연하게 해줍니다. 이해되시죠? (p.142)

교사가 한 마지막 말은 요약의 모델이 되는 시범이다.

전략교수(strategy instruction)를 통합하고 학생이 자기조절할 수 있도록 가르치는 다른 읽기 프로그램이 있다. 예를 들어, **자기조절전략개발(Self-Regulated Strategy Development)** 프로그램은 전략교수와 자기조절교수[예: 자기점검(self-monitoring), 자기교수(self-instructions), 목표설정(goal setting), 자기강화(self-reinforcement]를 통합한 것이다(Graham & Harris, 2003; Harris, Graham, & Santangelo, 2013; Mason, 2004). 이 프로그램은 학습장애나 읽기에 문제를 지닌 아동에게 효과적인 것으로 증명되었다.

개념지향 읽기교수(Concept-Oriented Reading Instruction: CORI)는 배경지식 활성화, 질문하기, 정보 검색하기, 요약하기, 도표로 조직화하기, 이야기 구조 확인하기에 관한 전략에 인지적 전략교수를 통합한 것이다(Guthrie et al., 2004; Guthrie, Wigfield, & Perencevich, 2004; Wigfield, Tonks, & Klauda, 2009). CORI는 학생의 읽기이해력을 증진하는 데 효과적인 것으로 나타났다.

동기는 읽기이해력에서 중요한 역할을 한다. Guthrie, Wigfield, VonSecker(2000)는 읽기전략교수를 과학 교과내용과 통합하였는데, 이것은 자료의 범위(coverage)를 강조하는 전통적인 교수(instruction)와 비교해 볼 때 학생의 동기에 상당한 이익이 된다는 것을 발견하였다. 학생의 흥미가 실제 세계에서 읽기전략을 효과적으로 활용함에 따라 높아졌다. CORI 프로그램은 또한 목표설정, 학생에게 선택권을 주는 것과 같은 동기적인 실천(practices)을 포함하고 있다. 전략교수만을 실행한 경우와 비교해 볼 때, Guthrie 등(2004)

은 CORI가 이해력, 동기, 전략사용에서 훨씬 더 많은 이점을 준다는 것을 발견하였다.

다른 연구는 동기요인이 읽기 성과(outcomes)에 영향을 미침을 보여준다. Meece와 Miller(2001)는 과제달성목표(task-mastery goals)는 읽기교수에서 학생의 학습전략사용을 예측함을 발견하였다. 수많은 연구를 검토한 후, Blok, Oostdam, Otter, Overmaat(2002)는 컴퓨터보조교수(CAI)가 읽기교수를 처음 시작할 때 효과가 있다고 결론을 내렸다. 컴퓨터의 동기적인 측면에서의 장점이 초기 읽기기능의 개발에 도움을 주었을 가능성이 있다. Morgan과 Fuchs(2007)는 15개의 연구를 검토하였으며, 아동의 읽기기능과 동기 간에는 정적 상관이 있었고, 또한 기능과 동기가 서로 영향을 미칠 수 있음을 제시하는 증거를 얻었다.

미국 학교에서의 영어학습자들의 수가 증가함에 따라 그들을 위한 프로그램의 확대가 요청되어 왔다. 영어교수의 경우, 학생은 종종 집중학습(immersion) 또는 제2외국어 프로그램에 배치된다. 집중학습 프로그램의 경우, 학생은 모든 영어로 말하는 교실에서 어려움에 접하였을 때 공식적 또는 비공식적인 지원을 받으면서 영어를 배운다. 제2외국어 프로그램의 경우, 학생은 읽기와 가능하면 다른 교과목에서 그의 모국어로 교수를 받는다. 학생은 종종 2~3학년경에 영어교수로 전환한다. Slavin과 Cheung(2005)은 집중학습 프로그램과 제2외국어 프로그램을 비교하였으며, 학생들의 읽기이해력에 제2외국어 프로그램이 더 이점이 있음을 발견하였다. 그러나 그들이 검토한 선행연구의 수가 적어서 장기적인 효과를 결정하기 위해서는 종단연구(longitudinal studies)가 필요하다.

개념학습

개념의 본질

인지적 학습과정은 개념학습을 수반한다. **개념(concepts)**은 공통된 특성 또는 결정적인 속성을 공유하는 일련의 대상, 상징, 또는 사태를 지칭한다. 개념은 어떤 범주의 예(examples)와 비예(nonexamples)를 확인하도록 해주는 그 범주의 정신적 구인(mental construct) 또는 표상(representation)이다(Howard, 1987). 개념은 구체적인 대상(예: "책상", "의자", "고양이") 또는 추상적인 아이디어(예: "사랑", "민주주의", "완전함")와 관련될 수도 있다. 실제로, 많은 유형의 개념이 있다(보다 상세한 사항을 알고 싶으면, Medin, Lynch, & Solomon, 2000을 참고하라). **개념학습(concept learning)**은 속성을 확인하고 그것을 새로운 예로 생성하며, 예를 비예로부터 변별하도록 하는 표상을 형성하는 것을 말한다.

Bruner, Goodnow, Austin(1956)에 의해 행해진 초기의 연구들은 개념의 본질을 탐색하였다. 학습자에게 기하학적인 패턴이 그려진 상자를 보여 주었다. 각 패턴은 네 가지의 다른 속성, 즉 자극의 수(하나, 둘, 셋), 모양(원, 사각형, 십자가), 색깔(빨강, 녹색, 검정), 상자 위의 가장자리 수(하나, 둘, 셋)를 사용하여 분류될 수 있었다. 과제는 그 상자의 다른 하위세트 속에 표시된 그 개념을 확인하는 것이었다.

개념학습과제에서 특성의 형태는 다른 개념을 만들어 낼 수 있을 정도로 다양화될 수 있다. **결합개념(conjunctive concept)**은 두 가지 이상의 특성(예: 두 개의 빨간 원)에 의해 표현된다. 다른 특성(가장자리의 수)은 적합하지 않다. **이접개념(disjunctive concept)**은, 예를 들어 어떤 색깔 또는 하나의 빨간 원 중 두 개의 원과 같이, 두 개 이상의 특성 중 하나에 의해 표현된다. **관계개념(relational concept)**은 나타나는 속성들 간의 관계성을 구체화한다. 관계개념의 한 예는 그림 속에 있는 대상의 수가 가장자리의 수보다 많아야 한다거나 대상의 유형과 색깔이 중요하지 않다와 같은 것이다.

Bruner 등(1956)은 개념학습자는 개념의 토대가 되는 규칙에 대한 가설을 설정하는 경향이 있다는 것을 알아냈다. 규칙은 만약 ~한다면(if-then)의 형태로 표현될 수 있다. 예를 들어, 고양이를 분류하는 한 규칙은 다음과 같다: "만약 사육되고, 네 개의 다리, 털, 수염, 꼬리를 가지고 있으며, 상대적으로 작고, 가르랑거리는 소리를 내고(purr), '야옹'이라는 소리를 낸다면, 그것은 고양이다." 비록 예외가 있기는 하지만, 이 규칙은 대부분의 경우 고양이를 정확하게 분류할 수 있다. 이 규칙이 다양한 고양이에게 적용될 때 일반화가 일어난다.

개념학습에 관한 행동주의적 입장(제2장 참조)은 인간은 점진적으로 연합(association)을 배우며 학습은 서서히 이루어진다는 것이다(Spence, 1937). 이러한 **연속성(continuity)**의 입장과는 달리, Bruner 등(1956)은 인간은 규칙을 재빠르게 형성한다는 것을 밝혀냈다. 어떤 특정 개념의 경우, 인간은 그것이 그 개념의 실례(instances)와 비실례(noninstances)를 올바르게 밝혀낼 수 있는 한 그 규칙을 계속적으로 유지하며, 그것이 실례과 비실례를 올바르게 밝혀낼 수 없을 때 그 규칙을 수정한다. Bruner의 견해는 **비연속성(noncontinuity)**의 입장을 보인다.

사람들은 규칙을 재빠르게 형성하는 경향이 있다(Bruner et al., 1956). 어떤 특정 개념의 경우, 사람들은 규칙이 해당 개념의 실례와 비실례를 올바르게 밝혀주는 한 그 규칙을 유지하며, 그렇게 하지 못하였을 때에는 그것을 수정한다. 학습자들은 **정적 실례(positive instances)** 또는 그 개념의 예(examples)를 보았을 때 그것을 더 잘 습득한다. 학습은 **부적 또는 비실례[negative(non-) instances]**, 예를 들어, 비예(nonexamples)를 사용한 경우 훨씬 더디다. 개념의 토대가 되는 규칙을 확인하고자 할 때, 인간은 부적 실례보다 정적 실례를 들어주는 것을 선호한다(Wason, 1960).

개념학습에 관한 **특성분석이론(features analysis theory)**은 Bruner와 다른 사람들의 연구에서 유래하고, 개념은 해당 개념의 결정적인 특성 또는 내재적인(필수적인) 속성을 정의하는 규칙을 수반한다고 가정한다(Gagne, 1985; Smith & Medin, 1981). 사람들은 그 개념과의 경험을 통해 조건들을 충족시키는 어떤 규칙을 형성하고 그 규칙이 효과적으로 기능하는 한 그것을 유지한다.

이러한 관점은 어떤 개념의 상이한 실례(instances)는, 각 실례는 핵심적인 특성과 대비되어 판단되기 때문에, 동일하고 재빠르게 인식되어야 한다. 그러나 이것은 항상 그러하지는 않다. 대부분의 사람들은 어떤 범주의 몇몇 실례(예: 돌고래는 포유류다)가 다른 실례(예: 개는 포유류다)보다 검증하기가 더 어렵다는 것을 안다. 이것은 많은 개념이 일련의 결정적인 속성에 의해서만 정의될 수 없다는 문제를 드러내 준다.

두 번째 관점은 **원형이론**(prototype theory)이다(Rosch, 1973, 1975, 1978). **원형**(prototype)이란 개념의 일반화된 이미지로서, 그것은 개념을 정의하는 속성들 중 단지 몇 가지만을 포함할 수도 있다. 사람들은 어떤 실례에 직면하였을 때 장기기억 저장소로부터 가장 유사한 원형을 회상해 내고, 원형과 실례가 일치하는지를 알아보기 위하여 그 원형을 실례와 비교한다. 원형들은 몇 가지 비정의된 (선택적인) 속성을 포함할 수도 있다. 정보처리 관점에서, 원형은 **도식**(schemata)(Andre, 1986) 또는 우리가 특정 개념에 대해 가지고 있는 지식을 위한 조직화된 형태라고 생각될 수 있다(제5장 참조).

선행연구는 원형에 더 근접한 실례(예: 원형 = "새"; 실례 = "울새(robin)", "참새")가 덜 전형적인 실례(예: "올빼미", "타조")보다 더 빨리 지각된다는 원형이론의 예측을 지지한다(Rosch, 1973). 한 가지 문제는 원형이론은 인간은 장기기억에 수천 개의 원형을 저장한다는 것을 시사한다는 점인데, 그것은 규칙보다 훨씬 더 많은 저장공간을 소비한다. 두 번째 문제는 학습자에게 만약 몇몇 비정의된 특성이나 전부는 아니지만 불필요한 특성을 포함하는 것이 허용된다면 잘못된 원형을 형성할 수 있다는 것이다.

특성분석과 원형이론의 두 입장을 병합하는 것이 가능하다. 원형이 결정적인 특성을 포함하고 있다는 전제하에, 우리는 매우 전형적인 개념의 실례를 분류하기 위하여 원형을 사용할 수 있다(Andre, 1986). 애매모호한 실례의 경우, 결정적인 특성분석을 사용할 수 있는데, 이러한 분석은 새로운 특성을 포함하기 위하여 일련의 결정적인 특성을 변형할 수도 있다.

발달하고 경험해 감에 따라 아동의 개념에 관한 이해력은 변화한다. 학습자가 한 영역에서 적합한 규칙이 또 다른 영역에서도 적용 가능한 것 같다고 인식하는 경우(Ohlsson, 2009)를 포함하여, 개념적인 변화가 일어날 수 있는 다양한 방법이 있다(Chinn & Samarapungavan, 2009), 어떤 개념의 의미에 대하여 전환기에 있는 아동은 수정된 가설을 발전시켜 나감과 동시에 마음속에 이전의 가설을 간직하려고 할 수도 있다(Goldin-Meadow, Alibali, & Church, 1993). 이러한 해석은 다음에 논의될 Klausmeier의 입장과 일맥상통한다.

개념획득

선행연구는 개념을 학습하고 수정하기 위한 다양한 방법이 있다고 지적한다(Chinn & Samarapungavan, 2009). 원형을 개발하기 위한 한 가지 방법은 표준적인 속성이 나타내는 개념의 전형적인 실례에 노출되는 것이다(Klausmeier, 1992). 두 번째 방법은 같은 부류에 속하는 대상들 중 두 가지 이상의 예로부터 특성을 추상화해 내는 것이다. 새의 경우, 비록 모든 특성이 그 부류에 속한 모든 구성원에게 다 적용되지는 않지만, 이것은 "깃털", "두 다리", "부리", "날다"를 의미할 수도 있다. 원형은, "정글에서 산다"(앵무새)와 "바다에서 산다"(갈매기)와 같이, 사람들이 그 개념의 새로운 예에 노출되었을 때 재정의되거나 확장된다.

Gagné(1985)의 이론은 개념을 학습의 중추적인 형태로 포함시킨다. 학습자는 처음부터 자극특성들 간의 차이를 변별해 낼 수 있는(예: 관련된 특성을 무관한 특성과 구별하는 것) 기본적인 선수능력을 지녀야 한다.

Gagné의 관점에서 볼 때, 개념학습은 **다단계 계열**(multistage sequence)을 포함한다. 첫째, 자극특성이 비예와 더불어 그 개념의 예로서 제시된다. 학습자는 변별할 수 있는 능력을 확증한다. 다음 단계(일반화)에서, 학습자는 예와 비예를 확인한다. 셋째, 나중에 개념이 되는 자극특성은 다양하고 비예와 함께 제시된다. 개념획득은 학습에서 이전에 사용하지 않았던 자극들을 사용하여 그 부류에 속하는 몇 가지 예를 확인하도록 함으로써 검증된다. 과정 전체에서, 올바른 반응은 밀접하게 연계되어 있는 개념의 몇 가지 예를 제시함으로써 강화되고 우연성학습(contiguity learning)이 일어난다(제3장 참조).

Klausmeier(1990, 1992)는 개념획득모형을 개발하고 검증하였다. 이 모형은 구체화, 동일시, 분류화, 공식화라는 네 단계로 구성되어 있다. 각 수준에서의 역량은 다음 수준에서의 획득을 위해 필수적이다. 개념획득의 과정은 발달, 비형식적 경험, 형식교육의 상호작용을 나타낸다.

구체화수준(concrete level)에서, 학습자는 어떤 항목이 원래 접촉하였던 맥락이나 공간적 방향이 동일하게 유지될 때 그것을 이전에 접하였던 것과 동일한 것으로 인식할 수 있다. 이 수준은 학습자로 하여금 그 항목에 주의를 집중하고, 한두 가지의 정의된 속성에 기초하여 그것을 둘러싸고 있는 것과 다르다는 것을 변별해 내도록 하며, 그것을 시각적인 이미지로 장기기억에 표상하고, 그것을 새로운 이미지와 비교하기 위하여 장기기억고로부터 인출하며, 그것이 동일한 항목인지를 결정하도록 요구한다. 따라서 학습자는 등변삼각형을 인지하고, 직각 또는 등각삼각형으로부터 그것을 구별해 내는 것을 배워야 한다.

동일시수준(identity level)은 어떤 항목이 다른 관점 또는 다른 스타일로 관찰되었을 때 이전에 본 것과 동일한 것으로 인식하는 것을 말한다. 이 단계는 일반화의 과정뿐만 아니라 구체화수준과 동일한 과정들을 수반한다. 따라서 학습자는 등변삼각형이 한 페이지 상의 다른 방향이나 위치에 있어도 인식할 수 있어야 한다.

분류화수준(classificatory level)은 학습자가 적어도 두 가지 항목을 동등한 것으로 인식할 것을 요구한다. 부가적인 일반화가 수반된다. 등변삼각형의 경우, 이것은 더 작은 등변삼각형과 더 큰 등변삼각형을 동등한 것으로 인지하는 것을 의미한다. 그 과정은 학습자가 예와 비예를 인지할 수 있을 때까지 계속된다. 그러나 이 단계에서 학습자는 분류를 위한 기초(예: 측면의 길이와 각이 동일함)를 이해하지 못할 수도 있다. 이 수준에서는 개념을 명명할 수 있게 된다는 것이 필수적이지 않지만, 이전 단계들에서처럼, 그것은 개념 획득을 촉진할 수도 있다.

마지막으로, **공식화수준**(formal level)은 학습자로 하여금 그 개념의 예와 비예를 확인하고, 그 개념과 그것을 정의하는 속성을 명명하며, 그 개념을 정의하고, 그 개념을 다른 밀접하게 관련된 개념(예: 세 개의 동일한 측면과 각도)과 구별할 것을 요구한다. 이 단계를 완전히 습득하기 위해 학습자는 분류화수준 인지과정과 가설을 설정하고 평가하며 추론하는 것을 수반하는 일련의 고차원적 사고과정을 필요로 한다.

이 단계모형은 다양한 발달단계에 있는 학습자를 위한 교수적 시사점을 가지고 있다. 예를 들어, 교수(instruction)는 개념이 고차원적 획득수준에서도 주기적으로 재검토되도록 몇몇 학년에 걸쳐 행해질 수 있다. 어린 아동은 처음에는 구체적인 추론이 제공되어야 하며, 성숙해 감에 따라 보다 추상적인 인지적 수준에서 일할 수 있게 된다. 예를 들어, 어린 아동은 구체적인 예(예: 남의 것을 훔치지 말기, 나의 것이 아닌 것을 돌려주기)를 봄으로써 "정직"의 개념을 학습할 수 있다. 나이가 들어감에 따라, 그는 그 개념을 보다 추상적이고 복잡한 용어(예: 정직의 이점들에 대해 논하라)로 이해할 수 있다.

개념교수

Tennyson(1980, 1981; Tennyson, Steve, & Boutwell, 1975)은 경험적 연구에 기초한 개념학습모형을 개발하였다. 이 모형은 다음과 같은 단계를 포함한다(Tennyson & Park, 1980).

- 상위, 동위, 하위의 개념을 포함하기 위하여 개념의 구조를 결정하고, 결정적인 속성과 변동할 수 있는 속성(예: 합법적으로 변화하면서도 개념에는 영향을 미치지 않는 특성)을 확인한다.
- 결정적인 속성의 관점에서 개념을 정의하고, 결정적 속성과 변동할 수 있는 속성을 가지고 있는 몇 가지 예를 준비한다.
- 속성에 기초하여 예를 일련의 세트(set) 속에 정리하고, 그 예가 각각의 동위의 개념

으로부터 예를 포함하고 있는 어떤 세트 내에서 유사하면서 변동할 수 있는 속성을
가지고 있는지 확인한다.
- 그 세트를 예의 다양성과 난이도의 관점에서 순서화하고 제시하며, 어떤 세트 내에
  있는 예를 학습자의 현재의 지식수준에 따라 순서화한다.

대부분의 개념은 위계상에 **상위**(superordinate)(고차의)와 **하위**(subordinate)(하류
의)개념과 함께 표시될 수 있다. 어떤 특정 개념의 경우, 유사한 개념은 위계상 대략 같은
수준에 있을 것이다. 이러한 것을 **동위**(coordinate)개념이라고 한다. 예를 들어, 개념 "사
육된 고양이(domestic cat)"는 상위개념으로 "고양이과(cat family)"와 "포유류(mammal)"
를, 하위개념으로 다양한 품종(짧은 머리털, 샴고양이), 그리고 동위개념으로 고양이과의
다른 구성원(사자, 재규어)을 가지고 있다. 개념은 또한 결정적인 속성(예: 발, 이빨)과 변
동이 가능한 속성(머리털 길이, 눈의 색깔)을 가지고 있다. 아울러, **세트**(set)는 그 개념의
예와 비예(개와 다람쥐)를 포함한다.

비록 개념은 예와 비예가 주어지기 전에 그것의 결정적인 속성을 가지고 정의되어야
하지만, 정의를 제시한다고 해서 학습자가 그 개념을 학습할 것이라고 보장할 수는 없다.
예는 변동 가능한 속성이 크게 달라야 하며, 비예는 결정적인 속성의 일부가 예와는 달라
야 한다. 이러한 표상양식은 학습자가 과대일반화(비예를 예로 분류하는 것) 또는 과소일
반화(예를 비예로 분류하는 것)하는 것을 막아준다.

예들 간의 관계성을 지적하는 것이 일반화를 촉진하기 위하여 세트를 정리하는 효
과적인 방법이다. 한 가지 방법은 아이디어를 노드(node)와 링크(link)의 조합으로 나타
내는 **개념(지식)지도**[concept (knowledge) maps] 또는 다이어그램을 사용하는 것이다
(Nesbit & Adesope, 2006). O'Donnell 등(2002)은 아이디어가 상호 링크된 지식지도를 사
용할 때 학습이 촉진된다는 것을 보여 주었다. Nesbit과 Adesope은 개념지도가 학생의 지
식파지를 향상시킴을 발견하였다. [적용 7.3]은 개념을 가르치기 위한 시사점을 포함하고
있다.

제시되어야 할 예의 최적의 수는 속성의 수와 그 개념의 추상성의 정도와 같은 개념의
특성에 따라 달라진다. 추상적인 개념은 구체적인 개념보다 일반적으로 더 소수의 지각
할 수 있는 예를 가지고 있으며, 전자의 예는 학습자가 이해하기 어려울 수도 있다. 개념
학습은 또한 연령이나 사전지식과 같은 학습자속성에 따라 달라진다(Tennyson & Park,
1980). 나이 든 학습자는 어린 학습자보다 더 잘 학습하며, 보다 적절한 지식을 지니고 있
는 학습자가 그러한 지식을 결여하고 있는 학습자보다 수행을 잘 한다.

개념을 가르치는 경우, 선택적인 속성에 있어서는 다르지만 공통된 관련 속성을 가지
고 있어서 관련이 없는 영역과 더불어 관련이 있는 속성을 분명하게 지적할 수 있는 예
를 제시하는 것이 종종 유용하다. 예를 들어, 아동에게 "정삼각형"의 개념을 가르치는 경

적용 7.3

개념수업

개념학습은 속성을 확인하고, 그것을 새로운 예에 일반화하며, 비예로부터 예를 변별하도록 하는 것을 포함한다. 학습되어야 할 개념을 제시하기 위하여 상위, 동위, 하위개념 및 결정적 속성과 변동할 수 있는 속성을 사용함으로써 학습자가 그것의 구조를 분명하게 정의할 수 있도록 도와주어야 한다.

학습자가 모양(원형, 사각형, 타원형, 삼각형, 마름모형)을 확인하고 구별하는 것을 가르치기 위해 한 단원을 제시하는 유치원 교사는 아동들로 하여금 모양이 흡사한 물체를 함께 묶도록 한 후 결정적인 속성(예: 사각형은 네 개의 직선으로 된 측면을 가지고 있으며, 그 측면은 길이가 동일하다.)과 변동할 수 있는 속성(정사각형, 직사각형, 삼각형, 마름모형)은 직선으로 된 측면을 가지고 있지만 길이가 다르거나 다른 방식으로 배열된 상이한 수의 측면을 가지고 있다는 것을 알려 주어야 한다. 그런 다음, 교사는 각각의 모양을 나타내는 다른 예를 제시하여 특정한 모양에 초점을 맞춤으로써 아동들이 속성을 다른 모양의 속성과 비교할 수 있도록 한다. 내용이 진전됨에 따라, 교사는 덜 공통적인 것(예: 평행사변형)으로 나아가기 전에 학습자들에게 익숙한 모양(예: 원형, 정사각형)을 제시할 수도 있다.

Lautter 선생님은 초등학교 학생들이 다양한 포유동물 리스트로부터 주요한 동물집단을 분류하도록 하기 위하여 포유동물에 관한 단원을 소개하였다. 그런 다음, 학습자들은 다양한 동물집단들 간의 주요한 차이를 논의한다. 이러한 사실을 검토한 후, 그녀는 신체적인 특징에 대한 지식을 확장하고 먹는 습성, 이상적인 환경, 기후와 같은 다른 속성으로 옮겨 가기 위하여 양서류에 초점을 맞춘다.

한 역사교사는 미국에 정착하였던 다양한 이주민집단을 보여주는 한 슬라이드를 제시하였다. 각 집단이 미국에 들어왔던 시기를 검토한 후, 그와 학습자들은 각 집단이 왜 미국에 이주해 왔으며, 그들은 미국의 어디에 주로 정착하였고, 어떠한 형태의 무역을 행하였는지에 관한 차이점을 논의하였다. 그런 다음, 그들은 각 집단이 미국의 성장과 발달에 개별적으로 그리고 집단적으로 얼마나 영향을 미쳤는지 기술하였다.

우, 이것이 마주보고 있는 방향처럼 크기는 관련이 없다는 것을 가르치기 위해 어떤 사람은 다른 방향을 가리키고 있는 다양한 크기의 정삼각형을 제시할 수 있다. 잘 풀이된 예제를 사용하는 것이 효과적인 인지적 교수전략이다(Atkinson, Derry, Renkl, & Wortham, 2000).

학습자는 정삼각형을 일반화하기 위하여 학습을 해야 할 뿐만 아니라 정삼각형으로부터 다른 삼각형을 구별할 수 있기 위하여 학습을 해야 한다. 교사는 개념 변별력을 촉진하기 위하여 긍정적 실례와 분명하게 구별되는 부정적 실례를 제시해야 한다. 학습자는 기능이 발전해 감에 따라 보다 더 정교한 변별력을 기를 수 있도록 학습할 수 있다. 〈표 7.2〉에 제시된 제안은 학습자에게 개념들 간에 일반화를 하고 변별을 하도록 가르치는 데 유용하다.

표 7.2
개념을 일반화하고 변별하기 위한 단계

단계	예시
개념 명명하기	의자(chair)
개념 정의하기	사람이 앉을 수 있도록 등받이를 가지고 있는 좌석
관련된 속성 제공하기	좌석, 등받이
관련되지 않은 속성 제공하기	다리, 크기, 색상, 재료
예 제공하기	편안한 의자, 높은 의자, 공기(beanbag) 의자
비예 제공하기	벤치, 책상, 등받이가 없는 의자(stool)

이 모형은 한 개념의 분류학적 구조에 관한 세심한 분석을 요한다. 구조는 많은 개념의 경우(예: 동물계) 상당히 잘 구체화되어 있지만, 많은 다른 경우, 특히 추상적인 개념의 경우 동위개념 간의 연계뿐만 아니라 상위개념과 하위개념 간의 연계에 있어 문제가 있다.

동기화과정

Pintrich, Marx, Boyle(1993)은 개념적인 변화는 또한 **동기화과정(motivational processes)**(예: 목적, 기대, 요구)과 관련이 있다고 주장하였다. 이 저자들은 개념적인 변화가 일어나기 위해서는 네 가지 조건이 필요하다고 주장한다. 첫째, 자신의 현재의 개념에 대해 불만족해 한다. 만약 사람들이 자신들의 개념이 정확하고 유용하다고 느낀다면 변화가 일어날 가능성은 없다. 둘째, 새로운 개념을 이해할 수 있어야 한다. 사람들이 어떤 개념을 받아들이기 위해서는 그 개념을 이해해야 한다. 셋째, 새로운 개념은 변동될 수 있어야 한다. 학습자는 어떤 개념이 그것이 어떻게 적용될 수 있는지에 관한 다른 이해와 얼마나 잘 부합되는지를 이해해야 한다. 마지막으로, 사람들은 새로운 개념이 효과적이라고 인식해야 한다. 즉, 그 개념은 현상을 설명할 수 있고 새로운 조사나 적용분야를 제시해 주어야 한다.

이 모형에는 동기화과정이 몇몇 곳에 포함되어 있다. 예를 들어, 선행연구는 학습자의 목적이 주의집중과 노력을 유발하며, 자기효능감은 동기, 효과적인 과제전략의 활용, 기능습득에 긍정적으로 작용한다는 것을 보여준다(Schunk, 2012). 더 나아가, 학습은 유용하며 과제전략이 효과적이라고 믿는 학습자는 보다 높은 동기와 학습을 보여준다(Pressley et al., 1990; Schunk & Rice, 1993). 목표, 자기효능감, 역량에 관한 자기평가가 읽기이해력, 쓰기, 수학, 의사결정과 같은 영역에 있어서의 학습과 자기조절을 증진시켜 준다는 것을 보여 주었다(Pajares, 1996; Schunk & Pajares, 2009; Schunk & Swartz, 1993a; Wood & Bandura, 1989; Zimmerman & Bandura, 1994). 우리는 이 장 서두의 에피소드에서 보다 더 많은 문제해결로의 전환은 실제로 학습자의 학습동기를 증진시켰다는 것을 알았다.

요컨대, 선행연구는 개념적인 변화가 학습자의 인지와 동기적인 신념의 상호작용을 필요로 한다고 주장하는데(Pintrich et al., 1993), 그것은 수업에 시사점을 준다. 교사는 단순히 지식을 제공하기보다 교수를 계획할 때 학습자의 기존 생각을 고려해야 하며, 교수에 학습동기가 포함되어 있는지를 확인해야 한다.

이러한 생각은 지식이 단순히 전수되기보다 학습자에 의해 구인되는 과학에 매우 적용 가능하다(Driver, Asoko, Leach, Mortimer, & Scott, 1994; Linn & Eylon, 2006). 한 가지 흥미 있는 문제는 학생이 과학적 오해와 단순화된 과학적 모형을 개발하는 방법이다(Windschitl & Thompson, 2006). 한 가지 중요한 과제는 학습자로 하여금 오해에 도전하고 수정할 수 있도록 돕는 것이다(Sandoval, 1995). 인지적 갈등을 초래하는 경험이 유용할 수 있다(Mayer, 1999; Sandoval, 1995; Williams & Tolmie, 2000). 이것은 선택적인 질문하기(예: "왜 그렇게 생각하느냐?", "그것을 어떻게 알았느냐?")를 통해 학생이 자신의 경험을 해석할 수 있도록 하기 위하여 체험활동(hands-on activities)에 참여시키고 다른 사람과 함께 연구하도록(예: 토론에서) 할 필요가 있다. 이러한 접근방법은 지식을 구성하는 데 있어서의 사회적 영향에 관한 Vygotsk학파의 생각과 매우 부합한다(제8장 참조).

동기의 역할이 중요하다. 과학은 흥미를 끌 수 있는 많은 주제를 가지고 있지만, 많은 학생은 과학공부를 하는 것에 거의 흥미를 가지고 있지 않다. 학습지도는 체험교수(hands-on instruction) 및 학생의 삶의 여러 가지 측면과 연계시켜 하는 것이 유용하다. 예를 들어, 운동은 축구공의 경로, DVD 플레이어와 전기, 공동체 재활용 프로그램과 생태학을 연계시킬 수 있다. 주제에 대하여 흥미를 신장시키면, 학생의 학습의 질도 향상시킬 수 있다(Sandoval, 1995). 따라서 삽화와 도형을 사용하면, 비록 몇몇 학생은 교과학습의 일부분으로 삽화를 학습하는 방법을 배울 필요가 있지만, 학생이 과학적 개념을 이해하는 데 도움이 된다(Carlson, Chandler, & Sweller, 2003; Hannus & Hyona, 1999).

문제해결

학습하는 동안 종종 일어나는 인지적 처리의 가장 중요한 유형들 중 하나가 문제해결이다. 문제해결은 여러 해 동안 연구의 한 주제였지만, 우리는 이 절에서 역사적인 연구물을 개관한다. 그 주제에 대한 관심은 인지심리학의 성장과 더불어 발전해 왔다. 몇몇 이론가들(예: Anderson, 1993)은 문제해결이 문제해결학습에서, 특히 과학이나 수학과 같은 영역에서 핵심적인 과정이라고 여긴다. 비록 "문제해결"과 "학습"이 동의어는 아니지만, 문제해결은 종종, 특히 학습자가 자기조절학습(제10장 참조)에 참여할 때, 그리고 학습이 도전과 불명확한 해결책을 수반할 때, 학습을 수반한다. 이 장 서두의 에피소드에서, Meg 교장 선생님은 문제해결을 더 강조할 것을 권장한다.

문제(problem)란 "여러분이 몇 가지 목표에 도달하려고 노력하고 거기에 도달하기 위한 수단을 찾아야 하는 상황"일 때 존재한다(Chi & Glaser, 1985, p.229). 문제는 어떤 질문에 답하고, 해법(solution)을 계산하며, 인터넷을 사용하여 정보를 찾아내고, 어떤 물체를 찾으며, 일자리를 획득하고, 학습자를 가르치는 것 등일 수 있다. **문제해결**(problem solving)이란 사람들이 자동적인 해결책을 가지고 있지 않은 어떤 목표를 달성하기 위한 인간의 노력을 말한다.

내용영역과 복잡성에 상관없이, 모든 문제는 어떤 공통점을 가지고 있다. 문제는 초기 상태, 즉 문제해결자의 목표 또는 문제해결자가 달성하고자 하는 것뿐만 아니라 지식에 관한 현재 상태 또는 수준을 가지고 있다. 대부분의 문제는 또한 그 해결자가 그 목표를 완수하였을 때(통상적으로 순차적으로) 목적획득이 되는 하위목표로 나누기를 요구한다. 마지막으로, 문제는 초기 상태와 하위목적에 조작(operations)이 행해지기를 요구하는데, 여기에서 조작이란 초기 상태의 본질을 바꾸는 활동을 말한다(Anderson, 1990; Chi & Glaser, 1985).

이러한 정의에 기초해 볼 때, 모든 학습활동은 문제해결을 포함하지는 않는다. 문제해결은 말하자면 학습자의 기능이 매우 잘 확립되어 있어서 그가 목적을 획득하기 위하여 자동적으로 행동을 실행할 때에는 필요하지 않다. 그것은 상이한 내용영역에서 많은 기능을 가지고 있을 때 일어난다. 문제해결은 또한 학습자가 학습하기 위해서 무엇을 해야 하는지를 알고 있는 하위수준(어쩌면 하찮은) 학습에서 일어나지 않을 수도 있다. 이것은 교사가 시험에서 요구되는 기본기능에 초점을 맞추고 있었던 Nikowsky 중학교의 문제였던 것 같다. 동시에, 학생은 이전에 학습한 기능에 관한 새로운 기능과 새로운 활용법을 배운다. 그래서 대부분의 학교학습은 어느 시점에서 문제해결을 수반한다.

문제해결기능은 개발될 수 있다. 아동이 도구를 활용하는 것(예: 물체를 잡기 위해 갈퀴와 같은 도구를 사용하는 것)을 격려하면 그의 문제해결력을 촉진할 수 있다(Keen, 2011). 발달해 감에 따라, 학생의 문제해결은 교수 동안 추상적인 표상으로부터보다는 구체적인 시각적 표상 또는 실세계 요소의 삽화로부터 더 많은 이득을 얻을 수 있다 (Moreno, Ozogul, & Reisslein, 2011).

역사적 관점

문제해결에 관한 두 가지의 역사적 관점, 즉 시행착오와 통찰이 오늘날의 인지적 관점에 대한 배경으로서 고찰된다.

시행착오. Thorndike(1913b)의 고양이실험(제3장 참조)은 문제해결을 필요로 하였다. 즉, 문제는 우리로부터 빠져 나오는 방법이었다. Thorndike는 문제해결을 **시행착오**(trial and error)라고 생각하였다. 고양이는 우리 속에서 어떤 행동을 수행할 수 있었다. 이러한 수행 목록으로부터, 고양이는 한 가지 행동을 수행하였고 그 결과를 경험하였다. 무수한 무작위행동을 수행한 후, 고양이는 우리에서 빠져 나올 수 있는 해치를 열 수 있었다. 고양이는 반복적으로 시도함으로써 우리에서 빠져 나오는 행동을 수행하기 전에 점점 더 적은 오류를 범하였으며, 그 문제를 해결하기 위해서 요구되는 시간도 줄어 들었다. 우리에서 빠져 나오는 행동(반응)이 우리 속에 있는 단서(자극)와 연결되었기 때문이다.

우리는 때때로 문제를 해결하기 위해서 시행착오를 사용한다. 즉, 우리는 단순히 어떤 것이 잘 될 때까지 행동을 수행한다. 그러나 시행착오는 신뢰롭지 못하며 종종 효과적이지도 못하다. 그것은 시간을 낭비할 수도 있고, 결코 어떠한 해결책도 얻지 못할 수 있으며, 이상적인 것보다 덜한 해결책을 이끌어 낼 수도 있고, 부정적인 효과를 가질 수도 있다. 자포자기 속에서, 어떤 교사는 읽기에 어려움을 가지고 있는 학습자에게 더 잘 읽기 시작할 때까지 다른 읽을거리를 시도해 봄으로써 시행착오 접근법을 사용할 수도 있다. 이러한 접근법은 효과적일 수도 있지만 그 학습자에게 좌절감을 더 안겨줄 수 있는 읽을거리를 줌으로써 오히려 그 학습자의 읽기능력이 향상되는 것을 더디게 할 수도 있다.

통찰. 문제해결은 종종 **통찰**(insight) 또는 가능성이 있는 해결책에 대한 갑작스러운 인식을 수반하는 것으로 생각된다. Wallas(1921)는 뛰어난 문제해결자들을 연구한 후 다음과 같은 네 단계의 모형을 도출해 냈다.

- **준비기**(preparation): 문제에 대해 학습하고 해결책을 모색하는 데 적절한 정보를 수집하는 시기
- **숙고기**(incubation): 그 문제에 대해 생각하는 시기로서, 그 문제를 잠시 동안 제쳐 놓는 것도 포함

■ **조명기**(illumination): 잠정적인 해결책을 갑자기 인지하게 되는 통찰의 시기
■ **검증기**(verification): 제안된 해결책이 올바른지의 여부를 확인해 보기 위하여 그것을 검증해 보는 시기

Wallas의 단계들은 기술적(descriptive)이며 경험적인 검증을 받지는 않았다. Helie 와 Sun(2010)은 숙고기와 조명기에 관한 보다 더 구체적이고, 과정지향적인 개념화 (conceptualization)를 제시하였다. 형태심리학자들은(제5장 참조) 또한 수많은 인간의 학습이 통찰적이며 인지에 있어서의 변화와 관련이 있다고 주장하였다. 학습자는 처음에 어떤 문제를 해결하기 위해 필요한 구성요소에 대해 생각한다. 그는 그 문제가 해결될 때까지 다양한 방식으로 통합한다. 학습자가 어떤 해결책에 도달할 때, 그는 갑자기, 그리고 통찰력을 가지고 그렇게 한다.

많은 문제해결자들은 통찰의 순간이 있음을 보고한다. Watson과 Crick은 DNA 구조를 발견할 때 통찰적인 순간을 경험하였다(Lemonick, 2003). 형태이론의 중요한 교수적 적용은 문제해결 또는 **발산적 사고**(productive thinking) 분야다(Duncker, 1945; Luchins, 1942; Wertheimer, 1945). 형태주의적 관점은 **이해**(understanding), 즉 어떤 사태의 의미를 파악하거나 수행의 토대가 되는 원리나 규칙을 파악하는 것의 역할을 강조한다. 대조적으로, 비록 학습자에 의해 종종 사용되지만 단순암기는 비효율적이며 학교 밖의 삶 속에서는 거의 사용되지 않는다([적용 7.4] 참조).

Katona(1940)의 연구는 규칙학습의 유용성을 암기와 비교해서 보여 주었다. 한 연구에서, 피험자들은 숫자의 배열을 학습하도록 요구되었다(예: 816449362516941). 몇몇 피험자들은 그 순서를 암기에 의해 학습한 반면, 다른 학습자들에게는 학습을 도와주기 위한 단서가 주어졌다(예: "제곱이 된 숫자를 생각하라"). 그 순서를 생성하기 위한 규칙을 미리 정한 학습자들이 암기식으로 기억한 학습자들보다 그 순서를 더 잘 기억하였다.

규칙은 현상에 관한 보다 단순한 기술(description)을 제공해 줌으로써 더 적은 정보가 학습되도록 해주기 때문에 암기보다 학습과 기억을 더 잘 할 수 있도록 해준다. 더 나아가, 규칙은 자료를 조직화하는 데에도 도움이 된다. 학습자는 정보를 회상하기 위해서 규칙을 회상하고, 그런 다음 세부적인 것을 채워 넣는다. 역으로, 암기는 더 많은 조각의 정보를 회상할 필요가 있다. 암기는 대부분의 상황이 몇몇 조직을 가지고 있기 때문에 일반적으로 비효율적이다(Wertheimer, 1945). 문제들은 그 상황에 관한 조직과 문제상황에 대한 개별 요소의 관계성을 찾아냄으로써 해결된다. 이 요소들을 배열하고 재배열함으로써 학습자는 궁극적으로 그 해결책에 관한 통찰력을 얻는다.

Köhler(1926)는 제1차 세계대전 동안 Tenerife 섬에서 원숭이들을 가지고 문제해결에 관한 널리 알려진 연구를 수행하였다. 한 실험에서, Köhler는 우리 속에 있는 원숭이가 약간 도달하기 힘든 곳에 바나나를 놓았다. 원숭이는 긴 막대를 사용하거나 또는 두 개의 막

적용 7.4

학습에서 이해의 역할

교사들은 학습자들이 과제를 완수하는 방법을 단순히 암기하기보다 개념을 이해하기를 원한다. 형태심리학자들은 연습과 실제, 암기, 강화에 관한 강조가 하찮은 학습을 초래하며 이해는 개념과 기능의 토대가 되는 규칙과 원리를 파악함으로써 달성된다고 믿었다.

교사들은 종종 학습자들이 학습에 포함된 구조나 개념을 이해할 수 있도록 돕기 위하여 실제적인(hands-on) 경험을 사용한다. 생물학의 경우, 학습자들은 콩 줄기의 횡단면이 현미경으로 보았을 때 어떻게 생겼는지를 기억할 수도 있지만, 그들은 살아있는 유기체에서 그 구조를 개념화하는 데 있어 어려움이 있을 수도 있다. 모형(mock-ups)이 학습자들이 학습하는 것을 도와준

다. 내부구조를 설명하기 위해 분리할 수 있는 크고 실제적인 콩 줄기 모형은 학습자들이 줄기의 구조와 부분이 어떻게 기능하는지에 관한 이해를 높여 주어야 한다.

고등학교 가족연구수업에서 아동양육에 대하여 말하는 것은 학습자들이 매주 한 시간 지역보육센터에 있는 아이들을 도와주면서 그들이 배워 왔던 것을 적용하도록 하는 것보다 훨씬 비효과적이다.

학습이론의 적용의 경우, 학습자들이 자신들의 학습을 신장시키는 데 도움이 되는 기법을 직접 활용하는 것을 보는 것이 더 바람직하다. 교육심리강좌를 수강 중인 학생들이 교실을 관찰할 때, 이해력을 증진하기 위해서, 학생들은 다양한 학습원리가 분명하게 드러나는 상황에 관한 예를 열거한다.

대를 함께 묶어서 사용한다면 그 바나나를 획득할 수 있었다. Köhler는 다음과 같은 상황을 보고 문제해결은 통찰적이라고 결론지었다: 즉, 원숭이는 그 상황을 탐색하고, 갑자기 그 목표물을 얻기 위한 수단을 "간파하고(see)", 그 해결책을 시도한다. 원숭이의 첫 번째 문제해결을 위한 시도는 다른 비효과적인 전략(예: 바나나에 막대를 집어 던지는 것)을 시도하였기 때문에 실패하였다. 마침내 원숭이들은 막대를 자신들의 팔의 확장으로 사용할 수 있다는 것을 알아차렸으며, 따라서 그것을 사용하였다.

문제해결에 대한 한 가지 장애는 **기능적 고정화**(functional fixedness) 또는 대상에 대한 상이한 사용 또는 어떤 상황에서 요소의 새로운 형태를 인식하지 못하는 것이다 (Duncker, 1945). 한 유명한 연구에서, Luchins(1942)는 개인들에게 세 개의 다른 크기의 항아리를 사용하여 특정 양의 물을 얻을 것을 요구하는 문제를 주었다. 9세에서 성인까지의 사람들은 항상 정확한 양이 산출되는 공식을 쉽게 학습하였다. 보다 더 간단한 공식을 사용하여 해결할 수 있는 몇 가지 문제가 그 문제 세트 속에 포함되어 있었다. 사람

들은 일반적으로 원래의 공식을 계속해서 적용하였다. 비록 많은 사람들이 원래의 공식을 지속적으로 적용하였지만, 보다 더 쉬운 해결책이 있을 수 있다는 힌트를 줌으로써 몇몇 사람들로 하여금 보다 간단한 방법을 찾을 수 있도록 해 주었다. 이 연구는 학습자가 어떤 현상을 이해하지 못할 때 어떤 알려진 알고리즘을 맹목적으로 적용할 수 있으며, 더 쉬운 방법이 존재한다는 것을 이해하지 못할 수도 있다는 것을 보여준다. 문제해결에 관한 이러한 절차적 성질은 교수 동안 다른 절차를 강조함으로써 극복될 수 있다(Chen, 1999).

　형태심리학은 문제해결전략이 어떻게 학습되는지 또는 보다 통찰적이 되도록 하기 위해 학습자가 어떻게 지도되어야 하는지에 대해서는 거의 언급하지 않았다. Wertheimer(1945)는 교사들이 어떤 상황의 요소를 정리·배열하여 학습자에게 부분이 전체에 어떻게 연관되는지를 인식할 수 있는 가능성을 높여 줌으로써 문제해결을 도와줄 수 있다고 믿었다. 그러한 일반적인 조언은 교사에게는 특별히 도움이 되지는 않는다.

발견교수법

문제해결을 위한 또 하나의 방법은 **발견교수법(heuristics)**을 사용하는 것인데, 그것은 일반적으로 해결책을 이끌어 주는 원리(경험에 바탕을 둔 방법)를 사용하는 문제해결을 위한 일반적인 방법이다(Anderson, 1990). 문제해결을 수반하는 Polya(1945/1957)의 정신적 작동에 관한 리스트는 다음과 같다.

- 문제 이해
- 계획 궁리
- 계획 실행
- 성찰하기

　문제를 이해하는 것은 "밝혀지지 않은 것이 무엇인가?", "그 자료는 무엇인가?"와 같은 질문을 하는 것을 포함한다. 그것은 종종 그 문제와 주어진 정보를 표상해 주는 다이어그램을 그리는 데 도움이 된다. 어떤 계획을 궁리해 내는 데 있어, 어떤 사람은 자료와 밝혀지지 않은 것 간의 어떤 연관성을 찾으려고 시도한다. 그 문제를 하위목표로 나누는 것이 비슷한 문제와 그것이 어떻게 해결되는지(예: 유추를 사용)에 관해 생각하는 것처럼 유용하다. 문제는 재진술될 필요가 있을 수도 있다. 계획을 실행하는 동안 그것이 적절하게 실행되고 있는지를 확실히 하기 위하여 각 단계를 검토하는 것이 중요하다. 성찰(look back)은 "그것이 올바른가? 그것을 해결하기 위한 또 다른 방법들이 있는가?"와 같이 해결책을 검토해 보는 것을 의미한다.

Bransford와 Stein(1984)은 IDEAL이라는 다음과 같은 비슷한 발견교수법을 고안해 냈다.

- 문제 확인(Identify the problem)
- 문제 정의와 표상(Define and represent the problem)
- 가능한 전략 탐색(Explore possible strategies)
- 전략 실행(Act on the strategies)
- 활동의 효과들을 되돌아보고 평가(Look back and evaluate the effects of your activities)

일반적인 발견교수법은 익숙하지 않은 내용을 연구할 때 가장 유용하다(Andre, 1986). 그것은 영역특수적인 지식이 발달함에 따라, 학생들은 그것을 주로 사용하기 때문에 익숙한 영역에서는 덜 효과적이다. 일반적인 발견교수법은 다음과 같은 교수적 장점을 가지고 있다. 즉, 그것은 학습자들이 체계적인 문제해결자가 될 수 있도록 도와줄 수 있다. 비록 발견교수법이 융통성이 없는 것처럼 보이지만, 실제로 단계들이 실행되는 방법에 있어 융통성이 있다. 많은 학습자들의 경우, 발견교수법은 그들의 현재의 문제해결 접근법보다 더 체계적일지 모르며 보다 나은 해결책을 강구할 수 있도록 해줄 것이다.

문제해결전략

Newell과 Simon(1972)은 초기상태, 목표상태, 그리고 하위목표들을 통해 도달하고자 하고 작용(operations)의 활용을 요하는 가능한 해결통로를 가지고 있는 **문제공간(problem space)**이 포함된 정보처리 문제해결모형을 제안하였다. 문제해결자는 문제의 정신적인 표상을 형성하고 초기상태와 목표상태 간의 격차를 줄이기 위한 작용을 수행한다. 어떤 해결책을 찾기 위해 표상을 조작하는 과정이 **검색(search)**이다(Andre, 1986).

문제해결에 있어 첫 단계는 정신적인 표상을 형성하는 것이다. Polya의 첫 단계(문제이해)와 마찬가지로, 표상은 알려진 정보를 기억 속에 있는 모형으로 해석하는 것을 필요로 한다. 내적 표상은 명제, 그리고 어쩌면 작업기억 속에 있는 이미지로 구성되어 있다. 문제는 또한 외적으로(예: 종이, 컴퓨터 스크린, 칠판 위에) 표상될 수 있다. 작업기억 속에 있는 정보는 장기기억 속에 있는 관련된 지식을 활성화하며, 문제해결자는 궁극적으로 하나의 문제해결전략을 선택한다. 사람들이 문제를 해결해 감에 따라, 특히 자신들의 문제해결이 성공하지 못하면, 그들은 종종 자신들의 최초의 표상을 바꾸고 새로운 지식을 활성화한다. 따라서 문제해결은 목표향상도를 평가하는 것을 포함한다.

문제표상은 어떠한 지식이 기억 속에서 활성화되며, 궁극적으로 그 문제가 얼마나 쉽게 해결될 수 있는지를 결정한다(Holyoak, 1984). 만약 문제해결자가 모든 측면을 고려하지 않음으로써 또는 너무 많은 제한점을 덧붙임으로써 문제를 올바르지 못하게 표상한다면, 검색과정에서 올바른 해결통로를 확인할 가망성은 없다(Chi & Glaser, 1985). 문제해결자가 그 뒤에 아무리 명료하게 사유한다 하더라도, 새로운 표상을 형성하지 않는다면 그는 올바른 해결책에 도달하지 못할 것이다. 당연히, 문제해결훈련 프로그램은 일반적으로 표상국면에 많은 시간을 할애한다(Andre, 1986).

(앞에서 논의된) 기능과 마찬가지로, 문제해결전략은 일반적이거나 구체적일 수 있다. **일반적 전략**(general strategies)은 내용에 상관없이 몇몇 영역의 문제에 적용될 수 있다. 반면, **구체적 전략**(specific strategies)은 단지 구체적인 영역에서만 유용하다. 예를 들어, 어떤 복잡한 문제를 하위문제로 나누는 것(하위목표분석)은 기말보고서를 작성하고, 전공을 선택하며, 어디에 살 것인지를 결정하는 것과 같은 문제에 적용할 수 있는 일반적인 전략이다. 이와는 대조적으로, 어떤 사람이 실험표본을 분류하기 위해 행할 수도 있는 검사는 과제특수적(task-specific)이다. Nikowsky 중학교의 교사들에게 주어진 전문성개발에는 아마도 일반적 전략과 구체적 전략이 포함되었을 것이다.

일반적 전략은 해결책을 즉시 알 수 없는 문제에 관해 연구할 때 유용하다. 유용한 일반적 전략으로는 생성-검사전략, 수단-목적분석, 유추적 추론, 브레인스토밍을 들 수 있다. 처음 세 가지는 여기에서 논의된다. 브레인스토밍은 이 장(章)의 후반부에서 다루어진다. 이 일반적 전략은 매우 익숙한 내용을 가지고 연구를 할 때 영역특수적 전략보다 덜 유용하다. 학습맥락에서 문제해결에 관한 몇 가지 예가 [적용 7.5]에 제시된다.

생성-검사. 생성-검사(generate-and-test)는 한정된 수의 문제해결책이 목표를 달성할 수 있는지의 여부를 알아보기 위하여 검사될 수 있을 때 유용한 전략이다(Resnick, 1985). 이 전략은 유사성의 측면에서 순서화될 수 있는 여러 가지 해결책을 가지고 있는 문제와 적어도 하나의 해결책이 그 문제를 해결하는 데 적절한 곳에서 매우 효과적이다.

예를 들어, 여러분이 어떤 방에 들어와서 전등스위치를 켰지만 불이 들어오지 않는 경우를 가정해 보자. 다음과 같은 원인이 있을 수 있다. 전구가 단선(斷線)되었다. 전기가 꺼져 있다. 스위치가 잘못되었다. 램프의 소켓이 잘못되었다. 전기배선 차단기가 잘못되었다. 퓨즈가 나갔다. 배선이 끊어졌다. 여러분은 아마도 가장 그럴싸한 해결책(전구를 교체하는 것)을 생성해 내고 검사를 할 것이다. 만약 이렇게 하였는데도 불구하고 그 문제가 해결되지 않는다면, 여러분은 다른 그럴싸한 해결책을 생성해 내고 검사를 할 수 있다. 비록 내용이 매우 유사할 필요는 없지만, 이러한 방법을 효과적으로 사용하기 위해서는 어떤 지식이 요구된다. 사전지식은 가능한 해결책의 위계를 설정하며 현재의 지식은 해결책 선택에 영향을 미친다. 따라서 만약 이웃집 근처에 전기수리공사 차량이 있다는 것을 안다면 여러분은 전기가 나갔는지를 알아볼 수도 있다.

적용 7.5

문제해결

학습자들의 문제해결기능을 증진시키는 데 도움이 되는 다양한 방법이 있다. 학습자들이 서술형 수학문제를 해결할 때, Quinn 선생님은 그들이 각 문제를 자신들의 말로 진술하고, 스케치를 하며, 어떤 정보가 적절한지를 결정하고, 그 문제를 해결할 수 있는 방법을 진술하도록 독려한다. 이러한 질문과 다른 비슷한 질문은 학습자들로 하여금 중요한 과제 측면에 주의를 집중하는 데 초점을 맞추며 그들의 생각을 유도하는 데 도움이 된다.

- 어떤 정보가 중요한가?
- 어떤 정보가 빠졌는가?
- 어느 공식이 필요한가?
- 첫 번째로 해야 할 것이 무엇인가?

학습자들을 도와주기 위한 또 다른 방법은 그들이 문제를 관점을 달리하면서 볼 수 있도록 독려하는 것이다. 세계사 수업에서, 고등학교 학생들은 주요한 전시인물(예: Churchill, Hitler)을 범주화하는 방법을 논의하였다. 그들은 이러한 개인들을 성격유형별, 그들 국가의 정치적 구조별, 전쟁목표별, 그리고 그들의 지도력과 목표가 끼친 영향별과 같이 범주화할 수 있는 다양한 방법을 결정하였다. 이러한 연습은 문제해결을 도와주는 정보를 조직화하는 다양한 방법을 예시한다.

교사들은 또한 전략을 가르칠 수 있다. 지리학수업에서, 학습자들은 다음과 같은 문제를 받을 수도 있다: "새로운 거주자들에게 매력적일 수 있는 한 나라(자신이 살고 있는 나라가 아닌)를 고른 후, 그 나라의 가장 중요한 속성을 묘사하는 포스터를 만들라."역방향 문제해결전략(working backward strategy)은 다음과 같이 가르칠 수 있다.

목표: 그 국가의 가장 중요한 속성을 묘사하는 포스터를 만든다.
하위목표: 그 속성을 포스터에 어떻게 묘사할 것인지를 결정한다.
하위목표: 어느 속성을 묘사할 것인지를 결정한다.
하위목표: 어느 국가를 고를 것인지를 결정한다.
최초 하위목표: 어떠한 속성이 새로운 거주자들에게 매력적인지를 결정한다.

학생들은 최초 하위목표를 달성하기 위해서 어떠한 요인이 사람들로 하여금 한 국가에 대해 매력을 느끼도록 하는지를 결정하기 위하여 소집단으로 나누어 협력할 수 있다. 그런 다음, 그들은 어떤 국가들이 그러한 속성을 가지고 있는지를 검토하기 위하여 도서관에서 조사를 할 수 있다. 학생들은 다른 국가들의 속성을 논의하고 한 국가를 결정하기 위하여 재소집된다. 그런 다음, 그들은 포스터에 묘사할 속성이 어느 것인지와 그것들을 묘사하기 위한 방법을 결정한다. 그 이후, 학생들은 포스터를 제작하고 그것을 수업시간에 제시한다.

교사들은 학생들이 문제해결기능을 개발할 때 정답보다 오히려 단서를 주기를 원할 수도 있다. 범주화하는 것에 대하여 어린 아동들과 함께 연구하는 교사는 아동들에게 동물과 색깔, 살 곳의 이름들이 적힌 일련의 단어 리스트를 제시할 수도 있다. 아동들은 대부분 그 이름들을 범주화하는 데 상당한 어려움을 경험할 가능성이 있다. 교사는 그들에게 정답을 말하기보다 오히려 "그 단어들이 어떻게 함께 묶일 수 있는지를 생각해 보라. 말(horse)과 사자(lion)가 얼마나 유사하느냐? 분홍(pink)과 집(house)이 어떻게 다르냐?"와 같은 단서를 제공해 줄 수도 있다.

수단-목적분석. 수단-목적분석(means-ends analysis)을 활용하기 위해 어떤 사람은 현재의 상황을 목표와 비교하며 그들 간의 차이점을 확인한다(Resnick, 1985). 그 차이점을 줄이기 위해 하위목표가 설정된다. 그는 하위목표를 달성하기 위하여 일련의 조작(operations)을 수행하며 그 목표가 달성될 때까지 그 과정은 반복된다.

Newell과 Simon(1972)은 수단-목적분석을 연구하였으며, 일반적인 문제해결자(General Problem Solver: GPS)라 불리는 컴퓨터 시뮬레이션 프로그램을 고안해 냈다. GPS는 어떤 문제를 하위목표로 나누는데, 각 하위목표는 현재 상태로부터의 하나의 차이를 나타낸다. GPS는 가장 중요한 차이점에서 시작하며, 그 차이점을 줄이기 위한 조작을 사용한다. 몇몇 경우에 있어, 그러한 조작은 보다 중요한 차이점에 필수 불가결한 또 다른 차이점을 우선적으로 제거해야 한다.

수단-목적분석은 하나의 강력한 문제해결 발견교수법이다. 하위목표가 적절하게 확인될 때 수단-목적분석은 그 문제를 해결할 수 있는 가능성이 매우 높다. 한 가지 단점은 복잡한 문제의 경우 수단-목적분석은 몇 가지 하위목표를 지속적으로 추적해야 하기 때문에 작업기억에 부담을 준다는 것이다. 하위목표를 망각하는 것은 문제를 해결하는 데 방해가 된다.

수단-목적분석은 목표에서 초기상태로[**역방향 문제해결법**(working backward)] 또는 초기상태에서 목표로[**순방향 문제해결법**(working forward)] 진행할 수 있다. 역방향 문제해결법의 경우, 목표에서 시작해서 그 목표를 달성하기 위해 어떠한 하위목표가 필요한지 알아본다. 그런 다음, 초기상태에 도달할 때까지 하위목표를 달성하기 위해 무엇이 필요한지를 계속해서 알아본다. 따라서 역방향 문제해결을 위해 사람들은 각기 어떤 하위목표를 달성하기 위하여 고안된 일련의 조치(moves)를 계획한다. 역방향 문제해결을 성공적으로 하기 위해서는 목표와 하위목표 선결요건을 결정하기 위하여 그 문제영역에 관한 상당량의 지식이 요구된다.

역방향 문제해결법은 기하학적인 정리(theorems)를 증명하기 위하여 빈번히 사용된다. 정리가 사실이라는 가정에서 시작하여 공준(postulates)에 도달할 때까지 역으로 거슬러 올라오면서 문제를 해결한다. [그림 7.2]는 기하학에 관한 예를 보여준다. 문제는 $\angle m$을 알아내는 것이다. 역방향 문제해결법을 사용하여, 학습자는 $\angle m = 180° - \angle n$(직선은 180°)이기 때문에 $\angle n$을 결정할 필요가 있다는 것을 알아낸다. 계속해서 역방향으로 문제를 해결해 나감으로써, 학습자는 평행선이 교차하기 때문에 직선 q에 있는 대응각 $\angle d$와 $\angle n$이 동일하다는 것을 이해한다. 자신의 기하학적 지식에 기초하여, 학습자는 $\angle d = \angle a$이며, $\angle a = 30°$라는 것을 결정한다. 따라서 $\angle n = 30°$이며, $\angle m = 180° - 30° = 150°$다.

역방향 문제해결의 또 다른 예로서, 만약 어떤 학습자가 3주 내에 기말보고서를 제출해야 한다고 가정해 보자. 보고서를 제출하기 전 마지막 단계는 교정을 하는 것이다(보고서 기한 전날 하는 것). 그 전 단계는 최종보고서를 타이핑하고 인쇄하는 것이다(1일 소요). 그 전에, 그는 보고서의 최종버전을 만들고(1일), 그것을 수정하고(3일), 초고를 타이핑하고 인쇄한다(1일). 계속해서 역방향 문제해결법을 활용하여 보고서를 작성하는 데 요구되는 시간을 역산해 보면, 우리는 초고를 작성하는 데 5일, 개요를 잡는 데 1일, 도서관에서 자료들을 검색하는 데 3일, 그리고 주제를 잡는 데 1일이 소요됨을 알 수 있다. 즉, 보고서를 작성하는 데 소요되는 시간은 총 17일이 걸린다. 따라서 우리는 오늘로부터 4일 전에 보고서를 작성하기 시작했어야 하였다.

수단-목적분석의 두 번째 유형은, 때때로 **언덕오르기**(hill climbing)라고 일컬어지는 (Mayer, 1992) 순방향 문제해결법이다. 문제해결자는 현재의 상태에서 시작하여 목표에 점차 가까이 이동한다는 희망 속에서 그것을 바꾸기 위한 무언가를 행한다. 그 목표를 달성하기 위해서 몇몇 수정이 필요하다. 한 가지 위험스러운 것은 순방향 문제해결법은 때

그림 7.2
기하학문제에 적용된 수단-목적분석

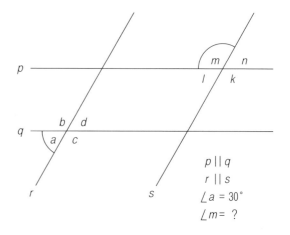

때로 피상적인 문제분석에 근거하여 진행된다는 것이다. 비록 각 단계가 어떤 필수적인 하위목표를 달성하기 위한 시도를 나타내지만, 사람들은 쉽게 옆길로 벗어나 버리거나 또는 막다른 길에 도달할 수 있다.

　순방향 문제해결전략의 한 예로서, 병 속에 다양한 물질을 가지고 있는 학습자를 생각해 보자. 그의 목표는 자신의 병 속에 있는 물질에 라벨을 붙이는 것이다. 그렇게 하기 위해서, 학습자는 만약 올바르게 행한다면 어떤 해결책에 도달할 수 있는 그 물질에 관한 일련의 검사를 실시한다. 이것은 각 검사가 학습자 자신이 가지고 있는 물질을 분류하기 위한 목표에 점점 더 가까이 이동할 수 있기 때문에 일종의 순방향 문제해결전략을 나타낸다. 그 검사는 순서화되어 있으며, 그 결과는 그 물질이 무엇이라는 것뿐만 아니라 무엇이 아니라는 것 또한 보여준다. 교사는 학습자가 잘못된 궤도로 벗어나는 것을 막기 위하여 절차를 주의 깊게 설정하고 학습자가 검사를 수행하는 방법을 이해하였는지를 확실하게 해야 한다.

유추적 추론.　또 하나의 일반적 문제해결전략은, 문제상황(목표)과 사람들이 익숙한 상황(기초 또는 근원) 간에 유추를 해 보는 것과 관련되어 있는, **유추적 추론**(analogical reasoning)을 사용하는 것이다(Anderson, 1990; Chen, 1999; Hunt, 1989). 어떤 사람은 익숙한 영역을 통해서 문제를 푼 다음 그 해결책을 문제상황에 관련짓는다(Holyoak & Thagard, 1997). 유추적 추론은 LTM에 있는 익숙한 영역의 네트워크를 평가하고 그것을 작업기억 속에 있는 문제상황에 위치시키는(관련시키는) 것을 수반한다(Halpern, Hansen, & Riefer, 1990). 성공적으로 적용하려면, 비록 그 상황이 표면적인 특성에 있어서는 다를지라도(예: 어떤 사람은 태양계 시스템과 다른 분자구조를 관련시킬지 모른다), 익숙한 상황이 문제상황과 구조적으로 유사해야 한다. 이 접근법에서 하위목표는 원래의 (익숙한) 영역에 있는 단계가 전이(문제) 영역에 있는 단계와 관련되어 있다. 학습자는 종종 교과서에 있는 문제를 해결하기 위하여 유추방법을 사용한다. 학습자는 교과서(익숙한 영역)에서 예를 찾아 연구한 다음 이 단계를 자신이 해결해야 할 문제와 관련짓는다.

　Gick과 Holyoak(1980, 1983)은 유추적 문제해결법이 얼마나 강력한지를 보여 주었다. 그들은 학습자들에게 어려운 의학문제와 유추로 해결된 군대문제를 제시하였다. 단지 학습자들에게 유추적인 문제를 주는 것만으로 그들이 그것을 사용하는 것을 자동으로 드러내 주지는 않았다. 그러나 학습자들에게 의학문제를 해결하기 위해 군대문제를 사용할 수 있는 힌트를 주었을 때 문제해결력이 향상되었다. Gick과 Holyoak은 또한 학습자들에게 두 가지의 유추적 이야기를 주는 것이 하나의 이야기를 주는 것보다 더 나은 문제해결을 할 수 있도록 해준다는 것을 알아냈다. 그러나 그들에게 그 유추적 이야기를 요약해 주며, 그들이 이야기를 읽는 동안 그 이야기의 토대가 되는 원리를 제공하고, 또는 문제해결의 원리를 보여주는 다이어그램을 제공하는 것은 문제해결력을 신장시켜 주지 않았다.

이러한 결과는 익숙하지 않은 영역의 경우 학습자가 유추를 사용할 수 있는 방법에 관한 지도가 필요하며, 여러 가지 예를 제공해 줌으로써 학습자로 하여금 적어도 하나의 예를 해결해야 할 문제에 연결시킬 수 있는 가능성을 높여 주어야 함을 시사해 준다.

유추적 문제해결이 가장 효과적으로 사용되기 위해서는 익숙한 영역과 문제영역에 관한 뛰어난 지식이 필요하다. 학생들은 종종 심지어 해결전략이 두드러지게 드러나 있음에도 불구하고 문제를 해결하기 위하여 유추를 사용하는 데 상당한 어려움을 겪는다. 부적절한 지식을 가지고 있으면, 학생들은 문제와 유추 간의 관계를 보지 못할 수도 있다. 심지어 뛰어난 지식을 가지고 있다 하더라도, 익숙한 영역과 문제영역이 개념적으로 유사하지 않을 때 유추를 하지 못할 가능성이 상당히 높다. 학습자들은 전쟁터에서 싸우는 것(군대문제)이 질병과 싸우는 것(의학문제)과 얼마나 유사한지를 이해할 수 있을지 모르지만, 그들은 다른 유추(어떤 회사의 조직개편 시도에 대해 싸우는 것)를 이해하지 못할 수도 있다.

인간발달에 관한 여러 연구결과들은 어렵기는 하지만 아동들이 유추적 추론을 사용할 수 있음을 보여준다(Siegler, 1989). 학습장애를 지니고 있는 아동들을 포함하여, 아동들에게 유추를 가르침으로써 그들의 추후 문제해결력을 향상시킬 수 있다(Grossen, 1991). 사례연구와 사례기반 추론을 사용함으로써 아이들이 유추적 사고를 개발할 수 있도록 도와줄 수 있다(Kolodner, 1997). 유추를 사용할 수 있도록 하기 위한 효과적인 기법에는 성인 교사와 아동이 원래의 문제와 전이문제의 토대가 되는 해결원리를 말로 표현하며, 아동에게 원래 문제의 인과구조의 요소를 회상토록 하고, 인과구조를 가장 잘 드러내는 것과 가장 적게 드러내는 두 가지 문제를 제시하는 것 등이 있다(Crisafi & Brown, 1986). 다른 효과적인 기법으로는 유사한 원래 문제와 전이문제를 사용하는 것, 몇 가지 유사한 문제를 제시하는 것, 인과관계를 보여주는 그림을 사용하는 것 등을 들 수 있다.

이것은 모든 아동들이 유추를 사용하는 데 있어 전문가가 될 수 있다고 주장하지는 않는다. 과제는 어렵고, 아동들은 종종 부적절한 유추를 한다. 나이 든 학습자들과 비교해 볼 때, 어린 학습자들은 더 많은 힌트를 필요로 하며, 부적절한 개념적 특성에 의해 더 많은 혼란을 겪기 쉽고, 정보를 덜 효과적으로 처리할 수 있다(Crisafi & Brown, 1986). 아동들의 성공은 원래 문제에 대한 그들의 지식과 상당한 개인적인 차이를 보여주는 부호화와 정신적인 비교를 하는 데 있어서의 그들의 기능에 의해 크게 좌우된다(Siegler, 1989). 아동들은 문제해결전략을 단순히 관찰할 때보다 그것을 관찰하고 설명할 때 그 전략을 더 잘 학습한다(Crowley & Siegler, 1999).

유추적 문제해결은 수업에서 유용하다. 교사는 종종 모국어가 영어가 아닌 학습자들을 가르친다. 그들의 모국어로 학습자들을 가르치는 것은 불가능하다. 교사는 이러한 문제를 학습에 어려움을 가지고 있는 학습자들을 가르치는 것과 관련지을 수 있다. 학습에 어려움을 가지고 있는 학습자들의 경우, 교사는 진도를 서서히 나가고, 가능하다면 언제든지 구체적인 경험을 사용하며, 많은 개별교수를 제공할 수도 있다. 그들은 영어를 사용하지 않는 학습자들에게, 영어단어와 구절을 동시에 가르침으로써 그들이 반의 다른 학습자들을 따라갈 수 있도록 하는, 동일한 전술을 시도해 볼 수도 있다.

이러한 유추는 학습에 문제를 가지고 있는 학습자들과 영어를 거의 사용할 줄 모르는 학습자들이 교실에서 어려움을 가지고 있기 때문에 적절하다. 다른 유추들은 부적절할지도 모른다. 동기화되지 않은 학습자들도 학습에 대한 어려움을 가지고 있다. 교사는 유추를 위해 동기화되지 않은 학습자들을 활용함으로써 영어를 사용하지 않는 학습자들에게 학습에 대한 보상을 제공할 수도 있다. 이 해결책은 영어를 사용하지 않는 학습자들이 가지고 있는 문제가 동기적이라기보다는 오히려 교수적이기 때문에 비효과적이기 쉽다.

문제해결과 학습

오늘날의 정보처리관점에 따르면(Anderson, 1990, 1993, 2000), 문제해결은 습득, 파지, 조건들이 시스템을 활성화시키는 일련의 상황이며, 행동은 일어날 일련의 활동인 조건-활동 경로의 네트워크(규칙들)인 산출시스템의 활용을 수반한다(Anderson, 1990; Andre, 1986)(제5장 참조). **산출시스템(production system)**은 만약 ~한다면(if-then)의 문장으로 구성되어 있다. if문(조건)은 목표와 검사 문장(test statement)을 포함하며, then문은 행동이다.

산출은 선언적 지식을 포함하는 절차적 지식의 형태이며, 이러한 형태들하에 있는 조건들은 활용 가능하다. 산출은 명제적 네트워크로 LTM 속에 표상되며 다른 절차적 지식과 동일한 방식으로 습득된다. 산출은 또한 하위와 상위산출을 가지고 위계적으로 조직된다. 두 개의 미지수를 가지고 있는 두 공식을 해결하기 위해서, 우리는 먼저 한 미지수를 두 번째 미지수(하위산출)의 용어로 나타내며, 그 후 그 두 번째 미지수(산출)를 풀고, 첫 번째 미지수(상위산출)를 해결하기 위하여 그 값을 사용한다.

산출은 일반적일 수도 있고 특수적일 수도 있다. 특수적 산출은 잘 정의된 영역의 내용에 적용된다. 이전의 산출은 영역특수적(domain-specific)이다. 이와 대조적으로, 발견교수법은 그것이 다양한 내용에 적용되기 때문에 일반적 산출이다. 수단-목적분석은 다음과 같이 표현될 수 있다(Anderson, 1990).

> 만약 목표가 현재상태를 목표상태로 변형하고 D가 그 상태들 간에 가장 큰 차이라면,
> _____을 하위목표로서 설정하라
> 1. 차이 D를 제거하는 것
> 2. 결과상태를 목표상태로 변환하는 것(p. 243)

그런 다음, 두 번째 산출은 "만약 목표가 차이 D를 제거하는 것이라면"과 같이 if~then 문을 사용할 필요가 있다. 이러한 순서는 하위목표가 특수적인 수준에서 확인될 때까지 계속된다. 그 후, 영역특수적인 규칙이 적용된다. 요컨대, 일반적 산출은 영역특수적 지식이 적용되는 수준까지 나누어진다. 산출시스템은 일반적인 문제해결 절차와 특수적인 문제해결 절차를 연계하는 수단을 제공한다. 다른 문제해결전략(예: 유추적 추론)은 또한 산출으로 표현될 수 있다.

매우 규제적인 학교학습은 문제해결을 필요로 하지 않을 수도 있다. 문제해결은 학습자가 목표와 그것을 달성하기 위한 명확한 수단을 가지고 있을 때 활용할 수 있었다. 교사는 융통성 없는 방식, 매우 획일화된 교수로부터 벗어나고 학습자가 보다 창의적이고 비판적인 사고를 할 수 있도록 독려될 때, 문제해결은 보다 중요해진다. 이것이 Nikowsky 중학교의 교사들이 Meg 교장 선생님과의 미팅 후에 행하였던 것이다.

전문가와 초보자

기능습득에서처럼, 연구자들은 초보 문제해결자와 전문 문제해결자 간의 차이점을 밝혀 왔다(Anderson, 1990, 1993; Bruning, Schraw, & Norby, 2011; Resnick, 1985). 한 가지 차이점은 작업기억상에서 행해지는 요구와 관련이 있다. 전문 문제해결자는 잠정적으로 관련되어 있는 것으로 보이는 정보를 많이 활성화하지는 않는다. 그는 문제의 핵심적인 특성을 확인하고, 그것을 배경지식과 관련지으며, 하나 또는 적은 수의 잠정적인 해결책을 생성해 낸다(Mayer, 1992). 전문가는 복잡한 문제를 문제공간으로부터 그 문제를 둘러싸고 있는 사실과 지식의 영역을 포함하고 있는 더 커다란 과제환경으로부터 분리해 냄으로써 처리할 수 있는 크기로 줄인다(Newell & Simon, 1972). 이렇게 함으로써 전문가는 더 많은 정보를 작업기억 속에 저장할 수 있다(Chi, Glaser, & Farr, 1988). 이러한 축소과정은 적절한 정보를 유지하고, 부적절한 정보는 버리며, 작업기억의 한계 내에서 수용할 수 있도록 해준다.

전문가는 종종 문제의 형태를 확인하고 그것에 적합한 접근법을 생성해 냄으로써 순방향 문제해결전략을 사용한다(Mayer, 1992). 이것은 일반적으로 문제를 부분으로 나누고 그 부분을 순차적으로 해결하는 것을 의미한다(Bruning et al., 1995). 그러나 초보 문제해결자는 종종 단편적인 방식으로 문제를 해결하려고 하는데, 이는 부분적으로 기억이 잘 조직화되어 있지 못하기 때문이다. 그가 시행착오를 사용하거나 만일 그에게 요구되는 하위단계를 인식하지 못한다면, 그는 자신에게 주어진 문제에 대해 알고자 하는 것으로부터 거슬러 올라가면서 문제를 해결하고자 하는 비효과적인 전략을 사용할 수도 있다(Mayer, 1992). 그의 수단-목적분석은 종종 문제의 표층적인 특성에 기초한다. 수학의 경우, 초보자는 단어문제에 직면하였을 때 기억으로부터 공식을 생성해 낸다. 작업기억 속에 과도한 정보를 저장하려고 하는 것은 과도한 인지부하를 초래한다(Kalyuga, Renkl, & Paas, 2010).

전문가와 초보자는 일반적인 문제해결전략에 관한 지식에 있어서는 상당히 정통한 것으로 보인다(Elstein, Shulman, & Sprafka, 1978; Simon, 1979). 그러한 일반화된 지식구조는 문제해결에 필수적이다(Kalyuga et al., 2010). 그러나 전문수행자는 보다 더 집중적이고 더 잘 조직화된 LTM 영역특수적 지식을 가지고 있다(Chi et al., 1981). 전문가가 문제해결 시 사용할 수 있는 지식의 양이 많으면 많을수록, 그는 문제를 해결할 가능성이 더 높고, 그의 기억조직도 보다 더 효과적으로 촉진된다.

질적 차이는 지식이 기억 속에서 어떻게 구조화되는지에서 분명하게 드러난다(Chi, Glaser, & Rees, 1982). 전문가의 지식은 보다 위계적으로 조직화되어 있다. 전문가는 문제를 "심층구조(deep structure)"에 따라 분류하는 경향이 있는 반면, 초보자는 표면적인 특성에 더 의존한다(Hardiman, Dufresne, & Mestre, 1989). 초보자에게 심층적인 특성을 인지할 수 있도록 가르치면 수행은 향상된다.

초보자는 일반적으로 문제가 어떻게 제시되었는지의 관점에서 문제에 반응하는 반면, 전문가는 자신의 LTM 네트워크에 가장 흡사한 어떤 기초적인 구조를 밝혀내기 위해 문제를 재해석한다(Resnick, 1985). 초보자는 주어진 정보를 직접적인 공식으로 변형하고 빠져있는 숫자를 해결하려고 시도한다. 이에 비해, 전문가는 공식을 만들기보다 먼저 문제의 제 측면들 간의 관계를 분류하기 위하여 다이어그램을 그릴 수도 있다. 그는 종종 그 문제의 새 버전을 구성한다. 계산할 준비가 되었을 쯤, 전문가는 항상 초보자보다 문제를 단순화하고 보다 더 적은 수의 계산을 수행한다. 계산을 하는 동안, 전문가는 목표를 향해 진도가 제대로 나아가고 있는지와 자신이 사용하고 있는 전략의 가치를 보다 잘 평가하기 위하여 자신의 수행을 점검한다.

마지막으로, 전문가는 계획과 분석을 하는 데 더 많은 시간을 소비한다. 그는 보다 심사숙고하고 마음속에 어떤 전략을 가질 때까지 다음 단계로 나아가지 않는다. 경험이 풍부한 교사는 경험이 적은 교사보다 새로운 교실을 탐색하는 데 더 많은 시간을 소비할 뿐만 아니라 계획하는 데에도 더 많은 시간을 소비한다(Moore, 1990). 그러한 계획이 전략 실행을 더 쉽게 해준다.

요컨대, 초보 문제해결자와 전문 문제해결자 간에 차이점이 많다. 초보자와 비교해 볼 때, 전문가는 다음과 같은 특성을 지니고 있다.

- 선언적인 지식을 더 많이 소유함
- 보다 더 나은 위계적인 지식구조를 지님
- 계획하고 분석하는 데 더 많은 시간을 소비함
- 문제형태를 보다 쉽게 인지함

- 문제를 보다 심층적인 수준으로 표상함
- 자신의 수행을 보다 주의 깊게 점검함
- 전략활용의 가치를 보다 잘 이해함

비판적 사고, 추론, 창의성

메타인지, 개념학습, 문제해결과 더불어, 복잡한 인지적 과정에는 비판적 사고, 추론, 창의성이 포함된다.

비판적 사고

이 장 서두의 에피소드에서 교육자들은 더 많은 비판적인 사고를 교육과정에 어떻게 통합할 것인지를 가지고 씨름하였다. **비판적 사고(critical thinking)**는 무엇을 할 것인지 또는 무엇을 믿을 것인지를 결정하는 데 초점을 둔 성찰적 인지활동이다(Ennis, 1987). 비판적 사고는 무엇을 생각할 것인지보다 어떻게 생각할 것인지와 관련이 있다. 본질적으로, 그것은 더 낫거나 더 심층적인 사고다.

문제에 대한 해결책을 도출하는 데 초점을 둔 문제해결과는 달리, 비판적 사고는 문제의 본질을 이해하는 데 초점을 둔다. 문제해결은 또한 특수한 영역(예: 과학, 수학)에 초점을 두는 경향이 있는 반면, 비판적 사고는 보다 일반적인 수준(예: 오염의 영향)에서 일어날 수 있으며, 다양한 영역들 사이에도 일어날 수 있다(Bruning et al., 2011).

비판적 사고는 또한 문제해결의 다양한 측면을 포함할 수도 있다. 우리는 오염의 영향을 이해하기를 원할 뿐만 아니라 그것이 야기하는 문제에 대한 몇 가지 해결책을 마련하기를 원할 수도 있다. 그러나 일반적으로 설명하면, 비판적 사고는 결정이나 해결책이 아닌 오히려 단지 더 완벽한 이해를 필요로 한다.

연구자들은 다양한 비판적 사고요소를 제안해 왔다. 중요하다고 볼 수 있는 네 가지 요소는 지식(knowledge), 추정(inference), 평가(evaluation), 메타인지(metacognition)다(Bruning et al., 2011; Halpern, 1998). 고려되고 있는 쟁점에 관한 약간의 지식은 개인이 질문을 하고 새로운 정보나 관점을 판단하는 데 도움을 준다. 이 장과 다른 장들에서 논의된 바와 같이, 전략에 관한 지식은 비판적 사고가 취하는 방향에 초점을 둘 수 있게 도와줄 수 있다. 사람들은 비판적 사고에 참여하면, 새로운 지식을 습득할 수 있다.

추정이란 두 개 이상의 지식단위들 간에 연계성을 짓는 것을 말한다(Bruning et al., 2011). 사람들은 추정을 함으로써 문제를 더 잘 그리고 더 심층적인 수준에서 이해할 수 있다. 이 장의 뒷부분에서는 두 가지 유형의 추론과정들, 즉 연역적 추론(deductive reasoning)과 귀납적 추론(inductive reasoning)에 관하여 논의한다.

평가란 증거를 분석하고 판단하며 계량하는 것과 같은 과정을 말한다. 분석(analyzing)을 함으로써, 우리는 현재 다루고 있는 쟁점과 관련이 있는 것처럼 보이는 정보를 확인하고 선택한다. 판단(judging)은 정보나 증거의 신빙성을 평가하는 데 기여하며, 편견을 없애는 데 도움을 줄 수 있다. 계량(weighing)은 우리가 가지고 있는 정보를 비교하며, 그것을 우리에게 의미 있는 방식으로 조직화하는 것을 의미한다.

메타인지는 비판적 사고의 핵심적인 측면이다. 앞에서 우리는 메타인지는 "사고에 대한 사고"임을 알았다. 메타인지적 활동은 우리의 사고과정을 점검하고 도출한 결론의 정확성을 나타내는 데 도움을 준다. 우리는 메타인지적 활동을 통해 더 많은 정보가 필요하기 때문에 결론을 내릴 준비가 안 된 문제를 충분히 또는 역으로 생각해 왔다고 결정할 수 있다.

추론

추론(reasoning)이란 논리적인 주장을 생성하고 평가하는 데 수반되는 정신적 과정을 말한다(Anderson, 1990). 추론은 생각(thoughts), 지각표상(percepts), 주장(assertions)으로부터 결론을 도출하며(Johnson-Laird, 1999) 어떤 것이 왜 일어났는지 또는 무슨 일이 일어날 것인지를 설명하기 위해 문제나 쟁점을 곰곰이 생각해 보는 것을 수반한다(Hunt, 1989). 추론기능은 분류(clarification), 근거(basis), 추정(inference), 평가(evaluation)를 포함한다(Ennis, 1987; Quellmalz, 1987)(〈표 7.3〉과 [적용 7.6] 참조). 이 중 몇 가지는 비판적 사고기능과 부분적으로 중복된다는 점에 주의하라.

표 7.3
추론기능

기능	정의	예시 질문
분류	질문을 확인하고 형성하며, 구성요소들을 분석하고, 용어를 정의하는 것	"무엇을 알고 있는가?", "이해하기 위해서는 무엇이 필요한가?"
근거	어떤 문제에 대한 결론을 위한 지지의 출처를 결정하는 것	"이것은 사실인가? 또는 의견인가?", "이 정보의 출처는 무엇인가?"
추정	특수한 사례들로부터 일반적인 원리들을 귀납적으로, 또는 일반적인 원리들로부터 특수한 사례들을 연역적으로 추론하는 것	"이러한 다양한 예들이 공통적으로 가지고 있는 것은 무엇인가?"(귀납), "이러한 일반적인 규칙들을 이 사례에 어떻게 적용할 수 있는가?"(연역)
평가	어떤 문제의 해결책에 관한 적절성을 판단하기 위하여 기준을 사용하는 것	"더 많은 정보가 필요한가?", "나의 결론은 타당한가?"

적용 7.6

추론

학생들은 어떤 문제에 대한 정확한 정신적 표상을 만들기 위하여 질문하는 방법을 학습할 수 있다. 교사는 초등학교 학생들에게 모양에 따라 분류하도록 물체를 줄 수도 있다.

교사는 학생들이 그 문제를 확인하고 분명히 할 수 있도록 하기 위해, 다음과 같은 질문을 할 수 있다.

- 무엇을 해야 하니?
- 어떤 아이템을 가지고 있니?
- 네가 알고 있는 모양은 무엇이니?
- 아이템의 색깔이 다르다면 문제가 되니?
- 아이템들 중 몇 개는 작고 몇 개는 큰 것이 문제가 되니?
- 아이템들 중 몇 개는 부드럽고 몇 개는 단단한 것이 문제가 되니?
- 네가 가지고 있는 아이템을 가지고 무엇을 할 생각이니?

학생들은 어떤 정보를 사용할 필요가 있는지 그리고 그 정보를 가지고 무엇을 할 작정인지를 말한다. 교사가 어떤 문제를 풀기 위해서 학생들과 함께 연구할 때마다, 교사는 학생들이 그 문제를 해결하기 위해

서 어떤 정보가 중요한지에 대한 질문을 생성할 수 있도록 도와줄 수 있다.

일련의 인턴들과 일하는 의학연구자는 인턴들에게 어떤 바이러스에 대한 정보를 준다. 인턴들의 과제는 그 바이러스를 확인하는 것이다. 그 교수자는 확인과정에서 학생들을 도와주기 위하여 다음과 같은 비슷한 질문을 만들 수 있다.

- 그 바이러스는 혈액에 어떠한 영향을 미치는가?
- 그 바이러스는 인간세포조직에 어떤 영향을 미치는가?
- 그 바이러스는 얼마나 빨리 성장하며, 어떤 조건에서 성장하는가?
- 그 바이러스가 더위에 노출되었을 때 무엇을 하는가?
- 그 바이러스가 추위에 노출되었을 때 무엇을 하는가?
- 그 바이러스가 습기에 노출되었을 때 무엇을 하는가?
- 그 바이러스는 밀폐된 환경에서는 무엇을 하는가?
- 그 바이러스가 다양한 약품에 노출되었을 때 어떤 반응을 하는가?

분류. 분류(clarification)는 질문을 확인하고 형성하며, 구성요소를 분석하고 용어를 정의하는 것을 요구한다. 이 기능은 어떤 상황에서 어느 구성요소가 중요하며, 그 구성요소가 무엇을 의미하는지, 그리고 그 구성요소가 어떻게 관련되는지를 결정하는 것을 수반한

다. 종종 과학적 질문이 제시되지만, 다른 때에 학생들은 "문제, 가설, 또는 논제가 무엇인가?"와 같은 질문을 개발해야 한다. 분류는 문제해결의 표상단계에 해당된다. 즉, 학생들은 명확한 정신적 표상을 얻기 위하여 문제를 정의한다. 덜 산출적인 추론은 분명한 문제진술문 없이도 발생한다.

근거. 어떤 문제에 대한 사람들의 결론은 개인적인 관찰, 다른 사람에 의한 성명, 이전의 추정에 의해서 지지된다. 출처의 신뢰도를 판단하는 것이 중요하다. 그렇게 할 때, 사람들은 사실, 의견, 추론된 판단 간의 차이를 구별해야 한다. 총으로 무장한 어떤 용의자가 살인현장 근처에서 체포되었다고 가정해 보자. 그 용의자가 체포되었을 때 총을 가지고 있었다는 것은 사실이다. 총, 총알, 희생자에 관한 실험실 검사는 그 총이 범죄에 사용되었다는 논리에 맞는 판단을 이끈다. 그 사건을 조사하는 어떤 사람은 그 용의자가 살인자라는 의견을 가지고 있을 수 있다.

추정. 과학적 추론은 연역적으로 또는 귀납적으로 진행된다. **귀납적 추론**(inductive reasoning)이란 구체적인 사례에 관한 관찰과 지식으로부터 일반적인 규칙, 원리, 개념을 개발하는 것을 말한다(Pellegrino, 1985). 그것은 모형의 결정 및 그것과 연계된 추정규칙을 요구한다(Hunt, 1989). 사람들은 구체적인 대상과 사태 사이에서 유사점과 차이점을 추출하고 그것을 새로운 경험에 적용함으로써 검증된 일반화에 도달할 때 귀납적으로 추론한다. 사람들은 효과적인 한 자신들의 일반화를 유지하며, 충돌하는 증거를 경험할 때 그것을 수정한다.

　귀납적 추론을 평가하기 위해 사용된 보다 더 일반적인 과제유형들 중 몇 가지는 분류, 개념, 유추문제다. 다음의 유추를 고려해 보라(Pellegrino, 1985).

　　설탕(sugar) : 달콤한(sweet) :: 레몬(lemon) : _____
　　노란(yellow) 시큼한(sour) 과일(fruit) 꽉 짜다(squeeze) 차(tea)

　적절한 정신적 작동은 산출시스템의 한 유형을 나타낼 수 있다. 처음에, 학습자는 유추 속에 있는 각 용어의 결정적인 속성을 정신적으로 나타낸다. 그 학습자는 각 용어와 관련된 LTM 속에 있는 네트워크를 활성화하는데, 그것들은 상위개념과 하위개념을 포함하기 위한 해당 용어의 결정적인 속성을 담고 있다. 다음으로, 학습자는 연계성을 결정하기 위하여 첫 번째 쌍의 속성을 비교한다. "달콤한(sweet)"은 맛과 관련된 설탕(sugar)의 한 가지 속성이다. 그런 다음, 학습자는 열거된 다섯 가지 속성들 중 어느 것이 "달콤한(sweet)"이 "설탕(sugar)"에 대응되는 것처럼 "레몬(lemon)"에 대응되는지를 결정하기 위하여 "레몬(lemon)" 네트워크를 검색한다. 비록 다섯 가지 용어들 모두가 학습자의 "레몬

(lemon)" 네트워크 속에 저장되어 있을 가능성이 매우 높지만, 단지 "시큼한(sour)"만이 맛과 직접적으로 관련이 있다.

아동들은 8세경에 기본적인 귀납적 추론을 보이기 시작한다. 아동들은 발달해 감에 따라 더 빨리 그리고 보다 더 복잡한 내용을 추론할 수 있다. 이것은 아동들의 LTM 네트워크가 더 복잡해지며 더 잘 연계되기 때문에 그러한데, 이는 결국 WM에 부담을 줄여준다. 교사는 귀납적인 사고를 촉진하기 위해서 아동들이 상이한 사례들을 학습하고 일반적인 규칙을 형성하도록 하는 가이드가 안내하는 발견학습방법(guided discovery approach)(제8장 참조)을 사용할 수 있다. 예를 들어, 아동들은 낙엽을 모으고 다른 나무들로부터 얻어진 낙엽의 줄기, 나뭇결, 크기, 모양과 관련한 몇 가지의 일반적인 원리를 만들어 낼 수 있다. 또는 교사는 "왜 금속은 물에 가라앉지만 철선은 뜨는가?"와 같은 질문을 제기할 수 있다. 교사는 학생들에게 문제를 해결하는 방법을 말하기보다 내용들을 제공하고 그들이 과제를 수행할 때 가설을 형성하고 검증하도록 용기를 북돋을 수 있다. Phye(1997; Klauer & Phye, 2008)는 학생들에게 귀납적 추론을 가르치기 위해 사용되어 온 효과적인 교수방법들을 논의하였다.

연역적 추론(deductive reasoning)이란 구체적인 실례(instances)가 논리적으로 뒤따르는지의 여부를 결정하기 위하여 추정규칙(inference rules)을 어떤 문제에 관한 공식적인 모형에 적용하는 것을 말한다. 사람들이 연역적으로 추론을 할 때, 그들은 후자가 전자로부터 뒤따르는지의 여부를 결정하기 위하여 일반적인 개념(전제)에서 구체적인 실례(결론)로 나아간다. 전제가 사실이고 결론이 그 전제로부터 논리적으로 뒤따르면, 연역은 타당하다(Johnson-Laird, 1985, 1999).

언어학적 · 연역적 추론과정은 긴밀하게 연결되어 있다(Falmagne & Gonsalves, 1995; Polk & Newell, 1995). 연역문제 유형 중 하나는 3항 계열(three-term series)이다(Johnson-Laird, 1972). 예를 들면 다음과 같다.

> 만약 Karen이 Tina보다 더 크고,
> Mary Beth가 Tina보다 크지 않으면,
> 누가 가장 큰가?

이 문제에서 사용된 문제해결과정은 이전에 논의된 과정과 비슷하다. 먼저, K 〉 T, MB 〈 T와 같이 문제의 정신적 표상을 형성한다. 그런 다음, 문제를 해결하기 위해서 명제들을 통합하면서(K 〉 T 〉 MB) 논리를 진행해 나간다. 발달적 요인이 그러한 문제들을 해결하는 데 있어서 아동의 능숙도를 제한한다. 아동은 WM에 관련된 문제정보를 유지하는 데 어려움을 겪을 수도 있고 관계를 표현하기 위하여 사용된 용어를 이해하지 못할 수도 있다.

또 다른 연역적 추론문제 유형으로는 **삼단논법**(syllogism)이 있다. 삼단논법은 두 가지의 전제와 **모두**(all), **전혀**(no), 또는 **몇몇**(some)이라는 단어들을 포함하고 있는 하나의 결론[예: 모든 A는 B이다(All As are Bs). 몇몇의 A는 B가 아니다(Some As are not Bs)]으로 특징지어진다(Khemlani & Johnson-Laird, 2012). 다음은 전제에 대한 몇 가지 예시다.

모든 대학 교수들은 선생들이다(All university professors are teachers).
몇몇 졸업생들은 교사들이 아니다(Some graduate students are not teachers).
어떤 학부생도 교사는 아니다(No undergraduate student is a teacher).

다음은 삼단논법에 대한 몇 가지 예시다.

Ken 선생님 반의 모든 학생들은 수학에 능하다(All the students in Ken's class are good in math).
수학에 능한 모든 학생들은 대학에 입학할 것이다(All students who are good in math will attend college).
(그러므로) Ken 선생님 반의 모든 학생들은 대학에 입학할 것이다((Therefore) All the students in Ken's class will attend college).

연구자들은 사람들이 발견교수법, 추정규칙, 또는 다이어그램(예컨대, 벤 다이어그램)을 포함하여, 삼단논법을 해결하기 위하여 어떤 정신적 과정을 사용하는지에 대해 논쟁한다(Khemlani & Johnson-Laird, 2012). 예를 들어, 추정규칙을 사용하면, 우리는 결론의 반대를 암시하기 위해서 전제를 해석하는 다른 방법이 없는 경우에만 삼단논법이 옳다고 믿을 수 있다. 다시 말해서, 결론에 대한 어떠한 예외도 찾을 수 없는 경우에만 삼단논법이 옳다. 정보처리 용어로, 사람들은 규칙[예컨대, 전건긍정형식(前件肯定形式; modus ponens) 규칙은 "만약 p이면, q"라는 진술문에 적용된다]을 배울 수 있으며, 그러면 실례들을 해당 규칙에 일치시킬 수 있다. 또는 사람들은 내용특수적 규칙을 사용할 수 있는데, 그것은 구체적인 실례가 산출규칙을 촉발한다(specific instances trigger the production rules)의 경우처럼 산출(productions)로 표현될 수 있다. 따라서 산출은 모든 차를 포함할 수도 있고 특정한 차("내 차 X")를 접하였을 때 촉발될 수도 있다.

삼단논법의 해결은 또한 결론에 대한 반대사례(counter-examples)인 전제들에 관한 해석을 모색하는 의미론적 절차에 따라 달라질 수 있다. 이러한 관점에 따르면, 사람들은 자신들이 우연히 접하는 주장을 위한 한 가지 이상의 정신적 모형(전제에 관한 해석)을 구성한다. 따라서 그 모형들은 구조에 있어서 차이가 있으며, 그 상황의 논리를 검증하기 위해서 사용된다. 학생들은 정보에 기초하여 문제를 반복적으로 재부호화(re-encode)할 수 있다. 따라서 연역은 주로 언어적 추론의 한 가지 형태다(Polk & Newell, 1995). Johnson-

Laird와 동료들(Johnson-Laird, 1999; Johnson-Laird, Byrne, & Schaeken, 1992; Johnson-Laird, Byrne, & Tabossi, 1989)은 이러한 의미론적 분석을 다양한 종류의 추정[예컨대, **만약(if)**, **또는(or)**, **그리고(and)**, **아니오(not)**, 그리고 다양한 한정사와 관련된 추정]으로까지 확장해 왔다. 후속연구는 이러한 과정을 명료화하고 교수적 시사점을 결정하는 데 도움을 줄 것이다.

평가. 평가(evaluation)는 어떤 문제해결책의 타당도를 평가하기 위하여 기준을 사용하는 것을 수반한다. 평가 시, 학생들은 "데이터가 그 문제를 해결하는 데 충분한가?", "더 많은 정보가 필요한가?", 그리고 "내 결론은 사실, 의견, 또는 합리적인 판단에 근거하고 있는가?"와 같은 질문에 답한다. 평가는 또한 다음에 무슨 일이 일어나야 하는지를 결정하는 것, 즉 어떤 사람의 분석이 지금까지 옳다는 가정 하에 미래 사태에 대한 가설을 형성하는 것과 관련이 있다.

연역적 추론은 논리와는 별도로 내용에 의해 영향을 받을 수도 있다. Wason(1966)은 피험자들 앞에 네 개의 카드(A, B, 2, 3을 보여주고 있는)를 놓았다. 피험자들은 각 카드의 한 면에는 문자가, 다른 면에는 숫자가 쓰여 있다는 이야기를 들었으며, 다음과 같은 조건규칙(conditional rule)이 주어졌다. 즉, "만약 한 카드의 한 면에 A가 쓰여 있으면, 다른 면에는 2가 쓰여 있다." 그들의 과제는 그 규칙이 옳은지의 여부를 결정하기 위하여 뒤집어질 필요가 있는 카드를 선택하는 것이었다. 대부분의 피험자들이 A 카드를 골랐으며, 많은 피험자들이 2를 선택하였고, 소수가 3을 골랐다. 그러나 만약 다른 면에 A가 쓰여 있다면, 그 규칙은 올바르지 않기 때문에 뒤집어져야 한다. 그 내용이 일상적인 일반화(everyday generalization)로 바뀌었을 때(예컨대, 편지 = 머리 색깔, 숫자 = 눈동자 색깔, A = 금발 색깔, 2 = 푸른 눈동자), 대부분의 사람들은 올바른 선택을 하였다(Wason & Johnson-Laird, 1972). 이러한 결과는 추론 시 일반화를 가정하지 않는 것보다 오히려 학생들에게 다른 유형의 내용에 관하여 접할 수 있는 경험을 제공하는 것이 중요함을 말해 준다.

메타인지는 추론의 핵심적인 구성요소다(Thompson, Turner, & Pennycook, 2011). 학습자는 질문이 적절하게 제기되었으며, 추정을 하기 위해서 적절한 출처로부터 얻어진 데이터가 이용 가능하고 사용되었으며, 평가 시 적절한 기준이 사용되었음을 보장하기 위해서 자신의 노력을 점검한다. 추론을 가르치기 위해서는 기능과 메타인지적 전략에 관한 교수가 필요하다. 인지부하 또한 중요할 수 있다(제5장 참조). 다양한 출처의 정보가 동시에 처리되어야 한다면 추론이 어려운데, 그 이유는 부담을 주기 때문이다. Carlson 등 (2003)은 학생들의 과학교과목에 대한 수행(performance)은 인지부하를 줄이기 위해 설계된 두 가지 과정들, 즉 동시에 처리되어야 할 정보의 양을 최소화한 다이어그램과 교수 (instruction)로부터 이득을 얻음을 발견하였다.

창의성

창의성(creativity)[또는 **창의적 사고**(creative thinking)]은 이 장에서 다룬 다른 주제들과 밀접한 관련이 있다. 창의성을 다른 인지적 과정과 구별해 주는 속성은 새로움(novelty) 및 가치(또는 적절성)와 관련이 있다. 창의적 사고는 개인 또는 더 큰 사회집단에게 가치 있고 적절한 새로운 아이디어, 해결책 또는 산물의 개발과 관련이 있다(Hennessey & Amabile, 2010). 이 두 가지 기준을 넘어서면, 연구자들은 필수적이거나 바람직한 창의성의 구성요소에 대해서는 동의하지 않는다.

문제해결과 마찬가지로, 창의성은 해결책의 생성을 다룬다. 그러나 문제해결은 해결책이 새로워야 한다는 것을 요구하지 않는다. 그 해결책은 단지 문제해결자에 의해 이전에 생각된 것이 아닌 노련하고 진실한 방법일 수 있다. 창의적 사고는 가치롭고 적절한 성과(outcomes)를 다루지만, 사람들이 해결책을 생성하고, 단지 한 쟁점을 더 철저하게 고려할 것을 요구하지도 않는다.

창의성은 단 하나의 현상은 아니다. 즉, 많은 다른 형태가 있다. 대문자 C 창의성과 소문자 c 창의성 간에 한 가지 차이점이 있다(Hennessey & Amabile, 2010). 대문자 C 창의성은 뛰어난 창의성, 또는 주요한 획기적인 발견과 성과를 산출하고 다른 것들에 상당한 영향을 미치는 희귀한 유형이다. 이러한 유형은 보도가치가 있고 흔히 그 창조자에게 상을 주지만, 소문자 c 창의성보다는 훨씬 덜 일반적이거나 일상의 삶 속에서 일어나며, 문제해결과 상황에 적응하기 위한 방법(예: 활동을 계획하기 위한 창의적인 방법)과 관련이 있다. 정보처리이론과 비슷하게, 창의성은 또한 지식의 구성과 지식을 LTM 네트워크 속에 있는 다른 지식과 연계하는 과정에서 작동한다. 유형에 상관없이, 창의성은 개념을 새롭거나 특이한 방식으로 통합하는 것에 따라 달라지는 것 같다.

핵심적인 문제는 학생들이 더 창조적이 되도록 학습할 수 있는지의 여부다. 다른 인지적 과정처럼, 창의성 역량은 향상될 수 있다. 발산적 사고(또는 많은 다른 아이디어를 생성하는 것을 목표로 하는 자발적으로 생기는 사고)를 가르치는 것은 수렴적 사고(예컨대, 가능한 해결책을 좁히는 데 초점을 둔 보다 더 훈련된 사고)와 반대되는 것으로서의 창의성을 증진하는 데 도움이 되는 것 같으며, 학습자들이 개별적으로보다 집단으로 학습을 할 때 창의성이 신장된다는 몇 가지 증거가 있다(Hennessey & Amabile, 2010).

창의성은 또한 동기적인 요인으로부터 영향을 받을 수도 있다. 내재적 동기(제9장 참조)는 창의성을 촉진하는 반면, 외재적 동기는 그렇지 않을 수도 있다. 몇몇 선행연구들은 학생의 창의적 사고에 대한 보상이 창의적 사고를 증진시키는지의 여부를 탐색해 왔다. 선행연구는 이 문제에 대해 일관성이 없지만(Joussemet & Koestner, 1999), 학생에게 창의적으로 생각할 수 있는 교수(instruction)를 제공하는 것은 도움이 될 것이다(Hennessey & Amabile, 2010).

창의적 문제해결(Creative Problem Solving: CPS)모형은 포괄적인 준거틀이다 (Treffinger, 1985; Treffinger & Isaksen, 2005). 이 모형은 세 가지의 주요 요소, 즉 도전을 이해하고, 아이디어를 생성하며, 행동을 위한 준비를 하는 것으로 구성되어 있다 (Treffinger, 1995; Treffinger & Isaksen, 2005). 메타인지적 요소(예: 행동을 계획하고, 점검하고, 수정하는 것)는 그 과정 전체에서 나타난다.

도전을 이해하는 것(understanding the challenge)은 문제해결을 위한 일반적인 목표 또는 방향으로 시작한다. 중요한 자료(예: 사실, 의견, 관심)가 획득된 후에, 구체적인 목표 또는 질문이 마련된다. 아이디어 생성(generating ideas)의 증거는 목표를 달성하기 위한 옵션을 마련하기 위한 발산적 사고다. 행동을 위한 준비(preparing for action)는 가망성이 있는 옵션을 검토하고 도움을 줄 수 있는 곳과 저항을 극복하기 위한 방법을 탐색하는 것을 포함한다.

브레인스토밍(brainstorming)은 가능한 문제해결책을 마련하기 위한 일반적인 문제해결전략이다(Isaksen & Gaulin, 2005; Mayer, 1992; Osborn, 1963). 브레인스토밍 단계는 다음과 같다.

- 문제 정의
- 해결책을 평가하지 않고 가능한 한 많이 생성
- 잠재적인 해결책을 평가하기 위한 기준 결정
- 최상의 해결책을 선택하기 위하여 기준 사용

성공적인 브레인스토밍은 모든 아이디어가 생성될 때까지 아이디어에 관한 비판을 보류할 것을 요구한다. 아울러, 참가자들은 서로를 발판으로 아이디어들을 생성할 수 있다. 따라서 "거칠고(wild)" 특이한 아이디어가 나올 수 있도록 고무되어야 한다(Mayer, 1992).

어떤 사람이 문제영역에 대해서 가지고 있는 지식의 양은, 더 나은 영역지식이 그 사람으로 하여금 더 많은 잠재적인 해결책과 그것들의 실행 가능성을 판단하기 위한 기준을 생성하는 것을 허용하기 때문에, 브레인스토밍의 성공에 영향을 미친다. 브레인스토밍은, 비록 집단 상호작용이 통상적으로 더 많은 해결책을 마련하도록 해주지만, 개별적으로도 사용될 수 있다.

브레인스토밍은 학교에서 행해진 많은 교수적·행정적 의사결정을 하는 데 많은 도움을 주었다. 그것은 많고 다양한, 그리고 어쩌면 약간 독특한 아이디어를 생성하는 데 매우 유용하다(Isaksen & Gaulin, 2005). 새로운 교장 선생님이 교직원들의 사기가 낮음을 알았다고 가정해 보자. 교직원들은 더 나은 의사소통이 필요하다는 데 동의한다. 학년 주임교사들이 그 교장 선생님과 만나고, 그들은 다음과 같은 잠재적인 해결책에 도달한다. 교직

원들과 함께 주별 모임을 개최하며, 주간(전자)회보를 발송하고, 게시판에 공지사항을 게
시하며, 학년 주임교사들과 주별 모임을 개최하고(그 뒤에 그들은 교사들을 만난다), 이
메일 정보 메시지를 자주 보내며, 공공주소 시스템상에 공지를 한다. 그 집단은 두 가지의
기준, 즉 (a) 교사들의 시간 소비를 최소화하고, (b) 수업 방해를 최소화하는 것을 마련한
다. 그들은 그 기준을 염두에 두고 해당 교장 선생님이 주간회보와 빈번한 이메일 메시지
들을 보내며, 학년 주임교사 집단을 만나야 한다고 결정한다. 비록 그들은 시간이 걸리지
만, 교장 선생님과 학년 주임교사들과의 만남은 교장 선생님과 전체 교직원과의 만남보다
비중이 더 커질 것이다.

인지와 테크놀로지

지난 몇 년 동안 이러닝과 원격학습을 통한 교수에서 테크놀로지가 빠르게 팽창하였음
을 목도해 왔다(Bernard et al., 2009; Brown, 2006; Campbell, 2006; Clark, 2008; Jonassen,
1996; Jonassen, Peck, & Wilson, 1999; Larreamendy-Joerns & Leinhardt, 2006; Roblyer,
2006; Winn, 2002). 테크놀로지는 종종 장치(equipment)(예: 컴퓨터)와 동일시되어 왔지
만, 그것의 의미는 훨씬 더 광범위하다. **테크놀로지(technology)**란 학습자를 끌어들이는
(engage) 설계와 환경을 말한다(Jonassen et al., 1999). 테크놀로지가 학습에 미치는 영향
에 관한 연구가 증가하고 있으며, 테크놀로지를 교수에 통합시키는 데 있어서 장애가 되
는 요인을 제거하고자 하는 노력도 그러하다(Ertmer, 1999).

테크놀로지는 이전에는 상상도 할 수 없었던 방식으로 교수를 촉진할 수 있는 잠재성
을 가지고 있다. 오늘날의 학생들은 정규교실에서는 결코 할 수 없는 환경과 사태에 관한
시뮬레이션을 경험하고, 장거리에 있는 다른 사람들로부터 교수(instruction)를 받고 의사
소통하며, 거대한 지식기반(knowledge bases) 및 전문가 튜터링 시스템(expert tutoring
systems)과 상호작용할 수 있다.

연구자들이 당면하고 있는 한 가지 도전은 부호화, 파지, 전이, 문제해결 등을 하는 동
안 테크놀로지가 학습자의 인지적 과정에 어떻게 영향을 미치는지를 결론짓는 것이다.
이 절(section)은 테크놀로지가 학습에서 어떠한 역할에 수행하는지에 초점을 둔다. 그러
나 교육에서 테크놀로지를 사용하는 방법을 실제적으로 안내하는 것은 아니다. 테크놀로
지의 심층적인 적용에 관심이 있는 독자들은 다른 자료를 참고하기 바란다(Brown, 2006;
Kovalchick & Dawson, 2004a, 2004b; Roblyer, 2006; Seo, Pellegrino, & Engelhard, 2012).

컴퓨터기반 학습환경

컴퓨터기반 학습환경(computer-based learning environments)은 점차 일반적이 되고 있다. 연구자들은 컴퓨터 테크놀로지가 교수 · 학습에서 어떤 역할을 하는지에 관심이 있다. 비록 컴퓨터기반 학습은 이론은 아니지만, 컴퓨터가 학습을 향상시키며 복잡한 인지적 과정을 개발시키는 데 도움을 주는지의 여부를 아는 것은 중요하다.

컴퓨터기반 학습을 컴퓨터를 수반하지 않는 학습과 비교함으로써 컴퓨터기반 학습을 평가하고자 하는 유혹이 있지만, 다른 요인들[예: 콘텐츠의 실제성(authenticity), 교사-학생/학생-학생 간 상호작용] 또한 다를 수 있기 때문에 그러한 비교는 오도될 수 있다. 이러한 쟁점에 초점을 두기보다, 컴퓨터기반 환경에서 그리고 다른 테크놀로지적 적용으로부터 일어날 수 있는 인지적 과정의 유형들을 검토하는 것이 더 좋다.

Jonassen 등(1999)은 학습에서의 테크놀로지의 역할에 관한 역동적인 관점을 제시하였다. 테크놀로지가 지닌 최대 장점은 사고와 지식구성(knowledge construction)을 북돋우고 촉진할 때 파생한다. 이러한 개념화(conceptualization) 속에서, 테크놀로지는 〈표 7.4〉에서 보여주는 기능을 제공할 수 있다. 이 절에서 기술된 학습과 관련된 테크놀로지적 적용은 이러한 기능을 달성하는 데 상당히 효과적이다.

표 7.4 테크놀로지의 기능	▪ 지식구성을 지원해 주는 **도구**
	▪ 구성에 의한 학습(learning by constructing)을 지원하기 위한 지식을 탐색하기 위한 **정보 운반체**
	▪ 행함에 의한 학습(learning by doing)을 지원하기 위한 **맥락**
	▪ 대화에 의한 학습(learning by conversing)을 지원하기 위한 **소셜 미디어**
	▪ 성찰에 의한 학습(learning by reflecting)을 지원하기 위한 **지적 파트너**
	(Jonassen et al., 1999)

테크놀로지는 이용 가능하고 교육자들이 그것을 사용해야 한다고 믿기 때문이 아니라 교수목표의 달성을 지원하는 데 사용되어야 한다. 테크놀로지의 효과성은 교수목표와 실제를 얼마나 잘 보완하느냐에 따라 달라진다. 메타분석 결과, 테크놀로지가 사용되지 않은 수업에 참여한 학생들과 비교하였을 때 학습을 향상시키기 위하여 테크놀로지가 사용된 수업에 참여한 학생들이 성취도에서 12% 정도 더 높은 점수를 획득한 것으로 나타났다(Tamim, Bernard, Borokhovski, Abrami, & Schmid, 2011). 그러나 대부분의 경우 테크놀로지가 교수에 얼마나 잘 통합되었느냐에 따라 수업들 간에 상당한 차이가 있었다.

컴퓨터기반 교수. **컴퓨터기반 교수**(computer-based instruction: CBI)[또는 **컴퓨터보조교수**(computer-assisted instruction: CAI)]는 인터넷으로 대체되기 몇 년 전까지 학교

에서 **컴퓨터학습(computer learning)**을 위해 가장 흔히 사용되었다(Jonassen, 1996). CBI
는 흔히 반복연습(drills)과 튜토리얼(tutorials)을 위해 사용되었는데(제3장 참조), 그것은
학생에게 정보와 피드백을 제시하고 학생의 답변에 기초하여 반응을 한다.

몇 가지 CBI 속성은 학습이론과 연구에 확고하게 근거하고 있다. 내용은 학생의 주의
를 끌 수 있고 즉각적인 반응 피드백을 제공할 수 있다. 피드백은 (학습에서의 향상도를
보여주기 위해) 학생의 현재의 수행(performances)이 그의 이전 수행과 어떻게 비교되는
지와 같이 교실에서는 흔히 제공되지 않는 어떤 유형(type)일 수 있다. 컴퓨터는 프레젠테
이션의 내용과 비율을 개인의 특성에 맞추어 제시할 수 있다.

CBI가 지닌 또 다른 장점은 많은 프로그램이 개별화(personalization)를 허용한다는 것
이다. 즉, 학생들은 자기 자신, 학부모, 친구에 대한 정보를 입력할 수 있는데, 그것은 이후
에 교수 프레젠테이션에 포함된다. 몇 가지 증거는 개별화가 다른 형식보다는 더 높은 학
업성취도를 산출할 수 있다는 것을 시사한다(Anand & Ross, 1987). 교수를 개별화하면 유
의미성(meaningfulness)을 향상시키고 내용을 LTM 네트워크에 통합하는 것을 촉진할 수
있다. 지식구성(knowledge construction)은 익숙한 지시대상물(referents)을 사용하여 촉
진되어야 한다.

CBI는 또한 **전문가시스템(expert systems)** 또는 전문가의 지식과 인지적 (사고) 과정
을 담고 있는 거대한 컴퓨터 프로그램에 의한 튜터링(tutoring)을 통해 보다 더 복잡한 학
습을 위해 사용될 수 있다(Graesser, Conley, & Olney, 2012). 전문가시스템은 인간의 인
지과정과 학습을 시뮬레이션하는 컴퓨터 프로그램인 **인공지능(artificial intelligence)**을
적용한 것이라 할 수 있다. 그러한 시스템은, 예를 들어 학생에게 학습을 계획하고 점검
하며 효과적인 학습전략을 사용하는 방법을 가르침으로써 더 나은 자기조절학습자가 되
도록 도와줄 수 있으며(Schraw, 2010), 또한 협력적인 문제해결을 위해 사용될 수도 있다
(Järvelä & Hadwin, 2013)(제10장 참조). 답변기반(answer based)인 전통적인 CBI(즉, 학
생이 어떤 답변을 입력하면 컴퓨터가 그것의 옳음에 관한 피드백을 준다)와는 달리, 지능
형 튜터링 시스템(intelligent tutoring systems)은 과정기반(process based)이다. 따라서 그
시스템은 학생이 어떤 문제를 해결하기 위해서 어떠한 방법을 원하는지를 암시해 주고 사
용할 방법에 관하여 그 학생과 대화에 참여할 수도 있다. 그 시스템은 그 과정에서 각 단
계에 관한 힌트와 피드백을 준다. 선행연구 검토에 기초하여, VanLehn(2011)은 지능형 튜
터링 시스템은 학생의 학습에 미치는 영향 측면에서 인간 튜터링과 비슷함을 밝혀냈다.
풀이된 예제(worked examples)를 지능형 튜터에 추가하면, 튜터만인 경우와 비교하였을
때 교수시간(instructional time)을 줄이고 학습을 향상시키는 데 도움이 되는데, 그 이유
는 아마도 풀이된 예제가 외적 인지부하를 줄이는 데 도움이 되기 때문인 것 같다(Salden,
Koedinger, Renkl, Aleven, & McLaren, 2010).

한 가지 흔히 발생하는 문제는 학생이 CBI에서 비효과적인 방법을 사용할 수 있다는

것인데, 이것은 조각난 학습(piecemeal learning)의 결과를 초래한다. 그러한 학습은, 학습은 유의미해야 하며 LTM 속에 있는 지식과 연계되어야 한다는 생각을 위배한다. 효과적인 학습전략(예: 조직화하기, 요약하기)을 배운 학생은 그에 상응하는 학업성취도에서의 향상을 보여준다(Jairam & Kiewra, 2010).

시뮬레이션과 게임. **시뮬레이션(simulations)**은 학습환경 속으로 가져올 수 없는 실제 또는 가상의 상황을 말한다. 그러한 예로는 항공기비행, 수중탐험, 가상도시에서의 생활을 모의화하고 있는 프로그램을 들 수 있다. 학습자는 학습하는 동안 실체적인 지시대상물을 가지고 있을 때 기억네트워크를 더 잘 구축할 수 있다.

시뮬레이션은 컴퓨터기반 환경의 한 가지 유형으로서, 발견학습과 탐구학습에 매우 적합한 것 같다(제8장 참조). 발견학습에서 컴퓨터 시뮬레이션을 사용한 선행연구들을 검토한 결과, de Jong과 van Joolingen(1998)은 시뮬레이션은 학생의 "심층적인"(직관적인) 인지적 과정을 가르치는 데 있어 전통적인 교수보다 더 효과적이라고 결론지었다.

시뮬레이션이 효과적이려면, 학습자에게 과도한 인지부하를 만들지 않는 것이 매우 중요하다(제5장 참조). 하나의 화면에 모든 내용을 제시하는 것보다 그 내용을 두 개의 연속적인 화면으로 나누는 것이 학습과 전이에 더 효과적이다(Lee, Plass, & Homer, 2006). Mayrath, Nihalani, Robinson(2011)은 음성 튜토리얼(voice tutorial)은 텍스트 튜토리얼(text tutorial)보다 외적 인지부하를 줄여주며 전이가 더 많이 일어나도록 해준다는 것을 밝혀냈다. 텍스트의 인지부하가 더 높으면 높을수록 학습자는 자신의 시각적인 주의를 두 개의 정보출처(sources of information)로 나눌 수 있다.

시뮬레이션은 또한 문제해결기능을 개발하는 데 유용할 수 있다. CBI에 관한 연구 결과와 비슷하게, Moreno와 Mayer(2004)는 시뮬레이션 동안 화면에 떠있는 에이전트(on-screen agent)로부터의 개별화된 메시지는 비개별화된 메시지보다 파지와 문제해결을 더 많이 향상시켰음을 밝혀냈다. Woodward, Carnine, Gersten(1988)은 구조화된 수업에 컴퓨터 시뮬레이션을 추가하면 전통적인 교수만 행하였을 때와 비교하였을 때 특수교육을 받는 고등학교 학생들의 문제해결력을 더 많이 증진시킨다는 것을 알아냈다. 그러나 연구자들은 이러한 결과를 산출한 메커니즘은 불명확하고, 그러한 결과를 단독(stand-alone) 컴퓨터 시뮬레이션에까지 일반화할 수는 없다고 말하였다.

게임(games)은 내용을 스포츠, 모험, 또는 환상과 연계함으로써 즐거운 학습맥락을 창출하기 위하여 설계되었다. 게임은 사고기능과 문제해결을 강조할 수 있지만 또한 내용(예: 분수를 가르치기 위한 농구게임)을 가르치기 위해 사용될 수도 있다.

게임은 또한 동기를 증진시킴으로써 학습에 영향을 미칠 수 있다. 동기는 게임 또는 시뮬레이션이 내용을 제시하는, 내용과 수단("특수효과") 간에 **내생적인(endogenous)**(자연적인) 관계가 존재할 때 더 크다(Lepper & Hodell, 1989). 예를 들어, 학생이 코트에서 드리블링하고 있는 선수들이 그 코트의 얼마나 많은 부분을 차지하고 있는지를 결정하도록 질문을 받았을 때 분수는 농구게임과 내생적으로 관련된다. 그러한 내생적인 관계는 유의미성 및 LTM에의 부호화와 저장을 향상시켜 준다. 그러나 많은 게임과 시뮬레이션에서, 내용과 수단 간의 관계는 어떤 질문에 대한 어떤 학생의 올바른 반응이 환상적인 요소(예: 만화 캐릭터)를 산출할 때처럼 임의적이다. 그 관계가 임의적일 때, 비록 그 게임이 더 흥미로울 수는 있지만, 그것은 전통적인 교수보다 더 나은 학습을 산출하지는 않는다.

또 다른 쟁점은 게임은 학습자의 WM에 과부하를 걸고 학습자가 내용을 학습하는 것을 방해할 수 있는 많은 흥미로운 속성들을 가지고 있다는 것이다. 학습자의 주의를 관련된 내용에 집중시키면, 학습을 향상시키고 학습맥락을 넘어 전이시킬 수 있다. Fiorella와 Mayer(2012)는 학생에게 주의를 게임의 관련된 속성으로 지향시키고 그것의 기저원리(underlying principles)를 요약한 작업표(worksheets)를 제공하면 학습과 전이에 도움이 된다는 것을 밝혀냈다.

멀티미디어. **멀티미디어(multimedia)**란 컴퓨터, 필름, 비디오, 사운드, 음악, 텍스트와 같은 다양한 매체의 특성을 조합한 테크놀로지를 말한다(Roblyer, 2006). 학생이 하나 이상의 제시양식(mode)(예: 단어, 그림, 비디오 스트리밍)으로 제시된 정보와 상호작용할 때 멀티미디어학습이 일어난다.

학습에 대한 멀티미디어의 효과성(effectiveness)은 학습자의 WM에 따라 달라진다. 정보가 다중제시양식(multimodal)으로 제시될 때, 음운적 루트(언어정보), 시·공간적 스케치북(시각정보와 공간정보), 일시적인 버퍼(buffer)(다중제시양식 정보의 임시저장), 중앙집행(점검하고 기능과 인터페이스를 LTM과 통합)이 관여한다(Baddeley, 1998; Schuler, Scheiter, & van Genuchten, 2011)(제5장 참조). WM은 매우 많은 정보를 동시에만 처리할 수 있기 때문에, 교수(instruction)는 부하가 과도하지 않도록 인지적 요구를 최적화해야 한다. 효과적인 멀티미디어학습은 학생이 관련된 정보를 선택하고, 그것을 WM과 기존의 LTM 지식 속에 일관된 표상으로 통합하고 조직할 것을 요구한다(Lee et al., 2006).

멀티미디어학습은 테크놀로지를 교수에 통합하기 위한 많은 가능성을 제공하기 때문에 수업에 관한 중요한 시사점을 가지고 있다(Roblyer, 2006). 선행연구는 학습에 멀티미디어가 이점을 준다는 것을 약간 지원한다. 선행연구 검토결과, Mayer(1997)는 멀티미디어가 학생의 문제해결과 전이를 신장시킨다는 것을 알 수 있었다. 그러나 사전지식이 적고 공간능력이 높은 학생에게 가장 강력하게 영향을 미쳤다. Dillon과 Gabbard(1998)는 또한 선행연구 검토를 통해 영향은 부분적으로 학습자의 능력에 따라 달라진다고 결론지었다. 즉, 낮은 일반능력을 지닌 학생이 멀티미디어에 가장 큰 어려움을 가졌다. 학습스타일도 중요하였다. 즉, 탐색하고자 하는 의지가 있는 학생이 가장 큰 이점을 얻었다. 멀티미디어는 정보를 통해 신속한 검색이 요구되는 구체적인 과제에 특히 유용한 것 같다.

연구자들은 멀티미디어로부터 학습하는 것이 선호되는 조건을 조사해 왔다. 음성과 시각(예: 내레이션과 애니메이션)정보가 교수하는 동안 통합되었을 때, 학생은 이중부호화(dual coding)로부터 이점을 얻는다(Adesope & Nesbit, 2012; Mayer & Johnson, 2008). 비록 앞에서 언급한 바와 같이 이중제시방식이 과도한 인지부하를 초래할 수 있는 잠재성이 있지만 동시적인 프레젠테이션은 학습자가 단어와 그림이 동시에 WM에 있을 때 그것들 간에 연계를 형성하는 데 도움이 된다(Mayer, Moreno, Boire, & Vagge, 1999). 멀티미디어는 하나의 매체를 개별 학생의 차이에 맞게 만드는 것보다 학습을 더 잘 촉진할 수 있다(Reed, 2006). 교사는 다른 매체를 사용함으로써 최소한 한 가지 유형이 모든 학생에게 효과가 있을 것이라는 가능성을 높이지만, 매체는 흥미로운 정보가 아닌 관련성이 없는 정보를 추가한다는 것이 중요하다(Mayer, Heiser, & Lonn, 2001). 멀티미디어학습을 도와주는 몇 가지 교수장치(instructional devices)는 내용의 구조와 그것의 다른 내용과의 관계를 강조하는 다음과 같은 텍스트 신호(text signals)다(Mautone & Mayer, 2001). 즉, 학생에게 전달하며, 그가 수업의 참여자처럼 느끼게 해주는 개별화된 메시지(즉, 비공식적, 대화적)(Kartal, 2010; Mayer, Fennell, Farmer, & Campbell, 2004; Moreno & Mayer, 2000), 제시된 현상에 대한 자기설명(self-explanations) 생성(Eysink et al., 2009), 학습자에게 교수(instruction)의 속도(pace)에 대한 통제를 행사할 수 있도록 허용(Mayer & Chandler, 2001), 움직임과 시뮬레이션을 포함한 애니메이션(Mayer & Moreno, 2003), 화면상에 떠 있는 화자(on-screen speaker)와 상호작용할 수 있는 것(Mayer, Dow, & Mayer, 2003), 내용에 관한 연습시험을 치르는 것, 기계생성 화자(machine-generated speaker)보다 인간에 노출되는 것(Mayer, Sobko, & Mautone, 2003) 등을 들 수 있다.

멀티미디어의 장점을 최대화하기 위해서는 몇 가지 이용적, 행정적인 쟁점들이 해결될 필요가 있다. 비록 상호작용적 기능은 매우 효과적이지만, 그것을 개발하고 산출하는 데 비용이 많이 든다(Moreno & Mayer, 2007). 비용은 많은 학교시스템이 부품을 구입하는 것을 어렵게 할 수 있다. 상호작용 비디오는 더 많은 내용을 제시하고 학생들에게 더 많은 시간을 요구하기 때문에 추가적인 교수시간(instruction time)을 요구할 수 있다. 그러나 상호작용적 다중제시방식(multimodal) 학습환경은 학생의 동기를 증진시키기 위한 커다란 잠재력을 제공해 준다(Scheiter & Gerjets, 2007). 보다 큰 학습자 통제량은 학습에 더 많은 이점을 주며, 자기조절을 촉진할 수 있다(Azevedo, 2005b)(제10장 참조).

요구되는 비용 및 테크놀로지적 기능과 관련된 잠재적인 쟁점에도 불구하고, 멀티미디어와 **하이퍼미디어(hypermedia)**는 학생의 학습에 이점을 주는 것 같으며, 그래서 선행연구는 이러한 테크놀로지가 학생의 자기조절학습능력을 개발하는 데 도움을 줄 수 있다는 것을 주로 보여주고 있다(Azevedo, 2005a, 2005b; Azevedo & Cromley, 2004; Azevedo, Guthrie, & Seibert, 2004). 그러한 테크놀로지가 발전함에 따라 애플리케이션(applications)이 지속적으로 개발될 것이다(Roblyer, 2006). 멀티미디어가 동기에 미치는 효과와 그것을 일련의 자기조절기능의 습득과 연계하는 방법[예: 사회적 영향(social influence) 대 자기영향(self-influence)](Zimmerman & Tsikalas, 2005)(제10장 참조)에 관한 후속연구가 요구된다.

이러닝. **이러닝(e-learning)**이란 전자적으로 전달되는 수단을 통한 학습을 말한다. 이 용어는 종종 전자적인 의사소통의 어떤 유형(예: 비디오 화상회의, 이메일)을 지칭하기 위해 사용된다. 그러나 여기에서는 이러닝을 인터넷 (웹기반) 교수라는 보다 더 협의의 의미로 사용한다.

인터넷(Internet)(컴퓨터 네트워크의 국제적인 집합체)은 어느 누구도 소유하지 않은 공유된 자원시스템이다. 인터넷은 이메일, 컨퍼런스(채팅방), 파일, 웹, 즉 여러 컴퓨터의 상호작용적 멀티미디어 자원을 통해 다른 사람(사용자)에게 접근할 수 있도록 해준다. 그것은 또한 개인적인 사용을 위해 복사될 수 있는 정보를 저장한다.

인터넷은 훌륭한 정보자원이지만, 여기에서 관련된 쟁점은 학습에 있어서의 그것의 역할이다. 표면상, 인터넷은 많은 장점을 지니고 있다. 웹기반 교수는 학생이 전통적인 방식으로 가능한 것보다 더 적은 시간에 더 많은 자원에 접근할 수 있도록 해준다. 그러나 더 많은 자원이 자동적으로 더 나은 학습을 의미하지는 않는다. 후자는 학생이 어떤 주제에 관한 연구를 수행하는 방법 또는 웹상에 있는 내용의 정확도에 대한 비판적 사고와 같이 새로운 기능을 습득할 때만이 달성된다. 자동화된 프롬프트[예: "여러분이 모든 중요한 정보를 수집하였다면, 이제 스스로에게 물어볼 좋은 때입니다."(Kauffman, 2004, p.149)]를 웹기반 교수 속에 구축하면, 학생의 메타인지적 활동은 증가하며, 더 높은 성취를 초래할 것이다(Kauffman, Ge, Xie, & Chen, 2008). 더 나아가, 학습자의 웹기반 검색을 지도하면, 학습자가 몇몇 학생은 실패할 수 있는 그러한 검색을 스스로 지도하도록(self-guide) 하는 것보다 결과적으로 더 높은 자기효능감, 수행, 만족감을 가져올 것이다(Debowski, Wood, & Bandura, 2001).

학생의 학습에 초점을 두고 학습동기를 신장시킬 수 있는 가상의 교수에이전트(virtual pedagogical agents)(예: 인간과 같은 신체를 지닌 튜터)는 유용하다(Kramer & Bente, 2010). 웹 자원은 또한 학습자가 웹으로부터 정보를 얻고 그것을 교실활동(예: 발견학습)(제8장 참조)에 통합할 때 학습을 향상시킬 수 있다. 교사는 스캐폴딩(제8장 참조)을 사용하여 학생의 인터넷 기능의 개발을 도와줄 수 있다. 학생은 검색전략(예: 브라우저 사용방법)을 배워야 하지만, 교사도 먼저 웹 검색을 하고 학생에게 도움이 되는 웹사이트의 이름을 제공할 수 있다. Grabe와 Grabe(1998)는 다른 제안을 한다. 교실교수에 테크놀로지를 적용하는 것은 [적용 7.7]에 제시되었다.

인터넷을 사용하는 학생에게서 한 가지 위험한 것은 이용할 수 있는 엄청난 양의 정보가 WM에 인지부하를 증가시킬 수 있고, 그렇게 함으로써 학생의 검색을 방해할 수 있다

적용 7.7

테크놀로지와 학습

테크놀로지적 적용은 학생의 학습을 향상시키기 위해 효과적으로 활용될 수 있다.

고등학교 두 학급 학생들은 남북전쟁(Civil War) 컴퓨터 시뮬레이션을 개발하기 위해 함께 일하였다. 그 학급 학생들은 어느 학급이 북부연방(the Union)이 되고 어느 학급이 남부연방(the Confederacy)이 될 것인지를 결정하기 위하여 스트로(straw)를 뽑았다. 그런 다음, 각 학급의 학생들은 남북전쟁의 전투들을 공부하고 그 지역, 각 전투가 일어났을 때의 날씨, 참여한 병사의 수, 책임자의 리더십 역량에 대한 정보를 찾았다.

그런 다음, 두 학급 학생들은 그 전투들을 컴퓨터에 모의화하였는데, 그것은 서로 상호작용하고, 자료들을 사용하며, 자신들이 원래 전투의 결과(outcome)를 바꿀 수 있는지를 알아볼 수 있다. 그들은 학생들이 전략적인 행동을 하였을 때 자신들의 행동을 역사적인 자료로 방어하고 지원해야 하였다.

한 대학교수는 학생들이 교실에 적용된 교육심리학 원리들에 관하여 학습하고 성찰할 수 있도록 하기 위하여 스트리밍 비디오와 웹을 사용한다. 학생들은 한 초등학교 교실수업에 관한 비디오를 관찰하면서, 교육적 실제를 그들이 수업시간에 논의해 왔던 심리학적 원리들과 관련시키기 위하여 비디오를 멈추고 반응들을 입력한다. 그런 다음, 학생들은 관찰한 수업에 관한 생각들을 공유하기 위하여 다른 학생들 및 교수와 상호작용할 수 있다. 그 교수는 또한 웹사이트에 가상의 교실을 구축하고, 학생들에게 질문[예: "그 교사는 과학에서 실제적인(authentic) 평가를 어떻게 사용할 수 있습니까?"]을 한다. 그러면 학생들은 그 웹사이트로 가서 읽고 성찰하고 교수와 다른 모든 학생들에게 배포될 응답을 구성한다. 따라서 모든 학생들은 다른 학생들과 응답하고 상호작용할 수 있다.

Tarkinton 선생님은 자신의 초등학교 학생들과 함께 창의적 글쓰기를 하기 위해서 테크놀로지를 사용한다. 선생님은 컴퓨터에 "Tarkinton 선생님 반의 모험"이라 이름 붙여진 하나의 이야기를 시작한다.

아동들은 자신들이 원하는 만큼 빈번하게 그 이야기를 추가할 수 있는 기회를 가지고 있다. 월말에, 그들은 그 이야기를 출력하고 그것을 수업시간에 큰소리로 읽는다. 컴퓨터기반 환경은 이야기를 협력적으로 구성할 수 있는 독특한 수단을 제공한다.

는 것이다. 교수안내(instructional guidance)를 제공하면, 외적 부하를 최소화하는 데 도움이 된다(Kalyuga, 2007). 매우 많은 정보는 또한 학생에게 모든 것이 중요하며 신뢰롭다는 믿음을 주입시킬 수 있다. 그러면 학생은 보고서와 논문 속에 너무 많은 정보를 포함시키려고 시도함으로써 "짜깁기하는 글쓰기(associative writing)"에 참여할 수도 있다.

온라인 소셜 미디어

온라인 소셜 미디어(online social media)란 협력하고 의사소통하며, 정보를 분배하기 위해 사용되는 인터넷 도구다. 교육과 관련성이 있는 온라인 소셜 미디어의 네 가지 범주는 의사소통(communication), 협력(collaboration), 멀티미디어(multimedia), 가상세계(virtual world)다(Seo et al., 2012).

의사소통 도구[예: 페이스북(Facebook), 링크드인(LinkedIn)]의 주요 목적은 사용자들 간에 의사소통을 촉진하는 것이다. 교수적인 예(instructional examples)로는 수업노트를 게시하는(posting) 교수자, 그룹과제를 끝마친 학생, 온라인 성찰을 게시하고 검토하는 학생이 포함된다(Seo et al., 2012). 협력범주에는 위키(wikis), 블로그(blogs), 소셜 북마킹(social bookmarking)이 포함된다. 위키는 그룹작업을 위한 플랫폼(platform)이다. 따라서 학생들은 한 프로젝트에서 협력하고 그것을 구성하고 편집할 수 있다. 블로그는 쟁점이나 문제에 관하여 교수자와 학생들 간에 대화를 하는 것을 포함한다. 학생들은 소셜 북마킹을 사용하여 일련의 관련된 웹페이지 또는 특정 주제영역을 위한 자원을 만들기 위하여 선택된 웹 페이지들을 북마크한다(Seo et al., 2012). 멀티미디어 도구[예: 유튜브(YouTube), 스카이프(Skype)]는 학생들이 수업 전과 후에 학습할 수 있는 자료, 튜토리얼(tutorials)과 교육용 비디오, 상호작용적 그룹프로젝트를 제공한다(Seo et al., 2012). 마지막으로, 가상세계[**가상현실**(virtual reality)] 매체(예: Second Life)는 동시학습(synchronous learning)을 위한 플랫폼을 제공한다. 교수자와 학생들은 물리적으로 출석하지 않고도 서로 상호작용할 수 있으며, 교수자는 가상 근무시간 동안 학생들을 만날 수 있다(Seo et al., 2012).

이러한 그리고 다른 온라인 소셜 미디어는 사람들이 서로 상호작용하는 방법을 혁신시켜 왔다. 여기에서 우리의 주요한 관심사는 그것들이 학습에 어떻게 영향을 미치는지 하는 것이다. 온라인 소셜 미디어는 학습과 긍정적으로 연계되는 몇 가지 속성을 가지고 있다. 그것은 정보의 전파를 매우 촉진한다. 온라인 소셜 미디어는 지식을 다중제시양식으로(예: 언어적 형태와 시각적 형태로) 제시함으로써 지식을 이중 형식(formats)으로 부호화할 수 있도록 해 주는데, 이는 기억네트워크와 후속되는 LTM으로부터의 재인의 개발을 향상시킬 수 있다(제5장과 제6장 참조). 온라인 소셜 미디어는 다중 사용자들을 동시에 허용함으로써 사회인지이론과 구성주의이론(제4장과 제8장 참조)에서 강조한 협력을 증진시킬 수 있다. 협력은 동료보조 학습(peer-assisted learning)을 위해서는 필수적이다(제8장 참조). 더 나아가, 학생들은 온라인 소셜 미디어를 긍정적으로 인식하는데, 그것은 학생들이 온라인 소셜 미디어를 사용하고자 하는 동기를 가지고 있음을 의미한다(제9장 참조).

온라인 소셜 미디어에 관한 연구는 유년기에 있기 때문에, 현재로서는 그것들이 학습에 미치는 영향을 분명하게 사정(assessment)하기는 어렵다. Kirschner와 Karpinski(2010)는 페이스북 계정을 가지고 있는 대학생들은 계정을 가지고 있지 않은 학생들보다 GPA가 더 낮고 학습에 소비하는 시간도 더 적다는 것을 밝혀냈다. 그러나 페이스북은 학생들에게 주로 강좌 학습을 위해서라기보다 소셜 미디어로서 사용되기 때문에 추가적인 연구가 요구된다. 소셜 미디어가 교육용 프로그램에서 더 좋게 자리를 잡아감에 따라, 연구자들은 그것이 학생의 학습에 미치는 영향을 신뢰롭게 평가할 수 있어야 한다.

오늘날의 학생들은 온라인 소셜 미디어를 빈번하게 사용한다. 그들은 이러한 도구들을 사용하는 것을 편안하게 여기며 새로운 테크놀로지적 애플리케이션들을 쉽게 배운다. 따라서 이러한 논점에서, 교사는 이러한 학생 자원을 개발하는 것이 현명하다. 우리는 다른 유형의 테크놀로지처럼 온라인 소셜 미디어가 학습의 중심이 아니라 오히려 보완적인 교수목표(instructional objectives)여야 한다는 것을 유념해야 한다(Seo et al., 2012). 만약 강좌목표가 온라인 소셜 미디어 도구가 학생들을 위한 뛰어난 학습환경을 만들 수 있다는 것을 제안한다면, 교사들은 이러한 애플리케이션을 시도해 볼 수 있는 기회를 갖게 될 것이다. 강좌목표가 별다른 것이 없다면, 수업에 몇 가지 다양한 것을 소개하여 학생들을 동기화시킬 수 있을 것이다(제9장 참조).

원격학습

원격학습(distance learning)[**원격교육**(distance education)]은 한 장소에서 시작된 교수가 한 개 이상의 원격지에 있는 학생에게 전달될 때 일어난다. 상호작용적 기능은 쌍방향 피드백과 토론이 학습경험의 일부가 되도록 해준다.

원격학습은 교수자와 학생이 수업에 참여하기 위하여 장거리 여행을 할 필요가 없기 때문에 시간, 노력, 돈을 절약할 수 있도록 해준다. 예를 들어, 대학교는 지리적으로 넓은 지역에 거주하는 학생을 선발할 수 있다. 수업에 참석하기 위해 매우 먼 거리를 여행하는 학생에 대해서 별로 걱정할 것이 없다. 교육구(school districts)는 중심지에서 모든 학교에 이르기까지 현직프로그램(in-service program)을 전달할 수 있다. 원격교육은 만약 쌍방향 상호작용 비디오가 사용된다면 그 상호작용은 실시간[**동시학습**(synchronous learning)]으로 행해지지만, 교수자와의 면대면 접촉은 포기해야 한다. Bernard 등(2004)은 원격교육이 학생의 학습과 파지에 미치는 영향은 전통적인 교수(instruction)의 그것과 비슷하다는 것을 알아냈다. 동시교수(synchronous instruction)의 효과를 중요시하는 사람은 교실교수를 선호한 반면, 원격교육은 [지연시간(lag time)이 필요한] **비동시학습**(asynchronous learning) 애플리케이션에 더 효과적이었다.

또 다른 **네트워킹(networking)** 애플리케이션으로는 **전자게시판(electronic bulletin board)[컨퍼런스(conference)]**을 들 수 있다. 컴퓨터에 네트워킹이 된 사람은 메시지를 게시할 수 있지만, 학습을 위해 더 중요한 것은 토론(채팅)그룹의 일원이 될 수 있다는 것이다. 참여자는 다른 사람의 코멘트에 응답할 뿐만 아니라 질문을 하고 쟁점을 제기한다. 상당히 많은 연구들이 그러한 의견교환이 쓰기기능의 습득을 촉진하는지를 검토해 왔다(Fabos & Young, 1999). 이러한 비동시적 의사소통 수단이 면대면 상호작용보다 학습을 더 잘 촉진하는지의 여부는 많은 연구가 상충되거나 어떤 결론에 이르지 못하고 있기 때문에 불확실하다(Fabos & Young, 1999). 그러나 Bernard 등(2004)은 선행연구를 검토한 후 원격교육은 비동시학습보다 더 효과적일 수 있다고 주장하였다.

원격의사소통(telecommunication)은 사람들이 단지 함께 모였을 때만이 아닌 아무 때나 응답을 할 수 있다는 점에서 편리하다는 장점을 지니고 있다. 수용적인(receptive) 학습환경은 학습을 간접적으로 촉진할 수 있다.

여러 가지 **컴퓨터매개 의사소통(computer-mediated communication: CMC)** 유형이 있기 때문에, 원격학습과 컴퓨터회의(computer conferencing)는 사회적 상호작용을 통한 학습의 가능성을 크게 확장시킨다. 학습자의 개인적인 특성과 교수내용의 유형이 학생의 학습과 동기에 영향을 미칠 수 있는지에 관한 후속연구가 요구된다.

웹기반 (온라인) 학습은 **혼합교수모형(blended model of instruction)**(다시 말해서, 약간은 면대면 교수, 그리고 그 나머지는 온라인 교수) 중 하나로서 일반적으로 전통적인 교수 속에 통합된다. 웹기반 학습은 또한 멀티미디어 프로젝트와 함께 사용하면 유용하다. 많은 교사준비 프로그램에서, 예비교사들은 자원을 획득하고, 그런 다음 그것을 수업설계의 일부로서 멀티미디어 프로젝트 속에 선택적으로 통합하기 위하여 웹을 사용한다. Tallent-Runnels 등(2006)은 온라인 강좌들을 검토한 후 학생들은 자기 자신의 학습속도로 진행해 나가는 것을 좋아하고, 더 많은 컴퓨터 활용경험을 지닌 학생들이 더 큰 만족도를 표현하며, 비동시적 의사소통이 심층토론(in-depth discussions)을 촉진한다는 것을 발견하였다. 상호작용(학생-학생, 학생-교사, 학생-학습내용)을 통합한 원격교육은 학생의 학업성취도를 향상시키는 데 도움이 된다(Bernard et al., 2009). 다른 상호작용 유형(예: 위키, 블로그)도 유용할 수 있다. 멀티미디어 프레젠테이션을 원격교육에 통합하면 원격교육의 개별화를 증진하며, 따라서 원격교육을 면대면 교수와 더 비슷하게 만들어 주는데(Larreamendy-Joerns & Leinhardt, 2006), 이는 학생의 동기를 증진시킬 수 있다.

온라인 강좌와 전통적인 강좌는 매우 많은 차이점이 있어 비교하기가 어려운데, 그러한 차이점들 중 하나는 최근 온라인 강좌에 더 많은 비전통적이고 백인 미국 학생들이 등록하고 있는 경향이 있다는 것이다. 이러한 인구통계는 온라인 강좌가 더 널리 행해짐에 따라 바뀔 것이다. 이는 또한 온라인 학습결과(learning outcomes)와 학습을 촉진하는 환경적 특성을 좀 더 잘 사정할 수 있도록 해줄 것이다.

교수적 적용

이 장에서는 다루어진 원리들을 위해 몇 가지 교수적 적용이 제공되어 왔다. 이 절에서는 논의된 원리들 중 상당수를 반영한 세 가지의 추가적인 적용, 즉 풀이된 예제, 문제해결, 수학에 관해 기술한다.

풀이된 예제

풀이된 예제(worked examples)(제4장 참조)는 단계별 문제해결책을 제시하며, 종종 그러한 단계들을 보여주는 다이어그램을 포함하고 있다. 그것은 전문가의 문제해결모델을 모방하기(emulate) 전에 학습자가 학습하도록 하기 위해서 전문가의 문제해결모델을 보여준다. 연구자들은 풀이된 예제를 학습하면 단순히 문제를 푸는 것보다 학습이 더 잘 증진된다는 것을 보여 주었다(Atkinson et al., 2000; Wittwer & Renkl, 2010).

풀이된 예제는 Anderson의 ACT-R이론을 반영하며(Lee & Anderson, 2001), 특히 대수학, 물리학, 기하학과 같은 복잡한 학습형태에 적합하다(Atkinson et al., 2000; Atkinson, Renkl, & Merrill, 2003). 연구자들은 초보자-전문가모형을 적용하였을 때 전문가는 일반적으로 문제의 보다 심층적인 (구조적인) 측면에 초점을 두는 반면, 초보자는 표면적인 속성을 더 빈번하게 다룬다는 것을 알아냈다. 풀이된 예제는 기능을 습득하는 초기단계에 있는 학생에게 가장 유익한 것 같다. 왜냐하면 학습자가 점점 더 유능해짐에 따라 문제해결은 기능을 더 잘 신장시켜 주기 때문이다(Salden et al., 2010).

풀이된 예제의 적용 가능성은 ACT-R 준거틀(framework) 내에 있는 4단계 기능습득모형에서 볼 수 있다(Anderson, Fincham, & Douglass, 1997)(제5장 참조). 제1단계에서, 학습자는 예를 해결해야 할 문제와 관련짓기 위하여 유추를 사용한다. 제2단계에서, 그들은 연습을 통해 추상적인 선언적 규칙을 개발한다. 제3단계 동안, 문제해결책의 여러 가지 측면이 자동화됨에 따라 수행은 더 빠르고 더 자연스러워진다. 제4단계쯤에, 학습자는 기억 속에 많은 유형의 문제를 저장하며, 어떤 문제에 직면하였을 때 적절한 해결전략을 재빠르게 재인할 수 있다. 풀이된 예제는 1단계와 2단계 초기의 학습자에게 사용하는 것이 가장 적합하다. 사람들은 이후의 단계 동안 심지어 고등단계에서도 전문가의 해결책을 공부하는 것이 도움이 될 수 있지만, 그들의 전략을 연마하기 위하여 연습을 하는 것이 도움이 된다.

첫 번째의 핵심적인 교수적 쟁점은 다이어그램, 텍스트, 청각정보와 같은 어떤 예(example)의 구성요소를 통합하는 방법이다. 풀이된 예제는 학습자의 WM에 과부하(과도한 인지부하 생성)를 주지 않는 것이 매우 중요한데, 동시에 제시된 다양한 정보출처는 과부하를 초래한다. Stull과 Mayer(2007)는 (풀이된 예제와 비슷한) 그래픽조직자(graphic organizers)를 제공하면 학습자가 스스로 구성하도록 허용하였을 때보다 더 나은 문제해결 전이(transfer)를 산출한다는 것을 밝혀냈다(제5장 참조). 다른 증거들 역시 풀이된 예제가 인지부하를 줄일 수 있음을 보여준다(Renkl, Hilbert, & Schworm, 2009).

선행연구는 단일제시방식(single-mode) 프레젠테이션보다 이중제시방식(duel-mode) 프레젠테이션이 학습을 더 잘 촉진한다는 예측을 지지한다(Atkinson et al., 2000; Mayer, 1997). 이러한 결과는, 너무 복잡한 것은 바람직하지 않다는 경고와 더불어, 이중부호화이론(dual-coding theory)과 일맥상통한다(Paivio, 1986)(제6장 참조). 마찬가지로, 하위목표와 혼합된 예는 심층적인 구조를 형성하고 학습을 촉진하는 데 도움이 된다.

한 가지 핵심적인 사항은 다양한 프레젠테이션 제시방식을 포함한 예는 학습자의 주의가 통합되지 않은 출처(sources)로 분리되지 않도록 통합되어야 한다는 것이다. 청각적·시각적 설명은 그 설명이 예의 어떤 측면을 언급하는지를 지적해야 한다. 그렇게 하면 학습자는 자신이 직접 다시 탐색할 필요가 없다. 하위목표는 분명하게 명시되고 전체 전시(display)에서 시각적으로 분리되어 있어야 한다.

두 번째의 교수적 쟁점은 예가 어떻게 계열화되어야(sequenced) 하는지와 관련된다. 선행연구는 두 개의 예가 단 하나의 예보다 높아야 하고, 다양한 예가 두 개의 동일한 유형의 예보다 더 좋으며, 예와 연습을 혼합하는 것이 연습문제에 뒤따라오는 예를 제시하는 수업보다 더 효과적이라는 결론을 지지한다. 어떤 교수적 계열화(instructional sequence)에서 풀이된 예제를 점진적으로 줄이면 학생의 학습전이가 더 잘 일어나게 된다(Atkinson et al., 2003).

Chi, Bassok, Lewis, Reimann, Glaser(1989)는 예를 계속해서 학습하는 동안 **자기설명(self-explanations)**이 제공된 학생이 자기설명이 제공되지 않은 학생과 비교하였을 때 더 높은 수준의 성취를 달성한다는 것을 밝혀냈다. 추측하건대, 자기설명은 학습자가 문제의 심층구조를 이해하고 그렇게 함으로써 그 구조를 보다 더 의미 있게 부호화할 수 있도록 도와주었다고 볼 수 있다. 자기설명은 또한 시연의 한 유형이며, 학습에서 시연이 장점이 있다는 것은 매우 확증적이다. 따라서 학생은 풀이된 예제를 학습하는 동안 하위목표를 말로 표현하도록 하는 것과 같이 자기설명하도록 촉구되어야 한다.

또 다른 쟁점은 풀이된 예제는 학습자가 그것을 파상적으로 처리할 수 있기 때문에 수동적인 학습을 초래할 수 있다는 것이다. 신호(prompts)를 제공하거나 학습자가 완성해야 할 차이(gaps)를 남겨놓는 것과 같이, 상호작용적 요소를 포함하면 보다 더 능동적인 인지적 처리와 학습을 이끌어 낼 수 있다(Atkinson & Renkl, 2007). 애니메이션도 도움이 된다(Wouters, Paas, & van Merrienboer, 2008).

요컨대, 풀이된 예제는 통합되었을 때 후속되는 성취를 촉진하기 위하여 학습자가 인지적인 스키마를 형성하도록 도와주는 몇 가지 속성이 있다(〈표 7.5〉 참조). 이러한 교수전략은 기능학습의 초기 단계 동안에 가장 효과적으로 사용될 수 있다. 초기의 인지적 표상은 연습을 통해 전문가가 사용하는 정제된(refined) 도식으로 서서히 발전되어야 한다.

표 7.5
교수에서 풀이된
예제 사용

- 학생이 해결해야 할 문제와 밀접하게 관련되어 있는 예를 제시하라.
- 상이한 유형의 문제를 보여주는 다양한 예를 제시하라.
- 정보를 다른 양식(음성, 시각)으로 제시하라.
- 예 속에 하위목표를 제시하라.
- 예가 문제를 해결하기 위해 요구되는 모든 정보를 제시해 주는지를 확인하라.
- 학생이 예를 자기설명(elf-explanations)할 수 있도록 가르치고, 자기설명하는 것을 격려하라.
- 학생이 기능을 연마할 수 있도록 문제유형에 따라 충분히 연습할 수 있게 하라.

문제해결

학습과 문제해결 간의 연계는 학습자들이 발견교수법과 전략들을 학습할 수 있고 더 나은 문제해결자들이 될 수 있다는 것을 시사해 준다((Bruning et al., 2011). 더불어, 기억 속에 연계될 정보의 경우, 독립적인(stand-alone) 프로그램을 가지고 문제해결을 가르치기보다 문제해결을 교과내용과 통합[이 장 서두의 에피소드에서 Meg 교장 선생님이 추천하였다]하는 것이 가장 효과적이다. Nokes, Dole, Hacker(2007)는 발견적 교수가 학생들의 교과내용 학습을 희생하지 않고도 교실수업 속에 통합될 수 있음을 보여 주었다.

Andre(1986)는 이론과 연구로부터 도출된, 그리고 특히 학습자가 기억 속에 산출물을 표상함에 따라 문제해결기능을 훈련하는 데 유용한 몇 가지 시사점을 다음과 같이 열거하였다.

- **학습자에게 은유적(metaphorical) 표상을 제공하라.** 어떤 교수적인 내용 전에 학습자에게 주어진 구체적인 논리적 내용은 최종적으로 전달하고자 하는 내용의 학습을 촉진한다.
- **문제를 해결하는 동안 학습자로 하여금 그 과정을 말로 표현하도록 하라.** 문제를 해결하는 동안 사고과정을 말로 표현하는 것은 문제해결과 학습을 촉진할 수 있다.
- **질문을 사용하라.** 학습자에게 그가 배워 왔던 개념을 연습할 수 있도록 질문을 하라. 그러한 많은 질문이 필요할 수 있다.
- **예를 제공하라.** 학습자에게 문제해결전략의 적용을 보여주는 풀이된 예제를 제시하라. 학습자는 각각의 상황에 어떠한 전략을 적용할 것인지를 스스로 알아내는 데 어려움을 겪을 수도 있다.

- **아이디어를 정리하라.** 산출물과 지식이 서로 어떻게 관련되며 그것을 어떠한 순서로 적용할 수 있는지를 보여준다.
- **발견학습을 사용하라.** 발견학습은 종종 탐색적 수업보다 전이와 문제해결을 잘 촉진한다. 발견을 통해 학습자로 하여금 예로부터 규칙을 생성해 내도록 강요할 수도 있다. 동일한 것이 탐색적 수업을 통해서도 달성될 수 있지만, 발견은 어떤 내용(예: 과학실험)에 대해서는 보다 더 효과적일 수도 있다.
- **언어적 기능을 제공하라.** 학습자에게 전략과 그것의 활용을 위한 규칙에 관하여 말로 표현해 주는 것이 유용할 수 있다.
- **학습전략을 가르치라.** 학습자는 효과적인 학습전략을 사용하는 데 있어 도움이 필요할 수 있다. 제10장에서 논의된 바와 같이, 전략은 학습과 문제해결을 도와준다.
- **소규모 집단을 사용하라.** 많은 연구들이 소집단 학습이 학습자의 문제해결기능을 개발하는 데 도움이 된다는 것을 밝혀 왔다. 집단구성원은 자신의 학습에 대한 책무성을 가지고 있어야 하며, 또한 모든 학습자가 일을 공유해야 한다.
- **긍정적인 심리학적 풍토를 유지하라.** 심리학적 요인은 효과적인 문제해결에 중요하다. 학습자들 간의 과도한 걱정을 최소화하고, 기능을 향상시키기 위해 학습자들 간에 자기효능감을 생성할 수 있도록 도와준다(제4장 참조).

또 다른 교수적 제안은 문제해결을 단계적으로 도입하는 것인데, 그것은 문제해결에 대한 경험을 별로 해 보지 못한 학생에게 특히 도움이 될 수 있다. 이것은 풀이된 예제를 사용하여 그렇게 할 수도 있다(Atkinson et al., 2003; Renkl & Atkinson, 2003)(이 절에서 논의됨). 예를 들어, 수학교과서는 종종 규칙이나 정리(theorem)를 진술한 다음 한 개 이상의 풀이된 예제(유추적인 추론의 한 형태)를 수반한다. Renkl과 Atkinson은 학습 초기 단계에서는 예제를 상당히 사용하고 학생이 기능을 개발해 나감에 따라 문제해결로 전환해 나갈 것을 추천하였다. 이 과정은 또한 WM 또는 학습자가 경험하는 인지부하에 대한 요구를 최소화할 수 있도록 도와준다(제5장 참조). 따라서 그 전환은 다음과 같이 진행될 수 있다. 먼저, 완전한 예제가 제공되고, 그런 다음 한 단계가 빠진 예제가 제공된다. 계속해서 각 예제가 제시되면서, 학습자가 독자적으로 문제를 해결할 수 있을 때까지 추가적인 단계가 빠진 채 제공된다.

문제중심학습(problem-based learning: PBL)(Hmelo-Silver, 2004)은 또 다른 교수적 적용을 제공한다. 이 접근방법에서, 학생은 하나의 정답만을 가지고 있지 않은 어떤 문제에 관해 집단으로 연구한다. 학생은 자신이 그 문제를 해결하기 위해서 알 필요가 있는 것을 밝혀낸다. 교사는 답변이 아닌 도움(assistance)을 제공함으로써 촉진자로서 행동한다. PBL은 문제해결과 자기조절기능을 가르치는 데 효과적인 것으로 밝혀졌지만, 대부분의 연구들은 의학교육과 영재교육에서 수행되어 왔다(Evenson, Salisbury-Glennon, &

Glenn, 2001; Hmelo-Silver, 2004). PBL은 유의미한 문제를 탐색하는 데 유용하다. PBL은 시간이 많이 걸리기 때문에, 교사는 그것이 주어진 교수목표에 적합한지 고려할 필요가 있다.

수학

수학(mathematics)은 인지적 · 구성주의적 연구가 많이 행해진 영역이다(Ball, Lubienski, & Mewborn, 2001; Carr, 2012; National Research Council, 2000; Newcombe et al., 2009; Schoenfeld, 2006). 연구자들은 학습자가 지식을 어떻게 구성하는지, 전문가와 초보자는 어떻게 다른지, 동기의 역할, 그리고 어느 교수방법이 가장 효과적인지를 탐색해 왔다(Mayer, 1999; Schoenfeld, 2006). 수학성취도의 성장은 지각된 통제, 자기효능감, 내재적 동기와 같은 인지적일 뿐만 아니라 동기적인 변인에 따라 달라진다(Murayama, Pekrun, Lichtenfeld, & vom Hofe, 2013; Schunk & Richardson, 2011).

일반적으로 수학적 **계산(computation)**(규칙, 절차, 알고리즘의 사용)과 **개념 (concepts)**(문제해결과 전략의 사용) 간에는 한 가지 차이(distinction)가 있다. 이 두 범주들 간의 차이는 문제가 학생에게 어느 연산을 수행해야 하는지를 얼마나 명시적으로 말하는지에 달려 있다. 다음은 계산문제다.

- $26 + 42 = ?$
- $5x + 3y = 19$
- $7x - y = 11$

x와 y를 풀어라.

- 측면이 3인치와 4인치인 정삼각형의 빗변의 길이는 얼마인가?

비록 학생이 문제 2와 문제 3에서 무엇을 해야 하는지를 명시적으로 듣지는 못하였지만, 문제의 형식에 관한 인식과 절차에 관한 지식은 그가 올바른 연산을 수행할 수 있도록 이끌어 준다.

이제 이 문제를 다음의 문제와 대조해 보자.

- Alex는 10센트짜리 동전(dimes)과 25센트짜리 동전(quarters)으로 구성된 20개의 동전을 가지고 있다. 만약 25센트짜리 동전이 10센트짜리 동전이고, 10센트짜리 동전이 25센트짜리 동전이라면, 지금 가지고 있는 것보다 90센트를 더 가질 수 있다.

Alex는 얼마나 많은 돈을 가지고 있는가?

- 만약 어떤 여객열차가 어떤 화물열차보다 두 배나 길고, 그 여객열차가 먼저 화물열차를 따라잡은 후, 반대방향으로 갈 때 그 두 열차들이 통과하려면, 화물열차는 여객열차보다 몇 배나 더 빨라야 하는가?
- Shana가 도보여행을 할 때, 그녀는 오르막길은 평균 시속 2마일, 내리막길은 평균 시속 6마일로 갈 수 있다. 만약 그녀가 오르막길과 내리막길을 가고 정상에서는 어떠한 시간도 소비하지 않았다면, 전체 여행의 평균속도는 얼마나 되는가?

이러한 서술형 문제(word problems)는 학생에게 무엇을 해야 하는지를 명시적으로 말하지는 않지만, 이 문제는 첫 번째 문항에서 요구되는 계산만큼이나 어려운 계산을 요구한다. 서술형 문제를 해결하려면, 그 문제의 형식을 인지하고, 적절한 수식을 만들며, 계산을 할 필요가 있다.

이것은, 비록 Rittle-Johnson과 Alibali(1999)가 절차적 지식이 개념적 이해에 미치는 영향보다 개념적 지식이 절차적 지식에 미치는 영향이 훨씬 더 크다는 것을 밝혀 내기는 하였지만, 개념적 전문지식이나 기술(conceptual expertise)이 계산능숙도보다 더 낮다고 주장하는 것은 아니다. 각 영역에서의 결여는 문제를 야기한다. 문제해결방법은 이해하지만 계산을 수행할 수 없으면, 계산적으로는 능숙하지만 문제들을 개념화할 수 없는 것처럼 오답을 초래한다.

계산문제. 아동이 사용하는 가장 초기의 계산기능은 **수세기**(counting)다(Resnick, 1985). 아동은 손가락으로, 그리고 전략을 사용하여 머릿속에서 물체를 센다. **합산모형**(sum model)은 가설적인 계수기(counter)를 0으로 설정하고, 첫 번째 가수(addend)에 있는 숫자를 모두 센 다음, 해답에 이를 때까지 두 번째 가수를 세는(count) 것이다. 예를 들어, "2 + 4 = ?" 문제의 경우, 아동은 0에서 2까지 센 다음, 4를 첫 번째 항목을 센 값에 추가하여 세는 것이다. 보다 효율적인 전략은 그 계수기를 첫 번째 가수(즉, 2)로 설정하고, 그런 다음, 다음 항에 있는 두 번째 가수(즉, 4)를 첫 번째 항목을 센 값(즉, 2)에 추가하여 세는 것이다. 여전히 더 효과적인 방법은 **최소모형**(min model)이다. 즉, 두 개의 가수 중 더 큰 것(즉, 4)을 계수기로 설정하고, 그런 다음 첫 번째로 센 값에 더 작은 가수(즉, 2)를 추가하여 세는 것이다((Romberg & Carpenter, 1986).

이러한 창작된 절차유형은 성공적이다. 아동과 성인은 종종 수학적인 문제를 해결하기 위하여 절차를 구성한다. 오류는 일반적으로 무작위인(random) 것이 아니라 오히려 **버기 알고리즘**(buggy algorithms) 또는 사고와 추론에서의 체계적 실수(systematic mistakes)를 나타낸다(Brown & Burton, 1978). 버기 알고리즘은 학생이 경험에 관한 자신의 해석에 기초하여 절차를 형성한다는 구성주의적 가정을 나타낸다(제8장 참조). 뺄셈에서 한 가지 흔히 발생하는 실수는 다음과 같이 방향에 상관없이 각 열(column)마다 더 큰 수에서 더 작은 수를 빼는 것이다.

$$
\begin{array}{r}
53 \\
-27 \\
\hline
34
\end{array}
\qquad
\begin{array}{r}
602 \\
-274 \\
\hline
472
\end{array}
$$

수학적 오류(bugs)는 아마도 학생이 새로운 문제를 접하고 결과(productions)를 잘못 일반화할 때 나타나는 것 같다. 예를 들어, 재그룹화 없이 뺄셈을 하는 경우, 학생은 각 열마다 더 큰 수에서 더 작은 수를 뺀다. 학생이 이러한 절차를 어떻게 재그룹화를 필요로 하는 문제로 일반화하는지를 쉽게 볼 수 있다. 버기 알고리즘은 지속될 수 있고, 학생의 계산이 답을 산출할 수 있기 때문에, 그에게 잘못된 자기효능감을 심어줄 수 있다(제4장 참조).

계산이 어려운 또 다른 이유는 수 정보(number facts)에 관한 선언적인 지식이 빈약하기 때문이다. 많은 학생은 기본적인 수 정보를 알지 못하고, 수 정보를 재인하는 데 어려움을 겪고 있으며, 수를 제대로 처리하지 못한다(Geary, 2011; Geary, Hoard, Byrd-Craven, Nugent, & Numtee, 2007). 아동은 연습을 통해 수 자체가 LTM 속에 형성될 때까지 수를 세거나 답을 계산한다. 기억으로부터 정보를 재인하는 속도는 초등학교부터 대학까지의 학생의 전반적인 수학적 성취와 직접적으로 관련이 있다(Royer, Tronsky, Chan, Jackson, & Marchant, 1999). 계산기능은 WM 및 LTM 역량과 더불어, 발달해 감에 따라 증진된다(Mabbott & Bisanz, 2003). WM의 중앙집행(central executive)이 효과적으로 기능하는지를 알면(제5장 참고), 수학적 성취도를 예측할 수 있다(Geary, 2011). 또한 계산적 문제해결(computational problem solving)은 특히 복잡한 문제의 경우 학생이 마음속으로 계산하는 것보다 글로 쓸 때 더 향상된다(Hickendorff, van Putten, Verhelst, & Heiser, 2010).

계산에서의 많은 어려움은 문제를 해결하기 위해서 지나치게 복잡하지만 기술적으로 올바른 산출물을 사용할 때 발생한다. 그러한 절차는 올바른 답을 산출하지만, 복잡하기 때문에 계산을 잘못할 위험이 높다. 256을 5로 나누는 문제는 나눗셈 알고리즘으로 또는 256에서 5를 계속적으로 빼고 뺀 횟수를 셈으로써 해결될 수 있다. 후자의 절차는 기술적으로 올바르지만 비효율적이고 오류확률이 높다.

학습자는 처음에 계산기능을 명제적 네트워크 속에 있는 선언적 지식으로 나타낸다. 상이한 단계(예: 알고리즘 속에서)와 관련한 사실은 심상적 시연과 명시적인 연습을 통해 기억(memory)에 보내진다. 이 단계에서 수행을 안내하는 산출물은 일반적이다. 예를 들어, "만약 목표가 이 나눗셈 문제를 해결하는 것이라면, 그 때 그 선생님이 우리에게 가르쳐 준 방법을 적용하라". 선언적 표상은 연습을 추가함에 따라 영역특수적인 절차적 표상으로 바뀌며, 궁극적으로는 자동화된다. 초기의 수세기 전략들은 보다 더 효율적인 규칙기반 전략(rule-based strategies)으로 대체된다(Hopkins & Lawson, 2002). 학습자는 자동화 단계에서 문제패턴(예: 나눗셈 문제, 제곱근 문제)을 재빠르게 인식하고, 많은 의식적인 숙고 없이 그 과정을 실행한다.

개념적 문제해결. 개념적 문제해결(conceptual problem solving)은 학생에게 주어진 문제와 목표를 포함하고 있는 문제를 정확하게 제시하고, 그런 다음 어떤 전략을 선택하고 적용할 것을 요구한다(Mayer, 1985, 1999). 어떤 문제를 그것의 언어적 표상(linguistic representation)에서 정신적 표상(mental representation)으로 번역하는 것은 종종 어렵다(Bruning et al., 2011). 말이 더 추상적일수록 텍스트를 이해하기는 더 어려워지고 해결할 수 있는 가능성은 점점 더 낮아진다(Cummins, Kintsch, Reusser, & Weimer, 1988). 이해에 어려움을 겪는 학생은 정보를 더 빈약하게 회상하고 수행도 더 낮은 것으로 나타났다. 어린 아동은 종종 추상적인 언어적 표상을 번역하는 데 어려움을 겪는다.

번역(translation)은 또한 양호한 선언적 · 절차적 지식을 필요로 한다. 20개의 동전을 가지고 있는 Alex에 대한 앞의 문제를 해결하려면, 10센트짜리 동전(dimes)과 25센트짜리 동전(quarters)이 모두 동전이며, 10센트짜리 동전은 1달러($1)의 1/10($.10)이며, 25센트짜리 동전은 1달러의 1/4($0.25)이라는 지식을 필요로 한다. 이러한 선언적 지식은 10센트짜리 동전과 25센트짜리 동전이 변수(variables)이며, 10세트짜리 동전의 수와 25센트짜리 동전의 수를 더하면 20이라는 절차적인 이해(procedural understanding)와 짝지어질 필요가 있다.

전문가가 문제를 더 잘 번역하는 한 가지 이유는 그의 지식이 LTM 속에 더 잘 조직화되어 있다는 것이다. 즉, 그 조직화는 교과내용의 기저구조(underlying structure)를 반영하고 있다(Romberg & Carpenter, 1986). 전문가는 문제의 표면적인 속성들을 훑어보고 그것을 해결책을 위해서 요구되는 조작(operations)의 관점에서 분석한다. 초보자는 표면적인 속성에 의해 더 휘둘린다. Silver(1981)는 우수한 문제해결자는 해결책을 위해 요구되는 과정에 따라 문제를 조직화하는 반면, 빈약한 문제해결자는 문제를 비슷한 내용(예: 돈, 기차)으로 묶는 경향이 더 강하다는 것을 밝혀냈다.

초보자는 종종 목표에서 시작해서 그 목표에 도달할 때까지 역방향 문제해결전략을 적용한다. 이것은 학습자가 약간의 영역적 지식은 습득하였지만 문제형태를 재빠르게 인식할 만큼 충분히 유능하지 못한 학습의 초기단계에서는 유용한 발견교수법이다. 전문가는 종종 뒤에서부터 앞쪽으로 풀어 나간다. 전문가는 문제의 유형을 확인하고, 문제를 해결하기 위한 적절한 산출물을 선택한다. Hegarty, Mayer, Monk(1995)는 성공적인 문제해결자는 문제를 해당 문제를 진술하고 있는 글 속에 포함되어 있는 숫자를 변수명들(variable names)로 묶는 정신적 모형(mental model)으로 번역한다는 것을 알아냈다. 이와는 달리, 덜 성공적인 문제해결자는 그 문제 속에 있는 수를 핵심어에 의해 미리 알려진 수학적 연산[예: 덧셈은 핵심어 "더(more)"와 연계된 연산이다.]과 통합하는 경향이 더 강하였다. 후자의 전략은 표면적인 속성에 기초하는 반면, 전자의 전략은 의미와 더 잘 연계된다.

전문가는 수학적인 문제를 유형(type)에 따라 분류하기 위한 복잡한 절차적 지식을 개발한다. 고등학교 대수학문제는 운동, 경향, 동전, 이익/투자와 같이 대략 20개의 일반적인 범주로 분류된다(Mayer, 1992). 이러한 범주는 6개의 주요한 그룹으로 모아질 수 있다. 예를 들어, 시간당 양(amount-per-time) 그룹에는 운동, 경향, 일 문제가 포함된다. 이러한 문제는 양＝비율 × 시간이라는 일반적인 공식으로 해결될 수 있다. 수학적인 문제해결을 위한 전문지식이나 기능의 개발은 어떤 문제를 올바른 그룹으로 분류해 내고 그런 다음 그 전략을 적용하는 것에 따라 좌우된다.

문제해결 시 단계를 말로 표현하면, 능숙도(proficiency)를 개발하는 데 도움이 된다(Gersten et al., 2009). Fyfe, Rittle-Johnson, DeCaro(2012)는 학습자가 교수 전에 탐색적 문제해결에 참여할 때 그에게 전략과 성과(outcomes)에 관한 피드백을 제공하면 단지 영역특수적인 전략에 관한 지식이 적은 학생의 경우에만 성취도가 향상된다는 것을 알아냈다. 피드백은 그들이 오류를 밝혀내고 사용할 대안적인 전략을 찾는 것을 도와줄 수 있다. [적용 7.8]은 문제해결을 가르치는 것에 관해 논의한다.

적용 7.8

수학적 문제해결

교사들은 학생이 개념적인 문제에 관한 기능을 향상할 수 있도록 도와주기 위하여 다양한 방법을 사용한다. 학생이 서술형 수학문제를 해결할 때, 그는 각 문제를 그 자신의 표현으로 진술하고, 개요를 뽑아내며, 어떤 정보가 적절한지를 결정하고, 자신이 문제를 해결할 수 있는 방법을 진술할 수 있다. 중학교 교사는 학생의 주의를 중요한 과제의 제 측면에 초점을 두게 하고, 그의 사고를 안내하기 위하여 다음과 같은 그리고 다른 비슷한 문제를 사용할 수 있다.

- 어떤 정보가 중요한가?
- 어떤 정보가 빠졌는가?
- 어느 공식이 필요한가?
- 첫 번째로 해야 할 것이 무엇인가?

요약

많은 인간 학습에는 복잡한 인지적 과정이 수반된다. 어떤 학문영역에서 역량을 개발하기 위해서는 영역들 전체에서 적용될 수 있는 일반전략 및 각 영역에 적합한 특수전략과 더불어 해당 영역의 사실, 원리, 개념에 관한 지식이 요구된다. 선행연구는 어떤 특정 영역에서 전문수행자와 초보수행자 간에는 많은 차이점이 있음을 밝혀 왔다.

　메타인지는 정신적인 활동을 의도적, 의식적으로 통제하는 것을 지칭한다. 메타인지는 과제가 성공적으로 완료되었음을 보장하기 위하여 설계된 지식과 점검활동을 포함한다.

　조건적 지식 또는 선언적 지식과 절차적 지식을 언제, 왜 사용해야 하는지를 아는 것은 메타인지적 활동의 일부분이다. 단순히 해야 할 것이 무엇이며 그것을 어떻게 할 것인지를 아는 것으로는 성공할 수 없다. 메타인지는 대략 5~7세경에 개발되기 시작하여 학교교육 전 기간 동안 계속된다. 어떤 사람의 메타인지적 인식은 과제, 전략, 학습자 변인에 따라 달라진다. 학습자는 메타인지적 활동에 관한 교수(instruction)로부터 이득을 얻는다.

　개념학습은 범주의 결정적인 속성에 관한 정신적 표상을 형성하는 고차원적 과정을 포함한다. 개념학습에 관한 오늘날의 이론은 단지 몇 가지의 정의적인 특성을 포함하는 개념에 관한 일반화된 이미지를 형성하는 것(원형: prototype)뿐만 아니라 속성을 분석하고 개념에 대한 가설을 형성하는 것(속성분석)을 강조한다. 원형은 개념의 전형적인 예를 분류하기 위하여 사용될 수 있고, 속성분석은 개념의 비전형적인 사례를 분류하기 위하여 사용될 수 있다. 개념획득과 교수에 관한 모형이 제안되었으며, 동기과정 또한 개념적인 변화 속에 포함되었다.

　문제해결은 초기상태, 목표, 하위목표, 그리고 그 목표와 하위목표를 달성하기 위하여 수행되는 조작으로 구성되어 있다. 연구자들은 문제해결에 관여하는 학습자의 정신적 과정과 전문수행자와 초보수행자 간의 차이점을 검토해 왔다. 문제해결은 시행착오, 통찰, 발견교수법(heuristics)의 사용을 통해 일어날 수 있다. 이러한 일반적인 접근방법은 학문적 내용에도 적용될 수 있다. 정보처리관점에서 볼 때, 문제해결은 문제에 관한 정신적 표상을 형성하고, 그것을 해결하기 위해 일련의 규칙(산출시스템)을 적용하는 것을 필요로 한다. 개연성(likelihood)을 기준으로 순서 매겨질 수 있는 잘 정의된 문제와 잠재적인 해결책의 경우, 생성-검사전략이 유용하다. 어렵고 잘 정의되지 않은 문제의 경우, 수단-목적분석(순방향 문제해결 또는 역방향 문제해결) 또는 유추적 추론이 사용될 수 있다.

　비판적 사고, 추론, 창의성은 관련이 있지만 별개의 인지적 과정이다. 비판적 사고는 문제 또는 쟁점에 관한 더 나은 이해를 개발하기 위해 사용된다. 추론은 논리적인 주장을 생성하고 평가하는 것을 수반한다. 그것은 학습자가 어떤 것이 왜 일어났는지 또는 무슨 일이 일어날 것인지를 결정하기 위하여 문제를 통해 행동할 것을 요구한다. 창의성은 기발하고 더 큰 공동체에 의해서 가치 있는 것으로 여겨지는 산출물 또는 결과를 산출한다.

특히 집단에서 브레인스토밍은 창의적인 사고를 촉진하는 데 도움이 될 수 있다.

교수·학습에서 테크놀로지의 중요성이 계속적으로 증가하고 있다. 급격한 성장을 보여온 세 가지 영역은 컴퓨터기반 학습환경, 온라인 소셜 미디어, 원격교육이다. 컴퓨터기반 환경을 필요로 하는 적용에는 컴퓨터기반 교수, 게임과 시뮬레이션, 멀티미디어, 이러닝이 포함된다. 온라인 소셜 미디어는 학생의 학습을 향상시킬 수 있는 장점뿐만 아니라 학습자들 간의 의사소통과 협력을 촉진한다. 원격학습은 쌍방향 피드백과 동시적 토론 또는 온라인 (웹기반) 비동시적 교수를 수반할 수도 있다. 많은 강좌가 혼합모형(약간의 면대면 교수와 약간의 온라인 교수)을 사용한다. 선행연구는 메타인지, 심층처리(deep processing), 문제해결에서 테크놀로지의 장점을 보여준다.

적용에는 풀이된 예제, 문제해결, 수학이 포함된다. 풀이된 예제는 문제해결책을 단계별로 제시하며, 종종 그러한 단계를 보여주는 다이어그램을 포함한다. 풀이된 예제는 학습자의 문제해결을 촉진하는 많은 속성을 통합한다. 문제해결교수는 그것이 학문적인 내용과 분명하게 연계되었을 때 더 효과적이다. 다른 제안으로는 학습자에게 풀이된 예제를 주는 것, 언어적 기술(descriptions)을 제공하는 것, 소집단 학습을 사용하는 것이 포함된다. 아동은 수세기로 초기의 수학적 역량을 보여준다. 계산기능은 알고리즘과 선언적 지식을 필요로 한다. 학생은 종종 절차를 지나치게 일반화한다(버기 알고리즘). 개념적인 문제의 경우, 학생은 경험을 통해 문제유형에 관한 지식을 습득하고 보다 더 효과적인 전략을 점점 더 많이 적용한다.

추가 읽을거리

Brown, J. S. (2006). New learning environments for the 21st century: Exploring the edge. *Change, 38*(5), 18-24.

Hennessey, B. A., & Amabile, T. M. (2010). Creativity. *Annual Review of Psychology, 61*, 569-598.

Isaksen, S. G., & Gaulin, J. P. (2005). A reexamination of brainstorming research: Implications for research and practice. *Gifted Child Quarterly, 49*, 315-329.

Lajoie, S. P. (2003). Transitions and trajectories for studies of expertise. *Educational Researcher, 32*(8), 21-25.

Pintrich, P. R., Marx, R. W., & Boyle, R. A. (1993). Beyond cold conceptual change: The role of motivational beliefs and classroom contextual factors in the process of conceptual change. *Review of Educational Research, 63*, 167-199.

Seo, K. K., Pellegrino, D. A., & Engelhard, C. (Eds.). (2012). *Designing problem-driven instruction with online social media*. Charlotte, NC: Information Age Publishing.

Chapter 8

구성주의이론

중학교에서 과학을 가르치는 Rahn 선생님이 네 명의 학생과 테이블에 둘러앉아 있다. 이들은 "신기한 물질 실험"이라는 물리적 속성 실험을 수행하고 있다. 테이블 위에는 믹싱볼, 콘스타치 16온스, 계량컵, 물병, 스푼, 가위, 접시, 종이 타월이 놓여 있다.

Rahn 선생님: 좋아, 우리 이제 시작하자. Jenna가 콘스타치를 볼에 넣어줘. 자, 콘스타치에 대해 우리가 주목해야 할 것은 무엇이지? 콘스타치가 어떻게 보이니?

Trevor: 부드러운 가루에요.

Ali: 하얀색이에요.

Rahn 선생님: 손가락으로 만져보렴. 느낌이 어떠니? 냄새는?

Matt: 색다른 느낌이지만 부드러워요. 냄새는 없습니다.

Rahn 선생님: 모두 맞아. 자, 그럼 이제 Trevor가 계량컵에 물을 한 컵 담아서 볼에 천천히 부어줄래. 그리고 볼 안에 손을 넣고 잘 섞어봐. 느낌이 어떠니?

Trevor: 축축하고 끈적끈적해요. 그리고 큰 덩어리가 되었어요.

Rahn 선생님: 어떻게 보이니?

Ali: 마치 풀 같아요.

Rahn 선생님: 그래, 맞아. 이제, 볼 안에 손을 넣어서 콘스타치를 한 움큼씩 잡아서 손위에 올려놓아 보렴. 어떤 일이 일어나지?

Matt: 아래로 똑똑 떨어지고 있어요.

Rahn 선생님: 손에 가득 잡고 꽉 짜보렴. 어떤 느낌이니?

Jenna: 딱딱해요. 그렇지만 여전히 끈적끈적해요.

Rahn 선생님: 어떤 일이 벌어지고 있니?

Ali: 손가락 사이로 흘러내리고 있어요.

Rahn 선생님: 다시 한 번 손에 가득 잡고 꽉 짜보렴. 손위에 그대로 두어 봐. 손가락 사이로 떨어지는 것을 서로서로 가위로 잘라보렴. 자를 수 있니?

Trevor: 와! 신기해요.

Rahn 선생님: 이제 스푼으로 한 스푼 떠서 접시에 떨어뜨리고 손으로 만져보렴. 느낌이
어떠니?

Ali: 딱딱해요. 붙여놓은 것 같아요.

Rahn 선생님: 접시 옆을 톡톡 쳐보렴. 어떤 일이 일어나지?

Jenna: 물처럼 떨어지고 있어요. 하지만 젖지는 않아요.

Rahn 선생님: 손가락으로 꾹 찔러보렴. 어떠니?

Matt : 손가락이 들어가요. 하지만 손에 붙지는 않아요.

Rahn 선생님: 자, 이제 다시 볼을 보자. 손이 볼의 바닥에 닿을 때까지 손가락을 천천히
눌러보렴. 어떠니?

Jenna: 점점 두꺼워지는 것 같아요. 딱딱해요.

Rahn 선생님: 이 물질이 뭘까? 고체일까 액체일까?

Ali: 고체요. 딱딱해요.

Matt : 아니야. 손으로 들어올리면 아래로 떨어지고 축축해지니까 액체야.

Rahn 선생님: 액체이면서 동시에 고체일 수 있을까?

Trevor: 제 생각에는 그런 것 같아요.

구성주의(constructivism)는 개인이 학습하고 이해한 것을 형성하거나 구성한다고 보는 철학적이고 사회적 관점이다(O'Donnell, 2012). 인간 발달에 대한 이론과 연구, 특히 Piaget와 Vygotsky의 이론과 연구가 구성주의에 중요한 영향을 미쳤다(이 장에서 중요하게 다룰 것임). 지식구성의 역할을 제시한 이러한 이론들은 구성주의의 중심이다.

지난 몇 십 년 동안, 구성주의는 교수와 학습에 많이 적용되어 왔다. 학습이론의 흐름을 살펴보면, 환경적인 영향으로부터 학습을 설명하는 인지적 요인으로 그 초점이 이동해 왔다. 인지심리학(제4~제7장 참조)은 인간의 학습을 자극과 반응 및 결과로 설명하는 행동주의의 수장(제3장 참조)을 비난하였다. 인지이론은 학습자의 정보처리를 학습의 가장 주요한 요인으로 강조하고 있지만, 몇몇 연구자들은 인간 학습의 복잡성을 충분히 설명하지 못하고 있다고 지적하였다. 이러한 점은 수행의 "자동화", 기억 속 링크 간의 "연합 구성"과 같은 행동주의 용어가 몇몇 인지이론에서 사용되고 있다는 점에서도 두드러지게 나타나고 있다.

오늘날 많은 연구가 이전보다 학습자에 더 초점을 맞추고 있는데, 지식이 어떻게 습득되는지보다 어떻게 구성되는지가 주로 논의되고 있다. 학습과 학습자의 인지적 과정에 영향을 미치는 변인에 관하여 다양한 견해가 제시되고 있지만, 이들이 지지하는 이론적 견해를 구성주의라고 통칭할 수 있다.

이 장에서는 구성주의에 관한 개요를 통해 구성주의의 기본 가정과 여러 구성주의 이론을 소개한다. 다음으로, Piaget, Bruner, Vygotsky의 이론을 학습에 초점을 맞추어 설명한다. 사회적 중재과정과 개인적 화술(private speech)

의 중요한 역할을 포함하여, 구성주의적 학습환경과 구성주의원리를 반영한 수업적용 사례에 관하여 논의한다. 마지막으로, 구성주의 학습환경과 주요 특징, 교수방법의 예와 반성적 수업의 요소를 다룬다.

이 장을 학습한 후에, 여러분은 다음과 같은 것을 할 수 있어야 한다.

- 구성주의의 기본 가정과 다양한 구성주의이론에 대해 논할 수 있다.
- 학습과 교수에 주는 시사점을 포함한 Piaget 이론의 주요 과정을 요약할 수 있다.
- Bruner에 의해 제안된 지식의 표상 유형과 "나선형 교육과정"에 대해 논의할 수 있다.

- Vygotsky의 사회문화주의이론의 핵심원리와 근접발달영역(zone of proximal development) 내 교수활동의 의의를 설명할 수 있다.
- 개인적 화술이 어떻게 학습에 영향을 미치며 사회적 중재학습의 강점이 무엇인지 설명할 수 있다.
- 구성주의 학습환경의 주요 특징과 APA의 학습자중심원리를 나열할 수 있다.
- 어떻게 반성적인 교사가 되어 학습자의 학업성취를 향상시킬 수 있는지 설명할 수 있다.
- 발견학습, 탐구학습, 토의와 토론이 구성주의적 원리를 반영하여 어떻게 구성되는지 기술할 수 있다.

가정과 관점

인지심리학의 학습이론이 학습과 이해에 관한 충분한 설명을 제공하지 못하였기 때문에 많은 연구자들이 인지심리학의 학습 및 교수활동에 관한 가설에 대해 의문을 제기해 왔다. 문제가 제기되었던 가설은 다음과 같다(Greeno, 1989).

- 사고는 머릿속에서 일어나는 것이지 사람이나 상황과의 상호작용 속에서 일어나는 것은 아니다.
- 학습과 사고의 과정은 개인마다 다른 것이 아니라 비교적 동일하며, 고차원적 사고를 증진하는 데 보다 효율적인 상황이 존재한다.
- 사고는 개인의 경험과 선천적인 능력에서 생겨난 일반적인 개념의 역량에서 파생되기보다 전통적인 교수환경에서 배운 지식과 기능으로부터 형성된다.

구성주의자들은 사고란 맥락 속에서 발생하는 것이며, 인지란 주로 어떤 상황 속에서의 경험을 바탕으로 개개인에 의해 구성된다는 점에서 위의 가설을 거부한다. 구성주의자들은 학습자요인이 학습에 큰 영향을 미친다고 강조한다. 사회적 구성주의모형은 기능이나 지식의 습득에 있어 사회적 상호작용을 한층 더 강조하고 있는데, 이 장을 통해서 구성주의란 무엇이며 그 가설과 종류에 대해 충분히 검토해 보도록 하겠다.

개요

구성주의란 무엇인가? 구성주의의 의미에 대한 동의가 부족하지만(Harlow, Cummings, & Aberasturi, 2006), 엄밀히 말해서 구성주의는 이론이 아니라 **인식론(epistemology)** 또는 학습의 본질에 대한 철학적 해석(Hyslop-Margison, & Strobel, 2008; Simpson, 2002)이라고 보아야 한다. 제1장에서 논의한 바와 같이, 이론이란 학습에 관한 과학적으로 타당화된 설명으로, 가설을 세우고 검증하는 것을 가능하게 한다. 구성주의는 학습원리라는 것이 존재하여 밝혀지고 검증될 수 있는 것이 아니며, 학습자 스스로 자기만의 학습을 구성한다고 주장한다. 구성주의의 역사적, 철학적 근원에 관심이 있는 독자는 Bredo(1997), Packer, Goicoechea(2000)의 연구를 추천한다.

그럼에도 불구하고, 구성주의는 검증 가능한 일반적인 예측을 제시한다. 물론 그 예측은 일반적인 수준의 것이어서 다른 해석(예: 학습자 스스로 학습을 구성한다는 것이 무슨 의미인가?)을 가능하게 하지만, 그러한 점이 연구의 관심사가 될 수 있다.

구성주의 이론가들은 과학적인 사실이 존재하여 발견되고 증명되기를 기다리고 있다고 보지 않는다. 그 어떤 진술도 진실로 가정하기보다 이성적인 수준에서 의문을 가지고 보아야 한다고 주장한다. 세계란 다양한 방식으로 머릿속에 구성될 수 있기 때문에 그 어떤 이론도 진실을 확고히 담아낼 수 없다고 본다. 구성주의에서는 수많은 다양성을 인정하며 어느 하나가 다른 것보다 더 옳다는 식의 접근은 삼가야 한다고 주장한다(Simpson, 2002).

구성주의자들은 지식을 진실로 규정하기보다 작업가설(working hypothesis)로 해석한다. 지식이란 인간의 외부에서 부여되는 것이 아니라 내부에서 형성되는 것이라고 본다. 따라서 개인이 구성한 지식은 그 개인에게는 진실이지만, 다른 타인에게도 반드시 그런 것은 아니다. 인간은 자신의 신념과 경험을 바탕으로 지식을 구성하는데(Cobb & Bowers, 1999), 그 신념과 경험이 사람마다 다르기 때문이다. 따라서 모든 지식은 주관적이고, 개인적이며, 인식의 부산물인 것이다(Simpson, 2002). 학습은 맥락 안에서 이루어진다(Bredo, 2006).

가정. 구성주의는 기능과 지식을 습득하고 정교화하는 데 있어 개인과 상황의 상호작용 및 기술과 지식을 획득하고 정련하는 상황이 중요하다고 강조한다(Cobb & Bowers, 1999). 그러한 점에서 구성주의는 개인에 대한 환경의 영향을 강조하는 행동주의적 학습관과 대조를 이룰 뿐만 아니라, 학습이 발생하는 맥락과 상관없이 학습은 지력(知力) 때문이라고 주장하는 고전적인 정보처리이론과도 대조를 이룬다. 그러나 개인과 행동, 환경이 상호작용한다는 가정에 관해서는 사회인지이론(social cognitive theory)(Bandura, 1986, 1997)과 견해를 같이한다.

구성주의에서는 기본적으로 사람은 적극적인 학습자이며 스스로 지식을 구성한다는 것이다(Simpson, 2002). 학습자가 어떠한 상황에 직면하였을 때, 보다 면밀히 이해하기 위해서 학습자 스스로 원리나 원칙을 발견해야 한다는 것이다. 학습자가 어느 정도까지 스스로 해야 하는지의 정도에 관해서는 구성주의자마다 견해가 다르다. 어떤 이론가는 지적 구조가 현실을 반영한다고 주장하는 반면, 다른 이론가(급진적인 구성주의자)는 개인의 정신세계가 유일한 현실이라고까지 표명하기도 한다. 뿐만 아니라, 지식의 구성이 교사, 또래, 부모 및 다른 사람과의 사회적 상호작용으로부터 얼마나 영향을 받는지에 관해서도 서로 다른 입장을 표명하고 있다(Bredo, 1997).

인지처리과정, 기대, 가치, 개인과 타인에 대한 인식 등 이 책에서 논의한 여러 원리와 개념, 아이디어가 구성주의의 내용을 반영하고 있다. 구성주의가 학습에 관한 최근의 이론인 것처럼 보이지만, 학습자 스스로 이해를 구성한다는 기본 전제는 이미 여러 학습원리의 근간을 이루고 있으며, 이는 구성주의의 인식론적 입장이기도 하다. 구성주의의 아이디어들 중 어떤 것은 이 책에서 논의하고 있는 다른 이론만큼 충분히 발전하지 않은 것도 있지만, 구성주의는 학습과 발달분야의 이론 및 연구에 많은 영향을 미쳐 왔다.

구성주의는 교육과정과 교수에 대한 교육적 사고에도 많은 영향을 미쳤는데, 학습자가 다양한 시각에서 주제를 공부할 수 있도록 통합 교과과정을 강조한 것이 그 좋은 예다. 예를 들어, 열기구를 공부하는 데 있어 학습자는 열기구에 대해 읽고, 쓰고, 새로운 어휘를 익히며, 열기구를 직접 보고 다루어 보기도 하고, 관련된 과학원리를 배우기도 하며, 그림으로 그려 보기도 하고, 열기구에 관한 노래를 배워볼 수도 있다. 구성주의 아이디어는 많은 교수표준안과 미국심리학회에 의해 개발된 학습자중심원리처럼 교육과정과 교수설계에 영향을 미쳤다(뒷부분에서 다시 논의함).

구성주의의 또 다른 가정은 교사가 학습자에게 가르침을 전달하듯이 전통적인 방식으로 가르쳐서는 안 된다는 것이다. 그것보다는 학습자가 직접 다루어 보고 사회적 상호작용을 통해 학습내용에 적극적으로 몰입할 수 있도록 환경을 조성해야 한다고 주장한다. 학습활동으로 현상을 관찰하고 자료를 수집하여 가설을 생성, 검증하며, 다른 사람과 협력하여 공부하고, 학교 밖의 현장을 방문할 수도 있을 것이다. 서로 다른 분야의 교사들이 교육과정을 함께 설계하며, 학습자는 자기조절방법을 배워 목표를 세우고 학습과정을 점검하며, 평가하고, 요구되는 기준 이외의 관심분야를 탐구하는 등 학습에 능동적으로 임하도록 지도되어야 한다(Bruning, Schraw, & Norby, 2011).

관점

구성주의란 통일된 하나의 이론이 아닌 여러 관점을 포함하고 있다(Bruning et al., 2011; Philips, 1995)(〈표 8.1〉 참조). **외인적 구성주의**(exogenous constructivism)란 지식의 습득이 외부 세계에 존재하는 구조의 재구성을 의미한다고 보는 관점으로, 경험이나 교수, 모델 관찰처럼 외부 세계가 지식구성에 중요한 영향을 미친다고 가정한다. 지식의 정확성은 그 현실을 반영하는 정도에 따라 결정되는데, 이러한 견해는 도식, 산출물, 기억네트워크와 같은 정보처리이론의 개념에 반영되어 있다(제5장 참조).

표 8.1
구성주의 관점

관점	가정
외인적 구성주의	지식의 습득은 외부 세계의 재구성을 의미한다. 세계는 경험, 모델 관찰, 교수 등을 통해 신념에 영향을 미친다. 지식은 외부 세계의 현실을 반영한 정도에 따라 정확도가 결정된다.
내인적 구성주의	지식은 이전에 습득된 지식으로부터 도출되는 것이며, 환경과의 상호작용에 의해서는 직접적으로 도출되지 않는다. 지식이란 외부 세계를 반영하는 거울이 아니며 인지적인 추상화의 과정을 통해 형성된다.
변증적 구성주의	지식은 개인과 환경 간의 상호작용에서 창출된다. 구성은 변함없이 외부 세계에 종속되는 것이 아니며, 전적으로 정신활동의 결과로 생겨나는 것도 아니다. 지식은 개인과 환경의 상호작용에서 기인하는 정신적 모순의 결과를 반영한다.

외인적 구성주의와는 대조적으로, **내인적 구성주의**(endogenous constructivism)는 인지적 행동(Bruning et al., 2011)의 조화를 강조한다. 정신구조란 이전 구조에서 생성되는 것으로, 외부정보로부터 직접 만들어지는 것이 아니다. 지식이란 경험이나 교수 또는 사회적 상호작용을 통해 습득된 외부 세계를 그대로 반영하는 것이 아니라, 추상적인 인지활동을 통해 발달된 일련의 예측 가능한 절차에 따라 형성된다. Piaget(1970)의 인지발달이론이 이 관점에 부합하는데, 그의 이론은 뒷부분에서 다루도록 하겠다.

외인적 구성주의와 내인적 구성주의의 양극 사이에 존재하는 **변증법적 구성주의**(dialectical constructivism)는 지식을 개인과 환경 간의 상호작용에 의해 도출된 것으로 본다. 지식은 외부 세계에만 기인하지도 않으며, 전적으로 개인의 지적 작용으로만 산출되지도 않는다. 지식은 환경과의 상호작용에서 생긴 정신적 모순(mental contradiction)의 결과를 반영한다. 많은 당대 이론들이 이 견해와 입장을 같이하는데, Bandura(1986)의 사회인지이론(제4장 참조)과 동기이론(제9장 참조)이 그 좋은 예다. Bruner와 Vygotsky(뒷부분에서 논의함)의 발달이론들 또한 사회적 환경의 영향을 강조하고 있다.

이 견해들이 각각 제시하는 시사점들은 교수 및 연구에 유용할 것으로 보인다. 학습자가 어떤 분야의 지식구조를 어떻게 정확히 습득하는지 궁금하다면 외인적 구성주의의 견해가 도움이 될 것이다. 학습자가 어떻게 초보자 수준에서 더 높은 수준으로 역량을 키워 나가는지에 관해 연구하고자 한다면 내인적 구성주의의 견해를 살펴보는 것이 적절할 것이다. 변증법적 구성주의는 아동의 사고를 촉진하는 기제를 설계하거나 모델 관찰 및 또래협동과 같은 사회적 영향요인의 효과에 관한 연구에 유용할 것이다.

상황인지

구성주의의 핵심 전제는 사고와 학습을 포함하는 인지과정이 물리적, 사회적 맥락 속에서 나타난다는 것이다(Anderson, Render, Simon, 1996; Cobb & Bowers, 1999; Greeno & the Middle School Mathematics through Applications Project Group, 1998). **상황인지(situated cognition)** 또는 **상황학습(situated learning)**은 개인과 상황 간의 관계를 수반하는데, 인지적 과정이 개인의 머릿속에서만 일어나는 것은 아니라고 본다(Greeno, 1989).

개인-상황 상호작용은 새로운 개념이 아니다. 오늘날 대부분의 학습과 발달이론이 신념과 지식은 상황 속에서 인간이 상호작용하면서 생겨나는 것이라고 가정하고 있다. 이러한 견해는 전통적인 정보처리모형에서 강조하는, 지적 구조를 통한 정보의 처리 및 전이과정(예: 감각등록기, 작업기억, 장기기억)과 대조를 이룬다. 정보처리모형은 정보가 외부로부터 입력된 이후의 상황의 중요성을 간과하고 있다. 인지심리학과 사회적 인지학습 및 특정 교과목(예: 독해, 수학)과 같은 다양한 분야의 연구는 이것을 협소한 견해이며, 사고는 장기간에 걸친 맥락과의 상호 관계를 수반한다고 본다(Bandura, 1986; Cobb & Bowers, 1999; Greeno, 1989).

연구들은 (이 장 서두의 에피소드처럼) 문학, 수학, 과학과 같은 분야에서의 역량발달을 이해하기 위해서는 상황인지를 연구할 필요가 있다고 주장한다(Cobb, 1994; Driver, Asoko, Leach, Mortimer, & Scott, 1994; Lampert, 1990)(제9장 참조). 상황인지는 동기(제9장 참조)와도 관련이 있는데, 동기는 전통적인 관점에서 가정한 것처럼 전적으로 내적인 상태가 아니며, **강화이론**(제3장 참조)에서 설명한 바와 같이 환경에 의해서만 결정되는 것도 아니다. 동기는 언어나 정보의 스캐폴딩(scaffolding)과 같은 도움기제처럼 사회·문화적, 교수요인과의 상호작용에 따른 인지활동의 영향을 받는다(Sivan, 1986).

상황인지는 학습에 여러 과정이 영향을 미치며 상호작용한다고 본다. 우리는 동기와 교수가 연계되어 있다는 것을 알고 있다. 훌륭한 교수(instruction)는 학습동기를 고취시키고, 동기가 부여된 학습자는 효과적인 교수환경을 추구한다(Schunk & Pajares, 2009). 상황인지는 연구자로 하여금 학교, 직장, 가정처럼 멘토링(mentoring)이나 도제학습을 수반하는 실제 학습상황에서의 인지활동에 대해 연구할 수 있도록 안내한다.

상황학습이 효과적이라는 연구가 이루어졌다. 예를 들어, Griffin(1995)은 지도독해기능과 관련하여 전통적 교수법이 사용된 경우와 실제 환경에서 실습을 받은 인지학습집단의 경우를 비교·연구하였는데, 인지학습집단이 지도독해능력평가에서 더 좋은 결과를 보여 주었다. 전이와 관련된 효과는 없었지만, 상황학습에 관한 연구결과는 비슷한 상황에도 적용할 수 있을 것이다.

상황인지는 또한 어떻게 학습이 일어나는지와 관련이 있다(Greeno & the Middle School Mathematics through Applications Project Group, 1998). 어느 분야를 배우는 데 있어 특정 절차를 접해 본 학습자는 그 방법에 관한 상황인지를 경험하게 되는데, 학습자는 그 방식으로 그 분야를 학습하게 된다. 예를 들어, 학습자가 교사의 설명을 듣고 실연을 본 후에 자기 자리에서 개별적으로 문제를 풀어보는 식으로 수학을 배우게 되면, 수학학습은 그 상황에 고착되게 된다. 이 학습자가 또래집단과의 협동활동을 통해 발견학습을 할 수 있도록 안내자 역할을 하는 교사를 만나게 된다면 적응하는 데 어려움을 겪을 것이다.

교수법은 학습결과를 고려해야 한다는 시사점을 얻을 수 있다. 탐구기능을 가르치고자 한다면, 교수활동에는 탐구활동이 포함되어야 한다. 방법과 내용이 알맞은 상황 속에서 전달되어야 한다.

상황인지는 맥락이 학습에 내재하는 부분이라고 보는 구성주의의 견해에 잘 부합한다. 특히 교과영역에서 이러한 견해가 타당한 것으로 드러났다. 그럼에도 불구하고, 상황학습이라는 개념을 지나치게 확대하는 것은 옳지 않아 보인다. Anderson, Reder, Simon(1996)이 보여 주었듯이, 맥락과 학습은 독립적이며, 학습이 여러 상황 간에 전이된다는 것을 증명하는 연구결과들이 많이 있기 때문이다. 연구자들은 막다른 골목에서 상황학습인지 아닌지 구별하기보다 보다 심층적인 연구를 시행해야 한다. 어떤 종류의 학습이 상황학습하에서 가장 효율적인지, 일반적인 기능은 언제 가르쳐야 하는지, 다양한 상황에서 이를 어떻게 적용할 수 있는지 등에 관해 보다 많은 정보가 필요하다.

공헌점과 시사점

구성주의는 검증된 구체적인 가설을 제공하는 단일화된 접근이 아니기 때문에 구성주의의 공헌점을 확정하는 것은 어려움이 있다. Bereiter(1994)가 명확하게 지적한 바와 같이, "학습자가 자신의 지식을 구성한다"는 주장은 사실이며, 이는 모든 인지학습이론에 비추어 보았을 때에도 마찬가지다. 인지이론은 이성을 신념과 가치, 기대, 도식 등의 저장소와 같은 곳으로 보기 때문에, 어떻게 사고와 감정이 생겨나게 되는지를 설명하기 위해서는 사고와 감정이 그곳에서 형성된다고 가정할 수밖에 없다. 예를 들어, 사회인지이론은 기대(예: 자기효능감, 결과)와 목표를 강조하는데, 이러한 신념과 인지는 느닷없이 나타나는 것이 아니라 학습자에 의해 형성되는 것이다.

결국 구성주의에서는 그 전제의 진실성에 대해 평가하기보다 학습자가 지식을 구성하는 과정과 그 과정에 사회적, 발달적, 교수적 요인이 어떠한 영향을 미치는지를 규명하는 것이 더 시급한 일이다. 지식형성과정에서 상황요인이 언제 커다란 영향을 미치는지에 관해서도 연구가 행해져야 한다. 여러 종류의 구성주의에서 보이는 가장 큰 문제점 중 하나는 **상대주의**(relativism)를 강조한다는 점이다(Philips, 1995). 다시 말해서, 모든 형태의 지식은 학습자에 의해서 형성되기 때문에 그 지식이 사회적인 동의를 반영한다면 정당화될 수 있다는 견해를 취한다. 특히 교육자는 이러한 전제를 받아들이지 못하는데, 이는 사회의 동의 여부를 떠나 교육은 정직, 공평, 책임감과 같은 가치를 고취해야 하기 때문이다.

더욱이, 인간 본성은 우리가 인정하고 싶은 것 이상으로 인간의 사고를 제약할 수도 있다. 예를 들어, 일대일 대응이나 계산과 같은 수학적 능력은 구성된다기보다 대체적으로 유전적으로 가능한 것이다(Geary, 1995). 어떤 종류의 지식은 결코 상대적이지 않고 일반적으로 내생적일 것이다. 곱셈이나 워드 프로세싱과 같은 능력은 외부로부터 필요한 정보를 익혀야 한다. 최소한의 교수적 안내를 강조하는 구성주의는 인간 인지구조의 중요성을 경시할 것이다. 그러나 인지구조를 안내하는 교수방법은 보다 많은 학습이 이루어질 수 있도록 할 것이다(Kirschner, Sweller, & Clark, 2006). 능력발달과정에서 구성주의적 절차의 영역을 확립하고, 이 과정이 발달수준에 따라 어떻게 변화해 나가는지를 규명하는 연구가 필요할 것이다(Muller, Sokol, & Overton, 1998).

구성주의 관점은 교수와 교과과정 설계에 의미 있는 시사점을 제시한다(Philips, 1995). 가장 분명하게 제시할 수 있는 것은 학습자가 학습과정에 적극적으로 참여하도록 하고, 학습자의 사고를 촉진하며, 이해를 재구성할 수 있는 경험의 기회를 제공해야 한다는 것이다. 이 장의 후반부에서 언급하겠지만, **반성적 수업**(reflective teaching) 또한 강조한다. Vygotsky와 같은 사회적 구성주의자는 집단학습과 또래 간 협동학습의 유용성을 강조한다(Ratner, Foley, & Gimpert, 2002). 학습자들이 서로를 모델로 삼고 관찰함으로써 가르칠 수 있을 뿐만 아니라 학습하고자 하는 강한 자기효능감도 경험하게 되기 때문이다(Schunk, 1985). [적용 8.1]에 구성주의의 적용사례가 제시되어 있다. 다음에서는 구성주의와 인간 학습에 대한 적용사례를 보다 심층적으로 살펴보도록 하겠다.

Piaget의 인지발달이론

Piaget의 인지발달이론은 구성주의의 근간이 된다. Piaget의 이론은 복잡해서 이를 완전히 요약하는 것은 이 책의 범위를 넘어선다. 관심이 있는 독자는 다른 자료를 참고하기 바란다(Brainerd, 2003; Furth, 1970; Ginsburg & Opper, 1988; Phillips, 1969; Piaget, 1952, 1970; Piaget & Inhelder, 1969; Wadsworth, 1996). 여기서는 구성주의와 학습에 관한 요점

적용 8.1

구성주의와 교수

구성주의는 교사가 교육과정을 통합하고 학습자가 적극적으로 참여할 수 있도록 교수자료를 사용할 것을 강조한다. Kathy Stone은 3학년 수업에서 통합된 단원을 사용하여 다양하게 구성주의를 적용한다. 사회과 수업 시, 가을에는 호박에 관한 학습단원을 준비한다. 아동은 호박이 어디에서 자라고 호박으로 무엇을 만드는지를 학습한다. 아동은 또한 역사적으로 호박이 어떻게 사용되어 왔으며, 초기 정착자들에게 호박이 얼마나 유용하게 쓰였는지도 공부한다.

학습자는 호박농장으로 현장학습을 가서, 호박이 어떻게 자라는지 배운다. 학습자는 각자 호박을 하나씩 골라 교실로 가져오는데, 호박은 유용한 학습도구가 된다. 수학시간에 학습자들은 호박의 크기와 무게를

예상해 보고 측정한다. 모든 호박을 크기, 무게, 모양, 색깔별로 비교하고 그래프를 만든다. 아동은 Stone 선생님의 호박에 씨가 얼마나 있을지 예상해 보고 선생님의 호박을 잘라 씨를 세어본다. 다른 수업의 일환으로 아동은 선생님의 호박으로 빵을 만든다. 미술시간에는 호박으로 조각하고 싶은 모양을 디자인하고, 선생님의 도움을 받으며 호박을 깎는다. 국어시간에는 호박에 대한 글을 쓰는데, 호박농장에 보내는 감사편지를 쓰기도 한다. 철자법 시간에는 호박에 대해 배울 때 사용하였던 단어를 사용한다. 여기에 제시된 예는 Stone 선생님이 호박에 대한 학습을 전 교과목에 걸쳐 어떻게 교육과정에 통합하였는지 보여준다.

만을 간단히 개관한다. Piaget의 이론은 현재 인지발달이론을 주도하지는 않지만, 여전히 중요하고 교수와 학습에 유용한 시사점을 제공하고 있다.

인지발달과정

평형화. Piaget에 의하면, 인지발달은 생물학적 성숙, 물리적 환경에 대한 경험, 사회적 환경에 대한 경험 및 평형화의 네 가지 요인에 의해 좌우된다. 앞의 세 가지는 군이 설명하지 않아도 자명하지만, 이 요인들의 결과는 네 번째 요인에 의해 좌우된다. **평형화** (equilibrium)란 인지구조와 환경 사이에 최적의 평형상태 또는 **적응**(adaptation)상태를 만들어 내려는 생물학적 욕구를 말한다(Duncan, 1995). 평형화는 핵심적인 요인이며 인지발달의 배후에서 자극을 주는 힘이다. 평형화는 다른 세 가지 요인의 작용을 조정하며 내적 정신구조와 외부의 환경 실제가 서로 일치하도록 만들어 준다.

평형화의 역할을 설명하기 위해 아버지와 함께 차를 타고 가는 6살짜리 Alllison을 살펴보자. Allison과 아버지는 65mph의 속도로 달리고 있고 약 100야드 앞에 차 한 대가 달리고 있다. 이들은 한동안 이 차를 따라가고 있었고 차들 간의 간격은 일정하게 유지되었다. 아버지가 앞차를 가리키며 Allison에게 "누가 더 빨리 달리고 있니? 우리 차니? 저쪽 차니? 아니면 우리가 같은 속도로 가고 있니?"라고 묻는다. Allison은 앞차가 더 빨리 달리고 있다고 대답한다. 아버지가 이유를 묻자, "저 차가 우리 앞에 있으니까요."라고 대답한다. 그런데 아버지는 "사실 우리는 같은 속도로 가고 있단다."라고 말한다. 이 말은 Allison에게 갈등(conflict)을 일으킬 것이다. Allison은 앞차가 더 빨리 달리고 있다고 생각하지만 환경으로부터 이러한 자신의 생각과 대치되는 내용을 받아들인다.

이러한 갈등을 해결하기 위해 Allison은 동화와 조절이라는 평형화의 두 가지 구성과정 중 하나를 사용할 수 있다. **동화**(assimilation)는 외부의 실제를 기존의 인지구조에 맞추는 것을 말한다. 우리는 이해하고 해석하며 구성하면서 실제의 성질을 인지구조에 맞게 변경한다. **조절**(accommodation)은 외부 실제와의 일관성을 위해 내부구조를 바꾸는 것을 말한다. 우리는 조절하면서 우리의 생각을 실제와 이치에 맞게 조정한다.

정보를 조절하기 위해 Allison은 아버지가 자기를 놀리는 것이라고 생각하거나 두 차가 그 순간에는 같은 속도로 가고 있지만 이전에 앞차가 더 빨리 달렸을 것이라고 생각함으로써 실제를 변경할 수 있다. Allison은 자신의 신념체계(구조)를 새로운 정보에 맞게 조절하기 위해 이유는 이해하지 못한 채 아버지의 말을 믿어 버리거나 앞에 가는 모든 차가 같은 속도로 가고 있다는 생각을 포함하도록 자신의 신념체계를 바꾸어 버릴 수 있다.

동화와 조절은 상보적인 과정이다. 즉, 실제에 동화하면서 구조를 조절하는 것이다.

단계. Piaget는 연구를 통해 아동의 인지발달은 고정된 순서에 따라 진행된다는 것을 알아냈다. 아동이 수행할 수 있는 조작패턴을 수준 또는 **단계**(stage)라고 간주할 수 있다. 각 수준이나 단계는 아동이 세계를 보는 방식에 의해 정의된다. Piaget의 이론이나 여타의 단계 이론에서는 다음과 같이 가정한다.

- 단계는 불연속적이고 질적으로 다르며 분리된 것이다. 한 단계에서 다른 단계로 진행하는 것은 점진적으로 혼합하거나 연속적으로 병합하는 문제가 아니다.
- 인지구조의 발달은 선행하는 발달에 의존한다.
- 구조발달의 순서는 고정되어 있지만 특정한 단계에 도달할 수 있는 연령은 사람마다 다르다. 단계를 연령과 동등한 것으로 생각해서는 안 된다.

〈표 8.2〉는 Piaget가 단계 진행의 특징을 어떻게 파악하였는지를 보여준다. 이 단계들에 대해 수많은 글이 쓰였고 각 단계마다 이에 대한 방대한 연구자료가 존재한다. 여기서

는 단계에 대해 간단하게만 설명할 것이다. 관심이 있는 독자는 다른 자료를 참고하기 바란다(Brainerd, 2003; Byrnes, 1996; Meece, 2002; Wadsworth, 1996).

표 8.2
Piaget의 인지발달단계

단계	대략적인 연령 범위(세)
감각운동기	출생 ~ 2
전조작기	2 ~ 7
구체적 조작기	7 ~ 11
형식적 조작기	11 ~ 성인

　　감각운동기(sensorimotor)에 있는 아동의 행동은 자발적이고 세계를 이해하려는 시도를 한다. 이해는 현재의 행동에 바탕을 둔다. 예를 들어, 공은 던지기 위한 것이고, 병은 빨기 위한 것이다. 이 시기는 빠른 변화를 특징으로 하며, 2세 아동은 인지적인 면에서 1세 미만의 유아와 매우 다르다. 지식을 능동적으로 구성하는 과정에서 기본적인 수준일지라도 평형화 과정이 작동한다. 도식이 구성되고 변경되며 이러한 과정에 대한 동기는 내적이다. **효과성 동기**(effectance motivation)라는 개념은 감각운동기 아동과 관련이 있다(제9장 참조). 감각운동기가 끝날 무렵까지 아동은 전조작기의 발전된 개념적·상징적 사고로 나아갈 정도로 충분한 인지발달을 이루게 된다(Wadsworth, 1996).

　　전조작기(preoperational)의 아동은 미래를 상상하고 과거를 반성할 수 있지만 지각적으로는 주로 현재에 지향되어 있다. 이 단계의 아동은 10개의 동전을 일렬로 펼쳐놓은 것이 쌓아놓은 것보다 더 많다고 생각하기 쉽다. 또한 한 번에 둘 이상의 차원을 고려할 수 없다. 따라서 길이에 집중하다 보면 짧은 물체가 더 넓고 두껍다 하더라도 길이가 긴 물체(자)가 짧은 물체(벽돌)보다 더 크다고 생각하기 쉽다. 전조작기의 아동은 어떤 일이 완료되면 바꿀 수 없다(예: 납작해진 상자를 다시 상자로 만들 수 없다)는 **불가역성**(irreversibility)을 보여준다. 이 단계의 아동은 환상과 실제를 구분하는 것을 어려워하여 만화 속의 등장인물을 실제 사람처럼 생각한다. 이 시기는 언어발달이 빠르게 일어나는 단계다. 또 다른 특징은 **자기중심성**(egocentric)이 줄어든다는 점이다. 즉, 다른 사람들이 자기와 다르게 생각하고 느낄 수 있다는 점을 이해하게 되는 것이다.

　　구체적 조작기(concrete operational)에는 인지적으로 급성장하며 아동의 언어와 기본적인 기능의 습득이 급격하게 빨라지므로 학교교육의 형성기가 된다. 어느 정도의 추상적인 사고를 보이기 시작하지만, 사고는 주로 특징이나 행동으로 정의된다(예: 정직은 돈을 잃어버린 사람에게 돌려주는 것). 구체적 조작기의 아동은 자아중심적 사고가 줄어들고 언어가 사회화된다. 사고의 **가역성**(reversibility)이 유목화(classification)와 서열화(seriation)와 함께 습득되며, 이러한 개념은 수학적 기능을 습득하는 데 매우 중요하다. 이 단계의 사고는 더 이상 지각의 지배를 받지 않으며, 아동은 경험에 의존하여 항상 지각한 내용에 좌우되지는 않는다.

형식적 조작기(formal operational)에는 구체적 조작기의 사고가 확장된다. 사고가 더 이상 눈에 보이는 실체에만 집중하지 않고 가설적인 상황에 대해서도 생각할 수 있게 된다. 추론능력이 발달하며 여러 가지 차원과 추상적 특징에 대해 생각할 수 있다. 청소년의 실제를 이상에 비교하는 사고에는 자아중심성이 나타나고 이상적인 사고를 보이기도 한다.

Piaget의 단계는 여러 가지 이유에서 비판을 받아 왔다. 그 중 하나는 아동이 Piaget가 알아낸 시기보다 더 이른 시기에 개념을 이해하고 조작할 수 있는 경우가 있다는 점이다. 또 다른 문제는 대체로 여러 영역 간의 인지발달수준이 균일하지 않다는 점이다. 즉, 아동이 모든 교과목(예: 수학, 과학 또는 역사)에 걸쳐 단계의 전형적인 방식으로 사고하는 경우는 드물다. 성인도 마찬가지이기 때문에 동일한 주제라도 서로 다르게 이해할 수 있다. 예를 들어, 어떤 성인은 야구를 전조작기 수준으로 이해하지만("공을 치고 달린다.") 다른 사람은 구체적 조작기 수준으로 이해하고("다양한 상황에서 무엇을 할 것인가?"), 어떤 사람은 형식적 조작기 사고로 추론할 수 있다(예: "커브공이 굴절되는 이유를 설명하라"). 그러나 일반적인 개념구조로서의 단계는 동시에 발생하는 경향이 있는 사고패턴을 설명하며, 이는 교육자, 부모 및 기타 아동 관련 업무의 종사자들에게 유용한 지식이다.

학습기제. 평형화는 내적이고 유기체적인 특징이 있다(Duncan, 1995). **탈평형화**(disequilibrium)나 **인지적 갈등**(cognitive conflict)이 존재하는 경우에만 인지발달이 일어난다. 따라서 아동의 내적 구조(도식)에 혼란을 일으켜서 아동의 신념이 관찰된 실제와 일치하지 않게 만드는 사건이 발생한다. 평형화는 동화와 조절을 통해 이 갈등을 해결하려 한다.

Piaget는 발달이 물리적 환경 및 사회적 환경과의 규칙적인 상호작용을 통해 자연스럽게 진행된다고 보았다. 발달적 변화의 촉진제는 내부에 있다. 환경요인은 본질적인 것이 아니며, 발달에 영향을 줄 수는 있지만 직접 발달을 유도하지는 않는다. 이러한 관점은 교수가 발달에 미치는 영향이 거의 없을 수 있다고 제안하는 것으로 보이기 때문에 교육에 대해 시사하는 바가 크다. 교사가 환경을 갈등을 유발하도록 조정할 수는 있지만, 어떤 아동이 어떻게 갈등을 해결할지는 예측할 수 없다.

아동이 인지적 갈등을 경험하고 동화나 조절과정에 참여하여 내적 구조를 구성하거나 변경할 때 학습이 발생한다. 그러나 중요한 것은 갈등이 너무 크면 평형화를 촉발하지 못하므로 갈등이 너무 커서는 안 된다는 점이다. 갈등이 작고 특히 아동이 단계 사이에 전이하는 시기가 학습의 최적기다. 정보는 부분적으로 이해되어야(동화) 구조적 변화(조절)를 조장할 수 있다. 중요한 단계이행(stage transition)이 시작되어 평형화를 통해 갈등을 성공적으로 해결할 수 있는 경우를 제외하고, 변화를 촉진하는 환경자극의 효과는 그다지 크지 않다. 따라서 학습은 발달적으로 제한된다(Brainerd, 2003).

인지적 갈등에 대한 연구결과들은 Piaget의 입장을 그다지 지지하지 않는다(Zimmerman & Blom, 1983a, 1983b; Zimmerman & Whitehurst, 1979). Rosenthal과 Zimmerman (1978)은 전조작기 아동이 언어적 설명과 모방 시연이 포함된 학습을 통해 구체적 조작기의 과업을 완수할 수 있음을 보여주는 몇 가지 연구결과들을 제시하였다. Piaget의 이론에 따르면, 아동이 단계이행 상태에 있어 인지적 갈등이 합리적 수준인 경우를 제외하고는 이러한 일이 일어날 수 없다.

아동의 사고에서 단계적 변화는 주의(attention) 및 인지적 처리 과정상의 점진적 변화와 관련이 있는 것으로 보인다(Meece, 2002). 따라서 아동은 관련 자극에 주의를 기울이지 않거나, 정보를 잘못 부호화하거나, 이전의 지식과 관련짓지 못하거나, 효과적이지 않은 방법으로 인출하는 등의 다양한 이유로 Piaget의 단계에 대한 이해를 증명해 보이지 못할 수 있다(Siegler, 1991). 아동에게 인지과정을 보다 효과적으로 사용하도록 가르치면 더 높은 인지수준의 과제를 수행할 수 있는 경우가 있다.

Piaget의 이론은 아동이 세상을 이해하기 위해 개념을 구성한다고 가정하기 때문에 구성주의적이다. 개념은 생득적인 것이 아니라 일상적인 경험을 통해서 습득하는 것이다. 환경(사람 포함)에서 오는 정보는 자동적으로 받아들여지는 것이 아니라 아동의 전반적인 정신구조에 따라 처리된다. 아동은 환경을 이해하고 현재의 역량에 따라 실제를 구성한다. 그런 다음, 경험이 증가하면서 기본개념은 더욱 세련된 관점으로 발달한다.

교육적 시사점

Piaget는 인지발달을 가르칠 수 없다고 주장하였지만, 다양한 연구결과에 의하면, 인지발달은 촉진될 수 있다(Zimmerman & Whitehurst, 1979). 이러한 이론과 연구는 교육에 대한 몇 가지 시사점을 갖는다(〈표 8.3〉 참조).

표 8.3 Piaget이론의 교육에 대한 시사점	▪ 인지발달을 이해한다. ▪ 학습자의 능동성을 유지한다. ▪ 부조화를 유발한다. ▪ 사회적 상호작용을 제공한다.

인지발달을 이해한다. 교사가 학습자의 기능하는 수준을 이해한다면 효과적이다. 교실 안에 있는 모든 학습자의 기능수준이 같을 것이라고 예상할 수는 없다. Piaget의 많은 과제들은 실시하기 쉽다(Wadsworth, 1996). 교사는 학습자의 인지수준을 확인하고 그에

맞게 교수방법을 조정하려고 시도해야 한다. 단계이행과정에 있는 학습자에게는 바로 다음 단계의 수준으로 교육하는 방법이 지나친 갈등을 유발하지 않으므로 유리할 수 있다.

학습자의 능동성을 유지한다. Piaget는 교사의 능동적인 교수의 가치를 평가절하하면서 학습자의 역할을 수동적인 상태로 머무르게 하였다. 아동에게는 적극적인 탐색과 실제적인 활동을 할 수 있는 풍부한 환경이 필요하다. 이러한 방법은 지식을 능동적으로 구성하도록 촉진한다.

부조화를 유발한다. 발달은 환경으로부터의 입력이 학습자의 도식과 일치하지 않은 경우에만 발생한다. 이상적으로, 자료는 쉽게 동화되지도 않고 너무 어려워서 조절할 수 없는 것도 아니어야 한다. 학습자가 문제를 해결하고 잘못된 답에 도달하도록 함으로써 부조화를 유발할 수도 있다. Piaget이론의 어디에도 아동이 항상 성공해야 한다는 언급은 없다. 답이 틀렸음을 알려주는 교사의 피드백이 탈평형화를 조장할 수 있다.

사회적 상호작용을 제공한다. Piaget이론에서는 발달이 사회적 상호작용 없이도 이루어질 수 있다고 주장하지만, 그럼에도 불구하고 사회환경은 인지발달의 핵심적인 원천이다. 교사는 사회적인 상호작용을 제공하는 활동을 계획해야 한다. 아동에게 다른 사람은 관점이 다르다는 것을 가르치면 아동의 자기중심성이 줄어들 수 있다. [적용 8.2]에서는 교사가 인지발달을 촉진하기 위해 할 수 있는 몇 가지 방법을 제안한다.

이제 Bruner의 인지성장이론을 다룰 것이다. 이 이론과 Piaget의 이론은 사람이 학습하고 이해한 것을 형성하거나 구성한다는 태도를 취하기 때문에 구성주의적이다.

Bruner의 인지성장이론

Jerome Bruner의 인지성장이론은 Piaget처럼 발달상의 변화를 인지구조와 연결시키지 않고(Lutkehaus & Greenfield, 2003) 아동이 지식을 표상하는 다양한 방식을 강조하였다. Bruner의 이론은 교수와 학습에 중요한 시사점을 준다.

지식표상

Bruner(1964)에 의하면, "영아기부터 가능한 한 완전한 수준까지의 인간의 지적 기능의 발달은 정신을 사용하는 여러 가지 기능의 향상에 의해 조성된다"(p.1). 이러한 기능의 향

적용 8.2

Piaget와 교육

모든 학년의 교사는 수업을 계획하기 전에 학습자의 발달수준을 평가해야 한다. 학습자가 어떻게 사고하는지 알아야 동화와 조절을 통해 해결할 수 있는 적당한 수준의 인지적 갈등을 도입할 수 있다. 예를 들어, 초등학교 수준에서는 학습자가 전조작기와 구체적 조작기 수준에 걸쳐있어서 한 수준에 맞추어 수업할 수 없다. 더 나아가, 어떤 아동은 다른 아동보다 조작개념을 더 빨리 이해하기 때문에, 교사는 그의 수업에서 다양한 활동을 구성해야 한다.

초등학교 고학년과 중학교 교사는 기본적인 이해를 요하는 부분과 추상적인 추론을 요하는 부분을 포함하는 단원을 가르친다. 이때 교사는 계획할 때 정확한 사실에 입각한 답을 요하는 활동과 정답이나 오답 없이 학생이 추상적으로 생각하고 자료를 기초로 한 추론적인 판단을 통해 자신의 생각을 발전시켜야 하는 활동을 모두 포함시킨다. 완전히 형식적 조작기 수준으로 조작하지 않는 학생에게는 추상적인 추론을 요하는 부분이 바람직한 수준의 인지적 갈등을 제공하여 높은 수준의 사고를 향상시킬 수 있게 한다. 이미 형식적 조작기 수준에서 조작하는 학생에게는 추론활동이 계속적인 도전이 된다.

상은 언어능력의 향상 및 체계적 교육을 접하는 정도에 따라 좌우된다(Bruner, 1966). 아동이 발달해 감에 따라 그의 행동은 즉각적인 자극으로부터 제약을 덜 받는다. 인지과정(생각, 신념)은 학습자가 적응적이라고 생각하는 수준에 따라 변화하는 환경에서 동일한 반응을 유지하거나 같은 환경에서 다른 반응을 보일 수 있도록 자극과 반응 간의 관계를 매개한다.

사람은 지식을 행동적, 영상적, 상징적인 세 가지 방식으로 표상하고, 이 방식은 발달순서에 따라 순차적으로 나타난다(Bruner, 1964; Bruner, Olver & Greenfield, 1966). 이와 같은 표상양식은 구조가 아니라 다양한 형식의 인지적 과정(기능)(〈표 8.4〉 참조)과 관련된다.

행동적 표상(enactive representation)은 운동반응 또는 환경을 조작하는 방식과 관계가 있다. 자전거 타기나 매듭 만들기와 같은 행동은 주로 근육의 움직임으로 표현된다. 자극은 행동을 부추기는 작용으로 정의된다. 걸음마기에 있는 아동에게 공(자극)은 던지고 튕기는 어떤 것(행동)으로 정의된다.

영상적 표상(iconic representation)은 행동이 없는 정신적 이미지를 의미한다. 아동은 물리적으로 존재하지 않는 대상에 대해 생각할 수 있는 능력을 습득한다. 대상을 정신적

표 8.4
Bruner의 지식표상양식

표상양식	표상유형
행동적	운동반응, 대상과 환경의 측면을 조작하는 방식
영상적	행동이 없는 정신적 이미지, 변경할 수 있는 대상과 사건에 대한 시각적 특징
상징적	상징체계(예: 언어, 수학 기호), 거리가 있고 자의적임

으로 변형하고 그 대상에 대해 어떤 행동을 할 수 있는지와는 별도로 그 대상의 특성에 대해 생각한다. 대상을 영상적 표상을 통해 인식할 수 있게 된다.

상징적 표상(symbolic representation)은 지식을 상징체계(예: 언어, 수학적 기호)를 사용하여 부호화한다. 상징체계를 통해 추상적인 개념(예: $3x - 5 = 10$에서 변수 x)을 이해할 수 있으며 언어적 지시의 결과로 상징적인 정보를 변경할 수 있다. 상징체계는 지식을 거리가 있는, 자의적 특징으로 표상한다. "Philadelphia"라는 단어는 도시 이름 같지 않고 무의미한 철자처럼 보인다(Bruner, 1964).

상징적 표상은 마지막으로 발달하여 가장 선호하는 표상이지만, 인간은 지식을 행동적 표상과 영상적 표상으로 표현하는 능력을 계속 보유한다. 테니스공의 "느낌"을 경험하고 공에 대한 정신적 그림을 그리고 단어로 설명할 수 있다. 상징적 표상의 일차적인 장점은 학습자가 지식을 다른 양식에서보다 더 유연하고 강력하게 표상하고 변형할 수 있다는 점이다(Bruner, 1964).

나선형 교육과정

지식을 다양한 방식으로 표상할 수 있다는 사실은 교사가 학습자의 발달수준에 따라 다양하게 교육하도록 제시한다. 아동이 추상적인 수학기호를 이해하기 전에는 행동적(블록)이거나 영상적(그림)인 표상으로 표현된 수학적 개념과 조작을 제시해 준다. Bruner는 인지발달을 촉진하는 수단으로서 교육을 강조하였다. 학습자가 이해하지 못하기 때문에 (즉, 준비성이 부족함) 특정한 개념을 가르칠 수 없다는 말은, 실제로는 학습자가 교사가 가르치려고 계획한 방식을 이해하지 못하는 것이라는 뜻이다. 교수는 아동의 인지능력과 부합해야 한다.

Bruner(1960)가 어떠한 내용이라도 각 연령의 학습자에게 의미 있는 방식을 사용하면 모든 연령을 대상으로 가르칠 수 있다고 한 제안은 논란이 많기로 유명하다.

지난 십여 년 간의 경험은 학교에서 너무 어렵다는 이유로 많은 중요한 교과목을 가르치지 않고 지연시킴으로써 몇 년 간의 소중한 시간을 낭비할 수 있다는 사실을 알려준다… 모든 교과목의 기초는 어떤 연령에게든 일정한 형식으로 가르칠 수 있다… 모든 과학과 수학의 핵심에 있는 기본개념 및 인생과 문학에 형식을 제공하는 기본주제는 간단하면서도 강력하다. 기본개념을 섭렵하여 효과적으로 사용하기 위해서는 학습에서 나오는 개념에 대한 이해를 지속적으로 심화하여 더 복잡한 형식으로 사용해야 한다. 이것은 유아가 기본개념을 처음에 직관적으로 이해하지 못하고 스스로 시도해 볼 기회가 없었을지라도 이러한 기본개념이 유아의 역량을 넘어선 방정식이나 정교한 언어적 개념과 같은 공식화된 용어로 설명되는 경우에만 해당된다.(pp.12-13)

Bruner의 교훈은 잘못 해석되어 모든 연령의 학습자에게 무슨 내용이라도 가르칠 수 있다는 의미로 받아들여졌다. 그러나 사실은 그렇지 않다. Bruner는 내용을 수정하도록 권한다. 즉, 처음에는 (아동이 이해할 수 있도록) 개념을 간단한 양식으로 가르치고 연령이 높아지면서 보다 복잡한 양식으로 제시해야 한다. 문학의 경우, 아동은 직관적으로는 "희극"과 "비극"이라는 개념을 이해할 수 있지만 언어적인 문학 용어(예: "희극은 재미있고 비극은 슬프다")로는 설명하지 못한다. 발달이 진행되면서 학습자는 희극과 비극을 읽고 분석하며 이에 관한 글을 쓴다. 학습자는 교육과정을 거치면서 점점 복잡한 수준으로 주제를 설명하는 것이지 단번에 어떤 주제에 맞닥뜨리는 것이 아니다.

Bruner의 이론은 모든 연령의 학습자가 인지적 능력과 사회적, 물리적 환경에 대한 경험을 기준으로 자극과 사건에 의미를 부여한다고 가정하므로 구성주의적이다. Bruner의 표상양식은 Piaget의 발달단계에서 학습자가 개입하는 조작과 유사한 면이 있지만(예: 감각운동-행동적, 구체적 조작-영상적, 형식적 조작-상징적), 단계이론은 아니다. Bruner의 이론에 의하면, 개념은 동시에 여러 가지 양식으로 표상될 수 있다. 즉, 청소년은 농구공을 던지는 방법을 알고 농구공의 영상을 그릴 수 있고 $c = \pi d$라는 공식으로 농구공의 원주를 계산할 수 있다. [적용 8.3]에서는 Bruner의 개념을 교수와 학습에 적용한 예를 제시한다.

Vygotsky의 사회문화이론

Piaget의 이론처럼, Vygotsky의 이론은 구성주의적이다. 그러나 Vygotsky는 발달과 학습의 촉진제로 사회적 환경을 보다 강조한다(Tudge & Scrimsher, 2003). Vygotsky이론의 배경과 주요 가정 및 원리를 살펴보면 다음과 같다.

적용 8.3

지식표상양식

Bruner의 이론은 학습자가 지식을 표상하는 방식을 상세히 설명하고 나선형 교육과정을 통해 학습을 재고해 볼 것을 권장한다. 수학이 그 좋은 예가 된다. 교사는 학습자가 추상적인 수학기호를 이해할 수 있기 전에 학습자가 그 개념을 행동적으로나 영상적으로 이해하고 있는지를 확인해야 한다. Kathy Stone 선생님은 2학년 및 4학년 교사들과 함께 올해의 수학단원을 준비한다. Kathy 선생님은 새로운 개념을 다루기 전에 학생들이 이전의 개념들을 이해하고 있는지 확인해 보고 싶으며 내년에 추가로 다루게 될 개념을 소개하려 한다. 곱셈을 소개할 때는 우선 3학년생을 대상으로 덧셈과 승수(예: 2, 4, 6, 8, 12, 16)에 의한 계산을 복습한다. 다음으로 학생들에게 손가락을 사용하게 하고(행동적 표상) Kathy가 곱셈에 대한 시각적(영상적) 표상을 제시한다. 마지막으로, 상징적 양식(예: $4 \times 2 = ?$)으로 문제를 제시한다.

Jim Marshall 선생님은 교육과정지침을 점검하면서 중학교 교사들과 함께 9학년이 되기 전에 미국사 수업자료 중 어떤 것이 다루어졌는지 알아본다. 교수단원을 개발하면서 첫 수업에서는 학생들이 이전에 공부한 자료를 복습하면서 어떤 내용을 기억하고 있는지 질문한다. 학생들의 공부한 수준을 평가한 후 단원을 구성하고 새 자료를 추가할 수 있다. 그는 교수에서 모든 지식 표상양식을 사용하는 편이다. 즉, 행동적 양식(역할놀이, 각색), 영상적 양식(그림, 비디오), 상징적 양식(인쇄자료, 웹사이트)을 사용한다.

배경

1986년 러시아에서 태어난 Lev Semenovich Vygotsky는 심리학, 철학, 문학 등 다양한 학문을 공부하였고, 1917년에 Moscow Imperial University에서 법학학위를 받았다. 졸업 후 고향 Gomel에 돌아온 그는 독일군의 점령, 기아, 내전에 시달렸다. 그는 두 형을 잃었고, 자신은 결핵에 걸렸는데, 결핵은 훗날 그가 사망한 원인이 되었다. 그는 심리학과 문학을 가르쳤고, 문학비평을 썼으며, 학술지의 편집인으로 일하기도 하였다. 그는 교사연수기관에서 일하기도 하였는데, 그 곳에서 심리연구소를 만들어 교육심리학 책들을 저술하였다(Tudge & Scrimsher, 2003).

그의 인생에서 중대한 일은 1924년 Leningrad에서 있었던 제2차 러시아심리신경학회(All-Russian Congress of Psychoneurology)에서 일어났다. 당시의 심리학이론은 Pavlov의 조건반사와 환경의 영향을 강조하는 행동주의의 영향으로 인해 주관적인 경험을 등한시하고 있었다. Vygotsky는 '조건반사적·심리학적 조사방법(The Methods of Reflexological and Psychological Investigation)'이라는 논문을 통해 대부분의 견해를 비판하고, 조건반사와 인간의 의식 및 행동과의 관계에 대해 발표하였다. Pavlov의 개 실험(제3장 참조)과 형태심리학자 Köhler의 침팬지를 대상으로 한 연구(제7장 참조)가 동물과 인간 간의 차이를 무시하였다고 비판하였다.

Vygotsky는 환경에만 반응하는 동물과는 달리 인간은 자신의 목적에 따라 환경을 바꿀 수 있는 능력이 있으며, 이 적응능력이 인간과 하위 생물체를 구분한다고 주장하였다. 그의 강연을 듣고 깊은 인상을 받았던 Alexander Luria(이 장의 후반부에 보다 자세히 소개함)는 Moscow에 있는 저명한 실험심리학연구소(Institute of Experimental Psychology)로 Vygotsky를 초청하고, 이곳에서 Vygotsky는 장애인을 돕기 위한 연구기관인 결함학연구소(Institute of Defektology)의 설립을 도왔다. 1934년 결핵으로 사망하기까지 Vygotsky는 학습의 사회적 중재와 의식의 역할에 관해 광범위한 저술활동을 펼쳤는데, 동료 Luria, Leontiev와 공동연구를 하기도 하였다(Rohrkemper, 1989).

Vygotsky의 이론을 이해하기 위해서는, 그가 마르크스주의자였으며, 그의 견해가 마르크스주의의 사회적 변화와 같은 개념을 언어와 발달에 적용하려 하였다는 점에 유의할 필요가 있다(Rohrkemper, 1989). 1917년 러시아 혁명 이후, 새로운 지도자들 간의 위기의식은 대중에게 급격한 변화를 가져왔다. Vygotsky의 강력한 사회문화이론의 성향은 사회주의체제에 따라 문화를 변화시키려는 혁명의 목적에 잘 부합하였다.

비록 Vygotsky가 Piaget를 포함하여 몇몇 서방 세계 사람들과 연락을 하며 지내긴 하였지만(Tudge & Winterhoff, 1993), Vygotsky의 저술은 그의 짧은 생애 동안에도, 그리고 그의 사후 몇 년 동안에도 거의 출판되지 않았다. 불행히도, 부정적인 정치적 기운이 전 소련연방에 팽배해지면서 심리학적인 테스트나 출판물들은 공산당의 압력에 의해 줄어들게 되었다. Vygotsky가 공산주의자이긴 하였지만, 그는 수정주의적인 견해를 내세웠다(Bruner, 1984). 반사작용에 초점을 두는 Pavlov의 심리학적 입장에서 벗어나 언어와 사회적 상호작용을 강조하는 문화-역사적인 해석으로 그의 견해를 바꾸어 나갔다(Tudge & Scrimsher, 2003). 그의 저서 중 일부는 스탈린의 관점과 다른 견해를 피력한다는 이유로 출판이 허용되지 않았다. 소련연방에서는 1980년대까지 그의 저서를 참조하는 것이 금지되었다(Tudge & Scrimsher, 2003). 최근 들어 그의 저서가 점점 더 많이 번역되고 보급되면서 교육, 심리학 및 언어학과 같은 분야에서 영향력을 확대해 가고 있다.

기본 원리

심리학에 있어 Vygotsky의 주요 공헌 중 하나는 인간 의식에 중요한 영향을 미치는 요인으로서 사회적으로 유의미한 활동을 강조한 점이다(Kozulin, 1986; Tudge & Winterhoff,

1993). Vygotsky는 인간의 사고를 새로운 방식으로 설명하고자 하였는데, 그는 내성법 (introspection)(제1장 참조)을 받아들이지 않고, 행동주의자들과 같이 반대 의견을 많이 제시하였다. 그는 의식의 상태를 의식이라는 개념을 사용하여 설명하려 하지 않았고, 행동을 선행 행동으로 설명하려는 행동주의적 견해도 받아들이지 않았다. 행동주의자들처럼 의식이라는 개념을 버리거나 내성주의자들(introspectionists)처럼 환경의 역할을 부인하기보다 의식에 미치는 환경의 영향을 통해 환경의 역할을 설명하는 중립적인 입장을 취하였다.

Vygotsky의 이론은 사람 사이에서 일어나는(사회적인), 문화-역사적인, 개인적인 요인을 인간 발달의 핵심으로 강조하고 있다(Tudge & Scrimsher, 2003). 환경 내 사람 간의 상호작용(예: 도제, 협업)은 발달과정을 돕고 인지적인 성장을 촉진하지만, 전통적인 의미에서 아동에게 정보를 제공하는 데는 상호작용이 무의미하다. 아동은 자신의 지식과 개인적 특성에 따라 자기 경험을 변형시키고 자신의 지적 구조를 재구성한다.

Vygotsky의 문화적-역사적 측면은 학습과 발달이 맥락과 분리되어 생각될 수 없다고 지적한다. 사고는 학습자가 어떻게 세상과, 즉 다른 사람과, 사물과, 여러 관습과 상호작용하는지에 따라 변형된다. 개념의 의미는 외부세계와 연관되면서 변한다. 따라서 "학교"는 단순히 하나의 단어나 하나의 물리적인 구조물이 아니라 학습을 촉진하고 시민의식을 고양하는 기관이기도 한 것이다.

마지막으로, 발달에 영향을 미치는 개인적 혹은 유전적 요인이 있다. 정신적, 육체적 장애를 가진 아동에게 관심이 많았던 Vygotsky는 선천적으로 장애를 가진 아동이 정상 아동과는 다른 학습궤적을 보인다고 믿었다.

Vygotsky가 미친 이 세 가지 영향 중 가장 주목을 받았던 것은 사회적인 요인에 관한 그의 주장이었다. Vygotsky는 사회적 환경이 학습과 사고에 중요한 영향을 미치며 사회적인 상호작용이 학습경험을 변형시킨다고 보았다. 사회활동은 의식의 변화를 설명하는 데 도움이 되는 현상의 일종으로, 행동과 이성을 통합하는 심리학적 이론을 확립시킨다 (Kozulin, 1986; Wertsch, 1985).

사회환경은 그 "도구들", 즉 그 사회의 문화적인 물체(예: 자동차, 기계)와 언어, 사회관습 및 제도(예: 학교, 교회)를 통해 인지에 영향을 미친다. 사회적 상호작용은 발달에 영향을 미치는 이 세 가지 요인이 조화롭게 작용하도록 돕는다. 인지는 사회적 상호작용에 문화적 도구를 사용하고 이 상호작용을 내면화하며 정신적으로 변형시킴에 따라 변화한다(Bruning et al., 1999). Vygotsky의 견해는 사람과 환경 간의 상호작용을 강조한다는 점에서 변증법적 구성주의의 한 형태로 보인다. **중재(mediation)**가 발달과 학습 메커니즘의 핵심이다.

인간의 모든 심리학적 과정(고차원의 정신적 과정)은 언어, 기호, 상징과 같은 심리학적인 도구에 의해 중재된다. 성인은 협동활동을 통해 아이들에게 이 도구들을 가르친다. 아이들이 이 도구들을 내면화하게 되면, 이 도구들은 아이들의 보다 고차원적인 심리학적 과정의 중재자로 기능하게 된다. (Karpov & Haywood, 1988, p.27)

모든 고차원적인 정신기능이 사회적인 환경에서 생겨난다는 Vygotsky(1962)의 주장은 가장 논란이 많았던 부분이다. 이는 어느 정도 사실성이 있는 매우 강력한 주장으로, 가장 많은 영향을 미치는 관련 요인이 언어다. Vygotsky는 언어, 계산, 쓰기와 같은 상징을 통해서 문화적 발달과 사고를 전수하는 외적 과정을 달성하는 것이 심리적 발달에서 핵심적인 비중을 차지한다고 보았다. 일단 이 과정이 달성되면, 이 상징을 사용하여 사고와 행동을 변화시키고 스스로 조절하게 된다. 자기조절에는 개인적 화술(private speech)이라는 중요한 기능이 사용되는데, 이에 대해서는 이 장 후반부에서 다룬다.

이처럼 인상적인 이론화에도 불구하고, Vygotsky의 주장은 지나쳐 보이는 측면이 있다. 어린 아동은 그가 속한 사회·문화를 통해 배우기 훨씬 오래전부터 이 세계가 어떻게 돌아가는지 정신적으로 많이 이해하고 있다는 연구결과가 있다(Bereiter, 1994). 아동은 생물학적으로 환경에 의존하지 않고 특정 개념(예: 더하기는 양의 증가를 의미한다는 것)을 습득하는 경향이 있다(Geary, 1995). 그럼에도 불구하고, 학습자의 문화는 중요한 역할을 하며, 학습과 발달을 설명하는 데 있어 고려될 필요가 있다. 〈표 8.5〉는 Vygotsky(1978) 이론의 핵심을 요약·정리한 것이다(Meece, 2002).

표 8.5
Vygotsky이론의 핵심

- 사회적 상호작용은 중요하다. 지식은 둘 이상의 사람들 사이에서 함께 구성된다.
- 자기조절은 행동의 내면화(내적 표상의 발달)와 사회적 상호작용 속에서 일어나는 정신적 작용을 통해 계발된다.
- 인간 발달은 언어와 상징과 같은 도구의 문화적 전수를 통해 일어난다.
- 언어는 가장 중요한 도구다. 언어는 사회적 화술에서 개인적 화술, 내적 화술로 발달한다.
- 근접발달영역(ZDP)은 아동이 스스로 할 수 있는 것과 타인의 도움으로 할 수 있는 것 간의 차이를 말한다. 근접발달영역 내의 어른 및 또래와의 상호작용은 인지발달을 촉진한다.

근접발달영역

근접발달영역(zone of proximal development: ZPD)은 Vygotsky이론의 핵심개념으로, "독립적인 문제해결 시 드러나는 실제 발달단계와 성인의 지도나 보다 능력 있는 또래와의 협력하에 문제해결 시 드러나는 잠재적인 발달단계 간의 거리"를 일컫는다(Vygotsky, 1978, p.86). ZPD는 적절한 학습상황이 주어졌을 때 학습자가 소화할 수 있는 학습의 양을 의미하는데(Puntambekar & Hübsher, 2005), 대체적으로, 학습자의 발달준비 정도나 특정 영역의 지적 수준을 시험하는 것(Bredo, 1997; Capmione, Brown, Ferrara, & Bryant, 1984)으로, 지능이라는 개념에 대한 대안으로 보기도 한다(Belmont, 1984). ZPD에서 교사와 학습자(성인/아동, 튜터/학습자, 모델/관찰자, 장인/도제, 숙련자/초보자)가 난이도 때문에 학습자 혼자서는 수행할 수 없는 과제를 함께 공부한다(Gredler, 2012). ZPD는 집단행동이라는 마르크스주의 사상을 반영한 것으로, 보다 많은 지식을 지니거나 숙련된 사람이 상대적으로 부족한 사람에게 지식과 기능을 나누어 주며 과제를 수행하는 것을 일컫는다(Bruner, 1984).

교사와 학습자가 문화적인 도구를 공유함에 따라 ZPD 내에서 인지의 변화가 일어나는데, 이러한 문화적으로 중재된 상호작용이 학습자에게 내면화될 때 인지변화가 생긴다(Cobb, 1994). ZPD 내에서 학습할 때 안내자의 참여가 요구되지만(Rogoff, 1986), 아동이 이 상호작용으로부터 수동적으로 문화적인 지식을 습득하는 것은 아니며, 이 학습활동이 자동적으로 또는 그대로 아동에게 학습되는 것은 아니다. 학습자는 사회적인 상호작용을 스스로 이해하고, 자신이 이해한 바를 그 상황 속에서의 경험과 통합하여 의미를 구성한다. 학습은 지식의 점진적인 증가를 반영하는 것이라기보다, 형태주의에서 주장하듯이(제7장 참조), 갑작스럽게 일어나는 것이다(Wertsch, 1984).

예를 들어, 교사 Trudy와 아동 Laura가 엄마, 아빠, 그리고 자신이 집에서 무언가를 함께 하는 그림을 그린다고 가정해 보자. Laura는 그림 그리는 지식과 더불어 부모님과 집이 어떻게 생겼으며 어떤 일을 하는지에 대해 자기만의 생각이 있을 것이다. Trudy도 비슷한 생각과 함께 여러 종류의 일을 하는 데 필요한 지식을 생각해 볼 것이다. 정원에서 세 사람이 일하고 있는 모습을 그릴 때, Laura는 잔디를 손질하는 아빠와 수풀을 다듬는 엄마, 잔디를 긁어모으는 Laura의 그림을 그릴 것이다. 만약 Laura가 자신을 아빠 앞에 그리려고 한다면, Trudy는 아빠 뒤에 있어야 아빠가 깎고 난 잔디를 Laura가 긁어모을 수 있다고 설명할 것이다. 이렇게 교사와 상호작용을 하면서 Laura는 그녀가 현재 이해하고 있는 것과 그녀가 새로이 구성한 지식을 바탕으로 마당에서 일하는 것에 관한 그녀의 생각을 수정하게 된다.

ZPD의 중요성에도 불구하고, 서구 사회의 주목은 ZPD의 의미를 왜곡하고 Vygotsky 이론의 복잡성을 경시하는 결과를 가져왔다(Gredler, 2012).

ZPD는 종종 제한적으로 해석되어 개인 및 사회·문화적 수준을 등한시하며 개인 간의 상호작용만을 강조하는 일방적인 방식으로 다루어지는 경우가 있다. ZPD가 스캐폴딩 (scaffolding)과 유사해 보여서, 많은 저자들이 보다 유능한 타인, 특히 아이들보다 앞서 도움을 주어야 하는 교사의 역할에 지나치게 집중하는 경향이 있다.… 따라서 ZPD는 교사가 아동들에게 무엇을 해주어야 하는지와 동일시되었고, 상호작용에 영향을 미치는 학습자요인과 상호작용이 일어나는 더 커다란 환경(역사·문화적 요인) 등 Vygotsky가 전하고자 하였던 복잡성의 상당 부분을 놓치고 있다. (Tudge & Scrimsher, 2003, p.211)

Vygotsky는 아동이 어디에서 스캐폴딩이 되는지 때문이 아니라 아동으로 하여금 자기 자신, 언어, 자기 역할에 대해 더 자각하게 한다는 점에서 학교교육이 중요하다고 보았다. 문화·역사적 활동은 어떤 식으로든 발달하였을 정신적인 과정을 단순히 촉진하기보다 정신적인 기능의 변형을 유발한다. 따라서 좀 더 넓은 의미에서 ZPD는 사람이 사회적 관습 및 제도와 상호작용하면서 생겨난 인지의 새로운 형태를 일컫는다. 문화는 인간의 지적 발달과정에 영향을 미친다. 대부분 ZPD를 전문교사가 학습자에게 학습기회를 제공하는 것으로 좁게 인식하는데(Gredler, 2012), 부분적으로 그렇다고 하더라도, 이는 매우 유감스러운 일이다.

적용

Vygotsky이론은 광범위한 만큼 교육에 많은 시사점을 제공하는데(Karpov & Haywood, 1998; Moll, 2001), 특히 자기조절학습 분야(제10장 참조)에 많은 영향을 미쳤다. 자기조절학습은 계획, 확인, 평가와 같은 메타인지적 과정을 필요로 한다. 이 절과 [적용 8.4]에서는 다른 예들을 논의한다.

사회환경을 통해 학습자가 기호나 상징과 같은 인지적 중재자들을 습득할 수 있도록 돕는 데에는 여러 가지 방법이 있다. 일반적인 방법은 **교수 스캐폴딩**(instructional scaffolding)을 사용하는 것으로, 이는 학습자의 능력 이상의 과제를 통제하여 학습자가 집중해서 빠르게 과제를 해결할 수 있도록 하는 과정을 일컫는다(Puntambekar & Hübsher, 2005). 교수 스캐폴딩에는 다섯 가지 주요 기능, 즉 도움 제공하기, 도구로 작용하기, 학습자의 범위 확대하기, 다른 경우라면 불가능하였을 과제성취를 가능케 하기, 필요한 경우에만 선별적으로 사용하기가 있다.

어떤 학습상황에서, 교사는 초기에 리드를 하지만, 그 후에는 교사와 학습자가 책임을 공유한다. 학습자의 실력이 점차 향상됨에 따라 교수 스캐폴딩이 줄어 들면서 학습자는 독립적으로 수행할 수 있게 된다(Campione et al., 1984). 학습이 ZPD 내에서 일어날 수 있도록 스캐폴딩을 사용하고, 학습자의 능력이 향상됨에 따라 스캐폴딩을 상향조정하는 것이 중요하다. 학습자를 ZPD 안에서 학습하도록 격려해야 한다.

스캐폴딩은 Vygotsky이론의 공식적인 부분이 아니라는 것을 이해하는 것이 매우 중요하다(Puntambekar & Hübsher, 2005). 그 용어는 Wood, Bruner, Ross(1976)에 의해 만들어졌다. 그러나 그것은 ZDP 내에 잘 어울린다. **스캐폴딩**(scaffolding)은 Bandura(1986)의 참여자모델링기법(participant modeling technique)(제4장 참조)의 일부분으로, 참여자모

적용 8.4

Vygotsky이론 적용

Vygotsky는 개인과 환경의 상호작용이 성공적으로 학습하는 데 도움이 된다고 가정하였다. 개인이 학습상황에 가져오는 경험은 학습결과에 커다란 영향을 미칠 수 있다.

아이스스케이트 코치가 아이스스케이트에 대해 이미 많은 것을 배운 상급수준의 학습자와 함께 학습한다고 가정해 보자. 학습자는 이전 경험에 비추어 균형, 속도, 움직임, 몸의 통제 등에 관한 자기만의 지식을 가지고 있을 것이고, 코치는 학습자의 강점과 약점을 고려해서 실력 향상에 도움을 줄 것이다. 예를 들어, 코치가 삼중회전에 어려움을 겪는 학습자에게 점프를 할 만한 높이와 속도는 되지만 회전할 때 발의 각도에 문제가 있다는 것을 지적해 주고 동작을 수정하도록 도와준다면, 그 학습자는 삼중회전을 성공적으로 마칠 수 있을 것이다.

농장에서 자라서 여러 동물의 출산과 질병, 관리 등을 경험해 본 수의과 학생이라면 수련과정에 값진 지식을 제공할 수 있고, 교수는 이러한 사전 경험을 이용하여 학습자의 학습에 도움을 줄 수 있을 것이다. 교수는 소나 말의 상처 난 발굽을 치료할 때 학습자들 중 몇 명을 불러 그들이 관찰하였던 것을 얘기하게 한 후에 가장 효과적이며 가장 최근의 치료법에 대해 설명해 줄 수 있을 것이다.

델링기법이란 학습 초기에 교수자가 모델로서 기능을 보여주고 도움을 제공하며 학습자가 기능을 익혀감에 따라 학습보조물을 점차적으로 제거하는 것이다. 이는 교수보조장치를 이용하여 기능을 습득하기까지 여러 단계에 거쳐 안내한다는 점에서 조형(shaping)(제3장 참조)과 관련이 있기도 하다.

스캐폴딩은 교수자가 학습자에게 정보를 제공하려는 경우나 학습자가 달성하고자 하는 과제에 집중할 수 있도록 교수자가 과제의 일부분을 대신 끝내 주고자 하는 경우에 사용하는 것이 적합하다. 예를 들어, 3학년 학생이 논리적으로 생각을 표현하기 위해 문단 안 문장구성법에 대해 배울 경우, 수업 초기에는 학습에 방해가 되지 않도록 문장과 함께 단어 뜻이나 철자를 알려줄 수 있다. 학습자가 생각을 전개하는 데 능숙해지면, 학습자로 하여금 스스로 문단을 만들어 보도록 하면서 단어 뜻이나 철자법에 관해서는 도움을 줄 수 있을 것이다. 그러면 결국 학습자는 문단 만들기가 자신이 할 일이라고 간주하게 된다. 요약하면, 교사는 ZDP를 만들고 학습자가 성공할 수 있도록 스캐폴딩을 제공한다는 것이다(Moll, 2001).

Vygotsky이론이 적용된 다른 예로 **상보적 수업**(reciprocal teaching)(제7장 참조)이 있

다. 상보적 수업은 교사와 학습자 소집단 간의 대화를 수반하는데, 교사가 먼저 학습활동을 시범으로 보여주면 학습자들과 교사가 번갈아 가며 교사의 역할을 맡는다. 예를 들어, 독해를 하는 동안 질문하는 법을 배우는 중이라면 교사가 자신의 이해도를 가늠하기 위해 질문을 던지는 방법을 보여주는 것이다. Vygotsky이론의 관점에서 볼 때, 상보적 수업은 학습자들이 기능을 익히기까지 사회적인 상호작용과 스캐폴딩을 통해 이루어진다.

또 다른 주요 적용분야는 **또래협력(peer collaboration)**으로서, 집합행동이라는 개념을 반영한다(Bruner, 1984; Ratner et al., 2002)(이 장의 동료보조학습 참조). 또래가 함께 협력할 때 공유된 사회적 상호작용이 교수기능을 한다. 연구에 따르면, 협력집단은 학습자 개개인이 역할을 부여받았을 때 가장 효과적이며, 모든 학습자가 역량을 갖추었을 때 다음 단계로 넘어갈 수 있다(Slavin, 1985). 학습에 미치는 사회적 환경의 주요한 영향은 수학, 과학, 언어와 같은 분야에서 또래집단학습을 강조하고 있다는 점에서 증명되고 있다(Cobb, 1994; Cohen 1994; DiPardo & Freedman, 1988; Geary, 1995; O'Donnell, 2006).

Vygotsky이론과 상황인지와 관련된 적용 사례는 **도제(apprenticeships)**를 통한 사회적 안내다(Radziszewska & Rogoff, 1991; Rogoff, 1990). 도제란 초보자가 전문가와 함께 작업관련 활동을 하는 것으로, 학교나 대행기관과 같은 문화적 기관에서 일어나며, 학습자의 인지발달을 돕는다는 점에서 ZPD에 잘 부합한다. 또한 능력 이상의 업무도 맡게 된다는 점에서 도제는 ZPD 내에서 작용한다고 할 수 있다. 초보자가 전문가와 일함으로써 중요한 과정에 대한 이해를 공유하고, 이를 자신의 현재 지식과 통합하게 된다. 이러한 점에서 도제는 사회적인 상호작용에 크게 의존하는 변증법적 구성주의의 한 형태라고 할 수 있다.

도제는 교육의 여러 분야에서 활용되고 있다(Bailey, 1993). 교육실습생이 학교에서 교사와 협업을 하고, 경험 많은 교사와 짝지어져 업무와 관련된 조언을 받는다. 초보자는 상당 기간 동안 감독관의 직접적인 안내에 따라 훈련을 받기도 한다(Mullen, 2005). 훈련생이 실제 업무현장에서 기능을 익히고 여러 사람과 상호작용할 때도 도제가 활용된다. 또한 대학교육을 받지 않는 청소년을 위해 청년도제제도를 확대해야 한다는 의견이 많아지고 있는데, 이는 다양한 연령대의 학습자가 기능을 습득하도록 지원하는 하나의 방안으로서, 도제의 성공요인을 밝히는 데 더 많은 연구가 수행되어야 하겠다.

많은 이론가들이 구성주의, 특히 Vygotsky이론이 수학을 학습하는 방법을 설명하는 다양한 모델을 제시한다고 주장한다(Ball, Lubienski, & Mewborn, 2001; Cobb, 1994; Lampert, 1990). 수학적 지식은 환경으로부터 수동적으로 흡수되는 것이 아니라 상호작용의 결과로서 개별적으로 구성되는 것이다. 또한 이러한 구성과정은 함축적인 규칙을 구체화하는 어린이의 창조과정을 포함한다.

다음의 독특한 사례는 규칙기반 절차 창조를 예시한다. 저자는 몇 년 전에 장제법(long division)에서 추가 교수(instruction)를 제공하였을 때 혜택을 받은 학급아동들을 밝혀내고자 하는 한 선생님과 연구를 하였다. 그녀는 몇몇 학생들을 이야기하였으며, Tim도 그러한 학생들 중 한 명이라고 말하였으나, 확신을 하지는 못하였다. Tim은 어떤 날에는 문제를 올바르게 푼 반면, 다른 날에는 제대로 풀지도 못하고 이치에도 맞지 않았다. 저자는 그에게 풀 수 있는 문제들을 주고, 저자는 아동들이 문제를 해결하는 동안 어떤 생각을 하는지에 관심을 가지고 있었기 때문에 문제를 풀 때 소리 내면서 풀어 달라고 요청하였다. 다음은 Tim이 말한 것이다. "이 문제는 436을 17로 나누는 것입니다. 저는 출입구에서 가장 가까운 쪽에 있는 문제부터 풀기 시작합니다…" 그때서야 저자는 어떤 날에는 그가 올바르게 풀고 다른 날에는 그렇지 못한 이유를 알았다. 그것은 그의 몸의 어느 쪽이 출입구에서 가장 가까운지에 따라 달랐다!

　　지식을 구성하는 과정은 유치원 때부터 시작된다(Resnick, 1989). Geary(1995)는 **생물학적으로 일차적인(biologically primary)**(생물학적으로 기초한) 능력과 **생물학적으로 이차적인(biologically secondary)**(문화적으로 배운) 능력을 구분하였다. 생물학적으로 일차적인 능력은 특정한 생태학적이고 사회적인 영역에서 진화해 오고 생존 또는 산출과 관련된 기능들을 수행하는 신경생리학적인 시스템에 기반한다. 그것은 간문화적으로(cross-culturally) 보여야 하는 반면, 생물학적으로 이차적인 능력은 보다 더 큰 문화적인 특수성(예: 학교교육의 한 기능)을 보여야 한다. 더 나아가, 전자 중 많은 것은 매우 어린 아동들 속에서 볼 수 있어야 한다. 실제로, 수세기(counting)는 유치원생이 직접수업(direct teaching) 없이 하는 자연스런 활동이다(Resnick, 1985). 심지어 유아들은 수의 다른 속성들에 민감할 수도 있다(Geary, 1995).

　　수학역량은 또한 사회문화적인 영향에 따라 달라진다(Cobb, 1994). Vygotsky(1978)는 ZPD에 있는 유능한 다른 사람의 역할을 강조하였다. 사회문화적인 영향은 동료수업, 교수적 스캐폴딩, 도제와 같은 활동들을 통해 통합된다.

　　선행연구는 사회적 상호작용이 유익하다는 생각을 지지한다. Rittle-Johnson과 Star(2007)는 7학년 학생들의 수학적인 능숙도는 그들이 해결방법들을 동료들과 비교할 수 있도록 허용되었을 때 향상되었음을 발견하였다. Springer, Stanne, Donovan(1999)의 선행연구 검토결과는 소집단 학습이 대학생들의 수학과 과학 교과목에서의 성취도를 상당히 상승시켰음을 보여 주었다. Kramarski와 Mevarech(2003)는 협동학습과 메타인지적 교수의 비교(예: 관련된 개념에 관하여 성찰하고, 활용하기에 적절한 전략을 결정하는 것)는 8학년 학생들의 수학적 추론을 각각의 절차를 따로따로 하는 경우보다 더 많이 상승시킨다는 것을 발견하였다. 협동학습의 이러한 장점들과 더불어(Stein & Carnine, 1999), 수학에서의 동료 및 다연령 간(cross-age) 튜터링에 관한 선행연구는 그것이 아동들의 성취도를 향상시키는 데 효과적이라는 것을 드러내 주었다(Robinson, Schofield, & Steers-Wentzell, 2005).

　　인기와 적용의 잠재성에도 불구하고 인간발달과 학습에 대한 Vygotsky(1978, 1987)

이론의 공헌점을 평가하기는 어렵다(Tudge & Scrimsher, 2003). 연구자들과 실천가들은 ZPD를 문화적인 영향을 중심으로 하는 보다 더 큰 이론적 맥락에 놓지 않고 ZPD에만 집중하는 경향이 있다.

Vygotsky이론의 적용을 논의할 때, 논의되는 내용이 그의 이론에 해당하지 않음에도 잘 부합하는 듯 보인다는 점이다. 예를 들어, Wood 등(1976)이 스캐폴딩이라는 용어를 소개하였을 때, 그들은 그것을 교사들이 학습환경을 설계하는 하나의 방법이라고 제시하였다. 이처럼, 스캐폴딩은 Vygotsky가 소개하였던 역동적인 ZPD와는 거의 관련이 없다. 비록 **상보적 수업(reciprocal teaching)** 역시 Vygotsky의 개념에 해당되지 않지만, 그 용어는 이러한 역동적이고 전방위적인 상호작용의 느낌을 훨씬 잘 내포하고 있다.

비록 여러 가지 점들에서 차이가 없음에도 불구하고, 이론에 대한 논쟁은 흔히 인간발달과정에 관하여 아마도 모순된 입장을 보여주는 "Piaget 대 Vygotsky"에만 초점이 두어져 왔다(Duncan, 1995). 이러한 논쟁은 차이를 부각시키고 검증할 만한 연구가설을 제공하지만, 아동의 학습향상에 도움이 될 확실한 방법에 관심을 가지고 있는 현장의 교육자들에게는 도움이 되지 않았다.

아마도 Vygotsky이론이 교육에 주는 가장 중요한 시사점은 학습은 고립되어 일어나지 않기 때문에 문화 · 역사적 맥락이 모든 종류의 학습에 관련되어 있다는 것이다. 학생-교사 상호작용은 그러한 맥락의 일부분이다. 예를 들어, 선행연구는 하와이, 앵글로, 나바호 아동들 간에 상이한 상호작용 스타일을 밝혀냈다(Tharp, 1989; Tharp & Gallimore, 1988). 하와이 문화가 협동적인 활동과 한 번에 다수의 학생이 말하는 것을 장려하는 반면, 나바호 아동들은 집단으로 일하는 데 익숙하지 않으며 다른 사람의 얘기가 끝나기까지 기다리는 편이다. 따라서 동일한 교수스타일(instructional style)이라도 모든 문화에서 동일하게 유용하지는 않을 수 있다. 이러한 점은 여러 미국 학교에 영어학습자들이 대규모로 유입되고 있는 상황을 고려해 볼 때 더욱 주목할 만하다. 교수(instruction)를 아동의 학습선호도에 적합하게 변별할 수 있는 것이 핵심적인 21세기 기능이다.

사회적 과정과 개인적 화술, 사회적으로 중재된 학습

구성주의의 핵심적인 전제는 학습이 사회적 환경을 바꾸고 내면화하는 과정을 포함하며 언어가 중요한 역할을 한다는 것이다. 이 절에서는 개인적 화술의 주요 역할과 사회적으로 중재된 학습에 대해 논의한다.

개인적 화술

개인적 화술(private speech)이란 자기조절기능은 있으나 사회적으로 소통되지는 않는 담화현상을 일컫는다(Fuson, 1979). 구성주의, 인지발달이론, 사회인지이론 등 여러 이론이 개인적 화술과 자기조절발달 간에 밀접한 관계가 있음을 주장하고 있다(Berk, 1986; Frauenglass & Diaz, 1985).

역사적으로는 Pavlov(1927)의 연구에 의해 활성화되었는데, 제3장의 내용을 되새겨 보면, Pavlov가 **1차 신호시스템**(first signal system)(지각)과 2차 신호시스템(언어)을 구분하였던 것을 기억할 수 있을 것이다. Pavlov는 동물의 조건형성 결과가 인간에게도 똑같이 적용될 수 있는 것은 아니라고 주장하였다. 다시 말해, 인간의 조건형성은 조건 자극과 무조건 자극이 함께 주어졌을 때 빠르게 일어난다고 보았으며, 조건형성에서 보이는 인간과 동물 간의 차이는 대체적으로 인간의 언어 및 사고능력에서 기인한다고 보았다. 자극이 자동적으로 조건형성을 초래하지 않을 수도 있는데, 이는 인간이 자신의 이전 경험에 비추어 자극을 해석하기 때문이다. 비록 Pavlov가 2차 신호시스템에 관해 연구하지는 않았지만, 후속연구에서 인간의 조건형성은 복잡하며 언어가 중재역할을 한다는 것이 검증되었다.

구소련의 심리학자 Luria(1961)는 아동이 1차 신호시스템에서 2차 신호시스템으로 이행해 가는 과정을 연구하였는데, 운동행동(motor behavior)을 언어로 통제하는 과정에는 3가지 단계가 있다고 가정하였다. 우선, 타인의 담화가 1.5세부터 2.5세까지의 아동의 행동을 지도하는 데 주요 영향을 미친다. 두 번째 단계(3세부터 4세까지)에서는 아동의 외현적 발화에 의해 운동행동이 시작되는데, 운동행동이 반드시 외현적 발화에 의해 억제되지는 않는다. 세 번째 단계에서 아동의 개인적 화술은 운동행동을 유발하고, 감독하며, 억제하게 된다(4.5세부터 5.5세까지). Luria는 이러한 개인적이며 자기조절적인 화술이 신경생리학적인 기제를 통해 행동을 감독하게 된다고 보았다.

2차 신호시스템의 중재적이며 자기감독적인 역할은 Vygotsky이론에서 구체적으로 설명되고 있다. Vygotsky(1962)는 개인적 화술이 행동을 체계화함으로써 사고발달에 도움이 된다고 믿었다. 아동은 개인적 화술을 사용하여 상황을 이해하고 어려움을 극복하며, 개인적 화술은 아동의 사회적 환경 내 상호작용과 관련하여 일어난다. 아동의 언어기관이 발달하면서 타인의 언어는 음성학이나 구문론적인 속성과는 별개로 의미를 얻게 된다. 아동은 단어의 의미를 내면화하고 이를 자신의 행동을 통제하는 데 사용한다.

Vygotsky는 개인적 화술이 곡선을 그리며 발달하는 경향이 있다고 가정하였다. 외현적 발화(소리 내며 생각하기)는 6, 7세까지 증가하고, 그 이후에는 감소하여 8세에서 10세까지는 내향화한다. 그러나 외향적 발화는 문제나 어려움에 봉착하게 되면 나이에 상관없이 나타날 수 있다. 연구에 따르면, 개인적 화술이 대략 4, 5세와 8세부터 감소하며,

자기조절하는 개인적 화술은 연령이 증가함에 따라 늘어난다(Winsler, Carlton, & Barry, 2000). 많은 연구결과에 따르면, 개인적 화술의 실제 사용빈도는 낮았으며, 많은 아동이 전혀 말로 표현하지 않았다. 따라서 개인적 화술의 발달양식은 Vygotsky가 처음 가정하였던 것보다 훨씬 복잡해 보인다.

언어화와 성취

규칙, 과정, 전략을 말로 표현하는 일은 학습향상에 도움이 된다. Meichenbaum(1977, 1986)의 **자기교수훈련(self-instructional training)** 절차(제4장 참조)가 구성주의에 근거하지는 않지만, 개인적 발화의 외현적·내면적 발달과정을 재현하고 있다. 진술형태의 모델로는 **문제정의(problem definition)**("내가 해야 하는 일이 무엇인가?"), **주의집중(focusing of attention)**("내가 하는 일에 주의를 기울여야 한다."), **계획 및 반응안내(planning and response guidance)**("주의를 기울여 일해야 한다."), **자기강화(self-reinforcement)**("나는 잘 하고 있다."), **자기평가(self-evaluation)**("내가 제대로 하고 있는 건가?"), **대처(coping)**("제대로 이해되지 않으면 다시 해봐야 한다.")가 있다. 교사는 자기교수훈련법을 사용하여 학습자가 인지 및 행동기능을 습득하도록 도울 수 있는데, 이는 과제에 대해 긍정적인 견해를 갖게 하고, 난관에 직면하였을 때 인내할 수 있는 힘을 키워준다(Meichenbaum & Asarnow, 1979). 이러한 과정은 글로 쓰지 않아도 학습자가 자기만의 언어로 표현할 수 있다.

언어화는 자주 어려움을 호소하고 수행행동에서 부족함을 보이는 학습자에게 가장 유익해 보인다. 배운 내용을 바로 되풀이하지 못하는 아이, 충동적인 학습자, 장애나 정신지체아, 교정이 필요한 학습자에게 효과적이다(Schunk, 1986). 언어화는 학습에 어려움을 보이는 학습자가 체계적으로 과제에 임할 수 있도록 도와준다(Hallahan, Kneedler, & Lloyd, 1983). 언어화는 학습자로 하여금 과제에 집중하고 배운 내용을 반복하게 함으로써 학습을 증진시킨다. 학습자가 언어화하지 않아도 과제를 잘 마칠 수 있을 때에는 언어화가 학습증진에 도움이 되지 않는 듯하다. 언어화는 부차적인 일을 하나 더 만드는 것이고, 이것이 아동으로 하여금 과제에 집중하는 데 방해가 될 수 있기 때문이다.

Berk(1986)는 1학년과 3학년 학생들의 개인적 화술에 대해 연구하였다. 수학적 능력의 경우, 외현적 화술은 부적 상관관계를 보였고, 숨겨진 화술(속삭임, 입술 움직임, 중얼거림)은 정적 상관관계를 보였다. 이러한 결과는 1학년 학생 중 상위지능집단과 3학년 학생 중 평균지능집단에서 볼 수 있었는데, 지능지수가 높은 3학년 학생들의 경우, 외현적 화술과 숨겨진 화술 모두 학습결과에 아무런 영향을 미치지 않은 것으로 드러났다. 3학년 상위지능 학생들에게는 내면화된 자기안내 화술(internalized self-guiding speech)이 분명히 가장 효과적이다. Daugherty와 White(2008)는 개인적 화술이 사회경제적 수준이 낮은 집단의 미취학아동의 창의성 지표와 긍정적으로 관련되어 있음을 발견하였다.

Keeney, Cannizzo, Flavell(1967)이 6, 7세 아동들을 대상으로 일련의 회상과제에 관하여 사전검사를 하였으며, 회상을 하기 전에 시연을 하지 못한 아동들을 밝혀냈다. 이러한 아동들이 시연하는 방법을 학습한 후에, 그들의 회상은 자발적인 시연자들의 회상만큼이나 좋아진 것으로 나타났다. Meichenbaum와 Asarnow(1979)는 일련의 회상검사에서 자발적으로 시연을 하지 않았던 유치원 아동들을 밝혀냈다. 몇몇 아동들은 Keeney 등이 사용한 것과 비슷한 시연전략을 사용하는 방법을 훈련받은 반면, 다른 아동들은 자기교수 훈련을 받았다. 두 처치 모두 통제조건과 대비해 볼 때 회상이 향상된 것으로 나타났지만, 자기교수 처치집단이 보다 나은 결과를 보였다.

Schunk(1982b)는 나눗셈 능력이 부족한 학습자들을 대상으로, 일부 학습자들에게는 "확인하기", "곱하기", "복사하기"와 같은 분명한 문구를 말로 표현하도록 하고, 몇 명은 자기만의 언어를 만들게 하였으며, 세 번째 집단은 교사가 제시한 문구와 자기만의 언어를 말하게 하고, 네 번째 집단은 언어화하지 못하게 하였다. 연구결과, 자기만의 언어를—단독으로 혹은 교사가 가르친 구문들과 혼합하여—사용한 학습자들의 나눗셈 능력이 향상되었다.

요컨대, 언어화는 과제와 연관되고 수행을 방해하지 않을 때 학습자의 학업성취에 도움이 되는 것으로 보인다. 즉, 과제와 관련된 많은 문구들이 학습향상을 가져온다(Schunk & Gunn, 1986). 개인적 화술은 외부에서 내면으로의 발달과정을 따르며, 지능이 높은 학습자일수록 일찍 내면화한다(Berk, 1986; Frauenglass & Diaz, 1985). 학습자가 가능하면 전략의 단계와 연관해서 자기 스스로 언어화할 수 있도록 하는 것이 특정 문구로 언어화를 제한하는 것보다 더 많은 도움이 된다. 결국 외현적 화술은 전이를 촉진하고 유지하기 위해서 속삭임이나 입술 움직임 같은 숨겨진 화술로, 내재적인 화술로 전환되어야 한다.

이렇게 언어화에 이점이 있다고 해서 학습과정에서 모든 학습자들이 언어화를 해야 하는 것은 아니다. 그렇게 되면, 교실은 소란스러워질 것이고, 많은 학습자의 주의를 산만하게 할 것이다. 그것보다 언어화는 학습에 어려움을 겪는 학습자를 위해 사용되어야 한다. 다른 학습자를 방해하지 않으면서 교사나 학습보조물이 그러한 학습자를 개인적으로 또는 집단으로 도울 수 있을 것이다. [적용 8.5]에서는 언어화를 어떻게 학습에 통합할 수 있는지를 보여준다.

사회적으로 중재된 학습

여러 구성주의의 유형, 특히 Vygotsky이론은 학습이 **사회적으로 중재된**(socially mediated) 과정이라고 강조한다. 이 점은 구성주의에서만 강조하는 것은 아니며, 여러 학습이론이 사회적인 과정을 학습에 주요한 영향을 미치는 요인으로 강조하고 있다. 예

적용 8.5

자기언어화

교사는 특수학교나 일반교실에서 과제에 집중하고 기능을 습득하는데 어려움을 겪는 학습자만을 대상으로 자기언어화(self-verbalization) 또는 자기담화(self-talk)를 사용할 수 있다. 3학년 학생에게 장제법(long division)을 가르칠 때, 그 긴 절차를 기억하지 못하는 아동에게 도움이 되도록 언어화를 사용할 수 있다. 교사는 학습자 개개인과 함께 다음의 절차를 말로 표현하고 적용해 본다.

- (숫자)가 (숫자) 안에 들어가나요?
- 나눈다.
- 곱하기: (숫자) × (숫자) =(숫자)
- 정답을 내려놓는다.
- 뺄셈: (숫자) − (숫자) = (숫자)
- 다음 숫자를 가져온다.
- 단계를 반복한다.

자기언어화는 학습자가 과제에 몰두하게 하고 자기효능감을 향상시켜 줌으로써 절차를 밟아 체계적으로 학습하는 데 도움을 준다. 학습자가 내용을 이해하고 나면, 언어화를 내면화하여 보다 빠르게 과제를 수행할 수 있도록 하는 것이 바람직하다.

자기언어화는 다양한 운동기능과 전략을 학습하는 데 도움이 된다. 따라서 학습자는 무슨 일이 일어나고 있으며 다음에 무엇을 해야 하는지를 말로 표현할 수 있을 것이다. 예를 들어, 테니스 코치는 연습경기 동안 선수로 하여금, "높은 공-내려치기", "낮은 공-올려치기", "대각선 공-백핸드로 치기" 등을 자기언어화하도록 격려할 수 있을 것이다.

에어로빅 및 댄스강사는 연습 시 종종 자기언어화를 사용한다. 발레선생님은 팔을 움직일 때 어린 학습자로 하여금 "무지개 칠하기", 발끝으로 가볍게 움직일 때 "계란 위 걷기" 등을 따라서 말하도록 시킬 수도 있을 것이다. 에어로빅 강좌를 수강하는 사람도 "굽히고 펴기", "오른쪽으로 빠져 돌기" 등을 따라 말하면서 할 수 있을 것이다.

를 들어, Bandura(1986, 1997)의 사회인지이론(제4장 참조)은 학습자와 사회적 환경이 미치는 영향 간의 상호관계를 강조하였고, 많은 연구에서 사회적 모델링이 학습에 강한 영향을 미친다는 것이 증명되었다(Rosenthal & Zimmerman, 1978; Schunk, 1987). 그러나 Vygotsky이론은 학습의 사회적인 중재과정을 핵심개념으로 강조하고 있다(Karpov & Haywood, 1998; Moll, 2001; Tudge & Scrimsher, 2003). 모든 학습은 언어, 상징, 기호와 같은 도구에 의해 중재되며, 아동은 타인과 사회적인 상호작용을 하면서 이 도구를 습득해 간다. 아동은 이 도구를 내면화한 후에, 그것을 상위학습(예: 개념학습 및 문제해결과 고차원적 인지과정)의 중재자로 사용한다.

한 예로 사회적 중재과정이 개념습득에 어떻게 영향을 미치는지를 살펴보자. 어린 아동은 바깥세상을 관찰하고 가설을 세움으로써 자발적으로 개념을 습득한다. 예를 들어, 자동차에서 나는 소리와 트럭에서 나는 소리를 들은 후 더 큰 물체에서 더 큰 소음이 난다고 믿게 되면 이것과는 다른 관찰(예: 오토바이는 차나 트럭보다는 작지만 훨씬 더 많은 소음을 만들어 낸다)을 받아들이는 데 어려움을 겪게 된다.

사회적 상호작용 환경에서 아동은 타인(예: 교사, 부모, 나이가 많은 형제)으로부터 개념을 배운다. 이는 상당히 명백한 사실로, 교사는 아동에게 정사각형, 직사각형, 삼각형, 원의 차이를 가르친다. 인지심리학 용어를 빌려 설명하면, 그러한 개념은 선언적 지식(declarative knowledge)으로 내재화되고, 아동은 언어나 상징과 같은 도구를 사용하여 이러한 개념을 내면화하게 된다.

물론 타인과의 상호작용 없이 혼자 힘으로 개념을 배울 수도 있다. 예를 들어, Wirkara와 Kuhn(2011)은 중학교 학생들을 대상으로 문제중심학습을 연구하였다. 몇몇 학습자들은 독립적으로 문제를 해결하였고, 다른 학습자들은 소그룹에 참여하였다. 연구결과, 문제중심학습은 강의-토의로 이루어진 수업에 비해 높은 성취를 이끌어 냈지만, 개인적으로 문제를 해결한 경우와 그룹에 참여한 경우 간에는 차이가 없었다. 따라서 사회적으로 중재된 학습기회가 더 유리하지는 않았다.

그러나 현대학습이론의 주요 전제는 사람은 자신이 처한 환경에 대해 **암묵적 이론(implicit theories)**을 형성하고 새로운 증거에 직면하면 구성한 이론을 수정한다는 구성주의를 반영한다. 아동은 처음에는 자신의 생각으로 이론을 구성하지만, 물리적, 생물학적 세상에 대해 이해하면서 타인의 생각으로 이론을 구성한다(Gopnik & Wellman, 2012). 아동의 학습과 사고는 이러한 암묵적 이론의 맥락에서 이루어진다.

사회적 상호작용은 아동들의 인지 발달을 위해 중요하다. 아동들은 경험에 기반하여 명제 관계를 구성하지 않는다. 아동들은 세상에 대한 이론 내에서 이해하고, 자신들이 알고 있는 것과의 관계와 적절한 상황을 고려하여 지식의 유용성과 중요함에 대한 신념을 갖는다. 문화적 도구들은 아동들의 암묵적 이론과 이해의 발달을 촉진하는 데 매우 중요하다.

도구는 학습뿐만 아니라 가르치는 데에도 유용하다. 아동은 자신이 배운 것을 서로에게 가르쳐 준다. Vygotsky(1962, 1978)는 도구가 사회적인 목적에 사용되면서 타인에게 지대한 영향을 미치게 되었다고 주장하였다.

중요한 것은 학습자가 지식을 효과적으로 구성하기 위해서는 기본적인 도구를 잘 알고 있어야 하며, 이 교육과정은 매우 직설적이어야 한다는 것이다. 학습자가 분명하거나 쉽게 배울 수 있는 것을 "발견"할 필요는 없다. 발견된 지식은 기본 학습의 결과이지 원인이 되어서는 안 된다(Karpov & Haywood, 1998). 교사는 학생에게 도구를 가르치고 이를 학습에 활용할 수 있는 기회를 제공함으로써 학습자가 학습할 수 있도록 준비시켜야 한다. [적용 8.6]은 사회적으로 중재된 학습이 교실에서 어떻게 활용되는지를 보여준다.

또래보조학습

또래보조학습방법은 구성주의에 매우 적절하다. **또래보조학습(peer-assisted learning)**이란 또래가 학습과정에 적극적 작용제가 되어주는 교수접근법이다(Rohrbeck, Ginsburg-Block, Fantuzzo, & Miller, 2003). 또래보조학습이 강조하는 방법은 또래튜터링(제4장과

적용 8.6
사회적으로 중재된 학습

사회적으로 중재된 학습은 모든 연령의 학습자에게 유용하다. 교사교육구성원들은 학교의 공동체문화를 이해하는 것이 잘 가르치는 데 도움이 된다는 것을 알고 있다. Mayer박사는 학교와 부모의 동의를 얻어 학습자들에게 짝을 지어준다. 학습자들은 자기 짝과 별도의 시간을 가지면서, 함께 일하고, 같이 점심을 먹기도 하며, 등교 버스를 같이 타고, 서로의 집을 방문해 보기도 한다. 짝을 이룬 학습자들은 정기적으로 만나 서로의 문화에 대해 논의한다. 아동들은 자기 짝이 학교의 어떤 점을 좋아하고, 부모님은 무슨 일을 하시며, 주변 이웃들의 특성은 어떠한지 얘기를 나누어 본다. Mayer 박사는 정기적으로 짝을 이루는 학습자들을 만나 학습 시 고려해야 할 문화적 요인들에 대해 논의한다. Mayer 박사의 학생들은 짝과 선생님, 그리고 다른 급우들과의 사회적 상호작용을 통해 학교교육에 있어 문화의 역할을 더 잘 이해하게 된다.

역사적인 사건들은 다양한 해석을 낳는다. Jim 선생님은 학생들의 사고를 돕기 위해 사회적 중재과정을 사용한다. 2차 세계대전 이후 미국 내 삶의 변화라는 단원에 대해 공부할 때, Jim 선생님은 학생들을 다섯 집단으로 나누고, 각 팀에게 의료, 교통, 교육, 기술, 교외지역 중 주제를 한 가지씩 준다. 각 팀은 자신들의 주제가 왜 미국 내 삶에 있어 가장 큰 진전을 대표하는지에 대해 발표할 준비를 한다. 각 팀의 학생들은 함께 발표준비를 하고 내용을 분담하여 발표한다. 발표가 끝나면 Jim 선생님은 학급 토론을 이끈다. 그는 학생들로 하여금 변화가 어떻게 해석되는지 볼 수 있게 도와준다. 예를 들어, 기술은 의학, 교통, 교육에 영향을 미쳤고, 자동차와 도로의 증가는 교외지역의 성장을 가져왔다. 토론과 발표를 통한 사회적 중재는 학생들로 하여금 미국의 변화를 더 깊이 이해하도록 도와준다.

이 장 참조), 상보적 수업(제7장 참조), 협동학습(이 장 참조)(Palincsar & Brown, 1984; Slavin, 1995; Strain, Kerr, & Ragland, 1981)을 포함한다.

또래보조학습이 성취를 촉진한다는 것이 제시되었다. 문헌연구결과, Rohrbeck과 그의 동료들(2003)은 도시 빈민층 가정의 저학년(1~3학년) 학습자들에게 또래보조학습이 가장 효과적임을 발견하였다. 이는 도시 빈민층 학습자들과 관련된 학업성취에 대한 위험을 제시하는 유망한 결과다. 그러나 Rohrbeck과 그의 동료들은 내용영역 간(예, 읽기, 수학)에 의미 있는 차이는 발견하지 못하였다. 또래보조학습이 갖는 또 다른 이점은 이를 통해 학습에 대한 학문적 · 사회적 동기를 기를 수 있다는 것이다(Ginsburg-Block, Rohrbeck, & Fantuzzo, 2006; Rohrbeck et al., 2003). 학문적 학습을 강조하는 또래들은 이의 중요성을 전달하여, 사회적 환경에서 타인을 동기화시킬 수 있다.

다른 교수모형처럼, 교수자들은 또래보조학습을 사용할지 결정할 때 바람직한 학습결과를 고려해야 한다. 탐구기능을 강조하는 것과 같은 단원은 이 접근이 잘 맞을 것이다. 특히 사회적 결과물 개발이 목표인 경우에는 특히 잘 맞을 것이다.

또래튜터링. 또래튜터링(peer tutoring)이란 어떤 기능이나 개념을 이미 배운 학습자가 그렇지 않은 학습자에게 가르쳐 주는 것으로서, 전통적인 교수법에 대한 대안으로 제시되고 있다.

또래튜터링은 구성주의 교수의 여러 원리를 반영하고 있다. 학습자는 학습과정의 능동적인 주체로서, 가르치는 학습자와 가르침을 받는 학습자 모두 자유롭게 참여한다. 학급수업에서 묻기 어려운 질문도 일대일 상황에서는 부담 없이 물을 수 있기 때문이다. 또래튜터링이 전통적인 교수법보다 더 높은 학업성취 결과를 가져온다는 연구결과가 있다(Fuchs, Fuchs, Mathes, & Simmons, 1997).

또래튜터링은 학습자 간 협업을 독려하며 교수구조를 다양화하는 데 도움이 된다. 교사는 학습자들을 소집단과 지도집단들로 나누어 다른 집단에 속해 지속적으로 학습할 수 있도록 한다. 지도의 내용은 가르침을 받는 학습자의 구체적인 필요에 따라 달라진다.

교사는 튜터역할을 맡을 학습자들이 필요한 학문적 지식과 지도기능을 갖추고 있음을 확인해야 한다. 지도의 목적을 분명히 밝혀야 하는데, 일반적인 것보다는 구체적인 것이 좋다. 예를 들어, "Mike가 뺄셈을 잘 할 수 있도록 도와줘"보다는 "10행을 어떻게 다시 나누는지 Mike가 이해할 수 있도록 도와줘"가 더 적절하다.

협동학습. 협동학습(cooperative learning)은 수업에 자주 활용되는 사회적으로 중재된 학습의 하나다(Slavin, 1994; 1995). 그러나 협동학습은 적절히 계획하지 않으면 전체 수업보다 더 낮은 학습결과를 가져올 수 있다. 협동학습의 목표는 학습자가 다른 사람과 협력할 수 있는 능력을 길러주는 것이다. 학습과제는 규모가 커서 학습자 혼자서는 시간 내에

마칠 수 없는 것이어야 하며, 개인별로 나누고 최종 결과물로 합쳐 내기에 적합한 것이어야 한다.

협동학습을 성공적으로 수행하기 위해서는 몇 가지 지켜야 할 원리가 있다. 첫째, 집단을 함께 일할 수 있을 학습자들로 형성하는 것이다. 학습자들이 집단을 선택할 수 있도록 하거나, 이질적인 집단을 형성해야 하는 것을 의미하는 것은 아니다. 종종 이러한 전략이 추천되기는 하지만, 성취도가 낮은 학습자들과 그룹 지어지는 것이 성취도가 높은 학습자들에게 항상 이로운 것은 아니라는 연구결과도 있다(Schunk & Pajares, 2009). 집단을 어떠한 방식으로 나누건 간에, 교사는 각 집단이 적절한 노력을 기울여 성공할 수 있도록 조치해야 한다.

집단은 기대되는 행동 양식 및 완성해야 하는 결과물에 대한 가이드를 필요로 한다. 과제는 상호의존해야 하는 것으로, 혼자 힘으로 끝낼 수 있는 것이 아니어야 한다. 이상적인 과제는 다양한 방식으로 접근할 수 있는 것이어야 한다. 예를 들어, "미국의 해적"이라는 주제를 다룰 때, 한 집단의 중학교 학습자들은 발표를 하고, 포스터를 사용하며, 촌극을 선보이거나 학급동료들과 함께 보물찾기를 할 수도 있을 것이다.

마지막으로, 각 집단의 구성원들이 책임을 질 수 있어야 한다. 만약 점수를 매겨야 한다면, 각 집단의 구성원들이 그 집단에서 어떠한 일을 하였는지를 상세히 기록하도록 해야 한다. 두 명만의 공헌으로 모든 사람이 A를 받는다면 원망을 살 것이다.

널리 알려진 두 가지 협동학습 방법은 직소학습과 성취과제분담학습이다. **직소방법(jigsaw method)**이란 팀들이 한 과제를 나누어 하는 것을 말하는데, 각 팀은 주어진 내용에 대해 학습하고, 그 부분에 대해 책임을 진다. 각 집단의 학습자들이 함께 모여 자신의 팀이 맡았던 부분에 대해 논의를 한 다음, 각자의 팀으로 돌아가 자신의 팀이 맡은 부분에 대해 다른 구성원들이 더 잘 학습할 수 있도록 돕는다(Slavin, 1994). 이 직소방법은 집단학습, 개인별 책임감, 분명한 목적 등 협동학습의 긍정적인 특성을 잘 조합하고 있다.

성취과제분담학습(student-team-achievement divisions: STAD) 방법은 학습자들이 교사의 설명을 들은 후에 집단으로 학습하는 것을 말한다(Slavin, 1994). 학습자들은 집단으로 연습하고 함께 공부하지만, 평가는 개별적으로 받는다. 각 구성원의 점수는 집단 전체 점수에 반영되며, 점수는 학습의 향상 정도에 따라 매겨진다. 개인별 학습향상도가 전체 집단 점수에 영향을 미치기 때문에, 학습자들은 더 나은 결과를 얻기 위해 노력한다. STAD는 협동학습의 한 종류이지만, 계산이나 사회과 학습처럼 학습목표가 분명히 제시된 경우나 학습문제에 명백한 답안이 존재하는 경우에 더 적합해 보인다. STAD는 개념적인 이해를 필요로 하여 학습결과가 신속하게 나타날 수 없는 경우에는 적합하지 않을 것이다.

구성주의적 학습환경

구성주의원리를 바탕으로 조성된 학습환경은 전통적인 교실수업과는 사뭇 다르다 (Brooks & Brooks, 1999). 구성주의가 의미하는 학습은 학습자가 원한다면 무엇이든 하도록 허락하는 것이 아니다. 보다 정확히 말해서, 구성주의 학습환경이란 학습자의 학습을 촉진할 수 있도록 풍부한 경험을 제공하는 것을 의미한다. 이 장에서는 반성적 수업을 포함한 구성주의적 학습환경의 주요 특성을 제시한다.

주요 특성

구성주의적 교실은 전통적 교실과 다른 몇 가지 독특한 특성을 가지고 있다(Brooks & Brooks, 1999). 전통적인 수업에서는 기본 기능이 강조된다. 교과과정은 작은 부분들로 나뉘어 제시되고, 교재와 문제집이 사용된다. 교사는 일반적으로 학습자들을 가르치고 문제에 대한 정답을 맞히도록 한다. 학습에 대한 평가는 수업(teaching)과 별개로 행해지는데, 일반적으로 시험을 통해 이루어진다. 학습자들은 종종 개별적으로 학습한다.

　구성주의적 수업에서는 교과과정이 큰 개념들에 초점을 맞춘다. 학습활동에는 1차 자료와 직접 다룰 수 있는 재료들이 사용된다. 교사는 일반적으로 학습자들의 질문과 견해를 구하며 학습자들과 상호작용한다. 평가는 실제 활동을 바탕으로 수업과 통합되어 행해지며, 교사의 관찰과 학습자의 포트폴리오도 평가에 이용된다. 학습자들은 자주 집단으로 학습한다. 중요한 것은 학습자들이 효과적인 새로운 지식과 기술을 구성할 수 있는 학습환경을 구성하는 것이다(Schuh, 2003).

　〈표 8.6〉에는 구성주의 학습환경에 관한 몇 가지 원리가 제시되어 있다(Brooks & Brooks, 1999). 첫 번째 원리는 관련성이 이미 존재하거나 교사의 중재에 의해 밝혀졌을 때 교사가 학습자에게 **새로운 관련성 있는 문제를 제기**(pose problems of emerging relevance)해야 한다는 것이다. 교사는 학습자들의 선입관에 문제를 제기하는 질문을 중심으로 학습단원을 만든다. 많은 시간이 걸려 다른 중요한 내용을 다루지 못할 수도 있다. 관련성은 학습자를 검사하겠다고 협박함으로써 확립되는 것이 아니며, 학습자의 흥미를 자극하고 그 문제가 어떻게 삶에 영향을 미치는지를 발견할 수 있도록 도와줌으로써 얻을

표 8.6
학습환경에 대한 구성주의원리

- 학생에게 새로운 관련성 있는 문제를 제기한다.
- 학습을 주요 개념을 중심으로 설계한다.
- 학생의 견해를 구하고 존중한다.
- 교과과정을 학생의 가설을 다룰 수 있도록 수정한다.
- 학습을 교수상황에서 평가한다.

수 있다.

두 번째 원리는 **학습은 주요 개념을 중심으로 설계되어야 한다**(learning should be structured around primary concepts)는 것이다. 이는 교사가 질문과 문제를 독립적으로 제시하기보다 전체적인 그림을 보여줄 수 있도록 개념적으로 구분하며, 이를 중심으로 교수활동을 설계해야 한다는 것을 의미한다(Brooks & Brooks, 1999). 전체를 보는 것이 부분을 이해하는 데 도움이 된다.

총체적 수업(holistic teaching)에 반드시 내용이 희생되는 것은 아니지만, 내용을 다르게 구성할 필요는 있다. 역사를 가르치는 하나의 단편적인 방법은 일련의 사건들처럼 시간 순으로 정보를 제공하는 것이다. 이와 반대로, 총체적인 방법은 역사 속에서 되풀이되는 주제(예: 경제적인 어려움, 영토에 관한 분쟁)를 제시하고, 학습자로 하여금 다른 시대에서도 이 주제를 발견할 수 있도록 내용을 구성하는 것이다. 그렇게 하였을 때, 학습자는 환경적 특성(예: 군대 → 공군, 경작 → 기술)이 변해도 주제는 그대로 남아 있음을 알 수 있을 것이다.

총체적 수업은 여러 교과에 적용될 수 있다. 예를 들어, 중등교육과정에서 "용기"라는 주제는 사회 교과목(예: 정부와 갈등을 빚을 때 자신의 신념에 의거하여 봉기하고 맞서는 사람의 용기), 언어학(예: 용기를 보여준 문학 속 인물), 과학(예: 널리 받아들여지던 이론을 반박하였던 과학자의 용기) 등에서 다루어질 수 있다. 교사가 단원을 함께 계획하는 통합교육과정은 이러한 총체주의를 반영한다.

세 번째로, **학생의 견해를 구하고 존중**(seek and value students' points of view)하는 것이 중요하다. 학생의 견해를 이해하려고 노력하는 것은 도전적이고 흥미로운 학습활동을 계획하는 데 있어 필수적이다. 이를 위해 교사는 질문을 던지고, 토론을 격려하며, 학생이 무슨 말을 하는지를 들어야 한다. 학생이 무슨 생각을 하는지 이해하려고 노력하지 않는 교사는 학생의 경험을 학습에 활용하는 데 실패하게 된다. 이는 교사가 학생의 말을 분석해야 함을 의미하지는 않는다. 그럴 필요도 없으며, 그럴 만한 시간도 없다. 교사는 그보다 주제와 관련해서 학생의 생각을 이해하려고 노력해야 한다.

오늘날처럼 학업성취평가점수를 강조하게 되면, 학생이 정답을 풀 수 있는지에만 초점을 맞추기 쉽다. 그러나 구성주의 교육에서는 가능하다면 정답보다 학생이 어떻게 그 대답에 도달하게 되었는지를 알고자 한다. 이를 위해 교사는 학생에게 정답에 대해 설명해 보도록 한다. 그래서 "어떻게 그 답을 하게 되었지?"라든가 "왜 그렇게 생각하니?"와 같은 질문을 던진다. 잘못된 논리로 정답을 낼 수도 있고, 역으로 올바르게 생각하였음에도 불구하고 틀린 답을 말할 수도 있다. 학생의 특정 상황에 대한 견해나 특정 현상에 대한 이론은 교사가 교육과정을 계획하는 데 도움이 된다.

네 번째로, **교과과정을 학생의 가설을 다룰 수 있도록 수정**(adapt curriculum to address students' suppositions)해 나가야 한다. 이는 교육과정 측면에서 학생에게 요구하는 사항이 수업 시 학생이 가지고 있는 신념과 관련되어야 한다는 것이다. 이 둘 간의 차이가 크게 나면, 학습단원은 학생에게 의미가 없을 것이다. 그렇다고 해서 학생의 현재 능력과 수업의 요구사항이 완벽하게 일치하여야 한다는 것을 의미하는 것은 아니다. 학생의 현재 능력보다 다소 높게, 즉 근접발달영역 내로 요구할 경우, 도전할 수 있는 여지가 생기고 학습이 일어나게 된다.

학생의 가정이 틀릴 경우, 전형적인 반응은 학생에게 그러한 사실을 알려주는 것이다. 그러나 구성주의 교수법은 학생으로 하여금 정보를 찾도록 한다. 서두에서 소개한 신기한 물질실험을 상기해 보자. 학생들은 동시에 고체와 액체처럼 보이는 물질 때문에 어려움을 겪었다. 교사는 학생들에게 정답을 제시하기보다 그들이 물질에 대해 생각하여 그들만의 이해를 구성할 수 있도록 하였다. 에피소드의 마지막 부분까지도, 학생들은 여전히 물질이 무엇인지 명확하게 이해하지 못하였다. 이는 이후에 추가 실험과 논의가 이루어질 것임을 제시한다.

마지막으로, 구성주의 교육은 우리가 **학생학습을 수업맥락에서 사정**(assess student learning in the context of teaching)할 것을 요구한다. 이러한 점은 학년말 시험, 단원종합시험과 같이 대부분의 학습사정이 수업과 분리되어 일어나는 전통적인 수업맥락과는 반대된다. 이러한 사정의 내용이 교수과정에서 다룬 학습목적과 일치하지만, 그 사정은 수업과 분리되어 일어난다.

구성주의 환경에서 사정은 교수과정 속에서 일어나는데, 앞의 예에서처럼, Anna의 학습은 교사가 학습활동을 설계하고 Anna가 개념을 이해할 수 있도록 안내하는 일련의 과정을 거쳐 사정되었다.

물론, 사정방법은 학습의 종류를 반영해야 한다(제1장 참조). 구성주의 환경은 피상적인 이해를 위한 것이 아니라 의미 있고 깊이 있는 학습에 가장 잘 맞도록 설계되어 있다. 참-거짓 및 다항식 검사는 학습결과를 사정하는 데 부적절할 것이다. 학습자가 무엇을 배웠고 왜 이 지식이 유용한지를 논하거나 습득한 기능을 증명해 보이고 적용하는 데에는 실제적인 사정 유형(authentic forms of assessment)이 적절할 것이다.

구성주의적 사정은 답의 옳고 그름보다 학습자가 답을 하고 난 다음 단계에 더 관심을 갖는다. 교수와 학습과정 동안 일어나는 이러한 종류의 실제적인 사정(authentic assessment)은 교수결정을 내리는 데 도움이 된다. 실제적인 사정은 교사로 하여금 학생이 피드백을 받을 수 있는 활동을 설계하게 하고, 필요 시 교수를 수정·보완하도록 한다는 점에서 난해하다. 다항검사를 설계하고 점수를 매기는 것은 훨씬 쉽지만, 구성주의적으로 가르치고 전통적인 방식으로 개별적인 사정을 하는 것은 복잡하다. 책무성을 강조하는 오늘날의 상황을 고려해 볼 때, 전적으로 실제적인 사정을 실시하는 것은 불가능할 수도 있다. 그러나 실제적인 사정을 장려하는 것이 교육과정을 설계하고 보다 흥미로운 학습단원을 마련하는 데 촉진제로 작용할 수 있을 것이다.

미국심리학회의 학습자중심원리

미국심리학회(American Psychological Association: APA)는 일련의 학습자중심의 심리학적 원리를 발표하였다(American Psychological Association Work Group of the Board of Educational Affairs, 1997). 구성주의 학습접근법을 반영하는 이 원리(〈표 8.7〉 참조)는 학교설계와 개혁을 위한 안내지침으로 개발되었다.

표 8.7
APA의 학습자중심원리

인지 및 메타인지적 요인

1. 학습과정의 속성: 복잡한 내용의 학습은 정보와 경험으로부터 의미를 찾고자 하는 의도적인 과정에서 가장 효과적으로 일어난다.

2. 학습과정의 목표: 성공적인 학습자는 시간과 도움, 교수적 안내가 주어질 때 지식을 유의미하고 일관되게 표상할 수 있다.

3. 지식의 구성: 성공적인 학습자는 새로운 정보와 기존의 정보를 유의미하게 연결할 수 있다.

4. 전략적 사고: 성공적인 학습자는 복잡한 학습목표를 달성하기 위해 논리적으로 사고하는 전략들을 만들고 사용할 수 있다.

5. 사고에 대한 사고: 정신적인 작용을 선택하고 모니터하기 위한 고등전략들은 창의적이고 비판적인 사고를 촉진한다.

6. 학습의 맥락: 학습은 문화, 기술, 수업(teaching)과 같은 환경적인 요인의 영향을 받는다.

동기 및 정서적 요인

7. 학습에 미치는 동기와 정서의 영향: 무엇을 얼마나 학습하는지는 학습자의 동기에 의해 좌우된다. 학습동기는 개인의 감성적 상태, 신념, 관심과 목표, 사고양식의 영향을 받는다.

8. 내재적 학습동기: 학습자의 창의성, 고등사고방식, 자연스런 호기심 모두 학습동기에 영향을 미친다. 내재적 동기는 적당히 새로우며 어려운 과제, 개인적인 관심분야와 관련된 과제, 개인이 선택하고 통제할 수 있는 과제에 의해 고무된다.

9. 노력에 대한 동기의 효과: 복잡한 지식과 기능을 습득하기 위해서는 더 많은 노력과 연습이 필요하다. 학습동기가 없다면, 강요에 의하지 않는 한, 그러한 노력을 유지하기 어렵다.

발달 및 사회적 요인

10. 학습에 대한 발달적 영향: 개개인의 발달과정에 따라 학습기회와 제한점은 달라진다. 신체적, 지적, 감성적, 사회적인 발달과정에 대한 차이가 고려될 때 가장 효과적인 학습이 일어난다.

11. 학습에 대한 사회적 영향: 학습은 사회적 상호작용, 개인 간 관계, 타인과의 의사소통으로부터 영향을 받는다.

개인차 요인

12. 학습의 개인차: 사전경험과 유전적 요인 때문에 학습자마다 학습전략, 접근법, 능력이 다르게 나타난다.

13. 학습과 다양성: 학습자의 언어적, 문화적, 사회적 배경을 고려할 때 가장 효과적인 학습이 일어난다.

14. 사정과 준거: 적절히 높으면서 도전적인 기준을 세우고, 학습자를 비롯하여 학습과정을 평가(진단평가, 과정평가, 결과평가)하는 것은 학습과정의 필수적인 부분들이다.

　이러한 학습자중심원리는 인지 및 메타인지적 요인, 동기 및 정서적 요인, 발달 및 사회적 요인, 개인차라는 네 가지 주요 요인으로 나뉜다. 인지 및 메타인지 요인에는 학습과정의 속성, 학습목표, 지식의 구성, 전략적 사고, 사고에 대한 사고, 학습내용이 포함된다. 동기 및 정서적 요인에는 동기와 정서가 학습에 미치는 영향, 내재적 학습동기, 동기가 노력에 미치는 영향 등이 포함되며, 발달 및 사회적 요인에는 학습에 미치는 발달적, 사회적 영향이, 개인차에는 개인차 변인, 학습과 다양성, 사정과 준거가 포함된다. 이러한 원리는 21세기가 요구하는 기능을 표현하는 개정된 기준을 반영한 것이다.

　[적용 8.7]에서는 이러한 학습자원리를 학습환경에 적용하기 위한 몇 가지 방안이 제

적용 8.7
학습자중심원리

Donavan 교수는 경제학 수업에 APA의 학습자중심원리를 적용한다. Donavan 교수는 학생들 상당수가 경제학 공부에 대한 내적 동기가 약하고 단지 필수과목이라는 이유로 수업을 듣고 있다는 것을 알고 있다. 따라서 학생들의 흥미를 유발하기 위한 전략을 사용하였다. 테이프를 사용하고, 현장학습을 나가며, 현실세계와의 연관성을 찾기 위해 역사적인 사건을 재연해 보기도 한다. 그는 학생들이 단순히 암기하기보다 비판적으로 사고하는 법을 배우기를 원한다. "이 사건의 발단은 무엇인가?", "어떻게 양상이 달라질 수 있을까?", "훗날 어떠한 영향을 미쳤는가?"와 같은 핵심 질문을 던져 학생들이 주제를 분석할 수 있도록 가르친다. Donavan 교수는 주제(예: 경제발달과 정책)에 초점을 맞추는 것을 좋아하여, 학생들로 하여금 다른 역사적 시기에 이 주제들을 적용시켜 보도록 한다.

　Donavan 교수는 자신이 심리학자로 APA의 원리를 잘 알고 있으며 그 원리를 가르치는 데 적용하고 있다. 학생들이 훌륭한 교사가 되고자 할 경우, 발달적, 사회적, 개인차 요인을 잘 이해하고 있어야 한다는 것을 알고 있다. Donavan 교수는 교생실습 동안 학생들이 다양한 환경에서 일해 볼 수 있도록 배려한다. 학생들이 시간대를 달리해 초등 및 상급학년 교실에 배정받을 수 있도록 하며, 다양한 인종 및 사회경제적 배경을 가진 학급에서 사회적 상호작용 방법(예: 협동학습, 튜터링)을 사용하는 선생님들과 함께 일할 수 있는 기회도 가져 보도록 한다. Donavan 교수는 학생들이 자신의 경험을 반추하고 가르침의 의미를 형성하는 것이 중요하다고 생각한다. 학생들은 교생실습 경험에 대해 일지를 쓰고, 이를 수업시간에 다른 학생들과 공유한다. Donavan 교수는 이러한 경험들을 학생들이 수업시간에 배우는 주제(예: 발달, 동기, 학습)와 관련지어 볼 수 있도록 돕는다.

시되었다. 학습자중심원리를 적용할 때, 교사는 교수목적과 사용처에 유의해야 한다. 교사중심 교수(instruction)는 적절한 교수법이며 가장 효율적이기도 하다. 그러나 더 많은 학습자활동과 더불어 보다 심층적인 이해가 요구된다면, 학습자중심원리가 훌륭한 지침을 제공할 것이다.

반성적 수업

반성적 수업(reflective teaching)이란 학습자와 맥락, 심리적 과정, 학습과 동기, 자신에 대한 지식 등을 고려해야 하는 신중한 의사결정을 바탕으로 한다. 반성적 수업은 구성주의적 학습관에 해당하지는 않지만, 그 명제들은 구성주의의 가설에 기초를 두고 있다 (Armstrong & Savage, 2002).

구성요소. 반성적 수업은 교사가 수업을 준비하고 강의하며, 학습자에게 과제와 피드백을 주고, 학습결과를 평가하는 전통적인 개념의 교수와는 극명하게 대조된다. 반성적 수업에서는 수업이 한 가지 방법으로 정의하여 적용될 수 있는 것이 아니라고 가정한다. 교사 개개인의 독특한 경험은 교사가 가르치는 데 영향을 미친다. 상황에 대한 교사의 해석은 경험 및 상황에 대한 인식에 따라 다를 것이다. 교사는 학습자, 학습내용, 맥락 및 학습에 대한 자신의 신념 및 이론에 대해 숙고해 보고, 현실에 비추어 보았을 때 이러한 신념과 이론이 타당한지 점검해 보아야 한다.

Henderson(1996)은 반성적 수업의 구성요소로 의사결정을 수반하는 네 가지 특징을 표로 제시하였다(〈표 8.8〉 참조). 수업결정 시 맥락에 주의를 기울여야 하는데, 맥락에는 학교, 학습내용, 학습자의 배경, 학기의 시점, 교육적인 기대 등이 포함된다. 유연한 계획 (fluid planning)이란 교수계획에 융통성이 있어서 상황에 따라 가변적이어야 함을 말한다. 학습자가 학습단원을 이해하지 못할 때 동일한 방식으로 다시 가르치는 것은 비효과적이다. 그보다는 계획이 학습자의 이해를 돕는 방향으로 수정되어야 한다.

표 8.8 반성적 수업의 구성요소	▪ 맥락 고려하기 ▪ 유연하게 계획하여 지도하기 ▪ 면밀하게 고찰한, 전문적 · 개인적인 지식 활용하기 ▪ 공식 · 비공식적인 전문 교육 기회를 통해 실력 강화하기

Henderson의 모델은 교수자의 개인적인 지식에 중점을 두고 있다. 교수자는 자신이 무엇을 왜 하고 있는지 알고 있어야 하며, 상황을 면밀하게 관찰해야 한다. 교수자는 상

황에 대해 숙고하고, 상황에 관한 다양한 정보를 인식하고 있어야 하며, 자신이 하는 일에 대한 분명한 이유를 가지고 있어야 한다.

마지막으로, 전문교육과정을 통해 의사결정과정을 강화시켜 나가야 한다. 교수자가 계획을 유연하게 세우고 학습단원을 학습자나 상황에 따라 수정하기 위해서는 이를 뒷받침할 수 있는 탄탄한 지적인 근거를 가지고 있어야 하는데, 교수자 간 전문교육과정만큼 효과적인 것이 없다.

반성적 교사는 타인이 무엇을 하라고 말해 주기를 기다리기보다 문제에 대한 해결책을 적극적으로 찾으려는 경향이 있다. 그는 다소 만족스럽지 않은 해결책에 안주하기보다 인내를 가지고 최선의 해결방안을 찾고자 한다. 반성적 교사는 또한 윤리적이며, 자신의 필요보다 학습자의 요구를 더 중요하게 여긴다. 즉, 교사에게 무엇이 최선인지 묻기보다 학습자에게 무엇이 최선인지를 먼저 묻는다. 반성적 교사는 또한 수업을 돌이켜보고 학습자의 요구에 더 잘 부응할 수 있도록 수정함으로써 증거에 대해 주의 깊게 생각해 본다(Armstrong & Savage, 2002).

요컨대, 반성적 교사는 다음과 같은 특성을 지니고 있다(Armstrong & Savage, 2002).

- 맥락을 고려한다.
- 개인적 지식을 사용한다.
- 전문적 지식을 사용한다.
- 유연한 계획을 세운다.
- 공식 · 비공식적으로 전문교육을 받는다.

여기에 제시된 요점은 구성주의를 바탕으로 함을 알 수 있을 것이다. 구성주의는 학습이 특정 상황에서 일어난다고 보기 때문에 학습상황을 매우 강조한다. 사람은 경험을 바탕으로 자신(자신의 능력, 관심, 태도 등)과 자신의 직업에 관한 지식을 형성해 간다. 교수는 일단 설계가 되면 변경 없이 진행되는 것이 아니며, 가르치는 데 있어 "졸업"이란 없다. 상황은 항상 변하며, 교사는 교수내용, 학습 및 동기에 관한 심리학적 지식, 학습자별 차이와 관련해서 최우선적으로 관심을 가지고 있어야 한다.

반성적인 교사 되기. 어떤 경험이 교사의 반성적 능력을 증진시킬 수 있을까? 반성적인 교사(reflective teacher)가 된다고 하는 것은 기능이기 때문에 다른 기능처럼 교수와 훈련이 필요하다. 이 기능을 개발하는 데 있어 다음과 같은 제언이 도움이 될 것이다.

반성적 교사는 정확한 **개인적 지식**(personal knowledge)을 지니고 있어야 한다. 교사는 교과에 관한 지식, 교육에 관한 지식, 학습자의 능력에 관한 지식 등을 포함하여 가르치는 능력에 관해 지식을 가지고 있다. 교사는 개인적 지식을 개발하기 위하여 이러한 지식에 대한 자신의 수준을 생각해 보고 평가해 볼 필요가 있는데, 이 때 자기질문하기(self-questioning) 방법이 매우 유용하다. 예를 들어, 교사는 "나는 가르치는 내용에 대해 얼마나 알고 있는가?, 나는 이 내용을 가르치는 데 얼마나 자신이 있는가?, 나는 학습을 촉진하기 위해 수업 분위기를 조성하는 데 얼마나 자신이 있는가?, 내가 편견(예: 인종 혹은 사회경제적인 배경에 따라 어떤 학습자는 다른 학습자만큼 잘 배우지 못한다)을 가지고 있는가?"와 같은 질문에 대해 스스로에게 물어볼 수 있을 것이다.

개인적 지식은 향상하고자 하는 토대를 형성한다는 점에서 중요하다. 따라서 사회 교과목을 가르치는 데 필요한 기능을 사용하는 것이 미숙하다고 느끼는 교사는 도움이 될 만한 전문교육과정을 찾아보아야 한다. 자신이 편견을 가지고 있다는 것을 알았다면, 교사는 자신의 편견이 부정적인 영향을 미치지 않는 교수전략을 구사해야 한다. 또한 학습자들 간의 학습능력의 차이에 대한 편견을 가지고 있다면, 교사는 학습에 어려움을 겪는 학습자들이 더 잘 배울 수 있도록 도와줄 수 있는 방안을 마련해야 한다.

반성적인 교사가 되기 위해서는 또한 **전문적 지식**(professional knowledge)도 필요하다. 효과적인 교사는 자신이 가르치는 교과목에 숙련되어 있으며, 수업운영기능을 숙지하고, 인간발달에 관한 지식을 가지고 있다. 전문지식에 대해 숙고해 보고 부족함을 느끼는 교사는 관련 주제에 대해 대학에서 수업을 듣거나 연수과정에 참여하여 부족한 점을 보충할 수 있다.

반성적인 교사는 다른 전문가들과 마찬가지로 자신이 가르치는 분야의 발달동향에 대해 파악하고 있어야 한다. 이를 위해 교사는 전문협회에 가입하여 학회발표를 듣고, 학술지나 정기간행물을 구독하며, 동료들과 문제점에 대해 논의해야 한다.

셋째로, 반성적 수업은 **계획과 사정**(planning and assessing)을 의미한다. 반성적인 교사는 모든 학습자가 도달할 수 있는 목표를 가지고 계획을 세운다. 교수계획과 관련하여 좋은 의견을 구하기 위해 동료와 논의하거나 학술지를 참고해야 할 것이다. 학습자가 특정 방식으로 가르친 내용을 쉽게 이해하지 못할 때, 반성적인 교사는 학습자가 이해할 수 있는 다른 방법을 고려할 것이다.

사정은 계획과 병행된다. 반성적인 교사는 학습자의 학습결과를 어떻게 사정할지를 물을 것이다. 반성적인 교사는 사정방법에 대해 더 자세히 알기 위해 수업을 듣거나 연수과정에 참가할 수도 있다. 최근 유행하고 있는 실제적인 방법(authentic methods)은 학습결과를 사정하는 데 있어 많은 가능성을 제시하고 있지만, 교사는 실제적인 사정의 사용에 관해서 전문가와 상의하고 사용법에 관해 연수를 받아야 한다.

교수적 적용

교육학 문헌에는 구성주의원리를 반영한 수업적용 사례가 매우 풍부하다. 이 중 몇 가지를 요약하면 다음과 같다.

구성주의적 원리를 실행하려고 하는 교사가 직면하는 과제는 도전적일 수 있다. 구성주의적 열정만으로 가르치기에는 충분하지 않다(Elkind, 2004). 교사의 준비를 돕는 프로그램이 주어지지 않을 경우에는 더욱 그러하다. 또한 구성주의에 반하는 학교와 학교시스템 요인이 존재한다(Windschitl, 2002). 예를 들어, 학교행정가와 교사는 표준화된 시험에 따라 학습자의 점수를 측정해야 한다. 이러한 시험은 전형적으로 기본기능을 강조하고 보다 심도 있는 개념에 대한 이해를 경시한다. 학교문화 역시 구성주의에 반할 것이다. 특히, 교사가 여러 해 동안 표준교육과정과 수업계획을 가지고 가르쳐 왔다면 더욱 그러할 것이다. 학부모 역시 학습자가 이해한 것을 스스로 구성할 수 있도록 하고 덜 지시적인 방법을 활용하는 교사를 전적으로 지지하지는 않을 것이다.

이러한 잠재적인 문제들에도 불구하고, 교수들이 자신들의 교수(instruction)에 구성주의적 수업(teaching)을 통합할 수 있는, 그리고 특히 교수에 알맞은 주제들(예: 명확한 정답이 없는 토의쟁점들)을 위한 많은 방법들이 있다. 여기에서는 발견학습, 탐구수업, 토의와 토론의 세 가지 적용 사례를 논의하였다.

발견학습

발견과정. 발견학습(discovery learning)은 스스로 지식을 획득하는 것이다(Bruner, 1961). 발견은 교사가 제시하는 것을 듣거나 단순히 읽는 것이 아니라 가설을 구성하고 검증하는 활동을 포함한다. 발견은 학습자가 일반적인 규칙, 개념, 원리를 형성하기 위해 특수한 사례를 연구하는 **귀납적 추론(inductive reasoning)**의 한 유형이다. 발견학습은 또한 문제기반, 탐구, 실험, 구성주의적 학습으로 간주되기도 한다(Kirschner et al., 2006).

발견은 문제해결의 한 형태다(Klahr & Simon, 1999)(제7장 참조). 문제해결에서는 학습자가 원하는 것을 하도록 두지는 않는다. 비록 발견이 최소한으로 안내하는 교수접근이긴 하지만, 교수자는 학습자가 찾고, 다루고, 탐구하고, 조사할 수 있는 활동을 마련해야 한다는 지침을 포함한다. 이 장 서두의 에피소드에서는 발견학습을 제시한 것이다. 학습자는 내용영역에 대한 지식과 규칙형성, 가설검증, 정보수집과 같은 문제해결기능과 관련된 새로운 지식을 학습한다(Bruner, 1961).

어떤 발견은 운 좋게 우연히 일어나기도 하지만, 사실상 대부분은 계획되고 예측 가능한 것이다. Pasteur가 콜레라 백신을 어떻게 발견하였는지 고려해 보라(Root-Bernstein, 1988). Pasteur는 1879년 여름휴가를 떠났다. 그는 닭 콜레라에 관한 연구를 하고 있었고 세균배양을 놔두고 두 달간 떠났다.

> 돌아오자마자 그는 배양된 것이 살아있기는 하지만 무발병성이 되었다는 것을 발견하였다.
> 그것은 더 이상 닭을 병들게 할 수 없었다. 그래서 그는 질병의 자연적 발병으로부터 새로운
> 배양을 개발하였고 연구를 다시 시작하였다. 그러나 그는 약화된 세균배양에 노출되었던 닭
> 들이 계속적으로 콜레라를 만드는 데 실패한다는 것을 발견하였다. 그때 비로소 Pasteur는 자
> 신이 우연히 닭을 면역시켰다는 것을 알았다. (p.26)

발견의 과정은 과학적 탐구가 적합한 시간에 적합한 장소에서 일어나기보다 논리적
이고 이성적 검증에 의존한다는 사실과 상충한다. 사실 많은 역사적 사건의 발견은 일반
적으로 요행이기보다 발견자의 논리적 질문의 자연적 결과로 나타났다. 발견은 운이 좋
은 자가 우연히 얻게 되기보다 기대하지 않은 바를 기대함으로서 얻어진다. Pasteur는 세
균배양을 방치하였다기보다 그의 동료 Roux로 하여금 그것을 살펴보게 하였다. Pasteur
가 휴가에서 돌아왔을 때 그는 닭을 세균으로 접종하였고 닭은 더 이상 병들지 않게 되
었다.

> 그러나 나중에 같은 닭에게 좀 더 독성이 강한 것을 주입하였을 때 닭은 죽었다. 여기에는 아
> 무런 발견도 없었다… Pasteur는 초기의 성공적인 약화성(enfeeblement) 실험을 몇 달 후까
> 지는 시도조차 하지 않았다… 그와 Roux는 이 동물에서 저 동물로 세균을 옮겨 가면서 다른
> 매체를 통해 배양하면서 약화성을 시도하였고, 수많은 시도 후에야 하나의 실험이 성공하였
> 다… 한 번은 닭을 죽게 만드는 데 실패한 세균이 너무 약해서 면역시킬 수 없었다… 그러나
> 1880년 3월까지 Pasteur는 백신의 요소를 가지고 두 개의 배양을 개발하였다. 기술은 강한 것
> 이 아니라 순한 산성의 매체를 이용하여 오랫동안 세균배양을 하는 것이었다. 그리하여 그는
> 닭에게 면역체를 형성할 수 있는 능력이 있는 약화된(attenuated) 개체를 생산하였다. 이 발
> 견은 전혀 우연이 아니었다. Pasteur는 의문을 가졌다. 약한 감염으로 동물을 면역시키는 것
> 이 가능한가? 그런 후 해답을 체계적으로 찾아갔다. (Root-Bernstein, 1988, p.29)

이 일화는 발견이 우연히 일어날 수 있지만 발견자가 종종 그러한 상황을 만든다는 생
각을 뒷받침한다. 대부분의 발견은 우연이 아니다. 학습자에게 배경지식에 관한 준비(잘
준비된 정신은 선언적, 절차적, 조건적 지식을 요구)가 요구된다. 학습자가 사전지식을 토
대로 학습내용을 주의 깊게 계획하는 것이 중요한 법칙을 발견하도록 해준다.

발견을 위한 수업. 발견을 가르치기 위해서는 해결할 질문, 문제, 불확실한 상황을 제
시하고 학습자가 불확실한 상황에서 직관적 추측을 하도록 격려해야 한다. 예를 들어, 토

의학습을 이끌어 갈 때 교사는 당장 가능한 해답이 없는 질문을 하고 학습자의 응답에 대해 점수를 매기지 않는다. 발견은 학교활동에만 국한되지 않는다. 학습자는 생태학 단원을 배우는 동안 왜 한 종(species)의 동물이 특정 지역에만 서식하는지를 발견할 수 있다. 학습자는 교실의 작업공간, 학교매체센터, 운동장 또는 밖에서 해답을 찾을 수 있다. 교사는 질문을 제시하고 어떻게 해답을 찾는지를 제안함으로써 체계를 제공할 수 있다. 학습자가 발견의 과정에 익숙하지 않거나 많은 배경지식이 요구되는 과제를 부여받았을 경우 교사의 지시가 더 효과적이다. 학습자가 학습내용에 대한 사전경험이 없거나 배경정보가 없을 경우 발견은 오히려 학습을 방해할 수 있다(Tuovinen & Sweller, 1999). 발견학습이 교실에 사용된 사례가 [적용 8.8]에 소개되어 있다.

　　발견이 모든 학습유형에 적합한 것은 아니다. 학습자가 자료나 기본정보에 대한 선행경험을 가지고 있지 않은 경우에는 발견이 학습을 방해할 수 있다(Tuovinen & Sweller, 1999). 쉽게 제시될 수 있는 잘 구조화된 내용의 경우에도 발견학습을 활용한 수업은 적

적용 8.8
발견학습

학습자들이 교사의 수업을 수동적으로 듣기보다 학습환경에서 스스로 탐구할 때 보다 의미 있는 학습이 일어난다. 한 초등학교 교사는 자신의 학생들이 포유류, 조류, 파충류와 같은 동물군에 대해 학습하는 것을 돕기 위해 안내된 발견을 사용하였다. 학습자들에게 기본적인 동물군을 제시하고 각 군에 해당하는 예를 제시하였다. 그리고 교사는 학습자들에게 각 동물군의 이름이 무엇인지 질문한 후, 동물들을 유사점과 차이점에 따라 분류할 수 있도록 도왔다. 학생들에게 분류할 수 있는 카테고리 라벨을 나누어 주었다. 이는 학습자들이 적절히 분류할 수 있도록 안내한 것이지만, 학습자들은 동물들 간의 유사점과 차이점을 스스로 적극적으로 발견하게 하였다.

한 고등학교 화학교사는 "신기한" 액체를 사용하여 학습자들이 물질에 대해 발견하도록 하였다. 학습자들은 사례에 제시된 것처럼 어떤 물질인지 확인하도록 설계된 실험들을 통해 진전할 수 있었다. 학습자들은 실험과정을 사용함으로써 화학물질의 반응뿐만 아니라 물질의 내용물을 어떻게 결정할 것인지에 대해서도 학습하였다.

한 대학 교수는 자신의 수업에서 문제기반 학습활동을 활용하였다. 그는 교수자뿐만 아니라 학습자의 학습과 행동을 포함하는 교실상황을 기술한 시나리오들을 만들었다. 그는 학습자들을 소집단으로 나눈 후 각 시나리오들을 나누어 주고, 각각의 시나리오에서 학습원리를 찾아 기술하도록 하였다.

절하지 않다. 학습자는 연도별로 발생한 역사적 사건을 찾을 수 있지만, 이는 진부한 학습이다. 만약 학습자가 잘못된 답에 도달한다면, 내용을 다시 가르치는 데 시간을 소비해야 할 것이다. 발견은 학습자가 필수기능을 학습하고 획득할 수 있는 문제해결활동처럼 학습과정이 중요할 때 보다 적절하다. 그러나 식물 기르기와 같은 발견상황은 종종 시간이 소요되어 실험이 이루어지지 않는다.

최소한으로 안내된 수업처럼, 발견학습은 학습자의 문제해결과 자기조절학습을 향상시키지만(Hmelo-Silver, 2004), 비판을 받기도 한다. Mayer(2004)는 1950년대부터 1980년대까지 이루어진 순수한 발견학습과 안내된 교수를 비교한 연구결과를 검토하였다. 연구는 안내된 교수가 우수한 학습을 이끌었음을 제시하였다. 검토 결과, Alfieri, Brooks, Aldrich, Tenenbaum(2011)은 구체적인 교수는 도움 없이 이루어진 발견학습보다 학습결과를 촉진한다고 하였다.

이러한 비판은 최소한으로 안내된 수업에 대한 것임을 주목해야 한다. Alfieri와 그의 동료들(2011)은 또한 안내된 발견이 일반적으로 다른 형태의 수업보다 효과적임을 발견하였다. 안내된 발견에서는 교수자가 학습자가 지원받을 수 있는 상황을 제시하는 것이다. 안내된 발견은 구성주의의 주요 특성인 사회적 환경을 잘 활용한다. 학습을 위한 지원 또는 스캐폴딩은 학습자가 어떠한 기능을 개발하였을 때 최소화되어 학습자를 안내할 수 있다. 발견을 사용할지의 여부를 결정할 때, 교수자는 학습목표(예: 지식을 획득한다 또는 문제해결기능을 학습한다), 시간활용 계획, 학습자의 인지적 역량 등을 고려해야 한다.

탐구수업

탐구수업(inquiry teaching)은 교사의 지시가 구조화되어 있지만, 발견학습의 한 형태다. 소크라테스식 교수방법에 근거한 탐구모형(Collins, 1977; Collins & Stevens, 1983)의 목표는 학습자가 일반적인 원리를 추론하고 도출하여 이를 새로운 상황에 적용하는 것이다. 가정을 세우고 검증하기, 필요조건과 충분조건을 구분하기, 예측하기, 언제 예측이 더 많은 정보를 필요로 하는지 결정하기 등이 적합한 학습결과물이다.

그 모형을 실행할 때, 교사는 학습자에게 반복적으로 질문한다. 질문은 "알려진 사례에 대해 질문하라", "불충분한 요인에 관한 상반된 예를 선택하라", "잘못된 질문을 제시하라", "충분한 정보를 가지고 예측 질문을 하라"와 같은 법칙을 통해 처리된다(Collins, 1977). 생성된 질문은 학습자가 일반적 법칙을 형성하고 그것을 특정 문제에 적용하는 데 도움이 된다.

다음은 교사(T)와 학습자(S)가 인구밀도에 관한 주제에 대해 나눈 대화의 예다(괄호 안은 적용된 법칙이다)(Collins, 1977).

T: 북아프리카는 인구 밀도가 높을까? (법칙 9: 극단적으로 잘못된 예를 고르기)

S: 북아프리카요? 그럴 것 같아요.

T: 나일 계곡은 높지만 다른 곳은 낮단다. 왜 그런지 아니? (법칙 12: 필요조건을 찾아내기)

S: 작물을 기르는 데에 적합하지 않기 때문인가요?

T: 농업에 적합하지 않다는 말이니?

S: 네.

T: 왜 그런지 아니? (법칙 4: 이전 요인에 대해 질문하기)

S: 왜냐구요?

T: 왜 농업에 불리하다고 생각하니?

S: 왜냐면 건조하기 때문이에요.

T: 맞아. (p.353)

　　이 교수방법은 1:1 튜터링을 위해 계획되었지만, 조금 수정한다면 소집단 학습자들에게도 적합할 것이다. 중요한 것은 튜터의 역할을 하는 사람은 학습자의 사고수준에 맞는 적합한 질문을 제공하기 위한 집중적인 훈련을 받아야 한다는 것이다. 또한 영역전문지식은 문제해결기능의 선행조건이다. 기본지식에 대한 이해도가 낮은 학습자는 추리와 법칙적용을 가르치고자 하는 탐구시스템에서 잘 기능하지 못할 것이다. 다른 학습자 특성(예: 연령, 능력) 또한 이 모형의 성공여부를 결정할 것이다. 탐구교수를 통해 습득된 기능과 전략이 교수환경을 넘어 전이될 수 있는지를 조사하는 연구가 필요하다. 다른 구성주의 방법처럼, 교수자는 학습자의 결과물과 탐구과정에 성공적으로 참여할 수 있도록 하는 일을 고려해야 할 것이다.

토의와 토론

학급토의는 특정 주제에 대해 개념적으로 더 깊이 이해하거나 다양한 측면을 학습하는 데 유용하다. 토의주제는 분명한 답이 없으며 복잡한 문제를 내포하거나 논쟁의 여지가 있는 것이다. 학습자는 주제에 관해 어느 정도 지식을 가지고 토의를 시작하는데, 토의가 끝난 후에는 주제에 대해 이해하게 된다.

　　학급토의는 역사, 문학, 과학, 경제와 같은 다양한 분야에서 사용될 수 있다. 주제와 상관없이, 자유로운 토의가 가능한 환경을 조성하는 것이 중요하다. 예를 들어, 발언 중간에 끼어들지 않기, 논의 주제에 한정해서 토론하기, 인신공격 금지하기 등과 같은 토의규칙을 제시해야 한다. 교사가 토의 진행자라면 다양한 견해를 존중하고 학습자가 견해를 나누도록 격려해야 하며, 토의규칙을 어길 시 이를 상기시켜 주어야 한다. 또한 교사는 학습자에게 자신의 의견에 대해 더 설명해 보도록 요구할 수도 있다(예: "왜 그렇게 생각하는지 얘기해 보세요.").

학습자 수가 많을 경우에는 소집단 토의가 적절하다. 여러 학습자들 앞에서 말하기 어려워하는 학습자는 소집단 토의에 편안하게 임할 수도 있다. 교사는 학습자에게 소집단 토의의 진행자 역할을 하도록 가르칠 수 있다.

토의의 한 종류로, 특정 쟁점과 관련된 입장을 선별적으로 논의하는 것을 토론 또는 **논쟁**(debate)이라 한다. 논쟁을 하도록 할 경우에는 학습자들을 집단별로 준비시켜야 하는데, 만약 집단별로 자신의 입장에 대해 짧게 발표할 경우 연습이 필요하다. 교사는 학습자들에게 논쟁 규칙을 지킬 것을 요구하고, 집단의 모든 구성원이 참여하는지를 확인해야 한다. 학급토론을 통해 쟁점을 숙지하고 새로운 의견도 나눌 수 있다.

요약

구성주의란 인식론 또는 학습의 본질에 관한 철학적 해석이다. 구성주의자들은 과학적인 사실이 존재하며 발견되고 증명되기를 기다린다는 생각을 거부한다. 지식이란 외부의 사람으로부터 부여되는 것이 아니라 인간의 내면에서 형성되는 것이다. 학습자는 지식에 대한 자신의 견해를 구성하는데, 이는 자동적으로 일어나지 않는다. 완전한 자기구성을 주장하는 입장으로부터 사회적으로 중재된 구성을 주장하는 입장, 구성은 현실을 그대로 반영한다고 주장하는 입장까지 구성주의에는 다양한 이론이 존재한다. 구성주의는 학습자가 새로운 지식을 구성할 수 있도록 학습자의 사고를 자극하기 위해 교수와 학습경험을 조직해야 한다는 데 우리의 관심을 불러일으켰다. 구성주의의 주요 전제는 인지과정이 물리적, 사회적 상황 속에서 일어난다는 것이다. 상황인지라는 개념은 인간과 상황 간의 이러한 관계들을 강조하고 있다.

Piaget이론은 구성주의적이고 아동이 감각운동기, 전조작기, 구체적 조작기, 형식적 조작기의 단계를 거친다고 가정한다. 주요 발달기제는 인지적 갈등을 해결하도록 돕는 평형화다. 평형화는 외부의 실제를 기존의 인지구조에 맞게 변형(동화)하거나 외부 실제와의 일관성을 위해 내부구조를 바꿈으로써(조절) 인지적 갈등상태의 해결을 돕는 것이다.

Bruner의 인지성장이론은 학습자가 지식을 행동적, 영상적, 상징적 방식으로 표상하는 방법에 대해 논의한다. 그는 어떠한 내용이라도 각 연령의 학습자에게 의미 있는 방식을 사용하면 모든 연령을 대상으로 가르칠 수 있다는 나선형 교육과정을 주장하였다.

Vygotsky의 사회·문화적 이론은 발달과 학습의 촉진제로 사회환경을 강조한다. 사회환경은 문화적인 사물, 언어, 상징, 사회적 관습 및 제도와 같은 도구를 통해 인지에 영향을 미친다. 인지의 변화는 이러한 문화적인 도구를 사회적 상호작용에 이용하며, 이러한 상호작용을 내면화하고 변형한 결과로 생겨난다. 중요한 개념 중 하나가 근접발달영역 (ZPD)이며, 이는 적절한 교수여건이 제공되었을 때 학습자가 학습할 수 있는 양을 나타낸다. 학습분야에 있어서 Vygotsky이론의 기여도를 평가하기는 쉽지 않다. 최근 들어서 그의 이론에 대한 가설이 검증되기 시작하였으며, 그의 이론에 부합하는 듯한 많은 교수적 적용 사례가 실제로는 Vygotsky이론에 해당되지 않는다. Vygotsky이론이 적용된 예로는 교수적 스캐폴딩, 상호교수법, 또래협동 및 도제 등을 들 수 있다.

개인적 화술이란 자기조절기능은 있으나 사회적으로는 소통되지 않는 말을 일컫는다. Vygotsky는 개인적 화술이 행동을 조직함으로써 사고를 발달시킨다고 보았다. 아동은 상황을 이해하고 어려움을 극복하기 위해 개인적 화술을 사용한다. 개인적 화술은 아동이 발달해 가면서 내면화되는데, 외현적 말하기는 어느 나이에서나 일어날 수 있다. 말로 표현하기는 학습과제와 관련이 있고 수행에 방해가 되지 않을 때, 학습자의 성취향상에 도움이 된다. 자기교수훈련은 학습자 개개인이 자신의 수행을 말로 자기조절하도록 돕는 데 유용하다.

Vygotsky는 학습이 사회적으로 중재된 과정이라고 주장한다. 아동은 타인과 사회적으로 상호작용하면서 많은 개념을 배운다. 이러한 상호작용을 장려하기 위해 학습환경을 구축하는 것은 학습을 촉진한다.

구성주의 학습환경의 목적은 풍부한 경험을 제공하여 학생이 학습하도록 장려하는 것이다. 구성주의 수업에서는 다양한 학습자 활동, 사회적 상호작용, 실제적인 사정을 사용하여 큰 개념을 가르친다. 전통적인 수업과 비교하였을 때, 구성주의적 수업에서는 학습자의 생각과 의견에 열심히 귀 기울이며, 피상적인 학습보다 심층적인 이해에 더 초점을 맞춘다. 다양한 요인(인지적, 메타인지적, 동기적, 정서적, 발달적, 사회적, 개인차)에 중점을 둔 APA의 학습자중심원리는 학습에 대한 구성주의적 접근을 반영하고 있다. 구성주의에 잘 부합하며 널리 사용되고 있는 교수법으로는 학급토론, 또래튜터링, 협동학습이 있다. 반성적 수업은 학습자, 맥락, 심리적 과정, 학습, 동기, 자신에 관한 지식(self-knowledge)과 같은 요인을 참작하는 사려 깊은 의사결정을 말한다. 반성적인 교사가 되기 위해서는 개인적, 전문적 지식 및 계획전략, 사정기능을 개발해야 한다.

구성주의와 잘 맞는 교수방법으로는 발견학습, 탐구수업, 토의와 토론이 있다. 발견학습은 학습자가 스스로 문제해결을 통해 지식을 획득할 수 있도록 한다. 발견은 교사에게 학습자가 가설을 형성하고 검증할 수 있는 활동을 준비해야 한다고 요구한다. 발견학습은 학습자가 원하는 것을 하도록 두는 것은 아니다. 탐구수업은 소크라테스식 원리에 따라 교사가 학생에게 질문을 제시하는 발견학습의 한 형태다. 토의와 토론은 교육목표가 보다 심도 있는 개념적 이해를 획득하거나 어떤 주제에 대한 다양한 관점을 얻고자 할 때 유용하다. 구성주의와 관련된 학습쟁점을 정리하면 〈표 8.9〉와 같다.

표 8.9
학습쟁점 요약

학습은 어떻게 일어나는가?

구성주의는 학습자가 지식과 기능에 대한 자신의 이해를 형성하거나 구성한다고 주장한다. 그러나 학습자의 구성에 환경적 요인과 사회적 요인이 어떻게 영향을 미치는지에 대해서는 다양한 관점을 가지고 있다. Piaget 이론은 평형화, 또는 내적 인지구조와 일정한 외적 실제를 만드는 과정을 강조한다. Vygotsky이론은 학습에 있어서 사회적 요인의 역할이 매우 중요함을 강조한다.

기억은 어떻게 기능하는가?

구성주의는 기억에 대해 구체적으로 다루지 않는다. 구성주의의 기본원리는 학습자가 정보를 의미 있게 구성한다면 이를 보다 쉽게 기억한다고 제시한다.

동기는 어떠한 역할을 하는가?

몇몇 교육자들이 동기에 대한 글을 작성하였지만, 구성주의의 관심은 동기보다 학습에 대한 것이다. 구성주의자들은 학습자가 학습에 대해 신념을 구축할 때 동기적 신념도 구성된다고 생각한다. 또한 학습자는 자신의 학습능력과 학습에 영향을 주는 다른 요인에 대한 믿음도 구성한다.

전이는 어떻게 일어나는가?

기억에 대한 것과 마찬가지로, 전이는 구성주의 연구의 핵심주제는 아니다. 그러나 학습자의 구성 정도에 따라 동일한 아이디어가 다른 아이디어에 연결될 수 있다.

자기조절학습은 어떻게 작동하는가?

자기조절학습은 기억, 계획, 종합, 평가 등과 같은 정신적 기능의 조정을 포함한다. 학습자는 의미를 구성하기 위해 언어, 상징과 같은 문화적 도구를 사용한다. 이 때 중요한 것은 자기조절과정이 내재화되는 것이다. 학습자의 자기조절활동은 처음에는 다른 사람의 활동을 따라가지만, 이후에는 자신만의 독특한 활동을 구성한다.

교수에 주는 시사점은 무엇인가?

교사의 중심과제는 학습자가 이해를 구성하고 있는 학습환경을 구축하는 것이다. 이를 위해, 교수자는 학습자가 근접발달영역 내에서 학습을 최대화할 수 있도록 돕는 교수지원(스캐폴딩)을 제공할 필요가 있다. 교수자의 역할은 지원적 환경을 제공하고 학습을 돕는 것이다.

추가 읽을거리

Brainerd, C. J. (2003). Jean Piaget, learning research, and American education. In B. J. Zimmerman & D. H. Schunk (Eds.), *Educational psychology: A century of contributions* (pp. 251-287). Mahwah, NJ: Erlbaum.

Brooks, J. G., & Brooks, M. G. (1999). *In search of understanding: The case for constructivist classrooms.* Alexandria, VA: Association for Supervision and Curriculum Development.

Gredler, M. E. (2012). Understanding Vygotsky for the classroom: Is it too late? *Educational Psychology Review, 24,* 113-131.

Karpov, Y. V., & Haywood, H. C. (1998). Two ways to elaborate Vygotsky's concept of mediation: Implications for instruction. *American Psychologist, 53,* 27-36.

Lutkehaus, N. C., & Greenfield, P. (2003). From The process of education to The culture of education: An intellectual biography of Jerome Bruner's contributions to education. In B. J.

Zimmerman & D. H. Schunk (Eds.), *Educational psychology: A century of contributions* (pp. 409-429). Mahwah, NJ: Erlbaum.

Tudge, J. R. H., & Scrimsher, S. (2003). Lev S. Vygotsky on education: A cultural-historical, interpersonal, and individual approach to development. In B. J. Zimmerman & D. H. Schunk (Eds.), *Educational psychology: A century of contributions* (pp. 207-228). Mahwah, NJ: Erlbaum.

Vygotsky, L. (1978). *Mind in society: The development of higher psychological processes*. Cambridge, MA: Harvard University Press.

Chapter 9

동기

초등학교 교사인 Kerri Townsend는 학생들에게 받아내림이 있는 뺄셈을 가르치고 있다. 그녀는 개념을 가르치면서 학생들의 흥미를 유발시키기 위해 실생활에서의 예제, 그림, 학습도구를 사용하였다. 학생들은 지금 책상에 앉아서 문제를 풀고 있으며, Kerri 선생님은 문제풀이를 확인하며 학생 한 명씩과 이야기하며 교실을 돌아다니고 있다.

가장 먼저 이야기해 본 학생은 Margaret인데, 이 아이는 자신이 수학을 잘 하지 못한다고 생각한다. Kerri 선생님은 Margaret에게 이렇게 말하였다. "Margaret, 정답을 다 맞추었네. 점점 더 잘하고 있구나. 기분이 좋겠네. 올해에도 수학 열심히 하렴."

다음 학생은 Derrick인데, 이 아이는 집중하기 힘들어서 문제를 많이 풀지는 못하였다. Kerri 선생님이 Derrick에게 말하였다. "Derrick, 너는 더 잘 할 수 있어. Jason이 얼마나 잘 하는지 봐. (Jason과 Derrick은 친구다.) 너도 이 문제들을 잘 풀 수 있다고 생각해. 해 보렴."

Jared는 경쟁심이 강하다. Kerri 선생님이 가까이 갔을 때, Jared는 그녀에게 "Townsend 선생님, 다른 친구들보다 내가 얼마나 잘 하는지 보세요."라고 말하였다. Kerri 선생님은 "그래, 아주 잘 하였구나. 그러나 다른 아이들이 하는 것보다 너 자신이 하는 것에 관심을 가지렴. 봐, 몇 주 전에는 이 문제들을 못 풀었지만, 지금은 풀 수 있잖니. 너는 그동안 많이 배운 거란다."라고 말해 주었다.

Kerri 선생님은 Amy에게 가까이 가다가, Amy가 시계를 보고 있음을 발견하였다. "Amy, 왜 열심히 문제를 풀지 않니?" Amy가 대답하였다. "저는 이 문제들이 맘에 들지 않아요. 컴퓨터로 풀고 싶어요." "나중에 그럴 기회가 있을 거야. 너는 더 잘 할 수 있을 거라는 걸 알아. 그러니 시간 전에 다 마치도록 해 보자. 네가 문제를 잘 풀 수 있다는 걸 알게 되면 뺄셈을 더욱 좋아하게 될 거야."라고 Kerri 선생님이 대답하였다.

Matt은 배우는 것을 좋아하는 성실한 학생이다. Kerri 선생님이 Matt의 책상에 다가갔을 때, Matt은 열심히 문제를 풀고 있었다. 불행히도 Matt은 몇 가지 실수를 하였다. Kerri 선생님은 어떤 게 맞고 어떤 게 고칠 것인지 조언을 해 주었다. 그리고 나서 "Matt, 너는 성실해. 계속 열심히 하다 보면, 잘 할 수 있게 될 거야. 네가 곧 쉽게 문제를 풀어버릴 수 있을 거라고 확신해."라고 말하였다.

Kerri 선생님은 Rosetta가 정확히 문제를 풀 수 있도록 목표를 세워 주었다. Rosetta의 목표는 80%의 정답이다. 학기 초반에 Rosetta의 정답률은 30%에 불과하였다. Kerri 선생님은 Rosetta의 답을 확인한 후 말하였다. "Rosetta, 네가 정말 자랑스러워. 10문제를 풀었는데 8개가 정답이야. 그러니 목표를 달성했단다. 예전과 비교해서 얼마나 잘 하게 되었는지 알겠니? 너의 수학 실력이 훨씬 나아지고 있어!"

이 장에서는 교과영역이나 반응내용과는 상관없이, 수많은 인간의 학습능력이 공통적인 요소를 가지고 있음을 살펴본다. 그 중의 하나는 특정 지식과 기능, 즉 학습자가 학습을 통해 정교해지고 확장되는 상황으로부터 시작된다는 것이다. 또 한 가지는 학습능력으로서, 인지구조의 사용과 더불어 주의, 지각, 시연, 조직화, 정교화, 저장, 인출 등의 과정을 포함한다.

이 장에서는 학습과 관련된 친숙한 주제인 동기에 대해 논의한다. 동기(motivation)는 목적 지향적인 행동을 유발시키고 유지시키는 과정이다(Schunk, Meece, & Pintrich, 2014). 이것은 인지적인 정의라고 할 수 있는데, 왜냐하면 학습자는 목적을 세우고, 자신의 목적에 도달하기 위한 인지적인 과정(예: 계획하기, 점검하기)과 행동(예: 지속성, 노력)을 사용한다고 가정하기 때문이다. 동기의 행동적인 관점이 다시 설명되긴 하겠지만, 이 장에서는 주로 인지적인 관점을 집중적으로 다룬다.

학습과 마찬가지로, 동기는 직접적으로 관찰할 수는 없지만, 언어화, 과제선택, 목적 지향적인 행동과 같은 행동적인 지표를 통해 추론될 수 있다. 동기는 인간이 어떠한 이유로 그러한 행동을 하는지를 이해할 수 있게 해주는 설명적인 개념이다(Graham & Weiner 2012).

몇몇 단순한 종류의 학습은 동기 없이도 일어날 수 있지만, 동기는 학습에서 중요한 역할을 한다. 동기화된 학습자는 정보를 회상하거나, 이전에 습득한 정보와 연관을 짓거나 질문을 하는 것과 같은 행동을 하면서 학습이 일어난다(Schunk & Zimmerman, 2008). 동기화된 학습자는 어려운 과제에 봉착하면 포기하려 하지 않고, 더 많은 노력을 쏟는다. 그는 어떤 일을 하도록 요구받지 않았을 때에도 여가시간에 흥미 있는 주제를 다룬 책을 읽거나 문제를 해결하거나 퍼즐을 맞추거나 컴퓨터에 관한 과제 등을 한다. 즉, 동기는 학습자가 학습을 촉진시키는 활동을 하도록 이끈다. 이 장 서두의 에피소드에서 볼 수 있듯이, 교사는 학습동기의 중요성을 이해하고 학생의 동기를 높이기 위해 많은 일을 한다.

이 장에서 우선, 동기의 몇 가지 역사적인 관점을 다루고, 나머지 부분에서는 인지적인 관점을 다룬다. 동기과정의 핵심은 학습과 관련되며 학습으로 설명된다. 이 장에서 다루어질 주제는 성취동기이론, 귀인이론, 사회인지이론, 목표이론, 통제의 지각, 자아개념, 내재적 동기이론이다. 마지막 부분에서는 몇 가지 교수적 적용을 제시하며 마무리된다.

이 장을 학습한 후에, 여러분은 다음과 같은 것을 할 수 있어야 한다.

■ 동기, 충동, 조건형성, 인지조화, 인간주의와 같은 역사적인 주요 동기이론에 대해 설명할

수 있다.

- 동기화된 학습모형과 주요요소를 묘사할 수 있다.
- 성취동기모형의 최근 동향에 대한 핵심적인 특징을 설명할 수 있다.
- Weiner의 귀인이론의 원인적인 차원과 성취 상황에서 얻게 되는 효과에 대해 설명할 수 있다.
- 목적, 기대, 사회비교, 자아개념이 동기에 어떠한 영향을 미치는지 설명할 수 있다.
- 학습(과정)과 수행(성과)목표를 구분하고, 이 것들이 동기와 학습에 어떻게 영향을 미치는지 설명할 수 있다.

- 내재적 동기를 정의하고, 그것에 영향을 미치는 요인과 그것이 학습에 어떤 영향을 미치는지를 설명하고, 어떠한 보상이 주어진 환경에서 내재적 동기를 증가 또는 감소시키는지 설명할 수 있다.
- 개인적 또는 상황적 관심을 구분하고 그것이 동기와 학습에 어떻게 관련되는지 설명할 수 있다.
- 동기와 학습에 있어 감정의 역할에 관한 주요 연구결과를 설명할 수 있다.
- 동기달성, 속성, 목표설정에 관련한 교수적 적용을 설명할 수 있다.

배경과 가정

역사적 관점

역사적 이론의 어떤 요인은 현재의 이론과 관련이 없을 수도 있겠지만, 역사적 관점은 현재의 인지이론의 장을 마련하는 데 도움이 된다. 더불어 다수의 역사적 관점이 현대에도 관련성을 가진다.

많은 초기의 연구들은 동기란 주로 **본능**(instincts)으로부터 비롯된다는 생각을 검토해 왔다. 예를 들어, Darwin의 이론에 기초한 동물행동학은 본능이 유기체를 위한 생존적 가치를 지니고 있다고 가정한다. 에너지는 유기체의 안에서 생겨나며, 종의 생존을 돕기 위해 고안된 행동으로 방출된다. 다른 연구자들은 생리적인 상태의 최적수준인 **항상성**(homeostasis)에 대한 개인의 욕구를 강조한다. 또 다른 관점들은 여전히 인간은 쾌락을 추구하고 고통을 피한다는 개념인 **쾌락주의**(hedonism)를 포함한다. 이러한 관점들은 인간의 동기에 대한 약간의 예를 제공할지는 몰라도 동기화된 행동(motivated behaviors), 특히 학습 중에 일어나는 동기화된 행동의 넓은 영역을 설명하기에는 역부족이다. 이러한 관점에 관심 있는 독자는 다른 자료를 참고하라(Schunk et al., 2014; Weiner 1992).

학습과 관련된 동기에 대한 세 가지 역사적인 관점에는 충동이론, 조건형성이론, 인지조화이론이 있다.

충동이론. **충동이론**(drive theory)은 생리학적 이론으로 시작되었으나, 점차 심리학적 욕구를 포함하는 것으로 확장되었다. Woodworth(1918)는 **충동**(drive)을 신체균형의 항상성을 유지하고자 하는 내부의 힘이라고 정의하였다. 인간 또는 동물은 필수적인 요소(예: 음식, 공기, 물)를 박탈당할 때, 반응의 원인이 되는 충동을 활성화시킨다. 충동은 필수적인 요소가 충족되면 가라앉는다.

충동이론의 예측을 실험하였던 많은 연구들은 동물실험으로 실시되었다(Richter, 1927; Woodworth & Schlosberg, 1954). 이러한 실험에서 동물은 종종 잠시 동안 음식이나 물을 박탈당하였고, 음식이나 물을 얻기 위한 그들의 행동이 평가되었다. 예를 들어, 쥐는 다양한 시간 동안 음식을 박탈당하고 미로에 놓여졌다. 그리고 쥐가 음식물을 얻기 위해 미로의 끝까지 달리는 시간이 측정되었다. 당연히, 반응 강도(달리는 속도)는 이전의 강화 횟수와 동물이 점차 약해졌기 때문에 실험이 중단된 2일에서 3일간의 더 길어진 박탈기간에 따라 직접적으로 달라졌다.

Hull(1943)은 생리적 결핍은 욕구를 감소시키기 위한 충동을 유발시키는 기본적인 욕구라고 정의함으로써 충동의 개념을 확장시켰다. 충동(D)은 유기체가 행동하도록 자극하는 동기의 힘이며, 에너지화된 동기의 힘이다. 욕구를 만족시킬 때 요구되는 강화를 획득한 행동은 **충동감소**를 초래한다. 이러한 과정은 다음과 같다.

$$욕구 \rightarrow 충동 \rightarrow 행동$$

Hull(1943)은 **동기**(motivation)는 "학습의 개시 또는 운동이나 행동의 습관, 패턴"이라고 정의하였다. Hull은 선천적인 행동은 일반적으로 기본적인 욕구를 만족시키며, 학습은 선천적인 행동이 비효율적일 때만 일어난다고 보았다. 즉, **학습**(learning)은 생존하기 위해 유기체가 환경에 적응하는 것을 말한다.

Hull은 또한 많은 행동은 기본적인 욕구를 충족시키는 방향으로 지향하지 않기 때문에 **2차 강화물**(secondary reinforcers)의 존재를 가정하였다. 자극상황(예: 돈을 벌기 위한 일)은 일차적인 강화(예: 돈으로 음식을 사는 것)와 짝을 맺음으로써 이차적인 강화의 능력을 얻는다.

Hull의 저서 이후 충동이론에 대한 많은 연구들이 진행되었다(Weiner, 1992). 동기화된 행동에 대한 설명으로서, 충동이론은 즉각적인 생리적 욕구에 가장 잘 적용되는 것 같다. 예를 들어, 누군가가 사막에서 길을 잃었다면, 음식이나 물, 쉴 곳을 찾는 것이 일차적인 관심사일 것이다. 충동이론은 많은 인간의 동기에 대한 이상적인 설명은 아니다. 욕구가 항상 욕구감소를 지향하는 충동들을 유발시키지는 않는다. 예를 들어, 기한이 지난 학기말 보고서를 허둥지둥 끝내려고 하는 학습자는 강렬한 배고픔의 증상을 경험할지도 모르지만, 중요한 과제를 끝내기 위한 열망이 심리적인 욕구를 능가하기 때문에 음식을 먹기 위해 과제를 그만두지는 않을 것이다. 반대로, 충동은 생리적인 욕구 없이도 존재할 수 있다. 성 충동은 생존을 위해서 즉각적으로 필요하지 않음에도 불구하고 문란한 성 행동을 이끌어 낼 수도 있다.

비록 충동이론이 당면한 목적을 향한 어떤 직접적인 행동들을 설명할 수 있지만, 많은 인간의 행동은 장기적인 목적, 즉 직업을 구하고, 학위를 획득하며, 세계를 여행하는 것과 같은 목적을 반영한다. 사람은 이러한 목적을 추구하는 동안 지속적으로 높은 충동상태에 있지는 않다. 그는 일반적으로 높은, 평균의, 낮은 동기의 시기를 경험한다. 높은 충동은 장기에 걸친 수행, 특히 복잡한 과제를 수행하는 데 도움이 되지 않는다(Broadhurst, 1957; Yerkes & Dodson, 1908). 간단히 말해, 충동이론은 학문적 동기에 대해 적절하게 설명해 주지 못한다.

조건형성이론. 조건형성이론(conditioning theory)(제3장 참조)은 동기를 자극에 의해서 유도된 반응(고전적 조건형성)이나 자극이 존재할 때 발생되는 반응(조작적 조건형성)이라고 설명한다. **고전적 조건형성**(classical conditioning) 모형에서, 무조건 자극(UCS)의 동기적 특성은 반복된 짝짓기를 통해 조건 자극(CS)으로 바뀐다. 조건형성은 CS가 UCS의 결핍상황에서 조건 반응(CR)을 유도할 때 일어난다. 이는 조건형성, 즉 CS가 존재할 때 CR이 일어난다고 가정하기 때문에 동기화에 대한 수동적인 관점이다. 제2장에서 설명한 바와 같이, 조건형성은 자동적인 과정이 아니다. 왜냐하면 CS가 있을 때 UCS가 일어날 가능성에 대한 개별적인 조사에 관한 정보에 의존하기 때문이다.

조작적 조건형성(operant conditioning)에서, 동기화된 행동은 반응의 증가된 비율 또는 자극이 존재할 때 반응이 일어날 가능성이 더 크다. Skinner(1953)는 반응을 수반하는 내부과정은 행동을 설명하는 데 필수적이지 않다고 주장하였다. 개인의 당면한 환경과 그의 과거는 행동의 원인을 찾기 위해 검토되어야 한다. 어떤 학습자가 "동기화되었다"라는 말은 그 학습자가 왜 생산적으로 일하는지에 대한 이유를 설명해 주지는 못한다. 학습자는 단지 생산적인 일에 대한 이전의 강화와 효과적인 강화를 제공하는 현재의 환경 때문에 생산적이다.

많은 증거가 강화물이 인간이 무엇을 하는지에 영향을 미친다는 것을 보여준다. 그러나 행동에 영향을 미치는 것은 강화물이기보다 강화에 대한 신념이다. 인간은 자신이 강화될 수 있고 그 강화가 가치 있다고 믿기 때문에 활동에 참여한다(Bandura, 1986). 그동안 경험하였던 강화가 현재의 신념과 갈등을 일으킬 때, 인간은 자신의 신념에 기초해서 활동한다(Brewer, 1974). 조건형성이론은 인지적 요소를 생략하였기 때문에 인간의 동기를 완전하게 설명하지 못한다.

인지조화이론. 인지조화이론(cognitive consistency theory)은 동기는 인지와 행동의 상호작용으로부터 기인한다고 가정한다. 이러한 관점을 취하는 것이 **항상성**(homeostatic)

이다. 즉, 긴장이 요소들 사이에 일어났을 때, 그 문제는 인지와 행동을 서로 일관성 있게 만들어 냄으로써 해결될 필요가 있다. 두 가지 주목을 끄는 관점들이 균형이론과 부조화 이론이다.

Heider(1946)의 **균형이론(balance theory)**은 사람, 상황, 사건의 관계들 간에 인지적으로 균형을 이루고자 하는 경향성이 존재한다고 가정한다. 기본적인 상황은 세 가지 요인으로 구성되며, 이들의 관계는 긍정적이거나 부정적일 수 있다.

예를 들어, 세 가지 요인이 Janice(교사), Ashley(학생), 화학(과목)이라고 가정해 보자. 균형은 모든 요소들 사이의 관계가 긍정적일 때 존재한다. 즉, Ashley는 Janice를 좋아하고, Ashley는 화학을 좋아하며, Janice가 화학을 좋아한다고 Ashley가 믿는 것이다. 균형은 또한 하나가 긍정적이고 두 가지가 부정적인 관계일 때도 존재한다. Ashley는 Janice를 좋아하지 않고, 화학을 좋아하지 않는다. 그러나 Ashley는 Janice가 화학을 좋아한다고 믿는 것이다([그림 9.1] 참조).

인지적 탈평형화는 한 개의 부정적인 관계와 두 개의 긍정적인 관계(Ashley는 Janice를 좋아하지만, 화학과목을 싫어한다. 그러나 Ashley는 Janice가 화학을 좋아한다고 믿는다) 또는 모든 관계가 부정적일 때 존재한다. 균형이론은 세 가지 요인이 균형적일 때 이미 존재하는 관계가 변할 가능성이 없다고 예측한다. 그러나 사람은 탈평형화가 존재할 때 갈등을 해결하기 위해 (인지적, 행동적으로) 노력한다. 예를 들어, 학습자가 자신이 선생님을 좋아하고 선생님은 화학과목을 좋아하기 때문에, 화학이 그렇게 나쁘지는 않을 것이라고 결정하는 것이다(예: Ashley는 화학에 대한 자신의 태도를 바꾼다).

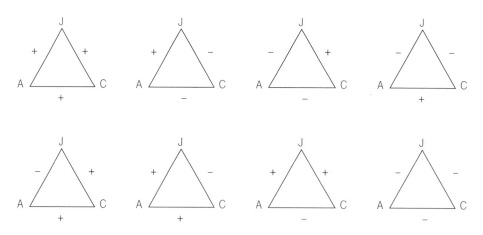

그림 9.1

균형이론의 예측

주: J = Janice(화학교사); A = Ashley(학생); C = 화학. +는 "좋아한다"를 나타내고, −는 "좋아하지 않는다"를 의미한다. 맨 왼쪽 균형은 다음과 같이 해석할 수 있다. Ashley는 Janice를 좋아한다. Ashley는 또한 화학과목을 좋아한다. 그리고 Ashley는 Janice가 화학과목을 좋아한다고 믿는다.

인지적 탈평형화를 회복하려는 인간은 직관적으로 그럴듯하게 말한다. 그렇지만 균형이론은 문제가 있다. 균형이론은 인간이 평형화의 상태로 회복하기 위한 일련의 시도를 할 것이라고 예측하지만, 그가 그것을 어떻게 할 것인지에 관해서는 예측하지 못한다. Ashley는 화학에 대한 자신의 태도를 바꿀 수도 있지만, 화학과목과 선생님을 좋아하지 않음으로써 균형을 찾을 수도 있다. 이 이론은 또한 탈평형화 관계의 중요성을 고려하는 데에는 충분하지 못하다. 인간은 자신이 가치를 두는 사람과 상황 속에 탈평형화가 존재할 때에는 아주 많은 관심을 기울이지만, 그들이 그 요소에 별 관심이 없을 때에는 균형을 회복하기 위한 노력을 하지 않을 수도 있다.

　　Festinger(1957)의 **인지부조화**(cognitive dissonance)이론은 개인이 자신의 신념, 태도, 의견, 행동 사이에 조화로운 관계를 유지하려고 노력한다고 가정한다. 관계는 조화를 이루거나, 관계없거나, 부조화적일 수 있다. 만약 한 가지가 다른 하나를 따르거나 서로 적합하다면(예: "나는 내일 아침 9시에 Los Angeles에서 연설을 해야 한다."와 "나는 오늘 그곳으로 가고 있다.") 두 가지 인지는 **조화롭다**(consonant). 많은 신념은 서로 **부적절해**(irrelvant) 보인다. 예를 들어, "나는 초콜릿을 좋아한다."와 "내 마당에는 히코리 나무(hickory tree)가 있다." **부조화된**(dissonant) 인지는 한 가지가 다른 것의 반대를 따를 때 존재한다. 다음의 인지들은 두 번째가 첫 번째와 반대되는 것을 따르기 때문에 부조화다: "나는 Deborah라는 여성을 좋아하지 않는다."와 "나는 Deborah에게 줄 선물을 샀다." 부조화는 감소를 이끄는 충동과 같은 특성을 가진 긴장이다. 부조화는 인지들 간에 불일치가 증가함에 따라 증가되어야 한다. 내가 Deborah에게 선물을 사주었다고 가정해 볼 때, "나는 Deborah를 좋아하지 않는다"라는 인지는 "Deborah와 내가 알고 있는 사이"라는 인지보다도 더 많은 부조화를 낳아야만 한다.

　　인지부조화이론은 또한 인지의 중요성을 당연한 것으로 받아들인다. 사소한 인지들 간의 커다란 격차는 심각한 부조화를 일으키지는 않는다. "노란색은 내가 좋아하는 색깔이 아니다."와 "나는 노란색 차를 운전한다."는 만약 자동차 색깔이 나에게 중요지 않다면 많은 부조화를 산출하지는 않을 것이다.

　　부조화는 다음과 같은 여러 가지 방법으로 줄일 수 있다.

- 모순된 인지 바꾸기("아마도 나는 실제로 Deborah를 좋아한다.")
- 인지에 단서를 달기("내가 Deborah를 좋아하지 않는 이유는 10년 전에 그녀가 나에게 100달러를 빌렸지만, 갚지 않았기 때문이다. 그렇지만 그녀는 그 이후로 많이 변하였고, 아마 다시는 그런 행동을 하진 않을 것이다.")
- 인지의 중요성을 격감시키기("Deborah한테 선물을 주는 것은 나에게 사소한 일일 뿐이다. 나는 많은 사람에게 다양한 이유로 선물을 주곤 하였다.")
- 행동을 바꾸기("Deborah한테 다시는 다른 선물을 주지 않겠다.")

부조화이론은 인지적 갈등을 어떻게 해결될 수 있는지에 관해 주의를 기울이게 해준다(Aronson, 1966). 부조화가 우리로 하여금 행동하도록 요구한다는 생각은 설득력이 있다. 불일치 인지를 다룰 때, 그 이론은 균형이론처럼 삼각형 관계로만 국한되지는 않는다. 그러나 부조화와 균형이론은 동일한 문제점을 많이 가지고 있다. 부조화 개념은 실험으로 증명하기가 어렵고 모호하다. 주어진 상황 속에서의 인지가 갈등을 일으킬 것인지 아닌지를 예측하기가 어렵다. 왜냐하면 그 인지는 두드러지고 중요해야 하기 때문이다. 이론은 부조화가 행동을 변화시키거나 사고를 바꿈으로써 감소될 것인지를 예측하지 못한다. 이러한 문제는 인간의 동기를 설명하는 데 부가적인 과정이 필요함을 보여준다. 부조화 연구로부터의 모순된 결과를 조화시킬 수 있고 부조화를 다른 동기변인과 더 잘 통합시켜 줄 수 있는 모형에 대해 알고 싶으면 Shultz와 Lepper(1996)의 연구를 보라.

인간주의이론

학습에 적용된 **인간주의이론**(humanistic theory)은 주로 구성주의적(제8장 참조)이며, 인지적이고 정서적인 과정을 강조한다. 인간이 선택을 하고 자신의 삶에 대해 통제하기를 원함에 따라, 인간주의이론은 인간의 역량과 잠재력을 강조한다.

인간주의이론은 어떤 가정을 한다(Pintrich & Schunk, 2002). 한 가지 가정은 인간에 대한 연구가 **전체적**(holistic)이라는 것이다. 즉, 인간을 이해하기 위해서는 인간들의 행동, 사고, 감정을 연구해야 한다는 것이다(Weiner, 1992). 인간주의자는 별개의 자극에 대한 개인의 반응을 연구하는 행동주의자의 견해에 동의하지 않으며, 개개인의 자아인식을 강조한다.

두 번째 가정은, 인간의 선택, 창조성, 자아실현은 연구해야 할 중요한 영역이라는 것이다(Weiner, 1992). 연구자는 인간을 이해하기 위해서 더 낮은 기능의 인간이나 유기체를 연구해서는 안 된다. 그는 오히려 창조적이기 위해 심리적으로 기능하고, 시도하며, 자신의 능력과 잠재력을 발휘하려고 하는 사람을 연구해야 한다. 동기는 기본적 욕구를 달성하기 위해 중요하지만, 더 나은 선택은 한 사람의 잠재력을 최대한 발휘하고자 시도를 할 때 쓸모가 있다. 널리 알려진 인간주의이론으로는 Abraham Maslow와 Carl Rogers의 이론이 있다.

욕구위계. Maslow(1986, 1970)는 인간의 행동은 목표달성을 위한 방향으로 통합된다고 보았다. 행동들은 여러 가지 기능을 동시적으로 제공할 수 있다. 예를 들어, 모임에 참석하는 행동은 자아존중감과 사회적인 상호작용에 대한 욕구를 만족시킬 수 있다. Maslow는 조건형성이론이 인간 행동의 복잡성을 설명하지 못한다고 하였다. 어떤 사람이 이미 그러한 행동을 하도록 강화되었기 때문에 모임에서 사회화되는 것이라고 말하는 것은, 사회화는 그 사람을 지원한다고 하는 현재의 역할을 당연한 것으로 받아들이지 못하게 한다.

　　인간 활동의 대부분은 욕구를 충족시키기 위한 노력이라 할 수 있다. 욕구는 **위계적** (hierarchical)이다([그림 9.2] 참조). 더 낮은 단계의 욕구는 더 높은 단계의 욕구가 행동에 영향을 주기 전에 미리 적절하게 충족되어야 한다. 위계에서 가장 낮은 단계인 **생리적 욕구**(physiological needs)는 음식, 공기, 물과 같은 필수품에 관한 것이다. 이러한 욕구는 대부분의 사람이 대부분의 시간 동안 충족하고 있지만, 그것이 충족되지 않을 때는 무엇보다도 중요시된다. 다음으로, 환경적인 안전을 포함하는 **안전욕구**(safety needs)는 응급상황에서 지배적이다. 즉, 홍수에서 피난하는 사람은 자신의 생명을 구하기 위해 값진 재산을 버릴 것이다. 안전욕구는 또한 돈을 저축하거나 직업을 구하고 보험을 드는 등의 행동으로 나타나기도 한다(Petri, 1986).

　　일단 생리적 욕구와 안전욕구가 충분히 충족되면 **소속감(애정)욕구**[belongingness (love) needs]가 중시된다. 이 욕구들은 타인과의 친밀한 관계, 집단에 속하는 것, 친구나 아는 사람과 가까워지는 것을 포함한다. 소속감은 결혼, 사적인 참여, 자발적 모임, 소모임, 교회 등을 통해 달성된다. 네 번째 단계는 **자아존중욕구**(esteem needs)이며, 이는 자

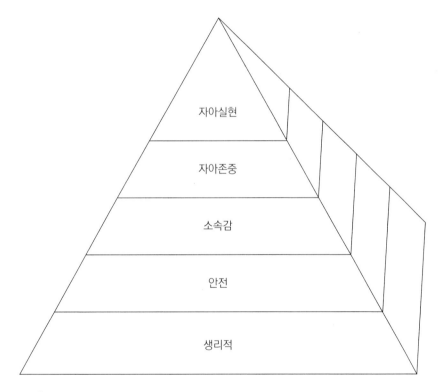

그림 9.2

Maslow의 욕구위계

출처: Maslow, Abraham H.; Frager, Robert D.; Fadiman, James, *Motivation and Personality*, 3rd Ed., © 1987. Adapted and Electronically reproduced by permission of Pearson Education, Inc., Upper Saddle River, New Jersey.

아존중과 타인으로부터의 존중을 포함한다. 이러한 욕구는 높은 성취, 독립심, 유능한 일과 타인에게 받는 인정을 통해 분명히 드러난다.

처음의 네 가지 욕구는 **결핍욕구(deprivation needs)**다. 그 욕구에 대한 만족감의 부족은 그것들을 충족시키도록 인간을 동기유발하는 불일치(discrepancy)를 낳는다. 최상위의 위계는 **자아실현욕구(needs for self-actualization)** 또는 자기충족에 대한 욕구다. 자아실현은 한 사람이 달성할 수 있는 모든 것을 이루려는 욕구 속에서 명백히 나타난다. 행동은 결핍에 의해 동기화되는 것이 아니라, 오히려 개인적 성장에 대한 욕구에 의해 동기화된다.

> 건강한 사람은 안전, 소속감, 사랑, 존경, 자아존중감에 대한 기본적인 욕구가 충분히 만족되어, 그 결과 자아실현을 위한 방향으로 주로 동기화되는 것을 말한다. [잠재력, 능력, 재능의 실현 그리고 사명(또는 소명, 운, 운명, 천직)의 충족, 개인의 타고난 본성에 대한 수용과 충분한 인식, 또한 개인 내면의 합일이나 통합, 상승작용을 향한 끊임없는 경향으로 정의된다.] (Maslow, 1968, p.25)

비록 대부분의 사람이 자아실현을 향한 노력을 하여도, 적은 수의 사람만이 이 단계에 도달하게 된다. 아마도 인구의 1%의 사람이 경험할지 모른다(Globle, 1970). 자아실현은 다양한 방법들로 나타날 수 있다.

> 이 욕구의 독특한 형태는 개인마다 매우 다양하게 나타날 것이다. 어떤 사람은 이상적인 어머니가 되고자 하는 욕구의 형태로 나타나기도 하고, 또 다른 사람은 운동으로 표현될지도 모른다. 또한 그림을 그리는 것이나 발명하는 것으로 표현될 수도 있다. 이 수준에서, 개인의 차이는 가장 크다. (Maslow, 1970, p.46)

성취하기 위한 강력한 동기는 자아실현의 또 다른 표현이다([적용 9.1] 참조).

Maslow는 개인적으로 알고 있는 사람과 역사적인 인물을 비공식적으로 연구하였다. 자아실현을 한 사람의 특징은 강화된 현실에 대한 지각, (자기, 타인, 자연에 대한) 수용, 자발성, 문제에 대한 집중, 개인적 자유에 대한 욕구와 초연함, 문화 적응에 대한 저항과 자주성, 정서적 반응의 풍부함과 감상의 신선함, 절정 경험의 빈번함(자아 지각의 상실), 인간에 대한 동일시 등이 있었다(Maslow, 1968).

자아실현을 한 사람은 중요한 문제를 해결하기 위해 노력할 때 원인을 찾기 위해 그것을 자기 자신의 외부에서 바라보았으며 문제를 해결하기 위한 노력에 전념을 기울였다. 그는 또한 자신의 목적을 달성하기 위한 수단에 가장 큰 관심을 보였다. (문제를 해결하거나, 잘못된 것을 바로잡는) 결과는 목적(실제 일이 수반하는)에 대한 수단만큼이나 중요하다.

적용 9.1

Maslow의 욕구위계

Maslow의 위계는 교사가 학습자를 이해하고 학습을 강화시키기 위한 환경을 만들도록 돕는다. 학습자가 생리적 욕구의 결핍이나 안전욕구가 결핍된 상태에 있다면, 그가 교실활동에 흥미를 보이길 기대하는 것은 비현실적이다. 아침식사를 못하고 학교에 온 아이나 점심을 먹을 돈이 없는 학생은 학교공부에 완전히 집중할 수가 없다. 교사는 어린이의 가족을 돕기 위해 또는 무료나 싼값에 식사를 제공하는 프로그램에 참여할 수 있도록 하기 위해 상담사, 교장, 사회복지사와 함께 일할 수 있다.

어떤 학습자는 (소음이나 움직임과 같은) 주위가 산만한 상황에서 과제를 잘 수행하지 못할 것이다. 교사는 가정환경이 얼마나 안 좋은지를 평가하기 위해 부모를 만날 수 있다. 가정환경이 파괴적일 때는 안전욕구, 즉 학습에 대해 좀 더 안정되게 느끼고자 하는 욕구가 충족되지 못한다. 교사는 부모가 공부하기에 좋은 가정환경을 제공할 수 있도록 격려할 수 있고, 교실

환경을 잘 집중할 수 있는 환경으로 만들 수도 있으며, 학습자에게, 예를 들어 집중력을 기르는 방법이나 학업적인 활동에 주의를 기울이는 방법 등과 같은 대처기술을 가르칠 수도 있다.

몇몇 고등학교는 폭력과 관련된 문제가 있거나 비행행동과 관련된 문제 때문에 어려움을 겪고 있다. 학습자가 자신이 신체적으로 해를 입을지도 모르거나 종종 비행집단에 가입하라는 압박에 대처해야 하는 어려움을 경험하고 있다면 학업에 집중하는 것은 불가능할 수 있다. 교사와 학교경영진은 안전에 대한 우려를 없애기 위한 효과적인 전략을 세우기 위해 학습자, 부모, 공동체기관, 법률집행관과 함께 일할 필요가 있다. 이러한 문제는 학습에 도움을 주는 분위기를 조성하기 위해 고려되어야만 한다. 일단 적절한 분위기가 조성되면, 교사는 학습자가 성공적으로 학업을 성취할 수 있는 활동을 제공해야 한다.

Maslow의 위계는 행동을 이해하는 데 유용한 일반적인 지침이다. 그것은 만약 학습자가 생리적이거나 안전에 대한 결여를 경험하고 있다면 학교에서 공부를 잘 하기를 바라는 부모와 교사가 얼마나 비현실적인지를 설명해 준다. 위계는 교사에게 학습자가 왜 그렇게 행동하는지에 관한 단서를 제공한다. 교사는 지적인 성취를 강조하지만, 많은 청소년은 소속감과 존중감에 몰두한다.

그럼에도 불구하고, 이 이론은 문제점을 갖고 있다. 먼저, 개념적 모호성이다. 즉, 결여를 구성하는 것이 무엇인지 명확하지 않다. 어떤 사람은 어떤 영역에서 결여로 생각하는

것이 다른 사람에게는 그렇지 않을 수 있다. 또 다른 문제는 저차원의 욕구가 항상 매우 우세한 것만은 아니라는 점이다. 인간은 일반적으로 위험에 처한 사람을 구하기 위해 자신의 안전을 위협하는 상황에 처하기도 한다. 세 번째로, 자아실현을 한 사람의 특징에 대한 연구는 혼합된 결과를 보여준다(Petri, 1986). 자아실현은 분명히 여러 가지 형태를 보일 수 있고, 이는 회사나 학교, 가정 등에서 드러날 수 있다. 그러한 특성이 어떻게 나타나고 어떻게 영향을 받는지가 불분명하다. 이러한 문제에도 불구하고 인간이 유능감을 느끼고자 노력하며 자기충족적인 삶을 살기 위해 노력한다는 생각은 동기에 관련된 많은 이론에서 핵심적인 개념이다(Schunk et al., 2014).

실현경향성. Carl Rogers는 **내담자중심 치료(client-centered therapy)**라는 상담기법으로 국제적으로 널리 알려진 심리치료자다. Rogers(1963)에 따르면, 삶은 개인의 성장에 대한 진행 중인 과정 또는 완성의 추구로 표현된다. 이러한 과정이 **실현경향성(actualizing tendency)**이며, 이것은 동기적 요소이고, 추측건대 선천적인 것이다(Rogers, 1963). Rogers는 이러한 동기를 다른 모든 욕구(예: 배고픔, 갈증)와는 동떨어진 유일한 토대가 되는 동기라고 생각하였다. 실현경향성은 개인의 성장, 자율성, 외부의 힘에 의한 통제로부터의 자유를 추구하는 쪽으로 향하게 된다.

> 우리는 늘 동기화되거나, 항상 '무언가를 하려고' 하거나, 항상 추구하는 유기체를 다루고 있다. 그래서 나는 단언한다… 인간 유기체 안에는 에너지의 중요한 원천이 있다는 것을. 그것은 유기체의 일부라기보다 전체 유기체의 작용이다. 그리고 그것은 아마도 실현을 향한, 유기체의 보존과 고양을 향한 경향성이라고 보는 것이 가장 적합할 것이다. (Rogers, 1963, p.6)

환경은 실현경향성에 영향을 줄 수 있다. 개인은 성장하면서 자신의 존재와 목적에 대해 더 알게 된다[**자아경험(self-experience)**]. 이러한 자각은 환경과 의미 있는 타인과의 상호작용을 통해 자아개념 속에 통합된다(Rogers, 1959). 자각의 발전은 **긍정적 존중(positive regard)**에 대한 욕구, 즉 존경, 호감, 온정, 공감, 수용과 같은 감정에 대한 욕구를 만들어 낸다. 우리가 타인에게 이러한 감정을 가지고 있을 때 우리는 타인을 위한 긍정적 존중을 경험한다. 우리는 타인도 우리를 이렇게 느낀다고 믿을 때 우리 자신이 긍정적 존중을 받고 있다고 인식하게 된다. 이러한 관계는 상호 교환적이다. 즉, 다른 사람이 자기 자신의 긍정적 존중에 대한 욕구를 만족시켜 주고 있다고 인식하게 될 때 그는 긍정적 존중에 대한 자신의 욕구가 충족됨을 경험한다.

인간은 긍정적인 자아경험으로부터 파생된 긍정적 존중, 즉 **긍정적 자아존중(positive self-regard)**에 대한 욕구를 가지고 있다(Rogers, 1959). 긍정적 자아존중은 사람이 타인으로부터 긍정적 평가를 경험하였을 때 발달되며, 자기 자신을 향한 긍정적 태도를 이끌어 낸다. 결정적인 요소는 **무조건적 긍정적 존중**(unconditional positive regard), 즉 어떠한 조건도 덧붙이지 않는 수용과 가치의 태도를 얻는 것이다. 무조건적 긍정적 존중은 대부분의 부모가 자녀에게 느끼는 것이다. 부모는 자녀들의 행동이 모두 가치 있지도 않고 수용할 수도 없음에도 불구하고, 자녀의 행동을 항상 가치 있게 여기며 수용한다("높게 평가한다."). 무조건적 긍정적 존중을 경험한 사람은 자신이 무슨 행동을 하든지에 상관없이 자신이 가치 있다고 믿는다. 실현경향성은 인간이 자신의 경험을 수용하기 때문에 생겨나며, 자기 자신에 대한 지각은 그가 받은 피드백과 일치한다.

인간이 **조건적 존중**(conditional regard) 또는 특정 행동들에 한정된 존중을 경험할 때에는 문제가 발생한다. 사람은 그가 더 많은 존중을 받을 수 있거나 존중을 덜 받을 수 있다고 믿는 경험을 추구하거나 회피할 때 이러한 가치의 조건과 일치하도록 행동한다. 조건적 평가는 긴장을 낳는데, 이는 인간이 자신에게 어울리는 행동을 할 때에만 가치 있게 여겨지고 수용될 것이라고 느끼기 때문이다.

Rogers와 교육. Rogers(1969; Rogers & Freiberg, 1994)는 『학습의 자유(Freedom to Learn)』란 저서에서 교육에 대해 이야기하였다. 경험을 통해 얻은 유의미한 학습은 모든 사람에게 적합하고, (학습자의 인지와 사고를 포함하는) 개인적 관여를 가지며, 자기창발적(self-initiated)(내면으로부터 나오는 학습하고자 하는 충동)이다. 그것은 또한 널리 영향을 미치고(학습자의 행동, 태도, 성격에 영향을 미치는), 학습자에 의해 평가된다(그것이 욕구를 만족시키거나 목표에 이르게 하는지의 여부에 따라). 유의미한 학습은, 학습자가 자신의 학습에 노력을 기울이도록 이끌지 않는, 타인에 의해 착수되고, 학습자의 다양한 특성에 영향을 미치지 않으며, 자신의 욕구를 만족시키는지의 여부를 학습자가 평가하지 않는, 무의미한 학습과 대비된다.

학습자는 유의미한 학습이 개인 자신을 개선시킬 것이라 믿는다. 학습은 학습자의 자기비평과 자기평가, 학습이 중요하다는 신념을 겸비한 적극적인 참여를 요구한다. Rogers는 타인을 가르칠 수 있는 학습은 가치가 별로 없다고 말하였다. 교사의 일차적인 임무는 학습내용을 가르치는 것이라기보다 오히려 유의미한 학습을 할 수 있도록 교실분위기를 조성하고, 학습자가 자신의 목표를 명료화하도록 돕는 **촉진자**(facilitator)로서 행동하는 것이다. 촉진자는 학습이 일어날 수 있고, 학습자와 자신의 감정과 생각을 공유할 수 있도록 하기 위해 자원을 마련한다. 이는 교사 자신이 자원이기 때문이다.

교사는 작문수업을 계획하는 데 많은 시간을 소비하기보다는 촉진자로서 학습자의 욕구를 충족시키기 위해 학습자가 사용할 수 있는 자원을 제공해야 한다. 개인과의 협약은 모든 학습자가 같은 시간에 같은 자료로 학습하는 융통성 없는 과정보다는 낫다. 협약은 학습자가 목표와 기한을 결정할 수 있는 상당한 자유(자기조절과 같은)를 허용한다. 자유는 그 자체로서는 의무가 되어서는 안 된다. 교사의 지시를 더 많이 원하는 학습자는 교사의 지시를 받아야 한다. Rogers는 자유를 제공하는 방법으로 질문, 모의실험, 프로그램화된 교육, 자기평가를 폭넓게 활용할 것을 주장한다. [적용 9.2]는 인간주의적인 원리를 적용하기 위한 제안을 제공한다.

Rogers의 이론은 폭넓은 심리치료적인 적용을 보여주고 있다. 도전을 위해 노력하고, 자신의 잠재력을 극대화시키려는 사람을 도우려는 관심은 동기와 학습에서 중요하다. 그러나 이 이론은 일반적인 용어로만 발전되었고, 여러 가지 구성개념의 의미가 명확하지 않다. 더 나아가, 자기평가를 발달시키려는 학습자를 도울 수 있는 방법이 명확하지 않다. 그럼에도 불구하고, 이 이론은 교사에게 학습자의 동기를 강화시키기 위해 사용할 수 있는 유용한 원리를 제공한다. Rogers가 제시한 많은 생각은 다른 이론에서도 볼 수 있다.

동기화된 학습모형

이번 장의 핵심 주제는 동기가 학습과 밀접히 연관되어 있다는 것이다. 동기와 학습은 서로에게 영향을 줄 수 있다. 학생의 동기는 무엇을 어떻게 배우는지에 영향을 받을 수 있다. 결국 학생이 배우고 더욱 숙련됨을 깨달음에 따라, 그는 학습을 계속하고 싶은 동기를

적용 9.2
인간주의적 교수방법

인간주의적 원리는 교실과 매우 관련이 깊다. 몇 가지 중요한 원리는 교육적인 목적과 실제를 만들 수 있다.

- 학습자에게 긍정적 존중을 보여라.
- 학습자의 행동과 학습자 자체를 분리시켜라.
- 학습자에게 선택과 기회를 제공함으로써 개인적인 성장을 촉진시켜라.
- 자원과 격려를 제공함으로써 학습을 촉진시켜라.

Alberdon 선생님은 미국사 수업에서 동네의 말썽꾸러기로 소문난 Tony에게 이 4가지 원리를 적용해 보았다. 다른 선생님들은 Alberdon 선생님에게 Tony에 대해 부정적으로 이야기하였다. 그러나 Alberdon 선생님은 Tony가 미국사에 있어 뛰어난 지식을 가지고 있는 것을 깨달았다. Tony에 관한 평판에도 굴하지 않고 Alberdon 선생님은 Tony에게 교실에서 발표를 시키고, 다양한 연구에 참여할 수 있는 기회와 자원을 제공하였으며, 역사에 대한 흥미가 더 많이 생기도록 격려하였다. 그 학기가 끝날 무렵, 그는 Tony와 주에서 열리는 역사박람회에 참여하여 2등상을 받았다.

가지게 된다.

동기와 학습 간의 밀접한 연결은 〈표 9.1〉(Schunk et al., 2014; Schunk, 1995)에서 볼 수 있다. 이 모형은 포괄적이며, 어떤 특정 이론의 관점을 반영하지는 않는다. 그것은 사고와 신념으로부터 크게 각성되는 동기에 대해 설명하는 인지적인 모형이기 때문이다. 이 모형은 과제 전, 과제 중, 과제 후의 세 가지 단계로 나누어진다. 이것은 학습하는 동안 동기의 역할변화를 생각하기에 유용한 방법이다.

표 9.1
동기화된 학습모형

과제 전	과제 중	과제 후
목적	**교육적 변인**	**귀인**
기대	교사 피드백	**목표**
자기효능감	수업내용	**기대**
성과	도구	**정서**
가치	**맥락적 변인**	**가치**
정서	동료들	**욕구**
욕구	환경	**사회적 지지**
사회적 지지	**개인적 변인**	
	지식구조	
	기능습득	
	자기조절	
	행동선택	
	노력	
	끈기	

과제 전. 여러 가지 변인이 학습자의 학습 초기 동기에 영향을 미친다. 학습자는 교수내용을 배우고, 잘 수행해 내며, 제일 먼저 끝내는 등의 다양한 목적을 가지고 과제를 시작한다. 모든 목적이 학업적인 것은 아니다. Wentzel(1992, 1996)이 보여준 바와 같이, 학습자는 자신의 학업목적과 통합할 수 있는 사회적인 목적을 갖는다. 예를 들어, 집단활동 중 Matt은 교수내용을 배우면서 동시에 Amy와 친구가 될 수 있다.

학습자는 다양한 **기대**(expectation)를 가지고 시작한다. 제4장에서 논의한 바와 같이, 기대는 학습을 위한 능력(자기효능감)과 학습성과에 대한 지각(결과기대)을 포함한다. 학습자는 예를 들어 학습이 얼마나 그에게 중요한지에 따라 학습에 관한 가치를 달리한다. 가치에는 다양한 종류가 있는데, 이는 후반부에 설명된다.

학습과 관련된 학습자의 **정서**(affect)도 다르다. 그는 흥미롭게 느끼거나 불안해할 수도 있고 아무런 정서도 느끼지 못할 수 있다. 이러한 정서는 학습자의 필요와 밀접한 관련이 있을 수 있는데, 몇몇 이론에서는 이것들을 중요하게 여긴다.

마지막으로, 우리는 학습자의 삶에서 사회적 지지가 다양할 것이라고 예상한다. **사회적 지지(social support)**는 학습자의 삶 속에서 또는 학교에서 교사와 동료에게 얻을 수 있는 도움의 종류, 부모와 의미 있는 타인에게서 얻은 격려나 도움 등을 포함한다. 학습은 종종 시간, 돈, 노력, 교통비, 여타 비용 등을 필요로 하기도 한다.

과제 중. 교수적, 맥락적(사회적/환경적), 개인적 변인은 학습과정 중에 나타난다. **교수적 변인(instructional variables)**은 교사, 피드백의 유형, 교수자료, 도구를 포함한다. 이러한 변인은 일반적으로 학습에 영향을 미치는 것처럼 보이지만, 동기에도 영향을 미친다. 예를 들어, 교사의 피드백은 학습자를 격려를 얻거나 낙심하게 할 수도 있다. 교수는 명료하게 할 수도 있고, 오히려 혼란스럽게 할 수도 있다. 교수자료는 수많은 성공을 이끌 수도 있지만, 아주 적은 수의 성공을 낳기도 한다.

맥락적 변인(contextual variables)은 사회적이고 환경적인 자원을 포함한다. 위치, 하루 중의 시간, 주의산만, 기온, 계속되는 사건 등의 요인들은 학습을 위한 동기를 강화하거나 방해할 수 있다. 많은 연구자들은 매우 경쟁적인 상황이 어떻게 동기에 영향을 주는지에 대해서 저술하였다(Ames, 1992a; Meece, 1991, 2002). 학습자의 능력에 대한 동료와의 사회적 비교는 직접적으로 동기와 관련된다.

개인적 변인(personal variables)은 지식구조와 기능습득, 자기조절변인(제10장 참조), 동기화된 지표(예: 행동의 선택, 노력, 지속성)와 같은 학습과 연관된 것을 포함한다. 학습자가 얼마나 잘 학습하고 있는지에 대한 자각과 자신의 교육적, 맥락적, 개인적 요인들이 동기와 후속학습에 영향을 미친다.

과제 후. 과제 후는 과제가 끝난 시간과 학습자가 과제 중간에 잠시 멈추어 섰을 때, 그리고 자신의 일에 대해 생각할 때의 자기성찰 시기를 말한다. 과제몰두에 앞서 중요한 동일한 변인이 **귀인(attributions)**(성과에 대한 지각된 원인)과 더불어 자기조절 동안 결정적인 역할을 한다. 이러한 모든 변인들은 순환적인 방식으로 이후의 동기와 학습에 영향을 준다. 자신의 학습목표를 향해 가고 있다고 믿으며, 성공에 대한 긍정적인 귀인을 만드는 학습자는 학습을 위한 자기효능감, 성과에 대한 기대, 지각된 가치와 긍정적인 정서의 분위기를 지속시키려는 경향이 있다. 교사의 피드백과 같은 교육적 변인과 관련된 요인은 목적을 이루는 과정 및 성과에 대한 기대와 관련된 정보를 제공한다. 따라서 자신이 잘해낼 것이라고 기대하고, 학습으로부터 긍정적인 결과를 얻고 있는 학습자는 학습을 위해 계속해서 동기를 갖는 경향이 있으며, 자신이 수행과정 중에 있고 효과적인 학습전략을 사용함으로써 그것을 계속할 수 있다고 믿는다.

성취동기

성취동기에 관한 연구는 교육과 학습에 있어 핵심적이다. **성취동기**(achievement motivation)는 활동에 노력을 기울여 유능하게 되고자 힘쓰는 것을 일컫는다(Elliot & Church, 1997). Murray(1938)는 성격발달에 기여하는 다른 생리적 · 심리적 욕구와 더불어 성취동기를 확인하였다. 행동을 위한 동기는 욕구를 충족시키고자 하는 욕구로부터 생겨난 것이다. 성취동기는 수년에 걸쳐서 심도 있게 연구되어 왔으며, 학습과 관계가 있는 결과를 보여 왔다.

Murry(1936)는 성격과정을 연구하기 위해 **주제통각검사**(Thematic Apperception Test: TAT)를 고안해 냈다. TAT는 개인에게 일련의 모호한 그림을 보여주고 각각의 이야기를 만들게 하거나 일련의 질문에 답하게 하는 투사적 검사다. McClelland와 그의 동료들은 성취동기를 평가하기 위해 TAT를 적용하였다(McClelland, Atkinson, Clark, & Lowell, 1953). 연구자들은 피험자에게 불명료한 상황에 처한 개인의 그림을 보여주고, "무슨 일이 일어났는가?", "무엇이 이런 상황을 이끌었는가?", "무엇을 원하고 있는가?", "무슨 일이 발생할 것 같은가?"와 같은 질문을 하였다. 그들은 다양한 규준에 따라서 반응을 점수화하였고 성취동기의 강도에 따라 피험자들을 범주화하였다. TAT를 사용한 많은 실험연구가 있었지만, 이러한 연구는 신뢰도가 낮았으며, 다른 성취측정도구와도 낮은 상관을 보였다. 최근 연구자들은 성취동기에 대한 다른 평가방법을 고안해 냈다(Weiner, 1992).

다음에서는 성취동기이론에 대한 역사적인 근거에 대해 다룬 후 성취동기에 관한 현대적인 관점에 대해서도 소개한다.

기대-가치이론

John W. Atkinson은 **성취동기에 관한 기대-가치이론**(expectancy-value theory of achievement motivation)을 개발하였다(Atkinson, 1957; Atkinson & Birch, 1978; Atkinson & Feather, 1966; Atkinson & Raynor, 1974, 1978). 이것과 다른 기대-가치이론의 기본개념은 행동은 얼마나 많은 개인이 특정한 성과(예: 목표, 강화물)를 가치 있게 여기는지와 주어진 행동의 수행결과로서 성과에 도달하는 것에 대한 사람의 기대에 달려 있다고 보았다. 사람은 다양한 성과에 도달할 수 있는지에 대한 가능성을 판단한다. 그는 불가능한 것을 시도하기 위해서는 동기화되지 않으므로 도달 불가능하다고 인식되는 성과에 대해서는 아예 추구하지 않는다. 성과에 가치가 없다면, 심지어 긍정적인 성과기대조차도 행동을 유발시키지 못한다. 반면, 도달 가능하다는 신념과 결합된 매혹적인 성과는 사람이 행동하도록 동기를 유발시킨다.

Atkinson은 성취행동이 접근[**성공에 대한 소망(hope for success)**]과 회피[**실패에 대한 두려움(fear of failure)**] 경향성 사이의 갈등을 나타낸다고 주장하였다. 성취행동은 성공과 실패의 가능성을 수반한다. 핵심개념은 다음과 같다. **성취와 관련된 목적(T_s)에 접근하기 위한 경향성, 실패를 회피하고자 하는 경향성(T_{af}), 결과로서의 성취동기(T_a)다.** T_s는 **성공하기 위한 동기(M_s), 성공에 대한 주관적인 가능성(P_s), 성공에 대한 보상적인 가치(I_s)의 함수다.**

$$T_s = M_s \times P_s \times I_s$$

Atkinson은 M_s[**성취동기(achievement motivation)**]는 성공을 위한 노력의 안정된 성향 또는 개인들의 성격적인 특성이라고 믿었다. P_s(목표 도달이 얼마나 가능한지에 대한 개인의 평가)는 I_s와 반비례한다. 즉, 개개인은 쉬운 과제보다 어려운 과제에서 열심히 하려는 더 큰 유인가를 가진다. 어려운 과제를 성취할 때 더 큰 자부심을 경험한다.

마찬가지로, **실패를 회피하고자 하는 경향성(tendency to avoid failure)(T_{af})은 실패를 회피하고자 하는 동기(motive to avoid failure)(M_{af}), 실패의 가능성(probability of failure)(P_f), 실패에 대한 유인가의 가치의 역(inverse of the incentive value of failure)($-I_f$)**과 함수관계가 있다.

$$T_{af} = M_{af} \times P_f \times (-I_f)$$

결과로서의 성취동기(resultant achievement motivation)(T_a)는 다음과 같이 나타낼 수 있다.

$$T_a = T_s - T_{af}$$

단순히 성공에 대해 큰 소망을 갖는 것만으로는 성취행동을 보증하지 못함을 주목할 필요가 있다. 왜냐하면 실패를 회피하고자 하는 동기의 강도가 고려되어야 하기 때문이다. 성취행동을 증가시키기 위한 가장 좋은 방법은 성공에 대한 강한 소망과 실패에 대한 낮은 두려움을 결합시키는 것이다([적용 9.3] 참조).

이 모형은 최종결과 성취동기(resultant achievement motivation)가 높은 학습자가 중간 정도 어려운 과제를 선택할 것이라고 예측한다. 즉, 그들은 그것이 도달 가능하며, 성취감을 낳을 것이라고 믿기 때문이다. 이러한 학습자는 성공적인 성취가 불가능한 어려운 과제를 피하려고 하며, 성공이 보장된다 하더라도 너무 쉬운 과제에 대해서는 별로 만족감을 느끼지 못한다. 최종결과 성취동기가 낮은 학습자는 쉬운 과제나 어려운 과제를 선택하기가 더 쉽다. 학습자는 쉬운 과제를 성취하기 위해 성공을 위해 적은 노력을 투자해야 한다. 비록 어려운 과제를 성취한다는 것이 가능해 보이지 않는다고 해도, 학습자는 실패를 위한 핑계를 갖게 된다. 즉, 그 과제는 너무 어려워서 아무도 그것을 성공할 수 없

적용 9.3

성취동기

성취동기이론은 교수법 및 학습에 시사점을 준다. 만약 학습과제가 너무 어렵다고 인식된다면, 실패에 대한 높은 두려움과 성공에 대한 낮은 소망으로 인해, 학습자는 그것을 시도하려 하지 않거나 그만두려 할 것이다. 실패에 대한 두려움을 낮추고 성공에 대한 소망을 증가시키는 것은 동기를 강화시킨다. 이는 학습자에게 학습에 대한 긍정적인 기대를 전달함으로써 또한 구조화된 과제에 의해 생겨날 수 있으며, 그러한 까닭에 학습자는 합리적인 노력을 기울여 그 과제를 성공적으로 끝낼 수 있다. 지나치게 쉬운 과제를 제시하는 것은 별로 이득이 없다. 즉, 높은 성취수준을 가진 학습자가 도전적이지 않다고 느끼는 과제는 지루해질 수 있다. 이 장 서두의 에피소드에서 Amy는 과제를 지루해하는 듯 하였다. 만약 수업이 학습자의 다양한 욕구를 충족시키기 위해 계획되지 않았다면, 바람직한 성취행동은 나타나지 않았을 것이다.

초등학교 선생님들은 많은 학생이 곱셈을 어려워하는 것을 발견하였다. 그들은 대부분의 시간 동안 이론을 학습하고, 새로운 개념의 학습(예: 나눗셈)을 강화하기 위한 솜씨를 갈고 닦으며 보낼 필요가 있었다. 위협적이지 않은 교실환경에서의 성공적인 학습은 성공에 대한 소망을 주었고 실패에 대한 두려움을 낮추었다. 곱셈이 능숙한 학생은 나눗셈 문제를 푸는 단계로 가게 되었고, 곱셈과 나눗셈의 관계를 이해하기 위해 많은 시간을 복습하며 보낼 필요가 없었다. 대신 그는 간단한 복습을 하고, 도전감을 유지하며, 적절한 성취동기를 낳게 하는 좀 더 어려운 기능으로 향상도를 진전해 갈 수 있었다.

대학교수는 긴 보고서나 연구프로젝트를 배정하기 이전에 학습자의 작문기능과 문헌지식에 대해서 잘 알고 있어야 하였다. 학습자의 배경요소(예: 다녔던 고등학교 유형, 이전 교사들의 기대와 지도)는 도전적인 과제를 완성하기 위한 학습자의 자신감에 영향을 줄 수 있다. 교수들은 교실에서 역할연구와 작문프로젝트를 강조해야 한다. 처음에는 학생이 짧은 보고서와 다양한 연구과제들을 할 수 있을 수도 있다. 교수는 그리고 나서 학생에게 작문의 효과성에 관련된 세부적인 입력과 피드백을 제공할 수 있다. 학기가 진행됨에 따라 과제는 좀 더 도전적이게 될 수 있다. 이러한 접근법은 학습자의 성취동기를 집약적으로 증가시키고 학습자가 보다 어려운 목표에 도전하게 함으로써, 성공에 대한 소망을 갖게 하며 실패에 대한 두려움을 감소시킨다.

을 것이라는 것이다. 이러한 변명은 이 학습자에게 많은 노력을 기울여도 성공으로 이끌 가능성이 적기 때문에 노력하지 않는 이유를 제공해 준다.

성취동기수준의 한 기능으로서의 과제난이도에 대한 선호도 연구는 일관성 없는 결과를 나타내었다(Cooper, 1983; Ray, 1982). Kuhl과 Blankenship(1979a, 1979b)이 연구한 과제난이도에 대한 구조화된 연구에서, 개개인은 반복적으로 과제를 선택한다. 이러한 연구는 실패에 대한 두려움이 뒤따르는 과제의 성공을 감소시키게 되고, 따라서 쉬운 과제를 선택하는 경향성은 시간이 지남에 따라 감소할 것으로 예측하였다. 그들은 이러한 변화가 $M_{af} > M_s$를 보이는 과제에서 가장 명확하게 나타날 것이라고 예상하였다. Kuhl과 Blankenship은 $M_s > M_{af}$을 보이는 사람뿐만 아니라 $M_{af} > M_s$를 보이는 피험자도 보다 어려운 과제 쪽으로 이동함을 발견하였다. 연구자들은 이러한 경향성이 $M_{af} > M_s$의 피험자에게 더 많이 나타남을 지지해 주는 어떠한 결과도 발견할 수 없었다.

이러한 결과는 다르게 해석되어야 한다. 반복된 성공은 유능감에 대한 인식(자기효능감)을 가져온다. 인간은 자신이 그것을 성취할 수 있는 능력이 있다고 느끼기 때문에 더 어려운 과제를 선택할 가능성이 있다. 즉, 인간은 여러 가지 이유로 쉽거나 어려운 과제를 선택한다. 그리고 Atkinson의 이론은 성취동기의 능력을 과대평가하였을지도 모른다.

고전적인 성취동기이론은 많은 연구를 야기시켰다(Trautwein et al., 2012). 전체적(global) 성취동기가 갖고 있는 한 가지 문제점은 그것이 다른 성취영역에서 거의 동일하게 나타나지는 않는다는 것이다. 학습자는 일반적으로 다른 영역보다 특정 반응영역을 더 잘 수행하기 위해서 더 크게 동기화된다. 성취동기는 그 영역에 따라 다양하기 때문에 일반적인 특성이 특정한 상황에서의 성취동기를 얼마나 잘 예측할 수 있는지에 대해서는 많은 의문이 있다. 어떤 이론(Elliot & Church, 1997; Elliot & Harackiewicz, 1996)은 목적이론과 고전적인 이론의 통합을 제안하였다. 목적이론은 이 장 후반부에서 다룬다.

성취동기에 대한 오늘날의 모형

성취동기에 대한 고전적 관점은 필요, 욕구, 강화물을 강조하는 이론과 첨예하게 대조를 이룬다. Atkinson과 몇몇 연구자들은 동기분야에 대한 초점을 단순한 자극-반응$(S \rightarrow R)$ 관점에서 인지모형과 보다 복잡한 모형으로 옮겼다. 초기의 성취이론은 행동에 영향을 미치는 인간의 지각과 신념을 강조하였다. 이는 동기에 대한 초점을 내면의 욕구와 환경적인 요소로부터 개인의 주관적인 세계로 이동시켰다.

이러한 초기의 성취이론은 성공에 대한 기대와 성취행동에 영향을 미치는 요소인 과제에 관여하는 것의 지각된 가치를 모두 강조하였다는 점에서 기여하는 바가 크다. 성취동기에 대한 현재의 모형은 이러한 유형의 주관적인 강조 형태로 지속되어 왔으며, 목표와 가능성에 대한 지각과 같은 모형 속에 다른 중요한 인지변인을 포함시켰다. 오늘날의 모형은 또한 인간이 자신의 현재 상황에 대한 지각에 따라 자신의 동기를 바꾸는 것을 알게 됨으로써 성취동기에서 상황적인 영향을 더 많이 강조한다.

이 절에서는 성취동기에 대한 오늘날의 이론적 관점을 살펴보고, 다음 절에서는 또 다른 성취동기의 또 다른 현대적 관점인 자아가치감이론을 소개한다. 요컨대, 이 두 가지 접근은 부가적인 요소를 통합하려는 성취동기이론을 다듬기 위한 가치 있는 시도라 할 수 있다.

[그림 9.3]은 현대적인 모형을 보여준다(Eccles, 1983, 2005; Wigfield, 1994; Wigfield, Byrnes, & Eccles, 2006; Wigfield & Cambria, 2010; Wigfield & Eccles, 1992, 2000, 2002; Wigfield, Tonks, & Eccles, 2004; Wigfield, Tonks, & Klauda, 2009). 이 모형은 복잡하다. 현재 논의에 가장 밀접한 관련이 있는 유일한 특징이 묘사되어 있다. 더 깊은 범위의 모형에 관심 있는 독자는 여기에 소개한 Eccles(2005)와 다른 참고문헌을 참고하라.

그림에서 보는 바와 같이, 성취행동은 기대와 가치성분에 의해 예측이 가능하다. **가치**(value)는 과제의 지각된 중요성이나 작업을 해야 하는 이유에 대한 신념을 의미한다. 가치는 "왜 내가 이 과제를 해야 하는가?"에 대한 대답이다(Eccles, 2005). 대답은 이익과 긍정적 감정(예: "나는 이것을 좋아해서 공부하길 원한다."), 지각된 중요성(예: "이것을 하면 미래에 도움이 될 것이다."), 인지된 비용(예: "이것을 하면 기타를 연주할 시간을 빼앗긴다.")을 포함할 수 있다. 이 장 서두의 에피소드에서 Amy는 과제에 대해 부정적 감정과 낮은 가치를 표현하였다.

어떠한 과제의 전반적 가치는 네 가지 요소에 의해 좌우된다. **성취가치**(attainment value)는 과제를 잘 하는 것에 대한 중요성이다. 예를 들어, 과제가 자신에 관한 중요한 정보나 도전을 제공하거나, 사회적 성과 또는 사회적 욕구를 충족시키는 기회를 제공하기 때문이다. **내재적 또는 흥미 가치**(intrinsic or interest value)는 과제로부터 내재된, 즉각적 즐거움을 얻는 것을 뜻한다. 이러한 생각은 이 장의 뒷부분에 다룰 **내재적 동기**(intrinsic motivation)와 대략 같은 것을 의미한다. **효용 가치**(utility value)는 미래 목표(예: 직업목표를 습득하는 데 필요하기 때문에 학위과정 수강)와 연관된 과제중요성과 관련되어 있다. 마지막으로, **비용신념**(cost belief) 요소는 과제를 함에 있어 지각된 부정적 양상이다(Wigfield & Eccles, 1992). 사람들이 한 과제를 수행하고 다른 과제들을 수행할 수 없을 때, 관련 비용들(예: 학업적, 사회적)이 있을 수 있다.

기대(expectancy) 개념은 미래의 과제 성공가능성에 대한 개인의 지각을 일컫는다. 즉, 이것은 개인 자신이 얼마나 잘 하게 될 것인가에 대한 지각이다. 기대요소는 "내가 이 과제를 할 수 있는가?"에 대한 대답이다(Eccles, 2005). 이 장 서두의 에피소드에서 Margaret은 자신이 수학을 잘 하지 못한다고 생각하였으며, 수행성공에 대해 낮은 기대감을 가지고 있었다. 이와는 반대로, Jared는 비록 다른 아이보다 잘 해야 한다는 것에 집착하고 있긴 하지만 성공에 관해 높은 기대감을 가지고 있었다.

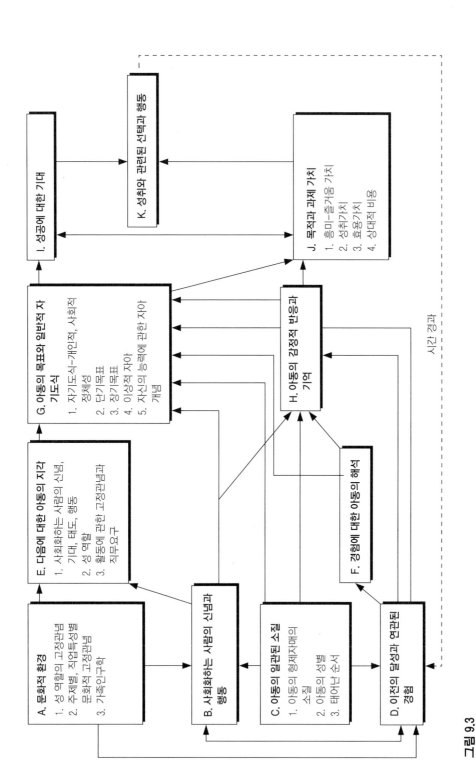

그림 9.3

성취동기에 대한 현대의 모형

출처: Subjective task value and the Eccles et al. model of achievement-related choices, by J. S. Eccles, 2005, p.1006. In A. J. Elliott & C. S. Dweck (Eds.), *Handbook of competence and motivation* (pp 105-121). Copyright © 2005 by Guilford Press. Used with permission.

기대감은 지각된 유능감과 동일한 개념은 아니다. 오히려 그것은 미래에 잘 할 것이라는 개인의 지각을 반영한다는 점에서 미래를 바라보는 것이며, Bandura(1986)의 성과기대 개념과 약간의 유사성을 가지고 있다. 그것은 또한 지각된 능력에 대한 오늘날의 신념을 포함하는 과제특수적 자아개념과는 대조적이다. 여러 연구들이 성공에 대한 더 높은 기대가 과제선택, 노력, 지속성, 실제적인 성취를 포함한 성취행동과 정적 상관이 있음을 보여 주었다(Bandura, 1986, 1997; Eccles, 1983; Eccles & Wigfield, 1985; Wigfield, 1994; Wigfield & Eccles, 2000, 2002; Wigfield et al., 2009). 요컨대, 성공에 관한 기대와 과제 가치는 성취 관련된 결과에 영향을 미칠 것으로 예상된다.

[그림 9.3]에서 볼 수 있는 다음 동기적 요인은 학생의 목표, **자기도식**(self-schemas), 감정적 반응, 기억이다. 감정적 반응과 기억은 동일하거나 비슷한 과제에서의 학습자의 감정적 경험을 의미한다. 짐작하건대, 이러한 반응은 학습자가 이전 경험을 기억해 낼 때, 과제착수에 대한 예상에 의해 활성화된다. 부정적 경험은 과제를 회피하고 낮은 지각된 가치를 이끌어 낼 수 있다.

목표와 자기도식은 학습자의 단기 및 장기목표를 포함하며, 자기도식은 또한 그의 신념과 자아개념을 반영한다. 학습자는 자신이 어떠한 사람인지와 어떤 사람이 되고 싶은지(가능하거나 이상적 자기)에 대한 신념을 가지고 있다. 후자는 육체적 매력, 운동능력, 학력, 사교능력에 대한 자아개념과 같이 성격과 정체성에 대한 신념을 포함한다(Eccles, 2005). 목표는 학습자가 얻고자 하는 바의 인지적인 묘사다. 이는 단기(예: 시험에서 A를 받자)부터 장기(예: 대학교수가 되자)까지 범위가 다양하다. 목표는 자아개념과 자기도식에 의해 형성될 수 있다. 예를 들어, 남을 위해 서비스하거나 도움을 주는 자기도식을 가지고 있는 학습자는 선생님, 의사, 사회복지사가 되는 장기목표를 가질지도 모른다.

목표와 자기도식은 학습자의 과제요구에 관한 지각이나 학습자의 과제난이도에 관한 판단 및 과제의 흥미성과 같은 다른 특징에 영향을 받는다. 과제난이도에 관한 지각은 학교교과목(예: 국어, 생물학)과 같이 비교적 과제특수적이다.

또 다른 요인은 학습자가 사회적, 문화적 환경을 지각하는 방법이다. 이는 사회화를 만드는 자들(예: 부모, 선생님, 또래)의 신념에 관한 학습자의 지각 및 그가 성 역할과 같은 사회적 역할이나 활동에 관한 고정관념을 인지하고 해석하는 방법을 포함한다. 부모나 선생님의 신념과 행동은 학습자에게 영향을 미칠 수 있지만, 이러한 양상의 사회적 환경은 학습자의 환경에 대한 지각에 의해 조정된다. 예를 들어, 소수인종 학생은 학급에서 자신에 대한 편견을 인지하지 못할 수도 있다. 편견이 존재하더라도 자신이 이것을 인지하지 못한다면, 편견은 그 학생의 동기적 신념에 영향을 미칠 수 없다.

또 다른 영향적 요인은 학습자의 특성과 경험뿐만 아니라, 일반적 문화와 사회적 환경, 성별과 문화적 고정관념, 가족 인구통계가 포함된 문화·사회적 환경을 말한다. 외부적 요인이 학습자로 하여금 다른 활동에 임하는 맥락을 설정하며 동기에 영향을 미친다.

이러한 맥락은 또한 학습자의 신념과 행동을 위한 기회와 그것들에 관한 제한점을 제공한다. 따라서 이 모형은 학습자가 사회적 인지과정을 통해 어떻게 동기적 신념을 구축하는지를 강조하고 있음에도 불구하고, 학습자의 신념은 학습자의 세계를 구성하고 있는 보다 더 큰 사회적, 문화적 맥락에 기초를 두고 있음을 가정하고 있다.

Eccles, Wigfield, 그리고 다른 연구는 모형에서 묘사한 관계의 많은 부분을 지지한다. 여러 연구들이 시간이 경과함에 따라 초등학교 고학년 학생과 중학생의 신념과 성취가 어떻게 변화하는지를 평가하기 위해 횡단과 종단설계 연구방법을 사용하였다. 여러 연구들에서 도출된 일반적인 결과는 기대와 과제특수적 자아개념이 위의 모형에서 제시된 것과 같이 맥락적 상황과 성취 간에 매개역할을 한다는 것이다. 또 다른 연구결과는 기대감이 인지적 참여와 달성에 밀접히 연결되어 있고 가치는 학생의 선택에 있어 강력한 예측변수라는 것이다(Schink et al., 2014). 이 연구들은 실제 교실에 있는 학습자를 대상으로 장기간에 걸쳐 추적연구한 것이기 때문에, 이러한 결과는 일반화할 수 있다(Eccles, 1983, 2005; Wigfield et al., 2006). 후속연구들이 해결해야 할 도전은 변인들 간의 연계를 보다 심층적으로 탐구하며, 이러한 것이 교실맥락과 학습자와 관련된 변인(예: 발달적 단계, 능력 수준, 성)에 따라 얼마나 다양한지를 결정하는 것이다.

가계의 영향

성취동기는 아동의 가정 내의 요인에 의해 크게 좌우되는 것 같다. 초기 연구는 부모와 아동 간의 상호작용에 관한 것으로(Rosen & D'Andrade, 1959), 아동에게 과제가 주어지면 부모는 어떠한 방식으로 상호작용하는지에 대한 것이었다. 높은 성취동기를 지닌 소년의 부모는 낮은 성취동기를 지닌 아동의 부모보다 더 많은 상호작용을 하였고, 상과 처벌을 더 많이 주었으며, 자녀에 대한 더 높은 기대감을 가졌다. 연구자들은 더 잘 수행하라는 부모의 압력이 아동의 독립심에 대한 부모의 욕구보다 성취동기에 더 중대한 영향을 미친다고 결론지었다.

후속연구는 상충되는 결과를 보였다. 예를 들어, Stipek와 Ryan(1997)은 사회·경제적으로 혜택을 받지 못한 미취학 아동이 혜택을 받은 아동보다 인지적인 평가에서 더 낮은 점수를 보인 데 반해, 동기에 대한 평가에서는 이 집단 간에 실제적인 차이가 없음을 발견하였다. 아동의 성취동기는 부모가 자녀의 학업에 거의 관여를 하지 않을 때 악화된다(Ratelle, Guay, Larose, & Senécal, 2004). 부모와 불안정한 애착을 가지고 있는 아동은 완벽주의자가 될 위험이 크다(Neumeister & Finch, 2006).

가계가 아동의 동기에 영향을 미칠 수 있다 하더라도, 성취적 노력을 고무시키는 부모의 행동을 알아내기 위한 시도는 복잡하다. 왜냐하면 부모는 자녀에게 많은 행동을 보이기 때문이다. 어떤 행동이 가장 큰 영향을 끼치는지를 결정하는 것은 매우 어렵다. 따라서 부모는 잘 수행하도록 자녀를 격려할 수도 있고, 높은 기대감을 보이거나, 보상과 처벌을 주거나, 긍정적인 정서(예: 온정, 허용)를 보이거나, 독립심을 고무시킬 수도 있다. 이러한 행동은 또한 아동의 생활 속에서 교사나 다른 의미 있는 타인에 의해 보일 수도 있는데, 이것은 가계의 영향의 정확한 성질을 결정하는 것을 복잡하게 만든다. 또 다른 점은 비록 부모가 아동에게 영향을 미치기는 하지만 아동도 부모에게 영향을 미친다는 것이다(Meece, 2002). 부모는 자녀의 내면에 이미 존재하고 있는 경향성을 고무시킴으로써 아동의 성취행동을 발달시킨다. 예를 들어, 아동은 친구들과 상호작용을 통해 독립성을 개발하며, 그 후 부모에게 칭찬을 듣는다.

자아가치이론

Atkinson의 이론은 성취행동이 성공에 대한 소망과 실패에 대한 두려움 사이의 정서적인 갈등의 결과라고 예측한다. 이러한 개념은 직관적으로 호소력 있는 개념이다. 새로운 일을 시작하거나 어려운 과정을 수강하는 것에 관한 사고는 실패 가능성에서 오는 불안뿐만 아니라 성공함으로써 얻을 수 있을 것으로 예상되는 만족감을 만들어 낸다.

자아가치이론(self-worth theory)은 인지적인 요인과 정서적인 측면을 결합함으로써 이 개념을 다듬었다(Covington, 1992, 1998, 2004, 2009; Covington & Beery, 1976; Covington & Dray, 2002). 이 이론은 성공은 가치 있고 실패 또는 실패할 것이라는 신념은 낮은 능력을 의미하기 때문에 피해야 하는 것이라고 가정한다. 인간은 능력이 있어 보이기를 원하지만 실패는 무가치감(unworthiness)을 느끼게 한다. 개인들은 자아가치에 관한 기본적인 감각을 유지하기 위해서 할 수 있다고 느껴야 하며 종종 타인에게 자신의 능력을 보여 주어야 한다.

실패를 피하는 한 가지 방법은 성공을 보장하는 쉬운 목적을 추구하는 것이다. 또 다른 방법은 비록 속임수가 좋지 않은 것이지만 속임수를 쓰는 것이다. Shannon은 Yvonne의 답을 베낄 수 있지만, 만약 Yvonne가 형편없는 결과를 냈다면 Shannon도 그럴 것이다. Shannon은 또한 선생님한테 베낀 사실이 들통이 날 수도 있다. 실패를 피하기 위한 또 다른 방법은 부정적인 상황을 벗어나는 것이다. 자신이 어떠한 과목에서 실패할 것이라고 믿는 학습자는 그것을 그만둘 수도 있다. 여러 과목에서 실패를 한 학습자는 학교를 그만둘지도 모른다.

흥미롭게도, 학습자는 고의적인 실패를 통해 자신의 낮은 능력에 대한 지각을 피할 수 있다. 어떤 학습자는 일부러 실패할 가능성이 큰 어려운 목표들을 추구할 수 있다(Covington, 1984). 높은 포부를 갖는 것은 우리 사회에서 가치가 있는 것이고 그것을 달성하지 못한 것이 자동적으로 낮은 능력을 암시하지는 않는다. 이와 관련된 한 가지 전략이 실패에 대한 책임의 탓을 낮은 노력에 돌리는 것이다. 즉, 만약 상황이 자신이 더 많은 노력을 기울일 수 있도록 하였더라면 그는 성공할 수 있었을 것이다. Kay는 자신이 충분히 공부를 하지 않았기 때문에, 특히 자신이 직업을 가지고 있었고 공부할 시간이 충분하지 않다면, 시험에 실패한 것을 비난받을 수 없다.

노력을 기울이는 것에는 위험이 따른다. 성공을 낳게 하는 많은 노력은 능력에 대한 지각을 유지시키지만, 실패라는 결과를 낳은 많은 노력은 낮은 능력을 의미한다. 적은 노력 또한 위험이 따르는데, 이는 교사는 일반적으로 노력을 강조하며 노력하지 않는 학습자를 비난하기 때문이다(Weiner & Kukla, 1970). 노력은 "양날의 칼(double-edged sword)"과 같다(Covington & Omelich, 1979). 변명은 학습자가 능력에 대한 지각을 유지하도록 도울 수 있다. 우리가 흔히 듣는 변명으로는 "내가 좀 더 공부하였다면 더 잘 해낼 수 있었을 텐데…", "[사실 그 학생이 열심히 하였을 때] 나는 충분히 열심히 하지 않았어." 또는 "난 운이 없었어. 난 틀린 자료를 공부하였어."와 같은 것을 들 수 있다.

자아가치이론은 능력에 대한 지각을 동기에 대한 주요한 영향력이라고 강조한다. 연구들에 따르면, 지각된 능력은 성공, 동기, 성취기대감에 대한 학습자의 기대와 강한 정적 상관이 있다(Eccles & Wigfield, 1985; Wigfield et al., 2009). 이러한 효과는 서구사회에서 가장 뚜렷하게 나타난다. 비교문화 연구결과들에 따르면, 미국 학습자들보다 중국과 일본의 학습자들이 노력을 성공을 위한 공헌자라고 더 높이 평가하였다(Schunk et al., 2014).

자아가치이론의 또 다른 문제점은 지각된 능력은 동기에 영향을 미치는 많은 것들 중 하나일 뿐이라는 점이다. 자아가치에 대한 예측은 학습자의 발달수준에 따라 상당 정도 달라질 수 있다. 즉, 나이 든 학습자는 어린 학습자보다 능력이 성취에 더 중요한 영향을 끼치는 것으로 인식하는 반면(Harari & Covington, 1981; Schunk et al., 2014), 어린 학습자는 노력과 능력에 분명한 차이점이 없다고 생각한다(Nicholls, 1978, 1979). 대략 8살 된 아동은 개념을 구별하기 시작하고 수행이 반드시 자신의 능력을 반영하는 것은 아니라고 생각한다. 학습자는 발달과정을 거치면서 노력을 다소 평가절하하는 반면, 능력은 점점 더 높게 평가한다(Harari & Covington, 1981). 이 장 서두의 에피소드에서, Matt는 성실한 학생이며, 그가 노력하는 것이 낮은 능력을 의미하지는 않는다. 만약 (열심히 일하는 것이 낮은 능력을 의미한다고 믿고 있는) 청소년이 노력을 기울이는 것을 피하고 있는 데 반해, 교사는 좀 더 열심히 하는 것을 강조한다면 교사와 청소년은 상반되는 목적을 가지고 일하게 될 것이다. 성공이란 능력, 노력 및 다른 요인들(예: 좋은 전략)의 결합으로 일어나게 된다는 성숙된 개념이 점차 생겨난다. 이러한 제한점에도 불구하고, 자아가치이론은 능력에 흔히 있는 편견과 그것의 부정적인 결과에 대해 알려준다.

과제관여와 자아관여

성취동기이론은 강조점을 일반적인 성취동기로부터 과제특수적 신념으로 옮겼다. 우리는 후반부에서 성취상황에서의 목표의 역할, 능력에 대한 개념, 성취맥락 안에서의 동기패턴을 강조하는 목표이론에 대해서 살펴본다. 이 절에서는 주로 성취동기에 관한 연구로부터 도출된 동기패턴의 유형인 과제관여와 자아관여를 설명한다(Schunk et al., 2014).

과제관여(task involvement)는 목표와 마찬가지로 학습을 강조한다. 과제관여적인 학습자는 문제해결, 방정식 풀기, 독후감 쓰기와 같은 과제의 요구에 초점을 맞춘다. 학습은 중요한 목적으로서의 가치를 지닌다. 이와는 달리, **자아관여**(ego involvement)는 자기몰두의 한 유형이다. 자아관여적인 학습자는 무능력하게 보이는 것을 피하고 싶어 한다. 학습은 그 자체로서는 가치가 없지만, 무능함을 드러내는 것을 피하기 위한 수단으로서만이 가치가 있다(Nicholls, 1983, 1984).

과제관여와 자아관여는 능력과 노력에 대한 서로 다른 신념을 반영한다(Jagacinski & Nicholls, 1984, 1987). 자아관여적인 학습자는 능력(ability)을 **유능감**(capacity)과 동의어로 지각한다. 능력은 타인과의 비교에 의해 평가되는(규준) 상대적으로 고정된 양적인 부분인 반면, 노력의 역할은 제한적이다. 즉, 노력은 오직 능력이 제한된 장 속에 있을 때에만 수행을 향상시킬 수 있다. 많은 노력으로 성취된 성공은 타인이 동일한 수행을 달성하기 위해 더 많이 노력하거나 타인이 동일한 노력으로도 잘 수행하지 못할 때에만 높은 능력을 의미한다. 과제관여적인 학습자는 더 많은 노력이 능력을 증가시킬 수 있는 것과 마찬가지로 능력을 **학습**(learning)의 의미에 가깝게 인식한다. 만약 학습자가 성공하기 위해 더 많은 노력을 기울인다면, 더 많은 유능감을 느끼게 된다. 왜냐하면 학습은 자신의 목표이고, 그것은 더 많은 능력을 의미하기 때문이다. 유능감은 학습자의 현재 수행이 이전 수행을 뛰어넘는 향상을 보일 때 생겨난다.

자아관여와 과제관여는 고정된 특성이 아니고, 환경적 특성에 영향을 받는다(Nicholls, 1979, 1983). 자아관여는 타인의 능력과 비교하여 능력에 대한 자기평가를 촉진시키는 경쟁에 의해서 생기는 데 비해, 과제관여는 개인의 학습조건하에서 촉진된다. 학습자는 만일 그가 성공하기 위해 더 많은 노력을 한다면 더욱 경쟁적이라고 생각할 것이다. 왜냐하면 학습은 그의 목표이고 더 큰 능력을 의미하기 때문이다. 학습자의 현재 수행이 이전 수행보다 향상된 것으로 보인다면 경쟁의 느낌이 발생할 것이다.

자아와 과제관여는 고정된 특징이 아니며 맥락적 특성에 의해 영향을 받을 수 있다(Nichills, 1979, 1983). 자아관여는 타인과 비교한 능력에 관한 자기평가를 조성하는 경쟁에 의해 촉진된다. 학습자는 대체적으로 교사의 관심, 특혜, 성적을 위해 경쟁한다. 초등학교와 중학교 학습자는 종종 능력차를 토대로 수학교육이나 독서교육을 위해 집단으로 나뉜다. 교사는 중등학교 학생의 향상도를 "파악해 간다(tracked)". 교사는 수업에 대해 소개할 때처럼(예: "이것은 어려운 내용이다. 너희 중에 일부는 그것을 배우는 게 어려울지도 모른다."), 교사의 피드백은 무의식적으로 자아관여를 촉진시킬지도 모른다(예: "Marcus, 너의 일을 끝마쳐라. 너를 제외한 모든 학생은 그것을 해냈어.").

　과제관여는 개인적인 학습환경에서 향상될 수 있다. 학습자는 타인보다 그가 이전에 어떻게 수행하였는지와 비교하여 자기 자신의 향상 정도를 평가한다. 과제관여는 또한 협동적인 학습(제8장 참조) 조건하에서 강화된다. 예를 들어, Ames(1984)는 학습자가 경쟁적인 맥락 안에서는 결과에 대한 결정인자로서 능력을 더 크게 강조하지만, 경쟁적이지 않은(협력적, 개인적) 상황에서는 노력을 더 강조하는 것을 발견하였다.

귀인이론

귀인(attributions)은 성과에 대해 지각된 원인이다. **귀인이론**(attribution theory)은 사람들이 자신들의 행동과 타인의 행동에 대한 원인을 어떻게 바라보는지를 설명해 준다(Weiner, 1985, 1992, 2000, 2004). 귀인이론은 동기연구에 널리 응용되고 있다(Graham & Wdiner, 2012; Graham & Williams, 2009). 이 이론은 사람이 귀인을 형성하기 위한 정보를 찾기를 원한다고 가정한다. 원인을 돌리는 과정은 규칙에 의해서 좌우된다. 그리고 많은 귀인연구들은 규칙이 어떻게 사용되는지를 설명한다. 귀인은 동기적 신념, 정서, 행동에 영향을 줄 수 있다.

　성취상황에서의 귀인을 설명하기 전에, 이와 관련된 배경내용을 설명하고자 한다. Rotter의 **통제소재**(locus of control)와 Heider의 **행동의 순진한 분석**(naive analysis of action)은 중요한 귀인개념들을 통합한다.

통제소재

대부분의 인지적 동기이론의 중요한 신조는 인간은 자신의 삶의 중요한 부분을 통제하려고 한다는 것이다(Schunk & Zimmerman, 2006). 이 신조는 반응이 결과달성에 영향을 미치는 바에 대한 통제소재 또는 일반화된 예상에 대한 생각을 반영한다(Rotter 1966). 인간은 성과란 자신이 어떻게 행동하는지와는 독립적으로 일어나거나[**외적 통제소재**(external locus of control)] 자신의 행동에 깊이 의존한다[**내적 통제소재**(internal locus of control)]고 믿는다.

　다른 연구자들은 통제소재는 상황에 따라 다양하게 변화할지도 모른다고 설명하였다(Phares, 1976). 자신은 학문적인 성공에 대해서는 적은 통제를 가지고 있지만, 교사와 동료가 협조적이고 그들이 교육적인 내용을 좋아하는 특정한 교실에서는 더 많은 통제를 발휘할 수 있을 것이라고 믿는 학습자를 찾기는 어렵지 않다.

통제소재는 기대신념이 행동에 영향을 미친다고 가정하기 때문에 성취맥락에서 중요하다. 자신의 성공과 실패를 통제한다고 믿는 학습자는 자신의 행동이 성과에 영향을 덜 미친다고 믿는 학습자보다 학문적인 과제에 더 관여하고, 더 노력을 기울이며, 더 지속하고자 노력해야 한다. 따라서 노력과 지속성은 성취를 촉진시킨다(Lefcourt, 1976; Phares, 1976).

통제소재가 일반적인 기질인지 상황적으로 특수한지에 상관없이, 그것은 **성과기대(outcome expectations)**(자신의 행동의 예상되는 성과에 대한 신념)(제4장 참조)를 반영한다. 성과기대는 성취행동에 영향을 미칠 수 있다. 학습자가 교사가 자신을 싫어하고 자신이 잘 하더라도 적절한 보상을 받지 못할 것이라고 믿는다면, 그는 호의적인 성과를 거두기 위해 유능한 수행을 기대하지 않기 때문에(부정적인 성과기대) 과제를 수행하지 않을지도 모른다. 그러나 그것이 긍정적인 성과기대가 높은 동기를 보증하지는 않는다(Bandura, 1982b, 1997). 학습자는 열심히 하는 것이 높은 점수를 받게 한다고 믿지만, 만약 그가 노력을 기울이기 위한 자신의 능력을 의심한다면(낮은 자기효능감) 열심히 수행하지 않을 것이다.

이러한 점들이 있다고 할지라도, 자기효능감과 성과기대는 일반적으로 관련성이 있다(Bandura, 1986, 1997). 잘 수행할 수 있는 능력이 있다고 믿는 학습자(높은 자기효능감)는 성공적 수행에 뒤따르는 교사의 긍정적인 반응을 기대한다(긍정적인 성과기대). 따라서 성과는 그가 성공할 수 있는 능력이 있음을 시사하기 때문에 자기효능감을 확인시켜 준다(Schunk & Pajares, 2005, 2009).

행동의 순진한 분석

귀인이론의 기원은 일반적으로 자신의 이론을 **행동의 순진한 분석(naive analysis of action)**으로 언급한 Fritz Heider(1958)에 의해서 비롯되었다. **순진한(naive)**은 보통의 개인이 행동에 대한 객관적인 결정요인을 알아채지 못함을 의미한다. Heider의 이론은 평범한 사람이 자신의 삶 속의 중요한 사건에 대한 원인이 있다고 믿는 것을 검토하였다.

Heider는 인간은 원인(causes)을 내적 또는 외적 요인에 돌린다고 가정하였다. 그는 이러한 요인을 각각 **효과적인 개인적 힘(effective personal force)**과 **효과적인 환경적 힘(effective environmental force)**이라고 말하였다. 이는 다음과 같다.

성과(물) = 개인적 힘 + 환경적 힘

내적 원인(internal causes)은 욕구, 소망, 정서, 능력, 의도, 노력과 같은 것으로, 개인

내에 존재한다. **개인적 힘**(personal force)은 **일률**(power)과 **동기**(motivation)라는 두 가지 요인으로 나뉜다. 일률은 능력에서 비롯되며, 동기는 의도와 노력에서 비롯된다.

$$성과(물) = 시도 + 일률 + 환경$$

요컨대, 일률과 환경은 **시도요인**(try factor)이 결합되어 성과를 설명하기 위해 사용되는 **능력요인**(can factor)로 구성된다. 인간의 일률(또는 능력)은 환경을 반영한다. Beth가 호수를 헤엄쳐서 건널 수 있는지는 호수의 영향(흐름, 깊이, 온도)과 Beth의 수영실력에 달려있다. 비슷하게, Jason이 시험에 성공하거나 실패하는 것은 공부에 대한 그의 노력 및 의도와 더불어 시험의 난이도와 그의 능력에 달려있다. 능력이 환경적인 영향을 이겨내기에 충분하다고 여겨진다면, 시도(노력)는 성과에 영향을 준다.

Heider는 인간이 자신의 삶에서의 의미 있는 사건을 어떻게 바라보는지에 대한 준거틀(framework)을 만들었다. 안타깝게도 이러한 분석틀은 연구자들에게 경험적으로 실험이 불가능한 가설을 제공한다. 나중에 연구자들은 그의 생각을 분류하였고 정교한 가설을 검증하는 귀인에 관한 연구를 수행하였다.

성취에 대한 귀인이론

성취상황에서, 원인에 대한 탐색은 다음의 질문을 이끌어 낸다. "왜 나는 사회시험에서 좋은(형편없는) 점수를 받았을까?", "왜 나는 생물학에서 A(D)학점을 받았을까?", Weiner와 그의 동료들의 일련의 연구는 성취에 대한 귀인이론을 발전시키기 위한 경험적인 기초를 제공하였다(Graham & Weiner, 2012; Weiner, 1979, 1985, 1992, 2000, 2004, 2005, 2010; Weiner et al., 1971; Weiner, Graham, Taylor, & Meyer, 1983; Weiner & Kukla, 1970). 이하에서 Weiner의 동기화된 학습과 관련된 이론을 심도 있게 다룬다.

인과적 요인. Weiner와 동료 연구자들(1971)은 Heider의 연구에 영향을 받아 학습자는 자신의 학문적 성공과 실패를 상당부분 능력, 노력, 과제의 난이도, 운 탓으로 돌린다고 보았다. 연구자들은 이러한 요인에 일반적인 무게가 주어지며, 한두 가지 요인이 얻어진 성과에 대한 우선적인 원인으로서 검토된다고 보았다. 예를 들어, 만약 Kara가 수학시험에서 A학점을 받았다면 그녀는 그것을 대부분 능력(나는 수학을 잘해)과 노력(나는 이번 시험을 위해 열심히 공부하였어)의 덕분으로 보며, 그 원인을 과제의 난이도(이번 시험은 그렇게 많이 어렵진 않았어)나 운(몇 개의 문제는 잘 찍었어) 탓으로는 거의 돌리지 않을 것이다(〈표 9.2〉 참조).

표 9.2
수학시험점수에 대한 귀인의 예

점수	귀인	예
높음	능력	나는 수학을 잘한다.
	노력	나는 시험공부를 열심히 하였다.
	능력 + 노력	나는 수학을 잘하며 열심히 공부하였다.
	과제 난이도	쉬운 시험이었다.
	운	나는 운이 좋았다. 적합한 자료로 공부하였다.
낮음	능력	나는 수학을 잘 못한다.
	노력	나는 충분히 공부하지 않았다.
	능력 + 노력	나는 수학을 잘하지 못하며 공부도 충분히 하지 않았다.
	과제 난이도	시험은 너무 어려웠다. 아무도 잘 보지 못하였을 것이다.
	운	나는 운이 나쁘다. 부적합한 자료로 공부하였다.

Weiner 등(1971)은 능력, 노력, 과제난이도, 운은 학습자가 자신의 성공과 실패를 설명하기 위해 사용하는 귀인이지만, 그것들은 성취성과에 대한 원인으로서 공통적으로 생각되는 것이라고 하였다. 후속연구들은 다른 귀인들, 즉 다른 사람(교사들, 학생들), 기분, 피곤함, 질병, 성격, 외모 등을 살펴보았다(Frieze, 1980; Frieze, Francis, & Hanusa, 1983). Weiner 등(1971)에 의해 확인된 4가지 귀인들 중에서 운은 어떤 특정 상황에서 중요함에도 불구하고(예: 운수에 맡기고 하는 승부), 상대적으로 덜 강조된다. Frieze 등(1983)은 과제의 조건은 특정 귀인패턴과 관련된다고 보았다. 시험은 노력귀인을 낮게 하는 경향이 있지만 예술적인 프로젝트는 능력과 노력으로 설명된다. 이 장 서두의 에피소드에서 Magaret은 문제풀이가 어려운 것을 낮은 능력 때문이라 여겼고, Matt는 문제풀이를 잘 한 것을 노력을 열심히 한 덕분이라고 생각하였다.

인과적 차원. Heider(1958), Rotter(1966), Weiner 등(1971)의 연구에서는 우선 두 가지 차원, 즉 (a) 개인 내부인지 또는 외부인지, (b) 시간에 걸쳐 비교적 안정적인지 또는 불안정한지에 따라 원인을 기술한다(〈표 9.3〉 참조). 능력은 내부적이고 비교적 안정된 것인 반면, 노력은 내부적이지만 안정적이지 않다. 즉, 어떤 사람은 부지런히 일하거나 열의 없이 일하는 양자택일을 할 수 있다. 과제난이도는 과제조건이 매 순간마다 아주 다양하지는 않기 때문에 외적이고 비교적 안정적이다. 그러나 운은 외적이고 안정적이지 않다. 즉, 사람이 한번은 운이 좋을 수 있지만 다음번에는 운이 나쁠 수 있다.

Weiner(1979)는 세 번째 원인이 되는 차원, 즉 개인이 통제할 수 있거나 통제할 수 없는 것을 덧붙였다(〈표 9.3〉 참조). 비록 노력이 일반적으로 내부적이고 불안정하더라도

(즉각적인 노력), 일반적인 노력요인(전형적인 노력) 또한 존재하는 것 같다. 즉, 인간은 성격적으로 게으르거나 근면하다. 따라서 노력은 통제 가능하다고 생각된다. 그러나 피로감과 질병을 포함한 정서요인은 그렇지 않다. 〈표 9.3〉에서의 분류는, 예를 들어 즉각적이고 일반적인 노력 모두를 포함하는 것의 유용성, 외적인 요인의 통제 가능 여부에 대한 의문과 같은 몇 가지 문제점이 있다. 그러나 이것은 연구와 귀인적 중재 프로그램을 이끌기 위한 준거틀로서의 역할을 수행한다.

표 9.3
인과적 귀인에 대한 Weiner 모형

	내부		외부	
	안정적	불안정적	안정적	불안정적
통제 가능한	일반적인 노력	즉각적인 노력	교사의 편견	타인의 도움
통제 불가능한	능력	기분	과제난이도	운

　　인간은 귀인을 형성할 때 상황적인 단서를 사용하며, 그 단어의 의미는 이전 경험을 통해서 학습되었다(Weiner et al., 1971). 능력귀인에 대한 두드러진 단서는 많은 성공과 마찬가지로 학습과정에서 쉽게 또는 일찍 성공에 도달한 것이다. 운동훈련에서의 중요한 노력단서는 신체적인 분발이다. 인지과제에서, 노력귀인은 우리가 정신적으로 노력하거나 또는 성공을 위해 장시간 노력을 지속할 때 확실하다. 과제난이도 단서는 과제의 특성을 포함한다. 예를 들어, 읽고 있는 문단에 단어가 거의 없거나 쉽게 쓰여진 책은 어려운 단어나 많은 단어로 쓰여진 문단보다 더 쉬운 과제에 해당된다. 과제난이도는 또한 사회적인 규범에 근거하여 판단되기도 한다. 만약 교실의 모든 학습자가 시험에서 실패하였다면, 실패는 높은 수준의 과제난이도 탓으로 귀인될 가능성이 커진다. 또한 만약 모든 학습자가 A학점을 받았다면, 성공은 과제 수준이 평이한 탓으로 귀인될지도 모른다. 운에 대한 뚜렷한 단서는 무작위적인 성과다. 즉, 학습자가 얼마나 뛰어난지(능력) 또는 그가 얼마나 열심히 하는지(노력)는 그가 얼마나 잘 수행하는지와 명백한 관련성이 없다.

귀인결과. 귀인은 연속적인 성공, 성취행동, 정서적인 반응에 대한 기대에 영향을 미친다(Graham & Weiner, 2012; Graham & Williams, 2009; Weiner, 1979, 1985, 1992, 2000). **안정성(stability)** 차원은 **성공에 대한 기대(expectancy of success)**에 영향을 미친다. 과제조건이 거의 동일하다고 가정할 때, 성공에 대한 안정적인 원인(높은 능력, 낮은 과제난이도)에 대한 귀인은 불안정적인 원인(즉각적인 노력, 운)에 대한 귀인보다 미래 성공에 대해 더 높은 기대감을 낳아야 한다. 학습자는 자신이 성공하기 위한 노력을 지속할 수 있을지 또는 미래에 운이 있을지에 대해 확신하지는 못할 것이다. 낮은 능력 또는 높은 과제난이도의 탓으로 돌려지는 실패는 불충분한 노력이나 운이 나쁜 탓으로 돌려지는 실패보다 미래 성공에 대한 낮은 기대감을 낳게 하는 경향이 있다. 학습자는 노력을 증가시키는 것이 보다 좋은 성과를 낼 것이라고 믿거나 자신들의 운이 미래에 바뀔지도 모른다고 믿을지도 모른다.

소재(locus) 차원은 **정서적인 반응(affective reactions)**에 영향을 미치는 것으로 가정된다. 인간은 성과가 외부원인보다 내부원인의 결과라고 귀인될 때, 성공(또는 실패) 후에 증가된 자긍심(또는 수치심)을 경험한다. 학습자는 외적 요인(교사의 도움, 쉬운 과제)의 탓이라고 믿을 때보다 자기 자신(능력, 노력)에 의해 성공하였다고 믿을 때 성취에 대한 더 많은 자부심을 느끼게 된다.

통제가능성(controllability) 차원은 다양한 효과를 가지고 있다(Weiner, 1979). 통제감은 학문적인 과제, 노력, 어려운 과제에서 지속하는 것에 관여하는 것을 선택하도록 돕는다(Schunk & Zimmerman, 2006). 자신이 학문적인 결과를 거의 통제할 수 없다고 믿는 학습자는 성공에 대한 낮은 기대감을 갖게 되고 성공에 대한 낮은 동기를 보이게 된다(Licht & Kistner, 1986). 연구자들은 실패를 통제가 불가능한 낮은 능력 탓으로 여기는 학습자는 최대 1년 후까지 낮은 학급참여도를 보임을 입증하였다(Glasgow, Dornbusch, Troyer, Steinberg, & Ritter, 1997).

개인차. 몇몇 연구는 귀인이 성(gender)과 인종배경에 따라서 다양할지도 모른다고 보았다(Graham & Williams, 2009). 성에 대한 공통된 결과는 (예외는 있지만) 수학과 과학 등의 과목에서 나타났다. 여학생은 남학생보다 성공에 대해 더 낮은 기대감을 갖는 경향이 있다(Bong & Clark, 1999; Meece, 2002; Meece & Counrtney, 1992; Meece, Parsons, Kaczala, Goff, & Futterman, 1982). 이 장 서두의 에피소드에서 Margaret이 이에 관한 전형적인 예다. 귀인이론에 의해 예측된 것처럼, 이러한 차이가 다른 귀인에 의해서 중재되는지의 여부는 명확하지 않다. 어떤 연구는 여성은 성공귀인을 외부적인 원인(예: 행운, 낮은 과제 난이도) 또는 불안정적인 원인(노력)에 더 많이 두며, 실패에 대해서는 내부적인 원인(낮은 능력)에 더 많이 귀인한다는 것을 발견하였다(Eccles, 1983; Wolleat, Pedro, Becker, & Fennema, 1980). 그러나 다른 연구결과들에 의하면, 여성과 남성 간에는 차이가 없었다(Diener & Dweck, 1978; Dweck & Repucci, 1973). Eccles(1983)는 이러한 연구의 결과에서 차이는 피험자, 도구, 방법론에서의 차이로 인한 것이라고 설명하였다.

인종 차에 대한 몇몇 초기연구를 보면, 아프리카계 미국인 학생이 앵글로계 미국인 학생보다 노력에 대한 정보를 더 드물게 사용하였고, 덜 체계적이며, 외부적인 귀인을 할 가능성이 크고, 외부 통제소재를 사용할 가능성이 더 많았다(Friend & Neale, 1972; Weiner, Peter, 1973). Graham(1991, 1994)은 이러한 결과들을 재검토한 후, 비록 아프리카계 미국인 학생들 중 많은 학생이 더 많이 외부적인 특징을 보이기는 하지만, 연구자들이 종종 사회계층을 통제하지 않았다고 결론지었다. 즉, 아프리카계 미국인 학생은 더 낮은 사회경제적인 배경에서 훨씬 많이 선출되었다. 연구자들은 사회계층의 효과가 통제되자 인종적인 차이를 거의 찾아볼 수 없었으며(Graham, 1994; Pajares & Schunk, 2001), 어떤 연구는 실패의 원인으로서 낮은 노력을 더 많이 강조하는 아프리카계 미국인 학생에게서 좀 더 적응적인 귀인패턴을 도출해 냈다(Graham & Long, 1986; Hall, Howe, Merkel, & Lederman, 1986).

Van Laar(2000)는 아프리카계 미국인 대학생들의 외적 귀인에 관한 경향을 발견하였다. 그러나 이들은 또한 성공에 관한 높은 기대감을 가지고 있었고 자신의 노력이 적절히 보상받지 못할지도 모른다고(예: 부정적인 결과 기대) 느끼고 있었다. 이는 타인에 의해 보고된 낮은 결과 기대 중 높은 성공 기대감의 역설로 보인다(Graham & Hudley, 2005). 요컨대, 성과 신념에 있어 인종의 차이를 연구하였을 때 신뢰할 만한 차이를 보이지 않았으며(Graham & Taylor, 2002), 이러한 일관성 없는 연구결과들은 결론이 도출되기 전에 후속연구가 필요하다는 것을 확실히 보여준다.

귀인이론은 동기이론, 연구, 실험에 있어 중요한 영향을 주었다. 학생들은 동기의 최적수준을 만들기 위해 성취행동 결과에 관한 귀인을 촉진시킬 필요가 있다. 능력, 노력과 전략의 중요성, 의미 있는 타인의 역할에 관한 잘못된 판단은 낮은 수준의 동기와 학습을 이끌어 낼 수 있다.

사회인지이론은 동기에 있어 또 다른 중요한 인지적 관점을 제공하며, 제4장의 상당 부분은 학습뿐만 아니라 동기와 관련되어 있다. 다음 절에서는 영향력 있는 사회적 인지 과정에 관해 알아본다.

사회적 인지과정

동기에 대한 다른 관점들도 학습과 관련성을 가지고 있기는 하지만, **사회인지이론**은 동기와 학습 간의 관계에 상당한 관심을 기울인다(Bandura, 1986, 1997; Pajares, 1996; Pajares & Schunk, 2001, 2002; Pintrich, 2000a, 2000b, 2003; Schunk, 2012; Schunk & Pajares, 2005, 2009; Schunk & Zimmerman, 2006). 학습에 있어 사회인지적 동기의 중요한 과정은 목표와 기대, 사회적 비교, 자아개념과 관련되어 있다.

목표와 기대

목표와 목표향상도에 관한 자기평가는 중요한 동기요인이다(Bandura, 1977b, 1986, 1991; Schunk & Ertmer, 2000; Schunk & Pajares, 2009; Zimmerman, 2000)(제4장 참조). 목표와

현재의 수행 사이에 지각된 부정적 불일치는 변화를 위한 유인책을 만들어 낸다. 사람들이 목표를 향해 일하게 되면, 그들은 향상도에 주목하고, 동기를 지속시킨다. 이 장 서두 에피소드의 학급상황에서, Rosetta의 목표향상도는 자기효능감을 증진하고 동기를 지속시킬 것이다.

목표설정은 성과기대와 자기효능감의 결합으로 작용한다. 사람들은 자신의 목표를 성취하도록 도와줄 것이라고 믿는 방식으로 행동한다. 목표를 성취하기 위한 자기효능감은 행동에 영향을 주는 목표에 필수적이다(제4장 참조). Kerri 선생님의 목표 중 하나는 Margaret의 자기효능감 형성을 돕는 것이다. Margaret은 선생님의 칭찬(목표)을 원하고, 만일 자신이 정답을 자발적으로 대답하면 이를 얻게 될 것(긍정적 성과기대)이라고 믿을 수 있다. 그러나 만일 자신의 능력으로 정답을 말할 수 없을 것이라고 여긴다면(낮은 자기효능감), 자발적으로 대답하려 하지 않을지도 모른다.

강화(reinforcement)가 반응강화자(response strengthener)라고 믿는 조건형성이론가들과 달리(제3장), Bandura(1986)는 강화는 행동의 가능성 있는 성과를 형성하며 긍정적 결과를 가질 것이라고 믿는 방식으로 행동하도록 동기를 부여한다고 주장한다. 사람들은 자신의 경험에 기초해 기대를 만들지만, 동기의 또 다른 중요한 원천은 사회적 비교다.

사회적 비교

사회적 비교(social comparison)는 타인과 자기 자신을 비교하는 과정이다(Wheeler & Suls, 2005). Festinger(1954)는 행동에 대한 객관적인 기준이 불분명하거나 없을 때, 사람들은 타인과의 비교를 통해 자신의 능력과 의견을 평가한다고 가정하였다. Festinger는 또한 가장 정확한 자기평가는 능력이나 특질이 비슷한 사람과 비교될 때 생겨난다고 강조하였다. 서로 닮은 사람을 모델로 삼을수록 관찰자들의 유사 행동들이 사회적으로 타당하고, 공통적인 결과를 낳게 될 가능성이 더 커진다(Schunk, 1987). 이 장 서두 에피소드의 학급장면에서, Jared는 자신의 향상도를 급우들과 비교함으로써 사회적 비교를 사용하였다.

역량(competence)에 있어서의 모델-관찰자 유사성은 학습을 향상시킬 것이다(Braaksma, Rijlaarsdam, & van den Bergh, 2002). 학습에 대한 이러한 효과는 대부분 자기효능감을 신뢰하는 간접적인 동기적 효과로부터 발생한다. 유사한 타인의 성공을 관찰하는 것은 관찰자의 자기효능감을 높이며, 그 과제를 시도하려는 동기를 가지게 한다. 왜냐하면 만일 다른 사람이 성공할 수 있다면 자신도 그러할 것이라고 믿는 경향이 있기 때문이다. Kerri 선생님은 Derrick을 Jason과 비교함으로써 Derrick의 행동이 개선되기를 원한다. 유사한 타인의 실패를 관찰하는 것은 사람들이 자신도 역시 성공하기 위한 유능감이 부족하다고 믿게 할 수 있다. 그것은 그들이 그 행동을 시도하는 것 자체를 단념시킨

적용 9.4
사회적 비교

교사들은 할당된 과제를 완성할 때의 행동과 노력을 개선하기 위한 동기도구로서 사회적 비교를 사용할 수 있다. 2학년 담당 선생님으로서 독서 소집단을 담당할 때, 적절한 행동을 위해 학습자들을 칭찬할 수 있다. 이는 예상된 행동을 강조하며 바람직한 수행을 위한 자기효능감을 서서히 주입시키는 것이다. 교사는 이렇게 말할 수 있다.

- "나는 Adrian이 조용히 앉아서 우리 모두가 독서를 끝마칠 때까지 기다린다면 정말 좋겠다."
- "나는 우리가 Carrie의 소리를 들을 수 있도록 Carrie가 문장을 분명하게 읽었으면 좋겠다."

학습자의 성공을 관찰하는 것은 다른 학습자들도 자신이 성공할 수 있는 가능성이 있다고 믿도록 이끈다. 교사는 한 학습자에게 칠판에 나열된 단어를 축약시키는 것을 시킬 수 있다. 집단 내에 있는 학습자들은 비슷한 능력을 갖고 있기 때문에, 칠판에 쓴 학습자의 성공은 다른 아이들의 자기효능감을 증가시킨다.

수영코치는 연습과 모의시합을 계획할 때, 비슷한 재능과 기능을 가진 학습자들을 집단으로 묶을 수 있다. 같은 집단 내에서 같은 기능을 가진 학습자들과 함께 특정 움직임과 속도를 향상시키는 훈련을 하는 동안, 그 코치는 사회적 비교를 사용할 수 있다.

- "Dan은 물살을 헤쳐 나가면서, 거의 구부리거나 첨벙거리지 않고 다리를 모으기 위해 열심히 노력하고 있다. 저 애가 이 움직임을 통해 얻은 탄력을 봐라. 정말 잘하였다. Dan!"
- "Joel은 더 쉽게 물을 헤치고 나갈 수 있도록 손을 노처럼 움푹하게 만드는 것이 참 훌륭하구나. 잘하였다."

교사들과 코치들은 사회적 비교를 사용할 때 신중해야 한다. 모델이 되는 학습자들은 성공해야 하고 다른 사람에게도 그것이 중요한 귀인으로 지각되어야만 한다. 만약 모델이 유사하지 않다(특히 근본적인 능력에서)고 지각되거나 모델이 실패하였다면, 사회적 비교는 관찰자에게 긍정적인 동기를 불러오지 못할 것이다.

다. 유사성은 개인들이 어려움을 경험하고 있고 잘 수행할지에 대해 자기 의심을 품고 있는 상황에서 특히 더 영향을 미칠 수 있다([적용 9.4] 참조).

발달상태(developmental status)는 사회적 비교에서 중요하다. 비교정보를 사용하는 능력은 더 높은 수준의 인지발달과 비교평가 경험에 따라 달라진다. Festinger의 가설은 5,

6세보다 더 어린 아동들에게는 적용하기 어려울지도 모르는데, 그 이유는 그들은 사고에서 두 가지 이상의 요인을 관련시키지 않는 경향이 있으며, "자아"가 인지적 초점을 조절하는 자기중심적인 점 때문이다(Higgins, 1981, 제8장). 이것은 어린 아동들이 타인과 자기 자신을 평가할 수 없음을 의미하지는 않는다. 그들은 단지 자동적으로 그렇게 하지 못할 뿐이다. 아동들은 초등학교에서 비교정보에 대해 증가된 관심을 보이며, 4학년이 되면 유능감에 대한 자기평가를 형성하기 위해 이러한 정보를 정기적으로 사용하게 된다(Ruble, Boggiano, Feldman, & Loebl, 1980; Ruble, Feldman, & Boggiano, 1976).

비교정보의 의미와 기능은 발달과 함께 변화되는데, 특히 아동이 학교에 입학한 후에 그렇다. 취학 전 아동은 명백한 수준에서(예: 보상의 양) 능동적으로 비교를 한다. 다른 사회적 비교는 자신이 타인과 얼마나 비슷하고 다른지와, 자기평가 없이 타인보다 더 나은 사람이 되고자 하는(예: Jared) 바람에 기초한 경쟁이다(예: "나는 장군이야. 그건 대위보다 더 높아.")(Mosatche & Bragioner, 1981). 사회적 비교는 아동이 성장함에 따라 과제를 수행하는 방법에 대한 관심으로 이동한다(Ruble, 1983). 1학년생은 종종 또래들로부터 정확한 대답을 얻기 위해 또래와의 비교에 몰두한다. 어린 아동에게 비교정보를 제공하는 것은 실제적인 이유를 위한 동기를 증가시킨다. 아동의 능력에 대한 성인의 직접적인 평가(예: "너는 더 잘 할 수 있다.")는 아동의 자기평가에 비교적인 정보보다 더 영향을 미친다.

한 사람의 현재 수행과 이전 수행을 비교하는 것(일시적인 비교)과 향상도에 대해 언급하는 것은 자기효능감과 동기를 강화시킨다. 어린 아동은 이러한 능력이 나타나더라도 사용하지 못할 수도 있다. R. Butler(1998)는 4~8세 아이들 중에서 일시적인 비교가 연령에 따라 증가되지만 대부분의 아이들은 자신의 가장 최근의 성과에만 주의를 기울임을 발견하였다. 반대로, 아이들이 사회적 비교를 자주 사용하고, 또래친구들이 한 성과를 능가한 경우, 자신들의 수행을 더 높게 평가하였다. Butler의 연구결과는 교사가 아동들에게 이전 성과를 보여주고 향상된 점을 지적하는 일시적 비교를 할 필요가 있음을 시사한다. Kerri 선생님은 Jared, Matt, Rosetta에게 이와 같은 방법을 썼다.

자아개념

차원과 발달. **자아개념(self-concept)**은 (a) 환경에 대한 경험과 해석을 통해 형성된, (b) 의미 있는 타인의 강화와 평가에 강하게 영향을 받은 집합적인 자아지각을 가리킨다(Shavelson & Bolus, 1982). 자아개념은 다차원적(multidimensional)이며 자아신념, 자아존중감, 자아개념의 안정성, 자기결정화(crystallization)와 같은 요인으로 이루어진다(Pajares & Schunk, 2001, 2002; Schunk & Pajares, 2009). **자아존중감(self-esteem)**은 자기가치에 대한 지각된 감각, 즉 스스로를 수용하고 존중하는지를 말하며, 자아개념의 평가적 부분이다. **자아신념(self-confidence)**은 결과를 맺거나 목표를 성취하고 과제를 수행할 때 능숙하게 할 수 있다고 스스로 믿는 정도를 나타낸다(자기효능감과 비슷). 자아존중감과 자아신념은 관련되어 있다. 과제를 수행할 수 있다는 믿음은 자아존중감을 높일 수 있다. 높은 자아존중감은 어려운 과제를 시도하도록 이끌고, 연이은 성공은 자아신념을 강화시킨다.

자아개념 안정성(self-concept stability)은 자아개념을 변화시키는 난이도를 가리킨다. 안정성은 부분적으로 신념이 어떻게 결정화되며 어떻게 구조를 이루는지에 따라 달라진다. 신념은 발달 그리고 반복된 비슷한 경험으로 결정화된다. 각 사람은 청년기까지 지능, 사회성, 스포츠와 같은 영역에서 스스로에 대한 비교적 잘 구조화된 지각을 지니고 있다. 각자의 신념과 불일치되는 증거를 제공하는 짧은 경험은 그다지 영향력이 없을 수 있다. 거꾸로 말하면, 자아개념은 스스로에 대한 생각이 불충분하게 형성되어 있을 때, 더 쉽게 수정된다. 왜냐하면 그는 경험이 거의 없기 때문이다.

자아개념의 발달은 자기 자신에 대한 구체적 관점에서부터 보다 추상적 관점으로 나아가게 한다. 어린 아동은 자기 자신을 구체적으로 인식한다. 즉, 그는 자신을 자신의 외모, 행동, 이름, 소유물 등으로 정의한다. 아동은 행동과 근본적인 능력 또는 개인의 특성을 구별하지 못한다. 또한 그의 자아개념은 산만하고 느슨하게 구성되어 있기 때문에 지속적인 성격에 대한 지각을 갖지 않는다. 그는 발달과 학교과정을 거치며 점점 추상적인 관점을 갖게 된다. 그가 근본적인 특질과 능력에 대한 분리된 개념을 발전시키게 되면서, 그의 자아개념은 보다 잘 조직화되고 보다 복합적이게 된다.

발달은 또한 분화된 자아개념을 이끌어 낸다. 대부분의 연구자들이 일반적인 자아개념의 존재를 가정하기는 하지만, 자아개념이 위계적인 구조를 이루고 있다고 주장한다(Marsh & Shavelson, 1985; Pajares & Schunk, 2001, 2002; Schunk & Pajares, 2005, 2009; Shavelson & Bolus, 1982). 일반적인 자아개념은 그 위계의 위에 놓여있고, 구체적인 하위영역의 자아개념은 아래에 놓이게 된다. 구체적인 행동에 대한 자기지각은 학문적 자아개념을 형성하기 위해 결합된 하위영역 자아개념(예: 수학, 사회 연구)에 영향을 준다. 예를 들어, Chapman과 Tunmer(1995)는 아이들의 독서에 대한 자아개념이 독서에서 지각된 유능감과 지각된 어려움, 독서에 대한 태도로 이루어짐을 발견하였다. 일반적인 자아개념은 학문적, 사회적, 정서적, 신체적 영역에서의 자기지각으로 이루어진다. Vispoel(1995)은 예술적 영역을 조사하고, 자아개념에 대한 다방면에 걸친 특성에 대한 증거를 발견하였지만, 위계적 구조에 대한 지지는 별로 발견하지 못하였다.

자아개념의 형성을 돕는 경험들은 개인적인 행동과 대리적인(모방을 통한) 경험으로부터 나온다(Schunk & Pajares, 2005, 2009). 사회적 비교의 역할은 중요한데, 특히 학교에서 그렇다(이번 장의 전반부 참조). 이러한 생각은 "우물 안 개구리 효과(big-fish-little-pond effect)"(Marsh & Hau, 2003)에서 나타난다. (똑똑한 또래들이 다니는) 선발제 학교의 학생은 그렇지 않은 학교에 다니는 학생보다 낮은 자아개념을 가지고 있을지도 모른다. Marsh와 Hau는 26개국의 학생들에게 있어 이 효과에 대한 증거를 발견하였다. 또한 연구는 높은 성취도의 그룹에 소속되는 것이 낮은 자아개념과 관련되어 있다는 것을 보여준다(Trautwein, Lüdtke, Marsh, & Nagy, 2009).

연구결과들에 따르면, 자아개념은 수동적으로 형성된 것이 아니라 의미 있는 대인 간 과정과 대인 내적인 과정을 매개하는 역동적인 구조다(Cantor & Kihlstrom, 1987). Markus 와 동료들(Markus & Nurius, 1986; Markus & Wurf, 1987)은 자아개념이 자아도식이나 경험을 통해 형성된 일반화(generalization)로 구성된다고 가정하였다. 이러한 도식은 마치 학문적인 도식이 인지적 정보를 처리하는 것처럼, 개인적이고 사회적인 정보를 처리한다. 자아개념의 다차원적인 특성은 **작동 자아개념(working self-concept)** 또는 언제든 정신적으로 활성화되는 자아도식(지금 즉시 접근 가능한 자기지식)에 대한 개념에 의해 포착된다. 안정적인 핵심(일반적인) 자아개념화가 존재하는데, 이는 변화 가능한 영역특수적 자아개념에 둘러싸여 있다 .

자아개념과 학습. 자아개념이 학교학습과 연관되어 있다는 생각은 직관적으로 타당해 보인다. 학습능력에 대한 확신과 자아가치를 느끼는 학습자는 학교에서 더 큰 흥미와 동기를 보이며, 이는 성취를 증가시킨다. 높은 성취는 학습에 대한 자기확신감을 확인하게 하고 높은 자아존중감을 유지하게 한다.

불행하게도, 이러한 생각은 연구에 의해 일관성 있게 지지되지는 않는다. Wylie(1979)는 많은 문헌연구를 검토하였다. 학문적인 성취측정(학점 평균)과 자아개념의 측정 사이의 일반적인 상관은 $r = +.30$이었는데, 이는 양자 간의 일치를 직접적으로 알려주는 적당하고도 정적인 관계다. 상관은 인과관계를 보여주지 않으므로, 자아개념이 성취에 영향을 주거나 아니면 성취가 자아개념에 영향을 주는지, 각각의 변인이 다른 하나의 변인에 영향을 주는지 아니면 또 다른 변인(예: 집안에서의 요인)에 의해서 영향을 받는지의 여부는 결정을 내릴 수가 없다. Wylie는 자아개념 측정도구가 표준화되었을 때에는 다소 높은 상관을 보이며, 연구자에 의해 만들어진 측정도구를 사용하였을 때에는 더 낮은 상관을 보임을 발견하였다. 더 높은 상관은 위계적인 구조개념을 지지하는 전반적인 자아개념과 성취 간보다 성취와 학문적 자아개념 간에서 나타났다. 성취와 가장 높은 상관을 보이는 것은 영역특수적(예: 영어나 수학과 같은 영역) 자아개념이었다(Schunk & Pajares, 2009).

자아개념과 학습이 서로에게 영향을 미친다는 가정은 타당한 것 같다. 자아개념에 대한 일반적인 특성이 주어지면, 간단한 개입은 자아개념을 많이 변화시키지 못한다. 오히려 특정 영역에 맞추어진 개입은 위계를 확장할 수 있고, 더 높은 수준의 자아개념에 영향을 주는 영역특수적 자아개념을 변화시킬 수 있다.

사실 연구문헌은 이러한 제안을 지지한다. 문헌연구들에서 발견된 자아개념과 성취 간의 적절한 관계는 일반적인 자아개념 측정도구가 사용되어 나타난 결과일 수 있다. 반대로 영역특수적인 자아개념 측정이 그 영역에서의 성취와 비교될 때, 그 관계는 강력하며 정적이다(Pajares & Schunk, 2001, 2002; Schunk & Pajares, 2005, 2009). 자아개념이 보다 구체적으로 정의됨에 따라, 그것은 자기효능감과 점점 더 유사하게 되며, 자기효능감이 성취를 예견함을 나타내는 많은 증거가 있다(Bandura, 1997; Pajares, 1996; Schunk, 1995; Schunk & Pajares, 2009)(제4장 참조).

이 장의 많은 제안은 자아개념에 영향을 미치는 것과 관련된다. 자아개념 중재에 관한 연구의 관점에서 O'Mara, Marsh, Craven, Debus(2006)는 영역특수적 중재가 포괄적 자아개념을 높이기 위해 고안된 중재보다 자아개념에 더 강한 영향을 준다는 것을 발견하였다. 학습자가 특정 영역에서 학습능력을 가지고 학문적인 향상을 이룰 수 있다는 것을 보여주고, 긍정적인 피드백을 제공하며, 효과적으로 모델을 사용하고, 부정적인 사회적 비교를 최소화시키는 교사는 학습자의 자아개념이 발달하도록 도울 수 있다(자기효능감을 강화시키는 방법은 제4장 참조).

요컨대, 사회인지이론은 목표, 기대, 사회적 비교, 자아개념에 대한 강조와 더불어 동기에 대한 유용한 관점을 제공한다. [적용 9.5]는 몇몇 학급에 사회인지원리를 적용한 예를 보여준다. 이하에서는 사회인지원리와 다른 이론의 개념을 사용하는 동기에 대한 상대적으로 최근 관점인 목표이론을 살펴본다.

목표지향

목표지향(goal orientations)은 학습자가 학문적 과제를 수행하는 이유다(Anderman, Austion & Johnson, 2002). 다른 이론들에 의해 중요하다고 여겨지는 많은 요인을 통합시키는 **목표이론(goal theory)**에서, 목표지향은 중심적인 동기적 요인이다(Schunk et al., 2014). 이 이론은 목표, 목표지향, 기대, 귀인, 능력의 개념, 사회적 및 자아 비교, 성취행동 가운데 존재하는 중요한 연결을 상정한다(Anderman & Wolters, 2006; Elliot, 2005; Maehr & Zusho, 2009; Meece, Anderman, & Anderman, 2006; Pintrich, 2000a, 200b; Pintrich & Zusho, 2002; Weiner, 1990).

비록 목표이론이 목표설정이론과 어느 정도 유사성을 가지고 있기는 하지만(Bandura, 1988; Locke & Latham, 1990, 2002)(제4장 참조), 이 둘 간에는 중요한 차이점이 있다. 교육심리학과 발달심리학자들은 학습자의 성취행동을 설명하고 예측하기 위해 목표이론을 발전시켰다. 목표설정이론은 반대로 사회심리학, 경영, 임상 및 건강심리학을 포함한 다양한 학문으로부터 도출되었다. 목표설정이론은 목표가 어떻게 설정되고 바뀌는지, 그리고 행동이 유발되고 방향을 가지게 될 때 목표들의 속성(예: 특수성, 난이도, 근접성)의 역

적용 9.5

사회인지과정

학습자는 이전의 경험, 개인적인 자질, 사회적 지지 기제에 기초하여 학습에 대한 자기효능감을 가지고 학습상황에 들어온다. 학습자를 잘 알고 다양한 교육적 실습을 통합한 교사는 동기와 학습에 긍정적인 영향을 미칠 수 있다.

학습자가 이해할 수 있는 방식으로 표현된 교수내용은 학습에 대한 높은 자기효능감을 촉진시킨다. 어떤 학습자는 대집단 강의에서 가장 잘 배우고, 어떤 학습자는 소집단 토의에서 가장 잘 배울 것이다. 대학의 영어교수가 셰익스피어의 주요 작품에 대한 단원을 소개할 때, 교수는 먼저 셰익스피어의 생애와 문학적 명성에 대한 배경을 제공할 수도 있을 것이다. 그런 다음, 교수자는 학습자들을 소집단으로 나눠 배운 것들을 복습하고 토론하도록 할 수 있다. 이러한 과정은 대집단 강의에서 가장 잘 배우거나 소집단 토의에서 가장 잘 배우는 학습자들 모두에게 자기효능감을 갖도록 도울 것이다.

교수자는 그 단원을 진행하고, 셰익스피어의 극적인 성공, 활동, 습작, 연구의 주요 시기를 소개할 때 학습자들에게 수행피드백을 제공해야 한다. 셰익스피어와 그의 작품의 기초적인 사실에 대한 습득을 통한 향상은 쪽지시험이나 자기점검 과제를 통해 평가될 수 있다. 그것이 특정한 셰익스피어의 작품을 이해하는 것과 연관이 있는 것처럼, 학습자 개개인의 성장은 에세이나 보고서에 대해 쓴 논평(comment)을 통해, 그리고 수업토론 중의 언어적 논평을 통해서도 제공될 수 있다.

학습자들은 그들 자신의 통찰들과 여러 셰익스피어의 희곡들을 해석할 때의 좌절에 대해 의견을 나누도록 독려되어야 한다. 희곡을 분석하고 토론하는 동안 모델로서의 역할을 하기 위해 학습자들에게 조언하는 것은 셰익스피어의 희곡을 공부하는 동안 해석을 제공해 주는 교수가 있는 것보다 더 좋은 효능감을 증진시킨다.

학습자들이 교수내용을 학습하고, 셰익스피어와 그의 작품을 이해하려는 목표를 세우도록 도울 때, 교사는 각 학습자가 단기적인 특정한 목표에 초점을 두도록 도울 수 있다. 예를 들어, 교수자는 학습자들에게 주요 작품 하나를 읽고, 비평을 써보게 한 뒤, 서로 자신의 분석에 대해 토론하게 할 수 있다. 교수내용을 작은 부분으로 나누는 것은 궁극적으로 그것을 숙달하기 위한 자기효능감을 불어넣도록 돕는다. 학습자들이 쓴 비평의 질에 대해 언급하는 것은 그저 많은 작품을 읽게 하기 위해 보상을 주는 것보다 더 많은 이점이 있다. 셰익스피어의 작품을 해석하는 능력은 단순히 읽는 것보다 더 어렵다. 그리고 어려운 과제에서 향상하는 것에 대해 보상하는 것은 자기효능감을 강화시킨다.

할에 더 관심이 있다. 목표이론은 또한 목표지향적인 행동을 설명할 때 여러 변인의 광범위한 나열을 고려하는데, 몇몇 변인은 목표(예: 타인과의 비교)와 직접적으로 관련이 없을 수도 있다. 목표설정이론은 일반적으로 행동에 미치는 일련의 영향력을 좀 더 한정적으로 고려한다.

목표지향의 유형

목표이론은 다른 유형의 목표가 성취상황에서의 행동에 영향을 미치는 것을 강조한다(Anderman & Wolters, 2006; Elliot, 2005; Maehr & Zusho, 2009; Meece et al., 2006; Pintrich, 2003). 연구자들은 다양한 지향을 구별해 왔다(Elliot & McGregor, 2001; Elliot & Thrash, 2001).

한 가지 구별되는 특징은 학습과 수행의 목표지향에 있다(Dweck, 1991, 1999, 2002; Dweck & Leggett, 1988; Elliott & Dweck, 1988; Schunk, 1996; Schunk & Swartz, 1993a, 1993b)([그림 9.4] 참조). **학습목표(learning goals)**는 학습자가 어떤 지식, 행동, 기능 또는 전략을 습득하는지와 관련이 있으며, **수행목표(performance goals)**는 학습자가 어떤 과제를 완성하려 하는지를 지칭한다. 학습목표들과 개념적으로 유사한 선행연구들에서 언급되는데, 다른 유형의 목표로는 **완전학습(mastery)**, **과제관여적(task-involved)** 및 **과제초점적(task-focused) 목표**가 있으며(Ames & Archer, 1988; Butler, 1992; Meece, 1991; Nicholls, 1984), 수행목표의 동의어로는 **자아관여적(ego-involved)** 및 **능력초점적(ability-focused) 목표**가 있다. 이 장 서두의 에피소드에서, Jared가 더욱 수행목표 지향적인 반면, Matt는 학습목표지향을 가지고 있는 것처럼 보인다.

비록 이러한 목표지향이 때때로 서로 관련이 있을지라도(예: 학습이 보다 빠른 수행을 산출한다) 성취행동과 학습을 위한 이러한 목표의 중요성은 목표가 학습자의 신념과 인지과정에 끼칠 수 있는 효과에서 비롯된다(Pintrich, 2000a). 학습목표지향은 능력습득과 기능향상을 도와주는 전략과 과정에 대한 학습자의 주의에 초점을 둔다(Ames, 1992a). 과제는 행동에 대한 동기를 북돋워 주는 데 초점을 두며, 학습을 위한 결정적 과제의 특성에 주의를 기울이고 유지하게 한다. 학습목표를 추구하는 학습자는 이를 획득하는 것을 효과적으로 느끼는 경향이 있으며 과제에 적합한 행동(예: 노력을 기울이고, 지속하고, 효과적인 전략을 사용하는 것; Bandura, 1986; Schunk & Pajares, 2009)을 하도록 동기부여되어 있다. 자기효능감은 그가 과제를 수행하고, 자신의 향상 정도를 평가함으로써 구체화된다(Wentzel, 1992). 기능습득에서 지각된 향상과 계속되는 학습을 위한 자기효능감은 동기를 지속시키고, 숙련된 수행을 강화시킨다(Schunk, 1996)([그림 9.4a] 참조). 학습목표는 내재적 동기를 긍정적으로 예측한다(Spinath & Steinmayr, 2012). 학습목표를 추구하는 학습자는 관련 관점으로부터 자신의 가치와 능력이 노력을 통해 발전될 수 있다는

학습목표 ⟶ 자기효능감 ⟶ 동기 자기조절 ⟶ 지각된 향상 ⟶ 성취 획득

그림 9.4a

동기에 대한 학습목표의 영향

수행목표 ⟶ 과제관여 ⟶ 사회적 비교 ⟶ 능력 평가

그림 9.4b

동기에 대한 수행목표의 영향

신념을 반영한 **성장사고방식(growth mindset)**을 가지는 경향이 있다(Dweck, 2006).

반대로, 수행목표지향은 과제를 완성하는 데 주의를 기울인다([그림 9.4b] 참조). 이러한 목표는 기능습득을 위한 자기효능감을 증가시키거나 과제를 완성하기 위한 토대가 되는 과정과 전략의 중요성을 강조하지 않을 수도 있다(Schunk & Swartz, 1993a, 1993b). 학습자가 과제를 수행해 감에 따라, 그는 향상 정도를 평가하기 위해 자신의 현재 수행과 이전 수행을 비교하지 않을 수도 있다. 수행목표는 향상 정도를 평가하기 위해 자신의 수행과 타인의 수행을 사회적으로 비교하게 할 수도 있다. 사회적 비교는 어려움을 겪는 학습자에게 낮은 능력에 대한 지각을 이끌 수 있으며, 수행 동기에 부정적인 영향을 끼칠 수도 있다(Schunk, 1996). 당연히, 경쟁은 수행목표의 설정을 촉진시킬 수 있다(Murayama & Elliot, 2012). 수행목표를 추구하는 학습자는 자신의 가치와 능력이 제한적이고 크게 바꿀 수 없다는 생각을 반영한 **고정된 사고방식(fixed mindset)**을 가질 수도 있다.

선행연구는 이러한 개념을 지지한다(Rolland, 2012). Meece, Blumenfeld, Hoyle(1988)는 과학수업을 하는 동안 과제숙련 목표를 강조하는 학습자는 자기조절행동(예: 이해가 되지 않는 교수자료 검토)에 의해 특성화되는 보다 활발한 인지적 관여를 보인다는 것을 발견하였다. 내재적 동기(이 장의 후반부에서 설명됨)는 학습과 이해를 강조하는 목표와 정적 상관관계가 있다.

Elliott와 Dweck(1988)은 역량을 개발하는 학습목표 또는 역량을 드러내 보이는 수행목표를 강조하는 수업에서 아동에게 그가 높거나 낮은 능력을 가졌음을 시사하는 피드백을 주었다. 학습목표를 지닌 아동은 도전적인 과제를 선택하고, 문제해결전략을 사용함으로써 역량을 향상시키려고 노력하였다. 높은 능력 피드백(high-ability feedback)을 받은 수행목표를 지닌 아동은 그 과제를 지속해 나가기는 하였지만, 공공연한 실수가 생길지도 모르는 도전적인 과제는 회피하였다. 낮은 능력 피드백을 받은 수행목표를 지닌 아동은 비교적 쉬운 과제들을 선택하였고, 실수들을 극복하기 위해 노력하지 않았으며, 부정적인 정서를 드러냈다.

Schunk와 Rice(1989)는 독해력 수업시간 동안 독서기능에서 결함이 있는 아동의 경우,

과정목표(예: 이해력 전략을 사용한 학습)와 산출(예: 수행)목표(예: 질문에 대답하기)는 생산적으로 작동하는 일반적인 목표보다 더 높은 자기효능감을 이끌 것이라는 점을 밝혀냈다. 그러나 과정과 산출조건들은 차이가 없었다. Schunk와 Rice(1991)는 전략을 사용하는 학습목표지향 과정에 대해 피드백을 줌으로써 과정목표를 결합하는 것은 자기효능감과 기능을 과정조건과 산출목표조건보다 더 잘 촉진시킴을 발견하였다. 이러한 두 가지 연구는 향상도 피드백(progress feedback)이 없는 경우 학습목표는 독서문제를 가지고 있는 학습자들 간의 수행목표보다 더 많은 효과를 주지는 않을 것이라는 것을 보여준다.

Schunk와 Swartz(1993a, 1993b)는 정규학급과 영재학급에 문단쓰기 전략을 사용하는 학습의 과정목표 또는 문단을 쓰는 성과(수행)목표를 제공하였다. 과정목표 학습자의 절반은 전략학습 시 정기적으로 자신의 향상도에 대한 피드백을 받았다. Schunk와 Swartz는 피드백이 있는 과정목표가 가장 효과적이며, 피드백이 있거나 없는 과정목표는 성과목표보다 더 높은 성취성과를 이끌어 냄을 발견하였다.

Schunk(1996)는 분수를 배우고 있는 초등학교 4학년 학생들에게 학습목표(예: 문제를 해결하는 방법을 학습)나 수행목표(예: 문제를 해결하기)를 주었다. 초기 연구에서는 각각의 목표조건에서 학습자의 절반 정도가 자신의 문제해결능력을 평가하였다. 자기평가가 있거나 없는 학습목표와 자기평가가 있는 수행목표는 자기평가 없는 수행목표를 행하는 것보다 더 높은 자기효능감, 기능, 동기, 과제지향을 도출하였다. 두 번째 연구에서는 각각의 목표조건에 있는 모든 학습자가 기능습득에서 자신의 향상 정도를 평가하였는데, 학습목표가 수행목표보다 더 높은 수준의 동기와 성취결과를 도출하였다. 이러한 결과는 Schunk와 Ertmer(1999)가 대학생들을 대상으로 한 연구에서 재확인되었다. 그들의 연구 결과에 따르면, 컴퓨터 기능을 적용하기 위한 자기효능감은 학습자들에게 과정(학습)목표가 주어지고 그들의 학습향상을 평가할 수 있는 기회가 주어졌을 때 강화되었다.

연구자들은 완전학습-수행이분법(mastery-performance dichotomy)하에서 더 많은 차이점을 조사해 왔다(Elliot, 2005; Elliot & McGregor, 2001; Elliot & Thrashm 2001; Maehr & Zusho, 2009). Linnenbrink와 Pintrich(2002)는 학습자들이 접근하거나 회피하는지의 여부에 따라 완전학습목표와 수행목표를 분류할 수 있으며, 목표는 각각 다른 정서적 결과를 갖는다고 가정하였다. 완전학습목표에 접근하는 것은 긍정적인 영향을 미치지만 회피목표의 두 가지 유형은 부정적인 영향을 준다고 예측하였다. 목표선택과 성과에서의 정서의 역할은 종종 설명되지는 않지만, 학교교육을 위한 동기의 정서적 결과는 중요하다(Meyer & Turner, 2002). Murayama와 Elliot(2012)은 경쟁이 목표달성에 상충되는 효과를 미치는 수행접근목표와 수행회피목표 둘 다를 증진시키는 것을 발견하였다. 전자는 이를 증진시키는 반면, 후자는 이를 약화시켰다. 그러나 다른 증명에서, 수행접근목표와 수행회피목표는 밀접하게 관련되어 있다(Linnenbrink-Garcia et al., 2012).

목표지향은 또한 자기조절학습(제10장 참조)에서 핵심역할을 한다. 왜냐하면 그것은 학습자들이 사건을 이해하고 반응하는 준거들을 제공하기 때문이다(Dweck & Leggett, 1988; Meece, 1994). 학습을 위한 높은 자기효능감을 개발하고 유지하는 학습자들은 성공에 대한 더 높은 기대감을 가지며, 학습에 대한 지각된 통제감이 더욱 커지고, 학습에 대한 더 많은 내재적 흥미를 갖게 된다(Covington, 1992; Eccles, 1983; Harter & Connell, 1984). Harackiewicz, Barron, Tauer, Carter, Elliot(2000)은 완전학습목표가 대학교 학생들 사이의 규율에 즉각적이고 장기적 이익이 예상되는 반면, 수행목표는 학점을 향상시킨다는 것을 발견하였다. 학습자들은 자신들의 노력을 통해 능력을 향상시킬 수 있다고 믿을 때, 과제/학습목표지향을 채택할 가능성이 더 많다(Dweck & Leggett, 1988; Meece, 1994; Nicholls & Miller, 1984). Purdie, Hattie, Douglas(1996)는 오스트레일리아와 일본 학생들 사이에서 이해로서의 학습에 대한 개념이 학습전략들을 더 많이 사용하게 한 것과 관련이 있다는 것을 발견하였다. 이러한 점증적인(incremental) **능력의 개념(conception of ability)**과는 대조적으로, 고정된 개념을 지닌 학습자들은 한계를 설정해 놓을 때에만 노력이 능력을 향상시킬 것이라고 믿었다. 노력은 능력이 고정되어 있을 때 덜 중요하다.

성취목표 패턴은 또한 자기조절학습을 동기화시킬 수 있다(Zimmerman & Cleary, 2009). 학습자들에게 학습목표지향을 강조하는 피드백을 제공하는 것은 수행목표들을 강조하는 피드백을 제공하는 것보다 자기효능감, 동기, 자기조절적 활동, 성취를 강화시킨다(Schunk & Swartz, 1993a, 1993b). 성취목표는 학습자들의 과제 지속성과 노력 투입에 영향을 미친다(Elliott & Dweck, 1988; Stipek & Kowalski, 1989). 수행지향 조건들하에서, 지각된 능력이 낮은 아동들은 자신이 실패한다고 느끼기 시작할 때, 수행 퇴보를 경험한다(Meece, 1994). 그러나 이러한 패턴은 지각된 능력과는 관계없이 학습지향적인 학습자들에게서는 발견되지 않았고, 지각된 능력이 높은 수행지향적인 아동들에게서도 발견되지 않았다. Ames와 Archer(1988)는 학급의 완전학습목표지향은 효과적인 학습전략 및 학습자들이 보고한 노력 귀인의 사용과 정적인 관계가 있음을 발견하였다.

선행연구는 또한 성취목표(achievement goals)는 학습자가 어떻게 공부하는지와 무엇을 배우는지에 영향을 미칠 수 있다고 보았다(Dweck & Master, 2008). 학습지향 학습자는 개념적 이해를 강화하고 인지적 노력(예: 정보 통합하기, 이해력 점검하기)을 요구하는 심층적인 정보처리전략(deep processing strategies)을 사용하는 경향이 있다(Graham & Golan, 1991; Nolen, 1988, 1996; Pintrich & Garcia, 1991). 반대로, 자아지향적인 목표패턴들(ego-oriented goal patterns)은 시연과 기억처럼 단기적이고 표층수준의 과정전략들과 관련된다(Graham & Golan, 1991; Meece, 1994).

가정과 학교에서의 요인들은 자기조절에 있어서 학습목표지향의 역할에 영향을 미칠 수 있다. 자기향상을 강조하는 학습상황, 새로운 정보의 발견, 학습내용의 유용성은 학습목표지향(learning-goal orientation)을 촉진시킬 수 있다(Ames & Archer, 1988; Graham & Golan, 1991; Jagacinski & Nicholls, 1984). 반대로, 대인관계적 경쟁, 지적 기능에 대한 시험, 표준적 평가는 수행목표를 강화할 수 있다. Murdock과 Anderman(2006)은 수행목표가 부정행위와 관련되어 있는 반면, 완전학습목표를 추구하는 학생은 부정행위를 할 가능성이 적다는 것을 발견하였다.

요컨대, 이러한 증거는 수행목표가 학점과 관련이 있지만, 학습목표지향이 수행목표지향보다 성취동기, 신념, 기능습득을 더 촉진시킨다는 것을 말한다. 이러한 결과들을 설명할 수 있는 기제를 생각해 보자.

능력의 개념

Dweck과 동료들은 목표지향이 지능과 능력의 본질에 관한 이론과 밀접한 관련이 있다고 가정하였다(Dweck, 1991, 1999, 2006; Dweck & Leggett, 1988; Dweck & Master, 2008; Dweck & Molden, 2005). Dweck(1991, 2006)은 지능에 대한 두 가지 이론, 즉 실체이론과 점증이론을 주장하였다. **실체이론(entity theory)**[또는 **고정된 사고방식(fixed mindset)**]을 고수하는 사람들은 지능이 비교적 고정되어 있고, 안정적이며, 시간과 조건에 따라 변화하지 않는다고 믿는다. 노력은 개인의 한계에 도달하도록 돕지만, 한계를 초월하지는 못한다. 난이도는 장애물로 인식되며, 자기효능감을 더 낮게 만들 수 있고, 학습자들이 비효과적인 전략들을 사용하고 포기하게 만들거나 대충 대충 일하게 한다.

이와는 대조적으로, **점증이론(incremental theory)**[또는 **성장사고방식(growth mindset)**]을 고수하는 사람들은 학습과 지능을 대략 동일시한다. 학습자들은 지능이 변화할 수 있고 경험, 노력, 학습을 통해 발달할 수 있다고 믿는다. 지능의 한계가 존재한다면 지능에 대한 가장 높은 극한점은 충분히 높고, 누군가가 향상을 하기 위해 더 열심히 일하는 것을 제한하지 않는다. 난이도는 도전으로 여겨지며, 만약 학습자들이 열심히 노력하고 과제를 지속시키며 효과적인 전략을 사용한다면, 자기효능감을 증가시킬 수 있다.

몇몇 예외로, 지능에 대한 성장사고방식(점증적 관점)을 지지하는 학습자들은 학습이 자신의 총체적 능력을 증진시킬 것이라고 더 믿는다. 따라서 학습목표를 선택하는 경향이 더 많다. 반대로, 고정된 사고방식(실체이론)을 지지하는 학습자들은 학습이 그들의 총체적인 능력수준을 증가시키지 않을 것이라고 믿기 때문에 학습목표들을 덜 채택할 가능성이 있다. 이러한 예측들은 연구결과에 의해 지지되었다(Dweck, 1991, 1999, 2006; Dweck & Molden, 2005).

선행연구는 또한 능력과 동기, 성취결과들에 대한 개념들 간에 중요한 관계가 있음을 보여준다. Wood와 Bandura(1989)는 성인이 경영 의사결정 과제를 이행하게 하고, 그들에게 의사결정능력이 고정적(그들의 기본적 인지능력을 반영하는)이거나 점증적(훈련을 통해서 발전하는)이라고 말하였다. 종종 이러한 능력개념들은 각각 자아지향 및 과제지향과 관련된다(Dweck & Leggett, 1988; Jagacinski & Nicholls, 1984; Nicholls, 1983). 점증적 의사결정자들은 높은 자기효능감을 유지하고, 도전적 목표들을 세우며, 규칙들을 효과적으로 적용하고, 더 잘 수행하였고, 실체인 피험자들은 자기효능감의 감소를 보였다. Jourden, Bandura, Banfield(1991)는 운동과제(motor task)를 수행한 대학생들에게서도 유사한 결과를 얻었다. 수행이 습득 가능한 기능이라고 믿도록 하였던 피험자들은 증가된 자기효능감, 자신의 수행에 대한 긍정적인 자기반응, 증가된 기능습득, 과제에 대한 흥미를 보여 주었다. 반면, 수행이 타고난 적성을 반영한다고 믿게 한 피험자들은 자기효능감을 얻지 못하였고, 기능과 흥미를 거의 증가시키지도 못하였으며, 부정적인 자기반응을 보여 주었다.

암묵적 이론

구성주의이론(제8장 참조)은 인지적이나 정서적인 면을 포함한 동기의 많은 측면에 관심을 가진다. 학습과 동기에 관한 다수의 현대적 이론의 중심 전제이며, 구성주의적 가정에 잘 부합하는 전제는 사람들은 어떻게 학습하는지, 무엇이 학교에서의 성취에 중요한지, 동기가 어떻게 수행에 영향을 미치는지와 같은 쟁점에 관해 자신만의 **암묵적 이론(implicit theories)**을 가지고 있다는 것이다. 학습과 사고는 학습자의 인지에 관한 신념의 맥락 안에서 일어나며, 이는 개인, 사회, 문화적 요인에 따라 다르다(Greeno, 1989; Moll, 2001).

학습, 사고, 능력과 같은 과정에 대한 암묵적 이론이 학습자들이 어떻게 학습을 시작하는지, 자신들의 성취, 무엇이 학급 밖에서 자신들을 성공으로 이끄는지에 대한 관점에 영향을 미친다는 것을 보여주는 연구들이 있다(Duda & Nicholls, 1992; Dweck, 1999, 2006; Dweck & Leggett, 1988; Dweck & Molden, 2005; Nicholls, Cobb, Wood, Yackel, & Patashnick, 1990; Yeager & Dweck, 2012). 다음 절에서는 고정된 사고방식과 성장사고방식이 어떻게 학습자들의 동기에 다르게 영향을 미칠 수 있는지에 대해 다룬다. 또한 암묵적 이론과 사고방식이 학습자들이 정보를 처리하는 방식에 영향을 미칠 수 있다는 증거를 보여준다(Graham & Golan 1991). 학습결과가 자신의 통제 아래에 있다(성장사고방식)는 것을 믿는 학습자는 정신적 노력을 열심히 하고, 더 많은 연습을 하며, 조직화 전략을 사용하고, 학습을 증진시키기 위해 다른 전술들을 도입할 수 있다. 반대로, 고정된 사고방식을 가지고 있는 학습자는 이와 같은 노력을 하지 않을 수도 있다. 학습자에 따라 학급 학습의 형태를 어떻게 보느냐가 다르다.

Nicholls와 Thorkildsen(1989)은 초등학생들이 실질적인 것들(예: 수학적 논리, 자연에 관한 사실)에 관한 학습이 지적 관습(예: 철자법, 덧셈을 표현하는 방법)을 학습하는 것보다 더 중요하다고 지각하는 것을 발견하였다. 또한 학생들은 설교적 교수방법이 논리나 사실을 가르치는 것보다 관습적인 것의 학습에 더 적절하다고 보았다. Nicholls,

Patashnick, Nolen(1985)은 고등학생들이 어떠한 종류의 행동이 성공으로 이끄는지에 관해서 확고한 신념을 가지고 있는 것을 발견하였다. 학습에서 과제의 완수는 학습자가 성공이 학습에 관한 흥미와 연관되며, 열심히 공부하는지, 이해하려고 노력하는지(암기와는 반대로), 협동적으로 공부하는지에 달려 있다는 신념과 긍정적으로 관계된다.

암묵적 이론은 아동이 사회화의 영향을 접함에 따라 규정되는 가능성이 있다. Dweck(1999)은 세 살 반 정도의 아동들에게서 암묵적 이론의 증거를 발견하였다. 아동들은 초기에 옳고 그름과 좋고 나쁨에 대해 의미 있는 타인에 의해 사회화된다. 아동은 들은 것과 관찰한 것을 통해서 옳음, 나쁨, 그 외의 것에 대한 암묵적 이론을 형성한다. 과제 달성의 경우, 타인의 칭찬과 비평은 아동들이 좋고 나쁜 결과를 낳는 것을 믿는 바에 영향을 준다(예: "너는 열심히 해서 올바른 결과가 나왔구나." "너는 이것을 올바르게 할 능력이 없어."). 다른 신념들을 가짐에 따라 이들이 맥락에 포함되며, 교사와 부모들은 달성에 관한 다른 원인(노력과 능력)을 강조할 수 있다. 아동들은 학교에 입학할 때 쯤 대부분의 상황을 다루는 폭넓은 범위에 대해 자신이 구성한 암묵적 이론을 가지고 있다. 학습자들에게 노력, 좋은 전략의 사용, 성공을 돕는 타인의 도움을 강조하는 것은 성장사고방식의 발달을 도울 수 있다(Yeager & Dweck, 2012).

암묵적 이론에 관한 연구는 학습에서는 학업내용의 기억네트워크를 발달시키는 것 이상이 필요하다고 제안한다. 또한 아동들이 개념의 이해를 경험의 기능으로 개선하고, 수정하며, 결합시키고, 자세히 설명하는 방법이 중요하다. 이러한 이해는 개인적 신념 체계 안에 있으며 지식의 유용성과 중요성에 대한 신념, 타인이 알고 있는 바와 어떻게 관련되는지, 어떠한 상황이 적절한지를 포함한다.

내재적 동기

내재적 동기(intrinsic motivation)는 과제 참여를 제외한 명백한 보상 없이도 활동에 관여하려는 욕구를 말한다(Deci, 1975). 내재적 동기는 **외재적 동기**(extrinsic motivation) 또는 목적을 위한 수단으로서의 활동에 관여하려는 욕구와 반대된다. 내재적 동기와 외재적 동기는 연속체의 양 극단은 아니다. 이들 사이에 어떤 것이 높고 어떤 것이 낮다는 자동적인 관계는 없다(Lepper, Corpus & Iyenger, 2005). 어떤 주어진 활동에 있어, 개인은 두 동기가 다 높을 수 있고, 둘 다 낮을 수 있으며, 한 가지는 평균이고 다른 한 가지는 평균 이하일 수 있다.

학습을 위한 내재적 동기의 중요성은 학습에 대한 흥미가 인지적 과정과 성취에 정적인 관계를 보인다는 연구에 의해 강조되었다(Alexander & Murphy, 1998; Schiefele, 1996,

2009). 이하에서는 특히 학습에 연관된 내재적 동기에 대해 다룬다.

초창기의 관점

내재적 동기에 대한 초창기의 관점은 그것을 성찰적인 효능동기, 완전학습동기, 부조화와 각성이라고 생각하였다.

효능동기.　White(1959)는 그의 독창적인 논문에서 **효능동기**(effectance motivation)를 다음과 같이 정의하였다.

> 적성 또는 능력, 동의어는 연상능력, 재능, 효능성, 완전학습, 기능. 그러므로 이것은 움켜쥐는 것과 탐구하는 것, 살금살금 다가가는 것과 걷는 것, 주의와 지각, 언어와 사고, 조작하는 것과 환경을 바꾸는 것과 같은 것을 묘사하는 적절한 단어이며, 이 모든 것들은 환경과의 효과적인–유능한–상호작용을 촉진시킨다. 행동은… 직접적이고, 선택적이며, 지속적이다. 욕구들은 실제로 거의 완벽하게 만족될 수 없으므로, 일차적인 욕구들을 만족시키기 위한 행동이 계속되지는 않는다. 오히려 환경을 다루려고 하는 내재적인 필요들을 만족시키기 때문에 계속된다. (pp.317-318)

효능동기는 어린 아동들에게서는 자신의 주의를 끄는 환경적인 특성들과 상호작용함으로써 나타난다. 어린 아동들은 어떤 사물에 다가가서 그것을 손에 쥐고, 뒤집으며, 통제하려고 노력하면서 그것을 밀칠 수도 있다. 어린 아동들에게는 효능동기가 미분화되어 있다. 그것은 환경의 모든 측면들 쪽으로 나아간다. 동기는 발달하면서 점점 더 구체화된다. 아동들이 학교에 입학하자마자 그들은 다양한 학교 교과목에서의 성취행동으로 효능동기를 보인다.

효능동기는 생물학적인 동기가 만족되었을 때 발생하며, 미래의 욕구만족을 촉진시킨다. 처음에는 단지의 뚜껑을 여는 것이 효능동기를 만족시키지만, 아동들은 그렇게 하면서 쿠키가 단지 속에 들어 있다는 것을 학습한다. 그리고 이러한 지식은 향후 배고픔을 만족시키기 위해 사용된다.

완전학습동기.　효능동기의 개념은 직관적으로 마음을 사로잡는다. 그러나 효능동기의 일반성(generality)은 행동에 대한 설명 기제로서의 효능동기의 원인을 찾고, 효능성을 찾는 것을 제한한다. 더 나아가, 이러한 포괄적인 구조에 영향을 미치는 방법과 학업동기를 향상시키는 것에 관해서는 불명확하다.

Harter(1978)는 **완전학습동기**(mastery motivation)에 대한 발달적인 모형에서 효능동기의 선행사건과 결과를 구체화시키려는 시도를 하였다. White는 성공에 초점을 둔 반면, Harter는 성공과 실패를 고려하였다. Harter는 또한 사회화 동인과 보상의 역할들, 아동들이 어떤 과정에 의해 완전학습목표를 내재화시키고 자기보상시스템을 개발시키는지, 효능동기의 중요한 상관물(예: 지각된 유능감, 통제)을 강조하였다.

모형의 일부분은 성공을 설명하고 있으며, 그것은 White의 서술과 상당히 유사하다. 효능동기는 완전학습 시도들을 일어나게 할 수 있다. White는 동기의 일반적인 면을 고려하였지만, Harter는 동기를 영역에 따라(예: 학교, 동료들, 스포츠) 분화시켰다. 대부분의 행동들은 최적의 도전적인 과제들을 포함한다. 성공들은 내재적 즐거움과 유능감 및 통제에 대한 지각을 만들어 내며, 이것은 다시금 효능동기를 강화시킨다.

또한 중요한 점은 사회화 동인이다. 완전학습 시도들을 위한 약간의 긍정적인 강화는 동기를 발달시키고 유지하는 데 필수적이다. 이러한 강화의 대부분은 일차적 양육자로부터 오고, 점차적으로 자기보상시스템이 내재화되는데, 이는 아동들이 완전학습 시도들을 위해 자기 자신을 강화시키는 것을 말한다. 아동들은 타인의 관찰을 통해 완전학습목표들을 습득하고, 내재화는 발달과 함께 더욱 완성되어 간다. 이러한 점을 지지하는 연구는 학습기회와 활동들을 강조하는 가정의 아동들이 학습에 대해 더 높은 내재적 동기를 나타냄을 보여준다(Gottfried, Fleming, & Gottfried, 1998).

사회적 환경이 아이들의 본성적인 욕구들을 만족시킬 때 긍정적인 결과를 보인다. 반응적이지 않은 환경과 결합된 성공적이지 못한 완전학습 시도들은 유능감에 대한 낮은 지각, 외부 통제소재, 불안을 이끌 수 있다. 만약 아이들이 목표를 세우고 행동을 보상하는 데에 있어서 타인에게 점차적으로 의존하게 된다면, 효능동기는 감소하게 된다.

연구결과들은 모형에서 제시하고 있는 많은 부분을 지지한다. 예를 들어, 내재적 동기는 지각된 유능감 및 내부 통제와 정적인 관계가 있다(Harter, 1981; Harter & Connell, 1984). 사회적 모형들은 완전학습행동과 학습의 중요한 원천들이다(Bandura, 1986, 1997; Schunk, 1987). 지각된 유능감은 내재적 동기와 정적인 관계를 보인다(Gottfried, 1985, 1990). 사회화 동인들이 중요할지라도, 연구자들은 학습목표를 세우고 귀인피드백을 제공하며, 자기조절전략을 가르치는 것을 포함한 완전학습행동을 촉진시킬 수 있는 다른 방법을 증명해 왔다(Ames, 1992a; Pintrich & Schrauben, 1992; Schunk, 1995; Zimmerman, 2000; Zimmerman & Cleary, 2009). 이론의 교육적인 시사점들은, 예를 들어, 어떻게 학습자들이 수업에 대한 내재적 지향을 채택할 수 있도록 가르칠 수 있는지에는 관심이 상대적으로 적었을 뿐이다.

부조화와 각성. 몇몇의 연구자들은 내재적 동기가 수많은 환경적 자극을 중재하려는 타고난 욕구들을 반영한다고 가정하였다. Hunt(1963)는 탐구적인 행동들과 호기심은 내재적으로 동기화되며, 이전 경험과 새로운 정보 간의 부조화라는 결론을 이끈다고 주장하였다. 사람들은 환경으로부터 정보를 받아들이고, 내적 표상들과 그것을 비교한다. 투입(input)과 내재적 지식 또는 기대 간에 부조화가 존재할 때, 사람들은 부조화를 감소시키기 위해 내재적으로 동기화된다. Hunt는 사람들이 부조화의 최적수준을 필요로 한다고 가정하였다. 사람들은 그러한 수준이 결핍되었을 때 그것을 제공해 주는 환경을 찾는다. 너무나 많은 부조화는 좌절을 초래하며, 좌절감을 감소시키기 위한 욕구가 일어난다. 비록 Hunt의 견해들은 직관적인 장점을 지니고 있지만, "부조화의 최적수준"이 모호하고, 동기를 일으키는 데 얼마나 많은 부조화가 필요한 것인지 분명하지 않기 때문에 그 견해들은 비판을 받아 왔다(Deci, 1975).

마찬가지로, Berlyne(1960, 1963)은 심리적 부조화(신경시스템에 대한 자극)에 대한 최적수준은 필수적이고 적응적이라고 가정하였다. 만약 그것이 너무 낮게 되면, 사람들은 그것을 증가시키기 위해서 내재적으로 동기화된다. 반대로, 그것이 너무 클 때는 그것을 줄이기 위해 동기화된다. Berlyne의 "각성 잠재력(arousal potential)"은 Hunt의 심리적 부조화를 위한 심리적 수준과 거의 동일하게 해석될 수 있다. 신기함, 모호함, 부조화와 놀람을 포함하는 자극이 되는 속성들은 각성에 영향을 주고 사람들로 하여금 대상들을 탐구하도록 동기화시킨다.

비록 각성과 부조화의 개념이 직관적으로 그럴듯해 보이기는 하지만, 각성의 최적수준 또는 부조화의 최적수준이라는 개념은 모호하며, 동기에 자극을 주기 위해서는 얼마나 많은 정도가 필요한지 불명확하다. 실제로, 우리는 신기함과 놀라움이 학습자들의 흥미를 불러일으킨다는 것을 알고 있지만, 어느 정도의 양이 그 두 가지의 최적인지 알 수 있는가? 그 양이 너무 많다면 좌절이 생기게 할지도 모르고, 상황으로부터 벗어나려는 시도를 하거나, 학습에 흥미를 떨어뜨릴지도 모른다.

지각된 통제

내재적 동기에서 인지적인 개념은 과제에 관여할 때 **지각된 통제(perceived control)**가 한결같이 예상되며 결과가 중요한 영향을 미친다는 것이다(Schunk & Zimmerman, 2006). 또한 지각된 통제는 동기와 관련된 행동에 대한 심리학적 관점인 학습된 무력감과 같은 신념시스템의 중심을 형성한다.

통제신념. 사람들은 자신들이 여러 상황과 환경을 많게 또는 적게 통제한다고 믿을 것이다. Bandura(1986)가 자기효능감과 성과기대를 구별하였다는 것을 회상해 보자(제4장 참조). 전자는 학습하거나 행동을 수행할 수 있는 지각된 능력을 의미하며, 후자는 행동의 결과에 대한 신념들을 의미한다. 지각된 통제[또는 **행위주체(agency)**]는 이러한 기대들 모두에서 핵심이다. 자신이 배우는 것, 수행하는 것, 자신의 행동에 대한 결과를 통제할 수 있다고 믿는 사람들은 행위주체감(sense of agency)을 가지고 있다. 그들은 자신의 능력과 자신의 행동 결과에 대해 낮은 통제감을 갖고 있다고 믿는 사람들보다 자신의 종착지를 향한 행동들을 시작하고 유지하는 경향이 더 많다.

Skinner, Wellborn, Connell(1990)은 지각된 통제력에 기여하고, 학교에서 중요한 세 가지 유형의 신념들을 구분하였다. **전략신념**(strategy beliefs)은 성공에 영향을 미치는 요인들이다(예: 능력, 노력, 타인들, 운, 알려지지 않은 요인들에 대한 기대감). **능력신념**(capacity beliefs)은 능력, 노력, 타인들, 운에 관련된 개인적 능력들을 의미한다. 예를 들어, 전략신념은 이러하다. "내가 좋은 학점을 받기 위한 가장 좋은 방법은 열심히 공부하는 것이다." 능력신념은 "나는 학교에서 열심히 공부하는 것처럼 보일 수 없다."이다. **통제신념**(control beliefs)은 구체적인 방법과 관계없이 학교에서 잘 공부하게 하는 개인의 기회에 대한 기대감이다(예: "나는 내가 원한다면 학교에서 잘 해낼 수 있다.")

Skinner 등은 이러한 세 가지 신념들이 학습에서의 적극적인 관여를 감소시키거나 촉진함으로써 학업 수행에 영향을 미치며, 교사들은 **유관성**(contingency)(명확하고 일관성 있는 지도와 피드백)과 **관여**(involvement)(학습자들에 대한 관심과 자원의 뒷받침)를 제공함으로써, 통제에 대한 학습자들의 지각에 기여한다고 보았다.

연구결과들은 또한 사람들이 자신이 스스로의 환경을 통제한다고 생각할 때, 혐오적인 자극을 더 잘 견더내며 더 높은 수준으로 수행함을 보여준다. 초창기 연구에서 Glass와 Singer(1972)는 성인들에게 과제를 수행하게 하고 그들을 시끄럽고 불쾌한 소음에 정기적으로 노출시켰다. 무통제(no-control) 피험자들은 소음을 통제할 수 없었다. 연구자들은 직접통제(direct-control) 피험자들에게는 그들이 버튼을 눌러서 소음이 나지 않게 할 수 있다고 말하였지만, 필요한 경우가 아니라면 버튼을 누르지 말아야 한다고 하였다. 연구자들은 지각된 간접통제(indirect-control) 피험자들에게는 버튼을 누르면 소음을 멈출 수 있는 사람에게 신호를 보낼 수 있다고 설명하였으며, 필요한 경우가 아니라면 버튼을 누르지 말아야 한다고 말하였다. (직접적 또는 간접적으로) 지각된 통제는 무통제 조건과 비교해 볼 때 상당히 오랫동안 지속되었으며, 더 적은 실수들을 보였다. 통제력을 지각한 개인들은 무통제 피험자들보다 그 소음을 덜 혐오적으로 판단하였다. 이러한 결과는 행위주체감 또는 통제력을 가지고 있는 학습자들이 어려움을 잘 견디며 점차적으로 성공할 수 있다는 것을 보여준다.

학습된 무력감. **학습된 무력감**(learned helplessness)은 이전에 경험한 통제 불가능으로 인해 생겨난 동기, 인지적 과정, 정서에서의 혼란을 포함한 심리학적 상태를 의미한다(Maier & Seligman, 1976; Peterson, 2000; Seligman, 1975, 1991). 학습된 무력감은 통제의 지각을 강조하는 심리학적 현상이며 내재적 동기에 영향을 미친다. 학습된 무력감은 반응과 결과 사이에서 지각된 독립으로부터 생겨난다.

무력감은 피할 수 없는 충격을 받는 개들에 대한 실험연구를 통해 밝혀졌는데, 그 개들은 다른 장소로 움직이기 위해 장애물을 뛰어넘는 행위에 의해서만 충격을 피할 수 있었다. 그 이전에 피할 수 없는 충격에 조건형성되었던 개들은 이 실험에서 새로운 장소로 벗어나려는 시도를 하지 않았고 충격을 수동적으로 견뎌냈다. 이전에 피할 수 없는 충격에 노출되지 않았던 개들은 탈출하는 방법을 쉽게 학습하였다.

무력감의 한 가지 징후는 **수동성**(passivity)이다. 사람들은 그들이 상황을 통제할 수 없다고 믿을 때 아무것도 하지 않을지도 모른다. 무력감은 또한 학습을 지연시킨다. 통제 불가능한 상황에 노출된 사람들과 동물들은 통제 불가능에 노출되지 않은 사람이나 동물들보다 적응적인 반응들을 결코 배우지 못하거나 보다 느리게 배울지도 모른다. 무력감은 **정서적인 징후**(emotional manifestations)를 보인다. 이전의 통제 불가능한 상황들은 초반에 사람들이 보다 공격적으로 반응하게 할지도 모르지만, 그 행동은 점차적으로 덜 독단적이 된다. 무력감은 지각된 통제에 의존하는 내재적 동기를 약화시킨다.

학습된 무력감에 관한 Seligman의 초창기 모형은 귀인을 통합하기 위해 새로 만들어졌다(Abramson, Seligman, & Teasdale, 1978). 새로 만들어진 모형은 결과에 대한 설명(귀인)이 결과에 대한 미래의 기대와 그것에 대한 반응에 영향을 미친다고 가정한다. 설명은 세 가지 차원, 즉 **안정-불안정**(stable-unstable), **총체적-특수적**(global-specific), **내재적-외재적**(internal-external) 차원에 따라 달라진다. 부정적인 결과를 안정된 원인으로 귀인하는 사람(예: "나는 언제든 항상 늦게 도착해.")은 불안정한 원인에 귀인하는 사람들(예: "나는 날씨가 안 좋으면 늦게 도착해.")보다 미래에 나쁜 사건들을 기대할 가능성과 무력감을 습득할 가능성이 더 많다. 원인들은 한 사람의 삶(총체적)이나 어느 한 부분(특수한)에만 영향을 미칠 수 있다. 학습자들은 그들이 교과목 모두 또는 한 가지 과목에서 능력이 부족하다고 믿을지도 모른다. 총체적인 귀인들은 무력감을 낮게 할 가능성이 더 높다. 부정적인 사건들에 대한 원인은 개인에게 내재적(낮은 지능)이거나 외재적(교사가 불공정한 시험을 출제)일 수도 있다. 내재적 귀인들은 무력감을 낮게 하는 경향이 있다. 요컨대, 무력하기 쉬운 사람들은 대부분 일반적으로 내재적이고 총체적이며 안정된 귀인들로 부정적 사건들을 설명하는 사람들이다(예: "나는 똑똑하지 않기 때문에 학교에서 잘하지 못한다.").

학습된 무력감과 낮은 내재적 동기는 부정적 신념들이 학문적인 실패들과 상호작용하는 바람직하지 않은 순환으로 들어가는 학습문제들을 지닌 많은 학습자들의 특성을 묘사한다(Licht & Kistner, 1986). 여러 가지 이유로 학습자들은 학교에서 실패하고 나서 자신의 학습능력을 의심하기 시작하며, 학문적인 성공을 통제 불가능하다고 여긴다. 이러한 신념들은 좌절을 가져오고 과제를 쉽사리 포기하게 한다. 노력과 지속성의 결핍은 더 많은 실패를 가져오고 부정적 신념들을 강화시킨다. 결과적으로, 학습자들은 외적인 원인으로 자신의 성공을 해석하는데, 즉 과제가 쉬웠다, 운이 좋았다, 교사가 나를 도와주었다

등이 그것이다. 그들은 실패가 자기효능감, 동기, 성취에 부정적으로 영향을 주는 낮은 능력(내재적, 총체적, 안정적)의 탓이라고 귀인한다(Nolen-Hoeksema, Girgus, & Seligman, 1986). 이 장 서두의 에피소드에서, Magaret은 학습된 무력감이 될 가능성이 큰 사람일 수도 있다.

보통의 학습자와 비교할 때, 학습문제를 지닌 학습자들은 성공에 대해 더 낮은 기대를 가지고 있으며, 자기 자신의 능력을 더 낮게 판단하고, 실패의 원인으로 능력의 결핍을 강조한다(Chapman, 1988; Harris, Graham & Mason, 2006; Palmer, Drummond, Tollison, & Zinkgraff, 1982). 이러한 학습자들은 종종 실패를 적은 노력의 탓이라고 귀인하지 않는다(Pearl, Bryan, & Donohue, 1980). 그들은 곤란함에 처하고, 성공과 실패에 대한 통제할 수 없는 원인들이 생각나며, 결과에 미치는 내재적 통제에 대한 낮은 지각을 고수할 때, 쉽게 포기한다(Licht & Kistner, 1986).

Dweck은 성취동기에 대한 모형에 학습된 무력감을 통합시켰다(Dweck, 1986, 1999; Dweck & Leggett, 1988). 자아관여는 무력한 학습자들의 특징을 설명해 준다. 그들의 학교에서의 목표들은 과제를 완성하고 자신의 능력에 대한 부정적인 판단을 피하는 것이다. 그들은 고정된 사고방식을 가지고 있으며 지능은 고정된 양(stable quantity)이라고 믿을지도 모른다(Dweck, 2006). 그들은 도전을 회피하고, 곤란에 직면하면 낮은 수준의 지속성을 보이며, 자신의 능력에 대해 낮은 지각을 고수하고, 과제를 수행하는 동안 불안을 경험하기도 한다(Diener & Dwck, 1978). 반대로, 완전학습지향적인 학습자들은 성장사고방식을 가지는 경향이 있으며, 과제관여적인 성취패턴을 나타낸다. 그들은 지능이 향상될 수 있다고 믿으며, 그들의 목적은 학습하며 더 유능해지는 것이다. 그들은 자신의 학습능력을 높은 수준으로 지각하며, 도전을 자주 추구하고, 어려운 과제들을 지속한다.

교수적인 환경과 관련된 변인들은 학습문제들을 지닌 학습자들이 이러한 순환으로 들어가는 것을 막거나 그것을 극복하도록 돕는다(Friedman & Medway, 1987). 귀인피드백은 학습자들의 부적응적인 성취신념들과 행동들을 변화시킬 수 있다. 교사들은 또한 학습자들에게 그들이 성취할 수 있는 과제를 주고, 학습목표를 향한 향상 정도를 강조하는 피드백을 줄 필요가 있다(Schunk, 1995; Stipek, 2002). Stipek와 Kowalski(1989)는 과제전략을 학습자들에게 가르치는 것은 노력의 역할을 별로 강조하지 않는 아동들의 학문적인 수행을 촉진시킨다는 것을 발견하였다.

자기결정

Deci와 동료들(Deci, 1980; Deci & Moller, 2005; Deci & Ryan, 1991; Grolnick, Gurland, Jacob, & Decourcey, 2002; Reeve, Deci, & Ryan, 2004; Ryan, Connell, & Deci, 1985; Ryan

& Deci, 2000, 2009)은 내재적 동기는 선천적인 인간의 욕구이며, 유능감과 **자기결정(self-determination)**, 또는 "개인의 의지를 사용하는 과정"(Deci, 1980, p.26)의 미분화된 욕구처럼 유아들 안에서 일어난다고 가정하였다. 아동들이 발달하면서 내재적 동기는 구체적인 영역들(예: 체육, 학문)로 분화되며, 환경적인 상호작용들은 분화의 방향에 영향을 미친다.

자기결정이론은 내재적 동기가 세 가지의 기본적인 선천적 심리학적 욕구(경쟁, 자율성, 관계)에 의해 영향을 받는다고 가정한다. 경쟁에 관한 욕구는 White(1959)의 환경을 지배하고자 하는 욕구(효능동기)와 비슷하다. 사람들은 과제나 활동, 그리고 큰 사회적 맥락에서 유능감을 느끼고 타인과 성공적으로 상호작용하고자 하는 욕구를 가진다. 자율성에 관한 욕구는 환경 안에서 상호작용할 때 통제 또는 주체성을 가지는 것을 의미하며(Ryan & Deci, 2000), 내적 통제소재와 유사하다. 관계는 집단에 속하고 싶은 욕구이며, 이는 또한 소속감에 대한 욕구를 의미한다.

내재적 동기는 "인간은 유능해지고 싶고 환경과의 관계에서 자기결정을 할 필요가 있다"는 것이다(Deci, 1980, p.27). 내재적 동기를 향한 욕구는 사람들의 의지에 활기를 북돋우며, 그 **의지(will)**는 욕구를 충족시키기 위해 내재적 동기의 에너지를 사용하고, 경쟁 욕구들의 충돌을 해결하며, 욕구들을 견제한다. 내재적 동기는 개인이 의도적으로 행동할 때 충족된다. 이는 보여지는 행동의 근본적 욕구보다 내재적으로 동기화시키는 자기결정의 과정이다. 사람은 학습에 대한 내재적 욕구를 가지고, 독서나 웹사이트를 탐색함으로써 이를 드러내 보일 수 있다. 실제적인 읽기가 더욱 만족감을 줄 수 있겠지만, 내재적 동기는 어떤 책이나 웹사이트를 읽을지 결정하고 그것을 읽기 시작할 때 충족된다.

이러한 자기결정관점은 사회적 가치와 관습의 내재화를 강조한다. 사회는 수많은 외재적 보상과 통제를 함유하고 있으며, 그것은 자기결정에 대한 아동의 추구와는 잘 들어맞지 않을 수도 있지만, 좋은 행동과 사회적 기능을 낳게 한다. 이러한 외재적 동기들은 발달해 나가면서 자기조절시스템(제10장 참조)의 일부분으로 내재화될지도 모른다.

동기는 연속체(continuum)로써 개념화된다. 즉, 내재적 · 외재적인 동기는 목표에 단단히 고정되고, 그 중간 과정에는 원래는 외재적으로 동기화되었지만 내재화되고 지금은 자기결정화된 행동들이 있다. 예를 들어, 학습자들은 몇몇 학업 활동들을 회피하기를 원할 수도 있지만, 보상을 얻고 교사의 처벌을 피하기 위해서 그것을 수행한다. 기능이 발달하고, 학습자들 자신이 좀 더 유능해지고 있다고 믿게 되면, 그들은 학습에 대한 통제감과 자기결정을 지각하게 된다.

Deci의 견해는 시사하는 바가 커서, 이와 관련한 많은 후속연구들이 나왔다. 그것은 또한 학습에서 자기결정의 역할을 강조하기 때문에, 교육적인 실천을 위한 시사점도 가지고 있다. 이 모형 안의 많은 부분들이 분명하게 구체화되지는 않았지만, 이러한 개념들을 시험해 보기 위한 연구들이 계속되고 있다(Reeve et al., 2004).

보상과 내재적 동기

Lepper와 Hodell(1989)은 또 다른 내재적 동기의 개념으로서 **내재적 동기의 네 가지 요소**(four sources of intrinsic motivation), 즉 도전(challenge), 호기심(curiosity), 통제(control), 공상(fantasy)을 제안하였다. 이 장의 앞부분에서 논의된 관점들은 처음 세 가지 요소들의 중요성을 뒷받침한다. 공상 맥락들(예: 역할 연기, 모의실험) 또한 내재적 동기를 강화하도록 잘 고안된 것처럼 보인다.

우리는 일반적으로 내재적 동기가 증가한다고 생각하지만, 그것은 감소할 수도 있다. 연구들은 외적 보상을 얻기 위해 내재적으로 흥미 있는 활동들에 관여하는 것은 내재적 동기를 감소시킬 수 있음을 보여준다(Deci, Koestner, & Ryan, 1999, 2001; Lepper, Corpus, & Iyengar, 2005; Lepper, Henderlong, & Gingras, 1999). 이러한 결과는 보상들의 유행에 중요한 교육적 시사점을 준다.

사람들이 내재적으로 동기화될 때, 그들은 활동 그 자체의 이유로 활동에 관여한다. 과제를 수행하면 보상이 따른다. 과제는 수단인 동시에 목적이다. 내재적 동기의 보상은 유능감과 통제의 느낌, 자기만족, 과제 성공 또는 업적에 대한 자부심일 수 있다.

Csikszentmihalyi(1975)는 동기화된 행동들에 관여하는 사람들을 연구하고, 그들의 경험들이 전체적인 관여 또는 그 활동에 대한 몰입을 반영함을 발견하였다. **몰입**(flow)은 개인적인 과정이며, 새로운 목표들과 환경과의 상호작용의 결과로서 보상들의 발견으로부터 생겨나는 **자연발생적 동기**(emergent motivation)를 말한다(Cskiszentmihalyi & Rathunde, 1993; Meyer & Turner, 2002).

반대로, 외재적 동기는 그 과제의 외적인 이유들을 위해 활동에 관여하는 것과 관련된다. 이러한 활동은 어떠한 목적, 즉 대상, 학점, 피드백이나 칭찬, 다른 활동을 할 수 있게 되는 것을 위한 수단이다. 학습자들이 만약 우선 자신의 부모를 기쁘게 하고, 좋은 점수를 받거나, 교사의 칭찬을 받기 위해 학교에서 열심히 하려고 노력한다면, 외재적으로 동기화된다.

우리는 보통 내재적이고 외재적인 이유 모두를 위해 활동한다. 많은 학습자들은 학교에서 유능감을 느끼고 싶어하며, 자신의 일을 잘해서 자신감을 경험하고 싶어하지만, 그들은 또한 교사의 칭찬을 바라며 좋은 학점을 원한다. 보상은 본질적으로 외재적으로 동기화되지 않는다. Deci(1975)는 보상이 **정보적**(informational)이고 **통제적인**(controlling) 측면들을 가지고 있다고 하였다. 보상시스템들(reward systems)은 한 사람의 능력이나 행동의 통제에 대한 정보를 전달하기 위해 일차적으로 조직화될 수 있으며, 각각(정보나 통제)의 상대적인 특징은 수반되는 행동에 영향을 미친다. 성공적인 수행을 보이는 두드러진 정보적 측면은 유능감을 촉진시켜야 한다. 반면, 두드러진 통제적 측면은 행동의 원인으로써 보상에 대한 관점들을 이끌어 낼 수 있다.

예를 들어, 학급에서의 보상시스템의 경우, 학습자들이 더 많이 노력하여 완성할수록 더 좋은 점수를 얻을 수 있다고 가정해 보자. 비록 학습자들이 점수(점수는 특권과 교환 가능하기 때문에)를 따기 위해 열심히 하려고 할지라도, 점수는 학습자의 유능감에 대한 정보를 전달한다. 즉, 학습자들이 더 좋은 점수를 얻을수록 그들은 더 유능하다. 반대로, 만약 결과와 상관없이 점수가 과제에 투자한 시간으로 주어진다면, 그 과제는 우선 목표를 위한 수단으로 여겨질 수 있다. 그 점수는 능력에 대한 어느 것도 전달하지 못하며, 학습자들은 자신의 과제에 관여하는 것을 통제한 만큼 보상을 얻을 것이라고 볼 가능성이 더 많다. 단순히 과제를 함으로써 학습자에게 주어지는 예상되고 실질적인 보상은 내재적 동기를 감소시킨다(Cameron & Pierce, 1994, 2002).

Lepper(1983; Lepper et al., 1999)는 보상에 대한 지각이 학습자들의 내재적 동기에 영향을 미친다고 가정하였다. 동기는 주로 과제에 관여하기 위한 한 사람의 지각과 함수관계에 있다. 외재적 억제들이 두드러지고, 명확하며, 행동을 설명하기에 충분할 때, 개인들은 자신의 행동을 외재적 억제(constraint)로 귀인한다. 만약 외적 억제가 약하고, 분명치 않거나, 그들의 행동을 설명하는 데 있어 심리적으로 불충분하다고 여겨진다면, 사람들은 자신의 행동을 자신의 욕구나 개인적인 성향들에 귀인할 것이다.

한 전형적인 실험(Lepper & Greene, & Nisbett, 1973)에서 취학 전 아동들이 자유놀이 하는 것이 관찰되었다. 여러 시간 동안 그림을 그리는 학습자들이 연구대상이었으며, 그들은 세 가지 조건들 중 하나에 할당되었다. 예상된 보상집단의 경우, 아이들이 그림을 그리면 우등상을 수여하였다. 예기치 않은 보상집단의 경우, 아이들은 상장에 대한 약속을 받지는 않았지만, 그들이 그림을 그린 후에 예기치 않게 상장을 받았다. 보상이 없는 집단의 학습자들은 상장을 약속받지 않았고, 그것을 받지도 못하였다. 2주 후에 아이들은 또다시 자유놀이를 하게 되었다.

예상된 보상집단의 아이들은 사후실험에서 그들이 이전 연구에서 하였던 것보다 유의미하게 더 짧은 시간에 그림 그리기에 몰두하였지만, 다른 두 조건의 아이들은 유의미한 변화가 없었다. 예상된 보상집단의 아이들은 다른 조건들과 비교해서 사후실험에서 그림을 그리는 시간은 짧았다. 그것은 그 자체가 보상이 아니라는 점이 중요하다. 그것은 오히려 유관성(contingency)이었다.

Lepper 등(1973)은 **과잉정당화가설(overjustification hypothesis)**을 가정하였다. 즉, 그것을 목표(보상)를 위한 수단으로써 두드러지게 만드는 조건하에서 내재적으로 흥미로운 활동들에 관여하는 것은 그러한 활동에서 그 이후에 수반되는 흥미를 감소시킨다. 과잉정당화가설은 다른 과제들과 모든 연령의 참가자로 이루어진 실험연구에서도 지지되었다(Lepper et al., 1999; Lepper & Hodell, 1989).

보상욕구는 수행에 미치는 해로운 영향들을 가지지 않아야 한다. 보상들은 그들이 한 사람의 실제 수행과 관련되고, 그 사람의 학습에서 향상도를 보이고 있음을 보일 때, 기능, 자기효능감, 흥미가 발달되도록 도울 수 있다. 학습활동 동안 아이들이 완성한 양에 기초해서 보상을 제공하는 것은, 과제참여만으로 보상을 제공하는 것이나 보상들을 제공하지 않는 것과 비교할 때, 자기효능감, 동기, 기능의 습득을 증가시킨다(Schunk, 1983e). Bandura와 Schunk(1981)는 뺄셈교육 프로그램 동안, 더 높은 자기효능감은 아이들이 산수 문제들을 풀 때 계속해서 보여진 내재적인 흥미의 양과 정적인 관계가 있음을 발견하였다.

따라서 보상들이 한 사람이 학습하였음을 나타낼 때, 그것들은 자기효능감과 내재적 동기를 증가시킬 수 있다. 점수는 보상의 형태에 따라서 동일한 방법으로 기능할 수 있다. 향상된 점수는 그 사람이 그 과목에서 더 잘 수행하는 것을 나타내며, 이는 자기효능감과 이후의 학습을 위한 동기를 촉진시킨다. 불행하게도, 연구들은 발달함에 따라 학습에서의 어린 아동들의 내재적 동기가 감소됨을 보여준다(Lepper, Sethi, Dialdin, & Drake, 1997). 그럼에도 불구하고, 다른 연구에서는 흥미와 자기효능감이 초등학교와 중학교의 점수와 정적인 관계가 있음을 보여준다(Tracey, 2002). [적용 9.6]은 내재적 동기를 강화하고 유지하는 방법들을 보여준다.

흥미와 정서

흥미(interest)는 행동을 좋아하고 자발적으로 관여하는 것을 말한다(Schraw & Lehman, 2001). **정서**(affect)는 일반적 기분과 특별한 감정 둘 다를 포함하는 보편적인 단어이다(Forgas, 2000). 학습자의 흥미와 정서는 동기와 학습에 다양한 방법으로 연결되어 있다.

개인적 흥미와 상황적 흥미

연구자들은 일반적으로 상황적 흥미와 개인적 흥미를 구분한다. **개인적 흥미**(personal interest)는 상대적으로 지속적인 개인의 성향이나 성격을 뜻하는 반면, **상황적 흥미**(situational interest)는 과제나 행동에 대한 일시적 · 심리적인 상태의 흥미다(Krapp, Hidi, & Renninger, 1992; Schiefele, 2009). 두 형태의 흥미 모두 과제 또는 행동을 향한 것이기는 하지만, 개인적 흥미는 상황적 흥미보다 더욱 분산되고 오래 지속된다. 따라서 어떤 학습자는 춤에 대해 개인적 흥미가 있을 수 있는 반면, 다른 학습자는 특정한 춤 교습이나 활동에 대해 상황적 흥미를 가질 수 있다.

흥미는 동기와 내재적으로 연결된다. 행동에 흥미가 있는 학습자는 더욱 동기적으로

적용 9.6
내재적 동기

내재적 동기는 통제에 대한 지각과 유능감을 포함한다. 개인들은 어려운 상황을 정복함으로써 지각된 유능감을 발달시킨다. 만약 초등학교 교사가 할당된 시간 내에 과제를 완수하지 못하는 학습자들을 돕는다면, 그들은 보상(외재적 동기)을 제공할 수도 있고, 학습자들이 자신의 완성에 대한 자신감(내재적 동기)을 갖도록 할 수도 있다. 교사들은 초기에 결과를 증가시키기 위해서 학생들에게 컴퓨터를 사용할 수 있는 시간을 늘려 주거나 언어적 칭찬, 또는 학부모에게 보내는 특별한 쪽지와 같은 보상을 할 수 있다. 교사들은 점차 간헐적으로 보상하고, 학습자들이 자신의 완성에 더 많은 초점을 두도록 하기 위해 보상을 감소시켰다. 적절한 시간 안에 과제를 완성하는 능력은 학습자들에게 그들의 능력과 상황을 통제할 수 있는 능력에 대한 정보를 제공한다. 성공적으로 과제를 완성함으로써 얻는 자신감이 보상으로 작용할 때, 학습자들은 새로운 행동을 하기 위해 계속해서 내재적으로 동기화된다.

고등학생과 대학생들은 종종 학교에서의 성취를 얻기 위해, 즉 일차적으로 좋은 점수(외재적 동기인자)를 얻기 위해 동기화된다. 교사와 교수들은 각각의 과정에서 배우는 것과 "실제" 세계와의 관련성을 보여 주어야 하며, 각 학습자의 완성들이 실제 세계에서 성공적으로 되기 위한 능력과 관련이 있음을 보여 주어야 한다. 교사들은 학습자들이 배우고자 학습하고 싶어하기를 바라도록 이끌어야 하며, 이후의 도전들을 더 잘 준비할 수 있게 해주어야 한다(내적인 동기인자). 따라서 화학, 물리, 생물과 같은 과목들은 인공적인 실험실에서 하는 딱딱한 과목들이 아니라 먹는 것, 입는 것, 행하는 것, 일상생활에서 어떻게 행동해야 하는지와 직접적인 관련이 있어야 한다. 교생실습(인턴십)은 학습자들이 실제로 가르침을 경험함으로써 교수·학습에 관한 원리의 적용을 관찰할 수 있다. 학습에 대해 강화되고 지각된 가치는 학습에 대한 내재적 동기를 강화시킨다.

참여하고 시간이 지나도 참여를 유지한다(Schunk et al., 2014). 대학생들의 수업내용에 대한 내재적 흥미는 이들이 완전학습목표를 설정하고 몇 학기 후에도 흥미를 지속하는 것을 통해 낙관적으로 예측할 수 있다(Harackiewicz, Durik, Barron, Linnenbrink-Garcia, & Tauer, 2008).

　　흥미는 또한 학습의 원인이 된다. 연구자들은 개인적 흥미와 상황적 흥미 모두 주목, 기억, 이해, 깊은 인지적 처리, 달성과 같은 학습의 기준과 긍정적으로 연결되어 있음을 보여준다(Hidi, 2000; Hidi & Harackiewicz, 2000; Trautwein, Lüdtke, Marsh, Köller, & Baumert, 2006). 이는 심지어 취학 전 아동들에게도 사실인데, 아동들의 다양한 활동에서의 흥미는 이들의 집중, 인지, 시간이 지난 후 이 행동에 대한 기억 회상들을 예측한다.

어린 아동들이 개인적 흥미를 가질지라도, 이는 최초에는 상황적 흥미로부터 발달될 수 있다. Hidi와 Renninger(2006)는 네 단계의 흥미 발달에 관한 모형을 제시하였다. 이 네 단계는 촉발된 상황적 흥미, 지속된 상황적 흥미, 새로 생겨난 개인적 흥미, 잘 발달된 개인적 흥미다. 이 모형은 교사들이 맥락 또는 주제에 상황적 흥미를 만들어 내도록 노력해야 하며 시간이 지나면서 이러한 상황적 흥미는 개인적 흥미로 발달할 수 있음을 보여준다. 교사들은 이를 위해 즐거운 행동, 실생활과 연결된 내용, 다양한 기술의 형태를 자주 사용함으로써 노력한다. 상황적 흥미를 만드는 것은 모든 학생들이 개인적 흥미를 갖기를 시도하고 이를 각자 모두 다른 개인적 흥미에 맞게 구성하는 것보다 훨씬 쉽다(Hidi & Harackiewicz, 2000).

상황적 흥미를 발생시키고 이를 유지하는 것 사이에는 차이점이 있다. Mitchell(1993)은 고등학교 수학 수업의 모둠 활동, 퍼즐, 컴퓨터 기술이 흥미를 활성화시키지만 이를 필연적으로 유지시키지는 못하는 것을 발견하였다. 오히려 상황적 흥미는 학습과제에 의미 있는 활동의 사용과 학습자들의 활발한 참여에 의해 유지되었다. 흥미의 유지는 상황적 흥미를 개인적 흥미로 발전시키는 데 필수적이다.

감정

정서(affect)는 기분과 감정을 구성한다. **기분(moods)**은 불명확한 이유와 거의 인지되지 않는 내용의 낮은 강도의, 산만하고, 지속되는 상태. **감정(emotions)**은 주요한 이유가 있는 일시적이며, 격렬한 현상이다(Forgas, 2000). 따라서 우리는 Jake가 좋거나 나쁜 기분이었는지, 또는 그가 물리시험에 D를 받아서 감정적으로 화가 났다고 말할 수 있다.

Pekrun(1992)은 동기와 연관된 성취 관련 감정의 분류를 고안하였다. 감정은 긍정적(예: 자부심)이거나 부정적(예: 실망)일 수 있다. 이러한 각각의 두 개의 범주 안에서, 감정은 과제에 참여할 때(생산 관련: 예를 들어, 즐거움 또는 지루함), 예상하거나(미래 지향: 예를 들어, 희망 또는 불안), 회고된다(과거 지향: 예를 들어, 안심 또는 슬픔).

Perkrun(1992)은 또한 감정은 내재적 동기에 영향을 미칠 수 있다고 제시하였다. 과제에 참여할 때의 즐거움이나 즐거움의 예상과 같은 긍정적 감정은 학습자의 내재적 동기를 증가시킬 수 있는 반면, 부정적 감정(예: 지루함)은 내재적 동기를 감소시킬 수 있다. 이러한 예상을 지지하는 몇 가지의 연구가 있다(Schunk et al., 2014). 학습의 결과는 긍정적 감정의 분위기를 만들고 유지하는 것에 의한 것으로, 교사는 학습자의 내재적 동기뿐만 아니라 그들의 과제와 학습관여 또한 높이도록 도와줄 수 있다(Rolland, 2012). 연구결과,

5학년과 6학년 학생들의 성과는 학급의 감정적 분위기에 의해 예측이 가능하다는 것을 보여주며, 이러한 관계는 학습자들의 학습참여에 의해 이루어진다(Reyes, Brackett, Rivers, White, & Salovey, 2012).

많은 교육적 흥미의 주제 중 하나는 시험불안(test anxiety)이다. 시험불안은 개인이 평가를 받는 상황에서 나타내는 정상적 반응이다. 시험불안은 압도적이 되거나 학습자의 사고나 행위를 방해할 때 문제가 된다(Zeidner, 1998).

다수의 연구들이 시험불안이 학습과 성취에 부정적 영향을 미친다는 것을 보여준다(Zeidner, 1998). 이것은 당연한 것이다. 불안은 집중을 방해할 수 있다. 왜냐하면 부정적 생각과 걱정은 학습자의 주의를 산만하게 할 수 있기 때문이다. 또한 높은 시험불안을 가지고 있는 학습자는 결함이 있는 학습과 시험을 위한 전략을 사용하기 때문에 어느 정도는 그럴 가능성이 있다. 이러한 학습자들은 충분히 공부하지 않고, 시험을 보는 방법도 모른다. 따라서 그들의 불안은 낮은 시험 성적의 원인이 된다. 이러한 학생들은 좋지 않은 전략을 사용함으로써 안 좋은 수행을 보이고, 이는 더욱 불안함으로 이끌며, 나쁜 전략과 수행이 계속되는 악순환에 빠진다.

교사가 시험의 중요성을 감소시키는 것은 얼마간의 불안을 완화시키는 데 도움이 될 수 있다. 학습자는 중학교, 고등학교, 대학교 수준의 학습기술 수업에 흔하게 포함되는 효과적인 학습 및 시험을 위한 전략을 배울 수 있다. 학습자가 시험을 보기 위해 공부하는 동안 불안해하기 시작할 때, 이완기법(relaxation technique)을 가르치는 것(예: 심호흡 운동) 또한 유익하다는 것이 드러났다(Zeidner, 1998).

교수적 적용

이 장의 내용은 다수의 교수적인 적용들이다. 세 가지의 적용이 성취동기훈련, 귀인변화 프로그램, 목표지향성과 연관된 학습과 밀접히 연결되어 있다.

성취동기훈련

성취동기훈련(achievement motivation training)은 학습자들이 성취동기가 높은 학습자들과 같은 사고와 행동을 발달시키도록 돕고자 한다(de Charms, 1968, 1984). de Charms(1976)는 먼저 학습자들과 함께 작업하는 교사들을 훈련시켰다. 그 목표는 학습자들 스스로가 학습결과에 대한 개인적 책임감을 개발하도록 돕는 것이었다.

교사훈련은 학업동기, 현실적인 목표설정, 목적에 도달하기 위한 구체적인 계획 개발,

목적과정에 대한 자기분석을 포함한다. 학습자의 동기는 학문적인 내용을 통합하는 것이었다. 교실에서의 활동들은 학업동기, 성취동기사고, 자아개념의 개발, 현실적인 목표설정, 개인적인 책임감 훈련에 대한 자기분석을 포함하였다. 목표설정을 가르치기 위해 고안된 철자법 배우기 활동에서, 학생들은 쉽거나 중간 정도 또는 어려운 단어를 배우는 것을 선택할 수 있었다. 교사들은 개인적인 책임감을 가르치기 위해 성취에 대한 이야기를 쓰도록 하였고, 그 후 교실 내에서 에세이 대회를 열었다. 그 결과, 이러한 훈련은 교사와 학습자들의 동기를 불러일으켰고, 낮은 성취를 얻은 학습자들에게 성취에서 또래들보다 뒤처지는 경향을 점차 멈추게 하였으며, 학습자들의 결석과 지각도 줄였다.

특정 내용을 가지고 부가적인 활동을 포함시키는 것보다 학문적인 내용을 가지고 성취동기훈련을 구성하는 것이 중요한 것처럼 보인다. 부가적인 활동을 포함시키는 접근방법이 지닌 위험성은 학습자들이 그 훈련을 일상적인 성취영역에서 어떻게 적용할 수 있는지를 배우려고 하지 않을 수도 있다는 것이다.

Alderman(1985, 1999)은 동기훈련에 대한 여러 가지 유용한 구성요소를 제시하였다. 하나는 교사가 학습자들이 실제적인 목적을 갖도록 돕고, 학습자들의 목표과정에 대한 피드백을 제공하는 것이다. 또 다른 하나는 각자의 학습에 대한 동기를 점검하고, 개인적인 책임감을 발달시키기 위한 자기분석이다. 과제관여와 자아관여에 대한 구분은 유용한 것처럼 보인다. 그것들은 일련의 질문들을 함으로써 학습자들로 하여금 자신의 과제에 대해 어떻게 느끼는지와 그들의 목적을 무엇이라고 보는지를 살펴볼 수 있도록 한다(예: 학습 대 타인들을 기쁘게 하는 것). 다음 절에서 살펴볼 귀인훈련 또한 적절하다. 개인적인 책임감을 가르치는 한 가지 방법은 학습자들이 실패하였을 때 또는 성공하였으나 운이 좋았다고 믿을 때 다른 사람을 비난하기보다 성과에 대한 원인으로서 노력을 더 많이 강조하도록 돕는 것이다. 학습자들이 성공을 경험함으로써 계속되는 학습을 위한 자기효능감이 증가되도록 발달시켜야 하며, 또한 자신의 학습에 대한 더 큰 통제력을 발달시켜야 한다.

Alderman(1985)은 이러한 개념들을 고등학교 여학생들의 체육수업시간에 적용하였다. 학습자들은 수업 첫날 자신의 건강, 신체운동수준, 유능함, 여러 가지 활동에 대한 흥미에 대해 자기평가를 하였고, 운동목표를 정하였다. 그들은 매주 여러 가지 다른 운동들(예: 에어로빅, 유연성, 힘, 자세)에 대한 자기평가를 하였다. 학습자들은 처음으로 점수를 매기는 시기가 끝나자 기말고사를 위한 목표를 세웠다. 그들은 에어로빅 목표(달리기, 걷기, 줄넘기)를 달성하기 위한 다양한 방법을 행하였다. 교사는 학습자들의 목표를 평가하기 위해 학습자들을 만났고, 만약 목표가 실현 가능성이 없어 보일 때에는 다른 목표를 제안하였다. 학습자들은 9주 동안 일주일에 3번 이상 정한 스케줄대로 연습하였고 연습량을 기록하였다. 학습자들은 그 후 기말고사에서 자신이 배운 것에 대해 자기평가를 하였다. Alderman은 마지막 자기평가에서 "교사들에게 학습자들이 한 가장 놀라

운 코멘트는 '나는 목적을 정하는 방법을 배웠고, 그것을 성취해냈다.'이다(p.51)"라고
말하였다.

귀인변화 프로그램

귀인변화 프로그램들은 성공과 실패에 대한 학습자들의 귀인을 바꿈으로써 동기를 강화
하려는 시도다. 학습자들은 일반적으로 새로운 내용을 학습할 때 약간의 어려움을 갖는
다. 일부 학습자들은 이러한 문제들을 낮은 능력의 탓으로 귀인한다(예: 이 장 서두의 에
피소드에 등장하는 Magaret). 수행을 잘 하기 위한 필수적인 능력이 부족하다고 믿는 학
습자들은 기능발달을 더디게 하는 열의 없는 방법으로 과제를 수행할지도 모른다. 연구
자들은 이러한 귀인패턴에 들어맞는 학습자들을 선발해서 그들이 낮은 능력보다는 통제
할 수 있는 요인들(예: 낮은 노력, 부적절한 전략 사용)에 귀인하도록 훈련시켰다. 노력이
특별히 강조되었다. 즉, 학습자들은 낮은 능력 때문에 더 많이 실패하는 것이 성공을 위해
더 많은 노력을 기울이지 않아도 되는 것을 의미한다고 믿었다. 학습자들을 노력은 의지
적 통제하에 있기 때문에 이전의 어려움들은 적은 노력으로 인해서 생겨난 것이라고 믿도
록 훈련시킴으로써 열심히 노력하면 더 좋은 성과를 낼 것이라는 기대하에 더 열심히 노
력하도록 유도하였다([적용 9.7] 참조).

　　초창기 연구에서, Dweck(1975)은 성공에 대한 낮은 기대감을 가지고 있고 성취행동
이 실패(예: 낮은 노력, 지속성의 부족)를 경험한 이후에 악화된 아동들을 선발하였다.
Dweck은 나중의 실패를 감소시키기 위한 수행의 정도를 평가하기 위해 아동들에게 산수
문제(그 중 몇 개는 풀 수 없는)를 제시하였다. 대부분의 아동들은 자신의 실패가 낮은 능
력 때문이라고 귀인하였다. 아동들은 훈련 동안 각각의 실험을 위한 준거숫자 세트(set)를
가지고 문제를 풀었다. 몇몇 (**성공만 한(success-only)**) 아동들의 경우, 그 준거들은 계속
그 자리에 있거나 실험 전 검사를 통해 측정된 그들의 능력보다 낮은 곳에 있었다. 유사한
준거가 **귀인 재훈련(attribution retraining)** 학습자들의 대부분의 실험에 적용되었지만,
몇몇 실험에서 그 준거는 그들의 능력보다 훨씬 높게 설정되었다. 이러한 아동들은 실패
하였을 때 자신들이 충분히 열심히 노력하지 않았다는 말을 들었다. 사후실험에서, 성공
만 한 아동들은 실패가 뒤따라오는 수행에서 계속해서 악화되었지만, 귀인 재훈련 학습자
들은 영향을 덜 받았다. 성공만 한 아동들은 계속해서 낮은 능력을 강조한 반면, 귀인 재
훈련 학습자들은 낮은 노력을 강조하였다.

　　Dweck은 자기효능감이나 성공에 대한 기대감을 평가하지 않았기 때문에 기대에 미
치는 귀인의 영향을 측정할 수 없었다. 다른 연구들은 실패를 적은 노력의 탓으로 귀인
하도록 학습자들을 가르치는 것은 노력 귀인, 기대, 성취행동을 강화시킴을 보여 주었다
(Horner & Gaither, 2004; Robertson, 2000; Schunk, 2008).

적용 9.7

귀인피드백

학습자들에게 성공에 대한 노력-귀인피드백을 제공하는 것은 성취기대와 행동들을 촉진시킨다. 그러나 그 피드백이 신뢰할 수 있다고 지각되어야 한다. 한 학습자가 어려운 곱셈문제를 힘들게 습득하고 있을 때, 교사는 학습에 대한 자신감을 주기 위해 귀인피드백과 학습자의 과거의 성공경험을 사용할 수 있다. 만약 그 학습자가 덧셈, 곱셈 개념과 원리들을 습득한다면, 교사는 이렇게 말할지도 모른다. "나는 이런 새로운 문제가 어렵게 보인다는 것을 안단다. 그러나 너는 알아야 할 필요가 있는 모든 것들을 알고 있기 때문에, 그것들을 어떻게 풀 수 있는지를 배울 수가 있단다. 넌 열심히 할 필요가 있고, 멋지게 해낼 수 있을 거야."

교사는 학습자가 공부할 때 다음과 같은 말을 불쑥 이야기할 수 있다.

- "너는 잘하고 있어. 너는 처음 단계를 완성하였단다. 나는 네가 곱셈 원리들을 알고 있다고 믿는다. 계속 열심히 해 보렴."
- "와! 그것 좀 보자. 넌 정말 그것을 빨리 해냈구나. 난 네가 열심히 하였기 때문에 그것을 할 수 있을 거라는 것을 알고 있었단다."

- "해냈구나! 너는 열심히 하였기 때문에 잘 해낸 거란다."

간호교육에서 교사는 미래의 간호사들에게 다양한 임상적 절차와 환자들과의 상호작용에서의 효과적인 운영과 관련된 긍정적이고 정확한 피드백을 주어야 한다. 예를 들어, 실습생들이 테스트를 하려는 목적으로 혈액을 뽑는 것을 완료한 후에, 교사는 이렇게 말할 수 있다.

- "나는 네가 혈액을 다룰 때 정확한 안전과정을 모두 해내는 것을 봐서 기쁘다. 너는 무엇을 해야 하는지 알고 있다."
- "너는 그 과정을 시작하기 전에 환자에게 진행결과를 잘 설명하였다. 너는 정말 설명을 잘한다."
- "너는 매우 침착하게 미소를 띠고 그 과정을 마쳤다. 너는 정말 간호에 소질이 있다."

이러한 방법들은 학습자들의 자기효능감과 미래의 학습을 위한 동기를 증가시킬 수 있는 학습자들의 유능감과 관련된 긍정적인 귀인피드백을 반영한다.

학습자들의 성공에 대해 노력-귀인피드백을 제공하는 것은 그들의 성취행동과 기대들을 촉진시킨다(Schunk, 1982a; Schunk & Cox, 1986; Schunk & Rice, 1986). 뺄셈학습을 할 때, Schunk(1982a)는 아동들의 이전 성취들과 노력을 연결짓는 것(예: "너는 지금까지 열심히 해왔다.")이 그들의 미래 성취와 노력을 연결짓거나(예: "넌 열심히 할 필요가 있다.") 노력에 대한 피드백을 제공하지 않은 것보다 과제 동기, 지각된 유능감, 기능습득을 더 많이 강화시킴을 발견하였다. 노력에 대한 피드백이 효과적이기 위해서는 학습자들이 그 피드백을 신뢰할 만하다고 믿어야 한다. 피드백은 학습자들이 초기학습단계에서 성공을 위해 실제로 열심히 노력하고 있을 때 신뢰할 수 있다. 이 장 서두의 에피소드에서 Kerri 선생님이 Derrick, Amy, Matt에게 노력 피드백을 어떻게 주는지 주목해 보라.

노력피드백은 특히 학습문제를 지닌 학습자들에게 유용할 수 있다. Schunk와 Cox (1986)는 학습장애를 지닌 중학교 학생들에게 뺄셈교육과 연습기회를 제공하였다. 일부 학생들은 여러 회기로 구성된 프로그램의 전반부에 노력에 대한 피드백을 받았고("너는 지금까지 열심히 해왔다."), 또 다른 학생들은 후반부에 피드백을 받았으며, 나머지 학습자들은 노력에 대한 피드백을 받지 못하였다. 각각의 피드백 유형은 어떤 피드백도 주지 않은 것보다 자기효능감, 동기, 기능습득을 촉진하였다. 프로그램 전반부의 피드백은 학습자들의 성공에 대한 노력 귀인을 강화하였다. 학습장애를 보이는 학습자들에게 성공을 위해 노력에 대한 피드백을 전반부 또는 후반부에 하는 것은 신뢰할 만한 것처럼 여겨진다.

귀인선호도는 발달과 함께 달라진다(Sigelman, 2012). 어린 학습자들은 노력을 성공에 대한 귀인으로 보지만, 8세가 되면 아동들은 자신의 능력에 대한 뚜렷한 개념을 형성하기 시작하고, 12세가 되면 그 개념들을 구별짓게 된다(Nicholls, 1978, 1979; Nicholls & Miller, 1984). 능력귀인들은 점점 중요시되는 반면에 원인이 되는 요인인 노력의 영향력은 감소된다(Harari & Covington, 1981). 산수교육과 연습을 하는 동안, Schunk(1983a)는 이전 성공에 대한 능력피드백(예: "너는 이것을 잘 한다.")을 받은 아동들이 노력피드백 또는 능력-더하기-노력(결합된) 피드백을 받은 아동들보다 지각된 유능감과 능력이 더욱 향상된 것을 발견하였다. 후자의 조건에 있는 아동들은 능력만 있는 아동보다 노력하는 것을 더 가치 있다고 판단하였으며, 노력을 지지하며 일부의 능력정보를 명백히 무가치한 것으로 치부하였다. 유사한 방법을 사용한 추적연구에서(Schunk, 1984b), 아동들이 학습의 초기 과정에서 성공하였을 때 주어진 능력피드백은 능력에 대한 피드백이 이후의 학습과정 동안 계속 주어졌는지 안 주어졌는지와 상관없이 초기의 노력에 대한 피드백을 주는 것보다 더 많은 성취결과를 강화시켰다.

교실활동의 **구조(structure)**는 귀인정보를 전달한다(Ames, 1992a, 1992b)(제11장 참조). 학점이나 다른 보상을 얻기 위해 경쟁하는 학습자들은 서로 간의 능력들을 더 많이 비교할 것이다. **경쟁적인(competitive)** 조건하에서 성공한 학습자들은 그들이 성공한 원인으로 자신의 능력을 더 많이 강조할 것이다. 반대로, 실패한 학습자들은 성공을 위한 필수적인 능력이 부족하였다고 믿는다. 이러한 조건들은 자아관여적인 동기상태를 만든다.

학습자들은 자기 자신에게 "나는 똑똑한가?"라고 묻기 시작한다(Ames, 1985).

다른 한편으로는, **협력적**(cooperative)이거나 **개인주의적**(individualistic) 보상구조는 능력차를 감소시킨다. 학습자들 각자가 그 과제에서 완성을 해야 하는 부분이 있고, 그 부분에 대해 다른 집단구성원들에게 가르쳐 주어야 할 책임을 지고 있으며, 집단의 총 수행으로 그 집단이 보상을 얻게 되는 협력적인 구조들은 학습자들에게 노력을 강조한다. 개인주의적 구조에서 학습자들은 자신의 이전 수행과 현재 수행을 비교한다. 개인주의적 구조 안에 있는 학습자들은 자신의 노력("나는 충분히 노력하고 있나?")과 자신의 성취를 강화하기 위한 학습전략("내가 이것을 어떻게 할 수 있을까?")에 초점을 맞춘다.

목표지향

목표이론과 연구는 교사들이 생산적인 학습목표지향을 촉진할 수 있는 다양한 방법들을 제안한다. 교사들은 학습자들이 그들의 능력의 한계와 그들의 동기를 향상시키는 수단으로서의 노력의 유용성에 대한 신념을 변경하는 것에 도움을 줄 수 있다. 노력이 학습을 달성할 수 있도록 도움을 주었음을 보여주는 정보들과 함께 그들의 기능이 어떻게 발전하였는지(예: 그들이 얼마나 학습해 왔는지)를 보여주는 향상도피드백(progress feedback)을 학습자들에게 주는 것은 성장사고방식을 만들어 낼 수 있고, 자기효능감을 증진시키며, 학습자들이 기능을 더욱 증진시키도록 동기화한다.

다른 한 가지 제안은 보다 협동적인 학습자의 활동들을 활용하는 것이다. Duda와 Nicholls(1992)는 스포츠와 학업 모두에서 과제지향은 성공이 노력과 동료들 간의 협동에 달려 있다는 고등학생들의 신념과 관련되는 반면, 자아지향은 성공이 타인보다 높은 수준의 능력과 수행에 대한 시도 때문이라는 신념과 관련됨을 알아냈다. 성공에 대한 목표지향과 신념들은 지각된 능력과 밀접한 관련성을 보이지는 않았다. 지각된 능력은 수업시간보다 스포츠에서의 만족감과 더 높은 관련성을 보였는데, 과제지향에서는 반대의 패턴이 존재하였다.

학습목표지향은 학습자들이 학습목표를 채택하도록 도움으로써 발달될 수 있다. 교사들은 기능습득, 새로운 전략에 대한 학습과 문제해결 방법들을 개발시키는 것 등을 강조할 수 있다. 그들은 또한 과제를 완성하는 것, 다른 학습자보다 일찍 끝마치는 것, 과제를 다시 점검하는 것과 같은 목표들을 중시하지 않을 수 있다. 과제들은 학습을 포함해야 한다. 즉, 교사들은 학습자들이 기능을 연습할 때 연습의 이유(예: 망각을 지연시키는 것)들을 강조하고, 학습자들에게 숙련된 연습이 기능들을 얻게 한다는 것(기능습득에 의해 연습이 달라지는 것)을 강조할 수 있다. [적용 9.8]은 학습자들에게 과제지향과 검증적인 능력 개념, 학습목표에 대한 초점을 불어넣어 줄 수 있는 몇 가지 제안들을 보여준다.

적용 9.8
목표지향

학급에서 학습목표지향을 촉진시키는 것은 자기효능감을 발전시키며 학습을 강화시킬 수 있다. 초등학생들에게 곱셈을 가르칠 때, Cataino 선생님은 다음과 같이 말하면서 단원을 소개하였다. "여러분, 오늘 우리는 산수를 더 잘하는 학생이 되도록 만들어 줄 곱셈에 대해 배울 거예요." 그런 후 그녀는 기능습득("오늘 우리는 다 같이 숫자를 곱하는 방법을 배울 거예요."), 새로운 전략에 대한 학습("우리는 숫자들을 함께 묶고 곱하는 여러 가지 방법을 알도록 도와줄 수 있는 이러한 학습교구들을 사용할 거예요."), 그리고 문제해결 방법에 대한 개발("우리 모두가 20을 만들기 위해 함께 곱할 수 있는 여러 가지 다른 숫자를 곰곰이 생각해 봤으면 좋겠어요.")을 강조하였다. 이러한 목표들을 강조하고, 과제를 완성하고 다른 학생들보다 먼저 끝마치는 것과 같은 목표에 대해서는 덜 강조하는 것이 중요하다.

문제를 해결하기 위해 대집단, 소집단 또는 짝을 지어서 함께 공부하는 것은 경쟁심을 감소시키며, 학습자들로 하여금 특정 학습의 양을 완성하기보다 학습하는 것에 더 초점을 두게 한다. 법학과 학생들이 아동학대에 대한 사례를 공부할 때, 교수는 학생들이 이전의 관련 사례를 짝지어 찾아보게 하였고, 그들을 아래와 같이 격려하였다. "나는 너희들이 사례연구방법을 학습하는 데 노력을 기울이길 바란다." 그리고 "나는 너희들이 명확하면서 짧고 직접적인 개방형 진술을 준비하기를 원한다." 이러한 진술은 학습자들이 가까이에 있는 과제에 목표를 두게 하며, 학습자들은 이러한 진술에 의지해서 학습 향상도를 평가할 수 있다.

요약

동기는 목표지향행동을 유발시키고 유지시키는 과정이다. 동기에 대한 몇몇 초기의 관점은 욕구이론, 조건형성이론, 인지조화이론, 인간주의이론이었다. 이들 각각은 동기를 이해하는 데 기여하였지만 그 중 어떤 것도 인간동기행동을 설명하는 데 적절하지는 않았다. 현재의 이론들은 비록 다양한 인지결과의 중요성에 대해서 차이가 있지만, 동기를 인지적 과정의 반영이라고 본다. 동기학습에 대한 모형들은 학습 이전, 학습 동안, 학습 이후에 동기가 모두 작용한다고 가정한다.

성취동기이론은 성취에 대한 욕구가 성취상황에서 개인들이 최상으로 수행하도록 이끄는 일반적 동기라고 가정한다. 성취행동은 성공에 대한 소망과 실패에 대한 두려움 사이의 정서적 갈등을 보여준다. 현대의 성취동기이론은 학습자의 성공에 대한 예상과 그들이 부여하는 학습에 관한 가치나 중요성을 강조한다. 자기가치이론은 성취행동이 자신과 타인들 간의 높은 능력에 대한 지각을 유지하기 위한 학습자들의 노력의 작용이라고 가정한다. 다른 연구자들은 과제관여 및 자아관여와 같은 동기상태에 초점을 둔다.

귀인이론은 Rotter의 통제소재와 Heider의 행동의 순진한 분석의 많은 요소를 통합시켰다. 성취상황과 관련된 Weiner의 귀인이론은 귀인을 내재적-외재적, 안정적-불안정적, 통제 가능한-통제 불가능한 것의 세 가지 차원으로 분류한다. 귀인은 그것이 성취신념, 정서, 행동에 영향을 미치기 때문에 중요하다.

핵심적인 사회인지과정들은 목표와 기대, 사회적 비교, 자아개념이다. 사람들은 자신이 목표에 도달할 수 있도록 도와줄 것이라고 믿는 방식으로 목표를 세우고 행동한다. 사람들은 목표를 위한 현재의 수행과 향상도 정도를 비교함으로써 향상에 대한 자기효능감을 경험한다. 동기는 사람이 주어진 행동을 통해 바라는 결과를 성취할 것이라는 신념(긍정적인 성과 기대)에 의존하며, 수행하는 능력이나 행동을 수행하기 위한 학습을 할 수 있는 능력(높은 자기효능감)에 의존한다. 타인과의 사회적 비교는 성과와 효과 기대를 형성하는 정보의 중요한 자원이다. 선행연구는 자아개념이 위계적으로 조직되어 있으며 다면적이라고 제시한다. 이는 구체적인 자아관에서 더욱 추상적인 자아관으로 발달하였다. 자아개념과 학습은 서로에게 상보적인 방식으로 영향을 미치는 것으로 나타난다.

목표지향은 학습자들이 과제에 관여하는 이유다. 학습자들은 학습(숙련)이나 수행(능력에 초점을 둔) 목표지향을 가질 수 있다. 학습목표들은 학습에 필요한 기능들과 유능감에 더 주의를 기울이게 하고, 학습자들이 향상도를 지각하게 됨에 따라 그들의 자기효능감과 동기가 강화된다고 예측한다. 반대로, 수행목표들은 향상도 정도에 동일한 주의를 기울이게 하지 못하지만 동기를 일으키지 않을 수도 있는 사회적 비교의 결과로서 생겨난다. 목표지향들은 실체 관점(고정된 사고방식)이나 점증적 관점(성장사고방식)을 반영하는 능력에 대한 개념과 밀접하게 관련된 것으로 보인다.

내재적으로 동기화된 활동은 그것 자체가 목적이지만, 반대로 외재적으로 동기화된 행동은 목적을 위한 수단이다. 연구자들은 어린 아동들이 그들의 환경을 이해하고 통제하기 위한 내재적 동기를 가지며, 이는 발달과 학교과정이 진행됨에 따라 더욱 구체화된다고 가정하였다. Harter의 이론은 사회화 동인과 지각된 유능감의 역할을 강조한다. 다른 이론들은 내재적 동기가 심리적 또는 생리적 부조화의 최적수준에 대한 욕구, 자기결정을 통해 이행하는 시도, 활동에 기울이는 몰두형태의 관여에 의존한다고 가정한다. 많은 연구는 사람들이 그들의 삶에서 중요한 측면들에 통제를 행사하고자 하는 욕구를 강조한다. 사람들이 반응과 결과 간의 독립성을 지각할 때, 학습된 무력감은 자신을 동기, 학습, 정서적 결핍으로 드러낸다. 자기결정이론은 내재적 동기가 세 가지의 기본적으로 내재된 심리학적 욕구, 즉 경쟁, 자율성, 관계에 의해 영향을 받는다고 상정한다.

많은 연구는 내재적 동기에서 보상의 효과를 설명하였다. 과제관여를 위해 보상을 제공하는 것은 보상이 통제 가능한 행동으로 여겨질 때 내재적 동기를 감소시킨다. 수행수준에 수반되어 주어지는 보상은 능력에 대한 정보를 제공하며, 학습자의 자기효능감, 흥미, 기능의 습득을 촉진시킨다.

흥미 또는 취향과 활동에의 의도적인 관여는 동기와 학습에 영향을 미칠 수 있다. 개인적 흥미는 특정 활동 또는 주제에 직접적으로 연결되는 지속적인 개인적 요인인 반면, 상황적 흥미는 환경의 구체적 특성에 의해 발생되는 일시적 흥미다. 흥미발달모형은 개인적 흥미가 내재적인 상황적 흥미로부터 발달할 수 있다는 것을 상정한다. 정서는 기분과 감정을 구성한다. 기분은 특별한 이유 또는 인지적 내용이 없는 낮은 강도이며 산만한 정서적인 상태다. 감정은 보다 격렬하며 일시적이다. 이들은 특수한 원인으로 거슬러 올라갈 수 있으며, 긍정적이거나 부정적일 수 있고, 과제관여에 있어 이전, 동안, 또는 이후에 일어날 수 있다. 어떠한 감정(예: 시험불안)은 과도해지면 동기와 학습에 부정적 영향을 줄 수 있다.

성취동기, 귀인, 목표지향은 중요한 교수적 적용을 가지고 있다. 성취동기 프로그램은 과제달성에 있어 학습하고 잘 수행하고자 하는 학습자들의 욕구를 발전시킨다. 귀인변화 프로그램은 낮은 노력에서부터 불충분한 노력까지와 같은 학습자들의 실패에 대한 역기능적 귀인들을 변화시키려는 시도를 한다. 이전의 성공에 대한 귀인피드백은 자기효능감, 동기, 기능습득을 증진시킨다. 교사들은 학습자들에게 학습목표를 설정하도록 가르치고 그들의 목표향상도에 피드백을 제공함으로써 학습자들의 생산적인 목표지향을 발전시킬 수 있다.

추가 읽을거리

Dweck, C. S. (2006). *Mindset: The new psychology of success*. New York, NY: Random House.

Eccles, J. S. (2005). Subjective task value and the Eccles et al. model of achievement-related choices. In A. J. Elliot & C. S. Dweck (Eds.), *Handbook of competence and motivation* (pp. 105-121). New York, NY: Guilford Press.

Elliot, A. J. (2005). A conceptual history of the achievement goal construct. In A. J. Elliot & C. S. Dweck (Eds.), *Handbook of competence and motivation* (pp. 52-72). New York, NY: Guilford Press.

Hidi, S., & Renninger, K. A. (2006). The four-phase model of interest development. *Educational Psychologist, 41*, 111-127.

Pintrich, P. R. (2003). A motivational science perspective on the role of student motivation in learning and teaching contexts. *Journal of Educational Psychology, 95,* 667-686.

Reeve, J., Deci, E. L., & Ryan, R. M. (2004). Self-determination theory: A dialectical framework for understanding sociocultural influences on student motivation. In D. M. McInerney & S. Van Etten (Eds.), *Big theories revisited* (pp. 31-60). Greenwich, CT: Information Age Publishing.

Weiner, B. (2005). Motivation from an attributional perspective and the social psychology of per-ceived competence. In A. J. Elliot & C. S. Dweck (Eds.), *Handbook of competence and motivation* (pp. 73-84). New York, NY: Guilford Press.

Chapter 10

자기조절학습

고등학교 2학년 학생 Kim Danola는 상담선생님인 Connie Smith와 면담 중이다. Kim의 학교성적은 C 또는 D다. Connie 선생님은 Kim의 성적이 더 향상될 수 있을 것이라고 생각한다. Kim의 가정은 주의를 산만하게 하는 것으로 가득 차서 그가 공부에 집중할 수 없다. Connie 선생님은 Kim의 학업을 돕기 위한 방안을 논의하고 있는 중이다.

Kim: 모든 수업이 너무 달라서 이해가 되지 않아요. 대수학, 화학, 역사 과목은 공통점이 전혀 없어요.

Connie 선생님: 나도 그런 과목들이 모두 다르다는 것에 동의한다. 그런데 한번 생각해 보자. 과목별로 교재는 모두 가지고 있니?

Kim: 물론입니다.

Connie 선생님: 그러면 그런 교재를 어떻게 활용하고 있니?

Kim: 읽으면 되지 않습니까?

Connie 선생님: 물론 읽어야 되지. 모든 과목을 공부하기 위해서는 읽기가 필요하지 않니?

Kim: 그렇습니다. 그러나 읽는 것도 과목별로 너무 다릅니다. 수학 공부하는 방법이 화학 공부할 때는 적용되지 않고, 역사 공부할 때도 수학이나 화학 공부하는 방식과는 다른 것 같습니다.

Connie 선생님: 나도 이해한다. 우리 학교에는 Kim처럼 이런 과목을 공부하는 데 힘들어하는 학생이 매우 많아. 우리 학교에는 학생 튜터 프로그램이 있다. 내가 Kim을 도와줄 튜터를 과목별로 배정해 줄게. 그들이 학습전략을 가르쳐 줄 거야. 이제, 과목별로 어떤 공통점이 있는지 생각해 보자. 나는 요즘 대학에서 모든 과목에 활용할 수 있는 일반적인 공부 전략에 대해 연수를 받고 있는데, 그 전략을 내가 알려줄게.

Kim: 어떤 것이지요?

Connie 선생님: 책을 읽을 때 자신이 읽은 내용을 이해하고 있는지 스스로 점검해 보는 것이라든지, 목표설정, 노트필기, 정보요약 방법과 같은 전략이야. 이러한 전략은 어느 과목에도 적용할 수 있는 기능이지. 내가 이런 전략을 사용하여 공부하는 방법에 대해 배울 수 있도록 알려줄게.

Kim: 제 성적이 올라갈 수 있을 것이라고 생각하십니까? 성적 때문에 부모님 기분이 상해 있습니다.

Connie 선생님: 가능성이 없다고 생각하였다면 이런 이야기를 꺼내지도 않았을 거야. 이제, 시작해 볼까?

이전 장에서는 다양한 맥락과 내용에 적용할 수 있는 학습과정에 대해 살펴보았다. 예를 들어, 모델링, 부호화, 메타인지와 같은 학습과정은 여러 형태의 학습에 적용할 수 있으며, 특정 학습자나 특정 과목에 한정되어 있지 않다. 이것이 바로 위에 제시한 에피소드에서 Connie 선생님이 말한 것이다.

이러한 학습과정은 자기조절의 핵심적인 요소인데, **자기조절(self-regulation)**이란 어떤 목표를 달성하기 위해 개인이 체계적으로 생성한 인지, 정서, 행동을 의미한다(Sitzmann & Ely, 2011; B. Zimmerman, 2000). 자기조절은 목표를 설정하고, 목표달성에 필요한 전략을 적용하고 조정하며, 수행과 향상도 상황을 점검하고, 동기와 학습에 대한 긍정적인 정서와 신념을 유지하며, 목적을 달성하기 위해 사회적, 환경적 자원을 활용하는 것과 같은 과정을 포함한다(Lord, Diefendorff, Schmidt, & Hall, 2010; B. Zimmerman, 2000). 이 장은 학습을 통해 의도한 수준의 성취를 달성하고자 하는 데 적용되는 자기조절과정, 즉 **자기조절학습(self-regulated learning)**에 대해 살펴본다(Sitzmann & Ely, 2011).

학습과 관련된 자기조절에 관한 연구는 성인과 아동의 자기통제 발달에 대한 심리학 연구의 자연스런 결과로 시작되었다(Zimmerman, 2001). 초기의 많은 연구는 연구자들이 공격성, 중독, 성 기능 장애, 대인 간 갈등, 가정과 학교에서의 문제행동과 같은 역기능적 행동을 수정하기 위해 참여자들을 가르쳤던 임상적 맥락에서 수행되었다(Mace & West, 1986). 그러나 현재 자기조절에 관한 이론과 연구는 학습과 성취분야로 확장되었다(Zimmerman & Schunk, 2001).

자기조절학습은 학생이 학습에 참여할 때 계속 변하는 역동적인 과정이다(Sitzmann & Ely, 2011). 이 장에서는 자기조절학습이 여러 가지 형태로 이루어질 수 있다는 것을 분명히 밝히고자 한다. 자기조절학습은 개인이 목표달성을 위해 행동을 조절한다는 측면에서 행동을 포함하고 있다. 그러나 자기조절학습은 인지, 동기, 정서적 변인 또한 포함하고 있다. 따라서 자기조절은 학습자가 학습에 대한 자기효능감을 갖고, 학습에 가치를 부여하며, 긍정적인 결과가 나올 것이라는 신념과 긍정적인 정서적 풍토(예: 학습 자체에 대한 즐거움)를 유지하는 데 도움이 된다.

학습자가 활용하는 자기조절과정이나 전략은 여러 형태의 학습에 적용되는 일반적인 전략이 될 수 있을 뿐만 아니라, 특정한 형태의 학습에만 적용되는 구체적인 전략이 될 수도 있다. 이러한 구분이 앞에서 제시한 에피소드에서도 나타나 있다. 목표설정과 향상도 과정에 대한 평가와 같은 일부 자기조절과정은 모든 영역에서 활용될 수 있지만, 이차방정식 문제를 해결하기 위해서는 이차방정식 공식만을 활용해야하는 것처럼 과제구체적인 것도 있다.

자기조절학습은 이전 장에서 살펴본 여러 이론에 의해 논의되었지만, 이 장에서는 자기조절학습의 다른 관점에 대해서 구체적으로 살펴볼 것이다. 최근 읽기, 쓰기, 수학, 과학, 체육, 음악 등과 같은 영역은 물론 동기에 대한 자기조절을 연구하는 연구자들이 증가하고 있다 (Bembenutty, Cleary, & Kitsantas, 2013).

이 장을 학습한 후에, 여러분은 다음과 같은 것을 할 수 있어야 한다.

- 자기조절학습에 대한 여러 이론의 공통적인 가정에 대해 토론할 수 있다.
- 자기점검, 자기교수, 자기강화와 같은 핵심적 행동 과정을 정의하고 예를 제시할 수 있다.
- 선견, 수행 또는 의지적 통제, 자기성찰과 같은 자기조절과 관련된 사회인지적 단계 동안에 작동하는 다양한 과정에 대해 논의할 수 있다.
- 정보처리관점에서 자기조절학습을 설명하고 유능한 학습자가 사용하는 자기조절전략의 예를 제시할 수 있다.
- 학생들의 암묵적 이론을 포함하여 구성주의적 관점에서 자기조절을 논의할 수 있다.
- 동기와 자기조절학습 간의 관계를 논의하고 여러 가지 동기변인(예: 자기효능감, 목표, 가치)이 자기조절과 어떤 관련이 있는지를 설명할 수 있다.
- 학생이 학업성취를 향상시키는 데 활용할 수 있는 계획을 구성할 수 있다.
- 자기조절학습과 쓰기 간의 관계와 테크놀로지가 자기조절학습에 미치는 영향에 대해 설명할 수 있다.

가정

학업상황에서의 자기조절학습에 대한 이론과 연구는 경영학, 교육학, 심리학(예: 조직, 임상, 인지)을 포함하여 다양한 학문으로부터 영향을 받았다. 자기조절학습에 대한 이론은 여러 측면에서 다르지만 몇 가지 공통된 가정이 있다. 첫 번째 가정은 자기조절학습에는 개인의 학습과 수행에 행동적, 인지적, 메타인지적, 동기적 행위를 포함한다는 것이다 (Zimmerman, 2001). 두 번째 가정은 자기조절학습이 피드백 루프(feedback loop)를 포함한 역동적, 순환적 과정이라는 것이다(Lord et al., 2010). 자기조절학습자는 목표를 설정하고 목표달성과 관련된 향상도 정도를 메타인지를 활용하여 점검한다. 이들은 외적 피드백에 반응하는 것은 물론 더 열심히 공부하거나 전략을 수정하는 것과 같이 목표달성을 위해 점검 결과에 따라 적절하게 반응한다. 또한 목표가 달성되면 새로운 목표를 설정한다.

셋째, 목표설정은 개인이 목표지향적 활동에 초점을 맞추고 과제-관련 전략을 사용하도록 안내함으로써 자기조절학습을 촉진시킨다(Sitzmann & Ely, 2011). 학습기술과 능력 신장에 중점을 둔 목표가 과제를 수행하는 데 중점을 둔 목표보다 자기조절학습을 더 잘 유도한다(Schunk & Swartz, 1993a). 최근에는 개인이 자기조절을 선택하고 지속적으로 노력하는 이유와 관련된 동기를 강조하는 경향이 있다. 동기변인은 학습에 매우 중요하다(Schunk & Zimmerman, 2008).

Sitzmann과 Ely(2011)는 이론과 연구를 바탕으로 자기조절학습을 구성하는 요인의 틀을 제안하였는데, 이것은 세 가지 주요 유형으로 이루어졌다. 즉, 조절자(regulatory agents)는 목표달성을 위한 자기조절학습을 시작하도록 하고, 조절기제(regulatory mechanisms)는 목표를 효과적인 방법으로 달성하도록 하는 데 도움을 주고, 조절평가 (regulatory appraisals)는 향상도 정도에 대한 평가적 정보를 제공하고 목표달성을 위한 지속적인 노력에 영향을 준다. 이들이 제안한 틀은 한 가지 조절자(목표수준), 여섯 가지 조절기제(주의, 메타인지전략, 시간관리, 환경 구조화, 동기, 노력), 두 가지 조절평가(귀인, 자기효능감)로 구성되어 있다. 이 장에서는 일반적으로 자기조절과정과 관련이 있다고 간주되는 요인에 대해 논의할 것이다.

최근 일부 연구자들은 집단 내에서의 자기조절발달에 대하여 관심을 갖기 시작하였다(Hadwin, Järvelä, & Miller, 2011; Järvelä & Hadwin, 2013). **공동조절(co-regulation)**이란 사회적 맥락에서 사람들 간의 자기조절역량의 조정을 의미한다(Hadwin et al., 2011; Volet, Vauras, & Salonen, 2009). 학습자들은 집단이나 개인에게 유용한 것으로 간주된 자기조절능력을 계발하거나 신장시키기 위해서 기술과 전략을 공동으로 사용한다. 참여자들은 서로의 자기조절학습에 영향을 미친다. 맥락과 학습과정은 사회적이지만 학습결과는 개인적이다.

사회적으로 공유된 조절(socially shared regulation)은 공동의 결과를 달성하기 위한 상호 의존적 조절과정이다(Hadwin et al., 2011). 학습자는 협력적 맥락에서 자신의 기술을 활용해 집단 구성원들의 자기조절학습 능력을 발달시키는 데 기여한다. 이 장의 초점은 개인의 자기조절학습에 있지만, 논의할 많은 원리들은 교육적 학습환경에서 발생할 수 있는 공동조절과 사회적으로 공유된 조절학습에도 적절할 것이다.

자기조절에 관한 행동주의적 관점

자기조절에 관한 행동주의이론적 관점은 Skinner의 초기 업적에서 찾아볼 수 있다(Mace, Belfiore, & Hutchinson, 2001)(제3장 참조). Skinner의 조작적 조건형성이론을 바탕으로 한 연구는 조작적 원리를 성인과 아동에게 다양한 맥락(예: 임상, 학습)에서 적용한다. 이러한 연구는 역기능적 행동을 줄이고 그것을 더 적절한 행동으로 대체하는 데 목적이 있다(Zimmerman, 2001).

행동주의이론에 따른 연구설계는 대부분 공통된 특징이 있다. 일반적으로 연구참여자가 소수이고, 심지어 연구참여자가 한 명인 경우도 있다. 특정한 중재(intervention)결과로 참여자의 행동변화가 있는지를 조사한다. 중재결과는 역기능적 행동과 조건형성된 행동의 빈도와 지속성으로 측정된다.

행동주의이론은 여러 가지 행동들 중 특정한 행동을 선택하고 추후에 더 큰 강화를 얻기 위해 즉각적인 강화를 지연하는 것이 자기조절이라고 가정한다. 사람들은 먼저 조절할 행동을 결정함으로써 자신의 행동을 스스로 조절한다. 그런 다음, 그러한 행동의 발생을 위한 변별자극을 만들고 필요한 경우 자기교수를 하며, 바람직한 행동의 발생여부를 결정하기 위해 자신의 수행을 점검한다. 이러한 단계는 종종 행동의 빈도나 지속성에 대한 자기기록을 포함한다. 사람들은 바람직한 행동이 발생하였을 때 자기강화를 한다. 이 절에서는 자기점검, 자기교수, 자기강화와 같은 세 가지 핵심적인 과정에 대해 구체적으로 살펴보겠다.

자기점검

자기점검(self-monitoring)은 행동의 어떠한 측면에 대하여 주의를 기울이는 것이며, 흔히 그 행동에 대한 빈도나 강도를 기록함으로써 이루어진다(Mace et al., 2001; Mace & Kratochwill, 1988). 사람은 자신이 하고 있는 행동을 인식할 때만 자신의 행동을 조절할 수 있다. 행동은 질, 비율, 양, 독창성 측면에서 측정이 가능하다. 학습자는 기말보고서를 작성하는 동안 주기적으로 그 보고서가 주제를 잘 설명하고 있는지, 제출기간 내에 끝마칠 수 있는지, 너무 길게 작성하고 있지 않은지, 자신의 생각이 논리적으로 잘 표현되었는지를 평가할 수 있다. 자기점검은 다양한 분야에서 이루어질 수 있다. 예를 들어, 운동기능에서는 100미터를 얼마나 빨리 달렸는지, 미술에서는 펜과 물감으로 그림을 얼마나 독창적으로 그렸는지, 사회적 행동분야에서는 얼마나 많이 타인과 상호작용하였는지를 점검할 수 있다.

학습자들은 종종 한 가지 이상의 자기점검 방법을 배워야 한다(Belfiore & Hornyak, 1998; Lan, 1998; Ollendick & Hersen, 1984)([적용 10.1] 참조). 자기점검 방법에는 서술하기, 빈도측정, 지속기간측정, 시간표집측정, 행동평정, 행동추적과 문서기록 등이 있다(Mace, Belfiore, & Shea, 1989). **서술하기**(narration)는 일어난 행동과 상황에 대하여 기록하는 것으로서, 매우 상세한 것부터 포괄적인 것까지 다양하게 기록할 수 있다. **빈도측정** (frequency counts)은 일정한 기간 동안 특별한 행동이 일어나는 횟수를 본인 스스로 기

적용 10.1

자기점검

자기점검은 학습자들에게 존재하는 행동을 인식시키고 자신의 행동을 평가하고 향상시키는 것을 돕는다. 특수학급에서 자기점검은 학습자들의 행동을 향상시키는 데 도움을 주며, 목표설정과 관련되었을 때 더욱 효과적이다. 교사는 작은 블록으로 나누어진 개인 차트를 만들 수 있는데, 여기에서 블록은 짧은 시간(예: 10분)을 의미한다. 학습자들이 자기 자리 또는 공부장소에서 독립적으로 공부를 할 때, 10분마다 조용하게 종소리가 나도록 한다. 종이 울리면 학습자들은 차트에 자신들이 무엇을 하였는지를 기록한다(예: 글쓰기, 읽기, 공상, 잡담 등). 이러한 과정은 하루 동안 기대되는 과제집중량과 관련하여 개인별 목표를 세우는 데 사용되며, 교사는 학습자들을 개별적으로 도울 수 있고, 학습자들의 행동을 개선시킬 수 있다.

교사는 자기점검 중인 학생에게 시간을 알려줄 때 주의해야 한다. 종을 사용하는 것은 다른 학생들의 주의를 산만하게 하고 갑작스럽게 주의집중을 시킴으로써 학생들을 당혹스럽게 할 수도 있다. 교사는 자기점검 중인 학생과 가까이 앉아 제한시간이 종료되면 학생의 책상을 가볍게 치거나 끝난 학생과 시선을 마주쳐 넌지시 시간이 다 되었다는 것을 알려줄 수 있을 것이다.

고등학교 교사들은 과제완성이나 수업에 필요한 자료를 읽어오는 데 어려움이 있는 학생들을 종종 만나게 된다. 교사들은 이러한 학생들을 개별적으로 만나 생산적인 공부습관을 습득하는 데 필요한 현실적인 목표설정 방법과 목표달성 정도를 평가하는 방법을 알려줄 필요가 있다. 학생들에게 정해진 시간동안 읽은 분량 기록하기(페이지 단위로), 노트필기, 쓰기 등을 가르쳐야 한다. 학생들은 목표와 타이머를 사용해서 자신들의 향상도를 점검할 수 있다.

Traut 교수의 수업에 참여하는 일부 대학생들은 첫 번째 보고서를 완성하는 데 어려움이 있었다. Traut 교수가 과제에 대한 안내를 충분히 하였지만, 이들은 과제수행에 필요한 단계들을 제대로 따르지 않아 정해진 기한 내에 보고서를 완성하지 못하였다. Traut 교수는 두 번째 과제를 제시한 다음, 이들을 개인적으로 만나 과제수행과 관련된 항목에 대하여 체크리스트를 만들고 일정표를 작성하도록 하였다. 그는 매주 학생들을 만나서 그들의 체크리스트 진행 상황을 학생들과 함께 살펴보고 과제를 완성하도록 하였다. 이러한 방법은 학생들이 자기점검을 이용하여 앞으로 다른 어떤 강의에서도 과제를 완성할 수 있는 도구를 개발하는 데 도움을 주었다.

록하는 것이다. 예를 들어, 30분 동안 앉아서 과제를 하는 동안 몇 번이나 자리에서 이탈하는지를 기록하는 것이다. **지속기간측정(duration measures)**은 주어진 기간 동안 행동이 일어났던 시간(예: 30분 동안 공부한 시간)을 측정한다. **시간표집측정(time-sampling measures)**은 특정한 기간을 짧은 간격으로 나누고, 각각의 간격 동안에 행동이 얼마나 자주 일어났는지를 기록하는 것이다. 30분의 기간을 5분 간격으로 6개로 나누고 5분 동안 계속 공부를 한 횟수가 몇 번인지를 측정한다. **행동평정(behavior ratings)**은 주어진 기간 동안 행동이 얼마나 자주(예: 항상, 가끔, 전혀) 나타났는지를 기록하는 것이다. **행동추적 (behavioral traces)**과 **문서기록(archival records)**은 다른 측정(예: 완성한 과제 수, 정확하게 해결한 문제 수)과는 별도로 행동에 대하여 지속적으로 기록하는 것이다.

자기기록이 없을 때, 성공과 실패에 대한 선택적 기억이 일어날 수 있다. 결과에 대한 기대가 실제 결과로 이어지지 않는 경우가 종종 있다(예: 우리는 실제 수행한 것보다 더 잘 하였다고 생각한다). 자기기록은 놀라운 결과를 만들어 낼 수 있다. 학습에 어려움을 겪는 학습자가 자신의 행동기록을 통해 공부시간의 절반 이상을 공부와 연관되지 않은 일에 소비하였음을 알 수 있을 것이다.

자기점검에는 규칙성과 근접성이라는 두 가지의 중요한 기준이 있다(Bandura, 1986). **규칙성(regularity)**은 간헐적이 아니라 지속적으로 행동을 점검하는 것을 뜻한다. 예를 들어, 일주일에 하루만 행동을 기록하기보다 매일 행동을 기록하는 것이다. 불규칙적인 관찰은 흔히 잘못된 결과를 낳는다. **근접성(proximity)**은 행동이 일어나고 오랜 시간이 지난 후가 아닌, 행동이 일어난 직후에 점검하는 것을 의미한다. 행동이 일어난 후 일정한 시간이 지나게 되면 사태를 재구성하기 때문에 행동이 일어난 직후에 기록하는 것이 필요하다.

자기점검 방법에서는 행동사정의 책임이 학습자에게 있다(Belfiore & Hornyak, 1998). 자기점검 방법은 보통 중요한 행동을 개선시키는데, 이를 반응효과(reactive effect)라고 한다. 자기점검적 반응은 행동의 결과이며, 다른 결과처럼 미래의 반응에 영향을 준다. 자기기록은 선행행동과 이것으로 발생되는 장기적 결과와의 관계를 조절하는 즉각적인 반응이다(Mace & West, 1986; Nelson & Hayes, 1981). 학습과정을 점검하는 학습자는 자신들에게 즉각적인 강화를 주게 되며, 이것은 교사의 칭찬과 좋은 성적과 같은 장기적인 결과와 연결된다.

연구에 따르면, 자기점검은 분명히 학업성취도를 향상시켜 준다. Sagotsky, Patterson, Lepper(1978)는 학생들이 수학시간 동안 자신들의 수행을 주기적으로 점검하게 하고, 적절한 교재로 공부하고 있는지를 기록하도록 하였다. 또 다른 집단의 학습자들은 하루의 수행목표를 정하였고, 세 번째 집단은 자기점검과 목표를 정하도록 하였다. 자기점검은 과제수행시간과 학업성취를 향상시켰고, 목표설정은 학업성취에 미미한 효과가 있는 것으로 나타났다. 목표설정이 수행에 영향을 미치도록 하기 위해서는 학생들이 도전적이면서도 성취 가능한 목표설정 방법을 배워야 한다.

Schunk(1983d)는 수업 중에 뺄셈을 완벽하게 익히지 못한 학생들에게 뺄셈을 가르치고 연습하도록 하였다. 첫 번째 집단(자기점검)의 학생들은 수업시간 말미에 그들이 공부한 것을 검토하고 그들이 끝낸 문제지 쪽수를 기록하였다. 두 번째 집단(외부점검)은 수업이 끝났을 때 성인이 학습량을 기록하고 검토하였다. 세 번째 집단(무점검)은 프로그램상의 교육은 받았지만 점검을 받지 않았고 자기점검하는 것도 지시받지 않았다.

이 수업에서 점검집단(자기점검, 외부점검)의 자기효능감, 기능, 과제지속성은 무점검 집단에 비해 더 향상된 것으로 밝혀졌다. 그러나 두 가지 점검조건의 효과는 서로 비슷하였다. 점검의 효과는 수업 중 아동의 수행에 따라 달라지지 않았는데, 그것은 과제수행량에서 세 가지 조건 간에 차이가 없었기 때문이었다. 점검은 누구에 의해서 점검을 받았는지에 관계없이 학습향상도와 자기효능감에 대한 아동의 지각에 긍정적인 영향을 주었다.

Reid, Trout, Schartz(2005)는 주의력 결핍 및 과잉행동 장애 아동들의 과제관련 행동과 학업수행을 향상시키고, 부적절한 행동을 감소시키기 위해 개발된 자기조절학습 중재 프로그램의 효과에 대한 연구를 고찰하였다. 그 결과, 자기점검이나 자기강화와 결합한 자기점검은 프로그램의 효과를 유발시키는 긍정적인 요소인 것으로 밝혀졌다.

자기교수

자기교수(self-instruction)는 자기조절 반응이 강화를 유도할 수 있도록 상황을 설정하는 변별자극이다(Mace et al., 1989). 여기에서 말하는 자기교수를 Meichenbaum(1977)(제4장 참조)의 자기교수훈련과정과 혼동해서는 안 된다. 자기교수의 한 가지 유형은 변별자극을 만들어 내기 위해서 환경을 구성하는 것이다. 다음 날 노트를 검토해야 하는 학습자는 잠들기 전에 다음 날 해야 할 일을 기억하기 위해서 메모를 해 놓을 수 있을 것이다. 이때 메모는 노트를 보는 것에 대한 단서가 되며, 이것은 강화(퀴즈에서 좋은 점수)가 된다. 또 다른 유형의 자기교수는 어떤 행동을 유발하는 변별자극의 역할을 하는 진술형태(규칙)다.

이러한 형태의 자기교수는 읽기능력이 미숙한 학습자의 독해력과 자기효능감을 높이는 데 효과적이다. Schunk와 Rice(1986, 1987)는 독해력 신장이 필요한 학습자들에게 다음과 같은 자기교수전략을 사용하여 지문을 읽도록 하였다.

내가 무엇을 해야 하나? (1) 질문을 읽어라. (2) 지문이 전체적으로 말하고자 하는 것이 무엇인지 파악하라. (3) 상세한 부분들의 공통 내용이 무엇인지를 파악하라. (4) 무엇이 좋은 제목인지 생각하라. (5) 질문에 대한 답을 모를 경우, 글을 다시 읽어라. (Shunk & Rice, 1987, pp. 290-191)

아동들은 이러한 전략을 적용하기 전에 각 단계를 소리 내어 말한다.

스스로에게 말하는 전략은 다양한 학문적, 사회적, 운동기능 등을 가르치는 데 사용되었다. 이러한 진술은 주의력 결핍과 학습장애를 가진 학습자들에게 특히 효과적이다. 진술을 언어로 말하도록 하면 학습자들은 과제수행에 집중하게 된다. 학습장애를 가진 학습자의 필기능력을 향상시키기 위해 사용된 자기교수 절차는 다음과 같다(Kosiewicz, Hallahan, Lloyd, & Graves, 1982).

(1) 쓰고자 하는 단어를 크게 말하라. (2) 첫 음절을 말하라. (3) 그 음절의 철자를 세 번 읽어라. (4) 철자를 쓸 때마다 철자를 되풀이해서 말하라. (5) 각각의 연속적인 음절에 대해 두 번째에서 네 번째 단계까지를 반복하라.

훈련 기간 동안 이러한 과정이 적힌 카드를 학습자의 책상 위에 놓아두고, 학습자가 각 단계를 수행하면 칭찬해 준다. 학습자가 모든 절차를 학습하게 되면 더 이상 칭찬할 필요가 없으며, 학습자의 필기능력은 향상될 것이다.

자기강화

자기강화(self-reinforcement)는 바람직한 반응을 한 자신에게 스스로 강화를 제공해서 미래의 반응 가능성을 증가시키는 과정을 말한다(Mace et al., 1989). 이미 제3장에서 논의한 바와 같이, 강화물은 그것의 결과에 의하여 정해진다. 예를 들어, Mitch가 점수시스템을 사용하고 있다고 가정하자. 그는 자신이 지리학 책을 한 쪽 읽을 때마다 스스로에게 1점을 준다. 그는 읽은 정도를 매주 기록하고 자신이 그 주에 획득한 점수가 지난주보다 5% 이상 증가하면, 금요일에 30분간 자유시간을 갖게 될 것이다. 이것이 자기강화로 작용하였는지는 그가 규칙적으로 자유시간을 확보하였는지와 관련된다. 그가 만약 이와 같이 한다면(즉, 그의 평균적인 수행이 학기가 지나면서 계속 증가한다면), 강화유관성(reinforcement contingency)이 학습과 관련된 그의 행동을 조절하고 있는 것이다.

강화유관성이 학업능력을 향상시킨다는 연구가 많지만(Bandura, 1986), 자기강화가 외적 강화(예: 교사가 제공하는 강화)보다 더 효과적인지는 밝혀지지 않았다. 자기강화의 효과에 대한 연구는 종종 문제가 있다(Brigham, 1982). 학교에서 강화사태는 수업과 교실규칙에 영향을 받는 상황에서 자주 일어난다. 학습자들은 보통 자발적으로 공부하기보다 교사의 지시가 있은 후에 공부를 하게 된다. 이것은 학습자들이 강화 때문에 공부를 한다기보다 교사의 통제와 처벌에 대한 두려움 때문에 공부한다는 것을 의미한다.

자기강화는 자기조절행동의 효과적인 구성요소가 될 수 있다고 가정되지만, 강화물(자신 또는 타인)보다는 강화가 더욱 중요하다. 자기강화가 지속적으로 행동을 향상시켰다고 해도 자기조절기술을 습득하는 과정에서는 강화를 분명하게 제공하는 것이 더 중요하다.

행동주의이론은 자기조절행동을 가르치는 데 광범위하게 적용되었다. 자기점검, 자기교수, 자기강화는 학생들에게 가르칠 수 있는 자기조절과정이다. 행동주의이론은 인지적, 정의적 요인을 고려하지 않는다. 그러나 학습은 행동 이상의 자기조절(예: 목표설정 또는 자기효능감)을 필요로 하기 때문에 행동주의이론을 자기조절학습에 적용하는 데는 한계가 있다. 다음 절에서 살펴볼 자기조절에 대한 사회ㆍ인지적 관점은 인지적, 정의적 요인을 중요시한다.

자기조절에 관한 사회인지적 관점

개념적 준거틀

사회인지학습의 원리는 자기조절학습에 광범위하게 적용되었다(Bandura, 1997, 2001; Pintrich, 2004; Pintrich & Zusho, 2002; Schunk, 2012; B. Zimmerman, 2000; Zimmerman & Schunk, 2004). 여기에서 중요한 요인은 학습자의 선택이다(Zimmerman, 1994, 1998, 2000)(〈표 10.1〉 참조). 이것은 학습자들이 특히 무엇을 해야 할지 몰라 교사에게 질문을 할 때, 그들이 항상 활용 가능한 선택을 한다는 것을 의미하지는 않는다. 그러나 과제의 모든 측면이 통제되었을 때 학습이 "외적으로 통제"되었거나 "다른 사람에 의해 통제"되었다고 할 수 있다. 이러한 상황은 교사가 과제 수행방법이나 수행결과, 그리고 다른 조건을 학습자들의 재량에 맡기지 않을 경우에 발생한다. 자기조절의 잠재성은 학습자가 이용 가능한 선택에 따라 다양하다.

표 10.1
학습자 선택과 자기조절과정

학습자 선택	자기조절과정
참여 선택	목표, 자기효능감, 가치
방법 선택	전략 사용, 이완
결과 선택	자기점검, 자기판단
사회적, 물리적 맥락 선택	환경 구조화, 도움추구

〈표 10.1〉은 학습자가 잠재적으로 이용 가능한 선택과 그에 상응하는 일부 자기조절 과정을 보여준다. 한 가지 선택은 참여 여부다. 참여 여부는 학습자의 목표, 가치, 자기효능감과 같은 자기조절과정에 달려있다. 학습자는 또한 학습하는 동안 사용할 방법을 선

택할 수 있다. 예를 들어, 과제를 수행하기 위해 사용할 전략과 과제수행 중 불안하게 되면 어떤 이완(relaxation) 기법을 사용할 것인지를 선택한다. 세 번째 선택은 결과를 포함한다. 즉, 학습자가 원하는 과제수행결과는 무엇인가? 학습자는 과제를 수행하면서 자신의 수행이 의도한 결과를 성취할 수 있을 것인지를 판단하고 점검한다. 마지막으로, 학습자는 과제수행 중 사용할 사회적, 물리적 맥락을 선택할 수 있다. 학습자는 학습을 하기 위해 적절한 환경을 구조화하고 필요한 경우 도움을 요청할 필요가 있다.

어떤 교실에서는 자기조절이 거의 불가능하다. 학생들에게 보고서 분량(A4 10매), 글자 크기, 참고문헌 수(10권), 마감 기일(3주 후), 수행 장소(도서관, 가정) 등을 말해주는 교사를 상상해 보자. 이 교사는 과제의 대부분을 지시한 것이다.

이와 대조적으로, 기타 배우기를 원하는 Jim이라는 학생을 상상해 보자. 그는 기타를 배울지 선택한다. 그가 선택한 방법은 선생님으로부터 레슨을 받는 것이다. 그는 매주 45분의 수업을 받으며, 하루에 1시간 연습한다. 그의 목표는 여러 사람들 앞에서 연주할 만큼 능숙해지는 것이다. 그는 밤에 집에서 기타 연습을 한다. 그는 교사뿐만 아니라 기타를 연주하는 친구의 도움을 받으며 그에게 손의 위치와 조율에 대한 기술적 질문을 한다. Jim은 상황을 거의 통제해서 자기조절이 최대한 가능하게 되었다.

많은 상황은 이러한 양극단 간의 어딘가에 위치하고 있다. 교사들은 보고서 작성과제를 내주면서 주제선택은 학생들이 하도록 한다. 학생들은 또한 그들이 어떤 자료를 사용하고, 어디에서 작성하며, 보고서 분량을 어느 정도 할 것인지 결정할 수 있을 것이다. 프로젝트 과제의 경우, 교사가 일반적으로 일부 요소(예: 연구논문, 구두발표)를 구체적으로 제시하지만, 다른 요소(예: 주제, 활용도구)들은 학생들이 선택하도록 한다. 따라서 이러한 상황에서는 자기조절이 있었는지에 대해 의문을 갖기보다 자기조절이 어느 정도 이루어졌는지를 말하는 것이 타당하다.

학습자의 자기조절기능을 향상시키기 위한 중재 프로그램은 종종 한두 개의 자기조절 영역을 학습자에게 가르치고 연습하도록 설계된다. 자기조절능력은 교육적 중재를 통해 향상될 수 있다는 증거들이 많다(Schunk & Ertmer, 2000; Schunk & Zimmerman, 1994, 1998, 2008).

자기조절과정

초기의 사회인지적 관점은 자기조절이 세 가지 과정, 즉 자기관찰(또는 자기점검), 자기판단, 자기반응으로 구성되어 있다고 보았다(Bandura, 1986)(〈표 10.2〉 참조). 이것은 자기조절이 자기점검, 자기교수, 자기강화로 구성되었다고 주장하는 행동주의이론과 유사하다.

표 10.2 자기조절과정	자기관찰	자기판단	자기반응
	규칙성	기준 유형	평가적 동기유발책
	근접성	목표 속성	가시적 동기유발책
	자기기록	목표의 중요성	
		귀인	

학생들은 지식과 문제해결전략 획득, 과제 완수, 실험 수행 등과 같은 목표가 수반된 학습활동에 참여한다. 학생들은 이러한 목표를 마음에 담고, 자신의 향상도 정도를 관찰 하며, 판단하고, 반응한다. 이러한 과정은 상호 배타적이기보다는 보완적이다.

자기관찰. 자기관찰(self-observation)은 일정한 기준과 비교하면서 자기행동의 관찰된 양상을 판단하고, 그것에 대해 긍정적 또는 부정적으로 반응하는 것이다. 사람들의 평가 와 반응은 동일하거나 다른 행동 양상에 대한 추가적 관찰의 토대가 된다. 이러한 과정은 또한 환경과 독립적으로 작동하지 않는다(Zimmerman, 1989, 1990, 2000). 자신이 제대 로 학습하고 있지 않다고 판단한 학습자들은 교사에게 도움을 요청하게 되는데, 이것은 학습자들이 환경을 바꾼 것으로 볼 수 있다. 결국, 교사는 학습자들을 보다 효과적인 전 략으로 가르칠 것이며, 학습자들은 이를 자신의 학습을 촉진시키는 데 사용할 것이다. 연 구결과는 학습자들이 자기조절기능을 학습할 수 있다는 것을 보여주기 때문에 학습자들 의 자기조절능력 계발에 도움을 줄 수 있는 환경적 영향(예: 교사)은 중요하다(Schunk & Zimmerman, 1994, 1998, 2008).

자기관찰은 개념적으로 자기점검과 유사하며, 보통 자기조절능력을 가르치는 수업에 포함된다(Lan, 1998; Zimmerman, Bonner, & Kovach, 1996). 그러나 일반적으로 자기관 찰만으로 행동을 조절하는 것은 충분하지 않다. 목표 도달 기준과 향상도 정도를 평가할 수 있는 준거가 필요하다.

자기판단. 자기판단(self-judgment)은 현재의 수행 수준과 목표를 비교하는 것이다. 자 기판단은 사용된 자기평가기준 유형, 목표의 속성, 목표 도달의 중요성, 귀인에 달려 있다.

자기평가기준(self-evaluative standards)은 절대적이거나 상대적이다. 절대적 기준은 고정되어 있는 데 반해, 상대적 기준은 다른 사람들의 수행에 근거한다. 30분 동안 6쪽의 학습지를 완성하는 것이 목표인 학습자는 이러한 절대적 기준에 따라 자신의 향상도를 가 늠한다. 절대적 기준을 사용하여 성적을 산출하는 경우가 종종 있다(예: A학점: 90-100, B 학점: 80-89).

상대적 기준은 모델을 관찰함으로써 획득되는 경우가 있다(Bandura, 1986). 자신의 수행과 다른 사람의 수행을 사회적으로 비교하는 것은 행동의 적절성을 결정하고 수행을 자기평가하는 중요한 방법이다. 절대적 기준이 존재하지 않거나 모호할 때, 사회적 비교는 보다 용이하다(Festinger, 1954). 학습자들은 자신의 수행을 다른 동료들과 비교할 기회가 매우 많다. 학습자들이 누가 가장 먼저 끝낼 것인지를 가늠하기 위해서 30분 동안 6쪽 분량의 과제를 수행하고, 자신의 향상도를 동료와 비교하는 경우처럼, 절대적 기준과 상대적 기준은 흔히 함께 사용된다.

기준은 정보를 제공해 주고 동기를 유발시키는 역할을 한다. 기준과 수행을 비교해 보면 향상도 정도를 알 수 있다. 10분 동안 3쪽 분량의 과제를 완수한 학습자들은 제시된 시간이 절반도 지나지 않았지만, 과제의 절반을 끝냈다고 인식한다. 자신이 향상되고 있다는 신념은 자기효능감을 향상시키며, 과제를 완수하도록 동기를 유지시킨다. 학습자들은 만약 다른 사람이 성공할 수 있다면 자신도 그럴 것이라고 믿는 경향이 있기 때문에 자신보다 능력이 훨씬 더 높거나 낮지 않은 유사한 타인이 가장 적합한 비교의 기준이 된다(Schunk, 1987).

Schunk(1983b)는 나눗셈 훈련 프로그램에서 사회적 비교정보와 목표설정의 효과를 조사하였다. 수업시간 동안 절반의 아동들에게는 수행목표가 주어졌으며, 다른 절반에게는 생산적으로 공부하도록 하였다. 목표를 달성할 수 있다는 것을 알려주기 위해 목표조건에 배정된 아동 중 절반에게 다른 유사한 아동들이 수행한 문제 개수를 말해 주었으며, 나머지 절반에게는 비교정보를 주지 않았다. 목표는 자기효능감을 향상시켰으며, 비교정보는 동기를 촉진시켰다. 목표와 비교정보를 모두 받은 아동들의 기능습득 수준이 가장 높았다.

Davidson과 Smith(1982)는 아동들에게 엄격하거나 관대한 과제기준을 가진 우수한 성인, 동등한 또래, 자신보다 열등한 어린 아동 등을 관찰하도록 하였다. 관대한 모델을 관찰한 아동들은 엄격한 모델을 관찰한 아동들보다 더 낮은 점수에 더 자주 보상하였다. 아동들의 자기보상기준은 성인의 기준보다 낮았고, 동등한 또래의 기준과 같았으며, 자기보다 어린 아동의 기준보다 높았다. 모델과 관찰자 간의 연령에서의 유사성은 아동들에게 또래에게 적절한 것이 자신에게도 적절하다고 믿도록 하였다.

모델에 대한 관찰은 자기효능감과 성취행동에 영향을 준다(제4장 참조). Zimmerman과 Ringle(1981)은 아동들에게 장기간 또는 단기간 동안 철사퍼즐과제를 성공적으로 수행하지 못하는 성인모델이 자신감이나 비관적인 말을 하는 것을 관찰하도록 하였다. 오랜 시간 동안 비관적인 모델을 관찰한 아동들은 자신의 효능감을 낮게 평가하였다. 특히 모델과 관찰자 간의 유사성 지각은 관찰자가 어려움을 경험하고 수행을 잘 할 수 있을 것인가에 대해 스스로 의심할 때 영향력이 있는 것으로 나타났다(Schunk & Hanson, 1985; Schunk et al., 1987).

목표속성(goal properties), 즉 구체성, 근접성, 난이도는 특히 장기과제에 영향력이 있다(제4장 참조). 교사들은 과제를 단기목표로 세분화함으로써(예: 주제 선택, 배경연구 수행, 개요 작성) 우수한 기말보고서를 작성할 수 있을지 의문을 갖고 있는 학습자들을 도울 수 있다. 학습자들은 하위과제를 수행할 수 있다고 믿기 쉬우며, 하위과제를 수행하면서 우수한 기말보고서를 작성하는 것에 대한 자기효능감을 높일 수 있다. 이와 관련된 예를 [적용 10.2]에 제시하였다.

학습자들에게 학습을 위한 목표를 수립하게 하는 것은 목표달성과 관련된 책임감을 길러주며(Locke & Latham, 1990, 2002), 자기효능감을 높여준다(Schunk, 1990). Schunk(1985)는 학습장애를 가진 아동들에 대한 연구에서 이러한 증거를 발견하였다. 한 집단의 아동들은 수업시간마다 뺄셈 문제해결과 관련된 목표를 스스로 수립하였고, 다른 집단은 교사로부터 비슷한 목표를 제시받았으며, 나머지 집단은 수업은 받았지만 목표는 제시받지 않았다. 스스로 목표를 수립한 집단은 다른 사람에 의해 목표가 결정된 집단과 비교할 때 목표달성에 대한 기대가 높았으며, 다른 두 집단과 비교해 볼 때 자기효능감이 높았고 기능도 더 잘 획득하였다.

적용 10.2
목표설정과 자기조절

목표설정은 장기과제를 수행하는 데 유용한 전략이다. 많은 학생들은 전시나 연구보고서 형태의 프로젝트를 완수할 수 있을지에 대해 의구심을 갖는다. 교사는 학생들의 과제를 단기목표로 나누어 줌으로써 과제수행을 도울 수 있다. 학생들이 프로젝트를 완성하기까지 6주간의 시간이 걸린다면, 첫 번째 수행과제에서는 다양한 주제를 탐색한 후에 하나의 주제를 선택하도록 한다. 두 번째 주에서는 보고서 작성을 위해 보다 구체적인 연구와 개요를 개발하도록 한다. 학생들은 개요를 제출하고 피드백을 받은 후 보고서의 초안을 작성하고 전시에 포함할 항목을 스케치하며 2주를 보낸다. 교사는 학생들의 향상도 과정을 검토해 주고 피드백을 준다. 학생들은 남은 2주 동안 보고서를 수정하고 전시를 준비할 수 있다.

법대 학생들은 모의법정을 준비하면서 많은 판례들을 학습하고 분석하는 일에 어려움을 느낄 수 있다. 법대 교수는 학생들이 현실적인 목표를 수립하게 하고 체계적으로 공부하도록 조언을 해 주면서 한 학기 동안 학생들을 도울 수 있다. 학생들은 정해진 기간 동안에 주요 범주(가정법, 상법, 민사법, 국제법)의 판례를 학습하는 데 필요한 목표를 수립함으로써 모의법정을 준비할 것이다. 각각의 주요 범주 안에는 하위목표가 설정될 수 있다. 예를 들어, 민사법의 하위목표에는 소유권, 재산 사용, 개인 간의 계약, 타인에 의한 침해와 관련된 배상 방법을 바로잡는 것 등이 설정될 수 있을 것이다.

자기평가는 목표달성의 중요성과 일부 관련이 있다. 과제수행 방법에 대해 거의 관심이 없는 사람들은 수행을 평가하거나 더 나은 수행을 위해 노력하지 않을 것이다 (Bandura, 1986). 사람들은 그들이 가치 있다고 여기는 목표를 달성하기 위해 향상도 정도를 평가한다. 사람들은 때때로 원래는 거의 가치가 없는 목표도 자신들이 능숙해지고 있다는 피드백을 받으면 더 중요하게 간주한다. 초보 피아노 연주자들은 초기에는 명확하지 않은 목표를 스스로 설정할 것이다(예: 잘 연주하기). 그러나 기술이 발전함에 따라 구체적인 목표를 수립하기 시작하고(예: 특정한 곡의 연주법 배우기), 설정한 목표의 향상도 정도를 판단할 것이다.

목표의 향상도 정도에 대한 평가와 더불어 결과에 대한 원인 지각을 의미하는 **귀인 (attribution)**이 자기효능감, 동기, 성취, 정의적 반응에 영향을 줄 수 있다(Schunk, 2001, 2008). 목표를 달성하기 위한 시도가 잘 되지 않는다고 믿는 학습자가 이것을 자신의 낮은 능력 탓으로 돌리게 되면, 이는 기대와 행동에 부정적인 영향을 준다. 향상이 없는 것을 노력 부족이나 부적절한 학습전략 때문이라고 생각하는 학습자들은 열심히 노력하거나 전략을 바꾸면 수행을 더 잘 할 것이라고 믿을 것이다(Schunk, 2008). 학습자들은 성취가 외적 원인보다 자신의 능력과 노력 때문이라고 생각할 때 자신들의 성취에 더 자부심을 갖는다(Weiner, 1985). 사람들은 자신들이 통제할 수 없는 환경 때문이 아니라 개인적 이유 때문에 실패하였다고 믿을 때 더 자기비판적이 된다.

귀인피드백은 자기조절학습을 강화시킬 수 있다(Schunk, 2008). 누군가에게 열심히 하면 더 좋은 결과를 성취할 수 있다고 이야기해 주는 것은 그 사람에게 그러한 능력이 있다는 것을 전달해 주기 때문에 동기유발에 도움이 된다(Andrews & Debus, 1978; Dweck, 1975; Schunk, 2008). 노력 때문에 성공하였다고 피드백하는 것은 향상도에 대한 학습자들의 인식을 지지해 주며, 동기를 유지시키고, 추후 학습에 대한 효능감을 증가시킨다 (Schunk, 1982a; Schunk & Cox, 1986).

귀인피드백은 시기가 중요하다. 초기성공은 능력에 대한 귀인을 형성하는 데 중요한 계기가 된다. 초기성공을 능력으로 돌리는 피드백(예: "맞아, 너는 그것을 잘 한다")은 학습에 대한 효능감을 높여줄 것이다. 그러나 많은 경우에 초기성공에 대한 노력피드백을 더 신뢰할 수 있는데, 그것은 기능이 부족할 때 성공을 위해 학습자들은 더 많은 노력을 해야 하기 때문이다. 기능이 발달함에 따라 능력피드백은 자기효능감을 더욱 높여준다 (Schunk, 1983a).

자기반응. 목표의 향상도 정도에 대한 **자기반응(self-reaction)**은 행동을 동기화한다 (Bandura, 1986; Zimmerman & Schunk, 2004). 목표를 성취할 때 예상되는 만족과 더불어 자신이 기대한 만큼 만족스러운 향상도를 보이고 있다는 믿음은 자기효능감을 높이고 동기를 유지시킨다. 개인이 향상 가능성을 믿으면 부정적인 평가도 동기를 감소시키지 않는다(Schunk, 1995). 학습자들은 충분히 노력하지 않았지만 충분히 노력하면 발전할 수 있다고 믿는다면, 자신들의 노력이 효과가 있다고 여기고 한층 더 노력할 것이다. 학습자들이 능력이 부족해서 열심히 노력해도 성공할 수 없다고 믿는다면 동기는 높아지지 않는다(Schunk, 1982a, 2008).

수행에 대해 평가적인 반응을 하도록 가르치면 동기를 유발시킬 수 있다. 즉, 자신이 수행을 잘할 수 있다고 생각하는 사람은 과제를 더 끈기 있게 수행하고 더 많은 노력을 한다(Kanfer & Gaelick, 1986). 향상도 정도에 대한 지각은 개인의 목표와 관련되어 있기 때문에 같은 수준의 수행도 다르게 평가될 수 있다. 어떤 과목에서 B를 받은 것에 만족하는 학습자가 있는 반면, A를 받아야 만족하는 학습자도 있다. 사람들이 향상 가능성을 신뢰한다고 가정하면, 낮은 목표보다 높은 목표가 더 많은 노력과 인내를 이끌어 낸다(Bandura & Cervone, 1983).

사람들은 자신에게 목표달성을 위한 향상도와 더불어 휴식, 새 옷, 친구들과의 저녁모임과 같은 가시적 보상을 규칙적으로 한다. 실제 결과보다 행동에 대한 기대된 결과가 동기를 높인다(Bandura, 1986). 성적은 학기 말에 발표되지만, 학습자들은 전형적으로 성취를 위한 하위목표를 수립하고 그에 따라 스스로를 보상하거나 처벌한다.

가시적 결과 또한 자기효능감에 영향을 준다. 실제 성취에 근거해서 주어진 외재적 보상은 효능감을 높여준다. 학습자들에게 자신들이 수행한 것에 근거해서 상을 받을 수 있다고 말해주면 학습자의 자기효능감이 높아진다(Schunk, 1995). 자기효능감은 학습자들이 과제를 계속 수행하고 과정을 주시할 때 효과가 있다. 보상은 향상도를 상징하기 때문에, 상을 받는 것은 효능감을 더욱 높여준다. 성취에 상관없이 과제에 참여한 것으로만 제공되는 보상과 같이 수행과 연결되지 않은 보상은 부정적인 효능감 정보를 전달할 것이다. 학습자들은 자신들이 능력이 없기 때문에 더 많이 학습할 것이라는 기대를 받지 못할 것이라고 추론할 것이다(Schunk, 1983e).

자기조절학습의 순환적 특성

사회인지적 학습이론가들은 개인적, 행동적, 환경적 요인들 간의 역동적 상호작용을 강조한다(Bandura, 1986, 1997; Pintrich & Zusho, 2002; B. Zimmerman, 2000, 2001; Zimmerman & Schunk, 2004)(제4장 참조). 자기조절학습은 하나의 순환적 과정인데, 이것은 이러한 요소들이 일반적으로 학습하는 동안에 변하고 점검되어야 하기 때문이다. 이러한 점검은 한 개인의 전략, 인식, 정서, 행동의 변화를 유도한다.

자기조절학습의 순환적 특성은 Zimmerman(1998, 2000)의 3단계 자기조절학습모형([그림 10.1] 참조)에서 볼 수 있다. 이 모형은 또한 과제관여 전후에 수행되어야 할 주요 기능을 포함하고 있다는 점에서 자기조절학습에 대한 고전적 관점을 확장하였다. 선견

그림 10.1

자기조절학습모형

출처: "Developing Self-Fulfilling Cycles of Academic Regulation: An Analysis of Exemplary Instructional Models", by B. J. Zimmerman, 1998, in D. H. Schunk and B. J. Zimmerman, (Eds.)., *Self-Regulated Learning: From Teaching to Self Reflective Practice* (pp.3). New York: Guilford Press.

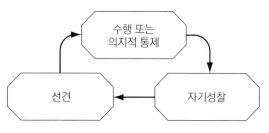

(forethought)단계는 실제 수행 이전에 행동을 위한 단계를 마련하는 과정을 의미한다. 수행 또는 의지적 통제단계는 학습과정에서 발생하며, 주의와 행동에 영향을 주는 과정을 포함하고 있다. 수행단계 이후에 이루어지는 자기성찰(self-reflection)단계 동안 사람들은 자신들의 노력에 반응한다(Zimmerman & Schunk, 2004).

다양한 자기조절과정이 여러 가지 단계에서 이루어진다. 학습자들은 선견단계에서 목표를 설정하고 전략적으로 계획을 수립하며 목표달성에 필요한 자기효능감을 갖는다. 수행통제는 동기와 학습에 영향을 주는 학습전략의 실행은 물론 자신의 수행에 대한 관찰과 기록을 포함한다. 학습자는 자기성찰 기간 동안 자기평가와 수행결과에 대해 귀인을 한 다음, 선견단계나 수행통제단계로 되돌아간다. 학생들이 3단계 모두에서 자기조절하도록 가르치면 전략적 사고와 귀인에 긍정적인 효과가 있다는 연구가 있다(Cleary, Zimmerman, & Keating, 2006; DiBenedetto & Zimmerman, 2010).

Pintrich(2000b)의 사회인지모형은 (1) 선견, 계획과 활성화, (2) 점검, (3) 통제, (4) 반응과 성찰 등과 같은 4단계로 구성되어 있다. 각 단계 내에서 가능한 자기조절영역은 인지, 동기, 정서, 행동, 맥락이다. 학습자들은 선견단계에서 목표를 설정하고 내용과 메타인지적 지식을 활성화한다. 이 단계에서 동기변인은 목표지향성, 자기효능감, 과제난이도에 대한 지각, 과제 가치, 흥미 등이다. 과제에 관여하는 동안에 이루어지는 점검과 통제단계는 학습전략, 동기 관리, 행동적 자기통제, 그리고 과제 또는 맥락의 변경과 더불어, 인지, 동기, 정서에 대한 메타인지적 인식과 점검, 행동(예: 노력, 시간관리), 맥락(예: 상황 변경) 등을 포함한다. 학습자들은 과제관여 이후에 그들의 수행에 대해 인지적 판단과 귀인을 하고 과제와 맥락을 평가한 다음 선견단계로 되돌아갈 것이다.

자기평가. 효과적인 자기조절은 목표와 동기를 필요로 한다(Bandura, 1986; B. Zimmerman, 2000). 학습자들은 자신의 행동 및 성취와 관련된 인지, 신념, 의도, 영향을 조절해야 한다. 성취신념에 대한 자기점검은 학습을 유지시키고 성취를 촉진시킨다는 것이 연구를 통해 지속적으로 입증되고 있다(Schunk & Zimmerman, 1994, 2008; B. Zimmerman, 2000; Zimmerman et al., 1996; Zimmerman & Martinez-Pons, 1992).

효과적인 자기조절자들은 학습과 수행을 스스로 조절하기 위해 자기효능감을 계발한다(Caprara et al., 2008; Pajares, 2008; Schunk, 2012; Zimmerman, Bandura, & Martinez-Pons, 1992). 자기조절학습에 대한 자기효능감은 학업성취에 유의미하고 긍정적인 관계가 있다(Caprara et al., 2008).

기능획득과정에서 능력과 향상도 정도에 대한 자기평가는 매우 중요하다. **자기평가(self-evaluation)**는 현재 수행을 목표와 비교하는 자기판단과 주목할 만한 수행인지 또는 받아들일 수 없는 수행인지에 대한 판단과 관련된 자기반응으로 구성된다. 긍정적인 자기평가는 학습자들이 학습에 효능감이 있다고 느끼게 하고 과제를 지속적으로 열심히 수행할 수 있게 동기화하는데, 이는 학습자들이 보다 발전할 수 있다고 믿기 때문이다(Schunk & Pajares, 2009). 학습자들이 성공적인 과제수행에 대한 자신의 능력을 신뢰하지만 현재의 접근이 비효과적이라고 생각한다면, 향상도에 대해 스스로 낮게 평가하고 부정적으로 반응하는 것이 자기효능감과 동기를 반드시 감소시킨다고 할 수는 없을 것이다(Bandura, 1986). 이러한 학습자들은 과제를 좀 더 열심히 수행하고, 좀 더 끈기 있게 하며, 보다 바람직한 전략을 수용하고, 교사나 동료들에게 도움을 청하는 등의 방법을 통해 자기조절과정을 수정할 것이다(Schunk, 2001, Zimmerman & Marinez-Pons, 1992).

기능을 습득할 때 능력과 향상도 정도에 대한 자기평가가 성취결과에 영향을 준다는 가설이 연구를 통해 입증되었다(Schunk & Ertmer, 2000). 수학기능(Schunk & Hanson, 1985; Schunk et al., 1987)과 쓰기기능(Schunk & Swartz, 1993a, 1993b)을 학습하는 아동들을 대상으로 한 연구는 수업을 시작하기 전에 평가된 학습과 기능향상에 대한 자기효능감이 동기와 기능획득을 예측해 준다는 것을 보여 주었다.

Bandura와 Cervone(1983)은 운동기능수행에서 대학생들의 목표와 자기평가 피드백이 갖는 이점을 파악하였다. 이와 유사하게 자신의 수행에 대해 만족하지 못할수록, 수행을 잘 할 것이라는 자기효능감이 높을수록, 이후에 더 많은 노력을 기울인다는 연구결과가 있다(Bandura & Cervone, 1986). Cervone, Jiwani, Wood(1991)는 개인에게 특별한 목표를 부여하면 그 사람의 수행에 대한 자기효능감과 자기평가를 향상시키는 효과가 있음을 발견하였다.

학습자들은 자신의 능력에 대한 자기평가를 자발적으로 하지 않을 수도 있다. 향상도를 강조하는 한 가지 방법은 학습자 스스로 자신의 향상도를 주기적으로 평가하게 하는 것이다. 능력에 대한 명확한 자기평가는 자기점검의 한 가지 유형이라고 할 수 있는데, 이는 학습자들이 당면한 과제를 수행하면서 향상도 정도를 파악하기 위해 이전 수행과 비교해야 하기 때문이다. 수행이 두드러지게 향상될 때 이러한 자기점검은 자기효능감을 높이고, 자기조절활동을 유지하며, 기능을 촉진하기 쉽다. White, Kjelgaard, Harkins(1995)에 따르면, 자기평가는 목표가 수행에 미치는 효과를 증대시킨다.

Schunk(1996)는 목표와 자기평가가 성취결과에 어떻게 영향을 주는지를 두 개의 연구를 통해 조사하였다. 4학년 학생들은 여러 차례에 걸쳐서 분수에 대한 수업을 받고 연습하였다. 학생들은 문제를 어떻게 풀 것인지에 대한 목표를 제시받은 조건(과정목표)과 문제를 단지 푸는 것이 목표인 조건(결과목표) 중 하나에 배치되었다. 연구 1에서 각 목표조건에 속한 학습자들의 절반이 자신의 문제해결능력을 평가하였다. 과정목표집단(자기평가의 유무와 관계없음)과 결과목표집단(자기평가를 수행함)의 자기효능감, 기능, 자기주도적 수행, 과제지향성 등의 점수가 자기평가를 수행하지 않은 결과목표집단에 비해 높았다. 연구 2에서 목표조건에 배치된 모든 학습자들에게 기능획득에서 자신의 향상도를 평가하도록 하였다. 그 결과, 과정목표집단의 동기와 성취도가 결과목표집단보다 높았다.

Schunk와 Ertmer(1999)는 목표와 자기평가가 어떻게 자기효능감, 성취, 능력 지각, 자기조절전략의 사용에 영향을 주는지를 연구하였다. 대학생들은 컴퓨터 프로젝트를 세 번에 걸쳐서 수행하였다. 학생들은 컴퓨터 적용과 관련된 과정목표를 부여받거나 수행에 대한 결과목표를 부여받았다. 첫 번째 연구에서, 각 목표조건에 속한 학생들의 절반은 두 번째 시행 후에 자신의 학습향상도를 평가하도록 하였다. 과정목표는 자기효능감, 자기가 판단한 학습향상도, 자기조절능력과 전략사용을 높였으며, 자기평가의 기회는 자기효능감을 높여 주었다. 두 번째 연구에서, 자기평가를 하는 학생들은 수행을 할 때마다 그들의 향상도를 평가하도록 하였다. 빈번한 자기평가가 과정목표 및 결과목표와 결합할 때 유사한 결과를 낳았다. 요컨대, 빈번하지 않은 자기평가는 과정목표를 보완해 주지만 빈번한 자기평가는 과정목표의 장점을 더 강화시키고 모든 학습자들의 성취를 높게 하였다.

학습자들이 자신의 수행을 스스로 점검하고 학습능력이나 향상도를 평가하도록 하면, 학습자들은 보다 유능해지고, 유능감에 대한 지각은 또한 자기효능감을 높이고 자기조절학습을 하려는 노력을 강화시킨다. 학습자들은 보통 자신의 기능이나 학습향상도를 평가하는 습관이 없기 때문에 자기평가에 대한 수업과 연습의 기회가 필요하다. 학습상황에서 자기평가를 활용할 수 있는 방법을 [적용 10.3]에 제시하였다.

학습전략. 이 장 서두의 에피소드에서 학습전략의 중요성을 강조하였다. 자기조절학습자들은 능숙함의 획득이 전략적으로 통제 가능한 과정이라고 믿으며, 성취결과에 대해 책임을 진다(Zimmerman & Martinez-Pons, 1992). 사회인지이론에 따르면, 자기조절전략의 사용은 학습자들의 자기신념시스템에 의해 영향을 받는다. 자기조절학습자들은 자기조절과정과 학습결과 간의 전략적 관계를 메타인지적으로 인식하며, 전략사용에 대한 자기효능감이 높고, 학습목표를 설정하며, 부정적 사고와 불안을 극복하고, 전략사용이 더 높은 수준의 목표달성에 도움이 될 것이라는 것을 믿는다(Zimmerman, 1989, 1990, 2000, 2001, 2008; Zimmerman & Cleary, 2009). 학습에 대한 효능감을 갖는 학생들은 자신들이 유용하다고 생각하는 학습전략을 선택하고 수행을 점검하며, 현재 방법이 적절하지 않다고 생각할 때 과제수행 방법을 수정한다.

적용 10.3

자기평가와 학습의 통합

학습자들에게 향상도 정도와 학습에 대한 평가를 가르치는 것은 빠르게는 취학 전과 유치원 시기부터 시작할 수 있다. 교사는 처음에 단순한 자기점검을 사용할 수 있다. 아이들은 보다 큰 모양(예: 직사각형, 정방형, 삼각형, 육각형)을 만들기 위해 여러 가지 모양의 블록을 조립할 수 있다. 카드에 작은 블록을 큰 모양으로 조립하는 다양한 방법의 샘플을 그려서 놀이공간에 비치한다. 좀 더 나이 든 초등학생들은 현재 수행하는 과제에 대한 답이 종이 뒤편에 적혀 있어 스스로 점검할 수 있도록 되어 있는 활동지를 활용할 수 있다.

더 나이 든 학생들의 경우, 매일 활동의 일부로 자기점검을 포함시킬 수 있다. 학생들은 또한 사전시험과 연습문제를 통해 자신의 학습을 평가하도록 훈련받을 수 있다(예: 철자와 수학적 사실 학습). 중·고등학생의 경우, 목표달성에 필요한 공부의 양과 활동을 스스로 결정하도록 하는 것과 같이 좀 더 복잡하고 철저한 연습을 활용할 수 있다.

선행연구에 따르면, 자기효능감은 자기조절전략의 생산적 사용과 긍정적인 관계가 있다(Pajares, 2008; Pintrich & Zusho, 2002; Zimmerman et al., 1992; Zimmerman & Cleary, 2009; Zimmerman & Martinez-Pons, 1990). 여러 연구결과는 학습이 이루어지는 동안 목표와 전략을 바꾸는 것이 바람직하다는 것을 보여준다(Kitsantas & Zimmerman, 1998; Zimmerman & Kitsantas, 1996, 1997). 특히, 학습이 향상될 때 과정(전략)목표에서 산출(결과)목표로 이동함으로써 자기조절학습이 강화된다. 학습전략에 대해서는 다음 절에서 더 심도 있게 살펴보겠다.

사회적 변인과 자기변인 간의 상호작용

자기조절학습의 역동적인 특성은 사회적 변인과 자기변인 간의 상호작용에서 드러난다(Schunk, 1999; Schunk & Zimmerman, 1997)(〈표 10.3〉 참조). 학습자들은 종종 사회적 모델을 관찰하면서 학습을 시작하며, 그 후에 적절한 안내와 피드백을 받으며 기본적인 방식으로 기능을 수행할 수 있게 된다. 학습자들은 능력을 계발함에 따라 자신의 행동을 기능의 내적 표상과 연계시킬 수 있는 자기통제단계에 들어간다. 마지막 단계에서 학습자들은 보다 세련된 기능을 사용하고 새로운 목표를 선택하는 자기조절과정을 계발한다.

표 10.3
자기조절학습에 대한 사회적 변인과 자기변인의 영향

발달단계	사회적 영향	자기 영향
관찰	모델링, 언어적 기능	
모방	사회적 안내와 피드백	
자기통제		내적 기준, 자기강화
자기조절		자기조절과정, 자기효능감 신념

    사회적 변인과 자기변인 간의 상호작용은 자기조절과정의 내면화에 도움이 된다. **내면화(internalization)**란 학습자들이 자기조절과정을 자신의 자기조절기제의 일부로 간주한다는 것을 의미한다. 학습자들은 필요한 경우 자기조절기제를 사용하며 과제와 환경적 요구에 따라 변화가 필요하면 전략을 수정한다. 위의 단계에서 학습자들이 몇 가지 기능을 가지고 있다면 처음 몇 단계는 생략할 수 있지만, 이러한 단계는 기능과 자기조절능력 신장을 위한 수업을 계획하는 데 유용하다(Zimmerman & Kitsantas, 2005).

자기조절에 관한 정보처리이론적 관점

정보처리이론은 원래 모형에서 인지와 동기적 자기조절과정을 통합하는 데 이르기까지 자기조절학습을 다루었다. 이 절에서는 자기조절학습에 관한 정보처리모형과 정보처리 관점에 따른 자기조절의 핵심인 학습전략에 관한 연구와 적용에 관하여 살펴보겠다.

자기조절학습모형

정보처리이론은 학습을 정보를 장기기억 속에 부호화하는 것으로 본다는 것을 회상해 보자(제5장과 제6장 참조). 학습자들은 장기기억의 관련된 부분을 활성화하고 새로운 지식을 작업기억 속에 있는 기존 정보와 관련짓는다. 조직화되고 의미 있는 정보는 기존의 지식과 통합하기 쉬우며 기억하기도 더 용이하다.

    정보처리관점에서 볼 때, 자기조절은 개인이 목표를 점검하고 지시하며 행동을 조절한다는 면에서(Paris & Paris, 2001) 대략 **메타인지적 인식(metacognitive awareness)** 또는 **메타인지(metacognition)**와 유사하다(Gitomer & Glaser, 1987). 메타인지적 인식은 개인적 능력, 흥미, 태도에 관한 자기지식(self-knowledge)과 과제에 관한 지식(학습할 과제, 학습 시기, 방법 등)을 포함한다. 자기조절학습은 학습자에게 과제수행에 필요한 견고

한 지식 기반, 개인적인 자질, 과제를 완성하기 위한 전략을 필요로 한다.

메타인지적 인식은 또한 개인의 학습수준 점검, 대안적인 과제수행 방법 선택, 시험준비도 평가 등과 같이 학습을 조절하는 절차적 지식 또는 산출을 포함한다. 자기조절적(메타인지적) 활동은 학습자의 통제하에 있으며, 이것은 지식의 구성과 처리를 촉진한다.

자기조절의 기본(최상위) 단위는 **문제해결산출시스템**(problem-solving production system)이다. 여기에서 문제는 목표에 도달하는 것이고, 점검은 학습자가 향상도를 보였는지를 확실하게 하는 데 있다. 이러한 시스템은 기준에 근거해서 현재의 상황을 비교하고 격차를 줄이려고 한다.

이러한 시스템의 초기 형태가 Miller, Galanter, Pribham(1960)의 **검사-조작-검사-종료**(Test-Operate-Test-Exit: TOTE) 모형이다. 처음 검사단계에서는 현재 상황을 기준과 대비하여 비교한다. 만약 양자가 비슷하다면 더 이상의 조치는 필요하지 않다. 그러나 양자가 비슷하지 않다면, 통제가 그 격차를 해소하기 위하여 행동을 바꾸기 위한 조작기능으로 전환된다. 사람들은 두 번째 검사단계 동안 기준과 비교되는 새로운 문제 상태를 인지한다. 이때 양자가 비슷하다고 생각되면, 사람들은 여기에서 종료한다. 그러나 양자가 비슷하지 않다면, 또 다른 행동적 변화와 비교가 필요하다.

경제학 교과서를 읽으면서 자신이 읽은 것을 요약하기 위하여 규칙적으로 읽기를 잠시 멈추는 Lisa의 예를 들어 설명해 보자. 그녀는 장기기억에서 자신이 읽은 것과 관련된 정보를 회상하고 그 정보를 요약에 관한 자신의 내적인 기준과 비교한다. 그 기준은 또한 경험을 통해 개발된 규칙(예: 정확하게 하라, 다루어지는 모든 주제를 포함하라, 정확한지 확인하라)이라고 할 수 있는 산출일 수 있다. Lisa는 요약한 내용이 자신이 설정한 기준과 비슷하다고 생각하면 계속해서 교과서를 읽을 것이다. 그러나 만약 비슷하지 않다고 생각하면, 그녀는 문제가 있는 곳(두 번째 단락을 이해하는 데)을 평가하고 교정전략(두 번째 단락을 다시 읽음)을 실행할 것이다.

Winne와 Hadwin(1998, 2008; Winne, 2001, 2011)은 교육과 관련이 깊은 자기조절학습에 대한 정보처리모형을 개발하였다(Greene & Azevedo, 2007). 이 모형은 세 개의 필수단계(과제정의, 목표와 계획, 공부전략)와 하나의 선택단계(적응)로 구성되어 있다.

첫 번째 단계에서 학습자는 정보를 명확하게 정의하기 위하여 과제특성과 관련된 조건에 관한 정보를 처리한다(Winne, 2001). 정보에는 두 가지 원천이 있는데, 하나는 과제조건으로서, 이것은 학습자가 외적 환경(예: 교사의 과제수행 지시)에 근거해서 해석한 과제에 대한 정보다. 또 하나의 원천인 인지적 조건은 학습자가 장기기억에서 인출한 것으로서, 이전의 과제수행방법은 물론 동기변인(예: 지각된 유능감, 귀인)도 포함한다. 두 번째 단계에서 학습자는 목표와 목표달성을 위한 계획을 결정한다. 계획에는 목표달성과 관련된 학습전략이 포함될 것이다. 학습자는 이러한 전략을 적용하기 시작할 때 세 번째 단계(공부전략)로 들어가게 된다. 네 번째 단계에서 학습자는 계획의 성공정도에 대한 평가를 바탕으로 계획을 조절한다. 이 단계는 선택적이기 때문에 본래의 계획이 성공적이라면 계획을 수정할 필요가 없다.

각 단계 내에서 정보처리가 일어나고 새로운 정보가 산출된다. 이 때 정보처리는 탐색, 점검, 결합, 시연, 번역 등을 특징으로 한다. 과제를 처리하기 위해서는 **도식(schema)**, 또는 **각본(script)**이 필요한데, 모든 각본은 조건, 조작, 산출, 평가, 기준과 같은 다섯 개의 채워야 할 구멍으로 구성되어 있다. 비유적으로 말하면, 이것은 학생들이 학습을 위해 갖추어야 할 요소다(Winne, 2001). 정보처리결과는 기준에 의해 판단되고 이러한 평가(예: 정확한, 너무 높음)는 학생의 학습활동을 유도하는 새로운 조건을 위한 토대가 된다.

교육상황에서 이러한 모형이 중요한 것은 이 모형이 내용을 학습하는 데 활용되며 동기변인까지 포함하고 있다는 것이다. 동기변인은 특별한 자기조절 도식 또는 각본의 유용성을 결정하는 인지적 변인과 결합되어 있다. 이러한 모형은 전통적인 정보처리모형에서 발달된 것으로 인지적 요인을 강조하는 현대적인 정보처리모형의 특징이다(제5장, 제6장 참조). 자기조절학습에서 동기변인의 중요성은 여러 연구를 통해 지지되고 있다(Zimmerman & Schunk, 2001).

자기조절과 관련된 정보처리모형이 다양하지만(예: Carver & Scheier, 1998), 모든 모형은 공통적으로 학습전략을 강조하고 있는데, 다음 절에서는 이것에 대해 살펴보겠다.

학습전략

학습전략(learning strategies)은 성공적인 과제수행을 지향하는 인지계획이다(Pressley et al., 1990; Weinstein & Mayer, 1986). 학습전략에는 정보를 선택하고 조직하며, 학습할 내용을 예습하고, 새로운 내용을 기억 속에 있는 정보와 관련지으며, 자료의 유의미성을 확장하는 것과 같은 행동이 포함된다. 학습전략에는 또한 긍정적인 학습분위기를 조성하고 유지하는 기법(예: 시험불안을 극복하고, 자기효능감을 신장시키며, 학습의 가치를 이해하고, 긍정적인 결과기대와 태도를 계발하는 방법)이 포함된다(Weinstein & Mayer, 1986). 전략은 학습자들에게 정보처리에 대한 보다 더 나은 통제권을 주기 때문에, 전략활용은 자기조절학습의 일부분이다(Winne, 2001). 이 장 서두의 에피소드에서 Connie 선생님은 Kim에게 학습전략사용의 중요성을 알려 주었다.

학습전략은 각 단계에서 정보의 부호화를 도와준다. 학습자들은 처음에 과제와 관련된 정보에 주의를 기울인 다음, 그것을 감각등록기에서 작업기억으로 이동시킨다. 학습자들은 또한 장기기억에 있는 관련된 지식을 활성화시킨다. 학습자들은 작업기억에서 새로운 정보와 선행지식 간의 연계(링크)를 형성하며, 이 링크를 장기기억네트워크 속으로 통합한다.

학습자들은 특정한 학습전략을 형성하기 위해서 먼저 어떤 활동이나 상황을 활동의 목표, 목표와 관련된 상황의 제 측면, 중요하다고 생각되는 개인적인 특성, 그리고 잠재적으로 유용한 자기조절학습방법 등을 분석할 것이다. 다음으로, 학습자들은 그러한 방법을 실행하고, 목표가 제대로 달성되고 있는지를 점검하며, 채택한 방법이 목표달성에 적절하지 않다면 전략을 수정한다. 이러한 방법의 실행을 안내해 주는 것이 메타인지적 지식인데, 이것은 학습자가 수행해야 할 방법이 무엇이고, 왜 그 방법이 중요하며, 채택한 방법의 수행 시기와 절차에 대한 지식이다.

자기조절학습방법이란 목표를 달성하기 위하여 전략 속에 포함되어 있는 구체적인 절차 또는 기법을 일컫는다. 이러한 방법에 대해서는 다음 절에서 살펴볼 것이며, 주요 내용을 〈표 10.4〉에 요약하여 제시하였다. 학습방법은 상호 의존적이다(Weinstein & Mayer, 1986). 예를 들어, 정보를 정교하기 위한 절차는 종종 그것을 암송하거나 조직화하는 데에도 사용된다. 정보를 조직화하는 방법은 학습자들의 학습에 대한 스트레스를 완화시켜 줄 수 있고 불안을 극복할 수 있도록 도와준다. 모든 방법이 모든 유형의 과제에 적절한 것은 아니다. 단순한 사실을 기억해야 할 때는 시연이 적절할 수 있지만, 이해를 하기 위해서는 조직화가 더 적절할 것이다([적용 10.4] 참고).

표 10.4 학습방법	**범주**	**유형**
	시연	정보의 축어적 반복 밑줄 긋기 요약하기
	정교화	심상 사용 기억술(두문자어법, 문장, 서술식 이야기, 걸이단어법, 장소법, 핵심단어법) 사용 질문하기 노트필기
	조직화	기억술 사용 그룹화하기 윤곽잡기 도식화하기
	점검	자문하기 다시 읽기 일관성 검사 의역하기
	정서	불안 극복하기 긍정적인 신념(자기효능감, 결과 기대, 태도) 갖기 긍정적인 환경 조성하기 시간관리하기

적용 10.4

학습방법

학습방법은 모든 수준에서 유용하다. 초등학교 교사들은 알파벳을 가르치기 위하여 압운(rhyming) 도식 또는 재미있고 외우기 쉬운 노래("ABC 송")를 사용할 수 있다. 교사들은 또한 학생들에게 4방위 학습을 도와주기 위해 익숙한 단어(news: north, east, west, south)를 사용할 수 있다. 더 나이 든 학생을 가르치는 교사들은 공부할 자료의 조직방법(예: 교재, 수업노트, 인터넷 참고자료)이나 다양한 자료를 통합하는 새로운 노트작성 방법을 보여줄 수 있다.

의대의 경우, 학생이 신체부위에 관한 용어를 기억하도록 돕기 위하여 두문자어법(acronyms)이나 그림을 사용할 수 있을 것이다. 학생이 다양한 조건에 활용될 적절한 처방약을 학습할 때, 약을 이름, 용도, 부작용 순으로 범주화하여 배열함으로써 학습을 도와줄 수 있다.

육상코치들은 장대높이뛰기 선수에게 눈을 감고 높이뛰기에 성공하기 위하여 신체를 어떻게 해야 하는가에 대한 모든 동작을 천천히 시각화하도록 함으로써 선수를 도와줄 수 있다. 선수는 자신의 동작을 시각화함으로써 자신이 수행할 필요가 있는 구체적인 자세에 집중할 수 있을 것이다. 실제 점프는 매우 빠른 시간에 일어나기 때문에 부분동작에 집중하기 어렵지만, 심상을 사용하면 부분동작에 집중할 수 있다.

대학교수들은 구호나 두문자어법을 사용해서 비슷한 견해를 가지고 있는 심리학자들을 분류하여 학생들의 기억을 도울 수 있다. 예를 들어, 기억해야 할 주요 행동주의자들을 "The(Thorndike) Sisters(Skinner) Won't(Watson) Play(Pavlov) Together (Tolman)"와 같은 문장을 사용하여 가르칠 수 있다. 학습자들은 문장을 회상한 다음, 문장에 이름을 덧붙이면 된다.

시연. 정보를 축어적으로 반복하고, 밑줄을 긋고, 요약하는 것이 일종의 **시연**(rehearsal) 이다. 정보를 혼자서 반복해 보는 것(큰소리로 또는 목소리를 거의 내지 않거나 넌지시 내는 것)은 단순 암기를 요하는 과제를 획득하기 위한 효과적인 절차다. 예를 들어, 50개 주(州)의 수도이름을 학습하기 위해 Janna는 수도이름 다음에 각 주의 이름을 되뇌인다. 시연은 또한 노랫말이나 시를 기억할 수 있도록 해주며, 외국어 단어를 모국어로 번역하여 학습할 수 있도록 해준다.

정보를 기계적으로 반복하는 시연은 학습자가 이미 알고 있는 것과 연계되지 않는다. 시연은 정보를 위계적으로 또는 다른 방식으로 조직하지는 않는다. 그 결과, 장기기억에서는 시연된 정보를 어떤 유의미한 방식으로 저장하지 않기 때문에 일정한 시간이 흐른 후에 시연한 정보를 인출하는 것이 종종 어렵다.

시연은 복잡한 학습에 유용할 수도 있지만, 그렇게 하기 위해서는 단순한 반복적인 정보 이상의 것을 포함해야 한다. 한 가지 유용한 시연절차는 **밑줄긋기**(underlining) 또는 **강조하기**(highlighting)다. 학생들 사이에서 널리 활용되고 있는 이 방법은 적절하게 사용된다면 학습에 도움이 된다(Snowman, 1986). 너무 많은 내용에 밑줄을 그으면, 중요한 내용과 밑줄에 보다 덜 중요한 내용이 함께 포함되기 때문에 밑줄을 긋는 효과가 없어진다. 학습목표와 가장 관련이 있는 요점에 밑줄을 그어야 한다.

또 하나 널리 사용되는 시연절차인 **요약하기**(summarizing)의 경우, 학생들은 교재에 나타난 주요 아이디어를 자신의 단어(구두 또는 글)로 표현한다. 밑줄긋기처럼, 너무 많은 정보를 포함해서 요약한다면 요약의 효과가 적어진다(Snowman, 1986). 학생들이 요약의 길이를 제한함으로써 주요 아이디어를 파악하는 데 집중하도록 할 수 있다.

Palincsar와 Brown(1984)이 제안한 **상보적 수업**(reciprocal teaching)방법에는 독해력 증진 수단으로 요약하기가 포함되어 있다(제7장 참조). 상보적 수업은 적절한 교수조건에서 학생이 학습할 수 있는 양을 의미하는 Vygotsky(1978)의 **근접발달영역**(zone of proximal development: ZPD)을 토대로 하고 있다(제8장 참조). 이 교수법은 교사가 먼저 독해력에 도움이 되는 전략을 시범 보이는 것으로 시작하고, 그 후에 학생들과 교사가 함께 전략을 적용하여 과제를 수행한다. 학생들은 학습에 대해 점진적으로 보다 더 많은 책임을 지며 서로 가르친다.

Palincsar와 Brown은 학생들에게 요약하기, 질문 만들기, 명료화하기, 예측하기 등을 가르쳤다. 학생들은 규칙적으로 읽은 문장을 요약하였으며, 주요 아이디어에 대해 교사처럼 질문을 만들고, 교재의 불명료한 부분을 명료화하였으며, 다음에 무엇이 일어날 것인지를 예측하였다. 이러한 절차는 독해력을 신장시키기 위한 수업에만 한정되지 않는다는 점에 주목해야 한다. 다시 말해서, 이들 절차는 다른 교과목(예: 과학, 수학, 사회)을 가르칠 때도 유용한 문제해결 방법이다.

정교화. 정교화(elaboration) 과정(심상, 기억술, 질문하기, 노트필기)은 학습을 보다 유의미하게 만들기 위하여 어떤 것을 덧붙임으로써 정보를 확장하는 것을 의미한다. 심상(제5장, 제6장 참조)은 정신적인 그림을 덧붙이는 것이다. 순무(turnip)의 정의("먹을 수 있는 털이 많은 잎과 야채로 쓰이는 둥글고 밝은 색깔의 다육질의 뿌리를 가진 버섯류의 2년생 식물")를 생각해 보자. 어떤 사람은 이 정의를 기계적인 시연을 통하여 기억하거나 순무의 사진을 보고 그 정의와 연계하기 위하여 심상을 형성함으로써 정교화할 것이다.

기억술(mnemonics)은 널리 사용되는 정교화 방법이다. 기억술은 정보를 어떤 사람이 알고 있는 것과 관련시킴으로써 정보를 유의미하게 만들어 준다. 기억술에는 여러 가지 유형이 있다(〈표 10.4〉 참조). **두문자어법(acronyms)**은 기억해야 할 내용의 첫 글자를 유의미한 단어로 조합한 것이다. "HOMES"는 오대호(Huron, Ontario, Michigan, Erie, Superior)의 두문자어이며, "ROY G. BIV"는 스펙트럼의 색깔(Red, Orange, Yellow, Green, Blue, Indigo, Violet)을 의미한다. **문장기억술(sentence mnemonics)**은 학습해야 할 내용을 특정한 문장 속에 있는 단어의 첫 글자를 사용해서 기억하는 것이다. 예를 들어, "Every Good Boy Does Fine"은 고음부 기호 보표(譜表)상에 있는 음(E, G, B, D, F)을 나타내기 위한 문장기억술이며, "My Very Educated Mother Just Served Us Nine Pizzas"는 태양계 행성(Mercury, Venus, Earth, Mars, Jupiter, Saturn, Uranus, Neptune, Pluto)의 순서다.

또한 기억해야 할 내용을 한 **구문(paragraph)**이나 **서술식 이야기(narrative story)**로 조합하는 것도 가능하다. 이러한 유형의 기억술은 긴 목록(예: 50개 주의 수도)을 기억할 때 유용하다. 학생 스스로가 만든 두문자어, 구문, 서술식 이야기는 다른 사람이 만든 것만큼이나 효과적이다(Snowman, 1986).

걸이단어법(pegword method)은 예를 들어, 하나-할머니, 둘-두부장수, 셋-새색시, 넷-냇가, 다섯-다람쥐, 여섯-여학생, 일곱-일꾼, 여덟-엿장수, 아홉-아버지, 열-열무장수 등과 같이 학생들이 일련의 숫자와 그에 상응하는 이름을 음운으로 기억하도록 한다. 그런 다음, 학생들은 학습해야 할 각 항목의 이미지를 생성하고, 그것을 상응하는 대상 이미지와 연계한다. 만약 Joan이 식료품 가게에서 몇 가지 물건(버터, 우유, 사과)을 살 필요가 있다면, 그녀는 버터를 바른 할머니, 우유를 마시는 두부장수, 사과를 들고 있는 새색시를 상상할 수 있을 것이다. Joan은 쇼핑목록을 회상하기 위해서 음운도식과 그것과 쌍이 되는 연합을 떠올리면 된다. 이러한 기법을 성공적으로 사용하기 위해서는 먼저 음운도식을 학습할 필요가 있다.

학습자들은 **장소법(method of loci)**을 사용하기 위하여 자신의 방과 같이 익숙한 장면을 상상한 다음, 그 장면에서 독특한 물건들을 떠올린다. 학습할 각각의 새로운 항목은 그 방에 있는 하나의 대상과 심상적으로 짝지어진다. Joan에게 익숙한 방에는 좌측에서부터 탁자, 램프, 텔레비전이 있다고 가정하고, 이전의 쇼핑목록의 예를 사용한다면, 그녀는 먼저 탁자 위의 버터, 우유빛깔의 램프, 텔레비전 위에 놓여 있는 사과를 상상할 수 있을 것이다. 그녀는 쇼핑목록을 회상하기 위해 심상적으로 그 방을 따라 가면서 매번 멈출 때마다 적절한 대상을 생각해 내면 될 것이다.

Atkinson(1975; Atkinson & Raugh, 1975)은 외국어 어휘학습을 위해 **핵심단어법(keyword method)**을 개발하였다. 예를 들어, pato("pot-o"로 발음됨)는 "오리(duck)"를 의미하는 스페인어다. 학습자들은 우선 외국어 단어(pato)와 흡사한 소리가 나는 영어 단어(pot)를 생각한다. 그런 다음, 그들은 항아리(pot)에 관한 어떤 이미지를, 예를 들어 '항아리에 머리를 처박은 오리(a duck with a pot on its head)'와 같이, 외국어 단어의 영어식 표현과 연결한다. 학습자들은 pato라는 단어를 접하게 되었을 때, 그들은 '항아리에 머리를 처박은 오리'의 이미지를 회상한다. 핵심단어법이 아동과 청소년의 자기조절학습을 신장시켰지만(de Bruin, Thiede, Camp, & Redford, 2011), 어린 학습자들이 이 방법을 성공적으로 사용하기 위해서는 학습자들에게 핵심어와 연결된 반응이 그려진 그림을 핵심어와 함께 제공해 줄 필요가 있다.

기억술에는 시연이나 새로운 정보를 선행지식과 연결시켜 주는 것과 같이 몇 가지 타당한 학습원리가 들어 있다. 학습자들 대부분은 선호하는 기억기능을 가지고 있는데, 그것의 대부분은 기억술이라는 비공식적인 근거가 있다. 기억술을 활용한 수업유무에 따라 학생들의 정보회상을 분석한 연구결과는 일반적으로 기억술을 사용한 수업이 학습에 효과가 있다는 것을 보여준다(Weinstein, 1978). 학생들은 기억술을 사용하는 방법을 이해해야 하며, 이를 위해서 특정한 수업이 필요하다.

정교화 방법은 복잡한 과제를 학습하는 데에도 유용하다. 예를 들어, **자문하기(self-questioning)**는 학습자들이 교재를 읽으면서 스스로에게 규칙적으로 질문하는 방법이다. 학습자들은 고차원적인 학습을 하기 위하여 "이 정보는 저자가 앞 절에서 논의하였던 것과 어떻게 관련되는가?"(통합) 또는 "이 아이디어가 학교환경에서 어떻게 적용될 수 있는가?"(적용)와 같은 질문을 스스로 할 수 있을 것이다.

일반적으로 질문하기 방법이 이해력을 증진시킬 것이라고 생각하지만, 질문과 이해력 간의 상관을 분명하게 지지해 주는 연구는 없다(Snowman, 1986). 질문하기 방법을 사용해서 이해력을 향상시키려고 한다면, 질문에 의도한 학습결과의 유형이 반영되어야 한다. 질문이 저차원적이며 사실적인 지식에 한정된다면, 그러한 질문은 이해력 향상에 도움이 되지 않을 것이다. 불행히도, 대부분의 연구는 1,500단어 이하의 비교적 간단한 지문을 사용해서 연구를 수행하였다. 나이 든 학습자들의 경우, 보다 긴 지문을 제시하고 자문하기 방법을 사용하도록 하는 것이 가장 효과적이다. 초등학생에게는 내용을 다시 읽도록 하거나 검토해 보도록 하는 것(시연해 보는 것)도 질문을 해 보도록 하는 것만큼 효과적이다. 이것은 학습자들이 스스로 좋은 질문을 만드는 방법에 관한 지식이 부족하기 때문일 것이다.

또 하나의 정교화 기법인 **노트필기(note taking)**는 학습자가 교재에 있는 가장 중요한 아이디어를 유의미한 구절로 만드는 것이다. 노트필기는 즉각적으로 이용할 수 있는 정보에 한정되지 않는다는 것을 제외하고는 요약하기와 유사하다. 학습자들은 노트필기를 하는 과정에서 새로운 내용을 다른 정보와 유의미한 방식으로 통합할 수 있다. 교재의 정보를 있는 그대로 필기하는 것은 효과적인 방법이 아니다. 교재의 내용을 기계적으로 복사하는 것은 시연의 한 형태로서 정보의 회상을 높일 수 있지만, 정교화는 아니다. 노트필기를 하는 이유는 정보를 정교화(통합하고 적용)하기 위해서다. 학습자들은 노트필기를 효과적으로 하기 위해 필기방법에 관한 수업을 받을 필요가 있다. 학습목표와 관련이 있는 내용을 필기한 노트가 학습에 가장 효과적이다.

조직화. 조직화(organization) 기법에는 기억술, 그룹화하기, 윤곽잡기, 도식화하기 등이 있다. 기억술은 정보를 정교화하고 그것을 유의미한 방식으로 조직한다. 예를 들어, 두 문자어법은 정보를 유의미한 단어로 조직화한 것이다. 우리는 정보를 시연하거나 기억술을 사용하기 전에 그룹화함으로써 조직화할 수 있다. 다양한 포유동물의 이름을 학습하고 있다면, 먼저 그 이름을 공통된 계(원숭이, 고양이 등)로 그룹화한 후에 시연을 하거나 기억술을 사용할 수 있다. 학습자 자신이 만든 조직화는 회상에 효과적인데, 그것은 학습자가 먼저 조직화된 도식을 회상한 다음, 개별적인 구성요소를 회상하기 때문이다(Weinstein & Mayer, 1986).

조직화 기법은 복잡한 내용의 학습에 유용하다. 널리 알려진 조직화 방법 중 하나가 윤곽잡기(outlining)다. 윤곽잡기는 글의 내용 이해에 도움이 되며, 다른 방법과 마찬가지로 수업을 통해 학습자들에게 가르칠 필요가 있다. 글의 윤곽을 잡는 방법을 가르치는 한 가지 방법은 텍스트와 분리되어 있는 제목(heading)이나 본문 여기저기에 들어있는(**진하게** 또는 *이탤릭체*로 된) 제목, 또는 제목이 있는 텍스트를 여백에 사용하는 것이다. 또 다른 방법은 각 문장과 관련이 있는 주제 구문과 요점을 파악하도록 하는 것이다. 윤곽잡기 방법에 미숙한 학습자에게 글의 윤곽을 말하도록 하는 것은 학습에 도움이 되지 않는다.

도식화(mapping)는 학습자가 텍스트 구조를 인식하는 데 도움이 되는 조직화 기법이다. 도식화에는 중요한 아이디어를 확인하고 상호 관련성을 구체화하는 것이 포함된다. 도식화를 통해 개념 또는 아이디어가 확인되고, 범주화되며 서로 관련된다. 도식의 정확한 특징은 구체화될 관계의 내용과 유형에 따라 달라진다. 도식화를 가르치는 데 유용하게 활용할 수 있는 단계는 다음과 같다(McNeil, 1987).

- 단락 내의 문장을 적절하게 범주화함으로써(주요 아이디어, 예, 비교/대조, 일시적인 관계성, 추론), 문장이 서로 어떻게 관련되어 있는지를 설명한다.
- 예시 단락에 범주를 적용해 보인다.
- 학습자들에게 문장을 범주화하고 그 이유를 설명할 수 있도록 안내된 연습을 제공한다.
- 학습자들이 단락을 가지고 혼자서 도식화하는 것을 연습할 수 있도록 한다. 학습자들이 이러한 기본적인 기능을 습득하면, 좀 더 복잡한 내용(여러 개의 단락, 이야기의 짧은 절 또는 장)을 사용하여 새로운 범주를 만들어 보도록 한다(McNeil, 1987).

도식(map)은 **명제네트워크(propositional network)**와 개념적으로 유사한데, 그것은 도식의 상위층에 주요 아이디어나 최상위의 개념이 열거되고, 다음으로 그러한 아이디어나 개념을 지지해 주는 요점, 예, 그리고 최하위 개념이 열거되는 것처럼 위계를 형성하기 때문이다. 어떤 개념이 다른 개념과 대조를 이룬다면, 주요 위계로부터 선이 갈라져서 관련된 요점에 연결된다. [그림 10.2]는 간단한 인지도식의 예다.

도식화 방법이 이해력 향상에 효과적인지에 대한 연구결과는 일치하지 않는다 (Snowman, 1986). 일부 관련성을 구분하는 기능(주요 아이디어-예)은 쉽게 학습되지만, 다른 기능(원인-결과)은 쉽게 학습되지 않는다. 학생들은 절이나 단락 간의 아이디어를 연결하는 데 어려움을 겪는다. 학생들에게 도식화 방법을 가르칠 때는 먼저 절이나 단락별로 도식화하도록 한 다음, 각각의 도식을 서로 연결하도록 하는 방법이 유용할 것이다. 도식화는 아이디어를 통합하는 데 어려움이 있는 학생들에게 특히 효과적이다(Holley, Dansereau, McDonald, Garland, & Collins, 1979).

모니터링. 모니터링(monitoring)은 학습자에게 선언적 지식과 절차적 지식을 적절하게 적용하여 학습하고 있는지를 결정하고, 내용의 이해 여부를 평가하도록 한다. 모니터링은 또한 사용하는 전략의 효과성과 더 나은 전략의 필요성을 결정하고, 전략사용이 학습에 도움이 되는 이유를 파악하도록 한다. 학습자에게 전략을 가르치는 프로그램의 핵심은 이해력 모니터링이다(Baker & Brown, 1984; Borkowski & Cavanaugh, 1979;

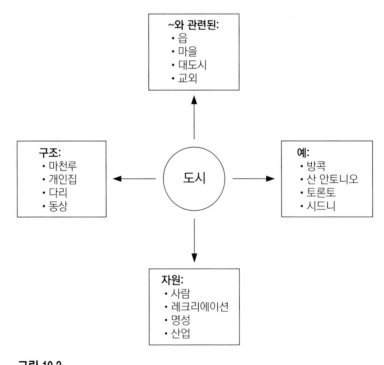

그림 10.2
"도시"에 대한 인지도식

Paris, Lipson, & Wixson, 1983). 학습자가 이해력을 모니터링하는 방법은 **자문하기(self-questioning)**, **다시 읽기(rereading)**, **일관성 검사(checking consistencies)**, **의역하기(paraphrasing)** 등이다. Greene과 Azevedo(2009)는 중·고등학생들이 하이퍼미디어(hypermedia) 학습환경을 사용함으로써 모니터링 활동(예: 자기질문)이 복잡한 과제 주제에 관한 학습자의 이해력을 상당히 향상시켰음을 발견하였다.

일부 자료는 학습자가 글을 읽으면서 규칙적으로 질문에 답하도록 구성되어 있다. 이러한 자료를 읽으면서 질문에 답하는 학습자는 자문하기를 하고 있다. 그러나 질문이 제시되어 있지 않을 때는 학습자 스스로가 질문을 만들 필요가 있다. 학습자가 스스로 질문을 만들고 대답하도록 가르치는 데 사용할 수 있는 한 가지 방법은 교사가 학습자에게 글을 읽는 동안 규칙적으로 잠시 멈추고 스스로에게 일련의 질문을 하도록 하는 것이다(예: 누가, 무엇을, 언제, 어디서, 왜, 어떻게).

Meichenbaum(1986)이 제시한 **자기교수훈련(self-instructional training)**(제4장 참조)은 모니터링 전략을 가르치는 데 유용하다. 이 훈련방법에 포함된 인지적 모델링 단계에는 글의 이해 여부를 스스로 점검하고, 필요한 경우 교정적 처치를 하도록 하는 언어적 진술이 포함된다. 교사는 독해력이 부족한 학습자를 가르칠 때 언어적으로 다음과 같이 진술할 수 있다(Meichenbaum & Asarnow, 1979).

선생님은 어떤 이야기를 읽기 전과 이야기를 읽는 동안 다음과 같은 세 가지 중요한 사항을 생각합니다. 첫 번째는 "이 이야기는 무엇에 관한 것인가?"와 같이 이야기의 주요 아이디어가 무엇인지를 선생님 자신에게 질문해 보는 것입니다. 두 번째는 이야기를 계속해 읽어 가면서 이야기의 중요한 세부사항이 무엇인지를 파악하려고 합니다. 중요한 사건의 순서는 특히 주목해야 할 세부사항이지요. 세 번째는 등장인물이 어떻게 느끼고 왜 그렇게 느꼈는지를 파악하려고 합니다. 이런 방법으로 주요 아이디어를 알아내고, 순서를 살펴봅니다. 그리고 등장인물이 어떻게 느끼고 왜 그러한지를 파악합니다. (p.17)

학습자가 위에 소개한 교사의 진술을 자신의 말로 표현하고 점차적으로 내면화시킬 수 있도록 가르친다. 교사는 학습자가 글을 읽으면서 염두에 두어야 할 것을 회상하는 데 도움을 주기 위하여 핵심적인 아이디어를 포스터 보드에 게시할 수 있다(예: 주요 아이디어를 파악하라, 순서를 살펴보라, 등장인물이 어떻게 느끼고 왜 그러한지를 파악하라).

정서적 기법. 정서적 기법(affective methods)은 학습에 도움이 되는 심리적 분위기를 조성하는 것이다(Weinstein & Mayer, 1986). 정서적 기법은 학습자가 불안을 극복하고, 긍정적인 신념(자기효능감, 산출 기대, 태도)을 계발하며, 목표를 설정하도록 해준다. 이 것은 또한 학습을 위한 규칙적인 시간과 장소를 설정하며, 학습에 방해되는 것을 최소화할 수 있도록 해준다(전화하지 않고 텔레비전을 시청하지 않는 것과 같은 규칙 설정).

정서적 기법은 학습자가 과제의 중요한 부분에 주의를 집중하고 유지하며, 시간을 효율적으로 관리하고, 학습에 대한 불안을 최소화할 수 있도록 해준다. **자기언어화(self-verbalization)**는 학습자가 학습과제에 계속 주의를 기울일 수 있도록 해준다. 학습을 시작하기 전에 학습자는 "이것은 어려울 것 같아. 선생님께 좀 더 주의를 기울여야겠어."라고 생각할 것이다. 학습자는 자신의 주의집중력이 약해지고 있다는 것을 알아차린다면, "___에 대한 생각을 그만하자. 선생님 말씀에 집중할 필요가 있어."라고 생각할지 모른다.

목표설정(goal setting)은 효과적인 시간관리 전략이다(제4장 참조). 전반적인 학습목표를 설정하고 그것을 단기목표로 세분화하고 목표를 어느 정도 달성하였는지를 평가하는 학습자는 학업수행을 자기조절하고 있는 것이다. 목표를 달성해 나가고 있다는 학습자의 신념은 학습에 대한 자기효능감을 높여준다(Schunk, 1995).

시험, 성적, 실패에 대한 불안은 학습에 방해가 된다. 실패 가능성을 깊이 생각하는 학습자들은 시간을 낭비하고 자신들의 능력에 대한 의구심만 키운다. 불안감소 프로그램은 체계적 감감법(desensitization), 모델링, 안내된 혼잣말(self-talk)과 같은 방법을 사용한다. 문제가 있는 신념(예: "시험에 통과할 수 없다.")보다 오히려 긍정적인 성취신념(예: "내가 열심히 공부한다면 시험을 잘 볼 수 있다.")을 이야기하도록 하는 것이 바람직하다. 과제 수행 초기에는 불안해하지만, 수행을 보다 잘할 때까지 효과적인 자기조절학습방법을 계속 사용하는 대처모델(coping model)은 불안을 극복하는 데 중요하다(Schunk, 1987).

시험 치르는 방법을 가르쳐 주는 프로그램은 시험 치르는 방법이 미숙한 학습자에게 효과가 있다(Kirkland & Hollandsworth, 1980). 이러한 프로그램은 일반적으로 시험을 몇 개의 하위 부분으로 나누고, 각 부분에 사용할 시간을 정해 주어서 시간을 어떤 한 문제에 너무 오래 사용하지 않도록 가르친다. 또한 시험을 보는 동안 부정적인 생각을 떨쳐버릴 수 있는 긴장이완 기법과 시험문항에 다시 주의를 집중할 수 있는 방법을 가르친다. 시험 성적과 신념은 상호 영향을 미친다. 일부 시험에서 성공한 학습자들은 수행에 대한 자기효능감이 높게 되고, 이러한 자기효능감이 다시 더 생산적인 학습과 더 나은 수행을 할 수 있게 한다.

전략교수의 효과성. 최근 전략교수(strategy instruction)에 관한 연구가 많이 수행되었다(Corno, 2008). Hattie, Biggs, Purdie(1996)는 학습자들의 학습증진을 목적으로 한 프로그램에 대한 연구를 검토하였다. 연구자들은 대부분의 프로그램이 효과적이었으며, 근접전이(near transfer)가 발생하였다는 연구도 있다는 결론을 내렸다. 전략교수의 목표가 학습한 전략을 전이시키도록 하는 데 있다면, 학습자들은 전략이 어떠한 조건에서 효과적인지를 반드시 이해해야 한다. 가장 우수한 자기조절전략 교수 프로그램은 교과내용과 통합되어 있고 학생의 자기조절학습을 지원하는 교실에서 실행되는 프로그램이다(Butler, 1998a, 1998b; Perry, 1998; Winne & Hadwin, 2008).

학습의 다른 측면과 마찬가지로, 전략교수는 학습자들이 전략의 유의미성과 가치를 인식할 때 가장 효과적이다. 많은 연구에서 전략 프로그램이 즉각적인 효과는 있지만 전략이 다른 학습맥락으로 전이되지 않는다고 한다(Borkowski & Cavanaugh, 1979; Borkowski, Johnston, & Reid, 1987). 전략교수 프로그램에는 이용할 수 있는 전략을 활용하지 못하는 **산출결함**(production deficiencies)과 전략을 사용하지만 수행에는 향상이 없는 **활용결함**(utilization deficiencies)이 있는 아동들이 종종 참여한다(Schwenck, Bjorklund, & Schneider, 2007).

Pressley와 그의 동료들(Harris & Pressley, 1991; Pressley, Harris, & Marks, 1992; Pressley et al., 1990)은 전략교수 프로그램을 설계하고 실행할 때 고려해야 할 몇 가지 요인을 제안하였다. 학습자들에게 전략을 억지로 떠맡겨서는 안 된다. 학습자들이 전략의 장점을 깨닫고 그것을 사용할 것이라는 희망을 갖고 전략을 가르치는 것이 바람직하다.

> 좋은 전략교수는 학습자들에게 자신들이 배운 인지전략을 창의적으로 활용함으로써 많은 것을 얻을 수 있다는 것뿐만 아니라 학습자들이 공부과정을 스스로 통제할 수 있다는 메시지를 보낸다. 좋은 전략교수는 학습자들이 텍스트로부터 "의미획득"을 가능하게 하고, 글쓰기를 통해 성찰적인 태도를 형성하도록 하며, 자신들이 알고 있는 전략을 새로운 문제를 해결하기 위해 사용할 것인지와 사용하는 방법에 대한 성찰적인 의사결정을 하도록 돕는 데 있다. (Pressley & McCormick, 1995, p.515)

전략교수는 전략의 습득 및 활용과 관련된 구성주의적 특성을 참고할 때 가장 효과적이다(Goldin-Meadow, Alibali, & Church, 1993; Paris & Paris, 2001)(제8장 참조). 학습자들은 외부 정보에 대한 이해를 구성하도록 동기화되어야 한다는 것이 핵심이다. 훌륭한 교수는 외부 정보에 대해 지식을 구성할 수 있는 맥락을 풍부하게 제공해 주는 것이다. 이 장 서두에 제시한 에피소드에서 Connie 선생님은 학생이 궁극적으로 자신이 효과적이라고 생각하는 전략을 사용하기를 원하였을 것이다.

Pressley 등(1992)은 전략을 가르칠 때 활용할 수 있는 몇 가지 단계들을 제안하였다(〈표 10.5〉 참조). **한 번에 몇 개의 전략만을 소개하기**(introducing a few strategies at a time)는 학습자들이 인지적으로 과부하 상태에 놓이지 않게 하며, 전략이 어떻게 상호 관련되어 있는지를 보여주기 위하여 보다 더 큰 패키지 속에 통합되도록 한다. **다양한 과제에 대해 분산된 연습기회를 제공**(providing distributed practice on diverse tasks)해 주면 전이와 유지를 촉진할 수 있다는 장점이 있다. **모델로서의 교사**(teachers as models)의 중요성이 과소평가되어서는 안 되며, 모델링은 규칙지배적(rule governed)이라는 것을 기억해야 한다. 따라서 학습자들은 모델의 행동을 기계적으로 모방하기보다 오히려 전략을 적용하는 방법을 학습해야 한다(Rosenthal & Zimmerman, 1978). 학습자들에게 더 많은 전략을 활용하도록 **전략의 가치를 강조(stressing the value of strategies)**할 필요가 있다. 교사들은 전략을 활용하는 것이 수행에 도움이 된다고 피드백해 줌으로써 학생들이 전략에 더 많은 가치를 부여하도록 할 수 있다.

표 10.5 전략교수단계	■ 한 번에 몇 개의 전략만을 소개한다. ■ 다양한 과제를 사용하여 분산된 연습의 기회를 제공한다. ■ 교사가 전략 사용을 시범 보인다. ■ 학습자들에게 전략 활용의 가치를 강조한다. ■ 학생들의 개인차를 고려하여 전략을 가르치고 피드백한다. ■ 전략을 다른 과제에 전이시킬 수 있는 기회를 제공한다. ■ 학습자들의 동기를 유지한다. ■ 습관적인 성찰과 계획 수립을 격려한다.

피드백과 개별화 수업(feedback and personal teaching)의 중요성이 강조될 필요가 있다. 교사는 개별 학습자의 요구와 발달적 차이를 고려하여 피드백을 주고, 교사와 학습자들은 전략을 이해할 수 있도록 함께 노력해야 한다. Cantrell, Almasi, Carter, Rintamaa, Madden(2010)은 독해전략교수 프로그램이 6학년 학생들의 성취도는 향상시켰지만, 9학년 학생들에게는 효과가 없었는데, 그것은 프로그램의 초점이 읽기에 미숙한 학생들의 결함을 교정하는 데 있었기 때문일 것이라고 하였다. Azevedo, Greene, Moos(2007)는 전략을 사용하도록(예: 사전지식 활용하기, 시간 계획하기, 목표향상도 점검하기, 요약하기, 기억술 사용하기) 격려하는 동료로 인해서 대학생들의 자기조절학습이 신장되었다고 주장하였다. 또한 교사는 학습자들과의 토론이나 조언 또는 전략을 새로운 과제에 적용하기 위한 연습 기회 등을 통해 학습한 전략을 **전이할 수 있는 기회를 결정(determine opportunities for transfer)**해야 한다. 특히 학습한 전략을 주도적으로 사용할 것을 강조함으로써, **학습자들의 동기를 유지(sustaining student motivation)**하는 것이 중요하다. 마지막으로, 교사는 **습관적인 성찰과 계획 수립(habitual reflection and planning)**을 격려해야 한다. 교사는 성찰을 위한 모델이 되고, 학습자들이 문제를 통해 생각할 수 있도록 하며, 과제를 단순히 완수하거나 정답을 찾는 것보다 성찰을 중요시하는 환경을 조성해야 한다.

구성주의

구성주의자들은 자기조절학습에 관심을 가졌는데, 이는 학습자들이 지식뿐만 아니라 지식을 습득하고 적용하는 방식도 구성한다는 구성주의의 핵심 가정에 비추어 볼 때 당연하다. 자기조절을 구성주의 입장에서 설명하는 이론에는 인지발달이론(제8장 참조), 초기 인지이론(예: 형태심리학, 기억)(제5장 참조), Vygotsky 이론이 포함된다(Paris & Byrnes, 1989)(제8장 참조). 자기조절에 관한 구성주의적 입장은 이론에 관계없이 공통적으로 〈표 10.6〉과 같은 가정에 근거하고 있다(Paris & Byrnes, 1989).

이러한 가정의 기초가 되는 두 가지 사항은 사회문화적 영향이 매우 중요하다는 것과 사람들은 자기 자신, 타인, 그리고 요구사항을 처리하는 방법에 대해 암묵적 이론을 형성한다는 것이다.

표 10.6
자기조절에 대한 구성주의 가정

- 정보를 찾고자 하는 내재적 동기가 존재한다.
- 이해는 주어진 정보를 초월한다.
- 정신적 표상은 발달과 함께 변한다.
- 이해의 수준은 점진적으로 향상된다.
- 학습은 발달단계에 따라 제한된다.
- 성찰과 재구성은 학습을 촉진시킨다.

사회문화적 영향

인간발달에 관한 Vygotsky(1979) 이론은 구성주의적이며, 자기조절을 설명하는 데 매우 적합하다(제8장 참조). Vygotsky는 앞에서 논의한 바와 같이 사람과 그들이 속한 문화적 환경이 상호작용해서 사회시스템을 구축한다고 주장하였다. 아동의 환경에 있는 사람들은 아동의 능력을 배양하는 데 필요한 도구(예: 언어, 상징, 기호)를 의사소통과 행동을 통해 가르친다. 아동은 시스템 내에서 이러한 도구를 사용하여 개념획득이나 문제해결과 같은 고차원적인 인지기능을 발달시킨다. Vygotsky는 의식적으로 주도하는 사고과정을 **고등정신기능(higher mental function)**이라는 용어를 사용하여 설명하였다. 이러한 맥락에서 자기조절학습은 고등정신기능으로 볼 수 있다(Henderson & Cunningham, 1994).

자기조절학습은 기억, 계획, 종합, 평가와 같은 정신적 과정의 조화를 통해 일어난다(Henderson & Cunningham, 1994). 이러한 조화과정은 이들이 형성되는 맥락과 독립적으로 작용하지 않으며, 실제로 그 사람이 속한 문화에서 가치 있게 여기고 가르치는 것을 반영한다.

Vygotsky는 사람들이 자신의 의도적인 행동(예: 자기조절을 배우는 것)을 통제한다고 보았다. 자기조절에 영향을 미치는 주요 기제는 언어와 근접발달영역(ZPD)(제8장 참조) 이다.

Kopp(1982)은 언어의 자기조절기능이 어떻게 발달하는지를 이해하는 데 유용한 틀을 제공하였다. 그에 따르면, 자기조절은 타인의 명령에 응답하는 것에서부터 언어와 다른 인지도구를 사용하여 자신의 행동을 계획하고 점검하며 지시하는 방향으로 이동하는 것을 의미한다.

자기조절은 학습자들이 사회적으로 허용되는 행동을 알고 있는지에 따라 달라진다(Henderson & Cunningham, 1994). 행동의 의미는 맥락과 행동을 설명하는 데 쓰이는 도구(언어, 기호, 상징) 모두에 따라 달라진다. 아동들은 ZPD 내의 성인과 상호작용을 통해 타인에 의해 조절되는 행동을 한 다음 자기조절행동을 한다.

Wertsch(1979)는 간주관성(intersubjectivity)을 사회적 맥락에서 집단이 갖는 책임의 정도에 따라 4단계로 나누어 설명하였다. 아동은 발달 초기에 성인의 말이나 몸동작을 이해할 수 없기 때문에 간주관성이 존재하지 않는다. 아동이 성장해 가고 상황에 따라 성인에 대한 민감성이 증가하면서 상황에 대한 공동의 이해를 구성하지만, 행동조절에 관한 책임은 여전히 성인에게 있다. 세 번째 단계에서 아동은 언어와 행동 간의 관계를 배우고 일에 대한 책임을 진다. 네 번째 단계에서 아동은 일반적으로 혼잣말을 활용하여 행동을 스스로 조절하게 된다. 혼잣말이 자기주도적 사고로 인해 내면화되면서 간주관성은 완전해지고 자기조절은 독립적으로 일어나게 된다. 내면화는 자기조절과정을 사용할 때 핵심이 된다(Schunk, 1999). 내면화의 몇 가지 예를 [적용 10.5]에 제시하였다.

아동의 자기조절행동은 성인이나 교사가 더 이상 함께 하지 않아도 성인이나 교사의 영향을 반영한다는 점에 주목할 필요가 있다. 아동이 자기주도적 행동을 한다고 해도 그 행동은 타인의 영향으로 내면화된 조절이다. 아동은 종종 성인들이 사용하는 것과 동일한 말을 반복해서 사용한다. 결국 아동은 자기조절 행동을 하게 되고 그것이 아동의 개성이 된다.

적용 10.5
내면화 촉진

학생의 자기조절학습은 교사가 구체적인 전략을 설명하거나 시범을 보여 주어서 학생이 그러한 전략을 사용해서 과제를 수행 하도록 하는 것과 같이 학생이 처한 사회적 환경에 의해 많은 영향을 받는다. 그러나 이 장의 여러 이론이 설명하고 있는 바와 같이, 이러한 외적 전략은 학생들에게 수동적으로 수용되는 것이 아니라 학생 개인에 의해서 변형되어 자기조절기제가 된다. 학습자가 기능을 발달시킴에 따라 사회에서 개인에 이르는 일방적 과정이 학습자가 자신의 환경을 수정하고 자신의 학습을 신장시키는 양방적인 상호작용적 과정으로 변한다. 여기에서 핵심적 과정은 정보의 내면화다. 자기조절과정은 학습자의 통제하에 있을 때 내면화되지만, 타인의 통제하에서는 내면화되지 않는다. 내면화 과정은 사고, 신념, 절차, 전략과 같이 정신적으로 표상된다. 학습자는 내면화 과정 없이도 자기조절과 관련된 기능을 배울 수 있지만(예: 교사가 학생의 행동 지시), 기능의 지속적 향상과 전이를 위해서는 내면화가 필요하다. 내면화는 학습자가 자신의 동기와 학습을 증진하기 위해 사용하는 일련의 자기조절을 유도한다.

Cauthen 선생님은 학생들에게 철자규칙을 내면화하도록 돕고 있다. 예를 들어, 그는 철자 C를 제외한 E앞에 I나 Neighbor 또는 Weigh와 같이 A처럼 발음을 하는 압운(rhyme)을 가르칠 때, ie 또는 ei가 들어 있는 단어를 제시하면서 압운을 큰 소리로 말하도록 요구한다. 이렇게 규칙적으로 몇 번을 소리내어 말하도록 한 다음 압운을 속삭이듯 말하고, 결국에는 학생 자신에게 조용히 말하도록 한다. 그는 이러한 방식으로 여러 가지 규칙을 가르치면서 다양한 철자규칙을 학생들이 내면화하도록 한다.

Deutrony 선생님은 학생들이 사실을 암기하는 것이 역사 공부라고 생각하는 것을 원치 않는다. 대신에, 학생들이 역사적 분석기능을 발달시키기를 원하였다. 따라서 선생님은 "무슨 일이 일어났나요?" "영향력 있는 인물은 누구인가요?" "이 사건의 원인은 무엇인가요?" "사건 발생 원인이 변하였다면 이 사건의 결과는 어떻게 달라졌을까요?" 등과 같이 역사적 사건을 분석할 수 있는 질문을 하였다. 선생님은 학기 초에 학생들에게 자신들이 분석한 내용을 기록하도록 하였다. 학생들이 점차 역사적 분석기능을 숙달함에 따라 학생들에게 자신만의 전략을 만들어 볼 것을 요구하였다. 그 결과, 학생들은 자신의 전략을 역사적 사건 분석은 물론, 선거, 경제, 전쟁 등과 같은 현재의 문제를 분석하는 데도 활용하였다.

Mornoveny 교수는 학부생을 대상으로 한 교육심리학 수업에서 수강생들이 자기조절학습전략을 사용해서 공부하기를 원하였다. 이를 위해, 그녀는 교재의 주요 정보에 효과적으로 밑줄을 긋고, 요약을 하고, 시간관리와 공부환경 조성방법에 대해 가르쳤다. 수강생들은 각 장에 대한 공부계획을 세웠다. 그녀는 이 과정에서 학생들에게 피드백을 하고 계획의 효과성에 대한 평가를 바탕으로 학생들이 자신들의 계획을 수정하도록 요구하였다. 학기말 목표는 학생들이 공부계획을 규칙적으로 사용하고 필요에 따라(예: 인터넷 참조) 적절히 조절할 수 있는 능력을 갖추도록 하는 것이었다.

암묵적 이론

암묵적 이론(implicit theory)(제8장, 제9장 참조)은 학습, 인지, 동기에 관한 구성주의적 관점의 고유한 특징을 내포하고 있다. 학습자는 자기조절학습에 대한 이론도 암묵적으로 구성한다. 자기조절학습이론은 타인과 세상에 관한 여러 이론과 함께 존재하기 때문에 학습자가 처한 맥락과 밀접한 관계가 있다(Paris, Byrnes, & Parks, 2001).

하나의 주요한 암묵적 이론 유형은 아동들의 학업능력에 대한 그들의 신념과 관련이 있다. 학습에 어려움을 겪고, 그것이 능력 부족 때문이라고 믿는 학습자는 성공에 대한 동기가 낮다. 반면, 성공의 원인이 노력에 있으며 학습을 통해 능력을 향상시킬 수 있다는 신념은 효과적인 자기조절과 정적인 상관을 보인다. 학습자의 점증적 사고방식(incremental mindset), 즉 능력이 개인의 노력에 의해 향상될 수 있다는 신념은 목표설정(학습목표), 숙달지향적 전략, 긍정적 기대와 같은 자기조절과정과 정적인 관계가 있다(Burnette, O'Boyle, VanEpps, Pollack, & Finkel, 2013).

학습자들은 또래들과 비교하여 자신의 능력에 대한 이론을 세우기도 한다. 학습자들은 비슷한 또래들과의 비교를 통해 자신의 능력과 학급 내 상대적 위치를 인식하고, 읽기나 수학과 같은 교과목에서 자신들이 얼마나 똑똑한지 확인하기 시작한다.

이러한 생각과 더불어 아동들은 교과목에 따라 무엇이 학업성취에 도움이 되는지에 관한 이론을 세운다. 자기조절전략은 노트필기나 학습할 정보의 암송처럼 일반적인 것일 수 있고, 영역에 따라 특수한 것일 수도 있다. 이러한 전략들이 구성되는데, 경우에 따라 잘못 구성될 수 있기 때문에 전략의 유용성 여부는 중요하지 않다.

학습자들은 학습상황에서 학습행위와 통제에 대한 이론을 형성한다. 의도한 결과를 얻기 위한 이러한 실행력이 사회인지이론(Bandura, 1997)과 구성주의이론(Martin, 2004)의 핵심이다. Bandura는 **자기효능감**(self-efficacy)이 학습행위에 강력한 영향력이 있다고 주장하는 반면, 구성주의이론은 물리적, 사회문화적 환경에서 나타나는 학습자의 활동을 더 강조한다(Martin, 2004). 학습이론 측면에서 볼 때, 학습자들은 자기효율적(self-efficacious)이라고 느끼며(제4장 참조), 학교에서 가르치는 것을 학습할 만한 능력이 있다고 믿을 수 있다. 역으로, 학습자들은 자신의 학습 능력에 대해 심각하게 의구심을 가질 수도 있다. 이러한 신념은 현실을 정확히 포착할 수도 있고 그렇지 않을 수도 있다. 예를 들어, 아동들은 모든 문제를 틀렸다는 피드백을 받은 후에도 종종 수학문제를 잘 해결할 수 있다는 높은 자기효능감을 느낀다고 한다(Bandura & Schunk, 1981). 자기효능감에 대한 판단과 실제 수행 간의 일치에는 많은 요인이 영향을 미친다(Bandura, 1997; Schunk & Pajares, 2009).

또한 다른 암묵적 이론은 학교교육과 학업과제에 관한 것이다(Paris et al., 2001). 이 이론은 학교에서 가르치는 내용과 기능, 그리고 이것을 배우는 데 필요한 사항에 관한 정보를 포함하고 있다. 이러한 암묵적 이론에 따라 학습자들은 학교교육에 대한 목표를 세우는데, 이는 교사나 학부모들이 생각하는 목표와 일치하지 않을 수도 있다. 예를 들어, 교사나 학부모들은 우수한 성적을 목표로 하지만, 학습자들은 친구를 사귀는 것이나 문제를 일으키지 않는 것을 목표로 할 수도 있다. 학습자들은 읽기와 같은 과목에서 글을 이해하거나 단순히 단어를 읽는 것을 목표로 할 수 있으며, 쓰기에서는 페이지의 칸을 채우거나 짧은 이야기를 만들어 내는 것을 목표로 할 수도 있다.

따라서 구성주의 관점에서 볼 때, 자기조절학습은 자기 자신(능력, 잠재 능력, 일반적인 노력 등), 타인, 환경 등에 대한 개인적인 이론구성을 포함한다. 이 이론은 타인(교사, 또래, 부모)의 직접적인 가르침을 통해 부분적으로 형성되지만, 대체로 자신의 수행능력, 환경적인 영향, 타인의 반응 등에 대한 자기성찰을 통해 이루어진다. 이러한 이론은 도구(언어, 기호, 상징)를 사용하여 형성되는데, 사회적인 맥락에서는 종종 ZPD 내의 가르침을 통해 형성된다.

자기조절의 목적은 학습자들이 자기 정체성을 형성하는 것이다. 학습자들의 신념은 부모, 교사, 또래들로부터 영향을 받으며, 성, 문화, 인종적 배경과 관련된 고정관념에 의해 영향을 받기도 한다. Paris 등(2001)에 따르면, 정체감 형성과 자기조절학습은 분리될 수 없는데, 그것은 성취행동이 학습자들이 믿고 있는 자신의 현재 모습이나 앞으로 되고자 하는 미래의 모습을 나타내는 지표가 되기 때문이다. 전략은 학습자의 목표, 역할, 정체감과 분리하여 가르칠 수 없다. 다시 말해서, 자기조절학습은 개인적인 발달과 밀접하게 연관되어 있다.

아동들은 세상에 대한 이해의 틀을 구성하고 교육적인 경험을 이해하는 데 내재적으로 동기화되어 있다(Paris et al., 2001). 학업에 성공하였을 경우, 이들은 능력, 과제, 자기 자신에 관한 이론을 세우는데, 이것은 학습과 적응적 학습전략 사용에 도움이 된다. 그러나 실패하였을 경우에는 적절하지 못한 목표나 전략을 세울 수 있다. 결론적으로, 자기조절은 아동들이 자기 자신과 성취 과제를 어떻게 인식하고 있느냐에 따라 크게 좌우된다(Dweck & Master, 2008).

동기와 자기조절학습

동기는 자기조절과 밀접한 관련이 있다(Pintrich, 2003; Wolters, 2003). 목표에 도달하기 위해 동기화된 사람은 도움이 될 것이라고 생각하는 자기조절활동을 한다(예: 수업내용을 조직하고 시연하며, 학습과정을 점검하고, 전략을 조정하는 것). 마찬가지로, 학생들은 학습동기를 스스로 조절하고 새로운 목표에 도달하기 위해 자기조절과 동기를 유지시킨다(Schunk & Ertmer, 2000). 즉, 동기와 자기조절학습은 서로 영향을 준다.

동기와 자기조절 간의 관계는 이론적 모형에서 분명하게 드러난다(Pintrich, 2000b; Vollmeyer & Rheinberg, 2006; B. Zimmerman, 2000). Pintrich 모형에서 동기는 학습자의 환경과 목표 추구의 기초가 되고, 과제에 관여하는 학습자의 자기조절에 초점을 두기 때문에 매우 중요하다. Zimmerman 모형에서 동기는 선견(자기효능감, 성과기대, 흥미, 가치, 목표지향), 수행통제(주의집중, 자기점검), 자기성찰(자기평가, 인과적 귀인) 등과 같은 모든 단계와 관계가 있다.

이러한 관련성에 대한 추가적 증거는 Wolters와 그의 동료들에 의한 연구에서 나타난다(Wolters, 1998, 1999; Wolters, Yu, & Pintrich, 1996). 연구자들은 학습하는 동안 사용되는 자기조절전략(예: 시연, 정교화, 계획, 점검, 조직화)과 관련된 최적의 과제동기(예: 노력을 기울이는 것, 지속하는 것, 과제에 흥미를 갖는 것, 자기보상)를 유지하도록 하기 위해 다양한 학습전략이 어떻게 고안되었는지를 조사하였다. 다중회귀분석 결과에 따르면, 동기조절 활동이 자기조절을 예언하며, 학습목표를 지향하는 학습자의 자기효능감, 과제가치, 성취가 더 높다.

관심을 끄는 연구분야는 자기조절의 한 측면인 **의지력**(volition)인데, 이것에 대해서는 다음 절에서 살펴보겠다. 일부 연구자들은 의지력을 동기와 다른 인지과정을 포함하는 더 포괄적인 자기조절시스템의 일부분으로 정의한다(Corno, 1993, 2001, 2008; Snow, 1989). 기타 자기조절과 관련된 동기변인들, 예를 들어, 목표특성, 목표지향성, 자기효능감, 귀인, 가치, 자기도식, 도움추구 등에 대한 연구가 많이 이루어지고 있다(Schunk & Zimmerman, 2008). 목표특성(Zimmerman, 2008), 목표지향성(Fryer & Elliot, 2008), 자기효능감(Schunk & Pajares, 2009), 흥미(Hidi & Ainley, 2008), 귀인(Schunk, 2008)에 대해서는 제9장에서 논의하였으며, 이 절에서는 의지력, 가치, 자기도식, 도움추구에 대해 살펴보겠다.

의지력

의지력(volition)은 오랫동안 관심의 대상이었다. 초기 심리학자들은 플라톤과 아리스토텔레스의 저술(제1장 참조)을 참고하였고, 마음을 지식(인지), 느낌(정서), 의지(동기)로 인식하였다. **의지**(will)는 사람의 욕구, 바람, 목적을 반영하며, 의지력은 의지를 사용하는 행동이다(Schunk, Meece, & Pintrich, 2014).

철학자와 심리학자들은 의지력이 독립된 과정인지 또는 다른 정신과정들(예: 지각)의 부산물인지에 대해 의견을 달리하였다. Wundt(제1장 참조)는 의지력이 인간행동에서 중추적이고 독립적 요소이며, 주의와 지각과 같은 과정을 수반하며, 사고와 정서가 행동으로 변하는 데 기여한다고 생각하였다. James(1890, 1892)는 또한 의지력이 의도를 행동으로 변화시키는 과정이고, 다른 의도가 행동과 대립될 때 의지력은 가장 강력한 영향력이 있다고 주장하였다. 의지력은 행동의 정신적 표상을 활성화시킴으로써 의도된 행동을 실행하게 하며, 행동의 지침이 된다.

Ach(1910)는 의지력을 처음으로 실험을 통해 연구하였다. Ach는 의지력이 목표에 도달하기 위해 고안된 행동을 이행하도록 하는 과정이라고 주장하였다. 그의 주장은 사람들이 목표를 설정하고 목표에 도달하기 위해 전념하는 과정을 설명하지 않았기 때문에 동기에 대한 협소한 관점이다(Heckhausen, 1991; Schunk et al., 2014). 목표가 행동으로 변하도록 하는 과정을 **결정경향성(determining tendencies)**이라고 한다. 결정경향성은 행동이 이전 연합과 갈등을 일으킬 때조차도 행동으로 옮기기 위해 이전에 학습한 경향성들과 경쟁한다.

오늘날 의지력 연구의 개념적 기초는 Heckhausen(1991)과 Kuhl(1984)의 **행동통제이론(action control theory)**이다. 이들은 **사전결정과정(predecisional processing)**(의사결정이나 목표설정에 관여하는 인지활동)과 **사후결정과정(postdecisional processing)**(목표설정에 따른 활동)을 구별할 것을 제안하였다. 사전결정분석은 의사결정을 포함하고 동기와 관련되며, 사후결정분석은 목표실행을 다루며 의지력과 관련이 있다. 의지력은 목표와 그것을 성취하려는 행동 간의 관계를 매개한다. 학습자들은 일단 계획을 세우고 목표를 설정한 다음 계획에 따라 과제를 수행하게 되면, 마치 루비콘 강을 건너가는 것처럼 목표를 바꾸거나 다시 생각하기보다 자기조절활동으로 목표를 유지하려고 한다(Corno, 1993, 2001, 2008).

동기와 의지력이 개별적인 구조를 가지고 있는지 또는 의지력이 동기의 일부인지에 대한 논쟁이 계속되고 있다. 그러나 사후결정과정으로부터 사전결정과정을 분리하는 것은 의미가 있다. 수행과 관련된 연구에 사용되는 일부 동기요인은 학습을 설명하는 데 유용하지 않다. 활동의 선택은 공통된 요인이지만, 학습자들은 학교에서 종종 과제수행에 필요한 선택을 하지 않는다. 학습자에 의해 사전결정된 행동은 거의 없다. 반대로, 사후결정행동은 범위가 좀 더 넓다. 특히 과제를 성취하거나 주의산만을 다루는 데 활용 가능한 다양한 방법이 있다면 더욱 그렇다. 선택은 자기조절학습의 필수요소다(Zimmerman, 1994, 1998, 2000). 그러나 학습자들이 과제수행 여부를 선택하지 않을 때조차도 이용 가능한 선택이 여전히 많다. 의지적 활동은 정보처리, 정서, 목표를 성취하기 위한 행동을 지시하고 통제할 것이다(Corno, 1993).

Corno와 그의 동료들(1989, 1993, 1994, 2001, 2008; Corno & Kanfer, 1993; Corno & Mandinach, 2004)은 자기조절에서 의지력의 역할에 관해 다음과 같이 포괄적으로 기술하였다.

의지력은 집중력을 유지하도록 하고 개인적, (그리고/또는) 환경적 주의산만에 맞서려는 역동적인 심리적 통제과정 시스템이라고 할 수 있으며, 학습과 수행을 돕는다. (Corno, 1993, p.16)

자기조절학습과 관련된 의지력의 기능을 행동통제와 의지력 유형으로 구별하는 것이 유용하다(Corno, 1994). **행동통제(action control)** 기능은 잠재적으로 변경할 수 있는 조절기능이나 전략을 의미한다. 이 기능에는 메타인지적 점검(자기관찰), 자기배열된 유관성(self-arranged contingencies), 과제 재설계, 정서통제 전략, 환경적 자원관리 등과 같이 자기조절기능을 신장시키는 데 필요한 요인이 포함되어 있다. Kuhl(1985)이 의지적 전략에 대한 분류체계를 제안한 것처럼, Corno(1993)는 동기통제전략과 정서통제전략을 제안하였다. 행동통제전략에 효과적인 방법이 많다(Corno, 1994).

두 번째 기능인 **의지력 유형(volitional style)**은 행동통제에 포함된 구체적인 기능이나 전략과는 다르게, 의지력에서의 안정적인 개인차를 의미한다. 의지력 유형은 충동성, 성실성, 의존성과 같이 수업을 통해 쉽게 변화되지 않는 성격요인과 관련이 있다(Snow, 1989). Corno(1994)는 이러한 성향이 학생들의 학업성취를 예언해 준다는 연구를 소개하였다.

의지력을 별개의 구인으로 보면 어느 정도 장점이 있다. 과제수행과 목표설정을 분리함에 따라 나타나는 한 가지 문제는 과제를 수행하는 동안 학습자들은 새로운 목표를 세우거나 조정한다는 것이다(Locke & Latham, 1990; Zimmerman, 2008). 또 다른 문제는 귀인이나 자기효능감과 같이 동기와 밀접한 관계가 있는 과정들이 어떻게 의지력과 관련되는지에 대한 것이다. 이러한 문제에 대한 더 많은 연구가 필요하다.

가치

자기조절학습과 관련된 동기의 중요한 요소는 학습자들이 학습에 부여하는 **가치(value)**다(Wigfield, Hoa, & Klauda, 2008)(제9장 참조). 자신이 배우는 것이 가치가 없다고 생각하는 학습자들은 자신들의 학습활동을 개선하거나 자기조절을 위한 동기가 유발되지 않는다(Wigfield, Tonks, & Eccles, 2004).

Wigfield(1994; Wigfield et al., 2008)는 과제에 대한 가치부여가 어떻게 자기조절학습을 더 잘 유도할 수 있는지에 대해 설명하였다. 가치는 지속성, 선택, 수행 등과 같은 성취행동과 직접적으로 관련이 있다. 가치는 자기관찰, 자기평가, 목표설정과 같은 많은 자기조절과정과 정적인 관계가 있을 수도 있다. 예를 들어, 역사교과목을 가치 있게 여기는 학습자들은 역사시험을 열심히 준비하고 공부하는 경향이 있으며, 자신의 학습목표를 세우고, 학습과정을 점검하며, 장애물을 극복하고, 필요한 경우에 전략을 조절할 것이다. 그러나 그렇지 않은 학습자들은 이러한 활동을 할 가능성이 훨씬 적을 것이다.

과제성취에 가치를 부여하는 것이 인지학습전략의 생산적 활용, 지각된 자기조절학습, 학업수행과 관련이 있다는 연구들이 많다(Pintrich & De Groot, 1990; Wigfield, 1994; Wigfield et al., 2004, 2008). 예를 들어, Pokay와 Blumenfeld(1990)는 수학에 대한 학습자들의 가치가 수학성취도에 영향을 주는 인지전략 사용을 유도하였다는 것을 발견하였다. Wigfield(1994)는 과제가치가 Kuhl(1985)이 제안한 의지력 행동통제 전략과 정적인 관계가 있다고 주장하였다.

불행하게도, 학습자들은 나이가 들어갈수록 학업과제를 덜 중요하게 생각한다는 연구가 많다(Eccles & Midgley, 1989). 학습자들의 학습동기를 높이는 많은 방법은 과제가 그들의 삶에서 얼마나 중요한지, 과제를 학습하는 것이 목표달성에 얼마나 도움이 되는지를 포함해서 과제가치에 대한 지각과 직접적으로 관련이 있다. 이 장의 서두에 제시한 에피소드에서 Kim은 교과목에 가치를 부여하지 않았을 수도 있지만, 전략을 사용하면 성취도가 향상될 것이라는 Connie 선생님의 이야기를 듣고 교과목에 더 많은 가치를 부여하였을 것이다. 학습과 실제 현상을 연결하도록 하면 가치에 대한 지각을 높일 수 있다. 교사들은 자기조절학습의 장점에 대한 수업을 실시할 때, 학습자들이 자기조절학습에 더 많은 가치를 부여할 수 있도록 해야 할 것이다.

자기도식

자기도식(self-schema)은 "목표, 열정, 동기, 두려움, 위협 등과 관련된 인지현상"이다(Markus & Nurius, 1986, p.954). 자기도식은 능력, 의지력, 개인의 주체성 등에 대한 인지적, 정서적 평가를 포함한다. 자기도식은 본질적으로 여러 상황에서 우리 자신에 대한 개념 또는 우리가 될 수 있는 존재에 대한 개념이다. 자기도식은 상황과 행동 사이를 매개한다는 점에서 중요하다. 개인의 일부 행동은 자기 자신에 대한 지각에서 일어난다. 자아개념은 많은 자기도식을 포함하며, 자아개념의 일부는 특정 시점에서만 작동한다. 항상 작동하는 것은 **작동하는 자아개념**(working self-concept)이다. 자기도식은 정서적 차원(자아개념에는 긍정적 또는 부정적인 가치가 개입되어 있다), 일시적 차원(경험은 과거, 현재, 미래의 가능한 자기 자신에 대한 개념에서 발생한다), 효능감 차원(설정한 목표에 도달하기 위해 무엇을 할 수 있을지에 대한 신념), 가치 차원(개인이 부여한 중요성이나 중심적 역할)으로 되어 있다.

자기도식과 관련된 지식구조가 체계화됨에 따라 가능한 자아(possible selves)는 보다 높은 수준에서 다양한 동기적 신념을 연결한다(Garcia & Pintrich, 1994). 따라서 목표는 중요한 동기적 과정이고, 자기도식은 여러 가지 목표를 연결하는 조직화된 지식구조다. 자기도식은 동기와 전략활용 간의 연결고리가 될 수 있다. 사람들이 할 수 있고 될 수 있는 것에 대해 생각한다면, 가능한 자아가 그들의 행동을 안내할 것이다.

자신이 되고 싶다는 것은 자기조절과정을 사용한다는 것을 의미하기 때문에 가능한 자아는 자기조절학습에서 중요한 역할을 한다(Garcia & Pintrich, 1994). 사람들은 가능한 자아를 실현하기 위하여 자신들의 학습과 수행을 조절한다. 학생들은 가능한 자아를 실현하고 자신들의 자아가치를 보호하기 위해 동기를 스스로 조절한다.

도움추구

도움추구(help seeking)는 학습을 촉진하기 위해 사회적 환경을 조절하는 방법이다. 자기조절학습자들은 그들이 어려운 과제에 직면하고 도움이 필요하다고 생각할 때, 도움을 요청할 가능성이 있다(Newman, 2000, 2002, 2008). 특히, 높은 성취를 보이는 학생들은 교사와 동료들에게 종종 도움을 구한다(Zimmerman & Martinez-Pons, 1990). Newman(1994)은 적절한 도움추구에 대해 다음과 같이 설명하였다.

- 학습자들의 이해 부족 때문에 일어난다.
- 도움의 필요성, 요청 내용, 요구목표가 들어있다.
- 도움추구자가 처한 환경에서 가장 적합한 방법으로 도움의 필요를 표현하는 것과 관련 있다.
- 도움추구자는 도움추구 행동 중에서 성공 가능성을 최적화할 수 있는 방법으로 도움을 얻고, 도움을 처리한다.

도움추구는 언어적인 지원 요청 이상을 포함하는 비교적 복잡한 활동이다. 즉, 도움추구 과정에서 동기요인이 작동한다. 도움추구와 동기요인 간의 관계에 대한 연구가 많았는데, 특히 자기효능감과 목표설정의 역할에 대해 많은 연구가 있었다. 자기효능감이 높은 학습자들은 그렇지 않은 학습자들보다 도움을 요청하는 경향이 더 많다(Ryan, Gheen, & Midgley, 1998). 과제목표지향적(task goal orientation) 학습자들은 그들의 일에 대한 정확성을 결정하기 위해 도움을 구하는 반면, 자아관여적(ego-involved) 학습자들은 자신들의 일과 타인의 일을 어떻게 비교할 수 있는지를 결정하기 위해 도움을 구하는 경향이 있다(Newman & Schwager, 1992; Ryan et al., 1998).

이러한 연구는 동기유형에 따라 도움추구의 형태가 달라질 수 있다는 것을 시사해 준다. 자기조절학습의 관점에서 보면, 가장 바람직한 도움추구 형태는 학습과 향상도에 대한 피드백이다. 교사들은 학습자들의 학업적 기능 계발과 관련된 도움추구를 격려해야 한다.

교수적 적용

자기조절기능은 다른 기능들처럼 가르칠 수 있다(B. Zimmerman, 2000). 자기조절을 가르치는 효과적인 방법은 종종 사회적 모델, 교정적 피드백, 전략교수와 연습, 목표설정, 학습향상도에 대한 평가 지원 등을 포함한다(Schunk & Ertmer, 2000). 학습자들은 자기조절학습자가 되기 위해 자기조절과 관련된 요인을 자신이 처한 환경에서 다양한 사회적 영향을 바탕으로 내면화시킬 필요가 있다(Schunk, 1999).

이 장에서 살펴본 자기조절학습의 원리는 교수적 적용에 매우 적절하다. 가장 효과적인 적용은 자기조절과정이 교과목 내용을 학습하는 수업에 통합되는 것이다. 특히 자기조절학습과 밀접히 관련된 분야는 교과내용 학습(academic studying), 쓰기, 수학이다.

교과내용 학습

학습에 문제가 있는 학생들이 많다. 연구자들은 교과내용을 학습하는 동안 일어나는 학습자들의 자기조절학습에 대해 연구하였다. 학습자들이 보다 나은 학습습관을 계발하는 데 도움이 되는 자료뿐만 아니라(Kiewra & Dubois, 1998; Weinstein & Hume, 1998; Zimmerman et al., 1996), 교과내용에 통합된 효과적인 학습방법에 관한 자료들 역시 많다(Hofer, Yu, & Pintrich, 1998; Lan, 1998). 교과내용 학습은 전략교수와 시간관리에 대한 교수를 통해 신장될 수 있다.

전략교수. 전략교수가 학습에 어떠한 영향을 미치는지에 관한 연구가 많다. Dansereau와 그의 동료들은 학부 학생들을 위한 전략교수 프로그램을 개발하였다(Dansereau, 1978; Dansereau et al., 1979). 연구자들은 학습내용에 직접적으로 적용할 수 있는 전략을 의미하는 **핵심전략(primary strategies)**과 학습자들이 선호하는 심리적인 분위기를 조성하고 유지하기 위해 사용하는 **지원전략(support strategies)**을 구별하였다. 지원전략에는 정의적 기법과 핵심전략을 계속적으로 점검하고 교정하기 위해 사용되는 기법을 포함시켰다.

학습자들은 학습을 효과적으로 행하기 위해 정보를 이해하고, 파지하며, 인출하고, 사용해야 한다. Dansereau의 학습전략 프로그램은 학습자들이 중요한 아이디어에 하이라이트 표시를 함으로써 내용을 이해하고, 텍스트를 보지 않고 내용을 회상하며, 정보를 이해하고 확장하며, 재검토하도록 한다. 정보를 확장한다는 것은 기억네트워크 간의 링크를 생성함으로써 특정 정보를 장기기억에 있는 다른 정보와 관련짓도록 한다는 것을 의미한다. 학습자들은 다음과 같은 질문에 대답할 수 있도록 학습한다. "저자에게 이야기할 수 있다고 상상해 보자. 저자에게 묻고 싶은 질문이 무엇인가? 어떤 비판을 제기하겠는가?", "내용을 어떻게 적용할 수 있는가?", "그 내용을 어떻게 다른 학생들이 보다 잘 이해할 수 있고 흥미롭게 만들 수 있는가?"

Dansereau의 프로그램은 목표설정, 정신집중관리(concentration management), 점검 및 진단 등과 같은 지원전략을 포함하고 있다. 학습자들은 일별, 주별, 장기목표를 설정하는 방법을 배운다. 학습자들은 향상도를 점검하고, 자신의 수행이 기대와 일치하지 않는다면 필요한 경우 과제나 목표를 조정한다. 정신집중관리는 좌절감이나 불안, 화를 다스리기 위해 개발되었다. 혼잣말을 활용하도록 하고, 심리적으로 평온한 상태에서 화가 나는 상황을 상상해 보도록 함으로써 화를 다스리도록 한다(제3장 참조). 학습자들은 이해정도를 점검하고 진단하는 과정에서 자신들의 이해도를 평가하기 위해 텍스트의 어느 부분에서 읽기를 멈출 것인지를 미리 결정할 필요가 있다. 학습자들은 멈출 부분에 도달하게 되면 이해도를 평가하고 필요하다면 교정조치(예: 다시 읽기)를 취할 것이다. 전략교수 프로그램은 학업과 관련된 행동과 태도를 증진시킨다(Dansereau et al., 1979).

Dansereau(1988)는 이 프로그램을 두 사람이 하는 협동학습상황에서도 사용할 수 있도록 수정하였다. 두 사람은 차례로 2,500단어로 된 구절 중 대략 500단어를 읽는다. 그런 다음, 한 사람이 회상자가 되어 읽었던 것을 구두로 요약한다. 다른 사람은 그것을 듣고 오류를 교정해 주고, 심상과 선행지식을 활용해서 지식을 정교화시킨다. Dansereau는 이러한 협동학습이 개별학습보다 학습과 전이에 더 효과적이라고 주장하였다.

시간관리. 일부 연구들은 학습자들이 학습시간을 계획하고 관리하기 위해 사용하는 인지적, 행동적 과정에 관심을 가졌다(Winne, 2001; Zimmerman, Greenberg, & Weinstein, 1994). 효과적인 시간관리는 학습과 학업성취에 도움이 된다. Britton과 Tesser(1991)는 시간관리의 구성요소(단기계획, 시간에 대한 태도)가 대학생들의 학점을 예측해 줄 수 있다는 것을 발견하였다. 효과적인 시간활용은 목표설정이나 계획활용과 일부 관계가 있는 것으로 보이며(Weinstein & Mayer, 1986), 이러한 관계는 또한 학습자들이 향상도에 대한 자기점검과 같은 자기조절활동을 하도록 자극한다. 시간은 자기조절의 중요한 영역이며, 시간 그 자체가 수행결과가 될 수도 있다(예: 과제에 할애한 시간).

미숙한 시간관리는 여러 영역에서 문제를 유발시킨다(Zimmerman et al., 1994). 미숙한 시간관리는 학생들이 자기관찰, 자기평가, 수행결과에 대한 반응을 제대로 못하게 한다. 또한 달력과 알람과 같이 시간을 계획하는 데 도움이 되는 보조도구를 적절하게 사용하지 못하게 된다. 비현실적인 목표설정, 낮은 자기효능감, 학습곤란을 낮은 능력으로 귀인하는 것, 그리고 전략의 중요성을 낮게 지각하는 것 역시 시간관리에 영향을 준다(Zimmerman, 1998; Zimmerman et al., 1994).

학습자들이 시간을 보다 효과적으로 관리할 수 있도록 가르칠 수 있다. Weinstein, Palmer, Schulte(1987)는 시간관리를 "학습과 공부전략척도(Learning and Study Strategies Inventory: LASSI)"에 포함시켰다. LASSI는 학습자들의 학업적 성공과 관련된 사고와 태도, 행동, 그리고 이러한 것의 수정 가능성에 초점을 맞추고 전략적, 목표지향적 학습을 진단하고 처방하는 자기보고식 척도다. 학습자의 학습문제를 명확하게 분석하기 위해서는 LASSI나 그와 유사한 도구를 사용할 필요가 있다.

효과적인 시간관리에 관한 프로그램은 일반적으로 다음과 같은 주제를 가르친다. 즉, 전략적인 학습자 되기, 목표설정과 자기관리의 역할, 시간관리 계획, 다양한 학습전략(노트필기, 듣기, 밑줄긋기, 요약하기, 스트레스 극복하기 등), 시험 치르기 전략, 학습환경 조직하기 등이다.

학습시간과 관련된 한 가지 문제점은 학습자들이 종종 그들의 시간을 실제로 어떻게 소비하는지를 깨닫지 못한다는 데 있다. 한 가지 좋은 방법은 학습자들에게 자신들이 과제에 얼마나 많은 시간을 할당하였는지를 보여주는 시간할당표(time log)를 일주일 동안 작성해 보도록 하는 것이다. 학습자들은 자신들이 얼마나 많은 시간을 허비하였는지를 보고 깜짝 놀라는 경우가 종종 있다. 낭비하는 시간을 없애거나 줄이기 위한 방법이 수업을 통해 지도되어야 한다.

또 다른 문제점은 학습자들이 과제완수시간을 예측하지 못한다는 것이다. 한 번은 어떤 학생이 저자에게 교육심리학 교과서의 여덟 개 장을 읽는 데 2시간 정도 걸릴 것이라고 생각하였다고 말하였다! 한 가지 효과적인 연습은 학습자들에게 다양한 과제를 수행하는 데 걸리는 시간의 양을 예측해 본 후, 실제로 할애한 시간의 양을 기록하도록 하고, 그것의 정확성을 파악하기 위하여 실제 사용 시간과 예측치를 비교해 보도록 하는 것이다.

학습자들은 과제수행환경을 변화시킬 필요도 있다. 학습자들은 흔히 친구들이나 전화기, 라디오, 텔레비전, 냉장고 등과 같이 주의를 산만하게 할 만한 것들이 있는 곳에서 공부하려고 한다. 가벼운 음악이나 소음이 있는 곳에서 학습하는 것이 도움이 되는 학습자들도 일부 있지만, 거의 모든 학습자들은 잠재적인 방해물이 많이 있을 때 정신을 집중하는 데 어려움을 겪는다. 학습자들에게 선호하는 학습환경과 현재의 학습환경에 관한 설문지를 작성해 보도록 하는 것이 환경변화가 필요한지를 결정하는 데 도움이 될 것이다.

쓰기

다른 형태의 학습과 마찬가지로 쓰기능력의 발달은 동기와 자기조절에 영향을 받는다(Cutler & Graham, 2008; Graham, 2006). Bruning과 Horn(2000)은 쓰기능력의 발달을 "과제목표의 향상도 과정에 대한 지속적인 점검을 필요로 하는 문제해결의 유동적 과정"(p.25)이라고 하였다. 쓰기에 대한 인지적 모형은 동기와 자기조절과정을 통합한다(Hayes, 2000; Magnifico, 2010). 학생들은 쓰기과정에서 인지와 메타인지전략을 사용하는 능동적인 정보처리자다.

목표설정, 전략사용, 그리고 목표의 향상도 정도에 관한 자기점검이나 자기평가는 자기조절과정의 핵심이다(Schunk, 1995). 초등학생을 대상으로 한 쓰기 프로그램에 대한 메타분석에 따르면, 쓰기 프로그램은 전략교수, 목표설정, 자기평가에 유의미한 효과가 있다(Graham, McKeown, Kiuhara, & Hanks, 2012). 청소년을 대상으로 한 메타분석 결과 역시 쓰기수행에 전략교수와 목표설정이 효과적인 것으로 밝혀졌다(Graham & Perin, 2007). Zimmerman과 Kitsantas(1999)의 연구에서는 과제수행의 목표를 과정(전략단계에 따라 수행하기)에서 결과(문장 내의 단어 수)로 바꾼 고등학생들의 교정기술, 자기효능감, 흥미가 과정이나 결과만을 목표로 한 학생들보다 더 높은 것으로 나타났다. 이러한 결과는 기능이 발달함에 따라 학생들은 그들의 초점을 전략의 단계를 따라 하는 것에서 전략사용으로 발생하는 결과(예: 실수 줄이기)로 이동시킬 수 있다는 것을 보여준다. 교수적 절차가 쓰기 동기에 미치는 효과에 대한 더 많은 연구가 필요하지만 쓰기 동기는 실질적 쓰기 과제의 사용과 쓰기에 도움이 되는 상황(예: 노력으로 성취할 수 있는 과제)을 조성함으로써 향상될 수 있을 것이다.

Klassen(2002)은 쓰기와 자기효능감 간의 관계에 대한 연구를 검토하였다. 대부분의 연구는 자기효능감이 쓰기 성취에 중요한 예측치가 된다는 점을 발견하였다. 몇몇 연구들은 성취도에서는 성별에 따른 차이가 없으나 남학생들의 판단이 여학생들보다 뛰어나다는 자기효능감에서의 성차를 발견하였다. 또한 자기효능감을 높일 수 있는 교실환경 구성이 쓰기를 향상시킬 수 있다. Brunstein과 Glaser(2011)는 자기조절학습이 4학년 학생들의 쓰기에 대한 자기효능감을 높여 준다고 주장하였다.

쓰기는 주의 조절, 자기점검, 의지력 조절 등을 필요로 한다. Graham과 Harris(2000)는 자기조절이 쓰기에 두 가지 방법으로 영향을 미친다고 하였다. 그 하나는 자기조절과정(예: 계획, 점검, 평가)이 쓰기 과제 완성의 토대가 된다는 것이다. 또 하나는 자기조절과정이 쓰기를 할 때 전략을 조절하고 쓰기에 장기적인 영향을 미칠 수 있다는 것이다. 따라서 성공적 계획은 미래의 사용 가능성을 증가시키고, 쓰기에 대한 자기효능감을 높여서 쓰기에 대한 동기와 추후 글쓰기에 긍정적 영향을 줄 것이다. 쓰기 과제를 사용해서 학습자들에게 자기조절기능을 가르치면 성취와 동기를 높일 수 있다(Graham & Harris, 2000; Schunk & Swartz, 1993a, 1993b). 학생들의 학습일지(learning journals) 기록으로 파악한 학습전략의 양과 질(특히, 조직화와 정교화)은 수학성취를 긍정적으로 예측해 주었다(Glogger, Schwonke, Holzäpfel, Nückles, & Renkl, 2012).

자기조절전략계발모형(Self-Regulated Strategy Development model)은 쓰기에 널리 적용되었다(Baker, Chard, Ketterlin-Geller, Apichatabutra, & Doabler, 2009; Glaser & Brunstein, 2007; Graham, Harris, MacArthur, & Schwartz, 1998; Harris & Graham, 1996; Zito, Adkins, Gavins, Harris, & Graham, 2007). 이 모형에서 교사는 쓰기전략을 모델링하고, 학생들이 또래들과 협력하여 연습하도록 한 다음, 개별적으로 연습하도록 하며, 학생들에 대한 지원(스캐폴딩)을 점차 줄여가는 방식을 취한다. 이 모형은 쓰기에 문제가 있

는 학생, 학습장애 학생, 주의력 결핍 및 과잉행동장애를 가진 학생에게 효과적인 것으로 밝혀졌다(Harris, Graham, & Mason, 2006, 2013; Reid & Lienemann, 2006). 이 모형은 일반적 전략과 장르-구체적 전략(예: 이 장 서두의 에피소드), 동기적 요소(예: 자기강화)를 포함하고 있다. De La Paz(2005)는 이 모형이 문화적으로 다양한 학생들의 논거에 근거한 에세이 쓰기 기능 신장에 도움이 된다고 주장하였다.

쓰기는 언어와 글쓴이의 사고와 인지과정을 반영한다는 점에서 학습능력과 학업성취를 향상시키는 하나의 방법으로 간주되었다. 이러한 "학습을 위한 쓰기" 아이디어는 다양한 교과영역에서 글쓰기 지도를 해야 한다는 것을 시사해 준다. Bangert-Drowns, Hurley, Wilkinson(2004)은 학습을 위한 쓰기 프로그램에 대한 연구를 분석한 결과, 쓰기는 전반적인 학업성취에 작지만 정적인 영향을 미친다는 것을 발견하였다. 연구자들은 또한 학생들에게 그들의 지식과 학습과정을 반영한 글쓰기를 하도록 하였을 때 성취도가 올라 간다는 것을 밝혔다. 이러한 결과는 학습을 위한 쓰기는 내용영역에서 자기조절학습을 증가시키는 데 유용하다는 것을 시사해 준다. 쓰기에 자기조절학습을 적용한 사례를 [적용 10.6]에 제시하였다.

테크놀로지

학습에 대한 테크놀로지의 영향은 제7장에서 논의하였다. 테크놀로지는 자기조절학습에 영향을 미칠 수 있다. 학습환경에서 테크놀로지는 계획, 지식 활성화, 메타인지적 점검과 같은 다양한 자기조절과정에서 활용될 수 있다(Azevedo, Moos, Johnson, & Chauncey, 2010). 테크놀로지를 현명하게 사용하는 교수자는 온라인과 혼합수업(blended courses)을 하면서 학생들의 자기조절기능을 발달시키는 데 도움을 줄 수 있다.

온라인과 혼합수업에서 교수자가 활용할 수 있는 테크놀로지 도구는 다양하다. 예를 들어, 학습관리시스템, 토론방, 자유게시판, 블로그, 웹을 활용한 토론, 위키, 소셜 네트워킹 플랫폼, 클라우드 컴퓨팅, 가상세계, 모바일 기술 등이 해당된다(Kitsantas, Dabbagh, Huie, & Dass, 2013).

많은 테크놀로지 도구를 적절히 활용할 수 있는 자기조절과정은 목표설정이다. 학습관리시스템에 있는 협력과 의사소통도구를 사용해서 과제를 탑재하고 학생들이 토론방을 활용하도록 함으로써 학생들의 목표설정을 촉진할 수 있다(Kitsantas et al., 2013). 학생들의 목표달성에 필수적인 시간관리기능은 마감일자를 자동적으로 알려주는 장치와 과제향상도를 주기적으로 점검해 주는 도구를 통해 촉진시킬 수 있다.

학생들이 온라인상의 자료를 효과적으로 사용하고 연습하도록 하는 방법에 대한 수업은 온라인 학습에 대한 학생들의 자기효능감을 높여주고, 온라인과 혼합수업을 통한 학업성취에 기여한다(Kitsantas et al., 2013). 수업 중에 학습에 대한 자기효능감을 높여주면

적용 10.6
쓰기

교사는 자기조절과정을 쓰기수업과 활동에 통합할 수 있다. 초등학교 3학년을 맡고 있는 Nikkona 선생님은 여름방학에 대한 글쓰기수업에서 학생들이 여름 동안 한 일에 대해 서로 이야기를 나누도록 한다. 학급 전체를 대상으로 한 이러한 활동 뒤에, 선생님과 학생들은 여름방학에 관한 글을 작성할 계획을 세우고, 쓰고, 문장을 수정한다. 이러한 연습을 통해 좋은 글쓰기에 필요한 요소와 자기조절요소를 습득할 수 있을 것이다.

그 다음, 학생들에게 여름방학에 한 일에 관해 서로 짝지어 이야기를 나누도록 하는데, 이것은 학생들이 생각을 창출해 내는 것을 도와준다. 학생들은 문단에 들어갈 문장을 만들기 위해 자신의 리스트를 사용하고 자신이 쓴 것을 짝과 공유한다. 짝은 글의 명확성과 문법에 대한 피드백을 주고 학생은 자신이 작성한 문단을 수정한다.

고등학교 신문반 지도교사는 자기조절 구성요소를 신문을 발행하는 과정에 통합할 수 있다. 지도교사는 학생들을 만나 섹션과 주제(예: 학교 소식, 특집, 스포츠)는 물론 각자 무엇을 담당할 것인지에 대해 계획을 세우도록 할 수 있다. 그런 다음, 학생들은 교사의 조언을 바탕으로 마감시간에 맞추어 목표를 설정하고 동료들과 기사를 작성하고 수정할 것이다.

Smithson 교수는 학부생들의 첫 번째 연구보고서 작성을 돕고 있다. 그녀는 학생들과 만난 뒤 주제를 정하고 개요를 작성하며 가능한 자료의 리스트를 만들도록 하였다. 그 뒤, 그녀는 학생들에게 서론과 결론에 초점을 둔 초안을 쓰도록 하였다. 그녀는 학생들과 개별적으로 만나 초안과 진행과정에 대해 논의하고 최종적으로 완성하기 위해 해야 할 것을 제시하였다.

동기유발과 성취에 도움이 된다(Schunk & Pajares, 2009).

테크놀로지 도구는 학생들의 학습과 효과적인 전략사용에 도움이 된다. 이러한 도구는 환경구조화와 과제초점화와 같은 일반적인 전략은 물론 학습할 자료의 특성과 관련된 구체적인 전략과 관련이 있다. 설계가 잘된 온라인 학습환경은 학생들에게 휴식시간이나 내용요약에 대한 단서를 주기적으로 제공하는 것과 같이 효과적인 전략사용을 촉진한다.

이 장에서는 자기조절학습에서 자기점검의 역할에 대해 살펴보았다. 온라인 학습환경에서 성적부를 통해 학습의 향상 정도를 파악하도록 하는 방법으로 학생들의 자기점검을 촉진할 수 있다. Geddes(2009)는 온라인 성적부에 있는 메뉴를 자주 사용한 학생들이 그렇지 않은 학생들에 비하여 성적이 더 높고 학습목표지향성이 더 높은 것을 발견하였다.

이와 유사하게, 학생들은 설정한 목표를 근거로 향상 정도를 점검하고 주기적으로 평가할 수 있다. 또한 학습관리시스템에서 학생들에게 향상 정도를 주기적으로 평가하도록 단서를 제공함으로써 학생들은 자기평가를 할 수 있다. 온라인 저널은 학생들이 학습목표를 설정하고 필요한 경우 수정하는 데 효과적으로 도움을 줄 수 있다(Campbell, 2009).

학습관리시스템은 교수자가 자신이 담당하고 있는 과목을 개별화하도록 해준다. 따라서 학생들은 탑재된 자료를 활용하고, 과제완수 여부를 확인하며, 질문과 그에 따른 피드백을 받을 수 있다. 이러한 형태의 교수적 스캐폴딩은 학생들이 자기조절자가 되도록 하는 데 도움을 준다(Kitsantas et al., 2013).

더욱이, 교수자는 지금까지 살펴본 기법을 적용하기 위해서 특별히 시간을 할애할 필요가 없다. 예를 들어, 학습관리시스템은 교수자가 학생들에게 과제 기일과 과제에 포함될 내용을 전자메일을 통해 보낼 수 있도록 해준다. 제때에 과제를 마치지 못한 학생들은 가능한 한 빨리 제출할 것을 재촉하는 공지를 받을 수도 있다. 연구보고서와 같이 기일이 많이 소요되는 과제의 경우, 교수자는 학생들이 기한 내에 과제를 마칠 수 있도록 과제향상 정도를 점검할 수 있도록 중간 중간에 전자메일을 보낼 수 있다. 교수자는 또한 학생들이 과제수행 과정에서 활용할 수 있는 효과적인 자기조절전략을 제안할 수 있다. 이러한 제안은 간단하고 많은 시간이 필요하지 않지만, 학생들이 자기조절학습자가 되는 데 큰 도움이 된다.

요약

자기조절학습은 학습자들이 의도한 목표를 달성하기 위해 자신의 사고, 감정, 행동을 체계적으로 활용하는 인지적, 메타인지적, 동기적, 정서적 과정을 의미한다. 자기조절학습은 의도한 성취를 목표로 하는 학습 과정에 적용되는 자기조절과정을 포함한다.

자기조절을 학습에 적용하는 것은 성인과 아동의 자기통제 발달에 관한 심리학 연구로부터 시작되었다. 자기조절에 관한 초기 연구는 공격성, 중독, 성 기능 장애, 대인 간 갈등, 가정이나 학교에서 발생하는 문제행동 등과 같은 역기능적 행동을 수정하기 위해 연구자들이 참여자들을 가르쳤던 임상적 상황에서 수행되었다. 연구자들은 과거 수년 동안 연구영역을 내용학습과 성취는 물론 집단의 자기조절학습에 이르기까지 확장하였다. 공동조절이란 사회적 맥락에서 사람들 간의 자기조절역량의 조정을 의미한다. 사회적으로 공유된 조절에는 협력적 맥락에서 상호 결과를 산출하는 것을 목적으로 하는 상호의존적 조절과정을 포함한다.

자기조절학습이론은 다음과 같은 몇 가지 공통된 가정을 하고 있다. 첫째, 자기조절학습은 개인의 학습과 수행에 행동적, 인지적, 메타인지적, 동기적 활동을 포함한다. 둘째, 자기조절학습은 피드백 루프가 포함된 역동적, 순환적 과정이다. 자기조절학습자는 목표를 설정하고 향상도 정도를 메타인지적으로 모니터링한다. 자기조절학습자는 자신의 모니터링과 외적 피드백에 반응하고, 과제를 더 열심히 수행하거나 전략을 수정하는 것과 같이 자신의 목표달성을 위해 다른 방법을 찾는다. 이러한 과정을 통해 이룩한 성취는 새로운 목표설정을 유도한다. 셋째, 목표설정은 개인이 목표에 적절한 행동과 과제와 관련된 전략을 활용하도록 안내함으로써 자기조절학습을 강화한다. 마지막으로, 동기, 즉 개인이 자기조절을 선택하고 그것을 유지하는 이유를 강조한다.

자기조절학습은 계속해서 변하는 역동적 과정이다. 자기조절학습은 과제수행에 참여할 것인지, 어떤 방법을 사용할 것인지, 어떤 결과를 추구할 것인지, 어떤 사회적·물리적 맥락에서 과제를 수행할 것인지와 같은 학습자의 선택을 포함한다. 자기조절학습은 개인이 목표달성을 위해 자신의 행동을 조절하는 것과 같이 행동을 포함한다. 개인은 또한 자신의 인지와 정서를 조절한다. 학습자는 학습하는 동안 학습에 대한 자기효능감 유지, 학습에 대한 가치부여, 학습 결과에 대한 긍정적인 기대형성, 목표향상도 정도에 대한 평가, 전략의 효과성 평가와 필요한 경우 전략수정, 긍정적인 정서적 풍토유지 등과 관련된 인지, 동기, 정서를 스스로 조절한다.

자기조절학습은 여러 가지 이론적 관점에서 논의되었다. 행동주의이론은 학습자가 반응을 하고 노력에 강화를 제공하는 것과 같이 자극과 조건맥락을 강조한다. 행동주의의 핵심과정은 자기점검, 자기교수, 자기강화다. 행동을 조절하고자 하는 학습자는 학습과 관련된 변별자극을 설정하고 필요한 경우에 수업에 참여하며, 수행을 점검하고, 설정한 기준에 도달하면 강화를 제공한다. 행동주의 원리는 자기조절에 유용하지만 인지적, 정서적 과정을 무시함으로써 자기조절을 충분히 설명하지 못한다.

고전적 사회인지이론은 자기조절학습이 자기관찰, 자기판단, 자기반응으로 구성되어 있다고 본다. 학생들은 지식과 기능습득 또는 과제완성과 같이 다양한 목적을 갖고 학습활동에 참여한다. 학생들은 이러한 목표를 마음에 두고 목표에 대한 향상 정도를 관찰하고 판단하며 반응한다. 이러한 고전적 관점은 자기조절의 순환적 특성을 강조하고 과제수행 전후의 활동을 포함시키는 방향으로 확장되었다. 이러한 순환적 과정은 개인, 행동, 그리고 사회(환경) 요인 간의 상보적 상호작용을 강조하는 사회인지를 반영한다. 선견단계는 실제 수행보다 앞서며 목표설정, 전략결정, 학습을 위한 자기효능감 평가 등과 같이 행동을 위한 단계설정과정이다. 수행통제단계는 학습과정에서 발생하고 주의집중과 행동에 영향을 주는 과정(예: 전략적용, 향상도 점검)을 포함한다. 휴식기와 과제 완성 이후에 발생하는 자기성찰단계에서 학습자는 새로운 목표설정, 전략 조정, 산출에 대한 귀인 등으로 자신의 노력에 반응한다.

정보처리관점에서 볼 때, 자기조절학습은 메타인지적 인식을 강조한다. 자기조절학습은 학습자들이 과제 요구, 개인적인 자질, 그리고 과제를 완성하기 위한 전략의 이해를 필요로 한다. 메타인지적 인식은 또한 절차적 지식을 포함한다. 자기조절의 기본 단위는 문제해결 산출시스템이다. 여기에서 문제는 목표에 도달하는 것이고 점검은 학습자가 향상도를 보였는지를 확실하게 하는 데 있다. 역사적으로 정보처리와 관련된 연구는 인지변인에 초점을 맞추었지만 동기변인에 대한 관심도 점차 고조되고 있다.

구성주의적 관점에 따른 자기조절학습은 기억, 계획, 종합, 평가와 같은 정신적인 과정을 조정하는 것을 일컫는다. 학습자들은 언어나 상징과 같이 자신들의 문화 속에서 통용되는 도구를 사용해서 내용과 상황에 대한 의미를 구성한다. 여기에서 핵심은 자기조절과정에 대한 내면화다. 학습자들은 환경으로부터 자기조절전략을 습득할 수 있지만, 그것을 개인적으로 사용하기 위해서는 자신에게 적합하도록 수정해야 한다.

자기조절학습과 동기는 관련이 있다. 목표설정, 자기효능감, 성과기대와 같은 과정은 자기조절학습에 영향을 주는 중요한 동기변인이다. 성공적인 자기조절학습은 학습자들이 새로운 목표를 설정하고 학습을 지속할 수 있도록 동기를 유발시킨다. 학생들은 또한 학습을 위해 자신의 동기를 조절할 수 있다. 연구자들은 성취상황에서 의지력의 역할을 연구하였다. 자기조절학습에 포함되는 다른 동기변인은 가치, 목표지향성, 자기도식, 도움추구 등이다.

학습자들은 다른 기능과 마찬가지로 자기조절기능을 학습할 수 있다. 효과적인 수업 모형은 교사가 자기조절전략을 설명하고 시범을 보이는 것과 같은 사회적(환경적) 영향으로부터 시작한다. 학생들은 연습을 통해 기능을 숙달하면서 이러한 사회적 영향을 자신만의 독특한 자기조절기제로 내면화하게 된다. 자기조절에 대한 수업은 학생들이 학업 내용과 연계하도록 하였을 때 가장 효과적이다. 자기조절학습원리는 교과내용 학습과 쓰기와 같은 영역에 적용된다. 테크놀로지를 활용하는 것과 같이 풍부한 학습환경 조성은 학생들이 자기조절기능을 계발하는 데 도움이 된다.

추가 읽을거리

Azevedo, R., Moos, D. C., Johnson, A. M., & Chauncey, A. D. (2010). Measuring cognitive and metacognitive regulatory processes during hypermedia learning: Issues and challenges. *Educational Psychologist, 45*, 210-.223.

Corno, L. (2008). Work habits and self-regulated learning: Helping students to find a "will" from a "way." In D. H. Schunk & B. J. Zimmerman (Eds.), *Motivation and self-regulated learning: Theory, research, and applications* (pp. 197-22). New York, NY: Taylor & Francis.

Henderson, R. W., & Cunningham, L. (1994). Creating interactive sociocultural environments for self-regulated learning. In D. H. Schunk & B. J. Zimmerman (Eds.), *Self-regulation of learning and performance: Issues and educational applications* (pp. 255-81). Hillsdale, NJ: Erlbaum.

Mace, F. C., Belfiore, P. J., & Hutchinson, M. M. (2001). Operant theory and research on selfregulation. In B. J. Zimmerman & D. H. Schunk (Eds.), *Self-regulated learning and academic achievement: Theoretical perspectives* (2nd ed., pp. 39-5). Mahwah, NJ: Erlbaum.

Sitzmann, T., & Ely, K. (2011). A meta-analysis of self-regulated learning in work-related training and educational attainment: What we know and where we need to go. *Psychological Bulletin, 137*, 421-42.

Winne, P. H., & Hadwin, A. F. (2008). The weave of motivation and self-regulated learning. In D. H. Schunk & B. J. Zimmerman (Eds.), *Motivation and self-regulated learning: Theory, research, and applications* (pp. 297-14). New York, NY: Taylor & Francis.

Zimmerman, B. J. (2000). Attaining self-regulation: A social cognitive perspective. In M. Boekaerts, P. R. Pintrich, & M. Zeidner (Eds.), *Handbook of self-regulation* (pp. 13-9). San Diego, CA: Academic Press.

Chapter 11

맥락적 영향

학부 교사교육 강좌에서, Richards 교수는 학생들이 수업에 지루함을 느끼는 것에 관하여 학생들과 토론을 하였다. 학생들은 중·고등학교에서 교생실습을 수행 중이었다. Richards 교수는 학생들에게 왜 중·고등학교 학생들이 학교 수업에 지루함을 느낀다고 생각하는지 물어보았다.

Tanya:　　　제 생각에 학생들은 딴 생각으로 가득 차 있어요. 학생들은 친구들, 남녀 친구들과 놀러 다닐 생각만 하고 있어요. 공부에 대해서는 생각하고 있지 않아요.

Rick:　　　　수업이 지루해요. 많은 선생님들이 앞에 서서 강의만 해요. 학생들은 거의 말할 기회가 없고 가만히 있어야 해요. 저는 그런 수업은 싫어요.

Jenna:　　　아마 문제들 중 몇 가지는 집에서부터 시작되는 것 같아요. 많은 부모들이 교육에 대해 충분히 강조하지 않아요. 아이들이 학교에서 어떻게 지내고 있는지 부모들에게는 별로 중요하지 않아요.

Alec:　　　　그것은 또한 학생들이 어울리는 친구들 때문일 수도 있어요. 만약 괜찮은 아이들과 어울리면 그 아이들은 학교에서 생활이 더 좋아질 거예요. 그러나 친구들 중에 아무도 학교에 가치를 두지 않는다면, 그 아이도 마찬가지일 거예요. 그것이 모델링 아닌가요?

Stefano:　　그것은 단지 또래들만이 아니에요. 아이들이 생활하고 있는 공동체 안에서도 마찬가지예요. 제가 교생실습을 하고 있는 학교는 좋지 않은 지역에 있어요. 그 지역의 대부분의 사람들은 교육을 제대로 받지 못했어요. 그래서 아이들은 훌륭한 롤 모델(role models)이 없어요.

Renee:　　　그리고 아이들은 다른 배경을 가지고 있어요. 저는 최근에 TV에서 학교에 대한 태도에서 문화적 차이를 설명하는 이야기를 들은 적이 있어요. 선생님들이 이러한 것에 대해 무엇을 할 수 있을까요?

Richards 교수: 여러분 모두 좋은 점들을 지적했습니다. 이러한 모든 요인들이 학생들이 학교에서 지루함을 느끼게 만드는 데 영향을 미칠 수 있습니다. 그리고 어떤 영향요인들은 다른 요인보다 더 쉽게 변화시킬 수 있는 것도 사실입니다. 교사로서 여러분은 여러분의 학급을 재미있게 또는 지루하게 할 수 있습니다. 그러나 여러분은 또한 학부모, 또래, 공동체, 문화적 신념 등에 어떤 영향을 미칠 수도 있습니다. 우리는 지금부터 이것들에 관해서 논의할 것입니다. 그러면 여러분은 교생실습에서 좋은 예들을 찾아볼 수 있을 것입니다.

이 책에서는 많은 학습원리들이 다루어졌다. 이 원리들이 다른 맥락에서도 동등하게 작용하고 상대적으로 맥락적 변수의 영향을 받지 않을 것이라고 생각하기 쉽지만, 그렇지 않다. 학습원리들은 맥락 독립적이지 않다. 오히려 그것들은 특정한 상황에서 작용하고 맥락적인 영향을 받기 쉽다.

비록 맥락적 요인들이 모든 학습이론에 의해 다루어지지 않을지라도, 어떤 이론들(예: 구성주의)(제8장 참조)은 맥락의 역할을 매우 강조한다. 학습에 관한 맥락적 관점은 학습과 발달에 관한 변수들의 효과에서 가변성을 보여주는 상호문화적 비교에 의해서 알 수 있다. 그러나 사회 안에서조차 발달과 학습 패턴에는 다양한 변수들이 있다(Meece, 2002). 분명히 사회적 실제가 학습에 영향을 줄 수 있다.

맥락은 다양한 방법으로 정의되어 왔다. 인간발달에 관하여, Bronfenbrenner(1979)는 개인들을 세 개의 교차하는 원(학교, 동료, 그리고 가족)의 공통지점 중심부에 위치시키는 맥락적 모형을 고안해 냈다. 이러한 원 밖에는 이웃, 확장된 가족, 공동체, 교회, 직장, 그리고 매스미디어를 포함하는 더 큰 원이 있다. 가장 밖의 원은 법, 문화적 가치, 정치적, 경제적 체계, 사회적 관습과 같은 영향 요소들을 포함한다. 한 수준에서의 변화는 다른 것들에 영향을 미칠 수 있다. 예를 들어, 아동들의 신체적 변화는 사회집단을 변화시킬 수 있고, 그 사회집단은 문화적 가치에 의해 영향을 받는다. 이 모형은 인간발달의 복잡성과 상이한 연령의 학생들 속에서 일어나는 학습의 시사점을 강조한다.

이 책에서는 **맥락**(context)을 개인이 속해 있는 공동체 또는 학습환경으로 정의한다(Cole, 2010). 공동체는 학교, 교실, 업무환경 등과 같이 조직화된 환경에서 함께 시간을 보내는 사람들을 포함한다. 오늘날의 연구자들은 학습자공동체와 실천공동체와 같은 다양한 유형의 공동체를 조사한다(Brown & Campione, 1996; Lave & Wenger, 1991). 연구자들은 학습이 단지 기능습득뿐만 아니라 공동체의 구성원으로서 자아를 개발하는 것을 포함하기 때문에 통제된 상황에서 연구할 수 없다고 믿는다(Lave, 1993). 자아는 동기를 부여하며 일어나는 학습에 의미를 줄 수 있다.

이 장에서는 학교에서 학생들의 학습에 영향을 미치는 다양한 유형의 맥락적 영향을 다룬다. 많은 영향은 교사, 교실, 학교로부터 온다. 그러나 다른 맥락적 영향은 학교구조 밖에 위치하고 있다. 최근 몇 년 동안의 연구에서, 점차적으로 학부모, 동료, 공동체, 문화는 학생들의 학습, 동기, 자기조절에 영향을 미친다는 것을 보여 주었다. 교육자들은 이러한 맥락적 영향들에 대해 가능한 한 많이 이해할 필요가 있으며, 학교 안팎에 있는 학생들에게 효과적인 학습환경을 조성해 주기 위하여 그러한 영향들을 생산적으로 사용할 수 있어야 한다.

이 장은 교사, 교실, 학교와 같이 학교 내에서 발견할 수 있는 학생들의 학습에 영향을 미치는 중요한 맥락적 영향들에 대한 논의로 시작한다. 학교 내부 변인들은 학습구성과 구조, 교사와 학생 간 상호작용, 교사기대, 교사의 지원, 발달적으로 적절한 교수, 학교의 변화, 학교분위기를 포함한다. 다음으로, 동료, 가족, 공동체, 문화가 수행하는 주요한 역할을 다룬다. 앞선 장들에서 다룬 주제들을 잘 이해함으로써, 여러분은 학생의 학습을 촉진하는 적용방법을 결정하기 위해 학습원리들과 이러한 다양한 영향들을 통합할 수 있게 될 것이다.

이 장을 학습한 후에, 여러분은 다음과 같은 것을 할 수 있어야 한다.

- 조직, 관리, 그리고 TARGET 차원들이 어떻게 교수와 학습을 위한 교육 환경의 효과성에 영향을 주는지 논의할 수 있다.
- 교수자의 피드백, 지원, 기대사항들을 포함하여 어떤 측면의 교수-학생 간 상호작용이 학생들의 학습동기와 학습에 영향을 주는지 설명할 수 있다.
- 발달적으로 적합한 교수가 의미하는 바와 학교교육에서 이행(transition)이 왜 교수·학습에 영향을 줄 수 있는지 설명할 수 있다.
- 동료 모델링과 동료 네트워크가 어떻게 학생들의 학교학습에 영향을 줄 수 있는지 기술할 수 있다.
- 발달과 학습에 대한 사회·경제적 지위, 가정환경, 부모의 참여, 미디어 영향과의 관계를 논의할 수 있다.
- 공동체 위치와 참여가 학생들의 학습과 성취신념들과 어떻게 관련될 수 있는지 설명할 수 있다.
- 문화 간과 문화 내에 있는 학생들 간의 차이가 어떻게 그들의 신념, 행위, 학습에 영향을 줄 수 있는지 설명할 수 있다.
- 교수-학생 간 상호작용, 학습방식, 그리고 학교교육에의 부모 및 가족의 참여와 관련된 연구문헌의 교수적 시사점을 설명할 수 있다.

교사, 교실, 학교

학생의 학습에 영향을 미치는 맥락적 영향들에 대한 논의는 마땅히 교사, 교실, 그리고 학교에서 시작해야 하는데, 그 이유는 그러한 것들이 학생들의 삶에서 가장 핵심적인 요인들이기 때문이다. 이 절에서는 학습에 영향을 미치는 교사, 교실, 그리고 학교에 관한 몇 가지 측면들, 즉 효과적인 학습환경, 교수-학생 상호작용, 발달적으로 적합한 교수, 학교교육에서 이행, 그리고 교실과 학교분위기 등이 논의된다.

효과적인 학습환경

학생들의 학습은 효과적인 학습환경으로부터 혜택을 받고, 이러한 환경을 조성하는 것은 교사들의 주요한 책무다. 효과적인 학습환경은 과제, 권위, 인지, 집단화(grouping), 평가, 그리고 시간의 TARGET 차원들뿐만 아니라 좋은 조직과 관리를 반영한다(Levin & Nolan, 2000; Meece, Anderman, & Anderman, 2006). 이 절에서는 이러한 주제들이 다루어진다.

조직. 조직(organization)은 활동이 수립되고, 학생들이 그룹화되며, 성과가 평가되고, 권위가 수립·유지되며, 시간이 계획되는 방식을 말한다(Stipek, 1996). 좋은 교실 학습 환경 조직은 학습을 촉진시킬 수 있다. 많은 연구자들과 실행가들은 환경이 복잡하다는 것과 학습을 이해하기 위해서는 많은 요소들을 고려해야 한다고 믿는다(Marshall & Weinstein, 1984; Roeser, Urdan, & Stephens, 2009).

조직의 한 가지 중요한 측면은 **차원성(dimensionality)**이다(Rosenholtz & Simpson, 1984). **일차원적 교실(unidimensional classrooms)**은 제한된 범위의 학생들의 능력을 다루는 몇 가지 활동들을 포함한다. **다차원적 교실(multidimensional classrooms)**은 더 많은 활동들을 포함하며 학생들의 능력과 수행에서 다양성을 허용한다. 다차원적 수업은 학습에 대한 구성주의의 신조와 맥을 같이한다(제8장 참조).

차원성을 나타내는 교실 특성들은 과제구조의 차별화, 학생의 자율성, 집단화 유형(grouping pattern), 그리고 공식적인 수행평가 실시를 포함한다(〈표 11.1〉 참조). 일차원적 교실수업은 **비차별적 과제구조(undifferentiated task structures)**를 가지고 있다. 모든 학생들이 같거나 유사한 과제에 임하고, 교수(instruction)에는 소수의 자료와 방법들이 사용된다(Rosenholtz & Simpson, 1984). 구조가 비차별적일수록, 개별 학생들은 매일의 학습활동으로부터 일관성 있는 수행 결과를 보여줄 가능성이 커지며, 학생들은 서로 비교하여 상대적인 순위를 매기게 된다. 학생들에게 동시에 서로 다른 차별화된 과제가 주어진다면, 구조는 **차별적(differentiated)**이 될(그리고 교실수업은 다차원적일) 것이다.

표 11.1
차원성의 특징

특징	일차원적일 때	다차원적일 때
과제구조의 차별화	비차별적: 학생들은 동일한 과제 수행	차별적: 학생들은 서로 다른 과제 수행
학생 자율성	낮음: 선택의 폭이 적음	높음: 학생이 선택
집단화 유형	수업 전체 활동: 능력별로 집단화	개별 활동: 능력별로 집단화되지 않음
수행평가	같은 과제물로 점수 매김 공개적인 점수 산출 사회적 비교가 많음	다른 과제물로 점수 매김 덜 공개적인 점수 산출 사회적 비교가 덜함

학생의 자율성은 학생들이 무엇을, 언제, 어떻게 할 것인지에 대한 선택권을 가지고 있는 정도를 말한다. 자율성이 낮을 때 교실은 일차원적인데, 그것은 자기조절을 방해하고 동기를 저하시킨다. 다차원적인 교실은 학생들에게 더 많은 선택권을 부여하고, 이는 내재적 동기를 강화시키는 결과를 가져온다.

집단유형과 관련하여, 사회적 비교는 학생들이 전체 교수활동을 하거나 능력별로 집단화될 때 두드러지게 나타난다. 학생들이 개별적으로 또는 혼합능력 집단별로 학습하게 되면 비교하는 일이 줄어든다. 집단화는 동기와 학습에 영향을 미치고, 집단이 깨지지 않고 유지되며 학생들이 개개인이 얼마나 잘 수행하는지와 상관없이 그 집단들에 의무가 있다는 것을 이해한다면 오랜 기간에 걸쳐 영향을 미칠 것이다.

공식적인 수행평가 실시는 점수를 공개적으로 매기는 것을 말한다. 일차원적 교실에서 학생들은 동일한 과제에 관하여 등급이 매겨지며, 등급이 공개적으로 매겨지기 때문에 모든 학생들이 성적분포도를 알 수 있다. 낮은 등급을 받은 학생들은 더 향상하고자 하는 동기를 갖지 못할 수도 있다. (다차원적 교실에서처럼) 다른 과제별로 등급이 주어지고 점수가 덜 공개적으로 산출된다면, 등급은 보다 많은 학생들, 특히 자신의 실력이 향상되고 있다고 믿고 있거나 더 공부할 능력이 되는 학생들에게 동기를 부여할 수 있다(Pintrich & Schunk, 2002).

일차원적 교실은 수행이 높게 나타날 가능성이 있는데(Rosenholtz & Rosenholtz, 1981), 그것은 높은 성취결과를 보이는 학생들의 학습동기를 증진시킬 수는 있지만, 종종 그 밖의 모든 학생에게는 부정적인 영향을 미칠 수도 있다. 다차원적 교실은 보다 많은 학생들에게 학습동기를 부여할 가능성이 더 높은데, 이 이유는 다차원적 교실은 더 큰 차별화와 자율성, 더 적은 능력별 집단화, 보다 덜 공개적인 평가로 등급을 매기는 데 있어 더 많은 융통성을 지니고 있다는 특성 때문이다.

관리. 좋은 조직이 효과적인 환경을 구축하는 것을 돕지만, 좋은 관리 또한 학습에 필요하다. **관리(management)**는 교사가 학생들이 올바르게 행동하고 학습이 일어날 수 있는 조건을 만드는 방식을 말한다. 효과적인 교실관리자는 규칙과 절차가 세워졌다는 것을 명확히 하며, 학생들이 생산적으로 참여할 수 있도록 유지시켜 주는 활동들을 조직한다. 이러한 활동들은 징계문제의 방지에 도움이 된다. 문제가 발생했을 때, 훌륭한 관리자들은 그 문제들을 재빠르고 공정하게 처리해서 그 문제들이 더 이상 발생하지 않으며 다른 학생들을 방해하지 않도록 한다. 총체적으로 이러한 활동들은 학습을 촉진시켜 준다(Levin & Nolan, 2000).

예방적 활동들과 반응적 활동들 간에는 차이가 있다. 예방적 활동들은 교사행위가 징계문제들이 발생할 것을 막아 주도록 설계된 것들인 데 반해, 반응적 활동들은 문제가 발생했을 때 교사행위는 문제를 처리하고 재빨리 문제가 된 학생들이 학습활동으로 되돌아가도록 이끌어 다른 학생들을 방해하는 것을 최소화하도록 설계된 것들이다. 관리측면에서 예방적 특징과 반응적 특징 둘 다 필수적이다.

Kounin(1977)에 의해 수행된 매우 영향력 있는 연구는 약간의 문제를 가지고 있는 교실과 학생들이 더 많은 문제를 가지고 있고 학습에 덜 참여하는 교실에서 학습활동에 참여하는 그러한 교실을 구별지어 주는 것은 교사가 문제들을 예방하기 위해서 사용했던 예방적인 기법들임을 발견하였다. 예방적 활동들은 교사가 교실에서 언제든지 발생할 수 있는 모든 것들을 인지하면서, 한 번에 한 개 이상의 일에 참여하면서 활동들이 잘 진행될 수 있도록 이끌며, 학생들을 과제에 집중하게 하여 지루함을 최소화하고, 잘못된 행동을 할 기회를 덜 가지도록 하는 것이다. 또한, 학습에 대한 자기효능감을 강화시키고(제4장 참조), 긍정적인 산출물 기대를 높이며(제4장 참조), 학습의 인지된 가치를 강화하고(제9장 참조), 학습에 관심을 갖도록 하며(제9장 참조), 긍정적인 학급분위기를 강화함(뒷부분에서 논의됨)으로써 학습동기를 높이는 것을 포함한다. Kounin은 효과적인 교사가 반응적 기술을 사용했을 때, 매우 분명하고(즉, 잘못 행동한 학생의 이름을 부르고, 부적절한 행위를 진술함) 확고하게(즉, 잘못된 행위가 멈출 때까지 따라야 하는 태도들) 사용했음을 발견했다.

좋은 학급관리는 또한 교사가 규칙과 절차를 세우고 학생들에게 그들의 기대사항을 전달할 것을 요구한다. 학기 시작은 규칙과 절차를 세울 수 있는 적절한 시간으로, 학생들은 이른 시기부터 그것들을 알게 된다. 규칙과 절차를 세우기 위한 순서는 다음과 같다. 학생들에게 바람직한 행위를 묘사하고 시범을 보여준다. 학생들이 반복적으로 행동을 연습하도록 시킨다. 학생들이 정확하게 수행했는지 여부에 대한 피드백을 제공하고 필요하다면 개선방향을 제안한다(Emmer, Evertson, & Worsham, 2000; Evertson, Emmer, & Worsham, 2000).

연구결과들은 교사가 교실행동에 대한 높은 기대를 세우는 것과 이러한 기대를 학생들에게 전달하는 것의 중요성을 지지해 준다(Emmer et al., 2000; Evertson et al., 2000; Levin & Nolan, 2000). 효과적인 학급관리자들은 학생들이 규칙을 지킬 것을 기대하고 그들은 지키지 않는 것에 대한 변명의 여지가 없다. 교사들이 생산적인 교실환경을 조성하도록 하는 예방적인 노력들은 좋은 관리의 중요한 요소다. 규칙, 절차, 기대는 문제를 예방하고 학생들의 학습을 촉진시켜 주도록 설계하는 예방적인 기술들이다.

TARGET. 좋은 조직 및 관리와 더불어, 효과적인 교실환경은 학습과 동기에 영향을 주는 다른 변수들을 포함한다. 이러한 변수들은 TARGET이라는 약자로 요약될 수 있는데, 그것은 **과제(task)** 설계, **권위(authority)**의 분산, 학생들의 **인지(recognition)**, **집단화(grouping)** 배열, **평가(evaluation)** 실제, **시간(time)** 배정을 의미한다(Epstein, 1989)(〈표 11.2〉 참조).

과제 차원은 학습활동과 과제(assignment)의 설계를 포함한다. 제9장은 학습자들이 완전(학습) 목표를 지향할 수 있도록 과제를 구조화하는 방법들에 대해 논의하고 있는데, 그 예로서는 학습을 흥미롭게 만들고, 다양성과 도전을 사용하며, 학습자들이 현실적인 목표를 세우고, 조직 및 관리를 포함한 여러 전략적 기능들을 습득할 수 있도록 도와주는 것 등을 들 수 있다(Ames, 1992a, 1992b). 과제 구조는 차원성을 구분 짓는 주요 특징이다. 일차원적 교실에서 학생들은 동일한 학습자료와 과제를 가지고 있어서, 능력에서의 차이는 학습과 동기의 차이로 해석할 수 있다. 반면, 다차원적 교실의 경우, 모든 학생들이 동일한 학습과제를 동시에 수행하지 않을 수 있으며, 따라서 그들을 서로 간에 비교할 수 있는 기회는 더 적다.

표 11.2
동기와 학습에 영향을 미치는 TARGET 변수

범주	정의
과제	학습활동과 과제 설계
권위	학습자들이 리더십을 발휘, 학습활동을 독립적으로 개발하고 통제하는 정도
인지	공식적으로 혹은 비공식적으로 보상, 인센티브, 칭찬을 사용하기
집단화	개인, 소집단, 대집단
평가	학습을 감독, 평가하는 방법들
시간	학습량, 교수속도, 과제완성에 배정된 시간의 적절성

권위(authority)란 학생들이 리더십을 가지고 독립적으로 학습활동들을 개발하고 통제할 수 있는지의 여부를 말한다. 교사는 학생들이 의사결정에 참여할 수 있도록 허용하고, 그들에게 결정권과 리더십 역할을 부여하며, 학습에 대해 책임을 느끼도록 해주는 기능을 가르침으로써 권위를 향상시킨다. 자기효능감은 학습자들에게 상당량의 권위를 허용하는 교실에서 더 높은 경향이 있다(Ames, 1992a, 1992b).

보상, 인센티브, 칭찬의 공식적, 비공식적 사용을 수반하는 **인지**(recognition)는 **동기화된 학습**(motivated learning)에 중요한 영향을 미친다(Schunk, 1989). Ames(1992a, 1992b)는 교사들이 향상도, 학습성취도, 노력, 자기조절을 인식하고, 모든 학습자들에게 보상받을 기회를 제공하며, 학생들을 비교하거나 다른 학생들의 어려움을 강조하는 것을 피하는 개인적인 인지형식(private forms of recognition)을 사용함으로써 학생들이 완전(학습) 목표지향을 개발할 수 있도록 도와줄 것을 권장했다.

집단화(grouping) 차원은 학생들이 다른 학생들과 협력할 수 있는 능력에 초점을 맞춘다. 가능한 경우 이질적인 협력집단과 또래 간 상호작용을 사용하는 교사는 능력차가 학습과 동기에 있어서의 차이로 전환되지 않도록 할 수 있다. 성취도가 낮은 학습자들에게 소집단 활동은 특히 도움이 되는데, 이는 집단의 성공적인 활동에 기여했다는 점이 자기효능감을 촉진시켜 줄 수 있기 때문이다. 집단활동은 또한 더 많은 학생들이 학습에 책임감을 느끼도록 하여 소수의 학습자들만이 모든 일을 도맡아 하는 경우를 방지한다. 동시에, 개인적인 활동은 학습향상도에 관한 분명한 지표를 제공해 주기 때문에 중요하다.

평가(evaluation)는 학생의 학습을 모니터링하고 평가하기 위한 방법들을 포함하는데, 예를 들어, 개별적인 향상도와 학습목표 달성을 평가하기, 학생들에게 학습과제를 더 개선할 수 있도록 기회를 주기(예: 더 나은 점수를 받기 위해 보고서를 수정하기), 다른 형태의 평가를 사용하기, 그리고 개별적으로 평가를 수행하기 등을 들 수 있다. 학교현장에서는 일반적으로 규준지향평가가 사용되고 있지만(즉, 학생들이 서로 비교됨), 그러한 규준적인 비교는 동료뿐만 아니라 수행하지 못한 학생들 간에도 자기효능감을 낮출 수 있다.

시간(time)은 업무량의 적절성, 교수 속도, 업무를 완성하기 위해 할당된 시간 등을 포함한다(Epstein, 1989). 학습과 동기를 증진시키기 위한 효과적인 전략은 어려움을 겪고 있고 학생들에게 향상도를 증진하기 위한 스케줄과 시간표를 계획할 수 있도록 해주는 사람들이 시간이나 과제 관련 요구사항들을 수정하는 것이다. 학습자들에게 시간관리에 대한 통제권을 부여하는 것은 과제완성에 관한 불안감을 줄여주고, 학습에 관한 자기효능감과 자기조절적 과정들의 사용을 증진시켜 줄 수 있다(Schunk & Pajares, 2009)(제10장 참조). [적용 11.1]은 TARGET의 수업 적용 사례를 보여준다.

적용 11.1
수업에 TARGET 적용

TARGET의 구성요소들을 단원학습으로 통합하면 학습과 동기에 긍정적인 영향을 미칠 수 있다. Underhill 선생님은 초등학생들을 위해 사막에 관한 단원을 개발할 때, 자신이 단원의 일부분을 설계하고, 학생들도 활동을 설계하는 데 참여하게 한다. 그녀는 학습센터들을 세우고, 읽기 및 연구과제물들을 계획하고, 크고 작은 집단토론을 조직하며, 단원의 학습목표 달성을 확인하기 위한 학습과제뿐만 아니라 사전/사후검사들을 설계한다. 그 수업은 사막의 생물만을 다루는 어떤 지역의 박물관으로 현장학습을 나가고, 소집단 프로젝트의 주제를 정하며, 교실에 사막을 만드는 방법을 결정할 수 있도록 해준다. 그런 다음, Underhill 선생님과 학생들은 그 단원을 학습하고 마치는 데 필요한 시간계획을 세운다. 이러한 예들은 과제, 권위, 인지, 집단화, 평가, 시간의 여섯 가지 TARGET 변수들을 통합하고 있다.

교사와 학생 간의 상호작용

일반적인 학급에서, 교사와 학생은 지속적으로 상호작용한다. 예를 들어, 교사들은 지시를 내리고, 질문을 하고, 피드백을 주고, 학생의 질문에 응답하며, 잘못된 행위를 고쳐주고, 필요한 경우에 도움을 제공한다. 교사가 학생들과 상호작용하는 방법은 교사의 교수능력과 학생들의 학습능력에 대한 교사들의 신념에 의해 영향을 받는다(Davis, 2003). 학생과 교사의 상호작용은 학생의 학습과 동기에 중요한 영향을 미친다(Martin & Dowson, 2009; Wentzel, 2010). 이 절에서는 상호작용에 영향을 미치는 세 가지 측면들, 즉 교사의 피드백, 지원, 기대를 다룬다.

교사의 피드백. 교사는 학생들에게 상이한 유형의 피드백을 제공한다. 한 가지 유형은 학생들의 학업의 정확성에 관한 수행 피드백이며(예: "정확해"), 교정적인 정보를 포함할 수도 있다(예: "이 식을 적용해 보아라."). 수행 피드백은 학생들이 그것을 통해 학습에서의 자신들의 향상도를 알 수 있기 때문에 유용하다. 정확성과 좋은 전략의 사용을 나타내는 피드백(예: "정확해. 너는 그 단계를 잘 활용하고 있구나.")은 학생들의 자기효능감과 동기를 높여주고, 이는 더 나은 학습으로 이끌 수 있다.

학생들이 실수했을 때, 학생들을 정확한 답으로 이끌고 다시 지도하는 것은 학습을 촉진하는 효과적인 방법이다(Rosenshine & Stevens, 1986). 그러한 교정적 피드백은 또한 학생들이 더 나은 전략을 활용함으로써 더 잘 수행할 수 있다는 것을 알려주기 때문에 자기효능감과 동기를 신장시켜 줄 수 있다.

교사는 종종 동기적 피드백을 준다. 한 가지 유형은 **귀인적인(attributional)** 것으로, 교사는 학생들의 수행을 하나 이상의 귀인과 연결한다(예: "정확하구나. 너는 정말 열심히 공부했구나."). 제9장에서는 학생들이 신뢰할 수 있는 것으로써 받아들이는 귀인적 피드백이 효과적인 동기요인이라고 보았다. 또 다른 유형의 동기적 피드백은 대리적인 정보를 제공함으로써 사회적 비교를 활용하는 것이다(예: "Tanya가 얼마나 잘 하고 있는지를 봐라. 너도 그렇게 잘 할 수 있다."). 자신과 비슷한 다른 사람의 수행을 지적하는 것은 관찰자에게 자기효능감과 동기를 높여줄 수 있다(Schunk & Pajares, 2009).

세 번째 유형은 "나는 너희이 이것을 알 수 있다고 생각한다"와 같은 설득적 피드백이다. 그러한 대리적인 자기효능감 정보는 학생들에게 자기효능감을 높여줄 수 있으나, 학생들이 그 결과로서 성공을 경험하는 것이 중요하다. 최종적으로, 교사들은 학생들의 전략의 효과성에 대한 피드백을 제공할지도 모른다(예: "우리가 논의했던 방법을 활용해서 네가 지금 얼마나 더 잘 할 수 있는지를 봐라."). 효과적인 전략은 학생들이 과제에 집중할 수 있게 유지시켜 주도록 설계된 건전한 학습원리들을 반영하기 때문에 학습을 촉진시켜 준다. 학생들이 다른 전략을 활용함으로써 더 잘 수행할 수 있다는 것을 나타내는 피드백은 학생들이 그렇게 하도록 동기를 부여할 수 있다.

교사지원. 교사지원(teacher support)은 교사-학생 간의 관계에 관한 사회적, 심리적, 감정적 차원을 말한다. 교사지원은 교실분위기에 영향을 미친다. 예를 들어, 따뜻하고, 학습자중심적이며, 민주적인 교사는 학습을 위한 긍정적인 분위기를 조성한다.

교사지원은 복잡하다. Cornelius-White(2007)는 교사 상호작용 변수들(예: 공감, 온화, 진정성, 학습을 격려하기, 학생들의 차이점에 적응하기)과 학생들의 인지적, 정서적 결과와의 관계를 조사한 연구들에 관한 메타분석을 수행하였다. 정서적인 것에는 학생의 동기, 자기효능감, 만족감, 참여, 사회적 연계가 포함되었다. 전반적인 상관관계는 +.35로, 중간 정도의 정적인 관계를 보였으며, 보다 지원적인 환경을 제공하는 교사들이 동기화되고 참여적인 학생들을 가지고 있고, 따라서 더 나은 학습을 이끌었다.

다른 중요한 차원은 교사가 그 집단의 활동을 지시하는 정도가 될 수도 있다. 효과적인 수업은 교사가 학생의 자율성과 교실 구조성 간의 중간 정도로 이끌어 가는 것을 요구한다(Davis, 2003). 강한 정서적이고 교수적인 지원을 제공하는 교사는 학교에서 실패의 위험에 처해 있는 학생들을 포함하여, 교사와 학생 간의 관계, 학습에서 학생의 참여, 그리고 학생의 학업성취도를 증진한다(Hamre & Pianta, 2005; Sakiz, 2011). 학습자중심적인 교실의 학생들은 비학습자중심적인 교실의 학생들보다 학습에 더 큰 관심을 보이고, 학습을 더 잘하는 경향이 있다(Daniels, Kalkman, & McCombs, 2001). 요컨대, 비록 건전한 교수내용과 좋은 가르침이 학습을 위해 필수적일지라도, 교사가 학생들과 형성하고 개발하는 관계는 주요한 차원을 덧붙인다.

교사의 기대. 학생의 학습과 관련 있는 교사-학생 상호작용의 또 다른 측면은 **교사의 기대**(teacher expectation)인데, 그것은 다년간 연구의 주제로 등장하였다. 선행이론과 연구는 학생들에 대한 교사의 기대는 교사의 행동, 학생의 동기, 그리고 학습과 관련이 있음을 시사한다(Cooper & Good, 1983; Cooper & Tom, 1984; Dusek, 1985; Jussim, Robustelli, & Cain, 2009; Rosenthal, 2002).

기대를 탐색하고자 하는 자극은 초등학생들에게 학기 초에 비언어적인 지능검사를 실시한 Rosenthal과 Jacobson(1968)의 연구로부터 나왔다. 교사들은 이 검사는 어느 학생이 한 학기 동안 지적으로 재능이 있는 학생인지를 예측할 수 있다는 말을 들었다. 연구자들은 실제로 전체 학생수의 20%를 재능이 있는 학생(bloomer)으로 임의적으로 할당하였으며, 그들의 이름을 해당 교사들에게 알려 주었다. 교사들은 검사가 재능이 있는 학생들을 가려내지 못하고 학생 이름이 검사점수와는 아무런 상관도 없는 속임수임을 알지 못했다. 교사들은 평소와 같은 형태로 가르쳤고 학생들은 한 학기, 1년, 그리고 2년 후에 다시 검사를 받았다. 처음 두 번의 검사의 경우, 학생들은 재능이 있는 학생의 이름이 주어진 교사들의 반에 속해 있었고, 마지막 검사의 경우, 학생들은 이러한 이름을 모르는 교사들과 새로운 학급에서 지냈다.

일 년 후에 재능이 있다고 알려진 학생들(bloomers)과 통제 학생들(blommers로 알려지지 않은 학생들) 간에 지능에서 유의미한 차이를 보였다. 이러한 차이는 1학년과 2학년의 학생들에서 더 컸다. 직후 한 해 동안, 이러한 어린 아동들은 그들의 장점을 잃었지만, 고학년의 재능이 있다고 알려진 학생들은 통제집단 학생들에 비해 점차 증가하는 장점을 보여 주었다. 이러한 차이점들은 성취도가 높거나 낮은 학생들 사이보다 성취도에서 평균을 보이는 학생들 사이에서 더 크게 나타났다. 비슷한 결과가 읽기(reading)를 공부하는 학생들에게서도 나타났다. 재능이 있다고 알려진 학생들과 통제집단 학생들 간의 전반적인 차이는 읽기와 지능검사 모두에서 적었다.

Rosenthal과 Jacobson(1968)은 학생들의 성취도는 기대를 반영하는 데서 오기 때문에 교사의 기대가 **자기충족적 예언(self-fulfilling prophecies)**으로 작동할 수 있다고 결론지었다. 그들은 어린 학생들은 교사들과 친밀한 접촉을 하고 있기 때문에 그러한 결과가 어린 학생들에게서 더 강하게 나타난다고 주장했다. 더 나이 든 학생들은 새로운 교사에게 간 후에 더 잘 반응할 수 있다.

이 연구는 논쟁의 여지가 있다. 그것은 개념적, 방법론적인 토대에 관하여 비판을 받아 왔고, 여러 번의 반복 연구에서 성공적이지 못했다(Cooper & Good, 1983; Jussim et al., 2009). 그럼에도 불구하고, 교사의 기대는 존재하고 다양한 학생들의 성과와 관련이 있다는 것이 발견되어 왔다. 자기충족적 예언을 설명하기 위한 모형은 다음과 같다.

- 먼저, 교사들은 잘못된 기대를 만든다.
- 그 다음에, 이러한 기대들은 교사가 높은 기대를 가지고 있는 학생들을 낮은 기대를 가지고 있는 학생들과는 다르게 대우하도록 이끈다.
- 최종적으로, 학생들은 원래부터 잘못된 기대를 확고히 하기 위한 방식으로 이러한 차별적인 대우에 반응할 수 있다(Jussim et al., 2009).

학기 초에 교사들은 학생들과의 처음의 상호작용 및 기록에 있는 정보에 기초하여 기대를 형성한다. 그런 다음, 교사들은 이러한 기대와 일관되게 학생들을 다르게 대우하기 시작할지도 모른다. 교사들의 행동은 상호 교환적이다. 예를 들어, 학생들을 따뜻하게 대우한 교사들은 따뜻함을 되돌려받기 쉽다. 학생들의 행동은 교사들의 행동과 기대에 의해 보완되고 강화되기 시작한다. 효과는 대부분 엄격하고 부적절한 기대에 대하여 분명하게 드러난다. 기대가 적절하거나 부적절하지만 융통성이 있을 때, 학생들의 행위는 기대를 실체화하거나 재정의할 수 있다. 기대가 부적절하거나 쉽게 변하지 않을 때, 학생들의 수행은 감소하고 기대와 일치하게 된다.

일단 교사가 기대를 형성한다면, 교사는 기대를 분위기, 언어 입력(verbal input), 언어 출력(output), 피드백을 통해 학생들에게 전달할 수 있다(Rosenthal, 1974). 분위기는 미소, 끄덕임, 눈 맞춤, 그리고 지원적이고 친절한 행위를 포함한다. 교사는 기대가 더 낮은 학생들보다는 높은 기대를 가진 학생들에게 더 따뜻한 분위기를 형성할지도 모른다(Cooper & Tom, 1984). 언어 입력, 또는 새로운 학습자료를 배울 기회 그리고 학습자료의 어려움은 기대가 높은 학생들이 새로운 학습자료와 상호작용하면서 배우게 되고 어려운 학습자료에 노출될 때 다양화된다. 언어 출력은 학술적인 상호작용의 수와 길이를 말한다. 교사는 기대가 낮은 학생들보다는 높은 학생들과 학술적인 교환에 더 많이 참여하게 된다(Brophy & Good, 1974). 교사는 높은 기대를 가지고 있는 학생들에게 좀 더 지속적으로 하고, 질문을 제시하거나 바꾸어 말함으로써 학생들에게 답을 준다. 피드백은 칭찬과 비평의 사용을 말한다. 교사는 높은 기대의 학생들을 칭찬하고, 낮은 기대의 학생들을 더 비평한다(Cooper & Tom, 1984).

비록 이러한 요인들이 진실일지라도, 교사들 간에 다양한 차이가 존재한다(Schunk et al., 2014). 대부분의 교사들은 더 낮은 성취자들을 독려하고, 그들을 위에서 높은 성취자로 기술한 패턴과 매우 흡사하게 대우(예: 더 칭찬하기, 그들에게 더 많은 질문에 답하게 하기)한다. 학생들에 대한 교사들의 적절한 기대는 학습을 증진시킬 수 있다. 학생들의 이전 수행에 기초하여 학습자료의 어려움과 학생들에 대한 질문의 수준을 조절하는 것은 교수적으로 건설적이다. 모든 학생들이 필요한 만큼의 노력으로 학습하는 것을 기대하는 것 또한 합리적이다. 매우 왜곡된 기대는 신뢰적일 수 없으며 일반적으로 학습에 거의 영향을 미치지 않는다. 대부분의 초등학교 교사들은 (기대의 노력이 가장 강할 수 있는 때) 학생들에 대해 긍정적인 기대를 가지고, 많은 성공의 기회를 제공하며 종종 칭찬을 사용한다(Brophy & Good, 1974).

학생들은 교사들이 생각하는 것과 기대하고 있는 것에 대한 암시적인 이론을 구안하는 것 같다. 이러한 이론이 그들의 성취행동에 어떻게 영향을 미치는지는 예측하기 어렵다. 다른 사람들이 우리에게 기대하는 것에 대한 믿음은 동기를 유발시킬 수 있고("선생님은 내가 그것을 할 수 있을 거라고 생각하신다. 그래서 나는 그것을 해야 해."), 동기를 떨어뜨릴 수도 있으며("선생님은 내가 그것을 할 수 없을 거라고 생각하신다. 그래서 나는 노력하지 않을 거야."), 우리를 우리의 이론과는 반대로 행동하도록 이끌 수도 있다("선생님은 내가 그것을 할 수 없을 거라고 생각하신다. 그래서 나는 내가 그것을 할 수 있다는 것을 보여줄 거야."). 가장 좋은 충고는 모든 학생들이 배울 수 있고 그들을 지원할 수 있다는 것을 기대하는 것인데, 그것은 학생들이 그들 자신에 대한 적절한 기대를 구안하도록 도와주어야 한다. [적용 11.2]는 학생들에게 긍정적인 기대를 전달하기 위한 제안점을 제시한다.

적용 11.2

교사의 기대

교사들이 학생들에 대해 가지는 기대는 학생들과의 상호작용에 긍정적으로 그리고 부정적으로 영향을 미칠 수 있다. 다음의 연습은 긍정적인 효과를 촉진시키는 데 도움을 줄 수 있다.

- 규칙을 공정하고 일관성 있게 강화한다.
- 모든 학생들은 배울 수 있다고 가정하고, 그들에게 그 기대를 전달한다.
- 수행과 무관한 특성(예: 성별, 인종, 학부모의 배경)에 기초하여 차별화된 학생 기대를 형성하지 않는다.
- 저조한 수행에 대한 변명을 받아들이지 않는다.
- 학생들의 능력의 상위 한계선은 알 수 없고 학교학습과 관련이 없다는 것을 깨닫는다.

대학 영어학과 교수는 자신의 수업에서 학기 동안 많은 작문을 할 것으로 기대한다고 말했다.

학생들 중 일부는 이해하는 듯 보였고, 교수는 그것은 그들이 할 수 있는 과제라고 그들에게 확실히 하였다. "우리는 우리의 글쓰기를 증진하기 위하여 함께 노력할 수 있습니다. 저는 여러분 중 일부가 글쓰기에 대해 고등학교 때 다른 경험을 가지고 있다는 것을 알고 있습니다. 그러나 저는 여러분 각자와 함께 작업할 것이고, 학기 말에는 여러분들이 글을 잘 쓸 수 있을 것이라고 생각합니다."

한 학생이 수업 후에 교수를 기다리고 있다가, 그는 교수에게 특수학급에서 왔다고 이야기했다. 그리고 "저는 좋은 문장(sentence)을 쓸 수 없어요. 저는 교수님이 저를 작가로 만들 수 있다고 생각하지 않아요."라고 말했다. 교수는 "글쎄요, 문장들은 시작하기에는 좋은 곳입니다. 수요일 아침 수업시간에 봅시다."라고 대답했다.

발달적으로 적합한 교수

학생의 학습에 결정적인 맥락적 영향은 **발달적으로 적합한 교수**(developmentally appropriate instruction) 또는 학습자의 발달수준과 조화된(호환적인) 교수다(Eccles & Midgley, 1989). 당연한 말처럼 들릴 수 있겠지만, 불행하게도 교수적인 활동과 성장을 위한 수준은 종종 잘 들어맞지 않는다. 수업은 학생들에게 강의하고 정보를 제시하는 것 이상을 수반하지 않을 수도 있다(이 장 서두의 에피소드에서 언급한 바와 같이). 내용은 학생이 그러한 정보를 처리하는 데 어려움을 겪는 그러한 방식으로 제시될 수 있고, 학생은 또한 교사가 바라는 것과는 다른 학습을 산출하는 방식으로 그 내용을 처리할 수도 있다.

예를 들어, 많은 고등학생은 미적분학을 수강한다. 미적분학 내용의 대부분은 추상적이다(예: 기하학, 삼각법 관계, 함수의 극한). 비록 고등학생이 점차적으로 Piaget의 형식적 조작기에서 기능할 수 있고 인지적으로 추상적인 내용을 다룰 수 있을지라도, 많은 학생은 주로 구체적 조작기 사고자들이다. 미적분학 주제에 대한 구체적인 참고자료를 제공하려고 거의 노력하지 않는 교사는 내용과 학생의 사고 간에 부조화를 만들 수 있다. 매우 많은 학생들이 미적분학에 어려움을 느낀다는 것에는 의심의 여지가 없고, 그것은 결국 수학에 관한 후속학습을 위한 수학적 자기효능감과 동기에 역으로 영향을 미칠 수 있다.

발달적으로 적합한 교수는 몇 가지 가정에 따라 달라진다. 한 가지 가정은 학생들은 그들의 선수 경험과 현재의 도식들에 기초하여 지식을 구안한다는 것이다. 지식은 결코 자동적으로 전수되지 않는다. 지식의 구안과 현재의 정신적 구조와 통합은 학습이 진행될 수 있는 수단이다. 이것은 교수가 그러한 지식구안을 장려할 수 있도록 설계되어야 한다는 것을 요구한다. Piaget(제8장 참조)는 즉 발견학습과 소집단 프로젝트(이 장 서두의 에피소드에서 Rick이 알고 싶어 했던 것)와 같은 교수방법과 모순되지 않는 개념인 적극적인 탐구를 추천했다.

또 다른 가정은 사회환경은 중요하다는 것이다. 이 개념은 Vygotsky의 이론(제8장 참조)에서 분명히 드러난다. 다른 사람과 상호작용할 때, 아동들은 그들 자신의 생각이나 의견과 충돌하는 다른 사람의 생각이나 의견을 받아들인다. 이것은 Piaget의 평형화 과정을 실행화하는 것이다(Meece, 2002). 계속해서 일어나는 인지적 갈등은 많은 발달이론에서 학습 이면에 있는 자극으로 여겨진다.

셋째, 갈등은 배우고 있는 교육자료가 학생들의 현재 이해수준을 막 넘어설 때 생긴다. 이것은 근접발달영역에서 생성되는데(제8장 참조), 그 영역 안에서 학습은 인지적 갈등, 반성, 개념적 재조직화의 과정을 통해서 일어날 수 있다(Meece, 2002). 교육자료가 현재 상태의 이해를 너무 많이 넘어서서 진행될 때 갈등은 거의 존재하지 않는다. 이와 마찬가지로, 갈등은 학습이 학생들의 현재 수준에 있을 때 최소화된다.

마지막으로, 발달적으로 적합한 교수는 적극적인 탐구와 실천 활동을 포함한다. Bruner의 이론(제8장 참조)은 행동적 학습을 먼저 행하고, 영상적 그리고 상징적 학습을 뒤이어서 행할 것을 권장한다. 비록 아동들의 학습은 주로 그들이 하고 있는 것에 기초하지만, 실천 학습은 모든 발달 수준에서 유용하다. 컴퓨터 기능을 학습하고 있는 학생들은 그 자신들이 그 기능들을 수행해 봄으로써(행동적)뿐만 아니라 교사들이 그 기능들을 시범 보이고(영상적) 설명하는 것(상징적)을 관찰하는 것으로도 도움을 받을 수 있다.

발달적으로 적합한 교실은 어떠한 모습일까? Meece(2002)는 〈표 11.3〉에 요약·제시된 것처럼 몇 가지 적합한 실천을 제안한다. 발달적으로 적합한 교수를 교실에 적용한 몇 가지 예가 [적용 11.3]에 제시되었다.

표 11.3

발달적으로 적합한 교수 실행

- 교사들은 어른, 다른 아동들, 자료, 그리고 적극적인 탐구와 상호작용에 참여할 수 있는 기회를 포함하는 학습환경을 구조화한다.
- 아동들이 다양한 것에서 그들 자신의 활동 중 많은 것을 선택하도록 한다.
- 아동들이 많은 자기조절학습에 참여하게 함으로써 능동적이 되도록 한다.
- 아동들이 대부분의 시간을 소집단이나 개별적으로 학습하도록 한다.
- 아동들이 구체적이고, 실천 위주의 활동을 하도록 한다.
- 교사들은 아동들이 참여를 지속하도록 확실히 하면서 아동들의 향상도를 능동적으로 관리한다.
- 교사들은 아동들이 활용하는 절차를 집중적으로 살펴서 하나의 정답만을 항상 고집하지 않도록 한다.

적용 11.3

발달적으로 적합한 교수

학생들은 발달적으로 적합한 교실에서 가장 잘 학습한다. 예비학교와 유치원에서 시작하여 교사들은 학생들이 각각의 아동들의 발달수준에 가장 적합한 학습양식에 맞추어 다른 방식으로 학습할 수 있는 기회를 가질 수 있도록 확실히 해야 한다.

Thompson 선생님은 유치원 교사다. 자석에 대한 단원에서 선생님은 학생들이 다른 크기와 모양의 자석들을 개별적으로 활용할 수 있는 학습역(learning station)을 설계하였다. 선생님은 학생들을 소집단으로 나누고 협력적으로 일하여 자석에 붙을 수 있는 것과 붙지 않는 것들 간의 차이점을 발견하도록 하였다.

선생님은 각각의 소집단들이 자석에 붙는 물질 간의 차이점을 볼 수 있도록 차트를 완성하게 시켰다. 그날 이야기 시간에는 자석의 활용에 대한 책을 읽어 주었다; 선생님이 읽는 동안 각각의 학생들은 자석과 물질을 가지고 테스트하였다. 선생님은 숙제로 학생들이 다음날 학급으로 2가지의 물질, 자석에 붙는 것과 붙을 수 없는 것을 가져오도록 요청하였다. 다음날 학생들은 소집단으로 자신들의 물질들을 가지고 테스트해 보았고 어떤 물질이 왜 자석에 붙고 어떤 물질은 왜 안 붙는지를 토론하였다. 선생님은 수업에서 주변을 돌아다니면서 각각의 집단들과 상호작용하였다.

학교교육에서의 이행

학교교육에서의 이행(transition)은 학생들의 학습에 주요한 영향을 미칠 수 있다. 미국 교육시스템에서, 자연적 이행은 학교를 바꾸었을 때 또는 교육과정과 활동에서 주요한 변화를 경험할 때 발생한다. 예를 들어, 예비학교에서 초등학교로, 초등학교에서 중학교로, 중학교에서 고등학교로, 그리고 고등학교에서 대학교로 이행하는 것이 그 좋은 예다.

이행은 사고의 방식과 틀에서 혼란을 초래할 수 있기 때문에, 그리고 이행이 발생하는 시기의 학생들의 발달수준 때문에 중요하다(Eccles & Midgley, 1989). 예를 들어, 초등학교에서 중학교로의 이행은 모두에게 혼란이 될 수 있다. 그러나 신체적인 변화를 겪고 있거나 자신의 자아정체성과 외모에 대한 전형적인 불안정성을 가진 나이에 있는 학생들에게 특히 더 그러하다. 이행 변수와 발달은 대체적으로 상보적인 방법으로 상호작용하는 것 같다. 발달 변수는 이행을 부드럽게 또는 힘겹게 만들 수 있지만, 이행과 관련된 요인들이 역으로 학생의 개인적, 사회적, 인지적 발달에 영향을 미칠 수도 있다(Wigfield & Wagner, 2005).

중학교로의 이행은 특히 문제가 될 수 있다(Eccles & Midgley, 1989; Wigfield, Byrnes, & Eccles, 2006). 이 이행은 어린 청소년에게서 중요한 신체적 변화가 일어나고 부수적으로 개인적, 사회적 변화가 일어나는 시기에 발생한다. 더 나아가, 학교와 교실의 구조와 교과목에서 많은 변화가 있다. 초등학교 학생들은 학교에서의 대부분의 시간 동안 동일한 교사 및 또래들과 함께 생활하며, 교사는 그 아동들과 따뜻하고 양육적인 관계를 유지한다. 교수(instruction)는 개별적으로 이루어지는 경우가 많고, 교사는 내용 영역에서 개별적인 향상도를 추적·보고한다. 한 교실 안에서도 학습자들 간에 학력차가 커서 학습장애를 가진 학습자부터 영재까지 다양한 학습자가 있을 수 있다.

반면에, 중학교 학생들은 주로 교과목마다 교실을 옮겨 다니고, 따라서 교사와 또래들도 달라진다. 교사들은 만약 있다면 소수의 학생들과 친밀한 관계를 맺는다. 교수는 전체 학급 학생들을 대상으로 진행되며 개별화되는 경우는 거의 없다. 성적은 절대평가에 기초하든 규준평가에 기초하든 상관없이 개인별 향상도를 반영하지 않으며, 일반적으로 보고되지도 않는다. 학습자를 "능력별 강좌로 배치(tracked)"하면 교실 내의 학력차를 최소화할 수 있다. 일반적으로, 중학교 교실은 보다 공식적이고, 비개인적이며, 평가적이고, 경쟁적이다(Meece, 2002). Eccles와 동료들(Eccles & Midgley, 1989; Eccles, Midgley & Adler, 1984)은 이러한 구조적 변화와 교육과정의 변화로 인해 학습자들의 성취 관련 신념과 동기가 종종 부정적인 방향으로 변화한다고 주장했다. 이 장 서두의 에피소드는 학생들의 지루함의 문제를 강조하는데, 그것은 동기와 학습에 부정적인 영향을 미칠 수 있다.

학교 이행은 개선될 수 있다. 중학교의 배치는 이 이행을 좀 더 수월하게 할 수 있도록 도와주어야 한다. 비록 몇몇 중학교는 학년 구조를 제외하고는 고등학교와 비슷하지만

(일반적으로 중학교는 6~8학년, 고등학교는 7~9학년), 많은 중학교들은 학생들이 일과 중 대부분의 시간을 함께 생활하도록 하고 여러 교과목의 교사로 이루어진 다학문팀(예: 국어과 교사, 사회과 교사, 수학과 교사, 과학과 교사 등 4명의 교사)을 통해 이행과정을 용이하게 하려고 시도한다. 그리고 비록 교사가 바뀔지라도, 또래들 대부분은 바뀌지 않는다. 이 교사들은 통합 교육과정을 운영하기 위해 노력한다. 개인의 향상도를 보고하기 위해 더 많은 노력을 기울일 수도 있다. 친구들 간의 평가적인 비교를 덜 강조하면 현재 매우 일반적인 현상인 어린 청소년들의 자기근심(self-concerns)을 경감시킬 수 있다. [적용 11.4]에서는 학교교육에서 이행을 완화시킬 수 있는 추가적인 몇 가지 제안을 제시한다.

교실분위기와 학교분위기

교실과 학교분위기는 학생의 학습과 성취에 상당한 영향을 미칠 수 있다(Bryk, Sebring,

적용 11.4
학교교육에서 이행

한 수준의 학교에서 다른 수준으로 올라가는 것은 모든 학습자들에게 어려운 일이다. 능력과 사회·정서적 수준이 천차만별이고 수많은 구조적인 변화에 대한 대처능력도 학습자마다 다르다. 초등학교에서 중학교로 올라가는 이행은 특히 문제가 된다.

Appleton 선생님은 중학교 6학년 사회과 교사다. 선생님은 학생들이 한 명의 선생님이 대부분의 내용영역을 가르치는 방식에 익숙해져 있음을 이해한다. 그녀는 5학년 선생님들이 학생들이 교실을 옮겨 다니고 각각의 수업을 위한 숙제를 기억하고 완성해야 하는 상황에 직면했을 때 학생들을 도와주기 위하여 통합할 수 있는 활동들(예: 숙제 노트를 사용하는 것)을 제안하기 위하여 그 선생님들과 함께 일한다. 선생

님은 또한 학기 초에 시간을 내서 학생들이 과제도서를 설정하고 자료를 구성하는 활동을 하는 데 도움을 준다. 선생님은 점심시간이나 방과 후에도 시간을 내어 이행문제에 대해 필요한 도움을 제공한다.

고등학교 과학교사인 Vanaman 선생님은 수업활동 및 숙제 지정, 시험출제, 프로젝트 요구, 기간을 경과한 숙제를 받는 문제, 빼먹은 과제를 보충할 수 있도록 허용하는 문제 등에 관해 8학년 과학선생님에게 물어본다. Vanaman 선생님은 9학년 과학시간에도 몇 가지 동일한 접근방법을 통합하여 이 수업절차에 익숙해지도록 하고 학습에 방해가 될 수 있는 학생의 근심거리를 줄여 주려고 노력한다.

Allensworth, Luppescu, & Easton, 2010; Lee & Shute, 2010). **분위기(climate)**는 교실 또는 학교환경과 관련된 느낌(atmosphere), 상태(tone), 또는 문화(culture)를 말한다(Wolters & Gonzalez, 2008). 분위기는 공유된 이해와 상호작용, 공통의 실습, 그리고 교실과 학교 안에 허용되는 절차로부터 형성된다. 분위기는 교사, 학생, 교육과정 그리고 환경에서 다른 중요한 요소들 중 한 가지 기능이다. 6개의 TARGET 차원들 대부분(이 장의 앞에서 다룬)은 분위기에 포함될 수 있다. 이 절에서는 학습과 관련하여 논의된 분위기에 관한 세 가지의 정서적인 측면들, 즉 공동체의식, 따뜻함과 예의바름, 그리고 안정과 보안에 대해 논의한다.

공동체의식. **공동체의식(sense of community)**은 집단이나 조직에 속한 개인적인 감정을 포함하는데, 그것은 조직의 목적과 가치에 종속되고, 조직원들이 중요하게 생각하는 것과 같은 관계에서 상보적이며, 개별적인 집단구성원에 관심을 가진다. Lee, Bryk, 그리고 Smith(1993)는 조직에서 개인들 간의 사회적 관계의 질에 초점을 두고 있는 학교조직에서 공동체 관점의 중요성을 강조했다. 그들은 관리자, 교수진, 학생들이 상호 존경을 표현하고 서로 관심을 보여줄 수 있는 학교가 교사와 학생들에게 긍정적인 결과로 연결될 수 있다고 언급했다.

Noddings(1992)는 다른 사람에 대한 배려는 학교의 모든 관계 속에 존재해야 하고 교육과정에서 가르쳐야 하는 중요한 요소라고 제안하였다. 학생의 중퇴율과 위험요인에 관한 연구들은 또한 교사의 관심과 배려의 부재가 학교를 떠나는 학생들에 의해 언급된 주요한 요인이라고 제안한다(Connell, Halpern-Felsher, Clifford, Crichlow, & Usinger, 1995; Lee & Smith, 1999; National Research Council, 2004; Natriello, 1986; Rumberger & Lim, 2008).

Deci와 Ryan(1991)은 모든 개인들은 소속감 또는 관련성에 대한 기본적인 욕구를 가지고 있고, 이러한 욕구를 지원해 주거나 만족시켜 주는 조직적 구조는 좀 더 내재적인 동기와 참여를 초래할 것이라고 제안한다(제9장 참조). 선행연구들은 학생들의 학교에의 소속감과 학습, 동기, 학교 참여, 학문적인 수행에 대한 연계성의 공헌점들을 보고한다(Connell et al., 1995; Juvonen, 2006; Osterman, 2000; Voelkl, 1997). 학교에의 소속감은 새로운 학교환경으로 들어가는 학생들에게, 그리고 다양한 학교 구성원들로 이루어진 학교에 다니는 학생들에게 특히 중요할 수도 있다(Eccles & Roeser, 2011; Garcia-Reid, Reid, & Peterson, 2005).

따뜻함과 예의바름. **따뜻함(warmth)**과 **예의바름(civility)**은 교실과 학교에 있는 개인들 간의 관계에 관한 특성들이다. 연구자들은 교사와 관리자들 간의 시민적, 동료적 관계는 조직의 효과성과 관련된 긍정적인 결과와 관련이 있음을 보여 주었다(Lee et al., 1993).

Bryk 등(2010)은 이 학교 차원(dimension)을 **관계적 신뢰(relational trust)**로 일컬으면서, 그것을 학생의 참여와 성취를 개선하기 위한 교수적 실천을 실험하는 데 중요한 것으로 보았다. 더 나아가, 교사들 간의 친절한 동료적인 관계들은 수업의 분리를 완화시키는 데 도움을 주고 더 큰 교사만족감과 연관되어 있다(Lee et al., 1993).

앞에서 논의한 것처럼, 교사들과 학생들 간의 관심, 배려, 지원과 존경심은 더 나은 학습, 동기, 성취와 연관되어 있다(Wentzel, Battle, Russel, & Looney, 2010). Lee 등(1993)은 다른 사람들의 복지에 대한 관심 또는 배려하는 공동체의 생성은 학교 실패의 위험에 처해 있는 학생들을 포함하여 모든 학생들에게 긍정적인 효과를 미칠 수 있다고 제안한다. 중학교에 관한 선행연구는 초등학교보다 교사들이 더 관료적이고, 덜 친화적이며, 교사-학생 간 긍정적인 상호작용이 더 적게 일어남을 보여준다. 이러한 차이점은 학생들의 중학교 이행에 따른 동기 감소와 연관된다(Eccles, Midgley, Wigfield, Reuman, Mac Iver, & Feldlaufer, 1993).

수업에 관한 선행연구 분석에서, Brophy와 Good(1986)는 교실의 정서적 분위기(교사의 비판과 교사와 학생의 부정적인 정서로 정의되는 것으로써)가 종종 학생들의 성취도와 연계된다고 언급했다. 비록 부정적인 정서적 분위기가 성취도를 낮출 수 있지만, 따뜻한 정서적 분위기가 반드시 더 나은 성취와 연관되는 것은 아니다. 중립적인 분위기는 따뜻한 분위기만큼이나 성취도에 지지적일 수도 있다. 그러나 전반적으로 연구들은 긍정적인 교사-학생 간 상호작용은 학교 공동체의 모든 구성원들에게 긍정적인 분위기를 조성할 수 있다고 주장한다.

안전과 보안. 안전(safety)과 보안(security)에 관한 느낌은 다른 생각과 의견을 표현하는 것에 대한 위험을 감수하고 안전함을 느끼는 개인적인 느낌을 말한다. 최근의 비극적인 학교 폭력 상황에서, 이러한 분위기는 또한 신체적인 안전과 위해의 두려움과 걱정으로부터 자유로운 것을 말한다.

지난 몇 십 년 동안 학교안전을 증진시키기 위한 노력에도 불구하고, 공립학교에 등록한 상당한 수의 미국 청소년들(20~30%)은 학기 동안 적어도 한 번은 신체적인 싸움 또는 다른 친구들을 괴롭히는 사건에 참여했다고 보고되었다(Simone, Zhang, & Truman, 2010). 학교에서의 신체적, 심리적인 안전에 대한 관심은 학교 참여, 학습, 그리고 학문적인 성취도뿐만 아니라 학교분위기에 관한 학생들의 지각에 상당한 영향을 미친다(Crosnoe, Johnson, & Elder, 2004; Eccles & Roeser, 2011; Wentzel et al., 2010). 따라서 학교가 안전을 제공하고 모든 직원과 학생들을 위해 안전한 환경을 확실히 하는 것이 중요하다.

동료

연구자들은 동료(peer)가 학습, 동기, 다른 성취 관련된 결과들에 미치는 영향에 대하여 조사해 오고 있다(Ladd, Herald-Brown, & Kochel, 2009; Wentzel, 2005). 이 절에서는 동료와 학생의 학습, 동료네트워크의 역할, 어떻게 동료가 학교적응과 탈락률에 영향을 미칠 수 있는지에 대한 이론과 연구들을 살펴보고자 한다.

동료와 학습

동료의 영향은 **모델링(modeling)**, 또는 한 명 이상의 모델들을 관찰함으로써 초래되는 행동적, 인지적, 정서적인 변화들을 통해 주로 작동된다. 세 가지 중요한 모델링의 기능은 **억제/탈억제(inhibition/disinhibition)**, 반응촉진, 관찰학습이다.

어떤 행동에 참여하는 것에 대한 관찰자의 억제는 모델을 관찰함으로써 강화되거나 약화될 수 있다. 모델이 자신의 행동에 대하여 벌을 받게 되면, 관찰자의 억제는 강화될 것이고, 관찰자는 그렇게 하면 벌을 받게 될 것이라고 믿기 때문에 같은 행동을 수행하지 않을 것이다. 모델이 벌을 받지 않으면 또는 오히려 보상받으면, 관찰자의 억제는 약화되고, 같은 행동을 반복하게 될 수도 있다. 이러한 경우, 모델은 결과에 대한 정보를 전달하고 모델화된 효과는 동기화된다.

반응촉진(response facilitation)은 모델화된 행동을 관찰자가 똑같이 행하도록 하는 사회적 촉진으로써 제공되었을 때 일어난다. 억제 및 탈억제의 경우처럼, 반응촉진 행동은 학습된다. 즉, 모델이 정보를 전달하고 관찰자에게 그의 행동은 동기화된다. 반응촉진은 의복 스타일에서도 보인다. 어떤 동료집단에 의해서 평가받기를 갈망하는 학생은 그 집단의 구성원들이 입었던 것과 같은 스타일의 옷을 입을지도 모른다.

반응촉진 행동은 일반적으로 중립적인 반면, 억제된/탈억제된 행동은 규칙 지배적(rule governed)이거나 도덕적 또는 합법적인 압박을 가지고 있다. 한 집단의 학생들이 교실 안을 들여다보고 있는 것을 본 학생은 멈춰서 자신도 교실을 들여다볼 것이다. 이것이 반응촉진 효과다. 그 행동은 중립적이다. 반대로 탈억제는 교사가 잘못한 한 학생을 벌주고 다른 학생들 사이에서 잘못된 행동이 멈췄을 때 일어난다. 잘못된 행동은 중립적이지 않고, 금지되어 있다. 또 다른 차이점은 억제와 탈억제는 감정(예: 화남, 기쁨)을 수반할 가능성이 더 높은 반면, 반응촉진은 거의 그렇지 않다.

모델을 통한 **관찰학습(observational learning)**은 관찰자가 모델링 이전에는 발생할 가능성이 거의 없는 새로운 행동을 보여 주었을 때, 심지어 영향을 미치고 있는 동기적인 자극과 함께 일어난다(Schunk, 2012). 관찰학습은 각각의 반응이 수행되고 강화되면 일어날 수 있는 것에 대한 학습의 범위와 비율을 확장한다.

관찰학습은 집중, 파지, 산출, 동기로 구성된다. 모델화된 행동을 학습하고자 동기화된 관찰자들은 모델들을 주의 깊게 보고, 모델화된 행동을 기억하려고 하며, 필요할 때 행동을 수행하며, 그렇게 하도록 동기화될 가능성이 높다.

이러한 세 가지 형태의 모델링은 쉽게 학생들 사이에서 구별되고 학생들의 학습과 성취도에 미치는 동료효과를 강조한다. Altermatt과 Pomerantz(2003)는 가장 친한 친구의 성적표 점수 간에 높은 일관성을 발견했다. 한 아동의 친구가 학교를 가치 있게 여기고 학술적인 활동에 능동적으로 참여할 때, 이러한 모델들은 학습과 동기에 긍정적인 효과를 미칠 수 있다. 동료가 부정적인 태도를 보이고 학교를 그만두었을 때 반대의 경우도 발생할 수 있다(Ladd et al., 2009).

모델 유사성은 관찰자의 자기효능감에 영향을 미친다. 비슷한 다른 사람들(예: 동료들)이 성공하는 것을 관찰하는 것은 관찰자의 자기효능감을 높이고 그들이 그 과제를 수행할 수 있도록 동기화시켜 줄 수 있다. 그들은 만약 다른 친구들이 성공할 수 있다면, 자신도 그렇게 할 수 있을 것이라고 믿는다. 다른 사람들이 실패하는 것을 관찰하면 학생들이 성공할 능력이 부족하다고 믿고 그 과제를 수행하려는 시도를 그만두도록 할 수도 있다. 유사성은 학생들이 자신의 수행능력에 대해 불확실할 때, 과제 친화도가 부족할 때, 자기효능감을 판단하는 데 사용할 수 있는 정보가 부족할 때, 또는 그들이 이전에 어려움을 경험하고 자기의심을 가지고 있을 때 가장 많이 영향을 미친다(Bandura, 1986; Schunk, 2012).

긍정적인 동료관계를 유지하고 있는 학생들은 학교에서 더 잘 수행하며, 이러한 연관성은 학령기 전체에서 발견되었다(Wentzel, 2005). Jones, Audley-Piotrowski, Kiefer(2012)는 10학년 학생들의 수학 자기개념화(mathematics self-concepts)는 자신의 친구들의 학업 행동에 관한 지각과 일치함을 발견하였다. 수학 자기개념화는 그런 다음에 다시 수학 성취도에 정적으로 관련된다. 교사들은 또한 동료들에게 인기 있는 아동들에게 긍정적인 학문적 특성(예: 높은 점수, 자신감)을 귀인한다(Wentzel, 2005). 반대로, 덜 인기 있거나 사회적으로 배척된 아동들은 더 낮은 학업성취도를 받을 위험에 처해 있다.

학습이 동료관계에 미치는 잠재적인 영향을 설명하기 위하여, Wentzel(2005)은 사회적 역량은 돕기, 나누기, 협력하기, 문제행동을 피하기와 같은 행동을 보여주는 것을 포함한다고 가정한다. 이러한 행동은 학습자의 학업과 지적 발달에 기여하는 자기조절적 과정(예: 목표설정, 자기관리)(제10장 참조)을 수반한다(Wentzel, 2005).

선행연구들은 학생들이 소속감을 느낄 때 학교 참여가 증가함을 보여준다(Juvonen, 2006; Osterman, 2000). 소속감은 또한 우울 및 임신과 같은 학업적이지 못한 위험 행동에 대항하여 방어적 요인으로써 작용한다(Anderman, 2002). 이러한 연구증거들에 기초하여, 교실의 사회적 분위기 척도는 종종 동료로부터의 지지, 돌봄, 격려감을 사정하는 항목들을 포함한다. 동료의 정서적, 학업적 지지에 대한 학생들의 지각은 완전학습 목표,

자기조절전략의 선택, 그리고 교실 참여와 학습을 포함하여 몇 가지의 성취 관련 행동들과 정적인 상관관계가 있다(Patrick, Ryan, & Kaplan, 2007). 지지적인 동료 관계는 학습자가 학업에 참여하고 조롱의 두려움 없이 위험을 감수하기 위한 안전한 기반을 제공하는 것 같다.

동료네트워크

연구자들은 **동료네트워크(peer networks)** 또는 학생들과 연관된 광범위한 동료집단들의 역할을 검토해 왔다. 동료네트워크에서 학생들은 많은 방법에서 서로 비슷해지려는 경향이 있는데(Cairns, Cairns, & Neckerman, 1989), 그것은 모델링에 의한 영향의 가능성을 높여준다(Schunk, 1987). 네트워크는 학생들의 사회적 상호작용을 위한 기회를 정의하고 활동에 접근하도록 돕는다(Ryan, 2000). 시간이 지남에 따라, 네트워크의 구성원들은 서로 더 비슷해진다.

Kindermann(1993; Kindermann, McCollam, & Gibson, 1996; Sage & Kindermann, 1999)은 아동들(4~5학년)과 청소년(9~12학년)들 간의 동료 선택과 사회화에서의 동기를 검토했다. 청소년의 동료네트워크는 아동들의 네트워크보다 더 복잡했다. 아동들 중에, 대부분의 동료네트워크는 쌍을 이루었다. 평균 네트워크 크기는 2.2명의 학생들이다. 광범위한 네트워크는 흔하지 않았다. 청소년 중에는 더 광범위한 네트워크(평균 크기가 3.2명의 학생들이었다)뿐만 아니라 2인조들과 3인조들의 많은 무리가 있었다. 아동들과 청소년들 중에서, 어떤 학생은 하나의 네트워크에도 연결되어 있지 않았다.

Kindermann의 연구는 또한 성별 차이를 발견했다. 아동 집단들은 배타적으로 같은 성별의 구성원으로 구성되어 있다. 청소년들 간에는 소년과 소녀들을 포함하는 집단들도 일부 있었다. 비록 교사가 학년 간에 상당한 수준의 학생 동기가 있다는 것을 보고했지만, 학생들에 의해 동기에서의 상당한 감소가 보고되었다. 더 나이 든 학생들은 더 어린 학생들보다 동기가 더 낮다고 표현했다.

개인적인 학습동기 점수를 동료집단의 동기 점수와 비교하면 9학년들 사이에서 더 학업적으로 동기화된 학생들이 더 광범위한 동료네트워크를 가지고 있음을 보여 주었다. 덜 동기화된 청소년들은 그들의 동료네트워크에서 더 적은 수의 학급친구들을 가지고 있었다. 학기 간에 그리고 학년 수준에 따라 학생의 동기 점수는 일관적이었다.

동기적 선택과 동료집단을 통한 사회화의 증거들이 있다. 학기 중에 아동들의 동기적 참여의 변화는 학기가 시작할 때 동료집단 구성원에 의해 예측될 수 있다. 또한, 다른 학년 학생들을 포함하고 있는 동료네트워크로 인한 영향이 있었다. 여러 학년의 구성원을 포함하고 매우 높이 동기화된 동료집단 학생들은 학기가 지남에 따라 동기가 증가하는 경향이 있었다. 학년이 다양하지 않고 동기가 낮은 동료네트워크에 속해 있는 학생들은 시간에 지남에 따라 동기가 감소하는 경향이 있었다.

Sage와 Kindermann(1999)은 동료집단은 그 행동이 집단의 규범과 일치하는지 여부에 따라 동료의 행동에 찬성하거나 반대한다는 것을 발견했다. 더 높은 학업동기를 지닌 학생들은 학업에 대하여 보다 동기화된 집단의 구성원이 될 가능성이 더 컸고, 긍정적인 학업 행동에 대하여 집단의 승인을 받았다. 더 낮은 동기를 지닌 학생들은 덜 동기화된 집단의 구성원이 될 가능성이 컸다. 덜 동기화된 집단의 아동들은 부정적으로 변했다. 청소년들 중에서, 변화의 증거는 다른 학년의 동료들이 포함된 동료집단에서 가장 강하게 나타났다.

Kindermann(2007)은 6학년의 동료네트워크가 학업적(행위적, 정서적) 참여에서 동질적이었고, 그러한 동질성은 구성원이 재편성되는 학년 동안에도 지속된다는 것을 발견했다. 초기에 참여적인 동료들과 함께 네트워크를 공유했던 학생들은 그들의 참여를 유지하거나 증가시켰다. 덜 참여적인 네트워크에 있는 학생들은 더 적은 참여를 보여 주었다.

다른 연구들도 비슷한 연구결과를 얻었다(Ryan, 2000). Ryan(2001)은 학생들은 일반적으로 학기 초에 자신들과 비슷한 동기적 신념을 가진 동료네트워크로 학교생활을 마친다는 것을 발견했다. 그 해 동안, 동료집단은 그 집단의 구성원들에게 영향을 미쳤으며, 그 결과 집단구성원들은 더 동질화되었다. 동료집단의 사회화의 영향은 성과의 본질에 따라 달라졌다. 학생들의 학교와 자신들의 학문적 수행(성적)에 있어서의 내재적인 관심은 동료집단에 의해 영향을 받았다. 학생들이 학교에 대해 가지는 효용 가치(학업이기는 하지만 얼마나 유용한가)는 동료의 영향과 관련이 있기보다는 오히려 학기 초부터 어떤 동료집단으로 들어갈지를 선택하는 것과 더 관련이 있었다.

이러한 연구결과들은 Steinberg, Brown, 그리고 Dornbusch(1996)가 학생들이 고등학교에 들어가서 고학년이 될 때까지 3년 동안 지속적으로 살펴본 종단연구에 의해서 지지되었다. Steinberg 등은 학업적으로(점수에서는) 동등한 고등학생들(즉, 몇 가지 공통된 속성들을 가지고 있지만 그 밖의 모든 아동들과 친구가 아닌 비슷한 마음을 지닌 학생들)이지만 다른 무리들에 가입한 학생들이 학업적으로 안정적인지의 여부를 결정하였다. 무리들은 학업적인 수행과 비행에 영향을 미쳤다. 더 높은 학업지향 무리의 아동들은 고등학교 동안 더 낮은 학업지향 무리의 아동들보다 성적이 더 많이 올랐다. 비행이 좀 더 자주 발생했던 무리들의 학생들은 점차로 비행자들이 되었다(즉, 문제를 더 많이 일으키고, 마약과 음주를 하였다). 덜 비행적인 무리들의 학생들은 동일한 문제를 야기하지 않았다.

Steinberg 등은 또한 학업적인 동기와 수행을 포함한 많은 활동에서 동료 압박(peer pressure)의 영향에서 발달적인 패턴을 발견하였다. 동료 압박은 어린 시절 동안 발생했고, 8학년 또는 9학년쯤에 가장 최고점에 올랐다가 고등학교 때 감소했다. 영향을 받는 주요한 나이대는 대략 12세에서 16세까지였다. 흥미롭게도, 학생의 활동에 부모의 참여가 줄어드는 시기가 이즈음이다. 부모의 역할이 감소하고 동료의 역할이 6학년에서 10학년 청소년들 간에 증가함에 따라, 그들은 특히 동료 압박에 더 민감하게 된다.

Steinberg 등은 부모들이 아동들에게 목표를 세우게 하고 그들을 집단과 활동에 참여시킴으로써 일반적으로 아동들을 특정 궤도에 올려놓는다고 지적했다. 따라서 자녀들이 학업지향적이기를 원하는 부모들은 그를 학업을 강조하는 활동에 참여시킬 가능성이 높다. 만약 이러한 상황에서 동료 무리들도 학업에 집중한다면, 동료의 영향은 부모의 영향을 보완해 주게 된다. 그러나 만약 이러한 상황에서 다른 유형의 무리들이 있다면, 그 아동은 덜 학업지향적인 무리들의 영향 아래 놓이게 될 수 있고, 학습에 부정적인 결과를 가져올 수 있다.

동료와 학교적응

학교적응(school adjustment)은 종종 학생들의 학업향상도 또는 성취도의 관점에서 정의된다(Birch & Ladd, 1996). 더 넓은 수준에서, 적응은 학생들의 향상도와 성취뿐만 아니라 학교, 불안, 외로움, 사회적 지지, 학업동기에 대한 그들의 태도(예: 참여, 회피, 결석)를 포함하는 것으로 볼 수 있다(Birch & Ladd, 1996; Roeser, Eccles, & Strobel, 1998).

참여(involvement)는 학생들의 동료 및 교사와의 관계의 특성을 말한다. Ryan과 Powelson(1991)은 학교학습은 다른 사람들과의 참여를 강화하는 학습환경에 의해 촉진될 수 있다고 주장했다. 선행연구는 아동들의 외로움과 사회적 불만족이 학교 성취와 부적인 상관관계가 있음을 보여준다(Galanaki & Kalantzi-Azizi, 1999).

Berndt와 Keefe(1992)는 동료압박이 적응에 영향을 미칠 수 있고, 부정적인 방식으로보다는 긍정적인 방식으로 더 종종 작동한다는 것을 발견했다. 친구들은 종종 부정적인 행동, 마약과 음주, 그리고 저조한 학업 수행을 억제하며, 친사회적 행동, 좋은 공부 행동, 학습동기를 촉진시킨다(Berndt & Keefe, 1996). 우정은 초등학교에서부터 고등학교 저학년까지의 이행 과정에서 학생들의 성공에 영향을 미칠 수 있다. Berndt, Hawkins, Jiao(1999)는 이행 과정에서 질 높은 우정을 가진 학생들은 증가된 리더십과 사회성을 보여줌을 발견했다. 그러나 만약 학생들이 행동문제에서 높은 기준을 가지고 있는 동료들과 안정적인 우정을 유지하면, 학생들의 바람직한 행동은 이행기 동안 증가했다.

연구자들은 우정에서 긍정적인 특성을 가지고 있는 아동들과 청소년들이 다른 학생들과 비교해 볼 때, 더 큰 친사회적 행동을 보여주고, 더 인기가 있으며, 더 높은 자기존중감을 가지고 있고, 더 적은 정서적 문제를 가지고 있으며, 학교에 대해 더 나은 태도를 가지고 있고, 학교에서 더 높은 수준의 성취도를 보여 준다는 것을 발견했다(Berndt & Keefe, 1996). Wentzel, Barry, Caldwell(2004)은 친구들의 친사회적 행동은 친사회적으로 행동하는 데 목표를 둔 변화의 함수로서 동료들의 친사회적 행동에서의 변화를 예측한다는 것을 발견했다. 부정적인 특성을 지닌 우정은 학생들의 교실참여를 더 줄이고, 더 많은 파괴적인 행동을 초래했다. 흥미롭게도, 친구들의 수는 학교적응과 약한 상관관계가 있었는데, 그것은 관계의 특성이 양보다 더 크게 영향을 미친다는 것을 시사한다.

불충분한 학교적응은 또한 중도탈락을 초래할 수도 있는데, 이 중도탈락은 오늘날의 학교와 사회가 직면하고 있는 주요한 문제들 중 하나다(Rumberger, 2010). 많은 연구자들이 조기 학업성취, 사회·경제적 지위, 가족의 영향과 같은 변수들의 영향을 조사해 왔는데, 동료도 중요한 역할을 수행한다. 관련성은 동기와 학습에 기여하며, 학생들의 동료와의 관계도 이러한 영향의 일부다.

Hymel, Comfort, Schonert-Reichl, McDougall(1996)은 학생이 학교에 몰두하고 참여하는 것은 학교환경이 학생들의 자율성과 관련성에 관한 지각에 얼마나 많은 기여를 하는지에 부분적으로 좌우된다고 주장했는데(제9장 참조), 그러한 지각은 결국 역량(자기효능감)(제4장 참조)과 학업성취도에 관한 지각에 영향을 미친다. Hymel 등(1996)은 동료 영향에 관한 네 가지의 중요한 측면들을 확인했다. 첫 번째 측면은 동료집단 내에서의 이전의 사회적 수용이다. 동료에 의해서 거부된 학생들은 사회적으로 수용된 학생들보다 적응문제에서 더 큰 위험에 처해 있다. 선행연구는 또한 동료에 의해서 사회적으로 수용되지 않은 학생들은 더 많이 사회적으로 수용된 학생들보다 학교에서 중도탈락될 가능성이 더 높음을 보여 주었다(Hymel et al., 1996; Jimerson, Egeland, Sroufe, & Carlson, 2000).

두 번째 요인은 사회적인 고립 대 참여다. 사회적으로 거부된 모든 학생들이 학교에서 중도탈락되는 것은 아니다. 좀 더 중요한 것은 동료 집단 내에서의 거부나 고립에 관한 학생들의 지각이다. 사회적으로 거부되었지만 자기 자신을 그러한 방식으로 인식하지 않는 학생들은 중도탈락의 위험이 더 낮다.

세 번째 요인은 동료의 부정적인 영향이다. 동료 무리들은 학생들의 동기와 학습에 영향을 미칠 수 있다(Newman, 2000). 학교를 그만두는 학생들은 중도탈락의 위험에 처해 있는 무리들의 일부가 될 가능성이 다른 학생들보다 더 높다(Cairns et al., 1989). 그 무리들은 학교에 집단적으로 참여하지 않을 것 같다. 심지어 학생들이 사회적으로 고립되지 않았을 때조차도, 그들은 부정적인 동료의 영향을 받는다.

마지막으로, 공격과 반사회적 행위는 중도탈락에 기여한다. 졸업한 학생들과 비교해 볼 때, 중도탈락한 학생들은 교사와 동료에 의해서 더 공격적인 행위들을 보이는 것으로 평가되었다(Farmer et al., 2003; Hymel et al., 1996). 빈약한 동료 관계와 이후 고등학교 중도탈락 간의 강한 상관관계는 초등학교 때부터 발견되었다(Jimerson et al., 2000). 적응과 학습 간의 연계를 탐색하는 연구는 우리가 이러한 관계를 이해하도록 돕고 잠재적으로는 교육자들이 학생들의 적응을 증진하고 중도탈락 가능성을 줄이는 가이드라인을 제공할 것이다.

가족

학습에 영향을 줄 수 있는 많은 맥락적 요인들 중 몇 가지는 가정환경 속에서 발견된다. 비록 상식이 우리에게 가족은 아동들의 발달과 학습에 심오한 영향을 미친다는 것을 말해 줄지라도, 몇몇 비평가들은 가족의 역할이 지나치게 강조되어 왔다고 주장한다(Harris, 1998). 그러나 연구자들은 가족은 차이를 만들고 종종 더 큰 영향을 미친다는 것을 점차적으로 보여주고 있다(Collins, Maccoby, Steinberg, Hetherington, & Bornstein, 2000; Masten & Coatsworth, 1998). 학습에 영향을 주는 몇 가지 주요한 가족 영향 요인들로는 경제·사회적 지위, 가정환경, 부모의 참여, 전자미디어를 들 수 있다.

사회·경제적 지위

정의. 사회·경제적 지위(socioeconomic status: SES)는 다양한 방식으로 정의되어 왔는데, 일반적으로 사회적 지위(위치, 등급) 그리고 경제적 지표(부, 교육)를 비교하는 것으로 정의되어 왔다. 많은 연구자들은 SES를 결정하는 데 세 가지의 주요한 지표, 즉 부모의 수입, 교육, 그리고 직업을 고려한다(Sirin, 2005). 점차적으로, 조사자들은 자본(자원, 자산; Bradley & Corwyn, 2002)을 강조하고 있다. **자본(capital)**은 회계적 또는 물질적 자원(예: 소득과 자산), 인적 자원과 비물질적 자원(예: 교육), 그리고 사회적 자원(예: 사회적 네트워크와 연결을 통하여 획득된 사람들)과 같은 지표들을 포함한다(Putnam, 2000).

SES가 어떻게 정의되든, 그것은 설명적인(explanatory) 변수가 아니라 기술적인(descriptive) 변수라는 것을 기억하는 것이 중요하다(Schunk et al., 2014). 학생들이 가난한 가정 출신이기 때문에 학습장애가 있다고 말하는 것은 그들이 학습장애가 있는 이유를 설명하는 것이 아니다. 오히려, 가난한 가정에서 종종 발견되는 조건들이 학습장애의 원인이 될 수도 있다. 반대로, 가난한 가정 출신의 모든 학생들이 학습장애를 가지고 있는 것은 아니다. 가난한 조건들에서 자란 어른들의 수많은 성공담이 있다. 그러므로 SES와 학습 간의 관계를 이야기하고 나서 원인이 되는 조건들을 살펴보는 것이 더 의미가 있다.

SES와 학습. 많은 상관관계 연구결과들은 가난과 부모의 낮은 교육수준이 더 낮은 수준의 발달 및 학습과 관련이 있다는 것을 보여준다(Bradley & Corwyn, 2002). 덜 분명한 것은 SES의 어떤 측면이 이러한 관련성의 원인이 되는가 하는 것이다.

가족 자원들은 아주 중요한 것 같다. 교육수준이 낮고 돈과 사회적 연결이 적은 가족들은 학생의 인지적 발달과 학습을 증진시켜 줄 수 있는 많은 자원들을 제공할 수 없다. 예를 들어, 부유한 가정 출신 학생들은 빈곤한 가정 출신 학생들보다 컴퓨터, 책, 게임, 여행, 그리고 문화적 경험들을 해 볼 수 있는 기회가 더 많다. 이러한 자원과 그 외 자원들은 인지적 발달과 학습을 자극할 수 있다.

또 다른 중요한 요인은 사회화다. 학교와 교실은 일반적으로 아동들이 성공하기 위해 따라야 하는, 일반인에게 인정된 규칙과 절차(예: 집중하기, 숙제하기, 공부하기, 다른 사람과 협력하여 일하기)를 가진 중류층 경향성을 가지고 있다. SES가 낮은 가정의 사회화 영향은 학생들에게 이러한 조건들을 적합하게 준비해 주지 못할 수도 있다(Schunk et al., 2014). 그 결과, SES가 낮은 환경의 아동들은 학교에서 더 많은 징계와 행동문제를 가질 뿐만 아니라 배우지 못할 수도 있다.

SES는 학교출석 및 학업이수기간과도 관련이 있다(Bradley & Corwyn, 2002). SES는 학교성취도와 정적인 관계가 있으며(Sirin, 2005), 불행하게도 학교 중도탈락의 가장 좋은 예측변인들 중 하나다. SES가 낮은 출신 아동들은 학교교육의 혜택을 이해하지 못할 수 있다(Meece, 2002). 그들은 좀 더 교육받는 것이 그들이 경험해 왔던 것보다 더 나은 직업, 더 많은 소득, 그리고 더 좋은 생활을 할 수 있도록 해준다는 것을 깨닫지 못할 수 있다. 그들은 학교를 떠남으로써 즉각적으로 얻을 수 있는 단기 이익(예: 종일 근무로 받는 돈)에 이끌릴 수 있고, 잠재적인 장기 자산을 고려하지 못할 수도 있다. 그들의 가정환경에서, 학교교육의 혜택을 보여주는 긍정적인 역할모델이나 학교에 머물기를 바라는 학부모의 격려를 받지 못했을 수 있다.

SES와 인지발달의 관계는 몇 가지 요인들은 직접적으로 기여하고 다른 요인들은 매개적인 영향을 미치기 때문에 복잡한 것 같다(Bradley & Corwyn, 2002). 그것의 예측치도 집단에 따라 다를 수 있다. 예를 들어, SES는 소수민족 학생들보다는 백인종 학생들에게 더 강력한 학업성취도 예측자다(Sirin, 2005). SES는 백인종과 소수민족 아동들 간의 성취도 차이에 기여하는 한 가지 요인으로 간주되어 왔다. 차이는 아동들이 유치원에 들어갈 때 존재한다. 백인과 라틴아메리카계 간의 차이는 유치원과 1학년에서 좁혀지고(아마도, 라틴아메리카계 아동들의 영어능력이 향상됨으로써), 5학년까지 지속적으로 유지된다. 그러나 백인과 라틴아메리카계 간의 차이는 5학년을 거치면서 계속해서 더 커진다(Reardon & Galindo, 2009).

자원적, 인간적, 사회적 자본의 효과는 더 명확한 반면, 다른 요인들의 영향은 간접적일 수 있다. 예를 들어, 대가족들은 본질적으로 인지발달과 학습에 이익이 될 수도, 또는 해가 될 수도 있다. 그러나 불우한 조건들에서 이미 희귀한 자원들을 더 많은 아동들에게 나누어 주어야 하기 때문에, 대가족은 해가 될 수 있다.

선행연구에 따르면, 낮은 SES 가정 아동들에 대한 조기 교육적 중재(intervention)가 그들의 학교생활에 대한 준비를 보장하는 데 매우 중요하다. 가장 잘 알려진 조기 중재 노력들 중 하나가 Head Start 프로젝트인데, 그것은 미국 전역에 있는 저소득층 가정 출신의 유치원 아동들(3세에서 5세)을 위한 연방기금 프로그램이다. Head Start 프로그램은 유치원 아동들에게 사회적, 의학적, 영양학적 서비스뿐만 아니라 집중적인 교육경험들을 제공한다. 대부분의 프로그램들은 또한 학부모 교육과 참여 요소들을 포함하고 있다 (Washington & Bailey, 1995).

Head Start 프로그램의 초기 평가 결과, 프로그램들은 지능검사 점수에서 단기간의 성과를 얻을 수 있는 것으로 나타났다. Head Start 프로그램에 참여하지 않았던 아동들로 구성된 비교집단과 비교해 볼 때, 프로그램 참가자들은 또한 유치원과 1학년에서 인지 척도에서 더 나은 성과를 보였다(Lazar, Darlington, Murray, Royce, & Snipper, 1982). 비록 Head Start 프로그램에 참가한 아동들이 10세와 17세경에 이러한 이점을 잃어 버렸지만, 프로그램의 효과성에 관한 다른 척도들은 프로그램 참가자들이 비참가자들보다 특수교육을 받거나 고등학교를 중도탈락할 가능성이 더 적다는 것을 보여 주었다(Lazar, Darlington, Murray, Royce, & Snipper, 1982). Head Start 프로그램을 운영하는 교사들에게 아동들의 리터러시와 사회·정서적 기능을 강화하기 위하여 실제에 관한 훈련과 전문성 개발을 제공하는 것은 아동들이 사회적 문제해결기능을 획득할 수 있도록 해줄 수 있다(Bierman et al., 2008).

가정과 가족 요인들은 Head Start 프로그램 참가자들의 결과물(outcomes)에 영향을 미칠 수 있다. Lanzi, Weinburg, Ramey, Ramey(2002)는 National Head Start/Public School Early Childhood Transition Demonstration 프로젝트에서 3학년 말에 5,400명의 아이들 중 상위 3%의 아동들을 밝혀냈다. 나머지 아동들과 비교해 볼 때, 상위 3%의 아동들은 더 많은 자원(자본)을 가진 가정 출신이었다. 이러한 가정들은 또한 보다 긍정적인 부모양육태도를 가지고 있었고, 아동들의 학업향상도를 더 강력하게 지지하고 격려했으며, 자녀들의 학교에서 더 빈번히 자원봉사를 하였다. 교사들은 이러한 아동들이 학업적으로 성공하기 위하여 더 동기화되어 있다고 보고했다. 비록 동기변수에 관한 아동들의 평정(rating)에서 커다란 차이가 없었지만, 상위 3% 집단에 속해 있는 아동들 중 소수만이, 나머지 아동들과 비교해 볼 때, 학교를 부정적으로 평정하였다. 따라서 일반가정 아동들뿐만 아니라 저소득층 가정 아동들 간에, 학부모의 지지가 더 많고 가정 자원이 더 좋은 아동들의 성취도와 동기적 이익 간에 상관관계가 있다.

Head Start 프로그램의 성공에 힘입어, 여러 주들이 저학년에서 실패하는 아동들의 수를 줄이기 위하여 공립학교의 후원하에 3세와 4세 아동들을 위한 유치원 이전(pre-kindergarten) 프로그램을 운영하고 있다(Clifford, Early, & Hill, 1999). 대부분의 프로그램은 반일제이며, 교사-학생의 비율, 사회·경제적 그리고 인종적 다양성, 자질, 교육과정에 따라 다양하다. 이러한 프로그램들에 관한 초기 평가는 효과가 있는 것으로 나타났다. 유치원 이전 프로그램에 등록한 아동들은 언어와 수학기능에 관한 표준화척도에서 향상되는 경향을 보여 주었다(FPG Child Development Institute, 2005). 이러한 프로그램의 장기적 효과는 아직 알려지지 않았다.

저소득층 가정 출신 아동들을 위한 매우 효과적인 유치원 프로그램들 중 하나가 High/

Scope Perry Preschool 프로젝트였다. 이 프로그램은 1962년에 시작되어 Head Start 프로그램보다 앞서 진행되었다. 이 2년 프로그램에서, 3세와 4세 아동들은 Piaget의 원리에 기초한 인지지향적인 반일과정 프로그램을 받았다(Oden, Schweinhart, & Weikart, 2000). 교사들은 또한 교실활동을 점검하고 가정에서의 비슷한 활동들을 논의하기 위해 개별 아동과 어머니의 집을 주당 90분 동안 방문하였다. 25년에 걸쳐 수집된 종단연구 데이터에 따르면, High/Scope 프로그램이 아동들의 학업성취도를 향상시켰고, 특수교육을 받는 기간을 줄였으며, 유급 가능성을 줄였고, 학기 완수율을 높인 것으로 나타났다(Oden et al., 2000; Schweinhart & Weikart, 1997).

불행하게도, 그러한 초기 중재의 효과는 아동들이 학교에서 지내는 상당 기간 동안 지속되지는 않지만, 믿음직한 결과라 할 수 있다. Campbell, Pungello, Miller-Johnson, Burchinal, Ramey(2001)는 저소득층 가정 출신 아동들을 위한 종일반 아동돌봄이 교육프로젝트인 Abecedarian 프로젝트를 평가하였다. 연구자들은 프로젝트에 참여한 아동들 중 상당수가 21세가 되었을 때인 마지막 평가에 이르기까지 그 중재의 혜택이 지속되었음을 발견했다. 이 프로젝트의 종단적인 특성(그것은 참가자들이 유아기일 때 시작했다)을 고려해 볼 때, 교육환경에서 성공하기 위해서 그들을 언제 그리고 어떻게 준비시켜야 하는지를 결정하기는 어렵다. SES는 활발히 연구되는 분야이기 때문에, 우리는 학습에서 SES 변수들의 역할에 대하여 더 배울 수 있을 것이다.

가정환경

가정환경의 부유함에는 많은 다양성이 존재하고, 보통(항상은 아니지만) 이러한 부유함은 SES와 일치한다. 어떤 가정은 경제적 자본(컴퓨터, 게임, 책), 인간자본(부모가 아동들이 숙제, 프로젝트, 공부하는 것을 돕는다), 사회적 자본(부모들이 아동들을 활동이나 팀에 포함시켜 얻는 사회적인 접촉을 통해)을 가지고 풍부한 경험을 제공한다. 다른 가정은 이러한 항목들 중 한 가지 이상이 부족하다.

가정환경이 인지발달에 미치는 영향은 유아와 초기 아동기에 가장 두드러지게 나타나는 것 같다(Meece, 2002). 아동들의 사회적 네트워크는 나이가 들어감에 따라, 특히 학교교육과 활동에의 참여 결과로써 확장된다. 동료의 영향은 아동들이 발달해 감에 따라 점차 중요해진다.

아동들의 조기 가정학습의 질은 지능발달과 정적 상관관계가 있다(Schunk et al., 2014). 중요한 가정요인들로는 어머니의 책임감, 훈육스타일, 그리고 아동의 참여, 가정의 조직구조, 자극적인 교육자료의 이용가능성, 상호작용의 기회 등을 들 수 있다. 따뜻하고 반응적인 가정환경을 제공하는 부모들은 아동들의 탐구를 독려하고 호기심과 놀이를 자극하는 경향이 있는데, 그것은 지적인 발달을 촉진시킨다(Meece, 2002).

앞에서 논의한 것처럼, 동료영향의 역할증가는 Steinberg 등(1996)에 의해 수행된 종단연구에서 발견되었다. 10년 이상 동안, 연구자들은 여러 주(州)의 고등학교에서 20,000명 이상의 청소년들을 설문조사하였고, 많은 교사와 학부모들을 인터뷰했다. 비록 학부모들이 자녀들이 가입하고 있는 무리들(crowds)에 대한 완전한 통제권을 가지고 있지는 않지만, 아동들을 적절한 방향으로 나아가게 함으로써 간접적인 영향을 미칠 수 있다. 자녀들이 비슷한 마음을 가진 다른 학부모의 아동들이 참여하는 활동에 참여하도록 재촉하는 학부모들은, 친구로서 선택하는지와 상관없이, 자녀들이 적절한 영향을 미치는 동료를 접하도록 유인한다. 자신의 집을 자녀 친구들의 환영장소로 제공하는 학부모들은 자녀들을 긍정적인 방향으로 이끌어 간다.

학부모 참여

Harris(1998)는 학부모가 유년기 이후 아동에게 미치는 영향을 경시하고 동료가 훨씬 더 큰 영향을 미친다고 결론지었다. 그러나 학부모의 영향이 유년기 이후 아동에게 계속적으로 강력하게 영향을 미친다는 실질적인 증거가 있다(Vandell, 2000). 이 절에서는 아동의 인지발달과 학습에서의 학부모 참여의 역할을 살펴본다.

학부모 참여는 학교 또는 활동에서와 같이 가정 안팎에서 일어난다. 선행연구들은 학교에서 학부모 참여가 아동, 교사, 그리고 학교 자체에 긍정적인 영향을 미침을 보여준다(Englund, Luckner, Whaley, & Egeland, 2004; Gonzalez-DeHass, Willems, & Doan Holbein, 2005; Hill & Craft, 2003; Sénéchal & LeFevre, 2002). 이러한 영향은 집단별로 다를 수 있다. 학부모 참여의 영향은 소수민족 학생들보다 백인 학생들에서 더 강하게 나타나는 것 같다(Lee & Bowen, 2006).

위에서 언급된 것처럼, 학부모 참여의 한 가지 영향은 학부모들이 자녀들을 집단과 활동에 참여시킴으로써 자녀들이 특정한 궤도에서 시작하는 데 영향을 미칠 수 있다는 것이다(Steinberg et al., 1996). 예를 들어, 자녀들이 학업에 집중하기를 원하는 학부모들은 자녀들을 학업을 강조하는 활동에 참여시킬 가능성이 높다.

Fan과 Chen(2001)은 학부모 참여와 아동의 학업성취와의 관계에 대한 메타분석을 실시하였다. 그 결과, 아동들의 학업성공에 대한 학부모의 기대는 아동들의 실질적인 인지적 성취도와 정적인 관계가 있었다. 그 관계는 학업성취도가 교과 특수적인 지표(예: 특정 수업에서의 성적)에 의해서보다는 전체적으로 사정되었을 때(예: GPA) 가장 높았다. 또한, 아동의 학업성취도에 미치는 학부모 참여의 영향은 주변에 높은 수준의 학부모 참여가 있을 때 가장 크다는 증거가 있다(Collins et al., 2000).

학부모 참여는 아동의 자기조절에 영향을 미치는 중요한 요인인데, 자기조절은 인지적인 기능 발달에서 핵심적이다. Stright, Neitzel, Sears, Hoke-Sinex(2001)는 학부모가 제공하는 교수(instruction)의 유형과 학부모가 교수를 제공하는 방법은 학교에서의 아동의 자기조절학습과 관련이 있다는 것을 발견했다. 이해 가능한 메타인지적 정보를 제공했던 학부모의 아동들은 교실 모니터링, 참여, 메타인지적 대화를 더 많이 보여 주었다. 아동들의 교실 교수(classroom instruction)에 대한 탐색과 참여는 또한 학부모의 교수가 이해 가능한 방식으로 주어졌는지의 여부와 관련이 있었다. 연구자들은 학부모의 교수가 아동들이 자기조절역량을 개발할 수 있는 적절한 조건들을 조성할 수 있도록 해준다고 주장했다. [적용 11.5]는 자녀들과 함께 하는 학부모들을 위한 몇 가지 제안사항들을 보여준다.

적용 11.5
학부모 참여

McGowan 초등학교는 학기 초에 학부모들을 위해 공개학급을 운영한다. 학부모들과 만났을 때, McGowan 초등학교 선생님들은 학부모들이 참여할 수 있는 많은 방법들을 설명한다. 선생님들은 세 가지 집단, 즉 학교학습, 학교 외 학습, 그리고 계획집단을 위한 학부모 자원봉사자를 요청한다. 학교학습집단 학부모들은 아동들의 소규모활동과 개별학습을 도와주면서, 학급에서 일주일에 반일 정도를 자원봉사한다. 학교 외 학습집단 학부모들은 현장학습에 함께 참여하여 아동들이 공동체 프로젝트를 수행할 수 있도록 조직하고 도와준다(예: 나무의 종류를 확인하기 위해 학교근처를 걸어 보기). 계획집단 학부모들은 정기적으로 교사와 집단으로 만나서 앞으로 배울 단원을 설명하고 활동을 설계하는 것을 돕도록 요청받았다. McGowan 초등학교의 목표는 아동당 최소한 한 학부모 또는 보호자가 활동에 100% 참여하는 것이다.

학부모들은 학생들이 배우고 있는 일부 사건의 시대를 살아왔기 때문에 역사시간에 중요한 자원이 될 수 있다.

Sakizch 선생님은 학기 초에 학부모에게 연락해서, 학생들이 학급에서 공부할 과거 몇 년 동안의 역사적 사건목록을 제공한다(예: 베트남 전쟁, 베를린 장벽 붕괴, 세계무역센터 공격). 선생님은 그 사건을 논의하기 위해서 수업에 들어오시는 학부모처럼 모든 가족에게 적어도 하나의 사건에 대하여 도움을 구한다(즉, 학부모님들이 그것에 대하여 기억하고 있는 것, 그것이 왜 중요했는지, 그것이 부모님들에게 어떻게 영향을 주었는지). 몇몇 학부모들이 동일한 사건에 자원해서 참여할 때, 교사는 그 사건을 논의하기 위한 패널을 구성한다. 만약 그 지역에 조부모님들이 살아 계시다면, Sakizch 선생님은 세계 대공황, 제2차 세계대전, 아이젠하워 대통령 선거와 같은 사건에 대한 경험을 공유하도록 요청한다. 학생들은 주요한 사건에 대한 정보와 학부모 및 조부모들로부터의 인용들을 담은 웹사이트를 구축한다.

소수민족 아동들과 열악한 환경 출신 아동들을 대상으로 한 연구에서 학부모 참여의 긍정적인 효과를 얻어 왔다(Hill & Craft, 2003; Masten & Coatsworth, 1998; Masten et al., 1999). 차이를 일으키는 몇 가지 유형의 학부모 참여로는 학교에 자녀들에 대해 연락하기, 학교행사에 참석하기, 자녀들과 확고한 교육적 가치에 대해 소통하기, 노력의 가치를 전달하기, 자녀들이 학교에서 잘 수행하기를 기대하기, 그리고 자녀들의 숙제와 프로젝트를 모니터링하거나 도와주기 등을 들 수 있다. Miliotis, Sesma, Masten(1999)은 가족들이 노숙자 보호소를 떠난 후, 아동들의 교육에 대한 학부모들의 높은 참여가 아동들의 학교에서의 성공을 가장 잘 예측하는 예측자들 중 하나임을 발견했다.

연구자들은 아동발달에 영향을 미치는 양육스타일의 역할을 조사해 왔다. Baumrind(1989)는 세 가지 스타일, 즉 권위적인, 독재적인, 그리고 허용적인 스타일로 구분하였다. 권위적인 학부모는 자녀들에게 따뜻함과 지원을 제공한다. 그들은 높은 요구를 가지고 있다(예: 학업성취도에 대한 기대). 그러나 좋은 의사소통, 설명, 그리고 독립성의 독려를 통해서 이것을 지원한다. 독재적인 학부모들은 엄격하고 권력을 행사한다. 그들은 따뜻하지도 수용적이지도 않다. 허용적인 학부모들은 적당하게 수용적이지만 요구(예: 기대)에서 느슨한 편이고, 잘못된 행동에 관해서도 관용적이다. 놀라운 일도 아니지만, 많은 연구들이 권위적인 학부모들과 학생의 성취도 간에 정적 상관관계를 발견해 왔다(Spera, 2005).

교육에서 공동체와 학부모 참여를 가장 강력하게 옹호하는 사람들 중 한 명이 James Comer다. Comer와 그의 동료들은 두 개의 학교에서 **School Development Program**을 시작했고, 그것은 500개 이상의 학교로 확대되었다.

SDP(또는 **Comer Program**)는 〈표 11.4〉에서 보는 바와 같은 원리들에 기초하고 있다(Comer, 2001; Comer & Haynes, 1999; Emmons, Comer, & Haynes, 1996). 학생들은 성인들과의 긍정적인 상호작용이 필요한데, 이는 학생들의 행동을 형성하는 데 도움을 주기 때문이다. 학생 발달을 위한 계획에는 전문가들과 공동체 구성원들 간의 협력적인 노력이 있어야 한다.

SDP의 세 가지 지침적 원리들은 합의(consensus), 협력(collaboration), 그리고 흠잡지 않기(no-fault)다(Schunk et al., 2014). 결정은 중요한 투표에서 한쪽 편에만 서지 않도록

표 11.4
학교개발 프로그램(School Development Program: SDP)의 원리

- 학생 행동은 물리적, 사회적, 심리학적인 환경과의 상호작용에 의해 결정된다.
- 학생은 적절하게 발달하기 위하여 성인과 긍정적인 상호작용을 필요로 한다.
- 성인들 간의 학생중심적 계획과 협력은 긍정적인 상호작용을 촉진한다.
- 학생 발달을 위한 계획은 전문가들과 공동체 구성원들에 의해 협력적으로 행해져야 한다.

하여 최종 합의에 도달하도록 하는 것이다. 협력은 한 일원으로 함께 일하는 것을 의미한다. 흠잡지 않기는 모든 사람들이 변화에 대하여 책임을 져야 함을 암시한다.

학교 교직원과 공동체 구성원들은 팀으로 그룹지어진다. 학교계획·관리팀은 관리교장, 교사, 학부모, 지원직원을 포함한다. 이 팀은 활동을 계획하고 조율한다. 학부모팀은 학부모들이 모든 학교활동에 참여토록 한다. 학생·직원지원팀은 학교 전체의 예방문제와 개별 학생 사례들에 대한 책임을 진다.

SDP의 핵심은 교육과정, 교수, 사정, 사회적·학문적인 분위기, 정보공유와 같은 요소를 포함하고 있는 포괄적인 학교계획이다. 이 계획은 학업, 사회분위기, 직원개발, 홍보활동을 다루는 구조화된 활동을 제공한다. 학교계획·관리팀은 우선순위를 설정하고 학교개선을 조율한다.

Comer와 그의 동료들은 SDP의 실행 덕분에 학생성취도에서 상당한 효과를 거두었다(Haynes, Emmons, Gebreyesus, & Ben-Avie, 1996). Comer 학교들은 일반적으로 학생성취도가 향상되었으며 종종 읽기, 수학, 언어기능에서 교육구 평균을 능가한다. Cook, Murphy, Hunt(2000)는 4년 이상 동안 10개의 Chicago 빈민가 학교들에서 Comer SDP를 평가했다. 5학년에서 8학년까지의 학생들을 대상으로 평가를 했는데, 그들은 마지막 해쯤에 Comer 프로그램에 참여한 학생들이 통제집단의 학생들보다 읽기와 수학점수에서 더 큰 향상을 보여 주었다는 것을 발견하였다. Cook 등(1999)은 Comer 학교들이 항상 모든 프로그램 요소들을 다 실행하지는 않아서, 그러한 향상은 제한될 수 있다는 것을 발견했다. 학교가 Comer 프로그램을 잘 적용했는지 여부에 상관없이, 그 프로그램은 학생의 인지발달과 학습을 촉진시키는 많은 장점들을 가지고 있다.

전자미디어

TV가 흔한 가전제품이 된 20세기 중반에 **전자미디어**(electronic media)가 도입되기 시작하였다. 최근에 전자미디어의 잠재적인 영향은 증가하고 있는 TV 프로그램(예: 케이블 채널), 오디오와 비디오 플레이어, 라디오, 비디오게임, 컴퓨터(예: 애플리케이션, 인터넷), 그리고 손에 들고 다니는 장치(예: 휴대폰, 아이팟)로까지 확장되고 있다. 아동들이 매일 전자미디어를 사용하는 데 소비하는 시간량은 엄청나게 늘고 있다. 2005년에, 6세 이하의 아동들이 전자미디어를 사용하는 데 소비한 시간은 하루 평균 2.25시간 이상이었다(Roberts & Foehr, 2008). 2004년에, 8~18세 아동들이 매일 전자미디어에 노출된 시간은 평균 거의 8시간이고, 거의 6시간(즉, 그들이 하나 이상의 매체를 동시에 사용한(멀티태스킹) 시간의 약 25%)을 집중적으로 사용했다고 보고했다(Roberts & Foehr, 2008).

연구자들은 전자매체에 대한 노출이 아동들의 인지발달, 학습, 성취도와 관련이 있는지를 조사해 왔다. 대부분의 연구는 아동들의 TV 시청과 인지발달 및 성취도 척도 간의 연관성을 조사해 왔고, 아동들이 TV를 시청하는 데 소비한 시간과 학교성취도 간에 아무런 관계도 없거나 부적 관계가 있음을 발견했다(Schmidt & Vandewater, 2008). 부적 연관성이 있는 경우, 일반적으로 약한 부적 관계가 있다. 그러나 이러한 결과들은 그 관계가 선형적이지 않을 수 있기 때문에 오해하기 쉽다. TV 시청을 하지 않는 것과 비교해 볼 때, 주당 적절한 시청(1~10시간)은 성취도와 정적 관계가 있는 반면, 과도한 시청은 부적 관계가 있다.

TV 시청과 성취도 간의 관계는 또한 그 데이터가 상호관계가 있어서 인과성이 결정될 수 없기 때문에, 해석하기가 어렵다. 몇 가지 인과적인 설명들이 가능하다. 과도한 TV 시청은 아동들이 공부하고 과제를 완수하는 것을 방해하기 때문에 성취도를 낮출 수 있다. 또한 학업문제가 있는 아동들은 학습내용을 공부하고자 하는 동기가 더 낮기 때문에, TV에 더 강력하게 이끌릴 수도 있다. TV 시청과 학업성취도 간의 관계는 SES와 같은 제3의 변수에 의해 매개될 수 있다. 이러한 가능성에 근거하여 볼 때, 하류계층 가정(low-class homes) 아동들이 TV를 더 많이 시청하고 성취도도 더 낮은 경향이 있다(Kirkorian, Wartella, & Anderson, 2008).

어린 아동들의 TV를 통한 학습은 또한 그들이 TV에 등장한 캐릭터와 상호작용하고 이러한 캐릭터들이 TV 프로그램 밖에 실제로 존재한다고 믿는 정도에 따라 달라질 수 있다. 캐릭터들이 사회적으로 적절하고, 따라서 믿을 만한 정보원(sources of information)이라고 믿고 있는 아동들은 캐릭터가 TV 프로그램 밖에 실제로 존재한다고 믿는다(Richert, Robb, & Smith, 2011).

TV 시청에 소비한 시간과 학업성취도 간의 관계에 대한 조사에서는 아동들이 무엇을 시청하는지에 관한 내용적인 측면을 고려하지 않았다. TV 프로그램은 다양하다. 몇몇 프로그램들은 교육적인 반면, 다른 프로그램들은 오락적이거나 폭력적이다. 전반적인 연구 결과는 교육 프로그램을 시청하는 것은 성취도와 정적 관계가 있는 반면, 오락 프로그램을 시청하는 것은 부적 관계가 있다는 것이다(Kirkorian et al., 2008). 이러한 관계는 TV를 적당히 시청하는 아동들은 교육 프로그램을 더 많이 보는 경향이 있는 반면, TV를 과도하게 시청하는 아동들은 오락 프로그램을 엄청나게 많이 보기 때문에 TV 시청의 양에 따라 다르다. 상관관계연구는 **Sesame Street** 프로그램에의 노출과 학교 준비도 간에 정적 관계가 있음을 보여 주었다(Kirkorian et al., 2008). Ennemoser와 Schneider(2007)는 지능, SES, 사전 읽기능력 점수를 통제한 후, 6세 때의 아동이 시청한 오락프로그램의 양과 9세 때의 읽기점수 간에 부적 관계가 있음을 발견했다. 교육용 TV 시청은 읽기점수와 정적 관계가 있었다. 다른 연구는 교육용 TV는 특히 시청한 내용이 아동들이 그 내용을 처리하는 것을 도와주는 학습전략(예: 한 단어를 개별 소리 단위로 나누고 그 단어를 다시 합쳐서 보여주기)과 통합되었을 때, 위기에 처한 낮은 SES 가정 출신 아동들이 읽을 수 있도록 도와줄 수 있음을 보여 주었다(Linebarger & Piotrowski, 2010).

상호작용 미디어(예: 비디오게임, 인터넷)와 학교성취도 간의 관계에 관한 연구결과는 혼재되어 있다. 몇몇 연구들은 컴퓨터의 사용과 성취도 간에는 정적 관계를 보여 주었고, 비디오게임의 사용과 성취도 간에는 부적 관계를 보여 주었다(Kirkorian et al., 2008). TV에 관한 연구를 통해 얻어진 동일한 결과가 다른 미디어에도 적용될 수 있다. 즉, 교육적인 내용은 성취도와 정적 관계가, 오락적인 내용은 부적 관계가 있을 것이다.

인지발달에 관한 척도들과 관련하여, 선행연구들은 소아와 유아들의 **비디오 결핍증(video deficit)**을 밝혀냈는데, 소아와 유아들은 비디오를 통한 경험보다 실제 생활을 통한 경험으로부터 더 잘 배울 수 있다. 이 결핍증은 약 3세쯤에 사라지는데, 그 후 아동들은 비디오를 통한 경험으로부터도 잘 배울 수 있다(Kirkorian et al., 2008). 어린 아동들은 대화에 덜 집중적이고, 장면들이 빠르게 전환되어 다른 장면들을 통해 묘사되는 내용을 완전히 통합하지 못한다. 이것은 TV 시청이 집중력 발달과 부적 관계가 있다는 것을 암시하지는 않는다. 다시 한 번, 중요한 변수는 프로그램의 내용일 수 있다. 교육 프로그램은 오락 프로그램과 달리 실제로 아동들이 집중력을 개발할 수 있도록 도와준다는 것을 보여 주었다(Kirkorian et al., 2008).

몇몇 연구들은 전자미디어와 공간기능 발달 간의 관계를 조사해 왔다. 이 연구들 대부분은 비디오게임과 관련이 있다. 비디오게임은 공간추리와 문제해결 기능 향상에 단기적인 이점을 가질 수 있다는 몇 가지 증거가 있다(Schmidt & Vandewater, 2008). 그러나 장기적인 이점은 학생들이 이러한 기능들을 게임놀이 밖의 학습맥락에까지 일반화할 수 있는지 여부에 따라 달라진다. 최근까지, 증거는 그러한 전이가 발생한다는 점을 지원하지 못한다(Schmidt & Vandewater, 2008). 비디오게임의 활용은 소년들 간에 공격성이 증가하는 것과 관련이 있다(Hofferth, 2010).

학부모들과 다른 성인들은 전자미디어를 활용하는 아동들의 학습과 인지발달에 중요한 영향을 미칠 수 있다. 성인들은 아동들이 어떤 미디어와 상호작용하는지, 얼마나 많은 시간 동안 상호작용하는지를 통제할 수 있다. 이러한 통제는 아동들이 과도한 시간을 미디어에 몰입하여 소비하지 않고 오히려 적당한 시간만(주당 1~10시간)을 소비할 수 있도록 해줄 수 있다(Schmidt & Vandewater, 2008). 더 나아가, 함께 시청하는 학부모들이 중요한 변수가 될 것 같다. 자녀들이 미디어를 보는 동안에 상호작용하는 성인들(예: TV 프로그램을 함께 시청하기)은 그 프로그램의 중요한 측면을 지적하고 이전에 아동들이 배웠던 것과 연관시켜 줌으로써 전자미디어가 주는 이점을 증진할 수 있다. 몇몇 연구들은 함께 시청하는 것이 아동들의 학습과 집중력 개발에 효과가 있음을 발견하였다(Kirkorian et al., 2008).

요컨대, 전자미디어의 사용이 아동들의 학습, 성취도, 인지발달과 관련이 있다는 것은 분명하다. 데이터가 상호 관계적이고 잠재적인 매개변수들이 있기 때문에 인과관계를 결정하기는 어렵다. 내용이 가장 중요하다. TV로 방영된 교육용 콘텐츠에의 적절한 노출은 아동들에게 이익이 되고, 오락용 콘텐츠는 그렇지 않으며, 다른 형태의 미디어에서도 동

적용 11.6
전자미디어

4학년 교사인 Simonian 선생님은 학기 초 학부모 모임에서 어떻게 학부모들이 자녀들을 도울 수 있을지 논의한다. 그는 주당 적절한 시간(10시간까지) 동안 TV를 시청한 아동들 그리고 주로 교육용 프로그램을 시청한 아동들이 그러한 미디어로부터 이점을 얻었음을 보여준 연구결과를 설명한다. 다른 교육미디어(예: 컴퓨터)를 가지고 활동하는 것도 비슷하게 이점이 될 수 있다. 선생님은 학부모들에게 전자미디어에 대한 아동들의 활용을 관리하도록 충고한다. 그는 또한 학부모들에게 자녀들이 TV를 시청하는 동안 함께 상호작용하는 방법을 보여준다.

Simonian 선생님은 어린이 쇼에서 추출한 영화 클립을 보여주고 아동들에게 물어볼 수 있는 질문의 종류에 대한 예시를 설명한다. 학기말에 개별 부모 상담에서 교사는 학부모들에게 자녀들이 미디어와 어떻게 상호작용했는지 물어본다.

중학교 과학교사인 Wolusky 선생님은 아동들에게 TV 과학 프로그램(예: PBS)을 시청하는 과제를 준다. 각 프로그램에 대하여, 학생들은 선생님이 사전에 준 질문에 대답하는 짧은 에세이를 작성한다. 이러한 과제를 줌으로써, 그녀는 그 강좌의 내용과 가장 밀접한 프로그램의 측면들에 집중을 하도록 도와줄 수 있고, 그러한 과정을 통해 아동들의 학습을 촉진할 수 있다고 생각한다.

일한 결과가 나타날 수 있다(Kirkorian et al., 2008). 함께 시청하는 성인들은 교육적인 연계성을 보다 더 증진할 수 있다. 게임이 공간과 문제해결 기능에 몇 가지 이점을 줄 수 있지만, 선행연구로부터의 증거들은 학업적인 학습상황으로 전이되는 것을 보여주지 못했다. 비록 전자미디어는 유용한 학습수단이 될 수 있지만, 다른 교수방법과 흡사하게, 그것들이 건전한 교수원리들을 염두에 두고 설계되었을 때만이 효과적일 수 있다. 전자미디어의 교수적 적용에 관한 사례를 [적용 11.6]에서 볼 수 있다.

공동체

학생들의 학습에 미치는 많은 맥락적인 영향들은 공동체로부터 발생한다. 비록 공동체의 영향이 일반적으로 인정될지라도, 최근까지 그것의 영향을 조사한 체계적인 연구는 거의 없었다. 다행히, 이 주제는 관심을 끄는 연구가 되고 있다. 이 절에서는 학교 위치와 참여가 미치는 맥락적인 영향에 대하여 논의한다.

위치

학생들의 학교에서의 경험은 학교의 물리적(지리학적) 위치에 의해 영향을 받는다. 미국의 대부분의 학생들은 도시 또는 도시주변 학교에 다닌다(Provasnik et al., 2007). 이 두 종류의 학교공동체를 비교했을 때, 도시학생들은 일반적으로 표준검사, 출석, 고등학교 이수율, 그리고 대학진학에서 도시주변 학교 학생들을 앞선다.

도시학교는 학습을 위한 많은 도전들을 제시한다(Bryk et al., 2010). 도시학교는 넓고 소수인종, 영어가 모국어가 아닌 학생들, 그리고 저소득층 출신 학생들의 비율이 높은 경향이 있다. 도시학생들은 또한 학교안전, 우수한 자격을 갖춘 선생님에 대한 접근성, 그리고 교사부재 및 이직과 관련한 도전에 직면할 수 있다(National Research Council, 2004). 이와 함께 다른 요소들은 학생들을 낮은 학교수행, 학교이탈, 그리고 교육적 달성의 위험에 빠뜨릴 수 있다. 이러한 이유들 때문에, 교육개혁 노력은 주로 도시지역에 초점이 맞추어져 왔다(Balfanz, Herzog, & Mac Iver, 2007; Bryk et al., 2010; Legters, Balfanz, Jordan, & McPartland, 2002; National Research Council, 2004).

그러나 비록 시골학교들이 학교개혁에 대한 국가적인 담화에서 덜 집중을 받아 왔을지라도, 시골공동체 또한 학생들의 학업적 학습욕구를 충족시키는 데 있어 도전에 직면하고 있다. 미국 공립학교의 1/3이 시골에 위치하고 있다((Provasnik et al., 2007). 가난 비율(poverty rates)은 시골이 아닌 지역 학생들보다 시골지역 학생들이 사실상 더 높고, 가난은 여러 세대에 걸쳐 있고, 장기적이며, 지리적으로 먼 거리에 있는 소수인종에 집중되어 있는 경향이 있다. 도시학생들처럼, 시골학생들은 경제적인 어려움을 겪을 뿐만 아니라, 지리적인 위치, 제한된 공동체 자원들, 낮은 부모교육 수준, 교사채용 및 유지와 관련된 어려움도 경험한다. 열악한 공동체에 속해 있는 시골학교 학생들의 중도탈락률도 높다(Provasnik et al., 2007).

학생 학습에 미치는 학교 위치의 역할을 조사하고 있는 연구자들은 공동체 자원, 가치, 규범이 참여, 소속, 자기효능감, 학교가치와 같은 중요한 학습과 동기변인들과 관련된 학생들의 학교교육 경험에 얼마나 영향을 미칠 수 있는지에 대한 논의를 촉진하고 있다. 거대한 국가 데이터세트(datasets)를 이용하여 학교 위치가 학생들의 교육적 결과물에 미치는 잠재적인 부적 영향을 상쇄시키기 위한 방법들에 관한 후속 연구와 이해를 촉진시켜야 한다.

공동체 참여

교육에서 공동체 참여는 새로운 것이 아니지만, 오늘날에는 이러한 주제에 대한 관심이 재개되고 있다. 대부분의 학교들은 여러 가지 방법으로 공동체를 포함하려고 시도한다. 공동체 내의 사회적 기관(예: 가족, 학교, 교회, 직장)은 **공동체의 사회적 자본**(community social capital)의 형태로 고려되는데(Israel & Beaulieu, 2004), 그것은 가족과 학교자원의 제한점을 완화시키는 데 도움을 줄 수 있다. 예를 들어, 선행연구에 의하면, 특히 학교와의 연계를 유지하고자 노력하는 학생들의 경우, 학교기반 교과 외 교육과정 활동에의 참여는 학생들의 교육적 열망에 정적인 영향을 미치는 것으로 나타났다(Finn, 1989).

다양한 형태의 공동체 참여가 있다. 이 장의 앞부분에서 논의한 것처럼, 가장 일반적인 형태는 학교에서 일하고, 학부모 조직에서 활동적이며, 방과 후 활동을 도와주고, 이벤트를 조직하는 것을 도와주는 학부모 자원봉사자다. 공동체 구성원들은 아동들과 함께 이야기하고 교실을 방문하도록 초대받을 수 있다.

선행연구들은 학생들의 동기, 학습, 성취를 개선하기 위하여, 공동체에 참여하는 것은 학교가 튜터링과 현장학습을 할 수 있도록 도와주는 것 이상이 되어야 있다고 주장한다. 공동체 구성원이 학교위원회에 참여하고, 학교 거버넌스(governance)를 공유하며, 학교개선 계획을 지원하는 것이 중요하다. 학교 거버넌스에의 공동체 참여는 **School Development Program**의 중요한 구성요소다(Comer, 2001). 공유된 공동체-학교 거버넌스는 Chicago의 초등학교를 개선하는 노력에서 중요한 성취 향상에 기여했다(Bryk et al., 2010).

또 다른 형태의 참여는 학생들이 현장학습을 갈 때와 같이, 학생들을 공동체 속으로 이끌어 가는 것이다. 현장학습은 분명한 학습목표가 있고 교사가 학생들이 현장학습에 관하여 미리 준비할 수 있도록 도와줄 때(예: 정보를 제공하고 학생들이 실질적인 활동에 참여하도록 함으로써) 가장 유익할 것 같다. 그리고 그것은 현장학습에 관한 신기함을 줄이고, 학생들이 학습목표에 집중하도록 도와준다(Pugh & Bergin, 2005). 공동체 내 사업체들과의 실습 프로그램들이 종종 수립되는데, 그곳에서 학생들은 사업 절차에 대한 훈련을 받는 데 그날의 일부를 보낸다. 다양한 공동체 내 기관들은 아동들과 청소년들이 학교에 없을 때 그들을 위한 프로그램들, 즉 보이/걸 스카우트, YMCA/YWCA, 4-H 클럽 등을 제공해 왔다. 지난 몇 년 동안, 리틀리그팀(Little League teams), 축구팀, 교회청소년집단 등을 포함하기 위하여 공동체 후원 기관들이 확장되어 왔다. 청소년 프로그램은 도서관, 박물관, 공동체 센터에서 찾을 수 있다.

많은 학교들은 명시적인 학업 목적을 가진 학교 정규수업 시간 전 또는 방과 후 프로그램을 제공한다. **21st Century Community Learning** 센터는 연방자금의 지원을 받고 있는데, 이러한 혁신 프로그램들은 학교 일과 외 시간 동안 학생들에게 안전하고, 마약이 없으며, 관리·감독된 환경을 제공하기 위하여 학교와 비영리 공동체 기관들 간에 파트너십을 조성하도록 돕는다. 이러한 프로그램들 대부분은 체력증진과 레크리에이션을 위한 기회뿐만 아니라 튜터링과 교육력 강화를 포함한다(Mahoney, Parente, & Zigler, 2010).

학생들이 이러한 학교 밖 활동으로부터 혜택을 받는지 여부는 그 프로그램의 질과 그것의 내용에 따라 달라진다(National Research Council & Institute of Medicine, 2002). 공동체기반 프로그램은 다음과 같은 특성들, 즉 안전함, 구조, 기능형성 기회, 지원적인 관계, 긍정적인 사회규범, 소속의 기회, 그리고 가족, 학교, 공동체의 혁신 프로그램의 통합이 나타날 때 긍정적인 학생 개발 성과, 학습과 성취도, 학교에 대한 태도, 그리고 교실행동과 연계된다(National Research Council & Institute of Medicine, 2002). 학교 밖 활동들은 학술자료와 연계되고 학생의 학교와의 일체감을 증진할 때 가장 유익하다(Valentine, Cooper, Bettencourt, & DuBois, 2002). 그러한 활동들은 학생들의 신념(예: 자기효능감)을 증진시키기 쉬우며, 학업적 동기와 학습을 증진시켜 줄 수 있다(Schunk & Pajares, 2009). 양질의 공동체 또는 학교기반 프로그램에 참여함으로써 얻을 수 있는 혜택은 저소득층 아동들에게 특히 더 강하게 나타난다(Mahoney et al., 2005).

문화

사회가 점차 다양해짐에 따라, 학교는 더 이질적인 집단이 되고 있다. 학생들의 문화적인 배경으로부터 유래한 맥락적인 영향들은 학습과 다른 교육적인 결과물에 영향을 줄 수 있다.

문화(culture)는 한 집단의 공유된 규범, 전통, 행위, 언어, 지각을 말한다(King, 2002). 문화적 차이는 공동체 간뿐만 아니라 공동체 내에서도 발견된다. 문화적 차이는 인종, SES, 가정환경, 집단 정체성과 경험을 포함해서 이 책에서 논의된 많은 요인들로부터 기인할 수 있다. 학생들은 또한 중첩되는 집단들과 동일시할 때 다른 문화로부터 영향을 받을 수 있다.

연구자들은 문화적 배경의 함수로써 흔히 학생들의 학습, 동기, 그리고 다른 결과물에서의 차이를 조사해 왔지만, 많은 선행연구들은 그러한 증거들 중 어떤 것도 거의 발견하지 못했다. 문화적 변수를 통제변수로 간주하면, 널리 유행하는 문화적 차이들이 발견될 수 있다. 즉, 문화적 변수의 영향이 통계적으로 통제되면 교육적 결과물에 미치는 다른 변수들의 영향이 연구될 수 있다. 문화적 동일성과 차이점은 종종 통합되며, 그래서 연구자들은 자료에 대한 일반적인 해석을 제공한다(Portes, 1996).

동기와 학습에서의 잠재적인 문화적 차이점들을 조사하는 것이 중요하다. 그러한 연구는 우리의 이해를 돕고 다양한 학습자들을 가르치기 위한 시사점을 제시하는 데 기초를 제공한다. 비록 연구자들이 이 책에서 논의한 연구결과들 중 많은 것이 문화 간에 유사함을 보여 왔지만, 항상 그렇지는 않다. 그러므로 서구문화 학생들에 대한 연구를 통해 얻은 연구결과를 다른 문화적 배경을 지닌 학생들에게 적용할 수 있다고 가정해서는 안 된다.

목표지향(goal orientation)(제9장 참조)과 관련하여, 예를 들어, 우리는 다른 문화 출신의 학생들이 다른 사람들에게 유능하게 보이기 위해 동료들보다 더 잘 수행하고, 학술적·사회적인 목표를 추구하는지 여부를 물어볼 수 있다. McInerney, Hinkley, Dowson, Van Etten(1998)은 세 집단의 오스트리아 고등학교 학생들(백인계 오스트리아인, 토착 오스트리아인, 이민자 배경의 오스트리아인) 간의 완전학습, 수행, 사회적 목표를 사정했다. 연구 결과, 세 집단 모두 목표 신념이 비슷한 것으로 나타났다. 집단들은 완전학습 욕구 충족을 가장 중요하게 본 반면, 사회적 욕구와 수행목표 욕구 충족을 덜 중요한 것으로 판단하였다. 그러나 그 영향은 백인계와 이민자 배경의 오스트리아인 학생들에게 가장 컸고, 토착 오스트리아인 학생들은 자신들의 성공이 완전학습과 수행목표 욕구의 충족에 따라 달라진다는 것을 덜 믿는 것 같았다. 토착 오스트리아 학생집단은 다른 집단들보다 더 사회지향적이고 덜 개인지향적이었다.

이러한 연구결과들은 문화지식의 관점에서 해석될 수 있다. 많은 오스트리아 토착민 학생들은 전통적인 가치(예: 동맹, 사회적 관심)를 강조하는 가족 출신이다. 따라서 이러한 학생들이 그러한 목표에 더 큰 중요성을 두는 것은 놀랄 만한 일이 아니다. 교육에 대한 시사점들은 이러한 학생들을 위해(그리고 비슷하게 반응할 수 있는 다른 사람들을 위해) 더 많은 활동들이 사회적 연계를 포함하는 교수(예: 협동학습)에 통합되어야 한다는 것이다. 이것은 완전학습에 관한 강조가 포기되어야 함을 의미하지는 않는다. McInerney 등(1998)은 모든 집단들이 완전학습 목표지향을 지지한다는 것을 발견했다. 오히려 두 개의 목표지향점들이 창의적인 방식으로 연계될 수 있다.

간문화적 차이에 관한 또 다른 연구는 Kinlaw, Kurtz-Costes, Goldman-Fraser(2001)에 의해 수행되었는데, 그들은 유치원 아동들 중 유럽계와 중국계 미국인 어머니들의 귀인신념(제9장 참조)을 비교했다. 연구자들은 중국계 미국인 어머니가 노력 관련 신념을 더 강조하였음을 발견했다. 학교준비도 검사에서, 중국계 미국인 아동들은 준비도와 자율성에서 더 높은 점수를 받았다. 비록 이러한 데이터가 상관관계를 가지고 따라서 인과성을 시사하지는 않지만, 그 결과들은 어머니의 귀인신념에 있어서의 문화적 차이가 아동들이 학교에 들어가기 전에 나타나고, 아동들이 학교에 들어갔을 때 어머니의 귀인신념이 아동들의 동기 및 학습과 관련될 수 있음을 시사한다.

문화에 관한 후속연구는 학습에 관한 연구에 크게 기여할 것이다. 모든 맥락과 문화에서 학습에 관한 더 나은 이해를 증진하기 위한 간문화적 일관성을 위해 학습원리들이 필수적으로 검사되어야 한다(McInerney, 2008).

우리는 어떤 문화 내에서도 무수한 다양성이 있다는 것을 기억해야 한다(Zusho & Clayton, 2011). 더 나아가, 문화는 흔히 한 사람의 생애 과정에서 문화적 규범 속으로 통합되는 사회적인 구성요소들의 결과로써 변화한다(Gauvain & Munroe, 2012). 따라서 다른 문화 출신의 학습자들을 비교하고 문화 간의 차이점들을 논의하는 것은 잘못되기 쉽다. 불행하게도, 동양 문화와 서양 문화를 비교하는 많은 연구들이 있는 것처럼, 이러한 일은 종종 발생한다. 심지어 집단 간 차이가 발견되더라도, 그 차이의 원인을 결정하기는 어렵다. 다른 문화 속에 있는 학습자와 동일한 문화 내에 있는 학습자 간의 학습차를 더 잘 이해하기 위하여, 연구자들은 개인들의 경험, 환경, 생태학적 조건들에서 발견되는 것들을 포함하여 맥락적인 변인에 더 초점을 맞출 필요가 있을 것이다.

교수적 적용

학습이론과 원리들은 맥락적인 변수들을 교수에서 고려하기 위한 많은 방법들을 제안한다. 교수적 적용은 교사-학생 간 상호작용, 학습스타일, 그리고 부모와 가족의 참여에 대한 이론과 연구에서 파생된 것이다.

교사와 학생 간의 상호작용

교사-학생 간 상호작용은 효과적인 수업과 학습을 위해 매우 중요하다. 상호작용은 학생들의 발달 수준에 따라 다양할 것이다. 어린 아동들의 주의는 불필요한 방해물들이 최소화되는 동안에는 고귀하고 흥미롭게 보이는 것에 사로잡힐 수 있다. 그것은 물리적인 움직임에 대한 기회를 제공하고, 아동들의 집중력을 유지하기 위하여 활동들을 짧게 유지하는 것을 도울 수 있다. 어린 학생들은 또한 물리적인 대상과 시각적인 전시물(예: 조작물, 그림)로부터 이점을 얻을 수 있다. 교사들은 학생들이 학습하고 있는 지식이 어떻게 그들이 이미 알고 있는 것과 관련되는지를 지적할 필요가 있을 수도 있다. 아동들이 정보를 조직하는 것을 도와주기 위해, 윤곽과 그림을 사용하도록 격려되어야 한다. 이 장 서두의 에피소드는 학습을 실생활 경험과 관련짓는 것과 같이 학습을 의미 있게 만드는 것은 아동들이 기억네트워크를 구축할 수 있도록 도와준다는 것을 시사한다. 상호작용의 다른 중요한 측면들은 피드백과 학급분위기를 포함한다.

피드백. Rosenshine과 Stevens(1986)는 교사가 수행피드백(performance feedback)

(예: "맞았어", "좋아")을 제공하고 학생들이 실수를 했을 때 교정적 피드백(corrective feedback)을 제공하지만 그 과정을 완전히 다시 설명하지는 않음으로써 학습의 탄력을 유지하기를 추천한다. 다시 가르치는 것은 많은 학생들이 교수자료를 이해하지 못했을 때 요청된다. 수업을 진행할 때, 교사들은 어린 학생들과의 상호작용을 짧게(30초 이내) 유지해야 하는데, 그러한 상호작용은 힌트 또는 간략한 질문에 대한 정확한 답을 학생들이 찾도록 유도한다. 더 긴 접촉은 다른 학생들의 주의를 흐트러뜨린다.

다시 가르치는 것과 학생들을 정답으로 이끄는 것은 학습을 증진하기 위한 효과적인 방법들이다(Rosenshine & Stevens, 1986). 보다 간단한 질문을 하고 힌트를 주는 것은 접촉이 짧게 유지될 때 유용하다. 다시 가르치는 것은 많은 학생들이 수업 동안에 실수를 할 때 유용하다. 답이 맞았다는 것을 학생들에게 알려주는 피드백은 학생들이 더 유능해지고 있으며, 심화학습을 할 수 있다는 것을 나타내기 때문에 동기화된다(Schunk, 1995). 실수를 알려주는 피드백은 또한 더 잘 수행하는 방법에 대한 교정적인 정보가 제공된다면 자기효능감을 형성할 수 있다. 어린 학생들은 빈번한 피드백으로부터 혜택을 받는다.

마찬가지로, 보상, 목표, 접촉 등을 수반하는 다른 상호작용들은 학생의 향상도와 연계되어야 한다. 예를 들어, 학습향상도와 연계된 보상들은 자기효능감을 형성한다(Schunk, 1983e). 아동들의 경우, 향상도는 짧은 기간의 과제들에서 가장 잘 드러난다. 수행수준에 관계없이 참여에 대해 단순히 주어지는 보상들은 부정적인 효능감 정보를 전달할 수 있다. 학생들은 자신들이 더 잘 수행할 수 있을지 궁금해할 수도 있다.

학급분위기. 앞에서 논의한 바와 같이, 교사들은 상호작용에 영향을 주는 분위기를 조성하는 것을 돕는다. 교사-학생 간 상호작용의 정서적 측면은 아동들에게 중요하다. 교사의 온화함과 감수성을 반영하는 긍정적인 교실분위기는 초등학교 학생들 간에 더 높은 성취도와 더 나은 자기조절력과 관련된다(Pianta, Belsky, Vandergrift, Houts, & Morrison, 2008).

Lewin, Lippitt, White(1939)의 대표적인 연구는 **민주적(협력적) 리더십 스타일** [democratic(collaborative) leadership style]이 효과적임을 보여 주었다. 교사들은 학생들과 협력적으로(과제를 풀 때 동기를 부여하고, 질문을 하고, 그들의 생각을 공유하도록 시키고) 일한다. 비록 **권위주의 스타일**(authoritarian style)(엄격한 규칙과 절차 준수)이 성적을 높일 수 있지만, 높은 불안 수준이 그러한 교실을 특징짓고, 교사 부재 시 생산성이 떨어진다. 지시를 거의 하지 않는 교사의 **방임주의 스타일**(laissez-faire style)은 시간을 낭비하고 목적이 없는 활동들을 초래한다. 민주적 리더십은 학생들에게 독립심과 창의성을 촉진하여, 교사의 부재 시에도 계속 생산적으로 일할 수 있도록 한다.

교사-학생 간 상호작용은 종종 칭찬과 비평을 포함한다. 칭찬은 긍정적인 교사의 정서를 전달하고 학생들의 행동의 가치에 대한 정보를 제공하기 때문에, 일의 정확성이나 행동의 적절성에 대한 단순한 피드백 이상의 의미가 있다(Brophy, 1981). 따라서 "정확해. 너의 작품이 참 좋구나."라고 말하는 교사는 수행피드백("정확해.")과 칭찬("너의 작품이 참 좋구나.") 둘 다를 제공하고 있다.

Brophy(1981)는 교사의 칭찬에 관한 선행연구를 검토했으며, 교사들이 종종 학생들의 반응을 기초하여 칭찬을 하지 않기 때문에 칭찬이 항상 바람직한 행동(제3장 참조)을 강화하지는 않는다는 것을 발견했다. 오히려, 칭찬은 빈번하지 않으며, 우연히, 일반적이며, 학생들의 칭찬에 대한 요구에 관한 교사의 지각에 좌우될 수도 있다. 많은 연구들은 또한 칭찬은 학생들의 성취와 강한 상관관계가 있지는 않음을 보여준다. 칭찬의 영향은 SES와 능력 수준에 따라 달라질 수 있다. 초등학교 저학년의 경우, 칭찬은 낮은 SES와 낮은 능력의 학생들의 성적과는 약하지만 정적인 상관관계가 있지만, 높은 SES와 높은 능력의 학생들의 성적과는 약하고 부적인 또는 전혀 상관관계가 없다(Brophy, 1981).

학교에 입학한 후 몇 년이 지난 후, 칭찬은 약한 강화물이다. 대략 8세까지, 아동들은 성인들을 기쁘게 하기 원하는데, 그것은 칭찬의 영향을 강력하게 만든다. 그러나 기쁘게 하기 위한 이러한 바람은 발달을 약화시킨다. 칭찬은 또한 의도되지 않은 영향을 미칠 수 있다. 칭찬은 교사의 신념에 대한 정보를 전달하기 때문에, 학생이 성공한 것에 대하여 칭찬을 하는 교사는 학생이 많이 배울 것이라고 기대하지 않는다는 것을 전달할 수도 있다. 학생은 그 교사가 자기 자신이 낮은 능력을 가지고 있다고 생각한다고 믿을 수 있는데, 이것은 동기와 학습에 부정적인 영향을 미친다(Weiner, Graham, Taylor, & Meyer, 1983).

학습이 향상과 연계될 때, 칭찬은 학생들이 더 유능하게 되고 학습에 대한 자기효능감과 동기를 향상시켜 준다는 학생들의 신념을 뒷받침한다. 차별 없이 사용된 칭찬은 능력에 대한 어떠한 정보도 전달하지 않으며, 행동에 거의 영향을 미치지 않는다(Schunk & Pajares, 2009).

비평(criticism)은 학생 행동의 부적절함에 대한 정보를 제공한다. 비평("나는 너에게 실망했다.")은 수행피드백("틀렸구나.")과는 구별된다. 비평이 반드시 나쁜 것은 아니다. 우리는 성취에 관한 비평의 영향은 학생들이 유능하고 더 노력하거나 더 나은 전략을 활용하면 더 잘 수행할 수 있다는 것을 전달하는 정도에 따라 달라질 것이라고 기대한다. 따라서 "나는 너에게 실망했다.", "나는 네가 더 열심히 한다면 더 잘 할 수 있다는 것을 안다."와 같은 진술문은 그것이 긍정적인 자기효능감 정보를 포함하고 있기 때문에 학생들에게 학습하고자 하는 동기를 부여할 수 있다. 칭찬과 마찬가지로, 다른 변인들이 비평의 영향을 경감시킨다. 몇몇 연구들은 비평이 소년들, 아프리카계 미국인 학생들, 교사가 낮은 기대를 가지고 있는 학생들, 더 낮은 SES의 학생들에게 더 자주 주어진다는 것을 보여준다(Brophy & Good, 1974).

학습을 도와주기 위한 동기적 기법으로서의 비평은 일관성 없는 영향을 미칠 수 있기 때문에 좋은 선택이 아닐 수 있다. 어린 아동들은 학문적인 비평을 교사가 그들을 좋아하지 않거나 하잘 것 없다고 생각하는 것으로 잘못 해석할 수 있다. 몇몇 학생들은 비평에 잘 반응한다. 그러나 일반적으로, 교사들은 현재의 수행을 비평하기보다 수행을 향상시킬 수 방법에 대한 긍정적인 피드백을 제공할 필요가 있다. [적용 11.7]은 학습상황에서 칭찬과 비평을 사용하는 방법을 제공한다.

적용 11.7

칭찬과 비평 활용

교사가 학생과 상호작용할 때 사용하는 칭찬과 비평은 학생의 수행에 영향을 미칠 수 있다. 교사는 둘 다를 적절히 활용하는 것에 주의를 기울이고, 비평은 일관성 없는 영향을 미칠 수 있기 때문에 일반적으로 좋은 선택이 아닐 수 있음을 기억해야 한다.

칭찬은 간단하고, 직접적이며, 특정한 행동의 성취와 연계될 때 가장 효과적이다. 예를 들어, 조용히 앉아서, 집중하고 그날에 해야 할 일을 정확하게 완수한 것에 대해서 학생을 칭찬하는 교사는 "너 오늘 정말 잘 하고 있구나."(너무 일반적)라고 말해서는 안 된다. 대신에, 교사는 "나는 정말 네가 자리에서 열심히 공부하고, 오늘 너의 수학과제를 모두 끝내는 그러한 태도가 너무 좋구나. 너는 나눗셈 문제들을 모두 정확하게 풀었기 때문에 그것은 충분히 보상받아도 된다. 잘했다."와 같은 말을 할 수 있다.

한 학생이 어떤 장(chapter)에 대해 토론하는 동안 학급에서 질문을 했을 때, 교사는 그 학생에게 왜 질문이 좋았는지를 알려주는 것이 바람직하다. "좋은 답변이네."라고 단순히 응답하는 대신에, 교사는 "너는 이번 장에서 주요 내용을 매우 잘 이해하고 있구나."라고 덧붙일 수 있다.

만약 비평이 사용되면, 학생은 유능하고, 더 잘 수행할 수 있다는 것을 전달해야 하는데, 그것은 수행을 동기화시켜 줄 수 있다. 예를 들어, 어떤 유능한 학부생이 과제에 적합하지 않은 낮은 질의 프로젝트를 제출했다고 가정해 보자. 교수는 그 학생에게 "John, 나는 너의 프로젝트에 실망했다. 너는 우리 학급에서 가장 우수한 학생 중 한 명이다. 너는 항상 학급에서 좋은 것들을 공유하며, 모든 시험에서 잘 수행했다. 나는 네가 탁월한 프로젝트를 완수할 수 있다고 생각한다. 나는 네가 이 프로젝트를 다시 할 때 더 많이 공부하고 더 열심히 노력하기를 원한다."라고 말할 수 있다.

학습스타일

학습스타일의 차이를 고려하는 것은 교수(instruction)를 더 발달적으로 적합하게 만들 수 있도록 도와준다. **학습스타일(learning styles)**[**인지스타일(cognitive styles)** 또는 **지적 스타일(intellectual styles)**]로 알려진은 정보를 지각하고, 조직화하며, 처리하고, 기억하는 데 있어서 안정적인 개인변인이다(Shipman & Shipman, 1985). 스타일은 정보를 처리하고 과제를 수행하기 위해 사람들이 선호하는 방식들이다(Sternberg & Grigorenko, 1997; Zhang & Sternberg, 2005). 비록 몇몇 사람들은 학습스타일이 정말로 존재하는지 의문을 제기해 왔지만, 스타일은 능력과는 동의어가 아니라는 것에 주목할 필요가 있다. 능력은 기능을 배우고 실행할 수 있는 역량을 일컫는다. 스타일은 정보를 처리하고 사용하는 습관적인 방법이다.

스타일은 다른 과제들에 관한 정보를 조직화하고 처리하는 어떤 사람의 선호방식으로부터 추론된다(Dunn & Honigsfeld, 2013). 인지, 정서, 행동에 영향을 미칠 정도로, 스타일은 인지적, 정의적, 사회적 기능을 연계하도록 도와준다(Messick, 1994). 따라서 스타일적인 차이는 다양한 형태의 교수에 대한 학습과 감수성에서의 차이와 연관된다(Messick, 1984).

이 절에서는 상당한 연구기반과 교육적 시사점을 가지고 있는 세 가지 스타일, 즉 장의존성/독립성(field dependence/independence), 범주화(categorization), 인지적 속도(cognitive tempo)에 대하여 논의한다. **평준화(leveling)** 또는 **첨예화(sharpening)**(자극 간의 차이점을 흐리게 또는 강하게 하는 것], **위험감수형(risk taking)** 또는 **주의민감형(cautiousness)**(목표 성취를 위한 기회를 받아들이고자 하는 높은/낮은 의지), 그리고 **감각적 양식 선호도(sensory modality preference)**(작동적 또는 운동감각적, 영상적 또는 시각적, 상징적 또는 청각적)(Sternberg & Grigorenko, 1997) 등 다양한 스타일이 있다. 가장 유명한 스타일 목록(style inventory)은 학습환경을 탐색하고 그 환경 속에 있는 구성요소에 주의를 기울이는 개인의 선호방식을 밝혀내는 데 목적을 둔 **MBIT(the Myers-Briggs Type Indicator)**(Myers & McCaulley, 1988)다. 그것의 네 가지 차원은 외향성-내향성(extroversion-introversion), 감각형-직관형(sensing-intuitive), 사고형-감정형(thinking-feeling), 그리고 판단형-인식형(judging-perceiving)이다. 다른 스타일들에 관한 자세한 기술은 Zhang과 Sternberg(2005)의 연구를 참고할 수 있다.

스타일은 인지발달에 대한 중요한 정보를 제공한다. 하나는 스타일을 성격발달을 연구하기 위한 보다 큰 행동 패턴과 관련지을 수 있다(예: Myers-Briggs). 교육자들은 발달적으로 적합한 교수를 제공하고 학생들에게 학습과 동기를 증진하기 위한 보다 더 적응적인 스타일을 가르치기 위한 방법들을 결정하기 위하여 스타일을 조사한다. 스타일은 또한 뇌 발달 및 기능과 관련이 있다(제2장 참조).

장의존성−독립성. 장의존성/독립성(field dependence/independence)[또한 **심리학적인 차별화**(psychological differentiation), **전체적 그리고 분석적 기능**(global and analytical functioning)]은 어떤 사람이 자극 또는 사건이 발생하는 맥락 또는 지각적 장(perceptual field)에 의존하거나 그것으로 인해 방해받는 정도를 말한다(Sternberg & Grigorenko, 1997). 이 구성개념은 Witkin(1969; Witkin, Moore, Goodenough, & Cox, 1977)에 의해 확인되고 연구되었다.

다양한 척도들이 지각적 맥락에 대한 의존성을 결정한다. 그 중 하나가 막대-테두리(Rod-and-Frame) 검사인데, 이 검사는 개인이 지각적인 단서도 없는 어두운 방 안에서 기울여진 빛을 내는 테두리 내에 기울여진 빛을 내는 막대를 수직 위치에 놓도록 시도하는 것이다. 장독립성은 원래 수직에 관한 내적 표준만을 사용하여 그 막대를 수직으로 놓는 것으로 정의되었다. 다른 척도들로는 사람들이 더 복잡한 디자인 내에 숨겨져 있는 더 간단한 그림을 찾으려고 시도하는 숨은 그림 찾기(Embedded Figures) 검사와 사람들이 기울어진 방에 기울어진 의자에 앉아서 의자를 똑바로 놓도록 시도하는 신체적응(Body Adjustment) 검사가 있다. 그림을 쉽게 찾고 똑바로 놓을 수 있는 참가자들은 장독립적인 사람으로 분류된다([적용 11.8] 참조).

어린 아동들은 주로 장의존적이지만, 유치원 동안 장의존성이 증가하기 시작하며 청소년기로 연장된다. 아동의 개인적인 선호도는 오랜 시간 동안 상당히 일관성 있게 유지된다. 성별 차이에 대한 데이터는 덜 분명하다. 비록 몇몇 데이터는 나이 든 남학생들이 나이 든 여학생들보다 더 장독립적이라고 주장하지만, 아동들에 대한 연구는 여자 아동들이 남자 아동들보다 더 장독립적임을 보여준다. 이러한 차이들이 수행을 검사하는 데 도움이 되는 인지스타일 또는 몇 가지 다른 변수(예: 능동성−수동성)를 반영하는지 여부는 분명하지 않다.

장의존적인 사람들은 사회적 환경의 제 측면들에 더 민감하고 면밀히 고려할 수 있기 때문에, 사회적인 내용을 담고 있는 학습자료를 더 잘 수행한다. 그러나 장독립적인 학습자들은 자신들의 주의를 끄는 내용을 더 쉽게 배울 수 있다. 장의존적인 학습자들은 교사의 칭찬과 비평에 민감한 것 같다. 장독립적인 사람들은 학습자료의 조직화가 부족할 때 구조화를 할 가능성이 더 높은 반면, 장의존적인 학습자들은 그 자료를 그대로 고려한다. 빈약하게 구조화된 학습자료의 경우, 장의존적인 학습자들은 불이익을 받을 수 있다. 장의존적인 학습자들은 학습에서 상황에 관한 분명한 특성들을 사용하는 반면, 장독립적인 학습자들은 덜 분명한 단서들을 고려한다. 장독립적인 학생들은 적절한 속성들과 적절하지 않은 속성들이 대조될 때 개념학습을 더 잘 할 수 있다.

이러한 차이들은 교사들에게 발달적으로 적합하게 만들기 위하여 교수(instruction)를 바꾸는 방법들을 제안한다. 만약 장의존적인 학습자들이 단서를 놓친다면, 교사들은 학생들이 개념의 적절한 속성들을 구별할 수 있도록 돕기 위하여 단서를 강조해야 한다. 이

적용 11.8
학습스타일

교수(instruction)가 발달적으로 적합하다는 것을 확실히 하기 위해, 초등학교 교사는 특히 어린 아동들은 장독립적(분석적)이기 보다 더 장의존적(전체적)이기 때문에 학습 활동을 설계하는 데 있어 아동들의 인지적 차이들에 역점을 두어 다루어야 한다. 초등학교 저학년 아동들의 경우, 동시에 분석적인 사고를 고려하면서 전체적인 이해에 역점을 둔 활동들을 설계하는 데 중점을 두어야 한다.

예를 들어, Banner 선생님은 이웃에 관한 단원을 실행할 때, 그녀와 그녀의 3학년 학생들은 처음에 전체 이웃들에 대해 그리고 그 속에 있는 모든 사람들과 장소들에 대해 이야기할 수 있다(전체적인 사고). 학생들은 자신들의 집, 학교, 교회, 가게 등에 관한 사본들을 구축하고-그것은 분석적인 사고를 개발할 수 있다-, 이웃에 관한 전체적인 심상을 얻기 위하여 그 사본들을 큰 플로어맵(floor map) 위에 올려놓는다(전체적). 학생들은 이웃 사람들 그리고 그들의 주요한 특징에 대해 생각하고(분석적 사고), 그런 다음 정확한 행동에 대하여 너무 정확하지 않게 서로 상호작용하고 있는 그

들을 묘사하고 있는 인형극에 올려놓을 수 있다(전체적). Banner 선생님은 광범위한 전체 모습을 보여주기 위해 실제 도시지도를 보여주고(전체적), 그런 다음 이웃들을 자세히 묘사하고 있는 지도의 특정 부분에 집중할 수 있다(분석적).

중학교 교사들도 교수계획에서 스타일의 차이를 고려할 수 있다. 제2차 세계대전에 대한 수업에서, Teague 선생님은 그 전쟁의 전체적인 주제들과 근원적인 원인들을 논의함으로써 그리고 중요한 사건들과 인물들의 목록을 만듦으로써 전체적이고 분석적인 스타일 둘 다를 강조해야 한다. 학생 활동들은 그 전쟁의 근본원인이 된 중요한 문제들에 대한 논의(전체적 스타일)와 중요한 전투와 다른 활동들의 날짜들을 보여주는 타임라인들을 만드는 것(분석적 스타일)을 포함할 수 있다. 만약 Teague 선생님이 단지 한 가지 유형의 스타일만을 강조한다면, 지식을 다르게 처리하고 구안하는 학생들은 교수자료를 이해할 수 있는 자신들의 능력을 의심할 수 있는데, 그것은 학습에 대한 그들의 자기효능감과 동기에 부정적인 영향을 미칠 수 있다.

것은 초보 독자인 아동들이 문자의 속성에 초점을 둘 때 그들에게 특히 중요할 수 있다. 장의존적인 학습자들은 읽기 초기 단계 동안에 더 많은 문제를 겪을 수 있다.

범주화 스타일. 범주화 스타일(categorization style)은 대상들(objects)을 서로 유사한

것으로 인식하기 위해서 사용된 기준들을 말한다(Sigel & Brodzinsky, 1977). 범주화 스타일은 사람들이 대상들을 인지된 유사성에 기초하여 그룹지어야 하는 그룹화 과제를 통해 사정된다. 이것은 대상들이 여러 가지 방식들로 범주화될 수 있기 때문에 틀에 박힌 과제는 아니다. 동물그림 모음들로부터, 누군가는 고양이, 개, 토끼를 선택할 수 있고, 그룹화의 이유를 포유류이기 때문에, 털이 있어서, 달릴 수 있어서 등으로 말할 수 있다. 범주화스타일은 개인이 어떻게 정보를 조직하기를 선호하는지에 대한 정보를 드러낸다.

세 가지 유형의 범주화 스타일은 관계적, 기술적, 범주적 스타일이다(Kagan, Moss, & Sigel, 1960). **관계적(맥락적) 스타일**[relational(contextual) style]은 항목들을 하나의 주제 또는 기능(예: 공간적, 시간적)에 연결시키는 것이고, **기술적(분석적) 스타일**[descriptive(analytic) style]은 어떤 세부 또는 물리적 속성에 따른 유사성에 의해 그룹화하는 것을 수반하며, **범주적(유추적) 스타일**[categorical(inferential) style]은 대상들을 어떤 한 상위개념의 예로써 분류한다. 앞의 예에서, "포유류", "털", "달리다"는 각각 범주적, 묘사적, 관계적 스타일을 나타낸다.

유치원 아동들의 범주화는 기술적인 경향이 있다. 그러나 주제 유형의 관계적 반응도 우세하다(Sigel & Brodzinsky, 1977). 연구자들은 발달적 경향은 관계적 반응에서의 감소와 더불어 기술적이고 범주적인 분류를 더 많이 사용하는 쪽으로 나아간다고 말한다.

스타일과 학업성취도는 관련이 있지만, 인과적 방향은 불분명하다(Shipman & Shipman, 1985). 예를 들어, 읽기는 분석적 관계에 관한 인식(예: 미세한 변별)을 필요로 한다. 그러나 행해진 변별의 유형들은 그러한 변별을 해낼 수 있는 능력만큼이나 중요하다. 학생들은 변별의 유형들을 배웠다. 스타일과 성취도는 서로 영향을 미칠 수 있다. 어떤 스타일은 더 높은 성취도로 이끌 수 있고, 그 결과로 얻은 보상, 향상도에 관한 지각, 그리고 자기효능감은 그 스타일을 지속적으로 사용하도록 강화할 수 있다.

인지적 속도. 인지적(개념적, 반응적) 속도[cognitive(conceptual, response) tempo]는 Kagan(1966)에 의해 광범위하게 조사되었다. Kagan은 몇몇 아동들은 신속하게 반응하는 반면, 다른 아동들은 더 사려 깊고 시간이 걸린다는 것을 관찰했을 때, 범주화를 조사하기 시작했다. 인지적 속도는 "반응 불확실성의 상황에서 가설과 해결책의 정확성을 기하기 위해 잠시 멈추고 성찰하고자 하는"(Shipman & Shipman, 1985, p.251) 의지를 말한다.

Kagan은 아동들에게 사용할 수 있는 같은 그림 찾기(Matching Familiar Figures: MFF) 검사를 개발했다. MFF는 하나의 모범 그림이 6개의 가능한 짝들과 함께 제시되며, 그것들 중 하나는 완벽한, 12개 항목으로 된 모범 그림 맞추기 검사다. 종속변수들은 각 항목에 관한 초기 반응시간과 모든 항목 전체에서 틀린 개수다. 성찰적인 아동들은 시간에서는 중간 이상(더 길게)이지만 실수에서는 중간보다 낮은(더 적게) 점수를 받은 반면, 충동적인 아동들은 반대의 패턴을 보여준다. 다른 두 집단의 아동들은 빠르고-정확하고(두 척도에서 중간 이하), 느리고-부정확하게(두 척도에서 중간 이상) 반응했다.

　아동들은 특히 학령기 초에 발달해 감에 따라 더 성찰적이 된다(Sigel & Brodzinsky, 1977). 선행연구들은 어린 나이에는 소녀들이 더 높은 성찰적인 경향(reflectivity)을 보여주기 때문에 소년과 소녀들의 발달비율이 다르다는 것을 시사해 준다. 2년 이상 동안 점수들 간에 보통 정도의 정적 상관관계를 보인 것은 그러한 상관관계가 상당히 안정적임을 나타낸다(Brodzinsky, 1982; Messer, 1970).

　인지적 속도에 있어서의 차이는 지능점수와는 관련이 없지만, 학업성취도와는 상관관계가 있다. Messer(1970)는 다음 학년으로 진급하지 못한 아동들이 진급한 동료들보다 더 충동적이라는 것을 발견했다. 성찰적인 아동들은 적당하게 어려운 인식적, 개념적인 문제해결 과제들을 더 잘 수행하고 개념 획득과 유추적 추론 과제에서 성숙된 판단을 하는 경향이 있다(Shipman & Shipman, 1985). 성찰적인 경향은 산문 읽기, 연속 회상, 공간적 관점 가지기와 정적 상관관계가 있다(Sigel & Brodzinsky, 1977). 충동적인 아동들은 성찰적인 아동들보다 흔히 덜 집중하고 더 산만하며, 빠른 성공에 관심을 두고, 낮은 성취기준과 숙달동기를 보여준다(Sternberg & Grigorenko, 1997).

　인지적 속도의 교육적 관련성과 관련하여, 많은 사람들은 아동들이 덜 충동적이 되도록 훈련할 것을 제안해 왔다. Meichenbaum과 Goodman(1971)(제4장 참조)은 자기교수적 훈련이 충동적인 아동들의 실수를 줄여줌을 발견했다. 학생의 연습과 피드백이 통합된, 성찰적인 인지스타일에 관한 모델화된 시범은 변화의 수단으로써 중요한 것 같다.

　인지스타일은 교수와 학습을 위해 중요한 것 같다. 그래서 실천가들이 교수를 발달적으로 더 적합하게 만들기 위해 연구결과들을 적용할 수 있도록 시도하는 것을 가이드해 줄 수 있는 상당량의 발달연구들이 있다. 예를 들어, 시각적-공간적 스타일의 학습자들은 그래픽적인 시각물에 대한 정보를 더 잘 처리하고 학습할 수 있다(Vekiri, 2002). 동시에, 선행문헌으로부터 교수적 결론을 도출하기는 어려울 수 있다. 인지스타일과 능력 간의 차이는 분명하지 않고 논쟁의 여지가 있다(Tiedemann, 1989). 장독립성은 지능의 제 측면들과 동일한 뜻을 가지고 있을 수 있다(Sternberg & Grigorenko, 1997). 연구자들은 정보처리 프레임워크와 인간 인성의 구조 내에서의 스타일의 구성을 조사해 오고 있다(Messick, 1994; Sternberg & Grigorenko, 1997; Zhang & Sternberg, 2005).

　이상적으로, 교수의 조건은 학습자의 스타일과 일치할 것이다. 그러나 이 일치는 흔히 일어나지 않는다. 학습자들은 자신들의 스타일과 선호하는 일처리 방식을 내용과 수업방법을 포함한 교수조건들에 따라 조절할 필요가 있을 수 있다. 자기조절방법(제10장 참조)은 학습자들이 변화하고 있는 교수조건에 따라 조절하는 것을 도와준다.

　적성, 스타일 등에 있어서의 차이에도 불구하고 모든 학생들에게 동등한 학습기회들을 제공하기 위하여 교수조건들은 개별적인 차이들에 따라 맞춤화될 수 있다(Snow, Corno, & Jackson, 1996). 교사들은 교수환경의 여러 가지 측면들을 통제하는데, 이것은 교사들이 학생들의 차이에 따라 맞춤화할 수 있게 해준다. 이러한 측면들에는 조직 구조(전체 반, 소집단, 개별), 정규와 보충 교수자료, 테크놀로지의 활용, 피드백의 유형, 그리고 제시된 교수자료의 유형(촉각, 청각, 시각)이 포함된다. 교사들은 또한 새로운 교수자료를 이해하는 데 어려움을 겪는 학생들에게 처방적인 교수를 제공할 때, 적응적인 교수를 수행한다.

부모와 가족의 참여

이 장에서 살펴본 바와 같이, 학부모와 다른 가족구성원들은 아동들의 숙제를 도와주는 것, 함께 공부하기, 그리고 충고 제공하기와 같은 활동을 통해 직접적으로 아동들의 학습에 영향을 미칠 수 있다. 그러나 그들은 또한 아동들의 학습에 간접적으로 영향을 미칠 수도 있다. 예를 들어, 그들을 바람직한 활동과 사람들 쪽으로 유도하는 것이다. 이 절에서는 몇 가지 교수적인 적용을 제시한다.

한 가지 적용은 학부모와 다른 사람들이 학교클럽, 운동팀, 음악그룹과 같이 대부분의 참여자들이 긍정적인 성취신념(예: 자기효능감)과 행동들(예: 공부하기)을 보여주는 활동에 참여하도록 독려하는 것이다. 활동에 지속적으로 참여하고 싶은 학생들은 좋은 성적을 유지해야 하는데, 그것은 학생들이 시간 관리와 학습 기능을 개발할 수 있도록 도와줄 수 있다. 부모들과 다른 가족구성원들은 누가 아동들의 친구가 될 것인지를 통제할 수는 없지만, 아동들을 참가자들이 배우는 것과 성취하는 것을 가치 있게 여기는 집단에 들어갈 수 있도록 이끌어 줄 수 있다.

학부모들은 아동들의 교육과정 계획을 도와줄 수 있다. 특히 고등학교 학생들의 경우, 학부모들은 필수와 선택 강좌에 대해 논의하고 아동들이 학교 상담선생님과 이야기할 수 있도록 독려할 수 있다. 그러한 교육과정에 대한 상담이 아동들이 적당한 강좌들(너무 쉽거나 너무 어렵지 않은 과정들)을 선택할 수 있도록 도와주기 때문에 학습에 도움이 된다. 학습에 대한 자기효능감이 있는 아동들은 그 과정에서 학습동기가 유발될 것이다.

학부모와 가족구성원들이 아동들의 필수과업을 결정하고 그것을 완수하기 위한 적정량의 시간을 계획하는 것을 도와줄 때 아동들의 학습은 이익을 얻을 수 있다. 목표설정에 관한 연구는 현실적인 목표를 설정하는 것이 중요하다는 것을 강조한다(Locke & Latham, 2002). 학부모들은 반복적인 일과를 만들 수 있다. 예를 들어, 저녁 식사 전에 아동들은 그 날 저녁에 완수할 필요가 있는 것을 작성하고, 그런 다음 그 일을 완수하기 위한 대략적인 시간계획을 정한다. 아동들은 얼마나 많은 시간이 요구되는지에 대하여 비현실적일 수 있다. 따라서 학부모들은 아동들이 더 현실적인 시간 한계를 정하도록 도울 수 있다. 아동들은 과제들을 완수했을 때 그 과제들을 점검받을 수 있다. 향상도에 관한 인식은 학습을 위한 자기효능감을 형성할 수 있도록 도와준다.

　　학교활동에의 학부모 참여는 중요하다. 학교활동에 참여하는 부모들은 학교가 중요하고 자신들의 시간의 일부를 학교활동 참여에 기꺼이 소비하겠다고 하는 태도를 전달한다. 활동이 가치 있다는 믿음은 주요한 동기변수이고, 더 높은 동기는 더 나은 학습을 유인한다(Schunk & Pajares, 2009). 아동들이 점점 성숙해 감에 따라, 그들은 학부모들이 학교에 너무 공공연하게 참여하기를 원치 않을 수 있지만, 학부모의 실재에 주의를 끌지 않는 여러 가지 형태의 참여(예: PTA 모임, 학교 수행평가, 체육행사 등에 참여)가 있다.

　　미디어가 학습에 미치는 영향은 활동이 제한되고 교육의 다양성이 있을 때 유익하다. 미디어는 또한 학부모들이 방영된 프로그램을 공청(coviewing)할 수 있도록 해준다. 공청을 통해, 학부모들은 그 프로그램에 대해 아동들과 함께 논의하고 학습을 자극하기 위하여 아동들에게 질문을 할 수 있다(예: "너는 왜 그녀가 그렇게 했다고 생각하니?"). 공청은 또한 프로그램이 유익하고 학부모들이 공청하는 데 시간을 할애하고 있기 때문에 학습은 중요하다고 생각한다는 태도를 전달한다. 채널 목록을 체크함으로써, 학부모들은 교육적으로 중요한 것 같고 그래서 자녀들과 함께 그 프로그램들을 시청하려고 시간을 계획하는 몇 가지 프로그램들을 확인할 수 있다.

　　학부모와 가족의 참여는 여름방학과 같이 아동들이 학교에 있지 않은 기간 동안에도 중요하다. 아동들은 이러한 시간 동안, 특히 그들이 이 시간 동안 해야 할 일들이 많을 때, 학업성적과 학습동기를 상실할 수 있다. 학부모들이 몇몇 학술적인 학습을 지속할 수 있는 방법들에 대해 자녀들과 이야기하는 것이 바람직하다. 몇 가지 목표를 세우는 것(예: 읽을 책의 수)은 아동들이 학업에 초점을 두고 학습에 대한 동기를 유지할 수 있도록 도와줄 수 있다.

요약

학생이 속해 있는 학습의 맥락이나 공동체 또는 학습환경은 학생들의 학습에 중요한 영향을 미칠 수 있다. 맥락은 교사, 교실, 학교, 동료, 가족, 공동체, 문화와 같은 여러 가지 측면들로 구성된다.

　　교사는 수업과 학습이 잘 진행될 수 있는 효과적인 학습환경을 조성하는 데 책임이 있다. 좋은 교실조직과 관리 실제는 학습환경의 효과성을 증진한다. 또한 여섯 가지의 TARGET 변수들[과제(task), 권한(authority), 인식(recognition), 집단화(grouping), 평가(evaluation), 시간(time)]의 실행은 중요하다.

　　교실에 관한 또 다른 중요한 측면은 교사와 학생이 어떻게 상호작용하는가다. 긍정적인 상호작용과 학생의 동기 및 학습을 촉진시키기 위하여, 교사들은 학생의 향상도와 개발 방안들을 나타내는 피드백을 제공하고, 학생들의 학습을 지원하며, 모든 학생들이 학습할 수 있다는 생각에 기초하여 합리적인 기대를 가져야 한다.

　　동료는 학생들의 성취신념, 동기, 학습에 중요한 영향을 미칠 수 있다. 동료는 억제/탈억제, 반응촉진, 관찰학습과 함수관계를 가지고 있는 모델링을 통하여 영향을 미친다. 배경과 경험에서 동료와의 유사성은 관찰자의 동기와 학습에 영향을 미칠 수 있다.

　　학생이 연계되어 있는 동료네트워크 또는 대집단의 동료는 여러 가지 측면에서 서로 비슷한 학생들로 구성된다. 네트워크들은 사회적 상호작용을 위한 기회를 정의하고, 학생들이 다른 사람들의 상호작용을 관찰할 수 있도록 해주며, 활동에 대한 접근을 제공할 수 있도록 도와준다. 네트워크의 구성원들은 시간이 지남에 따라 더 비슷해지는 경향이 있다. 학부모들은 자녀들을 구성원들이 학습의 중요성에 대해 비슷한 신념을 가지고 있는 활동들에 참여하는 활동으로 유도하려고 노력할 수 있다.

　　학습에 미치는 가족의 영향은 SES, 가정환경, 학부모 참여, 그리고 전자미디어를 포함한다. SES는 학교의 사회화, 출석, 학교교육 연한과 관련이 있다. SES가 높은 가족은 더 큰 자본을 가지고 있고 아동들을 위해 더 많고 풍부한 기회를 제공한다. SES가 낮은 가족에 대한 조기 중재는 아동들이 학교를 준비할 수 있도록 도와준다. 가정환경의 영향은 유아기와 아동기 초에 가장 잘 드러난다. 아동들이 점점 더 나이가 들어감에 따라 그들의 사회적 네트워크는 확장되고 동료들은 더 중요하게 된다. 부모들은 아동들을 집단이나 활동에 참여시킴으로써 특정 궤도(trajectories)에 진입시킬 수 있다. 아동들에 대한 학부모의 기대는 아동들의 성취도와 정적 상관관계가 있다. Comer의 **School Development Program**은 학부모들과 공동체 구성원들이 학교계획에 참여하도록 한다. 아동들은 전자미디어를 통해 학습하고, 전자미디어에 대한 적절한 노출은 더 좋은 인지발달 및 학업성취와 관련이 있다. 아동들과 함께 미디어를 보는 학부모와 돌봄이들은 아동들이 학습을 증진할 수 있도록 도와줄 수 있다.

　　가족은 아동들의 동기와 학습에 중요하다. 아동들이 자신들의 행동을 조절하고 그 행동에 대한 책임을 가질 수 있도록 도와주는 동안, 가이드와 제한점을 제공하는 권위적인 양육 실제로부터 이익을 얻는다. 아동의 교육에 가족이 참여하는 것은 중요하다. 자원이 풍부하고 부모들이 아동들의 교육적 활동을 도와주는 가정은 학생의 학습과 성취도와 정적 관계를 가진다.

　　공동체의 영향은 위치와 참여를 포함한다. 학생 공동체가 자원에 대해 접근할 수 있고 교육적 경험을 자극할 수 있을 때, 학습은 혜택이 있다. 공동체 구성원들은 종종 학교행사나 공동체에의 현장학습에 참여함으로써 교육에 참여한다. 학교가 참여를 증진하기 위해 공동체 기관들과 파트너십을 가지는 것이 중요하다.

　　종종 학습과 성취에서 문화적 차이가 발견된다. 차이의 원인들을 결정하기 위해서 태도, 신념, 문화의 실제가 조사되어야 한다. 종종 문화 내에서도 커다란 차이가 있어서, 간

문화적 차이에 대한 일반화는 잘못될 수 있다. 신뢰할 만한 문화적 차이가 발견되었을 때, 학생들은 자신들의 학습 잠재력을 증진하는 데 목표를 둔 프로그램으로부터 이익을 얻을 수 있다.

　몇 가지 중요한 교수적 적용은 교사와 학생 간 상호작용, 학습스타일, 그리고 학부모 및 가족에 관한 분야들과 관련이 있다. 피드백을 구조화하고 칭찬과 비평을 효과적으로 사용하는 것을 포함하는 긍정적인 교실분위기를 제공하는 교사들은 학생들을 동기화시키고 그들이 학습을 증진할 수 있도록 도와준다. 학생들은 자신들이 선호하는 학습스타일에 차이가 있다. 교사들은 정보가 다양한 방식으로 전달되고 학생들의 활동이 다양화될 수 있도록 함으로써 스타일적인 차이를 고려할 수 있다. 학부모들은 학교활동에 참여함으로써, 그리고 아동들이 자신의 과제를 완수하고, 계획을 도와주며, 미디어가 학문적인 학습을 증진할 수 있도록 도와주기 위하여 미디어의 사용을 모니터링함으로써 학교 안 팎에서 아동들의 학교교육에 참여할 수 있다.

추가 읽을거리

Bradley, R. H., & Corwyn, R. F. (2002). Socioeconomic status and child development. *Annual Review of Psychology, 53*, 371-399.

Cole, M. (2010). Education as an intergenerational process of human learning, teaching, and development. *American Psychologist, 65*, 796-807.

Comer, J. P. (2001, April 23). Schools that develop children. *The American Prospect*, 30-35.

Cornelius-White, J. (2007). Learner-centered teacher-student relations are effective: A meta-analysis. *Review of Educational Research, 77*, 113-143.

Kirkorian, H. L., Wartella, E. A., & Anderson, D. R. (2008). Media and young children's learning. *The Future of Children, 18*(1), 39-61.

Rumberger, R. (2010). *Why students drop out of school and what can be done about it.* Cambridge, MA: Harvard University Press.

Sternberg, R. J., & Grigorenko, E. L. (2005). Are cognitive styles still in style? *American Psychologist, 52*, 700-712.

Chapter 12

다음 단계

설정은 제1장에서의 첫 장면과 동일하게 Russ Nyland의 인지학습 대학원 수업이다. 이 에피소드에는 Jeri Kendall, Matt Bower, 그리고 Trisha Pascella 세 명의 학생이 등장한다. 이들은 한 이론을 받아들여야 할지 아니면 다른 이론들을 끌어내야 할지 혼란스러워졌기 때문에 수업시간 후 Russ 교수와 이야기 중이다. Russ 교수는 학생들에게 어떤 종류의 이론가가 될 것인지 걱정하기보다는 자신이 학습에 대해 믿는 바와 관심 있는 학습이 무엇인지 정하는 것이 낫다고 조언하였다. 지금 학기 마지막 수업이 끝나고 세 명의 학생들이 Russ 교수와 이야기 중이다.

Russ 교수: 자, 수업은 어땠나요?

Jeri: Nyland 교수님, 교수님은 대단한 선생님이세요! 저희 식견을 열어 주셨고 생각할 주제를 많이 주셨어요. 교수님 수업은 교육학 학생들에게 큰 도움이 되는 수업이에요.

Russ 교수: 그렇게 말해주니 고맙습니다! 대학교수들이 그렇게 좋은 피드백을 받기는 어렵지요. 그렇다면 관심 있는 학습유형은 결정하였나요?

Matt: 저는 고등학교에서 수학을 가르치고 있어요. 구성주의가 저에게 잘 맞는 것 같아요. 특히 학생들이 기억네트워크를 구성하는 것이 문제해결에 있어 중요하다고 생각해요.

Trisha: 저는 학습행동 문제가 있는 아이들을 다룹니다. 사회인지이론은 모델링과 자기효능감을 강조하지요. 이런 아이들은 또래들에게 영향을 받기 쉽고 다수는 학습에 낮은 효능감을 보이고 있어요.

Jeri: 저는 학습동기의 역할이 중요하다고 생각합니다. 흥미, 가치, 목표 같은 개념들이 저의 교육방식과 잘 맞는 것 같아요. 학습과 마찬가지로 동기에 더욱 신경 쓸 겁니다.

Russ 교수: 학생들의 말을 들으니 참 뿌듯합니다. 관심사에서 출발해서 이런 개념들을 정립하기 시작하였군요. 앞으로 지속적으로 배우고 자신의 교수방법을 성찰하면서 여러분의 생각들을 수정할 수 있어요. 그럼 행운을 빌어요.

이제 교육적 관점에서 학습이론에 관한 공부는 끝이 나려 한다. Russ Nyland 교수가 그의 학생에게 조언하였듯이, 이제 학습에 대한 당신의 믿음과 추측을 검토할 때다. 이는 실제 여러분이 경험하는 학습현장에서 명확해질 것이며, 거기서 이론적 관점 또는 관련성 있는 관점들이 드러날 것이다. 자신의 학습에 대한 믿음과 추측을 검토하고 이들을 이론적 관점으로 배열하는 것이 다음 단계다.

학습문제

제1장에서 제기된 학습에 관한 여섯 가지의 질문과 자신이 기타 쟁점에 대해 가지고 있는 믿음에서부터 시작해 보자. 우선 자신의 일터부터 살펴보자. 여러분은 어린이, 청소년 아니면 성인을 가르치고 있을 수도 있다. 학교에 근무할 수도 있고 다른 상황에 있을 수도 있다. 학생들은 정상 학습능력을 가질 수도 있고 그렇지 않을 수도 있다. 전혀 다른 상황에서 일하고 있을 수도 있다. 자신이 처한 현 상황을 고려해서, 아래 쟁점들을 다루어 보자.

학습은 어떻게 일어나는가?

이것은 학습을 이해하는 데 있어 중추적인 질문이다. 어떻게 학습자가 모르는 상태에서 아는 상태로 옮겨 가는가? 배우는 과정은 학생에게 내적 과정(예: 믿음, 인지)이기도 하고 외적 과정(예: 교수적, 환경적 요인들)이기도 하다. 이들 중 여러분의 상황에는 어느 것이 더 중요한가? 여러분의 학생들, 학습내용, 환경을 떠올려 보라. 학생들이 어떤 상태인가? 학습내용이 사실기반인가 아니면 추론이 필요한 것인가? 어떻게 해야 학습내용이 가장 잘 학습되는가? 어떤 교육적 변수가 중요한가? 예를 들어, 학생들이 선생님 아니면 또래 모델로부터 배우는 것이 효과적일까? 개인적으로 아니면 집단으로 배우는 것이 더 나을까? 그 밖에 어떠한 환경적 요인(예: 그림, 기술, 토론)이 학습을 용이하게 하는가? 자신의 상황에 비추어 추측해 보고 중요하다고 믿는 학습과정에 대해 적어 보도록 하자.

기억은 어떻게 기능하는가?

질문: 학생들이 얼마나 기억해야 할까? 배우는 내용(예: 인지부하)이 얼마나 작업기억 및 장기기억을 요구하는가? 기억을 용이하게 하도록 자료를 조직화하는 방법이 있을까? 학

생들이 보다 나은 기억네트워크를 만드는 다른 방법이 있는가? 교수내용에 따라 기억에 부하되는 양이나 형태가 다르다. 여러분의 학습환경을 바탕으로 기억의 역할에 대해 자신이 가정하고 있는 바를 적어 보도록 하자.

동기는 어떠한 역할을 하는가?

사람은 동기가 없어도 학습이 가능하지만, 동기가 있다면 학습은 더욱 용이할 것이다. 여러분의 현 상황에서, 학생들의 배움에 대한 동기부여가 얼마나 중요한가? 동기가 중요하다면, 학생들에게 동기를 부여하는 방법에는 어떤 것이 있을까? 보상을 줄 것인가 아니면 목표를 설정할 것인가? 학생들의 학습에 있어 자기효능감을 어떻게 증진시킬 것인가? 학생이 자신의 성공과 실패에 대한 기능적인 귀인을 한다는 것을 어떻게 확신할 수 있는가? 학습의 가치에 대한 학생들의 인식을 어떻게 증진시킬 수 있을까? 만약 학습환경 속에 사회적 비교가 존재한다면, 이 상황이 동기에 어떻게 영향을 미치고 있는가? 자신의 현 학습 상황에 비추어 동기에 대해 생각하고 있는 바를 서술해 보자.

전이는 어떻게 일어나는가?

전이는 매우 중요하다. 왜냐하면 전이가 없으면 모든 학습이 특정한 주제와 장소에 국한되기 때문이다. 우리는 학생들이 배운 것들을 다른 주제와 상황에도 전이시키길 원한다. 어떻게 하면 학생들이 자신의 기술, 전략, 신념의 전이를 증대시킬 수 있을까? 학생들은 자신이 학습한 바의 다른 용도를 스스로 파악할 수 있는가 아니면 도움이 필요한 경향이 있는가? 만일 후자의 경우라면, 여러분은 어떻게 도움을 줄 것인가? 여러분은 학생들이 지식을 새로운 방법으로 적용시키거나 다른 선생님과 협력할 수 있는 기타 방법이나 계획 활동을 말해줄 것인가? 자신의 학습환경에 비추어 전이를 촉진할 수 있는 방법에 대해 생각하는 바를 적어보자.

자기조절학습은 어떻게 작동하는가?

자기학습은 핵심 교육목표이지만, 자주 간과되고 있으며 학생들이 스스로 선택할 수 있는 학습방법도 적다. 여러분은 학생들이 자기조절능력을 키우기를 원하는가? 자기조절학습이 자신의 상황에 중요한가? 만일 그렇다면, 이의 주요 요소는 무엇이며 교육에 어떻게 접목시킬 것인가? 자신이 처한 환경에 있어서 자기조절학습을 증진시키는 데 장애요인이 있는가? 만일 그렇다면, 어떻게 그것들을 최소화시킬 것인가? 자신의 상황에 비추어 자기조절학습에 대해 생각하는 바를 적어보자.

교수에 주는 시사점은 무엇인가?

앞의 다섯 가지 질문들에 대해 생각하는 바를 요약하면, 여섯 번째 질문에 대한 자신의 대답은 이미 나와 있을 것이다. 학습과정, 기억, 동기, 전이, 자기조절학습에 대한 생각에서 실제 학생들에게 적용할 수 있는 계획이 제시될 것이다. 이러한 결과는 콘텐츠의 구성, 제시 방법, 기술의 사용, 학습을 위한 학생 그룹, 학생 활동, 피드백과 평가를 위한 양식 등과 같은 다양한 교육적 측면을 보여줄 것이다. 자신의 학습환경에서 효과적인 교육적 접근에 대해 서술해 보자.

학습이론

이제 앞의 절들을 끝냈다면 이 책에서 논의된 학습이론 중 어느 것이 자신의 견해와 맞는지 확인할 준비가 되었다. 많은 학습이론들이 논의되었지만, 이들은 크게 조건형성, 사회인지, 인지정보처리, 구성주의의 네 가지 항목으로 묶을 수 있다(중복되는 바도 있음을 명심하자).

조건형성

(행동)조건형성이론은 환경적 변수에 초점을 두고 있다. 행동은 결과에 따라 작동한다. 학습은 조건형성에 따른 행동변화다. 학습을 용이하게 하기 위해서 여러분은 학생들이 올바르게 반응하고 그러한 반응을 강화시킬 수 있는 환경을 만들어야 한다. 학생들이 올바르게 반응하기 위해서는 자료의 구조화가 중요하다. 왜냐하면 학습은 작은 단계에서부터 이루어지기 때문이다. 비록 학생의 사고와 신념이 존재한다고 하더라도, 학습을 설명하기 위해서 그것들이 반드시 필요한 것은 아니다.

사회인지

사회인지이론은 학습이 행동하거나 타인을 관찰하는 것에서 이루어진다고 가정한다. 학습 과정은 기술과 전략을 설명하거나 시범을 보이는 모델을 통해 향상될 수 있다. 학습은 강화가 없이도 가능할 수 있다. 강화는 학생들에게 자신의 작업의 정확성을 알려주고 계속 발전시킬 수 있도록 동기부여를 하는 피드백의 일종이다. 동기는 더 나은 학습으로 이끄는 역할을 한다. 학습을 용이하게 하는 중요한 개인적 변수는 자기효능감, 결과 기대,

목표, 가치, 자기조절과정이다.

정보처리

정보처리이론은 학습이 기억네트워크를 형성하는 데 관여한다고 주장한다. 정보는 작업기억으로 처리, 인지 및 전이되고, 장기기억에 저장된 정보와도 관련된다. 조직화, 정교화, 회상과 같은 과정은 기억네트워크를 형성하는 데 도움이 된다. 이러한 이론들은 뇌 연구의 결과와도 일치한다. 정보처리이론은 정보의 습득, 저장, 검색에 초점을 두고 있는 반면, 상대적으로 동기화 과정에는 관심이 적은 편이다.

구성주의

사회인지와 정보처리이론과 같은 구성주의이론은 근본적으로 인지주의에 근거하고 있다. 구성주의는 학습자 스스로의 지식과 신념 구성을 상당히 강조하고 있다. 학습은 학습자가 자신의 환경에서 정보를 얻고 현재 가지고 있는 지식과 접목시키는 과정이다. 사회적 상호작용을 강조하는 교수방법은 학습자의 지식 구성 과정에 도움을 줄 수 있다.

결론

자신만의 학습이론적 관점을 개발시키는 위해서는 학습에 대한 핵심적 쟁점과 여러 이론들이 강조하는 바에 대한 자신의 생각뿐만 아니라 그 외 요인들도 검토해야 한다. 이러한 그 외 요인들은 맥락에 따라 달라진다. 예를 들어, 발달적 요소는 학생들의 학습 능력에 제약이 된다. 성인학습자에게 가능한 학습유형은 아동들에게 기대되는 학습유형과는 다를 것이다. 만약 여러분의 학습환경에 기술적으로 풍부한 자원이 있다면, 여러분은 학생들이 이러한 테크놀로지로부터 어떻게 잘 학습할 수 있을지를 고려할 수 있을 것이다. 만일 여러분의 학생들에게 인지적 제한이 있다면, 그것을 고려해서 교수방법이 달라질 것이다.

여러분이 자신만의 학습이론을 구성함에 있어, 이것이 한 번만에 이루어지는 활동이 아니라는 것을 명심하자. 학습이론은 한 번 만들어지고 나서 변화 없이 지속되는 것이 아니다. 제1장에서 설명한 바와 같이, 우리는 연구를 통해 이론적 가정들을 검증한다. 연구에 의해 검증되지 못한 가정들은 이론적 재검토 및 수정이 필요하다. 이러한 과정은 여러분에게도 동일하게 적용된다. 여러분은 일련의 신념을 갖고 있을 수 있지만 그러한 신념이 여러분이 바라는 학습결과를 달성하지 못함을 발견할 수 있다. 이것이 바로 자신의 신념을 재검토해야 하는 신호인 것이다.

여러분의 다음 단계에 행운이 함께하길 바란다. 이 책을 다 읽고 나면 자신의 환경에서 어떻게 교수 및 학습과정을 향상시킬지에 대해 명확한 그림을 그리게 될 것이다. 이러한 지식은 여러분의 삶과 학생들의 삶에 지대한 영향을 미치게 될 것이 분명하다!

용어해설

가상현실(Virtual Reality): 입력 및 출력장치를 합체하여 학생들이 인공적인 환경을 실제 세계인 것처럼 경험하고 상호작용할 수 있도록 하는 컴퓨터기반의 기술

가설(Hypothesis): 경험적으로 검증될 수 있는 가정

가소성(Plasticity): 경험 결과에 따라 뇌의 구조와 기능을 바꿀 수 있는 뇌의 능력

가역성(Reversibility): 조작을 반대 순서대로 배열할 수 있는 인지 능력

가치(Value): 인지된 학습의 중요도 또는 유용성

각본(Script): 자주 반복되는 사건의 심적 표상

간격계획(Interval Schedule): 강화가 특정 기간 이후 행해진 처음 반응에 대해 주어지는 것

간섭(Interference): 기억네트워크 간에 활성화되는 것을 막는 것

간헐강화(Intermittent Reinforcement): 모든 반응에 대해서가 아닌 몇 개의 반응에 대한 강화

감각등록기(Sensory Register): 입력을 수용하고, 감각의 형태로 잠시 보관하며, 작업기억으로 옮기는 정보처리 상태

감각운동기(Sensorimotor Stage): Piaget의 인지발달 단계 중 첫 번째 단계로, 출생 후부터 대략 2세까지를 말함

감정(Emotion): 흔히 오래 지속되지 않고, 집중적이며, 구체적인 느낌

감정(Mood): 흔히 특정한 선행사건 없이 확산되는 일반적 느낌

강화(Reinforcement): 반응의 강화를 유도하는 어떠한 자극이나 사건

강화계획(Schedule of Reinforcement): 강화가 적용되었을 때

강화사(Reinforcement History): 개인이 같거나 유사한 행동을 수행하도록 이전에 강화되었던 것을 연장시킴

강화이론(Reinforcement Theory): 행동이론(Behavior Theory) 참조

강화자극(Reinforcing Stimulus): 반응 여하에 조건적이며 변별자극이 제시됨에 따라 향후에 반응을 보일 가능성을 높이는 작동적 조건형성 수업모형

개념(Concept): 공통된 특성(결정적인 속성)을 공유하고 있는 명명된(labeled) 일련의 대상, 상징, 사태들

개념학습(Concept Learning): 속성들을 밝혀내고, 그것들을 새로운 예들(examples)로 일반화하고, 예들과 비예들(non-examples)을 변별하는 것

개인적 화술(Private Speech): 사회적 의사소통은 할 수 없지만 자기조절 기능은 있는 말하기 현상

걸이단어법(Pegword Method): 숫자 운율에 맞춰 단어를 짝을 지어(예: one is bun, two is a shoe 등) 기억하는 기억법. 각각의 학습하고자 하는 물건의 이미지를 만들어 내어 이것에 상응하는 대상의 이미지와 연결시킴. 기억을 상기시킬 때, 학습자는 짝지은 운율을 기억하면 됨

게임(Game): 교수자료를 스포츠, 모험, 또는 환상과 연계함으로써 즐거운 학습 맥락을 조성하는 활동

결과 기대(Outcome Expectation): 예상되는 행동 결과에 대한 믿음

경험주의(Empiricism): 경험이 지식의 유일한 원천이라고 보는 주의(doctrine)

계열학습(Serial Learning): 제시된 순서대로 자극을 기억해 내는 것

고전적 조건형성(Classical Conditioning): 중립적인 자극들이 무조건적인 자극과 반복적인 짝을 지음으로써 반응을 방출하도록 조건화된다는 Pavlov의 이론을 위한 기술적인 용어

고차원적 조건형성(Higher Order Conditioning): 새롭고 중성적인 자극을 조건화하기 위해 두 개의 자극을 짝지음으로써 조건 자극을 사용

과잉정당화(Overjustification): 어떠한 목표를 위해(예를 들어, 보상) 작업을 열심히 한 결과 다음 활동 참여에 본질적 흥미(동기)가 감소하는 현상

과정−산출연구(Process−Product Research): 교수과정의 변화와 학생의 학습결과에 관련된 연구

과제관여(Task Involvement): 학습을 목표로 보고 자기 자신보다 과제 요구사항에 집중하는 동기상태

관찰학습(Observational Learning): 모델을 관찰한 사람에게 생기는 새로운 행동패턴. 모델링 이전에, 그 행동은 동기적인 장려가 있더라도 관찰자에 의해 일어날 가능성이 전혀 없어야 함

공통 방향(Common Direction) 동일한 방향의 패턴이라 흐름으로 구성되어 있는 것처럼 보이는 지각적인 장의 요

소들은 하나의 그림으로 인지된다.

교수의 질(Instructional Quality): 교수가 학습자의 수행과 학습에 대한 태도를 증진하는 데 얼마나 효과적, 효율적, 매력적, 경제적인지에 대한 정도

교수적 스캐폴딩(Instructional Scaffolding): 스캐폴딩 (Scaffolding) 참조

교수적 자기효능감(Instructional Self-Efficacy): 학습자가 학습하는 데 도움이 되는 자신의 역량에 대한 개인적인 신념

구두반응(Oral Responses): 구두화된 질문이나 질문에 대한 대답

구성주의(Constructivism): 학습은 맥락 속에서 일어나며 학습자들은, 상황에서의 그들의 경험과 함수관계에 있는, 자신들이 배우고 이해한 것 중 많은 것을 형성 또는 구성한다고 주장하는 주의(doctrine)

구성주의이론(Constructivist Theory): 구성주의 (Constructivism) 참조

구조주의(Structuralism): 사고는 생각의 연합으로 구성되어 있으며, 사고의 복잡성을 연구하기 위하여 생각의 연합을 단일의 생각으로 깨뜨려야 한다는 주의

구체적 기능(Specific Skill): 특정 영역(예: 뺄셈에서 받아 올림)에만 적용되는 기능

구체적 조작기(Concrete Operational Stage): Piaget의 인지발달 단계 중 세 번째 단계로, 대략 7~11세의 나이를 포함

구치행동(Molar Behavior): 목표지향적인 광범위한 행동의 연속

국면계열(Phase Sequence): Hebb의 이론에 따른 일련의 세포조합

귀납적 추론(Inductive reasoning): 구체적인 예에 근거해 일반적인 원리들을 형성하는 과정

귀인(Attribution): 타인 또는 자신의 행동의 원인을 추리하는 과정 또는 그 결과로 외부적인 행동에 기초해 인간의 상태를 해석하고 이해하고자 하는 과정

귀인 재훈련(Attribution Retraining): 학습자들의 귀인적인 신념, 특히 역기능적인 귀인(예: 낮은 능력에 귀인한 실패)을 동기나 학습에 기인하는 신념(적은 노력에 기인한 실패)으로 바꾸는 데 초점을 둔 중재전략

균형이론(Balance Theory): 사람들이 사람, 상황, 사태 간의 관계들을 균형을 이루려고 하는 경향을 강조하는 이론

그룹핑 구조(Grouping Structure): 재능을 학생들의 목표에 연계시키기 위한 교수방법. 협동적(cooperative)-긍정적인 연계; 경쟁적(competitive)-부정적 연계; 개별적(individualistic)-연계 없음

근적외선광학단층촬영법(Near-Infrared Optical Topography(NIR-OT)): 근적외선 광선을 방사하여 두피를 뚫고 뇌의 피질에 반사된 후 두피를 통해 돌아오는 고차원적 뇌 기능을 탐색하기 위한 비침습적 기술

근접발달영역(Zone of Proximal Development(ZPD)): 적절한 교수조건이 주었을 때 학생이 할 수 있는 학습량

근접성(Proximity) 개념적인 장 속에 있는 요소들은 공간과 시간상의 밀접성에 따라 동일한 부류에 속해 있는 것처럼 보인다.

근접성(Contiguity); 근접조건형성(Contiguous Conditioning): 학습이란 반응을 자극 또는 상황과 함께 시간상 밀접하게 짝지음으로써 기인한다고 보는 Guthrie 이론의 기본원리

긍정적 존중(Positive Regard): 존중, 호감, 따뜻함, 공감, 수용 같은 감정들

긍정적 자아존중(Positive Self-Regard): 자기 경험에서 나오는 긍정적인 감정

기능성자기공명영상법(Functional Magnetic Resonance Imaging(fMRI)): 뉴런이 활성되고 혈액의 흐름을 초래하는 정신적 과제의 수행에 의해 유발되는 뇌에서 자기적 흐름을 측정하는 테크놀로지. 반응하는 지역을 보여주기 위하여 휴식기에 뇌의 이미지를 비교하는 이미지

기능적 고정화(Functional fixedness): 어떤 상황에서 대상이나 요소의 새로운 스타일들이 상이하게 사용될 수 있다는 것을 인지하지 못하는 것

기능적 행동분석(Functional Analysis of Behavior): 행동이 외적 변인과 함수관계에 있는지를 결정하는 과정

기능주의(Functionalism): 살아있는 유기체의 정신적 과정과 행동이 그들이 자신들의 환경에 적응하는 데 도움이 된다고 주장하는 주의(doctrine)

기대-가치 이론(Expectancy-Value Theory): 행동은 특정 결과와 행동 수행의 결과로 그 결과를 습득하는 것에 관한 기대와 함수관계에 있다고 주장하는 심리학적 이론

기술적 연구(Descriptive Research): 질적 연구(Qualitative Research) 참조

기억술(Mnemonic): 학습할 것을 이미 알고 있는 정보와 연관시켜 의미를 부여하는 학습법

기형발생물질(Teratogen): 배아나 태아의 발달상에서 기형을 유발시킬 수 있는 이물질

나선형 교육과정(Spiral Curriculum): 학생들이 학교교육 과정을 밟아감에 따라, 동일한 주제를 복잡성의 단계를 높여가며 사전지식을 발전시키는 것

내면화(Internalization): 사회적 환경으로부터 습득된 정보를 자기조절 통제 메커니즘으로 변형하는 것

내성법(Introspection): 개인들이 대상이나 사태에 대한 노출된 직후 그들의 즉각적인 지각을 언어적으로 보고하

는 자기 분석의 한 유형

내인적 구성주의(Endogenous Constructivism): 인간은 심상적인 구조를 기존의 구조로부터 구성하지 환경으로부터 직접적으로 구성하지는 않는다고 주장하는 구성주의적 관점

내재적 동기(Intrinsic Motivation): 어떠한 분명한 보상 때문에 과제에 참여하는 것이 아니라 활동 자체 때문에 참여하는 것(활동이 수단이자 목적)

내재적 인지부하(Intrinsic Cognitive Load): 습득될 지식의 교체할 수 없는 속성들에 의해 정보처리시스템에(특히 작업기억에) 놓여있는 요구

네트워크(Network): 장기기억에 저장된 밀접하게 연관된 명제들의 집합

네트워킹(Networking): 다양한 장소의 컴퓨터들이 중앙-주변장치에 서로 연결되어 있는 것

뇌(Brain): 인지, 동기, 감정을 조절하는 신경계에 있는 주요 장기

뇌간(Brainstem): 아래쪽 뇌와 중간 뇌 및 뇌반구를 연계하는 중앙신경계의 일부분

뇌량(Corpus Callosum): 좌반구와 우반구를 연결하는 뇌 속에 있는 일련의 섬유조직

뇌파검사(EEG): 뉴런의 움직임에 의해서 초래되고 뇌질환을 조사하기 위해 사용되는 전자적인 패턴 측정

뉴런(Neuron): 근육과 장기를 통해 정보를 주고받는 뇌 세포

능력 개념(Conception of Ability): 지능(능력)의 본질과 그것이 어떻게 지속적으로 변화하는지에 대한 신념/이론

다차원 교실(Multidimensional Classroom): 학생들의 다양성을 위해 많은 활동을 제공하는 교실

단기기억(Short-Term Memory(STM)): 작업기억(Working Memory) 참조

단순성(Simplicity) 사람들은 인지적인 장을 간단하고 규칙적인 특성으로 조직화한다.

단일이론(Unitary Theory): 모든 정보가 장기기억 속에서 언어부호로 표현된다고 상정하는 이론

대뇌(Cerebrum): 좌반구와 우반구를 포함한 뇌의 가장 넓은 부분. 인지와 학습에 관여함

대뇌피질(Cerebral Cortex): 대뇌의 얇고 외부면을 덮고 있는 것

대리학습(Vicarious Learning): 실제적이거나 상징적인 모델을 관찰하는 것과 같이 외적 수행 없이 일어나는 학습

대응-의존행동(Matched-Dependent Behavior): 모델의 행동과 일치하며(같으며) 모델의 행위에 종속된(유도된) 행동

대처모델(Coping Model): 관찰자들에게 처음에는 전형적인 두려움과 결여를 보여 주지만 점차 그(녀)의 역량에서 향상된 수행과 자아신뢰감을 보여주는 모형

대화법(Dialogue): 학습과제에 참여하는 동안 두 사람 이상 간의 대화

대체강화물(Backup Reinforcer): 일반화된 강화물로 교환받은 강화물

도구(Tools): 한 문화의 사물, 언어, 사회제도

도식(Schema): 많은 양의 정보를 의미 있는 체계로 조직하는 인지 구조

도식화(Mapping): 중요한 개념을 판별하고 이들의 연관관계를 구체화시키는 학습테크닉

도식이론(Schema Theory): 사람들이 도식(관련된 정보로 조직된 기억구조)을 어떻게 발달시키는가를 설명하는 이론

도제교육(Apprenticeship): 비경험자는 전문가와 함께 직접 일을 경험으로써 학습해 가는 과정

도파민(Dopamine): 약과 술의 즐거운 효과에 뇌를 보다 더 민감하게 이끌 수 있는 화학적 신경전달체

동기(Motivation): 목표지향 활동을 착수하고 유지하는 과정

동기상태(Motivational State): 감정, 인지, 행동을 포함하는 복합적 신경 연결

동기화된 학습(Motivated Learning): 단순히 활동을 완료하기보다 새로운 지식, 기술, 전략을 습득하기 위한 동기

동시학습(Synchronous Learning): 실시간 상호작용

동일요소설(Identical Elements): 어떤 반응을 학습된 상황과 다른 상황에 적용하는 것은 그 두 상황에 공통되는 특성(자극)의 수에 따라 달라진다고 주장하는 전이에 대한 시각

동화(Assimilation): 자신이 이미 가지고 있는 도식, 또는 구조 속에 위계의 대상들을 받아들이는 인지과정

두정엽(Parietal Lobe): 촉각을 담당하는 뇌엽. 신체를 움직이는 기능과 시각적 정보를 통합시키는 역할을 담당

또래튜터링(Peer Tutoring): 기능을 습득한 학생이 그렇지 않은 학생에게 이를 가르쳐 주는 것

또래협력(Peer Collaboration): 학생들이 함께 공부하고, 그들의 사회적 상호작용이 교육적인 기능을 하는 학습

망각(Forgetting): 간섭이나 부적절한 인출 단서 때문에 기억으로부터 정보를 잃거나 또는 정보를 회상하지 못하는 것

망상체(Reticular Formation): 자율신경계를 담당하는 뇌의 부분으로 감각입력을 통제하며 의식활동과 관련

맥락(Context): 개인들이 위치해 있는 공동체 또는 학습환경

멀티미디어(Multimedia): 컴퓨터의 기능과 영화, 영상, 음

향, 음악, 글과 같은 다른 매체를 결합시킨 기술

메아리(Echo): 가청음에 대한 감각적 기억

메타인지(Metacognition): 인지행동을 의도적으로 의식을 통제하는 것

멘토링(Mentoring): 조언과 훈련의 맥락에서 학생 또는 다른 전문가들에게 기술과 전략을 가르치는 상황

명제(Proposition): 참 또는 거짓으로 판정될 수 있는 정보의 가장 작은 단위

명제네트워크(Propositional Network): 장기기억 속에 교점이나 단편적인 정보로 이루어진 상호 관련된 구조

모델링(Modeling): 하나 또는 다수의 모델을 관찰함으로써 이뤄지는 행동적, 인지적, 그리고 정서적인 변화

모방(Imitation): 다른 사람의 관찰된 행동과 언어를 답습하는 것

목적적 행동주의(Purposive Behaviorism): (물체 전체의) 목적 지향적 행동의 거대한 연속들에 관한 연구를 강조하는 Tolman의 이론에 따른 서술적 용어

목표(Goal): 어떤 사람이 의식적으로 수행하고자(습득하고자) 하는 행동

목표설정(Goal Setting): 행동의 목표로 쓰일 기준 또는 목표를 설정하는 과정

목표지향(Goal Orientations): 학문적인 과제에 참여하고자 하는 이유

몰입(Flow): 어떤 활동에 완전한 참여

무의미철자(Nonsense Syllable): 존재하지 않는 말(nonword)을 만드는 세 단어(자음-모음-자음)의 조합

무전이(Zero Transfer): 이후의 학습에 전혀 효과가 없는 학습

무조건 반응(Unconditioned Response(UCR)): 무조건적 자극에 의해 일어나는 반응

무조건 자극(Unconditioned Stimulus(UCS)): 자연스러운 반응을 불러일으키는 자극

무조건적인 긍정적 존중(Unconditional Positive Regard): 무조건적으로 가치를 부여하고 수용하는 태도

묶음(Chunking): 정보를 유의미하게 묶는 것

문법(Grammar): 언어를 통제하는 기저가 되는 추상적인 일련의 규칙들

문제(Problem): 목표를 이루기 위해 방법을 찾아야만 하는 상황

문제공간(Problem Space): 시작단계, 목표단계, 그리고 하위목표에 이르게 하며 조작을 적용하게 하는 가능한 모든 해결 통로로 구성된 문제해결 상황

문제해결(Problem Solving): 자동적 해결책이 없는 상황에서 목표를 달성하기 위한 노력

문화(Culture): 어떤 집단의 공유된 규범, 전통, 행동, 언어, 지각

미메시스(Mimesis): 모방(Imitation) 참조

민 모델(Min Model): 큰 가수부터 시작하여 점점 작은 수를 계산에 넣는 계수방식

민감한 시기(Sensitive Period): 일정 형태의 발달이 잘 진행되는 시기

반응속도(Response Tempo): 인지(반응)속도(Cognitive (Response) Tempo) 참조

반응촉진(Response Facilitation): 모델의 행동에 의해 관찰자들의 이전에 학습된 행동이 촉진되는 것

발견교수법(Heuristic): 통상적으로 해결책을 제시해 주는 원리들(철칙)을 사용하는 문제해결 방법

발견학습(Discovery Learning): 실제 경험을 통해 가설을 공식화하고 검증함으로써 지식을 습득하는 귀납적 추론의 한 유형

발달(Development): 순차적인 패턴을 따르며 생존을 연장하는, 인간에 있어서의 지속적인 변화

발달 상태(Developmental Status): 어떤 개인이 현재의 발달 수준에서 행할 수 있는 것

발달적으로 적합한 교수(Developmentally Appropriate Instruction): 학습자들의 발달 수준에 부합하는 교수

발성사고법(Think-Aloud): 과제수행 중에 참여자가 생각과 행동, 느낌을 소리 내어 말하게 하는 연구절차

백지상태(Tabula Rasa): 학습자의 원래 상태(비어있는 도화지)

버기 알고리즘(Buggy Algorithm): 수학적 문제를 해결하기 위한 올바르지 못한 규칙

범주 군집화(Categorical Clustering): 유사한 의미나 동일한 범주 속에 있는 구성원들에 기초한 집단 속에 있는 항목들을 회상

범주화 스타일(Categorization Style): 대상들을 서로 비슷한 것으로 인식하기 위해 사용되는 기준들을 일컫는 인지스타일

베르니케영역(Wernick's Area): 뇌의 좌반구에 위치하며, 음성 이해와 말할 때 올바른 문법 사용에 관여

변별(Discrimination): 자극에 따라 다르게 반응하는 것

변별 자극(Discriminative Stimulus): 어떤 사람이 조작적 조건형성 모형에서 반응하는 자극

변증법적 구성주의(Dialectical Constructivism): 지식은 인간과 환경과의 상호작용으로부터 도출된다고 주장하는 구성주의적 관점

본능(Instinct): 자연적인 행동 또는 역량

본유적 인지부하(Germane Cognitive Load): 상황적 요인들에 기인하는 내재적 인지부하에 필수적인 외적 인지부하가 합해진 것

부적 강화(Negative Reinforcer): 반응에 의해 제거되었을 때 그 상황에서 일어날 반응이 미래에 다시 일어날 개연성이 증가하는 자극

부적 전이(Negative Transfer): 선행학습이 후속학습을 더 어렵게 만드는 것

부호화(Encoding): 부호화시 제공되었던 신호와 인출시 신호가 일치할 때, 장기기억으로부터 정보를 인출하기가 쉽다는 개념

부호화 특수성 가설(Encoding Specificity Hypothesis): 장기기억으로부터 정보의 인출은 인출 단서가 부호화 동안 제시된 인출 단서들과 일치할 때 극대화된다는 생각

분지형 프로그램(Branching Program): 학습자들이 자신들이 얼마나 잘 수행하였는가에 따라 다른 순서들을 따르도록 설계된 프로그램 교수의 한 유형

불가역성(Irreversibility): 일단 어떤 것이 일어나면 그것은 바꿀 수가 없다는 인지적 신념

브레인스토밍(Brainstorming): 문제를 정의하고, 가능한 해결책을 생성해 내며, 해결책을 판단하기 위하여 사용할 기준을 결정하고, 최상의 해결책을 선택하기 위해 기준을 적용하는 것으로 구성된 문제해결전략

비계(Scaffolding): 학습자 능력 밖의 과제요소를 통제하여 학습자가 빨리 파악할 수 있는 과제특성에 집중하고 숙달할 수 있도록 하는 과정

비교조직자(Comparative Organizer): 익숙한 교수자료를 가지고 유추를 함으로써 새로운 교수자료를 도입하는 선행조직자의 한 유형

비동시학습(Asynchronous Learning): 실제적으로 상호작용이 일어나지 않음에도 불구하고 학습이 일어나는 과정

비디오 결핍증(Video Deficit): 어린 아동이 비디오로부터 습득하는 실제적 경험과 비교하여 떨어지는 학습

비사용의 법칙(Law of Disuse): 상황과 반응의 연계의 강도는 연계가 상당기간 동안 행해지지 않으면 줄어든다고 주장하는 연습의 법칙(Law of Excise)의 하나

비율계획(Ratio Schedule): 반응의 횟수에 기반을 둔 강화계획

비차별화된 과제 구조(Undifferentiated Task Structure): 모든 학생들이 같거나 비슷한 과제에 임하며, 소수의 교수자료나 방법만이 사용되는 수업상황

비판적 사고(Critical Thinking): 무엇을 할 것인지 또는 무엇을 믿는지를 결정하는 데 초점을 둔 성찰적 인지활동

비학습(Unlearning): 망각(Forgetting) 참조

빈도수(Frequency Count): 특정 시간 동안 일어난 행동의 빈도

사건관련 전위(Event-Related Potentials): 개개인이 다양한 과제에 전념하는 동안 측정된 뇌파에서의 변화

사용의 법칙(Law of Use): 상황과 반응의 연계의 강도는 연계가 행해질 때 증가한다고 주장하는 연습의 법칙(Law of Excise)의 하나

사적 사태(Private Events): 개인만이 이해할 수 있는 생각이나 느낌

사전결정 과정(Predecisional Processes): 결정하고 목표를 설정하는 것과 관련된 인지 활동

사정(Assessment): 학생들의 상태를 교육적인 변인들의 측면에서 결정하는 과정

사회경제적 지위(Socioeconomic Status(SES)): 자본(자원, 재산)을 표시하는 서술적 용어

사회인지이론(Social Cognitive Theory): 학습에 있어 사회적 환경의 역할을 강조하는 인지이론

사회적 구성주의(Social Constructivism): 기술과 지식의 습득에 있어 개인의 사회적 상호작용의 중요성을 강조하는 구성주의적 견해

사회적 비교(Social Comparison): 개인의 신념과 행동을 다른 이의 것과 비교하는 과정

사회적으로 중재된 학습(Socially Mediated Learning): 사회문화적 환경의 요인으로부터 영향을 받은 학습

사후결정 과정(Postdecisional Processes): 목표설정 이후의 인지 활동

산출(Production): 사건에 대한 시각적이고 상징적인 개념을 행동으로 바꾸는 것

산출 결함(Production Deficiency): 수행을 향상시킬 수 있는 과업과 관련된 언어화에 실패

산출시스템(산출)(Production System(Production)): 조건-행동 연속(규칙)으로 이루어진 기억망으로, 조건은 시스템을 가동시키는 상황을, 행동은 그로 인해 일어나는 활동을 말함

삼단논법(Syllogism): 항상, 전혀 그렇지 않거나 약간만 그러한 명제나 결론을 포함한 연역적 추리 문제

상관관계연구(Correlational Research): 연구자가 변수들 간에 자연적으로 존재하는 관계들을 탐색하는 연구

상대주의(Relativism): 모든 형태의 지식은 학습자에 의해 구성되고, 특히 사회의 동의를 반영한다는 점에서 정당화될 수 있다는 학설

상보적 수업(Reciprocal Teaching): 교사가 먼저 시범을 보이고 그 후에 교사와 학생이 서로 역할을 바꾸는 교사와 학생 간의 쌍방향 대화

상징적 표상(Symbolic Representation): 상징적 체계로 지식을 표현하는 것(예: 언어, 수학기호)

상향식 처리(Bottom-Up Processing): 특징의 분석으로부터 유의미한 표상을 형성하는 데로 나아가는 시각적 자

극의 패턴인지

상황인지(학습)(Situated Cognition(Learning)): 사고는 물리적이며 사회적 맥락 속에 존재한다는 개념

생산적 사고(Productive Thinking): 문제해결(Problem Solving) 참조

생성-검사전략(Generate and Test Strategy): 가능한 문제의 해결책을 생성하고(생각하고) 그것의 효과성을 검사하는 문제해결전략

서술(Narration): 행동과 그것의 발생 맥락을 글로 쓴 것

선명한 심상(Eidetic Imagery): 이미지가 조각들로 보이다가 사라지는 사진 같은(photographic) 기억

선언적 지식(Declarative Knowledge): 어떤 것이 그 사례인 지식. 즉, 사실, 신념, 조직화된 구문, 이야기의 사태에 관한 지식

선행간섭(Proactive Interference): 이전의 학습이 새로운 학습을 더 어렵게 만드는 것

선행조직자(Advance Organizer): 선행연구를 바탕으로 학습 외부에 나타나는 확장 영역과 새로운 자원을 재조직하여 연결을 돕는 장치

설명식 수업(Expository Teaching): 교수자료가 일반적인 아이디어 다음에 구체적인 요점들이 조직화되고 유의미한 방식으로 제시되는 연역적 교수 전략

설명조직자(Expository Organizer): 새로운 교수자료가 개념 정의, 일반화와 함께 소개되는 선행조직자의 한 유형

설문지(Questionnaire): 응답자들의 행동이나 생각, 사고를 묻는 질문이나 항목들이 제시된 상태

성공에 대한 희망(Hope for Success): 성공할 가능성에 관한 어떤 사람의 주관적인 추정으로부터 도출된 성취목표에 접근하고자 하는 경향성

성장, 증가(Accretion): 기존에 존재하는 인지구조에 새로운 정보가 습득, 부호화되어 질적, 양적으로 증가되는 과정

성찰적 수업(Reflective Teaching): 학생, 상황, 심리적인 과정, 학습, 동기, 자기이해에 대한 지식을 고려한 교사의 숙고에 따른 의사결정

성취동기(Achievement Motivation): 성공, 또는 원하는 목표의 달성을 위하여 노력하는 경향

세포군(Cell Assembly): Hebb의 이론에서, 세포를 피질과 피질 하의(subcortical) 중앙에 넣는 구조

소거(Extinction): 무조건 자극 없이 조건 자극의 반복된 표상 때문에 조건 반응의 강도가 감소하고 소멸하는 것

소뇌(Cerebellum): 신체의 균형, 근육 통제, 움직임, 신체의 자세를 조절하는 뇌의 일부분

속성분석이론(Feature Analysis Theory): 사람들은 장기기억 속에 이미지로 또는 언어적 코드로 저장되어 있고 환

경적인 입력(inputs)과 비교되는 자극의 결정적인 특성을 학습한다고 주장하는 지각에 관한 이론

수단-목적분석(Means-Ends Analysis): 목표와 현재 상황을 비교하여, 차이를 줄이기 위해 하위목표를 설정하고 이에 도달하기 위한 행동을 하며, 목표를 달성할 때까지 이를 반복하는 문제해결방법

수상돌기(Dendrite): 메시지를 전달받는 뉴런에 둘러싸여 있는 가늘고 긴 뇌 조직

수초(Myelin Sheath): 축색돌기로 둘러싸여 있고 신호전달이 잘 이루어질 수 있도록 하는 뇌 조직

수행목표(Performance Goal): 과제를 완성하기 위한 목표

숙달모델(Mastery Model): 시범행동을 함에 있어 높은 자신감을 가지고 무결점의 성취를 보여주는 모델

순방향 문제해결(Working Forward): 최초의 문제상태에서 시작하여 목표를 이루기까지의 과정을 어떻게 수정할지 결정하는 문제해결전략

스테로이드(Steroid): 성적인 발달과 스트레스 반응을 포함한 여러 가지 기능에 영향을 미치는 호르몬의 한 종류

습관(Habit): 많은 단서들(cues)에 따라 형성된 행동

시각피질(Visual Cortex): 뇌의 후두엽

시각화(Visualization): 그래프, 현실적 도표 또는 그림과 같은 비언어적인 상징 또는 그림을 이용한 삽화

시간표집 측정(Time-Sampling Measure): 보다 긴 시간의 간격을 두었을 때 행동이 일어나는 빈도를 측정한 것

시냅스(Synapse): 뇌에서 축색돌기와 수상돌기가 만나는 부분

시냅스 간극(Synaptic Gap): 축색돌기와 수상돌기 사이의 공간으로 신경전달물질이 분비되는 곳

시뮬레이션(Simulation): 학습환경에 불러오기 힘든 실제 또는 가상의 상황

시뮬레이션화된 회상(Stimulated Recall): 사람들이 과제를 한 후 다양한 관점에서 자신의 생각을 회상하게 하는 연구과정. 비디오 촬영을 포함할 수도 있음

시상(Thalamus): 감각적 입력(후각 제외)을 피질로 전달하는 뇌의 부분

시상하부(Hypothalamus): 항상성(homeostasis)을 유지하기 위해서 요구되는 신체 기능들을 통제하고 또한 감정적인 반응과 관련된 자율신경계의 일부분

시연(Rehearsal): 정보를 혼자 소리 내어 읽거나 속으로 되풀이하는 것

시행착오(Trial and Error): 반응하고 그에 따른 결과를 경험하는 방식으로 학습하는 것

시험효과(Testing Effect): 이전에 치른 시험이나 퀴즈가 학습과 기억에 미치는 긍정적 효과

신경과학(Neuroscience): 학습과 행동과 연관된 신경계에

관한 과학

신경교세포(Glial Cell): 뉴런을 발육시키고 정결하게 하는 뇌세포

신경전달물질(Neurotransmitter): 뇌의 축색돌기로부터 옆 세포의 수상돌기로 이동하는 화학적 분비물

신경 집합(Neural Assemblies): 개요적으로 서로 연결되어 있는 신경세포의 모음

실체이론(Entity Theory): 능력은 인간이 거의 통제할 수 없 는 고정된 특성을 표상한다는 신념

실패에 대한 두려움(Fear of Failure): 기대된 실패에 관한 부정적 결과에 관한 어떤 사람의 신념으로부터 파생된 성취목표를 피하고자 하는 경향성

실행과정(Executive Processes): 통제(실행) 과정(Control (Executive) Processes) 참조

실험실연구(Laboratory Research): 통제된 상황에서 수행 된 연구

실험연구(Experimental Research): 연구자가 조건들(독립 변인들)을 변화시키고 결과(종속변인)에서의 변화를 관 찰하는 연구

실현경향성(Actualizing Tendency): 다른 동기에 선행되는 내적 동기는 개인성장, 자동화, 외부조절로부터 비교적 자유로운 것

심상(Mental Imagery): 물체의 물리적인 속성이나 나타난 사건을 포함한 공간적 지식을 마음속으로 묘사한 것

심상도야(Mental Discipline): 학교에서 특정 과목이 다른 과 목보다 심상적 기능을 더 향상시킨다는 신념

심층구조(Deep Structure): 어떤 언어의 말과 구문의 의미

쌍연상 학습(Paired-Associate Learning): 자극을 제시하였 을 때 자극-반응 항목의 반응을 기억하는 것

쓰기반응(Written Responses): 시험, 퀴즈, 숙제, 보고서, 컴 퓨터 문서의 작성

암묵적 이론(Implicit Theories): 자신과 타인, 다른 환경에 대한 학습자의 신념

양분청취(Dichotic Listening): 양쪽 귀로 동시에 말을 듣는 것

양전자방출단층촬영법 스캔(PET Scan): 양전자방출단층촬 영기. 정신적 활동에 의해 생산된 감마선이 두뇌활동의 전반적 영상을 제공

어구분석(Parsing): 마음속으로 인식한 소리 패턴을 의미 있는 단어로 나누는 것

억제/탈억제(Inhibition/Disinhibition): 모델에 의해 수행된 행동의 결과를 관찰함으로써 도출되는, 이전에 학습한 행동에 대한 억제의 강화/약화

언덕오르기(Hill Climbing): 순방향 문제해결(Working Forward) 참조

언어적 행동(Verbal Behavior): 다른 이들의 행동에 의해 형 성되고 유지되는 음성 반응

엑스레이(X-Ray): 신체구조상의 이상을 발견하기 위해 사 용되는 고주파 전자파

여과(병목) 이론(Filter(Bottleneck) Theory): 인지되지 않은 정보는 감각등록기를 넘어서 처리되지는 않는다고 주장 하는 주의집중에 관한 이론

역동적 시각표상(Dynamic Visualization): 비디오 또는 애니 메이션과 같이 변화를 표현해 주는 시각화

역방향 문제해결(Working Backward): 목표로부터 시작하 여, 시작단계에 이르기까지 이를 위해 어떠한 하위목표 달성이 필요한지, 이 하위목표 달성을 위해 필요한 것이 무엇인지 등을 묻는 문제해결전략

연구(Research): 일반화할 수 있는 지식을 생성하거나 이 에 기여하도록 고안된 체계적 조사

연속강화(Continuous Reinforcement): 모든 반응들에 대한 강화

연속적 접근(Successive Approximations): 조형(Shaping) 참조

연쇄(Chaining): 각 반응이 환경을 바꾸고 그 바뀐 조건이 다음 반응을 위한 자극으로 사용되는 3단계 근접성의 연 계

연습의 법칙(Law of Exercise): 학습(비학습)은 반응의 반복 (반복하지 않음)을 통해 일어난다. Thorndike에 의해 결 국 버려짐

연역적 추론(Deductive Reasoning): 구체적인 요점들로부 터 일반적인 원리들을 도출하는 과정

연합강도(Associative Strength): 자극과 반응 사이의 연합 된 능력

연합구조(Associative Structure): 장기기억 속에 있는 정보 를 표상하는 수단. 시간상 근접하게 일어나는 또는 함께 연계되어 저장되어 있기 때문에 어떤 것이 기억되면 다 른 것도 또한 기억되는 정보의 조각

연합전이(Associative Shifting): 특별한 자극에 반응하는 행 동변화 과정은 결과적으로 반복적인 자극 변화의 결과 이기 때문에 또 다른 자극을 만드는 것

연합주의(Connectionism): 학습을 감각적인 경험(자극 또 는 사태의 지각)과 그것들을 행동적으로 분명하게 보 여주는 신경계의 자극 간의 연합의 형태라고 주장하는 Thorndike 이론을 명명하기 위한 기술적인(descriptive) 용어

연합주의모형(Connectionist Model): 학습은 충동들이 연합 을 형성하기 위해 시냅스와 교차해서 발화하는 신경계 정보처리와 연계되어 있다는 학습과정에 관한 컴퓨터 시뮬레이션

영상적 표상(Iconic Representation): 지식을 심상적인 이미지를 사용하여 표상

영역특수성(Domain Specificity): 변별적인 선언적 · 절차적 지식 구조

온라인 소셜미디어(Online Social Media): 협력, 의사소통, 정보를 분배하는 인터넷 도구

완전학습(Mastery Learning): 학습자의 높은 성취달성을 목적으로 완전함의 구성요소를 판별하고, 계획, 교수 및 평가하는 체계적인 교수계획

완전학습동기(Mastery Motivation): 효능동기(Effectance Motivation) 참조

외인적 구성주의(Exogenous Constructivism): 지식의 습득은 외부 세계에 존재하는 구조의 구인을 표상한다고 주장하는 구성주의적 관점

외재적 동기(Extrinsic Motivation): 결과(보상)를 얻기 위한 목적의 수단으로 과제에 참여

원격학습(교육)(Distance Learning(Education)): 한 곳 이상의 원격지에 있는 학습자들에게 전달되는 교수. 쌍방향 상호작용이 가능한 경우도 있다.

원형(Prototype): 자극의 기본적 요소를 포함한 기억에 저장된 추상적인 형태이며, 지각의 과정에 있어 외부적인 입력과 비교됨

유관성 계약(Contingency Contract): 학습자가 특별한 강화물을 획득하기 위해 달성해야 할 과제가 무엇인지를 구체화한 교사와 학습자 간의 서면 또는 구두 동의

유사성(Similarity): 크기나 색깔 등이 비슷한 지각적인 장 요소들은 동일한 부류에 속해 있는 것처럼 보인다.

유의미수용학습(Meaningful Reception Learning): 자료가 최종형태로 제시되고 학생들의 사전지식과 관련되어 있을 때 생각, 개념, 원리를 학습하는 것

유추적 추론(Analogical Reasoning): 문제상황에서 유사한 문제의 공통점과 비슷한 범위에서의 문제 과정과 해결을 위한 관련성 사이의 분석을 유추해 내는 문제해결전략

음소(Phonemes): 음성상의 최소단위

응고화(Consolidation): 신경계의(시냅스의) 연결을 안정화하고 강화하는 과정

응답행동(Respondent Behavior): 유발자극에 의한 반응

의미론적 기억(Semantic Memory): 외부에 존재하지만 특정 인물이나 맥락에 국한되지 않는 일반적인 정보 및 개념에 관한 기억

의지(Will): 사람의 욕망, 욕구, 목표를 반영하는 마음의 일부분

의지력(Volition): 의지를 사용하는 행동. 목표를 이루기 위해 행동을 실행하는 과정

의지력 유형(Volitional Style): 의지의 개인적 차이

이동(Movement): 근육수축으로 인해 생기는 별개의 행동

이러닝(E-Learning): 전자적인 수단을 통한 학습

이론(Theory): 현상을 과학적으로 설명하는 원리

이중기억정보처리모형(Dual-Memory Model of Information Processing): 이중장치(이중기억) 정보처리모형(Two-Story(Dual-Memory) Model of Information Processing) 참조

이중부호화이론(Dual-Code Theory): 장기기억은 언어로 표현된 지식과 시각적 · 공간적 정보를 저장하는 이미지 시스템(imaginal system)을 포함한 언어 시스템으로 표상된다는 견해

이중장치(이중기억) 정보처리모형(Two-Store(Dual) Memory Model of Information Processing): 정보를 처리하고 저장하기 위한 두 개의 주요 영역(단기기억과 장기기억)을 가짐

이해력(Comprehension): 어떤 정보를 언어로 표현할 수 있으며, 특별한 목적을 위하여 사용 가능한 인지적 접근법

이해력 점검(Comprehension Monitoring): 어떤 사람이 지식을 학습해야 할 교수자료에 적절하게 적용하는지의 여부를 결정하고, 그 교수자료를 이해하는지의 여부를 평가하며, 그 전략이 효과적인지 또는 보다 더 나은 전략들이 필요한지를 결정하고, 왜 전략이 학습을 향상시키기 위해서 사용되어야 하는지를 아는 것을 향해 지향된 인지적 활동. 점검 절차들에는 자문하기, 다시 읽기, 의역하기, 일관성 검사 등이 포함됨

인간주의이론(Humanistic Theory): 선택을 하고 자신들의 삶에 대한 통제를 하고자 하는 인간의 역량을 강조하는 이론

인공지능(Artificial Intelligency): 사고, 언어사용, 문제해결 등 인간 행동과 관련된, 컴퓨터의 프로그래밍 같은 사고

인식론(Epistemology): 지식의 기원, 본질, 한계, 방법들에 관한 연구

인지부조화(Cognitive Dissonance): 갈등하는 인지에 의해 유발되고 감소를 초래하는 충동과 같은 속성을 가지고 있는 정신적 긴장

인지부하(Cognitive Load): 정보처리시스템, 특히 작업기억(WM)에 부과된 요구

인지스타일(Cognitive Style): 학습스타일(Learning Style) 참조

인지이론(Cognitive Theory): 학습을 정보처리에 기인한 지식의 습득과 인지구조로 보는 이론

인지적 구성주의(Cognitive Constructivism): 변증법적 구성주의(Dialectical Constructivism) 참조

인지적 모델링(Cognitive Modeling): 모델의 사고의 언어화

와 주어진 행동들을 수행하기 위한 이유를 통합한 모델화된 설명과 시범

인지적(반응) 속도(Cognitive(Response) Tempo): 반응이 불확실한 상황에서 잠시 휴식을 하고 정보의 정확성에 관해 성찰하고자 하는 의지를 일컫는 인지스타일

인지적 행동수정(Cognitive Behavior Modification): 학습자의 사고(내재적, 외현적)를 변별자극과 강화자극으로 통합하는 행동수정 기법

인지조화(Cognitive Consistency): 사람들은 행동과 인지를 일관성 있게 만들고자 하는 욕구를 가지고 있다는 생각

인지지도(Cognitive Map): 어떤 행동이 어떤 사람의 목적을 달성하기 위해 요구되는가에 관한 기대를 구성하는 내적 계획

인터넷(Internet): 컴퓨터 네트워크의 국제적인 집합체

인터뷰(Interview): 면접자가 질문이나 논의할 요점을 제시하고 응답자가 구두로 답변하는 상황

일반기능(General Skill): 많은 영역에 적용되는 기능(예: 목표설정)

일반화(Generalization): 반응이 원래 학습 동안 제시된 것과 다른 새로운 자극 또는 상황에 대해서 일어나는 것

일반화된 강화물(Generalized Reinforcer): 1차 또는 2차 강화물 이상과 짝이 되는 2차 강화물

일차원적 교실(Unidimensional Classroom): 학생들 능력의 제한적 영역만을 충족하는 소수의 활동으로 구성된 교실

일화적 기억(Episodic memory): 개인적, 자서전적인 특정 시간, 장소, 사람, 사태에 관한 기억

자극-반응(S-R)이론(Stimulus-Response(S-R) Theory): 자극과 반응의 연계를 강조하는 학습이론

자기강화(Self-Reinforcement): 개인이 반응을 행한 후, 향후 반응의 가능성을 증가시키는 강화를 받도록 하는 과정

자기결정(Self-Determination): 특정 영역에 있어 점차적으로 두드러지는 역량개발을 목표로 한 동기

자기공명영상법(MRI): 전자기파가 뇌로 하여금 구조를 보여주는 신호를 만드는 기술로, 암, 병변 및 기타 이상들을 발견하기 위해 쓰임

자기교수(Self-Instruction): 학습 상황에서, 개인적으로 생성되며 강화로 이끄는 반응을 만드는 분별자극

자기교수훈련(Self-Instructional Training): 인지적 모델링, 외적 지도 , 외적 자기지도, 외적 자기지도의 약화, 내적 자기지도로 구성된 교수 절차

자기모델링(Self-Modeling): 자신의 수행을 관찰함으로써 유래되는 행동, 사고, 영향의 변화

자기반응(Self-Reaction): 목표에 근거해 수행결과를 판단

한 후에 생긴 자신의 신념과 행동의 변화

자기보고(Self-Reports): 자신에 대한 판단과 진술

자기점검(관찰, 기록)(Self-Monitoring(-Observation, Recording)): 자신의 행동의 몇 가지 측면에 의도적으로 주의를 기울이는 것으로, 주로 빈도나 강도의 기록을 동반

자기조절(자기조절학습)(Self-Regulation(Self-Regulated Learning)): 학습자가 스스로 학습목표 달성을 위해 체계적으로 고안한 행동, 인지, 감정을 활성화시키고 유지시키는 과정

자기중심성(Egocentrism): 다른 사람의 관점을 받아들이는 데 있어서의 인지적 무능력

자기판단(Self-Judgment): 자신의 목표와 현재 수행수준을 비교

자기평가(Self-Evaluation): 현재 수행에 관한 자기판단 과정이며 이 판단을 목표 및 자기반응과 비교하여 수행이 잘되었는지 못되었는지 등을 생각해 보는 것

자기평가기준(Self-Evaluative Standards): 자신의 수행을 평가하기 위해 사용하는 기준

자기효능감(효능감 기대)(Self-Efficacy(Efficacy Expectations)): 어떤 수준에서 학습이나 행동을 위해 필요한 행동을 조직하고 이행하는 능력에 관한 개인의 믿음

자동화(Automaticity): 최소한의 인지과정이나 의식적인 인식 없이 학습이 이루어지는 상태

자발적 회복(Spontaneous Recovery): 조건자극을 상당 기간 동안 제시하지 않은 후에 제시하였을 때 조건반응이 갑작스럽게 다시 나타나는 것

자본(Capital): 어떤 사람의 재정적, 물질적, 인적, 사회적 자원을 포함한 사회경제적 지표

자아가치(Self-Worth): 능력에 대한 신념에 기반한 자신의 가치에 대한 인식

자아개념(Self-Concept): 집단 자기자각은 환경의 경험과 해석을 통해 형성되며 다른 주요인물의 강화와 평가에 영향을 받음

자아관여(Ego Involvement): 자기선입견, 무능력해 보이는 것을 피하고자 하는 욕구, 능력이 결여된 것으로 보이는 것을 피할 목적으로 학습을 수단으로 보는 것으로 특징져진 동기적인 상태

자아도식(Self-Schema): 능력, 자유의지, 개인적인 신념에 관한 인지적이며 정서적인 평가를 포함한 지속적 목표, 야망, 동기, 두려움에 관한 표출

자아신념(Self-Confidence): 자신이 결과를 만들어 내고, 목표를 달성하거나 과제를 자신감을 가지고 수행할 수 있다는 믿음(자기효능감과 유사)

자아실현(Self-Actualization): 자기성취 또는 될 수 있는 무엇이 되고자 하는 욕망. Maslow의 욕구위계에서 가장 높음

자아존중감(Self-Esteem): 자기가치에 대해 지각하는 감각. 자신을 받아들이고 존중하는 것

자원할당(Resource Allocation): 주의는 한정적 자원이며 동기와 자기조절의 기능의 따라 활동에 할당되어 있음을 강조하는 학습모델

자유회상학습(Free Recall Learning): 자극을 아무런 순서 없이 회상하는 것

자율신경계(Autonomic Nervous System(ANS)): 심장, 폐, 선(glands), 근육을 포함한 불수의적인 행동을 조절하는 신경계의 일부분

작동 자아개념(Working Self-Concept): 항상 정신적으로 활발한 자기도식. 바로 지금 자아지식에 접근할 수 있는 상태

작동적 표상(Enactive Representation): 지식을 운동기능적 반응을 통해 표상

작동적 학습(Enactive Learning): 실제적인 수행을 통한 학습

작업기억(WM)(Working Memory): 언제든지 인지 또는 자각할 수 있는 정보처리 상태

잠재적 학습(Latent learning): 목표나 강화 없이 환경적인 상호작용으로부터 일어나는 학습

장 기대(Field Expectancy): 두 가지 자극 또는 자극, 반응, 자극들 간의 지각된 관계

장의존성과 장독립성(Field Dependence and Independence): 인간이 자극이나 사태가 일어나는 맥락에 의존하거나 맥락에 의해 방해를 받는 정도를 일컫는 인지스타일. 또한 전체적 기능(Global Functioning)과 분석적 기능(Analytical Functioning)이라 일컬어짐

장기기억(Long-Term Memory(LTM)): 지식의 영구적 저장소에 해당되는 정보처리 단계

장소법(Method of Loci): 기억할 정보를 익숙한 장소에 짝을 짓는 기억증진기법

재구성(Restructuring): 새로운 도식을 형성하는 과정

재학습(Relearning): 이전에 학습한 자료를 두 번 또는 그 이상 학습하는 것

적응(Adaptation): 평형화(Equilibration) 참조

적응교수(Adapting Instruction): 내용을 구성하여 구조화하기 위하여 조건을 재정비하는 것, 학습자를 위하여 학습과정에서 동등한 학습 기회를 제공하여 개인차를 극복할 수 있도록 하는 개별적인 군집 단계

전경-배경 관계(Figure-Ground Relation): 형태주의 원리(Gestalt Principles) 참조

전두엽(Frontal Lobe): 기억, 계획, 의사결정, 목표설정, 그리고 창의성과 관련된 정보를 처리하는 역할을 하는 뇌의 돌출부. 또한 근육의 움직임을 조절하는 주요한 운동 피질을 담고 있음

전략가치 정보(Strategy Value Information): 전략의 사용과 수행결과 향상을 연계하는 정보

전무(全無)학습(All-or-None Learning): 배워서 익히는 과정으로 학습

전문가(Expert): 어떤 한 영역에서 높은 수준의 역량을 습득한 사람

전문가시스템(Expert System): 다량의 지식에 기반하여 프로그램화되고 문제를 해결하며 교수를 제공함으로써 지적으로 행동하는 컴퓨터 시스템

전이(일반화)(Transfer(Generalization)): 새로운 방법이나 환경에서 기술이나 지식을 적용시키는 것

전자게시판(회의)[Electronic Bulletin Board(Conference)]: 메시지를 게시하고 토론(채팅그룹)에 참여하기 위한 전자적인 수단

전자미디어(Electronic Media): 텔레비전, 휴대폰, 비디오게임, 웹 소셜 네트워크, 그리고 이메일을 포함한 전자적인 수단을 통해 작동되는 매체

전전두엽 피질(Prefrontal Cortex): 뇌 전두엽의 앞부분

전조작기(Preoperational Stage): Piaget의 인지발달 단계의 두 번째로, 대략 2세부터 7세까지 포함한다.

전체론적(Holistic): 인간의 행동, 사고, 감정을 분리하지 말고 함께 연구해야 한다는 생각

전체적/분석적 기능(Global and Analytical Functioning): 장의존성과 장 독립성(Field dependence and independence) 참조

절약점수(Savings Score): 최초학습에 들인 시간과 시도 대비 재학습에 필요한 시간이나 시도의 비율

절차적 지식(Procedural Knowledge): 사용법에 대한 지식. 어떤 것을 알고리즘과 규칙을 사용하여, 개념을 찾고, 문제를 해결함

점증이론(Incremental Theory): 능력은 학습을 통하여 향상될 수 있는 기능이라고 보는 신념

점증학습(Incremental Learning): 학습은 반복적인 수행(Thorndike의 이론에 의해 예시된)을 통해 점증적으로 설정된다는 견해

정교화(Elaboration): 새로운 정보를 이미 알고 있는 것에 덧붙이거나 연계함으로써 그것을 확장하는 과정

정교화 교수이론(Elaboration Theory of Instruction): 내용에 관한 일반적인 견해에서 시작하여, 구체적인 세부사항으로 이동하고, 검토와 연습을 함으로써 후에 일반적인 견해로 되돌아오는 교수를 표현하는 수단

정보처리(Information Processing): 인지적 사태의 계열화와 실행

정보처리수준(깊이)(Levels(Depth) of Processing): 정보처리가 되는 위치보다 습득과정의 유형에 따른 기억의 개념화

정서(Affect): 산만한 기분과 구체적인 감정 양자를 포함하는 일반적인 용어

정서적 학습기법(Affective Learning Technique): 학습을 위한 심리학적 배경위에 창조적인 유용성을 위한 학습전략이 내재되어 있어 '불안'에 맞서는 학습자를 돕는 과정

정적 강화물(Positive Reinforcer): 어떤 반응에 뒤따라 주어질 때 그 반응이 앞으로 일어날 가능성을 높이는 자극

정적 전이(Positive Transfer): 사전학습은 그 이후의 학습을 용이하게 함

조건 반응(Conditioned Response(CR)): 조건 자극에 의해 유도된 반응

조건 자극(Conditioned Stimulus(CS)): 무조건 자극과 반복적으로 짝지어졌을 때 무조건 반응과 비슷한 조건 반응이 유도되는 자극

조건적 존중(Conditional Regard): 어떤 행동에 뒤따라오는 존중

조건적 지식(Conditional Knowledge): 언제 선언적 지식과 절차적 지식의 형태를 활용하고 그렇게 하는 것이 중요한 이유에 관한 지식

조건형성이론(Conditioning Theory): 행동주의이론(Behavior Theory) 참조

조율(Tuning): 도식을 다양한 상황에 사용하면서 이를 수정하고 개선하는 것

조작적 정의(Operational Definition): 현상을 측정하는 데 사용된 조작화나 방법들로 현상을 정의하는 것

조작적 조건형성(Operant Conditioning): 반응의 발생률 또는 가능성을 증가시키기 위해 자극을 제시하여 반응이 강화되도록 하는 것

조작적 행동(Operant Behavior): 환경에 영향을 미치는 행동

조절(Accommodation): 현실세계에 보다 잘 적응하기 위해 기존의 인지구조를 수정하는 과정

조형(Shaping): 차별화된 강화를 통해 목표하는 행동비율이나 형태로 근접해 가는 것

주의(Attention): 한층 더 앞선 정보 과정을 습득할 수 있는 집중 과정

준비도(Readiness): 다양한 발달적 시점에서 아동이 할 수 있거나 배울 수 있는 것

준비도의 법칙(Law of Readiness): 유기체가 행동하도록 준비될 때 그렇게 하는 것은 만족스럽거나 그렇게 하지 않는 것은 바람직하지 못하며, 유기체가 행동하도록 준비되지 않았을 때 그것을 행동하도록 강요하는 것 또한 바람직하지 않음

중재(Mediation): 외적 현실과 심적 과정을 연결시키고 심적 과정 개발에 영향을 미치는 메커니즘

중추신경계(Central Nervous System(CNS)): 척수와 뇌를 포함한 신경계 부분

지각(Perception): 감각적 자극을 지각하고 의미를 부여하는 과정

지각된 자기효능감(Perceived Self-Efficacy): 자기효능감(Self-Efficacy) 참조

지각된 통제(Perceived Control): 과제몰입과 결과에 자신이 영향을 미칠 수 있다는 믿음

지속기간 측정(Duration Measure): 특정 기간 동안 행동이 일어나는 시간의 양

지적 스타일(Intellectual Style): 학습스타일(Learning Style) 참조.

직선형 프로그램(Linear Program): 모든 학생들이 동일한 순서로 완성하도록 프로그램화된 교육자료

직접관찰(Direct Observations): 관찰된 행동들의 실례

질적 연구(Qualitative Research): 자료의 분석과 해석의 깊이와 질에 의해 특성이 결정되는 연구로서 교실 관찰, 기존 문헌이나 자료의 수집, 인터뷰, 발성사고법 훈련과 같은 방법에 의해 수집된 자료를 이용함

집단적 교사효능감(Collective Teacher Efficacy): 학교에서 교사의 인식과 교사의 노력은 전체적으로 학습자에게 긍정적 영향을 미친다는 것

차별화된 과제 구조(Differentiated Task Structure): 모든 학습자들이 상이한 과제에 관해 공부하며 교수자료나 방법들이 학습자들의 요구에 맞게 조절된 교실 상황

창의성(Creativity): 개인과 더 큰 사회집단에게 값어치 있고 적절한 새로운 아이디어, 문제해결책, 또는 산출의 개발

처벌(Punishment): 반응에 따라 정적 강화물을 제거하거나 부적 강화를 제공하는 것이며, 자극으로 인해 미래에 그러한 반응이 일어날 가능성을 감소시킴

척수(Spinal Cord): 뇌와 신체의 나머지 부분을 연결시키는 중추신경계의 부분

체계적 감감법(Systematic Desensitization): 위협을 주는 자극과 이를 완화시키는 신호를 짝지어 공포를 없애는 치료법

초두효과(Primacy Effect): 목록의 최초 항목을 기억하는 경향

초보자(Novice): 어떤 영역에서 조금 익숙하지만 잘 수행하지는 못하는 사람

촉진자(Facilitator): 학습을 증진하기 위하여 자원을 배치하고 학습자들과 함께 감정과 생각을 공유하는 사람

최근효과(Recency Effect): 목록에서 제일 마지막 항목을 기억하는 경향

추론(Reasoning): 논리적 논쟁을 일으키고 평가하는 정신적 과정

축색돌기(Axon): 메시지를 전달하는 뉴런 속에 있는 긴 가느다란 줄기를 가지고 있는 뇌세포

충동(Drive): 행동을 촉발시키는 내적 동인

측두엽(Temporal Lobe): 청각적 정보를 담당하는 뇌엽

카멜레온 효과(Chameleon Effect): 사회적인 환경 속에 있는 사람의 행동과 매너리즘의 무의식적인 모방

컴퓨터기반(보조) 교수(Computer-Based(-Assisted) Instruction): 컴퓨터 시스템이 학습자들에게 정보와 피드백을 제공하고 학습자로부터 입력(input)을 받는 상호작용 교수

컴퓨터기반 학습환경(Computer-Based Learning Environment): 시뮬레이션, 컴퓨터기반 교수, 그리고 하이퍼미디어/멀티미디어를 포함한, 다양한 방식으로 학습을 위해 사용되는 컴퓨터 테크놀로지를 포함하고 있는 환경

컴퓨터 단층촬영법 스캔(CAT Scan): 컴퓨터화된 축 단층 X선 촬영술. 신체의 이상성을 탐지하기 위해 사용되는 3차원 이미지를 제공하는 테크놀로지

컴퓨터매개 의사소통(Computer-Mediated Communication): 사람들이 서로 의사소통할 수 있도록 해주는 공학적 활용(예: 원격교육, 컴퓨터 화상회의)

컴퓨터학습(Computer Learning): 컴퓨터의 보조물을 가지고 행해지는 학습

코르티솔(Cortisol): 양이 증가하면 아이들의 뇌 발달을 지체시킬 수 있는 신체상의 호르몬

쾌락주의(Hedonism): 인간은 고통을 피하고 쾌락을 추구한다는 철학적 입장

타인에 의한 평정(Ratings by Others): 학습자 수행의 질 또는 양을 평가

타임아웃(강화로부터의)(Time-Out(From Reinforcement)): 강화를 받을 수 있는 상태에서 개인을 빼내는 것

탈억제(Disinhibition): 억제/탈억제(Inhibition/Disinhibition) 참조

탐구수업(Inquiry Teaching): 학습자들이 가설을 형성하고 검사하며, 충분한 조건들로부터 필요한 것을 차별화하고, 예측을 하며, 더 많은 정보가 필요한 때를 결정하는 소크라테스식 수업방법

테크놀로지(Technology): 학습자를 몰입시키는 설계와 환경

통제소재(Locus of Control): 결과에 영향을 미치는 일반화된 통제에 대한 동기적 개념; 개인이 결과가 행동(외적인 통제)과는 별개로 또는 자신의 행동(내적인 통제) 여하에 매우 영향이 있다고 믿는 것

통제(실행) 과정(Control(Executive) Processes): 정보처리 시스템을 통해 정보의 흐름을 규제하는 인지적 활동

통찰(Insight): 갑작스러운 지각, 해결책의 인식 또는 학습되지 않은 상태에서 학습된 상태로의 전환

튜터링(Tutoring): 한 명 또는 그 이상의 사람들이 학습자에게 교수 중개인으로서 도움을 주는 상황으로, 대개 특정한 과목이나 특별한 목적을 위해 일어남

파이현상(Phi Phenomenon): 짧은 간격으로 반짝이는 빛의 움직임을 인식하는 현상

파지(Retention): 정보를 기억에 저장하는 것

패러다임(Paradigm): 연구를 위한 모델

패턴인지(Pattern Recognition): 지각(Perception) 참조

편도체(Amygdala): 감정과 공격성을 조절하는 뇌의 일부분

편재화(Localization): 뇌의 각각 다른 면이나 각각의 뇌 영역에 의한 특정한 기능 제어

평형화(Equilibration): 최적의 평형 상태를 산출하고자 하는 생물학적 충동으로서, 동화와 조절의 상보적 과정

폐쇄성(Closure) 사람들은 불완전한 패턴이나 경험을 완전한 것처럼 채워서 인지한다.

폐쇄형 이론(Closed-Loop Theory): 사람들은 연습과 반응을 통하여 운동기능에 대한 지각적인 흔적을 개발한다고 주장하는 운동기능 학습이론

포화(Satiation): 반응감소로 나타나는 강화의 실행

표층구조(Surface Structure): 언어의 발화와 구문론

풀이된 예제(Worked Example): 도표를 포함하는 단계적 문제해결

프로그램 교수(Programmed Instruction(PI)): 행동주의적 학습 원리에 따라 개발된 교수자료

프리맥 원리(Premack Principle): 보다 가치 있는 활동에 참여할 기회가 생기면 상대적으로 가치가 적은 활동에 참여할 기회가 높아진다.

피질(Cortex): 대뇌피질(Cerebral Cortex) 참조

피험자 모델링(Participant Modeling): 모델행동 시연, 참가자와 시연자의 공동수행, 수행보조물의 점진적인 제거, 참가자의 완전학습으로 구성된(Bandura가 사용하였던) 치료기법

하이퍼미디어(Hypermedia): 멀티미디어(Multimedia) 참조

하향식 정보처리(Top-Down Processing): 상황을 의미 있게 표상하고, 무엇이 일어날 지 예상하며, 자극의 특징과 비교하여 자신이 기대한 것이 맞거나 틀리다는 것을

확인할 때 일어나는 자극패턴 인식

학습된 무기력(Learned Helplessness): 이전에 경험한 무통제력(행동과 산출 간의 연계성의 결여) 때문에 동기, 인지, 정서에서 교란이 일어나는 심리적인 상태

학습방법(Learning Method): 학습전략 속에 포함되고 학습목적을 달성하기 위해 사용되는 구체적인 절차 또는 기법

학습스타일(Learning Style): 정보를 인지, 조직화, 처리, 기억하는 지속적인 개인의 다양성

학습에 대한 초보자-전문가 접근방법(Novice-to-Expert Methodology): 숙련된 사람(전문가)과 덜 숙련된 사람(초보자)의 행동과 드러난 사고를 비교하고, 초보자를 전문가 수준으로 만들도록 하는 효과적인 수단을 결정함으로써 학습을 분석하는 수단

학습에 소비한 시간(Time Spent in Learning): 학습에 쓰인 시간의 양

학습에 필요한 시간(Time Needed for Learning): 학습자가 과제를 학습하기 위해 필요한 학습시간의 양

학습위계(Learning Hierarchy): 지적 기능의 조직된 집합

학습의 신경과학(Neuroscience of Learning): 신경과학(Neuroscience) 참조

학습의 조건(Conditions of Learning): 학습이 일어날 때 지배적이고 내적 조건들(학습자의 선수기능과 인지적 정보처리 요건들)과 외적 조건들(학습자의 인지적 과정들을 지지해 주는 환경적인 자극들)을 포함하는 상황

학습전략(Learning Strategy): 학습을 규제하고 과제 수행을 성공적으로 달성할 수 있도록 해주는 체계화된 계획

합리주의(Rationalism): 지식은 감정의 도움 없이 이성에 의해 나타난다고 보는 학설

합산모형(Sum Model): 첫 번째 덧셈을 한 후 두 번째 덧셈을 하는 계수법

항상성(Homeostasis): 생리학적인 상태의 최적 수준

해독(Decoding): 인쇄된 상징을 해독하거나 문자-소리 대응을 만드는 것

해마(Hippocampus): 직전의 과거의 기억을 책임지고 정보를 LTM에 형성하도록 도와주는 뇌 구조

해석(Translation): 자신의 생각을 활자로 표현하는 글쓰기 양상

핵심단어법(Keyword Method): 학습될 항목과 같은 소리가 나는 단어의 이미지를 생성하고 그 이미지를 학습될 항목의 의미와 연계하는 기억술

행동(Act): 외부로 표출되는 움직임의 단위

행동목표(Behavioral Objective): 학습자들이 교수의 결과로서 수행할 수 있는 행동, 그 행동들이 수행될 조건, 그 목적이 달성되었는지를 평가하기 위한 준거를 기술한 진술문

행동변화에 관한 피로법(Fatigue Method of Behavioral Change): 행동 관련 단서를 반복적으로 제시하여 그 행동을 피하기 위한 단서로 변형함으로써 행동을 변형시키는 것

행동변화에 대한 모순된 반응법(Incompatible Response Method of Behavioral Change): 바람직하지 않은 행동에 대한 단서를 그 바람직하지 않은 반응과 모순되는(예: 바람직한 반응들과 동시에 수행될 수 없는) 반응과 짝지음으로써 행동을 수정하는 것

행동변화의 역치법(Threshold Method of Behavioral Change): 바람직하지 않은 반응을 할 때 낮은 단계에서 신호를 주고, 점차적으로 신호의 강도를 최고까지 높여서 행동을 수정하는 것

행동수정(요법)(Behavior Modification(Therapy)): 적응적 행동을 촉진하기 위한 행동수정 원리의 체계적인 적용

행동의 순진한 분석(Naïve Analysis of Action): 보통의 사람들이 사건을 해석하는 방법

행동주의이론(Behavioral Theory): 학습을 환경적인 사태의 결과로서의 행동의 형태 또는 빈도에 있어서의 변화로 보는 이론

행동통제(Action Control): 자기조절 및 통제를 통하여 움직임의 행동기능과 전략을 잠재적으로 수정하는 과정

행동통제이론(Action Control Theory): 행동에서 의지적인 과정의 역할을 강조하는 이론

행동평정(Behavior Rating): 주어진 시간에 행동이 얼마나 자주 발생하는가에 대한 예측

행위주체(Agency): 어떤 사람이 자신의 삶에서 중요한 사태들에 대해 상당한 통제력을 발휘할 수 있다는 신념

현장연구(Field Research): 피험자들이 살고, 일하며, 공부하는 장소에서 행해진 연구

협동학습(Cooperative Learning): 학습자 혼자 달성하기에는 매우 방대한 과제를 학습자들이 집단으로 수행하며, 협력능력 개발을 목적으로 하는 상황

형식적 조작기(Formal Operational Stage): Piaget의 인지발달 단계 중 네 번째 단계로, 대략 11세에서 성인기까지 포함

형태심리학(Gestalt Psychology): 감각 경험의 조직을 강조하는 지각과 학습에 관한 심리학적 이론

형태주의 원리들(Gestalt Principles): 전경-배경 관계, 즉 개념적인 장(perceptual field)이 배경과 대비되는 하나의 그림으로 구성된다.

형판대응(Template Matching): 사람들이 기억 속에 모형들(자극의 축소본)을 저장하고, 이 모형을 지각과정에서 받는 외부자극과 비교한다고 가정하는 지각인지이론

혼합모형(Blended Model): 면대면 교수와 이러닝을 통합한 교수

환기된 잠재력(Evoked Potentials): 사건관련 전위(Event-Related Potentials) 참조

활성화 수준(Activation Level): 기억된 정보 확장이 진행 중이거나 빠르게 진행이 가능한 움직임의 단위, 행동영역의 정보는 빠르게 수용가능

활성화 확산(Spreading Activation): 현재 작업기억 속에 있는 정보와 연결되어 장기기억상의 명제들이 활성화되는 것

활용(Utilization): 문장 분석된 소리 패턴을 사용하는 것(예: 기억에 저장하기, 질문에 대답하기, 부가적인 정보를 찾기)

활용결여(Utilization Deficiency): 알고 있는 전략을 사용하지 못하는 것

효과의 법칙(Law of Effect): 연합의 강도는 반응이 다음과 같은 상황에서 수행된 결과에 의해 영향을 받는다: 만족스러운 결과는 연계를 강화한다. 혐오적인 결과는 연계를 약화시킨다. Thorndike에 의해 혐오적인 결과는 연계를 약화시키지 않는다고 수정됨

효능감 기대(Efficacy Expectations): 자아효능감(Self-Efficacy) 참조

효능 동기(완전학습동기)(Effectance Motivation(Mastery Motivation)): 환경과 효과적으로 상호작용하고 결정적인 측면들을 통제하기 위한 동기

후두엽(Occipital Lobe): 주로 시각적 정보를 처리하는 뇌엽

후행간섭(Retroactive Interference): 새로운 학습이 이전에 습득한 지식과 기술의 기억을 어렵게 함

흔적 쇠퇴(Trace Decay): 시간이 지남에 따라 감각등록기에서 자극이 사라지는 것

흥미(Interest): 어떤 활동에의 연계와 의지적인 참여

1차 강화(Primary Reinforcement): 생물학적 욕구를 만족시키는 행동 결과

1차 신호(Primary Signals): 조건부의 자극이 될 수 있고 조건부의 반응을 야기시킬 수 있는 환경적 사건

1차 신호체계(First Signal System): 1차 신호(Primary Signals) 참조

1차 운동피질(Primary Motor Cortex): 신체적 움직임을 통제하는 뇌의 부분

2차 강화(Secondary Reinforcement): 행동결과(예: 돈)가 1차 강화물(예: 음식)과 짝지어지며 강화되는 과정

2차 신호체계(Second Signal System): 의사소통하고 조건적 자극이 되는 인간이 사용하는 단어 및 언어의 다양한 특성

3요인 상호작용성(Triadic Reciprocality): 행동, 환경적 요인, 인지 및 기타 개인적 요인들상의 호혜성 상호작용(인과관계)

3항 유관성(Three-Term Contingency): 기본적인 조작적 조건형성 모형: 변별자극이 반응을 보일 상황을 설정하고 후속적으로 자극강화가 제시됨

Comer Program: School Development Program 참조

R타입 행동(Type R Behavior): 조작적 행동(Operant Behavior) 참조

S타입 행동(Type S Behavior): 반응행동(Respondent Behavior) 참조

School Development Program: 합의, 협력과 무과실을 강조하는 학교의 지역사회와 학부모의 참여 시스템

TARGET: 교실 내 동기요인들의 첫 글자를 딴 것. task(과제), authority(권위), recognition(인지), grouping(집단화), evaluation(평가), time(시간)

참고문헌

Abramson, L. Y., Seligman, M. E. P., & Teasdale, J. D. (1978). Learned helplessness in humans: Critique and reformulation. *Journal of Abnormal Psychology, 87*, 49-74.

Ach, N. (1910). *Uber den Willensakt und das Temperament* [On the will and the temperament]. Leipzig, Germany: Quelle & Meyer.

Ackerman, S. (1992). *Discovering the brain*. Washington, DC: National Academy Press.

Adams, J. A. (1971). A closed-loop theory of motor learning. *Journal of Motor Behavior, 3*, 111-150.

Adesope, O. O., & Nesbit, J. C. (2012). Verbal redundancy in multimedia learning environments: A meta-analysis. *Journal of Educational Psychology, 104*, 250-263.

Akamatsu, T. J., & Thelen, M. H. (1974). A review of the literature on observer characteristics and imitation. *Developmental Psychology, 10*, 38-47.

Alderman, M. K. (1985). Achievement motivation and the preservice teacher. In M. K. Alderman & M. W. Cohen (Eds.), *Motivation theory and practice for preservice teachers* (pp. 37-51). Washington, DC: ERIC Clearinghouse on Teacher Education.

Alderman, M. K. (1999). *Motivation for achievement: Possibilities for teaching and learning*. Mahwah, NJ: Erlbaum.

Alexander, J. E., Carr, M., & Schwanenflugel, P. J. (1995). Development of metacognition in gifted children: Directions for future research. *Developmental Review, 15*, 1-37.

Alexander, P. A., & Murphy, P. K. (1998). Profiling the differences in students' knowledge, interest, and strategic planning. *Journal of Educational Psychology, 90*, 435-447.

Alexander, P. A., Schallert, D. L., & Reynolds, R. E. (2009). What is learning anyway? A topographical perspective considered. *Educational Psychologist, 44*, 176-192.

Alfieri, L., Brooks, P. J., Aldrich, N. J., & Tenenbaum, H. R. (2011). Does discovery-based instruction enhance learning? *Journal of Educational Psychology, 103*, 1-18.

Altermatt, E. R., & Pomerantz, E. M. (2003). The development of competence-related and motivational beliefs: An investigation of similarity and influence among friends. *Journal of Educational Psychology, 95*, 1-13.

American Psychological Association. (1992). Special issue: Reflections on B. F. Skinner and psychology. *American Psychologist, 47*, 1269-1533.

American Psychological Association. Work Group of the Board of Educational Affairs. (1997). *Learner-centered psychological principles*. Washington, DC: Author.

Ames, C. (1984). Competitive, cooperative, and individualistic goal structures: A cognitive -motivational analysis. In R. Ames & C. Ames (Eds.), *Research on motivation in education* (Vol. 1, pp. 177-208). New York, NY: Academic Press.

Ames, C. (1985). Attributions and cognitions in motivation theory. In M. K. Alderman & M. W. Cohen (Eds.), *Motivation theory and practice for preservice teachers* (pp. 16-21). Washington, DC: ERIC Clearinghouse on Teacher Education.

Ames, C. (1992a). Achievement goals and the classroom motivational climate. In D. H. Schunk & J. L. Meece (Eds.), *Student perceptions in the classroom* (pp. 327-348). Hillsdale, NJ: Erlbaum.

Ames, C. (1992b). Classrooms: Goals, structures, and student motivation. *Journal of Educational Psychology, 84*, 261-271.

Ames, C., & Archer, J. (1988). Achievement goals in the classroom: Student learning strategies and motivation processes. *Journal of Educational Psychology, 80*, 260-267.

Anand, P. G., & Ross, S. M. (1987). Using computer-assisted instruction to personalize arithmetic materials for elementary school children. *Journal of Educational Psychology, 79*, 72-78.

Anderman, E. M. (2002). School effects on psychological outcomes during adolescence. *Journal of Educational Psychology, 94*, 795-809.

Anderman, E. M., Anderman, L. H., Yough, M. S., & Gimbert, B. G. (2010). Value-added models of assessment: Implications for motivation and accountability. *Educational Psychologist, 45*, 123-137.

Anderman, E. M., Austin, C. C., & Johnson, D. M. (2002). The development of goal orientation. In A. Wigfield & J. S. Eccles (Eds.), *Development of achievement motivation* (pp. 197-220). San Diego, CA: Academic Press.

Anderman, E. M., & Wolters, C. A. (2006). Goals, values, and affects: Influences on student motivation. In P. A. Alexander & P. H. Winne (Eds.), *Handbook of educational psychology* (2nd ed., pp. 369-389). Mahwah, NJ: Erlbaum.

Anderson, J. R. (1980). Concepts, propositions, and schemata: What are the cognitive units? In J. H. Flowers (Ed.), *Nebraska Symposium on Motivation, 1980* (Vol. 28, pp. 121-162). Lincoln: University of Nebraska Press.

Anderson, J. R. (1982). Acquisition of cognitive skill. *Psychological Review, 89*, 369-406.

Anderson, J. R. (1983). A spreading activation theory of memory. *Journal of Verbal Learning and Verbal Behavior, 22*, 261-295.

Anderson, J. R. (1984). Spreading activation. In J. R. Anderson & S. M. Kosslyn (Eds.), *Tutorials in learning and memory: Essays in honor of Gordon Bower* (pp. 61-90). San Francisco, CA: Freeman.

Anderson, J. R. (1990). *Cognitive psychology and its implications* (3rd ed.). New York, NY: Freeman.

Anderson, J. R. (1993). Problem solving and learning. *American Psychologist, 48*, 35-44.

Anderson, J. R. (1996). ACT: A simple theory of complex cognition. *American Psychologist, 51*, 355-365.

Anderson, J. R. (2000). *Learning and memory: An integrated approach* (2nd ed.). New York, NY: Wiley.

Anderson, J. R., Bothell, D., Byrne, M. D., Douglass, S., Lebiere, C., & Qin, Y. (2004). An integrated theory of the mind. *Psychological Review, 111*, 1036-1060.

Anderson, J. R., Fincham, J. M., & Douglass, S. (1997). The role of examples and rules in the acquisition of a cognitive skill. *Journal of Experimental Psychology: Learning, Memory, and Cognition, 23*, 932-945.

Anderson, J. R., Reder, L. M., & Lebiere, C. (1996). Working memory: Activation limitations on retrieval. *Cognitive Psychology, 30*, 221-256.

Anderson, J. R., Reder, L. M., & Simon, H. A. (1996). Situated learning and education. *Educational Researcher, 25*(4), 5-11.

Anderson, L. W. (1976). An empirical investigation of individual differences in time to learn. *Journal of Educational Psychology, 68*, 226-233.

Anderson, L. W. (2003). Benjamin S. Bloom: His life, his works, and his legacy. In B. J. Zimmerman & D. H. Schunk (Eds.), *Educational psychology: A century of contributions* (pp. 367-389). Mahwah, NJ: Erlbaum.

Anderson, R. C. (1982). Allocation of attention during reading. In A. Flammer & W. Kintsch (Eds.), *Discourse processing* (pp. 292-305). Amsterdam, The Netherlands: North Holland.

Anderson, R. C., & Pichert, J. W. (1978). Recall of previously unrecallable information following a shift in perspective. *Journal of Verbal Learning and Verbal Behavior, 17*, 1-12.

Anderson, R. C., Reynolds, R. E., Schallert, D. L., & Goetz, T. E. (1977). Frameworks for comprehending discourse. *American Educational Research Journal, 14*, 367-381.

Andersson, U., & Lyxell, B. (2007). Working memory deficit in children with mathematical difficulties: A general or specific deficit? *Journal of Experimental Child Psychology, 96*, 197-228.

Andre, T. (1986). Problem solving and education. In G. D. Phye & T. Andre (Eds.), *Cognitive classroom learning: Understanding, thinking, and problem solving* (pp. 169-204). Orlando, FL: Academic Press.

Andrews, G. R., & Debus, R. L. (1978). Persistence and the causal perception of failure: Modifying cognitive attributions. *Journal of Educational Psychology, 70*, 154-166.

Antonenko, P., Paas, F., Grabner, R., & van Gog, T. (2010). Using electroencephalography to measure cognitive load. *Educational Psychology Review, 22*, 425-438.

Armstrong, D. G., & Savage, T. V. (2002). *Teaching in the secondary school: An introduction* (5th ed.). Upper Saddle River, NJ: Merrill/Prentice Hall.

Aronson, E. (1966). The psychology of insufficient justification: An analysis of some conflicting data. In S. Feldman (Ed.), *Cognitive consistency: Motivational antecedents and behavioral consequences* (pp. 109-133). New York, NY: Academic Press.

Asher, J. W. (2003). The rise to prominence: Educational psychology 1920-1960. In B. J. Zimmerman & D. H. Schunk (Eds.), *Educational psychology: A century of contributions* (pp. 189-205). Mahwah, NJ: Erlbaum.

Ashton, P. T. (1985). Motivation and the teacher's sense of efficacy. In C. Ames & R. Ames (Eds.), *Research on motivation in education. Vol. 2: The classroom milieu* (pp. 141-171). Orlando, FL: Academic Press.

Ashton, P. T., & Webb, R. B. (1986). *Making a difference: Teachers' sense of efficacy and student achievement*. New York, NY: Longman.

Assor, A., & Connell, J. P. (1992). The validity of students' selfreports as measures of performance affecting self-appraisals. In D. H. Schunk & J. L. Meece (Eds.), *Student perceptions in the classroom* (pp. 25-47). Hillsdale, NJ: Erlbaum.

Atkinson, J. W. (1957). Motivational determinants of risk-taking behavior. *Psychological Review, 64*, 359-372.

Atkinson, J. W., & Birch, D. (1978). *Introduction to motivation* (2nd ed.). New York, NY: D. Van Nostrand.

Atkinson, J. W., & Feather, N. T. (1966). *A theory of achievement motivation*. New York, NY: Wiley.

Atkinson, J. W., & Raynor, J. O. (1974). *Motivation and achievement*. Washington, DC: Hemisphere.

Atkinson, J. W., & Raynor, J. O. (1978). *Personality, motivation, and achievement*. Washington, DC: Hemisphere.

Atkinson, R. C. (1975). Mnemotechnics in second-language learning. *American Psychologist, 30*, 828-921.

Atkinson, R. C., & Raugh, M. R. (1975). An application of the mnemonic keyword method to the acquisition of a Russian vocabulary. *Journal of Experimental Psychology: Human Learning and Memory, 104*, 126-133.

Atkinson, R. C., & Shiffrin, R. M. (1968). Human memory: A proposed system and its control processes. In K. W. Spence & J. T. Spence (Eds.), *The psychology of learning and motivation: Advances in research and theory* (Vol. 2, pp. 89-195). New York, NY: Academic Press.

Atkinson, R. C., & Shiffrin, R. M. (1971). The control of short-term memory. *Scientific American, 225*, 82-90.

Atkinson, R. K., Derry, S. J., Renkl, A., & Wortham, D. (2000). Learning from examples: Instructional principles from the worked examples research. *Review of Educational Research, 70*, 181-214.

Atkinson, R. K., & Renkl, A. (2007). Interactive example-based learning environments: Using interactive elements to encourage effective processing of worked examples. *Educational Psychology Review, 19*, 375-386.

Atkinson, R. K., Renkl, A., & Merrill, M. M. (2003). Transitioning from studying examples to solving problems: Effects of self-explanation prompts and fading worked-out steps. *Journal of Educational Psychology, 95*, 774-783.

Austin, J. L. (1962). *How to do things with words*. Oxford, England: Oxford University Press.

Ausubel, D. P. (1963). *The psychology of meaningful verbal learning: An introduction to school learning*. New York, NY: Grune & Stratton.

Ausubel, D. P. (1968). *Educational psychology: A cognitive view*. New York, NY: Holt, Rinehart & Winston.

Ausubel, D. P. (1977). The facilitation of meaningful verbal learning in the classroom. *Educational Psychologist, 12*, 162-178.

Ausubel, D. P. (1978). In defense of advance organizers: A reply to the critics. *Review of Educational Research, 48*, 251-257.

Ausubel, D. P., & Robinson, F. G. (1969). *School learning: An introduction to educational psychology*. New York, NY: Holt, Rinehart & Winston.

Ayllon, T., & Azrin, N. (1968). *The token economy: A motivational system for therapy and rehabilitation*. New York, NY: Appleton-Century-Crofts.

Azevedo, R. (2005a). Computer environments as metacognitive tools for enhancing learning. *Educational Psychologist, 40*, 193-197.

Azevedo, R. (2005b). Using hypermedia as a metacognitive tool for enhancing student learning? The role of self-regulated learning. *Educational Psychologist, 40*, 199-209.

Azevedo, R. (2009). Theoretical, conceptual, methodological, and instructional issues in research on metacognition and self-regulated learning: A discussion. *Metacognition & Learning, 4*, 87-95.

Azevedo, R., & Cromley, J. G. (2004). Does training on self-regulated learning facilitate students' learning with hypermedia? *Journal of Educational Psychology, 96*, 523-535.

Azevedo, R., Greene, J. A., & Moos, D. C. (2007). The effect of a human agent's external regulation upon college students' hypermedia learning. *Metacognition & Learning, 2*, 67-87.

Azevedo, R., Guthrie, J. T., & Seibert, D. (2004). The role of self-regulated learning in fostering students' conceptual understanding of complex systems with hypermedia. *Journal of Educational Computing Research, 30*, 85-109.

Azevedo, R., Moos, D. C., Johnson, A. M., & Chauncey, A. D. (2010). Measuring cognitive and metacognitive regulatory processes during hypermedia learning: Issues and challenges. *Educational Psychologist, 45*, 210-223.

Baddeley, A. D. (1978). The trouble with levels: A reexamination of Craik and Lockhart's framework for memory research. *Psychological Review, 85*, 139-152.

Baddeley, A. D. (1992). Working memory. *Science, 255*, 556-559.

Baddeley, A. D. (1998). *Human memory: Theory and practice* (Rev. ed.). Boston, MA: Allyn and Bacon.

Baddeley, A. D. (2001). Is working memory still working? *American Psychologist, 56*, 851-864.

Baddeley, A. D. (2012). Working memory: Theories, models, and controversies. *Annual Review of Psychology, 63*, 1-29.

Bailey, T. (1993). Can youth apprenticeship thrive in the United States? *Educational Researcher, 22*(3), 4-10.

Baker, L. (1989). Metacognition, comprehension monitoring, and the adult reader. *Educational Psychology Review, 1*, 3-38.

Baker, L., & Brown, A. L. (1984). Metacognitive skills and reading. In P. D. Pearson (Ed.), *Handbook of reading research* (pp. 353-394). New York, NY: Longman.

Baker, S. K., Chard, D. J., Ketterlin-Geller, L. R., Apichatabutra, C., & Doabler, C. (2009). Teaching writing to at-risk students: The quality of evidence for self-regulated strategy development. *Exceptional Children, 75*, 303-318.

Balcetis, E., & Dunning, D. (2006). See what you want to see: Motivational influences on visual perception. *Journal of Personality and Social Psychology, 91*, 612-625.

Balfanz, R., Herzog, L., & Mac Iver, D. (2007). Preventing student disengagement and keeping students on the graduation path in urban middle-grades schools: Early identification and effective interventions. *Educational Psychologist, 42*, 223-235.

Ball, D. L., Lubienski, S. T., & Mewborn, D. S. (2001). Mathematics. In V. Richardson (Ed.), *Handbook of research on teaching* (4th ed., pp. 433-456). Washington, DC: American Educational Research Association.

Bandura, A. (1969). *Principles of behavior modification*. New York, NY: Holt, Rinehart & Winston.

Bandura, A. (1973). *Aggression: A social learning analysis*. Englewood Cliffs, NJ: Prentice Hall.

Bandura, A. (1977a). Self-efficacy: Toward a unifying theory of behavioral change. *Psychological Review, 84*, 191-215.

Bandura, A. (1977b). *Social learning theory*. Englewood Cliffs, NJ: Prentice Hall.

Bandura, A. (1981). Self-referent thought: A developmental analysis of self-efficacy. In J. H. Flavell & L. Ross (Eds.), *Social cognitive development: Frontiers and possible futures* (pp. 200-239). Cambridge, England: Cambridge University Press.

Bandura, A. (1982a). The self and mechanisms of agency. In J. Suls (Ed.), *Psychological perspectives on the self* (Vol. 1, pp. 3-39). Hillsdale, NJ: Erlbaum.

Bandura, A. (1982b). Self-efficacy mechanism in human agency. *American Psychologist, 37*, 122-147.

Bandura, A. (1986). *Social foundations of thought and action: A social cognitive theory*. Englewood Cliffs, NJ: Prentice Hall.

Bandura, A. (1988). Self-regulation of motivation and action through goal systems. In V. Hamilton, G. H. Bower, & N. H. Frijda (Eds.), *Cognitive perspectives on emotion and motivation* (pp. 37-61). Dordrecht, The Netherlands: Kluwer Academic.

Bandura, A. (1991). Self-regulation of motivation through anticipatory and self-reactive mechanisms. In R. A. Dienstbier (Ed.), *Nebraska Symposium on Motivation, 1990* (Vol. 38, pp. 69-164). Lincoln, NE: University of Nebraska Press.

Bandura, A. (1993). Perceived self-efficacy in cognitive development and functioning. *Educational Psychologist, 28*, 117-148.

Bandura, A. (1994). Social cognitive theory and the exercise of control over HIV infection. In R. DiClemente & J. Peterson (Eds.), *Preventing AIDS: Theories and methods of behavioral interventions* (pp. 25-59). New York, NY: Plenum.

Bandura, A. (1997). *Self-efficacy: The exercise of control*. New York, NY: Freeman.

Bandura, A. (2001). Social cognitive theory: An agentic perspective. *Annual Review of Psychology, 52*, 1-26.

Bandura, A. (2005). The primacy of self-regulation in health promotion. Applied Psychology: *An International Review, 54*, 245-254.

Bandura, A. (2006). Toward a psychology of human agency. *Perspectives on Psychological Science, 1*, 164-180.

Bandura, A., & Adams, N. E. (1977). Analysis of self-efficacy theory of behavioral change. *Cognitive Therapy and Research, 1*, 287-308.

Bandura, A., Adams, N. E., & Beyer, J. (1977). Cognitive processes mediating behavioral change. *Journal of Personality and Social Psychology, 35*, 125-139.

Bandura, A., Barbaranelli, C., Caprara, G. V., & Pastorelli, C. (1996). Multifaceted impact of self-efficacy beliefs on academic functioning. *Child Development, 67*, 1206-1222.

Bandura, A., Barbaranelli, C., Caprara, G. V., & Pastorelli, C. (2001). Self-efficacy beliefs as shapers of children's aspirations and career trajectories. *Child Development, 72*, 187-206.

Bandura, A., & Bussey, K. (2004). On broadening the cognitive, motivational, and sociostructural scope of theorizing about gender development and functioning: Comment on Martin, Ruble, and Szkrybalo (2002). *Psychological Bulletin, 130*, 691-701.

Bandura, A., & Cervone, D. (1983). Self-evaluative and self-efficacy mechanisms governing the motivational effects of goal systems. *Journal of Personality and Social Psychology,*

45, 1017-1028.

Bandura, A., & Cervone, D. (1986). Differential engagement of self-reactive influences in cognitive motivation. *Organizational Behavior and Human Decision Processes, 38*, 92-113.

Bandura, A., & Jeffery, R. W. (1973). Role of symbolic coding and rehearsal processes in observational learning. *Journal of Personality and Social Psychology, 26*, 122-130.

Bandura, A., Ross, D., & Ross, S. A. (1963). Imitation of film-mediated aggressive models. *Journal of Abnormal and Social Psychology, 66*, 3-11.

Bandura, A., & Schunk, D. H. (1981). Cultivating competence, self-efficacy, and intrinsic interest through proximal self-motivation. *Journal of Personality and Social Psychology, 41*, 586-598.

Bandura, A., & Walters, R. H. (1963). *Social learning and personality development*. New York: Holt, Rinehart & Winston.

Bangert, R. L., Kulik, J. A., & Kulik, C. C. (1983). Individualized systems of instruction in secondary schools. *Review of Educational Research, 53*, 143-158.

Bangert-Drowns, R. L., Hurley, M. M., & Wilkinson, B. (2004). The effects of school-based writing-to-learn interventions on academic achievement: A meta-analysis. *Review of Educational Research, 74*, 29-58.

Bargh, J. A., & Ferguson, M. J. (2000). Beyond behaviorism: On the automaticity of higher mental processes. *Psychological Bulletin, 126*, 925-945.

Barnett, S. M., & Ceci, S. J. (2002). When and where do we apply what we learn? A taxonomy for far transfer. *Psychological Bulletin, 128*, 612-637.

Barrouillet, P., Portrat, S., & Camos, V. (2011). On the law relating processing to storage in working memory. *Psychological Review, 118*, 175-192.

Bartlett, F. C. (1932). *Remembering: A study in experimental and social psychology*. Cambridge, England: Cambridge University Press.

Bartlett, T. (2012, February 10). The sad saga of "little Albert" gets far worse for a researcher's reputation. *The Chronicle of Higher Education, 58*(23), A26.

Basden, B. H., Basden, D. R., Devecchio, E., & Anders, J. A. (1991). A developmental comparison of the effectiveness of encoding tasks. *Genetic, Social, and General Psychology Monographs, 117*, 419-436.

Baumrind, D. (1989). Rearing competent children. In W. Damon (Ed.), *Child development today and tomorrow* (pp. 349-378). San Francisco, CA: Jossey-Bass.

Beal, C. R., & Belgrad, S. L. (1990). The development of message evaluation skills in young children. *Child Development, 61*, 705-712.

Beaudoin, M., & Desrichard, O. (2011). Are memory self-efficacy and memory performance related? A meta-analysis. *Psychological Bulletin, 137*, 211-241.

Beck, H. P., Levinson, S., & Irons, G. (2009). Finding little Albert: A journey to John B. Watson's infant laboratory. *American Psychologist, 64*, 605-614.

Becker, W. C. (1971). *Parents are teachers: A child management program*. Champaign, IL: Research Press.

Begley, S. (2007, January 29). How the brain rewires itself. *Time, 169*, 72-74, 77, 79.

Belfiore, P. J., & Hornyak, R. S. (1998). Operant theory and application to self-monitoring in adolescents. In D. H. Schunk & B. J. Zimmerman (Eds.), *Self-regulated learning: From teaching to self-reflective practice* (pp. 184-202). New York, NY: Guilford Press.

Bellini, S., & Akullian, J. (2007). A meta-analysis of video modeling and video self-modeling interventions for children and adolescents with autism spectrum disorders. *Exceptional Children, 73*, 264-287.

Belmont, J. M. (1989). Cognitive strategies and strategic learning: The socio-instructional approach. *American Psychologist, 44*, 142-148.

Bembenutty, H., Cleary, T. J., & Kitsantas, A. (Eds.). (2013). *Applications of self-regulated learning across diverse disciplines: A tribute to Barry J. Zimmerman*. Charlotte, NC: Information Age Publishing.

Benight, C. C., & Bandura, A. (2004). Social cognitive theory of posttraumatic recovery: The role of perceived self-efficacy. *Behaviour Research and Therapy, 42*, 1129-1148.

Benjamin, L. T., Jr. (1988). A history of teaching machines. *American Psychologist, 43*, 703-712.

Benjamin, L. T., Jr. (2000). The psychological laboratory at the turn of the 20th century. *American Psychologist, 55*, 318-321.

Benjamin, L. T., Jr., Durkin, M., Link, M., Vestal, M., & Acord, J. (1992). Wundt's American doctoral students. *American Psychologist, 47*, 123-131.

Bereiter, C. (1994). Constructivism, socioculturalism, and Popper's World 3. *Educational Researcher, 23*(7), 21-23.

Berk, L. E. (1986). Relationship of elementary school children's private speech to behavioral accompaniment to task, attention, and task performance. *Developmental Psychology, 22*, 671-680.

Berlyne, D. E. (1960). *Conflict, arousal, and curiosity*. New York, NY: McGraw-Hill.

Berlyne, D. E. (1963). Motivational problems raised by exploratory and epistemic behavior. In S. Koch (Ed.), *Psychology: A study of a science* (Vol. 5, pp. 284-364). New York, NY: McGraw-Hill.

Bernard, R. M., Abrami, P. C., Borokhovski, E., Wade, C. A., Tamim, R. M., Surkes, M. A., & Bethel, E. C. (2009). A meta-analysis of three types of interaction treatments in distance education. *Review of Educational Research, 79*, 1243-1289.

Bernard, R. M., Abrami, P. C., Lou, Y., Borokhovski, E., Wade, A., Wozney, L., Wallet, P. A., Fiset, M., & Huang, B. (2004). How does distance education compare with classroom instruction? A meta-analysis of the empirical literature. *Review of Educational Research, 74*, 379-439.

Berndt, T. J., Hawkins, J. A., & Jiao, Z. (1999). Influences of friends on adjustment to junior high school. *Merrill-Palmer Quarterly, 45*, 13-41.

Berndt, T. J., & Keefe, K. (1992). Friends' influence on adolescents' perceptions of themselves at school. In D. H. Schunk & J. L. Meece (Eds.), *Student perceptions in the classroom* (pp. 51-73). Hillsdale, NJ: Erlbaum.

Berndt, T. J., & Keefe, K. (1996). Friends' influence on school adjustment: A motivational analysis. In J. Juvonen & K. R. Wentzel (Eds.), *Social motivation: Understanding children's school adjustment* (pp. 248-278). Cambridge, England: Cambridge University Press.

Bernier, M., & Avard, J. (1986). Self-efficacy, outcome, and attrition in a weight-reduction program. *Cognitive Therapy and Research, 10*, 319-338.

Betz, N. E., & Hackett, G. (1981). The relationship of careerrelated self-efficacy expectations to perceived career options in college women and men. *Journal of Counseling Psychology, 28*, 399-410.

Betz, N. E., & Hackett, G. (1983). The relationship of mathematics self-efficacy expectations to the selection of science-based college majors. *Journal of Vocational Behavior, 23*, 329-345.

Bierman, K L., Domitrovich, C. E., Nix, R. L., Gest, S. D., Welsh, J. A., Greenberg, M. T., Blair, C., Nelson, K. E., & Gill, S. (2008). Promoting academic and social-emotional school readiness: The Head Start REDI Program. *Child Development, 79*, 1802-1817.

Binney, R., & Janson, M. (Eds.). (1990). *Atlas of the mind and body.* London, England: Mitchell Beazley.

Birch, S. H., & Ladd, G. W. (1996). Interpersonal relationships in the school environment and children's early school adjustment: The role of teachers and peers. In J. Juvonen & K. R. Wentzel (Eds.), *Social motivation: Understanding children's school adjustment* (pp. 199-225). Cambridge, England: Cambridge University Press.

Black, J. B. (1984). Understanding and remembering stories. In J. R. Anderson & S. M. Kosslyn (Eds.), *Tutorials in learning and memory: Essays in honor of Gordon Bower* (pp. 235-255). San Francisco, CA: Freeman.

Block, J. H., & Burns, R. B. (1977). Mastery learning. In L. S. Shulman (Ed.), *Review of research in education* (Vol. 4, pp. 3-49). Itasca, IL: Peacock.

Blok, H., Oostdam, R., Otter, M. E., & Overmaat, M. (2002). Computer-assisted instruction in support of beginning reading instruction: A review. *Review of Educational Research, 72*, 101-130.

Bloom, B. S. (1976). *Human characteristics and school learning.* New York, NY: McGraw-Hill.

Bloom, B. S., Hastings, J. T., & Madaus, G. F. (1971). *Handbook on formative and summative evaluation of student learning.* New York, NY: McGraw-Hill.

Bong, M., & Clark, R. (1999). Comparisons between self-concept and self-efficacy in academic motivation research. *Educational Psychologist, 34*, 139-154.

Borkowski, J. G., & Cavanaugh, J. C. (1979). Maintenance and generalization of skills and strategies by the retarded. In N. R. Ellis (Ed.), *Handbook of mental deficiency, psychological theory and research* (2nd ed., pp. 569-617). Hillsdale, NJ: Erlbaum.

Borkowski, J. G., Johnston, M. B., & Reid, M. K. (1987). Meta-cognition, motivation, and controlled performance. In S. J. Ceci (Ed.), *Handbook of cognitive, social, and neuropsychological aspects of learning disabilities* (Vol. 2, pp. 147-173). Hillsdale, NJ: Erlbaum.

Borowsky, R., & Besner, D. (2006). Parallel distributed processing and lexical-semantic effects in visual word recognition: Are a few stages necessary? *Psychological Review, 113,* 181-195.

Bourne, L. E., Jr. (1992). Cognitive psychology: A brief overview. *Psychological Science Agenda, 5*(5), 5, 20.

Bousfield, W. A. (1953). The occurrence of clustering in the recall of randomly arranged associates. *Journal of General Psychology, 49*, 229-240.

Bousfield, W. A., & Cohen, B. H. (1953). The effects of reinforcement on the occurrence of clustering in the recall of randomly arranged associates. *Journal of Psychology, 36*, 67-81.

Bouton, M. E., Nelson, J. B., & Rosas, J. M. (1999). Stimulus generalization, context change, and forgetting. *Psychological Bulletin, 125*, 171-186.

Bower, G. H., & Hilgard, E. R. (1981). *Theories of learning* (5th ed.). Englewood Cliffs, NJ: Prentice Hall.

Bower, G. H., & Morrow, D. G. (1990). Mental models in narrative comprehension. *Science, 247*, 44-48.

Bowers, J. S. (2009). On the biological plausibility of grandmother cells: Implications for neural network theories in psychology and neuroscience. *Psychological Review, 116,* 220-251.

Braaksma, M. A. H., Rijlaarsdam, G., & van den Bergh, H. (2002). Observational learning and the effects of model-observer similarity. *Journal of Educational Psychology, 94*, 405-415.

Bradley, R. H., & Corwyn, R. F. (2002). Socioeconomic status and child development. *Annual Review of Psychology, 53*, 371-399.

Brainerd, C. J. (2003). Jean Piaget, learning research, and American education. In B. J. Zimmerman & D. H. Schunk (Eds.), *Educational psychology: A century of contributions* (pp. 251-287). Mahwah, NJ: Erlbaum.

Bransford, J. D., & Johnson, M. K. (1972). Contextual prerequisites for understanding: Some investigations of comprehension and recall. *Journal of Verbal Learning and Verbal Behavior, 11*, 717-726.

Bransford, J. D., & Schwartz, D. L. (1999). Rethinking transfer: A simple proposal with multiple implications. In A. Iran-Nejad & P. D. Pearson (Eds.), *Review of research in education* (Vol. 24, pp. 61-100). Washington, DC: American Educational Research Association.

Bransford, J. D., & Stein, B. S. (1984). *The IDEAL problem solver: A guide for improving thinking, learning, and creativity.* New York: Freeman.

Bransford, J. D., Stein, B. S., Vye, N. J., Franks, J. J., Auble, P. M., Mezynski, K. J., & Perfetto, G. A. (1982). Differences in approaches to learning: An overview. *Journal of Experimental Psychology: General, 111*, 390-398.

Bredo, E. (1997). The social construction of learning. In G. Phye (Ed.), *Handbook of academic learning: The construction of knowledge* (pp. 3-45). New York: Academic Press.

Bredo, E. (2003). The development of Dewey's psychology. In B. J. Zimmerman & D. H. Schunk (Eds.), *Educational psychology: A century of contributions* (pp. 81-111). Mahwah, NJ: Erlbaum.

Bredo, E. (2006). Conceptual confusion and educational psychology. In P. A. Alexander & P. H. Winne (Eds.), *Handbook of educational psychology* (2nd ed., pp. 43-57). Mahwah, NJ: Erlbaum.

Brewer, W. F. (1974). There is no convincing evidence for operant or classical conditioning in adult humans. In W. B. Weimer & D. S. Palermo (Eds.), *Cognition and the symbolic processes* (pp. 1-42). Hillsdale, NJ: Erlbaum.

Brewer, W. F., & Treyens, J. C. (1981). Role of schemata in memory for places. *Cognitive Psychology, 13*, 207-230.

Brigham, T. A. (1982). Self-management: A radical behavioral perspective. In P. Karoly & F. H. Kanfer (Eds.), *Self-management and behavior change: From theory to practice* (pp. 32-59). New York: Pergamon.

Britton, B. K., & Tesser, A. (1991). Effects of time-management practices on college grades. *Journal of Educational Psychology, 83*, 405-410.

Broadbent, D. E. (1958). *Perception and communication.* London, England: Pergamon.

Broadhurst, P. L. (1957). Emotionality and the Yerkes-Dodson Law. *Journal of Experimental Psychology, 54*, 345-352.

Brody, G. H., & Stoneman, Z. (1985). Peer imitation: An examination of status and competence hypotheses. *Journal of Genetic Psychology, 146*, 161-170.

Brodzinsky, D. M. (1982). Relationship between cognitive style and cognitive development: A 2-year longitudinal study. *Developmental Psychology, 18*, 617-626.

Bronfenbrenner, U. (1979). *The ecology of human development: Experiments by nature and design.* Cambridge, MA: Harvard University Press.

Brooks, J. G., & Brooks, M. G. (1999). *In search of understanding: The case for constructivist classrooms.* Alexandria, VA: Association for Supervision and Curriculum Development.

Brophy, J. E. (1981). Teacher praise: A functional analysis. *Review of Educational Research, 51*, 5-32.

Brophy, J. E., & Good, T. L. (1974). *Teacher-student relationships: Causes and consequences.* New York, NY: Holt, Rinehart & Winston.

Brophy, J. E., & Good, T. L. (1986). Teacher behavior and student achievement. In M. L. Wittrock (Ed.), *Handbook of research on teaching* (3rd ed., pp. 328-375). New York, NY: Macmillan.

Brown, A. L. (1980). Metacognitive development and reading. In R. J. Spiro, B. C. Bruce, & W. F. Brewer (Eds.), *Theoretical issues in reading comprehension* (pp. 453-481). Hillsdale, NJ: Erlbaum.

Brown, A. L., & Campione, J. C. (1996). Psychological theory and the design of innovative learning environments: On procedures, principles, and systems. In L. Schauble & R. Glaser (Eds.), *Innovations in learning: New environments for education* (pp. 289-325). Hillsdale, NJ: Erlbaum.

Brown, A. L., Palincsar, A. S., & Armbruster, B. B. (1984). Instructing comprehension-fostering activities in interactive learning situations. In H. Mandl, N. L. Stein, & T. Trabasso (Eds.), *Learning and comprehension of text* (pp. 255-286). Hillsdale, NJ: Erlbaum.

Brown, G. D. A., Neath, I., & Chater, N. (2007). A temporal ratio model of memory. *Psychological Review, 114*, 539-576.

Brown, I., Jr., & Inouye, D. K. (1978). Learned helplessness through modeling: The role of perceived similarity in competence. *Journal of Personality and Social Psychology, 36*, 900-908.

Brown, J. (1968). Reciprocal facilitation and impairment of free recall. *Psychonomic Science, 10*, 41-42.

Brown, J. S. (2006, September/October). New learning environments for the 21st century: Exploring the edge. *Change, 38*, 18-24.

Brown, J. S., & Burton, R. R. (1978). Diagnostic models for procedural bugs in basic mathematical skills. *Cognitive Science, 2*, 155-192.

Brown, S. C., & Craik, F. I. M. (2000). Encoding and retrieval of information. In E. Tulving & F. I. M. Craik (Eds.), *The Oxford handbook of memory* (pp. 93-108). New York: Oxford University Press.

Bruner, J. S. (1960). *The process of education.* New York, NY: Vintage.

Bruner, J. S. (1961). The act of discovery. *Harvard Educational Review, 31*, 21-32.

Bruner, J. S. (1964). The course of cognitive growth. *American Psychologist, 19*, 1-15.

Bruner, J. S. (1966). *Toward a theory of instruction.* New York, NY: Norton.

Bruner, J. S. (1984). Vygotsky's zone of proximal development: The hidden agenda. In B. Rogoff & J. V. Wertsch (Eds.), *Children's learning in the "zone of proximal development"* (pp. 93-97). San Francisco, CA: Jossey-Bass.

Bruner, J. S. (1985). Models of the learner. *Educational Researcher, 14*(6), 5-8.

Bruner, J. S., Goodnow, J., & Austin, G. A. (1956). *A study of thinking.* New York, NY: Wiley.

Bruner, J. S., Olver, R. R., & Greenfield, P. M. (1966). *Studies in cognitive growth.* New York, NY: Wiley.

Bruning, R. H., Dempsey, M., Kauffman, D. F., McKim, C., & Zumbrunn, S. (2013). Examining dimensions of self-efficacy for writing. *Journal of Educational Psychology, 105*, 25-38.

Bruning, R. H., & Horn, C. (2000). Developing motivation to write. *Educational Psychologist, 35*, 25-37.

Bruning, R. H., Schraw, G. J., & Norby, M. M. (2011). *Cognitive psychology and instruction* (5th ed.). Boston, MA: Pearson Education.

Brunstein, J. C., & Glaser, C. (2011). Testing a path-analytic mediation model of how self-regulated writing strategies improve fourth graders' composition skills: A randomized controlled trial. *Journal of Educational Psychology, 103*, 922-938.

Brunton, M. (2007, January 29). What do babies know? *Time, 169*, 94-95.

Bryan, J. H., & Bryan, T. H. (1983). The social life of the learning disabled youngster. In J. D. McKinney & L. Feagans (Eds.), *Current topics in learning disabilities* (Vol. 1, pp. 57-85). Norwood, NJ: Ablex.

Bryk, A. S., Sebring, P. B., Allensworth, E., Luppescu, S., & Easton, J. Q. (2010). *Organizing schools for improvement: Lessons from Chicago.* Chicago, IL: University of Chicago Press.

Burnette, J. L., O'Boyle, E. H., VanEpps, E. M., Pollack, J. M., & Finkel, E. J. (2013). Mind-sets matter: A meta-analytic review of implicit theories and self-regulation. *Psychological Bulletin, 139*, 655-701.

Butler, A. C., Godbole, N., & Marsh, E. J. (2013). Explanation feedback is better than correct answer feedback for promoting transfer of learning. *Journal of Educational Psychology, 105*, 290-298.

Butler, D. L. (1998a). The strategic content learning approach to promoting self-regulated learning: A report of three studies. *Journal of Educational Psychology, 90*, 682-697.

Butler, D. L. (1998b). A strategic content learning approach to promoting self-regulated learning by students with learning disabilities. In D. H. Schunk & B. J. Zimmerman (Eds.), *Self-regulated learning: From teaching to self-reflective practice* (pp. 160-183). New York, NY: Guilford Press.

Butler, R. (1992). What young people want to know when: Effects of mastery and ability goals on interest in different kinds of social comparisons. *Journal of Personality and Social Psychology, 62*, 934-943.

Butler, R. (1998). Age trends in the use of social and temporal comparison for self-evaluation: Examination of a novel developmental hypothesis. *Child Development, 69*, 1054-

1073.

Byrnes, J. P. (2001). *Minds, brains, and learning: Understanding the psychological and educational relevance of neuroscientific research.* New York, NY: Guilford Press.

Byrnes, J. P. (2012). How neuroscience contributes to our understanding of learning and development in typically developing and special-needs students. In K. R. Harris, S. Graham, & T. Urdan (Eds.), *APA educational psychology handbook. Vol. 1: Theories, constructs, and critical issues* (pp. 561-595). Washington, DC: American Psychological Association.

Byrnes, J. P., & Fox, N. A. (1998). The educational relevance of research in cognitive neuroscience. *Educational Psychology Review, 10*, 297-342.

Cairns, R. B., Cairns, B. D., & Neckerman, J. J. (1989). Early school dropout: Configurations and determinants. *Child Development, 60,* 1437-1452.

Calfee, R., & Drum, P. (1986). Research on teaching reading. In M. C. Wittrock (Ed.), *Handbook of research on teaching* (3rd ed., pp. 804-849). New York, NY: Macmillan.

Cameron, J., & Pierce, W. D. (1994). Reinforcement, reward, and intrinsic motivation: A meta-analysis. *Review of Educational Research, 64*, 363-423.

Cameron, J., & Pierce, W. D. (2002). *Rewards and intrinsic motivation: Resolving the controversy.* Westport, CT: Bergin & Garvey.

Campbell, C. (2009). Middle years students' use of self-regulating strategies in an online journaling environment. *Educational Technology & Society, 12*(3), 98-106.

Campbell, F. A., Pungello, E. P., Miller-Johnson, S., Burchinal, M., & Ramey, C. T. (2001). The development of cognitive and academic abilities: Growth curves from an early childhood educational experiment. *Developmental Psychology, 37*, 231-242.

Campbell, G. (2006, September/October). Education, information technologies, and the augmentation of human intellect. *Change, 38,* 26-31.

Campione, J. C., Brown, A. L., Ferrara, R. A., & Bryant, N. R. (1984). The zone of proximal development: Implications for individual differences and learning. In B. Rogoff & J. V. Wertsch (Eds.), *Children's learning in the "zone of proximal development"* (pp. 77-91). San Francisco, CA: Jossey-Bass.

Cantor, N., & Kihlstrom, J. F. (1987). *Personality and social intelligence.* Englewood Cliffs, NJ: Prentice Hall.

Cantrell, S. C., Almasi, J. F., Carter, J. C., Rintamaa, M., & Madden, A. (2010). The impact of a strategy-based intervention on the comprehension and strategy use of struggling adolescent readers. *Journal of Educational Psychology, 102*, 257-280.

Caprara, G. V., Barbaranelli, C., Borgogni, L., & Steca, P. (2003). Efficacy beliefs as determinants of teachers' job satisfaction. *Journal of Educational Psychology, 95*, 821-832.

Caprara, G. V., Fida, R., Vecchione, M., Del Bove, G., Vecchio, G. M., Barbaranelli, C., & Bandura, A. (2008). Longitudinal analysis of the role of perceived self-efficacy for self-regulated learning in academic continuance and achievement. *Journal of Educational Psychology, 100*, 525-534.

Carlson, R., Chandler, P., & Sweller, J. (2003). Learning and understanding science instructional material. *Journal of Educational Psychology, 95*, 629-640.

Carney, R. N., & Levin, J. R. (2002). Pictorial illustrations still improve students' learning from text. *Educational Psychology Review, 14,* 5-26.

Carpenter, P. A., Miyake, A., & Just, M. A. (1995). Language comprehension: Sentence and discourse processing. *Annual Review of Psychology, 46*, 91-120.

Carr, M. (2012). Critical transitions: Arithmetic to algebra. In K. R. Harris, S. Graham, & T. Urdan (Eds.), *APA educational psychology handbook. Vol. 3: Application to learning and teaching* (pp. 229-255). Washington, DC: American Psychological Association.

Carr, N. (2011). *The shallows: What the Internet is doing to our brains.* New York, NY: Norton.

Carroll, J. B. (1963). A model of school learning. *Teachers College Record, 64,* 723-733.

Carroll, J. B. (1965). School learning over the long haul. In J. D. Krumboltz (Ed.), *Learning and the educational process* (pp. 249-269). Chicago, IL: Rand McNally.

Carroll, J. B. (1989). The Carroll model: A 25-year retrospective and prospective view. *Educational Researcher, 18*(1), 26-31.

Carroll, W. R., & Bandura, A. (1982). The role of visual monitoring in observational learning of action patterns: Making the unobservable observable. *Journal of Motor Behavior, 14*, 153-167.

Carver, C. S., & Scheier, M. F. (1998). *On the self-regulation of behavior.* New York, NY: Cambridge University Press.

Ceci, S. J. (1989). On domain specificity . . . More or less general and specific constraints on cognitive development. *Merrill-Palmer Quarterly, 35*, 131-142.

Centre for Educational Research and Innovation. (2007). *Understanding the brain: The birth of a learning science.* Paris, France: Organisation for Economic Co-operation and Development.

Cervone, D., Jiwani, N., & Wood, R. (1991). Goal setting and the differential influence of self-regulatory processes on complex decision-making performance. *Journal of Personality and Social Psychology, 61*, 257-266.

Chan, W., Lau, S., Nie, Y., Lim, S., & Hogan, D. (2008). Organizational and personal predictors of teacher commitment: The mediating role of teacher efficacy and identification with school. *American Educational Research Journal, 45*, 597-630.

Chapman, J. W. (1988). Learning disabled children's self-concepts. *Review of Educational Research, 58,* 347-371.

Chapman, J. W., & Tunmer, W. E. (1995). Development of young children's reading self-concepts: An examination of emerging sub-components and their relationship with reading achievement. *Journal of Educational Psychology, 87*, 154-167.

Chartrand, T. L., & Bargh, J. A. (1999). The chameleon effect: The perception-behavior link and social interaction. *Journal of Personality and Social Psychology, 76*, 893-910.

Chen, Z. (1999). Schema induction in children's analogical problem solving. *Journal of Educational Psychology, 91*, 703-715.

Cherry, E. C. (1953). Some experiments on the recognition of speech with one and two ears. *Journal of the Acoustical Society of America, 25*, 975-979.

Chi, M. T. H., Bassok, M., Lewis, M. W., Reimann, P., & Glaser, R. (1989). Self-explanations: How students study and use examples in learning to solve problems. *Cognitive Science, 13,* 145-182.

Chi, M. T. H., Feltovich, P. J., & Glaser, R. (1981). Categorization and representation of physics problems by experts and novices. *Cognitive Science, 5*, 121-152.

Chi, M. T. H., & Glaser, R. (1985). Problem-solving ability. In R. J. Sternberg (Ed.), *Human abilities: An information-processing approach* (pp. 227-250). New York, NY: Freeman.

Chi, M. T. H., Glaser, R., & Farr, M. J. (Eds.). (1988). *The nature of expertise*. Hillsdale, NJ: Erlbaum.

Chi, M. T. H., Glaser, R., & Rees, E. (1982). Expertise in problem solving. In R. J. Sternberg (Ed.), *Advances in the psychology of human intelligence* (Vol. 1, pp. 7-75). Hillsdale, NJ: Erlbaum.

Chi, M. T. H., & VanLehn, K. A. (2012). Seeing deep structure from the interactions of surface features. *Educational Psychologist, 47*, 177-188.

Chiesi, H. L., Spilich, G. J., & Voss, J. R. (1979). Acquisition of domain-related information in relation to high and low domain knowledge. *Journal of Verbal Learning and Verbal Behavior, 18*, 257-274.

Chinn, C. A., & Samarapungavan, A. (2009). Conceptual change-multiple routes, multiple mechanisms: A commentary on Ohlsson (2009). *Educational Psychologist, 44*, 48-57.

Chomsky, N. (1957). *Syntactic structures*. The Hague, The Netherlands: Mouton.

Clark, H. H., & Clark, E. V. (1977). *Psychology and language: An introduction to psycholinguistics*. New York, NY: Harcourt Brace Jovanovich.

Clark, H. H., & Haviland, S. E. (1977). Psychological processes as linguistic explanation. In R. O. Freedle (Ed.), *Discourse production and comprehension* (pp. 1-40). Norwood, NJ: Ablex.

Clark, J. M., & Paivio, A. (1991). Dual coding theory and education. *Educational Psychology Review, 3*, 149-210.

Clark, K. (2008, January 21). New answers for e-learning. *U. S. News & World Report, 144*, 46, 48-50.

Cleary, T. J., Zimmerman, B. J., & Keating, T. (2006). Training physical education students to self-regulate during basketball free throw practice. *Research Quarterly for Exercise and Sport, 77*, 251-262.

Clifford, R. M., Early, D. M., & Hill, T. (1999). About a million children in school before kindergarten. *Young Children, 54*, 48-51.

Cobb, P. (1994). Where is the mind? Constructivist and sociocultural perspectives on mathematical development. *Educational Researcher, 23*(7), 13-20.

Cobb, P., & Bowers, J. (1999). Cognitive and situated learning perspectives in theory and practice. *Educational Researcher, 28*(2), 4-15.

Cofer, C. N., Bruce, D. R., & Reicher, G. M. (1966). Clustering in free recall as a function of certain methodological variations. *Journal of Experimental Psychology, 71*, 858-866.

Cohen, E. G. (1994). Restructuring the classroom: Conditions for productive small groups. *Review of Educational Research, 64*, 1-35.

Cole, M. (2010). Education as an intergenerational process of human learning, teaching, and development. *American Psychologist, 65*, 796-807.

Collie, R. J., Shapka, J. D., & Perry, N. E. (2012). School climate and social-emotional learning: Predicting teacher stress, job satisfaction, and teaching efficacy. *Journal of Educational Psychology, 104*, 1189-1204.

Collins, A. (1977). Processes in acquiring knowledge. In R. C. Anderson, R. J. Spiro, & W. E. Montague (Eds.), *Schooling and the acquisition of knowledge* (pp. 339-363). Hillsdale, NJ: Erlbaum.

Collins, A., & Loftus, E. F. (1975). A spreading-activation theory of semantic processing. *Psychological Review, 82*, 407-428.

Collins, A., & Quillian, M. R. (1969). Retrieval time from semantic memory. *Journal of Verbal Learning and Verbal Behavior, 8*, 240-247.

Collins, A., & Stevens, A. L. (1983). A cognitive theory of inquiry teaching. In C. M. Reigeluth (Ed.), *Instructional-design theories and models: An overview of their current status* (pp. 247-278). Hillsdale, NJ: Erlbaum.

Collins, J. L. (1982, March). *Self-efficacy and ability in achievement behavior*. Paper presented at the annual meeting of the American Educational Research Association, New York, NY.

Collins, W. A., Maccoby, E. E., Steinberg, L., Hetherington, E. M., & Bornstein, M. H. (2000). Contemporary research on parenting: The case for nature and nurture. *American Psychologist, 55*, 218-232.

Comer, J. P. (2001, April 23). Schools that develop children. *The American Prospect*, 30-35.

Comer, J. P., & Haynes, N. M. (1999). The dynamics of school change: Response to the article, "Comer's School Development Program in Prince George's County, Maryland: A theory-based evaluation," by Thomas D. Cook et al. *American Educational Research Journal, 36*, 599-607.

Connell, J. P., Halpern-Felsher, B., Clifford, E., Crichlow, W., & Usinger, P. (1995). Hanging in there: Behavioral, psychological, and contextual factors affecting whether African-American adolescents stay in school. *Journal of Adolescent Research, 10*, 41-63.

Cook, T. D., Habib, F., Phillips, M., Settersten, R. A., Shagle, S. C., & Degirmencioglu, S. M. (1999). Comer's School Development Program in Prince George's County, Maryland: A theory-based evaluation. *American Educational Research Journal, 36*, 543-597.

Cook, T. D., Murphy, R. F., & Hunt, H. D. (2000). Comer's School Development Program in Chicago: A theory-based evaluation. *American Educational Research Journal, 37*, 535-597.

Cooper, A. J. R., & Monk, A. (1976). Learning for recall and learning for recognition. In J. Brown (Ed.), *Recall and recognition* (pp. 131-156). London: Wiley.

Cooper, H. M., & Good, T. L. (1983). *Pygmalion grows up: Studies in the expectation communication process*. New York: Longman.

Cooper, H. M., Robinson, J. C., & Patall, E. A. (2006). Does homework improve academic achievement? A synthesis of research, 1987-2003. *Review of Educational Research, 76*, 1-62.

Cooper, H. M., & Tom, D. Y. H. (1984). Teacher expectation research: A review with implications for classroom instruction. *Elementary School Journal, 85*, 77-89.

Cooper, L. A., & Shepard, R. N. (1973). Chronometric studies of the rotation of mental images. In W. G. Chase (Ed.), *Visual information processing* (pp. 95-176). New York, NY: Academic Press.

Cooper, R. P., & Shallice, T. (2006). Hierarchical schemas and goals in the control of sequential behavior. *Psychological Review, 113*, 887-916.

Cooper, W. H. (1983). An achievement motivation nomological

network. *Journal of Personality and Social Psychology, 44,* 841-861.

Corballis, M. C. (2006). Language. In K. Pawlik & G. d'Ydewalle (Eds.), *Psychological concepts: An international historical perspective* (pp. 197-221). New York, NY: Psychology Press.

Cornelius-White, J. (2007). Learner-centered teacher-student relationships are effective: A meta-analysis. *Review of Educational Research, 77,* 113-143.

Corno, L. (1989). Self-regulated learning: A volitional analysis. In B. J. Zimmerman & D. H. Schunk (Eds.), *Self-regulated learning and academic achievement: Theory, research, and practice* (pp. 111-142). New York: Springer-Verlag.

Corno, L. (1993). The best-laid plans: Modern conceptions of volition and educational research. *Educational Researcher, 22*(2), 14-22.

Corno, L. (1994). Student volition and education: Outcomes, influences, and practices. In D. H. Schunk & B. J. Zimmerman (Eds.), *Self-regulation of learning and performance: Issues and educational applications* (pp. 229-251). Hillsdale, NJ: Erlbaum.

Corno, L. (2001). Volitional aspects of self-regulated learning. In B. J. Zimmerman & D. H. Schunk (Eds.), *Self-regulated learning and academic achievement: Theoretical perspectives* (2nd ed., pp. 191-225). Mahwah, NJ: Erlbaum.

Corno, L. (2008). Work habits and self-regulated learning: Helping students to find a "will" from a "way." In D. H. Schunk & B. J. Zimmerman (Eds.), *Motivation and self-regulated learning: Theory, research, and applications* (pp. 197-222). New York, NY: Taylor & Francis.

Corno, L., & Kanfer, R. (1993). The role of volition in learning and performance. In L. Darling-Hammond (Ed.), *Review of research in education* (Vol. 19, pp. 301-341). Washington, DC: American Educational Research Association.

Corno, L., & Mandinach, E. B. (2004). What we have learned about student engagement in the past twenty years. In D. M. McInerney & S. Van Etten (Eds.), *Big theories revisited* (pp. 299-328). Greenwich, CT: Information Age.

Courage, M. L., & Setliff, A. E. (2009). Debating the impact of television and video material on very young children: Attention, learning, and the developing brain. *Child Development Perspectives, 3,* 72-78.

Covey, S. R. (1989). *The seven habits of highly effective people: Restoring the character ethic.* New York, NY: Simon and Schuster.

Covington, M. V. (1984). The self-worth theory of achievement motivation: Findings and implications. *Elementary School Journal, 85,* 5-20.

Covington, M. V. (1992). *Making the grade: A self-worth perspective on motivation and school reform.* Cambridge, England: Cambridge University Press.

Covington, M. V. (1998). *The will to learn: A guide for motivating young people.* New York, NY: Cambridge University Press.

Covington, M. V. (2004). Self-worth theory goes to college: Or do our motivation theories motivate? In D. M. McInerney & S. Van Etten (Eds.), *Big theories revisited* (pp. 91-114). Greenwich, CT: Information Age.

Covington, M. V. (2009). Self-worth theory: Retrospection and prospects. In K. R. Wentzel & A. Wigfield (Eds.), *Handbook of motivation at school* (pp. 141-169). New York, NY: Routledge.

Covington, M. V., & Beery, R. G. (1976). *Self-worth and school learning.* New York, NY: Holt, Rinehart & Winston.

Covington, M. V., & Dray, E. (2002). The developmental course of achievement motivation: A need-based approach. In A. Wigfield & J. S. Eccles (Eds.), *Development of achievement motivation* (pp. 33-56). San Diego, CA: Academic Press.

Covington, M. V., & Omelich, C. L. (1979). Effort: The double-edged sword in school achievement. *Journal of Educational Psychology, 71,* 688-700.

Cowan, N., Hismjatullina, A., AuBuchon, A. M., Saults, J. S., Horton, N., Leadbitter, K., & Towse, J. (2010). With development, list recall includes more chunks, not just larger ones. *Developmental Psychology, 46,* 1119-1131.

Cowan, N., Rouder, J. N., Blume, C. L., & Saults, J. S. (2012). Models of verbal working memory capacity: What does it take to make them work? *Psychological Review, 119,* 480-499.

Cowey, A. (1998). Localization of brain function and cortical maps. In R. L. Gregory (Ed.), *The Oxford companion to the mind* (pp. 436-438). Oxford, England: Oxford University Press.

Cox, B. D. (1997). The rediscovery of the active learner in adaptive contexts: A developmental-historical analysis of transfer of training. *Educational Psychologist, 32,* 41-55.

Craig, S. D., Chi, M. T. H., & VanLehn, K. (2009). Improving classroom learning by collaboratively observing human tutoring videos while problem solving. *Journal of Educational Psychology, 101,* 779-789.

Craik, F. I. M. (1979). Human memory. *Annual Review of Psychology, 30,* 63-102.

Craik, F. I. M., & Lockhart, R. S. (1972). Levels of processing: A framework for memory research. *Journal of Verbal Learning and Verbal Behavior, 11,* 671-684.

Craik, F. I. M., & Tulving, E. (1975). Depth of processing and the retention of words in episodic memory. *Journal of Experimental Psychology: General, 104,* 268-294.

Crisafi, M. A., & Brown, A. L. (1986). Analogical transfer in very young children: Combining two separately learned solutions to reach a goal. *Child Development, 57,* 953-968.

Crosnoe, R., Johnson, M. K., & Elder, G. H. (2004). School size and the interpersonal side of education. *Social Science Quarterly, 85,* 1259-1274.

Crowley, K., & Siegler, R. S. (1999). Explanation and generalization in young children's strategy learning. *Child Development, 70,* 304-316.

Csikszentmihalyi, M. (1975). *Beyond boredom and anxiety.* San Francisco, CA: Jossey-Bass.

Csikszentmihalyi, M., & Rathunde, K. (1993). The measurement of flow in everyday life: Toward a theory of emergent motivation. In J. E. Jacobs (Ed.), *Nebraska symposium on motivation 1992* (Vol. 40, pp. 57-97). Lincoln: University of Nebraska Press.

Cummins, D. D., Kintsch, W., Reusser, K., & Weimer, R. (1988). The role of understanding in solving word problems. *Cognitive Psychology, 20,* 405-438.

Cuny, H. (1965). *Pavlov: The man and his theories* (P. Evans, Trans.). New York, NY: Paul S. Eriksson.

Cutler, L., & Graham, S. (2008). Primary grade writing instruction: A national survey. *Journal of Educational Psychology, 100,* 907-919.

Daniels, D. H., Kalkman, D. L., & McCombs, B. L. (2001).

Young children's perspectives on learning and teacher practices in different classroom contexts: Implications for motivation. *Early Education and Development, 12,* 253-273.

Dansereau, D. F. (1978). The development of a learning strategies curriculum. In H. F. O'Neil, Jr. (Ed.), *Learning strategies* (pp. 1-29). New York, NY: Academic Press.

Dansereau, D. F. (1988). Cooperative learning strategies. In C. E. Weinstein, E. T. Goetz, & P. A. Alexander (Eds.), *Learning and study strategies: Issues in assessment, instruction, and evaluation* (pp. 103-120). San Diego, CA: Academic Press.

Dansereau, D. F., McDonald, B. A., Collins, K. W., Garland, J., Holley, C. D., Diekhoff, G. M., & Evans, S. H. (1979). Evaluation of a learning strategy system. In H. F. O'Neil, Jr., & C. D. Spielberger (Eds.), *Cognitive and affective learning strategies* (pp. 3-43). New York, NY: Academic Press.

Darwin, C. J., Turvey, M. T., & Crowder, R. G. (1972). An auditory analogue of the Sperling partial report procedure: Evidence for brief auditory storage. *Cognitive Psychology, 3,* 255-267.

Daugherty, M., & White, C. S. (2008). Relationships among private speech and creativity in Head Start and low-socioeconomic status preschool children. *Gifted Child Quarterly, 52,* 30-39.

Davelaar, E. J., Goshen-Gottstein, Y., Ashkenazi, A., Haarmann, H. J., & Usher, M. (2005). The demise of short-term memory revisited: Empirical and computational investigations of recency effects. *Psychological Review, 112,* 3-42.

Davidson, E. S., & Smith, W. P. (1982). Imitation, social comparison, and self-reward. *Child Development, 53,* 928-932.

Davis, H. A. (2003). Conceptualizing the role and influence of student-teacher relationships on children's social and cognitive development. *Educational Psychologist, 38,* 207-234.

Debowski, S., Wood, R. E., & Bandura, A. (2001). Impact of guided exploration and enactive exploration on self-regulatory mechanisms and information acquisition through electronic search. *Journal of Applied Psychology, 86,* 1129-1141.

de Bruin. A. B. H., Thiede, K. W., Camp, G., & Redford, J. (2011). Generating keywords improves metacomprehension and self-regulation in elementary and middle school children. *Journal of Experimental Child Psychology, 109,* 294-310.

de Charms, R. (1968). *Personal causation: The internal affective determinants of behavior.* New York, NY: Academic Press.

de Charms, R. (1976). *Enhancing motivation: Change in the classroom.* New York, NY: Irvington.

de Charms, R. (1984). Motivation enhancement in educational settings. In R. Ames & C. Ames (Eds.), *Research on motivation in education* (Vol. 1, pp. 275-310). Orlando, FL: Academic Press.

Deci, E. L. (1975). Intrinsic motivation. New York, NY: Plenum. Deci, E. L. (1980). *The psychology of self-determination.* Lexington, MA: D. C. Heath.

Deci, E. L., Koestner, R., & Ryan, R. M. (1999). A meta-analytic review of experiments examining the effects of extrinsic rewards on intrinsic motivation. *Psychological Bulletin, 125,* 627-668.

Deci, E. L., Koestner, R., & Ryan, R. M. (2001). Extrinsic rewards and intrinsic motivation in education: Reconsidered once again. *Review of Educational Research, 71,* 1-27.

Deci, E. L., & Moller, A. C. (2005). The concept of competence: A starting place for understanding intrinsic motivation and self-determined extrinsic motivation. In A. J. Elliot & C. S. Dweck (Eds.), *Handbook of competence and motivation* (pp. 579-597). New York, NY: Guilford Press.

Deci, E. L., & Ryan, R. M. (1991). A motivational approach to self: Integration in personality. In R. A. Dienstbier (Ed.), *Nebraska symposium on motivation 1990* (Vol. 38, pp. 237-288). Lincoln: University of Nebraska Press.

DeGrandpre, R. J. (2000). A science of meaning: Can behaviorism bring meaning to psychological science? *American Psychologist, 55,* 721-739.

de Jong, P. F. (1998). Working memory deficits of reading disabled children. *Journal of Experimental Child Psychology, 70,* 75-96.

de Jong, T., & van Joolingen, W. R. (1998). Scientific discovery learning with computer simulations of conceptual domains. *Review of Educational Research, 68,* 179-201.

De La Paz, S. (2005). Effects of historical reasoning instruction and writing strategy mastery in culturally and academically diverse middle school classrooms. *Journal of Educational Psychology, 97,* 139-156.

DeLeeuw, K. E., & Mayer, R. E. (2008). A comparison of three measures of cognitive load: Evidence for separable measures of intrinsic, extraneous, and germane load. *Journal of Educational Psychology, 100,* 223-234.

Dempster, F. N., & Corkill, A. J. (1999). Interference and inhibition in cognition and behavior: Unifying themes for educational psychology. *Educational Psychology Review, 11,* 1-88.

Dermitzaki, I. (2005). Preliminary investigation of relations between young students' self-regulatory strategies and their meta-cognitive experiences. *Psychological Reports, 97,* 759-768.

Dewey, J. (1896). The reflex arc concept in psychology. *Psychological Review, 3,* 357-370.

Dewey, J. (1900). Psychology and social practice. *Psychological Review, 7,* 105-124.

Dewsbury, D. A. (2000). Introduction: Snapshots of psychology circa 1900. *American Psychologist, 55,* 255-259.

DiBenedetto, M. K., & Zimmerman, B. J. (2010). Differences in self-regulatory processes among students studying science: A microanalytic investigation. *International Journal of Educational and Psychological Assessment, 5*(1), 2-24.

Dick, W., & Carey, L. (1985). *The systematic design of instruction* (2nd ed.). Glenview, IL: Scott, Foresman.

DiClemente, C. C. (1981). Self-efficacy and smoking cessation maintenance: A preliminary report. *Cognitive Therapy and Research, 5,* 175-187.

DiClemente, C. C. (1986). Self-efficacy and the addictive behaviors. *Journal of Social and Clinical Psychology, 4,* 302-315.

DiClemente, C. C., Prochaska, J. O., & Gilbertini, M. (1985). Selfefficacy and the stages of self-change in smoking. *Cognitive Therapy and Research, 9,* 181-200.

Diener, C. I., & Dweck, C. S. (1978). An analysis of learned helplessness: Continuous changes in performance, strategy, and achievement cognitions following failure. *Journal of Personality and Social Psychology, 36,* 451-462.

Dietrich, A., & Kanso, R. (2010). A review of EEG, ERP, and neuroimaging studies of creativity and insight. *Psychological*

Bulletin, *136*, 822-848.

Dijksterhuis, A., & Aarts, H. (2010). Goals, attention, and (un) consciousness. *Annual Review of Psychology, 61*, 467-490.

Dillon, A., & Gabbard, R. (1998). Hypermedia as an educational technology: A review of the quantitative research literature on learner comprehension, control, and style. *Review of Educational Research*, *68*, 322-349.

Dimmitt, C., & McCormick, C. B. (2012). Metacognition in education. In K. R. Harris, S. Graham, & T. Urdan (Eds.), *APA educational psychology handbook. Vol. 1: Theories, constructs, and critical issues* (pp. 157-187). Washington, DC: American Psychological Association.

Dinsmore, D. L., Alexander, P. A., & Loughlin, S. M. (2008). Focusing the conceptual lens on metacognition, self-regulation, and self-regulated learning. *Educational Psychology Review, 20*, 391-409.

DiPardo, A., & Freedman, S. W. (1988). Peer response groups in the writing classroom: Theoretic foundations and new directions. *Review of Educational Research*, *58*, 119-149.

Dowrick, P. W. (1983). Self-modelling. In P. W. Dowrick & S. J. Biggs (Eds.), *Using video: Psychological and social applications* (pp. 105-124). Chichester, England: Wiley.

Dowrick, P. W. (1999). A review of self modeling and related interventions. *Applied & Preventive Psychology, 8*, 23-39.

Dragoi, V., & Staddon, J. E. R. (1999). The dynamics of operant conditioning. *Psychological Review, 106*, 20-61.

Driver, R., Asoko, H., Leach, J., Mortimer, E., & Scott, P. (1994). Constructing scientific knowledge in the classroom. *Educational Researcher*, *23*(7), 5-12.

Duchastel, P., & Brown, B. R. (1974). Incidental and relevant learning with instructional objectives. *Journal of Educational Psychology*, *66*, 481-485.

Duda, J. L., & Nicholls, J. G. (1992). Dimensions of achievement motivation in schoolwork and sport. *Journal of Educational Psychology*, *84*, 290-299.

Duell, O. K. (1986). Metacognitive skills. In G. D. Phye & T. Andre (Eds.), *Cognitive classroom learning: Understanding, thinking, and problem solving* (pp. 205-242). Orlando: Academic Press.

Duncan, R. M. (1995). Piaget and Vygotsky revisited: Dialogue or assimilation? *Developmental Review, 15*, 458-472.

Duncker, K. (1945). On problem-solving (L. S. Lees, Trans.). *Psychological Monographs*, *58*(5, Whole No. 270).

Dunham, P. (1977). The nature of reinforcing stimuli. In W. K. Honig & J. E. R. Staddon (Eds.), *Handbook of operant behavior* (pp. 98-124). Englewood Cliffs, NJ: Prentice Hall.

Dunn, R., & Honigsfeld, A. (2013). Learning styles: What we know and what we need. *The Educational Forum, 77*, 225-232.

Dusek, J. B. (Ed.). (1985). *Teacher expectancies*. Hillsdale, NJ: Erlbaum.

Dweck, C. S. (1975). The role of expectations and attributions in the alleviation of learned helplessness. *Journal of Personality and Social Psychology*, *31*, 674-685.

Dweck, C. S. (1986). Motivational processes affecting learning. *American Psychologist*, *41*, 1040-1048.

Dweck, C. S. (1991). Self-theories and goals: Their role in motivation, personality, and development. In R. A. Dienstbier (Ed.), *Nebraska Symposium on Motivation, 1990* (Vol. 38, pp. 199-235). Lincoln: University of Nebraska Press.

Dweck, C. S. (1999). *Self-theories: Their role in motivation, personality, and development*. Philadelphia, PA: Taylor &

Francis.

Dweck, C. S. (2002). The development of ability conceptions. In A. Wigfield & J. S. Eccles (Eds.), *Development of achievement motivation* (pp. 57-88). San Diego, CA: Academic Press.

Dweck, C. S. (2006). *Mindset: The new psychology of success*. New York, NY: Random House.

Dweck, C. S., & Leggett, E. L. (1988). A social-cognitive approach to motivation and personality. *Psychological Review*, *95*, 256-273.

Dweck, C. S., & Master, A. (2008). Self-theories motivate self-regulated learning. In D. H. Schunk & B. J. Zimmerman (Eds.), *Motivation and self-regulated learning: Theory, research, and applications* (pp. 31-51). New York, NY: Taylor & Francis.

Dweck, C. S., & Molden, D. C. (2005). Self-theories: Their impact on competence motivation and acquisition. In A. J. Elliot & C. S. Dweck (Eds.), *Handbook of competence and motivation* (pp. 122-140). New York, NY: Guilford Press.

Dweck, C. S., & Repucci, N. D. (1973). Learned helplessness and reinforcement responsibility in children. *Journal of Personality and Social Psychology*, *25*, 109-116.

Ebbinghaus, H. (1964). *Memory: A contribution to experimental psychology*. New York, NY: Dover. (Original work published 1885)

Eby, L. T., Rhodes, J. E., & Allen, T. D. (2007). Definition and evolution of mentoring. In T. D. Allen & L. T. Eby (Eds.), *The Blackwell handbook of mentoring: A multiple perspectives approach* (pp. 7-20). Malden, MA: Blackwell.

Eccles, J. S. (1983). Expectancies, values, and academic behaviors. In J. T. Spence (Ed.), *Achievement and achievement motivation* (pp. 75-146). San Francisco, CA: Freeman.

Eccles, J. S. (2005). Subjective task value and the Eccles et al. model of achievement-related choices. In A. J. Elliot & C. S. Dweck (Eds.), *Handbook of competence and motivation* (pp. 105-121). New York, NY: Guilford Press.

Eccles, J. S., & Midgley, C. (1989). Stage-environment fit: Developmentally appropriate classrooms for young adolescents. In C. Ames & R. Ames (Eds.), *Research on motivation in education* (Vol. 3, pp. 139-186). San Diego, CA: Academic Press.

Eccles, J. S., Midgley, C., & Adler, T. F. (1984). Grade-related changes in the school environment: Effects on achievement motivation. In J. Nicholls (Ed.), *Advances in motivation and achievement* (Vol. 3, pp. 283-311). Greenwich, CT: JAI Press.

Eccles, J. S., Midgley, C., Wigfield, A., Reuman, D., Mac Iver, D., & Feldlaufer, H. (1993). Negative effects of traditional middle schools on students' motivation. *Elementary School Journal, 93*, 553-574.

Eccles, J. S., & Roeser, R. W. (2011). Schools as developmental contexts during adolescence. *Journal of Research on Adolescence, 21*, 225-241.

Eccles, J. S., & Wigfield, A. (1985). Teacher expectations and student motivation. In J. B. Dusek (Ed.), *Teacher expectancies* (pp. 185-226). Hillsdale, NJ: Erlbaum.

Efklides, A. (2006). Metacognitive experiences: The missing link in the self-regulated learning process. A rejoinder to Ainley and Patrick. *Educational Psychology Review, 18*, 287-291.

Elkind, D. (2004). The problem with constructivism. *The Educational Forum, 68*, 306-312.

Elliot, A. J. (2005). A conceptual history of the achievement goal construct. In A. J. Elliot & C. S. Dweck (Eds.), *Handbook of competence and motivation* (pp. 52-72). New York, NY: Guilford Press.

Elliot, A. J., & Church, M. A. (1997). A hierarchical model of approach and avoidance achievement motivation. *Journal of Personality and Social Psychology, 72*, 218-232.

Elliot, A. J., & Harackiewicz, J. M. (1996). Approach and avoidance achievement goals and intrinsic motivation: A mediational analysis. *Journal of Personality and Social Psychology, 70*, 461-475.

Elliot, A. J., & McGregor, H. A. (2001). A 2 x 2 achievement goal framework. *Journal of Personality and Social Psychology, 80*, 501-519.

Elliot, A. J., & Thrash, T. M. (2001). Achievement goals and the hierarchical model of achievement motivation. *Educational Psychology Review, 13,* 139-156.

Elliott, E. S., & Dweck, C. S. (1988). Goals: An approach to motivation and achievement. *Journal of Personality and Social Psychology, 54,* 5-12.

Ellis, S., & Rogoff, B. (1982). The strategies and efficacy of child versus adult teachers. *Child Development, 53,* 730-735.

Elstein, A. S., Shulman, L. S., & Sprafka, S. A. (1978). *Medical problem solving.* Cambridge, MA: Harvard University Press.

Emmer, E. T., Evertson, C., & Worsham, M. E. (2000). *Classroom management for secondary teachers* (5th ed.). Boston, MA: Allyn & Bacon.

Emmons, C. L., Comer, J. P., & Haynes, N. M. (1996). Translating theory into practice: Comer's theory of school reform. In J. P. Comer, N. M. Haynes, E. T. Joyner, & M. Ben-Avie (Eds.), *Rallying the whole village: The Comer process for reforming education* (pp. 27-41). New York, NY: Teachers College Press.

Englund, M. M., Luckner, A. E., Whaley, G. J. L., & Egeland, B. (2004). Children's achievement in early elementary school: Longitudinal effects of parental involvement, expectations, and quality of assistance. *Journal of Educational Psychology, 96,* 723-730.

Ennemoser, M., & Schneider, W. (2007). Relations of television viewing and reading: Findings from a 4-year longitudinal study. *Journal of Educational Psychology, 99,* 349-368.

Ennis, R. H. (1987). A taxonomy of critical thinking dispositions and abilities. In J. B. Baron & R. J. Sternberg (Eds.), *Teaching thinking skills: Theory and practice* (pp. 9-26). New York, NY: Freeman.

Epstein, J. L. (1989). Family structures and student motivation: A developmental perspective. In C. Ames & R. Ames (Eds.), *Research on motivation in education* (Vol. 3, pp. 259-295). San Diego, CA: Academic Press.

Erickson, F. (1986). Qualitative methods in research on teaching. In M. C. Wittrock (Ed.), *Handbook of research on teaching* (3rd ed., pp. 119-161). New York, NY: Macmillan.

Ericsson, K. A., Krampe, R. T., & Tesch-Römer, C. (1993). The role of deliberate practice in the acquisition of expert performance. *Psychological Review, 100,* 363-406.

Ertmer, P. A. (1999). Addressing first-and second-order barriers to change: Strategies for technology integration. *Educational Technology Research & Development, 47,* 47-61.

Ertmer, P. A., Driscoll, M. P., & Wager, W. W. (2003). The legacy of Robert Mills Gagné. In B. J. Zimmerman & D. H. Schunk (Eds.), *Educational psychology: A century of contributions* (pp. 303-330). Mahwah, NJ: Erlbaum.

Estes, W. K. (1970). *Learning theory and mental development.* New York, NY: Academic Press.

Estes, W. K. (1997). Processes of memory loss, recovery, and distortion. *Psychological Review, 104,* 148-169.

Evans, R. B. (2000). Psychological instruments at the turn of the century. *American Psychologist, 55,* 322-325.

Evenson, D. H., Salisbury-Glennon, J. D., & Glenn, J. (2001). A qualitative study of six medical students in a problem-based curriculum: Toward a situated model of self-regulation. *Journal of Educational Psychology, 93,* 659-676.

Evertson, C., Emmer, E. T., & Worsham, M. E. (2000). *Classroom management for elementary teachers* (5th ed.). Boston, MA: Allyn & Bacon.

Eysink, T. H. S., de Jong, T., Berthold, K., Kolloffel, B., Opfermann, M., & Wouters, P. (2009). Learner performance in multimedia learning arrangements: An analysis across instructional approaches. *American Educational Research Journal, 46,* 1107-1149.

Fabos, B., & Young, M. D. (1999). Telecommunication in the classroom: Rhetoric versus reality. *Review of Educational Research, 69,* 217-259.

Falmagne, R. J., & Gonsalves, J. (1995). Deductive inference. *Annual Review of Psychology, 46,* 525-559.

Fan, X., & Chen, M. (2001). Parental involvement and students' academic achievement: A meta-analysis. *Educational Psychology Review, 13,* 1-22.

Farmer, T. W., Estell, D. B., Leung, M. C., Trotte, H., Bishop, J., & Cairns, B. D. (2003). Individual characteristics, early adolescent peer affiliations, and school dropout: An examination of aggressive and popular group types. *Journal of School Psychology, 41,* 217-232.

Farnham-Diggory, S. (1992). *Cognitive processes in education* (2nd ed.). New York, NY: HarperCollins.

Faw, H. W., & Waller, T. G. (1976). Mathemagenic behaviours and efficiency in learning from prose materials: Review, critique and recommendations. *Review of Educational Research, 46,* 691-720.

Feldon, D. F. (2007). Cognitive load and classroom teaching: The double-edged sword of automaticity. *Educational Psychologist, 42,* 123-137.

Feltz, D. L., Chase, M. A., Moritz, S. E., & Sullivan, P. J. (1999). A conceptual model of coaching efficacy: Preliminary investigation and instrument development. *Journal of Educational Psychology, 91,* 765-776.

Ferster, C. S., & Skinner, B. F. (1957). *Schedules of reinforcement.* New York, NY: Appleton-Century-Crofts.

Festinger, L. (1954). A theory of social comparison processes. *Human Relations, 7,* 117-140.

Festinger, L. (1957). *A theory of cognitive dissonance.* Stanford, CA: Stanford University Press.

Fillmore, L. W., & Valadez, C. (1986). Teaching bilingual learners. In M. W. Wittrock (Ed.), *Handbook of research on teaching* (3rd ed., pp. 648-685). New York, NY: Macmillan.

Finn, J. D. (1989). Withdrawing from school. *Review of Educational Research, 59,* 117-142.

Fiorella, L., & Mayer, R. E. (2012). Paper-based aids for learning with a computer-based game. *Journal of Educational Psychology, 104,* 1074-1082.

Fish, M. C., & Pervan, R. (1985). Self-instruction training: A potential tool for school psychologists. *Psychology in the Schools, 22,* 83-92.

Flavell, J. H. (1985). *Cognitive development* (2nd ed.).

Englewood Cliffs, NJ: Prentice Hall.

Flavell, J. H., Friedrichs, A. G., & Hoyt, J. D. (1970). Developmental changes in memorization processes. *Cognitive Psychology, 1,* 324-340.

Flavell, J. H., Green, F. L., & Flavell, E. R. (1995). Young children's knowledge about thinking. *Monographs of the Society for Research in Child Development, 60*(1) (Serial No. 243).

Flavell, J. H., & Wellman, H. M. (1977). Metamemory. In R. B. Kail, Jr., & J. W. Hagen (Eds.), *Perspectives on the development of memory and cognition* (pp. 3-33). Hillsdale, NJ: Erlbaum.

Fletcher, S., & Mullen, C. A. (Eds.). (2012). *The SAGE handbook of mentoring and coaching in education.* Thousand Oaks, CA: SAGE.

Floden, R. E. (2001). Research on effects of teaching: A continuing model for research on teaching. In V. Richardson (Ed.), *Handbook of research on teaching* (4th ed., pp. 3-16). Washington, DC: American Educational Research Association.

Forgas, J. (2000). The role of affect in social cognition. In J. Forgas (Ed.), *Feeling and thinking: The role of affect in social cognition* (pp. 1-28). New York, NY: Cambridge University Press.

FPG Child Development Institute. (2005). *Early developments. NCEDL pre-kindergarten study, 9(1).* Chapel Hill, NC: Author. Available online at: http://www.fpg.unc.edu/~ncdel.

Franks, J. J., & Bransford, J. D. (1971). Abstraction of visual patterns. *Journal of Experimental Psychology, 90,* 65-74.

Frauenglass, M. H., & Diaz, R. M. (1985). Self-regulatory functions of children's private speech: A critical analysis of recent challenges to Vygotsky's theory. *Developmental Psychology, 21,* 357-364.

Friedman, D. E., & Medway, F. J. (1987). Effects of varying performance sets and outcome on the expectations, attributions, and persistence of boys with learning disabilities. *Journal of Learning Disabilities, 20,* 312-316.

Friend, R., & Neale, J. (1972). Children's perceptions of success and failure: An attributional analysis of the effects of race and social class. *Developmental Psychology, 7,* 124-128.

Frieze, I. H. (1980). Beliefs about success and failure in the classroom. In J. H. McMillan (Ed.), *The social psychology of school learning* (pp. 39-78). New York: Academic Press.

Frieze, I. H., Francis, W. D., & Hanusa, B. H. (1983). Defining success in classroom settings. In J. M. Levine & M. C. Wang (Eds.), *Teacher and student perceptions: Implications for learning* (pp. 3-28). Hillsdale, NJ: Erlbaum.

Fryer, J. W., & Elliot, A. J. (2008). Self-regulation of achievement goal pursuit. In D. H. Schunk & B. J. Zimmerman (Eds.), *Motivation and self-regulated learning: Theory, research, and applications* (pp. 53-75). New York: Taylor & Francis.

Fuchs, D., Fuchs, L. S., Mathes, P. G., & Simmons, D. C. (1997). Peer-assisted learning strategies: Making classrooms more responsive to diversity. *American Educational Research Journal, 34,* 174-206.

Fuchs, L. S., Fuchs, D., Finelli, R., Courey, S. J., & Hamlett, C. L. (2004). Expanding schema-based transfer instruction to help third graders solve real-life mathematical problems. *American Educational Research Journal, 41,* 419-445.

Fuchs, L. S., Fuchs, D., Prentice, K., Burch, M., Hamlett, C. L., Owen, R., Hosp, M., & Jancek, D. (2003). Explicitly

teaching for transfer: Effects on third-grade students' mathematical problem solving. *Journal of Educational Psychology, 95,* 293-305.

Fukkink, R. G., Trienekens, N., & Kramer, L. J. C. (2011). Video feedback in education and training: Putting learning in the picture. *Educational Psychology Review, 23,* 45-63.

Furth, H. G. (1970). *Piaget for teachers.* Englewood Cliffs, NJ: Prentice Hall.

Fuson, K. C. (1979). The development of self-regulating aspects of speech: A review. In G. Zivin (Ed.), *The development of selfregulation through private speech* (pp. 135-217). New York, NY: Wiley.

Fyfe, E. R., Rittle-Johnson, B., & DeCaro, M. S. (2012). The effects of feedback during exploratory mathematics problem solving: Prior knowledge matters. *Journal of Educational Psychology, 104,* 1094-1108.

Gage, N. L. (1978). *The scientific basis of the art of teaching.* New York, NY: Teachers College Press.

Gagne, R. M. (1984). Learning outcomes and their effects: Useful categories of human performance. *American Psychologist, 39,* 377-385.

Gagne, R. M. (1985). *The conditions of learning* (4th ed.). New York, NY: Holt, Rinehart & Winston.

Gagne, R. M., & Briggs, L. J. (1979). *Principles of instructional design* (2nd ed.). New York, NY: Holt, Rinehart & Winston.

Gagne, R. M., & Dick, W. (1983). Instructional psychology. *Annual Review of Psychology, 34,* 261-295.

Gagne, R. M., & Glaser, R. (1987). Foundations in learning research. In R. M. Gagne (Ed.), *Instructional technology: Foundations* (pp. 49-83). Hillsdale, NJ: Erlbaum.

Gaillard, V., Barrouillet, P., Jarrold, C., & Camos, V. (2011). Developmental differences in working memory: Where do they come from? *Journal of Experimental Child Psychology, 110,* 469-479.

Gais, S., & Born, J. (2004). Declarative memory consolidation: Mechanisms acting during human sleep. *Learning and Memory, 11,* 679-685.

Galanski, E., & Kalantzi-Azizi, A. (1999). Loneliness and social dissatisfaction: Its relation with children's self-efficacy for peer interaction. *Child Study Journal, 29,* 1-22.

Garcia, T., & Pintrich, P. R. (1994). Regulating motivation and cognition in the classroom: The role of self-schemas and self-regulatory strategies. In D. H. Schunk & B. J. Zimmerman (Eds.), *Self-regulation of learning and performance: Issues and educational applications* (pp. 127-153). Hillsdale, NJ: Erlbaum.

Garcia-Reid, P., Reid, R. J., & Peterson, N. A. (2005). School engagement among Latino youth in an urban middle school context. *Education and Urban Society, 37,* 257-275.

Gauvain, M., & Munroe, R. L. (2012). Cultural change, human activity, and cognitive development. *Human Development, 55,* 205-228.

Gazzaniga, M., Bogen, J., & Sperry, R. (1962). Some functional effects of sectioning the cerebral commissures in man. *Proceedings of the National Academy of Science, USA, 48,* 1765-1769.

Gazzaniga, M., Ivry, R., & Mangun, R. (1998). *Cognitive neuroscience.* New York, NY: Norton.

Geary, D. C. (1995). Reflections of evolution and culture in children's cognition: Implications for mathematical development and instruction. *American Psychologist, 50,* 24-37.

Geary, D. C. (2011). Cognitive predictors of achievement growth in mathematics: A 5-year longitudinal study. *Developmental Psychology, 47,* 1539-1552.

Geary, D. C., Hoard, M. K., Byrd-Craven, J., Nugent, L., & Numtee, C. (2007). Cognitive mechanisms underlying achievement deficits in children with mathematical learning disability. *Child Development, 78,* 1343-1359.

Geddes, D. (2009). How am I doing? Exploring on-line guidebook monitoring as a self-regulated learning practice that impacts academic achievement. *Academy of Management Learning & Education, 8,* 494-510.

Gentner, D., Loewenstein, J., & Thompson, L. (2003). Learning and transfer: A general role for analogical encoding. *Journal of Educational Psychology, 95,* 393-408.

George, T. R., Feltz, D. L., & Chase, M. A. (1992). Effects of model similarity on self-efficacy and muscular endurance: A second look. *Journal of Sport and Exercise Psychology, 14,* 237-248.

Gersten, R., Chard, D. J., Jayanthi, M., Baker, S. K., Morphy, P., & Flojo, J. (2009). Mathematics instruction for students with learning disabilities: A meta-analysis of instructional components. *Review of Educational Research, 79,* 1202-1242.

Geschwind, N. (1998). Language areas in the brain. In R. L. Gregory (Ed.), *The Oxford companion to the mind* (pp. 425-426). Oxford, England: Oxford University Press.

Gibson, S., & Dembo, M. H. (1984). Teacher efficacy: A construct validation. *Journal of Educational Psychology, 76,* 569-582.

Gick, M. L., & Holyoak, K. J. (1980). Analogical problem solving. *Cognitive Psychology, 12,* 306-355.

Gick, M. L., & Holyoak, K. J. (1983). Schema induction and analogical transfer. *Cognitive Psychology, 15,* 1-38.

Ginsburg, H., & Opper, S. (1988). *Piaget's theory of intellectual development* (2nd ed.). Englewood Cliffs, NJ: Prentice Hall.

Ginsburg-Block, M. D., Rohrbeck, C. A., & Fantuzzo, J. W. (2006). A meta-analytic review of social, self-concept, and behavioral outcomes of peer-assisted learning. *Journal of Educational Psychology, 98,* 732-749.

Gitomer, D. H., & Glaser, R. (1987). If you don't know it, work on it: Knowledge, self-regulation and instruction. In R. E. Snow & M. J. Farr (Eds.), *Aptitude, learning, and instruction* (Vol. 3, pp. 301-325). Hillsdale, NJ: Erlbaum.

Glaser, C., & Brunstein, J. C. (2007). Improving fourth-grade students' composition skills: Effects of strategy instruction and self-regulation procedures. *Journal of Educational Psychology, 99,* 297-310.

Glaser, R. (1990). The reemergence of learning theory within instructional research. *American Psychologist, 45,* 29-39.

Glasgow, K. L., Dornbusch, S. M., Troyer, L., Steinberg, L., & Ritter, P. L. (1997). Parenting styles, adolescents' attributions, and educational outcomes in nine heterogeneous high schools. *Child Development, 68,* 507-529.

Glass, D. C., & Singer, J. E. (1972). *Urban stress: Experiments on noise and social stressors.* New York, NY: Academic Press.

Glogger, I., Schwonke, R., Holzapfel, L., Nuckles, M., & Renkl, A. (2012). Learning strategies assessed by journal writing: Prediction of learning outcomes by quantity, quality, and combinations of learning strategies. *Journal of Educational Psychology, 104,* 452-468.

Glover, J. A., Plake, B. S., Roberts, B., Zimmer, J. W., & Palmere, M. (1981). Distinctiveness of encoding: The effects of paraphrasing and drawing inferences on memory from prose. *Journal of Educational Psychology, 73,* 736-744.

Goble, F. G. (1970). *The third force: The psychology of Abraham Maslow.* New York, NY: Grossman.

Goddard, R. D., Hoy, W. K., & Woolfolk Hoy, A. (2000). Collective teacher efficacy: Its meaning, measure, and impact on student achievement. *American Educational Research Journal, 37,* 479-507.

Goddard, R. D., Hoy, W. K., & Woolfolk Hoy, A. (2004). Collective efficacy beliefs: Theoretical developments, empirical evidence, and future directions. *Educational Researcher, 33*(3), 3-13.

Godden, D. R., & Baddeley, A. D. (1975). Context-dependent memory in two natural environments: On land and underwater. *British Journal of Psychology, 66,* 325-332.

Godding, P. R., & Glasgow, R. E. (1985). Self-efficacy and outcome expectations as predictors of controlled smoking status. *Cognitive Therapy and Research, 9,* 583-590.

Goldin-Meadow, S., Alibali, M. W., & Church, R. B. (1993). Transitions in concept acquisition: Using the hand to read the mind. *Psychological Review, 100,* 279-297.

Gonzalez-DeHass, A. R., Willems, P. P., & Doan Holbein, M. F. (2005). Examining the relationship between parental involvement and student motivation. *Educational Psychology Review, 17,* 99-123.

Gopnik, A., & Wellman, H. M. (2012). Reconstructing constructivism: Causal models, Bayesian learning mechanisms, and the theory theory. *Psychological Bulletin, 138,* 1085-1108.

Gottfried, A. E. (1985). Academic intrinsic motivation in elementary and junior high school students. *Journal of Educational Psychology, 77,* 631-645.

Gottfried, A. E. (1990). Academic intrinsic motivation in young elementary school children. *Journal of Educational Psychology, 82,* 525-538.

Gottfried, A. E., Fleming, J. S., & Gottfried, A. W. (1998). Role of cognitively stimulating home environment in children's academic intrinsic motivation: A longitudinal study. *Child Development, 69,* 1448-1460.

Gould, D., & Weiss, M. (1981). The effects of model similarity and model talk on self-efficacy and muscular endurance. *Journal of Sport Psychology, 3,* 17-29.

Grabe, M. (1986). Attentional processes in education. In G. D. Phye & T. Andre (Eds.), *Cognitive classroom learning: Understanding, thinking, and problem solving* (pp. 49-82). Orlando, FL: Academic Press.

Grabe, M., & Grabe, C. (1998). *Learning with Internet tools: A primer.* Boston, MA: Houghton Mifflin.

Graesser, A. C., Conley, M. W., & Olney, A. (2012). Intelligent tutoring systems. In K. R. Harris, S. Graham, & T. Urdan (Eds.), *APA educational psychology handbook. Vol. 3: Application to learning and teaching* (pp. 451-473). Washington, DC: American Psychological Association.

Graham, S. (1991). A review of attribution theory in achievement contexts. *Educational Psychology Review, 3,* 5-39.

Graham, S. (1994). Motivation in African Americans. *Review of Educational Research, 64,* 55-117.

Graham, S. (2006). Writing. In P. A. Alexander & P. H. Winne (Eds.), *Handbook of educational psychology* (2nd ed., pp. 457-478). Mahwah, NJ: Erlbaum.

Graham, S., & Golan, S. (1991). Motivational influences on

cognition: Task involvement, ego involvement, and depth of information processing. *Journal of Educational Psychology, 83,* 187-194.

Graham, S., & Harris, K. R. (2000). The role of self-regulation and transcription skills in writing and writing development. *Educational Psychologist, 35,* 3-12.

Graham, S., & Harris, K. R. (2003). Students with learning disabilities and the process of writing: A meta-analysis of SRSD studies. In H. L. Swanson, K. R. Harris, & S. Graham (Eds.), *Handbook of learning disabilities* (pp. 323-344). New York: Guilford Press.

Graham, S., Harris, K. R., MacArthur, C. A., & Schwartz, S. S. (1998). Writing instruction. In B. Y. L. Wong (Ed.), *Learning about learning disabilities* (2nd ed., pp. 391-424). New York: Academic Press.

Graham, S., & Hudley, C. (2005). Race and ethnicity in the study of motivation and competence. In A. J. Elliot & C. S. Dweck (Eds.), *Handbook of competence and motivation* (pp. 392-413). New York: Guilford Press.

Graham, S., & Long, A. (1986). Race, class, and the attributional process. *Journal of Educational Psychology, 78,* 4-13.

Graham, S., McKeown, D., Kiuhara, S., & Harris, K. R. (2012). A meta-analysis of writing instruction for students in the elementary grades. *Journal of Educational Psychology, 104,* 879-896.

Graham, S., & Perin, D. (2007). A meta-analysis of writing instruction for adolescent students. *Journal of Educational Psychology, 99,* 445-476.

Graham, S., & Taylor, A. Z. (2002). Ethnicity, gender, and the development of achievement values. In A. Wigfield & J. S. Eccles (Eds.), *Development of achievement motivation* (pp. 121-146). San Diego, CA: Academic Press.

Graham, S., & Weiner, B. (2012). Motivation: Past, present, and future. In K. R. Harris, S. Graham, & T. Urdan (Eds.), *APA educational psychology handbook. Vol. 1: Theories, constructs, and critical issues* (pp. 367-397). Washington, DC: American Psychological Association.

Graham, S., & Williams, C. (2009). An attributional approach to motivation in school. In K. R. Wentzel & A. Wigfield (Eds.), *Handbook of motivation at school* (pp. 11-33). New York, NY: Routledge.

Gray, C. R., & Gummerman, K. (1975). The enigmatic eidetic image: A critical examination of methods, data, and theories. *Psychological Bulletin, 82,* 383-407.

Gredler, M. E. (2009). Hiding in plain sight: The stages of mastery/ self-regulation in Vygotsky's cultural-historical theory. *Educational Psychologist, 44,* 1-19.

Gredler, M. E. (2012). Understanding Vygotsky for the classroom: Is it too late? *Educational Psychology Review, 24,* 113-131.

Green, C. D. (2009). Darwinian theory, functionalism, and the first American psychological revolution. *American Psychologist, 64,* 75-83.

Greene, J. A., & Azevedo, R. (2007). A theoretical review of Winne and Hadwin's model of self-regulated learning: New perspectives and directions. *Review of Educational Research, 77,* 334-372.

Greene, J. A., & Azevedo, R. (2009). A macro-level analysis of SRL processes and their relations to the acquisition of a sophisticated mental model of a complex system. *Contemporary Educational Psychology, 34,* 18-29.

Greeno, J. G. (1989). A perspective on thinking. *American Psychologist, 44,* 134-141.

Greeno, J. G., & the Middle School Mathematics Through Applications Project Group (1998). The situativity of knowing, learning, and research. *American Psychologist, 53,* 5-26.

Gregory, S. (2013, April 15). Practice, made perfect? An amateur's golf quest sheds light on how we learn. *Time, 181,* 56-57.

Griffin, M. M. (1995). You can't get there from here: Situated learning, transfer, and map skills. *Contemporary Educational Psychology, 20,* 65-87.

Grolnick, W. S., Gurland, S. T., Jacob, K. F., & Decourcey, W. (2002). The development of self-determination in middle childhood and adolescence. In A. Wigfield & J. S. Eccles (Eds.), *Development of achievement motivation* (pp. 147-171). San Diego: Academic Press.

Grossen, B. (1991). The fundamental skills of higher order thinking. *Journal of Learning Disabilities, 24,* 343-353.

Gunnar, M. R. (1996). *Quality of care and buffering of stress physiology: Its potential for protecting the developing human brain.* Minneapolis: University of Minnesota Institute of Child Development.

Gupta, P., & Cohen, N. J. (2002). Theoretical and computational analysis of skill learning, repetition priming, and procedural memory. *Psychological Review, 109,* 401-448.

Guskey, T. R., & Passaro, P. D. (1994). Teacher efficacy: A study of construct dimensions. *American Educational Research Journal,* 31, 627-643.

Guthrie, E. R. (1930). Conditioning as a principle of learning. *Psychological Review, 37,* 412-428.

Guthrie, E. R. (1940). Association and the law of effect. *Psychological Review, 47,* 127-148.

Guthrie, E. R. (1942). Conditioning: A theory of learning in terms of stimulus, response, and association. In N. B. Henry (Ed.), *The psychology of learning: The forty-first yearbook of the National Society for the Study of Education* (Part II, pp. 17-60). Chicago: University of Chicago Press.

Guthrie, E. R. (1952). *The psychology of learning* (Rev. ed.). New York, NY: Harper & Brothers.

Guthrie, E. R. (1959). Association by contiguity. In S. Koch (Ed.), *Psychology: A study of a science* (Vol. 2, pp. 158-195). New York, NY: McGraw-Hill.

Guthrie, J. T., Wigfield, A., Barbosa, P., Perencevich, K. C., Taboada, A., Davis, M. H., Scafiddi, N. T., & Tonks, S. (2004). Increasing reading comprehension and engagement through concept-oriented reading instruction. *Journal of Educational Psychology, 96,* 403-423.

Guthrie, J. T., Wigfield, A., & Perencevich, K. C. (Eds.). (2004). *Motivating reading comprehension: Concept-oriented reading instruction.* Mahwah, NJ: Erlbaum.

Guthrie, J. T., Wigfield, A., & VonSecker, C. (2000). Effects of integrated instruction on motivation and strategy use in reading. *Journal of Educational Psychology,* 92, 331-341.

Hackett, G., & Betz, N. E. (1981). A self-efficacy approach to the career development of women. *Journal of Vocational Behavior, 18,* 326-339.

Hadwin, A. F., Jarvela, S., & Miller, M. (2011). Self-regulated, co-regulated, and socially shared regulation of learning. In B. J. Zimmerman & D. H. Schunk (Eds.), *Handbook of self-regulation of learning and performance* (pp. 65-83). New

York, NY: Routledge.

Halgren, E., & Marinkovic, K. (1995). Neurophysiological networks integrating human emotions. In M. S. Gazzaniga (Ed.), *The cognitive neurosciences* (pp. 1137-1151). Cambridge, MA: MIT Press.

Hall, V., Howe, A., Merkel, S., & Lederman, N. (1986). Behavior, motivation, and achievement in desegregated junior high school science classes. *Journal of Educational Psychology, 78,* 108-115.

Hall, V. C. (2003). Educational psychology from 1890 to 1920. In B. J. Zimmerman & D. H. Schunk (Eds.), *Educational psychology: A century of contributions* (pp. 3-39). Mahwah, NJ: Erlbaum.

Hallahan, D. P., Kneedler, R. D., & Lloyd, J. W. (1983). Cognitive behavior modification techniques for learning disabled children: Self-instruction and self-monitoring. In J. D. McKinney & L. Feagans (Eds.), *Current topics in learning disabilities* (Vol. 1, pp. 207-244). Norwood, NJ: Ablex.

Halliday, A. M. (1998). Evoked potential. In R. L. Gregory (Ed.), *The Oxford companion to the mind* (pp. 231-233). Oxford, England: Oxford University Press.

Halpern, D. F. (1998). Teaching critical thinking for transfer across domains. *American Psychologist, 53,* 449-455.

Halpern, D. F., & Hakel, M. D. (2003). Applying the science of learning to the university and beyond: Teaching for long-term retention and transfer. *Change, 35*(4), 36-41.

Halpern, D. F., Hansen, C., & Riefer, D. (1990). Analogies as an aid to understanding and memory. *Journal of Educational Psychology, 82,* 298-305.

Hamilton, R. J. (1985). A framework for the evaluation of the effectiveness of adjunct questions and objectives. *Review of Educational Research, 55,* 47-85.

Hamre, B. K., & Pianta, R. C. (2005). Can instructional and emotional support in the first-grade classroom make a difference for children at risk of school failure? *Child Development, 76,* 949-967.

Hancock, C. R. (2001). The teaching of second languages: Research trends. In V. Richardson (Ed.), *Handbook of research on teaching* (4th ed., pp. 358-369). Washington, DC: American Educational Research Association.

Hannus, M., & Hyona, J. (1999). Utilization of illustrations during learning of science textbook passages among low-and high-ability children. *Contemporary Educational Psychology, 24,* 95-123.

Harackiewicz, J. M., Barron, K. E., Tauer, J. M., Carter, S. M., & Elliot, A. J. (2000). Short-term and long-term consequences of achievement goals: Predicting interest and performance over time. *Journal of Educational Psychology, 92,* 316-330.

Harackiewicz, J. M., Durik, A. M., Barron, K. E., Linnenbrink-Garcia, L., & Tauer, J. M. (2008). The role of achievement goals in the development of interest: Reciprocal relations between achievement goals, interest, and performance. *Journal of Educational Psychology, 100,* 105-122.

Harari, O., & Covington, M. V. (1981). Reactions to achievement behavior from a teacher and student perspective: A developmental analysis. *American Educational Research Journal, 18,* 15-28.

Hardiman, P. T., Dufresne, R., & Mestre, J. P. (1989). The relation between problem categorization and problem solving among experts and novices. *Memory & Cognition, 17,* 627-

638.

Harlow, S., Cummings, R., & Aberasturi, S. M. (2006). Karl Popper and Jean Piaget: A rationale for constructivism. *The Educational Forum, 71,* 41-48.

Harris, B. (1979). Whatever happened to Little Albert? *American Psychologist, 34,* 151-160.

Harris, J. A. (2006). Elemental representations of stimuli in associative learning. *Psychological Review, 113,* 584-605.

Harris, J. R. (1998). *The nurture assumption: Why children turn out the way they do.* New York, NY: Free Press.

Harris, K. R., & Graham, S. (1996). *Making the writing process work: Strategies for composition and self-regulation.* Cambridge, MA: Brookline Books.

Harris, K. R., Graham, S., & Mason, L. H. (2006). Improving the writing, knowledge, and motivation of struggling young writers: Effects of self-regulated strategy development with and without peer support. *American Educational Research Journal, 43,* 295-340.

Harris, K. R., Graham, S., & Santangelo, T. (2013). Self-regulated strategies development in writing: Development, implementation, and scaling up. In H. Bembenutty, T. J. Cleary, & A. Kitsantas (Eds.), *Applications of self-regulated learning across diverse disciplines: A tribute to Barry J. Zimmerman* (pp. 59-87). Charlotte, NC: Information Age.

Harris, K. R., & Pressley, M. (1991). The nature of cognitive strategy instruction: Interactive strategy construction. *Exceptional Children, 57,* 392-404.

Harter, S. (1978). Effectance motivation reconsidered: Toward a developmental model. *Human Development, 21,* 34-64.

Harter, S. (1981). A model of mastery motivation in children: Individual differences and developmental change. In W. A. Collins (Ed.), *Aspects on the development of competence: The Minnesota symposia on child psychology* (Vol. 14, pp. 215-255). Hillsdale, NJ: Erlbaum.

Harter, S., & Connell, J. P. (1984). A comparison of children's achievement and related self-perceptions of competence, control, and motivational orientation. In J. G. Nicholls (Ed.), *Advances in motivation and achievement* (Vol. 3, pp. 219-250). Greenwich, CT: JAI Press.

Hartley, E. T., Bray, M. A., & Kehle, T. J. (1998). Self-modeling as an intervention to increase student classroom participation. *Psychology in the Schools, 35,* 363-372.

Hattie, J. (2012). Know thy impact. *Educational Leadership, 70*(1), 18-23.

Hattie, J., Biggs, J., & Purdie, N. (1996). Effects of learning skills interventions on student learning: A meta-analysis. *Review of Educational Research, 66,* 99-136.

Hattie, J., & Timperley, H. (2007). The power of feedback. *Review of Educational Research, 77,* 81-112.

Haviland, S. E., & Clark, H. H. (1974). What's new? Acquiring new information as a process in comprehension. *Journal of Verbal Learning and Verbal Behavior, 13,* 512-521.

Hayes, J. R. (2000). A new framework for understanding cognition and affect in writing. In R. Indrisano & J. R. Squire (Eds.), *Perspectives on writing: Research, theory, and practice* (pp. 6-44). Newark, DE: International Reading Association.

Hayes-Roth, B., & Thorndyke, P. W. (1979). Integration of knowledge from text. *Journal of Verbal Learning and Verbal Behavior, 18,* 91-108.

Haynes, N. M., Emmons, C. L., Gebreyesus, S., & Ben-Avie, M. (1996). The School Development Program evaluation process. In J. P. Comer, N. M. Haynes, E. T. Joyner, & M.

Ben-Avie (Eds.), *Rallying the whole village: The Comer process for reforming education* (pp. 123-146). New York: Teachers College Press.

Heatherton, T. F. (2011). Neuroscience of self and self-regulation. *Annual Review of Psychology, 62,* 363-390.

Hebb, D. O. (1949). *The organization of behavior: A neuropsychological theory.* New York, NY: Wiley.

Heckhausen, H. (1991). *Motivation and action.* Berlin: Springer-Verlag.

Hegarty, M., Mayer, R. E., & Monk, C. A. (1995). Comprehension of arithmetic word problems: A comparison of successful and unsuccessful problem solvers. *Journal of Educational Psychology, 87,* 18-32.

Heidbreder, E. (1933). *Seven psychologies.* New York, NY: Appleton-Century-Crofts.

Heider, F. (1946). Attitudes and cognitive organization. *Journal of Psychology, 21,* 107-112.

Heider, F. (1958). *The psychology of interpersonal relations.* New York: Wiley.

Hélie, S., & Sun, R. (2010). Incubation, insight, and creative problem solving: A unified theory and a connectionist model. *Psychological Review, 117,* 994-1024.

Henderson, J. G. (1996). *Reflective teaching: The study of your constructivist practices* (2nd ed.). Englewood Cliffs, NJ: Merrill/ Prentice Hall.

Henderson, R. W., & Cunningham, L. (1994). Creating interactive sociocultural environments for self-regulated learning. In D. H. Schunk & B. J. Zimmerman (Eds.), *Self-regulation of learning and performance: Issues and educational applications* (pp. 255-281). Hillsdale, NJ: Erlbaum.

Hennessey, B. A., & Amabile, T. M. (2010). Creativity. *Annual Review of Psychology, 61,* 569-598.

Henson, R. K. (2002). From adolescent angst to adulthood: Substantive implications and measurement dilemmas in the development of teacher efficacy research. *Educational Psychologist, 37,* 137-150.

Hickendorff, M., van Putten, C. M., Verhelst, N. D., & Heiser, W. J. (2010). Individual differences in strategy use on division problems: Mental versus written computation. *Journal of Educational Psychology, 102,* 438-452.

Hidi, S. E. (1995). A reexamination of the role of attention in learning from text. *Educational Psychology Review, 7,* 323-350.

Hidi, S. (2000). An interest researcher's perspective: The effects of extrinsic and intrinsic factors on motivation. In C. Sansone & J. Harackiewicz (Eds.), *Intrinsic and extrinsic motivation: The search for optimal motivation and performance* (pp. 309-339). San Diego, CA: Academic Press.

Hidi, S. E., & Ainley, M. (2008). Interest and self-regulation: Relationships between two variables that influence learning. In D. H. Schunk & B. J. Zimmerman (Eds.), *Motivation and self-regulated learning: Theory, research, and applications* (pp. 77-109). New York, NY: Taylor & Francis.

Hidi, S., & Harackiewicz, J. (2000). Motivating the academically unmotivated: A critical issue for the 21st century. *Review of Educational Research, 70,* 151-179.

Hidi, S., & Renninger, K. A. (2006). The four-phase model of interest development. *Educational Psychologist, 41,* 111-127.

Higgins, E. T. (1981). Role taking and social judgment: Alternative developmental perspectives and processes. In J.

H. Flavell & L. Ross (Eds.), *Social cognitive development: Frontiers and possible futures* (pp. 119-153). Cambridge, England: Cambridge University Press.

Highet, G. (1950). *The art of teaching.* New York, NY: Vintage.

Hilgard, E. R. (1956). *Theories of learning* (2nd ed.). New York, NY: Appleton-Century-Crofts.

Hilgard, E. R. (1996). Perspectives on educational psychology. *Educational Psychology Review, 8,* 419-431.

Hill, N. E., & Craft, S. A. (2003). Parent-school involvement and school performance: Mediated pathways among socioeconomically comparable African American and Euro-American families. *Journal of Educational Psychology, 95,* 74-83.

Hirsch, E. D., Jr. (1987). *Cultural literacy: What every American needs to know.* New York, NY: Houghton Mifflin.

Hirt, E. R., Erickson, G. A., & McDonald, H. E. (1993). Role of expectancy timing and outcome consistency in expectancy-guided retrieval. *Journal of Personality and Social Psychology, 65,* 640-656.

Hitchcock, C. H., Dowrick, P. W., & Prater, M. A. (2003). Video self-modeling intervention in school-based settings. *Remedial and Special Education, 24,* 36-45, 56.

Hmelo-Silver, C. E. (2004). Problem-based learning: What and how do students learn? *Educational Psychology Review, 16,* 235-266.

Hofer, B. K., Yu, S. L., & Pintrich, P. R. (1998). Teaching college students to be self-regulated learners. In D. H. Schunk & B. J. Zimmerman (Eds.), *Self-regulated learning: From teaching to self-reflective practice* (pp. 57-85). New York: Guilford Press.

Hofferth, S. L. (2010). Home media and children's achievement and behavior. *Child Development, 81,* 1598-1619.

Höffler, T. N. (2010). Spatial ability: Its influence on learning with visualizations—a meta-analytic review. *Educational Psychology Review, 22,* 245-269.

Hogan, D. M., & Tudge, J. R. H. (1999). Implications of Vygotsky's theory for peer learning. In A. M. O'Donnell & A. King (Eds.), *Cognitive perspectives on peer learning* (pp. 39-65). Mahwah, NJ: Erlbaum.

Holland, J. G. (1992). Obituary: B. F. Skinner (1904-1990). *American Psychologist, 47,* 665-667.

Holland, J. G., & Skinner, B. F. (1961). *The analysis of behavior.* New York, NY: McGraw-Hill.

Holley, C. D., Dansereau, D. F., McDonald, B. A., Garland, J. C., & Collins, K. W. (1979). Evaluation of a hierarchical mapping technique as an aid to prose processing. *Contemporary Educational Psychology, 4,* 227-237.

Hollis, K. L. (1997). Contemporary research on Pavlovian conditioning: A "new" functional analysis. *American Psychologist, 52,* 956-965.

Holyoak, K. J. (1984). Mental models in problem solving. In J. R. Anderson & S. M. Kosslyn (Eds.), *Tutorials in learning and memory: Essays in honor of Gordon Bower* (pp. 193-218). San Francisco: Freeman.

Holyoak, K. J., & Thagard, P. (1997). The analogical mind. *American Psychologist, 52,* 35-44.

Hom, H. L., Jr., & Murphy, M. D. (1985). Low need achievers' performance: The positive impact of a self-determined goal. *Personality and Social Psychology Bulletin, 11,* 275-285.

Homme, L., Csanyi, A. P., Gonzales, M. A., & Rechs, J. R. (1970). *How to use contingency contracting in the classroom.* Champaign, IL: Research Press.

Hopkins, S. L., & Lawson, M. J. (2002). Explaining the acquisition of a complex skill: Methodological and theoretical considerations uncovered in the study of simple addition and the moving-on process. *Educational Psychology Review, 14*, 121-154.

Horner, S. L. (2004). Observational learning during shared book reading: The effects on preschoolers' attention to print and letter knowledge. *Reading Psychology, 25*, 1-22.

Horner, S. L., & Gaither, S. M. (2004). Attribution retraining instruction with a second-grade class. *Early Childhood Education Journal, 31*, 165-170.

Horowitz, F. D. (1992). John B. Watson's legacy: Learning and environment. *Developmental Psychology, 28*, 360-367.

Hübner, R., Steinhauser, M., & Lehle, C. (2010). A dual-stage twophase model of selective attention. *Psychological Review, 117*, 759-784.

Hull, C. L. (1943). *Principles of behavior: An introduction to behavior theory*. New York, NY: Appleton-Century-Crofts.

Humphrey, G. (1921). Imitation and the conditioned reflex. *Pedagogical Seminary, 28*, 1-21.

Hunt, E. (1989). Cognitive science: Definition, status, and questions. *Annual Review of Psychology, 40*, 603-629.

Hunt, J. McV. (1963). Motivation inherent in information processing and action. In O. J. Harvey (Ed.), *Motivation and social interaction* (pp. 35-94). New York, NY: Ronald Press.

Hunt, M. (1993). *The story of psychology*. New York, NY: Doubleday.

Hymel, S., Comfort, C., Schonert-Reichl, K., & McDougall, P. (1996). Academic failure and school dropout: The influence of peers. In J. Juvonen & K. R. Wentzel (Eds.), *Social motivation: Understanding children's school adjustment* (pp. 313-345). Cambridge, England: Cambridge University Press.

Hyslop-Margison, E. J., & Strobel, J. (2008). Constructivism and education: Misunderstandings and pedagogical implications. *The Teacher Educator, 43*, 72-86.

Isaksen, S. G., & Gaulin, J. P. (2005). A reexamination of brainstorming research: Implications for research and practice. *Gifted Child Quarterly, 49*, 315-329.

Israel, G. D., & Beaulieu, L. J. (2004). Investing in communities: Social capital's role in keeping youth in school. *Journal of the Community Development Society, 34*(2), 35-57.

Jacoby, L. L., Bartz, W. H., & Evans, J. D. (1978). A functional approach to levels of processing. *Journal of Experimental Psychology: Human Learning and Memory, 4*, 331-346.

Jagacinski, C. M., & Nicholls, J. G. (1984). Conceptions of ability and related affects in task involvement and ego involvement. *Journal of Educational Psychology, 76*, 909-919.

Jagacinski, C. M., & Nicholls, J. G. (1987). Competence and affect in task involvement and ego involvement: The impact of social comparison information. *Journal of Educational Psychology, 79*, 107-114.

Jairam, D., & Kiewra, K. A. (2010). Helping students soar to success on computers: An investigation of the SOAR study method for computer-based learning. *Journal of Educational Psychology, 102*, 601-614.

James, W. (1890). *The principles of psychology* (Vols. I & II). New York, NY: Henry Holt.

James, W. (1892). *Psychology: Briefer course*. New York, NY: Henry Holt.

Jarvela, S., & Hadwin, A. F. (2013). New frontiers: Regulating learning in CSCL. *Educational Psychologist, 48*, 25-39.

Jensen, E. (2005). *Teaching with the brain in mind* (2nd ed.). Alexandria, VA: ASCD.

Jimerson, S. Egeland, B., Sroufe, A. A., & Carlson, B. (2000). A prospective longitudinal study of high school dropouts examining multiple predictors across development. *Journal of School Psychology, 38*, 525-549.

Johnson, C. I., & Mayer, R. E. (2009). A testing effect with multimedia learning. *Journal of Educational Psychology, 101*, 621-629.

Johnson, W. B. (2007). *On being a mentor: A guide for higher education faculty*. Mahwah, NJ: Erlbaum.

Johnson-Laird, P. N. (1972). The three-term series problem. *Cognition, 1*, 57-82.

Johnson-Laird, P. N. (1985). Deductive reasoning ability. In R. J. Sternberg (Ed.), *Human abilities: An information-processing approach* (pp. 173-194). New York: Freeman.

Johnson-Laird, P. N. (1999). Deductive reasoning. *Annual Review of Psychology, 50*, 109-135.

Johnson-Laird, P. N., Byrne, R. M. J., & Schaeken, W. (1992). Propositional reasoning by model. *Psychological Review, 99*, 418-439.

Johnson-Laird, P. N., Byrne, R. M. J., & Tabossi, P. (1989). Reasoning by model: The case of multiple quantification. *Psychological Review, 96*, 658-673.

Jonassen, D. H. (1996). *Computers in the classroom: Mind tools for critical thinking*. Englewood Cliffs, NJ: Merrill/Prentice Hall.

Jonassen, D. H., & Hung, W. (2006). Learning to troubleshoot: A new theory-based design architecture. *Educational Psychology Review, 18*, 77-114.

Jonassen, D. H., Peck, K. L., & Wilson, B. G. (1999). *Learning with technology: A constructivist perspective*. Upper Saddle River, NJ: Merrill/Prentice Hall.

Jones, M. H., Audley-Piotrowski, S. R., & Kiefer, S. M. (2012). Relationships among adolescents' perceptions of friends' behaviors, academic self-concept, and math performance. *Journal of Educational Psychology, 104*, 19-31.

Jourden, F. J., Bandura, A., & Banfield, J. T. (1991). The impact of conceptions of ability on self-regulatory factors and motor skill acquisition. *Journal of Sport and Exercise Psychology, 8*, 213-226.

Joussemet, M., & Koestner, R. (1999). Effect of expected rewards on children's creativity. *Creativity Research Journal, 12*, 231-239.

Jussim, L., Robustelli, S. L., & Cain, T. R. (2009). Teacher expectations and self-fulfilling prophecies. In K. R. Wentzel & A. Wigfield (Eds.), *Handbook of motivation at school* (pp. 349-380). New York, NY: Routledge.

Just, M. A., & Carpenter, P. A. (1992). A capacity theory of comprehension: Individual differences in working memory. *Psychological Review, 99*, 122-149.

Justice, E. M., Baker-Ward, L., Gupta, S., & Jannings, L. R. (1997). Means to the goal of remembering: Developmental changes in awareness of strategy use-performance relations. *Journal of Experimental Child Psychology, 65*, 293-314.

Juvonen, J. (2006). Sense of belonging, social relationships, and school functioning. In P. A. Alexander & P. H. Winne (Eds.), *Handbook of educational psychology* (2nd ed., pp. 255-274). Mahwah, NJ: Erlbaum.

Kagan, J. (1966). Reflection-impulsivity: The generality and dynamics of conceptual tempo. *Journal of Abnormal*

Psychology, 71, 17-24.

Kagan, J., Moss, H. A., & Sigel, I. E. (1960). Conceptual style and the use of affect labels. *Merrill-Palmer Quarterly, 6,* 261-278.

Kail, R. (2002), Developmental change in proactive interference. *Child Development, 73,* 1703-1714.

Kail, R. B., Jr., & Hagen, J. W. (1982). Memory in childhood. In B. B. Wolman (Ed.), *Handbook of developmental psychology* (pp. 350-366). Englewood Cliffs, NJ: Prentice Hall.

Kalyuga, S. (2007). Enhancing instructional efficiency of interactive e-learning environments: A cognitive load perspective. *Educational Psychology Review, 19,* 387-399.

Kalyuga, S., Renkl, A., & Paas, F. (2010). Facilitating flexible problem solving: A cognitive load perspective. *Educational Psychology Review, 22,* 175-186.

Kanfer, F. H., & Gaelick, L. (1986). Self-management methods. In F. H. Kanfer & A. P. Goldstein (Eds.), *Helping people change: A textbook of methods* (3rd ed., pp. 283-345). New York, NY: Pergamon.

Kanfer, R., & Ackerman, P. L. (1989). Motivation and cognitive abilities: An integrative/aptitude-treatment interaction approach to skill acquisition. *Journal of Applied Psychology, 74,* 657-690.

Kanfer, R., & Kanfer, F. H. (1991). Goals and self-regulation: Applications of theory to work settings. In M. L. Maehr & P. R. Pintrich (Eds.), *Advances in motivation and achievement* (Vol. 7, pp. 287-326). Greenwich, CT: JAI Press.

Kardash, C. A. M., Royer, J. M., & Greene, B. A. (1988). Effects of schemata on both encoding and retrieval of information from prose. *Journal of Educational Psychology, 80,* 324-329.

Karoly, P., & Harris, A. (1986). Operant methods. In F. H. Kanfer & A. P. Goldstein (Eds.), *Helping people change: A textbook of methods* (3rd ed., pp. 111-144). New York, NY: Pergamon.

Karpicke, J. D., & Grimaldi, P. J. (2012). Retrieval-based learning: A perspective for enhancing meaningful learning. *Educational Psychology Review, 24,* 401-418.

Karpov, Y. V., & Haywood, H. C. (1998). Two ways to elaborate Vygotsky's concept of mediation: Implications for instruction. *American Psychologist, 53,* 27-36.

Kartal, G. (2010). Does language matter in multimedia learning: Personalization principle revisited. *Journal of Educational Psychology, 102,* 615-624.

Katona, G. (1940). *Organizing and memorizing.* New York, NY: Columbia University Press.

Katzir, T., & Pare-Blagoev, J. (2006). Applying cognitive neuroscience research to education: The case of literacy. *Educational Psychologist, 41,* 53-74.

Kauffman, D. F. (2004). Self-regulated learning in web-based environments: Instructional tools designed to facilitate cognitive strategy use, metacognitive processing, and motivational beliefs. *Journal of Educational Computing Research, 30,* 139-161.

Kauffman, D. F., Ge, X., Xie, K., & Chen, C. H. (2008). Prompting in web-based environments: Supporting self-monitoring and problem solving skills in college students. *Journal of Educational Computing Research, 38,* 115-137.

Keen, R. (2011). The development of problem solving in young children: A critical cognitive skill. *Annual Review of Psychology, 62,* 1-21.

Keeney, T. J., Cannizzo, S. R., & Flavell, J. H. (1967). Spontaneous and induced verbal rehearsal in a recall task. *Child Development, 38,* 953-966.

Keller, F. S., & Ribes-Inesta, E. (1974). *Behavior modification: Applications to education.* New York, NY: Academic Press.

Kempermann, G., & Gage, F. (1999, May). New nerve cells for the adult brain. *Scientific American, 280*(6), 48-53.

Kerst, S. M., & Howard, J. H., Jr. (1977). Mental comparisons for ordered information on abstract and concrete dimensions. *Memory & Cognition, 5,* 227-234.

Khemlani, S., & Johnson-Laird, P. N. (2012). Theories of the syllogism: A meta-analysis. *Psychological Bulletin, 138,* 427-457.

Kiewra, K. A., & Dubois, N. F. (1998). *Learning to learn: Making the transition from student to life-long learner.* Boston: Allyn & Bacon.

Kindermann, T. A. (1993). Natural peer groups as contexts for individual development: The case of children's motivation in school. *Developmental Psychology, 29,* 970-977.

Kindermann, T. A. (2007). Effects of naturally existing peer groups on changes in academic engagement in a cohort of sixth graders. *Child Development, 78,* 1186-1203.

Kindermann, T. A., McCollam, T. L., & Gibson, E., Jr. (1996). Peer networks and students' classroom engagement during childhood and adolescence. In J. Juvonen & K. R. Wentzel (Eds.), *Social motivation: Understanding children's school adjustment* (pp. 279-312). Cambridge, England: Cambridge University Press.

King, E. W. (2002). Ethnicity. In D. L. Levinson, P. W. Cookson, Jr., & A. R. Sadovnik (Eds.), *Education and sociology: An encyclopedia* (pp. 247-253). New York, NY: Routledge.

King, J., & Just, M. A. (1991). Individual differences in syntactic processing: The role of working memory. *Journal of Memory and Language, 30,* 580-602.

Kinlaw, C. R., Kurtz-Costes, B., & Goldman-Fraser, J. (2001). Mothers' achievement beliefs and behaviors and their children's school readiness: A cultural comparison. *Applied Developmental Psychology, 22,* 493-506.

Kintsch, W. (1974). *The representation of meaning in memory.* Hillsdale, NJ: Erlbaum.

Kintsch, W. (1979). On modeling comprehension. *Educational Psychologist, 14,* 3-14.

Kintsch, W., & van Dijk, T. A. (1978). Toward a model of text comprehension and production. *Psychological Review, 85,* 363-394.

Kirkland, K., & Hollandsworth, J. G. (1980). Effective test taking: Skills-acquisition versus anxiety-reduction techniques. *Journal of Consulting and Clinical Psychology, 48,* 431-439.

Kirkorian, H. L., Wartella, E. A., & Anderson, D. R. (2008). Media and young children's learning. *The Future of Children, 18*(1), 39-61.

Kirschner, F., Paas, F., & Kirschner, P. A. (2009). A cognitive load approach to collaborative learning: United brains for complex tasks. *Educational Psychology Review, 21,* 31-42.

Kirschner, P. A., Sweller, J., & Clark, R. E. (2006). Why minimal guidance during instruction does not work: An analysis of the failure of constructivist, discovery, problem-based, experiential, and inquiry-based teaching. *Educational Psychologist, 41,* 75-86.

Kirschner, P. A., & Karpinski, A. (2010). Facebook and

academic performance. *Computers in Human Behavior, 26,* 1237-1245.

Kitsantas, A., Dabbagh, N., Huie, F. C., & Dass, S. (2013). Learning technologies and self-regulated learning: Implications for practice. In H. Bembenutty, T. J. Cleary, & A. Kitsantas (Eds.), *Applications of self-regulated learning across diverse disciplines: A tribute to Barry J. Zimmerman* (pp. 325-354). Charlotte, NC: Information Age.

Kitsantas, A., & Zimmerman, B. J. (1998). Self-regulation of motoric learning: A strategic cycle view. *Journal of Applied Sport Psychology, 10,* 220-239.

Klahr, D., & Simon, H. A. (1999). Studies of scientific discovery: Complementary approaches and convergent findings. *Psychological Bulletin, 125,* 524-543.

Klassen, R. (2002). Writing in early adolescence: A review of the role of self-efficacy beliefs. *Educational Psychology Review, 14,* 173-203.

Klauer, K. J., & Phye, G. D. (2008). Inductive reasoning: A training approach. *Review of Educational Research, 78,* 85-123.

Klausmeier, H. J. (1990). Conceptualizing. In B. F. Jones & L. Idol (Eds.), *Dimensions of thinking and cognitive instruction* (pp. 93-138). Hillsdale, NJ: Erlbaum.

Klausmeier, H. J. (1992). Concept learning and concept teaching. *Educational Psychologist, 27,* 267-286.

Koffka, K. (1922). Perception: An introduction to the Gestalttheorie. *Psychological Bulletin, 19,* 531-585.

Koffka, K. (1924). *The growth of the mind* (R. M. Ogden, Trans.). London, England: Kegan Paul, Trench, Trubner.

Koffka, K. (1926). Mental development. In C. Murchison (Ed.), *Psychologies of 1925* (pp. 129-143). Worcester, MA: Clark University Press.

Kohler, W. (1925). *The mentality of apes* (E. Winter, Trans.). New York, NY: Harcourt, Brace & World.

Kohler, W. (1926). An aspect of Gestalt psychology. In C. Murchinson (Ed.), *Psychologies of 1925* (pp. 163-195). Worcester, MA: Clark University Press.

Kohler, W. (1947). *Gestalt psychology: An introduction to new concepts in modern psychology.* New York: Liveright. (Reprinted 1959, New American Library, New York)

Kolodner, J. L. (1997). Educational implications of analogy: A view from case-based reasoning. *American Psychologist, 52,* 57-66.

Kopp, C. B. (1982). Antecedents of self-regulation: A developmental perspective. *Developmental Psychology, 18,* 199-214.

Kosiewicz, M. M., Hallahan, D. P., Lloyd, J., & Graves, A. W. (1982). Effects of self-instruction and self-correction procedures on handwriting performance. *Learning Disability Quarterly, 5,* 71-78.

Kosslyn, S. M. (1980). *Image and mind.* Cambridge, MA: Harvard University Press.

Kosslyn, S. M. (1984). Mental representation. In J. R. Anderson & S. M. Kosslyn (Eds.), *Tutorials in learning and memory: Essays in honor of Gordon Bower* (pp. 91-117). San Francisco, CA: Freeman.

Kosslyn, S. M. (1988). Aspects of a cognitive neuroscience of mental imagery. *Science, 240,* 1621-1626.

Kosslyn, S. M., & Pomerantz, J. P. (1977). Imagery, propositions, and the form of internal representations. *Cognitive Psychology, 9,* 52-76.

Kounin, J. S. (1977). *Discipline and group management in classrooms.* Huntington, NY: Krieger.

Kovalchick, A., & Dawson, K. (Eds.). (2004a). *Education and technology: An encyclopedia* (Vol. 1). Santa Barbara, CA: ABCCLIO.

Kovalchick, A., & Dawson, K. (Eds.). (2004b). *Education and technology: An encyclopedia* (Vol. 2). Santa Barbara, CA: ABCCLIO.

Kozulin, A. (1986). The concept of activity in Soviet psychology: Vygotsky, his disciples and critics. *American Psychologist, 41,* 264-274.

Kramarski, B., & Mevarech, Z. R. (2003). Enhancing mathematical reasoning in the classroom: The effects of cooperative learning and metacognitive training. *American Educational Research Journal, 40,* 281-310.

Kramer, N. C., & Bente, G. (2010). Personalizing e-learning. The social effects of pedagogical agents. *Educational Psychology Review, 22,* 71-87.

Krapp, A., Hidi, S., & Renninger, K. A. (1992). Interest, learning, and development. In K. A. Renninger, S. Hidi, & A. Krapp (Eds.), *The role of interest in learning and development* (pp. 3-25). Hillsdale, NJ: Erlbaum.

Kubovy, M., & van den Berg, M. (2008). The whole is equal to the sum of its parts: A probabilistic model of grouping by proximity and similarity in regular patterns. *Psychological Review, 115,* 131-154.

Kuhl, J. (1984). Volitional aspects of achievement motivation and learned helplessness: Toward a comprehensive theory of action control. In B. A. Maher (Ed.), *Progress in experimental personality research* (Vol. 13, pp. 99-171). New York: Academic Press.

Kuhl, J. (1985). Volitional mediators of cognition-behavior consistency: Self-regulatory processes and action versus state orientation. In J. Kuhl & J. Beckmann (Eds.), *Action control: From cognition to behavior* (pp. 101-128). New York: Springer-Verlag.

Kuhl, J., & Blankenship, V. (1979a). Behavioral change in a constant environment: Shift to more difficult tasks with constant probability of success. *Journal of Personality and Social Psychology, 37,* 549-561.

Kuhl, J., & Blankenship, V. (1979b). The dynamic theory of achievement motivation: From episodic to dynamic thinking. *Psychological Review, 86,* 141-151.

Kuhn, D. (1999). A developmental model of critical thinking. *Educational Researcher, 28*(2), 16-25, 46.

Kulik, C. C., Kulik, J. A., & Bangert-Drowns, R. L. (1990). Effectiveness of mastery learning programs: A meta-analysis. *Review of Educational Research, 60,* 265-299.

Kulik, J. A., Kulik, C. C., & Cohen, P. A. (1980). Effectiveness of computer-based college teaching: A meta-analysis of findings. *Review of Educational Research, 50,* 525-544.

Ladd, G. W., Herald-Brown, S. L., & Kochel, K. P. (2009). Peers and motivation. In K. R. Wentzel & A. Wigfield (Eds.), *Handbook of motivation at school* (pp. 323-348). New York: Routledge.

Lajoie, S. P. (2003). Transitions and trajectories for studies of expertise. *Educational Researcher, 32*(8), 21-25.

Laming, D. (2010). Serial position curves in free recall. *Psychological Review, 117,* 93-133.

Lampert, M. (1990). When the problem is not the question and the solution is not the answer: Mathematical knowing and teaching. *American Educational Research Journal, 27,* 29-63.

Lan, W. Y. (1998). Teaching self-monitoring skills in statistics. In D. H. Schunk & B. J. Zimmerman (Eds.), *Self-regulated learning: From teaching to self-reflective practice* (pp. 86-105). New York, NY: Guilford Press.

Lange, P. C. (1972). What's the score on: Programmed instruction? *Today's Education, 61,* 59.

Langer, J. A., & Applebee, A. N. (1986). Reading and writing instruction: Toward a theory of teaching and learning. In E. Z. Rothkopf (Ed.), *Review of research in education* (Vol. 13, pp. 171-194). Washington, DC: American Educational Research Association.

Larkin, J. H., McDermott, J., Simon, D. P., & Simon, H. A. (1980). Models of competence in solving physics problems. *Cognitive Science, 4,* 317-345.

Larrauri, J. A., & Schmajuk, N. A. (2008). Attentional, associative, and configural mechanisms in extinction. *Psychological Review, 115,* 640-676.

Larreamendy-Joerns, J., & Leinhardt, G. (2006). Going the distance with online education. *Review of Educational Research, 76,* 567-605.

Lattal, K. A. (1992). B. F. Skinner and psychology: Introduction to the special issue. *American Psychologist, 47,* 1269-1272.

Lauer, P. A., Akiba, M., Wilkerson, S. B., Apthorp, H. S., Snow, D., & Martin-Glenn, M. L. (2006). Out-of-school-time programs: A meta-analysis of effects for at-risk students. *Review of Educational Research, 76,* 275-313.

Lave, J. (1993). Situating learning in communities of practice. In L. B. Resnick, J. M. Levine, & S. D. Teasley (Eds.), *Perspectives on socially shared cognition* (pp. 63-82). Washington, DC: American Psychological Association.

Lave, J., & Wenger, E. (1991). *Situated learning: Legitimate peripheral participation.* New York, NY: Cambridge University Press.

Lazar, I., Darlington, R., Murray, H., Royce, J., & Snipper, A. (1982). Lasting effects of early education: A report from the Consortium for Longitudinal Studies. *Monograph of the Society for Research in Child Development* (Serial no. 195).

Leask, J., Haber, R. N., & Haber, R. B. (1969). Eidetic imagery in children: II. Longitudinal and experimental results. *Psychonomic Monograph Supplement, 3*(3, Whole No. 35).

Ledford, J. R., & Wolery, M. (2013). Peer modeling of academic and social behaviors during small-group direct instruction. *Exceptional Children, 79,* 439-458.

Lee, F. J., & Anderson, J. R. (2001). Does learning a complex task have to be complex? A study in learning decomposition. *Cognitive Psychology, 42,* 267-316.

Lee, H., Plass, J. L., & Homer, B. D. (2006). Optimizing cognitive load for learning from computer-based science simulations. *Journal of Educational Psychology, 98,* 902-913.

Lee, J., & Bowen, N. K. (2006). Parent involvement, cultural capital, and the achievement gap among elementary school children. *American Educational Research Journal, 43,* 193-218.

Lee, J., & Shute, V. J. (2010). Personal and social-contextual factors in K-12 academic performance: An integrative perspective on student learning. *Educational Psychologist, 45,* 185-202.

Lee, V. E., Bryk, A. S., & Smith, J. B. (1993). The organization of effective secondary schools. In L. Darling-Hammond (Ed.), *Review of research in education* (Vol. 19, pp. 171-267). Washington, DC: American Educational Research Association.

Lee, V. E., & Smith, J. B. (1999). Social support and achievement for young adolescents in Chicago: The role of school academic press. *American Educational Research Journal, 36,* 907-945.

Leeper, R. (1935). A study of a neglected portion of the field of learning—The development of sensory organization. *Pedagogical Seminary and Journal of Genetic Psychology, 46,* 41-75.

Lefcourt, H. M. (1976). *Locus of control: Current trends in theory and research.* Hillsdale, NJ: Erlbaum.

Legters, N. E., Balfanz, R., Jordan, W. J., & McPartland, M. M. (2002). *Comprehensive reform for urban high schools: A talent development approach.* New York, NY: Teachers College Press.

Lehmann, M., & Hasselhorn, M. (2010). The dynamics of free recall and their relation to rehearsal between 8 and 10 years of age. *Child Development, 81,* 1006-1020.

Lemonick, M. D. (2003, February 17). A twist of fate. *Time, 161,* 48-58.

Lemonick, M. D. (2007a, January 29). The flavor of memories. *Time, 169,* 102-104.

Lemonick, M. D. (2007b, July 16). The science of addiction. *Time, 170,* 42-48.

Lemonick, M. D., & Dorfman, A. (2006, October 9). What makes us different? *Time, 168,* 44-50, 53.

Lent, R. W., Brown, S. D., & Hackett, G. (2000). Contextual supports and barriers to career choice: A social cognitive analysis. *Journal of Counseling Psychology, 47,* 36-49.

Lepper, M. R. (1983). Extrinsic reward and intrinsic motivation: Implications for the classroom. In J. M. Levine & M. C. Wang (Eds.), *Teacher and student perceptions: Implications for learning* (pp. 281-317). Hillsdale, NJ: Erlbaum.

Lepper, M. R., Corpus, J. H., & Iyengar, S. S. (2005). Intrinsic and extrinsic motivational orientations in the classroom: Age differences and academic correlates. *Journal of Educational Psychology, 97,* 184-196.

Lepper, M. R., Greene, D., & Nisbett, R. E. (1973). Undermining children's intrinsic interest with extrinsic rewards: A test of the "overjustification" hypothesis. *Journal of Personality and Social Psychology, 28,* 129-137.

Lepper, M. R., Henderlong, J., & Gingras, I. (1999). Understanding the effects of extrinsic rewards on intrinsic motivation—uses and abuses of meta-analysis: Comment on Deci, Koestner, and Ryan (1999). *Psychological Bulletin, 125,* 669-676.

Lepper, M. R., & Hodell, M. (1989). Intrinsic motivation in the classroom. In C. Ames & R. Ames (Eds.), *Research on motivation in education* (Vol. 3, pp. 73-105). San Diego, CA: Academic Press.

Lepper, M. R., Sethi, S., Dialdin, D., & Drake, M. (1997). Intrinsic and extrinsic motivation: A developmental perspective. In S. S. Luthar, J. A. Burack, D. Cicchetti, & J. R. Weisz (Eds.), *Developmental psychopathology: Perspectives on adjustment, risk, and disorder* (pp. 23-50). New York, NY: Cambridge University Press.

Lesgold, A. M. (1984). Acquiring expertise. In J. R. Anderson & S. M. Kosslyn (Eds.), *Tutorials in learning and memory: Essays in honor of Gordon Bower* (pp. 31-60). San Francisco, CA: Freeman.

Lesgold, A.M. (2001). The nature and methods of learning by doing. *American Psychologist, 56,* 964-973.

Levin, J., & Nolan, J. F. (2000). *Principles of classroom management: A professional decision-making model.* Boston, MA: Allyn & Bacon.

Lewin, K., Lippitt, R., & White, R. K. (1939). Patterns of aggressive behavior in experimentally created "social climates." *Journal of Social Psychology, 10,* 271-299.

Licht, B. G., & Kistner, J. A. (1986). Motivational problems of learning-disabled children: Individual differences and their implications for treatment. In J. K. Torgesen & B. W. L. Wong (Eds.), *Psychological and educational perspectives on learning disabilities* (pp. 225-255). Orlando, FL: Academic Press.

Linebarger, D. L., & Piotrowski, J. T. (2010). Structure and strategies in children's educational television: The roles of program type and learning strategies in children's learning. *Child Development, 81,* 1582-1597.

Linn, M. C., & Eylon, B. (2006). Science education: Integrating views of learning and instruction. In P. A. Alexander & P. H. Winne (Eds.), *Handbook of educational psychology* (2nd ed., pp. 511-544). Mahwah, NJ: Erlbaum.

Linnenbrink, E. A., & Pintrich, P. R. (2002). Achievement goal theory and affect: An asymmetrical bi-directional model. *Educational Psychologist, 37,* 69-78.

Linnenbrink-Garcia, L., Middleton, M. J., Ciani, K. D., Easter, M. A., O'Keefe, P. A., & Zusho, A. (2012). The strength of the relation between performance-approach and performance-avoidance goal orientations: Theoretical, methodological, and instructional implications. *Educational Psychologist, 47,* 281-301.

Lirgg, C. D., & Feltz, D. L. (1991). Teacher versus peer models revisited: Effects on motor performance and self-efficacy. *Research Quarterly for Exercise and Sport, 62,* 217-224.

Locke, E. A., Frederick, E., Lee, C., & Bobko, P. (1984). Effect of self-efficacy, goals, and task strategies on task performance. *Journal of Applied Psychology, 69,* 241-251.

Locke, E. A., & Latham, G. P. (1990). *A theory of goal setting and task performance.* Englewood Cliffs, NJ: Prentice Hall.

Locke, E. A., & Latham, G. P. (2002). Building a practically useful theory of goal setting and task motivation: A 35-year odyssey. *American Psychologist, 57,* 705-717.

Locke, E. A., Shaw, K. N., Saari, L. M., & Latham, G. P. (1981). Goal setting and task performance: 1969-1980. *Psychological Bulletin, 90,* 125-152.

Lockhart, R. S., Craik, F. I. M., & Jacoby, L. (1976). Depth of processing, recognition and recall. In J. Brown (Ed.), *Recall and recognition* (pp. 75-102). London, England: Wiley.

Logan, G. D. (2002). An instance theory of attention and memory. *Psychological Review, 109,* 376-400.

Lord, R. G., Diefendorff, J. M., Schmidt, A. M., & Hall, R. J. (2010). Self-regulation at work. *Annual Review of Psychology, 61,* 543-568.

Lovaas, O. I. (1977). *The autistic child: Language development through behavior modification.* New York, NY: Irvington.

Love, S. Q. (1983). *Prediction of bulimic behaviors: A social learning analysis.* Unpublished doctoral dissertation, Virginia Polytechnic Institute and State University.

Luchins, A. S. (1942). Mechanization in problem solving: The effect of Einstellung. *Psychological Monographs, 54*(6, Whole No. 248).

Luria, A. R. (1961). *The role of speech in the regulation of normal and abnormal behavior* (J. Tizard, Trans.). New York, NY: Liveright.

Lutkehaus, N. C., & Greenfield, P. (2003). From *The process of education* to *The culture of education*: An intellectual biography of Jerome Bruner's contributions to education. In B. J. Zimmerman & D. H. Schunk (Eds.), *Educational psychology: A century of contributions* (pp. 409-430). Mahwah, NJ: Erlbaum.

Maag, J. W. (2001). Rewarded by punishment: Reflections on the disuse of positive reinforcement in schools. *Exceptional Children, 67,* 173-186.

Mabbott, D. J., & Bisanz, J. (2003). Developmental change and individual differences in children's multiplication. *Child Development, 74,* 1091-1107.

MacDonald, M. C., Just, M. A., & Carpenter, P. A. (1992). Working memory constraints on the processing of syntactic ambiguity. *Cognitive Psychology, 24,* 56-98.

Maccoby, E. E., & Jacklin, C. N. (1974). *The psychology of sex differences.* Stanford, CA: Stanford University Press.

Mace, F. C., Belfiore, P. J., & Hutchinson, J. M. (2001). Operant theory and research on self-regulation. In B. J. Zimmerman & D. H. Schunk (Eds.), *Self-regulated learning and academic achievement: Theoretical perspectives* (2nd ed., pp. 39-65). Mahwah, NJ: Erlbaum.

Mace, F. C., Belfiore, P. J., & Shea, M. C. (1989). Operant theory and research on self-regulation. In B. J. Zimmerman & D. H. Schunk (Eds.), *Self-regulated learning and academic achievement: Theory, research, and practice* (pp. 27-50). New York: Springer-Verlag.

Mace, F. C., & Kratochwill, T. R. (1988). Self-monitoring: Applications and issues. In J. Witt, S. Elliott, & F. Gresham (Eds.), *Handbook of behavior therapy in education* (pp. 489-502). New York: Pergamon.

Mace, F. C., & West, B. J. (1986). Unresolved theoretical issues in self-management: Implications for research and practice. *Professional School Psychology, 1,* 149-163.

Maddux, J. E. (1993). Social cognitive models of health and exercise behavior: An introduction and review of conceptual issues. *Journal of Applied Sport Psychology, 5,* 116-140.

Maddux, J. E., Brawley, L., & Boykin, A. (1995). Self-efficacy and healthy behavior: Prevention, promotion, and detection. In J. E. Maddux (Ed.), *Self-efficacy, adaptation, and adjustment: Theory, research, and application* (pp. 173-202). New York: Plenum.

Maehr, M. L., & Zusho, A. (2009). Achievement goal theory: The past, present, and future. In K. R. Wentzel & A. Wigfield (Eds.), *Handbook of motivation at school* (pp. 77-104). New York: Routledge.

Maes, S., & Gebhardt, W. (2000). Self-regulation and health behavior: The health behavior goal model. In M. Boekaerts, P. R. Pintrich, & M. Zeidner (Eds.), *Handbook of self-regulation* (pp. 343-368). San Diego: Academic Press.

Maes, S., & Karoly, P. (2005). Self-regulation assessment and intervention in physical health and illness: A review. *Applied Psychology: An International Review, 54,* 245-277.

Mager, R. (1962). *Preparing instructional objectives.* Palo Alto, CA: Fearon.

Magnifico, A. M. (2010). Writing for whom? Cognition, motivation, and a writer's audience. *Educational Psychologist, 45,* 167-184.

Mahoney, J. L., Lord, H., & Carryl, E. (2005). An ecological analysis of after-school program participation and the development of academic performance and motivational attributes for disadvantaged children. *Child Development,*

76, 811-825.

Mahoney, J. L., Parents, M. E., & Zigler, E. F. (2010). After-school program participation and children's development. In J. L. Meece & J. S. Eccles (Eds.), *Handbook of research on schools, schooling, and human development* (pp. 379-397). New York: Routledge.

Maier, S. F., & Seligman, M. E. P. (1976). Learned helplessness: Theory and evidence. *Journal of Experimental Psychology, 105*, 3-46.

Manderlink, G., & Harackiewicz, J. M. (1984). Proximal versus distal goal setting and intrinsic motivation. *Journal of Personality and Social Psychology, 47*, 918-928.

Mandler, J. M. (1978). A code in the node: The use of a story schema in retrieval. *Discourse Processes, 1*, 14-35.

Mandler, J. M., & Johnson, N. S. (1976). Some of the thousand words a picture is worth. *Journal of Experimental Psychology: Human Learning and Memory, 2*, 529-540.

Mandler, J. M., & Ritchey, G. H. (1977). Long-term memory for pictures. *Journal of Experimental Psychology: Human Learning and Memory, 3*, 386-396.

Marcovitch, S., Boseovski, J. J., Knapp, R. J., & Kane, M. J. (2010). Goal neglect and working memory capacity in 4-to 6-year-old children. *Child Development, 81*, 1687-1695.

Markman, A. B. (1999). *Knowledge representation.* Mahwah, NJ: Erlbaum.

Markus, H., & Nurius, P. (1986). Possible selves. *American Psychologist, 41*, 954-969.

Markus, H., & Wurf, E. (1987). The dynamic self-concept: A social psychological perspective. *Annual Review of Psychology, 38*, 299-337.

Marsh, H. W., & Hau, K. (2003). Big-fish-little-pond effect on academic self-concept: A cross-cultural (26-country) test of the negative effects of academically selective schools. *American Psychologist, 58*, 364-376.

Marsh, H. W., & Shavelson, R. (1985). Self-concept: Its multifaceted, hierarchical structure. *Educational Psychologist, 20*, 107-123.

Marshall, H. H., & Weinstein, R. S. (1984). Classroom factors affecting students' self-evaluations: An interactional model. *Review of Educational Research, 54*, 301-325.

Martin, A. J., & Dowson, M. (2009). Interpersonal relationships, motivation, engagement, and achievement: Yields for theory, current issues, and educational practice. *Review of Educational Research, 79*, 327-365.

Martin, J. (2004). Self-regulated learning, social cognitive theory, and agency. *Educational Psychologist, 39*, 135-145.

Mashburn, A. J., Justice, L. M., Downer, J. T., & Pianta, R. C. (2009). Peer effects on children's language achievement during pre-kindergarten. *Child Development, 80*, 686-702.

Maslow, A. H. (1968). *Toward a psychology of being* (2nd ed.). New York, NY: Van Nostrand Reinhold.

Maslow, A. H. (1970). *Motivation and personality* (2nd ed.). New York, NY: Harper & Row.

Mason, L. H. (2004). Explicit self-regulated strategy development versus reciprocal questioning: Effects on expository reading comprehension among struggling readers. *Journal of Educational Psychology, 96*, 283-296.

Masten, A. S., & Coatsworth, J. D. (1998). The development of competence in favorable and unfavorable environments: Lessons from research on successful children. *American Psychologist, 53*, 205-220.

Masten, A. S., Hubbard, J. J., Gest, S. D., Tellegen, A.,

Garmezy, N., & Ramirez, M. (1999). Competence in the context of adversity: Pathways to resilience and maladaptation from childhood to late adolescence. *Development and Psychopathology, 11*, 143-169.

Matlin, M. W. (2009). *Cognition* (7th ed.). Hoboken, NJ: Wiley.

Mautone, P. D., & Mayer, R. E. (2001). Signaling as a cognitive guide in multimedia learning. *Journal of Educational Psychology, 93*, 377-389.

Mautone, P. D., & Mayer, R. E. (2007). Cognitive aids for guiding graph comprehension. *Journal of Educational Psychology, 99*, 640-652.

Mayer, R. E. (1984). Aids to text comprehension. *Educational Psychologist, 19*, 30-42.

Mayer, R. E. (1985). Mathematical ability. In R. J. Sternberg (Ed.), *Human abilities: An information-processing approach* (pp. 127-150). New York, NY: Freeman.

Mayer, R. E. (1992). *Thinking, problem solving, cognition* (2nd ed.). New York, NY: Freeman.

Mayer, R. E. (1996). Learners as information processors: Legacies and limitations of educational psychology's second metaphor. *Educational Psychologist, 31*, 151-161.

Mayer, R. E. (1997). Multimedia learning: Are we asking the right questions? *Educational Psychologist, 32*, 1-19.

Mayer, R. E. (1999). *The promise of educational psychology: Learning in the content areas.* Upper Saddle River, NJ: Merrill/ Prentice Hall.

Mayer, R. E. (2003). E. L. Thorndike's enduring contributions to educational psychology. In B. J. Zimmerman & D. H. Schunk (Eds.), *Educational psychology: A century of contributions* (pp. 113-154). Mahwah, NJ: Erlbaum.

Mayer, R. E. (2004). Should there be a three-strikes rule against pure discovery learning? The case for guided methods of instruction. *American Psychologist, 59*, 14-19.

Mayer, R. E. (2012). Information processing. In K. R. Harris, S. Graham, & T. Urdan (Eds.), *APA educational psychology handbook. Vol. 1: Theories, constructs, and critical issues* (pp. 85-99). Washington, DC: American Psychological Association.

Mayer, R. E., & Chandler, P. (2001). When learning is just a click away: Does simple user interaction foster deeper understanding of multimedia messages? *Journal of Educational Psychology, 93*, 390-397.

Mayer, R. E., Dow, G. T., & Mayer, S. (2003). Multimedia learning in an interactive self-explaining environment: What works in the design of agent-based microworlds? *Journal of Educational Psychology, 95*, 806-813.

Mayer, R. E., Fennell, S., Farmer, L., & Campbell, J. (2004). A personalization effect in multimedia learning: Students learn better when words are in conversational style rather than formal style. *Journal of Educational Psychology, 96*, 389-395.

Mayer, R. E., Heiser, J., & Lonn, S. (2001). Cognitive constraints on multimedia learning: When presenting more material results in less understanding. *Journal of Educational Psychology, 93*, 187-198.

Mayer, R. E., & Johnson, C. I. (2008). Revising the redundancy principle in multimedia learning. *Journal of Educational Psychology, 100*, 380-386.

Mayer, R. E., & Moreno, R. (2003). Nine ways to reduce cognitive load in multimedia learning. *Educational Psychologist, 38*, 43-52.

Mayer, R. E., Moreno, R., Boire, M., & Vagge, S. (1999). Maximizing constructivist learning from multimedia communications by minimizing cognitive load. *Journal of Educational Psychology, 91*, 638-643.

Mayer, R. E., Sobko, K., & Mautone, P. D. (2003). Social cues in multimedia learning: Role of speaker's voice. *Journal of Educational Psychology, 95*, 419-425.

Mayrath, M. C., Nihalani, P. K., & Robinson, D. H. (2011). Varying tutorial modality and interface restriction to maximize transfer in a complex simulation environment. *Journal of Educational Psychology, 103*, 257-268.

McClelland, D. C., Atkinson, J. W., Clark, R. A., & Lowell, E. L. (1953). *The achievement motive*. New York, NY: Appleton-Century-Crofts.

McCloskey, M., & Kaiser, M. (1984). The impetus impulse: A medieval theory of motion lives on in the minds of children. *The Sciences, 24*(6), 40-45.

McCullagh, P. (1993). Modeling: Learning, developmental, and social psychological considerations. In R. N. Singer, M. Murphey, & L. K. Tennant (Eds.), *Handbook of research on sport psychology* (pp. 106-126). New York, NY: Macmillan.

McDougall, W. (1926). *An introduction to social psychology* (Rev. ed.). Boston, MA: John W. Luce.

McInerney, D. M. (2008). The motivational role of cultural differences and cultural identity in self-regulated learning. In D. H. Schunk & B. J. Zimmerman (Eds.), *Motivation and self-regulated learning: Theory, research, and applications* (pp. 369-400). New York, NY: Taylor & Francis.

McInerney, D. M., Hinkley, J., Dowson, M., & Van Etten, S. (1998). Aboriginal, Anglo, and immigrant Australian students' motivational beliefs about personal academic success: Are there cultural differences? *Journal of Educational Psychology, 90*, 621-629.

McKeachie, W. J. (1990). Learning, thinking, and Thorndike. *Educational Psychologist, 25*, 127-141.

McNeil, J. D. (1987). *Reading comprehension: New directions for classroom practice* (2nd ed.). Glenview, IL: Scott, Foresman.

McVee, M. B., Dunsmore, K., & Gavelek, J. R. (2005). Schema theory revisited. *Review of Educational Research, 75*, 531-566.

Medin, D. L., Lynch, E. B., & Solomon, K. O. (2000). Are there kinds of concepts? *Annual Review of Psychology, 51*, 121-147.

Meece, J. L. (1991). The classroom context and students' motivational goals. In M. L. Maehr & P. R. Pintrich (Eds.), *Advances in motivation and achievement* (Vol. 7, pp. 261-285). Greenwich, CT: JAI Press.

Meece, J. L. (1994). The role of motivation in self-regulated learning. In D. H. Schunk & B. J. Zimmerman (Eds.), *Self-regulation of learning and performance: Issues and educational applications* (pp. 25-44). Hillsdale, NJ: Erlbaum.

Meece, J. L. (2002). *Child and adolescent development for educators* (2nd ed.). New York, NY: McGraw-Hill.

Meece, J. L., Anderman, E. M., & Anderman, L. H. (2006). Classroom goal structure, student motivation, and academic achievement. *Annual Review of Psychology, 57*, 487-504.

Meece, J. L., Blumenfeld, P. C., & Hoyle, R. H. (1988). Students' goal orientations and cognitive engagement in classroom activities. *Journal of Educational Psychology, 80*, 514-523.

Meece, J. L., & Courtney, D. P. (1992). Gender differences in students' perceptions: Consequences for achievement-related choices. In D. H. Schunk & J. L. Meece (Eds.), *Student perceptions in the classroom* (pp. 209-228). Hillsdale, NJ: Erlbaum.

Meece, J. L., & Miller, S. D. (2001). A longitudinal analysis of elementary school students' achievement goals in literacy activities. *Contemporary Educational Psychology, 26*, 454-480.

Meece, J. L., Parsons, J. E., Kaczala, C. M., Goff, S. B., & Futterman, R. (1982). Sex differences in math achievement: Towards a model of academic choice. *Psychological Bulletin, 91*, 324-348.

Meichenbaum, D. (1977). *Cognitive behavior modification: An integrative approach*. New York, NY: Plenum.

Meichenbaum, D. (1986). Cognitive behavior modification. In F. H. Kanfer & A. P. Goldstein (Eds.), *Helping people change: A textbook of methods* (3rd ed., pp. 346-380). New York, NY: Pergamon.

Meichenbaum, D., & Asarnow, J. (1979). Cognitive-behavior modification and metacognitive development: Implications for the classroom. In P. C. Kendall & S. D. Hollon (Eds.), *Cognitive behavioral interventions: Theory, research, and procedures* (pp. 11-35). New York, NY: Academic Press.

Meichenbaum, D., & Goodman, J. (1971). Training impulsive children to talk to themselves: A means of developing self-control. *Journal of Abnormal Psychology, 77*, 115-126.

Merrill, P. F. (1987). Job and task analysis. In R. M. Gagne (Ed.), *Instructional technology: Foundations* (pp. 141-173). Hillsdale, NJ: Erlbaum.

Messer, S. (1970). Reflection-impulsivity: Stability and school failure. *Journal of Educational Psychology, 61*, 487-490.

Messick, S. (1984). The nature of cognitive styles: Problems and promise in educational practice. *Educational Psychologist, 19*, 59-74.

Messick, S. (1994). The matter of style: Manifestations of personality in cognition, learning, and teaching. *Educational Psychologist, 29*, 121-136.

Meyer, D. E., & Schvaneveldt, R. W. (1971). Facilitation in recognizing pairs of words: Evidence of a dependence between retrieval operations. *Journal of Experimental Psychology, 90*, 227-234.

Meyer, D. K., & Turner, J. C. (2002). Discovering emotion in classroom motivation research. *Educational Psychologist, 37*, 107-114.

Mickelson, R. (1990). The attitude-achievement paradox among Black adolescents. *Sociology of Education, 63*, 44-61. Miliotis, D., Sesma, A., Jr., & Masten, A. S. (1999). Parenting as a protective process for school success in children from homeless families. *Early Education & Development, 10*, 111-133.

Miller, G. A. (1956). The magical number seven, plus or minus two: Some limits on our capacity for processing information. *Psychological Review, 63*, 81-97.

Miller, G. A. (1988). The challenge of universal literacy. *Science, 241*, 1293-1299.

Miller, G. A., Galanter, E., & Pribram, K. H. (1960). *Plans and the structure of behavior*. New York, NY: Holt, Rinehart & Winston.

Miller, N. E., & Dollard, J. (1941). *Social learning and imitation*. New Haven, CT: Yale University Press.

Mitchell, M. (1993). Situational interest: Its multifaceted structure in the secondary school mathematics classroom.

Journal of Educational Psychology, 85, 424-436.

Molfese, D. L., Key, A. F., Kelly, S., Cunningham, N., Terrell, S., Ferguson, M., Molfese, V. J., & Bonebright, T. (2006). Belowaverage, average, and above-average readers engage different and similar brain regions while reading. *Journal of Learning Disabilities, 39,* 352-363.

Moll, L. C. (2001). Through the mediation of others: Vygotskian research on teaching. In V. Richardson (Ed.), *Handbook of research on teaching* (4th ed., pp. 111-129). Washington, DC: American Educational Research Association.

Moore, M. T. (1990). Problem finding and teacher experience. *Journal of Creative Behavior, 24,* 39-58.

Moors, A., & De Houwer, J. (2006). Automaticity: A theoretical and conceptual analysis. *Psychological Bulletin, 132,* 297-326.

Moos, D. C., & Azevedo, R. (2009). Learning with computer-based learning environments: A literature review of computer self-efficacy. *Review of Educational Research, 79,* 576-600.

Moray, N., Bates, A., & Barnett, T. (1965). Experiments on the four-eared man. *Journal of the Acoustical Society of America, 38,* 196-201.

Moreno, R., & Mayer, R. E. (2000). Engaging students in active learning: The case for personalized multimedia messages. *Journal of Educational Psychology, 92,* 724-733.

Moreno, R., & Mayer, R. E. (2004). Personalized messages that promote science learning in virtual environments. *Journal of Educational Psychology, 96,* 165-173.

Moreno, R., & Mayer, R. E. (2007). Interactive multimodal learning environments. *Educational Psychology Review, 19,* 309-326.

Moreno, R., Ozogul, G., & Reisslein, M. (2011). Teaching with concrete and abstract visual representations: Effects on students' problem solving, problem representations, and learning perceptions. *Journal of Educational Psychology, 103,* 32-47.

Morgan, P. L., & Fuchs, D. (2007). Is there a bidirectional relationship between children's reading skills and reading motivation? *Exceptional Children, 73,* 165-183.

Morris, C. D., Bransford, J. D., & Franks, J. J. (1977). Levels of processing versus transfer-appropriate processing. *Journal of Verbal Learning and Verbal Behavior, 16,* 519-533.

Morris, E. K. (2003). B. F. Skinner: A behavior analyst in educational psychology. In B. J. Zimmerman & D. H. Schunk (Eds.), *Educational psychology: A century of contributions* (pp. 229-250). Mahwah, NJ: Erlbaum.

Morse, W. H., & Kelleher, R. T. (1977). Determinants of reinforcement and punishment. In W. K. Honig & J. E. R. Staddon (Eds.), *Handbook of operant behavior* (pp. 174-200). Englewood Cliffs, NJ: Prentice Hall.

Mosatche, H. S., & Bragonier, P. (1981). An observational study of social comparison in preschoolers. *Child Development, 52,* 376-378.

Moscovitch, M., & Craik, F. I. M. (1976). Depth of processing, retrieval cues, and uniqueness of encoding as factors in recall. *Journal of Verbal Learning and Verbal Behavior, 15,* 447-458.

Moshman, D. (1982). Exogenous, endogenous, and dialectical constructivism. *Developmental Review, 2,* 371-384.

Motl, R. W., Dishman, R. K., Saunders, R. P., Dowda, M., & Pate, R. R. (2007). Perceptions of physical and social environment variables and self-efficacy as correlates of self-

reported physical activity among adolescent girls. *Journal of Pediatric Psychology, 32,* 6-12.

Motl, R. W., Dishman, R. K., Ward, D. S., Saunders, R. P., Dowda, M., Felton, G., & Pate, R. R. (2005). Perceived physical environment and physical activity across one year among adolescent girls: Self-efficacy as a possible mediator? *Journal of Adolescent Health, 37,* 403-408.

Mueller, C. G. (1979). Some origins of psychology as science. *Annual Review of Psychology, 30,* 9-29.

Mullen, C. A. (2005). *Mentorship primer.* New York, NY: Peter Lang.

Mullen, C. A. (2011). Facilitating self-regulated learning using mentoring approaches with doctoral students. In B. J. Zimmerman & D. H. Schunk (Eds.), *Handbook of self-regulation of learning and performance* (pp. 137-152). New York, NY: Routledge.

Muller, U., Sokol, B., & Overton, W. F. (1998). Reframing a constructivist model of the development of mental representation: The role of higher-order operations. *Developmental Review, 18,* 155-201.

Multon, K. D., Brown, S. D., & Lent, R. W. (1991). Relation of selfefficacy beliefs to academic outcomes: A meta-analytic investigation. *Journal of Counseling Psychology, 38,* 30-38.

Murayama, K., & Elliot, A. J. (2012). The competition-performance relation: A meta-analytic review and test of the opposing processes model of competition and performance. *Psychological Bulletin, 138,* 1035-1070.

Murayama, K., Pekrun, R., Lichtenfeld, S., & vom Hofe, R. (2013). Predicting long-term growth in students' mathematics achieve-ment: The unique contributions of motivation and cognitive strategies. *Child Development, 84,* 1475-1490.

Murdock, T. B., & Anderman, E. M. (2006). Motivational perspectives on student cheating: Toward an integrated model of academic dishonesty. *Educational Psychologist, 41,* 129-145.

Murray, D. J., Kilgour, A. R., & Wasylkiw, L. (2000). Conflicts and missed signals in psychoanalysis, behaviorism, and Gestalt psychology. *American Psychologist, 55,* 422-426.

Murray, H. A. (1936). Techniques for a systematic investigation of fantasy. *Journal of Psychology, 3,* 115-143.

Murray, H. A. (1938). *Explorations in personality.* New York, NY: Oxford University Press.

Muth, K. D., Glynn, S. M., Britton, B. K., & Graves, M. F. (1988). Thinking out loud while studying text: Rehearsing key ideas. *Journal of Educational Psychology, 80,* 315-318.

Myers, I. B., & McCaulley, M. H. (1988). *Manual: A Guide to the Development and Use of the Myers-Briggs Type Indicator.* Palo Alto, CA: Consulting Psychologists.

Myers, M., II, & Paris, S. G. (1978). Children's metacognitive knowledge about reading. *Journal of Educational Psychology, 70,* 680-690.

Nairne, J. S. (2002). Remembering over the short-term: The case against the standard model. *Annual Review of Psychology, 53,* 53-81.

Nandagopal, K., & Ericsson, K. A. (2012). Enhancing students' performance in traditional education: Implications from the expert performance approach and deliberate practice. In K. R. Harris, S. Graham, & T. Urdan (Eds.), *APA educational psychology handbook. Vol. 1: Theories, constructs, and critical issues* (pp. 257-293). Washington, DC: American Psychological Association.

National Governors Association Center for Best Practices and Council of Chief State School Officers (2010). *Common Core State Standards for English language arts and mathematics.* Washington, DC: Author.

National Research Council (2000). *How people learn: Brain, mind, experience, and school.* Washington, DC: National Academy Press.

National Research Council (2004). *Engaging schools: Fostering high school students' motivation to learn.* Washington, DC: National Academy Press.

National Research Council and Institute of Medicine. (2002). *Community programs to promote youth development.* Washington, DC: National Academy Press.

Natriello, G. (1986). *School dropouts: Patterns and policies.* New York: Teachers College Press.

Neisser, U. (1967). *Cognitive psychology.* Englewood Cliffs, NJ: Prentice Hall.

Nelson, T. O. (1977). Repetition and depth of processing. *Journal of Verbal Learning and Verbal Behavior, 16,* 151-171.

Nesbit, J. C., & Adesope, O. O. (2006). Learning with concept and knowledge maps: A meta-analysis. *Review of Educational Research, 76,* 413-448.

Neumeister, K. L. S., & Finch, H. (2006). Perfectionism in highability students: Relational precursors and influences on achievement motivation. *Gifted Child Quarterly, 50,* 238-251.

Neuringer, A., & Jensen, G. (2010). Operant variability and voluntary action. *Psychological Review, 117,* 972-993.

Newcombe, N. S., Ambady, N., Eccles, J., Gomez, L., Klahr, K., Linn, M., Miller, K., & Mix, K. (2009). Psychology's role in mathematics and science education. *American Psychologist, 64,* 538-550.

Newell, A., & Simon, H. A. (1972). *Human problem solving.* Englewood Cliffs, NJ: Prentice Hall.

Newman, R. S. (1994). Adaptive help seeking: A strategy of self-regulated learning. In D. H. Schunk & B. J. Zimmerman (Eds.), *Self-regulation of learning and performance: Issues and educational applications* (pp. 283-301). Hillsdale, NJ: Erlbaum.

Newman, R. S. (2000). Social influences on the development of children's adaptive help seeking: The role of parents, teachers, and peers. *Developmental Review, 20,* 350-404.

Newman, R. S. (2002). What do I need to do to succeed . . . when I don't understand what I'm doing!?: Developmental influences on students' adaptive help seeking. In A. Wigfield & J. S. Eccles (Eds.), *Development of achievement motivation* (pp. 285-306). San Diego, CA: Academic Press.

Newman, R. S. (2008). The motivational role of adaptive help seeking in self-regulated learning. In D. H. Schunk & B. J. Zimmerman (Eds.), *Motivation and self-regulated learning: Theory, research, and applications* (pp. 315-337). New York, NY: Taylor & Francis.

Newman, R. S., & Schwager, M. T. (1992). Student perceptions and academic help-seeking. In D. H. Schunk & J. L. Meece (Eds.), *Student perceptions in the classroom* (pp. 123-146). Hillsdale, NJ: Erlbaum.

Nicholls, J. G. (1978). The development of the concepts of effort and ability, perception of academic attainment, and the understanding that difficult tasks require more ability. *Child Development, 49,* 800-814.

Nicholls, J. G. (1979). Development of perception of own attainment and causal attribution for success and failure in reading. *Journal of Educational Psychology, 71,* 94-99.

Nicholls, J. G. (1983). Conceptions of ability and achievement motivation: A theory and its implications for education. In S. G. Paris, G. M. Olson, & H. W. Stevenson (Eds.), *Learning and motivation in the classroom* (pp. 211-237). Hillsdale, NJ: Erlbaum.

Nicholls, J. G. (1984). Achievement motivation: Conceptions of ability, subjective experience, task choice, and performance. *Psychological Review, 91,* 328-346.

Nicholls, J. G., Cobb, P., Wood, T., Yackel, E., & Patashnick, M. (1990). Assessing students' theories of success in mathematics: Individual and classroom differences. *Journal for Research in Mathematics Education, 21,* 109-122.

Nicholls, J. G., & Miller, A. T. (1984). Reasoning about the ability of self and others: A developmental study. *Child Development, 55,* 1990-1999.

Nicholls, J. G., Patashnick, M., & Nolen, S. B. (1985). Adolescents' theories of education. *Journal of Educational Psychology, 77,* 683-692.

Nicholls, J. G., & Thorkildsen, T. A. (1989). Intellectual conventions versus matters of substance: Elementary school students as curriculum theorists. *American Educational Research Journal, 26,* 533-544.

Nielsen, M. (2006). Copying actions and copying outcomes: Social learning through the second year. *Developmental Psychology, 42,* 555-565.

Noddings, N. (1992). *The challenge to care in schools.* New York, NY: Teachers College Press.

Nokes, J. D., Dole, J. A., & Hacker, D. J. (2007). Teaching high school students to use heuristics while reading historical texts. *Journal of Educational Psychology, 99,* 492-504.

Nolen, S. B. (1988). Reasons for studying: Motivational orientations and study strategies. *Cognition and Instruction, 5,* 269-287.

Nolen, S. B. (1996). Why study? How reasons for learning influence strategy selection. *Educational Psychology Review, 8,* 335-355.

Nolen-Hoeksema, S., Girgus, J. S., & Seligman, M. E. P. (1986). Learned helplessness in children: A longitudinal study of depression, achievement, and explanatory style. *Journal of Personality and Social Psychology, 51,* 435-442.

Norman, D. A. (1976). *Memory and attention: An introduction to human information processing* (2nd ed.). New York, NY: Wiley.

Norman, D. A., & Rumelhart, D. E. (1975). *Explorations in cognition.* San Francisco: Freeman.

Nussbaum, E. M., & Kardash, C. M. (2005). The effects of goal instructions and text on the generation of counterarguments during writing. *Journal of Educational Psychology, 97,* 157-169.

Nussbaum, J., & Novick, N. (1982). Alternative frameworks, conceptual conflict, and accommodation: Toward a principled teaching strategy. *Instructional Science, 11,* 183-200.

Oberauer, K., & Lewandowsky, S. (2008). Forgetting in immediate serial recall: Decay, temporal distinctiveness, or interference? *Psychological Review, 115,* 544-576.

O'Day, E. F., Kulhavy, R. W., Anderson, W., & Malczynski, R. J. (1971). *Programmed instruction: Techniques and trends.* New York, NY: Appleton-Century-Crofts.

Oden, S., Schweinhart, L., & Weikart, D. (2000). *Into*

adulthood: A study of the effects of Head Start. Ypsilanti, MI: High/Scope Educational Research Foundation.

O'Donnell, A. M. (2006). The role of peers and group learning. In P. A. Alexander & P. H. Winne (Eds.), *Handbook of educational psychology* (2nd ed., pp. 781-802). Mahwah, NJ: Erlbaum.

O'Donnell, A. M. (2012). Constructivism. In K. R. Harris, S. Graham, & T. Urdan (Eds.), *APA educational psychology handbook. Vol. 1: Theories, constructs, and critical issues* (pp. 61-84). Washington, DC: American Psychological Association.

O'Donnell, A. M., Dansereau, D. F., & Hall, R. H. (2002). Knowledge maps as scaffolds for cognitive processing. *Educational Psychology Review, 14,* 71-86.

Ohlsson, S. (1993). The interaction between knowledge and practice in the acquisition of cognitive skills. In S. Chipman & A. L. Meyrowitz (Eds.), *Foundations of knowledge acquisition: Cognitive models of complex learning* (pp. 147-208). Boston: Kluwer.

Ohlsson, S. (1996). Learning from performance errors. *Psychological Review, 103,* 241-262.

Ohlsson, S. (2009). Resubsumption: A possible mechanism for conceptual change and belief revision. *Educational Psychologist, 44,* 20-40.

O'Leary, K. D., & Drabman, R. (1971). Token reinforcement programs in the classroom: A review. *Psychological Bulletin, 75,* 379-398.

Ollendick, T. H., & Hersen, M. (1984). *Child behavioral assessment: Principles and procedures.* New York, NY: Pergamon.

O'Mara, A. J., Marsh, H. W., Craven, R. G., & Debus, R. L. (2006). Do self-concept interventions make a difference? A synergistic blend of construct validation and meta-analysis. *Educational Psychologist, 41,* 181-206.

Ornstein, R. (1997). *The right mind.* Orlando, FL: Harcourt Brace.

Osborn, A. F. (1963). *Applied imagination.* New York, NY: Scribner's. Osterman, K. (2000). Students' need for belonging in the school community. *Review of Educational Research, 70,* 323-367.

Overskeid, G. (2007). Looking for Skinner and finding Freud. *American Psychologist, 62,* 590-595.

Pass, F., van Gog, T., & Sweller, J. (2010). Cognitive load theory: New conceptualizations, specifications, and integrated research perspectives. *Educational Psychology Review, 22,* 115-121.

Packer, M. J., & Goicoechea, J. (2000). Sociocultural and constructivist theories of learning: Ontology, not just epistemology. *Educational Psychologist, 35,* 227-241.

Padilla, A. M. (2006). Second language learning: Issues in research and teaching. In P. A. Alexander & P. H. Winne (Eds.), *Handbook of educational psychology* (2nd ed., pp. 571-591). Mahwah, NJ: Erlbaum.

Paivio, A. (1970). On the functional significance of imagery. *Psychological Bulletin, 73,* 385-392.

Paivio, A. (1971). *Imagery and verbal processes.* New York, NY: Holt, Rinehart & Winston.

Paivio, A. (1978). Mental comparisons involving abstract attributes. *Memory & Cognition, 6,* 199-208.

Paivio, A. (1986). *Mental representations: A dual-coding approach.* New York, NY: Oxford University Press.

Pajares, F. (1996). Self-efficacy beliefs in achievement settings. *Review of Educational Research, 66,* 543-578.

Pajares, F. (1997). Current directions in self-efficacy research. In M. Maehr & P. R. Pintrich (Eds.), *Advances in motivation and achievement* (Vol. 10, pp. 1-49). Greenwich, CT: JAI Press.

Pajares, F. (2003). William James: Our father who begat us. In B. J. Zimmerman & D. H. Schunk (Eds.), *Educational psychology: A century of contributions* (pp. 41-64). Mahwah, NJ: Erlbaum.

Pajares, F. (2008). Motivational role of self-efficacy beliefs in self-regulated learning. In D. H. Schunk & B. J. Zimmerman (Eds.), *Motivation and self-regulated learning: Theory, research, and applications* (pp. 111-139). New York, NY: Taylor & Francis.

Pajares, F., & Schunk, D. H. (2001). Self-beliefs and school success: Self-efficacy, self-concept, and school achievement. In R. J. Riding & S. G. Rayner (Eds.), *Self-perception* (pp. 239-265). Westport, CT: Ablex.

Pajares, F., & Schunk, D. H. (2002). Self and self-belief in psychology and education: A historical perspective. In J. Aronson (Ed.), *Improving academic achievement: Impact of psychological factors on education* (pp. 3-21). San Diego, CA: Academic Press.

Palincsar, A. S., & Brown, A. L. (1984). Reciprocal teaching of comprehension-fostering and comprehension-monitoring activities. *Cognition and Instruction, 1,* 117-175.

Palmer, D. J., Drummond, F., Tollison, P., & Zinkgraff, S. (1982). An attributional investigation of performance outcomes for learning-disabled and normal-achieving pupils. *Journal of Special Education, 16,* 207-219.

Papini, M. R., & Bitterman, M. E. (1990). The role of contingency in classical conditioning. *Psychological Review, 97,* 396-403.

Paris, S. G., & Byrnes, J. P. (1989). The constructivist approach to self-regulation and learning in the classroom. In B. J. Zimmerman & D. H. Schunk (Eds.), *Self-regulated learning and academic achievement: Theory, research, and practice* (pp. 169-200). New York: Springer-Verlag.

Paris, S. G., Byrnes, J. P., & Paris, A. H. (2001). Constructing theories, identities, and actions of self-regulated learners. In B. J. Zimmerman & D. H. Schunk (Eds.), *Self-regulated learning and academic achievement: Theoretical perspectives* (2nd ed., pp. 253-287). Mahwah, NJ: Erlbaum.

Paris, S. G., Lipson, M. Y., & Wixson, K. K. (1983). Becoming a strategic reader. *Contemporary Educational Psychology, 8,* 293-316.

Paris, S. G., & Oka, E. R. (1986). Children's reading strategies, metacognition, and motivation. *Developmental Review, 6,* 25-56.

Paris, S. G., & Paris, A. H. (2001). Classroom applications of research on self-regulated learning. *Educational Psychologist, 36,* 89-101.

Patrick, H., Ryan, A. M., & Kaplan, A. (2007). Early adolescents' perceptions of the classroom social environment, motivational beliefs, and engagement. *Journal of Educational Psychology, 99,* 83-98.

Paul, A. M. (2010, October 4). The womb. Your mother. Yourself. *Time, 176,* 50-55.

Pavlov, I. P. (1927). *Conditioned reflexes* (G. V. Anrep, Trans.). London: Oxford University Press.

Pavlov, I. P. (1928). *Lectures on conditioned reflexes* (W. H. Gantt, Trans.). New York: International.

Pavlov, I. P. (1932a). Neuroses in man and animals. *Journal of the American Medical Association, 99*, 1012-1013.

Pavlov, I. P. (1932b). The reply of a physiologist to psychologists. *Psychological Review, 39*, 91-127.

Pavlov, I. P. (1934). An attempt at a physiological interpretation of obsessional neurosis and paranoia. *Journal of Mental Science, 80*, 187-197.

Pearl, R. A., Bryan, T., & Donahue, M. (1980). Learning disabled children's attributions for success and failure. *Learning Disability Quarterly, 3*, 3-9.

Pekrun, R. (1992). The impact of emotions on learning and achievement: Towards a theory of cognitive/motivational mediators. *Applied Psychology: An International Review, 41*, 359-376.

Peladeau, N., Forget, J., & Gagne, F. (2003). Effect of paced and unpaced practice on skill application and retention: How much is enough? *American Educational Research Journal, 40*, 769-801.

Pellegrino, J. W. (1985). Inductive reasoning ability. In R. J. Sternberg (Ed.), *Human abilities: An information-processing approach* (pp. 195-225). New York, NY: Freeman.

Pellegrino, J. W., Baxter, G. P., & Glaser, R. (1999). Addressing the "two disciplines" problem: Linking theories of cognition and learning with assessment and instructional practice. In A. Iran-Nejad & P. D. Pearson (Eds.), *Review of Research in Education* (Vol. 24, pp. 307-353). Washington, DC: American Educational Research Association.

Perfetti, C. A., & Lesgold, A. M. (1979). Coding and comprehension in skilled reading and implications for reading instruction. In L. B. Resnick & P. A. Weaver (Eds.), *Theory and practice of early reading* (pp. 57-84). Hillsdale, NJ: Erlbaum.

Perkins, D. N., & Salomon, G. (1989). Are cognitive skills contextbound? *Educational Researcher, 18*(1), 16-25.

Perry, D. G., & Bussey, K. (1979). The social learning theory of sex differences: Imitation is alive and well. *Journal of Personality and Social Psychology, 37*, 1699-1712.

Perry, N. E. (1998). Young children's self-regulated learning and contexts that support it. *Journal of Educational Psychology, 90*, 715-729.

Peterson, C. (2000). The future of optimism. *American Psychologist, 55*, 44-55.

Peterson, L. R., & Peterson, M. J. (1959). Short-term retention of individual verbal items. *Journal of Experimental Psychology, 58*, 193-198.

Petri, H. L. (1986). *Motivation: Theory and research* (2nd ed.). Belmont, CA: Wadsworth.

Phares, E. J. (1976). *Locus of control in personality*. Morristown, NJ: General Learning Press.

Phelps, E. A. (2006). Emotion and cognition: Insights from studies of the human amygdala. *Annual Review of Psychology, 57*, 27-53.

Phillips, D. C. (1995). The good, the bad, and the ugly: The many faces of constructivism. *Educational Researcher, 24*(7), 5-12.

Phillips, J. L., Jr. (1969). *The origins of intellect: Piaget's theory*. San Francisco, CA: Freeman.

Phye, G. D. (1989). Schemata training and transfer of an intellectual skill. *Journal of Educational Psychology, 81*, 347-352.

Phye, G. D. (1990). Inductive problem solving: Schema induction and memory-based transfer. *Journal of Educational Psychology, 82*, 826-831.

Phye, G. D. (1992). Strategic transfer: A tool for academic problem solving. *Educational Psychology Review, 4*, 393-421.

Phye, G. D. (1997). Inductive reasoning and problem solving: The early grades. In G. D. Phye (Ed.), *Handbook of academic learning: The construction of knowledge* (pp. 451-471). San Diego, CA: Academic Press.

Phye, G. D. (2001). Problem-solving instruction and problem-solving transfer: The correspondence issue. *Journal of Educational Psychology, 93*, 571-578.

Phye, G. D., & Sanders, C. E. (1992). Accessing strategic knowledge: Individual differences in procedural and strategy transfer. *Contemporary Educational Psychology, 17*, 211-223.

Phye, G. D., & Sanders, C. E. (1994). Advice and feedback: Elements of practice for problem solving. *Contemporary Educational Psychology, 19*, 286-301.

Piaget, J. (1952). *The origins of intelligence in children*. New York, NY: International Universities Press.

Piaget, J. (1962). *Play, dreams and imitation*. New York, NY: Norton.

Piaget, J. (1970). Piaget's theory. In P. Mussen (Ed.), *Carmichael's manual of child psychology* (3rd ed., Vol. 1, pp. 703-732). New York, NY: Wiley.

Piaget, J., & Inhelder, B. (1969). *The psychology of the child*. New York, NY: Basic Books.

Pianta, R. C., Belsky, J., Vandergrift, N., Houts, R., & Morrison, F. J. (2008). Classroom effects on children's achievement trajectories in elementary school. *American Educational Research Journal, 45*, 365-397.

Pianta, R. C., & Hamre, B. K. (2009). Conceptualization, measurement, and improvement of classroom processes: Standardized observation can leverage capacity. *Educational Researcher, 38*, 109-119.

Pine, D. S. (2006). A primer on brain imaging in developmental psychopathology: What is it good for? *Journal of Child Psychology and Psychiatry, 47*, 983-986.

Pintrich, P. R. (2000a). Multiple goals, multiple pathways: The role of goal orientation in learning and achievement. *Journal of Educational Psychology, 92*, 544-555.

Pintrich, P. R. (2000b). The role of goal orientation in self-regulated learning. In M. Boekaerts, P. R. Pintrich, & M. Zeidner (Eds.), *Handbook of self-regulation* (pp. 451-502). San Diego, CA: Academic Press.

Pintrich, P. R. (2003). A motivational science perspective on the role of student motivation in learning and teaching contexts. *Journal of Educational Psychology, 95*, 667-686.

Pintrich, P. R. (2004). A conceptual framework for assessing motivation and self-regulated learning in college students. *Educational Psychology Review, 16*, 385-407.

Pintrich, P. R., & De Groot, E. V. (1990). Motivational and self-regulated learning components of classroom academic performance. *Journal of Educational Psychology, 82*, 33-40.

Pintrich, P. R., & Garcia, T. (1991). Student goal orientation and self-regulation in the college classroom. In M. L. Maehr & P. R. Pintrich (Eds.), *Advances in motivation and achievement* (Vol. 7, pp. 371-402). Greenwich, CT: JAI Press.

Pintrich, P. R., Marx, R. W., & Boyle, R. A. (1993). Beyond cold conceptual change: The role of motivational beliefs and classroom contextual factors in the process of conceptual change. *Review of Educational Research, 63*, 167-199.

Pintrich, P. R., & Schrauben, B. (1992). Students' motivational beliefs and their cognitive engagement in classroom academic tasks. In D. H. Schunk & J. L. Meece (Eds.), *Student perceptions in the classroom* (pp. 149-183). Hillsdale, NJ: Erlbaum.

Pintrich, P. R., & Zusho, A. (2002). The development of academic self-regulation: The role of cognitive and motivational factors. In A. Wigfield & J. S. Eccles (Eds.), *Development of achievement motivation* (pp. 249-284). San Diego, CA: Academic Press.

Plato (1965). *Plato's Meno: Text and criticism* (A. Sesonske & N. Fleming, Eds.). Belmont, CA: Wadsworth.

Poag-DuCharme, K. A., & Brawley, L. R. (1993). Self-efficacy theory: Use in the prediction of exercise behavior in the community setting. *Journal of Applied Sport Psychology, 5*, 178-194.

Pokay, P., & Blumenfeld, P. C. (1990). Predicting achievement early and late in the semester: The role of motivation and use of learning strategies. *Journal of Educational Psychology, 82*, 41-50.

Polk, T. A., & Newell, A. (1995). Deduction as verbal reasoning. *Psychological Review, 102*, 533-566.

Polya, G. (1945). *How to solve it*. Princeton, NJ: Princeton University Press. (Reprinted 1957, Doubleday, Garden City, NY)

Popham, W. J. (2014). *Classroom assessment: What teachers need to know* (7th ed.). Boston, MA: Pearson Education.

Popkewitz, T. S. (1998). Dewey, Vygotsky, and the social administration of the individual: Constructivist pedagogy as systems of ideas in historical spaces. *American Educational Research Journal, 35*, 535-570.

Portes, P. R. (1996). Ethnicity and culture in educational psychology. In D. C. Berliner & R. C. Calfee (Eds.), *Handbook of educational psychology* (pp. 331-357). New York, NY: Macmillan.

Posner, M. I., & Keele, S. W. (1968). On the genesis of abstractideas. *Journal of Experimental Psychology, 77*, 353-363.

Postman, L. (1961). The present status of interference theory. In C. N. Cofer (Ed.), *Verbal learning and verbal behavior* (pp. 152-179). New York, NY: McGraw-Hill.

Postman, L., & Stark, K. (1969). Role of response availability in transfer and interference. *Journal of Experimental Psychology, 79*, 168-177.

Premack, D. (1962). Reversibility of the reinforcement relation. *Science, 136*, 255-257.

Premack, D. (1971). Catching up with common sense or two sides of a generalization: Reinforcement and punishment. In R. Glaser (Ed.), *The nature of reinforcement* (pp. 121-150). New York: Academic Press.

Pressley, M., & Harris, K. R. (2006). Cognitive strategy instruction: From basic research to classroom instruction. In P. A. Alexander & P. H. Winne (Eds.), *Handbook of educational psychology* (2nd ed., pp. 265-286). Mahwah, NJ: Erlbaum.

Pressley, M., Harris, K. R., & Marks, M. B. (1992). But good strategy instructors are constructivists! *Educational Psychology Review, 4*, 3-31.

Pressley, M., & McCormick, C. B. (1995). *Advanced educational psychology for educators, researchers, and policymakers*. New York, NY: HarperCollins.

Pressley, M., Woloshyn, V., Lysynchuk, L. M., Martin, V., Wood, E., & Willoughby, T. (1990). A primer of research on cognitive strategy instruction: The important issues and how to address them. *Educational Psychology Review, 2*, 1-58.

Provasnik, S., Kewal Ramani, A., Coleman, M. M., Gilbertson, L., Herring, W., & Xie, Q. (2007). *Status of education in rural America (NCES 2007-040)*. Washington, DC: National Center for Education Statistics.

Pugh, K. J., & Bergin, D. A. (2005). The effect of schooling on students' out-of-school experience. *Educational Researcher, 34*(9), 15-23.

Pugh, K. J., & Bergin, D. A. (2006). Motivational influences on transfer. *Educational Psychologist, 41*, 147-160.

Puntambekar, S., & Hubscher, R. (2005). Tools for scaffolding students in a complex learning environment: What have we gained and what have we missed? *Educational Psychologist, 40*, 1-12.

Purdie, N., Hattie, J., & Douglas, G. (1996). Student conceptions of learning and their use of self-regulated learning strategies: A cross-cultural comparison. *Journal of Educational Psychology, 88*, 87-100.

Putnam, R. D. (2000). *Bowling alone: The collapse and revival of American community*. New York, NY: Simon & Schuster.

Pylyshyn, Z. W. (1973). What the mind's eye tells the mind's brain: A critique of mental imagery. *Psychological Bulletin, 80*, 1-24.

Quellmalz, E. S. (1987). Developing reasoning skills. In J. B. Baron & R. J. Sternberg (Eds.), *Teaching thinking skills: Theory and practice* (pp. 86-105). New York: Freeman.

Radziszewska, B., & Rogoff, B. (1991). Children's guided participation in planning imaginary errands with skilled adult or peer partners. *Developmental Psychology, 27*, 381-389.

Ramsel, D., & Grabe, M. (1983). Attentional allocation and performance in goal-directed reading: Age differences in reading flexibility. *Journal of Reading Behavior, 15*, 55-65.

Ratelle, C. F., Guay, F., Larose, S., & Senecal, C. (2004). Family correlates of trajectories of academic motivation during a school transition: A semiparametric group-based approach. *Journal of Educational Psychology, 96*, 743-754.

Ratner, H. H., Foley, M. A., & Gimpert, N. (2002). The role of collaborative planning in children's source-monitoring errors and learning. *Journal of Experimental Child Psychology, 81*, 44-73.

Ray, J. J. (1982). Achievement motivation and preferred probability of success. *Journal of Social Psychology, 116*, 255-261.

Reardon, S. F., & Galindo, C. (2009). The Hispanic-White achievement gap in math and reading in the elementary grades. *American Educational Research Journal, 46*, 853-891.

Reder, L. M. (1979). The role of elaborations in memory for prose. *Cognitive Psychology, 11*, 221-234.

Reder, L. M. (1982). Plausibility judgment versus fact retrieval: Alternative strategies for sentence verification. *Psychological Review, 89*, 250-280.

Redish, A. D., Jensen, S., Johnson, A., & Kurth-Nelson, Z. (2007). Reconciling reinforcement learning models with behavioral extinction and renewal: Implications for addiction, relapse, and problem gambling. *Psychological Review, 114*, 784-805.

Reed, S. K. (2006). Cognitive architectures for multimedia learning. *Educational Psychologist, 41*, 87-98.

Reeve, J., Deci, E. L., & Ryan, R. M. (2004). Self-determination theory: A dialectical framework for understanding sociocultural influences on student motivation. In D. M. McInerney & S. Van Etten (Eds.), *Big theories revisited* (pp. 31-60). Greenwich, CT: Information Age.

Reid, R., & Lienemann, T. O. (2006). Self-regulated strategy development for written expression with students with attention deficit/hyperactivity disorder. *Exceptional Children, 73*, 53-68.

Reid, R., Trout, A. L., & Schartz, M. (2005). Self-regulation interventions for children with attention deficit/hyperactivity disorder. *Exceptional Children, 71*, 361-377.

Reigeluth, C. M. (Ed.). (1999). *Instructional design theories and models*. Mahwah, NJ: Erlbaum.

Relich, J. D., Debus, R. L., & Walker, R. (1986). The mediating role of attribution and self-efficacy variables for treatment effects on achievement outcomes. *Contemporary Educational Psychology, 11*, 195-216.

Renkl, A., & Atkinson, R. K. (2003). Structuring the transition from example study to problem solving in cognitive skill acquisition: A cognitive load perspective. *Educational Psychologist, 38*, 15-22.

Renkl, A., Hilbert, T., & Schworm, S. (2009). Example-based learning in heuristic domains: A cognitive load theory account. *Educational Psychology Review, 21*, 67-78.

Renninger, K. A., & Wozniak, R. H. (1985). Effect of interest on attentional shift, recognition, and recall in young children. *Developmental Psychology, 21*, 624-632.

Rescorla, R. A. (1972). Informational variables in conditioning. In G. H. Bower (Ed.), *The psychology of learning and motivation* (Vol. 6, pp. 1-46). New York, NY: Academic Press.

Rescorla, R. A. (1976). Pavlovian excitatory and inhibitory conditioning. In W. K. Estes (Ed.), *Handbook of learning and cognitive processes* (Vol. 2, pp. 7-35). Hillsdale, NJ: Erlbaum.

Rescorla, R. A. (1987). A Pavlovian analysis of goal-directed behavior. *American Psychologist, 42*, 119-129.

Resnick, L. B. (1981). Instructional psychology. *Annual Review of Psychology, 32*, 659-704.

Resnick, L. B. (1985). Cognition and instruction: Recent theories of human competence. In B. L. Hammonds (Ed.), *Psychology and learning: The master lecture series* (Vol. 4, pp. 127-186). Washington, DC: American Psychological Association.

Resnick, L. B. (1989). Developing mathematical knowledge. *American Psychologist, 44*, 162-169.

Reyes, M. R., Brackett, M. A., Rivers, S. E., White, M., & Salovey, P. (2012). Classroom emotional climate, student engagement, and academic achievement. *Journal of Educational Psychology, 104*, 700-712.

Reynolds, R., & Anderson, R. (1982). Influence of questions on the allocation of attention during reading. *Journal of Educational Psychology, 74*, 623-632.

Rhodes, M. G., & Tauber, S. K. (2011). The influence of delaying judgments of learning on metacognitive accuracy: A meta-analytic review. *Psychological Bulletin, 137*, 131-148.

Riccio, D. C., Rabinowitz, V. C., & Axelrod, S. (1994). Memory: When less is more. *American Psychologist, 49*, 917-926.

Richert, R. A., Robb, M. B., & Smith, E. J. (2011). Media as social partners: The social nature of young children's learning from screen media. *Child Development, 82*, 82-95.

Richland, L. E., Morrison, R. G., & Holyoak, K. J. (2006). Children's development of analogical reasoning: Insights from scene analogy problems. *Journal of Experimental Child Psychology, 94*, 249-273.

Richter, C. P. (1927). Animal behavior and internal drives. *Quarterly Review of Biology, 2*, 307-343.

Riener, C., & Willingham, D. (2010). The myth of learning styles. *Change, 42*, 32-35.

Rilling, M. (1977). Stimulus control and inhibitory processes. In W. K. Honig & J. E. R. Staddon (Eds.), *Handbook of operant behavior* (pp. 432-480). Englewood Cliffs, NJ: Prentice Hall.

Rips, L. J., Shoben, E. J., & Smith, E. E. (1973). Semantic distance and the verification of semantic relations. *Journal of Verbal Learning and Verbal Behavior, 12*, 1-20.

Rissman, J., & Wagner, A. D. (2012). Distributed representations in memory: Insights from functional brain imaging. *Annual Review of Psychology, 63*, 101-128.

Rittle-Johnson, B. (2006). Promoting transfer: Effects of self-explanation and direct instruction. *Child Development, 77*, 1-15.

Rittle-Johnson, B., & Alibali, M. W. (1999). Conceptual and procedural knowledge of mathematics: Does one lead to the other? *Journal of Educational Psychology, 91*, 175-189.

Rittle-Johnson, B., & Star, J. (2007). Does comparing solution methods facilitate conceptual and procedural knowledge? An experimental study on learning to solve equations. *Journal of Educational Psychology, 99*, 561-574.

Roberts, D. F., & Foehr, U. G. (2008). Trends in media use. *The Future of Children, 18*(1), 11-37.

Robertson, J. S. (2000). Is attribution training a worthwhile classroom intervention for K-12 students with learning difficulties? *Educational Psychology Review, 12*, 111-134.

Robinson, D. R., Schofield, J. W., & Steers-Wentzell, K. L. (2005). Peer and cross-age tutoring in math: Outcomes and their design implications. *Educational Psychology Review, 17*, 327-362.

Robinson, N. M., Lanzi, R. G., Weinberg, R. A., Ramey, S. L., & Ramey, C. T. (2002). Family factors associated with high academic competence in former Head Start children at third grade. *Gifted Child Quarterly, 46*, 278-290.

Robinson, T. R., Smith, S. W., Miller, M. D., & Brownell, M. T. (1999). Cognitive behavior modification of hyperactivity-impulsivity and aggression: A meta-analysis of school-based studies. *Journal of Educational Psychology, 91*, 195-203.

Roblyer, M. D. (2006). *Integrating educational technology into teaching* (4th ed.). Upper Saddle River, NJ: Merrill/Prentice Hall.

Roediger, H. L., & Karpicke, J. D. (2006). Test enhanced learning: Taking memory tests improves long-term retention. *Psychological Science, 17*, 249-255.

Roeser, R. W., Eccles, J. S., & Strobel, K. (1998). Linking the study of schooling and mental health: Selected issues and empirical illustrations at the level of the individual. *Educational Psychologist, 33*, 153-176.

Roeser, R. W., Urdan, T. C., & Stephens, J. M. (2009). School as a context of student motivation and achievement. In K. R. Wentzel & A. Wigfield (Eds.), *Handbook of motivation at school* (pp. 381-410). New York: Routledge.

Rogers, C. R. (1959). A theory of therapy, personality, and interpersonal relationships, as developed in the client-centered framework. In S. Koch (Ed.), *Psychology: A study of a science* (Vol. 3, pp. 184-256). New York: McGraw-Hill.

Rogers, C. R. (1963). The actualizing tendency in relation to "motives" and to consciousness. In M. R. Jones (Ed.), *Nebraska symposium on motivation* (Vol. 11, pp. 1-24). Lincoln: University of Nebraska Press.

Rogers, C. R. (1969). *Freedom to learn*. Columbus, OH: Merrill.

Rogers, C. R., & Freiberg, H. J. (1994). *Freedom to learn* (3rd ed.). Columbus, OH: Merrill/Prentice Hall.

Rogoff, B. (1986). Adult assistance of children's learning. In T. E. Raphael (Ed.), *The contexts of school-based literacy* (pp. 27-40). New York, NY: Random House.

Rogoff, B. (1990). *Apprenticeship in thinking: Cognitive development in the social context*. New York, NY: Oxford University Press.

Rohrbeck, C. A., Ginsburg-Block, M. D., Fantuzzo, J. W., & Miller, T. R. (2003). Peer-assisted learning interventions with elementary school students: A meta-analytic review. *Journal of Educational Psychology, 95,* 240-257.

Rohrer, D., & Pashler, H. (2010). Recent research on human learning challenges conventional instructional strategies. *Educational Researcher, 39,* 406-412.

Rohrkemper, M. M. (1989). Self-regulated learning and academic achievement: A Vygotskian view. In B. J. Zimmerman & D. H. Schunk (Eds.), *Self-regulated learning and academic achievement: Theory, research, and practice* (pp. 143-167). New York, NY: Springer-Verlag.

Rolland, R. G. (2012). Synthesizing the evidence on classroom goal structures in middle and secondary schools: A meta-analysis and narrative review. *Review of Educational Research, 82,* 396-435.

Romberg, T. A., & Carpenter, T. P. (1986). Research on teaching and learning mathematics: Two disciplines of scientific inquiry. In M. C. Wittrock (Ed.), *Handbook of research on teaching* (3rd ed., pp. 850-873). New York, NY: Macmillan.

Root-Bernstein, R. S. (1988). Setting the stage for discovery. *The Sciences, 28*(3), 26-34.

Rosch, E. (1973). Natural categories. *Cognitive Psychology, 4,* 328-350.

Rosch, E. (1975). Cognitive representations of semantic categories. *Journal of Experimental Psychology: General, 104,* 192-233.

Rosch, E. (1978). Principles of categorization. In E. Rosch & B. Lloyd (Eds.), *Cognition and categorization* (pp. 9-31). Hillsdale, NJ: Erlbaum.

Roscoe, R. D., & Chi, M. T. H. (2007). Understanding tutor learning: Knowledge-building and knowledge-telling in peer tutors' explanations and questions. *Review of Educational Research, 77,* 534-574.

Rose, S. P. R. (1998). Memory: Biological basis. In R. L. Gregory (Ed.), *The Oxford companion to the mind* (pp. 456-460). Oxford, England: Oxford University Press.

Rosen, B., & D'Andrade, R. C. (1959). The psychosocial origins of achievement motivation. *Sociometry, 22,* 185-218.

Rosenholtz, S. J., & Rosenholtz, S. H. (1981). Classroom organization and the perception of ability. *Sociology of Education, 54,* 132-140.

Rosenholtz, S. J., & Simpson, C. (1984). The formation of ability conceptions: Developmental trend or social construction? *Review of Educational Research, 54,* 31-63.

Rosenshine, B., & Stevens, R. (1986). Teaching functions. In M. C. Wittrock (Ed.), *Handbook of research on teaching* (3rd ed., pp. 376-391). New York, NY: Macmillan.

Rosenstock, I. M. (1974). The health belief model and preventive health behavior. *Health Education Monographs, 2,* 354-386.

Rosenthal, R. (1974). *On the social psychology of the self-fulfilling prophecy: Further evidence for Pygmalion effects and their mediating mechanisms*. New York, NY: MSS Modular.

Rosenthal, R. (2002). Covert communication in classrooms, clinics, courtrooms, and cubicles. *American Psychologist, 57,* 839-849.

Rosenthal, R., & Jacobson, L. (1968). *Pygmalion in the classroom*. New York, NY: Holt, Rinehart & Winston.

Rosenthal, T. L., & Bandura, A. (1978). Psychological modeling: Theory and practice. In S. L. Garfield & A. E. Bergin (Eds.), *Handbook of psychotherapy and behavior change: An empirical analysis* (2nd ed., pp. 621-658). New York, NY: Wiley.

Rosenthal, T. L., & Zimmerman, B. J. (1978). *Social learning and cognition*. New York, NY: Academic Press.

Ross, S. M., McCormick, D., Krisak, N., & Anand, P. (1985). Personalizing context in teaching mathematical concepts: Teacher-managed and computer-assisted models. *Educational Communication and Technology Journal, 33,* 169-178.

Rotter, J. B. (1966). Generalized expectancies for internal versus external control of reinforcement. *Psychological Monographs, 80*(1, Whole No. 609).

Royer, J. M. (1986). Designing instruction to produce understanding: An approach based on cognitive theory. In G. D. Phye & T. Andre (Eds.), *Cognitive classroom learning: Understanding, thinking, and problem solving* (pp. 83-113). Orlando, FL: Academic Press.

Royer, J. M., Tronsky, L. N., Chan, Y., Jackson, S. J., & Marchant, H., III. (1999). Math-fact retrieval as the cognitive mechanism underlying gender differences in math test performance. *Contemporary Educational Psychology, 24,* 181-266.

Ruble, D. N. (1983). The development of social-comparison processes and their role in achievement-related self-socialization. In E. T. Higgins, D. N. Ruble, & W. Hartup (Eds.), *Social cognition and social development* (pp. 134-157). New York, NY: Cambridge University Press.

Ruble, D. N., Boggiano, A. K., Feldman, N. S., & Loebl, J. H. (1980). Developmental analysis of the role of social comparison in self-evaluation. *Developmental Psychology, 16,* 105-115.

Ruble, D. N., Feldman, N. S., & Boggiano, A. K. (1976). Social comparison between young children in achievement situations. *Developmental Psychology, 12,* 191-197.

Rumberger, R. W. (2010). *Dropping out of school*. Cambridge, MA: Harvard University Press.

Rumberger, R. W., & Lim, S. A. (2008). *Why students drop out of school*. Santa Barbara, CA: California Dropout Research Project. Retrieved January 10, 2010, from http://www.lmri.ucsb.edu/dropouts

Rumelhart, D. E. (1975). Notes on a schema for stories. In D. G. Bobrow & A. M. Collins (Eds.), *Representation and understanding: Studies in cognitive science* (pp. 211-236). New York, NY: Academic Press.

Rumelhart, D. E. (1977). Understanding and summarizing brief stories. In D. Laberge & S. J. Samuels (Eds.), *Basic processes in reading* (pp. 265-303). Hillsdale, NJ: Erlbaum.

Rumelhart, D. E., & McClelland, J. L. (1986). *Parallel distributed processing: Explorations in the microstructure of cognition.* Cambridge, MA: MIT Press.

Rumelhart, D. E., & Norman, D. A. (1978). Accretion, tuning, and restructuring: Three modes of learning. In J. W. Cotton & R. L. Klatzky (Eds.), *Semantic factors in cognition* (pp. 37-53). Hillsdale, NJ: Erlbaum.

Rundus, D. (1971). Analysis of rehearsal processes in free recall. *Journal of Experimental Psychology, 89,* 63-77.

Rundus, D., & Atkinson, R. C. (1970). Rehearsal processes in free recall: A procedure for direct observation. *Journal of Verbal Learning and Verbal Behavior, 9,* 99-105.

Ryan, A. M. (2000). Peer groups as a context for the socialization of adolescents' motivation, engagement, and achievement in school. *Educational Psychologist, 35,* 101-111.

Ryan, A. M. (2001). The peer group as a context for the development of young adolescents' motivation and achievement. *Child Development, 72,* 1135-1150.

Ryan, A. M., Gheen, M. H., & Midgley, C. (1998). Why do some students avoid asking for help? An examination of the interplay among students' academic efficacy, teachers' social-emotional role, and the classroom goal structure. *Journal of Educational Psychology, 90,* 528-535.

Ryan, R. M., Connell, J. P., & Deci, E. L. (1985). A motivational analysis of self-determination and self-regulation in education. In C. Ames & R. Ames (Eds.), *Research on motivation in education* (Vol. 2, pp. 13-51). Orlando, FL: Academic Press.

Ryan, R. M., & Deci, E. L. (2000). Self-determination theory and the facilitation of intrinsic motivation, social development, and well-being. *American Psychologist, 55,* 68-78.

Ryan, R. M., & Deci, E. L. (2009). Promoting self-determined school engagement: Motivation, learning, and well-being. In K. R. Wentzel & A. Wigfield (Eds.), *Handbook of motivation at school* (pp. 171-195). New York, NY: Routledge.

Ryan, R. M., & Powelson, C. L. (1991). Autonomy and relatedness as fundamental to motivation and education. *Journal of Experimental Education, 60,* 49-66.

Sadoski, M., & Paivio, A. (2001). *Imagery and text: A dual coding theory of reading and writing.* Mahwah, NJ: Erlbaum.

Sage, N. A., & Kindermann, T. A. (1999). Peer networks, behavior contingencies, and children's engagement in the classroom. *Merrill-Palmer Quarterly, 45,* 143-171.

Sagotsky, G., Patterson, C. J., & Lepper, M. R. (1978). Training children's self-control: A field experiment in self-monitoring and goal-setting in the classroom. *Journal of Experimental Child Psychology, 25,* 242-253.

Sakitt, B. (1976). Iconic memory. *Psychological Review, 83,* 257-276.

Sakitt, B., & Long, G. M. (1979). Spare the rod and spoil the icon. *Journal of Experimental Psychology: Human Perception and Performance, 5,* 19-30.

Sakiz, G. (2011). Mastery and performance approach goal orientations in relation to academic self-efficacy belies and academic help seeking behaviors of college students in Turkey. *Educational Research, 2,* 771-778.

Salden, R. J. C. M., Koedinger, K. R., Renkl, A., Aleven, V., & McLaren, B. M. (2010). Accounting for beneficial effects of worked examples in tutored problem solving. *Educational Psychology Review, 22,* 379-392.

Salomon, G. (1984). Television is "easy" and print is "tough": The differential investment of mental effort in learning as a function of perceptions and attributions. *Journal of Educational Psychology, 76,* 647-658.

Salomon, G., & Perkins, D. N. (1989). Rocky roads to transfer: Rethinking mechanisms of a neglected phenomenon. *Educational Psychologist, 24,* 113-142.

Sandoval, J. (1995). Teaching in subject matter areas: Science. *Annual Review of Psychology, 46,* 355-374.

Scheiter, K., & Gerjets, P. (2007). Learner control in hypermedia environments. *Educational Psychology Review, 19,* 285-307.

Schiefele, U. (1996). Topic interest, text representation, and quality of experience. *Contemporary Educational Psychology, 21,* 3-18.

Schiefele, U. (2009). Situational and individual interest. In K. R. Wentzel & A. Wigfield (Eds.), *Handbook of motivation at school* (pp. 197-222). New York: Routledge.

Schmidt, M. E., & Vandewater, E. A. (2008). Media and attention, cognition, and school achievement. *The Future of Children, 18*(1), 63-85.

Schmidt, R. A. (1975). A schema theory of discrete motor skill learning. *Psychological Review, 82,* 225-260.

Schnotz, W., & Kurschner, C. (2007). A reconsideration of cognitive load theory. *Educational Psychology Review, 19,* 469-508.

Schoenfeld, A. H. (2006). Mathematics teaching and learning. In P. A. Alexander & P. H. Winne (Eds.), *Handbook of educational psychology* (2nd ed., pp. 479-510). Mahwah, NJ: Erlbaum.

Schraw, G. (2010). Measuring self-regulation in computer-based learning environments. *Educational Psychology Review, 45,* 258-266.

Schraw, G., & Lehman, S. (2001). Situational interest: A review of the literature and directions for future research. *Educational Psychology Review, 13,* 23-52.

Schraw, G., & Moshman, D. (1995). Metacognitive theories. *Educational Psychology Review, 7,* 351-371.

Schuh, K. L. (2003). Knowledge construction in the learner-centered classroom. *Journal of Educational Psychology, 95,* 426-442.

Schuler, A., Scheiter, K., & van Genuchten, E. (2011). The role of working memory in multimedia instruction: Is working memory working during learning from text and pictures? *Educational Psychology Review, 23,* 389-411.

Schultz, W. (2006). Behavioral theories and the neurophysiology of reward. *Annual Review of Psychology, 57,* 87-115.

Schunk, D. H. (1981). Modeling and attributional effects on children's achievement: A self-efficacy analysis. *Journal of Educational Psychology, 73,* 93-105.

Schunk, D. H. (1982a). Effects of effort attributional feedback on children's perceived self-efficacy and achievement. *Journal of Educational Psychology, 74,* 548-556.

Schunk, D. H. (1982b). Verbal self-regulation as a facilitator of children's achievement and self-efficacy. *Human Learning, 1,* 265-277.

Schunk, D. H. (1983a). Ability versus effort attributional feedback: Differential effects on self-efficacy and achievement. *Journal of Educational Psychology, 75,* 848-856.

Schunk, D. H. (1983b). Developing children's self-efficacy and skills: The roles of social comparative information and goal setting. *Contemporary Educational Psychology, 8*, 76-86.

Schunk, D. H. (1983c). Goal difficulty and attainment information: Effects on children's achievement behaviors. *Human Learning, 2*, 107-117.

Schunk, D. H. (1983d). Progress self-monitoring: Effects on children's self-efficacy and achievement. *Journal of Experimental Education, 51*, 89-93.

Schunk, D. H. (1983e). Reward contingencies and the development of children's skills and self-efficacy. *Journal of Educational Psychology, 75*, 511-518.

Schunk, D. H. (1984a). Enhancing self-efficacy and achievement through rewards and goals: Motivational and informational effects. *Journal of Educational Research, 78*, 29-34.

Schunk, D. H. (1984b). Sequential attributional feedback and children's achievement behaviors. *Journal of Educational Psychology, 76*, 1159-1169.

Schunk, D. H. (1985). Participation in goal setting: Effects on self-efficacy and skills of learning disabled children. *Journal of Special Education, 19*, 307-317.

Schunk, D. H. (1986). Verbalization and children's self-regulated earning. *Contemporary Educational Psychology, 11*, 347-369.

Schunk, D. H. (1987). Peer models and children's behavioral change. *Review of Educational Research, 57*, 149-174.

Schunk, D. H. (1990). Goal setting and self-efficacy during self-regulated earning. *Educational Psychologist, 25*, 71-86.

Schunk, D. H. (1995). Self-efficacy and education and instruction. In J. E. Maddux (Ed.), *Self-efficacy, adaptation, and adjustment: Theory, research, and applications* (pp. 281-303). New York, NY: Plenum.

Schunk, D. H. (1996). Goal and self-evaluative influences during children's cognitive skill learning. *American Educational Research Journal, 33*, 359-382.

Schunk, D. H. (1999). Social-self interaction and achievement behavior. *Educational Psychologist, 34*, 219-227.

Schunk, D. H. (2001). Social cognitive theory and self-regulated learning. In B. J. Zimmerman & D. H. Schunk (Eds.), *Self-regulated learning and academic achievement: Theoretical perspectives* (2nd ed., pp. 125-151). Mahwah, NJ: Erlbaum.

Schunk, D. H. (2008). Attributions as motivators of self-regulated learning. In D. H. Schunk & B. J. Zimmerman (Eds.), *Motivation and self-regulated learning: Theory, research, and applications* (pp. 245-266). New York: Taylor & Francis.

Schunk, D. H. (2012). Social cognitive theory. In K. R. Harris, S. Graham, & T. Urdan (Eds.), *APA educational psychology handbook. Vol. 1: Theories, constructs, and critical issues* (pp. 101-123). Washington, DC: American Psychological Association.

Schunk, D. H., & Cox, P. D. (1986). Strategy training and attributional feedback with learning disabled students. *Journal of Educational Psychology, 78*, 201-209.

Schunk, D. H., & Ertmer, P. A. (1999). Self-regulatory processes during computer skill acquisition: Goal and self-evaluative influences. *Journal of Educational Psychology, 91*, 251-260.

Schunk, D. H., & Ertmer, P. A. (2000). Self-regulation and academic learning: Self-efficacy enhancing interventions. In M. Boekaerts, P. R. Pintrich, & M. Zeidner (Eds.), *Handbook of self-regulation* (pp. 631-649). San Diego, CA: Academic Press.

Schunk, D. H., & Gunn, T. P. (1986). Self-efficacy and skill

development: Influence of task strategies and attributions. *Journal of Educational Research, 79*, 238-244.

Schunk, D. H., & Hanson, A. R. (1985). Peer models: Influence on children's self-efficacy and achievement. *Journal of Educational Psychology, 77*, 313-322.

Schunk, D. H., & Hanson, A. R. (1989a). Influence of peer-model attributes on children's beliefs and learning. *Journal of Educational Psychology, 81*, 431-434.

Schunk, D. H., & Hanson, A. R. (1989b). Self-modeling and children's cognitive skill learning. *Journal of Educational Psychology, 81*, 155-163.

Schunk, D. H., Hanson, A. R., & Cox, P. D. (1987). Peer-model attributes and children's achievement behaviors. *Journal of Educational Psychology, 79*, 54-61.

Schunk, D. H., Meece, J. L., & Pintrich, P. R. (2014). *Motivation in education: Theory, research, and applications* (4th ed.). Boston, MA: Pearson Education.

Schunk, D. H., & Miller, S. D. (2002). Self-efficacy and adolescents' motivation. In F. Pajares & T. Urdan (Eds.), *Academic motivation of adolescents* (pp. 29-52). Greenwich, CT: Information Age.

Schunk, D. H., & Mullen, C. A. (2013). Toward a conceptual model of mentoring research: Integration with self-regulated learning. *Educational Psychology Review, 25*, 361-389.

Schunk, D. H., & Pajares, F. (2002). The development of academic self-efficacy. In A. Wigfield & J. S. Eccles (Eds.), *Development of academic motivation* (pp. 15-31). San Diego, CA: Academic Press.

Schunk, D. H., & Pajares, F. (2005). Competence perceptions and academic functioning. In A. J. Elliot & C. S. Dweck (Eds.), *Handbook of competence and motivation* (pp. 85-104). New York, NY: Guilford Press.

Schunk, D. H., & Pajares, F. (2009). Self-efficacy theory. In K. R. Wentzel & A. Wigfield (Eds.), *Handbook of motivation at school* (pp. 35-53). New York, NY: Routledge.

Schunk, D. H., & Rice, J. M. (1986). Extended attributional feedback: Sequence effects during remedial reading instruction. *Journal of Early Adolescence, 6*, 55-66.

Schunk, D. H., & Rice, J. M. (1987). Enhancing comprehension skill and self-efficacy with strategy value information. *Journal of Reading Behavior, 19*, 285-302.

Schunk, D. H., & Rice, J. M. (1989). Learning goals and children's reading comprehension. *Journal of Reading Behavior, 21*, 279-293.

Schunk, D. H., & Rice, J. M. (1991). Learning goals and progress feedback during reading comprehension instruction. *Journal of Reading Behavior, 23*, 351-364.

Schunk, D. H., & Rice, J. M. (1993). Strategy fading and progress feedback: Effects on self-efficacy and comprehension among students receiving remedial reading services. *Journal of Special Education, 27*, 257-276.

Schunk, D. H., & Richardson, K. (2011). Motivation and self-efficacy in mathematics education. In D. J. Brahier & W. R. Speer (Eds.), *Motivation and disposition: Pathways to learning mathematics* (pp. 13-30). Reston, VA: National Council of Teachers of Mathematics.

Schunk, D. H., & Swartz, C. W. (1993a). Goals and progress feedback: Effects on self-efficacy and writing achievement. *Contemporary Educational Psychology, 18*, 337-354.

Schunk, D. H., & Swartz, C. W. (1993b). Writing strategy instruction with gifted students: Effects of goals and feedback on self-efficacy and skills. *Roeper Review, 15*, 225-230.

Schunk, D. H., & Zimmerman, B. J. (Eds.). (1994). *Self-regulation of learning and performance: Issues and educational applications.* Hillsdale, NJ: Erlbaum.

Schunk, D. H., & Zimmerman, B. J. (1997). Social origins of self-regulatory competence. *Educational Psychologist, 32,* 195-208.

Schunk, D. H., & Zimmerman, B. J. (Eds.). (1998). *Self-regulated learning: From teaching to self-reflective practice.* New York: Guilford Press.

Schunk, D. H., & Zimmerman, B. J. (2006). Competence and control beliefs: Distinguishing the means and ends. In P. A. Alexander & P. H. Winne (Eds.), *Handbook of educational psychology* (2nd ed., pp. 349-367). Mahwah, NJ: Erlbaum.

Schunk, D. H., & Zimmerman, B. J. (Eds.). (2008). *Motivation and self-regulated learning: Theory, research, and applications.* New York, NY: Taylor & Francis.

Schweinhart, L. J., & Weikart, D. (1997). *Lasting differences: The High/Scope Perry Preschool curriculum comparison study through age 23.* (Monographs of the High/Scope Educational Research Foundation, 12). Ypsilanti, MI: High/Scope Press.

Schwenck, C., Bjorklund, D. F., & Schneider, W. (2007). Factors influencing the incidence of utilization deficiencies and other patterns of recall/strategy-use relations in a strategic memory task. *Child Development, 78,* 1771-1787.

Searle, J. R. (1969). *Speech acts.* Cambridge, England: Cambridge University Press.

Sederberg, P. B., Howard, M. W., & Kahana, M. J. (2008). A context-based theory of recency and contiguity in free recall. *Psychological Review, 115,* 893-912.

Seidel, T., & Shavelson, R. J. (2007). Teaching effectiveness research in the past decade: The role of theory and research design in disentangling meta-analysis results. *Review of Educational Research, 77,* 454-499.

Seligman, M. E. P. (1975). *Helplessness: On depression, development, and death.* San Francisco, CA: Freeman.

Seligman, M. E. P. (1991). *Learned optimism.* New York, NY: Knopf.

Senechal, M., & LeFevre, J. (2002). Parental involvement in the development of children's reading skill: A five-year longitudinal study. *Child Development, 73,* 445-460.

Seo, K. K.-J., Pellegrino, D. A., & Engelhard, C. (2012). *Designing problem-driven instruction with online social media.* Charlotte, NC: Information Age.

Shanks, D. R. (2010). Learning: From association to cognition. *Annual Review of Psychology, 61,* 273-301.

Shaul, M. S., & Ganson, H. C. (2005). The No Child Left Behind Act of 2001: The federal government's role in strengthening accountability for student performance. In L. Parker (Ed.), *Review of Research in Education* (Vol. 29, pp. 151-165). Washington, DC: American Educational Research Association.

Shavelson, R. J., & Bolus, R. (1982). Self-concept: The interplay of theory and methods. *Journal of Educational Psychology, 74,* 3-17.

Shell, D. F., Murphy, C. C., & Bruning, R. H. (1989). Self-efficacy and outcome expectancy mechanisms in reading and writing achievement. *Journal of Educational Psychology, 81,* 91-100.

Shepard, R. N. (1978). The mental image. *American Psychologist, 33,* 125-137.

Shepard, R. N., & Cooper, L. A. (1983). *Mental images and their transformations.* Cambridge, MA: MIT Press.

Shipman, S., & Shipman, V. C. (1985). Cognitive styles: Some conceptual, methodological, and applied issues. In E. W. Gordon (Ed.), *Review of research in education* (Vol. 12, pp. 229-291). Washington, DC: American Educational Research Association.

Shipstead, Z., Redick, T. S., & Engle, R. W. (2012). Is working memory training effective? *Psychological Bulletin, 138,* 628-654.

Shore, N. (1997). *Rethinking the brain: New insights into early development.* New York, NY: Families and Work Institute.

Short, E. J., Friebert, S. E., & Andrist, C. G. (1990). Individual differences in attentional processes as a function of age and skill level. *Learning and Individual Differences, 2,* 389-403.

Shuell, T. J. (1986). Cognitive conceptions of learning. *Review of Educational Research, 56,* 411-436.

Shuell, T. J. (1988). The role of the student in learning from instruction. *Contemporary Educational Psychology, 13,* 276-295.

Shultz, T. R., & Lepper, M. R. (1996). Cognitive dissonance reduction as constraint satisfaction. *Psychological Review, 103,* 219-240.

Shute, N. (2009, February). The amazing teen brain. *U.S. News & World Report, 146,* 37-39.

Siegler, R. S. (1989). Mechanisms of cognitive development. *Annual Review of Psychology, 40,* 353-379.

Siegler, R. S. (1991). *Children's thinking* (2nd ed.). Englewood Cliffs, NJ: Prentice Hall.

Siegler, R. S. (2000). The rebirth of children's learning. *Child Development, 71,* 26-35.

Siegler, R. S. (2005). Children's learning. *American Psychologist, 60,* 769-778.

Sigel, I. E., & Brodzinsky, D. M. (1977). Individual differences: A perspective for understanding intellectual development. In H. Hom & P. Robinson (Eds.), *Psychological processes in early education* (pp. 295-329). New York, NY: Academic Press.

Sigelman, C. K. (2012). Rich man, poor man: Developmental differences in attributions and perceptions. *Journal of Experimental Child Psychology, 113,* 415-429.

Silver, E. A. (1981). Recall of mathematical problem information: Solving related problems. *Journal for Research in Mathematics Education, 12,* 54-64.

Simon, H. A. (1974). How big is a chunk? *Science, 183,* 482-488.

Simon, H. A. (1979). Information processing models of cognition. *Annual Review of Psychology, 30,* 363-396.

Simone, R., Zhang, L., & Truman, J. (2010). *Indicators of school crime and safety: 2010.* Washington, DC: U.S. Department of Education, National Center for Education Statistics (NCES 2011-002). Retrieved November 14, 2011, from http://nces.ed.gov

Simpson, T. L. (2002). Dare I oppose constructivist theory? *The Educational Forum, 66,* 347-354.

Sirin, S. R. (2005). Socioeconomic status and academic achievement: A meta-analytic review of research. *Review of Educational Research, 75,* 417-453.

Sitzmann, T., & Ely, K. (2011). A meta-analysis of self-regulated learning in work-related training and educational attainment: What we know and where we need to go. *Psychological Bulletin, 137,* 421-442.

Sivan, E. (1986). Motivation in social constructivist theory.

Educational Psychologist, 21, 209-233.

Skinner, B. F. (1938). *The behavior of organisms.* New York, NY: Appleton-Century-Crofts.

Skinner, B. F. (1953). *Science and human behavior.* New York, NY: Free Press.

Skinner, B. F. (1954). The science of learning and the art of teaching. *Harvard Educational Review, 24,* 86-97.

Skinner, B. F. (1958). Teaching machines. *Science, 128,* 969-977.

Skinner, B. F. (1961). Why we need teaching machines. *Harvard Educational Review, 31,* 377-398.

Skinner, B. F. (1968). *The technology of teaching.* New York, NY: Appleton-Century-Crofts.

Skinner, B. F. (1970). B. F. Skinner: An autobiography. In P. B. Dews (Ed.), *Festschrift for B. F. Skinner* (pp. 1-21). New York, NY: Appleton-Century-Crofts.

Skinner, B. F. (1971). *Beyond freedom and dignity.* New York, NY: Knopf.

Skinner, B. F. (1984). The shame of American education. *American Psychologist, 39,* 947-954.

Skinner, B. F. (1987). Whatever happened to psychology as the science of behavior? *American Psychologist, 42,* 780-786.

Skinner, B. F. (1990). Can psychology be a science of mind? *American Psychologist, 45,* 1206-1210.

Skinner, E. A., Wellborn, J. G., & Connell, J. P. (1990). What it takes to do well in school and whether I've got it: A process model of perceived control and children's engagement and achievement in school. *Journal of Educational Psychology, 82,* 22-32.

Slavin, R. E. (1994). *Using team learning* (4th ed.). Baltimore, MD: Johns Hopkins University, Center for Research on Elementary Schools.

Slavin, R. E. (1995). *Cooperative learning* (2nd ed.). Boston, MA: Allyn & Bacon.

Slavin, R. E., & Cheung, A. (2005). A synthesis of research on language of reading instruction for English language learners. *Review of Educational Research, 75,* 247-284.

Small, G. W., Moody, T. D., Siddarth, P., & Bookheimer, S. Y. (2009). Your brain on Google: Patterns of cerebral activation during Internet searching. *American Journal of Geriatric Psychiatry, 17,* 116-126.

Small, G. W., & Vorgan, G. (2008). *iBrain: Surviving the technological alteration of the modern mind.* New York, NY: Collins.

Smith, E. E., & Medin, D. L. (1981). *Categories and concepts.* Cambridge, MA: Harvard University Press.

Smith, E. R. (1996). What do connectionism and social psychology offer each other? *Journal of Personality and Social Psychology, 70,* 893-912.

Smith, P. L., & Fouad, N. A. (1999). Subject-matter specificity of self-efficacy, outcome expectancies, interests, and goals: Implications for the social-cognitive model. *Journal of Counseling Psychology, 46,* 461-471.

Smith, R. E. (1989). Effects of coping skills training on generalized self-efficacy and locus of control. *Journal of Personality and Social Psychology, 56,* 228-233.

Snow, R. E. (1989). Toward assessment of cognitive and conative structures in learning. *Educational Researcher, 18*(9), 8-14.

Snow, R. E., Corno, L., & Jackson, D., III. (1996). Individual differences in affective and cognative functions. In D. C. Berliner & R. C. Calfee (Eds.), *Handbook of educational psychology* (pp. 243-310). New York, NY: Macmillan.

Snowman, J. (1986). Learning tactics and strategies. In G. D. Phye & T. Andre (Eds.), *Cognitive classroom learning: Understanding, thinking, and problem solving* (pp. 243-275). Orlando, FL: Academic Press.

Snyder, K. E., Nietfeld, J. L., & Linnenbrink-Garcia, L. (2011). Giftedness and metacognition: A short-term longitudinal investigation of metacognitive monitoring in the classroom. *Gifted Child Quarterly, 55,* 181-193.

Spanjers, I. A. E., van Gog, T., & van Merriënboer, J. J. G. (2010). A theoretical analysis of how segmentation of dynamic visualizations optimizes students' learning. *Educational Psychology Review, 22,* 411-423.

Spence, J. T. (1984). Gender identity and its implications for the concepts of masculinity and femininity. In T. B. Sonderegger (Ed.), *Nebraska Symposium on Motivation, 1984* (Vol. 32, pp. 59-95). Lincoln: University of Nebraska Press.

Spera, C. (2005). A review of the relationship among parenting practices, parenting styles, and adolescent school achievement. *Educational Psychology Review, 17,* 125-146.

Sperling, G. (1960). The information available in brief visual presentations. *Psychological Monographs, 74*(Whole No. 498).

Spilich, G. J., Vesonder, G. T., Chiesi, H. L., & Voss, J. F. (1979). Text-processing of domain-related information for individuals with high and low domain knowledge. *Journal of Verbal Learning and Verbal Behavior, 18,* 275-290.

Spinath, B., & Steinmayr, R. (2012). The roles of competence beliefs and goal orientations for change in intrinsic motivation. *Journal of Educational Psychology, 104,* 1135-1148.

Springer, L., Stanne, M. E., & Donovan, S. S. (1999). Effects of small-group learning on undergraduates in science, mathematics, engineering, and technology: A meta-analysis. *Review of Educational Research, 69,* 21-51.

Stein, B. S., Littlefield, J., Bransford, J. D., & Persampieri, M. (1984). Elaboration and knowledge acquisition. *Memory & Cognition, 12,* 522-529.

Stein, M., & Carnine, D. (1999). Designing and delivering effective mathematics instruction. In R. J. Stevens (Ed.), *Teaching in American schools* (pp. 245-269). Upper Saddle River, NJ: Merrill/Prentice Hall.

Stein, N. L., & Glenn, C. G. (1979). An analysis of story comprehension in elementary school children. In R. O. Freedle (Ed.), *New directions in discourse processing* (pp. 53-120). Norwood, NJ: Ablex.

Stein, N. L., & Trabasso, T. (1982). What's in a story: An approach to comprehension and instruction. In R. Glaser (Ed.), *Advances in instructional psychology* (Vol. 2, pp. 213-267). Hillsdale, NJ: Erlbaum.

Steinberg, L., Brown, B. B., & Dornbusch, S. M. (1996). *Beyond the classroom: Why school reform has failed and what parents need to do.* New York, NY: Simon & Schuster.

Stenhoff, D. M., & Lignugaris/Kraft, B. (2007). A review of the effects of peer tutoring on students with mild disabilities in secondary settings. *Exceptional Children, 74,* 8-30.

Sternberg, R. J. (1986). Cognition and instruction: Why the marriage sometimes ends in divorce. In R. F. Dillon & R. J. Sternberg (Eds.), *Cognition and instruction* (pp. 375-382). Orlando, FL: Academic Press.

Sternberg, R. J., & Grigorenko, E. L. (1997). Are cognitive styles still in style? *American Psychologist, 52,* 700-712.

Sternberg, R. J., & Horvath, J. A. (1995). A prototype view of expert teaching. *Educational Researcher, 24*(6), 9-17.

Sternberg, S. (1969). Memory-scanning: Mental processes revealed by reaction-time experiments. *American Scientist, 57,* 421-457.

Stipek, D. J. (1996). Motivation and instruction. In D. C. Berliner & R. C. Calfee (Eds.), *Handbook of educational psychology* (pp. 85-113). New York, NY: Macmillan.

Stipek, D. J. (2002). Good instruction is motivating. In A. Wigfield & J. S. Eccles (Eds.), *Development of achievement motivation* (pp. 309-332). San Diego, CA: Academic Press.

Stipek, D. J., & Kowalski, P. S. (1989). Learned helplessness in task-orienting versus performance-orienting testing conditions. *Journal of Educational Psychology, 81,* 384-391.

Stipek, D. J., & Ryan, R. H. (1997). Economically disadvantaged preschoolers: Ready to learn but further to go. *Developmental Psychology, 33,* 711-723.

Strain, P. S., Kerr, M. M., & Ragland, E. U. (1981). The use of peer social initiations in the treatment of social withdrawal. In P. S. Strain (Ed.), *The utilization of classroom peers as behavior change agents* (pp. 101-128). New York, NY: Plenum.

Strecher, V. J., DeVellis, B. M., Becker, M. H., & Rosenstock, I. M. (1986). The role of self-efficacy in achieving health behavior change. *Health Education Quarterly, 13*(1), 73-91.

Stright, A. D., Neitzel, C., Sears, K. G., & Hoke-Sinex, L. (2001). Instruction begins in the home: Relations between parental instruction and children's self-regulation in the classroom. *Journal of Educational Psychology, 93,* 456-466.

Stull, A. T., & Mayer, R. E. (2007). Learning by doing versus learning by viewing: Three experimental comparisons of learner-generated versus author-provided graphic organizers. *Journal of Educational Psychology, 99,* 808-820.

Suppes, P. (1974). The place of theory in educational research. *Educational Researcher, 3*(6), 3-10.

Surprenant, A. M., & Neath, I. (2009). *Principles of memory: Essays in cognitive psychology.* New York, NY: Taylor & Francis.

Swanson, H. L. (2008). Working memory and intelligence in children: What develops? *Journal of Educational Psychology, 100,* 581-602.

Swanson, H. L. (2011). Working memory, attention, and mathematical problem solving: A longitudinal study of elementary school children. *Journal of Educational Psychology, 103,* 821-837.

Swanson, H. L., Howard, C. B., & Saez, L. (2006). Do different components of working memory underlie different subgroups of reading disabilities? *Journal of Learning Disabilities, 39,* 252-269.

Sweller, J. (2010). Element interactivity and intrinsic, extraneous, and germane cognitive load. *Educational Psychology Review, 22,* 123-138.

Sweller, J., van Merrienboer, J. J. G., & Paas, F. (1998). Cognitive architecture and instructional design. *Educational Psychology Review, 10,* 251-296.

Sztajn, P., Confrey, J., Wilson, P. H., & Edgington, C. (2012). Learning trajectory based instruction: Toward a theory of teaching. *Educational Researcher, 41,* 147-156.

Taatgen, N. A. (2013). The nature and transfer of cognitive skills. *Psychological Review, 120,* 439-471.

Tallent-Runnels, M. K., Thomas, J. A., Lan, W. Y., Cooper, S., Ahern, T. C., Shaw, S. M., & Liu, X. (2006). Teaching courses online: A review of the research. *Review of Educational Research, 76,* 93-135.

Tamim, R. M., Bernard, R. M., Borokhovski, E., Abrami, P. C., & Schmid, R. F. (2011). What forty years of research says about the impact of technology on learning: A second-order metaanalysis and validation study. *Review of Educational Research, 81,* 4-28.

Tarde, G. (1903). *The laws of imitation.* New York, NY: Henry Holt.

Tennyson, R. D. (1980). Instructional control strategies and content structure as design variables in concept acquisition using computer-based instruction. *Journal of Educational Psychology, 72,* 525-532.

Tennyson, R. D. (1981). Use of adaptive information for advisement in learning concepts and rules using computer-assisted instruction. *American Educational Research Journal, 18,* 425-438.

Tennyson, R. D., & Park, O. (1980). The teaching of concepts: A review of instructional design research literature. *Review of Educational Research, 50,* 55-70.

Tennyson, R. D., Steve, M. W., & Boutwell, R. C. (1975). Instance sequence and analysis of instance attribute representation in concept acquisition. *Journal of Educational Psychology, 67,* 821-827.

Terry, W. S. (2009). *Learning and memory: Basic principles, processes, and procedures* (4th ed.). Boston: Allyn & Bacon.

Tharp, R. G. (1989). Psychocultural variables and constants: Effects on teaching and learning in schools. *American Psychologist, 44,* 349-359.

Tharp, R. G., & Gallimore, R. (1988). *Rousing minds to life: Teaching, learning, and schooling in social context.* New York, NY: Cambridge University Press.

Thelen, M. H., Fry, R. A., Fehrenbach, P. A., & Frautschi, N. M. (1979). Therapeutic videotape and film modeling: A review. *Psychological Bulletin, 86,* 701-720.

Thompson, V. A., Turner, J. A. P., & Pennycook, G. (2011). Intuition, reason, and metacognition. *Cognitive Psychology, 63,* 107-140.

Thomson, D. M., & Tulving, E. (1970). Associative encoding and retrieval: Weak and strong cues. *Journal of Experimental Psychology, 86,* 255-262.

Thorndike, E. L. (1906). *The principles of teaching: Based on psychology.* New York, NY: A. G. Seiler.

Thorndike, E. L. (1911). *Animal intelligence: Experimental studies.* New York, NY: Macmillan.

Thorndike, E. L. (1912). *Education: A first book.* New York, NY: Macmillan.

Thorndike, E. L. (1913a). *Educational psychology: Vol. 1. The original nature of man.* New York, NY: Teachers College Press.

Thorndike, E. L. (1913b). *Educational psychology: Vol. 2. The psychology of learning.* New York, NY: Teachers College Press.

Thorndike, E. L. (1914). *Educational psychology: Vol. 3. Mental work and fatigue and individual differences and their causes.* New York, NY: Teachers College Press.

Thorndike, E. L. (1924). Mental discipline in high school studies. *Journal of Educational Psychology, 15,* 1-22, 83-98.

Thorndike, E. L. (1927). The law of effect. *American Journal of Psychology, 39,* 212-222.

Thorndike, E. L. (1932). *The fundamentals of learning.* New York, NY: Teachers College Press.

Thorndike, E. L., & Gates, A. I. (1929). *Elementary principles of education*. New York, NY: Macmillan.

Thorndike, E. L., & Woodworth, R. S. (1901). The influence of improvement in one mental function upon the efficiency of other functions. *Psychological Review, 8*, 247-261, 384-395, 553-564.

Thorndyke, P. W., & Hayes-Roth, B. (1979). The use of schemata in the acquisition and transfer of knowledge. *Cognitive Psychology, 11*, 82-106.

Tiedemann, J. (1989). Measures of cognitive styles: A critical review. *Educational Psychologist, 24*, 261-275.

Timberlake, W., & Farmer-Dougan, V. A. (1991). Reinforcement in applied settings: Figuring out ahead of time what will work. *Psychological Bulletin, 110*, 379-391.

Titchener, E. B. (1909). *Lectures on the experimental psychology of the thought processes*. New York, NY: Macmillan.

Tolman, E. C. (1932). *Purposive behavior in animals and men*. New York, NY: Appleton-Century-Crofts. (Reprinted 1949, 1951, University of California Press, Berkeley, CA)

Tolman, E. C. (1942). *Drives toward war*. New York, NY: Appleton-Century-Crofts.

Tolman, E. C. (1949). There is more than one kind of learning. *Psychological Review, 56*, 144-155.

Tolman, E. C. (1951). *Collected papers in psychology*. Berkeley: University of California Press.

Tolman, E. C. (1959). Principles of purposive behavior. In S. Koch (Ed.), *Psychology: A study of a science* (Vol. 2, pp. 92-157). New York, NY: McGraw-Hill.

Tolman, E. C., Ritchie, B. F., & Kalish, D. (1946a). Studies in spatial learning. I. Orientation and the short-cut. *Journal of Experimental Psychology, 36*, 13-24.

Tolman, E. C., Ritchie, B. F., & Kalish, D. (1946b). Studies in spatial learning. II. Place learning versus response learning. *Journal of Experimental Psychology, 36*, 221-229.

Tolson, J. (2006, October 23). Is there room for the soul? New challenges to our most cherished beliefs about self and the human spirit. *U.S. News & World Report, 141*, 56-63.

Tracey, T. J. G. (2002). Development of interests and competency beliefs: A 1-year longitudinal study of fifth-to eighth-grade students using the ICA-R and structural equation modeling. *Journal of Counseling Psychology, 49*, 148-163.

Trautwein, U., Lüdtke, O., Marsh, H. W., Köller, O., & Baumert, J. (2006). Tracking, grading, and student motivation: Using group composition and status to predict self-concept and interest in ninth-grade mathematics. *Journal of Educational Psychology, 98*, 788-806.

Trautwein, U., Lüdtke, O., Marsh, H. W., & Nagy, G. (2009). Within-school social comparison: How students perceive the standing of their class predicts academic self-concept. *Journal of Educational Psychology, 101*, 853-866.

Trautwein, U., Marsh, H. W., Nagengast, B., Lüdtke, O., Nagy, G., & Jonkmann, K. (2012). Probing for the multiplicative term in modern expectancy-value theory: A latent interaction modeling study. *Journal of Educational Psychology, 104*, 763-777.

Trawick-Smith, J. (2003). *Early childhood development: A multicultural perspective* (3rd ed.). Upper Saddle River, NJ: Merrill/Prentice Hall.

Treffinger, D. J. (1985). Review of the Torrance Tests of Creative Thinking. In J. Mitchell (Ed.), *Ninth Mental Measurements Yearbook* (pp. 1633-1634). Lincoln, NE: Buros Institute of Mental Measurement.

Treffinger, D. J. (1995). Creative problem solving: Overview and educational implications. *Educational Psychology Review, 7*, 301-312.

Treffinger, D. J., & Isaksen, S. G. (2005). Creative problem solving: The history, development, and implications for gifted education and talent development. *Gifted Child Quarterly, 49*, 342-353.

Treisman, A. M. (1960). Contextual cues in selective listening. *Quarterly Journal of Experimental Psychology, 12*, 242-248.

Treisman, A. M. (1964). Verbal cues, language, and meaning in selective attention. *American Journal of Psychology, 77*, 206-219.

Treisman, A. M. (1992). Perceiving and re-perceiving objects. *American Psychologist, 47*, 862-875.

Treisman, A. M., & Gelade, G. (1980). A feature-integration theory of attention. *Cognitive Psychology, 12*, 97-136.

Tschannen-Moran, M., Woolfolk Hoy, A., & Hoy, W. K. (1998). Teacher efficacy: Its meaning and measure. *Review of Educational Research, 68*, 202-248.

Tucker, D. M., & Luu, P. (2007). Neurophysiology of motivated learning: Adaptive mechanisms underlying cognitive bias in depression. *Cognitive Therapy and Research, 31*, 189-209.

Tudge, J. R. H., & Scrimsher, S. (2003). Lev S. Vygotsky on education: A cultural-historical, interpersonal, and individual approach to development. In B. J. Zimmerman & D. H. Schunk (Eds.), *Educational psychology: A century of contributions* (pp. 207-228). Mahwah, NJ: Erlbaum.

Tudge, J. R. H., & Winterhoff, P. A. (1993). Vygotsky, Piaget, and Bandura: Perspectives on the relations between the social world and cognitive development. *Human Development, 36*, 61-81.

Tulving, E. (1974). Cue-dependent forgetting. *American Scientist, 62*, 74-82.

Tulving, E. (1983). *Elements of episodic memory*. Oxford, England: Clarendon Press.

Tuovinen, J. E., & Sweller, J. (1999). A comparison of cognitive load associated with discovery learning and worked examples. *Journal of Educational Psychology, 91*, 334-341.

Tweney, R. D., & Budzynski, C. A. (2000). The scientific status of American psychology in 1900. *American Psychologist, 55*, 1014-1017.

Ullmann, L. P., & Krasner, L. (1965). *Case studies in behavior modification*. New York, NY: Holt, Rinehart & Winston.

Ulrich, R., Stachnik, T., & Mabry, J. (1966). *Control of human behavior*. Glenview, IL: Scott, Foresman.

Underwood, B. J. (1961). Ten years of massed practice on distributed practice. *Psychological Review, 68*, 229-247.

Underwood, B. J. (1983). *Attributes of memory*. Glenview, IL: Scott, Foresman.

Unsworth, N., & Engle, R. W. (2007). The nature of individual differences in working memory capacity: Active maintenance in primary memory and controlled search from secondary memory. *Psychological Review, 114*, 104-132.

Valentine, C. W. (1930a). The innate base of fear. *Journal of Genetic Psychology, 37*, 394-419.

Valentine, C. W. (1930b). The psychology of imitation with special reference to early childhood. *British Journal of Psychology, 21*, 105-132.

Valentine, J. C., Cooper, H., Bettencourt, B. A., & DuBois. D. L. (2002). Out-of-school activities and academic achievement: The mediating role of self-beliefs. *Educational Psychologist, 37*, 245-256.

Valentine, J. C., DuBois, D. L., & Cooper, H. (2004). The relation between self-beliefs and academic achievement: A meta-analytic review. *Educational Psychologist, 39,* 111-133.

Vandell, D. L. (2000). Parents, peer groups, and other socializing influences. *Developmental Psychology, 36,* 699-710.

van Gog, T., Paas, F., Marcus, N., Ayres, P., & Sweller, J. (2009). The mirror neuron system and observational learning: Implications for the effectiveness of dynamic visualizations. *Educational Psychology Review, 21,* 21-30.

van Gog, T., & Rummel, N. (2010). Example-based learning: Integrating cognitive and social-cognitive research perspectives. *Educational Psychology Review, 22,* 155-174.

van Laar, C. (2000). The paradox of low academic achievement but high self-esteem in African American students: An attributional account. *Educational Psychology Review, 12,* 33-61.

VanLehn, K. (1996). Cognitive skill acquisition. *Annual Review of Psychology, 47,* 513-539.

VanLehn, K. (2011). The relative effectiveness of human tutoring, intelligent tutoring systems, and other tutoring systems. *Educational Psychologist, 46,* 197-221.

van Merrienboer, J. J. G., Kirschner, P. A., & Kester, L. (2003). Taking the load off a learner's mind: Instructional design for complex learning. *Educational Psychologist, 38,* 5-13.

van Merrienboer, J. J. G., & Sweller, J. (2005). Cognitive load theory and complex learning: Recent developments and future directions. *Educational Psychology Review, 17,* 147-177.

Varma, S., McCandliss, B. D., & Schwartz, D. L. (2008). Scientific and pragmatic challenges for bridging education and neuroscience. *Educational Researcher, 37,* 140-152.

Vekiri, I. (2002). What is the value of graphical displays in learning? *Educational Psychology Review, 14,* 261-312.

Vellutino, F. R., & Denckla, M. B. (1996). Cognitive and neuropsychological foundations of word identification in poor and normally developing readers. In R. Barr, M. L. Kamil, P. B. Mosenthal, & P. D. Pearson (Eds.), *Handbook of reading research* (Vol. 2, pp. 571-608). Mahwah, NJ: Erlbaum.

Verdi, M. P., & Kulhavy, R. W. (2002). Learning with maps and texts: An overview. *Educational Psychology Review, 14,* 27-46.

Vispoel, W. P. (1995). Self-concept in artistic domains: An extension of the Shavelson, Hubner, and Stanton (1976) model. *Journal of Educational Psychology, 87,* 134-153.

Voelkl, K. E. (1997). Identification with school. *American Journal of Education, 105,* 294-318.

Volet, S., Vauras, M., & Salonen, P. (2009). Self-and social regulation in learning contexts: An integrative perspective. *Educational Psychologist, 44,* 215-226.

Vollmeyer, R., & Rheinberg, F. (2006). Motivational effects on self-regulated learning with different tasks. *Educational Psychology Review, 18,* 239-253.

Voss, J. F., Wiley, J., & Carretero, M. (1995). Acquiring intellectual skills. *Annual Review of Psychology, 46,* 155-181.

Vygotsky, L. (1962). *Thought and language.* Cambridge, MA: MIT Press.

Vygotsky, L. (1978). *Mind in society: The development of higher psychological processes.* Cambridge, MA: Harvard University Press.

Vygotsky, L. (1987). *The collected works of L. S. Vygotsky: Vol. 1. Problems of general psychology* (R. W. Rieber & A. S. Carton, Vol. Eds.; N. Minick, Trans.). New York, NY: Plenum.

Wadsworth, B. J. (1996). *Piaget's theory of cognitive and affective development* (5th ed.). White Plains, NY: Longman.

Wallas, G. (1921). *The art of thought.* New York, NY: Harcourt, Brace, & World.

Wallis, C. (2004, May 10). What makes teens tick. *Time, 163,* 56-62, 65.

Wang, S. -H., & Morris, R. G. M. (2010). Hippocampal-neurocortical interactions in memory formation, consolidation, and reconsolidation. *Annual Review of Psychology, 61,* 49-79.

Washington, V., & Bailey, U. J. O. (1995). *Project Head Start: Models and strategies for the twenty-first century.* New York, NY: Garland.

Wason, P. C. (1966). Reasoning. In B. M. Foss (Ed.), *New horizons in psychology* (pp. 135-151). Harmondsworth, England: Penguin.

Wason, P. C., & Johnson-Laird, P. N. (1972). *The psychology of deduction: Structure and content.* Cambridge, MA: Harvard University Press.

Watson, J. B. (1916). The place of the conditioned-reflex in psychology. *Psychological Review, 23,* 89-116.

Watson, J. B. (1924). *Behaviorism.* New York, NY: Norton.

Watson, J. B. (1926a). Experimental studies on the growth of the emotions. In C. Murchison (Ed.), *Psychologies of 1925* (pp. 37-57). Worcester, MA: Clark University Press.

Watson, J. B. (1926b). What the nursery has to say about instincts. In C. Murchison (Ed.), *Psychologies of 1925* (pp. 1-35). Worcester, MA: Clark University Press.

Watson, J. B., & Rayner, R. (1920). Conditioned emotional reactions. *Journal of Experimental Psychology, 3,* 1-14.

Webley, K. (2013, June 17). A is for adaptive. *Time, 181*(23), 40-45.

Weiner, B. (1979). A theory of motivation for some classroom experiences. *Journal of Educational Psychology, 71,* 3-25.

Weiner, B. (1985). An attributional theory of achievement motivation and emotion. *Psychological Review, 92,* 548-573.

Weiner, B. (1990). History of motivational research in education. *Journal of Educational Psychology, 82,* 616-622.

Weiner, B. (1992). *Human motivation: Metaphors, theories, and research.* Newbury Park, CA: Sage.

Weiner, B. (2000). Intrapersonal and interpersonal theories of motivation from an attributional perspective. *Educational Psychology Review, 12,* 1-14.

Weiner, B. (2004).Attribution theory revisited: Transforming cultural plurality into theoretical unity. In D. M. McInerney & S. Van Etten (Eds.), *Big theories revisited* (pp. 13-29). Greenwich, CT: Information Age.

Weiner, B. (2005). Motivation from an attributional perspective and the social psychology of perceived competence. In A. J. Elliot & C. S. Dweck (Eds.), *Handbook of competence and motivation* (pp. 73-84). New York, NY: Guilford Press.

Weiner, B. (2010). The development of an attribution-based theory of motivation: A history of ideas. *Educational Psychologist, 45,* 28-36.

Weiner, B., Frieze, I. H., Kukla, A., Reed, L., Rest, S., & Rosenbaum, R. M. (1971). *Perceiving the causes of success and failure.* Morristown, NJ: General Learning Press.

Weiner, B., Graham, S., Taylor, S. E., & Meyer, W. (1983). Social cognition in the classroom. *Educational Psychologist, 18,* 109-124.

Weiner, B., & Kukla, A. (1970). An attributional analysis of achievement motivation. *Journal of Personality and Social Psychology, 15*, 1-20.

Weiner, B., & Peter, N. (1973). A cognitive-developmental analysis of achievement and moral judgments. *Developmental Psychology, 9*, 290-309.

Weinstein, C. E., & Hume, L. M. (1998). *Study strategies for lifelong learning*. Washington, DC: American Psychological Association.

Weinstein, C. E., & Mayer, R. E. (1986). The teaching of learning strategies. In M. C. Wittrock (Ed.), *Handbook of research on teaching* (3rd ed., pp. 315-327). New York, NY: Macmillan.

Weinstein, C. E., Palmer, D. R., & Schulte, A. C. (1987). *LASSI: Learning and Study Strategies Inventory*. Clearwater, FL: H & H.

Weiss, M. R. (1983). Modeling and motor performance: A developmental perspective. *Research Quarterly for Exercise and Sport, 54*, 190-197.

Weiss, M. R., Ebbeck, V., & Wiese-Bjornstal, D. M. (1993). Developmental and psychological factors related to children's observational learning of physical skills. *Pediatric Exercise Science, 5*, 301-317.

Weiss, M. R., & Klint, K. A. (1987). "Show and tell" in the gymnasium: An investigation of developmental differences in modeling and verbal rehearsal of motor skills. *Research Quarterly for Exercise and Sport, 58*, 234-241.

Wellman, H. M. (1977). Tip of the tongue and feeling of knowing experiences: A developmental study of memory monitoring. *Child Development, 48*, 13-21.

Wellman, H. M. (1990). *The child's theory of mind*. Cambridge, MA: MIT Press.

Wentzel, K. R. (1992). Motivation and achievement in adolescence: A multiple goals perspective. In D. H. Schunk & J. L. Meece (Eds.), *Student perceptions in the classroom* (pp. 287-306). Hillsdale, NJ: Erlbaum.

Wentzel, K. R. (1996). Social goals and social relationships as motivators of school adjustment. In J. Juvonen & K. R. Wentzel (Eds.), *Social motivation: Understanding children's school adjustment* (pp. 226-247). Cambridge, England: Cambridge University Press.

Wentzel, K. R. (2005). Peer relationships, motivation, and academic performance at school. In A. J. Elliot & C. S. Dweck (Eds.), *Handbook of competence and motivation* (pp. 279-296). New York, NY: Guilford Press.

Wentzel, K. R. (2010). Students' relationships with teachers. In J. L. Meece & J. S. Eccles (Eds.), *Handbook of research on schools, schooling, and human development* (pp. 75-91). New York, NY: Routledge.

Wentzel, K. R., Barry, C. M., & Caldwell, K. A. (2004). Friendships in middle school: Influences on motivation and school adjustment. *Journal of Educational Psychology, 96*, 195-203.

Wentzel, K. R., Battle, A., Russel, S. L., & Looney, L. B. (2010). Social supports from teachers and peers as predictors of academic and social motivation. *Contemporary Educational Psychology, 35*, 193-202.

Wertheimer, M. (1945). *Productive thinking*. New York, NY: Harper & Row.

Wertsch, J. V. (1979). From social interaction to higher psychological processes: A clarification and application of Vygotsky's theory. *Human Development, 22*, 1-22.

Wertsch, J. V. (1984). The zone of proximal development: Some conceptual issues. In B. Rogoff & J. V. Wertsch (Eds.), *Children's learning in the "zone of proximal development"* (pp. 7-18). San Francisco, CA: Jossey-Bass.

Wertsch, J. V. (1985). *Culture, communication, and cognition: Vygotskian perspectives*. New York, NY: Cambridge University Press.

Wheeler, L., & Suls, J. (2005). Social comparison and self-evaluations of competence. In A. J. Elliot & C. S. Dweck (Eds.), *Handbook of competence and motivation* (pp. 566-578). New York, NY: Guilford Press.

White, P. H., Kjelgaard, M. M., & Harkins, S. G. (1995). Testing the contribution of self-evaluation to goal-setting effects. *Journal of Personality and Social Psychology, 69*, 69-79.

White R. (2001). The revolution in research on science teaching. In V. Richardson (Ed.), *Handbook of research on teaching* (4th ed., pp. 457-471). Washington, DC: American Educational Research Association.

White, R. T., & Tisher, R. P. (1986). Research on natural sciences. In M. C. Wittrock (Ed.), *Handbook of research on teaching* (3rd ed., pp. 874-905). New York, NY: Macmillan.

White, R. W. (1959). Motivation reconsidered: The concept of competence. *Psychological Review, 66*, 297-333.

Wickelgren, W. A. (1979). *Cognitive psychology*. Englewood Cliffs, NJ: Prentice Hall.

Wigfield, A. (1994). The role of children's achievement values in the self-regulation of their learning outcomes. In D. H. Schunk & B. J. Zimmerman (Eds.), *Self-regulation of learning and performance: Issues and educational applications* (pp. 101-124). Hillsdale, NJ: Erlbaum.

Wigfield, A., Byrnes, J. P., & Eccles, J. S. (2006). Development during early and middle adolescence. In P. A. Alexander & P. H. Winne (Eds.), *Handbook of educational psychology* (2nd ed., pp. 87-113). Mahwah, NJ: Erlbaum.

Wigfield, A., & Cambria, J. (2010). Students' achievement values, goal orientations, and interest: Definitions, development, and relations to achievement outcomes. *Developmental Review, 30*, 1-35.

Wigfield, A., & Eccles, J. S. (1992). The development of achievement task values: A theoretical analysis. *Developmental Review, 12*, 265-310.

Wigfield, A., & Eccles, J. S. (2000). Expectancy-value theory of motivation. *Contemporary Educational Psychology, 25*, 68-81.

Wigfield, A., & Eccles, J. S. (2002). The development of competence beliefs, expectancies for success, and achievement values from childhood through adolescence. In A. Wigfield & J. S. Eccles (Eds.), *Development of achievement motivation* (pp. 91-120). San Diego, CA: Academic Press.

Wigfield, A., Hoa, L. W., & Klauda, S. L. (2008). The role of achievement values in the regulation of achievement behaviors. In D. H. Schunk & B. J. Zimmerman (Eds.), *Motivation and self-regulated learning: Theory, research, and applications* (pp. 169-195). New York, NY: Taylor & Francis.

Wigfield, A., Tonks, S., & Eccles, J. S. (2004). Expectancy value theory in cross-cultural perspective. In D. M. McInerney & S. Van Etten (Eds.), *Big theories revisited* (pp. 165-198). Greenwich, CT: Information Age.

Wigfield, A., Tonks, S., & Klauda, S. L. (2009). Expectancy-value theory. In K. R. Wentzel & A. Wigfield (Eds.).

Handbook of motivation at school (pp. 55-76). New York, NY: Routledge.

Wigfield, A., & Wagner, A. L. (2005). Competence, motivation, and identity development during adolescence. In A. J. Elliot & C. S. Dweck (Eds.), *Handbook of competence and motivation* (pp. 222-239). New York, NY: Guilford Press.

Wiliam, D. (2010). Standardized testing and school accountability. *Educational Psychologist, 45,* 107-122.

Williams, J. M., & Tolmie, A. (2000). Conceptual change in biology: Group interaction and the understanding of inheritance. *British Journal of Developmental Psychology, 18,* 625-649.

Windholz, G. (1997). Ivan P. Pavlov: An overview of his life and psychological work. *American Psychologist, 52,* 941-946.

Windschitl, M. (2002). Framing constructivism in practice as the negotiation of dilemmas: An analysis of the conceptual, pedagogical, cultural, and political challenges facing teachers. *Review of Educational Research, 72,* 131-175.

Windschitl, M., & Thompson, J. (2006). Transcending simple forms of school science investigation: The impact of preservice instruction on teachers' understandings of model-based inquiry. *American Educational Research Journal, 43,* 783-835.

Winett, R. A., & Winkler, R. C. (1972). Current behavior modification in the classroom: Be still, be quiet, be docile. *Journal of Applied Behavior Analysis, 5,* 499-504.

Winn, W. (2002). Current trends in educational technology research: The study of learning environments. *Educational Psychology Review, 14,* 331-351.

Winne, P. H. (2001). Self-regulated learning viewed from models of information processing. In B. J. Zimmerman & D. H. Schunk (Eds.), *Self-regulated learning and academic achievement: Theoretical perspectives* (2nd ed., pp. 153-189). Mahwah, NJ: Erlbaum.

Winne, P. H. (2011). A cognitive and metacognitive analysis of self-regulated learning. In B. J. Zimmerman & D. H. Schunk (Eds.), *Handbook of self-regulation of learning and performance* (pp. 15-32). New York, NY: Routledge.

Winne, P. H., & Hadwin, A. F. (1998). Studying as self-regulated learning. In D. J. Hacker, J. Dunlosky, & A. C. Graesser (Eds.), *Metacognition in educational theory and practice* (pp. 277-304). Hillsdale, NJ: Erlbaum.

Winne, P. H., & Hadwin, A. R. (2008). The weave of motivation and self-regulated learning. In D. H. Schunk & B. J. Zimmerman (Eds.), *Motivation and self-regulated learning: Theory, research, and applications* (pp. 297-314). New York, NY: Taylor & Francis.

Winne, P. H., & Nesbit, J. C. (2010). The psychology of academic achievement. *Annual Review of Psychology, 61,* 653-678.

Winsler, A., Carlton, M. P., & Barry, M. J. (2000). Age-related changes in preschool children's systematic use of private speech in a natural setting. *Journal of Child Language, 27,* 665-687.

Winsler, A., & Naglieri, J. (2003). Overt and covert verbal problem-solving strategies: Developmental trends in use, awareness, and relations with task performance in children aged 5 to 17. *Child Development, 74,* 659-678.

Wirkala, C., & Kuhn, D. (2011). Problem-based learning in K-12 education: Is it effective and how does it achieve its effects? *American Educational Research Journal, 48,* 1157-1186.

Witkin, H. A. (1969). Social influences in the development of cognitive style. In D. A. Goslin (Ed.), *Handbook of socialization theory and research* (pp. 687-706). Chicago, IL: Rand McNally.

Witkin, H. A., Moore, C. A., Goodenough, D. R., & Cox, P. W. (1977). Field-dependent and field-independent cognitive styles and their educational implications. *Review of Educational Research, 47,* 1-64.

Wittwer, J., & Renkl, A. (2010). How effective are instructional explanations in example-based learning? A meta-analytic review. *Educational Psychology Review, 22,* 393-409.

Wolfe, P. (2010). *Brain matters: Translating research into classroom practice* (2nd ed.). Alexandria, VA: ASCD.

Wolleat, P. L., Pedro, J. D., Becker, A. D., & Fennema, E. (1980). Sex differences in high school students' causal attributions of performance in mathematics. *Journal for Research in Mathematics Education, 11,* 356-366.

Wolpe, J. (1958). *Psychotherapy by reciprocal inhibition.* Stanford, CA: Stanford University Press.

Wolters, C. A. (1998). Self-regulated learning and college students' regulation of motivation. *Journal of Educational Psychology, 90,* 224-235.

Wolters, C. A. (1999). The relation between high school students' motivational regulation and their use of learning strategies, effort, and classroom performance. *Learning and Individual Differences, 11,* 281-299.

Wolters, C. A. (2003). Regulation of motivation: Evaluating an underemphasized aspect of self-regulated learning. *Educational Psychologist, 38,* 189-205.

Wolters, C. A., & Daugherty, S. G. (2007). Goal structures and teachers' sense of efficacy: Their relation and association to teaching experience and academic level. *Journal of Educational Psychology, 99,* 181-193.

Wolters, C. A., & Gonzalez, A.-L. (2008). Classroom climate and motivation: A step toward integration. In T. Urdan, S. Karabenick, & M. Maehr (Eds.), *Advances in motivation and achievement* (Vol. 15, pp. 493-519). Bingley, England: Emerald Group.

Wolters, C. A., Yu, S. L., & Pintrich, P. R. (1996). The relation between goal orientation and students' motivational beliefs and self-regulated learning. *Learning and Individual Differences, 8,* 211-238.

Wood, D. A., Rosenberg, M. S., & Carran, D. T. (1993). The effects of tape-recorded self-instruction cues on the mathematics performance of students with learning disabilities. *Journal of Learning Disabilities, 26,* 250-258, 269.

Wood, D. J., Bruner, J. S., & Ross, G. (1976). The role of tutoring in problem solving. *Journal of Child Psychology and Psychiatry, 17,* 89-100.

Wood, R., & Bandura, A. (1989). Impact of conceptions of ability on self-regulatory mechanisms and complex decision-making. *Journal of Personality and Social Psychology, 56,* 407-415.

Wood, W., & Neal, D. T. (2007). A new look at habits and the habit-goal interface. *Psychological Review, 114,* 843-863.

Woodward, J., Carnine, D., & Gersten, R. (1988). Teaching problem solving through computer simulations. *American Educational Research Journal, 25,* 72-86.

Woodworth, R. S. (1918). *Dynamic psychology.* New York, NY: Columbia University Press.

Woodworth, R. S., & Schlosberg, H. (1954). *Experimental*

psychology (Rev. ed.). New York, NY: Holt, Rinehart & Winston.

Woolfolk, A. E., & Hoy, W. K. (1990). Prospective teachers' sense of efficacy and beliefs about control. *Journal of Educational Psychology, 82,* 81-91.

Woolfolk-Hoy, A. E., Hoy, W. K., & Davis, H. A. (2009). Teachers' self-efficacy beliefs. In K. R. Wentzel & A. Wigfield (Eds.), *Handbook of motivation at school* (pp. 627-653). New York, NY: Routledge.

Wouters, P., Paas, F., & van Merrienboer, J. J. G. (2008). How to optimize learning from animated models: A review of guidelines based on cognitive load. *Review of Educational Research, 78,* 645-675.

Wundt, W. M. (1874). *Principles of physiological psychology.* Leipzig, Germany: Engelmann.

Wurtele, S. K. (1986). Self-efficacy and athletic performance: A review. *Journal of Social and Clinical Psychology, 4,* 290-301.

Wylie, R. C. (1979). *The self-concept* (Vol. 2). Lincoln: University of Nebraska Press.

Yeager, D. S., & Dweck, C. S. (2012). Mindsets that promote resilience: When students believe that personal characteristics can be developed. *Educational Psychologist, 47,* 302-314.

Yerkes, R. M., & Dodson, J. D. (1908). The relation of strength of stimulus to rapidity of habit-formation. *Journal of Comparative Neurology and Psychology, 18,* 459-482.

Zeidner, M. (1998). *Test anxiety: The state of the art.* New York: Plenum.

Zeiler, M. (1977). Schedules of reinforcement: The controlling variables. In W. K. Honig & J. E. R. Staddon (Eds.), *Handbook of operant behavior* (pp. 201-232). Englewood Cliffs, NJ: Prentice Hall.

Zepeda, S. J., & Mayers, R. S. (2006). An analysis of research on block scheduling. *Review of Educational Research, 76,* 137-170.

Zhang, L., & Sternberg, R. J. (2005). A threefold model of intellectual styles. *Educational Psychology Review, 17,* 1-53.

Zimmerman, B. J. (1989). Models of self-regulated learning and academic achievement. In B. J. Zimmerman & D. H. Schunk (Eds.), *Self-regulated learning and academic achievement: Theory, research, and practice* (pp. 1-25). New York, NY: Springer-Verlag.

Zimmerman, B. J. (1990). Self-regulating academic learning and achievement: The emergence of a social cognitive perspective. *Educational Psychology Review, 2,* 173-201.

Zimmerman, B. J. (1994). Dimensions of academic self-regulation: A conceptual framework for education. In D. H. Schunk & B. J. Zimmerman (Eds.), *Self-regulation of learning and performance: Issues and educational applications* (pp. 3-21). Hillsdale, NJ: Erlbaum.

Zimmerman, B. J. (1998). Developing self-fulfilling cycles of academic regulation: An analysis of exemplary instructional models. In D. H. Schunk & B. J. Zimmerman (Eds.), *Self-regulated learning: From teaching to self-reflective practice* (pp. 1-19). New York, NY: Guilford Press.

Zimmerman, B. J. (2000). Attaining self-regulation: A social cognitive perspective. In M. Boekaerts, P. R. Pintrich, & M. Zeidner (Eds.), *Handbook of self-regulation* (pp. 13-39). San Diego, CA: Academic Press.

Zimmerman, B. J. (2001). Theories of self-regulated learning and academic achievement: An overview and analysis. In B. J. Zimmerman & D. H. Schunk (Eds.), *Self-regulated learning and academic achievement: Theoretical perspectives* (2nd ed., pp. 1-38). Mahwah, NJ: Erlbaum.

Zimmerman, B. J. (2008). Goal setting: A key proactive source of academic self-regulation. In D. H. Schunk & B. J. Zimmerman (Eds.), *Motivation and self-regulated learning: Theory, research, and applications* (pp. 267-295). New York, NY: Taylor & Francis.

Zimmerman, B. J. (2013). From cognitive modeling to self-regulation: A social cognitive career path. *Educational Psychologist, 48,* 135-147.

Zimmerman, B. J., & Bandura, A. (1994). Impact of self-regulatory influences on writing course achievement. *American Educational Research Journal, 31,* 845-862.

Zimmerman, B. J., Bandura, A., & Martinez-Pons, M. (1992). Self-motivation for academic attainment: The role of self-efficacy beliefs and personal goal setting. *American Educational Research Journal, 29,* 663-676.

Zimmerman, B. J., & Blom, D. E. (1983a). On resolving conflicting views of cognitive conflict. *Developmental Review, 3,* 62-72.

Zimmerman, B. J., & Blom, D. E. (1983b). Toward an empirical test of the role of cognitive conflict in learning. *Developmental Review, 3,* 18-38.

Zimmerman, B. J., Bonner, S., & Kovach, R. (1996). *Developing self-regulated learners: Beyond achievement to self-efficacy.* Washington, DC: American Psychological Association.

Zimmerman, B. J., & Cleary, T. J. (2009). Motives to self-regulate learning: A social cognitive account. In K. R. Wentzel & A. Wigfield (Eds.), *Handbook of motivation at school* (pp. 247-264). New York, NY: Routledge.

Zimmerman, B. J., Greenberg, D., & Weinstein, C. E. (1994). Self-regulating academic study time: A strategy approach. In D. H. Schunk & B. J. Zimmerman (Eds.), *Self-regulation of learning and performance: Issues and educational applications* (pp. 181-199). Hillsdale, NJ: Erlbaum.

Zimmerman, B. J., & Kitsantas, A. (1996). Self-regulated learning of a motoric skill: The role of goal setting and self-monitoring. *Journal of Applied Sport Psychology, 8,* 60-75.

Zimmerman, B. J., & Kitsantas, A. (1997). Developmental phases in self-regulation: Shifting from process goals to outcome goals. *Journal of Educational Psychology, 89,* 29-36.

Zimmerman, B. J., & Kitsantas, A. (1999). Acquiring writing revision skill: Shifting from process to outcome self-regulatory goals. *Journal of Educational Psychology, 91,* 241-250.

Zimmerman, B. J., & Kitsantas, A. (2005). The hidden dimension of perceived competence: Self-regulated learning and practice. In A. J. Elliot & C. S. Dweck (Eds.), *Handbook of competence and motivation* (pp. 509-526). New York, NY: Guilford Press.

Zimmerman, B. J., & Koussa, R. (1975). Sex factors in children's observational learning of value judgments of toys. *Sex Roles, 1,* 121-132.

Zimmerman, B. J., & Martinez-Pons, M. (1990). Student differences in self-regulated learning: Relating grade, sex, and giftedness to self-efficacy and strategy use. *Journal of Educational Psychology, 82,* 51-59.

Zimmerman, B. J., & Martinez-Pons, M. (1992). Perceptions of efficacy and strategy use in the self-regulation of learning. In D. H. Schunk & J. L. Meece (Eds.), *Student perceptions in the classroom* (pp. 185-207). Hillsdale, NJ: Erlbaum.

Zimmerman, B. J., & Ringle, J. (1981). Effects of model persistence and statements of confidence on children's self-efficacy and problem solving. *Journal of Educational Psychology, 73,* 485-493.

Zimmerman, B. J., & Schunk, D. H. (Eds.). (2001). *Self-regulated learning and academic achievement: Theoretical perspectives* (2nd ed.). Mahwah, NJ: Erlbaum.

Zimmerman, B. J., & Schunk, D. H. (2003). Albert Bandura: The scholar and his contributions to educational psychology. In B. J. Zimmerman & D. H. Schunk (Eds.), *Educational psychology: A century of contributions* (pp. 431-457). Mahwah, NJ: Erlbaum.

Zimmerman, B. J., & Schunk, D. H. (2004). Self-regulating intellectual processes and outcomes: A social cognitive perspective. In D. Y. Dai & R. J. Sternberg (Eds.), *Motivation, emotion, and cognition: Integrative perspectives on intellectual functioning and development* (pp. 323-350). Mahwah, NJ: Erlbaum.

Zimmerman, B. J., & Schunk, D. H. (Eds.). (2011). *Handbook of self-regulation of learning and performance.* New York, NY: Routledge.

Zimmerman, B. J., & Tsikalas, K. E. (2005). Can computer-based learning environments (CBLEs) be used as self-regulatory tools to enhance learning? *Educational Psychologist, 40,* 267-271.

Zimmerman, B. J., & Whitehurst, G. J. (1979). Structure and function: A comparison of two views of the development of language and cognition. In G. J. Whitehurst & B. J. Zimmerman (Eds.), *The functions of language and cognition* (pp. 1-22). New York, NY: Academic Press.

Zimmerman, C. (2000). The development of scientific reasoning skills. *Developmental Review, 20,* 99-149.

Zito, J. R., Adkins, M., Gavins, M., Harris, K. R., & Graham, S. (2007). Self-regulated strategy development: Relationship to the social-cognitive perspective and the development of self-regulation. *Reading & Writing Quarterly, 23,* 77-95.

Zusho, A., & Clayton, K. (2011). Culturalizing achievement goal theory and research. *Educational Psychologist, 46,* 239-260.

찾아보기

[인명]

A

B

C

D

E

F

G

Dale H. Schunk

Dale Schunk는 노스캐롤라이나대학교 그린스보로캠퍼스 사범대학 교사교육과 고등교육학과 교수다. 2001년부터 2011년까지 사범대학장을 역임했다. 스탠포드대학교 교육심리학과에서 박사학위를 받았으며, 이전에 휴스턴대학교와 노스캐롤라이나대학교 채플힐에서 교수를 역임했다. 2001년에 노스캐롤라이나대학교 그린스보로캠퍼스로 옮기기 전에 퍼듀대학교 교육연구학과 학과장을 역임했다. 그의 연구는 특별히 사회인지이론의 적용을 강조하면서, 사회적, 교수적 요인들이 학생들의 인지적 과정, 학습, 자기조절, 동기에 미치는 영향에 초점을 두고 있다. 그는 대학원에서 학습, 동기, 교육심리학 강좌를 가르치며, 학부에서는 학습과 교육심리학 기초에 관한 강좌들을 가르치고 있다.

노석준 _ (1장, 4장, 6장, 7장, 11장, 용어해설)
전남대학교 교육학과(교육학사)
전남대학교 대학원 교육학과(교육학석사)
인디애나대학교 교수체제공학과(교육이학석사)
인디애나대학교 교수체제공학과(Ph. D.)
현, 성신여자대학교 사범대학 교육학과 교수
szroh@sungshin.ac.kr

최병연 _ (2장, 10장)
조선대학교 영어교육과(문학사)
고려대학교 대학원 교육학과(문학석사)
고려대학교 대학원 교육학과 교육심리 전공(교육학박사)
미국 퍼듀대학교 Post-Doc
현, 전주교육대학교 초등교육과 교수
choiby@jnue.kr

차현진 _ (3장, 11장)
한양대학교 컴퓨터교육과(이학사)
University College London HCI with Ergonomics(이학석사)
한양대학교 교육공학과(Ph. D.)
현, 한양대학교 글로벌교육협력연구소 연구교수
lois6934@hanmail.net

장경원 _ (4장, 8장)
홍익대학교 교육학과(교육학사)
서울대학교 대학원 교육학과(교육학석사)
서울대학교 대학원 교육학과(교육학박사)
현, 경기대학교 인문대학 교직학과 교수
kyungwon@kgu.ac.kr

오정은 _ (3장, 5장, 6장)
숙명여자대학교 교육학과(교육학사)
인디애나대학교 교수체제공학과(교육이학석사)
인디애나대학교 교수체제공학과(박사과정수료)
jeoh21@gmail.com

소효정 _ (9장, 12장, 용어해설)
이화여자대학교 특수교육학과(교육학사)
인디애나대학교 교수체제공학과(교육이학석사)
인디애나대학교 교수체제공학과(Ph. D.)
현, 포항공과대학교 창의IT융합공학과 교수
hyojeongso@postech.ac.kr

학습이론: 교육적 관점, 7판
Learning Theories: An Educational Perspective, 7th Edition

발행일 2016년 1월 15일 초판 발행

저자 Dale H. Schunk | **역자** 노석준, 최병연, 차현진, 장경원, 오정은, 소효정

발행인 홍진기 | **발행처** 아카데미프레스 | **주소** 413-756 경기도 파주시 문발동 출판정보산업단지 507-9

전화 031-947-7389 | **팩스** 031-947-7698 | **이메일** info@academypress.co.kr

웹사이트 www.academypress.co.kr | **출판등록** 2003. 6. 18 제406-2011-000131호

ISBN 978-89-97544-74-5 93370

값 35,000원